Gesundheitsbetriebslehre

Andreas Frodl

Gesundheitsbetriebslehre

Praxishandbuch betriebswirtschaftlicher
Grundlagen für Gesundheitseinrichtungen

3. Auflage

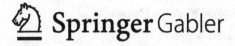 Springer Gabler

Andreas Frodl
Erding, Deutschland

ISBN 978-3-658-44205-7   ISBN 978-3-658-44206-4   (eBook)
https://doi.org/10.1007/978-3-658-44206-4

Die Deutsche Nationalbibliothek verzeichnet diese Publikation in der Deutschen Nationalbibliografie; detaillierte bibliografische Daten sind im Internet über https://portal.dnb.de abrufbar.

Planung/Lektorat: Margit Schlomski
Springer Gabler ist ein Imprint der eingetragenen Gesellschaft Springer Fachmedien Wiesbaden GmbH und ist ein Teil von Springer Nature.
Die Anschrift der Gesellschaft ist: Abraham-Lincoln-Str. 46, 65189 Wiesbaden, Germany

Wenn Sie dieses Produkt entsorgen, geben Sie das Papier bitte zum Recycling.

Vorwort zur 3. Auflage

Die dynamische Entwicklung der Gesundheitsbetriebslehre hat sich in den vergangenen Jahren unvermindert fortgesetzt. Forciert durch eine Pandemie und kriegerische Auseinandersetzungen in Europa ist dabei das Krisenmanagement zusätzlich in den Vordergrund gerückt und damit die notwendige Betrachtung der Gesundheitsbetriebe als elementare Bestandteile Kritischer Infrastrukturen. Dieser durch die epochalen Ereignisse in das Bewusstsein gerufenen Tatsache wird in der Neuauflage durch einen eigenen Abschnitt ebenso Rechnung getragen, wie dem nicht minder bedeutsamen Thema Nachhaltigkeit und dessen Berücksichtigung in der gesundheitsbetrieblichen Führung. Klimaschutz, Ressourcenschonung und Umweltaspekte betreffen auch den Gesundheitsbetrieb und sind für ihn ein Thema der strategischen Ausrichtung, dass die nächsten Jahrzehnte prägen wird. Darüber hinaus wurden zahlreiche Aktualisierungen der rechtlichen Rahmenbedingungen ebenso eingearbeitet, wie die aktuellen Entwicklungen in der Digitalisierung der Gesundheitsbetriebe.

Im Vergleich zur Erstauflage sind die Arbeiten und Veröffentlichungen in der Betriebswirtschaftslehre des Gesundheitswesens mittlerweile so zahlreich, dass hinsichtlich ihrer vollumfänglichen Berücksichtigung Grenzen der Aktualisierung und Verarbeitung in einem Einzelwerk erreicht sind. So sind es zwar in dieser Neuauflage wieder einige Seiten mehr geworden und dennoch bleibt das Streben nach Vollständigkeit auch in diesem Fall ein unerfüllbares Konstrukt.

Steffen Fleßa und Wolfgang Greiner kann nur zugestimmt werden, wenn sie für die ökonomische Betrachtung des Gesundheitswesens feststellen, dass es noch viel zu entdecken gibt und sich ein weiter Raum mit unzähligen Anwendungsfeldern und spannenden Erkenntnissen eröffnet (vgl. Fleßa & Greiner, 2020, S. V). Dies gilt auch in jeder Hinsicht für die Gesundheitsbetriebslehre und kann daher zugleich als Einladung an die mittlerweile zahlreichen Forschenden und Studierenden auf diesem Gebiet verstanden werden, weitere Anstrengungen zu unternehmen.

Ganz herzlichen Dank an Margit Schlomski, die seit vielen Jahren außerordentlich erfolgreich bei Springer Gabler das Thema lektoriert und zur Marktführerschaft ausgebaut hat.

Erding   Dr. Andreas Frodl
im November 2023

Vorwort zur 2. Auflage

In kaum einer anderen speziellen Betriebswirtschaftslehre hat sich in den vergangenen Jahren eine vergleichbare Dynamik entwickelt, wie in der Gesundheitsbetriebslehre: Neue Lehrstühle, spezielle Studiengänge und eine zunehmende Zahl von Veröffentlichungen zeugen von der Prosperität des Themas Betriebswirtschaft im Gesundheitswesen und von einer regen Forschungsarbeit.

Nach mehr als zwanzigjähriger Veröffentlichungstätigkeit des Autors auf diesem Gebiet ist dies ein wunderbares Ergebnis, immer mehr Mitstreiter zu finden, die sich der Aufgabe ebenfalls verpflichtet fühlen und die die in vielen Bereichen noch notwendige Grundlagenarbeit auf eine immer breiter werdende Basis stellen. Großartig!

Erfreulicherweise lässt sich auch feststellen, dass betriebswirtschaftliche Themen vermehrt in die Ausbildung von Ärzten, Zahnärzten, Pflegekräften einfließen und an den medizinischen Fakultäten entsprechende Vorlesungsveranstaltungen Einzug finden. Viele Themen, die vor 10–15 Jahren in Zusammenhang mit der Führung von Gesundheitseinrichtungen womöglich noch einen „exotischen" Eindruck vermittelten, sind heute selbstverständlich und aus dem Alltag von Arztpraxen, Kliniken oder Pflegeeinrichtungen nicht mehr wegzudenken.

Außerordentlicher Dank gilt an dieser Stelle Maria Akhavan, Stefanie Brich, Andreas Funk und Guido Notthoff, die in Verlagsbereichs- und Programmleitung bzw. Lektorat nicht nur seinerzeit Weitsicht zeigten, sondern auch die Thematik Betriebswirtschaft im Gesundheitswesen als festen Verlagsprogrammbestandteil ausgebaut und etabliert haben. Damit haben sie einen wesentlichen Beitrag zur Entwicklung der Gesundheitsbetriebslehre als spezielle Betriebswirtschaftslehre geleistet und den Weg für mittlerweile zahlreiche Arbeiten und Veröffentlichungen auf diesem Gebiet mitbereitet.

Neben aktualisierten Inhalten versucht die Neuauflage der Gesundheitsbetriebslehre auch so gut wie möglich einen Überblick über den Stand von Lehre und Forschung der Betriebswirtschaft im Gesundheitswesen wiederzugeben. Trotz größter Bemühungen hinsichtlich der Vollständigkeit, werden manche Kollegen und Kolleginnen die Nennung ihrer Namen, Werke oder Einrichtungen womöglich vermissen, wofür ich um Nachsicht bitte. Über diesbezügliche Hinweise zur Vervollständigung würde ich mich sehr freuen.

Danke an alle, die durch ihre Arbeiten in der Betriebswirtschaftslehre des Gesundheitswesens dazu beitragen, eines der besten Gesundheitsversorgungssysteme der Welt leistungsfähig und finanzierbar zu erhalten!

Erding   Dr. Andreas Frodl
im September 2016

Vorwort zur 1. Auflage

„Die Ideen der Ökonomen und Philosophen, seien sie richtig oder falsch, sind mächtiger, als man im Allgemeinen glaubt. Um die Wahrheit zu sagen, es gibt nichts anderes, das die Welt beherrscht."

(John Maynard Keynes, Ökonom, 1883–1946)

Auch wenn man die Bedeutung von wirtschaftlichem Handeln nicht ganz so wichtig nehmen mag, wie der bedeutende Wirtschaftswissenschaftler John Maynard Keynes, so zeichnet sich gerade im Gesundheitswesen mehr und mehr ab, dass viele Entscheidungen, Tätigkeiten, Sachverhalte auch unter betriebswirtschaftlichen Aspekten zu sehen sind.

Zwar hat sich seit einigen Jahren bereits eine Gesundheitsökonomie entwickelt. Sie deckt aber bislang in erster Linie volkswirtschaftliche Fragestellungen des Gesundheitswesens ab, wie beispielsweise die Finanzierungsfragen der öffentlichen Gesundheitsversorgung, den Einfluss der demografischen Entwicklung, Reformansätze, Leistungszuschnitte, Organisationsfragen der Kostenerstattung durch Ersatz- und Privatkassen und vieles andere mehr. Der einzelne „Gesundheitsbetrieb" blieb in systematischen Betrachtungen weitestgehend außen vor: Nur vereinzelt hat sich bislang jeweils für Arztpraxen, Krankenhäuser, Pflegeeinrichtungen usw. eine spezielle Managementlehre entwickelt.

Neben der betrieblichen Ebene gibt es auch auf der beruflichen Ebene vergleichbare Defizite: Zwischen Angehörigen des Gesundheitswesens und Ökonomen gibt es nahezu keine gemeinsamen Berufsbilder. Während der Wirtschaftsingenieur, der Wirtschaftsinformatiker oder der Wirtschaftsjurist seit Jahrzehnten anerkannte Studien- und Ausbildungsziele ursprünglich getrennter Berufsgruppen darstellen, werden mittlerweile zwar an einigen betriebswirtschaftlichen Fakultäten beispielsweise Manager für das Gesundheitswesen (im sog. Health Care Management) ausgebildet, umgekehrt sind an medizinischen Fakultäten betriebswirtschaftliche Themen jedoch kaum vertreten.

Fragt man nach den Gründen dieser Abgrenzung medizinischer und betriebswirtschaftlicher Themenbereiche, so stößt man auf ein altbekanntes Phänomen: Zu Recht wird die Gesundheit des Menschen als höchstes Gut bezeichnet, das es zu schützen und zu bewahren gilt. Für viele grenzt es daher immer noch an einen Tabubruch, die Erhaltung oder

Wiederherstellung der Gesundheit mit ökonomischen Aspekten in Verbindung zu bringen. Doch gerade sie sind wichtig, um die Finanzierbarkeit des Gesundheitswesens auch für die Zukunft sicherzustellen – und das mehr denn je angesichts steigender Kosten und begrenzter Einnahmemöglichkeiten.

Man kann es drehen und wenden wie man will: Nicht nur auf der makroökonomischen Ebene der gesamten öffentlichen Gesundheitsversorgung wird sinnvolles Wirtschaften zunehmend wichtig, sondern auch auf der mikroökonomischen Ebene des einzelnen Gesundheitsbetriebs. Will man diese gesundheitspolitische Zielsetzung einer ökonomischen Optimierung verfolgen, so ist ihr Erfolg an die Voraussetzung geknüpft, dass die Angehörigen des Gesundheitswesens über betriebswirtschaftliche Ausbildungsgänge, Studieninhalte und passende Weiterbildungsangebote verfügen können. Über diese zunehmend wichtigen Themen Ihrer zukünftigen Tätigkeiten erfahren angehende Mediziner, Arzthelferinnen oder Krankenpfleger während Ihrer Ausbildung jedoch sehr wenig. Wichtige betriebswirtschaftliche Aspekte eines Gesundheitsbetriebs treten auch im Verlaufe weiterführender beruflicher Schulungen im Gesundheitswesen eher in den Hintergrund.

Das vorliegende Buch soll daher als Nachschlagewerk und Ausbildungshilfe einen Beitrag leisten, das betriebswirtschaftliche Verständnis im Gesundheitswesen zu verbessern. Anhand wichtiger betriebswirtschaftlicher Funktionen werden die Grundzüge von Gesundheitsbetrieben beschrieben. Dazu zählen die Bereiche Planung, Finanzierung, Investition, Marketing, Logistik, Controlling, Organisation, Personal- und Kostenmanagement. Die Quellenangaben und Literaturhinweise wurden am Ende des Buches zusammengefasst, sodass zugunsten eines vereinfachten Lesens dadurch auf zahlreiche Fußnoten verzichtet werden konnte.

Die Gesundheitsbetriebslehre ist zugleich ein Angebot für die Praxis des betrieblichen Alltags: Sie stellt einen Baukasten dar, aus dem sich Krankenhauscontroller, Ärzte, Zahnärzte, Heilpraktiker, Pflegeheimleiter oder Mitarbeiter einer Klinikverwaltung jeweils geeignete Instrumente entnehmen und möglichst erfolgreich zum Einsatz bringen können. Nicht immer lässt sich das im Buch Dargestellte vollständig auf eine bestimmte Situation in einer Arztpraxis oder Klinik übertragen, denn die mangelnde Vergleichbarkeit von Dienstleistungsunternehmen, Werkstattbetrieben oder Industriekonzernen selbst innerhalb einer Branche trifft im Grundsatz natürlich auch auf Gesundheitsbetriebe zu. Mit nahezu 200 Beispielen wurde dennoch versucht, die jeweilige Relevanz zu belegen.

Auf eine eigentlich selbstverständliche Leitmaxime gilt es in der gesamten Diskussion allerdings immer wieder ausdrücklich hinzuweisen:

Eine medizinische Indikation darf niemals durch betriebswirtschaftliche Erwägungen beeinflusst werden.

Umgekehrt ist allerdings erfolgreiches betriebswirtschaftliches Handeln eine wesentliche Voraussetzung, um eine bestmögliche Versorgung durch das Gesundheitswesen dauerhaft sicherzustellen.

Erding   Dr. Andreas Frodl
im November 2009

Inhaltsverzeichnis

Abkürzungsverzeichnis

AABG	Arzneimittelausgaben-Begrenzungsgesetz
ABB	Arbeitsbeschreibungsbogen
ABDA	Bundesvereinigung Deutscher Apothekerverbände e. V.
ABWL	Allgemeine Betriebswirtschaftslehre
AbwV	Abwasserverordnung
ACP	Advance Care Planning
AdA	Ausbildung der Ausbilder
AdöR	Anstalt des öffentlichen Rechts
ADR	Accord européen relatif au transport international des marchandises dangereuses par route
aDRG	ausgegliedert DRG
ÄAppO	Approbationsordnung für Ärzte
AEM	Akademie für Ethik in der Medizin e. V.
AEMP	Aufbereitungseinheit für Medizinprodukte
AET	Arbeitswissenschaftliche Erhebungsverfahren zur Tätigkeitsanalyse
ÄLRD	Ärztliche Leiter Rettungsdienst
Ärzte-ZV	Zulassungsverordnung
ÄZQ	Ärztliches Zentrum für Qualität in der Medizin
AfA	Absetzung für Abnutzung
AG	Aktiengesellschaft
AGKAMED	Arbeitsgemeinschaft Kardiologie und medizinischer Sachbedarf GmbH
AktG	Aktiengesetz
AMG	Arzneimittelgesetz
AMI	Arzneimittel-Informationssystem
AR	Aufsichtsrat
ArbSchG	Arbeitsschutzgesetz
ArbStättV	Arbeitsstättenverordnung
ArbZG	Arbeitszeitgesetz
AS	Abfallschlüssel

ASiG	Arbeitssicherheitsgesetz
AusbEignV	Ausbilder-Eignungsverordnung
AVPfleWoqG	Verordnung zur Ausführung des Pflege- und Wohnqualitätsgesetzes
AVV	Abfallverzeichnis-Verordnung
AWMF	Arbeitsgemeinschaft der Wissenschaftlichen Medizinischen Fachgesellschaften e. V.
AWO	Arbeiterwohlfahrt Bundesverband e. V.
BAB	Betriebsabrechnungsbogen
BABZ	Bundesakademie für Bevölkerungsschutz und Zivile Verteidigung
BÄK	Bundesärztekammer
BÄO	Bundesärzteordnung
BAG	Berufsausübungsgemeinschaft
BAND	Bundesvereinigung der Arbeitsgemeinschaften der Notärzte Deutschlands e. V.
BAR	Bundesarbeitsgemeinschaft für Rehabilitation e. V.
BASIG	Gesetz über das Bundesinstitut für Impfstoffe und biomedizinische Arzneimittel
BASS	Büro für arbeits- und sozialpolitische Studien
BAUA	Bundesanstalt für Arbeitsschutz und Arbeitsmedizin
BBiG	Berufsbildungsgesetz
BBK	Bundesamt für Bevölkerungsschutz und Katastrophenhilfe
BBMRI	Biobanking and Biomolecular Resources Research Infrastructure
BCG	Boston-Consulting-Group
BCM	Business Continuity Management
BDA	Berufsverband Deutscher Anästhesistinnen und Anästhesisten e. V.
BDC	Berufsverband der Deutschen Chirurgie e. V.
BDPK	Bundesverband Deutscher Privatkliniken e. V.
BDSG	Bundesdatenschutzgesetz
BEM	Betriebliches Eingliederungsmanagement
BEMA	Bewertungsmaßstab zahnärztlicher Leistungen
BetrVG	Betriebsverfassungsgesetz
BfArM	Bundesinstitut für Arzneimittel und Medizinprodukte
BFH	Bundesfinanzhof
BfR	Bundesinstitut für Risikobewertung
BGB	Bürgerliches Gesetzbuch
BGF	Betriebliche Gesundheitsförderung
BGH	Bundesgerichtshof
BGM	Betriebliches Gesundheitsmanagement
BGR	Berufsgenossenschaftliche Regeln
BGV	Berufsgenossenschaftliche Vorschriften
BGW	Berufsgenossenschaft für Gesundheitsdienst und Wohlfahrtspflege

BIA	Business Impact Analyse
BioStoffV	Biostoffverordnung
BLFK	Bundesfachvereinigung Leitender Krankenpflegepersonen der Psychiatrie e. V.
BMBF	Bundesministerium für Bildung und Forschung
BMF	Bundesministerium der Finanzen
BMG	Bundesministerium für Gesundheit
BMP	Bundeseinheitlicher Medikationsplan
BMUV	Bundesministerium für Umwelt, Naturschutz, nukleare Sicherheit und Verbraucherschutz
BMV-Ä	Bundesmantelvertrag – Ärzte
BPflV	Bundespflegesatzverordnung
BQFG	Berufsqualifikationsfeststellungsgesetz
BSC	Balanced Scorecard
BSG	Bundessozialgericht
BSI	Bundesamt für Sicherheit in der Informationstechnik
BSIG	Gesetz über das Bundesamt für Sicherheit in der Informationstechnik
BSI-KritisV	BSI-Kritisverordnung
BtMG	Betäubungsmittelgesetz
BtMVV	Betäubungsmittel-Verschreibungsverordnung
büA	besonders überwachungsbedürftiger Abfall
BUrlG	Bundesurlaubsgesetz
BVL	Bundesamt für Verbraucherschutz und Lebensmittelsicherheit
BVMed	Bundesverband Medizintechnologie e. V.
BVMi	Berufsverband Medizinischer Informatiker e. V.
BWFGB	Behörde für Wissenschaft, Forschung, Gleichstellung und Bezirke
CAPNETZ	Kompetenznetzwerk „Ambulant erworbene Pneumonie"
CCM	Charité Universitätsmedizin Berlin: Institut für Sozialmedizin, Epidemiologie und Gesundheitsökonomie
CEN	Comité Européen de Normalisation
CD	Corporate Design
CDI	Clostridioides difficile-Infektion
ChemG	Chemikaliengesetz
CIRS	Critical Incident Reporting-System
CKM	Centrum für Krankenhausmanagement
CM	Case Mix
CMI	Case Mix Index
CMS	Compliance-Management-System
COPD	Chronic Obstructive Pulmonary Disease

COSYCONET	German COPD and Systemic Consequences – Comorbidities Network
CRT	Cardiale Resynchronisations-Therapie
CRW	Crew-Resource-Management
CSR	Corporate Social Responsibility
CSRD	Corporate Sustainability Reporting Directive
cts	Caritas Klinikum Saarbrücken
DAAD	Deutscher Akademischer Austauschdienst
DALE-UV	Datenaustausch mit Leistungserbringern in der gesetzlichen Unfallversicherung
DB	Deckungsbeitrag
DBfK	Deutscher Berufsverband für Pflegeberufe e. V.
DBIS	Datenbank-Infosystem
DBR	Deckungsbeitragsrechnung
DCF	Discounted Cash Flow
DD	Device Deficiency
DEGAM	Deutsche Gesellschaft für Allgemeinmedizin e. V.
DEKV	Deutscher Evangelischer Krankenhausverband e. V.
DeQS-RL	Richtlinie zur datengestützten einrichtungsübergreifenden Qualitätssicherung
DES	Discrete Event Simulation
DFG	Deutsche Forschungsgemeinschaft e. V.
DGHM	Deutsche Gesellschaft für Hygiene und Mikrobiologie e. V.
DGKG	Deutsche Gesellschaft für Krankenhausgeschichte e. V.
DGKH	Deutsche Gesellschaft für Krankenhaushygiene e. V.
DGQZ	Deutsche Gesellschaft zur Qualitätssicherung in der Zahnmedizin e. V.
DGSV	Deutsche Gesellschaft für Sterilgutversorgung e. V.
DGTelemed	Deutsche Gesellschaft für Telemedizin e. V.
DGUV	Deutsche Gesetzliche Unfallversicherung
DGWMiG	Deutsche Gesellschaft für Workflow-Management im Gesundheitswesen e. V.
DICOM	Digital Imaging and Communications in Medicine
DiGA	Digitale Gesundheitsanwendungen
DIN	Deutsches Institut für Normung
dip	Deutsches Institut für angewandte Pflegeforschung e. V.
DiPA	Digitale Pflegeanwendungen
DIU	Dresden International University GmbH
DKFZ	Deutsches Krebsforschungszentrum
DKG	Deutsche Krankenhausgesellschaft e. V.
DKI	Deutsches Krankenhaus Institut e. V.

DKTK	Deutsches Konsortium für Translationale Krebsforschung
DLSR	Deutsches Leukämie-Studienregister
DMP	Disease-Management-Programme
DNK	Deutscher Nachhaltigkeitskodex
DNQP	Deutsches Netzwerk für Qualitätsentwicklung in der Pflege
DPR	Deutscher Pflegerat e. V.
DRG	Diagnosis Related Groups
DRKS	Deutsche Register Klinischer Studien
DRZE	Deutsches Referenzzentrum für Ethik in den Biowissenschaften
DS-GVO	Datenschutzgrundverordnung
DVG	Digitale-Versorgung-Gesetz
DVGW	Deutsche Vereinigung des Gas- und Wasserfachs e. V.
DVKC	Deutscher Verein für Krankenhaus-Controlling e. V.
DVPMG	Digitale-Versorgung-und-Pflege-Modernisierungs-Gesetz
DZD	Deutsches Zentrum für Diabetesforschung
DZHK	Deutsches Zentrum für Herz-Kreislauf-Forschung e. V.
DZIF	Deutsches Zentrum für Infektionsforschung
DZL	Deutsches Zentrum für Lungenforschung
DZNE	Deutsches Zentrum für Neurodegenerative Erkrankungen
eBA	elektronischer Berufsausweis
EbM	Evidenzbasierte Medizin
ebm	Deutsches Netzwerk Evidenzbasierte Medizin e. V.
EBM	Einheitlicher Bewertungsmaßstab
EEV	Entschließungen, Empfehlungen, Vereinbarungen
EFQM	Europäische Stiftung für Qualitätsmanagement
eG	eingetragene Genossenschaft
eGA	elektronische Gesundheitsakte
eGBR	elektronisches Gesundheitsberuferegister
eGK	elektronische Gesundheitskarte
eHBA	elektronischer Heilberufsausweis
EKG	Elektrokardiogramm
ELSA	Ethical Legal and Social Aspects
ELSR	Europäisches Leukämie-Studienregister
EMAH	Erwachsene mit angeborenen Herzfehlern
EMAS	Eco-Management and Audit Scheme
EN	Europäische Norm
EntgFG	Entgeltfortzahlungsgesetz
ePA	elektronische Patientenakte
EPA	Europäisches Praxisassessment
EPEAT	Electronic Product Environmental Assessment Tool
EQR	Exzellente Qualität in der Rehabilitation

ESt	Einkommensteuer
EStG	Einkommensteuergesetz
EthRG	Ethikratgesetz
EU	Europäische Union
EuGH	Europäischer Gerichtshof
FAU	Friedrich-Alexander-Universität
FH	Fachhochschule
FhG	Fraunhofer-Gesellschaft zur Förderung der angewandten Forschung e. V.
FSC	Forest Stewardship Council
FTS	Fahrerlose Transportsysteme
GAT	Forschungsinstitut Gesundheit, Altern, Arbeit und Technik
G-BA	Gemeinsamer Bundesausschuss
gbe-bund	Gesundheitsberichterstattung des Bundes
GbR	Gesellschaft bürgerlichen Rechts
G-DRG	German Diagnosis Related Groups
GefStoffV	Gefahrstoffverordnung
GEKID	Gesellschaft der epidemiologischen Krebsregister in Deutschland e. V.
gematik	Gesellschaft für Telematik mbH
GenG	Genossenschaftsgesetz
GERiT	German Research Institutions
GewO	Gewerbeordnung
GewSt	Gewerbesteuer
GG	Grundgesetz
gGmbH	gemeinnützige Gesellschaft mit beschränkter Haftung
GIN	Guidelines International Network
GKV	Gesetzliche Krankenversicherung
GLG	Gesellschaft für Leben und Gesundheit mbH
GmbH	Gesellschaft mit beschränkter Haftung
GmbHG	GmbH-Gesetz
GOÄ	Gebührenordnung für Ärzte
GoB	Grundsätze ordnungsgemäßer Buchführung
GoBD	Grundsätze zur ordnungsmäßigen Führung und Aufbewahrung von Büchern, Aufzeichnungen und Unterlagen in elektronischer Form sowie zum Datenzugriff
GOZ	Gebührenordnung für Zahnärzte
GPOH	Gesellschaft für Pädiatrische Onkologie und Hämatologie e. V.
GQMG	Gesellschaft für Qualitätsmanagement in der Gesundheitsversorgung e. V.
GRI	Global Reporting Initiative

GSG	Gesundheitsstrukturgesetz
GuV	Gewinn- und Verlustrechnung
GWB	Gesetz gegen Wettbewerbsbeschränkungen
GWG	geringwertige Wirtschaftsgüter
HAP	Hausarztaktionsprogramm
HBKG	Hessisches Brand- und Katastrophenschutzgesetz (HBKG)
HBS	Hans-Böckler-Stiftung
HCC	Health Care Compliance
HebG	Hebammengesetz
HeilM-RL	Heilmittel-Richtlinie
HeilprG	Heilpraktikergesetz
HEP-NET	Kompetenznetz Hepatitis
HGB	Handelsgesetzbuch
HGF	Helmholtz-Gemeinschaft Deutscher Forschungszentren e. V.
HIS	Hygiene-Informationssystem
HKaG	Heilberufe-Kammergesetz
HKHG	Hessisches Krankenhausgesetz
HMV	Hausmüllverbrennung
HNO	Hals-Nasen-Ohren
HPC	Health Professional Card
HPCM	Health Process Continuity Management
HPIA	Health Process Impact Analyse
HRK	Hochschulrektorenkonferenz
HRM	Human Resource Management
HTA	Health Technology Assessment
HV	Hauptversammlung
HWG	Heilmittelwerbegesetz
IBLV	Innerbetriebliche Leistungsverrechnung
IBMT	Fraunhofer-Institut für Biomedizinische Technik
ICD	Cardioverter-Defibrillator
ICD	International Statistical Classification of Diseases and Related Health Problems
ICF	International Classification of Functioning, Disability and Health
ICN	International Council of Nurses
IDEM	Informations- und Dokumentationsstelle Ethik in der Medizin
i.e.S.	im engeren/eigentlichen Sinne
IfSG	Infektionsschutzgesetz
IGeL	Individuelle Gesundheitsleistungen
IGM	Institut für Gesundheitsökonomie und Management im Gesundheitswesen
IGP	Institut für Gesundheits- und Pflegeökonomie

IHCI	Internationales HealthCare Management Institute
IKM	Institut für BWL, insb. Krankenhausmanagement
IKT	Informations- und Kommunikationstechnologien
IMC	Intermediate Care
IMVR	Institut für Medizinsoziologie, Versorgungsforschung und Rehabilitationswissenschaft der Humanwissenschaftlichen Fakultät und Medizinischen Fakultät der Universität zu Köln
InEK	Institut für das Entgeltsystem im Krankenhaus GmbH
INKO	Investitions- und Kostenplanung
IPK	Fraunhofer-Institut für Produktionsanlagen und Konstruktionstechnik
IPP	Institut für Public Health und Pflegeforschung
IQMP	Institut für Qualitätsmanagement im Gesundheitswesen GmbH
IQTIG	Institut für Qualitätssicherung und Transparenz im Gesundheitswesen
IQWiG	Institut für Qualität und Wirtschaftlichkeit im Gesundheitswesen
ISM	Informationssicherheitsmanagement
ISMS	Informationssicherheitsmanagementsysteme
ISO	International Organization for Standardization
JArbSchG	Jugendarbeitsschutzgesetz
KapovAz	Kapazitätsorientierte variable Arbeitszeit
KAS	Klinisches-Arbeitsplatzsystem
KBV	Kassenärztliche Bundesvereinigung
KCQ	Kompetenz-Centrum Qualitätssicherung/Qualitätsmanagement
KDA	Kuratorium Deutsche Altershilfe e. V.
KdöR	Körperschaft des öffentlichen Rechts
KEK	Krankenhaus-Ethikkomitee
KG	Kommanditgesellschaft
KGaA	Kommanditgesellschaft auf Aktien
KGw	Kommission Gesundheitswesen
KHBV	Krankenhaus-Buchführungsverordnung
KHEntgG	Krankenhausentgeltgesetz
KHG	Krankenhausfinanzierungsgesetz
KHSG	Krankenhausstrukturgesetz
KI	Künstliche Intelligenz
KIM	Kommunikation im Medizinwesen
KIS	Krankenhausinformationssystem
KIT	Karlsruher Institut für Technologie
KITHealthTech	KIT-Zentrum „Health Technologies"
KiWi	Kieler Wirtschaftsförderungs- und Strukturentwicklungs GmbH
KKNDm	Kompetenznetz Diabetes mellitus
KKNMS	Kompetenznetz Multiple Sklerose

KKVD	Katholischer Krankenhausverband Deutschland e. V.
KLR	Kosten- und Leistungsrechnung
KML	Kompetenznetz Maligne Lymphome
KMU	Kleine und mittlere Unternehmen
KNDD	Kompetenznetz Degenerative Demenzen
KNL	Kompetenznetz „Akute und chronische Leukämien"
KNP	Kompetenznetz Parkinson
KNS	Kompetenznetz Schlaganfall
KOC	Kompetenz-Centrum Qualitätssicherung
KöR	Körperschaft des Öffentlichen Rechts
KPQM	KV Praxis Qualitätsmanagement
KPSS	Klinik-Prozesssteuerungssystem
KRINKO	Kommission für Krankenhaushygiene und Infektionsprävention
KRITIS	Kritische Infrastrukturen
KrWG	Kreislaufwirtschaftsgesetz
KSchG	Kündigungsschutzgesetz
KSG	Klimaschutzgesetz
KSt	Körperschaftsteuer
KTQ	Kooperation für Transparenz und Qualität im Gesundheitswesen
KV	Kassenärztliche Vereinigung
KVBB	Kassenärztliche Vereinigung Brandenburg
KVBW	Kassenärztliche Vereinigung Baden-Württemberg
KVH	Kassenärztliche Vereinigung Hessen
KVP	Kontinuierlicher Verbesserungsprozess
KVMV	Kassenärztliche Vereinigung Mecklenburg-Vorpommern
KVNO	Kassenärztliche Vereinigung Nordrhein
KVS	Krankenhausverwaltungssystem
KVWL	Kassenärztliche Vereinigung Westfalen-Lippe
KZBV	Kassenzahnärztliche Bundesvereinigung
KZV	Kassenzahnärztliche Vereinigung
LAEKH	Landesärztekammer Hessen
LAGA	Bund/Länder-Arbeitsgemeinschaft Abfall
LastenhandhabV	Lastenhandhabungsverordnung
LDT	Labordatentransfer
LIS	Laborinformationssystem
LMU	Ludwig-Maximilians-Universität München
LNA	Leitende Notärzte und –ärztinnen
LStDV	Lohnsteuerdurchführungsverordnung
LÜKEX	Länder- und Ressortübergreifende Krisenmanagementübung (Exercise)
LZKH	Landeszahnärztekammer Hessen

MANV	Massenanfall von Verletzten
M-BOÄ	(Muster-) Berufsordnung für die in Deutschland tätigen Ärztinnen und Ärzte
MC-Health	Munich Center of Health Sciences
MD	Medizinischer Dienst
MD-Bund	Medizinischer Dienst Bund
MDC	Major Diagnostic Category
MDC	Max-Delbrück-Centrum für Molekulare Medizin
MDE	Mobile Datenerfassung
MDK	Medizinischer Dienst Krankenkassen
MedFAusbAngV	Verordnung über die Berufsausbildung zum Medizinischen Fachangestellten/zur Medizinischen Fachangestellten
MedGG	Medizin, Gesellschaft und Geschichte
MEDLINE	Medical Literature Analysis and Retrieval System Online
MessEG	Mess- und Eichgesetz
MessEV	Mess- und Eichverordnung
MeV	Megaelektronenvolt
MFA	Medizinische Fachangestellte
MHH	Medizinische Hochschule Hannover
Mio.	Millionen
MitbestG	Mitbestimmungsgesetz
MIS	Management-Informations-System
MPAMIV	Medizinprodukte-Anwendermelde- und Informationsverordnung
MPBetreibV	Medizinproduktebetreiberverordnung
MPDG	Medizinprodukterecht-Durchführungsgesetz
MPG	Max-Planck-Gesellschaft zur Förderung der Wissenschaften e. V.
MPG	Medizinproduktegesetz
MRT	Magnetresonanztomographie
MTA	Medizinisch-technische(r) Assistent(in)
MTK	Messtechnische Kontrolle
MTRA	Medizinisch-technische Radiologieassistenz
MuSchG	Mutterschutzgesetz
MVZ	Medizinisches Versorgungszentrum
MWBO	(Muster-)Weiterbildungsordnung
NachwG	Nachweisgesetz
NAGesuTech	DIN-Normenausschuss Gesundheitstechnologien
NAKO	Nationale Kohorte
NAMed	DIN-Normenausschuss Medizin
NBI	Netzwerk für Bioinformatik-Infrastruktur
NCPeH	National Contact Point for eHealth
NI	Nosokomiale Infektionen

NotSanG	Notfallsanitätergesetz
NPO	Non-Profit-Organisation
NVL	Nationale Versorgungsleitlinien
NWA	Nutzwertanalyse
öAUmwR	Umweltrichtlinien Öffentliches Auftragswesen
ÖGARI	Österreichische Gesellschaft für Anästhesiologie, Reanimation und Intensivmedizin
ÖGKV	Österreichischer Gesundheits- und Krankenpflegeverband
OES	Order-Entry-System
OHG	Offene Handelsgesellschaft
OPS	Operationen- und Prozedurenschlüssel
PACS	Picture Archiving und Communication System
PACU	Post Anesthesia Care Unit
PartG	Partnerschaftsgesellschaft
PartGG	Partnerschaftsgesellschaftsgesetz
PartGmbB	Partnerschaftsgesellschaften mit beschränkter Berufshaftung
PatBeteiligungsV	Patientenbeteiligungsverordnung
PBV	Pflege-Buchführungsverordnung
PDA	Personal Digital Assistant
PDCA	Plan-Do-Check-Act
PDMS	Patientendatenmanagementsystem
PDSG	Patientendaten-Schutz-Gesetz
PEI	Paul-Ehrlich-Institut
PEPP	Pauschalierendes Entgeltsystem für psychiatrische und psychosomatische Einrichtungen
PersVG	Personalvertretungsgesetz
PflAPrV	Pflegeberufe-Ausbildungs- und -Prüfungsverordnung
PflBG	Pflegeberufegesetz
PflegeStatV	Pflege-Statistikverordnung
PIS	Pflegeinformationssystem
PKR	Prozesskostenrechnung
PKV	Private Krankenversicherung
PPBI	Pflegepersonalbemessungsinstrument
PpSG	Pflegepersonal-Stärkungsgesetz
PpUGV	Pflegepersonaluntergrenzen-Verordnung
PSNV	Psychosoziale Notfallversorgung
PSNV-E	Psychosoziale Notfallversorgung für Einsatzkräfte
PStG	Personenstandsgesetz
PSY	Psychatrische und psychosomatische Einrichtungen
PsychEntgG	Psych-Entgeltgesetz
PsychThG	Psychotherapeutengesetz

PublG	Publizitätsgesetz
PVS	Praxisverwaltungssystem
PVS	Verband der Privatärztlichen Verrechnungsstellen e. V.
QEP	Qualität und Entwicklung in Praxen
QES	qualifizierte elektronische Signatur
QFD-RL	Qualitätsförderungs- und Durchsetzungsrichtlinie
QM	Qualitätsmanagement
QM-RL	Qualitätsmanagementrichtlinie
QMS	Qualitätsmanagementsystem
QMS	Qualitätsring Medizinische Software e. V.
RBM	Risk Based Maintenance
RCM	Reliability Centered Maintenance
RDG	Reinigungs-Desinfektions-Gerät
rDRG	Residual-DRG
REFA	REFA-Verband für Arbeitsgestaltung, Betriebsorganisation und Unternehmensentwicklung e. V. (1924 als Reichsausschuss für Arbeitszeitermittlung gegründet)
RFF	Request for Feature
RFI	Request for Information
RFID	Radio Frequency Identification
RFP	Request for Proposal
RFQ	Request for Quotation
RIS	Radiologie-Informationssystem
RKI	Robert-Koch-Institut
RLT	Raumlufttechnik
RMS	Risikomanagementsystem
RoI	Return on Investment
RWTH	Rheinisch-Westfälische Technische Hochschule
SAE	Serious Adverse Event
SAL	Sterility Assurance Level
SAV	Sonderabfallverbrennung
SBK	Schweizer Berufsverband der Pflegefachfrauen und Pflegefachmänner
SCE	Societas Cooperativa Europaea
SFOPM	Schweizerische Fachgesellschaft für OP-Management
SE	Societas Europaea
SGB	Sozialgesetzbuch
SOP	Standard Operating Procedures
STA	Subjektive Tätigkeitsanalyse
StGB	Strafgesetzbuch
STK	Sicherheitstechnische Kontrolle

StPO	Strafprozessordnung
StrlSchV	Strahlenschutzverordnung
TBS	Tätigkeitsbewertungssystem
TCO	Tjänstemännens Centralorganisation
TFG	Transfusionsgesetz
TI	Telematikinfrastruktur
TMG	Telemediengesetz
TPG	Transplantationsgesetz
TQM	Total Quality Management
TRBA	Technische Regeln für Biologische Arbeitsstoffe
TRGS	Technische Regeln für Gefahrstoffe
TSVG	Terminservice- und Versorgungsgesetz
TUM	Technische Universität München
TVG	Tarifvertragsgesetz
TV-L	Tarifvertrag für den öffentlichen Dienst der Länder
TzBfG	Teilzeit- und Befristungsgesetz
UG	Unternehmergesellschaft
UGA	Umweltgutachterausschuss
UKE	Universitätsklinikum Hamburg-Eppendorf
ULD	Unabhängiges Landeszentrum für Datenschutz Schleswig-Holstein
UMS	Umweltschutzmanagementsystem
USt	Umsatzsteuer
UVgO	Unterschwellenvergabeverordnung
UVV	Unfallverhütungsvorschrift
UWG	Gesetz gegen den unlauteren Wettbewerb
VAG	Versicherungsaufsichtsgesetz
VAH	Verbund für Angewandte Hygiene e. V.
VDE	Verband der Elektrotechnik Elektronik Informationstechnik e. V.
VDI	Verein Deutscher Ingenieure e. V.
VDMA	Verband Deutscher Maschinen- und Anlagenbau e. V.
VgV	Vergabeverordnung
VOB	Vergabe- und Vertragsordnung für Bauleistungen
VOPM	Verband für OP-Management e. V.
VOPMÖ	Verband für OP-Management Österreich
VVB	(Bayerische) Verordnung über die Verhütung von Bränden
WBO	Weiterbildungsordnung
WFS	Workflowsystem
WGL	Wissenschaftsgemeinschaft Gottfried Wilhelm Leibniz e. V.
WINEG	Wissenschaftliches Institut der Techniker Krankenkasse für Nutzen und Effizienz im Gesundheitswesen
WISTA	Wirtschaft und Statistik

WHO	World Health Organization
ZApprO	Approbationsordnung für Zahnärzte und Zahnärztinnen
ZEGV	Zentrum für Evidenzbasierte Gesundheitsversorung
ZEKO	Zentrale Ethikkommission
ZFA	Zahnmedizinische Fachangestellte
ZfG	Zentrum für Gesundheitsökonomie
ZHG	Zahnheilkundegesetz
ZI	Zentralinstitut für die kassenärztliche Versorgung in Deutschland
ZME	Zentrum für Medizinische Ethik e. V.
ZMV	Zahnmedizinische Verwaltungsassistenz
ZSKG	Zivilschutz- und Katastrophenhilfegesetz
ZTG	Zentrum für Telematik und Telemedizin GmbH

Einleitung

1

1.1 Einordnung, Gegenstand und Definitionen

1.1.1 Einordnung als spezielle Betriebswirtschaftslehre

Ähnlich wie beispielsweise die Industriebetriebslehre, Handelsbetriebslehre oder Bankbetriebslehre befasst sich die Gesundheitsbetriebslehre mit einer speziellen Betriebsart, den Gesundheitsbetrieben. Ausgehend von dem System der Wissenschaften, das sich in Formal- und Realwissenschaften unterteilen lässt, ist sie somit bei den **Realwissenschaften** angesiedelt, da sie über Eigenschaften von Gesundheitsbetrieben als reale Objekte oder über reale betriebliche Sachverhalte im Gesundheitswesen informiert. Indem sie auch das menschliche Verhalten in Gesundheitsbetrieben analysiert und das betriebliche Geschehen durch Interessen und Verhaltensweisen der dortigen Mitarbeiter stark beeinflusst wird, sind die **Sozialwissenschaften** innerhalb der Realwissenschaften ein Bereich, dem sich die Gesundheitsbetriebslehre wiederum zuordnen lässt. Bei den Sozialwissenschaften bildet sie zusammen mit anderen speziellen Betriebswirtschaftslehren, der Allgemeinen Betriebswirtschaftslehre (ABWL) sowie der Volkswirtschaftslehre die Gruppe der **Wirtschaftswissenschaften** (siehe Abb. 1.1).

Im Hinblick auf eine Abgrenzung zur Allgemeinen Betriebswirtschaftslehre lässt sich feststellen, dass die Gesundheitsbetriebslehre einerseits alle Elemente der ABWL umfasst, andererseits unterscheidet sie sich aber von ihr durch eine Reihe von Besonderheiten, wie beispielsweise

- stark regulatorisch ausgeprägte Rahmenbedingungen,
- heterogene betriebliche Strukturen,
- dominierende Positionen der Versicherungsträger,
- reduzierte „Konsumenten"-Souveränität (vgl. Graf von der Schulenburg, 2008, S. 1).

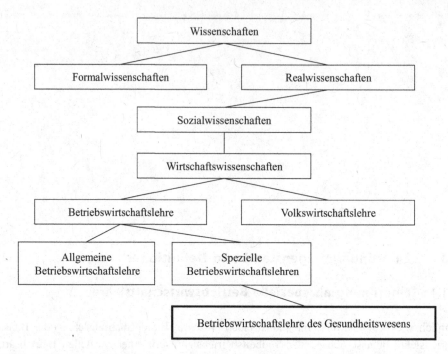

Abb. 1.1 Einordnung der Gesundheitsbetriebslehre in das System der Wissenschaften

Die Gesundheitsbetriebslehre ist ferner zum einen *deskriptiv,* da sie die wirtschaftlichen Phänomene von Gesundheitsbetrieben zu systematisieren und zu erklären versucht. Gleichzeitig entwirft sie *präskriptive* Aussagensysteme, in dem sie durch das Aufzeigen von Problemlösungen untersuchter Praxisbereiche an einer aktiven Verbesserung und Gestaltung des wirtschaftlichen Geschehens in den Gesundheitsbetrieben mitwirkt.

Als *anwendungsorientiert* kann sie deshalb beschrieben werden, weil sie sich mit der vorfindbaren betrieblichen Praxis von Gesundheitsbetrieben auseinandersetzt. Darüber hinaus befasst sie sich auch mit den gewünschten bzw. realisierbaren Zuständen betrieblicher Praxis, weswegen sie auch als *praxisorientiert* anzusehen ist.

Auch die Kriterien einer *angewandten* Wissenschaft treffen auf sie zu, da sie sich an den *tatsächlichen* Problemen der Gesundheitsbetriebe orientiert und für sie Gestaltungsvorschläge für die Lösung ihrer betrieblichen Probleme liefert, die auch grundsätzlich verwendet werden können.

Nicht immer klar ist in der Literatur und bei Studiengängen oder Lehrveranstaltungen die Abgrenzung der Gesundheitsbetriebslehre zur Gesundheitsökonomie bzw. Gesundheitsökonomik. Mitunter wird die Gesundheitsbetriebslehre unter die **Gesundheitsökonomik** subsumiert, vereinzelt auch mit ihr gleichgesetzt. In der Mehrzahl der

Fälle wird jedoch die Gesundheitsökonomik von *volkswirtschaftlichen* Themen und Sichtweisen dominiert, die sich weniger auf den einzelnen Gesundheitsbetrieb beziehen als vielmehr auf das Gesundheitswesen insgesamt.

Beispiel

„Gesundheitsökonomik" lässt sich in die beiden Teilbereiche „Ökonomik der Gesundheit" und „Ökonomik des Gesundheitswesens" unterteilen. Die Brücke zwischen beiden Teilbereichen bilden die Beziehungen, die zwischen dem Gesundheitszustand und der Inanspruchnahme medizinischer Leistungen bestehen.

Der normative Zweig der „Ökonomik der Gesundheit" untersucht, wie sich Gesundheit im Vergleich zu anderen Gütern bewerten lässt. Ziel ist es dabei, wohlfahrtstheoretisch begründete Regeln für öffentliche Entscheidungen zu entwickeln. Der positive Zweig der Gesundheitsökonomik beschäftigt sich dagegen damit, das Gesundheitsverhalten der Konsumenten mit Hilfe des Instrumentariums der modernen einzelwirtschaftlichen Theorie zu erklären.

Die „Ökonomik des Gesundheitswesens" fragt in ihrem positiven Zweig danach, wodurch die Menge und Qualität medizinischer Leistungen determiniert werden, die in einer Gesellschaft erbracht werden. In ihrem normativen Zweig geht es dann darum, Anreizmechanismen der Erbringung dieser Leistungen und ihrer Aufteilung auf die Nachfrager zu untersuchen, die angesichts der Knappheit der zu ihrer Herstellung benötigten Ressourcen ökonomisch zweckmäßig sind." (Breyer et al., 2013, S. 17).◄

Auch hat die mitunter als inflationär verbreitet beschriebene Managementsemantik, die ausgehend vom betrieblichen Management über Projekt- und Qualitätsmanagement, Bildungs- und Kulturmanagement bis hin zu Zeit- und Selbstmanagement reicht (vgl. Wendt, 2022, S. 305), vor dem Gesundheitswesen nicht Halt gemacht. So steht der Begriff **Gesundheitsmanagement** für das Management im Gesundheitswesen, aber auch für das Betriebliche Gesundheitsmanagement (BGM), das die Aufgabe hat, verschiedene gesundheitsbezogene Maßnahmen zu planen, zu organisieren und in den Handlungsfeldern Arbeits- und Gesundheitsschutz, Betriebliches Eingliederungsmanagement (BEM), sowie verhaltens- und verhältnisorientierte Gesundheitsförderung zu koordinieren (vgl. Struhs-Wehr, 2017, S. 6). Während das BGM somit eher zu den Instrumentarien des Personalmanagements zu zählen ist, hat das Gesundheitsmanagement i. e. S. überwiegend betriebswirtschaftliche Inhalte, wie beispielsweise die Aufgabenbeschreibungen der mittlerweile zahlreichen Lehr- und Forschungseinrichtungen auf diesem Gebiet zeigen (siehe 1.2.2 Neuere Entwicklungen). Auch wird bei der Betriebswirtschaftslehre im Vergleich zur Managementlehre bisweilen die Anwendungsorientierung infrage gestellt und dies als problematisch im Hinblick auf eine anwendungsorientierte sozialwissenschaftliche Disziplin erachtet (vgl. Hühn, 2004, S. 1 ff.). Die Gesundheitsbetriebslehre hat als spezielle Betriebswirtschaftslehre des Gesundheitswesens jedoch keinen normativen

Selbstzweck, sondern ist ausdrücklich anwendungsorientiert ausgerichtet. Hierzu nehmen zahlreiche Beispiele in diesem Werk immer wieder Bezug auf die Praxis in den Gesundheitsbetrieben.

1.1.2   Gegenstand der Gesundheitsbetriebslehre

Die Gesundheitsbetriebslehre befasst sich grundsätzlich mit der Tatsache, dass die Ressourcen für einen Gesundheitsbetrieb begrenzt sind und daher einen ökonomischen Umgang mit den knappen Mitteln erfordern: Medizinisches Personal, finanzielle Ressourcen oder Behandlungseinrichtungen stehen in jeder medizinischen Einrichtung nicht in beliebiger Menge zur Verfügung. Es gilt sie so einzusetzen, dass sie den größtmöglichen Nutzen stiften. Die Gesundheitsbetriebslehre nimmt dazu die Perspektive eines einzelnen Gesundheitsbetriebs ein. Ihre Ziele liegen dabei nicht nur in der Beschreibung und Erklärung betriebswirtschaftlicher Sachverhalte und Phänomene, sondern auch in der konkreten Unterstützung der betrieblichen Entscheidungsprozesse. Sie versucht betriebliche Sachverhalte zu erläutern, Zusammenhänge zu erklären und aufgrund des Aufzeigens von Handlungsalternativen und deren Bewertung Gestaltungsempfehlungen zu geben.

Während die allgemeine Gesundheitsökonomie, wie zuvor dargelegt, häufig als Teilgebiet der Volkswirtschaftslehre angesehen wird, befasst sich die Managementlehre des Gesundheitswesens im engeren Sinne mit den Sach- und Managementfunktionen solcher Organisationen, die Produkte und Dienstleistungen bereitstellen, um die Nachfrage nach Gesundheitsdienstleistungen zu befriedigen und bezieht bisweilen auch Managementfunktionen staatlicher Steuerung, Verwaltung und Kontrolle im Gesundheitswesen (vgl. Busse et al., 2022, S. 6) oder auch die private bzw. gesetzliche Krankenversicherungswirtschaft mit ein. Letzteres ist ausdrücklich nicht Gegenstand der hier dargestellten Gesundheitsbetriebslehre. In ihrem Fokus stehen ganz im Sinne der grundlegenden Definitionen von *Günter Wöhe* (1924–2007) oder *Edmund Heinen* (1919–1996) vielmehr die einzelnen „Betriebswirtschaften", die unabhängig von ihrer Größe und Mitarbeiterzahl (Gesundheits-)Leistungen erstellen (vgl. Heinen, 1992, S. 16). Die Betriebe der privaten bzw. gesetzlichen Krankenversicherung sind eher der Versicherungsbetriebslehre als spezielle Betriebswirtschaftslehre der Versicherungswirtschaft zuzuordnen.

Die Gesundheitsbetriebslehre befasst sich mit verschiedenen **Einsatzfaktoren**, die unmittel- oder mittelbar zum Erstellungsprozess von Gesundheitsleistungen beitragen, wie beispielsweise

- die menschliche Arbeitsleistung am Patienten,
- der Einsatz von medizintechnischen und sonstigen Betriebsmitteln,
- die Verwendung von medikamentösen, medizinischen, pharmazeutischen Heilmitteln und sonstigen Stoffen.

Neben diesen Elementarfaktoren gibt es *dispositive* Faktoren (Arbeitsleistungen im Bereich von Leitung, Planung, Organisation, Kontrolle usw.) oder weitere Faktoren, die beispielsweise als

- Leistungen von Dritten,
- immateriellen Leistungen (Rechte, Informationen usw.),
- Zusatzleistungen

in den Leistungserstellungsprozess eingehen.

Beispiel

Häufig gelangen mehrere Faktoren gleichzeitig zum Einsatz: So wird beispielsweise nach Messung des Blutdrucks (menschliche Arbeitsleistung) mit dem Blutdruckmessgerät (medizinisches Betriebsmittel) nach einer Entscheidung des Arztes (dispositiver Faktor) ein blutdrucksenkendes Medikament (Heilmittel) verschrieben.◄

Insofern muss die Betriebswirtschaftslehre für das Gesundheitswesen versuchen, auch in ihrer Bandbreite das betriebswirtschaftliche Geschehen möglichst vollständig zu erfassen. Sie erstreckt sich daher insbesondere auf die Teilgebiete

- Planung,
- Finanzen,
- Mitarbeitende,
- Absatz,
- Organisation,
- Material,
- Information,
- Steuerung und Kontrolle.

Zudem haben sich als wichtige Querschnittsdeterminanten im Laufe der Zeit die medizinische Qualität, aufgrund der zunehmenden Digitalisierung die Informationssicherheit und im Rahmen des Klimaschutzes die Nachhaltigkeit herauskristallisiert. Sie wirken sich direkt oder indirekt auf nahezu alle Bereiche eines Gesundheitsbetriebs aus und bedingen entsprechende Aktivitäten auf diesen Teilgebieten.

1.1.3   Definition und Bedeutung von Gesundheitsbetrieben

Betriebe lassen sich allgemein als Zusammenschluss von Individuen zum arbeitsteiligen Vollzug von Problemlösungsaufgaben ansehen, wozu somit auch beispielsweise
Krankenhäuser oder Arztpraxen zählen (vgl. Fleßa & Greiner, 2020, S. 3).

Der **Gesundheitsbetrieb** stellt eine in sich geschlossene Leistungseinheit zur Erstellung von Behandlungs- oder Pflegeleistungen an Patienten oder Pflegebedürftigen dar,
die dazu eine Kombination von Behandlungseinrichtungen, medizinischen Produkten und
Arbeitskräften einsetzt. Zum Einsatz können auch Betriebsmittel, Stoffe und sonstige Ressourcen gelangen, die nur mittelbar zur Erstellung der Behandlungs- oder Pflegeleistungen
beitragen.

Beispiel

Arztpraxen, Zahnarztpraxen, Pflegeeinrichtungen, heilpraktische Einrichtungen, Kran-
kenhäuser etc. lassen sich somit eindeutig als Gesundheitsbetriebe identifizieren.
Sonstige Einrichtungen des Gesundheitswesens wie Krankenkassen, kassenärztliche
Vereinigungen oder pharmazeutische Unternehmen zählen hingegen nicht dazu. Als
Grenzfälle können beispielsweise Apotheken angesehen werden, da sie eher in der
Arzneimitteldistribution anzusiedeln sind und selten Leistungen direkt am Patienten
erbringen. Eine Krankenhausapotheke kann hingegen durch die Herstellung indivi-
dueller medizinischer Produkte genauso wie eine orthopädische Werkstatt direkt in
einen Krankenhausbetrieb integriert sein. Das gilt beispielsweise auch für ein in einer
Zahnarztpraxis befindliches Dentallabor.

Als Beispiel für eine Auflistung von Gesundheitsbetrieben kann der Geltungsbereich
der Vollzugshilfe zur Entsorgung von Abfällen aus Einrichtungen des Gesundheitsdienstes der Bund/Länder-Arbeitsgemeinschaft Abfall (LAGA) angesehen werden, in
der folgende Einrichtungen genannt sind:

- Krankenhäuser einschließlich entsprechender Einrichtungen in Justizvollzugsanstal-
  ten und Sonderkrankenhäuser,
- Dialysestationen und –zentren außerhalb von Krankenhäusern und Arztpraxen
  einschließlich der Heimdialyseplätze,
- Vorsorge- und Rehabilitationseinrichtungen, Sanatorien und Kurheime,
- Pflege- und Krankenheime bzw. –stationen, einschließlich Gemeinde- und Kranken-
  pflegestationen,
- Einrichtungen für das ambulante Operieren,
- Arztpraxen und Zahnarztpraxen,
- Praxen der Heilpraktiker und physikalischen Therapie (vgl. Bund/Länder-
  Arbeitsgemeinschaft Abfall 2021, S. 4).◄

Die Leistungserstellung von Gesundheitsbetrieben lässt sich folgendermaßen konkretisieren: Nach der Rechtssprechung des *Europäischen Gerichtshofs (EuGH)* sind unter ärztlichen Heilbehandlungen oder Heilbehandlungen im Bereich der Humanmedizin Tätigkeiten zu verstehen, die dem Zweck der Vorbeugung, Diagnose, Behandlung und möglichen Heilung von Krankheiten oder Gesundheitsstörungen bei Menschen dienen (vgl. Europäischer Gerichtshof 2013). Dies gilt unabhängig von

- der Art der Leistung (Behandlung, Attest, Untersuchung etc.),
- den Behandelten/Adressaten (Patienten, Sozialversicherung, Gerichte etc.),
- den Leistungserstellern (Heilpraktiker, Krankenhäuser, Physiotherapeuten, freiberufliche/angestellte Ärzte und Zahnärzte etc.).

Beispiel

Nach verschiedenen Urteilen, Beschlüssen und Schreiben des *EuGH,* des *Bundesministeriums der Finanzen (BMF)* und des *Bundesfinanzhofs (BFH)* zählen beispielsweise folgende Tätigkeiten *nicht* zu Leistungen der Heilbehandlung: Schriftstellerische oder wissenschaftliche Tätigkeiten in ärztlichen Fachzeitschriften, Vortragstätigkeiten vor Ärzten im Rahmen einer Fortbildung, entgeltliche Nutzungsüberlassung von medizinischen Großgeräten, kosmetische Leistungen von Podologen in der Fußpflege etc.◄

Die Gesundheitsbetriebe lassen sich nach unterschiedlichen Merkmalen in folgende **Arten** einteilen (siehe Tab. 1.1):

Die einzelnen Betriebsarten oder –typologien sind nicht immer eindeutig voneinander abgrenzbar: Häufig bieten beispielsweise Spezialkliniken ambulante und stationäre Behandlungsleistungen gleichzeitig an und ein städtisches Klinikum der Vollversorgung wird in der Regel sowohl arbeits- als auch anlagenintensiv betrieben.

Verwandte Begriffe wie „Unternehmen" oder „Firma" sind hingegen zu umfassend bzw. kaum geeignet den Gesundheitsbetrieb zu beschreiben. Während sich das **Unternehmen** als System beschreiben lässt, das aus miteinander in Beziehung tretenden Menschen als seinen Elementen besteht, sich regelmäßig verändert sowie in intensivem Austausch mit seiner Umwelt steht und nach dem ökonomischen Prinzip handelt, stellt die **Firma** den handelsrechtlichen Namen dar, mit dem ein Unternehmen in der Öffentlichkeit auftritt.

Tab. 1.1 Typologie von Gesundheitsbetrieben

Merkmale	Betriebsarten	Beispiele
Größe	Kleinbetriebe, Großbetriebe	Arztpraxis, Universitätsklinik mit Vollversorgung
Rechtsform	Betriebe in öffentlicher Rechtsform, als Personen- oder Kapitalgesellschaften	Landkreisklinik als Eigenbetrieb, (Zahn-)Ärztliche Berufsausübungsgemeinschaft, MVZ GmbH, Klinikum AG
Leistungsumfang	Betriebe mit ambulanter Versorgung, Betriebe mit stationärer Versorgung	Tagesklinik, Tagespflege, Krankenhaus mit verschiedenen Abteilungen bzw. Stationen
Leistungsart	Betriebe für medizinische Grundversorgung, Vollversorgung	Hausarztpraxis, Pflegedienst, stationäre Pflegeeinrichtung
Spezialisierungsgrad	Betriebe für allgemeine Behandlungsleistungen; Betriebe für spezielle Behandlungsleistungen	Allgemeinarztpraxis, HNO-Praxis, Kieferorthopädische Praxis, Augenklinik
Einsatzfaktoren	Arbeitsintensive Betriebe, anlagenintensive Betriebe	Pflegeeinrichtung, Diagnosezentrum, Röntgenpraxis

---

Beispiel

Beispiele für Firmenbezeichnungen von Gesundheitsbetrieben sind *Rhön-Klinikum AG,* Bad Neustadt/Saale, oder *Augustinum gGmbH,* München. Der bekannte Name *Berliner Charité* ist beispielsweise als solches keine Firmenbezeichnung. Richtigerweise handelt sich dabei um eine Körperschaft des Öffentlichen Rechts (KöR) mit der Bezeichnung *Charité – Universitätsmedizin Berlin.*◄

Häufig werden Gesundheitsbetriebe auch als **Non-Profit-Organisation (NPO)** bezeichnet. Diesen sind sie allerdings nur zuzurechnen, sofern sie in öffentlicher oder privatgewerblicher Trägerschaft keine kommerziellen Interessen oder Renditeerzielungsabsichten verfolgen, sondern in erster Linie der Gemeinnützigkeit dienen.

Ein Blick auf die **Anzahl** ausgewählter Gesundheitsbetriebe macht deutlich, welche Bedeutung sie für die betriebliche Landschaft Deutschlands haben (siehe Tab. 1.2).

Zählt man die statistisch so detailliert erfassten und daher in Tab. 1.2 nicht aufgeführten Betriebe in den Bereichen Beschäftigungs- und Arbeitstherapie, Hebammen/ Geburtshelfern, Heilpraktik, Massagen, Medizinische Badeanwendungen, Krankengymnastik, Psychotherapie etc. hinzu, kommt man auf über 200.000 Einrichtungen mit mehr als 4 Mio. Mitarbeitenden.

Tab. 1.2 Anzahl und Mitarbeitende ausgewählter Gesundheitsbetriebe in Deutschland in den Jahren 2019/2020 (vgl. Statistisches Bundesamt 2022a)

Betriebe	Jahr	Anzahl	Mitarbeitende
Krankenhäuser	2020	1903	1.229.000
Vorsorge- oder Rehabilitationseinrichtungen	2019/20	1112*	119.000
Arztpraxen	2020	100.693	710.000
Zahnarztpraxen	2020	39.325	358.000
Pflegedienste ambulant	2019/20	14.688*	418.000
Pflegeeinrichtungen stationär und teilstationär	2019/20	15.380*	754.000
Gesamt		173.101	3.588.000

* Angaben für 2019

Hinsichtlich ihrer **Größe** lassen sich Gesundheitsbetriebe häufig den KMU-Kriterien der Europäischen Union (EU) für kleine und mittlere Unternehmen zuordnen, die definierte Grenzen hinsichtlich Beschäftigtenzahl und Umsatzerlös vorgeben. Vereinfacht gesagt haben **KMU** maximal 250 Mitarbeiter und einen Umsatzerlös von höchstens 50 Mio. Euro. Dies dürfte – mit Ausnahme von Großkliniken und Konzernen im Pflege- bzw. Krankenhausbereich – bei einer hohen Anzahl von Gesundheitsbetrieben der Fall sein.

Beispiel:

Kleine und mittlere Unternehmen KMU gemäß EU-Definition:

- Mittlere Unternehmen: Mitarbeiter bis 249 und Umsatz bis 50 Mio. Euro oder Bilanzsumme bis 43 Mio. Euro;
- Kleine Unternehmen: bis 49 Beschäftigte, Umsatz bis 10 Mio. Euro oder Bilanzsumme bis 10 Mio. Euro;
- Kleinstunternehmen: bis 9 Mitarbeiter, Umsatz oder Bilanzsumme bis 2 Mio. Euro (vgl. Bundesministerium für Wirtschaft und Energie 2022, S. 1)◄

Die meisten Arzt- und Zahnarztpraxen dürften beispielsweise hinsichtlich Mitarbeiter- und Umsatzzahlen somit unter die Definition für Kleinstunternehmen fallen.

Der **Gesamtumsatz** aller Gesundheitsbetriebe lässt sich am ehesten anhand der Gesundheitsausgaben aller Ausgabenträger (öffentliche Haushalte, private Haushalte, gesetzliche und private Kranken- und Pflegeversicherung usw.) ermessen, die 2020 nahezu 441 Mrd. Euro betrugen (vgl. Statistisches Bundesamt 2022b).

1.2   Geschichtliche Entwicklungslinien

1.2.1   Entwicklung bis ins 19. Jahrhundert

Während sich die Geschichte medizinischer Tätigkeit in wie auch immer gearteten ärztlichen Praxen (mit dem Einsatz von Assistenten, Gehilfen, Arznei- und „Zaubermitteln", Therapieanweisungen, Informations- und Schriftsammlungen usw., vgl. Kudlien, 1990, S. 41 ff.)) bis zu den Regelungen für die ärztliche Berufsausübung durch den *Gesetzeskodex* des *Hammurabi* (1792–1750 v. Chr.) oder der *rationalen Medizin* durch *Hippokrates von Kos* (460–370 v. Chr.), mit noch heute gültigen Hinweisen zur Ausgestaltung des Behandlungsprozesses (Anamnese, Beobachtung, Befragung, Untersuchung, Diagnose, Therapie usw.) zurückverfolgen lässt (vgl. Preiser, 1986, S. 49 ff.), ist die geschichtliche Entwicklung des Gesundheitsbetriebs vor allen Dingen eng mit der Entstehung von Hospitälern und Krankenheilanstalten verknüpft (vgl. hierzu insbesondere die Zeitschrift der Deutschen Gesellschaft für Krankenhausgeschichte – DGKG „Historia Hospitalium").

Im 6. Jahrhundert v. Chr. suchten Kranke im Asklepios-Heiligtum in Griechenland durch einen Heilschlaf (Inkubation) Linderung (vgl. Steger, 2002, S. 45 ff.). Der Begriff **Klinik** lässt sich aus dem griechischen Wort *kline* ableiten, das sind Liegen, auf die die Kranken von Tempeldienern (Therapeuten) gegen ein Honorar gelegt wurden.

Seit der Regierungszeit des römischen Kaisers *Augustus* (63 v. Chr. – 14. n. Chr.) sind Militärlazarette (**Valetudinarien**) der Römer zur gesundheitlichen Versorgung ihrer Legionäre nachweisbar. Diese verfügten als relativ große Pflegeeinrichtungen neben Ärzten auch über Schreibkräfte und Inspektoren für die Verwaltungs- und Organisationsaufgaben.

Um 370 wurde in Mittelanatolien die große Krankenanstalt von *Caesarea* gegründet, die als **Xenodochion** nicht nur zur medizinischen Versorgung ausgebildete Ärzte bereithielt, sondern auch als Vorläufer des **Hospitals** Armen und Fremden Unterkunft und Pflege bot.

Die Gründung des Benediktinerklosters um 529 auf dem Monte Cassino gilt zugleich als die Geburtstunde der Klösterhospitäler. Die Krankenhäuser der Mönche (**Infirmarien**) und ihre Klostermedizin reichten bis ins 12. Jahrhundert und wurden danach durch Praxisverbote für Geistliche weitestgehend begrenzt.

Die um 583 entstandenen **Leprosorien** waren Pflegeeinrichtungen, die außerhalb der Kloster- und Stadtmauern relativ isoliert von der übrigen Gesellschaft angesiedelt waren. Zu Beginn handelte es sich um ärmliche Holzhütten für die Aussätzigen, denen erst gegen 1120 durch Angehörige des Jerusalemers *St. Lazarus-Ordens* in Form von **Lazaretten** eine einigermaßen angemessene Pflege zuteil wurde. Die Berliner *Charité* ging beispielsweise aus einem **Pesthaus** hervor. Diese wurden vorsorglich gegen plötzlich hereinbrechende Seuchen errichtet (vgl. Ulbricht, 1997, S. 9 ff.).

Um 800 ließ Kalif *Hārūn ar-Raschīd* (763–809) eines der ersten islamischen Krankenhäuser errichten, das auch über Apotheken, Bibliotheken und ärztliche Ausbildungseinrichtungen verfügte und in dem die Behandlung kostenlos war.

Nachdem durch das *Konzil von Clermont* 1130 Geistlichen die Praxistätigkeit untersagt wurde, überließen zahlreiche europäische Klöster ihre Spitäler weltlichen Laienhelfern. Sie gingen in kommunale Regie über oder wurden durch weltliche bzw. in Folge der mittelalterlichen Kreuzzüge durch geistliche Ritterorden betreut.

Die Spezialisierung von Gesundheitsbetrieben lässt sich neben der dargestellten Entwicklung von Seucheneinrichtungen wie Pesthäusern und Leprosorien ebenfalls viele Jahrhunderte zurückverfolgen. So verfügte das französische Hospital *Hôtel-Dieu* um 1630 über eine geburtshilfliche Abteilung und eine Hebammenschule. Viele Krankenanstalten im 17. Jahrhundert besaßen eigene Irrenabteilungen, **Zucht- und Tollhäuser**, die allerdings nicht immer dem Gesundheitsgedanken, sondern vielmehr staatspolitischen Zielsetzungen zentraler Erfassung und Disziplinierung von Teilen der Bevölkerung geschuldet waren.

1784 wurde mit dem *Allgemeinen Krankenhaus in Wien* ein erstes **Großkrankenhaus** in Mitteleuropa eröffnet. Im Gegensatz zu den früheren Hospitälern stand es ausschließlich für die Krankenversorgung zur Verfügung (vgl. Universität Wien 2022, S. 1).

1872 wurde ebenfalls in Wien die erste **Poliklinik** Europas gegründet, die zunächst aus mehreren Ambulanzen zur Versorgung armer Patienten bestand. Hier entstanden nach und nach einzelne Spitalsabteilungen, ein Hörsaal sowie 1896 ein erstes Röntgenkabinett. Die Betriebskosten wurden zunächst von den Gründern, einem Dutzend junger Universitätsassistenten, selbst getragen, aber einige Jahre später durch einen Finanzierungsverein und dessen Spendensammlung auf eine einigermaßen sichere Grundlage gestellt.

Bereits im frühen 19. Jahrhundert gab es hingegen ambulante Polikliniken beispielsweise in Würzburg und Göttingen und damit eine völlig andere Art der ärztlichen Praxis. Die Patientenschaft bestand aus denjenigen Stadtarmen, die von den Armenverwaltungen als berechtigt eingestuft worden waren. Daraus resultierte eine doppelte Ausrichtung der Hausbesuche: auf der einen Seite armenärztliche Praxis als Hilfe und zur Ausbildung angehender Ärzte, auf der anderen Seite aber gerade auch das universitär-medizinische Forschen. Daher bewegte sich der „Praxisbetrieb" immer zwischen Hilfe, Kontrolle und Forschung (vgl. Institut für Geschichte der Medizin der Robert Bosch Stiftung, 2013, S. 1 ff.).

Das 1889 eröffnete *St. Mary´s Hospital* in Rochester (Minnesota) stellte als Großkrankenhaus eine erste Form privater Krankenhausorganisation dar, in der verschiedene Spezialisten miteinander kooperierten.

Ebenfalls im 19. Jahrhundert entstand eine Vielzahl von zumeist in privater Trägerschaft befindlichen Heilanstalten (**Sanatorien**), die vor allen Dingen einer wohlhabenden Oberschicht die Heilung von Tuberkolose, Asthma oder Alkoholismus in Luftkurorten, Thermal- oder Seebädern ermöglichen sollten. Ihr historischer Ursprung geht zum Teil auf die römische Bäderkultur zurück und auf Siedlungen rund um heiße Quellen, denen man Heilwirkung zuschrieb.

Zu Erkenntnissen über die Entstehungsgeschichte der **Arztpraxen** tragen Tagebücher und Journale der ärztlichen Praxis bei, wie die des *Johannes Magirus* (1615–1697). Für diesen Arzt war das Praxistagebuch ein Fundus, aus dem Lehrmaterial gewonnen und publiziert werden konnte. Es war wertvoll sowohl für die alltägliche Praxis als auch für die wissenschaftliche Reputation.

Der Suhler Arzt *Johann Friedrich Glaser* (1707–1789), Sohn eines Scharfrichters, etablierte seine Praxis erfolgreich und konnte im Laufe der Zeit verstärkt ökonomisch potentere Klientel rekrutieren. Zusätzlich erhielt er ein Apothekerprivileg und akademische Vorrechte. Das Praxistagebuch diente ihm als Haus-/Rechnungsbuch und medizinisches Register.

Die Krankenjournale aus der Praxis des C. A. Bloesch zwischen 1830 und 1863 dienten dem Bieler Arzt zum einen als administratives Rechnungsbuch, zum anderen waren sie parallel aber immer auch auf eigene Forschungen und wissenschaftliche Publikationen ausgerichtet. Während er zu Beginn seiner Aufzeichnungen noch Therapien aus den Diagnosen abzuleiten versuchte, entschied er später über Therapien anhand von Symptomketten. Die Diagnose diente dann nur noch statistischen Erhebungen. Im Laufe der Aufschreibepraxis wurde im Journal auch das Krankenbett-Tagebuch aufgenommen.

Ein Beispiel für homöopathische Praxen ist die des *Friedrich v. Bönninghausen* (1828–1910) aus Münster, der die Praxis seines Vaters übernahm, dessen Aufschreibepraxis und Patientenstamm. Die homöopathische Praxis war fest im Münsteraner medizinischen Markt verankert.

Zusammenfassend lässt sich festhalten, dass bereits weit vor 1850 die Arztpraxis als Raum der Behandlung existierte. Alle Ärzte hatten auch eigene Behandlungsräume, in denen sie Patienten empfingen. Nur in seltenen Fällen waren die Akteure ausschließlich Ärzte, häufig war die Praxis nur ein Einkommensbaustein, z. B. neben öffentlichen Ämtern oder universitärer Lehre. Erst nach jahrelanger Etablierung waren einige wenige Praxen ökonomisch ausreichend erfolgreich. Bereits ab 1750 lässt sich die zunehmende Nutzung akademischer Ärzte durch ,mittlere' Schichten nachweisen, wobei deutliche Unterschiede zwischen Stadt und Land zu konstatieren sind. Die Mediziner wurden von Kranken auch nicht erst „im letzten Moment" aufgesucht, vielmehr wurden Arztbesuche zunehmend in den Alltag der Bevölkerung integriert. Und diese Konsultationen blieben bis weit ins 19. und frühe 20. Jahrhundert hinein vielfach Aushandlungsprozesse zwischen den Akteuren. Während die Therapien im Untersuchungszeitraum weitgehend stabil blieben, änderte sich die medizinische Theorie wiederholt. Innovationen waren aber nur dann erfolgreich, wenn sie in die Logik und den Alltag der Praxis integrierbar waren. Gesellschaftliches Engagement/Politik, Religion und Familie waren notwendige Ressourcen zur erfolgreichen Positionierung der Praxen am jeweiligen Markt. Die Reputation der Familie oder gar die Übernahme einer alten Praxis, das gesellschaftliche Engagement durch Ämterübernahme oder die Teilnahme am religiösen Leben ermöglichten den Therapeuten den Zugriff auf verschiedene Klientelgruppen. Daraus ist ersichtlich, dass die Konsultation einer bestimmten Praxis und die Wahl eines Arztes von mehr abhängig waren als von rein medizinischen Gesichtspunkten (vgl. Institut für Geschichte der Medizin der Robert Bosch Stiftung, 2013, S.

1.2.2 Neuere Entwicklungen

Zahlreiche Gesundheitsbetriebe in Form von Kliniken entstanden nach dem Vorbild der **Poliklinik** in ganz Europa. Ursprünglich als Krankenhausabteilung zur ambulanten Behandlung von Patienten und zur Unterrichtung von Medizinstudenten konzipiert, wurden auch größere Krankenhäuser als Groß- oder Universitätskliniken bezeichnet. Während man bis in die Mitte des letzten Jahrhunderts der Überlegung folgte, dass jede Fachklinik über ein eigenes Gebäude verfügen musste, setzte man in der Folge auf eine gemeinsame Nutzung der technischen, wirtschaftlichen und medizinischen Ressourcen. Häufig wurden die Krankenstationen von den übrigen Bereichen getrennt und diese ebenfalls nach Funktionen (Behandlung, Untersuchung, Forschung, Lehre, Wirtschaft und Verwaltung) gegliedert.

Beispiel

Im *Universitätsklinikum Aachen* werden jährlich rund 50.000 Patienten stationär und ca. 200.000 Patienten ambulant behandelt. Zu dem Großbetrieb mit rund 8500 Beschäftigten und 1400 Betten gehören 36 Fachkliniken, 33 Institute und sechsfachübergreifende Einheiten, die in den Bereichen Krankenversorgung, Forschung und Lehre seit 1982 für einen intensiven interdisziplinären Austausch und eine enge klinische und wissenschaftliche Vernetzung in einem Zentralgebäude gebündelt sind (vgl. Uniklinik RWTH Aachen, 2022, S. 1).◄

Polikliniken mit stationärer Versorgung existieren heutzutage vor allem in Schweden sowie meistens in ehemals sozialistischen Staaten wie Russland, der Ukraine, Rumänien oder Bulgarien.

In den Jahren 1923/24 führte eine Ärztestreik, bei dem die Ärzte aufgrund der allgemein schwierigen wirtschaftlichen Situation Barzahlungen von ihren Kassenpatienten verlangten, zur Gründung von **Ambulatorien** durch die Krankenkassen. Diese waren – bedingt durch die Inflation – gegenüber den Ärzten mehrfach in Zahlungsschwierigkeiten gekommen, u. a., weil die Arbeitgeberbeiträge nur vierteljährlich und damit bereits entwertet bei ihnen eingingen. In den Ambulatorien waren Ärzte unterschiedlicher Fachrichtungen von den Krankenkassen direkt angestellt worden. Im Gegenzug behandelten die streikenden Ärzte nun keine Mitglieder von Krankenkassen mehr, die Ambulatorien betrieben (vgl. Wolff 1994, S. A 1420 f.).

Durch die Zusammenfassung verschiedener Fachärzte in einer größeren Praxis entstanden in einigen europäischen Ländern wie Österreich, Dänemark, Schweiz, Niederlanden ebenfalls Ambulatorien. Diese Form der ambulanten ärztlichen Behandlung war auch in der DDR eine weit verbreitete Organisationsform. Die ambulanten Behandlungszentren mit angestellten Fachärzten verschiedener Fachrichtungen wurden zugunsten von Einzelpraxen niedergelassener Ärzte nach und nach aufgelöst, mit der Folge, dass es mancherorts noch heute mehrere Privatpraxen unter einem Dach gibt und diese Einrichtungen meist **Ärztehaus** genannt werden. Bei heutzutage betriebenen Ärztehäusern oder Ärztezentren handelt es sich in der Regel um Facharztpraxen mit einem gemeinsamen Standort, wobei es auch als Ärztezentrum bezeichnete kommunale Eigeneinrichtungen mit dem Ziel der örtlichen medizinischen Versorgung gibt (vgl. Ärztezentrum Büsum 2022, S. 1).

Als eine weitere betriebliche Form der ärztlichen Berufsausübung hat sich die **Praxisgemeinschaft** entwickelt, als Zusammenschluss mehrerer Ärzte oder Ärztinnen, Psychotherapeuten oder Psychotherapeutinnen und/oder Berufsausausübungsgemeinschaften (BAG) mit den Zielen der gemeinsamen Nutzung von Praxisräumen, medizinisch-technischen Geräten und/oder die gemeinsame Beschäftigung von Praxismitarbeitenden. Die **Berufsausübungsgemeinschaft** (BGA) ist auf die frühere Gemeinschaftspraxis gefolgt, die eine häufig vorkommende Kooperationsform zwischen niedergelassenen Ärzten darstellte.

In jüngerer Zeit versucht man auch durch Zentralisation und Zusammenfassung ehemals eigenständiger Einrichtungen zu Großbetrieben die Effektivität zu steigern und Synergieeffekte zu nutzen. So werden gerade im kommunalen oder staatlichen Bereich ehemals eigenständige Kliniken und Krankenhäuser zu größeren Organisationseinheiten zusammengeschlossen.

Beispiel

Das *Klinikum der Universität München* mit dem Campus Großhadern und dem Campus Innenstadt ist seit dem 1. Oktober 1999 ein organisatorisch, finanzwirtschaftlich und verwaltungstechnisch selbstständiger Teil der Ludwig-Maximilians-Universität. Durch diesen Zusammenschluss hat es sich zu einem der größten Krankenhäuser in Deutschland und Europa entwickelt. Die historische Entwicklung lässt sich baulich gut nachvollziehen: Während der Campus Innenstadt aus einer Vielzahl von Gebäuden besteht (1813 eröffnete das Allgemeine Städtische Krankenhaus, zahlreiche weitere Kliniken entstanden in der Umgebung und bildeten so das Klinikviertel am Sendlinger Tor), besteht der Campus Großhadern im Wesentlichen aus dem ehemaligen Großklinikum, mit dessen Bau 1967 begonnen wurde (vgl. Klinikum der Universität München 2022, S. 1).◄

Eine weitere Entwicklungslinie ist die Reaktivierung des Konzepts der Polikliniken und die Möglichkeit des Zusammenschlusses von zur kassenärztlichen Versorgung zugelassenen Ärzten und andere Leistungserbringer im Gesundheitswesen in einem **Medizinischen Versorgungszentrum (MVZ)**. Das *GKV-Modernisierungsgesetz* von 2004 reagierte damit auf die anhaltende Entwicklung zu klinikähnlichen Gemeinschaftspraxen (Praxiskliniken) und zur Einrichtung von Praxen in Krankenhäusern durch Belegärzte.

Auch gewinnt die **Partnerschaft** als eigenständige Kooperationsform nach dem *Partnerschaftsgesellschaftsgesetz* (PartGG), die ebenfalls als Rechtsform einer ärztlichen Berufsausübungsgemeinschaft in Betracht kommt und zu der sich Angehörige freier Berufe zur Berufsausübung zusammenschließen können (vgl. § 1 PartGG), an Bedeutung. Ebenso die regionalen Zusammenschlüsse von Vertragsärzten bzw. -ärztinnen verschiedener Fachrichtungen und Psychologischen Psychotherapeuten bzw. -therapeutinnen zu **Praxisnetzen**.

Die systematische Befassung mit wirtschaftlichen Sachverhalten der Gesundheitsbetriebe entstand ebenfalls erst in den letzten Jahrzehnten des vergangenen Jahrhunderts. Obwohl es schon in den bereits erwähnten römischen Valetudinarien Schreibkräfte und Inspektoren für Verwaltungs- und Organisationsaufgaben und damit Hinweise auf betriebliche Aufbau- und Ablauforganisationen gab, entwickelten sich erst mit der ebenfalls vergleichsweise jungen Allgemeinen Betriebswirtschaftslehre (ABWL) in deren Folge auch die speziellen Betriebswirtschaftslehren beispielsweise für Industrie-, Handels- oder Bankbetriebe und letztendlich auch für die Gesundheitsbetriebe.

Die BWL selber erhielt etwa um 1900 ihr methodisches Fundament, als unter anderem in Aachen, Leipzig und Wien Handelshochschulen gegründet wurden. In Paris gab es mit der *Ecole Supérieure de Commerce* bereits 1819 eine Wirtschaftshochschule. Pioniere im deutschsprachigen Raum waren beispielsweise *Eugen Schmalenbach* (1873–1971) mit seinen *Grundlagen dynamischer Bilanzlehre,* sowie *Erich Gutenberg* (1897–1984), der 1951 mit seinem Werk *Produktion* erstmals eine umfassende systematische Analyse der Fertigung und Organisation eines Betriebs darlegte. Zu den Wegbereitern spezieller Betriebswirtschaftslehren zählen beispielsweise *Edmund Heinen* (1919–1996) mit seiner 1972 veröffentlichten *Industriebetriebslehre,* sowie *Henner Schierenbeck* (geb. 1946) mit der von ihm mitbegründeten *Bankbetriebslehre.*

Im Gesundheitswesen entwickelten sich für einzelne Teilgebiete spezielle Management- und Betriebslehren. Dazu zählen beispielsweise die 1975 bereits in der 3. Auflage erschienene *Krankenhausbetriebslehre* von *Siegfried Eichhorn,* die diesbezüglichen Arbeiten von *Günther E. Braun* (1999) oder *Wilfried von Eiff* (1980), die Schriften zum *Pflegemanagement* von *Gabriele Borsi* (1994) oder die *Managementlehren für Arzt-* und *Zahnarztpraxen* von *Klaus D. Thill* (2002), *G. F. Riegl* (1990) und vom Autor dieses Buches (1995).

Um die mittlerweile erreichte Forschungs- und Lehrintensität zu verdeutlichen, dient die Auflistung beispielsweise folgender Einrichtungen aus einer Auswertung von *German*

Research Institutions (GERiT) als Informationsportal der *Deutschen Forschungsgemein-schaft (DFG)* in Zusammenarbeit mit dem *Deutschen Akademischen Austauschdienst (DAAD)* und der *Hochschulrektorenkonferenz (HRK),* die sich in Haupt- oder Neben-funktion mit unterschiedlichen gesundheitsbetrieblichen Inhalten befassen (vgl. German Research Institutions 2022, S. 1):

- Albert-Ludwigs-Universität Freiburg: Abteilung für Marketing und Gesundheitsma-nagement;
- Apollon Hochschule der Gesundheitswirtschaft GmbH, Bremen;
- Frankfurt School of Finance & Management: Institute for International Health Manage-ment;
- Bayerischer Forschungsverbund Public Health – Öffentliche Gesundheit, München;
- Bergische Universität Wuppertal: Bergisches Kompetenzzentrum für Gesundheitsöko-nomik und Versorgungsforschung, Lehrstuhl für Volkswirtschaftslehre, insbesondere Gesundheitsökonomik;
- Berlin School of Public Health an der Charité, Berlin;
- Charité Universitätsmedizin Berlin: Institut für Sozialmedizin, Epidemiologie und Gesundheitsökonomie (CCM);
- Christian-Albrechts-Universität zu Kiel: Abteilung Haushalts- und verbraucherorien-tierte Gesundheitsökonomik;
- Centrum für Krankenhausmanagement (CKM), Münster;
- Deutsche Hochschule für Prävention und Gesundheitsmanagement, Saarbrücken;
- Deutsches Krebsforschungszentrum (DKFZ): Abteilung für Gesundheitsökonomie;
- DIU – Dresden International University GmbH: Fachbereich Gesundheitswesen
- Ernst-Moritz-Arndt-Universität Greifswald: Lehrstuhl für ABWL und Gesundheitsma-nagement;
- Evangelische Hochschule Nürnberg: Sozial- und Gesundheitswirtschaft, Gesundheit und Pflege;
- FH Münster – Münster School of Health: Fachbereich Gesundheit;
- Friedrich-Alexander-Universität (FAU) Erlangen-Nürnberg: Lehrstuhl für Betriebswirt-schaftslehre, insbesondere Gesundheitsmanagement;
- Forschungsverbund Public Health Sachsen, Dresden;
- Goethe-Universität Frankfurt am Main: Zentrum für Gesundheitswissenschaften;
- Gottfried-Wilhelm-Leibniz-Universität Hannover: Institut für Gesundheitsökonomie;
- Heinrich-Heine-Universität Düsseldorf: Institut für Versorgungsforschung und Gesund-heitsökonomie;
- Helmholtz Zentrum München – Deutsches Forschungszentrum für Gesundheit und Umwelt: Institut für Gesundheitsökonomie und Management im Gesundheitswesen (IGM);
- Hochschule Bremen: Institut für Gesundheits- und Pflegeökonomie (IGP);
- Hochschule Emden/Leer: Fachbereich Soziale Arbeit und Gesundheit;

- Hochschulen Fresenius gGmbH Idstein: Fachbereich Gesundheit und Soziales;
- Hochschule Fulda: Fachbereich Gesundheitswissenschaften;
- Hochschule für Gesundheit, Bochum;
- Hochschule Neu-Ulm: Fakultät Gesundheitsmanagement;
- Hochschule Neubrandenburg: Fachbereich Gesundheit, Pflege, Management;
- Hochschule Zittau/Görlitz: Forschungsinstitut Gesundheit, Altern, Arbeit und Technik (GAT);
- IB-Hochschule für Gesundheit und Soziales, Berlin;
- Justus-Liebig-Universität Gießen: Gesundheitsökonomie;
- Katholische Hochschule Nordrhein-Westfalen: Fachbereich Gesundheitswesen, Köln;
- Katholische Stiftungshochschule München: Fakultät Gesundheit und Pflege;
- Gottfried-Wilhelm-Leibniz-Universität Hannover: Institut für Gesundheitsökonomie;
- Leuphana Universität Lüneburg: Sektion Ökonomie, Management & Gesundheit;
- Ludwig-Maximilians-Universität München (LMU): Institut für Gesundheitsökonomie und Management im Gesundheitswesen, Lehrstuhl für Public Health und Versorgungsforschung, Munich Center of Health Sciences (MC-Health);
- Medizinische Hochschule Hannover (MHH): Zentrum Öffentliche Gesundheitspflege;
- Ostfalia Hochschule für angewandte Wissenschaften Wolfenbüttel: Fakultät Gesundheitswesen;
- Otto-von-Guericke-Universität Magdeburg: Professur VWL, insb. Gesundheitsökonomie;
- Pädagogische Hochschule Schwäbisch Gmünd: Fakultät I, Institut für Gesundheitswissenschaften und Institut für Pflegewissenschaften;
- Philipps-Universität Marburg: Institut für Health Care Management e. V.;
- Technische Universität Berlin: Fachgebiete Management im Gesundheitswesen; Strukturentwicklung und Qualitätsmanagement im Gesundheitswesen; Empirische Gesundheitsökonomie; Ökonomie des öffentlichen Sektors, insbes. Gesundheitsökonomie;
- Technische Universität Dresden: Forschungsbereich für Gesundheitswissenschaften/ Public Health, Zentrum für Evidenzbasierte Gesundheitsversorgung (ZEGV);
- Technische Universität München (TUM): Lehrstuhl für Gesundheitsökonomie;
- Universität Augsburg: Lehrstuhl für Finanzwissenschaft, insb. Gesundheitsökonomik;
- Universität Bayreuth: Institut für Medizinmanagement und Gesundheitswissenschaften, Außerplanmäßige Professur Gesundheitsökonomie und Gesundheitsmanagement;
- Universität Bielefeld: Fakultät Gesundheitswissenschaften, Arbeitsgruppe 5 Gesundheitsökonomie und Gesundheitsmanagement;
- Universität Bremen: Fachbereich Human- und Gesundheitswissenschaften, Institut für Public Health und Pflegeforschung (IPP);
- Universität Erlangen-Nürnberg: Lehrstuhl für Gesundheitsmanagement;
- Universität Hamburg: Fakultät BWL, Management im Gesundheitswesen;
- Universität Trier: International Health Care Management Institute (IHCI), Zentrum für Gesundheitsökonomie (ZfG);

- Universität zu Köln: Fakultätsbereich Gesundheitsökonomie, Seminar für ABWL und Management im Gesundheitswesen;
- Westsächsische Hochschule Zwickau: Fakultät Gesundheits- und Pflegewissenschaften;
- Wissenschaftliches Institut der Techniker Krankenkasse für Nutzen und Effizienz im Gesundheitswesen (WINEG), Hamburg.

Zu den neueren Entwicklungen zählt beispielsweise die **Translationale Gesundheitsökonomie** und damit die Umsetzung neuer medizinischer Erkenntnisse in die Praxis unter Analyse der damit verbundenen Informationsbereitstellungs- und Entscheidungsfindungsprozesse aus gesundheitsökonomischer Sicht. Sie beantwortet dazu z. B. Fragen nach der

- Generierung und Synthese von Evidenz zu Kosten und Effekten neuer Interventionen im Gesundheitswesen,
- Entwicklung von Instrumenten zur Unterstützung von Innovationsentscheidungen,
- Analyse von Entscheidungsprozessen über die Finanzierung neuer medizinischer Technologien,
- Analyse der notwendigen Rahmenbedingungen für ein erfolgreiches Management von Innovation in Medizin und Public Health im Hinblick auf Wirksamkeit, Kostenbewusstsein und Verteilungsgerechtigkeit (vgl. Rogowski et al., 2016, S. 405 ff.).

Im Management von Gesundheitsbetrieben findet sich der Trend wieder, anhand von **Fallstudien** in zentrale Methoden einzuführen, um den Bedarf an Professionalisierung durch die Nutzung theoretisch reflektierter und empirisch erprobter Konzepte zu decken. Zu erwähnen sind hierbei die studienbasierte Betrachtung konzeptioneller Ansätze wie das **Service Blueprinting**, bei dem gesundheitsbetriebliche Leistungen strukturiert vom Erst- bis zum Letztkontakt mit Patientinnen und Patienten untersucht werden, oder des Einsatzes der **Discrete Event Simulation** (DES) in Gesundheitsbetrieben, als technisches Hilfsmittel im Prozessmanagement insbesondere zur Überwindung von Engpässen und unnötigen Wartezeiten sowie zur Kostenoptimierung (vgl. Rogowski, 2020, S. 2 ff.).

Bei der Analyse einzelner **Betriebstypen** stehen zunehmend die Krankenhäuser im Fokus. Der Kompromiss zwischen staatlicher Planung und wettbewerblicher Interessen sowie zwischen Versorgungssicherheit und stärkerer Effizienz im System führt dazu, das kleinere Krankenhäuser in weniger dicht besiedelten Gebieten zunehmend Schwierigkeiten haben, den Betrieb aufrecht zu erhalten. Sie sehen sich zunehmend gezwungen, sich zu spezialisieren oder zu größeren Zentren zusammenzuwachsen (vgl. Greß et. al. 2022, S. 11).

In der Betrachtung des gesundheitsbetrieblichen **Leistungsspektrums** zeichnen sich Trends ab, wie beispielsweise, dass mit den ICD-Revisionen auch Anzahl der Krankheiten zunimmt oder neue Herausforderungen im Bereich personalisierter Medizin und

Digitalisierung entstehen: Bedeutet etwa das Tragen eines bestimmten Gens das Eintreten einer zukünftigen Krankheit oder das Melden der Störung einer Körperfunktion durch eine App einen Behandlungsbedarf (vgl. Gerber-Grote, 2021, S. 24).

Im Bereich der **Betriebsführung** wird eine Änderung der Führungskultur als dringend erforderlich erachtet, um die zukünftigen Herausforderungen der Gesundheitsbetriebe zu bewältigen. Dazu gehört eine werteorientierte Betriebskultur, die von Achtsamkeit, Wertschätzung, eines positiven Umgangs mit Fehlern sowie Vertrauen und Verlässlichkeit geprägt ist, sowie eine Kultur die die Mitarbeitenden zu persönlicher Entwicklung anregt und sie zu Verantwortungsübernahme und Kollegialität ermutigt. In vielen Gesundheitsbetrieben steht ein grundlegender, werteorientierter Kulturwandel noch aus, weswegen das Change-Management an Bedeutung gewinnen wird (vgl. Oldhafer et. al. 2020, S. 2).

1.3 Betriebstheoretische Grundlagen

1.3.1 Betriebswirtschaftliche Prinzipien

In der Allgemeinen Betriebswirtschaftslehre (ABWL) gilt das Prinzip des rationellen Handelns (**Rationalprinzip**) als ein wesentlicher Maßstab und dient zugleich als Grundlage für die Theoriebildung. Es besagt in seiner allgemeinen Fassung, dass der Mensch versucht, sein Ziel mit möglichst geringem Einsatz zu erreichen.

Obwohl es eine Grundlage vernünftigen menschlichen Handelns darstellt, ist dieses Prinzip für den Gesundheitsbetrieb zumindest kritisch zu hinterfragen: Kann ein angestrebter Gesundheitszustand unter strikter Anwendung dieses Prinzips erzielt werden? Ist es nicht vielmehr erforderlich den Einsatz zu erbringen, der für die Gesunderhaltung oder Gesundwerdung notwendig ist, auch wenn er nicht ein Minimum an Aufwand darstellt?

Andererseits werden ein Arzt oder eine Ärztin beispielsweise auch nur die Menge an Medikamenten verabreichen, die absolut notwendig sind. Dies entspricht zweifelsohne einer Begrenzung des Mitteleinsatzes und damit auch dem Rationalprinzip.

Um sich rational verhalten zu können, müssen Zielgrößen und Nebenbedingungen bekannt sein. Das Streben nach Wirtschaftlichkeit stellt rationales Verhalten auf dem Gebiet der Wirtschaft dar.

Betrachtet man das auf dem Rationalprinzip aufbauende **Wirtschaftlichkeitsprinzip**, so kommt man der Lösung des Problems ein wenig näher. Es stellt eine formale Beziehung zwischen den Zielen menschlichen Handelns und den zur Erreichung der Ziele notwendigen Mitteln dar und lässt sich sowohl als **Minimalprinzip** als auch als **Maximalprinzip** formulieren:

- Minimalprinzip: Ein gegebener Ertrag soll mit möglichst geringem Aufwand erreicht werden
- Maximalprinzip: Ein möglichst maximaler Ertrag soll mit einem gegebenen Aufwand erreicht werden.

Während das Minimalprinzip eine Art Konkretisierung des Rationalprinzips darstellt, erweitert das Maximalprinzip das wirtschaftlich rationelle Handeln um die Maximierung des Ertrags.

Beispiel

Um eine bakterielle Infektion zu bekämpfen, wird dem Patienten ein Antibiotikum verordnet. Die Dosierung und der Einnahmezeitraum sind genau vorgegeben. Mit dem Einsatz eines bakterizid wirkenden Penicillins, sollen möglichst alle Bakterien abgetötet werden.◄

Einerseits handeln der Arzt oder die Ärztin im Beispiel nach dem Minimalprinzip, denn sie werden versuchen, den gewünschten Erfolg zunächst mit einer möglichst geringen Dosierung zu erreichen. Andererseits versuchen sie mit dem vorgegebenen Medikamenteneinsatz eine größtmögliche Verbesserung des Gesundheitszustands zu erzielen.

In einem Gesundheitsbetrieb kann somit grundsätzlich nach diesen Prinzipien gehandelt werden. Wie am Beispiel aufgezeigt, muss dies sogar bisweilen auch aus medizinischen Erwägungen heraus zwingend erfolgen. Erst recht gilt dies für den Einsatz von betrieblichen Ressourcen, die nicht unmittelbar mit einer Behandlungsleistung verbunden sind. Sie gilt es nach Wirtschaftlichkeitserwägungen möglichst rational einzusetzen und ihren Beitrag zur Zielerreichung zu maximieren.

Beispiel

Beispielsweise kann der Einsatz von Personal und Material für die Kassen- und Privatliquidation einer Arztpraxis ohne weiteres unter Berücksichtigung des Wirtschaftlichkeitsprinzips erfolgen.◄

Ein wesentliches wirtschaftliches Ziel in Gesundheitsbetrieben ist somit ein rationaler Umgang mit Knappheit und deren Reduzierung durch die Vermeidung von Ressourcenvergeudung und der Verschwendung knapper Güter. Rationales Handeln bedeutet danach nicht notwendigerweise gesundheitsbetriebliche Gewinne zu maximieren oder Geld zu horten. Vielmehr transformiert der Gesundheitsbetrieb als Einrichtung zur arbeitsteiligen Bewältigung von medizinischen und pflegerischen Aufgabenstellungen seine Inputs idealerweise so in Outputs, dass die Inputs möglichst gut ausgenutzt werden. Diese Optimierungsaufgabe, der Maximierung des Verhältnisses von Output zu Input, stellt die Steigerung der **Effizienz** dar: Die knappen gesundheitsbetrieblichen Ressourcen sind unter Vermeidung von Verschwendung so auf die medizinischen und pflegerischen Leistungserstellungsprozesse aufzuteilen, dass sie eine möglichst hohe Qualität und Quantität an Gesundheitsdienstleistungen erlauben. Dieses **Allokationsproblem** wird dadurch erschwert, dass es sehr herausfordernd ist, alle unterschiedlichen Inputs und Outputs eines Gesundheitsbetriebs zu seiner Gesamteffizienz zu addieren: Welche In- und Outputs sind überhaupt relevant, wie lassen sich die Einsatzfaktoren gewichten oder wie sind die Prioritäten gesetzt? Für die Messbarkeit der In- und Outputs ist ein möglichst einheitliches Skalenniveau erforderlich. Daher ist eine genaue Messung von Heilung, Zuwendung oder Gemeinwesenbeitrag als schwierig anzusehen. Hinzu kommt, dass kommerzielle Unternehmen ihren Gewinn und damit ihre wirtschaftliche Effizienz vergleichsweise einfach durch die mit den Faktorpreisen bewertete Kosten und die mit den Verkaufspreisen bewerteten Erlöse ermitteln können. Da die Gesundheitsbetriebe auch nicht monetär messbare In- und Outputs berücksichtigen müssen, ist ihre Effizienzbestimmung problematisch und die Gefahr hoch, als ineffizient angesehen zu werden (vgl. Fleßa & Greiner, 2020, S. 3 ff.).

Die Anwendung ökonomischer Prinzipien im Gesundheitswesen wird daher oft als problematisch erachtet. Dem kann entgegengehalten werden, dass aufgrund nicht unbegrenzt zur Verfügung stehender Ressourcen im Gesundheitsbereich, wie auch in anderen gesellschaftlichen Bereichen, wirtschaftliches Handeln zwingend notwendig erscheint. Ausgabensteigerungen für die Gesundheit würden zu Reduzierungen in anderen Bereichen führen (vgl. Wernitz & Pelz, 2015, S. 27).

1.3.2   Grundlagentheorien

Die Betriebswirtschaftslehre für das Gesundheitswesen benötigt wie andere Wissenschaften auch grundlegende theoretische Ansätze, um die empirisch oder deduktiv gewonnenen Erkenntnisse zusammenfassend darstellen und die festgestellten Einzelphänomene erklären zu können.

Ausgehend von dem Wirtschaftlichkeitsprinzip kann die historische **Faktorentheorie** nach *Erich Gutenberg* (1897–1984) auch als Grundlage für die Gesundheitsbetriebslehre angesehen werden. Nach seinem *Gesetz der Faktorkombination* als Basis einer leistungserstellungs- und kostentheoretischen Betrachtung, stehen der Faktoreinsatz (die menschlichen Arbeitsleistungen am Patienten, der Einsatz von medizintechnischen und sonstigen Betriebsmitteln, die Verwendung von medikamentösen, medizinischen, pharmazeutischen Heilmitteln und sonstigen Stoffen) und Faktorertrag (Behandlungsleistungen) in Beziehung zueinander.

Nach der Faktorentheorie lässt sich menschliche Arbeit in die behandelnde, pflegende Arbeit am Patienten (*patientenbezogene* Arbeit) und die *dispositive* Arbeit, die der Planung, Leitung, Organisation und Kontrolle dient, aufteilen. Letztere stellt ein immaterielles Gut dar, welches sich nur im begrenzten Umfang substituieren lässt. Die

Zusammenfassung der *patientenbezogenen* Arbeit mit den Faktoren medizintechnischer und sonstiger Betriebsmittel, sowie den medikamentösen, medizinischen, pharmazeutischen Heilmitteln und sonstigen Stoffen entspricht der betrieblichen Erstellung der Behandlungsleistung. Der *dispositive* Faktor dient als Ergänzung und ist hinsichtlich der optimalen Faktorkombination wichtig, da er den planerischen und strategisch-operativen Einsatz der anderen Faktoren im Gesundheitsbetrieb abbildet. Bei den anderen Faktoren handelt es sich um Repetierfaktoren bzw. Verbrauchsfaktoren, wenn diese bei der Erstellung der Behandlungsleistung unmittelbar verbraucht oder physikalisch bzw. chemisch umgewandelt werden, bzw. um Potenzial- oder Bestandsfaktoren, wenn diese lediglich mittelbar verbraucht bzw. gebraucht werden. Repetierfaktoren bzw. Verbrauchsfaktoren sind ständig neu zu beschaffen, um kontinuierliche Leistungserstellungsprozesse zu ermöglichen (siehe Abb. 1.2).

Beispiel

Nach der Faktorentheorie lässt sich ein bildgebendes Diagnosegerät als Potenzial- oder Bestandsfaktor kennzeichnen, während die dazu nötige Elektroenergie zu den Repetier- bzw. Verbrauchsfaktoren zählt.◄

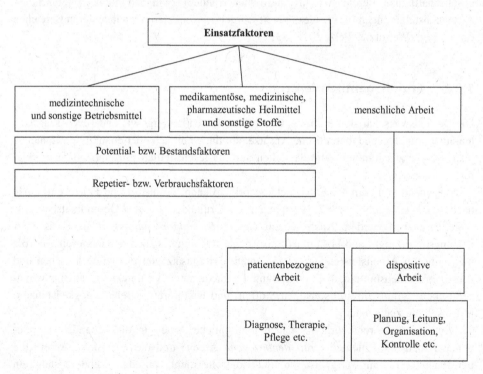

Abb. 1.2 Einsatzfaktoren im Gesundheitsbetrieb

Die Einsatzfaktoren im Gesundheitsbetrieb sind mit Produktionsfaktoren vergleichbar, die in der gesundheitsbetrieblichen Faktorkombination zueinander in Beziehung gesetzt werden, um die medizinische oder pflegerische Leistungsherstellung herbeizuführen. Dabei lassen sie sich auch unterscheiden in *interne* Produktionsfaktoren, über welche der Gesundheitsbetrieb autonom entscheiden kann und *externe* Produktionsfaktoren, die aus der gesundheitsbetrieblichen Umwelt stammen und über die der Gesundheitsbetrieb nicht unabhängig entscheiden kann (vgl. Seelos 2012, S. 174).

Eine weitere Basis stellt die **Entscheidungstheorie** nach *Edmund Heinen* (1919–1996) dar. Entscheidungssituationen in Gesundheitsbetrieben werden dabei analysiert und systematisiert, um die Elemente einer Arztpraxis oder eines Krankenhauses sowie die Zusammenhänge zwischen diesem und dem allgemeinen Gesundheitsmarkt zu erklären und um Regeln zu entwickeln, wie die beste Entscheidung in bestimmten Entscheidungssituationen getroffen werden kann.

Die Entscheidungsfindung in einem Gesundheitsbetrieb lässt sich dazu in folgende Schritte gliedern:

- Zieluntersuchung: Analyse, wie sich die einzelnen Ziele des Zielsystems im Gesundheitsbetrieb zueinander verhalten;
- Systematisierung: Gedankliche Erfassung und sinnvoll Gliederung der Untersuchungsobjekte im Gesundheitsbetrieb (beispielsweise Planung, Finanzen, Personal, Absatz, Organisation, Material, Information, Steuerung und Kontrolle);.
- Erklärung: Entwicklung von Erklärungsmodellen, anhand derer die Wirkungsbeziehungen beschrieben werden können (beispielsweise Personaleinsatz – Behandlungsmenge);
- Gestaltung: Anwendung der Erklärungsmodelle, um schließlich die optimalen Handlungsoptionen zu ermitteln und zu ihren Gunsten zu entscheiden.

Die Entscheidungstheorie zählt zu den Modellkonzepten und Methoden der allgemeinen ökonomischen Forschung, deren sich die Gesundheitsökonomie je nach Fragestellung bedient (vgl. Graf von der Schulenburg, 1998, S. 21 ff.).

Beispiel:

Die Erstellung medizinischer Leistungen lässt sich als Entscheidungsprozess unter Unsicherheit bezeichnen. Medizinische Entscheidungen sind danach das Ergebnis interaktiver stochastischer Prozesse, die durch Lernen entstehen. Die wichtigste Ressource, die ein Arzt oder eine Ärztin bei der Lösung dieses Entscheidungsproblems anwenden, ist der jeweils aktuelle Stand des medizinischen Wissens (vgl. Stolpe, 2004, S. 1).◄

Nach der **Systemtheorie** von *Hans Ulrich* (1919–1997) geht es um die Untersuchung der Gestaltungs- und Führungsprobleme von Gesundheitsbetrieben unter Nutzung der systemorientierten, interdisziplinären Betrachtungsweise, um zur Lösung von deren Managementproblemen beizutragen. Der Gesundheitsbetrieb wird dabei als vielseitig vernetztes System betrachtet, das in seinen Interaktionen mit inneren Elementen und der betrieblichen Umwelt von zahlreichen Faktoren beeinflusst wird.

Kennzeichnend für die systemtheoretische Betrachtung von Gesundheitsbetrieben sind

- die Erweiterung der herkömmlichen, rein analytischen Betrachtungsweise von Gesundheitsbetrieben zu einer systemischen, kybernetischen und integrierenden Denkweise;
- die Öffnung für Erkenntnisse aus anderen Wissenschaften;
- die Ausweitung von einer eindimensionalen, ausschließlich medizinischen oder ökonomischen Sicht zu einer vieldimensionalen Erfassung multipler Aspekte der Gesundheitsbetriebe;
- die Erfassung der Gesundheitsbetriebe als prinzipiell offene, soziale Systeme unter Einbezug ihrer Umwelt;
- die Einbeziehung einer obersten, wertmäßigen Führungsebene, die als normatives Management bezeichnet wird und damit auch nicht nur medizin-ethische Fragen, sondern auch Fragen einer betrieblichen Ethik berücksichtigt.

In sozialwissenschaftlichen Zusammenhang lässt sich das System der Krankenbehandlung als gesellschaftliches Funktionssystem ansehen, das stark von der menschlichen Kommunikation und Interaktion abhängig ist (vgl. Krönig, 2007, S. 111 ff.).

Beispiel

Dem Systemischen Krankenhausmanagement liegt die Annahme zugrunde, dass systemisches Denken hilfreich ist, komplexe und dynamische Systeme zu erfassen und zu gestalten. Das moderne Krankenhaus wird hierbei als komplexer Betrieb erfasst, der aus vielen Teil-, Schnitt- und Vereinigungsmengen von Abteilungen, Funktionen, Mitarbeitenden, Prozessen, Zielen und Ergebnissen besteht und dessen einzelne Subsysteme in besonderem Maße interpendent sind, indem sie Neben-, Rück- und Folgewirkungen auf zahlreiche andere Elemente und Prozesse haben (vgl. Fleßa, 2018, S. 4)◄

Die **Verhaltenstheorie** nach *Günther Schanz* (geb. 1943) hat Gesundheitsbetriebe als soziale Gebilde zum Gegenstand, in denen die Veranlassung zum Handeln, der Ablauf zwischenmenschlicher Handlungen, dabei entstehende Konflikte und Innovationen analysiert werden, insbesondere um die Fragen der Wahrnehmung, Motivation, Lernen und

Denken zu klären. Es geht somit um die Analyse des Verhaltens von Ärztinnen und Ärzten, Patienten, Pflegekräften in arbeitstäglichen Situationen und dessen Einfluss auf das betriebliche Ergebnis.

Insbesondere bei der Evaluation von Gesundheitsleistungen entwickelt sich zwischen dem Arzt als Anbieter und dem Patienten als Nachfrager eine Verhaltenstheorie, wobei davon ausgegangen wird, dass sich jedes medizinische Angebot auch seine eigene Nachfrage schafft (vgl. Kümmerle und Kümmerle, 2008, S. 81).

1.3.3 Methodenübersicht

Wie die meisten anderen Wissenschaften benutzt auch die Gesundheitsbetriebslehre unterschiedliche wissenschaftliche **Methoden,** um zur Erreichung von Problemlösungen anhand definierter Verfahrensregeln, nachvollziehbarer Ergebnisse und nachprüfbarer Verfahrensschritte zu gelangen.

Grundsätzlich lassen sich dabei *induktive* und *deduktive* Methoden unterscheiden: Während die *induktive* Methode die Verallgemeinerung von Einzelbeobachtungen durch eine induktive Schlussfolgerung darstellt, um daraus Hypothesen und Gesetzmäßigkeiten abzuleiten, beinhaltet die *deduktive* Methode die Ableitung einer Aussage aus den Annahmen mithilfe vorgegebener Schlussregeln, von allgemeinen auf besondere Aussagen.

Beispiel

Ein überfülltes Wartezimmer, häufige Überstunden und Patientenbeschwerden über Wartezeiten könnten als für sich genommene Einzelphänomene bei einer *induktiven* Vorgehensweise die Schlussfolgerung zu einem allgemeinen Problem mit dem Bestellsystem der betroffenen Arztpraxis zulassen. Bei einer optimalen Organisation des Beststellsystems unter Berücksichtigung von Pufferzeiten, Patienteninformationen, Personalsituation etc. kann *deduktiv* auf einen wichtigen Beitrag zu einer verbesserten Patientenzufriedenheit geschlossen werden.◄

Besondere Ausprägungsformen der *deduktiven* Methode sind nomologische, axiomatische und realtheoretische Modellanalysen. Die *nomologische* Modellanalyse stellt eine logische Ableitung des Explanandum aus einer erklärenden Aussagenmenge (Explanans) dar, wobei das Explanans eine Hypothese als „Wenn-dann-Beziehung" enthält sowie eine Überprüfung, ob die in der Hypothese aufgestellten Bedingungen auch vorliegen. Die *axiomatische* Modellanalyse beinhaltet hingegen die Ableitung von Schlussfolgerungen aus empirisch nicht überprüften Annahmen durch logische Verfahrensstufen. In der *realtheoretischen* Modellanalyse werden schließlich empirisch gehaltvolle Theorien auf betriebswirtschaftliche Probleme konkretisiert.

Wie allgemein in der BWL erscheint auch in der Gesundheitsbetriebslehre das deduktive Vorgehen als erfolgversprechendere Vorgehensweise und hierbei insbesondere die nomologische Modellanalyse.

Über die deduktive Modellanalyse hinaus, gehört auch der Einsatz weiterer wissenschaftlicher **Modelle** zum methodischen Instrumentarium der Gesundheitsbetriebslehre, um bei der Umwandlung verifizierter Hypothesen in Theorien komplexe Sachverhalte vereinfachend abzubilden:

- **Beschreibungsmodelle:** Abbildung komplexer empirischer Erscheinungen in Gesundheitsbetrieben in einfachere Zusammenhänge;
- **Erklärungsmodelle:** Erklärung betrieblicher Prozessabläufe, der Zusammenhänge zwischen abhängigen und unabhängigen Variablen in Form von Hypothesen über betriebliche Zusammenhänge;
- **Entscheidungsmodelle:** Auf Erklärungsmodellen aufbauende und um eine Zielfunktion erweiterte stochastische (bei unsicherer/unvollständiger Ausgangsbasis), deterministische oder spieltheoretische (Ausgangsbasis ist rationales Verhalten) Modelle zur Auswahl optimaler Handlungsalternativen in Gesundheitsbetrieben.

Es wird als notwendig erachtet, dass die Gesundheitsökonomie allgemein stärker als andere Bereiche eine empirische Überprüfung von Annahmen und Modellen vornimmt, da eine rein analytische Betrachtungsweise im Vergleich zu anderen volkswirtschaftlichen Sektoren einer größeren Gefahr des Scheiterns ausgesetzt ist. Auch wird ihr eine geringere Vorhersagekraft ihrer Modelle attestiert, was dazu führen könnte, dass Datenaufbereitungen und Konzepterstellungen im Vordergrund stehen (vgl. Lüngen & Schrappe, 2010, S. 57).

Zusammenfassung

Ähnlich wie beispielsweise die Industriebetriebslehre, Handelsbetriebslehre oder Bankbetriebslehre befasst sich die Gesundheitsbetriebslehre mit einer speziellen Betriebsart, den Gesundheitsbetrieben. Sie stellen in sich geschlossene Leistungseinheiten zur Erstellung von Behandlungs- oder Pflegeleistungen an Patienten oder Pflegebedürftigen dar, die dazu eine Kombination von Behandlungseinrichtungen, medizinischen Produkten und Arbeitskräften einsetzen. Die geschichtliche Entwicklung von Gesundheitsbetrieben ist eng mit der Entstehung von Hospitälern und Krankenheilanstalten verknüpft. Die systematische Befassung mit wirtschaftlichen Sachverhalten der Gesundheitsbetriebe entstand erst in den letzten Jahrzehnten des vergangenen Jahrhunderts. Die Anwendung ökonomischer Prinzipien im Gesundheitswesen wird oft als problematisch erachtet. Dem kann entgegengehalten werden, dass aufgrund nicht unbegrenzt zur Verfügung stehender Ressourcen im Gesundheitsbereich, wie auch in anderen gesellschaftlichen Bereichen, wirtschaftliches Handeln zwingend notwendig erscheint.

Literatur

Ärztezentrum Büsum gGmbH (Hrsg.) Die Ärztezentrum Büsum gGmbH wurde im April 2015 als bundesweit erste kommunale Eigeneinrichtung mit dem Ziel der medizinischen Versorgung der Bürger und der Urlauber gegründet. https://aerztezentrum-buesum.de. Büsum. Zugegriffen: 17 Dez 2022.

Borsi, G. (1994). *Pflegemanagement im Wandel.* Springer-Verlag.

Braun, G. E. (1999). *Handbuch Krankenhausmanagement – Bausteine für eine moderne Krankenhausführung.* Schäffer-Poeschel-Verlag.

Breyer, F., Zweifel, P., & Kifmann, M. (2013). *Gesundheitsökonomik* (6. Aufl.). Springer/Gabler.

Bundesministerium für Wirtschaft und Klimaschutz (Hrsg.) (2022) KMU – Kleine und mittlere Unternehmen (EU-Definition). https://www.existenzgruender.de/SharedDocs/Glossareintraege/DE/K/KMU-Kleine-mittlere-Unternehmen-EU-Definition.html. Berlin. Zugegriffen: 12 Nov 2022.

Bund/Länder-Arbeitsgemeinschaft Abfall – LAGA (Hrsg.) (2021) Vollzugshilfe zur Entsorgung von Abfällen aus Einrichtungen des Gesundheitsdienstes. Mitteilung der Bund/Länder-Arbeitsgemeinschaft Abfall (LAGA) 18. Stand: Juni 2021. Potsdam: Ministerium für Landwirtschaft, Umwelt und Klimaschutz des Landes Brandenburg (LAGA-Vorsitz 2021/2022).

Busse, R.; Schreyögg, J.; Stargardt, T. (2022) Management im Gesundheitswesen – Einführung in Gebiet und Buch. In: Busse, R.; Schreyögg, J.; Stargardt, T. (Hrsg.) Management im Gesundheitswesen. 5. Aufl. Springer. S. 1–9.

Deutsche Gesellschaft für Krankenhausgeschichte – DGKG (Hrsg.) Historia Hospitalium. 1–29. Düsseldorf.

Eichhorn, S. (1975). *Krankenhausbetriebslehre. Bd.1 Theorie und Praxis des Krankenhausbetriebes* (3. Aufl.). Kohlhammer-Verlag.

Europäischer Gerichtshof – EuGH (2013) Urteil des Gerichtshofs (Dritte Kammer) vom 21. März 2013 in der Rechtssache C-91/12 betreffend ein Vorabentscheidungsersuchen nach Art. 267 AEUV, eingereicht vom Högsta förvaltningsdomstol (Schweden) mit Entscheidung vom 8. Februar 2012, beim Gerichtshof eingegangen am 17. Februar 2012, in dem Verfahren Skatteverket gegen PFC Clinic AB. ECLI:EU:C:2013:198.

Fleßa, S.; Greiner, W. (2020) Grundlagen der Gesundheitsökonomie. 4. Aufl. Springer-Verlag.

Fleßa, S. (2018) Systemisches Krankenhausmanagement. Walter de Gruyter.

Frodl, A. (1995). *Kostenmanagement in der Zahnarztpraxis.* Verlag Georg Thieme.

Gerber-Grote, A. (2021) Die Begriffe Gesundheit und Krankheit. In: Stock, S.; Lauterbach, K.; Sauerland, S. (Hrsg.) Gesundheitsökonomie – Lehrbuch für Mediziner und andere Gesundheitsberufe. 4. Aufl. Hogrefe-Verlag. S. 22 – 24.

German Research Institutions – GERiT (Hrsg.) (2022) GERiT – German Research Institutions. https://www.gerit.org/de/. Bonn. Zugegriffen: 18 Dez 2022.

Graf von der Schulenburg, J. – M. (2008) Gesundheitsbetriebslehre als Teil der Wirtschaftswissenschaften. In: Greiner, W.; Graf von der Schulenburg, J. – M.; Vauth, C. (Hrsg.) Gesundheitsbetriebslehre – Management von Gesundheitsunternehmen. Huber. S. 1 – 3.

Graf von der Schulenburg, J. – M. (1998.) Die Entwicklung der Gesundheitsökonomie und ihre methodischen Ansätze. In: Schöffski, O.; Glaser, P.; Graf von der Schulenburg, J. – M. (Hrsg.) Gesundheitsökonomische Evaluationen – Grundlagen und Standortbestimmung. Springer-Verlag. S. 15–23.

Greß, S., Schnee, M., & Jesberger, C. (2022). *Gesundheitsökonomie.* Nomos.

Heinen, E. (1992) Einführung in die Betriebswirtschaftslehre. 9. Aufl. Gabler.

Hühn, M. (2004) Die Management-Lehre: Das ungeliebte Findelkind der Betriebswirtschaftslehre. In: Hühn, M.; Kuhlmann, C. (Hrsg.) Betriebswirtschaftslehre und Management-Lehre – Die ungleichen Schwestern? Josef Eul Verlag.

Institut für Geschichte der Medizin der Robert Bosch Stiftung (Hrsg.) (2013) Tagungsbericht Ärztliche Praxis 17. -19. Jahrhundert – Abschlusstagung des DFG-Projektes. Internationale Tagung am Institut für Geschichte der Medizin der Robert Bosch Stiftung, vom 18. 20. Oktober 2012, organisiert von Martin Dinges (Stuttgart). Stuttgart.

Klinikum der Universität München (Hrsg.) (2022) Das Klinikum – Standorte. https:// https://www.lmu-klinikum.de/das-klinikum/standorte/17d8932db138be3a. Zugegriffen: 18 Dez 2022.

Krönig, F. K. (2007) Die Ökonomisierung der Gesellschaft – Systemtheoretische Perspektiven. Dissertation. Universität Flensburg. Transcript.

Kudlien, F. (1990) Der ärztliche Beruf in Staat und Gesellschaft der Antike. In: Kümmel, W. F. (1990) Jahrbuch des Instituts für Geschichte der Medizin der Robert Bosch Stiftung. Bd. 7 (1988). Hippokrates Verlag. S. 41–74.

Kümmerle, A., Kümmerle, M. (2008) Gesundheitsökonomie, Gesundheitssystem, öffentliche Gesundheitspflege. In: Schaps, K. – P.; Kessler, O.; Fetzner, U. (Hrsg.) GK2 – Das Zweite –kompakt – Querschnittsbereiche. Springer-Verlag. S. 59–83.

Lüngen, M.; Schrappe, M. (2010) Evidence-based Policy Making. In: Lauterbach, K. W.; Lüngen, M.; Schrappe, M. (Hrsg.) Gesundheitsökonomie, Management und Evidence-based Medicine – Handbuch für Praxis, Politik und Studium. 3. Aufl. Schattauer-Verlag, S. 39–57.

Oldhafer, M.; Nolte, F.; Schrabback, U. (2020) Einleitung. In: Oldhafer, M.; Nolte, F.; Spiegel, A. – L.; Schrabback, U. (Hrsg.) Arbeitsbuch zu Change-Management in Gesundheitsunternehmen – Wellenbrecher des Wandels, praktische Übungen und Werkzeuge. Einleitung. Springer Gabler Springer Fachmedien. S. 1–5.

Partnerschaftsgesellschaftsgesetz (PartGG) vom 25. Juli 1994 (BGBl. I S. 1744), zuletzt durch Artikel 68 des Gesetzes vom 10. August 2021 (BGBl. I S. 3436) geändert.

Preiser, G. (1986) Hippokrates und die Anfänge der abendländischen Medizin. In: Wittern, R. (1986) Jahrbuch des Instituts für Geschichte der Medizin der Robert Bosch Stiftung. Bd. 3 (1984). Hippokrates Verlag. S. 49–62.

Riegl, G. F. (1990). *Marketing für die Arzt-Praxis – Großes Handbuch der Praxisführung und Kommunikation.* Eigenverlag Prof. Riegl & Partner.

Rogowski, W. (2020). Einführung. In W. Rogowski (Hrsg.), *Management im Gesundheitswesen – Fallstudien, Aufgaben und Lösungen* (S. 1–5). Springer Gabler / Springer Fachmedien.

Rogowski, W., John, J., & Ijzerman, M. (2016). Translational Health Economics. In R. M. Scheffler (Hrsg.), *World Scientific Handbook of Global Health Economics and Public Policy* (Bd. 1, S. 405–440). Singapore: World Scientific Publishing.

Seelos, H., & – J. (2012). *Medizinmanagement – Gesamtausgabe.* Springer/Gabler.

Statistisches Bundesamt – destatis (Hrsg.) (2022a) Gesundheitsberichterstattung des Bundes (gbe-bund) – Gesundheitsversorgung. https://www.gbe-bund.de/gbe/abrechnung.prc_abr_test_logon?p_uid=gast&p_aid=32835851&p_sprache=D&p_knoten=TR14501. Wiesbaden. Zugegriffen: 12 Nov 2022.

Statistisches Bundesamt – destatis (Hrsg.) (2022b) Gesundheitsberichterstattung des Bundes (gbe-bund) – Ausgaben, Kosten, Finanzierung. https://www.gbe-bund.de/gbe/abrechnung.prc_abr_test_logon?p_uid=gast&p_aid=32835851&p_sprache=D&p_knoten=TR19200. Wiesbaden. Zugegriffen: 12 Nov 2022.

Steger, F. (2002) Medizinischer Alltag in der römischen Kaiserzeit aus Patientenperspektive: P. Aelius Aristides, ein Patient im Asklepieion von Pergamon. In: Jütte, R. (2022) Medizin, Gesellschaft und Geschichte (MedGG) – Jahrbuch des Instituts für Geschichte der Medizin der Robert Bosch Stiftung. Bd. 20 (2001). Franz Steiner Verlag. S. 45–72.

Stolpe, M. (2004) Die Erstellung medizinischer Leistungen – entscheidungstheoretische Grundlagen und gesundheitspolitischer Handlungsbedarf. Kieler Arbeitspapier 1222. Kiel: Institut für Weltwirtschaft.

Struhs-Wehr, K. (2017). *Betriebliches Gesundheitsmanagement und Führung – Gesundheitsorientierte Führung als Erfolgsfaktor im BGM.* Springer Fachmedien.

Thill, K. D. (2002) Professionelles Management. Von der Arztpraxis zum Dienstleistungsunternehmen in 21 Schritten. Deutscher Ärzte-Verlag.

Ulbricht, O. (1997) Pesterfahrung: „Das Sterben" und der Schmerz in der Frühen Neuzeit. In: Jütte, R. (1997) Medizin, Gesellschaft und Geschichte (MedGG) – Jahrbuch des Instituts für Geschichte der Medizin der Robert Bosch Stiftung. Bd. 15 (1996). Franz Steiner Verlag. S. 9–36.

Uniklinik RWTH Aachen (Hrsg.) (2022) Uniklinik RWTH Aachen – Zahlen, Daten, Fakten. Fact-Sheet. Stand: 01.08.2022. Aachen.

Universität Wien (Hrsg.) (2022) Das alte Allgemeine Krankenhaus (Altes AKH) 1783–1998. https://geschichte.univie.ac.at/de/artikel/das-alte-allgemeine-krankenhaus-altes-akh. Wien. Zugegriffen: 11 Dez 2022.

von Eiff, W. (Hrsg.) (1980) Kompendium des Krankenhauswesens – Beiträge zu ökonomischen, technischen und rechtlichen Problemen im Krankenhaus. Bd. 1. Bad Homburg v. d. H.: Verlag Bettendorf.

Wendt, T. (2022) Zukunftserzählungen – Eine kurze Zeitreise durch die Semantik des Managements. In: Zfo- Zeitschrift Führung + Organisation. Jg. 91. Heft 5/2022. Stuttgart: Schäffer-Poeschel Verlag. S. 305–308.

Wernitz, M. H.; Pelz, J. (2015) Gesundheitsökonomie und das deutsche Gesundheitswesen. 2. Aufl. Kohlhammer-Verlag.

Wolff, E. (1997) Ärztestreik und Ambulatorien. In: Deutsches Ärzteblatt. Jg. 94. Heft 21. Köln: Deutscher Ärzte Verlag. S. A 1420 – A 1421.

Rahmenbedingungen 2

2.1 Gesundheitsbetriebliche Umwelt

2.1.1 Politische Umweltbedingungen

Es gibt nur wenige Politikbereiche in Deutschland, die so häufig in der Diskussion stehen, wie die sich mit der Funktionalität, Planung, Organisation, Steuerung und Finanzierung des Gesundheitssystems beschäftigende **Gesundheitspolitik**. Ihre wesentlichen Ziele sind die Sicherstellung eines effizienten und kostengünstig arbeitenden Gesundheitssystems, die Vermeidung von Krankheiten und Unfällen durch Prävention, die Erzielung einer qualitativ hochwertigen, einkommensunabhängigen Gesundheitsversorgung, gute Arbeitsbedingungen für das Personal im Gesundheitssektor sowie die Zufriedenheit der Bevölkerung mit den Leistungen des Gesundheitssystems, die insgesamt mitunter zu Zielkonflikten mit Leistungsträgern und –erbringern führen können.

In der Gesundheitspolitik geht es somit um den Zugang und die Finanzierung von Gesundheitsleistungen sowie um übergeordnete Themen und allgemeine Fragestellungen. Sie basiert auf wesentlichen Prinzipien. Dazu zählen insbesondere (vgl. Wittmann, 2020, S. 7 ff.):

- Bedarfsdeckung: Zugang zu medizinischen und pflegerischen Leistungen;
- Beitragsstabilität: Grundsätzliche Gestaltung von Vergütungen, die nicht vorgesehene Beitragserhöhungen ausschließt;
- Dienst- und Sachleistungsgewährung: Vergütung durch Kostenträger;
- Selbstverwaltung: Nutzung zentraler Organisationsstrukturen zur konkreten Ausgestaltung der rechtlichen Rahmenbedingungen;
- Solidarität: Unterstützung im Krankheits- oder Pflegefall durch die Solidargemeinschaft der Kranken- und Pflegeversicherung;

A. Frodl, *Gesundheitsbetriebslehre*, https://doi.org/10.1007/978-3-658-44206-4_2

- Sozialstaatlichkeit: Deutschland als sozialer Bundesstaat, der zur Daseinsvorsorge verpflichtet ist und in dem es keine Ungleichbehandlung aufgrund von wirtschaftlicher Leistungsfähigkeit geben darf;
- Subsidiarität: Grundsatz der Eigenverantwortlichkeit, der trotz Unterstützung und Hilfe durch die Solidargemeinschaft bestehen bleibt;
- Teilhabe: Recht auf Teilhabe am medizinischen und medizintechnischen Fortschritt;
- Versicherungspflicht: Allgemeine Versicherungspflicht in gesetzlicher oder privater Krankenversicherung;
- Wirtschaftlichkeit: Beachtung des Wirtschaftlichkeitsgebots.

Beispiel

Die Krankenkassen stellen den Versicherten die Leistungen unter Beachtung des Wirtschaftlichkeitsgebots zur Verfügung, soweit diese Leistungen nicht der Eigenverantwortung der Versicherten zugerechnet werden. Behandlungsmethoden, Arznei- und Heilmittel der besonderen Therapierichtungen sind nicht ausgeschlossen. Qualität und Wirksamkeit der Leistungen haben dem allgemein anerkannten Stand der medizinischen Erkenntnisse zu entsprechen und den medizinischen Fortschritt zu berücksichtigen. Krankenkassen, Leistungserbringer und Versicherte haben darauf zu achten, dass die Leistungen wirksam und wirtschaftlich erbracht und nur im notwendigen Umfang in Anspruch genommen werden (vgl. § 2 SGB V). Die Leistungen müssen ausreichend, zweckmäßig und wirtschaftlich sein; sie dürfen das Maß des Notwendigen nicht überschreiten. Leistungen, die nicht notwendig oder unwirtschaftlich sind, können Versicherte nicht beanspruchen, dürfen die Leistungserbringer nicht bewirken und die Krankenkassen nicht bewilligen (vgl. § 12 SGB V).◄

Auf den Gesundheitsbetrieb wirken sich unmittelbar Gesetze und Verordnungen der **Sozialgesetzgebung** aus, die als Vorgaben zu den übergeordneten Rahmenbedingungen nach oft langwierigen Verhandlungen mit Ärzte- und Apothekerverbänden, Verbänden der Pharmaindustrie Krankenkassenverbänden, Krankenhausträgern und vielen anderen mehr hauptsächlich in der Zuständigkeit des *Bundesministeriums für Gesundheit (BMG)* erlassen werden.

Beispiel

Ein Aufgabenschwerpunkt des *BMG* ist der Gesundheitsschutz, die Krankheitsbekämpfung und die Biomedizin. Durch das Infektionsschutzgesetz werden Prävention, Beratung und Eigenverantwortung bei der Infektionsverhütung deutlich betont, und das öffentliche Gesundheitswesen wird gestärkt. Das Transplantationsgesetz, das Embryonenschutzgesetz und das Stammzellgesetz regeln den rechtlichen Rahmen für diese wichtigen medizinischen Gebiete. Das BMG gestaltet auch die Rahmenvorschriften für die Herstellung, klinische Prüfung, Zulassung, die Vertriebswege und Überwachung von Arzneimitteln und Medizinprodukten, um den hohen Anforderungen an Qualität, Wirksamkeit und Unbedenklichkeit gerecht zu werden. In den Aufgabenbereich des BMG fallen auch die Berufsgesetze für die Zulassung zu den bundesrechtlich geregelten Heil- und Gesundheitsberufen einschließlich entsprechender Ausbildungsregelungen (vgl. Bundesministerium für Gesundheit, 2023, S. 1).◄

Zahlreiche **Reformversuche** im Gesundheitswesen dienen dazu, die Kosten des Gesundheitssystems unter Berücksichtigung der demographischen Entwicklungen zu begrenzen (vgl. Illing, 2022, S. 30 ff.). In der Diskussion stehen insbesondere

- die Modelle der Bürgerversicherung und der Gesundheitsprämie;
- die Überprüfung der Dualität von *Privater Krankenversicherung (PKV)* einerseits und *Gesetzlicher Krankenversicherung (GKV),* sowie der Familienmitversicherung andererseits;
- die individuelle Bewertung der PKV, ab einer Beitragsbemessungsgrenze Risiken nach Krankheitsgeschichte, Alter, Geschlecht etc. pro Versicherungsnehmer festzulegen;
- die Überprüfung von Transferleistungen von der gesetzlichen Krankenversicherung zu anderen sozialen Sicherungssystemen;
- die Kosten nicht mehr wie bislang auf alle gesetzlich Versicherten und die Arbeitgeber paritätisch zu verteilen;
- die Senkung der Lohnnebenkosten durch Senkung der Krankenkassenbeiträge

und viele andere Themen mehr.

Als ein wesentlicher **Trend** in der Gesundheitspolitik, der sich im Ergebnis auf den Gesundheitsbetrieb auswirkt, lässt sich zum einen die Abkehr von der reinen Kostendämpfungspolitik ausmachen. Während bis in die neunziger Jahre die gewachsenen Strukturen und Anreize in der GKV weitgehend unangetastet blieben und auf der Seite der Gesundheitsbetriebe aufgrund der geltenden Vergütungs- und Finanzierungsformen (Selbstkostendeckungsprinzip in der stationären Versorgung, Einzelleistungsvergütung im ambulanten Sektor etc.) starke Anreize zur Mengenausweitung ausgingen, wurden durch das *Gesundheitsstrukturgesetz (GSG)* ab 1992 eine Reihe von Steuerungsinstrumenten installiert:

- Verlust der Bestandsgarantie für die Krankenkassen aufgrund freier Kassenwahl und Individualisierung des Beitragssatzes;
- Einführung von Pauschalen bzw. Individualbudgets bei der Vergütung der Leistungserbringer;
- Handlungsmöglichkeiten der Krankenkassen zur Einführung von Selbstbehalten und Beitragsrückerstattungen;

- Privatisierung von Krankenbehandlungskosten (beispielsweise durch Ausgliederung des Zahnersatzes für alle unter 18-Jährigen aus der Erstattungspflicht der Krankenkassen);
- Möglichkeit, Verträge mit einzelnen Gruppen von Ärzten – und nicht mehr ausschließlich mit der *Kassenärztlichen Vereinigung (KV)* als regionaler ärztlicher Monopolvertretung – abzuschließen bzw. auch Verträge mit einzelnen Krankenhäusern zu kündigen.

Für die Gesundheitsbetriebe bedeutsames Ziel dieser Steuerungsinstrumente ist es letztendlich Anreize zu schaffen, sich auf der Basis ihrer finanziellen Interessen am Ziel einer Ausgaben- und Mengenbegrenzung zu orientieren, um zwischen dem gesundheitspolitischem Globalziel der Kostendämpfung und den individuellen Handlungsrationalitäten bei der Erbringung, Finanzierung und Inanspruchnahme von medizinischen Leistungen einen Ausgleich zu schaffen.

Zu den jüngeren gesundheitspolitischen Vorgaben zählen insbesondere die Gesetze

- zur Reform der Strukturen der Krankenhausversorgung *(Krankenhausstrukturgesetz – KHSG, 2015)* mit dem Ziel, die Finanzierung und die Qualität der Krankenhausversorgung zu verbessern;
- zur Stärkung der Versorgung in der gesetzlichen Krankenversicherung *(GKV-Versorgungsstärkungsgesetz, 2015)*, das auch in Zukunft eine gut erreichbare medizinische Versorgung der Patientinnen und Patienten auf hohem Niveau sicherstellen soll;
- für sichere digitale Kommunikation und Anwendungen im Gesundheitswesen *(E-Health-Gesetz, 2016)*, mit einem Fahrplan zur Einführung einer digitalen Infrastruktur, um die Digitalisierung im Gesundheitswesen zu beschleunigen;
- für schnellere Termine und bessere Versorgung *(Terminservice- und Versorgungsgesetz -TSVG, 2019)*, mit den Zielen, dass Patientinnen und Patienten schneller Arzttermine bekommen, sowie die Leistungen der Krankenkassen und die Versorgung verbessert werden;
- für eine bessere Versorgung durch Digitalisierung und Innovation *(Digitale-Versorgung-Gesetz – DVG, 2019)*, welches u.a. Apps auf Rezept, Videosprechstunden und die IT-Sicherheit im Gesundheitswesen zum Inhalt hat;
- zur Stärkung des Pflegepersonals *(Pflegepersonal-Stärkungsgesetz – PpSG, 2019)* für Verbesserungen im Alltag der Pflegekräfte durch eine bessere Personalausstattung und bessere Arbeitsbedingungen in der Kranken- und Altenpflege;
- zum Schutz elektronischer Patientendaten in der Telematikinfrastruktur *(Patientendaten-Schutz-Gesetz – PDSG, 2020)*, um digitale Angebote wie das E-Rezept oder die elektronische Patientenakte nutzbar zu machen und sensible Gesundheitsdaten gleichzeitig bestmöglich zu schützen.

Mit den Empfehlungen der *Regierungskommission für eine moderne und bedarfsgerechte Krankenhausversorgung* soll die Behandlung von Patientinnen und Patienten in Krankenhäusern künftig mehr nach medizinischen und weniger nach ökonomischen Kriterien erfolgen. Dazu sollen die Kliniken nach drei Kriterien honoriert (Vorhalteleistungen, Versorgungsstufen und Leistungsgruppen) und das Fallpauschalensystem entsprechend weiterentwickelt werden:

- Ablösung des bisher eindimensionalen Vergütungssystems für Krankenhäuser mittels DRGs durch ein mehrdimensionales System unter Einführung von Vorhaltung mit abgesenktem DRG-Anteil in den beiden Dimensionen Leistungsgruppen statt Fachabteilungen und Level statt Versorgungsstufen (Level I: Grundversorgung, unterteilt in i (integrierte ambulant/stationäre Versorgung) und n (mit Notfallstufe I); Level II: Regel- und Schwerpunktversorgung; Level III: Maximalversorgung (mit Level IIIU = Universitätsmedizin);
- Einführung eines Systems von 128 Leistungsgruppen mit Strukturvorgaben und detaillierten Definitionen, die auf jedem Level nach ICD-10-Diagnosen und OPS-Codes definiert werden, mit dem Ziel, dass die Patientenbehandlung innerhalb einer Gruppe ähnliche Qualifikationen, Kompetenzen und Erfahrungen sowie gleichartige technische Ausstattung benötigt;
- genaue Benennung der Mindeststrukturvoraussetzungen auf Ebene des Levels und der Leistungsgruppen, um die Qualität der medizinischen Versorgung zu sichern;
- Festlegung für jede Leistungsgruppe, in welchem Krankenhaus-Level sie erbracht werden darf;
- Überprüfung der Einhaltung der Strukturvorgaben für die Level und Leistungsgruppen durch den Medizinischen Dienst (MD) (Strukturprüfungen);
- Modifizierung der bisherigen Vergütung der Krankenhäuser (überwiegend über Fallpauschalen – aDRGs): Für die Krankenhäuser der Level In, II und III wird für jede Leistungsgruppe der Anteil des Vorhaltebudgets festgelegt, der auch das ausgegliederte Pflegebudget beinhaltet;
- Definition der Mindestvorhaltung auf Ebene der Leistungsgruppen;
- Absenkung der aDRGs (aDRGs + Pflegebudget), sodass das Gesamtfinanzierungsvolumen gleichbleibt, und Einführung daraus resultierender rDRGs (Residual-DRGs): rDRGs + Pflegebudget + Vorhaltebudget;
- Verteilung des je Leistungsgruppe festgelegten Vorhaltebudgets auf die einzelnen dafür infrage kommenden Krankenhäuser durch das *Bundesamt für Soziale Sicherung (BAS)*; Auszahlung des Pflegebudgets wie bisher;
- wenn Krankenhäuser die Mindeststrukturvoraussetzungen nicht erfüllen, ergibt sich ein Abschlag auf das Vorhaltebudget, der auf die übrigen Kliniken der Leistungsgruppe verteilt wird;

- Empfehlung an die Bundesländer, ihre Krankenhausplanung mit diesen Versorgungslevveln und Leistungsgruppen zu harmonisieren und mit der Zuweisung von Leistungsgruppen einen Versorgungsauftrag zu verbinden;
- Einrichtung einer mehrjährigen Konvergenzphase, um eine Systeminstabilität zu vermeiden;
- Orientierung der Verteilung der Vorhaltebudgets auf die Krankenhäuser in der Startphase an der jeweiligen IST-Fallzahl und Zielzustand an Parametern der zu versorgenden Bevölkerung, an Parametern der Prozess- und Ergebnisqualität und an der längerfristigen Entwicklung der Leistungsmenge in einer Leistungsgruppe;
- abweichende Planung und Vergütung von Krankenhäusern des Levels Ii (integrierte ambulant/stationäre Versorgung), die wohnortnah ambulante fachärztliche Leistungen mit Akutpflegebetten verbinden, außerhalb der Budgets durch sachgerecht kalkulierte, degressive Tagespauschalen;
- Einrichtung paritätisch besetzter Gremien unter Beteiligung der Länder zur sektorenübergreifenden Planung unter Einbindung von Vertragsärztinnen und -ärzten;
- Vergütung der ärztlichen Leistungen durch erhöhte Tagespauschalen bei fest am Krankenhaus angestellten Ärztinnen und Ärzten und nach EBM für Ärzte mit KV-Zulassung (analog zu belegärztlichen Leistungen) (vgl. Regierungskommission für eine moderne und bedarfsgerechte Krankenhausversorgung, 2022, S. 29 ff.).

Da viele gesundheitspolitischen Ziele den Staat nicht nur allein betreffen bzw. auch nicht in seine alleinigen Kompetenzen fallen, werden die Interessen der Gesundheitsbetriebe bei der Mitgestaltung der politischen Vorgaben auf verschiedenen Ebenen vertreten.

Beispiel

Die gesundheitspolitischen Leitsätze der Ärzteschaft, die im „Ulmer Papier" auf dem 111. Deutschen Ärztetag 2008 beschlossen wurden, stellten fest, dass die Krankheiten der Patienten zum Geschäftsgegenstand geworden seien und Ärztinnen und Ärzte sowie Angehörige der anderen Gesundheitsberufe zu Gliedern einer Wertschöpfungskette. Dabei sei der merkantile Gewinn und nicht etwa die Genesung der Erkrankten das eigentliche Ziel der Wertschöpfung. Durch die Zentralisierung medizinischer Entscheidungsprozesse bei staatlichen und substaatlichen Institutionen einerseits und die Ausrufung des Preiswettbewerbs unter den Leistungserbringern andererseits sei ein überbordendes Vorschriften- und Kontrollsystem entstanden, das Zeit in der Patientenversorgung kostet und den Druck zur Rationierung bis ins Unerträgliche erhöht. Im Mittelpunkt eines funktionierenden Gesundheitswesens sollte wieder der kranke Mensch stehen und nicht mehr der Geschäftsgegenstand Diagnose, denn nur dann bestünde die Chance, auch unter den Bedingungen einer verschärften Mittelknappheit, gute Patientenversorgung und ärztliche Berufszufriedenheit herzustellen. Ärztinnen und Ärzte würden dann sowohl ihre Kompetenz, als auch Empathie und Zuwendung für Patientinnen und Patienten noch umfangreicher einbringen können (vgl. Bundesärztekammer, 2008, S. 35).◄

2.1.2   Strukturelle Umweltbedingungen

Der Gesundheitsbetrieb ist in das deutsche **Gesundheitssystem** integriert, welches die Beziehungen im Gesundheitswesen zwischen dem Staat mit Bund, Ländern, Kommunen, den einzelnen Krankenkassen, den Privatversicherungen, den Unfall-, Pflege- und Rentenversicherungen, den kassenärztlichen und kassenzahnärztlichen Vereinigungen, den Arbeitgeber- und nehmerverbänden, den versicherten Patienten, ihren Verbänden und ihre Selbsthilfeorganisationen, sonstigen im Gesundheitswesen tätigen Interessenverbänden, den Leistungserbringern, also Ärzte, Pflegepersonal, Apotheker usw., und anderen eingebundenen Gruppierungen regelt. Seine Aufgabe ist die

- Förderung und Erhaltung der Gesundheit,
- Behandlung von Krankheiten,
- Krankheitsvorbeugung und
- Wiedereingliederung in die soziale Teilhabe,

aufbauend auf staatliche und nichtstaatliche Institutionen, die gesundheitsbezogene Dienstleistungen für die Bevölkerung zur Verfügung stellen (vgl. Haubrok, 2009, S. 27).

Beispiel

Einige Staaten, zumeist in der westlichen Welt, stellen fast allen Bürgern ein reichhaltiges Portfolio an Gesundheitsdienstleistungen von der Grund- bis zur hoch spezialisierten Versorgung zur Verfügung. In Staaten mit mittlerem oder geringem Staatseinkommen sind die Leistungen deutlich beschränkter. Auf der Einnahmenseite finanzieren einzelne Staaten, so etwa Deutschland, diese Gesundheitsdienstleistungen über die eine oder andere Form der Sozialversicherungen, andere Länder, wie Großbritannien, generieren Einnahmen über allgemeine Steuern und Staaten wie die USA überlassen diese Aufgabe weitgehend privaten Versicherungen. Im südostasiatischen Raum verpflichten Staaten ihre Bürger gesetzlich dazu, gewisse Summen selbst zu sparen, die sie dann für Gesundheitsdienstleitungen einsetzen können. Auch in der Leistungserbringung unterscheiden sich die Gesundheitssysteme: Einige Länder organisieren die Gesundheitsversorgung fast ausschließlich staatlich, andere verlassen sich für die Leistungserbringung auf private Organisationen und weitere setzen einen Mix aus verschiedenen Trägerschaften (vgl. Ochs et al., 2013, S. 18).◄

Die Gesundheitsbetriebe in Deutschland sind somit hauptsächlich dem Staat oder dem Privatsektor zuzuordnen. Der **Staat** erbringt nur einen Teil der Versorgungsleistungen mit der Aufsicht über die ärztliche Selbstverwaltung und die Versicherungseinrichtungen, den kommunalen Krankenhäusern, den Hochschulkliniken oder den Gesundheitsbehörden. Im **Privatsektor** überwiegen freiberuflich geführte Arztpraxen, Zahnarztpraxen, Apotheken, heilpraktische und sonstige ambulante Praxen, sowie private und/oder gemeinnützige Krankenhäuser, Kliniken und sonstige stationäre Einrichtungen.

Die Selbstverwaltung übernimmt die konkrete Ausgestaltung, der politischen und rechtlichen Rahmenbedingungen beispielsweise mit der gesetzlichen Krankenversicherung, als zentraler Säule der Sozialversicherung, sowie der sozialen Pflegeversicherung zur Versorgung dauerhafter Pflegebedürftigkeit. Auf dieser Ebene sind zahlreiche Zusammenschlüsse von Leistungserbringern und Kostenträgern (z. B. Patientenverbände, Krankenhausgesellschaften, Spitzenverbände der Krankenkassen) aktiv, um die rechtlichen Rahmenbedingungen kollektiv auszugestalten.

Somit umfasst die soziale Selbstverwaltung die gesetzliche Kranken- und Pflegeversicherung, die ärztliche und zahnärztliche Selbstverwaltung beinhaltet die Innenorganisation der jeweiligen Leistungserbringer und die Gemeinsame Selbstverwaltung mit dem *Gemeinsamen Bundesausschuss (G-BA)* hat als zentrale Aufgaben die Festlegung von Qualitätsstandards, die Bewertung neuer Untersuchungsmethoden und die Arzneimittelbewertung. Er schreibt als oberstes Gremium zudem vor, welche Leistungen Versicherte in der gesetzlichen Krankenversicherung beanspruchen dürfen und wie diese ausgestaltet sein sollen. Da er dadurch als zentrales Steuerungsinstrument über den Zugang zur Finanzierung durch die gesetzliche Krankenversicherung verfügt, ist er paritätisch besetzt.

Beispiel

Das Plenum als das Beschlussgremium des G-BA setzt sich aus dem/der unparteiischen Vorsitzenden, zwei weiteren unparteiischen Mitgliedern sowie jeweils fünf Vertretern oder Vertreterinnen der gesetzlichen Krankenkassen (GKV-Spitzenverband) und der Leistungserbringer vertreten durch die Kassenärztliche Bundesvereinigung (KBV), der Kassenzahnärztlichen Bundesvereinigung (KZBV) und der Deutschen Krankenhausgesellschaft (DKG) als stimmberechtigte Mitglieder zusammen. Patientenvertreterinnen und -vertreter besitzen ein Mitberatungs- und Antragsrecht, jedoch kein Stimmrecht. Das Verfahren zur Benennung beziehungsweise Berufung der Mitglieder ist im Fünften Buch Sozialgesetzbuch geregelt, ebenso die Beteiligung von Interessenvertretungen der Patientinnen und Patienten (vgl. Gemeinsamer Bundesausschuss – G-BA, 2023, S. 1).◄

Der G-BA wird durch fachlich unabhängige Institute unterstützt, wie beispielsweise durch das *Institut für Qualität und Wirtschaftlichkeit im Gesundheitswesen (IQWiG),* das sich mit dem Nutzen, der Qualität oder der Wirtschaftlichkeit von diagnostischen und therapeutischen Verfahren befasst, oder das *Institut für Qualitätssicherung und Transparenz im Gesundheitswesen (IQTIG)*, welches sich mit Verfahren der sektoren- und betriebsübergreifenden Qualitätssicherung sowie mit der Kriterienentwicklung zur Bewertung von Qualitätszertifikaten befasst.

Auch auf der Ebene der einzelnen Bundesländer werden Vereinbarungen im Rahmen der Selbstverwaltung getroffen und beispielsweise Landesrahmenverträge geschlossen. Die Aufsicht über die Selbstverwaltung übernehmen Bundes- oder Landesbehörden, Schiedstellen versuchen bei Konflikten zwischen Kosten- und Leistungsträgern Lösungen herbeizuführen, und der Gesetzgeber kann Ersatzvornahmen erlassen, wenn sich die Partner in der Selbstverwaltung nicht einigen können. Es finden sowohl Kollektivverträge Anwendung, die für alle Akteure gelten und beispielsweise freie Arztwahl und einen offenen Zugang zu Leistungen bieten, als auch Selektivverträge, die zwischen einzelnen Kosten- und Leistungsträgern abgeschlossen werden und für einzelne Versichertengruppen gültig sind (Wittmann, 2020, S. 2 ff.)

Bei der **Finanzierung** aller von Gesundheitsbetrieben erbrachter Gesundheitsleistungen beträgt der Anteil der Versicherten in der PKV knapp 10 %. Der überwiegende Teil der Bevölkerung ist in der GKV versichert, die mit über 100 gesetzlichen Krankenkassen die Kosten für die Versorgungsleistungen trägt. Für Beamte und Soldaten übernimmt der Staat meist anteilige Gesundheitskosten im Rahmen der Beihilfe und Freien Heilfürsorge. Der Beitragssatz zur GKV ist einheitlich, wird hälftig von Arbeitgeben- und -nehmenden getragen und durch kassenindividuelle Zusatzbeiträge ergänzt. Durch einen Risikostrukturausgleich werden zwischen den Krankenkassen Merkmale, die einen Einfluss auf die Leistungsausgaben haben, ausgeglichen. Dazu zählen beispielsweise Einkommensunterschiede der Versichertengruppen, die Verteilung nach Alter und Geschlecht sowie ein morbiditätsorientierter Katalog von ca. 80 Krankheiten, um die Selektion möglichst gesunder Versichertengruppen zu verhindern. Zur Umsetzung der Ausgleichsmaßnahmen fließen alle Einnahmen ergänzt um den staatlichen Steuerzuschuss zunächst in einen Gesundheitsfond, aus dem die Verteilung an die Krankenkassen und von ihnen an die Leistungsträger und damit direkt oder indirekt an die Gesundheitsbetriebe erfolgt.

Der überwiegende Teil der Finanzierung wird somit neben Selbstbeteiligungen, Zuzahlungen von Patienten, Zuschüssen bzw. Kostenbeteiligungen durch den Staat oder durch gemeinnützige Organisationen hauptsächlich durch die GKV erbracht, die sich aus den Versicherungsbeiträgen der Arbeitnehmenden und Arbeitgebenden finanziert. Außerhalb der Versicherungsleistungen hat sich mittlerweile ein erheblicher, privatfinanzierter Gesundheitsmarkt für Individuelle Gesundheitsleistungen (IGeL) entwickelt, der insbesondere nicht erstattungsfähige Leistungen in den Bereichen alternativer Heilverfahren, medizinischer Zusatzleistungen, Kosmetik, Wellness oder Esoterik umfasst.

Beispiel

In westlichen Ländern basiert das Gesundheitswesen häufig auf einem Krankenversicherungsschutz und einem sich daraus ableitenden Anspruch auf Zugang zu gesundheitlichen Leistungen oder deren Erstattung. Die Einnahmenseite und Ausgabenseite des Gesundheitswesens lässt sich somit als Zusammenspiel von Beitragszahlung und Leistungsanspruch gegenüberstellen, wobei die Einnahmenseite Aspekte der Mittelerhebung behandelt. Die Mittelerhebung in Deutschland ist geprägt durch die Erhebung von Krankenversicherungsbeiträgen und die Verteilung durch Krankenkassen an die Leistungserbringer, also insbesondere Vertragsärzte und Krankenhäuser. Zu weiteren Leistungsbereichen zählen beispielsweise ambulant verschriebene Arzneimittel, Heil- und Hilfsmittel und auch Leistungen der Prävention oder Rehabilitation (vgl. Lüngen & Büscher, 2015, S. 11).◄

Die **Beschäftigten** in Gesundheitsbetrieben setzen sich überwiegend beispielsweise aus ärztlichem, nichtärztlichem Personal und Pflegepersonal in Kliniken, niedergelassenen Zahn-, Haus- und Fachärzten sowie nichtärztlichem Personal in den Arzt- und Zahnarztpraxen zusammen (siehe Tab. 2.1).

Tab. 2.1 Ausgewählte Strukturdaten zu den Umweltbedingungen von Gesundheitsbetrieben (vgl. Bundesministerium für Gesundheit, 2021, S. 9 ff.)

	2017	2018	2019
Bevölkerungsentwicklung in Deutschland	82.792.000	83.019.000	83.167.000
Krankenstand der Pflichtmitglieder in der GKV in Prozent aller GKV-Mitglieder (Jahresdurchschnitt)	4,25	4,34	4,30
Verordnungen im GKV-Arzneimittelmarkt	663,7 Mio.	661,2 Mio.	690,1 Mio.
Umsatz im GKV-Arzneimittelmarkt	41.471 Mio. €	42.836 Mio. €	46.742 Mio. €
Berufstätige Zahnärzte	72.125	72.592	72.589
Berufstätige Ärzte	385.149	392.402	402.119
Krankenhäuser	1942	1925	1914
Krankenhausbetten	497.182	498.192	494.326
Gesundheitsausgaben	376 Mrd. €	391,6 Mrd. €	410,8 Mrd. €

2.1.3 Medizinische Umweltbedingungen

Die medizinischen Umweltbedingungen der Gesundheitsbetriebe bestehen zum einen aus dem **Gesundheitszustand** und den gesundheitlichen Risiken der Bevölkerung. Daraus lassen sich Schwerpunkte für die betriebliche, medizinische Leistungserstellung ableiten.

Beispiel

Es ist davon auszugehen, dass in 40 Jahren ca. 30 % der Weltbevölkerung älter als 65 Jahre sein werden. Demzufolge werden sich die Anforderungen an die Gesundheitsversorgung stark verändern und sich im Hinblick auf die in Zukunft immer älter werdenden Patienten multiple Krankheitsbilder ergeben, die eine Multimedikation und hohe Pflegebedürftigkeit mit sich bringen (vgl. Greiling & Muszynski, 2008, S. 13).◄

Nach Angaben des *Statistischen Bundesamts* wurden 2021 in insgesamt ca. 17.160 Fällen Patienten und Patientinnen im Rahmen stationärer Krankenhausaufenthalte behandelt. Die häufigste Einzeldiagnose nach *ICD-10* war die Krankheiten des Kreislaufsystems (I0-I99) mit 2.564.414 Fällen, gefolgt von Neubildungen (C00-D48) mit 1.768.388 Fällen und Verletzungen, Vergiftungen und andere Folgen äußerer Ursachen (S00-T98) mit 1.738.270 Fällen. Vollstationär behandelt wurden ca. 8,9 Mio. Frauen und 8,2 Mio. Männer (siehe Tab. 2.2).

Zu den medizinischen Umweltbedingungen der Gesundheitsbetriebe zählen ferner die Unterstützungsmöglichkeiten bei der medizinischen Leistungserbringung und damit die Entwicklungen in der **Medizintechnik**.

Hier gelten innovative Entwicklungen in den **Schlüsseltechnologien** als wichtige Grundlage für neue Medizinprodukte, die neue medizintechnische Einsatzgebiete eröffnen. Dazu zählen beispielsweise

- computerassistierte Chirurgie und vernetzte Operationssäle, die Leistungsverbesserungen und Effizienzgewinne in der Therapie und schonende Behandlungen ermöglichen;
- intelligente Implantate, Orthesen und Prothesen, die insbesondere auch einer alternden Bevölkerung die Chance geben, ein weitgehend selbständiges Leben bei hoher Lebensqualität zu führen;
- neue biokompatible Materialien, die sich in den menschlichen Körper integrieren, weniger anfällig für Keime sind und ihr zelluläres Umfeld gezielt positiv beeinflussen können;
- photonische Technologien und bildgebende Verfahren, die Diagnosen und Heilungschancen von Krankheiten verbessern;
- Telemedizin und eHealth, die zur Sicherung der Gesundheitsversorgung in ländlichen Gebieten mit geringer Ärztedichte beitragen.

Tab. 2.2 Vollstationäre Patienten und Patientinnen 2021 nach *ICD-10* (vgl. Statistisches Bundesamt, 2022)

ICD-10-Nr.	Diagnose/Behandlungsanlass	Anzahl Patienten
I00-I99		2.564.414
C00-D48	Neubildungen	1.768.388
S00-T98	Verletzungen, Vergiftungen und andere Folgen äußerer Ursachen	1.738.270
K00-K93	Krankheiten des Verdauungssystems	1.692.328
M00-M99	Krankheiten des Muskel-Skelett-Systems und Bindegewebes	1.404.295
J00-J99	Krankheiten des Atmungssystems	1.036.303
F00-F99	Psychische und Verhaltensstörungen	1.023.355
O00-O99	Schwangerschaft, Geburt und Wochenbett	986.571
N00-N99	Krankheiten des Urogenitalsystems	966.060
R00-R99	Symptome und abnorme klinische und Laborbefunde, die anderenorts nicht klassifiziert sind	723.296
Z00-Z99	Faktoren, die den Gesundheitszustand beeinflussen und zur Inanspruchnahme des Gesundheitswesens führen	671.816
G00-G99	Krankheiten des Nervensystems	628.791
A00-B99	Bestimmte infektiöse und parasitäre Krankheiten	455.212
E00-E90	Endokrine, Ernährungs- und Stoffwechselkrankheiten	452.605
H00-H59	Krankheiten des Auges und der Augenanhangsgebilde	287.670
L00-L99	Krankheiten der Haut und der Unterhaut	229.717
P00-P96	Bestimmte Zustände mit Ursprung in der Perinatalperiode	201.293
H60-H95	Krankheiten des Ohres und des Warzenfortsatzes	119.185
D50-D90	Krankheiten des Blutes und der blutbildenden Organe sowie bestimmte Störungen mit Beteiligung des Immunsystems	112.429
Q00-Q99	Angeborene Fehlbildungen, Deformitäten, Chromosomenanomalien	94.348

Als eine der großen Herausforderungen für die Zukunft ist die Entwicklung von Systemlösungen und interaktiven Systemen anzusehen, die medizintechnische Einzellösungen zusammenbinden und integrieren. Wichtig für die Nutzung im Alltag und die Akzeptanz sind hierbei nicht nur die Nutzerfreundlichkeit, sondern auch verlässliche und sichere IT-Systeme (vgl. Bundesministerium für Bildung und Forschung, 2020, S. 9).

Generelle **Trends** bei der Weiterentwicklung der relevanten Schlüsseltechnologien sind (siehe Abb. 2.1):

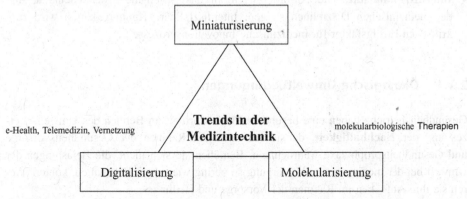

Implantierte Mikrosysteme (passiv, sensorisch, aktiv, Neural Engineering, telemetrisch)

In-vitro Diagnostik (DNA- und Protein-Chips, Lab-on-Chip, Mikrofluidik, Point-of-Care Diagnostik, Zelldiagnostik)

Minimal-invasive Chirurgie und Interventionen bildgeführt, katheterbasiert, endoskopisch, stereotaktisch

Drug-Delivery (Mikrozerstäuber, Mikrodosierer, Mikroinjektion)

Miniaturisierung

Trends in der Medizintechnik

e-Health, Telemedizin, Vernetzung

molekularbiologische Therapien

Digitalisierung

Molekularisierung

Einsatz von Computern in Diagnose, Therapieplanung und Therapiekontrolle nimmt zu, insbesondere bei Bildverarbeitung sowie Modellierung und Simulation

Medizintechnik für die regenerative Medizin

Computerunterstützte Diagnose, Therapieplanung und Therapiebegleitung

molekulare Bildgebung, funktionelle Bildgebung, optische Bildgebung, Marker und Sonden, 4D-Bildgebung

Abb. 2.1 Trends bei der Weiterentwicklung medizintechnischer Schlüsseltechnologien

- **Digitalisierung:** Künstliche Intelligenz und Big Data, E-Health, vernetzte OP; zunehmende Bedeutung der Informations- und Kommunikationstechnologie als herausragende Basistechnologie für nahezu alle Bereiche der Medizintechnik;
- **Miniaturisierung:** Robotik und Sensorik; verstärkte Nutzung der Mikrosystemtechnik, der Nanotechnologie und der optischen Technologien;
- **Molekularisierung:** Fortschritte für die biomolekularen Primärfunktionen insbesondere bei der Biotechnologie, aber auch in der Zell- und Gewebetechnik (tissue engineering); patientenindividuelle Medizintechnik (vgl. Luther Clairfield International, 2021, S. 13 ff.).

Aus diesen Entwicklungstendenzen ergeben sich für den Gesundheitsbetrieb insbesondere folgende **Anforderungen:**

- **Integration:** Integration der vielfältigen Aspekte der Entwicklungen in der Medizintechnik durch regelmäßige Informationen über aktualisierte medizinische Perspektiven und Entwicklungsansätze, das Fortschreiben von medizinischen Prozessdokumentationen;

- **Innovationsentwicklung:** Der Gesundheitsbetrieb muss darauf achten, stärker bedarfsinduzierte Innovationsentwicklungen anzustoßen, um nicht in erster Linie technologiegetriebenen nachkommen zu müssen;
- **Interdisziplinarität:** Die Anforderungen an das Miteinander der Fachärzte und der medizinischen Disziplinen steigen; Interdisziplinäre Kommunikation wird zum kritischen Erfolgsfaktor für medizinische Innovationsprozesse.

2.1.4   Ökologische Umweltbedingungen

Gesundheitsbetriebe haben eine besondere Verantwortung im Bereich des Umweltschutzes und der **Nachhaltigkeit**, da sie Aufgaben im Rahmen der Gesundheitsvorsorge und Gesundheitsprophylaxe wahrnehmen. Bemühen sie sich nicht, die Belastungen der Umwelt bei der medizinischen Versorgung so gering wie möglich zu halten, konterkarieren sie ihre Aufgaben im Rahmen der Vorsorge und Heilung.

Ein nicht unbeträchtliches Problempotenzial stellen umweltrelevante Stoffe und Arbeitsabläufe in einem Gesundheitsbetrieb dar. Es sind dabei nicht nur umweltrechtliche Vorgaben einzuhalten, sondern auch wirtschaftliche Gesichtspunkte zu berücksichtigen. Die Entsorgung von oft als Sondermüll zu deklarierenden Abfällen aus Krankenhäusern oder Arztpraxen, der Energieverbrauch durch Klima-, Heizungs- und Lüftungsanlagen oder Gebühren für steigende Frischwasser- und Abwassermengen belasten die ökonomische Situation einzelner Betriebe zusätzlich.

Insofern ist der **Umweltschutz** zwar nicht als primäre Aufgabe eines Gesundheitsbetriebs anzusehen. Andererseits bestehen allerdings sowohl rechtliche als auch gesellschaftliche Anforderungen, die ein **Umweltmanagement** im Gesundheitsbetrieb rechtfertigen.

Als Hauptaufgaben eines betrieblichen Umweltmanagements sind daher anzusehen:

- **Risiken von Stör- und Unfällen reduzieren:** Insbesondere durch umweltgerechte Prozesse beim Arbeiten in Laboratorien, bei der Anwendung medizinischer Technik, beim Umgang mit Chemikalien, Abfällen, Mikroorganismen, Radionukliden und sonstigen radioaktiven Materialien, beim Arbeiten in Krankenhausküchen und –wäschereien, bei Abluft, Abwasser und Haustechnik;
- **Einsparpotenziale realisieren:** Verringerung von Kosten und der Umweltbelastung durch Material- und Energiesparmaßnahmen;
- **Mitarbeitermotivation verbessern:** Umsichtige, vorbildlich umweltgerechte Betriebsführung fördert die Identifikation mit dem Gesundheitsbetrieb;
- **Haftungsrisiken vermindern:** Nachweis der Einhaltung der Sorgfaltspflicht durch Dokumentationen, Vorschriften und Dienstanweisungen und sonstigen Nachweisen über einen ordnungsgemäßen Betrieb.

Beispiel

Wasserhaushaltsgesetze schreiben in der Regel die Reinigung von Abwasserströmen nach dem Stand der Technik und möglichst wassersparende Verfahrensweisen vor. Sie enthalten oft rechtliche und technische Auflagen, sowie Einleitgrenzwerte für abwasserbelastende Stoffe wie Desinfektionsmittel, Laborchemikalien und Medikamente, insbesondere Zytostatika und Diagnostika, cyanidhaltigen Chemikalien bei der Hämoglobinbestimmung oder jodhaltige Diagnostika in der Computertomographie. Für den Umgang mit wassergefährdenden Stoffen gibt es in der Regel ebenfalls Vorschriften.◄

Für den Gesundheitsbetrieb setzt das **Umweltrecht** die rechtlichen ökologischen Rahmenbedingungen. Es ist nicht in einem einheitlichen Umweltgesetzbuch geregelt, sondern besteht aus einer Vielzahl von Einzelgesetzen, die durch Verordnungen oder auch durch allgemeine Verwaltungsvorschriften konkretisiert und dem jeweiligen Kenntnisstand entsprechend angepasst werden. Die Verordnungen und Verwaltungsvorschriften enthalten im Vergleich zu den Gesetzen oft konkrete, technisch-naturwissenschaftlich begründete Inhalte, etwa zur erlaubten Luft- oder Lärmbelästigung. Zusätzlich werden technische Regelwerke, wie etwa *DIN*-Vorschriften oder *VDI*-Regelungen zum Ausfüllen unbestimmter Rechtsbegriffe herangezogen.

So stellt das *Kreislaufwirtschaftsgesetz (KrWG)* eine wichtige rechtliche Grundlage der Organisation der Entsorgung und des Umweltschutzes für den Gesundheitsbetrieb dar. Nach § 6 KrWG stehen die Maßnahmen der Vermeidung und der Abfallbewirtschaftung in der Rangfolge Vermeidung, Vorbereitung zur Wiederverwendung, Recycling, sonstige Verwertung, insbesondere energetische Verwertung und Verfüllung, Beseitigung.

Für den Gesundheitsbetrieb gilt somit als wichtiges Gebot, Abfälle erst gar nicht entstehen zu lassen, sondern diese, wenn möglich zu vermeiden. Wenn eine Vermeidung nicht möglich erscheint, so ist die Verwertung der Beseitigung vorzuziehen. Lediglich der gesundheitsbetriebliche Abfall, der nicht mehr verwertet werden kann, ist auf Deponien oder durch Verbrennung zu beseitigen.

2.2   Rechtliche Grundlagen

2.2.1   Allgemeine betriebliche Rechtsgrundlagen

Die allgemeinen betrieblichen Rechtsgrundlagen von Gesundheitsbetrieben sind zunächst im **Wirtschaftsrecht** verankert. Es stellt die Gesamtheit aller privatrechtlichen, öffentlichrechtlichen und strafrechtlichen Rechtsnormen und Maßnahmen dar, die die Erwerbstätigkeit von Gesundheitsbetrieben betreffen. (siehe Abb. 2.2).

Das **Wirtschaftsverfassungsrecht** stellt Verfassungsvorschriften dar, welche die Wirtschaft und damit die Gesundheitsbetriebe betreffen. Das *Grundgesetz (GG)* enthält keine

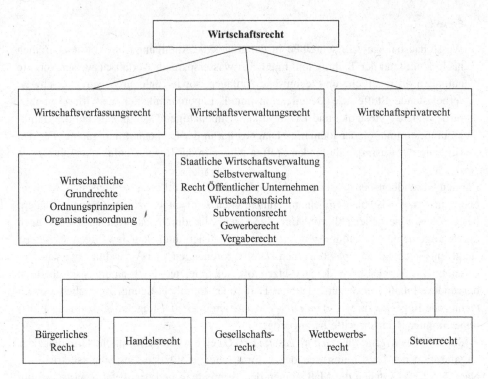

Abb. 2.2 Wirtschaftsrechtliche Grundlagen

systematische Zusammenstellung dieser Verfassungsbestimmungen. Das Wirtschaftsverfassungsrecht des Gesundheitsbetriebes ist daher beispielsweise geprägt durch wesentliche
Grundrechte:

- Artikel 2: Freie Entfaltung der Persönlichkeit und damit wirtschaftliche Grundfreihei-
  ten, Unternehmens- und Vertragsfreiheit zur Bildung von Gesundheitsbetrieben;
- Artikel 9: Wirtschaftliche und betriebliche Vereinigungsfreiheit;
- Artikel 11: Wirtschaftliche und betriebliche Freizügigkeit;
- Artikel 12: Recht auf freie Berufsausübung in Gesundheitsbetrieben;
- Artikel 13: Schutz der Geschäfsräume von Gesundheitsbetrieben;
- Artikel 14: Recht auf wirtschaftliches und betriebliches Eigentum.

Auch die fundamentalen **Ordnungsprinzipien** (Rechtsstaatsprinzip etc.) und die **Orga-
nisationsordnung** (Gesetzgebungszuständigkeit des Bundes für das Wirtschaftsrecht,
Verwaltungskompetenzen der Länder etc.) des Grundgesetzes wirken sich mittelbar auf
die rechtlichen Rahmenbedingungen des Gesundheitsbetriebs aus.

Das **Wirtschaftsverwaltungsrecht** umfasst Rechtsnormen, die staatliche Einheiten
zur Einwirkung auf die Wirtschaft und damit auf Gesundheitsbetriebe berechtigen oder

verpflichten und diese Kontrolle etc. organisieren. Dazu zählen im Hinblick auf den Gesundheitsbetrieb insbesondere

- Organisation der staatlichen Wirtschaftsverwaltung,
- Organisation der Selbstverwaltung (Ärzte-/Zahnärztekammern und –verbände, Kassenärztliche und Kassenzahnärztliche Vereinigungen),
- Recht Öffentlicher Unternehmen,
- Wirtschaftsaufsicht,
- Subventionsrecht,
- Gewerberecht,
- Vergaberecht.

Beispiel

Ein Krankenhaus in der Rechtsform einer öffentlich-rechtlichen Anstalt muss sich als öffentliches Unternehmen beispielsweise bei der Vergabe von Aufträgen nicht nur an das allgemein gültige *Gesetz gegen Wettbewerbsbeschränkungen (GWB)* halten, sondern darüber hinaus auch die *Vergabeverordnung (VgV)* oder beispielsweise in Bayern die *Richtlinien über die Berücksichtigung von Umweltgesichtspunkten bei der Vergabe öffentlicher Aufträge (Umweltrichtlinien Öffentliches Auftragswesen – öAUmwR)* berücksichtigen.◄

Im **Wirtschaftsprivatrecht** finden sich die Regeln des Güter- und Leistungstausches auf dem Markt zwischen den Gesundheitsbetrieben, deren Lieferanten und Patienten wieder, die insbesondere durch folgende Rechtsgebiete vorgegeben sind:

- Bürgerliches Recht,
- Handelsrecht,
- Gesellschaftsrecht,
- Wettbewerbsrecht,
- Steuerrecht.

Das **Bürgerliche Recht** regelt im *Bürgerlichen Gesetzbuch (BGB)* die Rechtsverhältnisse der Bürger untereinander und enthält damit auch zahlreiche Vorgaben für den Gesundheitsbetrieb (siehe Abb. 2.3).

Beispiel

Wird eine Arztpraxis vererbt, so regelt das Erbrecht im BGB beispielsweise die Erbfolge, den Vermögensübergang und die rechtliche Stellung der Erben. Vergibt ein Krankenhaus einen Werkvertrag an einen externen Programmierer, so ist auch dieser im Grunde nach im BGB geregelt (vgl. Frodl, 2013, S. 35ff).◄

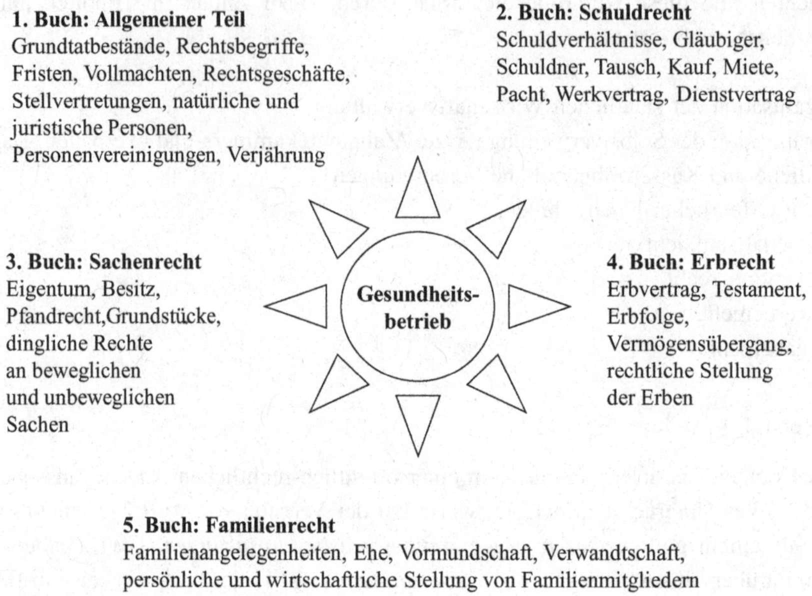

1. Buch: Allgemeiner Teil
Grundtatbestände, Rechtsbegriffe,
Fristen, Vollmachten, Rechtsgeschäfte,
Stellvertretungen, natürliche und
juristische Personen,
Personenvereinigungen, Verjährung

2. Buch: Schuldrecht
Schuldverhältnisse, Gläubiger,
Schuldner, Tausch, Kauf, Miete,
Pacht, Werkvertrag, Dienstvertrag

3. Buch: Sachenrecht
Eigentum, Besitz,
Pfandrecht,Grundstücke,
dingliche Rechte
an beweglichen
und unbeweglichen
Sachen

Gesundheits-
betrieb

4. Buch: Erbrecht
Erbvertrag, Testament,
Erbfolge,
Vermögensübergang,
rechtliche Stellung
der Erben

5. Buch: Familienrecht
Familienangelegenheiten, Ehe, Vormundschaft, Verwandtschaft,
persönliche und wirtschaftliche Stellung von Familienmitgliedern

Abb. 2.3   Rechtliche Grundlagen durch das BGB

Im *Handelsgesetzbuch (HGB)* regelt das **Handelsrecht** die kaufmännischen Angelegenheiten des Gesundheitsbetriebs. Dabei ist es nahezu unerheblich, ob der Gesundheitsbetrieb beispielsweise mit medikamentösen, medizinischen oder pharmazeutischen
Heilmitteln und sonstigen Stoffen einen Handel im engeren Sinne betreibt oder nicht. Es
findet in der Regel unabhängig davon immer dann Anwendung, wenn die **Kaufmannseigenschaft** vorliegt. Relevant für den Gesundheitsbetrieb sind insbesondere die ersten
drei Bücher des HGB, in denen Handelsstand, Handelsgesellschaft und stille Gesellschaft,
Handelsbücher sowie die Handelsgeschäfte geregelt sind (siehe Abb. 2.4).

Je nach Art und Weise, wie der Gesundheitsbetrieb kaufmännisch eingerichtet ist bzw.
in welcher Rechtsform er betrieben wird, sind die dort tätigen Gewerbetreibenden nach
dem HGB auch als **Vollkaufmann** anzusehen (siehe Tab. 2.3).

Das Innen- und Außenverhältnis von gesellschaftlich organisierten Gesundheitsbetrieben ist im **Gesellschaftsrecht** geregelt. Es wird dabei zwischen Personengesellschaften,
Kapitalgesellschaften, Stiftungen und Mischformen unterschieden. Für den Gesundheitsbetrieb in der jeweiligen Rechtsform bedeutsame gesellschaftliche Regelungen finden sich
insbesondere im

- Bürgerlichen Gesetzbuch (BGB): Gesellschaft bürgerlichen Rechts (GbR);
- Genossenschaftsgesetz (GenG): Eingetragene Genossenschaft (eG);

1. Buch: Handelsstand
Handelsregister, Firmenrecht,
Prokura, Kaufmannseigenschaft,
Handelsvertreter

**2. Buch: Handelsgesellschaft und
stille Gesellschaft**
Recht der Personengesellschaften
OHG, KG, stille Gesellschaft

3. Buch: Handelsbücher
Vorschriften zur Buchführung
und Bilanzierung

4. Buch: Handelsgeschäfte
Sondervorschriften für Handelsgeschäfte,
Lager-, Kommissions-, Fracht-,
Speditionsgeschäfte, Handelskauf

Abb. 2.4 Handelsrechtliche Grundlagen

Tab. 2.3 Vollkaufleute im Gesundheitsbetrieb nach HGB

Art	Definition	Relevanz
Muss-Kaufmann	Grundhandelsgewerbe (bspw. Bankgewerbe, Versicherungsgewerbe, Produktion, Bearbeitung, Anschaffung und Weiterveräußerung von Waren)	Handel treibende Gesundheitsbetriebe
Soll-Kaufmann	Gewerbe erfordert einen in kaufmännischer Weise eingerichteten Geschäftsbetrieb	Gesundheitsbetriebe, die nach kaufmännischen Gesichtspunkten wirtschaften
Kann-Kaufmann	Bestimmte Betriebe der Land- und Forstwirtschaft	Geringe Relevanz
Formkaufmann	Aufgrund der Rechtsform (bspw. GmbH, AG, KG, OHG etc.)	Gesundheitsbetriebe in entsprechender Rechtsform

- Aktiengesetz (AktG): Aktiengesellschaft (AG), Kommanditgesellschaft auf Aktien (KGaA);
- GmbH-Gesetz (GmbHG): Gesellschaft mit beschränkter Haftung (GmbH);
- Mitbestimmungsgesetz (MitbestG): AG, KGaA, GmbH, Erwerbs- und Wirtschafts-genossenschaft mit in der Regel über 2000 Mitarbeitern, mit Verpflichtung zur paritätischen Besetzung des Aufsichtsrats;
- Handelsgesetzbuch (HGB): Offene Handelsgesellschaft (OHG), Kommanditgesell-schaft (KG), Einzelunternehmung, Stille Gesellschaft, Kapitalgesellschaft;

- Partnerschaftsgesellschaftsgesetz (PartGG): Partnerschaftsgesellschaften (PartG);
- Europäisches Gesellschaftsrecht: Europäische Aktiengesellschaft (Societas Europaea – SE), Europäische Genossenschaft (Societas Cooperativa Europaea – SCE).

Im Gesellschaftsrecht sind für Gesundheitsbetrieb beispielsweise die Rechnungslegung, die Gewinn- und Verlustverteilung, die Gründung und Beendigung, die Kapitalerhöhung, die Haftung oder auch die Vertretungsbefugnis der Gesellschafter bzw. Organe geregelt.

Die für den Gesundheitsbetrieb bedeutsamen Regelungen des **Wettbewerbsrechts** beziehen sich im wesentlichen auf die Verhinderung von Wettbewerbsbeeinträchtigungen aufgrund von Kartellbildung, Preisbindung, den Gesundheitsmarkt beherrschende Positionen, diskriminierendes Verhalten, Schutz von Mitbewerbern oder Patienten vor unfairen Geschäftspraktiken durch das *Gesetz gegen Wettbewerbsbeschränkungen (GWB),* sowie Regelungen oder Schadenersatz bei irreführender Werbung, unwahre Behauptungen über Mitbewerber oder Erwecken falscher Qualitätsvorstellungen durch das *Gesetz gegen den unlauteren Wettbewerb (UWG).* Medizintechnische Entwicklungen oder neue Produktentwicklungen im pharmazeutischen Bereich werden insbesondere durch das **Gebrauchsmuster-, Patent- und Warenzeichenrecht** geschützt.

Das **Steuerrecht** regelt die Festsetzung und Erhebung der Steuern des Gesundheitsbetriebs und beeinflusst damit die betrieblichen Entscheidungen wesentlich (siehe Abb. 2.5).

Der steuerliche **Gewinn** zählt dabei zu wichtigen Besteuerungsgrundlagen des Gesundheitsbetriebs und ist maßgeblich bei der Ermittlung der Einkommen-, Körperschafts- und Gewerbeertragsteuer. Er wird in der Regel durch eine Steuerbilanz ermittelt und ist nach dem *Einkommensteuergesetz (EStG)* definiert als um den Wert der Entnahmen vermehrten und um den Wert der Einlagen verminderten Unterschiedsbetrag zwischen dem Vermögen des Gesundheitsbetriebs am Schluss des Wirtschaftsjahres und dem am Schluss des vorangegangenen Wirtschaftsjahres. Der **Einkommensteuer (ESt)** unterliegen Gesundheitsbetriebe in der Rechtsform von Personengesellschaften nicht selbst, sondern ihre Gesellschafter mit den ihnen zugerechneten Anteilen am erzielten Gewinn. Gesundheitsbetriebe in der Rechtsform von Kapitalgesellschaften sind als juristische Personen Steuersubjekte der **Körperschaftsteuer (KSt);** die anteilige Gewinnausschüttung wird jedoch beim jeweiligen Anteilseigner der Einkommensteuer unterworfen. Die **Gewerbesteuer (GewSt)** besteuert den Ertrag des gewerblichen Gesundheitsbetriebs und richtet sich nach dem Ertrag, der aus dem einkommen- oder körperschaftsteuerlichen Gewinn aus Gewerbebetrieb abgeleitet wird. Die **Umsatzsteuer (USt)** ist eine Steuer auf Lieferungs- und Leistungsumsätze des Gesundheitsbetriebs. Ihr unterliegen medizinische Leistungen und Lieferungen, soweit sie nicht im Rahmen der Kassen – und Privatliquidation davon befreit sind.

Neben dem deutschen Wirtschaftsrecht gewinnt das **Europäische Wirtschaftsrecht** als weitere allgemeine betriebliche Rechtsgrundlage des Gesundheitsbetriebs zunehmend

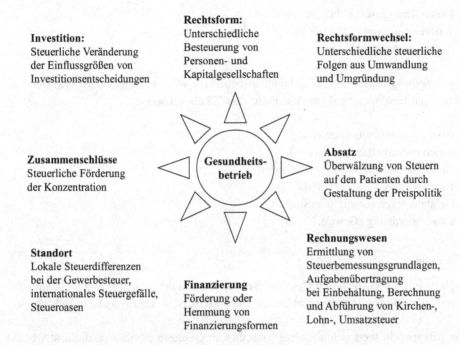

Abb. 2.5 Einflüsse des Steuerrechts auf den Gesundheitsbetrieb

an Bedeutung. So ist im Bereich des europäischen Gesellschaftsrechts für nationenübergreifende Kooperationen im Gesundheitswesen die *Europäische Aktiengesellschaft (Societas Europaea – SE)* nennenswert, aber auch europaweite Regelungen für Forschung und Technologie, Monopole und Subventionen, europäisches Niederlassungs- und Dienstleistungsrecht, Wettbewerbsregeln sowie Steuerrecht.

Während das Wirtschaftsrecht die *Erwerbstätigkeit* von Gesundheitsbetrieben regelt, befasst sich das **Arbeitsrecht** im Gesundheitsbetrieb mit dem *Arbeitsverhältnis* zwischen Arbeitgebenden und -nehmenden. Dazu zählen auch der Arbeitsschutz im Gesundheitsbetrieb, im Hinblick auf Folgen bei Arbeitsunfall, Mitbestimmungsrechte, Jugendarbeits- und Mutterschutz und vieles andere mehr. Zu den wichtigsten Rechtsgrundlagen zählen:

- Arbeitszeitgesetz (ArbZG),
- Berufsbildungsgesetz (BBiG),
- Bundesurlaubsgesetz (BUrlG),
- Entgeltfortzahlungsgesetz (EntgFG),
- Jugendarbeitsschutzgesetz (JArbSchG),
- Kündigungsschutzgesetz (KSchG),
- Lohnsteuerdurchführungsverordnung (LStDV),
- Nachweisgesetz (NachwG),

- Mutterschutzgesetz (MuSchG),
- Tarifvertragsgesetz (TVG),
- Ausbildungsverordnungen.

Die *Arbeitsorganisation* von Gesundheitsbetrieben wird in allgemeiner Hinsicht in zahlreichen Einzelgesetzen geregelt. Dazu zählen beispielsweise

- Arbeitsschutzgesetz (ArbSchG),
- Arbeitssicherheitsgesetz (ASiG),
- Arbeitsstättenverordnung (ArbStättV),
- Bundesdatenschutzgesetz (BDSG),
- Gefahrstoffverordnung (GefStoffV),
- Gewerbeordnung (GewO).

Beispiel

Nach § 30 GewO bedürfen Unternehmer von Privatkranken- und Privatentbindungsanstalten sowie von Privatnervenkliniken einer Konzession der zuständigen Behörde.◄

Das Arbeitsrecht setzt sich aus einer Vielzahl von Gesetzen zusammen, die das Arbeitsleben und die Beschäftigungsverhältnisse in einem Gesundheitsbetrieb berührenden Rechtsfragen regelt. Das **Individualarbeitsrecht** bezieht sich auf das Arbeitsverhältnis der einzelnen Arbeitnehmenden mit dem jeweiligen Gesundheitsbetrieb (vgl. Tab. 2.4).

Eine für den Gesundheitsbetrieb wichtige Sonderform eines Arbeitsverhältnisses stellt das **Ausbildungsverhältnis** dar. Es wird durch einen Ausbildungsvertrag begründet, der Angaben zu Art, Ziel, sachliche, zeitliche Gliederung, Beginn und Dauer der Ausbildung, regelmäßige tägliche Arbeitszeit, Dauer der Probezeit, Zahlung und Höhe der Ausbildungsvergütung, Dauer des Urlaubs etc. enthält. Der Gesundheitsbetrieb als Ausbildungseinrichtung hat zunächst zu prüfen, ob er nach dem *Berufsbildungsgesetz (BBiG)* die Eignungsvoraussetzungen zur Ausbildung erfüllt (vgl. Berresheim & Christ, 2008, S. 4).

Beispiel

Nach dem BBiG dürfen Auszubildende nur eingestellt und ausgebildet werden, wenn die Ausbildungsstätte nach Art und Einrichtung für die Berufsausbildung geeignet ist und die Zahl der Auszubildenden in einem angemessenen Verhältnis zur Zahl der Ausbildungsplätze oder zur Zahl der beschäftigten Fachkräfte steht, es sei denn, dass anderenfalls die Berufsausbildung nicht gefährdet wird (vgl. § 27 BBiG).◄

Tab. 2.4 Beispiele für individualarbeitsrechtliche Grundlagen des Gesundheitsbetriebs

Gegenstand	Regelungen	Quelle
Arbeitsvertrag	Als schuldrechtlicher Vertrag ein besonderer Fall des Dienstvertrages, durch den sich Arbeitnehmende verpflichten, im Dienste von Gesundheitsbetrieben als Arbeitgebende nach deren Weisungen Arbeit zu leisten, wofür die Arbeitgebenden ein Entgelt zu zahlen haben; im Arbeitsvertrag werden die Rechte und Pflichten von Arbeitgebenden und -nehmenden geregelt, insbesondere Beginn und Ende der täglichen Arbeitszeit, die Verteilung der Arbeit auf die Wochentage, eine eventuelle Probezeit, Gehalt, Urlaub, Sonderzuwendungen und Kündigungsmöglichkeiten; der Arbeitsvertrag ist grundsätzlich formlos; jedoch sind die wesentlichen Inhalte schriftlich niederzulegen	BGB, BBiG, NachwG
Arbeitsverhältnis	• Befristet: kann für einen kalendermäßig festgelegten Zeitraum abgeschlossen werden, wenn hierfür ein sachlicher Grund im Gesundheitsbetrieb vorliegt; • Auf Probe: Möglichkeit, Bewerbende hinsichtlich Leistung und Eignung für den vorgesehenen Arbeitsplatz zu beurteilen; bei der Einstellung auf Probe handelt es sich bereits um ein echtes Arbeitsverhältnis mit allen sich daraus ergebenden Rechten und Pflichten, das allerdings mit einer kürzeren Frist kündbar ist; • Dauerarbeitsverhältnis: wird durch einen Arbeitsvertrag begründet, der nicht auf Probe oder befristet, sondern auf unbestimmte Zeit abgeschlossen ist und damit den gesetzlichen Kündigungsfristen unterliegt; • Teilzeitarbeitsverhältnis: Arbeitsverhältnis mit einer kürzeren als der regelmäßigen üblichen Arbeitszeit im Gesundheitsbetrieb; Teilzeitkräfte dürfen gegenüber Vollzeitkräften nicht benachteiligt werden;	BGB

(Fortsetzung)

Tab. 2.4 (Fortsetzung)

Gegenstand	Regelungen	Quelle
Pflichten der Arbeitnehmenden	• Arbeitsleistung als Hauptpflicht: muss erbracht werden, wie im Arbeitsvertrag vorgesehen bzw. auf Weisung der Arbeitsgebenden; • Art der zu leistenden Arbeit: Mitarbeitende sind zu der im Arbeitsvertrag vereinbarten Arbeitsleistung verpflichtet; • Treue- und Verschwiegenheitspflichten: Ärztliche Schweigepflicht, Schutz von Patientendaten usw.; • Pflicht zur Mitteilung drohender Schäden: bspw. durch Materialfehler usw.; • Haftung: Für Schäden aus einer unerlaubten Handlung	BGB
Pflichten der Arbeitgebenden	• Bezahlung: für die vom Arbeitnehmer erhaltene Leistung als Hauptpflicht; • Gratifikation: ist nicht gesetzlich geregelt, sondern beruht in der Regel auf arbeitsvertraglicher Abmachung; • Vermögenswirksame Leistungen: können durch einzelvertragliche Abmachung im Arbeitsvertrag, in Betriebsvereinbarungen für den Gesundheitsbetrieb oder in Tarifverträgen vereinbart werden; • Überstunden: Zuschlag für Überstunden ist gesetzlich nicht vorgeschrieben und Bedarf einer gesonderten Regelung; • Entgeltfortzahlungspflicht: wenn die Arbeitnehmenden nur für eine kurze Zeit durch einen in ihrer Person liegenden Grund ohne ihr Verschulden an der Arbeitsleistung verhindert sind; • Fürsorgepflichten: geeignete Arbeitsstätten, korrekte Behandlung der Mitarbeitenden, Geheimhaltung persönlicher Mitarbeitendendaten etc.; • Urlaub: gesetzlich bezahlter Mindesturlaub	BGB, ArbStättV, BurlG, ArbZG

Auch wenn das BBiG in seiner allgemeingültigen Anwendung für Ärztinnen und Ärzte eingeschränkt ist, kann es eine wichtige Orientierungshilfe für die notwendigen Grundlagen und Voraussetzungen der beruflichen Bildung in Gesundheitsbetrieben bieten, die letztendlich der Bildungsqualität zugutekommen kann.

Danach hat der Gesundheitsbetrieb im Rahmen seiner Ausbilderpflichten u. a. zu sorgen für die Vermittlung der erforderlichen Kenntnisse, Fähigkeiten zum Erreichen des

Ausbildungsziels, die Freistellung der Auszubildenden für die Teilnahme am Berufsschulunterricht und an Prüfungen, die kostenlose Bereitstellung der Ausbildungsmittel,
das Anhalten der Auszubildenden zum Besuch der Berufsschule und Überwachung der
Führung der Berichtshefte, die Sicherstellung, dass die Auszubildenden charakterlich,
sittlich und körperlich nicht gefährdet werden sowie die Ausstellung eines Zeugnisses
bei Beendigung des Ausbildungsverhältnisses mit Ausführungen (auf Verlangen) zu Führung, Leistung und besonderen fachliche Fähigkeiten. Zu den Auszubildendenpflichten
zählen u. a. die sorgfältige Ausführung der im Rahmen der Ausbildung übertragenen
Verrichtungen, die Teilnahme am Berufsschulunterricht und Ablegen der vorgesehenen
Prüfungen und Zwischenprüfungen, das Führen des Berichtsheftes über Ausbildungsver-
lauf und –fortschritt, mit Behandlungseinrichtungen, -geräten, Materialien und sonstigen
Gegenständen des Gesundheitsbetriebs sorgsam umzugehen und über alle Geschäfts-
und Betriebsgeheimnisse (Patientendaten, ärztliche Schweigepflicht) Stillschweigen zu
bewahren.

Die Ausbildenden haben Anspruch auf eine Ausbildungsvergütung und bei unverschul-
deter Krankheit Anspruch auf die Fortzahlung der Vergütung. Die Arbeitszeiten für die
in der Regel jugendlichen Auszubildenden sind im *Jugendarbeitsschutzgesetz (JArbSchG)*
festgelegt. Im Allgemeinen endet das Ausbildungsverhältnis mit der im Ausbildungsvertrag vereinbarten Ausbildungszeit und dem Ablegen der Abschlussprüfung. Ein Anspruch
der Auszubildenden auf Weiterbeschäftigung im Gesundheitsbetrieb nach bestandener
Abschlussprüfung besteht grundsätzlich nicht.

Neben dem Individualarbeitsrecht gibt es das **Kollektivarbeitsrecht.** Es umfasst das
Arbeitsrecht zwischen allen Mitarbeitenden und dem Gesundheitsbetrieb als Arbeitgebenden und erstreckt sich, bezogen auf den einzelnen Gesundheitsbetrieb, insbesondere
auf das Tarifvertrags- und Mitbestimmungsrecht, auf arbeitsschutzrechtliche Bestimmungen, regelt aber auch etwa die Themen Streik und Aussperrung bei Arbeitskämpfen (vgl.
Tab. 2.5).

Während die betriebliche Mitbestimmung im Gesundheitsbetrieb für die Betriebe in
privater Rechtsform im *Betriebsverfassungsgesetz* geregelt ist, treten an seine Stelle
für Betriebe in öffentlicher Rechtsform landesspezifische *Personalvertretungsgesetze
(PersVG).* In privatwirtschaftlich organisierten Betrieben wird ein Betriebsrat alle vier
Jahre in geheimer und unmittelbarer Verhältnis- oder Mehrheitswahl von der Belegschaft
gewählt. Die mitbestimmungspflichtigen Regelungen werden in Betriebsvereinbarun-
gen festgehalten, die Vereinbarungen zwischen Arbeitgebenden und Betriebsräten über
eine betriebliche Angelegenheit, die betriebsverfassungsrechtlich zu regeln ist, darstellen. Sie gelten für alle Mitarbeitenden unmittelbar und enden durch Zeitablauf oder
durch Kündigung. In Betrieben mit öffentlich-rechtlicher Trägerschaft (Anstalten, Eigenbetriebe etc.) tritt an die Stelle des Betriebsrats der Personalrat und an die Stelle der
Betriebsvereinbarung die Dienstvereinbarung.

Tab. 2.5 Beispiele für kollektivarbeitsrechtliche Grundlagen des Gesundheitsbetriebs

Gegenstand	Regelungen	Quelle
Tarifvertragsrecht	Recht der Tarifverträge, die in der Regel eine Mischung aus Rahmentarifvertrag (bspw. Bedingungen für die Ermittlung des Entgeltes) und Verbandtarifvertrag (zwischen Arbeitgeberverbänden und den Vertretungen des Personals von Gesundheitsbetrieben) darstellen	TVG
Mitwirkungsrecht	Regelt die Mitwirkungsmöglichkeiten der Betriebsangehörigen ab einer bestimmten Betriebsgröße: • Mitbestimmungsrechte: Beginn und Ende der täglichen Arbeitszeit, Pausenregelung, Verteilung der Arbeitszeit auf die einzelnen Wochentage, Einführung von Schichtplänen, Alkohol- und Rauchverbot, Benutzung von Telefon, Parkplatzvergabe usw. • Unterrichtungs- und Beratungsrechte: geplante Neu-, Um- und Erweiterungsbauten, neue technische Anlagen und Behandlungseinrichtungen, die eingeführt werden sollen, Planung neuer Arbeitsabläufe und –verfahren, Kündigungsanhörung usw.	BetrVG
Arbeitsschutzrecht	Dient dazu, Sicherheit und Gesundheitsschutz der Beschäftigten bei der Arbeit durch Maßnahmen des Arbeitsschutzes zu sichern und zu verbessern (Maßnahmen zur Verhütung von Unfällen bei der Arbeit und arbeitsbedingten Gesundheitsgefahren einschließlich Maßnahmen der menschengerechten Gestaltung der Arbeit); durch eine Beurteilung der für die Beschäftigten mit ihrer Arbeit verbundenen Gefährdung (Gefährdungsbeurteilung) ist zu ermitteln, welche Maßnahmen des Arbeitsschutzes erforderlich sind; Gesundheitsbetriebe sind so einzurichten und zu betreiben, dass Gefährdungen für die Sicherheit und die Gesundheit der Beschäftigten möglichst vermieden und verbleibende Gefährdungen möglichst geringgehalten werden; die Beschäftigten im Gesundheitsbetrieb sind über Sicherheit und Gesundheitsschutz bei der Arbeit während ihrer Arbeitszeit ausreichend und angemessen zu unterweisen	ArbSchG, ArbStättV
Jugendarbeitsschutzrecht	Betrifft in erster Linie die in der Regel noch jugendlichen Auszubildenden in Gesundheitsbetrieben und regelt das Mindestalter für ein Beschäftigungsverhältnis im Gesundheitsbetrieb, sowie die höchstzulässigen täglichen und wöchentlichen Arbeitszeiten; ferner umfasst es beispielsweise Regelungen über die Teilnahme am Berufsschulunterricht, der Freistellung für die Teilnahme an Prüfungen und der Einhaltung von Ruhepausen	JArbSchG

(Fortsetzung)

Tab. 2.5 (Fortsetzung)

Gegenstand	Regelungen	Quelle
Mutterschutzrecht	Regelt Beschäftigungsverbote, Sitzgelegenheiten zum Ausruhen, Stillzeiten, Verbot von Mehrarbeit (Überstunden) sowie Sonntagsarbeit	MuSchG
Behindertenschutzrecht	Erfasst werden Mitarbeiter mit einem Grad der Behinderung (GB) von wenigstens 50 %: Beschäftigungspflicht bzw. Ausgleichsabgabe, zusätzliche bezahlte Urlaubstage, Anbringung von Arbeitshilfen	SGB IX
Kündigungsschutzrecht	Kündigung kann mündlich oder schriftlich erfolgen. • Ordentliche Kündigung: unter Einhaltung von Kündigungsfristen, ohne Angabe des Grundes; • Außerordentlichen Kündigung: vorzeitige Lösung des Arbeitsverhältnisses ohne Einhaltung der sonst geltenden Kündigungsfrist, wenn besondere Umstände dies rechtfertigen; Kündigungsgrund muss unverzüglich schriftlich mitgeteilt werden; • Fristlose Kündigung: wenn Tatsachen vorliegen, die eine Fortsetzung des Arbeitsverhältnisses dem Kündigenden nicht zumutbar erscheinen; • Änderungskündigung: Teile des Arbeitsvertrages sollen verändert werden; • Allgemeiner Kündigungsschutz: ordentliche, fristgemäße Kündigungen sind rechtsunwirksam, wenn sie sozial ungerechtfertigt sind; • Kündigung aufgrund dringender betrieblicher Erfordernisse: Kann nur erfolgen, wenn bei Weiterbeschäftigung der Fortbestand des Gesundheitsbetriebes beispielsweise aus wirtschaftlichen Gründen gefährdet würde; • Befristetes Arbeitsverhältnis: endet mit Ablauf dieses Zeitraums, ohne dass es einer Kündigung bedarf; • Aufhebungsvertrag: in dem Aufhebungsvertrag kann ein beliebiger Zeitpunkt für die Beendigung des Arbeitsverhältnisses festgelegt werden	BGB, KSchG
Personaldatenschutz recht	Auf der Grundlage von Gesetzen und Grundsatzurteilen des Bundesarbeitsgerichts werden in der Regel aufgrund von Betriebsvereinbarungen beispielsweise die Nutzung von E-Mail- und Internetdiensten im Gesundheitsbetrieb, der Einsatz von Anzeigen auf Telefonanlagen oder die Themen Thema Videoüberwachung am Arbeitsplatz, Mithören von dienstlichen Telefongesprächen oder der Datenschutz bei Leistungs- und Verhaltenskontrollen geregelt	BDSG, DSGVO

2.2.2   Besondere betriebliche Rechtsgrundlagen im Gesundheitswesen

Die Rechtsgebiete, die über die allgemeinen betrieblichen Rechtsgrundlagen hinaus spezielle Rahmenbedingungen für den Gesundheitsbetrieb darstellen, sind vielfältig. Sie betreffen insbesondere die betriebliche Organisation, die Betriebsangehörigen, die betriebliche Leistungserstellung, die Gebühren – und damit die Situation der Einnahmenerzielung – sowie die Patienten. Beispielhaft sind in Tab. 2.6 nur einige Rechtsgebiete und dazugehörige Rechtsnormen genannt.

Darüber hinaus konkretisieren spezielle Rechtsgebiete wie beispielsweise das Biomedizin- und Fortpflanzungsrecht die spezifische Leistungserstellung des Gesundheitsbetriebs. Am Beispiel der medizinischen Hygiene wird ferner besonders deutlich, dass es auch Rechtsnormen auf unterschiedlichen staatlichen und fachlichen Ebenen gibt (siehe Tab. 2.7).

2.3   Betriebliche Rechtsformen

2.3.1   Öffentliche Rechtsformen für Gesundheitsbetriebe

Ein großer Teil der Gesundheitsbetriebe in Deutschland befindet sich in öffentlicher bzw. gemeinnütziger Trägerschaft. Daher sind die öffentlich-rechtlichen Organisationsformen für diese Betriebe von besonderer Bedeutung.

> **Beispiel**
>
> Nach Angaben der *Deutschen Krankenhausgesellschaft* gab es beispielsweise 2020 1903 Krankenhäuser, davon
>
> - 551 in öffentlicher,
> - 620 in freier-gemeinnütziger und
> - 732 in privater Trägerschaft (vgl. Deutsche Krankenhausgesellschaft, 2023, S. 1).◄

Gesundheitsbetriebe in öffentlicher Rechtsform können sowohl Unternehmen *mit* oder *ohne* eigene Rechtspersönlichkeit sein.

Zu den öffentlichen Gesundheitsbetrieben *mit* eigener Rechtspersönlichkeit (juristische Personen des öffentlichen Rechts) zählt die **Anstalt** (AdöR). Sie wird aufgrund eines Gesetzes errichtet, erfüllt eine bestimmte öffentliche Aufgabe im Gesundheitswesen und ihr genaues Tätigkeitsgebiet wird in ihrer Satzung festgelegt.

Insbesondere Länder oder Kommunen entschließen sich, Leistungen im Gesundheitswesen durch rechtlich selbständige Gesundheitsbetriebe in Form von Anstalten zu erbringen. Sie müssen als Träger sicherstellen, dass diese Betriebe in der Lage sind, ihre

Tab. 2.6 Beispiele für spezielle gesundheitsbetriebliche Rechtsgrundlagen

Rechtsgebiete	Einzelne Rechtsnormen
Arzneimittel- und Medizinprodukterecht	Arzneimittelgesetz (AMG), Medizinproduktegesetz (MPG), Medizinprodukterecht-Durchführungsgesetz (MPDG), Medizinproduktegesetz-Betreiberverordnung (MPBetreibV)
Berufsrecht	Hebammengesetz (HebG), Heilpraktikergesetz (HeilprG), (Muster-) Berufsordnung für Ärzte (M-BOÄ), Psychotherapeutengesetz (PsychThG), Approbationsordnung für Ärzte (ÄAppO), Zahnheilkundegesetz (ZHG), Bundesärzteordnung (BÄO), Approbationsordnung für Zahnärzte (ZÄPrO)
Gebührenrecht	Gebührenordnung für Ärzte (GOÄ), Gebührenordnung für Zahnärzte (GOZ), Bundespflegesatzverordnung (BPflV)
Werberecht	Heilmittelwerbegesetz (HWG)
Krankenhausrecht	Krankenhausfinanzierungsgesetz (KHG), Krankenhausentgeltgesetz (KHEntgG), Krankenhausbuchführungsverordnung (KHBV)
Patientenrecht	Patientenbeteiligungsverordnung (PatBeteiligungsV), Patientendaten-Schutzgesetz (PDSG)
Pflegerecht	Sozialgesetzbuch (SGB)- Elftes Buch (XI) – Soziale Pflegeversicherung, Pflege-Weiterentwicklungsgesetz, Pflege-Buchführungsverordnung (PflegeBuchV), Pflege-Statistikverordnung (PflegeStatV)
Privatversicherungsrecht (PKV)	Versicherungsaufsichtsgesetz (VAG) – Krankenversicherung
Recht der gesetzlichen Krankenversicherung	Sozialgesetzbuch (SGB)- Fünftes Buch (V) – Gesetzliche Krankenversicherung
Allgemeines Gesundheitsrecht	Transplantationsgesetz (TPG), Transfusionsgesetz (TFG), Infektionsschutzgesetz (IfSG), Pflegeberufegesetz (PflBG), Strahlenschutzverordnung (StrlSchV)

Tab. 2.7 Rechtsebenen auf dem Gebiet medizinischer Hygiene

Ebene	Norm
Bund	Infektionsschutzgesetz (IfSG)
Land	Z. B. Krankenhaushygieneverordnung Nordrhein-Westfalen
Berufsgenossenschaften	Z. B. TRBA 250
Technische Einrichtungen	Z. B. DIN-Normen zu Wasserleitungen, RLT-Anlagen, Sterilisation; VDI-Vorschriften zu RLT-Anlagen; DVGW-Arbeitsblätter zu Legionellen in Wassersystemen
Fachgesellschaften	z. B. RKI-Richtlinie für Krankenhaushygiene und Infektionsprävention; Leitlinien von DGKH, DGSV

Aufgaben zu erfüllen. Dazu zählen im Rahmen der Anstaltslast die Ausstattung mit den zur Aufgabenerfüllung nötigen finanziellen Mitteln sowie die Erhaltung der Funktionsfähigkeit für die Dauer ihres Bestehens. Ferner haftet das Land oder die Kommune im Rahmen der Gewährträgerhaftung für die Verbindlichkeiten der Anstalt. Während landesunmittelbare Gesundheitsbetriebe in Form von Anstalten eher selten anzutreffen sind, kommen kommunale Krankenhäuser in Form von Anstalten des öffentlichen Rechts als die von den Gemeinden ausgegliederten Teilaufgaben kommunaler Daseinsvorsorge häufiger vor. Bei einer nicht rechtsfähigen Anstalt des öffentlichen Rechts kann im Streitfall nicht der Gesundheitsbetrieb selbst verklagt werden kann, sondern nur ihre Trägerin. Die Gesundheitsbetriebe in Form von Anstalten des öffentlichen Rechts regeln ihre eigenen Angelegenheiten selbst durch den Erlass von Satzungen, deren Genehmigung entweder dem Verwaltungsrat, dem Vorstand oder der Aufsichtsbehörde vorbehalten ist.

> **Beispiel**
>
> Das St. Hedwig-Krankenhaus (AdöR), Berlin, ist beispielsweise als Anstalt des öffentlichen Rechts bereits 1887 gegründet worden. Bis dahin war die Domgemeinde St. Hedwig in Berlin Eigentümerin des Krankenhauses. In diesem Jahr wurde die Einrichtung 41 Jahre nach ihrer offiziellen Gründung im Einvernehmen mit der Hedwigs-Gemeinde zu einer selbständigen Wohltätigkeitsanstalt ernannt (vgl. St. Hedwig-Krankenhaus, 2023, S. 1).◄

Bei der **Körperschaft** (KdöR) handelt es sich ebenfalls um eine öffentliche Rechtsform für Gesundheitsbetriebe, die über eine eigene Rechtspersönlichkeit verfügt. Sie ist mitgliedschaftlich organisiert und besteht unabhängig vom Wechsel ihrer Mitglieder. Die Körperschaft wird hauptsächlich dann angewendet, wenn ursprünglich staatliche Aufgaben von den Betroffenen eigenverantwortlich geregelt werden sollen. Dazu werden diese organisatorisch aus der staatlichen Verwaltungshierarchie ausgegliedert und mit der Körperschaft einer rechtsfähigen Organisation übertragen. Auch kann der Status einer

Körperschaft des öffentlichen Rechts Organisationen verliehen werden, die nicht staatliche Aufgaben erledigen, sondern Teil der Gesellschaft sind, um ihnen beispielsweise als Anerkennung für geleistete Arbeit ein besonderes Ansehen zukommen zu lassen. Gesundheitsbetriebe in der Rechtsform von Körperschaften haben

- Dienstherrenfähigkeit: Möglichkeit zur Ernennung von Beamten;
- Satzungshoheit: Rechtsetzungsbefugnisse;
- Abgabenhoheit: Erlaubnis zur Erhebung von Beiträgen und Gebühren.

Als Gesundheitsbetriebe sind sie meist landesunmittelbare Körperschaften des öffentlichen Rechts, wobei Träger ein Bundesland ist, das auch die Rechts- bzw. Fachaufsicht ausübt.

Beispiel

Das *Universitätsklinikum Hamburg-Eppendorf (UKE)* ist eine rechtsfähige Körperschaft des öffentlichen Rechts, dessen zuständige Aufsichtsbehörde die *Behörde für Wissenschaft, Forschung, Gleichstellung und Bezirke (BWFGB)* in Hamburg ist. Das UKE ist gleichzeitig eine Gliedkörperschaft (Teilkörperschaft) der Universität Hamburg (vgl. Universitätsklinikum Hamburg-Eppendorf, 2023, S. 1)◄

Zu den Gesundheitsbetrieben *ohne* eigene Rechtspersönlichkeit zählen öffentliche Eigen- und Regiebetriebe. Bei dem **Eigenbetrieb** handelt es sich um eine organisatorisch und finanzwirtschaftlich, aber nicht rechtlich selbständige Form auf der Grundlage der Gemeinde- bzw. der Kreisordnungen der Bundesländer. Ein Gesundheitsbetrieb in dieser Rechtsform stellt aus der jeweiligen Kreis- oder Gemeindeverwaltung ausgegliedertes Sondervermögen dar. Seine rechtlichen Grundlagen sind in den Eigenbetriebsgesetzen bzw. Eigenbetriebsverordnungen der Bundesländer zu suchen. Sie werden darüber hinaus durch die Gemeinden jeweils in Betriebssatzungen konkretisiert. Die Leitung eines Gesundheitsbetriebs in dieser Rechtsform obliegt einer Werkleitung (Betriebsleitung), die die laufende Betriebsführung, die Vertretung des Betriebs und die Vollziehung von Beschlüssen des übergeordneten Werkausschusses (Betriebsausschuss) wahrnimmt. Für grundsätzliche Entscheidungen ist der der jeweilige Kreis- oder Gemeinderat zuständig und für grundsätzliche Rechtsgeschäfte der jeweilige Hauptverwaltungsbeamte (Landrat, Bürgermeister etc.). Als kommunales Sondervermögen wird der Gesundheitsbetrieb in Form eines Eigenbetriebs nicht im kommunalen Haushalt geführt und stellt einen eigenen Wirtschaftsplan auf, der sich aus einem Erfolgs- und Kostenplan sowie einer Stellenübersicht zusammensetzt.

Beispiel

Das *Klinikum Südstadt Rostock* ist ein Eigenbetrieb der Hansestadt Rostock und zugleich akademisches Lehrkrankenhaus der Rostocker Universität (vgl. Klinikum Südstadt Rostock, 2023, S. 1).◄

Da der **Regiebetrieb** Bestandteil der staatlichen oder kommunalen Verwaltung ist und damit weder rechtlich noch organisatorisch von der Verwaltung getrennt von Bediensteten geführt wird, kommen Gesundheitsbetriebe in dieser Rechtsform eher selten vor.

Zu den öffentlichen Rechtsformen zählen streng genommen auch die Formen der Zusammenarbeit nach dem öffentlichen Kassenarzt und -zahnarztrecht.

Die häufigste Organisationsform der ärztlichen Niederlassung ist die **Einzelpraxis.** Sie hat den wesentlichen Vorteil, dass sie nach persönlichen Vorstellungen gestaltet werden kann, was sowohl für die Organisation als auch für die medizinische Ausrichtung der Praxis gilt. Dadurch ergeben sich eine hohe Eigenständigkeit und flexible Gestaltungsmöglichkeiten der Arbeits- und Freizeiten. Die Anstellung von Ärzten oder die Ausbildung von Weiterbildungsassistenten sind in der Einzelpraxis ebenso möglich, wie beispielsweise die Kooperation in Praxisnetzwerken (vgl. Kassenärztliche Bundesvereinigung, 2023, S. 1).

Die Möglichkeiten und Grenzen ärztlicher Zusammenarbeit ergeben sich für Privatärzte aus dem allgemeinen Berufsrecht und für zugelassene Kassenärzte zusätzlich aus den spezifischen Normen des Kassenarztrechts. Berufliche **Kooperationen** und die Organisation der Zusammenarbeit unter niedergelassenen Ärzten sind nach den jeweils geltenden Regelungen grundsätzlich in verschiedenen Formen möglich, wie beispielsweise:

- **berufliche Kooperationen:** Organisationsgemeinschaften (Praxisgemeinschaft, Apparategemeinschaft, Ärztehaus), Praxisnetze, Berufsausübungsgemeinschaften (zwischen Ärzten: Partnerschaft; medizinische Kooperationsgemeinschaften zwischen Ärzten und Gesundheitsfachberufen);
- **sonstige Kooperationen:** Beteiligung von Ärzten an sonstigen Partnerschaften (ohne Ausübung von Heilkunde), sonstige Organisationsgemeinschaften (MVZ, zwischen Ärzten und Kliniken bzw. Krankenhäusern) (vgl. Bayerische Landesärztekammer, 2023, S. 1).

Als Zusammenschluss mehrerer Ärzte oder Ärztinnen/Psychotherapeuten oder Psychotherapeutinnen und/oder Berufsausausübungsgemeinschaften (BAG) hat die **Praxisgemeinschaft** das Ziel der gemeinsamen Nutzung von Praxisräumen, medizinisch-technischen Geräten und/oder die gemeinsame Beschäftigung von Praxismitarbeitenden. Ihre wesentlichen Merkmale sind:

- Patientenstämme und -karteien werden getrennt geführt;
- jeweils eigene Behandlungsverträge werden mit den Patienten und Patientinnen abgeschlossen;

- es erfolgen die eigenständigen Abrechnungen gegenüber der KV;
- mögliche Rechtsformen sind die Gesellschaft bürgerlichen Rechts (GbR) oder die Partnerschaftsgesellschaft;
- keine gemeinsame Haftung bei der Patientenbehandlung;
- Anzeigepflicht gegenüber der KV und der Ärztekammer.

Zu den wichtigsten Vorteilen zählen die gemeinsame Nutzung von Ressourcen und eine entsprechende Kostenteilung, wodurch sich die Praxisinvestitionen sowie die Betriebskosten für den einzelnen Arzt oder die Ärztin deutlich senken lassen. Die Vorteile einer Praxisgemeinschaft sind aber nur dann als solche zu sehen, wenn sich die Kooperation mit den individuellen Unternehmensvorstellungen und den Prioritäten deckt. Zu wichtigen Inhalten eines Praxisgemeinschaftsvertrags gehören daher folgende Aspekte:

- Zweck und Gegenstand des Praxisgemeinschaftsvertrages;
- Einrichtungen, Inventarverzeichnis, Nutzung der Praxisräume;
- Aufbringung der Mittel, Beteiligung am Betriebsvermögen, Sacheinlagen oder finanzielle Einlagen, Aufteilung von Anschaffungskosten und laufenden Betriebskosten;
- Buchführung; Beauftragung Steuerberater, Festlegung des Geschäftsjahres, Jahresabschluss;
- Sprechstunden und Vertretung;
- Mitarbeitende, Zuordnung, Einstellung;
- Geschäftsführung, rechtsgeschäftliche Vertretung, Praxisgemeinschaftskonto;
- Gesellschafterversammlung, Definition der wichtigen Angelegenheiten (Aufnahme neuer Partner, Ausschluss von Partner, Auflösung der Praxisgemeinschaft), Beschlussfassung;
- Haftung, persönliche gesamtschuldnerische Haftung für die Verbindlichkeiten der Praxisgemeinschaft;
- Dauer der Praxisgemeinschaft, Kündigung, Abfindung;
- Auflösung der Praxisgemeinschaft, Auseinandersetzung, Schriftform (vgl. Kassenärztliche Vereinigung Baden-Württemberg, 2022, S. 1 f.).

Die **Apparategemeinschaft** und die sogenannte **Leistungserbringungsgemeinschaft** bei gerätebezogenen Untersuchungsleistungen sind partielle Praxisgemeinschaften, bei denen sich Ärzte oder Ärztinnen zur gemeinsamen Nutzung medizinisch-technischer Einrichtungen und Geräte zusammenschließen. Die **Laborgemeinschaft** ist eine besondere Erscheinungsform der Apparategemeinschaft als Zusammenschluss zur gemeinsamen Nutzung von Laboreinrichtungen außerhalb der eigenen Praxis zwecks Erbringung der in der eigenen Praxis anfallenden Laboruntersuchungen (vgl. Halbe, 2017, S. A 1888).

Nach dem *Bundesmantelvertrag – Ärzte* (BMV-Ä) gelten für die Abrechnung aus Laborgemeinschaften bezogener Auftragsleistungen ergänzende Bestimmungen. So kann ein Teil der Befunderhebung aus Laborgemeinschaften bezogen werden, deren Mitglied der Arzt oder die Ärztin sind. Der beziehende Vertragsarzt bzw. die Vertragsärztin rechnen die Analysekosten durch ihre Laborgemeinschaft gegenüber der Kassenärztlichen Vereinigung an deren Sitz ab. Die Laborgemeinschaft hat den beziehenden Arzt bzw. die beziehende Ärztin durch Angabe der Arztnummer und der (Neben-)Betriebsstättennummer der beziehenden Arztpraxis kenntlich zu machen (vgl. § 25 BMV-Ä).◄

Die **Berufsausübungsgemeinschaft** (BAG) ist auf die frühere Gemeinschaftspraxis gefolgt, die eine häufig vorkommende Kooperationsform zwischen niedergelassenen Ärzten darstellte. Sie ist durch die gemeinsame vertragsärztliche Zusammenarbeit von mindestens zwei Ärzten bzw. Ärztinnen oder Psychotherapeuten bzw. Psychotherapeutinnen gekennzeichnet, die als Kooperationspartner Gesellschafter eines gemeinsamen Unternehmens mit allen damit verbundenen Rechten und Pflichten sind. Beispielsweise nach der *Zulassungsverordnung über Vertragsärzte* (Ärzte-ZV) kann die Zusammenarbeit erfolgen

- örtlich (an einem Standort) oder
- überörtlich (an mehreren Standorten),
- mit Kollegen der gleichen Fachrichtung oder
- fachübergreifend (vgl. § 33 Ärzte-ZV).

Die BAG kann

- in der Rechtsform der Gesellschaft bürgerlichen Rechts (GbR) oder der Partnerschaftsgesellschaft geführt werden,
- muss vom Zulassungsausschuss u. a. unter Vorlage des Gesellschaftsvertrages genehmigt werden und
- wird unter einer gemeinsamen Abrechnungsnummer geführt.

Als regionale Zusammenschlüsse von Vertragsärzten bzw. -ärztinnen verschiedener Fachrichtungen und Psychologischen Psychotherapeuten bzw. -therapeutinnen weisen **Praxisnetze** beispielsweise folgende Merkmale auf:

- zusammenhängendes Gebiet als Tätigkeitsort, kein zentraler Standort, wohnortnahe Versorgung;
- gemeinsames Management, eine Geschäftsstelle, keine gemeinsame KV-Abrechnung;

- Zusammenarbeit zwischen Vertragsärzten bzw. -ärztinnen, Psychologischen Psychotherapeuten und auch anderen Gesundheitsberufen aus dem ambulanten und/oder
  stationären Bereich, die durch einen schriftlichen Vertrag geregelt wird;
- Anzeige als Praxisverbund bei der zuständigen Landesärztekammer, keine Genehmigung durch Zulassungsausschuss erforderlich;
- Anerkennung per Antragstellung bei der KV als besonders förderungswürdiges Praxis-
  netz möglich (Anforderungen regeln KBV-Rahmenvorgabe und KV-Richtlinien);
- mögliche Rechtsformen sind die Personengesellschaft (GbR), die eingetragene Genossenschaft, der eingetragene Verein oder die Gesellschaft mit beschränkter Haftung
  (GmbH).

Praxisnetze bieten die Vorteile des fachlichen Austauschs mit Kollegen, sektorenübergrei-
fender Zusammenarbeit (beispielsweise mit Krankenhäusern und Pflegeeinrichtungen),
abgestimmter Patientenversorgung, einheitlicher Qualitätsstandards und hoher Patientenzufriedenheit (vgl. Kassenärztliche Bundesvereinigung, 2015, S. 2).

Bei der **Klinik** oder **Poliklinik** handelt es sich um keine eigenständige, öffentliche
Rechtsform, sondern ähnlich wie bei dem **Ambulatorium** um eine Organisationsform
der medizinischen Zusammenarbeit. Während die Klinik ursprünglich ein Krankenhaus
zur Unterrichtung von Medizinstudenten war, innerhalb der die Poliklinik einen Bereich
darstellte, in dem hauptsächlich die städtischen (polis) Bürger behandelt wurden, verstand
man später unter der Poliklinik auch die Zusammenfassung verschiedener Fachärzte in
einer Einrichtung. Kleinere Polikliniken wurden auch als Ambulatorien bezeichnet und
beide Organisationsformen als die im Beitrittsgebiet bestehenden ärztlich geleiteten kommunalen, staatlichen und freigemeinnützigen Gesundheitseinrichtungen der ehemaligen
DDR im *Sozialgesetzbuch (SGB)* berücksichtigt.

Öffentlich-rechtlich geregelt ist auch das **Medizinische Versorgungszentrum** (MVZ).
Es stellt den Zusammenschluss von zur kassenärztlichen Versorgung zugelassenen Ärzten und anderen Leistungserbringern im Gesundheitswesen dar, um gesetzlich und privat
versicherte Patienten zu behandeln. Nach dem *Sozialgesetzbuch V* (SGB V) sind sie fachübergreifende ärztlich geleitete Einrichtungen, in denen Ärzte, die in das Arztregister
eingetragen sind, als Angestellte oder Vertragsärzte tätig sind. Der ärztliche Leiter muss
in dem medizinischen Versorgungszentrum selbst als angestellter Arzt oder als Vertragsarzt tätig sein; er ist in medizinischen Fragen weisungsfrei. Sind in einem medizinischen
Versorgungszentrum Angehörige unterschiedlicher Berufsgruppen, die an der vertragsärztlichen Versorgung teilnehmen, tätig, ist auch eine kooperative Leitung möglich. Die
Zulassung erfolgt für den Ort der Niederlassung als Arzt bzw. Ärztin oder den Ort der
Niederlassung als medizinisches Versorgungszentrum (Vertragsarztsitz). MVZ können von
zugelassenen Ärzten und Ärztinnen, von zugelassenen Krankenhäusern, von Erbringern
nichtärztlicher Dialyseleistungen oder von gemeinnützigen Trägern, die aufgrund von
Zulassung oder Ermächtigung an der vertragsärztlichen Versorgung teilnehmen, gegründet werden. Ihre Gründung ist nur in der Rechtsform einer Personengesellschaft, einer

eingetragenen Genossenschaft oder einer Gesellschaft mit beschränkter Haftung (GmbH) möglich (vgl. § 95 SGB V).

Beispiel

Die Bedeutung von MVZ wächst, denn sie leisten mittlerweile einen wesentlichen und unverzichtbaren Beitrag zur ambulanten vertragsärztlichen Versorgung. So waren Ende 2018 über 3.000 ärztliche MVZ zugelassen, in denen über 18.000 Ärzte und Ärztinnen an der Versorgung der Versicherten mitwirkten. Neben Vertragsärzten un d -ärztinnen sind insbesondere zugelassene Krankenhäuser aktive MVZ-Gründer (vgl. Ladurner et al., 2020, S. 2).◄

2.3.2   Privatrechtsformen für Gesundheitsbetriebe

Zu den Privatrechtsformen für Gesundheitsbetriebe zählen die meisten Formen von Personen- und Kapitalgesellschaften.

Die **Personengesellschaft** stellt den Zusammenschluss mehrerer Personen zu einem Gesundheitsbetrieb dar und gründet auf der fortgesetzten Mitgliedschaft ihrer einzelnen Gesellschafter. Sie ist keine juristische Person und über ihr Vermögen können die Gesellschafter nur gemeinsam verfügen. Daneben haften die Gesellschafter persönlich und unbeschränkt mit ihrem Privatvermögen für die Schulden des Gesundheitsbetriebs. Steuerlich wird er als Gewerbebetrieb behandelt, unterliegt aber nicht selbst der Einkommensteuer und der Vermögensteuer, da die Steuerpflicht die einzelnen Gesellschafter trifft.

Als Personengesellschaft kommt zunächst die **Einzelgesellschaft** infrage, deren Eigenkapital von einer natürlichen Person aufgebracht wird und deren Inhaber den Gesundheitsbetrieb verantwortlich leitet, das Risiko alleine trägt und unbeschränkt für alle Verbindlichkeiten haftet.

Die **Gesellschaft bürgerlichen Rechts** (GbR) stellt eine Verpflichtung von mindestens zwei Gesellschaftern eines Gesundheitsbetriebs dar, den genau bestimmten gemeinsamen Gesellschaftszweck zu fördern. Ein Gesundheitsbetrieb in Form einer GbR ist nicht rechtsfähig. Da der Gesellschaftsvertrag grundsätzlich formfrei ist und auch ohne ausdrückliche Absprache (konkludent) erfolgen kann, liegt rechtlich oftmals eine GbR vor, ohne dass diese Tatsache den Beteiligten bewusst ist. Die Mitglieder der GbR können sowohl natürliche Personen, als auch juristische Personen und/oder andere Personengesellschaften sein.

Die **Partnerschaft** ist eine eigenständige Kooperationsform nach dem *Partnerschaftsgesellschaftsgesetz (PartGG)*, die beispielsweise als Rechtsform einer ärztlichen Berufsausübungsgemeinschaft in Betracht kommt und zu der sich Angehörige freier Berufe zur Berufsausübung zusammenschließen können (vgl. § 1 PartGG). Als Personengesellschaft setzt sie den Abschluss eines schriftlichen Partnerschaftsvertrages voraus, der rechtlich dem Gesellschaftsvertrag anderer Personengesellschaften entspricht und folgenden Mindestinhalt haben muss:

- Schriftform,
- Namen und den Sitz der Partnerschaft,
- Namen und den Vornamen sowie den in der Partnerschaft ausgeübten Beruf und den Wohnort jedes Partners,
- Gegenstand der Partnerschaft (vgl. § 3 PartGG).

Im Außenverhältnis wird sie erst durch gerichtliche Eintragung in das Partnerschaftsregister wirksam. Sie kann beispielsweise unter ihrem Namen Rechte erwerben und Verbindlichkeiten eingehen, klagen und verklagt werden und wird grundsätzlich durch jeden Partner allein vertreten. Zwar haften die Partner neben dem Gesellschaftsvermögen persönlich als Gesamtschuldner, in Abweichung zu den übrigen Personengesellschaften sind aber Haftungsbeschränkungen zugelassen. Der Name der Partnerschaft muss den Namen mindestens eines Partners, den Zusatz „und Partner" oder „Partnerschaft" sowie die Berufsbezeichnungen aller in der Partnerschaft vertretenen ärztlichen oder sonstigen Berufe enthalten (vgl. § 5 PartGG).

Eine Abwandlung sind *Partnerschaftsgesellschaften mit beschränkter Berufshaftung (PartGmbB)*, die nach dem bayerischen *Heilberufe-Kammergesetz (HKaG)* die Voraussetzungen nach dem Partnerschaftsgesellschaftsgesetz erfüllen, wenn sie eine dem aus der Berufsausübung erwachsenden Haftungsrisiko angemessene Berufshaftpflichtversicherung unterhalten und die Mindestversicherungssumme pro Versicherungsfall 5.000.000 € beträgt, wobei die Leistungen des Versicherers für alle innerhalb eines Versicherungsjahrs verursachten Schäden auf den Betrag der Mindestversicherungssumme, vervielfacht mit der Zahl der Partner, begrenzt werden können, die Jahreshöchstleistung muss sich jedoch mindestens auf den vierfachen Betrag der Mindestversicherungssumme belaufen (vgl. Art. 18 HKaG).

Bei einer **Genossenschaft** handelt es sich um einen Gesundheitsbetrieb mit grundsätzlich nicht beschränkter Mitgliederzahl, welcher die Förderung seiner Mitglieder mittels gemeinschaftlichen Betriebes bezweckt. Sein Zweck ist somit in der Regel nicht die eigene Gewinnerzielung, sondern die Unterstützung seiner Mitglieder. Das Eigenkapital ergibt sich aus der Summe der von den Genossen entrichteten Einlagen und Rücklagen. Die Genossenschaft muss die Bezeichnung „eingetragene Genossenschaft (eG)" aufweisen und sie erlangt erst mit der Eintragung in das Genossenschaftsregister ihre Rechtsfähigkeit. Zu den wichtigsten Organen zählen Vorstand, der Aufsichtsrat und die Mitgliederversammlung.

Lange war das Krankenhaus Salzhausen im Landkreis Harburg eine Genossenschaft. Ihr gehörten zahlreiche Einzelpersonen aus Salzhausen und den umliegenden Dörfern an, zum Teil bereits in dritter Generation. Die Gemeinden im Einzugsgebiet des Krankenhauses zählten ebenso zu den Mitgliedern wie die Patienten und zahlreiche Mitarbeitende des Krankenhauses Salzhausen (vgl. Deutscher Genossenschafts- und Raiffeisenverband, 2016, S. 1).◄

Wird der Gesundheitsbetrieb in Form einer **Kommanditgesellschaft** (KG) geführt, so haftet mindestens ein Gesellschafter als Komplementär voll und mindestens ein weiterer Gesellschafter als Kommanditist nur mit seiner Kapitaleinlage. Beide können auch eine juristische Person oder eine andere Personenhandelsgesellschaft sein, wobei für die Position des Kommanditisten keine GbR in Betracht kommt. Eine Handelsregistereintragung ist erforderlich.

Besteht der Gesundheitsbetrieb aus mindestens zwei Gesellschaftern, deren eigentlicher Zweck auf den Betrieb eines Handelsgewerbes ausgerichtet ist und die unbeschränkt, auch mit ihrem Privatvermögen persönlich haften, so handelt es sich um eine **Offene Handelsgesellschaft** (oHG). Der Gesundheitsbetrieb in Form einer oHG kann Rechte erwerben und Verbindlichkeiten eingehen, Eigentum oder andere Rechte an Grundstücken begründen sowie vor Gericht klagen und auch selbst verklagt werden.

Eine für die Finanzierung von Gesundheitsbetrieben nicht unbedeutende Rolle, spielt die **Stille Gesellschaft**, die als Personengesellschaft eine Beteiligung eines Teilhabers an dem Gesundheitsbetrieb darstellt, indem die geleistete Einlage in das Vermögen des tätigen Gesellschafters übergeht und der stille Gesellschafter dafür am Gewinn des Betriebes beteiligt ist. Sie tritt nach außen als Gesellschaft nicht in Erscheinung, dient als Instrument der mittelfristigen Geldbeschaffung und dem stillen Gesellschafter als Kapitalanlagemöglichkeit.

Im Gegensatz zur Personengesellschaft stellt der Gesundheitsbetrieb in Form einer **Kapitalgesellschaft** eine körperschaftlich verfasste Personenvereinigung mit eigener Rechtspersönlichkeit (juristische Person) dar. Ihre wesentlichen Kennzeichen sind:

- Pflicht zur Abführung von Körperschaftsteuer;
- Kapitalbeteiligung steht im Vordergrund;
- Anteile sind grundsätzlich frei veräußerlich;
- Geschäftsführung und Vertretung können durch Nichtgesellschafter vorgenommen werden;
- persönlich haftender Gesellschafter fehlt (Ausnahme: Komplementär einer KGaA).

Der Gesundheitsbetrieb als **Gesellschaft mit beschränkter Haftung** (GmbH) ist nach dem *Gesetz betreffend die Gesellschaften mit beschränkter Haftung (GmbHG)* eine juristische Person, hat eine körperschaftlich verfasste Organisationsstruktur sowie ein Stammkapital, das aus der Summe der von den Gesellschaftern zu leistenden Stammeinlagen besteht. Ihr gesetzlich vorgesehenes Mindest-Stammkapital beträgt 25.000 € (vgl. § 5 GmbHG).

Der Gesellschaftsvertrag muss enthalten:

- die Firma und den Sitz der Gesellschaft,
- den Gegenstand des Unternehmens,
- den Betrag des Stammkapitals,
- die Zahl und die Nennbeträge der Geschäftsanteile, die jeder Gesellschafter gegen Einlage auf das Stammkapital (Stammeinlage) übernimmt (vgl. § 3 GmbHG).

Als mögliche Gesellschafter kommen natürliche oder juristische Personen, KG, oHG und GbR infrage. Für die Verbindlichkeiten haftet nur das Gesellschaftsvermögen. Die GmbH besitzt stets Kaufmannseigenschaften, ihre Gründung erfordert den Abschluss eines notariellen Gesellschaftsvertrages und die Eintragung in das Handelsregister. Zu den Organen einer GmbH zählen:

- ein oder mehrere Geschäftsführer,
- Gesellschafterversammlung,
- Aufsichtsrat (AR), wenn im Gesellschaftsvertrag oder in gesetzlichen Regelungen so vorgesehen.

Beispiel

Während das *Klinikum Ingolstadt* beispielsweise als „normale" GmbH firmiert (vgl. Klinikum Ingolstadt, 2023, S. 1), trägt das *Krankenhaus Düren gem. GmbH* als akademisches Lehrkrankenhaus der *RWTH Aachen* und in kommunaler Trägerschaft mit den Gesellschaftern Stadt und Kreis Düren den Zusatz einer gemeinnützigen GmbH (vgl. Krankenhaus Düren, 2023, S. 1)◄

Die haftungsbeschränkte **Unternehmergesellschaft** (UG) – umgangssprachlich „Mini-GmbH" – ist eine GmbH mit einem geringeren als dem Mindestkapital gemäß GmbHG. Das Stammkapital insgesamt muss mindestens einen Euro betragen. Ab 25.000 € wird keine Unternehmergesellschaft mehr gegründet, sondern eine „normale" GmbH.

Die Rechtsform einer **Aktiengesellschaft** (AG) bedeutet für den Gesundheitsbetrieb, dass es sich nach dem *Aktiengesetz (AktG)* um eine juristische Person mit einem in Aktien zerlegtes Grundkapital handelt, an dem die Gesellschafter mit Einlagen beteiligt sind (vgl. § 1 AktG). Für die Verbindlichkeiten wird nur mit dem Gesellschaftsvermögen gehaftet. Die Aktien werden zur Refinanzierung eingesetzt. Umfangreiche Regelungen werden durch das Aktiengesetz bestimmt: Aufsichtsrat (AR), Bekanntmachungen, Hauptversammlung (HV), Aktienübertragung.

Beispiel

Während die *Rhön-Klinikum AG* als einer der größten Gesundheitsdienstleister eine Vielzahl von Krankenhäusern betreibt (vgl. Rhön-Klinikum, 2023, S. 1), trägt das *Klinikum Fulda* den Zusatz gAG in seiner Gesellschaftsbezeichnung und wird als gemeinnützige Aktiengesellschaft im Eigentum der Stadt Fulda sowie als akademisches Lehrkrankenhaus der Universität Marburg und der Hochschule Fulda geführt (vgl. Klinikum Fulda, 2023, S. 1).◄

Zu den für den Gesundheitsbetrieb relevanten **Mischformen** zählt in häufigen Fällen die **GmbH & Co. KG**. Es handelt sich dabei um eine Kommanditgesellschaft und somit um eine Personengesellschaft, an der eine GmbH als Komplementär beteiligt ist. Die Haftung für ihre Verbindlichkeiten ist somit auf die Kommanditisten bis zur Höhe ihrer Einlage und auf die GmbH mit ihrem auf einen Haftungshöchstbetrag begrenzten Vermögen beschränkt.

Beispiel

In einer Mischform firmiert beispielsweise das Krankenhaus Tabea GmbH & Co. KG in Hamburg im Artemed-Klinikverbund. Das Krankenhaus Tabea ist eine Klinik für alle orthopädischen und neurochirurgischen Erkrankungen des Bewegungsapparats sowie Zentrum für Venenleiden und Dermatochirurgie. Es ist ferner Akademisches Lehrkrankenhaus der Medizinischen Fakultät der Universität Hamburg (vgl. Krankenhaus Tabea, 2023, S. 1).◄

Vereine und **Stiftungen** sind in ihrer Häufigkeit eher untergeordnete Rechtsformen für Gesundheitsbetriebe. So stellen der *Eingetragene Verein* (e.V.) und die *Rechtsfähige Stiftung* zwar juristische Personen, aber keine Kapitalgesellschaften dar.

Beispiel

Bereits 1852 wurde die *Stiftung Krankenhaus Bethanien* für die Grafschaft Moers gegründet. Sie umfasst das Krankenhaus Bethanien, den Seniorenstift Bethanien sowie einen Servicebetrieb Bethanien, in dem der steuerpflichtige wirtschaftliche Geschäftsbetrieb ausgewiesen wird. Ferner ist die Stiftung Bethanien an dem Medizinischen Versorgungszentrum (MVZ) Bethanien Moers gGmbH an der Servicegesellschaft Krankenhaus Bethanien mbH beteiligt, in der Serviceleistungen für die Einrichtungen der Stiftung angeboten werden (vgl. Stiftung Krankenhaus Bethanien, 2023, S. 1).◄

Auch Rechtsformen nach Europäischem Recht, wie die **Europäische Gesellschaft (Societas Europaea, SE),** als nach weitgehend einheitlichen Rechtsprinzipien gestaltbare Aktiengesellschaft in der EU, sind als Rechtsformen für Gesundheitsbetriebe zwar grundsätzlich auswählbar, kommen bislang aber eher selten vor.

Beispiel

Die Schön Klinik SE in München umfasst eine Reihe von Kliniken, deren Rechtsträger als GmbH oder als SE & Co. KG firmieren (vgl. Schön Klinik, 2023, S. 1).◄

Tab. 2.8 fasst die öffentlichen und privaten Rechtsformen für Gesundheitsbetriebe nochmals zusammen.

2.3.3 Rechtsformwahl

Bei jeder Gründung eines Gesundheitsbetriebes wird seine Rechtsform festgelegt. Dabei geht es insbesondere um die Klärung der Fragen nach

- Leitung,
- Haftung,
- Kapitalausstattung,
- Finanzierungssituation,
- Steuerbelastung,
- Mitbestimmung,
- Prüfungs- und Publizitätsverpflichtungen.

Im Rahmen der Frage nach der **Leitung** des Gesundheitsbetriebes ist zu klären, ob die Geschäftsführungs- und Vertretungsbefugnis durch die Anteilseigner (Personengesellschaft) oder durch eigene Organe (Kapitalgesellschaft) wahrgenommen werden soll.

Bei der Frage nach der **Haftung** geht es insbesondere darum, ob nur das Gesellschaftsvermögen des Gesundheitsbetriebes im Rahmen einer *beschränkten* Haftung herangezogen werden kann, oder inwieweit die Anteilseigner des bereit sind, mit ihrem Privatvermögen *persönlich, unbeschränkt* zu haften.

Kapitalgesellschaften verfügen gegenüber Personengesellschaften über bessere Möglichkeiten am Kapitalmarkt, insbesondere was den Kapitalumfang und die Übertragbarkeit von Kapitalanteilen betrifft, sodass hiervon die **Kapitalausstattung** und die **Finanzierungssituation** des Gesundheitsbetriebs beeinflusst werden können. Bei der **Steuerbelastung** von Gesundheitsbetrieben bestehen zwischen Personen- und Kapitalgesellschaften insbesondere folgende Unterschiede:

Tab. 2.8 Rechtsformen für Gesundheitsbetriebe

Öffentliche Rechtsformen		Anstalt des öffentlichen Rechts (AdöR)
		Körperschaft des öffentlichen Rechts (KödR)
		Eigenbetrieb
		Regiebetrieb
		Gemeinschaftspraxis
		Praxisgemeinschaft
		Medizinisches Versorgungszentrum
		Stiftung öffentlichen Rechts
Private Rechtsformen	Personengesellschaften	Einzelgesellschaft
		Gesellschaft bürgerlichen Rechts (GbR)
		Partnerschaftsgesellschaft
		Kommanditgesellschaft (KG)
		Offene Handelsgesellschaft (oHG)
		Berufsausübungsgemeinschaft
		Praxisgemeinschaft
		Medizinisches Versorgungszentrum bspw. als GbR
		Praxisnetz bspw. als GbR
	Kapitalgesellschaften	Gesellschaft mit beschränkter Haftung (GmbH)
		Unternehmergesellschaft (UG) – „Mini-GmbH"
		Aktiengesellschaft (AG)
		Medizinisches Versorgungszentrum bspw. als GmbH
		Praxisnetz bspw. als GmbH
	Mischformen	Bspw. GmbH & Co. KG, SE & Co. KG
	Vereine und Stiftungen	Bspw. eingetragener Verein (e.V.), rechtsfähige Stiftung
	Nach EU-Recht	Bspw. Societas Europaea, SE

- **Einkommens- und Körperschaftssteuer:** Besteuerung der Unternehmensgewinne bei Kapitalgesellschaften über Körperschaftssteuer, bei Personengesellschaften über Zurechnung der Ertragsanteile bei den Anteilseignern;
- **Vermögenssteuer:** Bezieht sich bei Kapitalgesellschaften sowohl auf das Gesellschaftsvermögen als auch auf die Geschäftsanteile der Anteilseigner;
- **Gewerbesteuer:** Abweichende Bemessungsgrundlagen beispielsweise bei Berücksichtigung von Geschäftsführergehältern.

Nach dem *Mitbestimmungsgesetz (MitbestG)* bestehen bei Personen- und Kapitalgesellschaften unterschiedliche Möglichkeiten bei der **Mitbestimmung** von Arbeitnehmern oder deren Vertretern an Entscheidungen im Gesundheitsbetrieb.

Unterschiede bei den möglichen Rechtsformen eines Gesundheitsbetriebs bestehen auch hinsichtlich **Prüfungs- und Publizitätsverpflichtungen,** wie etwa bei der Prüfung des Jahresabschlusses durch unabhängige Prüfer und bei der Veröffentlichung der Jahresabschlüsse.

Beispiel

Am Beispiel der steuerlichen Rahmenbedingungen eines Medizinischen Versorgungszentrums (MVZ) wird die Komplexität des Entscheidungsproblems zur Rechtsformauswahl und konkreten Ausgestaltung deutlich: Neben dem Ziel, die ertragsteuerliche Belastung zu minimieren, sind Aspekte der Leitung, Haftung, Finanzierung und Nachfolgeregelung nicht zu vernachlässigen. Die steuerliche Belastung der jeweiligen Rechtsform kann nur im Einzelfall entlang der persönlichen Verhältnisse und wirtschaftlichen Rahmenbedingungen bestimmt werden. Auch ist ein Vergleich der Rechtsformen nicht nur bei einer MVZ-Gründung, sondern vielmehr auch im Zeitverlauf ratsam, insbesondere wenn sich die persönlichen Verhältnisse oder die wirtschaftlichen Rahmenbedingungen ändern. Oft fällt bei der Beteiligung von Krankenhäusern an einem MVZ die Wahl der Rechtsform auf die GmbH, was Bilanzierungs- und Veröffentlichungspflichten mit sich bringt, aber auch ein Gestaltungspotenzial der Bilanzierung, als Gradmesser für den wirtschaftlichen Erfolg eines MVZ (vgl. Kraus & Koschate, 2019, S. 3).◄

2.4   Betriebsstandort

2.4.1   Standortfaktoren für Gesundheitsbetriebe

Der **Standort** von Gesundheitsbetrieben, als geographischer Ort ihrer betrieblichen Leistungserstellung, ist abhängig von zahlreichen speziellen Faktoren, wie dem potenziellen Einzugsbereich oder der Möglichkeit zur vertragsärztlichen Niederlassung.

Bei dem **Einzugsgebiet** eines Gesundheitsbetriebs handelt es sich um einen zusammenhängenden räumlichen Bereich, aus dem sich potenzielle Nachfrager medizinischer Leistungen und Patienten generieren. Es kann auf einen regionalen Bereich hin ausgerichtet sein, jedoch auch weiter entfernte Patienten ansprechen. Die Planung eines Einzugsgebiets obliegt im öffentlichen Bereich der jeweiligen Gebietskörperschaft bzw. unterliegt dem ärztlichen Niederlassungsrecht und im privatwirtschaftlichen Bereich der Strategie des jeweiligen Gesundheitsbetriebs, als Ergebnis einer Erforschung des Marktes. Je spezieller der Gesundheitsbetrieb ausgerichtet ist, desto weiter und auch verzweigter ist im Regelfall sein Einzugsgebiet.

Je nach Art des Gesundheitsbetriebs ist ein wesentlicher Faktor in diesem Zusammenhang die standortrelevante Frage nach einem freien Vertragsarztsitz bzw. nach der Situation im jeweiligen Planungsbereich.

Die vertragsärztliche **Niederlassung** ist in der Regel zunächst mit einer Eintragung in das Arztregister des jeweiligen KV-Bezirks verbunden. Die üblicherweise anschließende Eintragung in die Warteliste für eine Zulassung im jeweiligen Fachgebiet dokumentiert die Wartezeit auf einen Praxissitz in von Zulassungsbeschränkungen betroffenen Planungsbereichen und ist gleichzeitig ein Kriterium für Auswahlentscheidungen im Nachbesetzungsverfahren. Um gesetzlich Krankenversicherte behandeln zu können, wird eine Zulassung für einen **Vertragsarztsitz** benötigt. Hierbei sind Zulassungsbeschränkungen für Planungsbereiche zu beachten. Häufig wird im Auftrag von niedergelassenen Ärzten und anderen Leistungserbringern, die ihre Praxis an einen Nachfolger übergeben wollen, deren Vertragsarztsitz öffentlich ausgeschrieben. Die öffentliche Ausschreibung für Praxisübergaben ist in von Zulassungsbeschränkungen betroffenen Planungsbereichen gesetzlich vorgeschrieben. Nachdem die Bewerbungsfrist abgelaufen ist, werden dem ausschreibenden Praxisinhaber die Kontaktdaten des Bewerbers bekannt gegeben, damit sich beide in Verbindung setzen können. Da ein großer Teil aller diagnostischen und therapeutischen Kassenleistungen (beispielsweise ambulantes Operieren, Ultraschalluntersuchungen, Darmspiegelung, invasive Kardiologie, Schmerztherapie, Zytologie etc.) einer zusätzlichen Qualitätskontrolle unterliegen, sind sie somit in der Regel zusätzlich genehmigungspflichtig. Ärzte und andere Leistungserbringer, die eine oder mehrere qualitätsgesicherte Leistungen erbringen wollen, müssen einen Antrag auf Abrechnungsgenehmigung bei der jeweiligen KV stellen und besondere fachliche, apparative und gegebenenfalls auch räumliche Voraussetzungen nachweisen. Erst nach Erteilung der schriftlichen Genehmigung sind diese Leistungen abrechnungsfähig und werden auch honoriert. Für viele dieser genehmigungspflichtigen Leistungen werden Qualitätsprüfungen in Form von Praxisbegehungen, Hygienekontrollen oder stichprobenartige Prüfungen der Untersuchungsergebnisse vorgenommen. Werden die geforderten Qualitätskriterien nicht dauerhaft nachgewiesen, kann es auch zu einer Rücknahme der Abrechnungsgenehmigung kommen.

Als wichtiges Steuerungsinstrument, um eine ambulante medizinische Versorgung flächendeckend vorhalten zu können, regelt die **Bedarfsplanung** wie viele Arztsitze es in den Regionen gibt. Die Voraussetzung, Vertragsarzt einer Kassenärztlichen Vereinigung (KV) zu sein, gewährleistet einheitliche Qualitätsstandards und sichert die flächendeckende Versorgung. Dazu wird ein freier Arztsitz benötigt, deren Anzahl ebenso in der Bedarfsplanung definiert wird, wie Verhältniszahlen, die ein Zielversorgungsniveau bestimmen (Anzahl Ärzte und Ärztinnen einer bestimmten Fachrichtung, die eine bestimmte Einwohnerzahl in einem Planungsbereich betreuen). Anhand des Versorgungsgrads prüfen die Kassenärztlichen Vereinigungen gemeinsam mit den Krankenkassen, ob Regionen überversorgt, offen oder sogar unterversorgt mit Ärzten und Ärztinnen der unterschiedlichen Fachrichtungen sind. Wird zum Beispiel aus Altersgründen eine Zulassung zurückgegeben, kann sie trotz Sperrung Bereichs wieder vergeben werden. Um auch in gesperrten Planungsbereichen die Versorgung mit einer ganz spezifischen Therapie oder Diagnostik sicherzustellen, gibt es zudem das Instrument des Sonderbedarfs. Von einer Unterversorgung wird in der Regel ausgegangen, wenn die tatsächliche Anzahl an Hausärzten und -ärztinnen mehr als 25 % und bei Fachärzten und -ärztinnen mehr als 50 % unter dem ermittelten Bedarf liegt. Nach der *Richtlinie des Gemeinsamen Bundesausschusses über die Bedarfsplanung sowie die Maßstäbe zur Feststellung von Überversorgung und Unterversorgung in der vertragsärztlichen Versorgung (Bedarfsplanungs-Richtlinie)* wird die Ärzteschaft für die Bedarfsplanung in Arztgruppen eingeteilt und einer der vier Versorgungsebenen zugerechnet, welche auch für den Zuschnitt der Planungsbereiche und somit für die Versorgungsgradfeststellung mittels Verhältniszahlen maßgeblich sind:

- hausärztliche Versorgung,
- allgemeine fachärztliche Versorgung,
- spezialisierte fachärztliche Versorgung,
- gesonderte fachärztliche Versorgung (vgl. § 5 Bedarfsplanungs-Richtlinie).

Die Planungsbereiche für Hausärzte und -ärztinnen sind am kleinsten, da eine Versorgung in unmittelbarer Wohnortnähe im Vordergrund steht. Etwas größer fallen die Planungsbereiche für die wohnortnahe fachärztliche Versorgung aus. Deutlich umfangreicher sind die Planungsbereiche für spezialisierte fachärztliche Versorgung, der beispielsweise Fachinternisten, Anästhesisten, Radiologen sowie Kinder- und Jugendpsychiater zugeordnet werden. Am größten sind die Planungsbereiche für die gesonderte fachärztliche Versorgung, denen der Bedarf an Ärzten und Ärztinnen folgender Fachrichtungen zugeordnet ist: Mediziner für physikalische und rehabilitative Medizin, Nuklearmediziner, Strahlentherapeuten, Neurochirurgen, Humangenetiker, Laborärzte und -ärztinnen, Pathologen und Transfusionsmediziner (vgl. Kassenärztliche Bundesvereinigung, 2020, S. 2 ff.). Entsprechend gibt es beispielsweise auch Bedarfsplanungen für Zahnärzte und Zahnärztinnen oder Krankenhäuser, deren Dichte auch über Sicherstellungszuschläge gesteuert wird, um in dünn besiedelten Regionen ein stationäres Versorgungsangebot aufrechtzuerhalten, bzw. über die Krankenhausplanung der einzelnen Bundesländer.

Tab. 2.9 Entwicklung ausgewählter Zahlen zur Versorgungsdichte (vgl. Statistisches Bundesamt, 2023)

	2001	2011	2021
Krankenhausbetten insgesamt	552.680	502.029	483.606
Je 100.000 Einwohner	671,2	625,4	581,3
Ärztinnen und Ärzte insgesamt	375.225	449.409	548.272
Je 100.000 Einwohner	455,15	559,47	658,69
Zahnärztinnen und Zahnärzte insgesamt	78.728	87.539	100.491
Je 100.000 Einwohner	95,5	109,0	120,7

Bei Standortfragen größerer Gesundheitsbetriebe wie Kliniken oder Krankenhäuser ist die **Versorgungsdichte** über die Berücksichtigung der Standortfaktoren hinaus somit von grundsätzlicher Bedeutung (siehe Tab. 2.9).

Um für die Klärung einer Standortfrage zu aussagefähigen Ergebnissen zu kommen, sind die Angaben zur allgemeinen Versorgungsdichte zu regionalisieren bzw. zu lokalisieren, wie es in der Bedarfsplanung erfolgt.

Weitere wichtige **Standortfaktoren für Gesundheitsbetriebe** sind:

- **Infrastrukturfaktoren:** Für eine Klinik oder Praxiseinrichtung geeignete Immobilien, günstige Verkehrsinfrastruktur zur optimalen Erreichbarkeit des Gesundheitsbetriebs, geeignete Versorgung mit Energie, Elementar- und Sonderstoffen, Möglichkeiten zur Entsorgung von Sonderabfällen etc.;
- **Agglomerationsfaktoren:** Clusterisierung medizinischer Einrichtungen mit optimierten Forschungs- und fachübergreifenden Behandlungsmöglichkeiten, Nutzung des Vorhandenseins von Gesundheitsbetrieben (beispielsweise in einem Ärztehaus) als positiven Standorteffekt für Neuansiedlungen etc.;
- **Beschaffungsfaktoren:** Verfügbares, qualifiziertes medizinisches Personal in Standortnähe, geeignete Lieferbezugsquellen für medizinisches und nicht-medizinisches Verbrauchsmaterial, kurze Lieferwege etc.;
- **Wirtschaftliche Faktoren:** Unterstützungsmöglichkeiten durch die Gebietskörperschaft, örtliche Gewerbesteuersituation, regionale Preisverhältnisse für den Bezug von Lieferungen, Dauer von Genehmigungsverfahren etc.;
- **Ökologische Faktoren:** Klimatische Heilbedingungen (Luftbewegung, -feuchtigkeit, -reinheit etc.), Vorhandensein von Thermal- oder Heilquellen, Gewinnung natürlicher Heilmittel etc.;
- **Soziologische Faktoren:** Bevölkerungsstruktur, Durchschnittsalter, demografische Entwicklung im Einzugsgebiet.

2.4.2 Standortwahl

Die Situation einer erforderlichen Standortwahl entsteht für den Gesundheitsbetrieb insbesondere bei seiner Gründung (ärztliche Niederlassung, Neugründung einer Klinik, Krankenhausansiedlung etc.), bei seiner Verlagerung beispielsweise aufgrund der Kündigung von Mietverträgen oder bei seiner Dezentralisierung beispielsweise durch Bildung von Behandlungszentren im Stadtzentrum oder in Stadtrandlagen, um das Einzugsgebiet zu erweitern oder die Patientennähe zu erhöhen. Häufig kommen betriebswirtschaftliche Überlegungen auch erst dann ins Spiel, wenn der Gesundheitsbetrieb wächst und an neuen Standorten expandieren will. Die Aufgabe der Standortwahl stellt sich also erst dann, wenn der Betrieb sich in einer expansiven Phase befindet.

Für die **Standortplanung** von Gesundheitsbetrieben stehen grundsätzlich bekannte Instrumente zur Verfügung. Dazu zählen beispielsweise die Modelle von:

- *H. Hamacher (geb. 1951):* Mathematische Planungsmodelle;
- *H. v. Thünen (1783–1850):* Ringemodell nach wirtschaftsgeografischer Standorttheorie;
- *P. d. Varignon (1654–1722):* Mechanische Anordnung, um Standort-Optimierungsprobleme experimentell zu lösen;
- *A. Weber (1868–1958):* Mathematische Standortbestimmung unter Transportkostenminimierung (vgl. Hamacher, 1995, S. 6 ff.).

Die überwiegend historischen Standortplanungs- oder Standortoptimierungsmodelle haben zwar im Laufe der Zeit Weiterentwicklungen erfahren, sie sind für die praktische Anwendung der Standortplanung von Gesundheitsbetrieben jedoch nur eingeschränkt anwendbar.

Beispiel

Es ist davon auszugehen, dass die Standortwahl häufig bei weitem nicht so rational erfolgt, wie dies gemeinhin angenommen wird. Während in früheren Zeiten häufig die Verfügbarkeit von öffentlichen Grundstücken die Standortwahl bestimmte und es heutzutage kaum Krankenhausneugründungen gibt, bleibt nur die Möglichkeit, bestehende, suboptimale Standorte zu verlagern, was sich angesichts des großen Flächenbedarfs von Krankenhäusern als schwierig darstellt. Die bestehenden Modelle der Standortplanung erscheinen zwar für das Verständnis des Grundproblems sehr illustrativ, sind jedoch für praktische Probleme nur selten eine Hilfestellung, da die Zahl der Standortalternativen in der Regel begrenzt ist (vgl. Fleßa, 2014, S. 194).◄

Die **Standortentscheidung** ist eine betriebswirtschaftliche Grundentscheidung des Gesundheitsbetriebs. Sie muss nicht nur die Standortfaktoren berücksichtigen, sondern darüber hinaus nach weiteren wichtigen betriebswirtschaftlichen Gesichtspunkten getroffen werden, wie beispielsweise:

- **Kostenminimierung:** Durch die Standortwahl sollen die zukünftigen betrieblichen Kosten und die mit der Standortentscheidung verbundenen Kosten (Umzug, Immobilienkauf, Pendlerkosten für Mitarbeiter etc.) möglichst geringgehalten werden.
- **Ertragssteigerung:** Die Standortentscheidung soll möglichst dazu führen, dass sich die Ertragssituation verbessert.

Da mit zunehmender Anzahl an Standortfaktoren, die zudem häufig qualitativer Natur und damit quantitativ kaum messbar sind, die Komplexität einer mathematischen, rationellen Standortentscheidung nur schwierig zu bewältigen ist, unterstützt die betriebswirtschaftliche Standorttheorie nicht die Standortoptimierung, sondern in erster Linie die Standortsuche.

Der Standortwahl geht in der Regel eine **Standortanalyse** voraus, die die Standortfaktoren erhebt, gewichtet und bewertet. Dazu dient üblicherweise ein stufenweises Vorgehen, das beispielsweise von einer regionalen Auswahl als Grobplanung, über eine Auswahl des Ballungszentrums bis hin zu einer Wahl des Stadtteils und konkreten Immobilienobjektes als Feinplanung reichen kann. Die Datenerhebung, Gewichtung und Bewertung der einzelnen Standortfaktoren kann anhand eines vorbereiteten Kataloges erfolgen, beispielsweise im Sinne einer Nutzwertanalyse (NWA). Man teilt die Standortfaktoren dazu üblicherweise in harte oder weiche Faktoren ein, in Abhängigkeit davon, ob sie etwa objektiv messbare Tatsachen (Grundstückspreise, Grundstücksgröße, Einwohnerzahl etc.), oder eher qualitative Einschätzungen (Anziehungskraft des Standorts, Patientennähe, Synergieeffekte, Nutzenpotentiale etc.) darstellen.

Beispiel

Bei der Simulation und Analyse einer Neustrukturierung der Krankenhausversorgung am Beispiel einer Versorgungsregion in Nordrhein-Westfalen wurden als methodische Vorgehensweise unter anderem Erreichbarkeitsvorgaben zugrunde gelegt. Derart typisierende Geschwindigkeitsvorgaben sind mittlerweile sowohl in der Wissenschaft als auch in der Rechts-Praxis im Gesundheitsbereich und darüber hinaus etabliert, allerdings ist eine breite wissenschaftliche Basis für derartige Vorgaben in der Krankenhausversorgung nicht ersichtlich und am ehesten noch für die Notfallversorgung zu verzeichnen, die auch den konzeptuellen Ausgangspunkt für das primär erreichbarkeitsbasierte Strukturmodell darstellt. Dazu wurden Geschwindigkeitswerte verwendet, welche die Kassenärztliche Bundesvereinigung (KBV) ermittelt hat und in ihren Bedarfsplanungsaufgaben nutzt. Daneben wurde auch ein Modell mit höheren

Geschwindigkeitswerten genutzt, das in der Verkehrs- und Raumplanung verwendet wird. Zwar nehmen beide Modelle Unterscheidungen nach Straßentypen sowie zwischen inner- und außerörtlichem Verkehr vor, berücksichtigen allerdings neben der Verkehrsinfrastruktur die durchschnittliche Verkehrslage wie vom G-BA in seinen Regelungen für die Vereinbarung von Sicherstellungszuschlägen gefordert mangels einer weitergehenden Spezifizierung durch den G-BA unter Umständen nicht ausreichend. Im Ergebnis wurden für das primär erreichbarkeitsbasierte Versorgungsmodell die Krankenhausstandorte so ausgewählt, dass mit der geringstmöglichen Anzahl an Krankenhausstandorten sämtliche Einwohner einer bestimmten Versorgungsregion das nächste Krankenhaus innerhalb der vorgegebenen Fristen erreichen können (vgl. Loos et al., 2019, S. 79).◄

Mit zunehmender Anzahl an Standortfaktoren, die bei der Entscheidungsfindung berücksichtigt werden, nimmt auch die Schwierigkeit zu, klare Vorhersagen für den optimalen Standort zu treffen. Daher stellen Standortentscheidungen für einen Gesundheitsbetrieb häufig auch Kompromisse zwischen einzelnen Standortfaktoren dar.

2.5 Ethische Grundsatzfragen

2.5.1 Allgemeine Ethik im Gesundheitswesen

Die **Ethik** im Gesundheitswesen betrifft alle in ihm tätigen Einrichtungen und Menschen und befasst sich mit den sittlichen Normen und Werte, die sich Ärzte, Patienten, Pflegekräfte, Institutionen und Organisationen, letztendlich die gesamte Gesellschaft in Gesundheitsfragen setzen. Im Zentrum stehen dabei die Unantastbarkeit der Menschenwürde und der Lebensschutz, die Patientenautonomie, das allgemeine Wohlergehen des Menschen, sowie das Verbot, ihm zu schaden.

Sie befasst sich somit nicht nur mit dem Schutz vor kriminellen Missbrauch ärztlichen Wissens und Ehrgeizes, sondern muss sich insbesondere den Herausforderungen durch die neuen Entwicklungen in der Medizin stellen und den Fragen nach dem Umgang mit knappen Ressourcen im Gesundheitswesen.

> **Beispiel**
>
> Als Vertrauensgrundlage bei ärztlich-ethische Fragen wird häufig auf den hippokratischen Eid verwiesen, obwohl der angehende Arzt oder die angehende Ärztin heutzutage an keiner Stelle des Berufslebens, abgesehen von nicht obligaten medizingeschichtlichen Vorlesungen, mit diesem Eid konfrontiert werden und dass sie schon gar keinen Eid oder ein Gelöbnis ablegen (vgl. Eigler, 2003, S. A 2203).
>
> Der hippokratische Eid für Ärzte wurde durch den Weltärztebund (WMA) modernisiert. Die Neufassung hebt dabei stärker als zuvor auf die Autonomie des Patienten ab

und verpflichtet als Gelöbnis die Ärzte, medizinisches Wissen zum Wohl der Patienten und zur Förderung der Gesundheitsversorgung mit ihren Kollegen zu teilen. Es wird damit gerechnet, dass die überarbeitete Fassung weltweit als ethischer Kodex für alle Ärzte anerkannt wird (vgl. Bundesärztekammer, 2017, S. 1).◄

Die Ethik im Gesundheitswesen wird beeinflusst durch eine Pluralität von unterschiedlichen Weltanschauungen und Herangehensweisen, die auf individuellen Sozialisationen, unterschiedliche Werten, Grundwerten und Motiven beruhen. Sie findet daher mitunter unterschiedliche Antworten auf Fragen wie beispielsweise, wann das menschliche Leben beginnt, auf die moralischen Probleme der Stammzellenforschung, der Schwangerschaftsunterbrechung, der Organtransplantation, der Menschen- und Tierversuche oder, ob erst der Herz- oder bereits der Hirntod das Ende des Lebens bedeuten.

Beispiel

Häufig steht nicht von vornherein und gleichsam selbstverständlich fest, was dem Leben dient, was für viele Fälle gilt, in denen es um Leben und Tod oder um die Qualität des Lebens an und für sich geht. Nicht selten sehen sich Pflegende wie auch Ärzte und Gesundheitspolitiker mehreren Alternativen gegenüber, die hinsichtlich ihrer Wirksamkeit, ihrer Konsequenzen und ihrer Kosten unterschiedlich zu beurteilen sind. Dabei kann es beispielsweise um das Leben, Weiterleben oder Sterben eines Einzelnen gehen oder um das Leben vieler Menschen, deren Krankheit gegen andere Kostenfaktoren aufgerechnet werden kann (vgl. Städtler-Mach & Devrient, 2005, S. 2).◄

Mit den ethischen Fragen im Gesundheitswesen befassen sich zahlreiche Ethikkommissionen, die auf Bundes- und Landesebene eingerichtet worden und überwiegend in beratender Funktion tätig sind.

So befasst sich das *Zentrum für Medizinische Ethik e.V.* an der *Ruhr-Universität Bochum* mit Forschung, Lehre, Publikation und Dokumentation in der angewandten und biomedizinischen Ethik. Besondere Schwerpunkte bilden interdisziplinäre und internationale Fragestellungen sowie die Entwicklung konkreter Hilfsmittel für Forschung, Klinik und Praxis. Die Angehörigen des Zentrums bieten nicht nur Lehrveranstaltungen und Vorträge zum Thema an, sondern führen auch Beratungen von Berufsverbänden, Ministerien, Trägern von Einrichtungen der Gesundheitspflege und biomedizinischer Forschung in ethischen Fragen durch, wobei Arbeitsschwerpunkte in den Bereichen AIDS, Ethikkommission, Expertensysteme in der Medizin, Fertilitätstechniken in der Humanmedizin und klinische Prüfung liegen (vgl. Zentrum für Medizinische Ethik, 2023, S. 1).

Die *Zentrale Kommission zur Wahrung ethischer Grundsätze in der Medizin und ihren Grenzgebieten (Zentrale Ethikkommission – ZEKO)* bei der *Bundesärztekammer* hat zur Aufgabe, Stellungnahmen (siehe Tab. 2.10) zu ethischen Fragen abzugeben, die durch den Fortschritt und die technologische Entwicklung in der Medizin und ihren Grenzgebieten

aufgeworfen werden oder die unter ethischen Gesichtspunkten im Hinblick auf die Pflichten bei der ärztlichen Berufsausübung von grundsätzlicher Bedeutung sind. Sie steht auch
für ergänzende Beurteilungen ethischer Frage von grundsätzlicher Bedeutung zur Verfügung und kann ihre Stellungnahmen auch in Form von Empfehlungen oder Richtlinien
abgeben (vgl. Zentrale Ethikkommission, 2023a, S. 1).

Das *Deutsche Referenzzentrum für Ethik in den Biowissenschaften (DRZE)* ist für die
Erarbeitung der Grundlagen, Normen und Kriterien der ethischen Urteilsbildung in den
Biowissenschaften zuständig und wird als zentrale wissenschaftliche Einrichtung der *Universität Bonn* geführt. Es wurde als nationales Dokumentations- und Informationszentrum
gegründet, um die wissenschaftlichen Grundlagen für eine qualifizierte bioethische Diskussion im deutschen, europäischen und internationalen Rahmen zu schaffen. Dazu stellt
es die wissenschaftlichen Informationen bereit, die für eine qualifizierte Meinungs- und
Urteilsbildung im Bereich der Ethik in den Biowissenschaften und der Medizin erforderlich sind (vgl. Deutsches Referenzzentrum für Ethik in den Biowissenschaften, 2023,
S. 1).

Nach dem *Ethikratgesetz (EthRG)* verfolgt der *Deutsche Ethikrat* die ethischen, gesellschaftlichen, naturwissenschaftlichen, medizinischen und rechtlichen Fragen sowie die
voraussichtlichen Folgen für Individuum und Gesellschaft, die sich im Zusammenhang
mit der Forschung und den Entwicklungen insbesondere auf dem Gebiet der Lebenswissenschaften und ihrer Anwendung auf den Menschen ergeben. Zu seinen Aufgaben
gehören insbesondere die

- Information der Öffentlichkeit und Förderung der Diskussion in der Gesellschaft unter
  Einbeziehung der verschiedenen gesellschaftlichen Gruppen;
- Erarbeitung von Stellungnahmen (siehe Tab. 2.11) sowie von Empfehlungen für
  politisches und gesetzgeberisches Handeln;
- Zusammenarbeit mit nationalen Ethikräten und vergleichbaren Einrichtungen anderer
  Staaten und internationaler Organisationen (vgl. § 2 EthRG).

Im Bereich der Pflege gilt der *Ethikkodex für beruflich Pflegende* des *International Council of Nurses (ICN)* als Wertekompass, dem sich Pflegefachpersonen weltweit verpflichtet
haben. Er wurde 1953 erstmalig veröffentlicht und bietet ein Gerüst, an dem sich eine
werteorientierte pflegerische Praxis ausrichten kann. Er behandelt die vier Themenkom-
plexe: Pflegefachperson und Menschen mit Pflegebedarf, Pflegefachperson und Praxis,
Pflegefachperson und ihre Profession sowie Pflegefachperson und globale Gesundheit. Zu
jedem Bereich werden Hinweise gegeben, wie der Kodex von Pflegefachpersonen in der
Praxis, als Lehrende oder von berufspolitischen Akteuren und Akteurinnen angewendet
werden kann (vgl. Deutscher Berufsverband für Pflegeberufe, 2021, S. 1).

Tab. 2.10 Beispiele für Stellungnahmen der *Zentralen Ethikkommission* der *Bundesärztekammer* (vgl. Zentrale Ethikkommission, 2023b, S. 1)

Jahr	Stellungnahme
2022	Ärztliche Verantwortung an den Grenzen der Sinnhaftigkeit medizinischer Maßnahmen; zum Umgang mit „Futility"
2021	Entscheidungsunterstützung ärztlicher Tätigkeit durch Künstliche Intelligenz
2019	Außerklinische Ethikberatung
2019	Advance Care Planning (ACP)
2019	Gruppennützige Forschung mit nichteinwilligungsfähigen Personen
2018	Hinweise und Empfehlungen zum Umgang mit Vorsorgevollmachten und Patientenverfügungen im ärztlichen Alltag
2016	Medizinische Angebote im Ausland – Medizintourismus
2016	Altersschätzung bei unbegleiteten Flüchtlingen
2016	Entscheidungsfähigkeit und Entscheidungsassistenz
2013	Ärztliches Handeln zwischen Berufsethos und Ökonomisierung
2013	Zwangsbehandlung bei psychischen Erkrankungen
2013	Versorgung nicht regulär versicherter Migranten
2012	Ärztliche Behandlung ohne Krankheitsbezug (Ästhetische Chirurgie)
2010	Werbung und Informationstechnologie: Auswirkungen auf das Berufsbild des Arztes
2010	UN-Konvention für Rechte von Menschen mit Behinderung als Herausforderung für ärztliches Handeln
2009	Doping und ärztliche Ethik
2007	Priorisierung medizinischer Leistungen im System der GKV
2006	Finanzierung patientenorientierter medizinischer Forschung
2006	Ethikberatung in der klinischen Medizin
2006	Forschungsklonen mit dem Ziel therapeutischer Anwendungen
2004	Forschung mit Minderjährigen
2003	Verwendung von Körpermaterialien für medizinische Forschung
2002	Stammzellforschung
2000	Prioritäten in der medizinischen Versorgung im System der GKV
1999	Verwendung patientenbezogener Daten für die Forschung
1998	Übertragung von Nervenzellen in das Gehirn des Menschen
1997	Nicht-einwilligungsfähige Personen

Tab. 2.11 Beispiele für Stellungnahmen des *Deutschen Ethikrats* (vgl. Deutscher Ethikrat, 2023, S. 1)

Jahr	Stellungnahme
2022	Suizid – Verantwortung, Prävention und Freiverantwortlichkeit
2022	Vulnerabilität und Resilienz in der Krise – Ethische Kriterien für Entscheidungen in einer Pandemie
2020	Immunitätsbescheinigungen in der Covid-19-Pandemie
2020	Robotik für gute Pflege
2019	Impfen als Pflicht?
2019	Eingriffe in die menschliche Keimbahn
2017	Big Data und Gesundheit – Datensouveränität als informationelle Freiheitsgestaltung
2016	Patientenwohl als ethischer Maßstab für das Krankenhaus
2016	Embryospende, Embryoadoption und elterliche Verantwortung
2015	Hirntod und Entscheidung zur Organspende
2013	Die Zukunft der genetischen Diagnostik – von der Forschung in die klinische Anwendung
2012	Demenz und Selbstbestimmung
2011	Präimplantationsdiagnostik
2011	Nutzen und Kosten im Gesundheitswesen – Zur normativen Funktion ihrer Bewertung
2007	Die Zahl der Organspenden erhöhen – Zu einem drängenden Problem der Transplantationsmedizin in Deutschland
2005	Patientenverfügung – Ein Instrument der Selbstbestimmung
2003	Genetische Diagnostik vor und während der Schwangerschaft
2001	Zum Import menschlicher embryonaler Stammzellen

Beispiel

Der ICN-Ethikkodex für Pflegefachpersonen gilt nicht als Verhaltenskodex, sondern ist als eine Erklärung der ethischen Werte, Verantwortlichkeiten und beruflichen Rechenschaftspflicht von Pflegefachpersonen und Studierenden bzw. Lernenden der Pflege anzusehen, wozu er die ethische Pflegepraxis innerhalb der verschiedenen Pflegerollen definiert und leitet. Für eine ethische Pflegepraxis und Entscheidungsfindung kann er als Rahmen dienen, um die von den Aufsichtsbehörden festgelegten professionellen Standards zu erfüllen. Auch bietet der ICN-Ethikkodex ethische Leitlinien in Bezug auf die Rollen, Pflichten, Verantwortlichkeiten, Verhaltensweisen, das professionelle Urteilsvermögen und die Beziehungen von Pflegefachpersonen zu Patientinnen und anderen Menschen mit Pflegebedarf, zu Kolleginnen und zu Fachpersonen anderer

Berufe. Er ist grundlegend und dient zusammen mit den Gesetzen, Vorschriften und Berufsstandards der Länder, die die Pflegepraxis regeln, als Basis, und die darin zum Ausdruck gebrachten Werte und Verpflichtungen gelten für Pflegefachpersonen in allen Arbeitsfeldern, Rollen und Praxisgebieten (vgl. International Council of Nurses, 2021, S. 3).◄

2.5.2 Besondere Ethik des Gesundheitsbetriebs

Die Behandlung ethischer Fragen im Gesundheitsbetrieb bezieht sich zum einen auf die betriebliche Ethik im Sinne einer Unternehmens- und Wirtschaftsethik und zum anderen auf die konkreten Problemstellungen, die sich in Zusammenhang mit der Aufgabenwahrnehmung im Gesundheitswesen ergeben. Sie lässt sich auch als **Mikroethik** bezeichnen, aus der sich für die Praxis grundlegende Anforderungen an Behandlung und Betreuung ableiten lassen: So sollte jede Behandlung und Betreuung von einer professionellen Haltung, von Wertschätzung und Zuwendung getragen sein, und sie sollten auf gemeinsam besprochenen Therapie- und Betreuungszielen basieren, die weitestmöglich den Werthorizont der Patienten bzw. Bewohner gerecht werden und alle Fachpersonen einbeziehen. Auch sollten sie Maßnahmen beinhalten, denen eine sorgfältige Evaluation allgemeiner Evidenz (grundsätzliche Effektivität) vorausgeht, und in ihrer Durchführung bzw. Umsetzung im jeweiligen Kontext sowohl die professionelle Erfahrung (vermutete Effektivität im konkreten Fall) als auch die eigenen Überlegungen der Patienten bzw. Bewohner (persönliche Sinnhaftigkeit), gegebenenfalls auch durch Stellvertreter vermittelt, einfließen. Jede Behandlung und Betreuung sollten ferner für eine Re-Evaluation und Adaption offen sein sowie die Möglichkeit beinhalten, Fairnessüberlegungen zu berücksichtigen und Maßnahmen zum Schutz Dritter zu erwägen, wenn dies die Situation erfordert.

Zur Förderung einer guten Mikroethik und damit der Beziehung zwischen Professionellen und Patienten bzw. Klienten in Gesundheitsbetrieben bedarf es organisationsethischen und das gesamte Gesundheitswesen umfassende Strukturen und Ansätze (siehe Abschn. 2.5.1 Allgemeine Ethik im Gesundheitswesen). Auch ist durch alle in der klinisch-ethischen Praxis Lehrende, Tätige und Verantwortliche in Aus- und Weiterbildung und der betrieblichen Gestaltung zu hinterfragen (siehe Tab. 2.12), ob die derzeitigen Strukturen und Praxen den Anforderungen an Behandlung und Betreuung gerecht werden (vgl. Krones, 2022, S. 84 f.).

Die *betriebliche* Ethik fragt somit nach den moralischen Wertvorstellungen des Gesundheitsbetriebs, nach Gewinnstreben und moralischen Idealen. Für den Gesundheitsbetrieb sind diese Überlegungen nicht unwichtig, da er Gefahr läuft, seine Anerkennung durch die Gesellschaft, zu verlieren, wenn er keine allgemeinen moralischen Wertvorstellungen im Bereich von Solidarität, Humanität und Verantwortung berücksichtigt. Die Auswirkungen seines Handelns auf Menschen und Umwelt wird hierbei nicht nur anhand seines Beitrags für das Gesundheitswesen, sondern auch an Maßstäben sozialer

Tab. 2.12 Beispiele für Fragestellungen bezüglich ethischer Strukturen und Praxen in Gesundheitsbetrieben (vgl. Krones, 2022, S. 85)

Beispiel	Fragestellung
Abwägungsprozess	Wie wird Schaden und Nutzen abgewogen?
Durchführung der Routineaufklärung	Wie sieht die Routineaufklärung im Gesundheitsbetrieb konkret aus?
Fehlermanagement	Wird die Chance gegeben, ethisch gut begründete Haltungen zu stärken und auch nachweislich problematische Handlungen und Haltungen zu benennen und zu ändern (z.B. durch ein transparenten konstruktives Fehlermanagement)?
Fertigkeiten zur Einbeziehung von Patienten	Welche Fertigkeiten werden gelehrt, um in klinisch eindeutigen, wertbehafteten Situationen eine echte Einbeziehung von Patienten in die Abwägungen zu erzielen?
Existenzielle klinische Situationen	Werden die derzeitigen Strukturen und Praxen der Prozess- und Beziehungshaftigkeit existenzieller klinischer Situationen gerecht?
Informationsmaterialien zur Einbeziehung von Patienten	Welche Informationsmaterialien stehen zur Verfügung, um in klinisch eindeutigen, wertbehafteten Situationen eine echte Einbeziehung von Patienten in die Abwägungen zu erzielen?
Information über Entscheidungen	Wird eine Entscheidung mitgeteilt, können die Patienten selbst teilnehmen?
Modelle für den Patientenkontakt	Auf welchen Modellen beruhen die Kontakte zu Patienten (z.B. Visitenmodell)?
Modelle für den Entscheidungsweg	Auf welchen Modellen beruhen die Entscheidungswege in Klinik und Praxis (z.B. Tumorboards, Pflegefachgespräche oder Ethikausschüsse)?
Patientenautonomie	Wie wird die Autonomie der Patienten routinemäßig spezifiziert?
Zeit und Raum für die Einbeziehung von Patienten	Wieviel Zeit und Raum ist gegeben, um in klinisch eindeutigen, wertbehafteten Situationen eine echte Einbeziehung von Patienten in die Abwägungen zu erzielen?

Gerechtigkeit und Nachhaltigkeit gemessen. Sie werden zum einen durch das verantwortliche Handeln des gesamten Gesundheitsbetriebs beeinflusst und zum anderen durch die Individualethik seiner Mitarbeitenden.

Die Konzentration rationellen Handelns im Gesundheitsbetrieb auf ökonomische Ausprägungen, mit vorhandenen Mitteln einen maximalen Nutzen oder ein bestimmtes Ziel mit minimalem Aufwand zu erreichen, birgt die Gefahr, bestimmte Wertebereiche wie Humanität, Solidarität, Gerechtigkeit etc. zu vernachlässigen. Auch die alleinige Ausrichtung auf den Markt als Vorgabe für das Handeln des Gesundheitsbetriebs bietet nicht immer die Möglichkeit, einer ausreichenden Berücksichtigung gesellschaftlicher Werte und sozialer Normen. Negative Auswirkungen derart bestimmter Handlungen auf andere Lebensbereiche wie die Umwelt oder gesellschaftliche Strukturen würden bei einer Vorrangigkeit ökonomischer Ziele vor ethischen Zielen des Gesundheitsbetriebs nahezu unberücksichtigt bleiben.

Beispiel

Aufgrund des Einzugs der Ökonomie in das Gesundheitswesen kommt es immer häufiger zu einem Konflikt zwischen Wirtschaftlichkeit und Ethik im Krankenhaus. Es handelt sich dabei um das Aufeinanderprallen der zumeist von den patientennahen Berufsgruppen vertretenen deontologischen Moralvorstellung und der eher von den patientenfernen Akteuren verkörperten teleologischen beziehungsweise utilitaristischen Moralvorstellung, die auseinander liegen und nicht miteinander vereinbar sind, da die Sozialwissenschaften bislang keine kombinierte, substituierende Moraltheorie entwickelt haben. Wirtschaftlichkeit und Ethik hingegen sind nicht unvereinbar und bedingen einander, wenn ein Krankenhaus im Wettbewerb nachhaltig erfolgreich sein will. Die Verschwendung von Ressourcen ist unethisch, weil mit diesen Mitteln eine bessere Behandlung finanziert werden könnte, und das Krankenhaus muss die ethischen Anforderungen erfüllen, um eine im Wettbewerb notwendige hohe Behandlungsqualität gewährleisten zu können (vgl. Krüger & Rapp, 2006, S. A 320).◄

Die im umfassenden Sinne soziale Verantwortlichkeit von Gesundheitsbetrieben (Corporate Social Responsibility, CSR) ist ein Beispiel für die Einhaltung moralischer Kriterien, die durch soziale Einzelengagements, Nachhaltigkeitsberichte, Umweltschutzbeiträge etc. über die eigentliche medizinische oder pflegerische Versorgung hinaus eine verantwortungsethische Sichtweise wiedergibt.

Die konkreten ethischen Problemstellungen im Gesundheitsbetrieb, die sich in Zusammenhang mit der Aufgabenwahrnehmung im Gesundheitswesen ergeben, sind häufig Gegenstand betrieblicher Ethikkomitees oder Aufgabengebiet der Ethikbeauftragten, sofern sie in den jeweiligen Gesundheitsbetrieben eingerichtet sind.

Beispiel

Nach dem *Hessischen Krankenhausgesetz (HKHG, 2011)* hat das Krankenhaus eine Ethikbeauftragte oder einen Ethikbeauftragten zu bestellen. Ethikbeauftragte haben die Aufgabe, in ethischen Fragestellungen Entscheidungsvorschläge zu machen. Sie sind im Rahmen dieser Aufgabe der Geschäftsführung unterstellt (vgl. § 6 HKHG, 2011).◄

So beraten **Krankenhaus-Ethikkomitees** (KEK) ethische Probleme aus dem klinischen Alltag, bei der medizinischen Behandlung, Pflege und Versorgung von Patienten. Sie werden von der Leitung des Krankenhauses berufen und setzen sich üblicherweise aus den dort arbeitenden Berufsgruppen zusammen. Ihre Aufgabe ist es, Beratung zur Unterstützung bei moralischen Konflikten auf Anforderung der Beteiligten Mitglieder des Behandlungsteams, Patienten und ihren Angehörigen zu geben, wobei die uneingeschränkte Verantwortung und Entscheidungskompetenz bei dem Behandlungsteam verbleibt. Für ethische Fragestellungen, die in der Praxis häufig auftreten, wie der ethische Umgang mit Schwerstkranken und Sterbenden, der Umgang mit Patientenverfügungen, die Regelung des Verzichts auf Herz-Kreislauf-Wiederbelebung, werden häufig durch das KEK spezielle Leitlinien entwickelt.

Beispiel

Die *Akademie für Ethik in der Medizin e. V. (AEM)* ist eine interdisziplinäre und interprofessionelle medizinethische Fachgesellschaft mit Ärzten, Pflegekräften, Philosophen, Theologen, Juristen sowie Angehörige weiterer Professionen als Mitgliedern. Sie betreibt u. a. die Informations- und Dokumentationsstelle *Ethik in der Medizin (IDEM)* sowie die Arbeitsgruppe *Ethikberatung im Gesundheitswesen* mit Vorschlägen für ein Curriculum Ethikberatung im Krankenhaus und in Einrichtungen der stationären Altenhilfe sowie Empfehlungen zur Dokumentation von Ethik-Fallberatungen und zur Evaluation von Ethikberatung (vgl. Akademie für Ethik in der Medizin, 2023, S. 1). Ethische Leitlinien verschiedener Einrichtungen beinhalten Empfehlungen, wie etwa zur Entscheidungsfindung bezüglich der Anlage einer Magensonde, zur Frage der Therapiezieländerung bei schwerstkranken Patienten, zur Therapiebegrenzung auf Intensivstationen oder zum Umgang mit Patientenverfügungen.◄

Zusammenfassung

Der Gesundheitsbetrieb ist in das deutsche Gesundheitssystem integriert, welches die Beziehungen im Gesundheitswesen zwischen dem Staat, den Kostenträgern, den Leistungserbringern, den versicherten Patienten und anderen, ihren Verbänden und ihren Selbsthilfeorganisationen sowie sonstigen im Gesundheitswesen tätigen eingebundenen Gruppierungen regelt. Die Rechtsgebiete, die über die allgemeinen betrieblichen Rechtsgrundlagen hinaus spezielle Rahmenbedingungen für den Gesundheitsbetrieb darstellen, betreffen insbesondere die betriebliche Organisation, die Betriebsangehörigen, die betriebliche Leistungserstellung, die Gebühren – und damit die Situation der Einnahmenerzielung – sowie die Patienten. Die Behandlung ethischer Fragen im Gesundheitsbetrieb bezieht sich zum einen auf die betriebliche Ethik im Sinne einer Unternehmens- und Wirtschaftsethik und zum anderen auf die konkreten Problemstellungen, die sich in Zusammenhang mit der Aufgabenwahrnehmung im Gesundheitswesen ergeben.

Literatur

Akademie für Ethik in der Medizin – AEM. (Hrsg.). (2023) Standards und Empfehlungen für Ethikberatung im Gesundheitswesen. https://www.aem-online.de/index.php?id=62. Zugegriffen: 05. Febr. 2023.

Aktiengesetz (AktG) vom 6. September 1965 (BGBl. I S. 1089), zuletzt durch Artikel 3 Absatz 3 des Gesetzes vom 4. Januar 2023 (BGBl. 2023 I Nr. 10) geändert.

Bayerische Landesärztekammer – BLÄK. (Hrsg.). (2023). Kooperationen. https://www.blaek.de/arzt-und-recht/berufliche-kooperationen. Zugegriffen: 28. Jan. 2023.

Berresheim, K., Christ, H. (2008) Ausbildung der Medizinischen Fachangestellten – Leitfaden für die ausbildende Arztpraxis. Köln: Deutscher Ärzte-Verlag.

Bundesärztekammer – BÄK. (Hrsg.). (2017). Weltärztebund verabschiedet neues ärztliches Gelöbnis. https://www.bundesaerztekammer.de/presse/aktuelles/detail/weltaerztebund-verabschiedet-neues-aerztliches-geloebnis. Zugegriffen: 04. Febr. 2023.

Bundesärztekammer – BÄK. (Hrsg.). (2008). Gesundheitspolitischen Leitsätze der Ärzteschaft (Ulmer Papier, Beschluss des 111. Deutschen Ärztetages 2008). http://www.baek.de/downloads/UlmerPapierDAET111.pdf. Zugegriffen: 21. Jan. 2023.

Bundesmantelvertrag – Ärzte (BMV-Ä) vom 1. Januar 2023 zwischen Kassenärztlicher Bundesvereinigung, K. d. ö. R., Berlin, und GKV-Spitzenverband (Spitzenverband Bund der Krankenkassen), K. d. ö. R., Berlin, gemäß § 82 Abs. 1 SGB V.

Bundesministerium für Bildung und Forschung – BMBF. (Hrsg.). (2020). *Patientenversorgung verbessern – Innovationskraft stärken Fachprogramm Medizintechnik* (Broschüre).

Bundesministerium für Gesundheit – BMG. (Hrsg.). (2021). *Daten des Gesundheitswesens 2021.*

Bundesministerium für Gesundheit – BMG. (Hrsg.). (2023). Aufgaben und Organisation des Bundesministeriums für Gesundheit. https://www.bundesgesundheitsministerium.de/ministerium/auf gaben-und-organisation/aufgaben.html. Zugegriffen: 21. Jan. 2023.

Bürgerliches Gesetzbuch (BGB) in der Fassung der Bekanntmachung vom 2. Januar 2002 (BGBl. I S. 42, 2909; 2003 I S. 738), zuletzt durch Artikel 6 des Gesetzes vom 7. November 2022 (BGBl. I S. 1982) geändert.

Deutsche Krankenhausgesellschaft – DKG. (Hrsg.). (2023). Eckdaten der Krankenhausstatistik. https://www.dkgev.de/fileadmin/default/Mediapool/3_Service/3.2._Zahlen-Fakten/Eckdaten_Krankenhausstatistik.pdf. Zugegriffen: 22. Jan. 2023.

Deutscher Berufsverband für Pflegeberufe – DBfK e.V. (Hrsg.). (2021). ICN-Ethikkodex für professionell Pflegende aktualisiert – DBfK veröffentlicht deutsche Fassung des Kodex. https://www.dbfk.de/de/presse/meldungen/2021/ICN-Ethikkodex-fuer-professionell-Pflegende-aktualisiert.php. Zugegriffen: 05. Febr. 2023.

Deutscher Ethikrat. (Hrsg.). (2023). Stellungnahmen. https://www.ethikrat.org/publikationen/kategorie/stellungnahmen/. Zugegriffen: 05. Febr. 2023.

Deutscher Genossenschafts- und Raiffeisenverband. (Hrsg.). (2016). Krankenhaus Salzhausen. http://www.genossenschaften.de/krankenhaus-salzhausen-eg. Zugegriffen: 21. Febr. 2016.

Deutsches Referenzzentrum für Ethik in den Biowissenschaften – DRZE. (Hrsg.). (2023). Zielsetzung und Aufgaben. https://www.drze.de/ueber-uns. Zugegriffen: 05. Febr. 2023.

Eigler, F. W. (2003). Der hippokratische Eid – Ein zeitgemäßes Gelöbnis? *Deutsches Ärzteblatt, 100*(34–35), 2203–2204.

Einkommensteuergesetz (EstG) in der Fassung der Bekanntmachung vom 8. Oktober 2009 (BGBl. I S. 3366, 3862), zuletzt durch Artikel 8 Absatz 3 des Gesetzes vom 20. Dezember 2022 (BGBl. I S. 2730) geändert.

Ethikratgesetz (EthRG) vom 16. Juli 2007 (BGBl. I S. 1385).

Fleßa, S. (2014) Grundzüge der Krankenhausbetriebslehre (Bd. 2, 2. Aufl.). München: Oldenbourg

Frodl, A. (2013). *Recht im Gesundheitsbetrieb – Gesetze und Verordnungen für die Betriebsführung im Gesundheitswesen.* Walter de Gruyter Verlag.

Gemeinsamer Bundesausschuss – G-BA. (Hrsg.). (2023). Mitglieder. https://www.g-ba.de/ueber-den-gba/wer-wir-sind/mitglieder/. Zugegriffen: 14. Jan. 2023.

Gesetz betreffend die Gesellschaften mit beschränkter Haftung (GmbHG) in der im Bundesgesetzblatt Teil III, Gliederungsnummer 4123-1, veröffentlichten bereinigten Fassung, zuletzt durch Artikel 6 des Gesetzes vom 15. Juli 2022 (BGBl. I S. 1146) geändert.

Gesetz gegen den unlauteren Wettbewerb (UWG) in der Fassung der Bekanntmachung vom 3. März 2010 (BGBl. I S. 254), zuletzt durch Artikel 20 des Gesetzes vom 24. Juni 2022 (BGBl. I S. 959) geändert.

Gesetz gegen Wettbewerbsbeschränkungen (GWB) in der Fassung der Bekanntmachung vom 26. Juni 2013 (BGBl. I S. 1750, 3245), zuletzt durch Artikel 2 des Gesetzes vom 19. Juli 2022 (BGBl. I S. 1214) geändert.

Gewerbeordnung (GewO) in der Fassung der Bekanntmachung vom 22. Februar 1999 (BGBl. I S. 202), zuletzt durch Artikel 21 des Gesetzes vom 19. Dezember 2022 (BGBl. I S. 2606) geändert.

Greiling, M., & Muszynski, T. (2008). *Strategisches Management im Krankenhaus – Methoden und Techniken zur Umsetzung in der Praxis* (2. Aufl.). Kohlhammer-Verlag.

Grundgesetz (GG) für die Bundesrepublik Deutschland in der im Bundesgesetzblatt Teil III, Gliederungsnummer 100-1, veröffentlichten bereinigten Fassung, zuletzt durch Artikel 1 des Gesetzes vom 19. Dezember 2022 (BGBl. I S. 2478) geändert.

Halbe, B. (2017). Kooperation – Die Zusammenarbeit in der Praxisgemeinschaft. *Deutsches Ärzteblatt, 114*(41), 1888–1889.

Hamacher, H. (1995). *Mathematische Lösungsverfahren für planare Standortprobleme.* Vieweg-Verlag.

Handelsgesetzbuch (HGB) in der im Bundesgesetzblatt Teil III, Gliederungsnummer 4100-1, veröffentlichten bereinigten Fassung, zuletzt durch Artikel 1 des Gesetzes vom 15. Juli 2022 (BGBl. I S. 1146) geändert.

Haubrock, M. (2009). Vom Gesundheitssystem zur Gesundheitswirtschaft. In M. Haubrock & W. Schär (Hrsg.), *Betriebswirtschaft und Management in der Gesundheitswirtschaft* (5. Aufl., S. 25–30). Hans Huber Verlag.

Heilberufe-Kammergesetz (HKaG): Gesetz über die Berufsausübung, die Berufsvertretungen und die Berufsgerichtsbarkeit der Ärzte, Zahnärzte, Tierärzte, Apotheker sowie der Psychologischen Psychotherapeuten und der Kinder- und Jugendlichenpsychotherapeuten in der Fassung der Bekanntmachung vom 6. Februar 2002 (GVBl. S. 42, BayRS 2122-3-G), zuletzt durch § 3 des Gesetzes vom 23. Dezember 2020 (GVBl. S. 678) geändert.

Hessisches Krankenhausgesetz (KHKG 2011). Zweites Gesetz zur Weiterentwicklung des Krankenhauswesens in Hessen – vom 21. Dezember 2010. Fundstelle: GVBl. I 2010, 587. Gliederungs-Nr: 351 - 84.

Illing, F. (2022). *Gesundheitspolitik in Deutschland – Eine Chronologie der Gesundheitsreformen der Bundesrepublik Deutschland* (2. Aufl.). Springer VS.

International Council of Nurses – INC. (Hrsg.). (2021). *Der ICN-Pflegekodex für Pflegefachpersonen. Gemeinsame Übersetzung des Deutschen Berufsverbandes für Pflegeberufe (DBfK), des Österreichischen Gesundheits- und Krankenpflegeverbandes (ÖGKV) sowie des Schweizer Berufsverbandes der Pflegefachfrauen und Pflegefachmänner (SBK).*

Kassenärztliche Bundesvereinigung – KBV. (Hrsg.). (2015). *Praxisnetze – Informationen zur Gründung, Anerkennung und Förderung* (Broschüre).

Kassenärztliche Bundesvereinigung – KBV. (Hrsg.). (2020). *Die Bedarfsplanung – Grundlagen, Instrumente und Umsetzung. Informationsbroschüre.*

Kassenärztliche Bundesvereinigung – KBV. (Hrsg.). (2023). Kooperationen – Einzelpraxis. https://www.kbv.de/html/14365.php. Zugegriffen: 28. Jan. 2023.

Kassenärztliche Vereinigung Baden-Württemberg – KVBW. (Hrsg.). (2022). *Gründung einer Praxisgemeinschaft* (Merkblatt).

Klinikum Fulda. (Hrsg.). (2023). Aufsichtsrat. https://www.klinikum-fulda.de/das-klinikum-fulda/aufsichtsrat/. Zugegriffen: 29. Jan. 2023.

Klinikum Ingolstadt. (Hrsg.). (2023). Impressum. https://klinikum-ingolstadt.de/impressum/. Zugegriffen: 29. Jan. 2023.

Klinikum Südstadt Rostock. (Hrsg.). (2023). Impressum. https://www.kliniksued-rostock.de/unternehmen/impressum.html. Zugegriffen: 28. Jan. 2023.

Krankenhaus Düren. (Hrsg.). (2023). Über uns. https://www.krankenhaus-dueren.de/index.php/ueberuns-ueber-uns. Zugegriffen: 29. Jan. 2023.

Krankenhaus Tabea. (Hrsg.). (2023). Über uns. https://www.tabea-fachklinik.de/ueber-uns. Zugegriffen: 29. Jan. 2023.

Kraus, G., & Koschate, T. (2019). Was MVZ-Gründer beachten sollten. *Deutsches Ärzteblatt, 116*(29), 2–3.

Kreislaufwirtschaftsgesetz (KrWG) vom 24. Februar 2012 (BGBl. I S. 212), zuletzt durch Artikel 20 des Gesetzes vom 10. August 2021 (BGBl. I S. 3436) geändert.

Krones, T. (2022). Beziehungen zwischen Patienten und Behandlungs-/Betreuungsteams und gemeinsame Entscheidungsfindung. In G. Marckmann (Hrsg.), *Praxisbuch Ethik in der Medizin* (2. Aufl., S. 79 –89). Medizinisch Wissenschaftliche Verlagsgesellschaft.

Krüger, C., & Rapp, B. (2006). Ethik im Gesundheitswesen: Behandlungsqualität – oberste Priorität. *Deutsches Ärzteblatt, 103*(6), 320–322.

Ladurner, A., Walter, U., & Jochimsen, B. (2020). *Rechtsgutachten – Stand und Weiterentwicklung der gesetzlichen Regelungen zu medizinischen Versorgungszentren (MVZ). Erstattet dem Bundesministerium für Gesundheit.*

Loos, S., Albrecht, M., & Zich, K. (2019). Zukunftsfähige Krankenhausversorgung Simulation und Analyse einer Neustrukturierung der Krankenhausversorgung am Beispiel einer Versorgungsregion in Nordrhein-Westfalen (Bericht). Bertelsmann Stiftung.

Lüngen, M., & Büscher, G. (2015). *Gesundheitsökonomie.* Kohlhammer Verlag.

Luther Clairfield International GmbH. (Hrsg.). (2021). *Marktstudie Medizintechnik 2020.*

Ochs, A., Jahn, R., & Matusiewicz, D. (2013). Gesundheitssysteme: ein internationaler Überblick. In J. Wasem, S. Staudt, & D. Matusiewicz (Hrsg.), Medizinmanagement – *Grundlagen und Praxis* (S. 11–48). Medizinisch Wissenschaftliche Verlagsgesellschaft.

Partnerschaftsgesellschaftsgesetz (PartGG) vom 25. Juli 1994 (BGBl. I S. 1744), zuletzt durch Artikel 68 des Gesetzes vom 10. August 2021 (BGBl. I S. 3436) geändert.

Regierungskommission für eine moderne und bedarfsgerechte Krankenhausversorgung. (Hrsg.). (2022). Grundlegende Reform der Krankenhausvergütung – Dritte Stellungnahme und Empfehlung der Regierungskommission für eine moderne und bedarfsgerechte Krankenhausversorgung.

Rhön-Klinikum. (Hrsg.). (2023). Konzern im Überblick. https://www.rhoen-klinikum-ag.com/kon zern.html. Zugegriffen: 29. Jan. 2023.

Richtlinie des Gemeinsamen Bundesausschusses über die Bedarfsplanung sowie die Maßstäbe zur Feststellung von Überversorgung und Unterversorgung in der vertragsärztlichen Versorgung (Bedarfsplanungs-Richtlinie) in der Neufassung vom 20. Dezember 2012 veröffentlicht im Bundesanzeiger BAnz AT 31.12.2012 B7 vom 31. Dezember 2012 in Kraft getreten am 1. Januar 2013 zuletzt geändert am 21. April 2022 veröffentlicht im Bundesanzeiger (BAnz AT 18.08.2022 B2) in Kraft getreten am 19. August 2022.

Richtlinien über die Berücksichtigung von Umweltgesichtspunkten bei der Vergabe öffentlicher Aufträge (Umweltrichtlinien Öffentliches Auftragswesen – öAUmwR) Bekanntmachung der Bayerischen Staatsregierung vom 28. April 2009 Az.: B II 2-5152-15.

Schön Klinik. (Hrsg.). (2023). Impressum. https://www.schoen-klinik.de/impressum. Zugegriffen: 29. Jan. 2023.

Sozialgesetzbuch Fünftes Buch (SGB V) – Gesetzliche Krankenversicherung (Artikel 1 des Gesetzes vom 20. Dezember 1988, BGBl. I S. 2477, 2482), zuletzt durch Artikel 1b des Gesetzes vom 20. Dezember 2022 (BGBl. I S. 2793) geändert.

St. Hedwig-Krankenhaus (Hrsg.) (2023) 125 Jahre AdöR. https://www.shk-berlin-adoer.de/chronik. html. Berlin. Zugegriffen: 28.01.2023.

Städtler-Mach, B., & Devrient, H. (2005). Wirtschaftsethik. In A. Kerres & B. Seeberger (Hrsg.), *Gesamtlehrbuch Pflegemanagement* (S. 1–28). Springer Medizin.

Statistisches Bundesamt. (Hrsg.). (2022). Vollstationäre Patientinnen und Patienten der Krankenhäuser – Diagnosekapitel 2021. https://www.destatis.de/DE/Themen/Gesellschaft-Umwelt/Gesund heit/Krankenhaeuser/Tabellen/diagnose-kapitel-geschlecht.htm. Zugegriffen: 21. Jan. 2023.

Statistisches Bundesamt. (Hrsg.). (2023). Gesundheitsberichterstattung des Bundes – Gesundheitsversorgung. https://www.gbe-bund.de/stichworte/VERSORGUNGSDICHTE.html. Zugegriffen: 29. Jan. 2023.

Stiftung Krankenhaus Bethanien. (Hrsg.). (2023). Stiftungsstruktur. https://www.bethanien-moers. de/stiftung/stiftungstruktur/ueberblick. Zugegriffen: 29. Jan. 2023.

Universitätsklinikum Hamburg-Eppendorf – UKE. (Hrsg.). (2023). Impressum. https://www.uke.de/ allgemein/impressum/index.html. Zugegriffen: 28. Jan. 2023.

Vergabeverordnung (VgV) vom 12. April 2016 (BGBl. I S. 624), zuletzt durch Artikel 2 des Gesetzes vom 9. Juni 2021 (BGBl. I S. 1691) geändert.

Wittmann, M. (2020). Gesundheitspolitik. In J. Freund & G. Overlander (Hrsg.), *Pflegemanagement heute – Für Führungspersonen im Pflege- und Gesundheitsmanagement* (3. Auflg., S. 1–30). Urban & Fischer.

Zentrale Ethikkommission – ZEKO. (Hrsg.). (2023a). § 2 des Statuts der Zentralen Kommission zur Wahrung ethischer Grundsätze in der Medizin und ihren Grenzgebieten (Zentrale Ethikkommission) bei der Bundesärztekammer in der vom Vorstand der Bundesärztekammer am 20.08.2020 verabschiedeten Fassung. https://www.zentrale-ethikkommission.de/wir-ueber-uns/statut. Zugegriffen: 05. Febr. 2023.

Zentrale Ethikkommission – ZEKO. (Hrsg.). (2023b). Stellungnahmen der Zentralen Ethikkommission https://www.zentrale-ethikkommission.de/stellungnahmen. Zugegriffen: 05. Febr. 2023.

Zentrum für Medizinische Ethik. (Hrsg.). (2023). Über das Zentrum – Aufgaben und Geschichte. http://www.zme-bochum.de/deutsch/zentrum/index.html. Zugegriffen: 05. Febr. 2023.

Zulassungsverordnung (Ärzte-ZV) für Vertragsärzte in der im Bundesgesetzblatt Teil III, Gliederungsnummer 8230-25, veröffentlichten bereinigten Fassung, zuletzt durch Artikel 12 des Gesetzes vom 11. Juli 2021 (BGBl. I S. 2754) geändert.

Betriebsführung 3

3.1 Grundsätze der Betriebsführung

3.1.1 Corporate Governance und Verhaltenskodex

Die Grundsätze der Betriebsführung im Gesundheitswesen, die allgemein auch als **Corporate Governance** bezeichnet werden, umfassen alle Vorschriften und Werte nach denen Gesundheitsbetriebe verantwortungsbewusst geführt und überwacht werden. Für Betriebe im Gesundheitswesen, die sich in öffentlich-rechtlicher Trägerschaft befinden, haben sich die vergleichbaren Begriffe *Non-Profit Governance* oder auch *Public Corporate Governance* herausgebildet. Ihnen allen gemein ist das Ziel, dass die Aufsichtsorgane im Gesundheitswesen das Vorhandensein und die Anwendung der für die Betriebsführung notwendigen Instrumente überwachen und für eine klare Regelung der Zuständigkeiten sorgen müssen. Als unverzichtbare Instrumente gelten dabei beispielsweise die Organisation, die Rechnungslegung und Buchhaltung, sowie, gerade im medizinischen Bereich, die Qualitätssicherung. Aufgrund zahlreicher in diesem Zusammenhang erlassener Gesetzesnovellen und der aktuellen Rechtsprechung ist erkennbar, dass gerade an die Implementierung interner Kontrollmechanismen wie auch an die Schaffung einer klaren Struktur zur Verhinderung von Rechtsverstößen nicht nur im Gesundheitswesen zunehmend höhere Maßstäbe gesetzt werden.

Der *Deutsche Corporate Governance Kodex* enthält Grundsätze, Empfehlungen und Anregungen für den Vorstand und den Aufsichtsrat, die dazu beitragen sollen, dass die Gesellschaft im Unternehmensinteresse geführt wird. Der Kodex verdeutlicht die Verpflichtung von Vorstand und Aufsichtsrat, im übertragenen Sinne für den Bestand eines Gesundheitsbetriebs und seine nachhaltige Wertschöpfung zu sorgen. Die Kodex-Prinzipien verlangen nicht nur Legalität, sondern auch ethisch fundiertes, eigenverantwortliches Verhalten. Da Sozial- und Umweltfaktoren den Unternehmenserfolg und die

Tätigkeiten des Gesundheitsbetriebs beeinflussen und sie Auswirkungen auf Menschen und Umwelt haben, ist dies durch den Vorstand und Aufsichtsrat bei der Führung und Überwachung zu berücksichtigen. Dazu enthält der Kodex Grundsätze, Empfehlungen und Anregungen zur Leitung und Überwachung deutscher börsennotierter Gesellschaften, die national und international als Standards guter und verantwortungsvoller Unternehmensführung anerkannt sind. Der Kodex richtet sich zwar in erster Linie an börsennotierte Gesellschaften und Gesellschaften mit Kapitalmarktzugang im Sinne des Aktiengesetzes, jedoch sollen auch nicht kapitalmarktorientierten Gesellschaften die Empfehlungen und Anregungen des Kodex zur Orientierung dienen (vgl. Regierungskommission Deutscher Governance Kodex, 2022, S. 2 f.).

Für das Gesundheitswesen und weitere soziale Bereiche haben verschiedene Einrichtungen und Verbände das Corporate Governance System auf sich übertragen und wie beispielsweise in der Diakonie den *Diakonische Corporate Governance Kodex (DGK)* zur Optimierung der Leitung und Überwachung diakonischer Einrichtungen entwickelt (siehe Tab. 3.1).

Tab. 3.1 Inhalte des Diakonischen Corporate Governance Kodex – DGK (vgl. Diakonie Deutschland, 2018, S. 2 ff.)

Zusammenwirken der Organe der Einrichtung sowie der Einrichtung mit der Kirche		
Mitgliederversammlung		
Zusammenwirken von Vorstand und Aufsichtsgremium		
Vorstand		
	Aufgaben und Verantwortung	
	Vergütung des Vorstandes	
	Interessenkonflikte	
Aufsichtsgremium		
	Zusammensetzung	
	Aufgaben	
	Aufgaben und Befugnisse des/der Vorsitzenden des Aufsichtsgremiums	
	Bildung von Ausschüssen	
	Vergütung	
	Interessenkonflikte	
Zusammenarbeit mit dem Spitzenverband		
Rechnungslegung und Abschlussprüfung		
Chancengleichheit der Geschlechter		
Transparenz		
Empfehlung für eine Regelung zur Ermöglichung von Mitwirkungsmöglichkeiten für die Mitarbeitenden in Aufsichtsorganen diakonischer Einrichtungen		

Für die Betriebsführung stellt nicht nur im Gesundheitswesen die Vermeidung von Korruption, Untreue, Geldwäsche und betrügerischer Handlungen eine Herausforderung dar. Häufig wird versucht, durch einen **Verhaltenskodex** und entsprechende Kontrolleinrichtungen strafbare Handlungen zu vermeiden.

Im Gegensatz zu betrieblichen Anweisungen ist ein Verhaltenskodex als freiwillige Selbstverpflichtung anzusehen, bestimmte Handlungen zu unterlassen oder gewünschten Verhaltensweisen zu folgen, um Veruntreuung, Betrug oder andere strafbare Handlungen im Gesundheitswesen zu vermeiden.

Es obliegt der Betriebsführung eines Gesundheitsbetriebs, welche Maßnahmen zu ergreifen sind, um bereits im Ansatz Korruption und Betrug zu verhindern. Ein Verhaltenskodex hierzu kann beispielsweise folgende Punkte umfassen:

- Ablehnung jeglicher Form von Betrug, Korruption und strafbarem Verhalten;
- Aufgabenwahrnehmung mit größtmöglicher Sorgfalt und Integrität;
- Einhaltung von Funktionstrennung und Vier-Augen-Prinzip;
- Einhaltung von Gesetzen und Vorschriften;
- Mithilfe bei Präventionsmaßnahmen zur Vermeidung strafbarer Handlungen;
- Nichtbeteiligung an rechtlich zweifelhaften Vorhaben;
- Offenlegung unvermeidbarer Interessenskonflikte;
- Respektierung der Rechte Anderer;
- Transparente und für andere nachvollziehbare Arbeitsweise, die Verschleierung von strafbaren Handlungen verhindert;
- Unparteiische und gerechte Aufgabenerfüllung;
- Unterlassung von Handlungen, die Anderen Schaden zufügen könnten;
- Unterstützung bei der Aufklärung verdächtiger Vorgänge;
- Vermeidung von Interessenskonflikten.

Verhaltenskodizes in Gesundheitsbetrieben dienen jedoch nicht nur zur Vermeidung strafbarer Handlungen, sondern tragen auch zu einem positiven Führungsverhalten, einem verbesserten Umgang miteinander und zu einem serviceorientierten Verhalten gegenüber den Patienten bei. Auch Umweltschutz- und Qualitätsbewusstsein lassen sich dadurch unterstützen. Ein derartiger Verhaltenskodex lässt sich beispielsweise durch eine Dienst- oder Betriebsvereinbarung als Regelwerk für alle Berufsgruppen eines Gesundheitsbetriebs zugrunde legen, wobei sich die Betriebsführung explizit zu dessen Einhaltung verpflichten kann. Im Sinne einer positiven Vorbildfunktion sollten die Führungskräfte die Kodexinhalte auch aktiv vorleben, wenn sie dieses Verhalten auch von ihren Mitarbeitenden erwarten (siehe Tab. 3.2).

Tab. 3.2 Verhaltenskodex für medizinische Einrichtungen in Anlehnung an den Kodex der *GLG Gesellschaft für Leben und Gesundheit mbH* (vgl. GLG Gesellschaft für Leben und Gesundheit mbH, 2023, S. 2)

Kodexbereiche	Inhaltsbeispiele
Patientenorientierung	Kunden- und serviceorientierte Begleitung der Patienten und deren Angehörigen während des gesamten Behandlungs- und Versorgungsprozesses; Teilnahme an Trainingsangeboten zur Optimierung der Patienten- und Kundenorientierung; Patienten das bereitgestellte Informationsmaterial aushändigen und erläutern; persönlicher Kontakt während unvermeidbarer Wartezeiten für den Patienten und Angebot von Überbrückungsmöglichkeiten; Patientenvisiten den Patienten zugewandt und in einer ihm verständlichen Sprache durchführen; mit jedem Patienten ein ärztliches und pflegerisches Entlassungsgespräch führen; den Patienten am Tage der Entlassung zumindest einen Kurzbrief aushändigen; die Patientensicherheit gefährdende und eigenverursachte oder festgestellte Fehler melden; bei Anfragen, Beschwerden und Kritik von Patienten sich als zuständig fühlen und nach Möglichkeit Abhilfe schaffen oder kompetente Hilfe organisieren; als Führungskraft alle Mitarbeitenden über Trainingsangebote in Kenntnis setzen und insbesondere diejenigen zu Trainingsangeboten animieren, bei denen das kundenorientierte Verhalten Verbesserungspotenzial aufweist
Mitarbeiterführung und Umgang miteinander	Dienstleistungsgedanken aktiv leben; kundenorientiertes Verhalten; Kollegen mit Respekt und Ehrlichkeit behandeln; ihre Erfahrungen, Leistungen und ihre Persönlichkeit wertschätzen; höfliche Umgangsformen; sich selbständig über Neuerungen informieren; regelmäßigen Teilnahme an Fortbildungsveranstaltungen; glaubwürdig, respektvoll und fair gegenüber allen Mitarbeitenden sein und die Teamarbeit fördern; als Führungskraft mit eigenem Verhalten ein gutes Vorbild sein; als Führungskraft mit den direkt unterstellten Mitarbeitenden mindestens ein strukturiertes „Jahresgespräch" führen, das auch der Beurteilung der Mitarbeitenden dient; ehrliches und transparentes Führen der Jahresgespräche; darauf achten, dass sowohl eine Selbst- als auch eine Fremdreflexion bei den Gesprächen stattfindet; als Führungskraft alle wichtigen Informationen, die für die Mitarbeitenden bestimmt sind, transparent weitergeben; als Führungskraft regelmäßig Führungstrainingsmaßnahmen besuchen, um die Führungskompetenzen weiter zu entwickeln

(Fortsetzung)

Tab. 3.2 (Fortsetzung)

Kodexbereiche	Inhaltsbeispiele
Organisationsentwicklung	Die internen Qualitätsanforderungen zu Zertifizierungen im Arbeitsbereich aktiv unterstützen; Verbesserungsmaßnahmen, die aus Ergebnissen der Befragungen von Patienten, Angehörigen, zuweisenden Ärzten und Mitarbeitern resultieren, aktiv unterstützen; betriebliches Vorschlagswesen für Verbesserungen im Arbeitsumfeld nutzen; Arbeitsumfeld differenziert betrachten und Verbesserungsvorschläge einreichen; bestehende Standards, Richt- und Leitlinien einhalten und nur in begründeten Ausnahmefällen davon abweichen; als Führungskraft unterstellte Mitarbeitende regelmäßig zu den Themen Arbeitsschutz, Brandschutz und Gefahrenabwehr sowie Hygiene und Datenschutz unterweisen; konstruktive Zusammenarbeit mit allen Ärzten, Krankenkassen und Pflegeeinrichtungen
Umweltschutz	Ökologisches Handeln; Abfälle nach Möglichkeit vermeiden; unvermeidbaren Abfall trennen, um eine Wiederverwertung zu ermöglichen; mit Arbeitsmaterialien jeder Art sparsam umgehen; bewusster und schonender Umgang mit natürlichen Ressourcen; energiesparendes Verhalten

3.1.2 Compliance

Die Betriebsführung eines Gesundheitsbetriebs kann darüber hinaus aktive Sicherungsmaßnahmen ergreifen, um strafbare Handlungen möglichst zu verhindern. Die Einhaltung gesetzlicher und freiwilliger Regulatorien, Richtlinien und Standards im Gesundheitswesen und deren Überwachung wird auch als **Compliance** bzw. Health-Care-Compliance bezeichnet. Dabei geht es beispielsweise um eine korruptionsfreie Zusammenarbeit und die Fragen, was bei wichtigen Themen wie Medizinprodukte, Honorarvereinbarungen, Beraterverträge, Weiterbildungen oder Arbeitsessen erlaubt ist.

Beispiel

Im *Strafgesetzbuch (StGB)* sind ausdrücklich die Straftatbestände der Bestechlichkeit und Bestechung im Gesundheitswesen verankert: So wird mit Freiheitsstrafe bis zu drei Jahren oder mit Geldstrafe bestraft, wer als Angehöriger eines Heilberufs, der für die Berufsausübung oder die Führung der Berufsbezeichnung eine staatlich geregelte Ausbildung erfordert, im Zusammenhang mit der Ausübung seines Berufs einen Vorteil für sich oder einen Dritten als Gegenleistung dafür fordert, sich versprechen lässt oder annimmt, dass er

- bei der Verordnung von Arznei-, Heil- oder Hilfsmitteln oder von Medizinprodukten,
- bei dem Bezug von Arznei- oder Hilfsmitteln oder von Medizinprodukten, die jeweils zur unmittelbaren Anwendung durch den Heilberufsangehörigen oder einen seiner Berufshelfer bestimmt sind, oder
- bei der Zuführung von Patienten oder Untersuchungsmaterial einen anderen im inländischen oder ausländischen Wettbewerb in unlauterer Weise bevorzugt (vgl. § 299a StGB).

Ebenso bestraft wird wer einem Angehörigen eines Heilberufs im Zusammenhang mit dessen Berufsausübung einen Vorteil für diesen oder einen Dritten als Gegenleistung dafür anbietet, verspricht oder gewährt, dass er

- bei der Verordnung von Arznei-, Heil- oder Hilfsmitteln oder von Medizinprodukten,
- bei dem Bezug von Arznei- oder Hilfsmitteln oder von Medizinprodukten, die jeweils zur unmittelbaren Anwendung durch den Heilberufsangehörigen oder einen seiner Berufshelfer bestimmt sind, oder
- bei der Zuführung von Patienten oder Untersuchungsmaterial ihn oder einen anderen im inländischen oder ausländischen Wettbewerb in unlauterer Weise bevorzugt (vgl. § 299b StGB).

In besonders schweren Fällen der Bestechlichkeit und Bestechung im geschäftlichen Verkehr und im Gesundheitswesen wird eine Tat mit Freiheitsstrafe von drei Monaten bis zu fünf Jahren bestraft, was vorliegt, wenn

- die Tat sich auf einen Vorteil großen Ausmaßes bezieht oder
- der Täter gewerbsmäßig handelt oder als Mitglied einer Bande, die sich zur fortgesetzten Begehung solcher Taten verbunden hat (vgl. § 300 StGB).◄

In Gesundheitsbetrieben können zur Abhilfe beispielsweise Dienstanweisungen für Beschaffungsbereiche erlassen werden, Regelungen zur Videoüberwachung, Grundsätze für gestaffelte Zuständigkeiten, das Vieraugenprinzip sowie das Prinzip der Funktionstrennung bei Privat- und Kassenliquidationen, Beschaffungen und vergleichbaren Vorgängen. Es lassen sich risikoorientierte Kontrollpläne erstellen, auf deren Grundlage systematische und regelmäßige Untersuchungen von Geschäftsvorfällen vorgenommen werden können. Auch kann die Zuverlässigkeit von neu einzustellenden Mitarbeitenden durch

Führungszeugnisse und Einsichtnahme in die Originale der für die Einstellung maßgeblichen Dokumente sichergestellt werden. Die Mitarbeitenden sind regelmäßig über die bestehenden Pflichten zu unterrichten. Hierzu gehört auch die Information über strafbare Handlungen, die zu einer Gefährdung des Vermögens eines Gesundheitsbetriebs führen können. Mitunter gibt es auch Unsicherheiten, was die Zulässigkeit bestimmter Sachverhalte betrifft. So ist beispielsweise nach der *(Muster-)Berufsordnung für die in Deutschland tätigen Ärztinnen und Ärzte (MBO-Ä)* die Annahme von geldwerten Vorteilen in angemessener Höhe nicht berufswidrig, sofern diese ausschließlich für berufsbezogene Fortbildung verwendet werden. Allerdings ist der für die Teilnahme an einer wissenschaftlichen Fortbildungsveranstaltung gewährte Vorteil unangemessen, wenn er über die notwendigen Reisekosten und Tagungsgebühren hinausgeht. Auch ist die Annahme von Beiträgen Dritter im Rahmen eines Sponsorings zur Durchführung von Veranstaltungen ausschließlich für die Finanzierung des wissenschaftlichen Programms ärztlicher Fortbildungsveranstaltungen und nur in angemessenem Umfang erlaubt. Dabei ist das Sponsoring, dessen Bedingungen und Umfang bei der Ankündigung und Durchführung der Veranstaltung offen zu legen (vgl. § 32 MBO-Ä).

Die Überwachung der Annahme von Belohnungen, Geschenke, Provisionen oder sonstige Vergünstigungen mit Bezug auf die Tätigkeit der Mitarbeitenden im Gesundheitswesen, die Genehmigung von Ausnahmen sowie das Setzen von Wertgrenzen hierzu sind ebenfalls Aufgaben der Führungskräfte. Auch kann die Einrichtung eines Hinweisgebersystems in anonymer Form (schriftlich oder mündlich) beim Verdacht strafbarer Handlungen zu deren Vermeidung beitragen. Die Führungskräfte haben dabei darauf zu achten, dass die Identität von Mitteilenden, die sich offenbart haben, nicht weitergegeben wird.

Zu den Aufgaben eines **Compliance-Management-Systems** (CMS) nach DIN ISO 37301 gehört, für eine entsprechende Organisation im Gesundheitsbetrieb zu sorgen, die es ermöglicht, einen Überblick über die aktuelle Rechtslage und rechtliche Änderungen zu behalten. Die sich daraus ergebenden verpflichtenden Anforderungen für den Gesundheitsbetrieb müssen identifiziert, bewertet und in eine verständliche Sprache übersetzt werden, um ihre Erfüllung sicherzustellen, sie zu kontrollieren und in die Prozessabläufe zu integrieren (vgl. Scherer, 2022, S. 11).

Beispiel

Das *Deutsche Krankenhaus Institut (DKI)* bietet beispielsweise Seminare zum Thema „Compliance im Krankenhaus" an, die beispielsweise die Einführung und Weiterentwicklung eines wirksamen und angemessenen *Compliance-Management-Systems (CMS),* die Vermeidung unentdeckter Geschäftsrisiken durch Non-Compliance, die Haftungsrisiken für die Klinikleitung und ihre Mitarbeitende und einen Überblick über die Compliance-sensiblen Geschäftsbereiche, wie z. B. Strukturprüfungen nach § 275d

SGB V inkl. Arbeitszeitrecht, Kooperation vs. Korruption, Hygiene- und Medizin-produktesicherheit zum Inhalt haben (vgl. Deutsches Krankenhaus Institut, 2023, S. 1).◄

Das CMS übernimmt für Gesundheitsbetriebe insbesondere folgende Funktionen:

- Aufklärung der Mitarbeitenden über die einzuhaltenden Regelungen und Erhöhung der Aufmerksamkeit darüber;
- Erfassung indirekter Folgeschäden, z. B. Reputationsverluste, Zeit- und Kostenaufwand für Krisenbewältigungen etc.;
- regelmäßige Kontrollen über das Funktionieren der Compliance-Strukturen;
- Schutz vor den Folgen von Rechtsverstößen, z. B. vor Verstößen gegen straf- und bußgeldbewehrte Gesetze und Verordnungen;
- Verhinderung von Qualitätseinbrüchen und Missbräuchen;
- Verbesserung des Vertrauens in der Öffentlichkeit und des Images des Gesundheitsbe-triebs;
- Vermeidung von Sanktionen und Schadensersatzforderungen gegen den Gesundheits-betrieb (vgl. Dann, 2015, S. 7 f.).

Der Begriff des **Health Care Compliance** (HCC) umfasst die Summe aller Aktivitä-ten zur Sicherstellung der Regelbefolgung in Gesundheitseinrichtungen. Organisatorische Maßnahmen des HCC zur Sicherstellung der Regelbefolgung erscheinen für Gesundheits-betriebe insbesondere in folgenden Bereichen geboten:

- **Abrechnungswesen:** Strafbarkeitsrisiken (Betrug, Untreue), Risiken des Honorarre-gresses sowie der berufs- und vertragsarztrechtlichen Sanktionierung von Abrech-nungsmanipulationen;
- **Kooperationen und Einkauf:** Strafbarkeitsrisiken für unlautere Kooperationen, Sank-tionsrisiken des Berufs- und Wettbewerbsrechts, Tatbestände der Amtsträgerkorruption bei Gesundheitsbetrieben in öffentlich-rechtlicher Trägerschaft;
- **Personalmanagement:** Vorenthalten und Veruntreuen von Arbeitsentgelt, Fälle der Scheinselbständigkeit, straf- und ordnungswidrigkeitenrechtliche Risiken von Arbeits-zeitverstößen;
- **Patientendaten:** Verletzung von Privatgeheimnissen, Vorgaben des Berufsrechts sowie Missachtung der differenzierten – und teilweise straf- bzw. bußgeldbewehrten – Vor-schriften des Datenschutzrechts, Regelungen durch die zunehmende Digitalisierung von Gesundheitsdaten (z. B. Cloud-Computing);
- **Hygiene und Behandlung:** Hygienemängel und Behandlungsfehler mit zivilrechtli-cher Haftung und strafrechtlichen Sanktionen sowie berufs- und vertragsarztrechtlichen Folgen.

Das Ergreifen von Compliance-Maßnahmen gerade auch aus der Perspektive der Geschäftsleitungen von Gesundheitsbetrieben erscheint alternativlos. Mangelhafte Compliance-Organisationen und mögliche ordnungswidrigkeitenrechtliche Verantwortlichkeit wegen der Verletzung der Aufsichtspflicht in Gesundheitsbetrieben können auch Verbandsgeldbußen zulasten der Träger von Gesundheitsbetrieben auslösen. Im Raum steht auch die strafrechtliche Verantwortlichkeit patientenferner Entscheider für organisationsbedingte Patientenschäden (vgl. Bielefeld Center for Healthcare Compliance, 2023, S. 1).

3.1.3   Corporate Social Responsibility

Corporate Social Responsibility (CSR) stellt im umfassenden Sinne soziale Verantwortlichkeit dar und ist ein Beispiel für die Einhaltung moralischer Kriterien, die durch soziale Einzelengagements, Nachhaltigkeitsberichte, Umweltschutzbeiträge etc. über die eigentliche medizinische oder pflegerische Versorgung hinaus eine verantwortungsethische Sichtweise wiedergibt. Sie beschreibt die Gesellschaftsverantwortung im Gesundheitsbetrieb in Form freiwilliger Beiträge zu einer nachhaltigen Entwicklung, die umfassender sind als die gesetzlichen Mindestanforderungen (siehe Tab. 3.3).

Tab. 3.3 Merkmale der Corporate Social Responsibility (vgl. Feuchte, 2009, S. 1)

Merkmale	Erläuterung
Freiwilligkeit	CSR steht für Aktivitäten im Gesundheitsbetrieb, die über gesetzliche und tarifvertragliche Regelungen hinausgehen und die auf sog. freiwilligen „Selbstverpflichtungen" basieren
Nachhaltiges bzw. verantwortliches Handeln	CSR bedeutet nachhaltiges bzw. verantwortliches Handeln im Gesundheitsbetrieb in den Bereichen Ökologie, Soziales und Ökonomie; entsprechende Aktivitäten ziehen gleichzeitig positive Effekte für die Gesellschaft und den Gesundheitsbetrieb nach sich und sind somit Ergebnis der Suche nach Win-Win-Situationen für Beide
Einforderung durch Eigentümer und Umfeld im Gesundheitswesen	CSR-Strategien werden häufig eingefordert und kritisch begleitet; hierzu gehören Mitarbeitende und ihre Vertretungen, Patienten, Zulieferer, Nichtregierungsorganisationen, gemeinnützige Organisationen im lokalen Umfeld, Medien sowie Aktionäre, Investoren und Kreditgebende

CSR bedeutet allerdings beispielsweise nicht, dass in Gesundheitsbetrieben keine Gewinne erzielt werden dürfen. Vielmehr ist auch die ökonomische Verantwortung in der Form einzubeziehen, dass zumindest kostendeckend gewirtschaftet werden muss und ein ökonomischer Erfolg nicht zu Lasten beispielsweise von Patienten-, Pflege- oder Betreuungsleistungen gehen darf. Im rechtlichen Bereich ist darauf zu achten, dass illegale Tätigkeiten vermieden und die gesetzlichen Bestimmungen befolgt werden. Im ethischen Sinne ist fair über das gesetzlich geforderte Mindestmaß und über die gesellschaftlichen Erwartungen hinaus zu handeln und gesellschaftliches, ökologisches Engagement aufzuzeigen. Am Beispiel des bekannten CSR-Modells von *A. Carol* und *M. Schwartz* werden die verschiedenen Kategorien deutlich, in denen CSR im Gesundheitswesen angesiedelt werden kann (siehe Abb. 3.1).

Mögliche Beispiele für CSR in Gesundheitsbetrieben sind die Einhaltung von Arbeits- und Umweltstandards, Spenden, Sponsoring, der Verzicht auf Leiharbeitskräfte aus dem Niedriglohnsektor ohne Mindestlöhne, Vermeidung des Bezugs von Artikeln aus Kinderarbeit, nachhaltige Umweltschutzaktivitäten, Maßnahmen zur Senkung des Material- und Energiebedarfs, Aktivitäten zur Vermeidung von Abfällen und Emissionen, oder das Freistellen von Mitarbeitenden für soziale oder ökologische Tätigkeiten.

Die Aufgabe besteht in erster Linie darin, CSR als gemeinnützige Aktivitäten, die über die ohnehin gesellschaftlich angesehenen Aufgaben im Gesundheitswesen hinaus gehen,

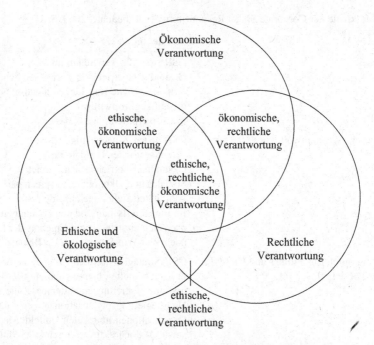

Abb. 3.1 CSR-Modell nach *Caroll/Schwartz* (vgl. Welzel, 2008, S. 58)

in einen Gesundheitsbetrieb zu integrieren und die Mitarbeitenden zu ihrem Engagement in diesem Bereich zu animieren.

Beispiel

Mit dem Corporate-Social-Responsibility-Bericht (CSR-Bericht) berichtet die *Rhön-Klinikum AG* über ihre gesellschaftliche Verantwortung und erfüllt damit ihre Berichtsanforderungen gemäß *CSR-Richtlinie-Umsetzungsgesetz (CSR-RUG)* auf Gesellschaftsebene und auf Konzernebene. Über die gesetzlichen Anforderungen hinaus wird darin zu den Themen Compliance, Umweltschutz und Lieferantenmanagement berichtet (vgl. Rhön-Klinikum AG, 2020, S. 23).◄

Häufig wird CSR jedoch nur mit fehlenden finanziellen Mitteln im Gesundheitswesen in Verbindung gebracht, sodass sich Unternehmen ihrerseits für die Gesellschaft engagieren, in dem sie mit Spenden für Einrichtungen des Gesundheitswesens helfen.

Aus Sicht der Betriebsführung eines Krankenhauses oder eines Pflegeheims ist es daher wichtig, dabei eine aktive Rolle zu spielen und darauf zu achten, dass Spendenzusagen und Versprechen nachvollziehbar sind und das angekündigte Engagement auch tatsächlich erfolgt. Nur so kann daraus eine „Win-Win-Situation" entstehen, die nicht einerseits in eine Jagd auf Sponsoren ausartet und andererseits, die spendenden Unternehmen durch die Aufmerksamkeit der Medien an Ansehen gewinnen und einen höheren Bekanntheitsgrad erzielen, ohne sich jedoch im versprochenen Umfang zu engagieren. Erst eine vertrauensvolle Partnerschaft, mit gemeinsamen Interessen an einer Zusammenarbeit über einen längeren Zeitraum und langfristig geplanten und ausgeführten Projekten, erzielt einen gemeinnützigen, gesellschaftlichen Erfolg.

Beispiel

Das *CSR-Kompetenzzentrum* des *Deutschen Caritas Verbands e. V.* berät und begleitet sowohl Gesundheitsbetriebe der Caritas als auch Unternehmen bei Fragen rund um das Thema CSR. Es führt für Gesundheitsbetriebe eine CSR-Beratung, die strategische Begleitung und Unterstützung bei der Konzeptentwicklung zur Kontaktaufnahme, -pflege und Zusammenarbeit mit Unternehmen, sowie bei der Entwicklung einer eigenen CSR-Strategie durch. Unternehmen werden bei der Entwicklung von Strategien für Kooperationen mit Gesundheitsbetrieben, der Suche nach dem passenden Partner oder der Analyse des passenden Engagementfeldes beraten (vgl. Deutscher Caritas Verband, 2023, S. 1).◄

3.2   Betriebsplanung

3.2.1   Ziele des Gesundheitsbetriebs

Die **Ziele,** die sich ein Gesundheitsbetrieb setzt, sind zunächst allgemein als erwünschte Zustände, Zustandsfolgen oder auch Leitwerte für zu koordinierende Aktivitäten anzusehen, von denen ungewiss ist, ob sie erreicht werden. Die konkrete Zielbildung für Gesundheitsbetriebe ist ein komplexes Problem, da es eindimensionale Zielsetzungen (monovariable Zielbildung) oft nicht gibt. Werden hingegen mehrere Ziele (multivariable Zielbildung) verfolgt, so sind ihre Zielverträglichkeiten zu untersuchen. Die Gesamtzielsetzung eines Gesundheitsbetriebs besteht daher immer aus einer Kombination von quantitativen und qualitativen Zielen, die miteinander abgestimmt werden müssen. Die einzelnen Ziele definieren sich in der Regel über Zielinhalt, Zielausmaß und Zeitpunkt (vgl. Frodl, 2013, S. 189 ff.).

Beispiel

Als ein wesentlicher Eckpunkt des Qualitätsmanagements in der ärztlichen Praxis wird das Setzen von Zielen angesehen: Für das Erreichen definierter Ziele sowie für das Management-System muss die Unternehmensleitung (Praxisinhaber, Geschäftsführung von Praxisnetzen) persönliche Verantwortung tragen und diesbezüglich eine aktive Vorbildfunktion übernehmen. Ein wesentlicher Eckpunkt erfolgreicher Qualitätsprojekte sind nachvollziehbare Werte und Arbeitsziele (Ärztliches Zentrum für Qualität in der Medizin, 2023a, S. 1).◄

Zum einen haben die Ziele des Gesundheitsbetriebs unterschiedliche Ausprägungen und unterscheiden sich hinsichtlich der **Zielart** beispielsweise in strategische und operative Ziele, Erfolgs- und Sachziele oder auch in langfristige und kurzfristige Ziele.

Beispiel

Erfolgsziele bestehen beispielsweise insbesondere in den Bereichen Rentabilität, Wirtschaftlichkeit, Gewinn, und Produktivität. Sie können das Erreichen langfristiger Rentabilitätsziele darstellen, oder aber auch das Anvisieren von kurzfristigen Kostensenkungszielen. Sachziele beziehen sich eher auf konkrete Tatbestände in den einzelnen Bereichen des Gesundheitsbetriebs.◄

Die einzelnen Ziele des Gesundheitsbetriebs stehen zueinander in unterschiedlichen **Zielbeziehungen**. Sie können beispielsweise verschiedene Ränge aufweisen oder unterschiedlich aufeinander einwirken (vgl. Abb. 3.2).

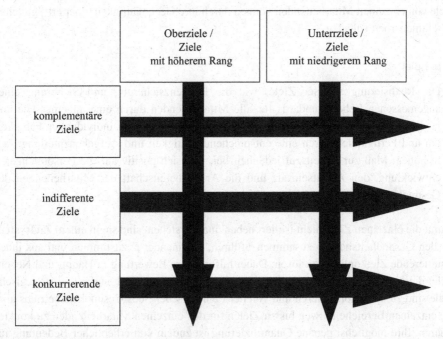

Abb. 3.2 Zielbeziehungen im Gesundheitsbetrieb

Beispiel

Eine Gewinnsteigerung (Oberziel) lässt sich erreichen, wenn eine Kostensenkung (Unterziel) verfolgt wird. Das Ziel der Kostensenkung wirkt in Bezug auf das Gewinnsteigerungsziel komplementär, da es dieses ergänzt bzw. fördert. Umsatzsteigerungsziele stehen mit gleichzeitigen Kostensenkungszielen eher in einem konkurrierenden, sich gegenseitig behinderten Verhältnis, da Maßnahmen, die den Umsatz fördern sollen, häufig mit höherem Werbeaufwand etc. verbunden sind. Eine indifferente Zielbeziehung liegt vor, wenn die Erreichung des einen Zieles keinerlei Einfluss auf die Erfüllung eines anderen Zieles hat.◄

Die **Zielinhalte** sind unterschiedlicher Natur, wobei in einem Gesundheitsbetrieb, in dem oft eine Vielzahl von Menschen miteinander arbeitet, neben wirtschaftlichen Zielen auch soziale und persönliche Ziele existieren. Da jeder Mensch, wenn oft auch unbewusst, auf die Verwirklichung seiner persönlichen Ziele hinarbeitet, ist es wichtig, sie in einer Organisation wie dem Gesundheitsbetrieb möglichst miteinander in Einklang zu bringen, denn dies wirkt förderlich und sichert den langfristigen betrieblichen Erfolg. Konkurrierende

Ziele von einzelnen Mitarbeitenden können durch ihre Gegenläufigkeit einer erfolgreichen Zusammenarbeit schaden.

Beispiel

Die Realisierung sozialer Ziele, wie die Existenzsicherung und Sicherung eines angemessenen Lebensstandards für alle Mitarbeitenden durch eine angemessene und gerechte Entlohnung oder die Realisierung und Entwicklung individueller Fähigkeiten und Fertigkeiten durch eine entsprechende Tätigkeit und Aufgabenzuteilung trägt in hohem Maß zur Arbeitszufriedenheit bei, was sich positiv auf die Persönlichkeitsentwicklung, den Arbeitseinsatz und die Arbeitsbereitschaft der Mitarbeitenden des Gesundheitsbetriebs auswirkt.◄

Damit die einzelnen Ziele nicht isoliert nebeneinanderstehen, sind sie in einem **Zielsystem** für den Gesundheitsbetrieb zusammenzuführen, aufeinander abzustimmen und aus ihnen resultierende Zielkonflikte zu lösen. Dabei hilft oft ihre Bewertung in Haupt- und Nebenziele, die eine Rangfolge hinsichtlich ihrer Bedeutung darstellt. Langfristige strategische Ziele sind zu operationalisieren und von der Führungsebene des Gesundheitsbetriebs über die einzelnen Bereiche hinweg bis zu Zielen für den einzelnen Mitarbeitenden zu konkretisieren. Ihre möglichst genaue Quantifizierung ist zudem von erheblicher Bedeutung für die spätere Messbarkeit des jeweiligen Zielerreichungsgrades.

3.2.2   Strategien für den Gesundheitsbetrieb

Zu den wichtigsten konzeptionellen Aufgaben des Managements eines Gesundheitsbetriebs im Rahmen seiner Strategiebildung zählen zunächst die Festlegung von Philosophie und Leitbild des Betriebs. Mit ihnen werden die für den Gesundheitsbetrieb maßgeblichen ethischen und moralischen Richtlinien dokumentiert und die Grundlage für sein wirtschaftliches Handeln gebildet. Die allgemeine Philosophie mündet häufig in ein ausformuliertes **Leitbild,** welches oft erst später, wenn der Gesundheitsbetrieb mitunter bereits lange existiert, schriftlich festgehalten wird. Es stellt eine Ausformulierung der gelebten oder zumindest angestrebten betrieblichen Kultur dar, an deren Normen und Werten sich die Mitarbeitenden des Gesundheitsbetriebs orientieren können, die im Sinne einer abgestimmten, einheitlichen Identität des Gesundheitsbetriebs (**Coporate Identity**) und einheitlicher Verhaltensweisen (**Coporate Behaviour**) integrativ wirken und gleichzeitig Entscheidungshilfen und –spielräume aufzeigen soll.

Beispiel

Das Pflegeleitbild des *Klinikums Passau* umfasst unter anderem folgende Aspekte:

- Menschenbild: Achtung der Würde und der Grundrechte des Menschen als Basis des Handelns; Gleichbehandlung der Patienten unabhängig von Nationalität, Herkunft und Konfession; bestmögliche Betreuung an Körper, Geist und Seele; Recht auf Selbstbestimmung im klinischen Alltag; Zuwendung zum Patienten in Krisensituationen, die Begleitung von Sterbenden und deren Angehörigen;
- Berufsverständnis: Eigenverantwortung der Mitarbeitenden in einem therapeutischen Team, das gemeinsame Ziele verfolgt; professionelle Pflege mit Betreuung, Beratung und Begleitung der Patienten unter Einbeziehung der Angehörigen; Erhaltung der Selbständigkeit, bzw. deren Förderung und Wiederherstellung; gleichberechtigte Zusammenarbeit mit anderen Berufsgruppen, um ihren Beitrag zur bestmöglichen Patientenversorgung zu leisten; Nutzung der Kompetenzen und Fähigkeiten und selbständige Entscheidung im Verantwortungsbereich; selbständig; Übernahme von Verantwortung, das Fachwissen und Können auf dem neuesten Stand zu halten; Leistung des eigenen Beitrags zu einem sicheren und reibungslosen Ablauf, durch interne und externe Kommunikation, Kooperation und Koordination; Freude an der Arbeit als Voraussetzung für persönliche Leistung und Erfolg; mit sich und seinen Kräften bewusst umgehen, seine eigenen Grenzen erkennen und die Möglichkeit haben, immer wieder neue Energie zu schöpfen;
- Pflegequalität: Orientierung am neuesten Stand des Wissens; sehr genaues Befassen mit den einzelnen Patienten und ihrer individuellen Situation; eigenen Kräfte richtig einschätzen und einsetzen; Maßnahmen planen, Pflegeleistungen dokumentieren, Ziele überprüfen und Pflegeplanungen und Pflegevisiten durchführen; festgelegte Standards, die ständig von Experten überprüft werden, als Maßstab für die Leistungen; Angebot von Beratungen und Schulungen zur Gesundheitspflege durch qualifiziertes Pflegepersonal; Ansprechpartner auch für die Angehörigen der Patienten; Schaffung einer Atmosphäre, in der Angehörige und Freunde positiv angenommen und aktiv einbezogen werden; Zusammenarbeit mit verschiedenen externen Einrichtungen und Diensten, damit die Patienten auch nach der Entlassung gut versorgt sind;
- Pflegemanagement: umfassende Pflegeorganisation zur Gewährleistung der Qualitätssicherung in der Pflege; mit Inhalten und Zuständigkeiten versehene und in Organigrammen dargelegte Aufbauorganisation mit den Strukturen des Pflegedienstes; Beteiligung am Qualitätsmanagement zur Verbesserung der eigenen Qualifikation, Optimierung der innerbetrieblichen Abläufe und Gewährleistung einer effizienten Unternehmensführung; besondere Verantwortung für die Qualifikation der Mitarbeitenden; Vorgabe von Richtlinien, Einbindung in Strukturen ein und aktiv Beteiligung der Mitarbeitenden an Entscheidungsprozessen; Erkennen und

Fördern von besonderen Fähigkeiten und Stärken der einzelnen Mitarbeitenden; frühzeitiges Erkennen von gemeinsames Lösen von Problemen; Verpflichtung zu wirtschaftlichem und ökologischem Handeln in allen Bereichen der Pflege; Transparenz von Angeboten und Leistungen durch Öffentlichkeitsarbeit innerhalb und außerhalb der Klinik (vgl. Klinikum Passau, 2023, S. 1)◄

Auf der Grundlage des Leitbildes und anhand der strategischen Ziele des Gesundheitsbetriebs lassen sich seine Strategien entwickeln. Ausgehend von strategischen **Erfolgspotenzialen**, die überragende, wichtige Eigenschaften des Gesundheitsbetriebs darstellen und mit denen er sich auch dauerhaft von vergleichbaren Einrichtungen abgrenzen kann, ist das längerfristig ausgerichtete, planvolle Anstreben der strategischen Ziele zu planen.

Beispiel

Strategische Erfolgspotenziale eines Gesundheitsbetriebs können beispielsweise seine Stärken im Bereich Patientenservice, alternative Behandlungsangebote, fortschrittliche Behandlungsmethoden, Einsatz neuester Medizintechnik etc. sein.◄

Zu den zukunftsträchtigen **Trends** für Gesundheitsbetriebe, aus denen sich Erfolg versprechende Strategien ableiten lassen, gehören verschiedene Entwicklungen der jüngeren Zeit:

- Betriebswirtschaftliche Steuerung: Das Controlling und Kostenmanagement der Gesundheitsbetriebe gewinnt vor dem Hintergrund begrenzten Umsatzwachstums und eines sich verschärfenden Wettbewerbs in zunehmendem Maße an Bedeutung. Um nicht die Steuerungsmöglichkeit zu verlieren, Liquiditätsengpässe zu riskieren und in finanzielle Abhängigkeiten zu geraten, müssen geeignete Führungs- und Steuerungsinstrumentarien eingesetzt werden.
- Verstärkte Absatzorientierung: Durch das wachsende Angebot medizinischer Behandlungs- und Dienstleistungen entwickelt sich der Gesundheitsmarkt mehr und mehr zum Käufermarkt. Es gilt daher, sich durch die Schaffung von Präferenzen, Werbung oder über die Preisgestaltung Marktanteile zu sichern und ein Marketingkonzept zu entwickeln, in dessen Mittelpunkt der Patient steht und das die Gewinnung neuer und der Bindung vorhandener Patienten zum Ziel hat.
- Gezielte Entwicklung: Es gilt langfristig festzulegen, ob der Gesundheitsbetrieb zukünftig verstärkt wachsen, mit anderen zusammenarbeiten, eher sich verkleinern oder in seinen Leistungen diversifizieren soll. Wachstumsstrategien können sich beispielsweise auf die Erschließung neuer Patientenzielgruppen (Marktentwicklungsstrategie), das Angebot zusätzlicher, neuer Behandlungsleistungen (Leistungsentwicklungsstrategie) oder die Intensivierung der Marktbearbeitung durch Verbesserung der Patientenzufriedenheit (Marktdurchdringungsstrategie) erstrecken. Für eine Kooperation

mit anderen Gesundheitsbetrieben, stehen unterschiedliche Organisations- und Rechtsformen (Partnerschaft, MVZ, Berufsausübungsgemeinschaften etc.) zur Verfügung. Bei einer Verkleinerung können der Abbau von medizintechnischen und personellen Behandlungskapazitäten, die Konzentration auf profitable Behandlungsgebiete oder die Rentabilitätssteigerung bei gleichbleibenden Umsatzzahlen im Vordergrund stehen. In der Diversifizierung versucht man üblicherweise mit neuen Leistungsangeboten zusätzliche Patientenzielgruppen zu erschließen.

Das **Lebenszykluskonzept** bietet eine Grundlage zur Entwicklung von Strategien für den Gesundheitsbetrieb. Es geht ursprünglich auf die Marketingliteratur zurück und lässt die allgemeine Entwicklung eines Gesundheitsbetriebs als eine Art „Lebensweg" betrachten. Die Grundphasen des Lebenszyklusmodells unterliegen keinen Naturgesetzmäßigkeiten. Sie beruhen auf unternehmerischen Aktivitäten und Entscheidungen und stellen auch das Ergebnis des Einwirkens der Umwelt auf den Gesundheitsbetrieb dar. Insofern bilden nicht Rechenmodelle oder eindeutig nachvollziehbare Kausalitäten den Erklärungshintergrund des Phasenverlaufs, sondern Hypothesen, die die Phasen- und Zeitrelation bestimmter Verhaltensweisen der direkt oder indirekt der an der betrieblichen Entwicklung Beteiligten berücksichtigen (vgl. Abb. 3.3).

Die **Gründungsphase** des Gesundheitsbetriebs kann durch unterschiedliche Länge, Schwierigkeiten oder Erfolg bzw. Misserfolg gekennzeichnet sein. Es ist eine entscheidende und wichtige Phase, die im Falle des betriebswirtschaftlichen oder anderweitig begründeten Misserfolgs auch zum Scheitern führen kann. In dieser Phase sind strategische Entscheidungen zu treffen, die die Größe des Betriebs, das Investitionsvolumen,

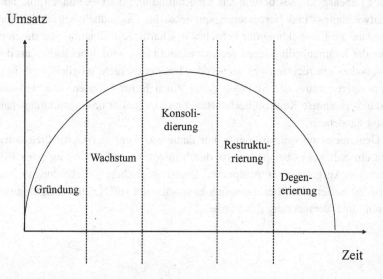

Abb. 3.3 Lebenszyklusphasen des Gesundheitsbetriebs

die Mitarbeitendenzahl, die Rechtsform, den Standort, die genaue fachliche Ausrichtung sowie die Marketingkonzeption und die Patientenzielgruppen betreffen. Ständige Optimierungs- und Veränderungsprozesse sind daher in dieser Phase erforderlich, bisweilen auch Improvisation. Die Strategie muss daher in dieser Phase dazu beitragen, durch Sammlung von ausreichenden Informationen möglichst schnell eine dauerhafte Organisation strukturieren zu können.

Beispiel

Im Falle der Übernahme einer Arztpraxis handelt es sich um keine Neugründung, da Mitarbeitende, Patienten, Ausstattung etc. in der Regel übernommen werden, sodass sich die strategischen Entscheidungen eher auf eine mögliche Neuausrichtung konzentrieren werden.◄

Die **Wachstumsphase** kann unterschiedlich lange dauern. Wichtige strategische Entscheidungen in dieser Phase beziehen sich auf zukünftige Behandlungsschwerpunkte, die Personal- und Organisationsentwicklung und die Investition in Behandlungskonzepte.

Die **Konsolidierungsphase** ist in der Regel die längste Phase im Lebenszyklus. Sie ist im Wesentlichen gekennzeichnet durch eine Stabilisierung des Leistungsangebots und des Patientenaufkommens. In diese Phase fallen auch Veränderungen (beispielsweise Umorganisationen, Rechtsformwechsel, Bildung einer Berufsausübungsgemeinschaft, Klinikumbauten, Spezialisierung auf bestimmte Behandlungsmethoden etc.), die langfristig wirksam sind. Strategische Entscheidungen beziehen sich in dieser Phase überwiegend auf Erhaltungsinvestitionen oder Rechtsformwechsel. Die Gefahr in dieser Phase des Lebenszyklusses besteht aus der Routine und der Gewohnheit, die notwendige Weiterentwicklungs- und Verbesserungsprozesse im Gesundheitsbetrieb oft verhindern. Insbesondere die Entwicklung der betriebswirtschaftlichen Situation, die durch eine Veränderung der Rahmenbedingungen verursacht sein kann, wird dabei häufig aus den Augen verloren, sodass ein rechtzeitiges, steuerndes Eingreifen nicht möglich wird. In der Konsolidierungsphase muss die Strategie daher einen Beitrag leisten, den wirtschaftlichen Erfolg durch geeignete Kontrollmechanismen und Organisationsentwicklungsmaßnahmen langfristig zu sichern.

Die **Degenerierungsphase** kommt nur dann vor, wenn der Gesundheitsbetrieb seine Tätigkeit einstellt, sei es beispielsweise durch Insolvenz und Auflösung einer Klinik oder altersbedingte Aufgabe einer Arztpraxis. Die strategischen Entscheidungen, die in dieser Phase zu treffen sind, beziehen sich hauptsächlich auf Nachfolgeregelungen oder die Verwertung und Veräußerung des Betriebs.

Beispiel

Das Kreiskrankenhaus in Marktoberdorf wurde am 28. Juni 2013 geschlossen. Das 1967 eröffnete Haus erwirtschaftete Defizite in Millionenhöhe, sodass der Verwaltungsrat des Klinikverbunds Kaufbeuren-Ostallgäu sich für die Schließung entschied, da ein Betrieb aller fünf Kreiskrankenhäuser unmöglich erschien. Für die Umsetzung von Konzepten zur medizinischen Nachnutzung des vier Hektar großen Areals fand sich kein Investor (vgl. Siegert, 2017, S. 1).◄

Das Lebenszyklusmodell lässt sich auch auf den **Gesundheitsmarkt** übertragen und bedeutet beispielsweise gerade in einer Phase der Marktsättigung, die in einzelnen Bereichen zweifelsohne existiert, sich strategisch in einem schwierigen Wettbewerbsumfeld neu zu positionieren, beispielsweise durch Leistungsdifferenzierungen und Spezialisierungen, durch Verschlankung zu kleineren Einheiten oder durch den Zusammenschluss zu Kooperationsformen.

Auch die **Behandlungs-** oder **Pflegeleistungen** selbst lassen sich oft anhand des Lebenszyklusmodells analysieren. Behandlungskonzepte werden eingeführt, nach ihrer Bewährung beibehalten und weiterentwickelt, wie die oftmalige Entwicklung von der therapeutischen Behandlung zu einer verstärkten Prophylaxe. Gleichzeitig lässt sich das Angebot um neue Behandlungsleistungen erweitern, die Erfolg versprechend sein können und die es früher noch nicht gegeben hat. Sind sie in der Lage, bisherige Methoden zu ersetzen, so werden diese nicht mehr angeboten.

3.2.3 Betrieblicher Planungsprozess

Die Planung in Gesundheitsbetrieben ist eine wichtige Aufgabe, die unterschiedlichste Planungsbereiche umfasst: Sie reicht von der betrieblichen Finanzplanung im Finanzwesen, über die Planung der Leistungserstellungsprozesse (Behandlungsplanung, Belegungsplanung, Therapieplanerstellung, Erstellung von Hygieneplänen, Schichteinsatzplan etc.) bis hin zur Strategischen Planung des gesamten Gesundheitsbetriebs.

Beispiel

Im Bereich der Pflege ist die Pflegeplanung gesetzlich vorgeschrieben und bildet die Grundlage einer geplanten, zielorientierten und nachvollziehbaren Pflege unter Berücksichtigung der Individualität des Menschen mit dem Ziel, einer Sicherung der systematischen Durchführung des Pflegeprozesses und der damit verbundenen Pflegequalitätssicherung (vgl. Henke, 2021, S. 12). Nach der *Pflegeberufe-Ausbildungs- und -Prüfungsverordnung (PflAPrV)* besteht der praktische Teil der Prüfung unter anderem aus der vorab zu erstellenden schriftlichen oder elektronischen Ausarbeitung eines Pflegeplans (vgl. § 16 PflAPrV).◄

Die **Planung** bildet den logischen Ausgangspunkt des betrieblichen Managements. Es wird darüber nachgedacht, was in und mit dem Gesundheitsbetrieb erreicht werden soll und wie es am besten zu erreichen ist. Dazu zählen die Bestimmung der Zielrichtung, die Ermittlung zukünftiger Handlungsoptionen und die Auswahl unter diesen. Planung bedeutet, zukünftiges Handeln unter Beachtung des Rationalprinzips gedanklich vorwegzunehmen.

Der betriebliche **Planungsprozess** unterteilt sich grundsätzlich in die Phasen der

- Problemformulierung,
- Alternativenfindung,
- Alternativenbewertung,
- Entscheidung.

Damit eine Planung stattfinden kann, ist das zu lösende Problem (Planungsaufgabe) strukturiert darzustellen und anhand des bestehenden und des beabsichtigten Zustands zu analysieren bzw. zu diagnostizieren. Je nach Problemstellung sind mit Hilfe von Kreativitätsmethoden, der medizinischen Erfahrung oder schulmedizinischer Anleitungen Problemlösungsalternativen zu suchen und in einem nächsten Schritt hinsichtlich ihrer Realisierbarkeit und Erfolgsaussichten zu bewerten. Anhand des Bewertungsergebnisses ist eine Entscheidung zu treffen, welche Alternative umgesetzt werden soll.

Beispiel

Bei der Behandlungsplanung werden ausgehend von der Diagnose (Problemanalyse) unterschiedliche Behandlungsalternativen (Alternativenfindung) hinsichtlich ihrer Erfolgsaussichten bewertet (Alternativenbewertung) und gemeinsam mit dem Patienten (Entscheidung) in einen zeitlich terminierten Therapieplan umgesetzt. Die Kontrolle bezieht sich in erster Linie auf den Therapieerfolg und ist damit ebenso wie die Umsetzung nicht mehr Gegenstand des eigentlichen Planungsprozesses.◄

Je nach **Planungsart** lässt sich zunächst zwischen einer *rollierenden* und einer Blockplanung unterscheiden. Während bei einer rollierenden Planung nach Ablauf einer Phase deren Ergebnis korrigierend in die Planung einfließt und diese immer wieder neu „aufgesetzt" wird, stellt die Blockplanung den Ablauf der einzelnen Phasen im Zeitverlauf dar (vgl. Abb. 3.4).

Beispiel

Ein Beispiel zu einer fortschreibenden Planung stellt die bayerische Krankenhausplanung dar. Danach ist jede Planung als kontinuierlicher Vorgang anzusehen, weswegen der Krankenhausplan keine Endsituation beschreiben kann. Der Krankenhausplan ist vielmehr ständig zu überprüfen, neuen Entwicklungen anzupassen und entsprechend

Behandlungsplanung als Blockplanung

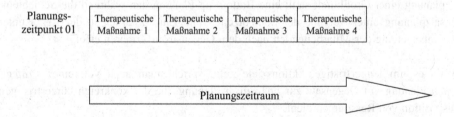

Finanzplanung als rollierende Planung

Abb. 3.4 Planungsarten im Gesundheitsbetrieb

fortzuschreiben, um der Fortentwicklung in allen Bereichen der Krankenversorgung Rechnung tragen zu können. So sind auch bereits erteilte Bedarfsfeststellungen für Baumaßnahmen bei sich ändernder Bedarfslage an diese anzupassen (vgl. Bayerisches Staatsministerium für Gesundheit und Pflege, 2022, Teil I, Ziff. 3.1.2).◄

Ferner lässt sich die Planung, je nachdem welche Bereiche des Gesundheitsbetriebs einbezogen sind, unterscheiden in

- Top-down-Planung: Planvorgaben durch die Leitung des Gesundheitsbetriebs und Konkretisierung durch Teilpläne in den einzelnen Betriebsbereichen;
- Bottom-up-Planung: Sammlung von Plandaten auf unterer Ebene und spätere Aggregation zu einer betrieblichen Gesamtplanung;
- Gegenstromverfahren: Vorgabe von Eckwerten, Abstimmung in den einzelnen Bereichen und Zusammenfassung zur Gesamtplanung.

Beispiel

Die Sammlung von Verbrauchsdaten bei medizinischem Material für die Beschaffungs-
planung einer Großklinik stellt eine Bottom-up-Planung dar, während die Schichtein-
satzplanung unter Vorgabe der Schichtzeiten und Einsatzstärken in der Regel unter
Einbeziehung der Mitarbeitenden nach dem Gegenstromverfahren erfolgt.◄

Wenn es um längerfristige Aktionsziele geht, spricht man auch von einer *strategischen* Planung, im Gegensatz zur *operativen* Planung, die der konkreten kürzerfristigen
Disposition von Ressourcen dient.

3.3   Entscheidungsprozesse im Gesundheitsbetrieb

3.3.1   Besondere Entscheidungssituationen

Die Entscheidung zählt zusammen mit der Planung, der Zielsetzung, der Information, der
Kontrolle u. a. zu den übergeordneten Prozessen (Meta-Prozessen) des Gesundheitsbetriebs. Ihre Bedeutung ist jedoch im Vergleich zu beispielsweise produzierenden Betrieben
weitaus größer, da sich ihre Konsequenzen oft unmittelbar auf das leibliche Wohl der
Patienten auswirken. Hinzu kommt, dass dem Entscheiden nicht immer ein ausführliches,
zeitintensives Abwägen unter verschiedenen Alternativen vorausgehen kann, sondern dass
sie mitunter in lebensbedrohenden Situationen und Stresssituationen schnellstmöglich
getroffen werden müssen.

Beispiel

Für die gesundheitsbetriebliche Praxis der Entscheidungsfindung in extremen Situationen wird beschrieben, dass den Ärztinnen und Ärzten oftmals gleichsam mit dem
Rücken an der Wand stehend die ins Auge gefassten Therapien fraglich erscheinen,
im Einzelfall gar außerordentlich riskant. Da einfach nichts zu tun jedoch demgegenüber auch ein Risiko mit sich bringen würde, müssen Für und Wider abgewogen
sowie die Verantwortlichkeiten festgelegt werden. Dabei ist festzustellen, dass nicht
selten solche Fälle auch eine Kaskade von Folgeproblemen und diesbezüglichen Ent-
scheidungsbedarf erzeugen in organisatorischer bzw. administrativer Art, denn in ihrer
Komplexität kann das ökonomische Primat des Akutkrankenhauses, rationell und
effizient zu arbeiten, oft nicht mehr eingehalten werden (vgl. Vogd, 2004, S. 26).◄

Eine **Entscheidung** im Gesundheitsbetrieb stellt somit nicht zwangsläufig immer eine
bewusste Wahl zwischen zwei oder mehreren Alternativen anhand bestimmter Entscheidungskriterien oder Präferenzen dar. Oftmals ist auch nicht die Wahl einer bestimmten

·Alternative, sondern die Unterlassung einer Handlung als Entscheidungsergebnis anzusehen.

Während im betrieblichen Alltag Entscheidungen mitunter auch emotional oder zufällig gefällt werden können, ohne dass sie mit gravierenden Folgen einhergehen, müssen Entscheidungen im Rahmen der medizinischen Leistungserstellung rational erfolgen, oft auch spontan getroffen werden.

Beispiel

Bei der ärztlichen Diagnose wird beispielsweise aufgrund vorliegender Symptome auf eine mögliche Krankheit geschlossen, was die Grundlage für die Behandlungsentscheidung darstellt. Nicht immer kann diese Entscheidung unter völliger Sicherheit getroffen werden, sodass abgewartet werden muss, ob der Patient auf die Behandlung anspricht. Ist dies nicht der Fall, wird eine andere Behandlungsentscheidung notwendig.◄

Die **Entscheidungstragenden** sind dabei nicht nur das behandelnde ärztliche Personal oder Führungskräfte im Management eines Krankenhauses, sondern sie sind auf allen Ebenen angesiedelt und somit können sich Entscheidungen unabhängig von Hierarchie und organisatorischer Einordnung direkt auf die Patienten auswirken. Risiko und Tragweite von Entscheidungen nehmen daher im Gesundheitsbetrieb nicht erst mit aufsteigender Führungshierarchie zu, sondern sind in der medizinischen, behandelnden Tätigkeit auf allen hierarchischen Ebenen vorhanden. Während man im Allgemeinen davon ausgeht, dass in den unteren Ebenen tragbare Entscheidungsrisiken mit hoher Eintrittswahrscheinlichkeit, aber begrenzter Schadenshöhe und auf der Führungsebene Risiken mit erheblicher Tragweite, geringer Eintrittswahrscheinlichkeit, aber existenzbedrohender Schadenshöhe existieren, können im Gesundheitsbetrieb bereits durch Fehlentscheidungen von Pflegekräften, Labormitarbeitern oder medizinischen Fachangestellten in Arztpraxen menschengefährdende Situationen eintreten.

Auch die möglichen **Entscheidungsfolgen** sind damit von einer anderen Qualität, sodass die Möglichkeit, die Güte einer Entscheidung zu einem späteren Zeitpunkt zu messen oder aus einer Fehleinschätzung zu lernen, oftmals gar nicht gegeben ist, sondern die absolute Verlässlichkeit und Richtigkeit der Entscheidung angestrebt werden muss. Hinzu kommt die Schwierigkeit der Einschätzung, ob eine bestimmte Entscheidungssituation mit einer vergangenen Situation ohne Abstriche vergleichbar ist. Oftmals verfügen die Entscheidungsträger im Gesundheitsbetrieb in Bezug auf die Patientenbehandlung nicht über die vollständige Information und über alle potenziell entscheidungsrelevanten Faktoren.

Gerade vor diesem Hintergrund ist immer zu vergegenwärtigen, dass eine Entscheidung auch immer durch die subjektiven Grundlagen ihrer Entscheidungsträger beeinflusst wird, ihren Emotionen, Wertvorstellungen, Erfahrungen und Befindlichkeiten. Somit können Entscheidungen im Gesundheitsbetrieb auch immer nur einer begrenzten Rationalität unterliegen, womit sich die Frage stellt, inwieweit die Verantwortung von unerwarteten

Konsequenzen dem einzelnen Entscheidungsträger zuzuordnen ist. Folgen und Auswir-kungen von fehlerhaften Entscheidungen im medizinischen Bereich können häufig nicht mehr rückgängig gemacht oder abgeändert werden, sondern sind unwiderruflich und führen bestenfalls zu notwendigen Folgeentscheidungen.

Für die Entscheidungspraxis im Gesundheitsbetrieb bedeutet das Dargelegte, dass Ent-scheidungen umso leichter getroffen werden, je größer die Sicherheit scheint. Mit dem Ausmaß der Unsicherheit, nimmt auch die Schwierigkeit der Entscheidung zu, da die Entscheidungsfolgen oft nicht absehbar sind. Die Sicherheit nimmt in der Regel zu, je mehr Informationen zur Entscheidungsfindung vorliegen.

3.3.2 Geeignete Entscheidungsmodelle

Die **Sicherheitsentscheidung** (Entscheidung unter völliger Sicherheit) bildet im Alltag des Gesundheitsbetriebs eher die Ausnahme, da sich in den seltensten Fällen sämtliche Konsequenzen im Sinne einer absoluten Vollständigkeit aus einer Handlung voraussa-gen lassen. Die Annahme, dass sämtliche Konsequenzen einer Handlung im Voraus bekannt sind, erscheint schließlich nicht gerade realistisch. Ein theoretisches Restrisiko des Handelns lässt sich daher kaum ausschließen.

Beispiel

Selbst wenn der behandelnden Hausärztin sämtliche Nebenwirkungen und Gegenan-zeigen eines Medikamentes bekannt sind und sie auch eine bestmögliche Anamnese ihres langjährigen Patienten (beispielsweise nach der SAMPLE-Methode im Ret-tungswesen: Symptome, Allergien, Medikamente, Patienten-Vorerkrankungen, Letzte Mahlzeit etc., Notfall-Ereignis) durchführt, verbleiben Restrisiken, deren Eintritts-wahrscheinlichkeiten sich durch die aufgezeigten Maßnahmen lediglich minimieren lassen.◄

Häufiger vorkommen dürften im Gesundheitsbetrieb insbesondere **Unsicherheitsent-scheidungen,** bei denen die Auswirkungen einer Entscheidung und/oder deren Eintritts-wahrscheinlichkeiten nicht mit völliger Sicherheit vorausgesagt werden können. Um mit der Unsicherheit bei Entscheidungen im Gesundheitsbetrieb bestmöglich umgehen zu können, bietet sich zunächst die Betrachtung der Ungewissheitsentscheidung an. Bei der **Ungewissheitsentscheidung** sind zumindest deren möglichen Auswirkungen bekannt, aber nicht die jeweiligen Eintrittswahrscheinlichkeiten. In dieser Situation bieten sich folgende Handlungsalternativen an:

Tab. 3.4 Beispiel Ungewissheitsentscheidung	Auswirkung Alternative	A1	A2	A3
	M1	180/140	120/80	140/100
	M2	140/100	140/100	140/100

- Pessimistische Entscheidung (Maximin-Modell): Die einzelnen Entscheidungsalternativen werden anhand der ungünstigsten Auswirkung miteinander verglichen.
- Optimistische Entscheidung (Maximax-Modell): Die einzelnen Entscheidungsalternativen werden anhand der günstigsten Auswirkung miteinander verglichen.

Beispiel

In einem stark vereinfachten Beispiel soll eine Entscheidung zwischen zwei Medikamenten (M1, M2) getroffen werden, bei deren Anwendung sich bei M1 als mögliche Nebenwirkung eine Blutdrucksteigerung (A1), -senkung (A2) oder ein gleichbleibender Blutdruckwert (A3) bzw. bei M2 unveränderte Blutdruckwerte ergeben können (vgl. Tab. 3.4).

Bei der pessimistischen Entscheidung würde die Alternative M2 bevorzugt, da sie zumindest einen stabilen Blutdruck garantiert, während bei M1 auch eine deutliche Steigerung als mögliche Auswirkung vorkommen kann. Die optimistische Entscheidung würde zugunsten von M1 ausfallen, da sie auch die Möglichkeit einer Blutdrucksenkung einschließt.◄

Bei der Ungewissheitsentscheidung kann man ferner die Alternativen anhand eines gewichteten Mittelwerts ihrer bestmöglichen und schlechtmöglichsten Auswirkungen bewerten und dabei subjektive Erwartungen durch eine Gewichtung zwischen 0 und 1 *(Hurwicz-Modell)* zum Ausdruck bringen. Geht man von einer Gleichverteilung der Eintrittswahrscheinlichkeiten aus, so sind sämtliche Auswirkungen bei der Entscheidung gleichermaßen zu berücksichtigen *(Laplace-Modell)*. Schließlich besteht auch die Möglichkeit, diejenige Alternative auszuwählen, welche die möglichen negativen Auswirkungen minimiert *(Schadensminimierungsmodell)* und das Verhältnis zwischen möglichem Schaden und maximal möglichen Nutzen berücksichtigt. (vgl. Tab. 3.5).

Von der Ungewissheitsentscheidung ist die **Risikoentscheidung** zu unterscheiden, da bei ihr die Eintrittswahrscheinlichkeiten beispielsweise durch Berechnung ermittelbar sind oder sich aus Vergangenheitswerten ableiten lassen.

Tab. 3.5 Entscheidungsmodelle für Ungewissheitsentscheidungen

Modell	Funktionsweise
Maximin	Die einzelnen Entscheidungsalternativen werden anhand der ungünstigsten Auswirkung miteinander verglichen
Maximax	Die einzelnen Entscheidungsalternativen werden anhand der günstigsten Auswirkung miteinander verglichen
Hurwicz	Bewertung der Alternativen anhand eines gewichteten Mittelwerts ihrer bestmöglichen und schlechtmöglichsten Auswirkungen unter Berücksichtigung subjektiver Erwartungen durch eine Gewichtung zwischen 0 und 1
Laplace	Geht man von einer Gleichverteilung der Eintrittswahrscheinlichkeiten aus, sind sämtliche Auswirkungen bei der Entscheidung gleichermaßen zu berücksichtigen
Schadensminimierung	Auswahl derjenigen Alternative, welche die möglichen negativen Auswirkungen minimiert und das Verhältnis zwischen möglichem Schaden und maximal möglichen Nutzen berücksichtigt

---

Beispiel

Die Mitarbeitenden einer Arztpraxis bilden eine Lotto-Tippgemeinschaft. Die berechenbare Wahrscheinlichkeit bei der Zeihung 6 aus 49 die Gewinnklasse 1 (6 Richtige + Superzahl) zu erzielen, beträgt ca. 1 zu 140 Mio.◄

Bei Risikoentscheidungen im Gesundheitsbetrieb ist somit aufgrund der Kenntnisse über die Eintrittswahrscheinlichkeiten möglicher negativer Auswirkungen grundsätzlich ein *risikoaverses* Entscheiden möglich.

Auch können *mehrpersonale* Entscheidungsprozesse zur Risikominimierung beitragen, indem Informationen und Kenntnisse über mögliche Auswirkungen von Entscheidungsalternativen durch die Einbeziehung mehrerer Experten bzw. Entscheidungsträger in die Entscheidung einfließen.

Hingegen stellen *Schemata* zur ethischen Entscheidungsfindung keinen Automatismus oder Algorithmus dar, mit deren Hilfe sich ethische Fragen in Gesundheitsbetrieben schnell und widerspruchsfrei beantworten lassen (vgl. Bleisch et al., 2021, S. 13).

3.4 Mitarbeitendenführung im Gesundheitswesen

3.4.1 Führungsgrundlagen

Die **Mitarbeitendenführung** in Gesundheitsbetrieben hat sich in den vergangenen Jahren in ihrer Entwicklung auffällig gewandelt. Der Wandel beruht auf sich immer schneller verändernden ökonomischen, technologischen, rechtlichen und sozialen Bedingungen der Umwelt von Gesundheitsbetrieben und auf speziellen Einflüssen, die von der Struktur des öffentlichen Gesundheitssystems, höheren Erwartungen der Patienten und verstärkten Bedürfnissen der Mitarbeitenden ausgehen. Die Zunahme dieser Umweltfaktoren trifft insbesondere für das Tempo des medizintechnischen Fortschritts, den Trend zur vermehrten Qualifikation der Mitarbeitenden sowie die immer umfangreichere Gesetzgebung in arbeits-, sozial- und tarifgesetzlicher Hinsicht zu.

Während man lange Zeit davon ausging, dass Arbeitskräfte eine starke Hand brauchen, die ihnen klare Ziele und den Weg dorthin vorgibt, so berücksichtigen zeitgemäße Ansätze der Mitarbeitendenführung, dass auch gewisse Freiheiten und selbständiges Handeln durchaus effizienter zu den gesteckten Zielen führen können. Die Anerkennung derartiger Leistungserfolge ermöglicht eine breitere Perspektive auf die Führung, indem sie Wertschätzung und damit den Interaktionsprozess zwischen Führenden und Mitarbeitenden sowie ihre Bedeutung für den gesundheitsbetrieblichen Erfolg stärker in den Vordergrund rückt. Insofern beinhaltet die Mitarbeitendenführung im Gesundheitsbetrieb einen Prozess der steuernden Einflussnahme auf das Verhalten der Mitarbeiter und Mitarbeiterinnen zum Zweck der Erreichung bestimmter Ziele. Dazu zählen alle Aktivitäten, die im Umgang mit ihnen verwirklicht werden, um sie im Sinne der Aufgabenerfüllung zu beeinflussen: Die positive Beeinflussung des Leistungsverhaltens der Mitarbeitenden zur Erfüllung der wirtschaftlichen Ziele, sowie die Förderung ihrer persönlichen, sozialen Ziele zur Herbeiführung von Arbeitszufriedenheit. Der optimale Einsatz der Führungsinstrumente ist dann gewährleistet, wenn eine Identifikation der Zielsetzung eines Gesundheitsbetriebes mit den persönlichen Wünschen der Mitarbeitenden herbeigeführt werden kann (vgl. Lippold, 2021, S. 1 f.).

Die grundlegenden Annahmen zum arbeitenden Menschen in Gesundheitsbetrieben basieren zum großen Teil auf der Entwicklung personalwirtschaftlicher Theorien (siehe Abb. 3.5). Sie können Antwort auf die grundlegenden Fragen geben, wie und warum Menschen in Gesundheitsbetrieben arbeiten, was sie bewegt, antreibt oder motiviert.

Nach *F. W. Taylor* (1856–1915) und seinem mechanistischen Grundmodell können für den Gesundheitsbetrieb Arbeitsmethoden abgeleitet werden, die aufgrund von Zeit- und Bewegungsstudien ein maximales Arbeitsergebnis erwarten lassen, Gehaltssysteme mit Leistungsnormen und Entlohnungsregeln, die Notwendigkeit zur optimale Gestaltung des Arbeitsplatzes im Hinblick auf physiologische Merkmale der Mitarbeitenden des Gesundheitsbetriebes sowie kausale Zusammenhänge zwischen Entlohnung, Arbeitsgestaltung und Arbeitsleistung.

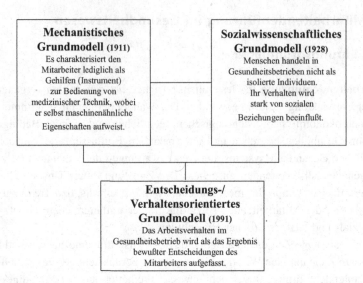

Abb. 3.5 Theorien zum arbeitenden Menschen im Gesundheitsbetrieb

Diese mechanistische Sichtweise lässt sich ergänzen durch das sozialwissenschaftliche Grundmodell nach der *Human-Relations-Bewegung* (1928), wonach die Menschen in Gesundheitsbetrieben nicht als isolierte Individuen handeln, sondern ihr Verhalten stark von sozialen Beziehungen beeinflusst wird. Es bilden sich daher neben der geplanten Arbeitsgruppenstruktur informelle Gruppengefüge. Sie stellen eigene Regeln, Erwartungen, Verhaltensnormen auf, die von den betrieblichen abweichen können: Die Steigerung der Leistung wird ermöglicht durch Förderung sozialer Interaktionen und Zufriedenheit der Mitarbeitenden, und es besteht ein kausaler Zusammenhang zwischen Arbeitszufriedenheit und Arbeitsleistung.

Heute kann zusätzlich davon ausgegangen werden, dass nach *R. Marr* (1991) und dessen Entscheidungs- und Verhaltensorientiertem Grundmodell das Arbeitsverhalten als das Ergebnis bewusster Entscheidungen der Mitarbeitenden aufgefasst werden kann. Ihre Verhaltensweisen erklären sich aus den sozialen Beziehungen innerhalb des Gesundheitsbetriebes und sind das Ergebnis von Verhandlungs-, Anpassungs-, Beeinflussungs-, Motivierungs- und Problemlösungsprozessen (vgl. Kupsch & Marr, 1991, S. 733 ff.).

Die Mitarbeitendenführung ist eingebettet in das **Mitarbeitendenmanagement** und gleichzusetzen mit dem englischen Begriff Human Resource Management (HRM), das sich mit dem Faktor Arbeit bzw. Personal im Gesundheitsbetrieb befasst. Ebenfalls häufig anzutreffende Bezeichnungen sind Personalwirtschaft oder Personalwesen. Es umfasst alle personalen Gestaltungsfelder und Einzelmaßnahmen zur Unterstützung der aktuellen und zukünftigen Entwicklung des Gesundheitsbetriebs und der damit einhergehenden Veränderungsprozesse (vgl. Bartscher & Nissen, 2022, S. 1).

Ebenso, wie sich das Bild des arbeitenden Menschen im Gesundheitsbetrieb im Laufe der wissenschaftlichen Auseinandersetzung mit dem Thema gewandelt hat, ist auch der Begriff des Mitarbeitendenmanagements häufigen Veränderungen unterzogen: Während das Aufgabengebiet des Mitarbeitendenmanagements im Gesundheitsbetrieb lange Jahre alle mitarbeiterbezogenen Institutionen und Maßnahmen mit dem Ziel umfasste, dem Gesundheitsbetrieb zur Erfüllung seiner Aufgaben Arbeitskräfte in der erforderlichen Quantität und Qualität zum richtigen Zeitpunkt und für die benötigte Dauer am jeweiligen Einsatzort bereitzustellen, sowie das Leistungsverhalten der Mitarbeitenden und dessen Bestimmungsgründe im Gesundheitsbetrieb zu analysieren, versuchen neuere Ansätze neben dem Leistungsziel des Gesundheitsbetriebes auch die Humanziele der Mitarbeitenden einzubeziehen und dadurch auftretende Konflikte zu lösen. Entsprechend vielfältig gestalten sich die Aufgabenbereiche des Mitarbeitendenmanagements im Gesundheitsbetrieb:

- Rechtliche Rahmenbedingungen des Mitarbeitendenmanagements,
- Führung des Behandlungs- und Pflegepersonals,
- Ermittlung des Mitarbeitendenbedarfs,
- Beschaffung geeigneten Behandlungs- und Pflegepersonals (Mitarbeitendenrecruiting),
- Einsatz von medizinischen Kräften und Pflegekräften,
- Mitarbeitendenentwicklung,
- Administration der Mitarbeitenden von Gesundheitsbetrieben,
- Mitarbeitendenaustritt.

Das Mitarbeitendenmanagement im Gesundheitsbetrieb sorgt im Idealfall dafür, dass sich Interessenten auf vakante Positionen bewerben, sich arbeitsvertraglich an den Gesundheitsbetrieb binden, ihren Arbeitgebenden angeforderte Leistungen zur Verfügung stellen und sich beim Gesundheitsbetrieb so wertgeschätzt fühlen, dass sie langfristig verbleiben (vgl. Huf, 2020, S. 2). Die fundamentale Veränderung des Menschenbildes hat dazu geführt, dass Mitarbeitende nicht länger als Produktionsfaktoren aufgefasst werden, sondern als vollwertige Mitglieder der gesundheitsbetrieblichen Organisation, deren Bedürfnisse und Qualifikationen bei Entscheidungen im Hinblick auf die Erzielung einer möglichst hohen Arbeitszufriedenheit einzubeziehen sind. Mitarbeitendenmanagement in Gesundheitsbetrieben reduziert sich somit nicht auf die operative Anwendung von Personaltechniken durch ein hierarchisch untergeordnetes Personalwesen, sondern ist neben Planung und Controlling eine gleichwertige strategische Führungsaufgabe. Die Führungskräfte in Gesundheitsbetrieben werden dabei immer mehr zu eigenständigen personalpolitischen Akteuren, die Gestaltungsaufgaben des Mitarbeitendenmanagements wahrnehmen (vgl. Holtbrügge, 2018, S. 2 f.). Das Mitarbeitendenmanagement erhält seine Bedeutung aus seinem Einfluss auf den Erfolg des Gesundheitsbetriebs, denn nur mit den richtigen, gut ausgebildeten, motivierten und bindungsbereiten Mitarbeitenden kann er erfolgreich agieren. Es ist demnach ein zentraler Erfolgsfaktor, da es Effekte freisetzt, die für den Erfolg des Gesundheitsbetriebs wichtig sind (vgl. Scholz & Scholz, 2019, S. 6).

Was bedeuten diese allgemeinen, theoretischen Grundlagen für die zeitgemäße Mitarbeitendenführung in einem modernen Gesundheitsbetrieb? Wie in kaum einem anderen Dienstleistungsbereich machen die Mitarbeitenden einen wesentlichen Teil der Leistungsfähigkeit eines Gesundheitsbetriebs aus. Sie stellen das entscheidende Potenzial für die Bewältigung der hohen Anforderungen im heutigen und zukünftigen Gesundheitswesen dar. Die Zielsetzung jedes Gesundheitsbetriebs, den Erfolg langfristig zu sichern und auszubauen, kann deshalb nur dann erreicht werden, wenn alle Mitarbeitenden besondere Anstrengungen unternehmen und in vertrauensvoller Zusammenarbeit gemeinsam die gestellten Aufgaben im Rahmen ihrer Kenntnisse und Fähigkeiten bestmöglich erfüllen.

Da die menschliche Arbeitskraft wertvoll und teuer ist, muss sie insbesondere in einem Gesundheitsbetrieb effizient und wirtschaftlich eingesetzt werden. Die Mitarbeitenden sind hierzu zu führen, zu leiten und zu steuern. Auf der einen Seite gilt es dabei die betrieblichen Bedürfnisse zu berücksichtigen und den Gesundheitsbetrieb bestmöglich mit geeigneten Mitarbeitern und Mitarbeiterinnen auszustatten. Auf der anderen Seite ist gleichzeitig den Bedürfnissen der Mitarbeiter Sorge zu tragen, sie müssen betreut, entwickelt, geführt, administriert und entlohnt werden.

Anders als die im Gesundheitsbetrieb eingesetzten Sachmittel, wie Behandlungseinrichtungen, verwendete Materialien, Behandlungstechniken usw., sind die Mitarbeitenden durch eine Reihe von Besonderheiten gekennzeichnet, die für die erfolgreiche Führung eines Gesundheitsbetriebs von wesentlicher Bedeutung sind:

- **Aktivität:** Sie sind aktiv und damit keine passiven Erfolgsfaktoren, über die man beliebig verfügen kann. Sie haben ihren eigenen Willen, verfolgen eigenständig vorgegebene oder selbst gesteckte Ziele und entwickeln Initiativen, die es gezielt zu nutzen gilt.
- **Individualität:** Die Mitarbeitenden sind individuell und unterscheiden sich damit von ihren Kolleginnen und Kollegen durch eine Vielzahl von Merkmalen, von Eigenschaften und Fähigkeiten. Diese Eigenschaften und Fähigkeiten müssen erkannt und richtig zur Geltung gebracht werden.
- **Motivation:** Sie sind grundsätzlich motiviert und streben eigenständige Ziele an, die mit den Zielen des Gesundheitsbetriebs übereinstimmen können, wobei es aber auch zu Zielkonflikten kommen kann. Die Mitarbeitendenmotivation hängt somit wesentlich von der Übereinstimmung der persönlichen Ziele mit den Zielen des Gesundheitsbetriebs ab. Aufgabe der Mitarbeitendenführung muss es somit auch sein, diese Ziele in Einklang zu bringen.
- **Beeinflussbarkeit:** Die Mitarbeitenden sind beeinflussbar und damit sowohl von psychologischen als auch von physischen Einflüssen abhängig. Die Mitarbeitendenführung muss negative Einflüsse stoppen und positive Einflussmöglichkeiten fördern.

- **Zugehörigkeit:** Die Mitarbeitenden zeichnen sich durch Zugehörigkeiten aus. Sie sind auch Mitglieder anderer sozialer Gruppierungen, beispielsweise von Familien, Vereinen, Parteien, Gewerkschaften und sonstigen Gruppen. Nicht selten bilden sich auch innerhalb des Gesundheitsbetriebs kleinere Gruppierungen, die durch Sympathie/Antipathie geprägt sind, und die die Mitarbeitendenführung in besonderem Maße zur Sicherung des langfristigen Betriebserfolgs berücksichtigen muss.

Beispiel

Eine gute Möglichkeit, die Beschäftigten stärker in die Gestaltung des betrieblichen Geschehens miteinzubeziehen, Optimierungspotenziale zu identifizieren und ihre Verbundenheit mit dem Gesundheitsbetrieb zu erhöhen, ist das Vorschlagswesen. Damit Erfahrung und Wissen der Beschäftigten systematisch genutzt werden können, sind im Sinne eines Ideenmanagements wichtige Fragen zu klären, wie beispielsweise wie die Ideen eingereicht werden können, wer die eingereichten Vorschläge prüft oder wie die Vorschläge bewertet und prämiert werden (vgl. Reiche, 2021, S. 4 ff.). Zur stärkeren Einbeziehung der Mitarbeitenden sind zudem Beschäftigtenumfragen ein wichtiges Mitarbeitenden- und Organisationsentwicklungsinstrument, denn die Bedeutung ihrer Verbundenheit mit dem Gesundheitsbetrieb ist immens (vgl. Bruder & Gehring, 2015, S. 12).◄

Im Gesundheitswesen gibt es eine Besonderheit, die die Rolle ihrer Führungskräfte von anderen Branchen in der Regel unterscheidet: Neben ihrer Führungsfunktion haben sie alle eine Funktion beispielsweise als Pflegefachkraft, ärztliches Personal, Zahnmedizinische Verwaltungsassistenz, Therapeut bzw. Therapeutin, Fachkraft für Medizinprodukteaufbereitung oder Zahnarzt bzw. Zahnärztin für ihre Patienten inne. Weder das eine noch das andere darf vernachlässigt werden, sodass die besondere Herausforderung darin besteht, sowohl die Rolle als Führungskraft, als auch die patientenorientierte medizinisch, pflegerische Rolle möglichst vollständig und gleichzeitig auszufüllen. Zu diesen „dualen" Rollen als Führungskräfte einerseits und medizinische bzw. pflegerische Fachkräfte andererseits, kommen nicht selten weitere Nebenfunktionen hinzu, beispielsweise als Beauftragte für Hygiene, Qualitätsmanagement, Datenschutz, Gleichstellung, Umweltschutz, Informationssicherheit etc., durch die die Rollenerwartungen zusätzlich erweitert werden.

Bereits in den 1960er Jahren wurde darauf hingewiesen, dass im übertragenen Sinne die Persönlichkeitsstruktur der Führungskraft im Gesundheitswesen mit ihren Begabungen Fähigkeiten und Erfahrungen, die Persönlichkeiten der geführten Mitarbeitenden und Patienten, ihre Einstellungen, Erwartungen und Bedürfnisse, die zu führenden Mitarbeitenden- und Patientengruppen mit ihrem Beziehungsgeflecht und ihren Gruppennormen, sowie die Situation, in der sich Führungskraft und Gruppe befinden, ihr Ziel und die sonstige

Umwelt im Gesundheitswesen, als wesentliche Variablen führungsbezogener Interaktionen anzusehen sind (vgl. Lukascyk, 1960, S. 179 ff.). Somit wird die Rolle der Führungskraft im Gesundheitsbetrieb von zahlreichen situativen Bedingungen determiniert und für die Führungskraft im Gesundheitswesen ist es somit wichtig zu wissen, dass für die zielgerichtete Einwirkung auf das Arbeitsverhalten ihrer Mitarbeitenden nicht nur deren Arbeitsproduktivität im Vordergrund steht, sondern dass einerseits die eigenen sozialen Einstellungen dabei eine bedeutende Rolle spielen und andererseits auch die menschlichen Beziehungen, in deren Rahmen sich das Arbeitsverhalten vollzieht. Insofern muss die Führungskraft die organisatorischen Rahmenbedingungen in einem Gesundheitsbetrieb berücksichtigen, insbesondere die Organisationskultur, die Strukturen, Kommunikationswege und Rituale. Zu ihren Aufgaben gehört es, diese zu kennen, zu berücksichtigen und für die eigenen Führungszwecke zu nutzen, aber sie auch im Sinne der Betriebsführung immer wieder kritisch zu hinterfragen, um auf diese Weise einen Beitrag für die Weiterentwicklung der gesundheitsbetrieblichen Organisation zu leisten.

Insbesondere gesellschaftliche Veränderungen und der oft zitierte Wertewandel sind als ursächlich für das Bemühen anzusehen, alternative theoretische Modelle und Konzepte, Führung und Führungsprozesse unter veränderten Bedingungen besser zu verstehen und zu erklären. Digitale und technologische Änderungen des organisatorischen Kontextes haben die Entwicklung und Suche gegenwartsadäquater Führungstheorien ebenfalls angeregt (vgl. Rybnikova & Lang, 2021, S. 3). So gehen beispielsweise *intrinsische* **Führungstheorien** davon aus, dass der Führungserfolg von Führungskräften im Gesundheitswesen auf ihrer Persönlichkeit, ihrer Qualifikation, ihrem Engagement und ihren Eigenschaften beruhen. Demnach sind im übertragenen Sinne beispielsweise Motivationsfähigkeit, Fachkompetenz und Auftreten persönliche Eigenschaften, die häufig genannt werden, wenn es darum geht, erfolgreiche Führungskräfte von weniger erfolgreichen zu unterscheiden oder überhaupt zu identifizieren, wer sich als Führungskraft im besonderen Maße eignet (vgl. Schanz, 2000, S. 661 ff.).

Das eigentliche Führungsverhalten steht an der Grenze zu den *extrinsischen* Führungstheorien, die weniger die Persönlichkeit der Führungskraft als vielmehr die Art und Weise des Umgangs mit den Geführten, die sich daraus ergebenden Interaktionen sowie die Einflussfaktoren der Führung in den Mittelpunkt stellen. Während sich das Führungsverhalten an den Aufgaben, den Patienten, den Mitarbeitenden und deren Einbeziehung ausrichten kann und insbesondere bei Letzteren in der Regel durch den sich daraus ergebenden Führungsstil manifestiert wird, bezieht sich der Austausch im Rahmen der Führung sowohl auf einzelne Mitarbeitende und Patienten als auch auf ganze Patienten- und Mitarbeitendengruppen. Die Interaktionen zwischen Ihnen und der Führungskraft beeinflussen sich gegenseitig, wobei auch noch die jeweilige Führungssituation zu berücksichtigen ist, sodass im Rahmen des extrinsischen Ansatzes in erster Linie von den Wechselwirkungen zwischen diesen zahlreichen „Führungsfaktoren" ausgegangen wird.

Zum extrinsischen Führungsansatz zählen auch die *situativen* Führungstheorien, die weniger die Persönlichkeit der Führungskraft, als vielmehr die Führungssituation und deren Einflussfaktoren auf die Führung in den Mittelpunkt stellen. Man kann dabei zwischen grundlegenden Einflussfaktoren unterscheiden, die die Führungssituation dauerhaft und nachhaltig kennzeichnen, sowie Einflussfaktoren, die sich in der jeweiligen, konkreten Situation speziell ergeben können. Situative Führungstheorien verstehen Führung somit mehrdimensional und versuchen weniger die Führungskraft, als vielmehr die Geführten und das zu sehen, was alles auf sie einwirkt, um letztendlich daraus Rückschlüsse für ein erfolgreiches Führungsverhalten ziehen zu können. Patienten, deren Angehörige, Schichtdienste, Konflikte mit Kolleginnen und Kollegen, persönliche Lebensumstände und vieles mehr wirken auf die Mitarbeitenden im Gesundheitswesen ein, und die sie führenden Vorgesetzten sind aus dieser Sichtweise ebenfalls nur weitere Einflussfaktoren. Nach diesem Ansatz stellt sich der Führungserfolg insbesondere dann ein, wenn möglichst situativ geführt, das heißt mit einem auf die jeweilige Führungssituation angemessenen Führungsverhalten reagiert wird. Das erfordert von der Führungskraft nicht nur eine große Flexibilität, sondern auch die Beherrschung unterschiedlicher Führungsstile, die es je nach Führungssituation anzuwenden gilt. Eine der bekanntesten Theorien ist in diesem Zusammenhang das Konstrukt von *P. Hersey* (1931–2021) und *K. Blanchard* (geb. 1939), das zwischen einem aufgabenorientierten und einem beziehungsorientierten Führungsstil unterscheidet, wobei der aufgabenbezogene Führungsstil durch klare Anweisungen und Ergebniserwartungen gekennzeichnet ist und der beziehungsorientierte durch Lob, enge Kontakte und bestmögliche Unterstützung. Der jeweils anzuwendende situative Führungsstil bewegt sich zwischen diesen beiden extremen Ausprägungen und orientiert sich zudem an der unterschiedlichen sachlichen und psychologischen Reife der Mitarbeitenden, die bei einem hohe Reifegrad Verantwortung anstreben und darauf bedacht sind ihr medizinisches und pflegerisches Fachwissen weiterzuentwickeln, sowie Engagement und Motivation zu zeigen. Der Führungserfolg ist dann gegeben, wenn die Mitarbeitenden die Führungskraft anerkennen, sich kooperationsbereit zeigen und ihre Aufgaben erledigen, wobei sie bei unterschiedlichen Aufgaben auch unterschiedliche Reifegrade an den Tag legen können (vgl. Hersey & Blanchard, 1982, S. 11 ff.)

Systemische Führungstheorien gehen davon aus, dass die Führungskraft nur ein Einflussfaktor ist, der auf die Geführten einwirkt, dass ihre direkten Einwirkungsmöglichkeiten daher eher begrenzt erscheinen und dass die Orientierung an einer Vielzahl vernetzter Subsysteme vielmehr einen wesentlich größeren Einfluss auf die Geführten hat. Führung ist somit ganzheitlich zu sehen, verursacht zahlreiche Wechselwirkungen und steht im Kontext mit der aus Gesundheitsbetrieb, Gesundheitsmarkt, Patienten, Kollegen, Gesellschaft und vielen weiteren Elementen bestehenden Umwelt der Mitarbeitenden. Die Führungskraft ist dabei nicht mehr „Macher", sondern eher „Förderer" von Selbstorganisations-, Kommunikations- und Kooperationsprozessen. Der Gesundheitsbetrieb ist dabei als soziales System anzusehen, in dem täglich eine Vielzahl von Handlungen, Wirkungen und Folgewirkungen vielfältige Rückkopplungen und sich selbst verstärkende Mechanismen erzeugen. Mitarbeitendenführung ist in diesem Zusammenhang durch Unwägbarkeiten und Unsicherheiten gekennzeichnet, auf die Führungskräfte reagieren müssen, und steht in einem Kontext organisationaler Systeme mit folgenden Dimensionalitäten, die zumindest auch zum Teil für das Gesundheitswesen gelten:

- **Aufgabendimension:** veränderte Leistungen, Wissenszunahme und -fluten, abnehmende Halbwertszeiten des Wissens, Mehrdeutigkeit und Flüchtigkeiten, unscharfe Herausforderungen; Bedrohung durch Wissensverlust und Inhaltsleere;
- **Organisationsdimension:** neue flexible Organisationsformen, systemische Rationalisierungsstrategien, fraktale und virtuelle Organisationen, Organisation durch Selbstorganisation, Zunahme von Paradoxien; mögliche Effekte: Erstarrung im Veränderungshype, Kontrollwahn;
- **Kulturdimension:** interkulturelle Vielfalt, Gendersensibilität, Unterschiedlichkeiten als Ressource, neue Formen kulturellen Austauschs und alternative Modelle; mögliche Effekte: neue Ab- und Ausgrenzungen;
- **Beziehungsdimension:** wechselnde, flexible und nur noch zeitlich begrenzte Sozialkontakte, flüchtige Beziehungen, soziale Netzwerke statt fester Beziehungen; mögliche Effekte: Gemeinschaftsverluste und Einschränkungen der Arbeitsfähigkeit von sozialen Subsystemen;
- **Personendimension:** Individualisierung, Selbstverwirklichungsansprüche, Verschmelzung von Arbeiten und Leben, Bastelbiografien, Unsicherheitszunahme; mögliche Effekte: großer Zwang zur kleinen Freiheit, Selbstausbeutung.

Mitarbeitendenführung bezieht sich in diesem Kontext unter den Veränderungsbedingungen flüchtiger werdender Inhalte, sich entgrenzender Organisation in Verbindung mit neuen kulturellen Konstellationen, mit veränderten Sozial- und Interaktionsstrukturen und zunehmenden Individualisierungsansprüchen zunehmend auf die Gestaltung des Unerwarteten (vgl. Orthey, 2013, S. 16).

Führung wird in der betrieblichen Praxis des Gesundheitswesens oft gleichgesetzt mit Motivation und somit wird das Motivieren der Mitarbeitenden in der Regel als wesentliche Führungsaufgabe angesehen. Der große Teil der **Motivationstheorien** geht allerdings davon aus, dass das menschliche Verhalten zunächst von eigenen Antrieben geprägt ist. Motivation ist danach ganz allgemein der Oberbegriff für jene Vorgänge, die in der Umgangssprache mit Streben, Wollen, Begehren, Drang usw. umschrieben und somit auch als Ursache für das Verhalten der Mitarbeitenden im Gesundheitswesen angesehen werden können. Als Antwort auf die grundlegenden Fragen, wie und was die Mitarbeitenden in Gesundheitsbetrieben zur Arbeitsleistung antreibt oder „motiviert", können die hinreichend bekannten Theorien dienen (siehe Tab. 3.6).

Auf der Grundlage dieser Theorien unterscheidet die neuere Motivationsforschung nach *J. Barbuto* (geb. 1960) und *R. Scholl* (geb. 1954) zwischen intrinsischer Motivation, die durch die Freude an einer Aufgabe, an der damit verbunden Herausforderung oder durch Selbstverwirklichung gekennzeichnet ist, und extrinsischer Motivation, bei der die

Tab. 3.6 Beispiele für Motivationstheorien

Theorie	Beschreibung
Bedürfnishierarchie von *A. Maslow* (1908–1979)	Nach dieser Theorie sucht der Mensch zunächst seine Primärbedürfnisse (physiologische Bedürfnisse wie Essen, Trinken, Schlafen etc.) zu befriedigen und wendet sich danach den Sekundärbedürfnissen zu, wobei er in folgender Reihenfolge zunächst Sicherheitsbedürfnisse, auf der nächsten Stufe soziale Bedürfnisse, danach Wertschätzung und schließlich auf der höchsten Stufe seine Selbstverwirklichung zu erreichen versucht
Zweifaktorentheorie der Arbeitszufriedenheit von *F. Herzberg* (1923–2000)	Sie geht davon aus, dass es einerseits so genannte Motivatoren gibt, wie beispielsweise Leistung, Anerkennung, Verantwortung etc., die sich auf den Arbeitsinhalt beziehen und die Arbeitszufriedenheit erzeugen und andererseits so genannte Hygienefaktoren (Rand- und Folgebedingungen der Arbeit, beispielsweise Entlohnung, Führungsstil, Arbeitsbedingungen etc.), die Unzufriedenheit vermeiden
XY-Theorie nach *D. McGregor* (1906–1964)	Nach ihr gibt es zwei Arten von Mitarbeitenden, die entweder antriebslos, träge sind und Anweisungen, Belohnung, Bestrafung und einen eher autoritären Führungsstil erwarten (X-Theorie) oder sie sind fleißig, interessiert, übernehmen aktiv Verantwortung, haben Freude an ihrer Tätigkeit im Gesundheitswesen und erwarten ein eher kooperatives Führungsverhalten (Y-Theorie)
Anreiz-Beitrags-Theorie von *J. March* (1928–2018) und *H. Simon* (1916–2001)	Sie geht davon aus, dass die Mitarbeitenden vom Gesundheitsbetrieb Anreize empfangen, die nicht nur monetärer Natur sein müssen, und dass sie dafür gewisse Beiträge (beispielsweise Arbeitsleistung) erbringen

Erwartung von Vorteilen und die Vermeidung von Nachteilen im Vordergrund steht (vgl. Barbuto & Scholl, 1998, S. 1012 ff.).

Somit ist das Heilen und anderen Menschen damit zu helfen sicherlich als eine der wesentlichen intrinsischen Motivationsquellen im Gesundheitswesen anzusehen, während die Führungskräfte im Gesundheitswesen nach dieser Theorie hauptsächlich die extrinsischen Motivationsquellen durch Belohnungen, Erwartungsgestaltungen und gesundheitsbetrieblichen Zielsetzungen verstärken können.

3.4.2 Führungsinstrumente und -kompetenzen

Das konkrete Führungsverhalten von Führungskräften in Gesundheitsbetrieben prägt ihren **Führungsstil** und beeinflusst dadurch wesentlich Ausdruck und Intensität von Wertschätzung gegenüber den Mitarbeitenden. Der Führungsstil stellt die Art und Weise des Umgangs mit den Mitarbeitenden dar und bringt durch wiederkehrende Verhaltensmuster in gewisser Weise auch die innere Haltung und Einstellung der Führungskraft, ihren Charakter, ihre Denkweise, aber auch ihren Anstand und ihr Benehmen zum Ausdruck. Der wahrgenommene Führungsstil ist zudem abhängig von der Sichtweise der jeweiligen Mitarbeitenden und ihren persönlichen Empfindungen. Er wird ferner durch sich ändernde Aufgaben, Ressourcen und Strukturen geprägt, sowie durch Erfolgskriterien, die ebenfalls Anpassungen unterliegen.

Je nachdem, ob die Führungskraft mehr mit den Mitteln der Autorität, des Drucks und Zwangs oder mehr mit den Mitteln der Überzeugung, der Kooperation und Partizipation am Führungsprozess vorgeht, wendet sie einen unterschiedlichen Führungsstil an. Zur Einordnung und Beschreibung unterschiedlicher Führungsstile gibt es zahlreiche Analysen und Vorschläge. Wesentliche Klassifikationen und Beschreibungen sind beispielsweise auf die bekannten Arbeiten von *M. Weber* (1864–1920), *K. Lewin* (1890–1947) oder *C. Lattmann* (1912–1995) zurückzuführen und beschreiben jeweils eine überwiegende und durchgängige Ausprägungsart:

- **autokratisch, patriarchalisch, traditionell (Weber):** beruht auf geltenden Traditionen und Anerkennung von Machtlegitimationen; unumschränkte Alleinherrschaft; Mitarbeitende werden an Entscheidungen nicht beteiligt; es herrschen klare Verhältnisse der Über- und Unterordnung; unbedingter Gehorsam und Disziplin;
- **autoritär, hierarchisch, despotisch (Lewin, Lattmann):** Führungskraft entscheidet und kontrolliert, die Mitarbeitenden führen aus; der/die Vorgesetzte trifft sämtliche Entscheidungen und gibt sie in Form von unwiderruflichen Anweisungen oder Befehlen weiter; er/sie erteilt die Weisungen aufgrund der mit seiner/ihrer Stellung verbundenen Macht und erzwingt deren Befolgung durch die Anordnung von Sanktionen; die Führungskraft ist in ihrer Beziehung zu den Mitarbeitenden eher distanziert und kühl, erklärt alles bis ins Detail, hat für Probleme häufig passende Lösungen, tadelt einzelne Mitarbeitende, duldet selbst aber keine Kritik und besitzt häufig ein ausgeprägtes Überlegenheitsgefühl; es herrscht eine starre hierarchische Ordnung; der persönliche Freiheitsbereich der Mitarbeitenden ist gering; Ausführungsanweisungen, enge Kontrolle sowie soziale Distanz zwischen Vorgesetzten und Mitarbeitenden;
- **charismatisch (Weber):** beruht auf Ausstrahlung einer Person und der durch sie geschaffenen Ordnung; Persönlichkeit der Führungskraft steht an erster Stelle; allein Ausstrahlung und Charisma zählen und sind Grundlage für Entscheidungen; ruft meist absolute Loyalität der Mitarbeitenden hervor, Diskussionen und Befehle sind nebensächlich;

- **bürokratisch (Weber):** beruht auf der Legalität von Gesetzen, Regeln, Zuständigkeiten; Funktion ist nicht an eine Person gebunden, sondern auf Zeit verliehen und übertragbar; Führungsanspruch leitet sich aus Richtlinien, Stellenbeschreibungen, Dienstanweisungen ab;
- **kooperativ, partnerschaftlich, partizipativ, demokratisch (Lewin, Lattmann):** Gespräche und Abstimmung zwischen Führungskraft und Mitarbeitenden stehen im Vordergrund; geht von einer Mitwirkung der Mitarbeitenden an den Entscheidungen der Vorgesetzten aus, die so weit gehen kann, dass die Führungskraft nur den Entscheidungsrahmen absteckt; die Führungskraft fördert die Mitarbeitenden und ihre Leistungsbereitschaft, lässt Kreativität zu und gibt wichtige Informationen weiter; persönlicher Freiheitsbereich der Mitarbeitenden wächst und die Übernahme von Verantwortung wird auf sie verlagert; kennzeichnend für den kooperativen Führungsstil sind Kollegialität, Delegation, Partizipation sowie ein Verhältnis gegenseitiger Achtung und Anerkennung zwischen Vorgesetzten und Mitarbeitenden;
- **Laisser-faire, Selbstverwaltung (Lewin, Lattmann):** Mitarbeitende werden weitestgehend sich selbst überlassen und haben größtmögliche Freiheit; die Führungskraft zeigt geringe Anteilnahme an den Erwartungen, Bedürfnissen und Problemen der Mitarbeitenden, die möglichst angepasst sein und keine unbequemen Fragen stellen sollen; Entscheidungen und Kontrollen liegen bei ihnen selbst oder einer Gruppe von Mitarbeitenden.

Bei der Frage nach dem optimalen Führungsstil im Gesundheitsbetrieb, wird die Antwort tendenziell zu einem eher *kooperativen* Führungsverhalten neigen. Dennoch ist sie auch von dem vielfältigen Beziehungsgefüge abhängig und von der großen Anzahl von Anforderungen und Erwartungen, mit denen die Führungskraft konfrontiert ist. Einerseits werden von ihr Ergebnisse erwartet, andererseits gibt es häufig auch bei den Mitarbeitenden keine einheitlichen Vorstellungen, wie viel Konsensfähigkeit, Kooperationsbereitschaft oder Integrationsfähigkeit sie von ihrem Vorgesetzten erwarten, zumal auch die Führungsstile selbst Entwicklungsströmungen und Trends unterliegen. Da der kooperative Führungsstil im Vergleich zum autoritären Führungsstil eine Reihe von überwiegenden Vorteilen aufweist, sollte daher im Gesundheitswesen vorzugsweise auf der Praktizierung eines kooperativen Führungsverhaltens aufgebaut werden. Es ist aber auch durchaus denkbar, dass bei einzelnen Mitarbeitenden vorhandene Bedürfnisse nach Orientierungsmöglichkeiten und Leitung am besten durch eher autoritäre Elemente Rechnung getragen wird. In der Praxis hat sich daher häufig ein mehrdimensionaler Führungsstil mit einer situationsbezogenen Führung bewährt, in der die jeweils notwendigen Stilelemente angewendet werden.

Mehrdimensionale Führungsstile stellen nicht nur ein hauptsächliches Orientierungsmerkmal in den Vordergrund, sondern beziehen zwei oder mehrere Ausprägungsrichtungen in das Führungsverhalten mit ein. Eines der bekanntesten Modelle ist in diesem Zusammenhang das bereits in den 1950er Jahren entwickelte Führungskontinuum (vgl.

Tannenbaum & Schmidt, 1958, S. 95 ff.), das anhand des Merkmals der Entscheidungsbeteiligung den autoritären und den kooperativen, demokratischen Führungsstil gegenüberstellt und dazwischen Abstufungen einführt, die als Führungsstile in Abhängigkeit von der Führungskraft, den Mitarbeitenden und der jeweiligen Führungssituation ausgewählt werden. Bei diesen Abstufungen entscheidet die Führungskraft allein und ordnet an (autoritär), ordnet an und begründet ihre Entscheidung (patriarchalisch), schlägt Ideen vor, gestattet Fragen und entscheidet (beratend), entscheidet vorläufig, holt Meinungen ein und entscheidet dann endgültig (konsultativ), zeigt das Problem auf, lässt Lösungen vorschlagen und entscheidet (partizipativ), zeigt das Problem auf, legt den Entscheidungsspielraum fest und lässt die Mitarbeiter entscheiden (delegativ) oder lässt entscheiden und koordiniert nur (demokratisch) (vgl. Steyrer, 2015, S. 30 ff.).

Ein weiterer mehrdimensionaler Ansatz ist das 1964 von *R. Blake* (1918–2004) und *J. Mouton* (1930–1887) entwickelte Verhaltensgitter, welches sich anhand der Merkmale Aufgabenorientierung bzw. Sachrationalität einerseits und Mitarbeiterorientierung bzw. Sozioemotionalität andererseits in einer Art neunstufigen Matrix darstellen lässt, aus der sich verschiedene Muster des Führungsverhaltens ableiten lassen. Je nach Positionierung in der Matrix ergibt sich:

- Zwischenmenschlichen Beziehungen und positive Arbeitsatmosphäre in der Gesundheitseinrichtung stehen absolut im Vordergrund, was sich negativ auf die Aufgabenerfüllung auswirken kann;
- Erfolgversprechendes Führungsverhalten, da sowohl die konsequente Zielerreichung als auch die kooperative Einbeziehung der Mitarbeitenden maximierend verfolgt werden;
- Ziele werden halbwegs erreicht, unter Einbeziehung der Mitarbeitendenwünsche, wobei es in beiderlei Hinsicht Verbesserungspotenziale gibt;
- Mit dem Laisser-Faire-Führungsstil vergleichbar, da weder auf die Mitarbeitendeninteressen eingegangen, noch die Aufgabenerfüllung von der Führungskraft verfolgt wird;
- Die Aufgabenerfüllung steht absolut im Vordergrund, was sich negativ auf die Arbeitsatmosphäre in der Gesundheitseinrichtung und die Mitarbeitendenmotivation auswirken kann (vgl. Schreyögg & Koch, 2020, S. 527 ff.).

Auf der Grundlage *situativer* Führungstheorien erscheint unter den mehrdimensionalen Führungsstilen der Situative Führungsstil als besonders Erfolg versprechend. Nach diesem Ansatz stellt sich der Führungserfolg insbesondere dann ein, wenn möglichst situativ geführt, das heißt mit einem auf die jeweilige Führungssituation angemessenen Führungsverhalten reagiert wird. Das erfordert von der Führungskraft im Gesundheitsbetrieb nicht nur eine große Flexibilität, sondern auch die Beherrschung unterschiedlicher Führungsstile, die es je nach Führungssituation anzuwenden gilt.

Auch der *gruppenbezogene* Führungsstil von *H.-J. Rahn* ist im weitesten Sinne situativ bedingt und richtet sich nach der zu führenden Gruppe bzw. ihren einzelnen Mitgliedern. Je nach dem gezeigten Verhalten sind unterschiedliche Führungsstile einsetzbar (vgl. Rahn, 2010, S. 61 ff.).

Zusammenfassend bleibt festzuhalten, dass es auch für den Gesundheitsbetrieb nicht den „idealen" Führungsstil mit Erfolgsgarantie gibt, zumal Führungserfolge sich nicht eindeutig messbar einem bestimmten Stil zuordnen lassen. Dazu sind sie von zu vielen Einflussfaktoren auf die jeweilige Führungssituation und von zahlreichen Verhaltensweisen der Führungskräfte, Patienten und Mitarbeitenden im Gesundheitsbetrieb abhängig. Auf der Grundlage der klassischen Führungsstile haben sich zudem pragmatische Konzepte, wie das transaktionale und transformationale Führen entwickelt, welche stärker auf dem Austauschverhältnis zwischen Führungskraft und Mitarbeitenden beruhen, und gleichzeitig versuchen, den Sinn und die Bedeutung der gemeinsamen Ziele und Ideale zu vermitteln. Besonders wichtig ist dabei die Vermittlung von Vertrauen und Wertschätzung, die die Basis für Motivation, Sinnhaftigkeit, positive Einstellung und Identifikation der Mitarbeitenden mit ihrer Tätigkeit und ihrem Gesundheitsbetrieb darstellen.

Zu den **Führungstechniken** werden verschiedene Verfahrensweisen, Maßnahmen und Instrumente gezählt, die in Gesundheitsbetrieben zur Bewältigung der Führungsaufgaben und zur Verwirklichung der vorgegebenen Ziele eingesetzt werden. Häufig werden sie auch als Führungs- oder Managementprinzipien bezeichnet. Sie bauen in der Regel alle auf dem kooperativen Führungsstil auf und schließen sich gegenseitig nicht aus. Inhalt dieser Techniken sind in erster Linie organisatorische Probleme und ihre Lösung im Rahmen der Führungsaufgabe. Im Laufe der Jahre ist eine Vielzahl von Instrumenten entwickelt worden, die meist unter der Bezeichnung „Management by ..." zum Teil bekannte Prinzipien mit neuen Namen belegen.

Eine erste Alternative stellt die Veränderung der Arbeitsstrukturierung und damit der Arbeitsorganisation dar. Sie kann bezogen auf einen einzelnen Arbeitsplatz erfolgen oder auch nach dem Gruppenprinzip und damit mehrere Arbeitsplätze betreffen:

- **Arbeitsplatzwechsel (job rotation):** Systematischer Austausch von Aufgaben und Tätigkeiten durch regelmäßige und organisierte Stellenwechsel;
- **Aufgabenerweiterung (job enlargement):** Veränderung der Arbeitsorganisation auf dem gleichen Anforderungsniveau durch Übernahme zusätzlicher Tätigkeiten;
- **Arbeitsbereicherung (job enrichement):** Erweiterung der Tätigkeiten um anspruchsvollere Aufgaben auf einem höheren Anforderungsniveau.

Bei dem Arbeitsplatzwechsel (job rotation) geht es um den systematischen Austausch von Aufgaben und Tätigkeiten in Gesundheitsbetrieben zwischen mehreren Arbeitnehmenden. Es finden dazu regelmäßige und organisierte Stellenwechsel statt, um die Fachkenntnisse und Erfahrungen zu erweitern, auszutauschen und zu vertiefen. Gleichzeitig wird dadurch Eintönigkeit vermieden, die Arbeit wird abwechslungsreicher gestaltet und die Mitarbeitenden lernen beispielsweise auch einen anderen Patientenkreis und andere Abteilungen, Stationen etc. kennen. Auch kann ein regelmäßiger, kurzzeitiger Aufgabenwechsel dazu beitragen, körperliche und auch psychische Belastungen besser zu verteilen und auszugleichen, etwa bei der Pflege Schwerstkranker. Die Aufgabenerweiterung (job enlargement) stellt eine Veränderung der Arbeitsorganisation auf dem gleichen Anforderungsniveau dergestalt dar, dass zusätzliche Tätigkeiten durch die Mitarbeitenden übernommen werden, die dem bisherigen Anforderungsniveau entsprechen. Im Unterschied zur Aufgabenerweiterung werden bei der Arbeitsbereicherung (job enrichement) die Tätigkeiten der Mitarbeitenden um anspruchsvollere Aufgaben auf einem höheren Anforderungsniveau erweitert. Ihnen werden in diesem Zusammenhang in der Regel mehr Verantwortung und größere Entscheidungsbefugnisse übertragen.◄

Die Aufgabendelegation (Management by delegation) ist eine Schlüsseltätigkeit jeder Führungskraft in Gesundheitsbetrieben und eine Möglichkeit, knappe Arbeitszeit einzusparen. Dabei werden für Routineaufgaben, aber auch anspruchsvolle Tätigkeiten Entscheidungsfreiheit und Verantwortung konsequent auf die Mitarbeitenden übertragen, unter Berücksichtigung klarer Abgrenzung von Kompetenz und Verantwortung der übertragenen Aufgabenbereiche, um mögliche Konflikte zu vermeiden. Unter Anwendung dieses Prinzips überträgt die Führungskraft eine Aufgabe, die sie vorher selbst durchgeführt hat, wobei sie dabei nicht jeden einzelnen Arbeitsvorgang kontrolliert, sondern sich nur stichprobenartige Kontrollen vorbehält. Zur Klärung der Frage, welche Aufgaben sich im Gesundheitswesen delegieren lassen, kann das bekannte Eisenhower-Prinzip nach *D. Eisenhower* (1890–1969) beitragen. Es beinhaltet eine Prioritätensetzung nach Dringlichkeit und Wichtigkeit der Aufgabe:

- Aufgaben von hoher Wichtigkeit, die noch nicht dringlich sind, können warten;
- Aufgaben ohne hohe Wichtigkeit, die dringend sind, können delegiert werden;
- Aufgaben, die sowohl dringend als auch wichtig sind, müssen persönlich sofort erledigt werden;
- auf Aufgaben mit geringer Wichtigkeit und geringer Dringlichkeit kann verzichtet werden.

Daneben gibt es gerade in Gesundheitsbetrieben zahlreiche Aufgaben im medizinischen Bereich, die an die Person der Führungskraft gebunden sind. Insbesondere dann, wenn sie gleichzeitig als Behandler tätig ist, sind Aufgaben nur bedingt und in Abhängigkeit der Qualifikationen der jeweiligen Mitarbeitenden oder, die ärztliche Funktion betreffend, auch gar nicht delegierbar. Gerade aber in administrativen Bereichen oder in Bereichen mit nicht unmittelbarem Patientenkontakt eignet sich Management by delegation jedoch als wirkungsvolles Führungsinstrument.

Das Ausnahmeprinzip (Management by exception) ist dadurch geprägt, dass die Führungskraft nur bei unvorhergesehenen Ausnahmesituationen und in ungewöhnlichen Fällen eingreift, sodass sich im Normalfall die Verantwortung allein bei den mit der Aufgabe betrauten Mitarbeitenden befindet. Dies setzt zum einen das Vertrauen in die Aufgabenlösung durch die Mitarbeitenden voraus, bedeutet zugleich aber auch ein Kontrollieren der Aufgabenwahrnehmung durch die Führungskraft. Ihr Eingreifen bedeutet dabei ein deutliches Signal für die Mitarbeitenden, Fehler begangen zu haben, denn im Idealfall ist kein Eingriff notwendig.

Führungskräfte und Mitarbeitende legen beim Führen durch Zielvereinbarung (Management by objectives) gemeinsam bestimmte Ziele fest, die die Mitarbeitenden in ihren Arbeitsbereichen realisieren sollen. Auf welchem Weg die vorgegebenen Ziele erreicht werden, können sie dabei im Rahmen ihres Aufgabenbereichs selbst entscheiden. Die Führungskraft beschränkt sich auf die Kontrolle der Zielerreichung.

Management by objectives geht im Wesentlichen auf *P. F. Drucker* (1909–2005) zurück, welcher den Ansatz bereits 1954 entwickelte. Da bei der Führung durch Zielvereinbarung der Weg der Zielerreichung durch die Mitarbeitenden bestimmt werden kann, ist es besonders wichtig die Ziele möglichst klar, exakt und realisierbar zu definieren.

Die zielorientierte Führung in Gesundheitsbetrieben ist als Grundlage für ein erfolgreiches Management by objectives anzusehen. Nur wenn die Betriebsführung Ziele setzt und diese auf die einzelnen Organisationseinheiten eines Gesundheitsbetriebs heruntergebrochen werden, ist eine durchgängige Zielorientierung möglich. Dazu sind regelmäßige Zielvereinbarungsgespräche notwendig, in denen mit den Mitarbeitenden realistische Ziele gesetzt und entsprechende Entscheidungs- und Handlungsmöglichkeiten eingeräumt werden. Allerdings besteht häufig auch die Gefahr, dass aus diesem leicht verständlichen und weitgehend unbestrittenem Führungsinstrument in der Praxis eine bürokratische Verwaltungsmaschinerie gemacht wird, in dem nach vorgegebenen Zeitplänen zu viele und zu anspruchsvolle Ziele meist noch in der hektischen Phase des Jahresabschlusses für das Folgejahr getroffen werden müssen.

Das Prinzip Führung durch Ergebnisorientierung (Management by results) stellt die stärker autoritäre Ausrichtung der Führung durch Zielvereinbarung dar, indem die Führungskraft die Ziele vorgibt und die Ergebnisse der Aufgabenwahrnehmung durch die Mitarbeitenden kontrolliert. Dadurch, dass die Ziele nicht gemeinsam vereinbart werden, bringt ausschließlich die Führungskraft ihre Ergebnisvorstellung ein und kann entsprechend auf Ergebnisabweichungen reagieren. Im Vordergrund der Führung durch

Ergebnisorientierung steht häufig die Zahlenkontrolle von quantifizierbaren Ergebnisgrößen. Diese Art der Anwendung des Führungsinstruments ist in Gesundheitsbetrieben sicherlich gerade im medizinischen und pflegerischen Bereich nur bedingt einsetzbar. Es setzt voraus, dass zwar ähnlich wie bei der Führung durch Zielvereinbarung im Rahmen von Mitarbeitendengesprächen konkrete zu erzielende Ergebnisse vereinbart werden, die für die Mitarbeitenden sogar mit Erfolgsprämien verknüpft sein können, kann aber bei rein quantitativen Soll-Ist-Vergleichen zu qualitativen Problemen führen, beispielsweise im Bereich der Pflegequalität. Das bedeutet, dass gerade in Gesundheitsbetrieben nicht nur quantitative, sondern auch qualitative Ergebnisvereinbarungen getroffen werden müssen, um Management by results zum Erfolg zu führen.

Die Fähigkeit, Wertschätzung gegenüber Mitarbeitenden ausdrücken zu können, beruht im Wesentlichen auf hinreichender **Führungskompetenz.** Die Frage, welche Qualifikationen eine erfolgreiche Führungskraft dazu aufweisen sollte, bezieht sich häufig zunächst auf das Thema Führungserfahrung, die üblicherweise in mehr oder weniger großem Umfang erwartet wird. Darunter wird in der Regel zunächst der Zeitraum verstanden, den eine Führungskraft in Führungsfunktionen verbracht hat. Der Begriff der Führungserfahrung ist unmittelbar mit der Art und Weise der konkreten Führungstätigkeiten im Rahmen der Betriebs-, Patienten- und Mitarbeitendenführung im Gesundheitswesen verknüpft und wird durch eine Reihe von Determinanten und ihren möglichen Ausprägungen konkretisiert:

- Anzahl direkt betreuter Patienten: tägliche Patientenführung, gelegentlicher Patientenkontakt;
- Anzahl direkt unterstellte Mitarbeitende: geringe, große Führungsspanne;
- Anzahl regelmäßig geführter Mitarbeitendengespräche: jährliche Gesprächsführung mit allen Mitarbeitenden, gelegentliche Gesprächsführung, viele, wenige Mitarbeitergespräche (<50, 100–200, >200);
- Anzahl von Führungsfunktionen: wenige, mehrere;
- Homogenität der Mitarbeitenden: gleichartige, unterschiedliche Qualifikationen, gleiche, unterschiedliche Herkunft, Nationalitäten;
- Umfang der Führungsverantwortung: Budgetverantwortung, Behandlungs-/ Pflegeentscheidungen, Kompetenz für strategische Grundsatzentscheidungen, Investitionsentscheidungen;
- Unterschiedlichkeit der Aufgabengebiete: alle Führungsfunktionen in einem Aufgabengebiet, Führungsfunktionen in unterschiedlichen Aufgabengebieten;
- Unterschiedlichkeit der Führungsfunktionen: fachlicher Vorgesetzter, Disziplinarvorgesetzter, Sprecher;
- zeitliche Dauer von Führungsfunktionen insgesamt: wenige, mehrere, viele Jahre;
- zeitliche Dauer einzelner Führungsfunktionen: jeweils nur kurze Zeit, jeweils mehrere Jahre.

Neben der Führungserfahrung zählen die Führungsqualifikationen zu den wichtigsten Grundlagen, die eine erfolgreiche Führungsarbeit im Gesundheitswesen ausmachen. Sie stellen die Gesamtheit von Fähigkeiten, Fertigkeiten, Kenntnissen und Eigenschaften dar, die eine Führungskraft aufweisen sollte, um positive Ergebnisse im Rahmen ihrer Führungsaufgaben zu erzielen. Führungsqualifikationen werden häufig beispielsweise durch Weiterbildungseinrichtungen des Gesundheitswesens und je nach Führungsaufgabe mit zum Teil rechtlich vorgegeben Schwerpunktsetzungen vermittelt.

Beispiel

Für Bayern gibt die Verordnung zur Ausführung des Pflege- und Wohnqualitätsgesetzes (AVPfleWoqG) Inhalte der Weiterbildung zur Einrichtungsleitung vor:

- Soziale Führungsqualifikationen: Führungsethik, Kommunikation als Führungsaufgabe, Veränderungs-Management, Personalführung, Konfliktmanagement, Moderation, Präsentation und Rhetorik, Kollegiale Beratung und Coaching, Teamentwicklung, Rollenkompetenz, Führen u. Leiten in sozialen Dienstleistungsunternehmen, Strategisches Management;
- Ökonomische Qualifikationen: Allgemeine Betriebswirtschaftslehre, Spezielle Betriebswirtschaftslehre, Controlling, Sozial- und Gesundheitsökonomie, Marketing und Öffentlichkeitsarbeit, Finanzierung und Investition
- Organisatorische Qualifikationen: Organisation und Netzwerkarbeit, Qualitätsmanagement, Einbeziehung von Angehörigen und Ehrenamtlichen, Personalmanagement, Beschwerdemanagement, Schnittstellenmanagement
- Strukturelle Qualifikationen: Angewandte Pflegewissenschaft, Allgemeines Recht, Sozialrecht, Betriebsbezogenes Recht, Arbeitsrecht, Sozialpolitik, Gerontologie (vgl. Anlage 1 AVPfleWoqG)◄

Für ärztliche Führungstätigkeiten ergeben sich entsprechende Qualifikationsanforderungen, wie sie beispielsweise die Bundesärztekammer (BÄK) in ihrem Curriculum Ärztliche Führung definiert hat (siehe Tab. 3.7).

Wenn es um die Beschreibung geht, was „gute" Führung ausmacht, wird häufig die Vorbildfunktion erwähnt, die im weitesten Sinne der Führungskompetenz zugeschrieben werden kann. Jede Führungskraft und somit auch das leitende Personal im Gesundheitswesen, steht im Arbeitsalltag unter „Beobachtung". Ob sie wollen oder nicht, wird ihr Verhalten und damit das, was sie tun oder lassen, von ihrem Arbeitsumfeld, den Mitarbeitenden und Patienten registriert. Insofern muss eine Führungskraft in ihrer Vorbildfunktion damit rechnen, dass ihr Verhalten bewusst oder unbewusst nachgeahmt wird und sich Andere damit oder sogar mit ihrer Person identifizieren, zumal wenn sie gerade, wie Umfragen häufig belegen, im medizinischen Bereich ein hohes gesellschaftliches Ansehen genießt. So haben in Gesundheitsbetrieben Führungskräfte in Bezug auf den Umgang mit

Tab. 3.7 Kompetenzbegriff des Curriculums Ärztliche Führung der Bundesärztekammer (vgl. Bundesärztekammer, 2007, S. 21)

Kompetenzbereiche	Beschreibung
Fachkompetenz	Organisations-, prozess-, aufgaben- und arbeitsplatzspezifische professionelle Fertigkeiten und Kenntnisse sowie die Fähigkeit, organisatorisches Wissen sinnorientiert einzuordnen und zu bewerten, Probleme zu identifizieren und Lösungen zu generieren
Methodenkompetenz	Situationsübergreifend und flexibel einzusetzende kognitive Fähigkeiten, z. B. zur Problemstrukturierung oder zur Entscheidungsfindung
Konzeptionelle Kompetenz	Wissensbestände aus unterschiedlichen Kontexten miteinander in Bezug setzen, analysieren und bewerten und daraus (neue) Erkenntnisse, Vorgehensweisen und Lösungsstrategien entwickeln und Entscheidungen fällen
Sozialkompetenz	Kommunikativ, kooperativ und selbstorganisiert in sozialen Interaktionen handeln und erfolgreich Ziele und Pläne realisieren oder entwickeln
Selbstkompetenz	Sich selbst einschätzen und Bedingungen schaffen, um sich im Rahmen der Arbeit zu entwickeln, die Offenheit für Veränderungen, das Interesse aktiv zu gestalten und mitzuwirken und die Eigeninitiative, sich Situationen und Möglichkeiten dafür zu schaffen

hohen Belastungen eine wichtige Vorbildfunktion und können die Stressbewältigungsstrategien ihrer Mitarbeitenden entscheidend beeinflussen. Drücken sie implizit oder explizit Erwartungen aus, dass die Mitarbeitenden ihre Arbeitszeit in die Freizeit ausdehnen, dann wird dies mit großer Wahrscheinlichkeit zu einer Erhöhung der Überstunden führen, was auch für die Erhöhung des Arbeitstempos gilt. Auch können die Reaktion einer Führungskraft auf die Reduktion der Arbeitsqualität und auch die eigene vorgelebte Qualitätsreduktion derartiges Verhalten zusätzlich legitimieren und dessen Auftreten verstärken (vgl. Vincent-Höper et al., 2020, S. A 1147).

Grundlagen für dieses Phänomen sind zum einen die allseits bekannten Theorien von *S. Freud* (1856–1939), der darin einen psychodynamischen Prozess sah, mit dem Ziel, einer Angleichung des eigenen Ich zu dem zum Vorbild genommenen Ich, um letztendlich Idealen oder dem Erfolg des Vorbildes durch Nacheifern möglichst nahe zu kommen, oder die ebenso bekannten Rollenmodelle von *R. Merton* (1910–2003), die als Muster für spezifische Rollen beispielsweise im Gesundheitsbetrieb oder für die generelle Lebensweise nachgeahmt werden (vgl. Merton, 1995, S. 357). Nicht minder bekannte Theorien, wie beispielsweise die von *A. Bandura* (1925–2021), gehen davon aus, dass die Orientierung an einem Vorbild oder Rollenmodell zum Auslösen, Hemmen oder auch Enthemmen bereits vorhandener Verhaltensmuster sowie zum Erwerb neuer Verhaltensweisen führen kann (vgl. Bandura & Walters, 1963. S. 89 ff.). Nach *A.* und *R.* Tausch (1998) gelten insbesondere die Vorbilder als attraktiv, die hohes Ansehen genießen, erfolgreich sind und zu denen eine gute Beziehung besteht (vgl. Tausch & Tausch, 1998, S. 214 ff.). Ein oft zitiertes Beispiel für nachahmenswertes ärztliches Handeln ist *A. Schweitzer* (1875– 1965), als Mensch und als Mediziner für viele Ärztinnen und Ärzte ein großes Vorbild (vgl. Nagel & Manzeschke, 2006, S. A 168).

Für die Führungskraft im Gesundheitsbetrieb bedeutet dies zum einen, sich der Verantwortung als Vorbild und dem möglichen Nacheifern des eigenen Verhaltens durch Andere bewusst zu sein und andererseits, die Vorbildfunktion aber auch gezielt für positive Verhaltensbeeinflussungen bei Mitarbeitenden und Patienten nutzen zu können.

Orientierung über Werte und Prinzipien im Gesundheitsbetrieb geben auch Leitbilder, mit Hilfe derer sich der einzelne Mitarbeiter oder die einzelne Mitarbeiterin, aber auch die Führungskraft selbst in ihrer Vorbildfunktion zurechtfinden können. Das Leitbild gibt als dokumentierter Handlungsrahmen Selbstverständnis, Grundprinzipen und gemeinsame Ziele eines Gesundheitsbetriebs wieder. Insofern hat es nicht nur eine Außenwirkung, die zeigt, für was der betreffende Gesundheitsbetrieb steht und wie er sich und seine Aufgaben in der Gesellschaft sieht, sondern es wirkt vor allen Dingen auch nach innen und bildet die Basis für die Organisationskultur, sowie den Handlungsrahmen für alle medizinischen und pflegenden Aufgaben.

Ein weiterer wichtiger Aspekt des Führungsverhaltens ist der Umgang mit Konflikten. In jedem Gesundheitsbetrieb, in dem Menschen zusammenarbeiten, gibt es Meinungsverschiedenheiten und Differenzen, Auseinandersetzungen und Streitereien. Sie alle stellen als **Konflikte** gegensätzliches Verhalten dar, das auf mangelnder gegenseitiger Sympathie, unterschiedlichen Interessen, Widerstreit von Motiven oder Konkurrenzdenken beruht. Konflikte müssen in Verhandlungs- und Schlichtungsprozessen einer zumindest vorläufigen Lösung zugeführt werden, damit das Arbeitsergebnis nicht darunter leidet. Eine wesentliche Führungsaufgabe ist es daher, positive Wirkungen durch eine richtige Konflikthandhabung zu nutzen, um letztendlich gestärkt aus einer derartigen Auseinandersetzung hervorzugehen.

Beispiel

Gerade den Mitarbeiterinnen und Mitarbeitern im Gesundheitswesen wird eine hohe Flexibilität und Einsatzbereitschaft abverlangt, die häufig zu einer Zunahme des individuell wahrgenommenen Stresses führt, der in einer höheren Zahl sozialer Differenzen münden und sich in Konflikten entladen kann. Daher zählt die rechtzeitige Unterbrechung der Konfliktdynamik zu den größten Herausforderungen der Führungskräfte im Gesundheitswesen. Das von *Friedrich Glasl (geb. 1941)* entwickelte Stufenmodell dient hierzu als Orientierungshilfe und verdeutlicht den Schwierigkeitsgrad der Konfliktlösung auf der jeweiligen Ebene zur Vermeidung einer Konflikteskalation (vgl. Rawitzer, 2023, S. 288 f.):

- **Ebene 1 (Win-Win):** Verhärtung (Stufe 1); Debatte und Polemik (Stufe 2); Taten statt Worte (Stufe 3);
- **Ebene 2 (Win-Lose):** Sorge um Image und Koalition (Stufe 4); Gesichtsverlust (Stufe 5); Drohstrategien und Erpressung (Stufe 6);
- **Ebene 3 (Lose-Lose):** begrenzte Vernichtungsschläge (Stufe 7); Zersplitterung, totale Zerstörung (Stufe 8); Gemeinsam in den Abgrund (Stufe 9).◄

Die *Ursachen* für Konflikte sind in der Tatsache begründet, dass die einzelnen Mitarbeitenden nicht gleichzeitig alle ihre Vorstellungen und Erwartungen verwirklichen können (vgl. Tab. 3.8).

Persönlichkeitsmerkmale, wie etwa Aggressionsneigung, Harmoniebedürfnis, Hemmungen, Angst, Stimmungen, Sympathie- und Antipathiegefühle sind meist nicht die alleinige Ursache von personellen Konflikten, sie können aber deren Auslöser bzw. Verstärker sein, oder aber auch, trotz objektiv vorhandenem Anlass, die Entstehung von Konflikten verhindern bzw. den Verlauf und die Auswirkungen von Konflikten glätten.

Je nachdem, wie viele Mitarbeitende an einem Konflikt im Gesundheitsbetrieb beteiligt sind, unterscheidet man folgende *Typen* von Konflikten:

Tab. 3.8 Ursachen für Konflikte in Gesundheitsbetrieben

Ursache	Beispiele
Beziehungsprobleme zwischen den Mitarbeitenden	Vorgesetztenverhältnisse, Bildung von informellen Gruppen, Klüngeleien, unzulässige Machtausübung
Koordinations- und Abstimmungsprobleme zwischen den Mitarbeitenden	Mangelhafte Absprachen, Verheimlichungen, unzureichende Weitergabe von Informationen
Probleme bei der Abgeltung erbrachter Leistungen	Niedriges Gehalt, tatsächlich erbrachte Überstunden, fehlende Anerkennung von Arbeitseinsatz und Mehrarbeit
Probleme bei der Arbeitsstrukturierung	Aufgabenhäufung, schlechte Arbeitsbedingungen, häufige Stresssituationen, häufige Überstunden
Probleme bei der Aufgabenwahrnehmung	Fehlende Qualifikation, fehlende Leistungsbereitschaft, mangelnde Sorgfalt, Unzuverlässigkeit, mangelhafte Leistungen

Tab. 3.9 Verlaufsformen von Konflikten im Gesundheitsbetrieb

Form	Beschreibung
Offene Austragung	Beide Konfliktseiten versuchen ihre gegensätzlichen Interessen ganz oder teilweise zu verwirklichen
Unterdrückung	Eine Seite, die im Gesundheitsbetrieb die entsprechende Macht besitzt, lässt einen offenen Konflikt nicht zu oder setzt ihre Interessen unmittelbar und beendet den Konflikt dadurch
Vermeidung	Trotz eines vorhandenen „Spannungspotentials" werden keine Konfliktaktivitäten ergriffen
Umleitung	Ein Konflikt wird mit einer anderen als der Anlass gebenden Seite ausgetragen

- **Interpersonelle Konflikte:** Konflikte treten überwiegend zwischen zwei oder mehreren Mitarbeitenden auf;
- **Gruppenkonflikte:** zwischen einer Gruppe und einzelnen Mitarbeitenden (beispielsweise zwischen allen Angehörigen einer heilpraktischen Einrichtung und dem Heilpraktiker als Chef) sowie zwischen einzelnen Gruppen von Angehörigen der heilpraktischen Einrichtung ((beispielsweise zwischen den Auszubildenden und den ausgelernten Kräften);
- **Intrapersoneller Konflikt:** Konflikte, die in einer einzelnen Person begründet sind.

Konflikte im Gesundheitsbetrieb weisen in der Regel unterschiedliche *Verlaufsformen* auf (vgl. Tab. 3.9).

Konflikte können oft nicht endgültig gelöst werden, daher erscheint der Begriff *Handhabung* für den Umgang mit Konflikten im Gesundheitsbetrieb besser geeignet. Ziel ist es dabei, Konflikte durch Schlichtung zwischen den konträren Seiten zumindest zeitweise beizulegen, ihre Ursachen zu ermitteln und diese soweit möglich zum Zwecke einer langfristigen Beruhigung der Situation und eines möglichst konfliktfreien Arbeitens zu beseitigen. Hierzu stehen verschiedene Maßnahmen zur Verfügung (vgl. Tab. 3.10).

Beispiel

Bei Strafandrohungen (Zurechtweisungen, Verweigerung von Gehaltserhöhungen, Drohung mit Kündigung etc.) werden vorhandene Konfliktursachen nicht beseitigt, sondern in ihrer Wirkung eher verstärkt. Auch Zufallsurteile (Münzwurf, Los etc.) stellen eine unzuverlässige Konfliktlösung dar, weil die unterlegen Seite oftmals weiterhin an der von ihr vertretenen Position festhält, sodass eine erneute Auseinandersetzung droht.◄

Tab. 3.10 Maßnahmen zur Handhabung von Konflikten im Gesundheitsbetrieb

Maßnahme	Beschreibung
Vorgezogene Schlichtung	Versuch, erkannte Konfliktpotenziale und deren Ursachen zu beseitigen
Vorgabe von Verlaufsregeln	Steuerung dahingehend, dass durch Auseinandersetzungen nicht die Leistungen des Gesundheitsbetriebs beeinträchtigt werden
Steuerung des Verlaufs	Aufzeigen bisher in der Auseinandersetzung nicht berücksichtigter Lösungsalternativen
Schlichtung	Beide Seiten werden gezwungen, die vom Schlichter genannte Problemlösung zu akzeptieren
Gemeinsame Problemlösung	Beide Seiten werden dazu bewegt, gemeinsam das Problem zu definieren und Lösungsmöglichkeiten zu entwickeln, wobei der Prozess erst endet, wenn für beide Seiten eine akzeptable Problemlösung gefunden wurde

3.4.3 Bereitstellung und Einsatz von Gesundheitspersonal

Aufgabe der **Mitarbeitendenbereitstellung** in Gesundheitsbetrieben ist es, geeignete Mitarbeitende in der benötigten Anzahl und zum richtigen Zeitpunkt einzusetzen.

Dazu ist zunächst der Mitarbeitendenbedarf zu ermitteln. Die **Mitarbeitendenbedarfsermittlung** hat insbesondere qualitative, quantitative und zeitliche Aspekte (vgl. Schulte, 2020, S. 28). Sie ist für den Gesundheitsbetrieb von hoher, strategischer Relevanz und verfolgt das Ziel, auf Grundlage der Planungsparameter einen Abgleich zwischen Unternehmenszielen und Personalplänen zu schaffen. Der aktuelle Mitarbeitendenbestand wird dabei mit dem prognostizierten Mitarbeitendenbedarf abgeglichen, und die *quantitative* Betrachtung der Mitarbeitendenzahlen ist hierzu um eine qualitative Betrachtung zu erweitern, da für die Aufgabenbewältigung im Gesundheitsbetrieb unterschiedlichste Mitarbeitende mit verschiedenen Qualifikationen benötigt werden (vgl. Bartscher, 2022, S. 1).

Beispiel

Soweit keine Personalrichtwerte vorgegeben sind, die beispielsweise nach *SGB XI* bei teil- oder vollstationärer Pflege wenigstens das Verhältnis zwischen der Zahl der Heimbewohner und der Zahl der Pflege- und Betreuungskräfte (in Vollzeitkräfte umgerechnet), unterteilt nach Pflegegrad (Personalanhaltszahlen), sowie im Bereich der Pflege, der Betreuung und der medizinischen Behandlungspflege zusätzlich den Anteil der ausgebildeten Fachkräfte am Pflege- und Betreuungspersonal umfassen (vgl. § 75 SGB XI), sind Berechnungsmethodiken anzuwenden, die die quantitative Seite des Mitarbeitendenbedarfs ausdrücken.◄

Tab. 3.11 Beispiele für quantitative Mitarbeitendebedarfsarten in Gesundheitsbetrieben

Bedarfsart	Beschreibung
Bruttomitarbeitendenbedarf	Benötigte Leistungsstunden sowie alle anderen Arbeitszeiten, wie vorgeschriebene Pausen, Rüstzeiten für das Vorbereiten von Eingriffen oder die Einrichtung von Behandlungsräumen, Übergabezeiten, Zeiten für Krankenstand und Urlaub
Nettomitarbeitendenbedarf	Benötigte Leistungsstunden
Ersatzbedarf	Durch ausscheidende Mitarbeitenden verursachter Bedarf
Zusatzbedarf	Über den derzeitigen Bestand hinausgehender zeitlich befristeter oder unbefristeter Bedarf
Reservebedarf	Für Notsituationen bereit gehaltenes Stammpersonal

Zur Berechnung der Anzahl der für den Gesundheitsbetrieb benötigten Mitarbeitenden, geht man von unterschiedlichen Mitarbeitendenbedarfsarten aus (siehe Tab. 3.11).

Beispielsweise entsteht ein Ersatzbedarf durch das Ausscheiden von Mitarbeitenden des Gesundheitsbetriebs infolge von Kündigung, Freistellung, Verrentung oder Elternzeit. Die ausscheidenden Mitarbeitenden sind als Arbeitskräfte zu ersetzen. Ein Zusatzbedarf kann sich als Folge von Ausweitungen der Behandlungs- oder Pflegekapazitäten ergeben, oder auch aufgrund von Arbeitszeitverkürzungen oder neuen Aufgaben, die durch das vorhandene Personal nicht abgedeckt werden können. Grundlage für die quantitative Bedarfsermittlung ist somit das Arbeitsaufkommen, das sich aus dem gewünschten Serviceniveau des Gesundheitsbetriebs und seinem angestrebten Leistungsvolumen ergibt. Zu berücksichtigen sind dabei Urlaub, Pausen, Krankheitsausfälle, Abwesenheiten wegen Fortbildungsmaßnahmen etc. und die Entwicklung der Mitarbeitendenkosten im Verhältnis zu den betrieblichen Gesamtkosten. Die eigentliche Bedarfsberechnung erfolgt häufig in Vollzeitkapazitäten – VZK (häufig auch Vollzeitäquivalente – VZÄ bzw. Full Time Eqivalents – FTE oder auch Personentage – PT). In einem stark vereinfachten Ansatz sind zur Errechnung des optimalen Mitarbeitendenstandes zunächst die unterschiedlichen zu verrichtenden Aufgaben und Tätigkeiten im Gesundheitsbetrieb zu ermitteln. Die einzelnen Aufgaben sind mengenmäßig zu bewerten, um die durchschnittliche Arbeitsmenge zu errechnen. Die durchschnittliche Arbeitsmenge ist anschließend mit der durchschnittlichen Bearbeitungszeit je Aufgabe oder Tätigkeit zu multiplizieren. Ferner ist ein Ausfallzeitfaktor (Fehlzeiten – FZ) zu berücksichtigen, der sich als Erfahrungswert aus im Arbeitsprozess unregelmäßig anfallenden Ausfallzeiten, wie Ermüdung, Wartezeiten, Nebenarbeiten usw. zusammensetzt. Zum Schluss ist durch die durchschnittlichen Arbeitsstunden zu teilen.

Für die Ermittlung des Mitarbeitendenbedarfs in einem Krankenhaus lässt sich eine Ist-Analyse des Personalbestandes mittels strukturierter Interviews sowie Dokumenten- und Datenanalysen durchführen. Die Mitarbeitendenbedarfsermittlung erfolgt dann nach einer dreistufigen Methode (siehe Tab. 3.12).

Tab. 3.12 Dreistufige Methode zur Ermittlung des Mitarbeitendenbedarfs in einem Krankenhaus (vgl. Deutsches Krankenhaus Institut, 2022, S. 1)

Stufe	Bedarfsermittlung	Beschreibung
1	Erlösgedeckter Mitarbeitendenbedarf	Berechnung des erlösgedeckten Mitarbeitendenbedarfs durch Abgleich der über das DRG-System finanzierten Stellenanteile und dem Ist-Personaleinsatz
2	Leistungsbezogener (analytischer) Mitarbeitendenbedarf	Berechnung des leistungsbezogenen (analytischen) Mitarbeitendenbedarfs durch Gegenüberstellung des anhand des Leistungsportfolios erforderlichen Personalbedarfs und dem Ist-Personaleinsatz
3	Arbeitsplatzbezogener Mitarbeitendenbedarf	Berechnung des arbeitsplatzbezogenen Mitarbeitendenbedarfs durch Analyse der aus rechtlichen Gründen vorzuhaltenden Arbeitsplätze

Beispiel

Ein Bündnis aus *Deutscher Krankenhausgesellschaft (DKG), Deutscher Pflegerat (DPR)* und der Gewerkschaft *Verdi* versucht mit dem Pflegepersonalbemessungsinstrument (PPBI) den Pflegebedarf in einem Krankenhaus zu messen, an dem sich dann die Zahl der Pflegekräfte ausrichtet. Das PPBI gilt in allen bettenführenden Abteilungen, sodass ein krankenhausinternes Verschieben von Pflegekräften von einer Abteilung in die nächste unnötig würde. Die Initiatoren erhoffen sich mit dem PPBI durch Auflösung der Arbeitsverdichtung, dass Pflegekräfte, die ihrem Beruf teilweise oder ganz den Rücken gekehrt haben, motiviert werden, wieder in Vollzeit zu arbeiten beziehungsweise in ihren ehemaligen Beruf zurückzukehren. Eine Grundlage des PPBI ist die Pflegepersonal-Regelung (PPR), die in den 1990er-Jahren entwickelt wurde, um den Personalbedarf in der Krankenpflege zu messen und auf diese Weise den Personalmangel in der Pflege zu beheben (vgl. Osterloh, 2019, S. A 1526 f.).◄

Weitere Richtwerte ergeben sich beispielsweise nach der *Pflegepersonaluntergrenzen-Verordnung (PpUGV),* wonach für pflegesensitive Bereiche in Krankenhäusern Pflegepersonaluntergrenzen schichtbezogen als Verhältnis von Patientinnen und Patienten zu einer Pflegekraft festgelegt werden, die unter Berücksichtigung von Höchstanteilen von Pflegehilfskräften und von Hebammen auf den Stationen oder für die betroffenen intensivmedizinischen Behandlungseinheiten, die einem pflegesensitiven Bereich angehören, stets einzuhalten sind (vgl. § 6 PpUGV). Auch nach einer Empfehlung der *Kommission für Krankenhaushygiene und Infektionsprävention (KRINKO)* beim *Robert-Koch-Institut (RKI)* zu den personellen und organisatorischen Voraussetzungen zur Prävention nosokomialer Infektionen reicht beispielsweise für die Mitarbeitendenbedarfsberechnung von Hygienepersonal weder die Anzahl der Aufnahmen noch die Zahl der Betten oder Anzahl der Pflegetage als Grundlage für die Berechnung des Bedarfs an Hygienefachpersonal aus. Der tatsächliche Bedarf ist differenzierter abzustimmen auf das Risikoprofil der Station, die vor allem durch das jeweilige invasiv-diagnostische oder -therapeutische Angebot der dort tätigen medizinischen Fachgebiete bestimmt wird (zum Beispiel intensivmedizinische oder vergleichbare Betreuung mit vielen invasiv-diagnostischen oder -therapeutischen Maßnahmen) und das individuelle Risikoprofil der Patienten/-innen in Bezug auf nosokomiale Infektionen (zum Beispiel Anteil der Patienten mit hochgradiger Immunsuppression, Anteil der Patienten, die aufgrund einer Kolonisation oder Infektion mit einem multiresistenten Infektionserreger isoliert werden müssen, Anteil polytraumatisierter oder schwer brandverletzter Patienten/-innen, Anteil der Patienten/-innen nach Organtransplantationen) (vgl. Exner et al., 2009, S. 958).

Die *qualitative* Mitarbeitendenbedarfsermittlung hat die Erfassung der Arbeitsanforderungen an die einzelnen Arbeitsplätze im Gesundheitsbetrieb zum Gegenstand, um dadurch das benötigte Qualifikationspotenzial zu ermitteln. Dabei sind fachliche und persönliche Qualifikationsmerkmale gleichermaßen zu berücksichtigen. Eine Arbeitsanalyse bildet dabei die Grundlage für die Gewinnung von Informationen über die fachlichen und persönlichen Leistungsanforderungen eines Aufgabenbereichs. Sie umfasst die systematische Untersuchung der Arbeitsplätze und Arbeitsvorgänge im Gesundheitsbetrieb, sowie jener persönlichen Eigenschaften, die die jeweiligen Mitarbeitenden als Stelleninhabende zur Erfüllung der an sie gerichteten Leistungserwartungen besitzen sollten. Die Arbeitsanalyse dient der Ermittlung sowohl der Arten als auch des jeweiligen Ausmaßes der Arbeitsanforderungen, der Ableitung von Anforderungsprofilen, dem Entwurf von Arbeitsplatzbeschreibungen, der Arbeitsablaufgestaltung und der Einarbeitung neuer Mitarbeiterinnen und Mitarbeiter. Im Rahmen der Arbeitsanalyse werden Anforderungsarten definiert. Unter Anforderung ist zunächst die Beherrschung gewisser Teilarbeitsvorgänge zu verstehen, die aus der Zerlegung der Aufgaben und Tätigkeiten in einzelne Arbeitsschritte gewonnen werden. Zur Ermittlung dieser Anforderungen im Gesundheitsbetrieb stehen zahlreiche ingenieurwissenschaftliche Verfahren (Genfer-Schema, REFA-Schema, Arbeitswissenschaftliche Erhebungsverfahren zur Tätigkeitsanalyse AET etc.) oder psychologische Verfahren (Subjektive Tätigkeitsanalyse STA, Arbeitsbeschreibungsbogen ABB, Tätigkeitsbewertungssystem TBS etc.) zur Verfügung. Aus diesen Anforderungsarten lassen sich Anforderungsprofile für die Mitarbeitenden des Gesundheitsbetriebs entwickeln. Je nach Aufgaben und Tätigkeiten im Gesundheitsbetrieb umfassen die einzelnen Profile unterschiedliche Merkmale.

Beispiel

Das typische Anforderungsprofil für *Medizinische Fachangestellte (MFA)* umfasst beispielsweise allgemeine Merkmale des Arbeits- und Sozialverhaltens, die gleichermaßen für alle Berufe relevant sind, wie Zuverlässigkeit, Pünktlichkeit, Ehrlichkeit, Kritikfähigkeit sowie angemessene Umgangsformen. Zusätzlich werden berufsspezifischen

Merkmale benötigt, um diesen Beruf ausüben zu können (vgl. Bundesagentur für Arbeit, 2022, S. 1):

- **Einfühlungsvermögen:** Eingehen auf die persönliche Situation von Patienten mit schweren Erkrankungen;
- **freundlich-gewinnendes Wesen:** freundliches und angenehmes Auftreten im Umgang mit Patienten;
- **Kontaktbereitschaft:** leichte Kontaktaufnahme zu immer neuen Patienten;
- **Kunden- und Serviceorientierung:** Eingehen auf Rückfragen von Patienten zu Untersuchungen, Rezepten, Laborterminen und Überweisungen;
- **Leistungs- und Einsatzbereitschaft:** bereitwilliges und engagiertes Anbieten von Serviceleistungen wie die Erinnerung von Patienten an Impftermine;
- **psychische Stabilität:** zugewandtes Verhalten und gleichzeitige professionelle Distanz beim Umgang mit schwer kranken Patienten;
- **selbstständige Arbeitsweise:** eigenständiges Organisieren und Koordinieren der Terminvergabe und des Sprechstundenablaufs;
- **Sorgfalt:** genaues Durchführen von Abrechnungen; exaktes Dokumentieren von Labor- und Untersuchungsergebnissen
- **Verantwortungsbewusstsein und -bereitschaft:** fachlich korrekter Umgang mit Arzneimitteln, um Leben und Gesundheit der Patienten nicht zu gefährden;
- **Verschwiegenheit:** Stillschweigen über Krankengeschichte und generell über persönliche Daten der Patienten wahren.◄

Der *zeitliche* Mitarbeitendenbedarf im Gesundheitsbetrieb ergibt sich im Wesentlichen aus den Veränderungen des Mitarbeitendenbestandes und des Arbeitsanfalls. Die Veränderungen des Mitarbeitendenbestandes resultieren, wie bereits dargestellt, aus Zu- und Abgängen der Belegschaft des Gesundheitsbetriebs. Diese Mitarbeitendenfluktuation, die den Ersatzbedarf verursacht, ist mit Ausnahme von Kündigungen in der Regel zeitlich absehbar. Anders verhält es sich mit *unvorhergesehenen* Veränderungen des Arbeitsanfalls, die unterschiedliche Ursachen haben können. Handelt es sich dabei nur um *vorübergehende* Veränderung des Arbeitsanfalls, so kann geprüft werden, ob mehr Mitarbeitende zur Bewältigung der zusätzlichen Arbeit nötig sind, oder, bei geringerem Arbeitsanfall, ob auf Mitarbeitende verzichtet werden soll. Kurzfristig lässt sich ein höherer Arbeitsanfall durch Mehrarbeit (Überstunden, verkürzte Pausenzeiten, Verkürzung von Leerlaufzeiten, Arbeitsintensivierung, Schwerpunktsetzung usw.) bewältigen. Eine vorübergehende geringere Arbeitsauslastung bringt in der Regel auch eine Einnahmenverringerung mit sich und führt bei gleichbleibenden Personalkosten zumindest zu einer geringeren Kostendeckung. Wird voreilig auf hoch qualifizierte Mitarbeitende verzichtet, kann es bei einem Anstieg der Arbeitsauslastung in der Regel nicht mehr zurückgewonnen werden. Vorübergehende Veränderungen der Arbeitsauslastung werden daher häufig durch kurzfristig verfügbare Mitarbeitende, Leiharbeitskräfte oder auch durch zeitlich befristete

Arbeitsverhältnisse bewältigt. Bei *dauerhaften* Veränderungen des Arbeitsanfalls ist einer erhöhten Arbeitsbelastung aus den bereits genannten Gründen durch zusätzliche Mitarbeitende Rechnung zu tragen. Ein alternativ möglicher Produktivitätszuwachs ist in der Regel nur langfristig realisierbar. Eine dauerhaft verringertes Arbeitsaufkommen muss ebenfalls personelle Konsequenzen haben. Im Falle eines dauerhaften Mitarbeitendenüberbestandes, sind Maßnahmen bis hin zur betriebsbedingten Mitarbeitendenfreistellung daher kaum vermeidbar.

Im Rahmen der Mitarbeitendenbereitstellung gehört die **Mitarbeitendenbeschaffung** zu den herausforderndsten Aufgaben des Mitarbeitendenmanagements im Gesundheitsbetrieb. Ein wesentlicher Grund ist die angespannte Arbeitsmarktsituation für Heil- und Pflegeberufe, die es in zunehmendem Maße schwierig macht, offene Stellen in Gesundheitsbetrieben zeit- und anforderungsgerecht zu besetzen. Aufgabe des Mitarbeitendenmarketings für den Gesundheitsbetrieb ist es daher, geeignete Arbeitnehmer und Arbeitnehmerinnen zur Bewerbung um einen freien Arbeitsplatz im Gesundheitsbetrieb zu bewegen. Die interne Mitarbeitendenwerbung versucht dabei durch betriebsinterne Stellenausschreibungen, Versetzungen oder Mitarbeitendenentwicklungsmaßnahmen Mitarbeitende innerhalb des Gesundheitsbetriebs für eine Stellenbesetzung zu beschaffen. Bei der externen Mitarbeitendenwerbung werden entweder eingehende Blind- bzw. Initiativbewerbungen herangezogen oder über verschiedene Medien aktiv Mitarbeitendenbeschaffungsmaßnahmen durchgeführt (siehe Tab. 3.13).

Beispiel

Zu den üblichen Aktivitäten des Mitarbeitendenmarketings zählt auch das Employer Branding, der Profilierung und Positionierung von Gesundheitsbetrieben auf den relevanten Zielmärkten mit einem unverwechselbaren Vorstellungsbild als attraktive Arbeitgebende, lässt sich als ein mögliches Ziel der Mitarbeitendenwerbung ansehen, den Gesundheitsbetrieb möglichst als eigenständige, wiedererkennbare und unverwechselbare Marke bei den potenziellen Stelleninteressenten zu etablieren (vgl. Beck, 2014, S. 28 f). Ein weiterer Rekrutierungsansatz ist das Peer-to-Peer- Konzept, das darauf abstellt, wer die Informationen im Mitarbeitendengewinnungsprozess vermittelt. Neben der Informationsübermittlung durch Verwandte, Bekannte oder langjährig Beschäftigte von Gesundheitsbetrieben wird insbesondere bei der Auszubildendensuche das Informationsangebot von in etwa gleichaltrigen, bereits in Ausbildung befindlichen Jugendlichen von Ausbildungssuchenden selbst als besonders glaubwürdig und kompetent eingeschätzt (vgl. Preuß et al., 2013, S. 9). In Zeiten einer durch Nachfragesättigung sowie anspruchsvoller, kritischer und besser informierten Stellensuchenden gekennzeichneten Marktsituation wird auch das Active Sourcing zunehmend wichtig. Es handelt sich dabei um einen Teilbereich des Online-Recruitings, bei dem unter aktiver Nutzung auch von XING, LinkedIn etc. versucht wird, geeignete Bewerbende im Web zu finden, die richtigen auszuwählen und zu gewinnen (vgl. Dannhäuser, 2017, S. 5 f).◄

Tab. 3.13 Beispiele für das gesundheitsbetriebliche Mitarbeitendenmarketing

Maßnahme	Beschreibung
Veranstaltungsaktivitäten	Informationsveranstaltungen bei Bildungsträgern und beruflichen Fachschulen, Berufskontaktmessen für Gesundheitsberufe, Recruiting-Veranstaltungen zur Rekrutierung von Berufsanfängern nach der Ausbildung
Stellenausschreibungen	Traditionell über Offene Stellenanzeigen, Chiffre-Anzeigen, Wortanzeigen, gesetzte Anzeigen in Tageszeitungen, Fachzeitschriften, Verbandsorganen mit Angaben zu treffend formulierter Schlagzeile, Informationen zum Gesundheitsbetrieb, Anlass der Personalsuche, gesuchtes Berufsbild Erwartungen, Angebote des Betriebs und Kontaktadresse; digital über Stellenbörsen / E-Recruiting (über die eigene Website des Gesundheitsbetriebs oder eine Job-Börse im Internet wie beispielsweise: www.Job center-Medizin.de, www.medic-online.de, www. medizin.stellenanzeigen.de, www.medizinische-ber ufe.de, www.medi-jobs.de, www.med-berufe.de, www.kalaydo.de/jobboerse/.../k/medizinische+fac hangestellte/, www.mfa-jobnet.de, www.kimeta.de/ stellenangebote-medizinischefachangestellte und viele andere mehr)
Vermittlung durch Arbeitsagenturen	Stellensuchende Arbeitslose sind hier ebenfalls registriert, wie von Gesundheitsbetrieben gemeldete offene Stellen, sodass neben einer fachgerechten Beratung auch eine positionsbezogene Vorauslese der Stellensuchenden erfolgen kann, wobei für die Vermittlung keine Gebühren erhoben werden;
Einschaltung von Personalberatungsfirmen	Übernehmen in der Regel folgende Aufgaben: Erarbeiten von Arbeitsplatzanforderungen, Gestaltung und Formulierung von Stellenanzeigen, Führen der notwendigen Korrespondenz mit den Bewerbenden, Sichtung und Bewertung von Bewerbungsunterlagen, Durchführen und Auswerten von Vorstellungsgesprächen, Mitwirkung beim Vorstellungsgespräch, Beratung der Arbeitgebenden bei der Entscheidung, Beratung bei der Erstellung des Arbeitsvertrags

Bei Zeitarbeitsfirmen werden Gesundheitsbetrieben Mitarbeitende zeitweilig zur Arbeitsleistung gegen Entgelt überlassen, wobei die Arbeitskräfte von der Zeitarbeits- oder Verleihfirma eingestellt und alle Arbeitgebendenpflichten von ihr übernommen werden. Zur Ansprache geringer repräsentierter Gruppen wie z. B. Zuwanderern dient beispielsweise die Kooperation mit Migrantinnen- und Migrantenorganisationen, mit dem Ziel, Bewerber und Bewerberinnen mit Migrationshintergrund für eine Tätigkeit im Gesundheitsbetrieb zu gewinnen. Bekannte und Verwandte Personen mit Migrationshintergrund stellen im Mitarbeitendenbeschaffungsprozess wichtige Bezugspersonen dar, denen nicht selten eine beratende Funktion zukommt (vgl. Preuß et al., 2013, S. 23 f.). Personen mit einem im Ausland erworbenen Berufsabschluss haben einen Anspruch auf Überprüfung der Gleichwertigkeit ihrer im Ausland erworbenen Berufsqualifikationen mit einem deutschen Berufsabschluss nach dem *Berufsqualifikationsfeststellungsgesetz (BQFG)*. Wird ihnen die volle Gleichwertigkeit ihrer Auslandsqualifikation bescheinigt, haben sie die gleichen Rechte wie Personen mit einem deutschen Prüfungszeugnis, wobei ihnen allerdings kein deutsches Prüfungszeugnis erteilt wird, sondern ein Gleichwertigkeitsbescheid (vgl. BQFG § 4 ff.).

Zum Mitarbeitendenbeschaffungsprozess in Gesundheitsbetrieben gehört auch die Mitarbeitendenauswahl, deren Aufgabe es ist, einen geeigneten Bewerber oder eine geeignete Bewerberin der freien Stelle mit Hilfe von eignungsdiagnostisch fundierten Auswahltechniken zuzuweisen. Dazu sind im Rahmen des Auswahlprozesses Erkenntnisse über die Bewerbenden zu gewinnen, aufgrund von Analysen vergangenheitsbezogener Merkmale (Erfahrung im relevanten medizinischen Berufsbild, Ausbildung, Spezialkenntnisse, Arbeitszeugnisse bisheriger Gesundheitsbetriebe als Arbeitsgeber etc.), um vom früheren Arbeitsverhalten auf das zukünftige Verhalten schließen zu können, Eigenschaften der Bewerbenden, die aufgrund von psychologischen Verfahren (bspw. Ermittlung von Persönlichkeitsmerkmalen, Konzentrationsfähigkeit, persönliche Einstellungen, Interessen etc.) erfasst werden oder Simulationen möglichst realitätsnaher, konkreter Situationen des arbeitstypischen Alltags im Gesundheitsbetrieb, um das Verhalten der Bewerbenden und ihre Leistungsfähigkeit bei konkreten beruflichen Herausforderungen zu ermitteln. Dazu stehen verschiedene Auswahlverfahren zur Verfügung, wie beispielsweise

- **Analyse von Bewerbungsunterlagen:** Durchsicht mit Überprüfung von äußerem Eindruck, Bewerbungsschreiben, Lebenslauf, Schulzeugnissen, Arbeitszeugnissen;
- **Durchführen von Arbeitsproben:** Eignet sich für praktische Tätigkeiten und vermittelt einen unmittelbaren Eindruck in die fachlichen Qualifikationen und praktischen Fähigkeiten der Bewerbenden;
- **Durchführen von Einstellungstests:** Leistungstests (Messung von Merkmalen wie Konzentrationsfähigkeit, Leistungsfähigkeit, Aufmerksamkeit), Persönlichkeittests (Feststellung von Wesensmerkmalen der Bewerbenden, die weitgehend situationsunabhängig sind), Intelligenztests (Feststellung einzelner Fähigkeiten der Bewerbenden);

- **Durchführen von Assessment-Centern**: Komplexes Gruppenauswahl- und Beurteilungsverfahren mit mehreren Aufgabenstellungen, um Probleme wie die Vergleichbarkeit einzelner Vorstellungsgespräche zu verbessern;
- **Einholen von Referenzen:** Einholen bei üblicherweise von den Arbeitssuchenden vorgeschlagen Auskunftspersonen;
- **Führen von Vorstellungsgesprächen:** Führen von strukturierten Gesprächen anhand der Bewerbungsunterlagen.

Die Norm DIN 33430 enthält methodische Anforderungen an den Prozess der Personalauswahl und befasst hierzu sich allgemein mit der berufsbezogenen Eignungsfeststellung. Sie betrifft die Qualifikation der an der Mitarbeitendenauswahl im Gesundheitsbetrieb beteiligten Personen, die Qualität der dabei verwendeten Auswahlverfahren sowie die Einhaltung geeigneter Auswahlprozesse (vgl. Deutsches Institut für Normung, 2016, S. 2 ff.).

Bei der **Mitarbeitendeneinstellung** neuer Mitarbeiter und Mitarbeiterinnen geht der Gesundheitsbetrieb weitreichende Verpflichtungen ein, die sich kostenmäßig niederschlagen und daher gründlich durchdacht sein sollten.

Zunächst ist der Arbeitsvertrag (oder bei Auszubildenden der Berufsausbildungsvertrag) zu formulieren, wobei auf das Vorhandensein der wichtigsten Inhalte zu achten ist:

- Gesundheitsbetrieb und Arbeitnehmer bzw. Arbeitnehmerin mit Vornamen, Name und Anschrift als Vertragsparteien;
- Beginn des Arbeitsvertrages (bei befristeten Arbeitsverhältnissen auch deren Ende);
- Berufs-/Tätigkeitsbezeichnung (MFA, MTA usw.);
- Tätigkeitsbeschreibung mit Aufführung der Tätigkeiten (in allgemein gehaltener Formulierung) und eventuellen Vollmachten;
- Vergütung mit Art, Höhe, Steigerung, Fälligkeit und Auszahlungsweise des Gehaltes;
- zusätzliche Leistungen, wie beispielsweise Gratifikationen, Beiträge zur Vermögensbildung, Unfallversicherung, Verpflegungszuschuss, Arbeitskleidung usw.,
- regelmäßige Arbeitszeit;
- Ort der zu erbringenden Arbeit;
- Überstundenregelung;
- Urlaub;
- besondere Pflichten, wie beispielsweise besondere Schweigepflicht in Bezug auf den Schutz der Patientendaten, ärztliche Schweigepflicht usw.;
- Probezeit mit Dauer und Kündigungsfrist während der Probezeit;
- allgemeine Kündigungsfrist;
- eventuelle Einbeziehung sonstiger Vereinbarungen, bspw. von Tarifverträgen;
- Ort, Datum und Unterschrift von Betriebsleitung und Arbeitnehmer bzw. Arbeitnehmerin.

Der Gesundheitsbetrieb ist verpflichtet, die neuen Mitarbeitenden zur Arbeitslosen-, Kranken-, Pflege- und Rentenversicherung bei der jeweiligen Krankenkasse anzumelden, gegebenenfalls bei der Knappschaft sowie bei der zuständigen Berufsgenossenschaft zur Unfallversicherung. Er hat treuhänderisch für die Mitarbeitenden verschiedene Abgaben an die zuständigen Stellen abzuführen, wie beispielsweise die Einkommensteuer, die Kirchensteuer und den Solidaritätszuschlag an das zuständige Betriebsfinanzamt.

Grundsätzlich hat der Gesundheitsbetrieb die Möglichkeit, die Höhe der Löhne und Gehälter frei mit den neuen Mitarbeitenden zu vereinbaren, in der Regel geschieht dies jedoch nach Maßgabe der jeweils gültigen Tarifverträge. Die tarifvertraglich vereinbarten Gehälter stellen Mindestsummen dar, von denen nach oben abgewichen werden kann. Auch ist es möglich, im Arbeitsvertrag mit den neuen Mitarbeitenden die Anwendung des in Frage kommenden Tarifvertrages zu vereinbaren. Neben den vereinbarten Lohn- und Gehaltskosten entstehen dem Gesundheitsbetrieb mit der Mitarbeitendeneinstellung weitere Kosten: Größter Faktor sind hier die Sozialversicherungsbeiträge. Sie gliedern sich auf in Arbeitslosen-, Kranken-, Pflege- und Rentenversicherung. Gesetzliche Personalnebenkosten sind auch die Kosten der Arbeitssicherheit sowie für Entgeltfortzahlungen im Krankheitsfall. Tarifliche Personalnebenkosten sind beispielsweise vermögenswirksame Leistungen sowie Urlaubs- und Weihnachtsgeld. Ferner fallen Fort- und Weiterbildungskosten an.

Zur Mitarbeitendeneinstellung im Gesundheitsbetrieb gehört auch die Mitarbeitendeneinführung neuer Betriebsangehöriger in die Tätigkeit und ihren neuen Arbeitsplatz und damit auch die soziale Eingliederung in das Arbeitsumfeld, ihre direkte Arbeitsgruppe und das Sozialsystem des Gesundheitsbetriebs. Die Mitarbeitendeneinführung ist deshalb als Sozialisationsprozess zu sehen, da sich die neuen Mitarbeitenden im Gesundheitsbetrieb mit einer für sie fremden und neuartigen Arbeits- und Sozialumgebung konfrontiert sehen, mit der sie sich auseinandersetzen müssen. Anhand eines Einarbeitungsplans, in dem die Reihenfolge der zunächst zu erledigenden Aufgaben (Einweisung in Arbeitszeiterfassung, Zutrittsregelung, Formalitäten etc.), die Zeitabschnitte für ihre Erledigung, die Kriterien für die Beherrschung der eigentlichen Arbeitsaufgaben und auch zusätzlich anzustrebende Qualifikationen enthalten sind, sollte durch eine erfahrene, langjährige Fachkraft eine Einführung in die Ordnung des Betriebs (Arbeitszeiten, Urlaubsplanung, Pausenzeiten usw.), in Arbeitsabläufe und Räumlichkeiten erfolgen. Die Einarbeitung durch erfahrene Kolleginnen und Kollegen in Patenfunktion wird von neuen Mitarbeitenden häufig als positiv empfunden, birgt andererseits die Gefahr, dass sich daraus ein Ersatzvorgesetztenverhältnis entwickelt und sich direkte Vorgesetzte aus der Verantwortung für die Einführung zurückziehen. Bei einem Mentorensystem übernimmt eine hierarchisch höher gestellte Führungskraft im Gesundheitsbetrieb als Mentor für neue Mitarbeitende eine Beratungs- und Unterstützungsrolle, eine Vorbildfunktion und steht als neutraler Ansprechpartner oder neutrale Ansprechpartnerin bei Problemen mit Vorgesetzten vermittelnd zur Verfügung. Der häufig auch als Onboarding bezeichneten Einarbeitungs- und Integrationsprozess ist deshalb so wichtig, da während der Einarbeitung die Weichen für eine erfolgreiche Integration der Mitarbeitenden gestellt wird. Schließlich werden wertvolle Ressourcen vergeudet, wenn das Arbeitsverhältnis nach kurzer Zeit wieder beendet wird. Weitere negative Konsequenzen sind, dass die neuerliche Suche und Einarbeitung mit einem entsprechenden Aufwand verbunden sind, die nicht erfolgreiche Rekrutierung und möglicherweise bereits häufiger vorgekommene Fehlbesetzung einen Imageschaden verursacht und die neuerlichen Suchprozesse bzw. vakanten Positionen kontraproduktiv sind (vgl. Brenner, 2020, S. 4 f.)

Eine wichtige Aufgabe des **Mitarbeitendeneinsatzes** ist die zeitliche, räumliche, qualitative und quantitative Zuordnung der Mitarbeitenden im Gesundheitsbetrieb zu den einzelnen Stellen und den damit verbundenen Arbeitsaufgaben. Der Mitarbeitendeneinsatz bezweckt somit die Mitarbeitenden des Gesundheitsbetriebs zu organisieren, anforderungsgerecht und ihren Fähigkeiten entsprechend einzusetzen, die Arbeit zeitlich zu gestalten und die Arbeitsplätze und -räume anspruchsgerecht auszustatten.

Der Einsatz der Mitarbeitenden richtet sich nach den in der Stellenbeschreibung dokumentierten Tätigkeiten. In ihnen werden die Arbeitsplätze und Tätigkeiten des Gesundheitsbetriebs beschrieben, sodass die Mitarbeitenden hinsichtlich ihrer Qualifikationen bestmöglich einer Stelle zugeordnet werden können (siehe Tab. 3.14).

Die Mitarbeitenden des Gesundheitsbetriebs können dort am effizientesten eingesetzt werden, wo persönliche Eigenschaften, Fähigkeiten und Fertigkeiten der einzelnen Mitarbeitenden am besten mit dem jeweiligen Anforderungsprofil übereinstimmen.

Tab. 3.14 Inhalte von Stellenbeschreibungen im Gesundheitsbetrieb

Inhalt	Beispiel Verwaltungsstelle ZA-Praxis
Arbeitsplatz-/Stellenbezeichnung	Praxisverwaltung/-rezeption
Rang	Leitung Praxisverwaltung/-rezeption
Unterstellungsverhältnis	Praxisleitung
Überstellungsverhältnis	Auszubildende
Ziel des Arbeitsplatzes/der Stelle	Erledigung aller Verwaltungsarbeiten in der Zahnarztpraxis
Stellvertretungsregelung	ZMA
Aufgabenbereich im Einzelnen	Kassen und Privatliquidation Patientenverwaltung Patientenempfang Korrespondenz Terminvergabe Telefondienst
Sonstige Aufgaben	Einkauf zahnmedizinischen Verbrauchsmaterials
Besondere Befugnisse	Einkaufsberechtigung bis 1.000 Euro
Arbeitsplatz-/Stellenanforderungen	Zahnmedizinische Verwaltungsassistentin ZMV

Für den zeitlichen Einsatz der Mitarbeitenden von Gesundheitsbetrieben eignen sich unterschiedliche **Arbeitszeitmodelle,** die je nach Bedarf zur Anwendung gelangen können. In ihnen werden die Dauer der täglichen Arbeitszeit und die gleichmäßige oder ungleichmäßige Verteilung auf die Wochentage festgelegt. Den Rahmen für den Gesundheitsbetrieb bilden hierzu der jeweilige Tarifvertrag (beispielsweise *Tarifvertrag für den öffentlichen Dienst der Länder TV-L*) sowie die Regelungen des *Arbeitszeitgesetzes (ArbZG):*

- **Vollzeit:** Vollzeitarbeitskraft mit 100 %igem Beschäftigungsgrad (Mitarbeitende, die vertraglich zu 7,5 h Tagesarbeitszeit verpflichtet sind, erbringen demnach in einer 5-Tage-Woche 37,5 h etc.);
- **Teilzeit:** nach dem *Teilzeit- und Befristungsgesetz (TzBfG)* sind Arbeitnehmer dann teilzeitbeschäftigt, wenn ihre regelmäßige Wochenarbeitszeit kürzer ist als die regelmäßige Wochenarbeitszeit vergleichbarer vollzeitbeschäftigter Arbeitnehmer des Gesundheitsbetriebes (Halbtagsarbeit, Teilzeitschichten, Blockteilzeit, Bandbreitenmodell, Jahresteilzeit, Qualifizierte Teilzeitarbeit, Altersteilzeit etc.) (vgl. § 2 TzBfG);
- **Gleitende Arbeitszeit:** die Lage von Arbeitsbeginn und –ende innerhalb einer Zeitspanne ist individuell wählbar;
- **Schichtarbeit:** liegt vor, wenn mindestens zwei Arbeitnehmende ein und dieselbe Arbeitsaufgabe erfüllen, indem sie sich regelmäßig nach einem feststehenden für sie überschaubaren Plan ablösen, sodass beispielsweise der eine Arbeitnehmer arbeitet, während die andere Arbeitnehmerin arbeitsfreie Zeit hat (Permanente Schichtsysteme, Wechselschichten: Zwei- oder Mehr-Schichtsysteme);
- **Mehrfachbesetzungs-Modell:** Variante der Schichtarbeit, bei der mehr Mitarbeitende beschäftigt werden, als Arbeitsplätze vorhanden sind.
- **Versetzte oder Staffelarbeitszeiten:** mehrere aufeinander folgende, gleichlang andauernde Arbeitszeiten stehen zur Auswahl (Versetze Arbeitszeit: Anwesenheitspflicht für eine Gruppe von Mitarbeitenden zu einem vorgeschlagenen Zeitpunkt, gestaffelte Arbeitszeit: Mitarbeitende können Zeitpunkt selbst wählen);
- **„Freie Tage"–Modell (häufig in Kombination mit Schichtmodellen):** die Differenz von täglicher Arbeits- und Betriebszeit wird durch freie Tage bzw. Freischichten ausgeglichen (Varianten: Mitarbeitende wählen freie Tage selbst, Gesundheitsbetrieb bestimmt die freien Tage, Betriebsferien etc.);
- **Job-Sharing:** mehrere Arbeitskräfte teilen sich eine bestimmte Anzahl von Arbeitsplätzen (Job- Splitting: eine Vollzeitstelle teilt sich in zwei selbstständige Teilzeitstellen, Job- Pairing: Arbeitnehmende erledigen die Arbeit zusammen);
- **Jahresarbeitszeitmodell:** variabler Bestandteil eines normalen Arbeitsvertrages, der die einem Jahr zu erbringende Stundenzahl an Arbeitszeit festlegt; ermöglicht eine ungleichmäßige Verteilung der Arbeitszeit;
- **Kapazitätsorientierte variable Arbeitszeit (KapovAz):** Abrufarbeit, bei der der Gesundheitsbetrieb die Arbeitsleistung der Mitarbeitenden auf der Grundlage eines

Einzelvertrages und eines vorgegebenen Arbeitszeitkontingentes entsprechend dem gegebenen betrieblichen Arbeitsanfall anpasst;

- **Zeitautonome Modelle:** Gesundheitsbetrieb gibt Mindestbesetzung und Betriebszeit vor und eine Mitarbeitendengruppe erhält das Recht, über Planung und Anordnung ihrer eigenen Arbeitszeiten zu entscheiden, wobei persönliche und betriebliche Interessen verbunden und berücksichtigt werden sollen;
- **Gleitender Übergang in den Ruhestand:** Mitarbeitende leisten pro Woche oder Jahr eine verkürzte Arbeitszeit, Interessant bei Schichtarbeit, Potenziale werden länger genutzt;
- **Vorruhestand:** Anfang der 80er Jahre entstandenes Modell zur Verkürzung der Lebensarbeitszeit (variabel nach Zeitpunkt, Verträge, Finanzierungsform etc.).

Beispiel

Nach den Vorgaben des *Arbeitszeitgesetzes (ArbZG)* darf die werktägliche Arbeitszeit der Arbeitnehmenden acht Stunden nicht überschreiten. Sie kann auf bis zu zehn Stunden nur verlängert werden, wenn innerhalb von sechs Kalendermonaten oder innerhalb von 24 Wochen im Durchschnitt acht Stunden werktäglich nicht überschritten werden (vgl. § 3 ArbZG). Die Arbeitnehmenden müssen nach Beendigung der täglichen Arbeitszeit eine ununterbrochene Ruhezeit von mindestens elf Stunden haben Die Dauer der Ruhezeit des kann in Krankenhäusern und anderen Einrichtungen zur Behandlung, Pflege und Betreuung von Personen um bis zu eine Stunde verkürzt werden, wenn jede Verkürzung der Ruhezeit innerhalb eines Kalendermonats oder innerhalb von vier Wochen durch Verlängerung einer anderen Ruhezeit auf mindestens zwölf Stunden ausgeglichen wird. Auch können in Krankenhäusern und anderen Einrichtungen zur Behandlung, Pflege und Betreuung von Personen Kürzungen der Ruhezeit durch Inanspruchnahmen während der Rufbereitschaft, die nicht mehr als die Hälfte der Ruhezeit betragen, zu anderen Zeiten ausgeglichen werden (vgl. § 5 ArbZG). Sofern die Arbeiten nicht an Werktagen vorgenommen werden können, dürfen Arbeitnehmende in Krankenhäusern und anderen Einrichtungen zur Behandlung, Pflege und Betreuung von Personen an Sonn- und Feiertagen beschäftigt werden (vgl. § 10 ArbZG).◄

Die Bedeutung der nach § 16 ArbZG vorgesehenen Arbeitszeiterfassung liegt nicht so sehr im Umgang mit Streitfällen, etwa dann, wenn im Gesundheitsbetrieb häufig Überstunden anfallen oder es einzelne Mitarbeitende mit der Pünktlichkeit nicht so genau nehmen. Sie stellt zwar ein wirksames Mittel dar, um derartige Auseinandersetzungen oder Ungerechtigkeiten bezüglich der tatsächlichen Arbeitszeit zu vermeiden, ist aber in erster Linie für die Ermittlung der Mitarbeitendenkosten unverzichtbar.

Weitere rechtliche Rahmenbedingungen für den zeitlichen Einsatz der Mitarbeitenden im Gesundheitsbetrieb ergeben sich nach dem *Bundesurlaubsgesetz (BUrlG)*. Danach haben jeder Arbeitnehmer und jede Arbeitnehmerin in jedem Kalenderjahr Anspruch auf bezahlten Erholungsurlaub (vgl. § 1 BurlG), der jährlich mindestens 24 Werktage beträgt, wobei als Werktage alle Kalendertage gelten, die nicht Sonn- oder gesetzliche Feiertage sind (vgl. § 3 BurlG).

Eine weitere Determinante des Mitarbeitendeneinsatzes in Gesundheitsbetrieben ist die Arbeitsergonomie, die sich mit der Schaffung geeigneter Arbeitsbedingungen und menschgerechter Gestaltung der Arbeitsplätze befasst. Damit sollen möglichst eine effiziente und fehlerfreie Arbeitsausführung sichergestellt und die Mitarbeitenden im Gesundheitsbetrieb vor gesundheitlichen Schäden auch bei langfristiger Ausübung ihrer Tätigkeit geschützt werden. In den letzten Jahrzehnten haben sich die Arbeitsbedingungen für die Mitarbeitenden in Gesundheitsbetrieben erheblich verbessert. Die ergonomische Gestaltung von Arbeits- und Behandlungseinrichtungen, d. h. die bestmögliche Anpassung der Arbeitsbedingungen an den Menschen als Arzt oder Ärztin, Beschäftigte in der Pflege oder Patienten, hat einen wesentlichen Teil dazu beigetragen. Moderne medizintechnische Geräte, Behandlungsplätze, Praxiseinrichtungen oder Laborausstattungen berücksichtigen die Forderung, die fachliche Methodik und ihre medizinischen, medizintechnischen und hygienischen Gesichtspunkte mit optimalen physiologischen Arbeitsbedingungen weitestgehend in Einklang zu bringen. Sie erfüllen in der Regel alle *DIN-Vorgaben* der 33400er Reihe, die beispielsweise Anforderungen an Arbeitsplätze und -mittel enthalten (vgl. Blab et al., 2018, S. 6 ff.). Insbesondere für das Arbeiten in der Pflege oder das Bewegen schwerer Lasten in der Logistik von Krankenhäusern macht die *Lastenhandhabungsverordnung (LasthandhabV)* Vorgaben für die manuelle Handhabung von Lasten, die aufgrund ihrer Merkmale oder ungünstiger ergonomischer Bedingungen für die Beschäftigten eine Gefährdung für Sicherheit und Gesundheit, insbesondere der Lendenwirbelsäule, mit sich bringt (vgl. § 1 LasthandhabV). Auch die *Arbeitsstättenverordnung (ArbStättV)* beinhaltet umfangreiche Anforderungen zur Gestaltung gesundheitsbetrieblicher Arbeitsstätten (siehe Tab. 3.15).

Die Empfehlungen der *Berufsgenossenschaft für Gesundheitsdienst und Wohlfahrtspflege (BGW)* zeigen ebenfalls Maßnahmen auf, um das Arbeitsumfeld und den Arbeitsalltag in Gesundheitsbetrieben ergonomisch zu gestalten und beispielsweise Belastungen des Rückens zu reduzieren. Dazu zählen Arbeiten mit geeigneten Hilfsmitteln, günstige Körperhaltungen, verbesserte Arbeitsorganisation und bewusster Einsatz der eigenen Kräfte (vgl. Berufsgenossenschaft für Gesundheitsdienst und Wohlfahrtspflege, 2017, S. 6 ff.).

Auch das Betriebliche Gesundheitsmanagement (BGM) befasst sich mit Angeboten und Maßnahmen für eine positive Arbeitsumgebung in Gesundheitsbetrieben und damit für die Beschäftigten, um ihre Gesundheit, ihr Wohlbefinden und damit ihre Leistungsfähigkeit zu erhalten bzw. zu fördern Für kranke und gefährdete Mitarbeitende gilt es Arbeitsbelastungen und gesundheitliche Beschwerden zu reduzieren. Hierzu sind Regelungen aufstellen, die dazu dienen, die Gesundheit zu fördern, und gleichzeitig die Beschäftigten dazu zu bewegen, sich hilfreiche Kompetenzen anzueignen und

Tab. 3.15 Beispiele für Anforderungen zur Gestaltung gesundheitsbetrieblicher Arbeitsstätten nach der ArbStättV (vgl. Anhang ArbStättV)

Anforderungsart	Anforderungsbereiche
Allgemeine Anforderungen	Anforderungen an Konstruktion und Festigkeit von Gebäuden; Abmessungen von Räumen, Luftraum; Sicherheits- und Gesundheitsschutzkennzeichnung; Energieverteilungsanlagen; Fußböden, Wände, Decken, Dächer; Fenster, Oberlichter; Türen, Tore; Verkehrswege; Fahrtreppen, Fahrsteige; Laderampen; Steigleitern, Steigeisengänge
Maßnahmen zum Schutz vor besonderen Gefahren	Schutz vor Absturz und herabfallenden Gegenständen, Betreten von Gefahrenbereichen; Maßnahmen gegen Brände; Fluchtwege und Notausgänge
Arbeitsbedingungen	Bewegungsfläche; Anordnung der Arbeitsplätze; Ausstattung; Beleuchtung und Sichtverbindung; Raumtemperatur; Lüftung; Lärm
Gemeinschaftsräume	Sanitärräume; Pausen- und Bereitschaftsräume; Erste-Hilfe-Räume; Unterkünfte
Ergänzende Anforderungen und Maßnahmen für besondere Arbeitsstätten und Arbeitsplätze	Arbeitsplätze in nicht allseits umschlossenen Arbeitsstätten und Arbeitsplätze im Freien; Baustellen
Maßnahmen zur Gestaltung von Bildschirmarbeitsplätzen	Allgemeine Anforderungen an Bildschirmarbeitsplätze; Allgemeine Anforderungen an Bildschirme und Bildschirmgeräte; Anforderungen an Bildschirmgeräte und Arbeitsmittel für die ortsgebundene Verwendung an Arbeitsplätzen; Anforderungen an tragbare Bildschirmgeräte für die ortsveränderliche Verwendung an Arbeitsplätzen; Anforderungen an die Benutzerfreundlichkeit von Bildschirmarbeitsplätzen

Verhaltenspathogene zu vermeiden (vgl. Uhle & Treier, 2015, S. 8). Im Falle gesundheitlicher Beschwerden der Beschäftigten, sind wesentliche Grundlagen für ein Betriebliches Eingliederungsmanagement (BEM) im Neunten Sozialgesetzbuch (SGB IX) und damit auch für eine Verbesserung der Arbeitssituation enthalten. Danach sind im Gesundheitsbetrieb ein Eingliederungsmanagement einzurichten und Regelungen zu treffen für Beschäftigte, die innerhalb eines Jahres länger als sechs Wochen ununterbrochen oder wiederholt arbeitsunfähig sind. Kommen Leistungen zur Teilhabe oder begleitende Hilfen im Arbeitsleben in Betracht, sind von der Gesundheitseinrichtung als Arbeitgeber die Rehabilitationsträger oder bei schwerbehinderten Beschäftigten das Integrationsamt hinzuziehen (vgl. § 167 SGB IX).

3.4.4   Entwicklung des Gesundheitspersonals

In Gesundheitsbetrieben hat die **Mitarbeitendenentwicklung** aufgrund ihrer sehr ausgeprägten fachlichen Orientierung eine bewährte Tradition: Es gehört zum beruflichen Selbstverständnis, sich in der eigenen Fachdisziplin informiert zu halten. So durchläuft beispielsweise die Berufsgruppe der Ärztinnen und Ärzte bekanntermaßen eine lange akademische Ausbildung mit anschließender Fachweiterbildung, und auch für die Berufsgruppe der Pflegekräfte folgt auf eine anspruchsvolle Ausbildung vielfach eine fachliche Weiterbildung, zumindest aber der regelmäßige Besuch von Fortbildungsveranstaltungen zu pflegefachlichen Themen. Die fachliche Weiterbildung der Health Care Professionals stellt somit eine weit verbreitete Selbstverständlichkeit dar (vgl. Gießler et al., 2013, S. 12). Dementsprechend ist die Mitarbeitendenentwicklung im Gesundheitsbetrieb ein umfassendes Konzept der Einwirkung auf die Mitarbeitenden mit dem Ziel, die Qualifikationen aufzubauen und weiterzuentwickeln, die sie für die Erfüllung ihrer beruflichen Aufgaben im Gesundheitsbetrieb benötigen. Mitarbeitendenentwicklung ist damit die systematisch vorbereitete, durchgeführte und kontrollierte Förderung der Anlagen und Fähigkeiten der Mitarbeitenden in Abstimmung mit ihren Erwartungen und den Veränderungen der Arbeitsplätze und Tätigkeiten im Gesundheitsbetrieb.

Aufgabenorientierte Lernprozesse der klassischen Aus- und Weiterbildung sind wichtig. Darüber hinaus müssen jedoch auch eine ganze Reihe von personenorientierten Entwicklungs- und Veränderungsprozessen unterstützt werden, die das Potenzial der Mitarbeitenden weiterentwickeln. Patientenorientiertes Denken und Handeln des Behandlungs- und Pflegepersonals in einem Gesundheitsbetrieb kann nicht befohlen und angeordnet werden. Die Mitarbeitendenentwicklung in einem Gesundheitsbetrieb muss daher längerfristige Entwicklungsprozesse auslösen, die es den Mitarbeitenden erlauben, sich mit der Zielsetzung des Gesundheitsbetriebs auseinanderzusetzen und aus der eigenen Überzeugung heraus Verhaltensweisen zu entwickeln, die die Umsetzung der Ziele im eigenen Aufgabengebiet möglich machen.

Die Patientenorientierung im Gesundheitsbetrieb erfordert engagierte und eigenverantwortliche Mitarbeitende. Sie selbst sind mitverantwortlich für die eigene Entwicklung und dadurch gewissermaßen verpflichtet zu eigenverantwortlichem, permanenten Lernen für den Gesundheitsbetrieb. Verstärkte Marktorientierung, die Anwendung neuer Behandlungs- und Informationstechnologien und das sehr dynamische gesundheitspolitische Umfeld verändern die Aufgaben und Arbeitsabläufe im Gesundheitsbetrieb. Die Fähigkeiten der Mitarbeitenden werden in vielen Bereichen des Gesundheitsbetriebs immer weniger von Routinetätigkeiten und immer stärker von komplexen Aufgaben-stellungen beansprucht. Die Mitarbeitenden im Gesundheitsbetrieb müssen sich auf ein fachübergreifendes, profund angelegtes Wissen auf dem jeweils aktuellen Kenntnisstand stützen. Was angesichts einer immer stärkeren Patientenorientierung neben solidem Wis-sen erwartet wird, sind Eigenschaften, die unter den Begriffen methodische und soziale Kompetenzen diskutiert werden. Zur sozialen Kompetenz gehören gegenüber den Patien-ten Kommunikationsfähigkeit, Einfühlungsvermögen und Flexibilität, um den individuel-len Bedürfnissen der Patienten gerecht werden zu können. Gegenüber den Kolleginnen und Kollegen äußert sich soziale Kompetenz vor allem durch Kooperationsbereitschaft und Teamfähigkeit.

Die Mitarbeitendenentwicklung im Gesundheitsbetrieb kann in unterschiedlichen Kate-gorien ablaufen. Je nach Konzeption und eigenem Einsatz bietet sie unterschiedliche Möglichkeiten und Potenziale (siehe Tab. 3.16).

Sofern es sich nicht um reine Wissensvermittlung handelt, findet die Mitarbeitenden-entwicklung möglichst „near-the-job" statt. Man unterscheidet bei einzelnen Mitarbeiten-denentwicklungsmaßnahmen:

- **Into the job:** Hinführung zu einer neuen Tätigkeit im Gesundheitsbetrieb;
- **On the job:** direkte Maßnahme am Arbeitsplatz im Gesundheitsbetrieb (planmäßiger Arbeitsplatzwechsel, Urlaubs-/Krankheitsvertretung, Sonderaufgaben);
- **Near the job:** regelmäßige Abwechslung von externer Schulung und praktischer Umsetzung am Arbeitsplatz im Gesundheitsbetrieb (bspw. duales Ausbildungssystem);
- **Off the job:** externe Weiterbildung (Seminare, Lehrgänge, Tagungen außerhalb des Gesundheitsbetriebs).

Gerade die Förderung wichtiger Schlüsselqualifikationen wie patientenorientiertes Den-ken und Handeln oder Kommunikationsfähigkeit kann nur gelingen, wenn das Lernen

Tab. 3.16 Kategorien der Personalentwicklung im Gesundheitsbetrieb (vgl. Becker, 2013, S. 188 ff.)

Konzeptionsgrad Aktionsgrad	Bürokratisch	Kreativ
Aktiv	Aktionistisch/nachahmend: unreflektierte personalwirtschaftliche Umsetzung von rechtlichen Vorgaben und Standesvorgaben in Medizin und Pflege	Strategisch / kreativ gestaltend: Entwicklung eigener, umsetzungsfähiger Ideen und Konzepte im Gesundheitsbetrieb
Reaktiv	Reaktiv/bürokratisch: personalwirtschaftliche Administration des Geschehens im Gesundheitsbetrieb	Konzeptionistisch/theorielastig: Theorieentwicklungen ohne Bezug zur betrieblichen Praxis

am Grundsatz des Erlebens und Erfahrens orientiert ist. Als weitere Erfolgsfaktoren für eine erfolgreiche Mitarbeitendenentwicklung in Gesundheitsbetrieben können angesehen werden:

- bei allen strategischen Überlegungen im Gesundheitsbetrieb sind Aspekte der Mitarbeitendenentwicklung miteinzubeziehen;
- die persönliche und fachliche Weiterqualifizierung bzw. Entwicklung der Mitarbeitenden muss Teil des Führungsverhaltens und der Führungskultur im Gesundheitsbetrieb werden;
- die Priorisierung des Einsatzes ist eng mit den Führungskräften des Gesundheitsbetriebs abzustimmen;
- Mitarbeitendenentwicklung muss organisiert werden, um Instrumente und Methoden bereitzustellen, die den Führungskräften ihre diesbezüglichen Aufgaben ermöglichen;
- Mitarbeitendenentwicklung ist fester Bestandteil der gesundheitsbetrieblichen Personalarbeit;
- die Generierung von Instrumenten und Methoden der Mitarbeitendenentwicklung sollte gemeinsam mit den Führungskräften realisiert werden (vgl. Stockinger, 2014, S. 6).

In Gesundheitsbetrieben steht im Mittelpunkt moderner Mitarbeitendenentwicklung somit nicht das Faktenlernen, sondern das Verhaltenlernen. Weniger die Stoffvermittlung durch Unterricht, sondern vielmehr Hilfestellung und Anwendungsberatung vor Ort sowie die Organisation und Moderation selbständiger Lernprozesse zählen somit zu Aufgaben des Gesundheitsbetriebs. So erfordert die komplexe vernetzte und dynamische Umwelt von Gesundheitsbetrieben ein rationales Denken und Handeln von allen Beteiligten, um mit immer wieder neuen Herausforderungen positiv und ergebnisorientiert umgehen zu können. Konkrete Voraussetzung ist dabei, dass die Beschäftigten in Gesundheitsbetrieben ein hohes Maß an eigenständiger Weiterbildungsbereitschaft mitbringen und dass das gesundheitsbetriebliche Umfeld arbeitsnahe Möglichkeiten für selbstgesteuertes Lernen bereitstellt. Die Mitarbeitendenentwicklung in Gesundheitsbetrieben muss dazu an die aktuellen Herausforderungen kontinuierlich angepasst werden, um dem erhöhten Weiterbildungsbedarf durch die veränderten Anforderungen und knapperen Ressourcen gerecht zu werden. Indem Lernprozesse in den täglichen Arbeitsprozess integriert werden, lässt sich der Aufwand an organisierter Weiterbildung minimieren, und durch die Erweiterung ihrer Aufgaben und ihres Verantwortungsbereichs können den Mitarbeitenden zusätzliche Lernmöglichkeiten im Alltag eröffnet werden (vgl. Wegerich, 2015, S. 2 f.).

Um die Mitarbeitendenentwicklung zielgerichtet und effizient durchführen zu können, ist die Einschätzung der Fähigkeiten und des Leistungsvermögens der Mitarbeitenden des Gesundheitsbetriebs erforderlich. Diese Einschätzung wird im Rahmen der **Mitarbeitendenbeurteilung** ermöglicht. Sie dient somit als innerbetriebliches Mittel zur Qualitätssicherung und -verbesserung und befasst sich dazu mit der Wahrnehmung und Bewertung der Mitarbeitenden. Sie ist integraler Bestandteil der personalwirtschaftlichen

Prozesslandschaft, gehört zu den wesentlichen Inhalten strategischer Personalarbeit und hat als Element der direkten und indirekten Mitarbeitendenführung maßgeblichen Einfluss auf die Mitarbeitendenentwicklung und Vergütung der Beschäftigten im Gesundheitsbetrieb (vgl. Lau, 2015, S. 11). Die Gestaltung von betrieblichen Beurteilungsverfahren ist seit jeher maßgeblich dadurch geprägt, mittels methodischer Elemente (vergleichbare Beurteilungskriterien, vorgegebene Skalierungen, mathematisierte Ermittlung eines Gesamturteils etc.) das Werturteil der Führungskraft in klare Zahlen, Folgerungen und Aussagen zu überführen. Allerdings lehrt uns die Wahrnehmungspsychologie, dass es zumindest in Bezug auf betriebliche Leistungen und/oder Verhaltensweisen keine objektive Wirklichkeit gibt, denn Wahrnehmungen von Menschen sind zwangsläufig ausschnitthaft, selektiv und durch vielfältige subjektive Muster eingefärbt (vgl. Breisig, 2012, S. 20 ff.). Trotz aller Unzulänglichkeiten des Einschätzens der Persönlichkeitsmerkmalen von Mitarbeitenden und der Bewertung ihrer Leistungen und Arbeitsweisen ist man sich weitgehend einig, dass auch in Gesundheitsbetrieben auf Beurteilungen nicht verzichtet werden kann. Beurteilungen signalisieren den Mitarbeitenden auch, dass sie ihren Vorgesetzen nicht gleichgültig sind, bieten die Chance für motivierende Erfolgserlebnisse und liefern die Voraussetzungen für eine gerechte Arbeitsverteilung und Entlohnung. Es kommt somit nicht darauf an ob beurteilt wird, sondern wie (vgl. Laufer, 2008, S. 172).

Mögliche Beurteilungskriterien zur Erfassung aller betrieblich relevanter Persönlichkeitselemente können dabei sein:

- **Fachkönnen:** Fachkenntnisse, Fertigkeiten;
- **Geistige Fähigkeiten:** Auffassungsgabe, Ausdrucksvermögen, Dispositionsvermögen, Improvisationsvermögen, Kreativität, Organisationsvermögen, Selbständigkeit, Verhandlungsgeschick;
- **Arbeitsstil:** Arbeitsqualität, Arbeitsplanung, Arbeitstempo, Aufmerksamkeit, Verhalten gegenüber Patienten, Ausdauer, Belastbarkeit, Einsatzbereitschaft, Genauigkeit, Initiative, Kostenbewusstsein, Materialbehandlung, Ordentlichkeit, Pünktlichkeit;
- **Zusammenarbeit:** Verhalten gegenüber Kollegen und Kolleginnen, Auftreten, Einweisen neuer Mitarbeitender, Gruppeneinordnung, Informationsintensität, Kontaktvermögen, Umgangsformen, Verhalten gegenüber Vorgesetzten;
- **Führungsqualitäten:** Delegationsvermögen, Durchsetzungsvermögen, Entscheidungsfähigkeit, Förderung und Entwicklung von Unterstellten, Gerechtigkeitssinn, Motivationsfähigkeit, persönliche Integrität, Repräsentation, Selbstbeherrschung, Verantwortungsbewusstsein, Vertrauenswürdigkeit, Zielsetzung (vgl. Stopp & Kirschten, 2012, S. 241 ff.).

Bei der Mitarbeitendenbeurteilung besteht die Gefahr, dass sich bestimmte positive oder negative Ereignisse im Gesundheitsbetrieb zu Unrecht auf das Gesamtbild der zu beurteilenden Mitarbeitenden auswirken. Zu häufig vorkommenden Beurteilungsfehlern zählen beispielsweise Wahrnehmungsverzerrungen, tendenziöse Maßstabsanwendung oder bewusste Verfälschungen (vgl. Berthel & Becker, 2022, S. 318 ff.).

Die Mitarbeitendenbeurteilung dient zugleich als Standortbestimmung für den Gesundheitsbetrieb und die Mitarbeitenden gleichermaßen. Ein regelmäßiges, etwa jährliches Beurteilungsgespräch gewinnt daher eine besondere Bedeutung im Hinblick auf die Mitarbeitendenentwicklung und –führung. Oftmals wird es jedoch nur als Alibi- bzw. Pflichtübung empfunden oder wird erst gar nicht geführt, weil zu viel Konfliktstoff bzw. heikle Themen vorhanden sind, deren Ansprache man scheut (vgl. de Micheli, 2017, S. 8). Ein Beurteilungsgespräch bietet hingegen die Chance, persönliche Wertschätzung zu vermitteln und dient auch einer Einschätzung sowie qualifizierten Rückmeldung der Leistungen und wird mit den Mitarbeitenden geführt, um eine konkrete Rückmeldung über die Einschätzung ihrer Arbeitsqualität zu geben. Eine weitere Aufgabe des Beurteilungsgesprächs ist die vorbereitende Entwicklung gemeinsamer Wege zur Zielerreichung und optimalen Aufgabenerfüllung. Zielvereinbarungsgespräche hingegen dienen der aktiven Beteiligung und Übertragung von Verantwortung an die Mitarbeitenden. In ihnen geht es um die gemeinsame Festlegung von Arbeitszielen und Ergebnissen zwischen Führungskräften und Mitarbeitenden im Gesundheitsbetrieb. Oft ist die Zielvereinbarung Bestandteil jährlicher Mitarbeitendengespräche, was die Gefahr einer einseitigen Ausrichtung der Gesprächsführung und –inhalte birgt, zumal wenn sie durch zu verwendende Vordrucke in diese Richtung beeinflusst werden. Potenzialentwicklungsgespräche orientieren sich an der zukünftigen Entwicklung des Gesundheitsbetriebs, an den derzeitigen und zukünftigen Aufgaben der Mitarbeitenden, ihren persönlichen Vorstellungen und Erwartungen über die berufliche Weiterentwicklung im Gesundheitsbetrieb, um letztendlich ein möglichst genaues Bildes von ihren genutzten bzw. ungenutzten Qualifikationen und sozialen Kompetenzen zu erhalten und sie ihren Fähigkeiten entsprechend, mit dem Ziele einer höheren Arbeitszufriedenheit und verbesserter Arbeitsziele einzusetzen.

Die berufliche Bildung ist ein wesentliches Instrument der Mitarbeitendenentwicklung in Gesundheitsbetrieben. Die dort Beschäftigten sind durch die gesellschaftlichen und gesundheitspolitischen Entwicklungen der vergangenen Jahre massiv gestiegenen Anforderungen ausgesetzt, was Veränderungen in den Qualifikationsanforderungen, der Arbeitsorganisation und den Arbeitsbedingungen gleichermaßen betrifft. Insbesondere für die Weiterentwicklung der Qualität der beruflichen Bildung in Gesundheitsbetrieben spielen moderne Bildungskonzepte, innovative Qualifizierungsstrategien, eine gezielte Kompetenzentwicklung sowie die Professionalisierung des Bildungspersonals eine ganz entscheidende Rolle. Die dynamische Entwicklung im Gesundheitswesen stellt die veränderte Ausbildung in den Gesundheitsberufen und damit die Gesundheitsbetriebe, Hochschulen, Schulen und Schüler/-innen immer wieder vor neue Herausforderungen, die Aus- und Weiterbildungsbildungsqualität in den Gesundheitsberufen zu verbessern (vgl. Kremer, 2011, S. 5).

Die Vielfalt der Ausbildungsmöglichkeiten im Gesundheitswesen ist im Vergleich zu den meisten anderen Dienstleistungsbereichen besonders groß. Neben den Schulen für das Gesundheitswesen wird die **Ausbildung** zu den Gesundheitsfachberufen aufgrund des unterschiedlich strukturierten föderalen Schulsystems auch an Berufsfachschulen und Fachschulen durchgeführt (vgl. Frodl, 2020, S. 3 ff.). Tab. 3.17 gibt die Verteilung der Schülerzahlen auf die einzelnen Ausbildungsberufe wieder.

In der Ausbildung zur Pflegefachfrau und zum Pflegefachmann wurden mit dem *Pflegeberufereformgesetz (PflBRefG)* die bis dahin getrennten Ausbildungen in den Berufen Gesundheits- und Krankenpfleger/-in, Gesundheits- und Kinderkrankenpfleger/-in sowie Altenpfleger/-in zum Berufsbild Pflegefachfrau/-mann zusammengeführt. Ende 2021 waren nach vorläufigen Zahlen insgesamt 105.006 Personen in der Ausbildung zu

Tab. 3.17 Schülerzahlen im ersten Ausbildungsjahr im Gesundheitswesen (vgl. Bundesministerium für Bildung und Forschung, 2020, S. 48)

Ausbildungsberufe	2018/2019
Altenpflegerin/Altenpfleger	24.849
Berufe in der Pflegeassistenz (Gesundheits- und Krankenpflegehelferinnen/ Gesundheits- und Krankenpflegehelfer; Altenpflegehelferin/Altenpflegehelfer; Pflegeassistenz)	14.865
Diätassistentin/Diätassistent	501
Ergotherapeutin/Ergotherapeut	3.537
Gesundheits- und Krankenpflegerin/ Gesundheits- und Krankenpfleger	24.108
Gesundheits- und Kinderkrankenpflegerin/ Gesundheits- und Kinderkrankenpfleger	2.922
Hebamme/Entbindungspfleger	1.065
Logopädin/Logopäde	1.173
Masseurin/Masseur und medizinische Bademeisterin/medizinischer Bademeister	630
Medizinisch-technische Assistentin/ Medizinisch-technischer Assistent für Funktionsdiagnostik	144
Medizinisch-technische Laboratoriumsassistentin/Medizinisch-technischer Laboratoriumsassistent	1.383
Medizinisch-technische Radiologieassistentin/ Medizinisch-technischer Radiologieassistent	1.104
Notfallsanitäterin/Notfallsanitäter	2634
Orthoptistin/Orthoptist	42
Pharmazeutisch-technische Assistentin/ Pharmazeutisch-technischer Assistent	3.705
Physiotherapeutin/Physiotherapeut	7.836
Podologin/Podologe	486
Gesamt	90.984

diesem Beruf. Im gleichen Jahr haben 61.458 Auszubildende eine Ausbildung zu diesem Beruf begonnen (vgl. Statistisches Bundesamt, 2022, S. 1).

Die berufliche Ausbildung im Gesundheitsbetrieb erfolgt in der Regel in einem dualen System, d. h. die praktische Ausbildung im Betrieb wird durch einen ausbildungsbegleitenden Schulbesuch ergänzt. Die Ausbildungsinhalte richten sich nach den jeweiligen Verordnungen über die Berufsausbildung, die allerdings nur den betrieblichen Teil der Ausbildung regelt (siehe Tab. 3.18).

Tab. 3.18 Beispiele für Ausbildungsinhalte nach der *Verordnung über die Berufsausbildung zum Medizinischen Fachangestellten / zur Medizinischen Fachangestellten (MedFAngAusbV)* (vgl. § 4 MedFAngAusbV)

Thema	Ausbildungsinhalte
Ausbildungsbetrieb	Berufsbildung, Arbeits- und Tarifrecht; Stellung des Ausbildungsbetriebes im Gesundheitswesen; Anforderungen an den Beruf; Organisation und Rechtsform des Ausbildungsbetriebes; Gesetzliche und vertragliche Bestimmungen der medizinischen Versorgung; Umweltschutz
Gesundheitsschutz und Hygiene	Sicherheit und Gesundheitsschutz bei der Arbeit; Maßnahmen der Arbeits- und Praxishygiene; Schutz vor Infektionskrankheiten
Kommunikation	Kommunikationsformen und –methoden; Verhalten in Konfliktsituationen
Patientenbetreuung und -beratung	Betreuen von Patienten und Patientinnen; Beraten von Patienten und Patientinnen
Betriebsorganisation und Qualitätsmanagement	Betriebs- und Arbeitsabläufe; Qualitätsmanagement; Zeitmanagement; Arbeiten im Team; Marketing
Verwaltung und Abrechnung	Verwaltungsarbeiten; Materialbeschaffung und –verwaltung; Abrechnungswesen
Information und Dokumentation	Informations- und Kommunikationssysteme; Dokumentation; Datenschutz und Datensicherheit
Durchführen von Maßnahmen bei Diagnostik und Therapie unter Anleitung und Aufsicht des Arztes oder der Ärztin	Assistenz bei ärztlicher Diagnostik; Assistenz bei ärztlicher Therapie; Umgang mit Arzneimitteln, Sera und Impfstoffen sowie Heil- und Hilfsmittel
Grundlagen der Prävention und Rehabilitation	
Handeln bei Not- und Zwischenfällen	

Der schulische Teil fällt in die Zuständigkeit der einzelnen Bundesländer und richtet sich nach dem jeweiligen Lehrplan für die einzelnen Schularten. Lerninhalte der Ausbildung sind in der betrieblichen Praxis und in den Schulen im Hinblick auf den Zeitpunkt ihrer Vermittlung aufeinander abgestimmt.

Die während der Ausbildungszeit zu vermittelnden Fertigkeiten und Kenntnisse sind verbindlich für alle Ausbildungsstätten festgelegt. Es handelt sich dabei um Mindestqualifikationen, die zur Erlangung des Berufsausbildungsabschlusses notwendig sind, und zwar unabhängig davon, um welchen Gesundheitsbetrieb es sich handelt. Es ist Aufgabe des Betriebes, auf der Grundlage des Ausbildungsrahmenplanes einen sachlich und zeitlich gegliederten Ausbildungsplan zu erstellen; darin sind die betrieblichen Besonderheiten festzuhalten.

Die ärztliche Ausbildung richtet sich im Wesentlichen nach der *Approbationsordnung für Ärzte (ÄApprO)* und umfasst

- ein Studium der Medizin von 5500 h und einer Dauer von sechs Jahren an einer Universität oder gleichgestellten Hochschule (Universität);
- eine zusammenhängende praktische Ausbildung (Praktisches Jahr) von 48 Wochen im letzten Jahr des Studiums;
- eine Ausbildung in erster Hilfe;
- einen Krankenpflegedienst von drei Monaten;
- eine Famulatur von vier Monaten und
- die Ärztliche Prüfung, die in drei Abschnitten abzulegen ist (vgl. § 1 ÄApprO).

Wesentliche Teile der Ausbildung sind in Gesundheitsbetrieben zu absolvieren. So werden beispielsweise die Praktischen Übungen in Gesundheitsbetrieben durchgeführt und umfassen die eigenständige Bearbeitung von praktischen Aufgaben durch die Studierenden unter Anleitung, Aufsicht und Verantwortung der ausbildenden Lehrkraft. Das Praktische Jahr findet nach Bestehen des Zweiten Abschnitts der Ärztlichen Prüfung statt, gliedert sich in Ausbildungsabschnitte von je 16 Wochen und wird in den Universitätskrankenhäusern oder in anderen Krankenhäusern durchgeführt, mit denen die Universität eine Vereinbarung hierüber getroffen hat (Lehrkrankenhäuser). Die Universitäten können geeignete ärztliche Praxen (Lehrpraxen) und andere geeignete Einrichtungen der ambulanten ärztlichen Krankenversorgung im Einvernehmen mit der zuständigen Gesundheitsbehörde in die Ausbildung einbeziehen. Die jeweilige Lehrpraxis oder Einrichtung müssen gewährleisten, das Logbuch der Universität einzuhalten. Die Ausbildung in einer Lehrpraxis oder in einer anderen geeigneten Einrichtung der ambulanten ärztlichen Krankenversorgung dauert in der Regel höchstens acht Wochen je Ausbildungsabschnitt. Im Wahlfach Allgemeinmedizin wird die Ausbildung während des gesamten Ausbildungsabschnitts in einer allgemeinmedizinischen Lehrpraxis absolviert (vgl. § 3 ÄApprO). Der dreimonatige Krankenpflegedienst ist vor Beginn des Studiums oder während der unterrichtsfreien Zeiten des Studiums vor der Meldung zum Ersten Abschnitt der Ärztlichen Prüfung in einem

Krankenhaus oder einer Rehabilitationseinrichtung mit einem vergleichbaren Pflegeaufwand abzuleisten und hat den Zweck, in Betrieb und Organisation eines Krankenhauses einzuführen und mit den üblichen Verrichtungen der Krankenpflege vertraut zu machen (vgl. § 6 ÄapprO). Die Famulatur hat den Zweck, mit der ärztlichen Patientenversorgung in Einrichtungen der ambulanten und stationären Krankenversorgung vertraut zu machen. Sie wird abgeleistet

- für die Dauer eines Monats in einer Einrichtung der ambulanten Krankenversorgung, die ärztlich geleitet wird, oder einer geeigneten ärztlichen Praxis,
- für die Dauer von zwei Monaten in einem Krankenhaus oder in einer stationären Rehabilitationseinrichtung und
- für die Dauer eines Monats in einer Einrichtung der hausärztlichen Versorgung (vgl. § 7 ÄapprO).

Die Zahnärztliche Ausbildung richtet sich im Wesentlichen nach der *Approbationsordnung für Zahnärzte und Zahnärztinnen (ZApprO)*. Die Regelstudienzeit beträgt einschließlich der Prüfungszeit für die zahnärztliche Prüfung fünf Jahre und sechs Monate (vgl. § 2 ZApprO). In Gesundheitsbetrieben sind im Rahmen der zahnärztlichen Ausbildung beispielsweise abzuleisten der Pflegedienst in einem Krankenhaus oder in einer Rehabilitationseinrichtung mit einem Pflegeaufwand abzuleisten, der dem eines Krankenhauses vergleichbar ist (vgl. § 14 ZApprO), sowie die Famulatur üblicherweise in einer Zahnarztpraxis (vgl. § 15 ZApprO).

Die berufliche **Weiterbildung** der Mitarbeiterinnen und Mitarbeiter im Gesundheitsbetrieb schult die Anwendung neuer Behandlungsmethoden, Technologien, den Umgang mit Patienten oder Abrechnungsarbeiten. Aktuelles und zukunftsweisendes Wissen und Können wird vornehmlich durch Kongresse, Lehrgänge, Seminare und Vorträge vermittelt, die beispielsweise die Landesärzte- und -zahnärztekammern anbieten, zahlreiche Fachschulen, private Anbieter sowie die kassenärztlichen und kassenzahnärztlichen Vereinigungen:

- **Erhaltungsweiterbildung:** Zielt auf den Ausgleich von Kenntnis- und Fertigkeitsverlusten ab, welche durch fehlende Berufsausübung oder von Teilen des Berufs entstanden sind;
- **Erweiterungsweiterbildung:** Dient dem Erwerb von zusätzlichen Berufsfähigkeiten;
- **Anpassungsweiterbildung:** Dient dem Angleich an veränderte Anforderungen am Arbeitsplatz im Gesundheitsbetrieb.

Die ärztliche Weiterbildung umfasst zum einen die Anerkennung als Facharzt, die sich nach den Kammer- bzw. Heilberufsgesetzen der einzelnen Bundesländer und den Weiterbildungsordnungen der jeweiligen Landesärztekammern richtet, in denen Dauer und

Inhalt der Weiterbildung für die einzelnen Fachgebiete vorgeschrieben sind. Nach erfolgreich bestandener Prüfung wird von der zuständigen Ärztekammer die Anerkennung ausgesprochen, die zum Führen der Facharztbezeichnung berechtigt. Für die allgemeine ärztliche Weiterbildung sind ebenfalls die Landesärztekammern zuständig. Darüber hinaus gibt es von der *Bundesärztekammer* methodische Empfehlungen, Lehr- und Lerninhalte sowie Lernziele für Kurse im Rahmen der Zusatz-Weiterbildung. Nach § 2 der *(Muster-)Weiterbildungsordnung (MWBO 2018, Stand: 2022)* der Bundesärztekammer führt der erfolgreiche Abschluss der Weiterbildung somit

- zur Facharztbezeichnung in einem Gebiet,
- zur Schwerpunktbezeichnung im Schwerpunkt eines Gebiets oder
- zur Zusatzbezeichnung (siehe Tab. 3.19).

Beispiel

Die Bayerische Landesärztekammer unterscheidet folgende Fortbildungskategorien (vgl. Bayerische Landesärztekammer, 2020, S. 2):

A: Vortrag und Diskussion; B: ein-/mehrtägige Kongresse im In- und Ausland, welche nicht von anderen Kategorien erfasst werden; C: Fortbildung mit konzeptionell vorgesehener Beteiligung jedes einzelnen Teilnehmers (zum Beispiel Workshop, Arbeitsgruppen, Qualitätszirkel, Peer Review, Balintgruppen, Kleingruppenarbeit, Supervision, Fallkonferenzen, Literaturkonferenzen, praktische Übungen); D: Fortbildungsbeiträge in Printmedien oder als elektronisch verfügbare Version mit nachgewiesener Qualifizierung durch eine Lernerfolgskontrolle in digitaler bzw. schriftlicher Form; E: Selbststudium durch Fachliteratur und -bücher sowie Lehrmittel; F: Wissenschaftliche Veröffentlichungen und Vorträge Autorentätigkeit; G: Hospitationen; H: curricular vermittelte Inhalte, zum Beispiel in Form von curricularen Fortbildungsmaßnahmen, Inhalte von Weiterbildungskursen, die nach der Weiterbildungsordnung für eine Weiterbildungsbezeichnung vorgeschrieben sind, Inhalte von Zusatzstudiengängen; I: tutoriell unterstützte Online-Fortbildungsmaßnahme mit nachgewiesener Qualifizierung durch eine Lernerfolgskontrolle in digitaler bzw. schriftlicher Form; K: Blended-Learning-Fortbildungsmaßnahme in Form einer inhaltlich und didaktisch miteinander verzahnten Kombination aus tutoriell unterstützten Online-Lernmodulen und Präsenzveranstaltungen in Bayern.◄

Für die Aus-, Fort- und Weiterbildung von Behandlungs- und Pflegepersonal ist das *Berufsbildungsgesetz (BBiG)* eine wesentliche rechtliche Grundlage der Ausbildung in Gesundheitsbetrieben, soweit die Ausbildung nicht in berufsbildenden Schulen durchgeführt wird, die den Schulgesetzen der Länder unterstehen, sie in berufsqualifizierenden oder vergleichbaren Studiengängen an Hochschulen auf der Grundlage des Hochschulrahmengesetzes und der Hochschulgesetze der Länder oder in einem öffentlich-rechtlichen

Tab. 3.19 Gebiete, Facharzt- und Zusatzweiterbildungen nach der MWBO 2018 (vgl. MWBO, 2018, S. 24 ff.)

Gebiet	Bezeichnung
Allgemeinmedizin	Facharzt/Fachärztin für Allgemeinmedizin
Anästhesiologie	Facharzt/Fachärztin für Anästhesiologie
Anatomie	Facharzt/Fachärztin für Anatomie
Arbeitsmedizin	Facharzt/Fachärztin für Arbeitsmedizin
Augenheilkunde	Facharzt/Fachärztin für Augenheilkunde
Biochemie	Facharzt/Fachärztin für Biochemie
Chirurgie	Facharzt/Fachärztin für Allgemeinchirurgie, Facharzt/Fachärztin für Gefäßchirurgie, Facharzt/Fachärztin für Herzchirurgie, Facharzt/Fachärztin für Kinderchirurgie, Facharzt/Fachärztin für Orthopädie und Unfallchirurgie, Facharzt/Fachärztin für Plastische, Rekonstruktive und Ästhetische Chirurgie, Facharzt/Fachärztin für Thoraxchirurgie, Facharzt/Fachärztin für Viszeralchirurgie
Frauenheilkunde und Geburtshilfe	Facharzt/Fachärztin für Frauenheilkunde und Geburtshilfe, Schwerpunkt Gynäkologische Endokrinologie und Reproduktionsmedizin, Schwerpunkt Gynäkologische Onkologie, Schwerpunkt Spezielle Geburtshilfe und Perinatalmedizin
Hals-Nasen-Ohrenheilkunde	Facharzt/Fachärztin für Hals-Nasen-Ohrenheilkunde
Haut- und Geschlechtskrankheiten	Facharzt/Fachärztin für Haut- und Geschlechtskrankheiten
Humangenetik	Facharzt/Fachärztin für Humangenetik
Hygiene und Umweltmedizin	Facharzt/Fachärztin für Hygiene und Umweltmedizin
Innere Medizin	Facharzt/Fachärztin für Innere Medizin, Facharzt/Fachärztin für Innere Medizin und Angiologie, Facharzt/Fachärztin für Innere Medizin und Endokrinologie und Diabetologie, Facharzt/Fachärztin für Innere Medizin und Gastroenterologie, Facharzt/Fachärztin für Innere Medizin und Hämatologie und Onkologie, Facharzt/Fachärztin für Innere Medizin und Infektiologie, Facharzt/Fachärztin für Innere Medizin und Kardiologie, Facharzt/Fachärztin für Innere Medizin und Nephrologie, Facharzt/Fachärztin für Innere Medizin und Pneumologie, Facharzt/Fachärztin für Innere Medizin und Rheumatologie

(Fortsetzung)

Tab. 3.19 (Fortsetzung)

Gebiet	Bezeichnung
Kinder- und Jugendmedizin	Facharzt/Fachärztin für Kinder- und Jugendmedizin, Schwerpunkt Kinder-Hämatologie und –Onkologie, Schwerpunkt Kinder-und Jugend-Kardiologie, Schwerpunkt Neonatologie, Schwerpunkt Neuropädiatrie
Kinder- und Jugendpsychiatrie und -psychotherapie	Facharzt/Fachärztin für Kinder- und Jugendpsychiatrie und –psychotherapie
Laboratoriumsmedizin	Facharzt/Fachärztin für Laboratoriumsmedizin
Mikrobiologie, Virologie und Infektionsepidemiologie	Facharzt/Fachärztin für Mikrobiologie, Virologie und Infektionsepidemiologie
Mund-Kiefer-Gesichtschirurgie	Facharzt/Fachärztin für Mund-Kiefer-Gesichtschirurgie
Neurochirurgie	Facharzt/Fachärztin für Neurochirurgie
Neurologie	Facharzt/Fachärztin für Neurologie
Nuklearmedizin	Facharzt/Fachärztin für Nuklearmedizin
Öffentliches Gesundheitswesen	Facharzt/Fachärztin für Öffentliches Gesundheitswesen
Pathologie	Facharzt/Fachärztin für Neuropathologie, Facharzt/Fachärztin für Pathologie
Pharmakologie	Facharzt/Fachärztin für Klinische Pharmakologie, Facharzt/Fachärztin für Pharmakologie und Toxikologie
Pädaudiologie	Facharzt/Fachärztin für Phoniatrie und Pädaudiologie
Physikalische und Rehabilitative Medizin	Facharzt/Fachärztin für Physikalische und Rehabilitative Medizin
Physiologie	Facharzt/Fachärztin für Physiologie
Psychiatrie und Psychotherapie	Facharzt/Fachärztin für Psychiatrie und Psychotherapie, Schwerpunkt Forensische Psychiatrie
Psychosomatische Medizin und Psychotherapie	Facharzt/Fachärztin für Psychosomatische Medizin und Psychotherapie
Radiologie	Facharzt/Fachärztin für Radiologie, Schwerpunkt Kinderradiologie, Schwerpunkt Neuroradiologie
Rechtsmedizin	Facharzt/Fachärztin für Rechtsmedizin
Strahlentherapie	Facharzt/Fachärztin für Strahlentherapie

(Fortsetzung)

Tab. 3.19 (Fortsetzung)

Gebiet	Bezeichnung
Transfusionsmedizin	Facharzt/Fachärztin für Transfusionsmedizin
Urologie	Facharzt/Fachärztin für Urologie

Die Zusatzweiterbildungen erstrecken sich auf die Bereiche Ärztliches Qualitätsmanagement, Akupunktur, Allergologie, Andrologie, Betriebsmedizin, Dermatopathologie, Diabetologie, Ernährungsmedizin, Flugmedizin, Geriatrie, Gynäkologische Exfoliativ-Zytologie, Hämostaseologie, Handchirurgie, Immunologie, Infektiologie, Intensivmedizin, Kardiale Magnetresonanztomographie, Kinder- und Jugend-Endokrinologie und –Diabetologie, Kinder- und Jugend-Gastroenterologie, Kinder- und Jugend-Nephrologie, Kinder- und Jugend-Orthopädie, Kinder- und Jugend-Pneumologie, Kinder- und Jugend-Rheumatologie, Klinische Akut- und Notfallmedizin, Krankenhaushygiene, Magnetresonanztomographie, Manuelle Medizin, Medikamentöse Tumortherapie, Medizinische Informatik, Naturheilverfahren, Notfallmedizin, Nuklearmedizinische Diagnostik für Radiologen, Orthopädische Rheumatologie, Palliativmedizin, Phlebologie, Physikalische Therapie, Plastische und Ästhetische Operationen, Proktologie, Psychoanalyse, Psychotherapie, Rehabilitationswesen, Röntgendiagnostik für Nuklearmediziner, Schlafmedizin, Sexualmedizin, Sozialmedizin, Spezielle Kardiologie für Erwachsene mit angeborenen Herzfehlern (EMAH), Spezielle Kinder- und Jugend-Urologie, Spezielle Orthopädische Chirurgie, Spezielle Schmerztherapie, Spezielle Unfallchirurgie, Spezielle Viszeralchirurgie, Sportmedizin, Suchtmedizinische Grundversorgung, Transpantationsmedizin und Tropenmedizin

Nach der *(Muster-)Berufsordnung für die in Deutschland tätigen Ärztinnen und Ärzte (MBO-Ä)* sind Ärztinnen und Ärzte, die ihren Beruf ausüben, verpflichtet, sich in dem Umfange beruflich fortzubilden, wie es zur Erhaltung und Entwicklung der zu ihrer Berufsausübung erforderlichen Fachkenntnisse notwendig ist. Sie müssen auf Verlangen ihre **Fortbildung** gegenüber der Ärztekammer durch ein Fortbildungszertifikat einer Ärztekammer nachweisen (vgl. § 4 MBO-Ä)

Dienstverhältnis durchgeführt wird (vgl. § 3 BBiG). Auch wenn das BBiG in seiner allgemeingültigen Anwendung somit eingeschränkt ist, kann es eine wichtige Orientierungshilfe für die notwendigen Grundlagen und Voraussetzungen der beruflichen Bildung in Gesundheitsbetrieben bieten, die letztendlich der Bildungsqualität zugutekommen kann.

> **Beispiel**
>
> So dürfen nach dem BBiG Auszubildende nur eingestellt und ausgebildet werden, wenn die Ausbildungsstätte nach Art und Einrichtung für die Berufsausbildung geeignet ist und die Zahl der Auszubildenden in einem angemessenen Verhältnis zur Zahl der Ausbildungsplätze oder zur Zahl der beschäftigten Fachkräfte steht, es sei denn, dass anderenfalls die Berufsausbildung nicht gefährdet wird. Eine Ausbildungsstätte, in der die erforderlichen beruflichen Fertigkeiten, Kenntnisse und Fähigkeiten nicht im vollen Umfang vermittelt werden können, gilt als geeignet, wenn diese durch Ausbildungsmaßnahmen außerhalb der Ausbildungsstätte vermittelt werden (vgl. § 27 BBiG). Auch ist das BBiG eine wichtige Regelungsgrundlage der Ausbildereignung. Danach darf Auszubildende nur einstellen, wer persönlich geeignet ist und Auszubildende darf nur

Tab. 3.20 Beispiele für die Qualifikation von Ausbildenden in Gesundheitsbetrieben (vgl. Bundesinstitut für Berufsbildung, 2015, S. 2 f.)

Ausbildende	Qualifikationen
Hauptberuflich Ausbildende (z. B. nach § 30 BBiG)	Nachweis der Eignung durch Prüfung nach der Ausbilder-Eignungsverordnung und berufsfachliche Eignung; optional z. B. geprüfte Aus- und Weiterbildungspädagogen und -pädagoginnen, geprüfte Berufspädagogen und -pädagoginnen, zielgruppenspezifische Weiterbildungsangebote
Nebenberuflich Ausbildende (z. B. nach § 30 BBiG)	Nachweis der Eignung durch Prüfung nach der Ausbilder-Eignungsverordnung und berufsfachliche Eignung; optional z. B. geprüfte Aus- und Weiterbildungspädagogen und -pädagoginnen, zielgruppenspezifische Weiterbildungsangebote
Ausbildende Fachkräfte (z. B. nach § 28 BBiG)	z. B. Ausbildenden-Lehrgang, Vorbereitungslehrgang für die Ausbilder-Eignungsverordnung-Prüfung, zielgruppenspezifische Weiterbildungsangebote

ausbilden, wer persönlich und fachlich geeignet ist. Wer fachlich nicht geeignet ist oder wer nicht selbst ausbildet, darf Auszubildende nur dann einstellen, wenn er persönlich und fachlich geeignete Ausbilder oder Ausbilderinnen bestellt, die die Ausbildungsinhalte in der Ausbildungsstätte unmittelbar, verantwortlich und in wesentlichem Umfang vermitteln (vgl. § 28 BBiG).◄

Nach den Empfehlungen des Hauptausschusses des Bundesinstituts für Berufsbildung gelten für die Qualifikation von Ausbildenden eine Reihe von Kriterien (siehe Tab. 3.20).

Obwohl die Ausbildung im Bereich der Angehörigen der Freien Berufe wie beispielsweise Ärzte oder Zahnärzte davon ausgenommen ist, bietet die *Ausbilder-Eignungsverordnung (AusbEignV)* eine wichtige Orientierungshilfe für die notwendigen Fertigkeiten und Fähigkeiten von Ausbildenden, die letztendlich auch in Gesundheitsbetrieben dazu beiträgt, die Bildungsqualität zu verbessern (vgl. § 1 AusbEignV). Die berufs- und pädagogische Eignung nach dem BBiG und AusbEignV kann durch die AdA-Prüfung (Ausbildung der Ausbilder – AdA) auf der Grundlage der AusbEignV erbracht werden. In der Praxisanleitung tätige Ausbildende arbeiten beispielsweise als geeignete Fachkräfte in der praktischen Pflege-Ausbildung. Ihre Aufgabe ist es, die Schülerinnen und Schüler schrittweise an die eigenständige Wahrnehmung der beruflichen Aufgaben heranzuführen und die Verbindung mit der Schule zu gewährleisten.

Grundlage für die konkrete gesundheitsbetriebliche **Bildungsorganisation** und insbesondere die Ausbildungsplanung sind der jeweilige Ausbildungsrahmenplan, aber auch

z. B. die Orientierung am jeweiligen Lehrplan der begleitenden berufsschulischen Ausbildung, um die Ausbildungsinhalte im dualen System und damit in Gesundheitsbetrieb und Schule möglichst gut aufeinander abstimmen zu können. In der Organisation, Methodik und Didaktik der beruflichen Bildung im Gesundheitsbetrieb sind die Lehr- und Lernprozesse so zu gestalten und zu strukturieren, dass sich neben der fachlichen Qualifizierung auch eine Weiterentwicklung der beruflichen Mündigkeit stattfinden kann, die im Berufsleben nicht nur in die Lage versetzt, den Leistungsansprüchen gerecht zu werden, sondern auch deren Zustandekommen im Sinne einer Patientenorientierung kritisch zu hinterfragen, sich an der Anwendung und Gestaltung medizinischer und pflegerischer Technik zu beteiligen, die eigene berufliche Situation zu reflektieren sowie rational denken und handeln zu können (vgl. Arnold & Münk, 2006, S. 15).

In den Gesundheitsbetrieben kommen in der Regel unterschiedliche Bildungsmethoden zum Einsatz. Dabei ist seit vielen Jahren insbesondere das Konzept der Handlungsorientierung und darauf bezogene Ideen, Empfehlungen und Maßnahmen in der Kultusverwaltung, in der beruflichen Bildung und in der Fachliteratur weit verbreitet (vgl. Czycholl & Ebner, 2006, S. 44). Sie lässt sich allgemein als konzeptionelle Grundausrichtung des Unterrichts beschreiben, bei der unter Berücksichtigung verschiedener Planungs-, Gestaltungs- und Zieldimensionen unterschiedlichste Methoden bzw. methodische Teilkomponenten einfließen können, neben fachbezogenen Qualifikationen auch überfachliche, so genannte Schlüsselqualifikationen erwerbbar sind und bei dem im Zentrum eines berufskompetenten Handelns ein sich selbst bestimmendes Individuum steht, das reflektiert, eigenverantwortlich und gemeinschaftsorientiert handelt und bereit ist, sich weiterzuentwickeln (vgl. Riedl, 2011, S. 185). Die Fallorientierung ist auch und gerade in der Pflegeausbildung wesentlich. Neben dem Einsatz von Fallbeispielen zur Illustration und Veranschaulichung in einem möglichst praxisnahen Unterricht werden zunehmend auch von professionstheoretischer Seite der Fallbezug als konstitutives Merkmal eines professionellen Pflegehandelns gefordert. Während Fallbeispiele zur Veranschaulichung von abstrakten Regeln, Gesetzmäßigkeiten und Prinzipien beitragen und mit ihrer Hilfe von der Vorstellungs- zur Anschauungsebene gewechselt wird, erfordern Praxisfälle eine systematische Bearbeitung und möglichst zufriedenstellende Antworten auf konkrete Problemsituationen (vgl. Hundenborn, 2007, S. 4).

Für die berufliche Bildung gewinnen unter den digitalen Formaten vor allem web- und computerbasierte Lernprogramme an Bedeutung, sowie Informationsangebote im Internet, fachspezifische Lernsoftware und Lernplattformen. Obwohl den Beschäftigten ein gewisses Maß an Medienkompetenz zugeschrieben werden kann, bringen sie jedoch oft keine ausreichenden Kompetenzen in den Bereichen mit, die für den Umgang mit digitalen Geräten und Medien im gesundheitsbetrieblichen Alltag erforderlich sind. Der informationstechnische Bildungsbedarf erstreckt sich somit auch auf den Einsatz digitaler Medien im gesundheitsbetrieblichen Alltag, wie beispielsweise auf das umfangreiche Portfolio an unterschiedlichen digitalen Medienformaten oder auch auf fach- und branchenspezifische IT-Anwendungen im Gesundheitswesen (vgl. Gensicke et. al. 2016, S. 9). Zu den für die digitalen Arbeitswelten in Gesundheitsbetrieben erforderlichen Kompetenzen gehören insbesondere Bereitschaft zum lebenslangen Lernen, Fähigkeit zum interdisziplinären Denken und Handeln, IT-Affinität, Problemlösungs- und Optimierungskompetenz, soziale, kommunikative Fähigkeiten. Im Hinblick auf ihre Vermittlung und Förderung hat das Mitarbeitendenmanagement in Gesundheitsbetrieben individuelle Bedarfe zu identifizieren und modulare Weiterbildungsangebote in diversen Formaten zur Verfügung zu stellen. Dabei sind allgemeine Trends für die Weiterbildung der Zukunft wie Bedarfsorientierung, Selbstwirksamkeit der Lernenden, Kombination aus analogen und digitalen Formaten, Gamifikation (digital-spielerisches Lernen) und Individualisierung der Angebote zu berücksichtigen. Digitale Plattformen bieten die Möglichkeit die unterschiedlichen Instrumente zu bündeln (vgl. Franken & Wattenberg, 2021, S. 13).

3.5   Betriebliche Steuerung und Kontrolle

3.5.1   Controlling im Gesundheitsbetrieb

Die erfolgreiche wirtschaftliche Steuerung eines Gesundheitsbetriebs zwingt dazu, sich Ziele zu setzen, sie als Leistungsanreize vorzugeben und ihr Erreichen zu kontrollieren, da ohne eine Kontrolle der Einhaltung dieser Vorgabewerte die Planung wirkungslos ist. Die Kontrolle benötigt Vorgaben, Entscheidungsregeln für die Bewertung der Ausführung sowie für die Korrekturmaßnahmen. Sie soll Fehler bei der Planung oder Aufgabendurchführung im Gesundheitsbetrieb erkennen und Verbesserungsmöglichkeiten aufzeigen.

> **Beispiel**
>
> Als Grundlage der erfolgreichen Steuerung eines Gesundheitsbetriebs kann der Dreiklang von Werten, Prozessen und Innovationen angesehen werden: Die Gestaltung, Entwicklung und Lenkung von Prozessen unter Beachtung von Werten kann Schwachstellen aufdecken, zum Nachdenken anregen und über die Reflexion einer konstruktiv-kritischen Würdigung zu Verbesserungen, Optimierungen bzw. zu neuen Gedanken der Gestaltung und damit zu Innovationen anregen. Unter der Annahme, dass Werte Prozesse beeinflussen und diese Innovationen, kann der Dreiklang von Werten, Prozessen und Innovationen helfen, Entscheidungen und Ziele aufeinander abzustimmen. Betriebswirtschaftliche Werte müssen dabei ethischen Werten standhalten, denn auch diese können nicht losgelöst von Zahlen, Daten und Fakten diskutiert werden. Ethisches Handeln in Gesundheitsbetrieben schließt ökonomisches Denken nicht aus. Vielmehr hat soziales Handeln mit ökonomischen Entscheidungen zu tun und ökonomisches handeln hat unter sozialer Verantwortung zu erfolgen (vgl. Zapp, 2019, S. 2).◄

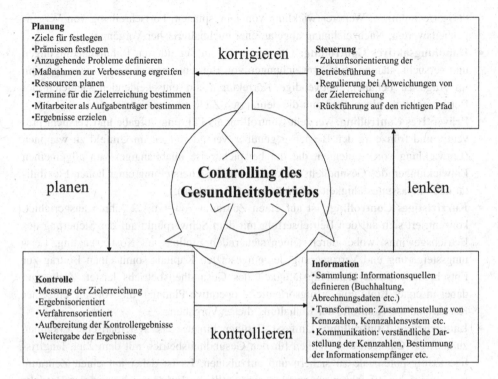

Planung
- Ziele für festlegen
- Prämissen festlegen
- Anzugehende Probleme definieren
- Maßnahmen zur Verbesserung ergreifen
- Ressourcen planen
- Termine für die Zielerreichung bestimmen
- Mitarbeiter als Aufgabenträger bestimmen
- Ergebnisse erzielen

korrigieren

Steuerung
- Zukunftsorientierung der Betriebsführung
- Regulierung bei Abweichungen von der Zielerreichung
- Rückführung auf den richtigen Pfad

planen

Controlling des Gesundheitsbetriebs

lenken

Kontrolle
- Messung der Zielerreichung
- Ergebnisorientiert
- Verfahrensorientiert
- Aufbereitung der Kontrollergebnisse
- Weitergabe der Ergebnisse

kontrollieren

Information
- Sammlung: Informationsquellen definieren (Buchhaltung, Abrechnungsdaten etc.)
- Transformation: Zusammenstellung von Kennzahlen, Kennzahlensystem etc.
- Kommunikation: verständliche Darstellung der Kennzahlen, Bestimmung der Informationsempfänger etc.

Abb. 3.6 Aufgaben des Controllings im Gesundheitsbetrieb

Die Koordination von Planung und Kontrolle mit der Steuerung der Informationsversorgung wird vom Controlling wahrgenommen, dessen **Aufgabe** es ist, die Leitung des Gesundheitsbetriebs mit Informationen zu versorgen, die für die Planung, Steuerung und Kontrolle erforderlich sind (vgl. Abb. 3.6).

Als Teil des Führungssystems eines Gesundheitsbetriebs hat das Controlling darüber hinaus die Aufgabe der Planung, Steuerung, Kontrolle und Informationsversorgung der einzelnen Betriebsbereiche. Es ist somit als führungsunterstützende, entscheidungsvorbereitende, zielorientierte und bereichsübergreifende Querschnittsfunktion anzusehen, wodurch das Controlling eine zentrale Stellung innerhalb eines Leitungssystems des Gesundheitsbetriebs innehat. Aufgrund der steigenden Komplexität von Gesundheitsbetrieben und ihrer Umwelt ist es als Entscheidungsunterstützungsfunktion des Managements notwendig. Hierfür beschafft es Daten, bereitet diese auf, analysiert sie und bildet daraus Kennzahlen und Reports (vgl. Ott & Maier, 2020, S. 36 f.).

Zu den wichtigsten **Arten** des Controllings für den Gesundheitsbetrieb zählen:

- **Nachgängiges Controlling:** Ist vergangenheitsorientiert und besteht in erster Linie aus den Funktionen der Betriebsbuchhaltung (Durchführung von Kostenstellen und

–trägerrechnungen, Weiterentwicklung von Jahresplänen, Fortschreibung von Vergangenheitswerten, Nachzeichnung abgelaufener buchhalterischer Vorgänge).

- **Handlungsaktives Controlling:** Orientiert sich an veränderten Rahmenbedingungen und versucht, ständig etwa Abweichungen von Betriebsumsatz, -kosten oder –gewinn im Auge zu behalten, notwendige Korrekturen auf entscheidenden Gebieten der Betriebsführung einzuleiten, um die definierten Ziele zu erreichen.
- **Präventives Controlling:** Versteht Controlling als Führungsaufgabe und versucht präventiv und frühzeitig den Betrieb gegenüber Veränderungen im Umfeld zu wappnen (Entwicklung von Strategien, die ihn beispielsweise unabhängiger von allgemeinen Entwicklungen des Gesundheitsmarktes machen, Sicherstellung einer hohen Flexibilität und Anpassungsfähigkeit auf veränderte Situationen).
- **Kurzfristiges Controlling:** Ist auf einen Zeitraum von 1 bis 2 Jahren ausgerichtet, konzentriert sich auf den Betriebserfolg mit dem Schwerpunkt auf der Steuerung des Betriebsgewinns, wobei durch seinen steuernden Einfluss auf Kostensenkung, Leistungssteigerung und Verringerung des eingesetzten Kapitals somit einen Beitrag zur Entscheidungs- und Handlungsfähigkeit des Gesundheitsbetriebs leistet. Ziele sind dabei in erster Linie eine erfolgsorientierte operative Planung, die Vorgabe einzelner Kosten und die Kontrolle der Einhaltung dieser Vorgaben.
- **Langfristiges Controlling:** Umfasst darüber hinaus das systematische Erkennen zukünftiger Chancen und Risiken für den Gesundheitsbetrieb mit dem Ziel, langfristige Erfolgspotenziale zu sichern und aufzubauen. Es ist daher auf einen Zeitraum von etwa 5 bis 10 Jahren ausgerichtet und stellt die Existenzsicherung des Betriebs in den Vordergrund. Damit trägt es auch dem Bedarf an stärkerer Effizienz der strategischen Betriebsplanung Rechnung, die oft der Gefahr unterliegt, gesteckte Ziele im betrieblichen Alltag aus den Augen zu verlieren oder eingeschlagene Strategien nicht konsequent genug zu verfolgen.

Das *nachgängige* Controlling ist dann als ausreichend anzusehen, wenn sich das Umfeld und die Rahmenbedingungen des Gesundheitsbetriebs kaum verändern, im Betrieb selbst weitestgehend konstante Situationen zu verzeichnen und somit weitestgehend gesicherte Voraussetzungen für eine langfristige Planung der Betriebsentwicklung gegeben sind. Das *handlungsaktive* Controlling findet in der Regel dann Anwendung, wenn sich die Rahmenbedingungen beispielsweise aufgrund gesundheitspolitischer Entwicklungen häufig ändern und eine Planung aufgrund Unsicherheiten oder gar fehlender Grundlagen zunehmend schwierig wird. Es ist damit zukunftsorientiert und nicht auf das Fortschreiben von Vergangenheitswerten ausgerichtet. Für das *präventive* Controlling genügt es nicht etwa nur Daten aus der Betriebsbuchhaltung regelmäßig auszuwerten, auf Informationen der Verbände oder Standesorganisationen zu warten und auf veränderte Vorgaben des öffentlichen Gesundheitswesens zu reagieren. Vielmehr muss die Leitung des Gesundheitsbetriebs möglichst frühzeitig beispielsweise neue Behandlungsmethoden, innovative Entwicklungen auf dem Gebiet der Medizintechnik und veränderte Patientenwünsche wahrnehmen und sie in ihrer Planung berücksichtigen. Beim *operativen* Controlling stehen die kurzfristig gesteckten Ziele im Vordergrund („Senkung der Materialkosten im Jahresdurchschnitt um 3 %", „Erhöhung des Umsatzes im III. Quartal um 5 %" etc.), die eine Steuerung der innerbetrieblichen Funktionen und –abläufe erforderlich machen. Auf der Grundlage der Daten aus der Betriebsbuchhaltung und der Kostenrechnung werden hierzu in erster Linie Soll-/Ist-Analysen durchgeführt, um mögliche Abweichungen zu erkennen und notwendige Gegensteuerungsmaßnahmen einleiten zu können. Das *strategische* Controlling muss bei der Organisation des strategischen Planungsprozesses mitwirken, die Umsetzung der strategischen Pläne in operationalisierbare, kurzfristige Ziele sicherstellen sowie Kontrollgrößen erarbeiten und ein Frühwarnsystem zur Gewinnung von Kontrollinformationen für den Gesundheitsbetrieb aufbauen.

Das Controlling muss sich an dem Zielsystem des Gesundheitsbetriebs orientieren. Die Ziele müssen daher operationalisiert und hinsichtlich Zeit, Erreichungsgrad und Inhalt möglichst eindeutig definiert sein. Wann in welchem Umfang was erreicht werden soll, lässt sich bei quantitativen Kosten- oder Gewinnzielen recht einfach beschreiben. Qualitative Zielkriterien müssen hingegen erst in quantifizierbare Größen umgewandelt werden, um sie im erfassen und überwachen zu können. Anhand der Ziele ist es Aufgabe des Controllings festzustellen, ob und wie die Ziele im Zeitablauf erreicht wurden, wie groß mögliche Abweichungen zwischen Soll- und Ist-Zielwerten sind und welche Ursachen es dafür gibt. Anschließend sind Gegensteuerungsmaßnahmen zu ergreifen, aber auch gegebenenfalls Zielkorrekturen, falls einzelne Ziele nicht realisierbar erscheinen. Folgende **Instrumente** lassen sich zur Feststellung von Zielabweichungen einsetzen (Tab. 3.21):

Im Rahmen eines *Zeitvergleichs* lassen sich etwa zweckmäßigerweise der Kassenumsatz eines II. Quartals mit dem des I. Quartals vergleichen oder die Materialkosten im Oktober mit den Materialkosten in den jeweiligen Vormonaten. Je höher dabei die Zahl der Vergleichsdaten ist, desto eher lässt sich ein Trend erkennen und bewahrt zugleich den Gesundheitsbetrieb vor übertriebenem Aktionismus. Mit zunehmender Vergleichshäufigkeit und je kürzer die Abstände der Vergleichszeiträume sind, desto genauer lässt sich der Zeitvergleich als Kontrollinstrument einsetzen. Für einen *Betriebsvergleich* werden beispielsweise Daten in regelmäßigen Abständen in den Berichten des *Statistischen Bundesamtes* zum Gesundheitswesen, von ärztlichen Standesorganisationen oder von Institutionen wie der *KBV* veröffentlicht. Für das *Benchmarking* muss zunächst definiert werden, was damit erreicht und welche Bereiche des Betriebes berücksichtigt werden sollen. Es ist wichtig, dass die herangezogenen Betriebe oder relevante Organisationseinheiten aus anderen Branchen mit dem eigenen Betrieb strukturell identisch sind. Ferner müssen die zu vergleichenden Daten (= benchmarks) in ausreichendem Maße zur Verfügung stehen und sollten direkt bei dem Vergleichspartner erhoben werden. Anschließend lassen sich die Abweichungen der verglichenen Daten in Form von Leistungslücken feststellen. Dabei sind Messfehler auszuschließen und anhand der Ergebnisse die Vergleichbarkeit der Daten abschließend zu überprüfen (Feststellung von Plausibilität und Validität der Daten). Zum Schluss erfolgt die Einschätzung, ob sich die Leistungsfähigkeit

Tab. 3.21 Beispiele für Controllinginstrumente zur Feststellung von Zielabweichungen

Instrumente	Beschreibung
Zeitvergleich	Lässt sich entlang der Zeitachse (wöchentlich, monatlich, quartalsweise, jährlich, mehrjährig) für verschiedene Bereiche innerhalb eines Gesundheitsbetriebs anhand absoluter oder relativer Werte (Kennzahlen) durchführen; der Zeitvergleich gibt somit Auskunft über die derzeitige Situation und ist zugleich die Grundlage für die Ableitung zukunftsbezogener Maßnahmen
Betriebs-vergleich	Gegenüberstellung von Zahlenmaterial des eigenen Gesundheitsbetriebs und Vergleichszahlen einer oder mehrerer anderer Betriebe; während beim *direkten* Vergleich die Zahlen von zwei oder mehreren Betrieben unmittelbar einander gegenübergestellt werden, werden beim *indirekten* Betriebsvergleich die Zahlen mit Durchschnittswerten verglichen
Benchmarking	Besondere Form des Betriebsvergleichs: Es bedeutet, dass sich der Gesundheitsbetrieb nur an den besten Konkurrenten orientiert und versucht deren Leistungsniveau in einen oder mehreren Teilbereichen zu erreichen; dabei wird externes Wissen auf betriebsinterne Problemstellungen übertragen, um davon zu profitieren und gleichzeitig den Aufwand für die eigene Erarbeitung bestmöglicher Lösungen zu reduzieren; während beim *Perfomance*-Benchmarking eher der Betrieb als Ganzes mit Leistungskennzahlen verglichen wird, ist das *Funktions*-Benchmarking dadurch gekennzeichnet, dass bestimmte betriebliche Funktionen (beispielsweise Materialeinkauf, Kassen- und Privatliquidation) als Objekte des Benchmarkings zugrunde gelegt werden; beim *Prozess*-Benchmarking stehen hingegen funktionsübergreifende betriebliche Prozesse im Vordergrund (beispielsweise die Gesamtverweilzeit bzw. „Durchlaufzeit" der Patienten im Gesundheitsbetrieb)
Soll- / Ist-Vergleich	Setzt die Planvorgabe von aus den Betriebszielen abgeleiteten Sollwerten voraus, mit denen die am Ende der Vergleichsperiode erreichten Istwerte verglichen werden (Ergänzung des Zeitvergleichs, mit dem Unterschied, dass zusätzlich zur Beobachtung der Entwicklung entlang der Zeitachse die bewusste Setzung von Zielvorgaben in Form der Sollwerte hinzukommt)
Differenzanalyse	Geht von der Höhe der jeweiligen positiven oder negativen Abweichungen der jeweiligen Vergleichswerte aus und versucht die Ursachen hierfür festzustellen; bei der Differenzanalyse sind *negative* wie auch *positive* Abweichungen gleichermaßen zu berücksichtigen
Budget	Zählt zu den wichtigsten Controllinginstrumenten als Wertgrößenplan, der für eine künftige Periode als Soll-Vorgabe erstellt wird; man unterscheidet Erfolgsbudgets (Enthalten zahlenmäßige Vorgaben für Kosten und Erlöse) und Finanzbudgets (Enthalten zahlenmäßige Vorgaben für Erträge und Aufwendungen, Ein- und Auszahlungen sowie Geschäftsvolumina)

in den Bereichen mit deutlichen Abweichungen verbessern lässt. Ein *Soll-/Ist-Vergleich* kann problematisch werden, wenn die Materialkosten von Monat zu Monat steigen und ein Sollwert von 5 % weniger Kosten am Jahresende nicht erreicht werden kann. Werden alte oder unterschiedlich zustande gekommene Soll- und Istwerte miteinander verglichen, so geht die Aussagefähigkeit des Vergleichs verloren. Bei im Rahmen der *Differenzanalyse* auftretenden Abweichungen liegen die Ursachen nicht immer etwa in tatsächlichen Kostensteigerungen, Einnahmenerhöhungen oder Veränderungen in der Patientenstruktur. Mitunter liegen auch Berechnungsfehler, Ermittlungsfehler, Falschbuchungen oder die fehlerhafte Weitergabe von Daten vor. Fallen in einem Jahr statt 2 Mio. € geplanten Kosten (Sollwert) 2,2 Mio. € (Istwert) an, so ist die Differenz in Höhe von 200.000 € als negative Abweichung aufzufassen, die eine Gegensteuerung erforderlich macht (beispielsweise Ergreifung von Kostensenkungsmaßnahmen). Werden andererseits die Fallzahlen beispielsweise um 10 % überschritten, so kann dieser Wert aufgrund des höheren Patientenzuspruchs zunächst als positive Abweichung verstanden werden, wobei zu überprüfen ist, ob der Sollwert nicht vielleicht zu gering angesetzt war. Toleranzbereiche für die Sollwerte können als relative Bandbreiten definiert werden (beispielsweise ± 5 %) oder als maximaler bzw. minimaler absoluter Wert. Eine *Budgetierung* erfolgt meist für kurze Perioden bis zu einem Jahr, wobei die Kriterien der Budgetgestaltung so zu wählen sind, dass die gesteckten Ziele für die einzelnen Geschäftsbereiche im Rahmen des Erreichbaren liegen, um Budgetungleichgewichte und deren negative Auswirkungen sowohl für die Zielerreichung als auch für die Motivation der Verantwortlichen zu vermeiden.

Der Einsatz einer **Balanced Scorecard** (BSC) für die Steuerung des Gesundheitsbetriebes dient dazu, die Erreichung von strategischen Zielen messbar und über die Ableitung von Maßnahmen umsetzbar zu machen. Anhand von Patienten-, Finanz-, Entwicklungs- und Prozessperspektiven lenkt sie im Gegensatz zu klassischen Kennzahlensystemen den Blick auch auf nicht-finanzielle Indikatoren (vgl. Abb. 3.7).

Insbesondere immaterielle Werte (Intangibles) nehmen in Gesundheitsbetrieben eine besondere Stellung ein. Nicht wenige (medizinische) Sachverhalte und Phänomene in einem Gesundheitsbetrieb gelten als kaum steuer- und messbar. Daher ist die Identifikation, Klassifikation und Beeinflussung von **Intangibles** eine herausfordernde Aufgabe des Controllings. Allerdings gibt es bei diesen vorwiegend qualitativen Aspekten im Gesundheitswesen aufgrund der nicht oder nur schwer möglichen monetären Erfassung im Rahmen des Controllings noch einen erheblichen Forschungsbedarf (vgl. Treml, 2009, S. 4).

3.5.2 Kennzahlensteuerung

Betriebliche Kennzahlen sind vordefinierte Zahlenrelationen, die durch Kombination von Zahlen des Rechnungswesens entstehen, regelmäßig ermittelt werden und aus denen sich Aussagen zu betriebswirtschaftlichen Sachverhalten des Gesundheitsbetriebs komprimiert

Entwicklungsbereiche

Ziel / Strategisches Thema / Kennzahl	Verbesserung der Lebensqualität/ Patienten/ Patientenanzahl	Gastgeber- kompetenz/ Mitarbeiter/ Weiterem- pfehlungsquote	Kombinierte Rehabilitation/ Prozesse/ Anzahl Prozess- standards	Dezentrale Bud- getkompetenz/ Finanzen/ Anzahl Ermächtigungen
Gesprächsdialog/ Kommunikation/ Note aus Mitarbeiterbefragung				
Allianzen mit Zuweisern/ Marketing/ Allianzpartner mit jährlichen Zuweisungen				
Partnerschaften/ Kostenträger/ Umsätze aus Partnerschaften				

Abb. 3.7 Beispiel einer Balanced Scorecard für einen Gesundheitsbetrieb (vgl. Kehl et al., 2005, S. 27)

und prägnant ableiten lassen. Sie dienen dazu, aus der Fülle betriebswirtschaftlicher Informationen wesentliche Auswertungen herauszufiltern, die betriebliche Situation zutreffend widerzuspiegeln und einen schnellen und komprimierten Überblick über die Strukturen des Gesundheitsbetriebs zu vermitteln. Daneben werden Kennzahlen auch dazu verwendet, um bewusst auf eine detaillierte Informationserfassung zu verzichten nur einen kleinen Ausschnitt des insgesamt im Gesundheitsbetrieb Erfassbaren tatsächlich auch abzubilden.

Die im Controlling verwendeten Kennzahlen lassen sich als Zahlen definieren, mit denen die quantitativ erfassbaren Sachverhalte im Gesundheitsbetrieb in konzentrierter Form wiedergegeben werden können. Kennzahlen zählen damit zu den zentralen Instrumenten des Controllings im Gesundheitsbetrieb und dienen der Vermittlung eines schnellen und komprimierten Überblicks über die Praxisstrukturen. Charakterisiert werden Kennzahlen durch ihren Informationscharakter, die Quantifizierbarkeit und ihre spezifische Form. Neben absoluten Kennzahlen-Größen (Summe oder Differenz) werden relative Größen in Form von Beziehungs-, Gliederungs- oder Indexzahlen unterschieden. Da Kennzahlen aggregierte (verdichtete) Informationen abbilden, dienen sie meist dazu, schnell und prägnant über ein ökonomisches Aufgabenfeld zu informieren. Daneben

werden Kennzahlen auch dazu verwendet, um bewusst auf eine detaillierte Informationserfassung zu verzichten nur einen kleinen Ausschnitt des insgesamt im Gesundheitsbetrieb
Erfassbaren tatsächlich auch abzubilden.

Beispiel

Kennzahlen und Indikatoren helfen, Praxisziele sinnvoll umzusetzen und auch den
Erfolg messbar zu machen. Sie haben sich zur Steuerung von Vorgaben und Zielen
bewährt. Auch Ärzte und Ärztinnen sollten wichtige Zahlen kennen. Controlling ist
in diesem Zusammenhang nicht in erster Linie als Kontrolle zu verstehen, sondern
eher als ein unterstützendes Führungs- und Informationssystem. Ohne Informationen
und Zahlen können keine Korrektur oder Anpassung vorgenommen werden, weswegen die zentrale Aufgabe des Controllings das Erkennen von Abweichungen ist. Mit
Hilfe von Zahlen und Informationen können Ärztin und Arzt Korrekturen vornehmen,
wobei es auch hier einen PDCA-Zyklus gibt. Es geht beim Controlling in Arztpraxen
allerdings nicht nur um harte betriebswirtschaftliche, monetäre Zahlen, sondern auch
um die sogenannten weichen Daten wie Patienten- oder Mitarbeitendenzufriedenheit
(vgl. Kassenärztliche Vereinigung Westfalen-Lippe, 2022, S. 28).◄

Die **Kennzahlenarten** lassen sich nach ihrer statischen Form zunächst unterscheiden in
relative und absolute Kennzahlen. Obwohl relative Kennzahlen meist eine höhere Aussagefähigkeit haben (z. B. Umsatzrentabilität, Krankenausfallquote bei den Mitarbeitenden),
so können auch absolute Kennzahlen (z. B. Praxisumsatz, -kosten, -gewinn) als wichtiges
Hilfsmittel im gesamten operativen Planungs-, Steuerungs- und Kontrollprozess herangezogen werden (vgl. Steger, 2017, S. 4). Nach einer anderen Systematik lassen sich die
Kennzahlenarten differenzieren in

- Produktivitätskennzahlen, welche beispielsweise die Produktivität der Mitarbeitenden
  und der medizintechnischen Betriebseinrichtungen messen sollen,
- Wirtschaftlichkeitskennzahlen oder Rentabilitätskennzahlen, bei denen beispielsweise
  genau definierte Kosten des Gesundheitsbetriebs zu bestimmten Leistungseinheiten ins
  Verhältnis gesetzt werden sowie
- Qualitätskennzahlen, die jeweils der Beurteilung des Grades der Zielrichtung dienen.

Kennzahlen können als wichtiges Instrument der Betriebsführung dazu beitragen, Planung, Steuerung und Kontrolle mit dem Ziel optimierter Zuordnungen und möglichst
wirtschaftlicher Abläufe sichern zu helfen. Wie auch im Gesamtsystem des Gesundheitsbetriebs dienen die Kennzahlen insbesondere mit ihren Querfunktionen und Zuordnungen
der exakten Verfolgung der Vorgänge, ihrer Beurteilung nach Rentabilität sowie der optimalen Zuordnung von Teilvorgängen im Gesamtsystem mit den anderen Bereichen und

Funktionen. Sie haben bei der Erkennung von Störgrößen und Engpässen im Wesentlichen drei Aufgaben zu erfüllen:

- Die Analyse des Ist-Zustands des Gesundheitsbetriebs und die Festlegung der Schwachstellen,
- die Entwicklung einer neuen Soll-Position gegenüber der bisherigen Ist-Position,
- die Entwicklung von entsprechenden Maßnahmen und die Kontrolle des Aktionsplans durch Kennzahlen bis zu einer optimalen Lösung.

Obwohl sich Kennzahlen als wichtige Planungs- und Entscheidungsgrundlage nutzen lassen, ist zu berücksichtigen, dass sie mit einer Reihe von Problemen behaftet sein können, die ihre Anwendung einschränken oder sogar unmöglich machen. Dem großen Vorteil von Kennzahlen, große und schwer überschaubare Datenmengen zu wenigen aussagekräftigen Größen verdichten zu können, steht der Nachteil gegenüber, aus der Menge der zur Verfügung stehenden Informationen das Optimum herauszuholen. Die Gefahr einer Kennzahleninflation entsteht dann, wenn zu viele Kennzahlen gebildet werden, deren Aussagewert im Verhältnis zum Erstellungsaufwand letztlich zu gering ist bzw. schon von anderen Kennzahlen abgedeckt wird. Um Fehler bei der Kennzahlenaufstellung zu vermeiden, sind die zur Bildung der Kennzahlen herangezogenen Basisdaten genau zu spezifizieren und exakt abzugrenzen. Eine Standardisierung von Kennwerten ist erforderlich, um deren Vergleichbarkeit im Zeitablauf zu gewährleisten. Sich im Zeitverlauf möglicherweise ergebendes falsches Zahlenmaterial könnte ansonsten zu Fehlentscheidungen führen. Um keine mangelnde Konsistenz von Kennzahlen zu erzeugen, darf die Verwendung mehrerer Kennzahlen in einem Kennzahlensystem keinen Widerspruch auslösen. Es sollten nur solche Größen zueinander in Beziehung gesetzt werden, zwischen denen ein Zusammenhang besteht. Fehlende Konsistenz kann ansonsten zu gravierenden Entscheidungsfehlern führen. Um Probleme der Kennzahlenkontrolle zu verringern sollten nur solche Kennzahlen gebildet werden, deren Werte bei Abweichungen beeinflusst werden können. Dabei wird zwischen direkt und indirekt kontrollierbaren Kennzahlen unterschieden. Im erst genannten Fall kann ein Soll-Wert durch die Wahl einer oder mehrerer Aktionsvariablen beeinflusst werden, während dies bei indirekt kontrollierbaren Kennzahlen nicht der Fall ist.

Aus den oben dargestellten Grenzen der Anwendbarkeit von Einzelkennzahlen ergibt sich die Notwendigkeit einer integrativen Erfassung von Kennzahlen. Ziel einer solchen integrativen Erfassung ist es, mittels einer umfassenden Systemkonzeption Mehrdeutigkeiten in der Interpretation auszuschalten und Abhängigkeiten zwischen den Systemelementen zu erfassen. Als **Kennzahlensystem** bezeichnet man die systematische Zusammenstellung von quantitativen Einzelkennzahlen, die in einer sachlich sinnvollen Beziehung zueinanderstehen, sich ergänzen und insgesamt auf ein übergeordnetes Gesamtziel ausgerichtet sind. Unter einem Kennzahlensystem für den Gesundheitsbetrieb versteht man ein System, das die entscheidungsrelevanten Sachverhalte und Prozesse in im

Gesundheitsbetrieb systematisch abbildet. Ausgehend von der begrenzten Aussagefähigkeit von Einzelkennzahlen dient die systematische Zusammenstellung von betrieblichen Kennzahlen dazu, in knapper und konzentrierter Form alle wesentlichen Informationen für eine umfassende Planung und Kontrolle von Entscheidungen im Gesundheitsbetrieb bereitzustellen.

Ein Kennzahlensystem kann einen Beitrag zur frühzeitigen Erkennung von Abweichungen, zur optimalen Lösung von Zielkonflikten, zu eindeutigen Vorgaben von Zielen für den Gesundheitsbetrieb und seine einzelnen Verantwortungsbereichen, zur systematischen Suche nach Schwachstellen und ihren Ursachen sowie zur Erschließung von Rationalisierungspotenzialen im Gesundheitsbetrieb leisten. Dem Kennzahlensystem als Kontrollsystem und System zur Vorbereitung künftiger Entscheidungen kommt somit nicht nur eine informationsverdichtende Aufgabe zu, sondern die Aufgabe echter Problemerkennung. Die Leitung des Gesundheitsbetriebs soll frühzeitig auf Kostenabweichungen aufmerksam gemacht werden, um negative Auswirkungen erkennen zu können. Ein Kennzahlensystem, das diese Aufgabe erfüllt, muss so strukturiert sein, dass alle wichtigen entscheidungsrelevanten Sachverhalte mit hinreichender Genauigkeit wiedergegeben werden (vgl. Reichmann et al., 2017, S. 38).

Man unterscheidet dabei mathematisch verknüpfte Kennzahlensysteme, die vorliegen, wenn die Einzelkennzahlen des Kennzahlensystems für den Gesundheitsbetrieb durch mathematische Operationen miteinander verbunden werden. Die Übersichtlichkeit und Aussagefähigkeit dieses Kennzahlensystems wird aber dadurch stark eingeschränkt, dass bei dieser Vorgehensweise sehr viele Hilfskennzahlen als "mathematische Brücken" in Kauf genommen werden. Sobald die Summe der Einzelkennzahlenwerte über die gesamte Prozesskette zu berechnen ist, stößt für betrieblich relevante Sachverhalte ein solches mathematisch verknüpftes Kennzahlensystem an seine Grenzen. So entspricht z. B. die Summe der Patientendurchlaufzeiten in der Aufnahme, in der Anamnese, im MRT, in der Diagnose etc. nicht automatisch der Gesamtdurchlaufzeit, da Unterbrechungen vorkommen. Bei einem systematisch verknüpften Kennzahlensystem wird ausgehend von einem Oberziel ein System von Kennzahlen gebildet, das lediglich die wesentlichen Entscheidungsebenen mit einbezieht. Die Ergebnisse aus diesen wesentlichen Entscheidungssystemen lassen die Erfolgsauswirkungen auf das Oberziel erkennen. Bezogen auf den Gesundheitsbetrieb bedeutet dies, dass das Oberziel in Unterzielsetzungen heruntergebrochen wird und dann für alle Betriebsbereiche entsprechende Kennzahleninhalte und -werte definiert werden. Im extremen Fall aber ist hierbei auf jeden relevanten Planungs- und Kontrollinhalt eine Kennzahl zu setzen. Noch genauer als beim systematisch verknüpften Kennzahlensystem wird beim empirisch begründeten Kennzahlensystem vorgegangen: Denn es wird sich lediglich auf diejenigen Betriebsfunktionen beschränkt, die das Erfolgsziel auch tatsächlich beeinflussen. Dieses System zeichnet sich dadurch aus, dass man bei komplexen Entscheidungen durch einen Reduktionsprozess von der betrieblichen Realität zur modellmäßigen Abbildung durch aggregierte Kennzahlen gelangt und sich bei der Kennzahlenbildung auf die erfolgsrelevanten Bestandteile und damit auf wichtige Kennzahlen konzentriert.

Ziele eines Kennzahlensystems für den Gesundheitsbetrieb sind unter anderem die

- optimale Lösung von Zielkonflikten im Gesundheitsbetrieb,
- eindeutige Vorgabe von Zielen für den Gesundheitsbetrieb und seine einzelnen Verantwortungsbereiche,
- frühzeitige Erkennung von Abweichungen,
- systematische Suche nach Schwachstellen und ihren Ursachen,
- Erschließung von Rationalisierungspotenzialen.

Anhand der Ziele lassen sich folgende Funktionen ableiten, die ein Kennzahlensystem für den Gesundheitsbetrieb leisten muss:

- Operationalisierungsfunktion: Bildung von Kennzahlen zur Operationalisierung von Zielen und Zielerreichung (Leistungen);
- Anregungsfunktion: Laufende Erfassung von Kennzahlen zur Erkennung von Auffälligkeiten und Veränderungen;
- Vorgabefunktion: Ermittlung kritischer Kennzahlenwerte als Zielgrößen für Teilbereiche der Praxis;
- Steuerungsfunktion: Verwendung von Kennzahlen zur Vereinfachung von Steuerungsprozessen;
- Kontrollfunktion: Laufende Erfassung von Kennzahlen zur Erkennung von Soll-Ist-Abweichungen.

Die Problematik der Schaffung eines funktionierenden Kennzahlensystems für den Gesundheitsbetrieb hat zur Folge, dass die meisten Kennzahlensysteme oft nur der statistischen Analyse zum Zeitpunkt x dienen, oder aber, dass sog. Ablaufkennzahlen nur partielle Aussagen zu Detailbereichen zulassen. Es fehlt also an der Darstellung des gesamten gesundheitsbetrieblichen Geschehens und seiner Zusammenhänge bzw. dessen Erfassung in Kennzahlensystemen, die als Instrument für die Planung, Steuerung und Kontrolle dieser betrieblichen Funktionen geeignet sind.

Kennzahlen können als entscheidendes Instrument der Betriebsführung dazu beitragen, die Planung, Steuerung und Kontrolle mit dem Ziel optimierter Zuordnungen und möglichst wirtschaftlicher Abläufe sichern zu helfen. Wie auch im Gesamtsystem des Gesundheitsbetriebs dienen die Kennzahlen insbesondere mit ihren Querfunktionen und Zuordnungen der exakten Verfolgung der Vorgänge, ihrer Beurteilung nach Rentabilität sowie der optimalen Zuordnung von Teilvorgängen im Gesamtsystem mit den anderen Bereichen und Funktionen.

Die Entwicklung eines individuellen Kennzahlensystems für den Gesundheitsbetrieb umfasst folgende Schritte:

- Festlegung und Gewichtung der Ziele des Gesundheitsbetriebs,
- Festlegung der Kennzahlen für das Controlling,
- Auswahl der Kennzahlen-Empfänger (Betriebsleitung, Direktorium, Ärzte/Ärztinnen, Mitarbeitende, Steuerberater/Steuerberaterin u. a.),
- Sicherung der Informationsquellen und Vergleichsgrundlagen,
- Festlegung der Erhebungszeitpunkte bzw. –räume,
- Auswahl der Verantwortlichkeiten für die Erstellung der Kennzahlen,
- Festlegung der Darstellung der Kennzahlenergebnisse.

Will ein Gesundheitsbetrieb eine effiziente Arbeit mit Kennzahlen erreichen, so muss er diese an seinen Bedürfnissen ausrichten. Unter Berücksichtigung der betriebswirtschaftlichen Qualifikationsstruktur seiner Mitarbeitenden und seiner Größe stellt er sehr unterschiedliche Anforderungen an ein Kennzahlensystem. In der Regel kann der Gesundheitsbetrieb unter sehr vielen üblichen Kennzahlen die für ihn am besten geeigneten auswählen, um so auf ein „maßgeschneidertes Kennzahlensystem" zu kommen. Ob die jeweilige Kennzahl für ihn geeignet erscheint, lässt sich beispielsweise anhand von gezielten Fragen beantworten:

- Sind die Kennzahlen steuerungsrelevant?
- Ist das zugehörige Zielsystem des Gesundheitsbetriebs überzeugend?
- Wie typisch oder wie spezifisch ist es?
- Wie kreativ sind die Kennzahlen?
- Ähneln sie sehr den Zahlen der Vergangenheit?
- Wie wirkungsvoll sind die Kennzahlen?
- Werden sie schnell einen Veränderungsbedarf zeigen?
- Kann Ihre Steuerungsrelevanz entfalten?
- Sind die Kennzahlen leicht verständlich?
- Birgt die Kennzahl die Gefahr, leicht fehlinterpretiert zu werden?
- Stimmt der Adressatenbezug?
- Ist der Praxisbezug überzeugend?
- Sind die Wirkungszusammenhänge zwischen den Kennzahlen realitätsnah, passend und zweckmäßig abgebildet?

Nach der getroffenen Auswahl an Kennzahlen bieten sich der Leitung des Gesundheitsbetriebs Gestaltungsspielräume hinsichtlich der Gliederung der einzelnen Kennzahlen sowie bei der Festlegung der Erhebungszeitpunkte bzw. -räume.

Um einen laufenden Vergleich von Soll- und Ist-Werten zu ermöglichen, ist es zunächst erforderlich, in der Planung Sollgrößen zu erarbeiten, die in einem Zeitraum x anzustreben sind. Hierzu gehört, realistisch für die nächsten Jahre kalkuliert anstrebbare Verbesserungen im Gesundheitsbetrieb einzusetzen und diese mit den gegebenen Ist-Größen laufend im Rahmen der Planung zu vergleichen (vgl. Tab. 3.22).

Üblicherweise werden Rentabilitätskennzahlen ermittelt, die das Verhältnis zwischen einer Erfolgsgröße und beispielsweise dem eingesetzten Kapital im Gesundheitsbetrieb wiedergeben. So beschreibt die Eigenkapitalrentabilität, ob sich der Einsatz des Eigenkapitals gelohnt hat. Üblicherweise wird gefordert, dass das eingesetzte Eigenkapital eine gewisse Mindestverzinsung erfährt, die sich aus dem marktüblichen Zinssatz, einer Risiko- und Kapitalerhaltungsprämie zusammensetzt.

Die Gesamtkapitalrentabilität ist Ausdruck für die Leistungsfähigkeit des im Gesundheitsbetrieb arbeitenden Kapitals. Gewinn und Fremdkapitalkosten werden zu einer Größe zusammengefasst und auf das durchschnittlich gebundene Kapital bezogen. Das Prozentergebnis zeigt den Erfolg des gesamten Kapitaleinsatzes. Ferner zeigt die Gesamtkapitalrendite den Grenzzinssatz an, der für zusätzliches Fremdkapital erwartet werden kann. Die Eigenkapitalrentabilität kann nämlich so lange gesteigert werden, wie der Zinssatz für Fremdkapital unter der Rentabilität des Gesamtkapitals liegt. Sinkt die Gesamtkapitalrendite nachhaltig unter den Fremdkapitalzins, ist das ein wichtiges Warnsignal.

Die Umsatzrentabilität beschreibt, mit welchem Umsatz welcher Gewinn erzielt wird. Sie sollte eine Rendite widerspiegeln, die multipliziert mit dem Kapitalumschlag eine vernünftige Gesamtkapitalrentabilität entstehen lässt.

Der Return on Investment (RoI) beschreibt die Rentabilität des gesamten Kapitaleinsatzes und stellt dar, wie das eingesetzte Kapital durch die Leistung des im Gesundheitsbetriebs verzinst wird. Dabei arbeitet der Gesundheitsbetrieb umso leistungsfähiger und effizienter, je höher der RoI ist. Die Rentabilitätsrechnung des RoI kann sich sowohl auf den gesamten Gesundheitsbetrieb als auch auf Teilbereiche oder die Vorteilhaftigkeit einzelner Investitionen beziehen. Im Rahmen der Analyse von Kennzahlen errechnet sich der RoI üblicherweise aus dem Verhältnis des gesamten investierten Kapitals und des Umsatzes zum Gewinn. Generell werden bei der Berechnung des investierten Kapitals Bruttoanlagewerte für die Einrichtung (Anschaffungskosten) wie auch Nettoanlagewerte (Anschaffungskosten minus Abschreibungen) verwendet. Daher kann der RoI nicht unmittelbar aus der Einnahme-/ Überschussrechnung abgeleitet werden.

Der RoI kann anstelle der Berücksichtigung des Gewinns auch mit dem Cash-Flow als Erfolgskennzahl gebildet werden. Es handelt sich dabei um den Umsatzüberschuss oder Finanzüberschuss eines Gesundheitsbetriebs, der sich als Nettozugang an flüssigen Mitteln aus der Umsatztätigkeit innerhalb eines Zeitraums darstellt. Der Cash-Flow ist eine gebräuchliche, sehr aussagefähige Kennzahl zur Beurteilung der Finanzlage eines Gesundheitsbetriebs. Er kann zum Zeitvergleich herangezogen oder mit dem Cash-Flow von anderen Gesundheitsbetrieben verglichen werden und lässt sich direkt ermitteln aus den Einnahmen (zahlungswirksame Erträge) abzüglich der Ausgaben (zahlungswirksame

Tab. 3.22 Kennzahlenbeispiele zur Steuerung des Gesundheitsbetriebs

Kennzahl	Formel	Beschreibung
Leistungskennzahlen		
Fallzahlen stationär	Absolute stationäre Fallzahlen	Fallzahlentwicklung
Fallzahlen ambulant	Absolute ambulante Fallzahlen	Fallzahlentwicklung
Durchschnittl. Pflegetage	Gesamtzahl Pflegetage ÷ Patientenanzahl (stationär)	Entwicklung der durchschnittl. Pflegetage
Bettenauslastungsgrad	[(Gesamtzahl Betten x mögliche Belegungstage) ÷ tatsächliche Belegungstage] × 100	Entwicklung der Bettenbelegung
Rentabilitätskennzahlen		
Eigenkapitalrentabilität	(Betriebsgewinn ÷ Eigenkapital) × 100	Sicherstellung der Mindestverzinsung des Eigenkapitals
Gesamtkapitalrentabilität	[(Betriebsgewinn + Fremdkapitalzinsen) ÷ Gesamtkapital] × 100	Ausdruck für die Leistungsfähigkeit des in dem Gesundheitsbetrieb arbeitenden Kapitals
Umsatzrentabilität	(Betriebsgewinn ÷ Betriebsumsatz) × 100	Anteil des Betriebsgewinns und der Kosten am Gesamtumsatz
Return on Investment	(Betriebsgewinn ÷ Betriebsumsatz) × (Betriebsumsatz ÷ gesamtes investiertes Kapital)	Verhältnis des gesamten investierten Kapitals und des Betriebsumsatzes zum Betriebsgewinn
Cash-flow	Betriebseinnahmen (zahlungswirksame Erträge) – Betriebsausgaben (zahlungswirksame Aufwendungen)	Umsatzüberschuss oder Finanzüberschuss, der sich als Nettozugang an flüssigen Mitteln aus der Umsatztätigkeit innerhalb eines Zeitraums darstellt
Zuwachsraten		
Umsatzzuwachsrate	(Betriebsumsatz Periode A ÷ Betriebsumsatz Periode B) × 100	Entwicklung des Betriebsumsatzes
Gewinnzuwachsrate	(Betriebsgewinn Periode A ÷ Betriebsgewinn Periode B) × 100	Entwicklung des Betriebsgewinns
Kostenzuwachsrate	(Betriebskosten Periode A ÷ Betriebskosten Periode B) × 100	Entwicklung der Betriebskosten
Liquiditätskennzahlen		

(Fortsetzung)

Tab. 3.22 (Fortsetzung)

Kennzahl	Formel	Beschreibung
1. Liquiditätsgrad	Zahlungsmittelbestand ÷ kurzfristige Verbindlichkeiten	Verhältnis zwischen Zahlungsmittelbestand und kurzfristigen Verbindlichkeiten
2. Liquiditätsgrad	Zahlungsmittelbestand + kurzfristige Forderungen ÷ kurzfristige Verbindlichkeiten	Verhältnis zwischen Teilen des Umlaufvermögens und kurzfristigen Verbindlichkeiten
3. Liquiditätsgrad	Umlaufvermögen ÷ kurzfristige Verbindlichkeiten	Verhältnis zwischen gesamtem Umlaufvermögen und kurzfristigen Verbindlichkeiten
Mitarbeitendenkennzahlen		
Monatl. Arbeitsstunden	Gesamtzahl der monatlichen Arbeitsstunden ÷ Anzahl der Betriebsangehörigen	Entwicklung der durchschnittlichen Arbeitszeiten je Betriebsangehörigen
Überstundenquote	(Ist-Arbeitsstunden ÷ Soll-Arbeitsstunden) × 100	Einsatzbereitschaft des Betriebspersonals; Mitarbeitendenbemessung
Krankheitsquote	(Monatliche Krankenausfallstunden ÷ Monatliche Arbeitsstunden) × 100	Ausfallzeiten des Betriebspersonals
Fluktuationsquote	Mitarbeitendenabgang ÷ durchschnittlicher Mitarbeitendenbestand des Betriebs) × 100	Mitarbeitendenbewegungen; Arbeitsplatzzufriedenheit

Aufwendungen) oder indirekt auf der Grundlage des bilanziellen Erfolgs (Jahresüberschuss), indem ausgabenneutrale Aufwendungen (beispielsweise Abschreibungen) addiert und einnahmenneutrale Erträge (beispielsweise Zuschreibungen) subtrahiert werden.

Zuwachsraten geben Auskunft über die Entwicklung von Umsatz-, Gewinn- oder Kostengrößen in Vergleichszeiträumen. So drückt die Umsatzzuwachsrate die Entwicklung des Umsatzes durch den Vergleich des Umsatzes einer bestimmten Periode mit einer Vergleichsperiode aus. Entsprechendes gilt für die Gewinnzuwachsrate, die Kostenzuwachsrate oder andere auf die gleiche Weise ermittelbare Zuwachsraten.

Neben den umsatz-, kosten-, und gewinnbezogenen Kennzahlen gibt es weitere Kennziffern, die Auskünfte über die Ertrags- und Vermögenslage des Gesundheitsbetriebs liefern. So informieren die Liquiditätskennzahlen über die Liquidität des Gesundheitsbetriebs und somit beispielsweise darüber, ob zur kurzfristigen Begleichung fälliger Verbindlichkeiten ausreichend eigene Zahlungsmittel zur Verfügung stehen. Das Umlaufvermögen sollte sich mehrmals innerhalb einer Periode umschlagen. Weiterhin gilt, dass der 3. Liquiditätsgrad einen Wert von mindestens 2 aufweisen sollte und dass bezüglich des 2. Liquiditätsgrades der Wert 1 eine kritische Zahl darstellt.

Für das Controlling des Mitarbeitendenmanagements erweisen sich folgende Mitarbeitendenkennzahlen als besonders informativ und zu Kontrollzwecken wichtig:

- die Zahl der durchschnittlich geleisteten monatlichen Arbeitsstunden lässt auf die Entwicklung der durchschnittlichen Arbeitszeiten je Mitarbeiterin und Mitarbeiter schließen;
- eine jeweils über 100 % liegende Überstundenquote kann einerseits die Einsatzbereitschaft der Mitarbeitenden zum Ausdruck bringen; andererseits lässt sie bei dauerhaft hohen Werten aber auch den Schluss zu, dass zu wenig Betriebsangehörige zur Verfügung stehen und die Mitarbeitendenbedarfsrechnung des Gesundheitsbetriebs nicht stimmt;
- über die Ausfallzeiten der Mitarbeitenden gibt die Krankenausfallquote Auskunft.

Die Mitarbeitendenbewegungen und damit auch Aussagen über die Zufriedenheit am Arbeitsplatz lassen sich am besten durch die Fluktuationsquote ermitteln. So lässt sich eine niedrige Fluktuationsrate einerseits zwar dahingehend interpretieren, dass die Arbeitsplatzzufriedenheit und die Mitarbeiterführung im positiven Bereich liegen. Andererseits gehen bei derartig geringen Mitarbeitendenbewegungen aber auch keine Impulse von Neueinstellungen aus. Das zur Ermittlung der Mitarbeitendenkennzahlen nötige Datenmaterial lässt sich beispielsweise direkt aus dem Praxisverwaltungssystem (PVS), dem Krankenhausinformationssystem (KIS) oder dem Pflegeinformationssystem (PIS) entnehmen, an dem sich die Mitarbeitenden zu Arbeitsbeginn und -ende an- und abmelden. In vielen installierten Programmen sind sogar bereits statistische Auswertungen vorhanden und jederzeit abrufbar. Als weitere Datenquellen können das Führen von Urlaubs- und Abwesenheitsübersichten, Arbeitszeiterfassungsdaten usw. herangezogen werden. Die manuelle Auswertung dieser Daten ist allerdings recht mühsam und sollte daher auf die Ermittlung nur weniger wichtiger Kennzahlen beschränkt bleiben.

Über die dargestellten Kennziffern hinaus, ließen sich noch zahlreiche weitere Kennzahlen für das Controlling ermitteln. So etwa Kostenkennzahlen, die etwa die Beziehung einzelner Kostenarten zum Umsatz oder Kostendeckungsbeiträgen zum Ausdruck bringen, oder Umsatzkennzahlen, die den Umsatzanteil je Mitarbeiter bzw. Mitarbeiterin oder den Anteil einzelner Betriebsbereiche am gesamten Umsatz widerspiegeln.

Abschließend seien noch Kennzahlen zum Patientenbereich erwähnt, denn kaum ein Gesundheitsbetrieb kennt die Zahl der Patienten, die ihn mehr oder weniger regelmäßig aufsucht. Die Behandlungsfälle je Quartal geben darüber auch keine Auskunft. Gerade aber um Maßnahmen des Praxismarketings gezielt einsetzen und steuern zu können, bedarf es Informationen über die tatsächliche Patientenzahl und –struktur. Als relevante Kennzahl lässt sich somit die tatsächliche Patientenzahl des Gesundheitsbetriebs definieren und ihre Entwicklung im Zeitvergleich und auch im Vergleich mit anderen Gesundheitsbetrieben beobachten.

Für den Gesundheitsbetrieb lassen sich in der betriebswirtschaftlichen Literatur zahlreiche weitere Kennzahlen finden, die Aussagen zu Entwicklungen und anderer Einflussgrößen enthalten (vgl. Krause & Arora, 2010, S. 334).

3.5.3 Betriebliche Kontrolle und medizinische Qualitätskontrolle

Im Zentrum der Kontrolle von Gesundheitsbetrieben steht die **Medizinische Qualitätskontrolle** (vgl. Abb. 3.8).

Ihr Ziel ist es, eine bedarfsgerechte und wirtschaftliche Patientenversorgung auf hohem Niveau sicherzustellen, die fachlich qualifiziert, ausreichend und zweckmäßig ist, sich an der Lebensqualität orientiert und dabei erwünschte Behandlungsergebnisse erreicht.

Beispiel

Die Qualitätskontrolle der Klinik für Neurochirurgie am *Klinikum Kassel* umfasst beispielsweise:

- täglich: Interne Indikationsbesprechung, ausführliche OP-Planungsbesprechung, neurochirurgisch-neuroradiologische Besprechung;
- wöchentliche neuropädiatrisch-pädiatrisch-onkologisch-neurochirurgisch-neuroradiologische Besprechung (LAEKH zertifiziert), 2-wöchentliche interdisziplinäre Tumorkonferenz (LAEKH zertifiziert);

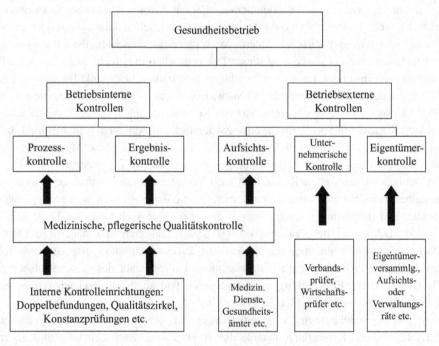

Abb. 3.8 Kontrolle des Gesundheitsbetriebs

- monatlich: pädiatrische Tumorkonferenz (LAEKH zertifiziert), Schädelbasiskonferenz, interdisziplinäre Teamkonferenz NINT;
- 2 monatliche neurochirurgisch-neuropathologische Konferenz;
- vierteljährliche Komplikationskonferenz;
- regelmäßige Besprechungen mit OP-Team, Stationsteam (vgl. Klinikum Kassel, 2023, S. 1).◄

Neben den *internen* Kontrollmechanismen von Gesundheitsbetrieben zur Kontrolle von Behandlungsergebnissen und Prozessen gibt es eine Reihe von *externen* Kontrolleinrichtungen wie beispielsweise der Vergleich verschiedener Betriebe auf der Basis von messbaren Qualitätsindikatoren nach Vorgaben des *Gemeinsamen Bundesausschusses (G-BA),* dem höchsten Gremium der gemeinsamen Selbstverwaltung im deutschen Gesundheitswesen. Er setzt die gesetzlichen Regelungen in praktische Vorgaben für die Gesundheitsbetriebe um, sodass die von ihm beschlossenen Richtlinien für alle Ärzte und Krankenhäuser verbindlich gelten. Die Kontrolle wird ermöglicht durch beispielsweise folgende Vorgaben zur Qualitätssicherung in Arztpraxen und Krankenhäusern:

- **Anforderungen an einrichtungsübergreifende Fehlermeldesysteme:** Fehlermeldesysteme sollen dazu beitragen, dass Risiken und Fehlerquellen in der medizinischen und pflegerischen Versorgung erkannt und ausgewertet werden, um unerwünschte Ereignisse schon im Vorfeld zu vermeiden;
- **Mindestmengen für planbare medizinische Eingriffe:** Der G-BA benennt planbare stationäre Leistungen, bei denen ein Zusammenhang zwischen der Durchführungshäufigkeit und der Behandlungsqualität besteht;
- **Nachweispflichten zur Fortbildung im Krankenhaus:** Welche Nachweispflichten die Ärzte und Psychotherapeuten im Einzelnen zu erfüllen haben, legt der G-BA für den stationären Bereich in seinen Regelungen zur Fortbildung im Krankenhaus fest;
- **Personalausstattung in Psychiatrie und Psychosomatik:** Der G-BA legt im Auftrag des Gesetzgebers qualitätssichernde Maßnahmen für die stationäre psychiatrische, kinder- und jugendpsychiatrische und psychosomatische Versorgung fest; Kernelement sind verbindliche personelle Mindestvorgaben zu der Frage, mit wieviel therapeutischem Personal die Einrichtungen mindestens ausgestattet sein müssen;
- **Qualitätsmanagement:** Qualitätsmanagement ist ein Instrument der Organisationsentwicklung; Unter diesem Begriff werden alle organisatorischen Maßnahmen zusammengefasst, die dazu beitragen, die Abläufe und damit auch die Ergebnisse von Einrichtungen zu verbessern;
- **Strukturqualitätsvorgaben:** Der G-BA legt für bestimmte Behandlungen Mindestanforderungen an die Struktur-, Prozess- und Ergebnisqualität fest;
- **Zweitmeinungsverfahren bei planbaren Eingriffen:** Im Rahmen eines Zweitmeinungsverfahrens haben Patientinnen und Patienten die Möglichkeit, offene Fragen zu einem empfohlenen Eingriff mit einer Ärztin oder einem Arzt mit besonderen Fachkenntnissen und Erfahrungen zu besprechen (vgl. Gemeinsamer Bundesausschuss, 2023a, S. 1).

Auf der Basis der *Richtlinie zur datengestützten einrichtungsübergreifenden Qualitäts-sicherung – DeQS-RL,* die die Rahmenbestimmungen und damit die infrastrukturellen und verfahrenstechnischen Grundlagen zur Messung der Versorgungsqualität durch das Erheben, Verarbeiten und Nutzen von Daten bei den Leistungserbringerinnen und Leistungserbringern und das Verarbeiten und Nutzen von Daten bei den Krankenkassen für den Vergleich der Leistungserbringerinnen und Leistungserbringer untereinander festlegt und in themenspezifischen Bestimmungen die erfassten Leistungen und die Einzelheiten des jeweiligen Qualitätssicherungsverfahrens regelt, sind Kontrolldaten zu erfassen (vgl. Gemeinsamer Bundesausschuss, 2023b, S. 1).◄

In ähnlicher Weise funktioniert die Kontrolle durch das **Critical Incident Reporting-System** (CIRS), einem anonymisierten Fehlerberichtssystem, welches durch die Meldung kritischer Ereignisse dazu beiträgt, die eigenen Prozesse zu überprüfen, um die gemeldeten Fehler zu vermeiden. Anhand der Daten können lediglich das Ereignis, nicht jedoch der Meldende, seine Klinik, Praxis, Pflegeheim oder geschädigte Patienten zurückverfolgt werden. Im Vordergrund stehen dabei die Lernvorgänge und die damit verbundene Initiierung von Kontrollen im eigenen Bereich (vgl. Bühle, 2014, S. 57).

Das *CIRSmedical* ist das Berichts- und Lernsystem der deutschen Ärzteschaft für kritische Ereignisse in der Medizin und richtet sich an die Mitarbeiterinnen und Mitarbeiter des Gesundheitswesens. Alle sicherheitsrelevanten Ereignisse, die in der Medizin auftreten, können von Mitarbeiterinnen und Mitarbeitern des Gesundheitswesens berichtet werden. Dies können Fehler, Beinahe-Schäden, Kritische Ereignisse oder auch Unerwünschte Ereignisse sein. Vor der Veröffentlichung werden alle Berichte von berechtigten Mitarbeitenden der Bundesärztekammer gelesen und anonymisiert (vgl. Bundesärztekammer, 2023, S. 1). Ein weiteres Fehlervermeidungssystem ist beispielsweise im Bereich der der Hausarztpraxen das Fehlerberichts- und Lernsystem www.jeder-fehler-zaehlt.de (vgl. Goethe-Universität Frankfurt a. M., 2023, S. 1).◄

Weitere Kontrolleinrichtungen insbesondere für den ökonomischen Bereich der Gesundheitsbetriebe, beispielsweise für Betriebe in Form großer und mittelgroßer Kapitalgesellschaften die unter das *Publizitätsgesetz (PublG)* fallen, sind vorgeschriebene **Prüfungen**, wie die Jahresabschlussprüfung, die in der Regel nur von Wirtschaftsprüfern und Wirtschaftsprüfungsgesellschaften vorgenommen werden darf. So sind der Jahresabschluss und der Lagebericht durch einen Abschlussprüfer zu prüfen (vgl. § 6 PublG).

Zu den Kontrolleinrichtungen zählt beispielsweise auch eine **Interne Revision,** die die Ordnungsmäßigkeit und Zuverlässigkeit der betriebsinternen Abläufe überprüft. Sie unterstützt als Bestandteil der internen Kontrollverfahren die Leitung des Gesundheitsbetriebs bei ihrer Überwachungsfunktion der Angemessenheit des Risikomanagements und des internen Kontrollsystems.

Der **Medizinische Dienst** (MD) hat hauptsächlich medizinische, zahnmedizinische und pflegerische Beratungs- und Begutachtungsaufgaben im Rahmen der gesetzlichen Kranken- und Pflegeversicherung wahrzunehmen. In der Regel gibt es in jedem Bundesland einen Medizinischen Dienst, in Nordrhein-Westfalen gibt es zwei und Berlin und Brandenburg haben einen gemeinsamen Medizinischen Dienst. Die 15 Medizinischen Dienste und der Medizinische Dienst Bund bilden die Gemeinschaft der Medizinischen Dienste, wobei der Medizinische Dienst Bund die bundesweite Zusammenarbeit koordiniert und fördert und Richtlinien für die Tätigkeit der Medizinischen Dienste erlässt, wie zum Beispiel bundesweit einheitliche Kriterien für die Begutachtung.

Neben Qualitäts- und Strukturprüfungen in Krankenhäusern führt der MD beispielsweise auch Qualitätskontrollen in Pflegeeinrichtungen durch, wobei überprüft wird, ob die Leistungen der Pflegeeinrichtungen den vereinbarten Qualitätsstandards entsprechen und hat dazu auch Einsichtsrecht in die Patientenunterlagen. Grundlage hierfür sind die Vorgaben des *SGB XI*, nach dem die Qualitätsprüfungen als Regelprüfung, Anlassprüfung oder Wiederholungsprüfung erfolgen und die Pflegeeinrichtungen die ordnungsgemäße Durchführung der Prüfungen zu ermöglichen haben.

Die Landesverbände der Pflegekassen veranlassen in zugelassenen Pflegeeinrichtungen regelmäßig im Abstand von höchstens einem Jahr eine Prüfung (Regelprüfung). Die Regelprüfung erfasst insbesondere wesentliche Aspekte des Pflegezustandes und die Wirksamkeit der Pflege- und Betreuungsmaßnahmen (Ergebnisqualität). Sie kann auch auf den Ablauf, die Durchführung und die Evaluation der Leistungserbringung (Prozessqualität) sowie die unmittelbaren Rahmenbedingungen der Leistungserbringung (Strukturqualität) erstreckt werden. Die Regelprüfung bezieht sich auf die Qualität der allgemeinen Pflegeleistungen, der medizinischen Behandlungspflege, der Betreuung einschließlich der zusätzlichen Betreuung und Aktivierung, der Leistungen bei Unterkunft und Verpflegung und der Zusatzleistungen. Auch die erbrachten Leistungen der häuslichen Krankenpflege sind in die Regelprüfung einzubeziehen. Die Regelprüfung umfasst auch die Abrechnung der genannten Leistungen.

Bei Anlassprüfungen geht der Prüfauftrag in der Regel über den jeweiligen Prüfanlass hinaus; er umfasst eine vollständige Prüfung mit dem Schwerpunkt der Ergebnisqualität. Im Zusammenhang mit einer zuvor durchgeführten Regel- oder Anlassprüfung kann eine Wiederholungsprüfung veranlasst werden, um zu überprüfen, ob die festgestellten Qualitätsmängel durch die angeordneten Maßnahmen beseitigt worden sind (vgl. § 114 SGB XI). Die Prüfinhalte gliedern sich in Qualitätsbereiche, denen Qualitätsaspekte zugeordnet sind (siehe Tab. 3.23).

Tab. 3.23 Prüfinhalte für Qualitätsprüfungen nach SGB XI (vgl. Medizinischer Dienst des Spitzenverbandes Bund der Krankenkassen, 2019, S. 18 ff.)

Qualitätsbereiche	Qualitätsaspekte
Unterstützung bei der Mobilität und Selbstversorgung	Unterstützung im Bereich der Mobilität; Unterstützung bei der Ernährung und Flüssigkeitsversorgung; Unterstützung bei Kontinenzverlust, Kontinenzförderung; Unterstützung bei der Körperpflege
Unterstützung bei der Bewältigung von krankheits- und therapiebedingten Anforderungen und Belastungen	Medikamentöse Therapie; Schmerzmanagement; Wundversorgung; Unterstützung bei besonderen medizinischpflegerischen Bedarfslagen; Unterstützung bei der Bewältigung von sonstigen therapiebedingten Anforderungen
Unterstützung bei der Gestaltung des Alltagslebens und der sozialen Kontakte	Unterstützung bei Beeinträchtigungen der Sinneswahrnehmung; Unterstützung bei der Tagesstrukturierung, Beschäftigung und Kommunikation; Nächtliche Versorgung
Unterstützung in besonderen Bedarfs- und Versorgungssituationen	Unterstützung der versorgten Person in der Eingewöhnungsphase nach dem Einzug; Überleitung bei Krankenhausaufenthalten; Unterstützung von versorgten Personen mit herausfordernd erlebtem Verhalten und psychischen Problemlagen; Freiheitsentziehende Maßnahmen
Bedarfsübergreifende fachliche Anforderungen	Abwehr von Risiken und Gefährdungen; Biografieorientierte Unterstützung; Einhaltung von Hygieneanforderungen; Hilfsmittelversorgung; Schutz von Persönlichkeitsrechten und Unversehrtheit
Einrichtungsinterne Organisation und Qualitätsmanagement	Qualifikation und Aufgabenwahrnehmung durch die verantwortliche Pflegefachkraft; Begleitung Sterbender und ihrer Angehörigen; Maßnahmen zur Vermeidung und zur Behebung von Qualitätsdefiziten

3.5.4 Risikomanagement im Gesundheitsbetrieb

Risikomanagementsysteme (RMS) dienen zur Überwachung den Fortbestand von Gesundheitsbetrieben gefährdenden Entwicklungen, durch die systematische Erfassung und Bewertung von Risiken für Gesundheitsbetrieben, sowie deren Steuerung und anzustrebende Vermeidung durch geeignete Präventionsmaßnahmen (vgl. Frodl, 2022, S. 95 ff.). Sie werden von verschiedenen Seiten gefordert. So ist beispielsweise für Gesundheitsbetrieben in Form von Aktiengesellschaften nach dem *Aktiengesetz (AktG)* ausdrücklich vorgegeben, dass der Vorstand geeignete Maßnahmen zu treffen hat, insbesondere ein Überwachungssystem einzurichten, damit den Fortbestand der Einrichtung gefährdende Entwicklungen früh erkannt werden (vgl. § 91 AktG). Da das AktG auch Ausstrahlwirkung auf andere Rechtsformen hat, werden auch Gesundheitsbetriebe davon erfasst, die nicht unmittelbar dem AktG unterliegen. Die rechtlichen Grundsätze zur Pflicht eines Risiko- und Notfallmanagements betreffen somit nicht nur gewerbliche Gesundheitsbetriebe, insbesondere Kapitalgesellschaften, und die in dieser Rechtsform betriebenen Pflegeheime, Krankenhäuser und Gesundheitseinrichtungen, sondern die Vielzahl allgemeiner Schutz- und Sicherheitsvorschriften (bspw. Brandschutz, allgemeine Verkehrssicherungspflichten, Arbeitssicherheitsrecht, Unfallverhütungsvorschriften) gelten ebenfalls für Einrichtungen öffentlicher Träger, die zudem häufig weitergehenden Verpflichtungen durch öffentliches Recht sowie innerbehördliche Vorschriften unterliegen. Bundesweit geltende bzw. allgemein anerkannte Regeln der Technik in Sicherheitsfragen oder die Verpflichtung zur Erstellung und Übung von Alarm- und Einsatzplänen machen keinen Unterschied, ob sich der betreffende Gesundheitsbetrieb in privatrechtlicher oder öffentlich-rechtlicher Trägerschaft befindet. Nach dem *Handelsgesetzbuch (HGB)* ist zudem im Rahmen der (Wirtschafts-)Prüfung zu beurteilen, ob der Vorstand die ihm nach dem AktG obliegenden Maßnahmen in einer geeigneten Form getroffen hat und ob das danach einzurichtende Überwachungssystem seine Aufgaben erfüllen kann (vgl. § 317 HGB). Die Verpflichtung zur Einrichtung eines Risikomanagementsystems ergibt sich bei den in öffentlich-rechtlicher Form geführten Häusern auch aus haushaltsrechtlichen Vorgaben der Länder bzw. des Bundes. Zudem enthält das Länderrecht speziell für Krankenhäuser unterschiedliche Verpflichtungen zur Notfallvorsorge durch Erstellen und Üben von krankenhausspezifischen Alarm- und Einsatzplänen (vgl. Bundesamt für Bevölkerungsschutz und Katastrophenhilfe, 2008, S. 13).

Beispiel

Das Risikomanagement zählt zu den wichtigen Betriebsführungsaufgaben. So ist die Befassung mit den Gesundheitsbetrieb bedrohenden Risiken und damit die Einrichtung und Überwachung von Regelungen, die einen strukturierten Umgang mit Risiken im Gesundheitsbetrieb sicherstellen, jenseits gesetzlicher Anforderungen als eine Selbstverständlichkeit anzusehen und als Führungsaufgabe essenzieller Bestandteil der Corporate Governance (vgl. Euteneier, 2015, S. 8).◄

Die wachsende Dynamik im Gesundheitswesen, der zunehmende Fachkräftemangel oder die steigende Cyberkriminalität führen zunehmend zu komplexen und vielschichtigen Risikosituationen, die die Konzeption und Implementierung eines vorausschauenden und ganzheitlichen RMS als tragende Säule einer guten und verantwortungsvollen Betriebsführung unverzichtbar machen. Dazu bedarf es eines RMS mit einer Gesamtheit von

Regelungen, die einen systematischen Umgang mit Risiken in einem Gesundheitsbetrieb sicherstellen, und zu dem wichtige **Elemente** gehören (siehe Tab. 3.24).

Das RMS für den Gesundheitsbetrieb beinhaltet zunächst eine **Risikoanalyse**, mit deren Hilfe die Funktionsbereiche bzw. Komponenten und Werte eines Gesundheitsbetriebs, seine Schutzziele und daraus die Kritikalität bzw. Schutzbedarfe für die einzelnen Funktionsbereiche zu ermitteln sind. Dazu sind im Rahmen der Vorbereitung zunächst die Schutzziele und Schutzbedarfe festlegen, Untersuchungsbereiche abzugrenzen und Prozesse zu erheben. Anschließend ist die Kritikalität zu analysieren, indem kritische

Tab. 3.24 Beispiele für Elemente eines RMS für Gesundheitsbetriebe (vgl. Wermelt & Scheffler, 2017, S. 931)

RMS-Element	Beschreibung
Risikobewertung	Systematische Beurteilung der identifizierten Risiken mittels Bewertungsverfahren zur Einschätzung von Eintrittswahrscheinlichkeiten und möglichen Schadenshöhen sowie von Bedeutung und Wirkungsgrad von Steuerungsmaßnahmen
Risikoidentifikation	Regelmäßige und systematische Analyse (Risikoinventur) von internen und externen risikorelevanten Entwicklungen im Verhältnis zu den festgelegten Zielen der Gesundheitseinrichtung
Risikokommunikation	Angemessener Informationsfluss mit Festlegung von Zuständigkeiten, Intervallen, Schwellenwerten und Berichtsformaten an Betriebsleitung und –träger
Risikokultur	Drückt als Grundlage eines RMS grundsätzliche Einstellungen und Verhaltensweisen aus und beeinflusst das Risikobewusstsein
RMS-Ziele	Leiten sich aus der einer Risikostrategie ab, die im Einklang mit den Einrichtungsstrategien und –zielen steht, und beinhalten Vorgaben zum Umgang mit Risiken (Risikopolitik)
RMS-Organisation	Besteht aus einer transparenten und eindeutigen Aufbauorganisation, einer klar definierte Ablauforganisation, ausreichenden Ressourcen und der Erfüllung der persönlichen und fachlichen Voraussetzungen der Risikomanager in der Gesundheitseinrichtung
Risikosteuerung	Maßnahmen zur Risikosteuerung mit dem Ziel einer Risikovermeidung, Risikoreduktion, Risikoteilung bzw. -transfer sowie Risikoakzeptanz
Überwachung und Verbesserung des RMS	Regelmäßige Überwachung der Angemessenheit und Wirksamkeit durch prozessintegrierte und prozessunabhängige Kontrollen

Prozesse ermittelt und die Kritikalität bestimmt werden. Danach sind die Risiken zu identifizieren und zu bewerten. Dazu sind Risikoszenarien zu ermitteln, Eintrittswahrscheinlichkeiten abzuschätzen, Auswirkungen zu bewerten, Risikowerte zu ermitteln und bereits bestehende Maßnahmen zu berücksichtigen. Schließlich sind die Risiken zu steuern, indem die Behandlung der Risiken entschieden, präventive Maßnahmen bestimmt und Ersatzverfahren vorgesehen werden (vgl. Bundesamt für Sicherheit in der Informationstechnik, 2013, S. 3).

Beispiel

Schutzziele und Schutzbedarfe mit einer hohen Kritikalitätsstufe weisen in einem Krankenhaus beispielsweise auf:

- Funktionsbereiche, die betriebsfähig bleiben müssen, um lebenswichtige medizinische Leistungen für stationäre Patienten zu erbringen und um die Notfallaufnahme und Versorgung weiterer aufzunehmender Patienten vorzuhalten, wozu auch Funktionsbereiche zählen, deren Ausfall längere Verzögerungen bei der Wiederherstellung kritischer Dienste verursachen (z. B. Notaufnahme, Schockraum, OP, Endoskopie, Intensivstation, Versorgung mit Wasser, medizinischen Gasen, Sterilgut, Strom);
- Funktionsbereiche, deren Ausfall die Risiken von Feuer, Explosion, Luftverschmutzung oder Wasserkontamination steigert, wodurch Mitarbeitende, Patienten oder Besucherinnen und Besucher geschädigt werden könnten (z. B. Kühl- und Klimaanlagen, Lagereinrichtungen für Sondermüll, chemische, biologische oder radiologische Substanzen);
- Funktionsbereiche, die eine Beunruhigung, Chaos oder Verwirrung bei Mitarbeitenden, Patienten oder Besucherinnen und Besuchern auslösen, die Qualität der medizinischen Versorgung mindern und somit deren Gesamterfolg gefährden können (z. B. Aufzüge, Beleuchtung, Überwachungskomponenten);

Schutzziele und Schutzbedarfe mit einer mittleren Kritikalitätsstufe weisen in einem Krankenhaus beispielsweise Funktionsbereiche auf, die zwar im Sinne der medizinischen Versorgung nicht kritisch sind, aber schwierig oder sehr teuer in der Wiederbeschaffung und deren Ausfall schwerwiegende juristische Folgen oder Vertragsstrafen nach sich ziehen könnte (z. B. Krankenhausinformationssysteme (KIS), Informations- und Kommunikationstechnik im Bereich Verwaltung, medizinische Großgeräte, die für nicht zeitkritische Untersuchungen verwendet werden);

Schutzziele und Schutzbedarfe mit einer niedrigen Kritikalitätsstufe weisen in einem Krankenhaus beispielsweise Funktionsbereiche auf, die auch bei einem längerfristigen Ausfall keine unmittelbare Bedeutung für lebenserhaltende und für die Notversorgung unerlässliche Prozesse haben und auch die wirtschaftliche Grundlage

durch einen mittelfristigen Ausfall nicht in Frage stellen, da vertragliche oder gesetzliche Pflichten durch den Ausfall nicht oder nur in geringem Maße verletzt werden
(z. B. Hörsaal, Pflegeschule, Cafeteria, Sozialdienst, Kapelle, etc.) (vgl. Bundesamt
für Bevölkerungsschutz und Katastrophenhilfe, 2008, S. 27 ff.).◄

Gesundheitsbetriebe unterliegen der Gefahr von Verlusten, die infolge der Unange-
messenheit oder des Versagens von internen Verfahren und Systemen, Menschen oder
infolge externer Ereignisse eintreten und unterschiedliche Ursachen haben können. Es
kann sich dabei um Risiken in Systemen oder Prozessen der Einrichtung handeln,
die durch menschliches oder technisches Versagen bzw. durch externe Einflussfaktoren
entstehen oder rechtliche Risiken, die aus vertraglichen Vereinbarungen oder rechtlichen Rahmenbedingungen resultieren. Dazu zählt auch der potenzielle Eintritt von
Verlusten durch unvorhersehbare Ereignisse, Unterbrechungen medizinischer bzw. pflegerischer Leistungen, unzulängliche Kontrollen oder Versagen von Kontrollen oder medizin-
bzw. informationstechnischer Systeme im Zusammenhang mit Beschäftigten, Dritten,
Vertragsverhältnissen, neuen medizinischen bzw. pflegerischen Leistungen, sowie im
Zusammenhang mit Projekten oder anderen Risiken. Unter Risiken des Geschäftsbetriebs von Krankenhäusern fallen beispielsweise alle Risiken, die aus der Erbringung
der originären Krankenhausleistungen für den Patienten entstehen. Dazu zählen auch
Behandlungs- und Aufklärungsfehler durch ärztliches Personal, etwa durch die Verabreichung falscher Medikamente. Zu den Risiken des Geschäftsbetriebs zählen ferner alle
sonstigen Haftungsfälle, wie zum Bespiel das Ausrutschen auf einem frisch gewisch-
ten Fußboden (vgl. Schmola, 2016, S. 300). Somit liegen die **Risikoursachen** für
Gesundheitsbetrieben in unterschiedlichen Bereichen (siehe Tab. 3.25).

Daraus ergeben sich insbesondere personelle, rechtliche, externe und systemtechnische
Risiken als überwiegend vorkommende Risikoarten. Hinzu kommen Reputationsrisiken,

Tab. 3.25 Beispiele für Risikoursachen in Gesundheitsbetrieben

Ursachenbereich	Beispiele
Beschäftigte	Unzureichende Qualifikation, fehlende Verfügbarkeit, Behandlungsfehler, unerlaubte Handlungen etc.
Extern	Naturkatastrophen, kriminelle Attacken, Outsourcing-Probleme, Probleme mit Lieferanten oder Dienstleistungen, Änderung von relevanten Gesetzen oder in der Rechtsprechung etc.
Infrastruktur	Ausfall oder unzureichende Funktionalität, Performance oder Sicherheit von medizintechnischen oder informations- und kommunikationstechnischen Systemen, Ausfall von Haus- und Gebäudetechnik, unzureichende Arbeitsplatzsicherheit etc.
Organisation	Unzureichende aufbau- und ablauforganisatorische Strukturen, Informations- und Kommunikationsfehler, mangelhafte Verträge mit Lieferanten, Dienstleistern und sonstigen Dritten, Fehler im Ablauf von Projekten etc.

die oftmals Folgeerscheinungen anderer Risikoarten sind und in Zusammenhang mit einer anderen Risikoart entstehen. Es handelt sich dabei um das Risiko negativer wirtschaftlicher Auswirkungen, die sich daraus ergeben, dass der Ruf des Gesundheitsbetriebs Schaden nimmt und deshalb möglicherweise Patienten abwandern und den Betrieb meiden. Für die stationäre Altenhilfe lassen sich beispielsweise als Risikoarten identifizieren sozio-kulturelle Risiken (z. B. Anstieg der Demenzerkrankungen und damit einhergehender höherer Pflegeaufwand; verändertes Anspruchsniveau Pflegebedürftiger bezüglich Qualität, Verfügbarkeit und Flexibilität; schlechtes Sozialprestige des Pflegeberufes etc.), politisch-rechtliche Risiken (z. B. Mehraufwand für Pflegeheime durch Einführung des Fallpauschalensystems im Krankenhausbereich; externer Vergleich bei Pflegesatzverhandlungen als Kann-Regelung), (makro-)ökonomische Risiken (z. B. versiegende staatliche Investitionsmittel, Anstieg des Eigenfinanzierungsanteils), Risikoursachen, die sich aus der Geschäftstätigkeit ergeben (z. B. Marktrisiken im Absatz-, Arbeits- und Beschaffungsmarkt), technologische Risiken (z. B. Anwendung von überalterten therapeutischen Methoden, ausbleibende Nutzung von Techniken wie dem Medicine Reminder zur Unterstützung noch bestehender Gedächnisfähigkeiten), Nutzung überalterter IT-Systeme und dadurch Verlust von Informationen oder ökologische Risiken (z. B. steigender Rohstoff-, Energie- und Wasserverbrauch; Kosten- und Entsorgungsprobleme durch wachsende Abfallmengen) (vgl. Becker et al., 2010, S. 10).

Anhand der möglichen Ursachen sind die Risiken für einen Gesundheitsbetrieb, die ein mögliches Schadensereignis beinhalten können, im Rahmen einer **Risikoinventur** zu ermitteln und zu dokumentieren. Um eine möglichst weit gehende Vollständigkeit zu gewährleisten ist die Risikoinventur regelmäßig (beispielsweise jährlich) zu wiederholen. Die Vollständigkeit kann anhand von Aufgabenkatalogen, Tätigkeitsbeschreibungen etc. für die identifizierten Bereiche der Gesundheitseinrichtung erzielt werden. Wichtig hierfür ist die Zusammenführung möglichst vieler Informationen, die zur Risikoidentifikation beitragen.

Zur Identifizierung von Risiken in Gesundheitsbetrieben kann auch der Einsatz von Frühwarnsystemen beitragen, die bereits latent und verdeckt vorhandene Gefährdungen in Form von Informationen mit zeitlichem Vorlauf vor einem möglichen Schadenseintritt signalisieren. Sie erfassen bestimmte (neuartige) Erscheinungen sowie Veränderungen/ Entwicklungen bekannter Variablen im Gesundheitsbetrieb oder in deren beobachteten Umfeld und zeigen diese im Sinn von Indikatoren oder Signalen frühzeitig beispielsweise anhand von signifikanten Abweichungen von vorgegebenen oder für zulässig gehaltenen Grenzwerten an. Aufgrund der Frühwarninformationen besteht wegen des zeitlichen Vorlaufs die Chance zur Ergreifung präventiver Maßnahmen mit dem Ziel der Abwehr oder Minderung signalisierter Bedrohungen. Zum Einsatz können dabei eigenorientierte Frühwarnsysteme gelangen, die sich auf die Früherkennung von Bedrohungen beim Gesundheitsbetrieb selbst beispielsweise in Form des Controllings mithilfe von Kennzahlensystemen ausrichten, oder fremdorientierte Frühwarnsysteme, die sich speziell auf die Beobachtung von externen Entwicklungen (Gesundheitspolitik, Patientenzuspruch, Beschaffungsmarkt, Konkurrenzsituation, Bedrohungen durch Klimawandel, Naturkatastrophen, Pandemien, Cyberkriminalität etc.) konzentrieren. Nicht unumstritten, aber häufig anzutreffen sind Frühwarnsysteme, die aus vergangenheitsorientierten Daten Erkenntnisse über deren zukünftige Entwicklung unter Zuhilfenahme von Prognosen ableiten wollen. Ferner sind betriebsübergreifende Frühwarnsysteme und ihnen zugrunde liegende Informationen relevant, die nicht nur von einem Gesundheitsbetrieb getragen und genutzt werden, sondern als Träger mehrerer Betriebe oder auch Träger außerhalb der Gesundheitsbranche haben und die durch Erkenntnisse neutraler Institutionen, zentraler Einrichtungen oder von Forschungsinstituten ergänzt werden (vgl. Gabler Wirtschaftslexikon, 2018, S. 1).

Die festgestellten Risiken und die zugeordneten möglichen Schadensereignisse sind hinsichtlich ihrer Auswirkungen für den Gesundheitsbetrieb im Rahmen der **Risikobewertung** zu gewichten. Gebräuchliche Bewertungsindikatoren sind beispielsweise die Eintrittswahrscheinlichkeiten und die möglichen Schadenshöhen der einzelnen Risiken. Üblicherweise werden dazu in einem Scoring-Verfahren zunächst Ausprägungsklassen für die Eintrittswahrscheinlichkeiten (beispielsweise „gering", „mittel", „hoch") und für die möglichen Schadenshöhen (beispielsweise „< 10.000 Euro", „10.000–100.000 Euro", „>100.00 Euro") gebildet und diese Klassen mit einem aufsteigenden Punktesystem gewichtet. Anschließend werden die Risiken den einzelnen Klassen zugeordnet und die Punktewerte je Risiko addiert. Die angenommene Schadenshöhe beschreibt dabei den Schadenerwartungswert anhand der Kosten beispielsweise für den Ausgleich von Personen- oder Sachschäden. Die Risikobewertung kann in unterschiedlichen Risikokategorien münden, wobei die Risiken mit den höchsten Eintrittswahrscheinlichkeiten und möglichen Schadenshöhen üblicherweise in den höchsten Kategorien zu führen sind. Als Ergebnis erhält man ein **Risikoportfolio** des Gesundheitsbetriebs, das das Bewertungsergebnis der einzelnen Risiken widerspiegelt (siehe Tab. 3.26).

Die **Risikosteuerung** hat zum Ziel, eine Reduzierung der Risiken zu erreichen. Dies ist beispielsweise möglich durch eine Risikovermeidung (sicherheitsorientierte Gestaltung von Prozessen und Rahmenbedingungen, sodass Risiken möglichst erst gar nicht entstehen), eine Risikominimierung (Umsetzung von Maßnahmen, um die Rahmen der Risikoinventur identifizierten Risiken zu reduzieren) oder eine Risikoabwälzung (Reduzierung des Schadenspotenzials für den Gesundheitsbetrieb durch Abschluss von Versicherungen für klassische Risikobereiche). Für die Durchführung der Risikosteuerung sind in erster Linie die hochkategorisierten Risiken aus dem Risikoportfolio mit geeigneten Maßnahmen zu hinterlegen.

Tab. 3.26 Beispiele für Risikokategorien

Kategorie	Beschreibung	Beispiel Reputationsrisiko
1	Weniger kritisch; Risiken, die eher selten vorkommen und geringe Schadenswerte aufweisen	Das Risikoereignis dringt nicht nach außen und ist nur innerhalb des Gesundheitsbetriebs bekannt; Wahrscheinlichkeit eines Patientenabwanderung ist gering; lokale Presse wird nicht aufmerksam und es findet keine Erwähnung in Fachmedien statt
2	Kritisch; Risiken, die häufiger vorkommen und/oder höhere Schadenswerte (auch in der Summe) aufweisen können	Das Risikoereignis dringt nach außen; eine Patientenabwanderung ist denkbar; lokale Pressewird aufmerksam und es findet eine Erwähnung in Fachmedien statt
3	Sehr kritisch; Risiken, die aufgrund der möglichen Schadenshöhe und/oder der Eintrittswahrscheinlichkeiten (auch in der Summe) existenzbedrohend sein können	Das Risikoereignis dringt nach außen; hohe Wahrscheinlichkeit einer Patientenabwanderung; überregionale Presseaufmerksamkeit; negative Erwähnung in großen Medien; breite Streuung in Fachmedien

Beispiel

Auch die systematische Sammlung von Schadensfällen trägt zur Steuerung und damit der angestrebten Reduzierung von Risiken bei. Dazu sind alle Schadensfälle zu erfassen, und die Schadenshöhen sowie die Anzahl der Schadensereignisse sind mit den erfassten Risiken abzugleichen, um daraus einen möglichen Handlungsbedarf abzuleiten. Je nach Größe des Gesundheitsbetriebs lassen sich die Erfassung in einer Schadensfalldatenbank vornehmen und Schwellenwerte für Bagatellschäden definieren. Da nicht nur Brände, Stromausfälle, Wassereinbrüche etc. mögliche Schadensereignisse für Gesundheitsbetriebe darstellen und damit das Risiko von Situationen beinhalten, in denen Pflegeheime, Krankenhäuser oder Arztpraxen nachhaltig beeinträchtigt werden können, sodass Patienten oder Mitarbeitende in eine gefährliche oder gar lebensbedrohliche Notlage geraten, sind insbesondere auch Schäden durch Arbeitsfehler, mangelnde Sorgfalt und unzureichend organisierte Arbeitsabläufe zu erfassen, die bei ärztlichen und pflegerischen Leistungen sowie verwaltungstechnischen Tätigkeiten der Patientenversorgung entstehen können. In diesem Bereich begünstigen Risiken Fehler und Fehlverhalten, wobei sich erst mit dem Fehler die Auswirkungen zeigen. Da nicht alle Fehler aufgrund vorher bekannter Risiken entstehen, werden diese dadurch erst in der Rückschau erkannt und verstanden (vgl. Ahrens, 2020, S. 10).◄

Zwar ist das allgemeine Risiko von Komplikationen und Gefahren aufgrund eines verbesserten Qualitätsmanagements und zunehmender Sicherheit von Untersuchungs- und Behandlungsverfahren gesunken, jedoch verhindert der medizinische Fortschritt und damit die Optimierung der Behandlungs- und Operationsmethoden nicht Schadensereignisse und Unglücksfälle aufgrund zu dünner Personaldecken, unsachgemäßen Umgangs mit medizintechnischen Geräten, Unachtsamkeit oder mangelnde Schulung bzw. Einweisung des jeweiligen Personals oder Verabreichung falscher Medikamente. Klassische Risiken von Infektionen, wie Wund- und Harnwegsinfektionen, von Lungenentzündungen oder Blutvergiftungen kommen hinzu, weswegen die systematische Erfassung von Zwischenfällen (Incident Reporting) erforderlich ist, die Vorfälle oder Fehler bei der Leistungserstellung darstellen, welche zur Verletzung einer Person oder zur Sachbeschädigung führen können oder bereits geführt haben.

Arbeitsverdichtung und Komplexität nehmen im Gesundheitswesen zu, was auch zu höheren Fehlerquoten führen kann. Durch Fehleranalysen lassen sich mögliche Fehler bei der Entwicklung und organisatorischen Umsetzung der Leistungsangebote oder bei den Abläufen in Gesundheitseinrichtungen vermeiden, indem deren Wahrscheinlichkeit bewertet und Maßnahmen zur Verhinderung ergriffen werden. Dies dient nicht nur dem Schutz und der Bewahrung ihrer Sachwerte, dem Schutz vor finanziellen Verlusten sowie der Erhaltung immaterieller Werte, sondern in erster Linie, um Patienten, deren Angehörige und Mitarbeitende vor Schädigungen zu schützen (siehe Tab. 3.27).

Da sich nicht alle Risiken im Rahmen der Risikosteuerung völlig ausschalten lassen, muss für die verbleibenden Restrisiken eine Risikoakzeptanz erfolgen, bei der diese Risiken dokumentiert und deren Akzeptanz durch den Gesundheitsbetrieb schriftlich festgehalten werden.

Den Abschluss des Risikomanagementprozesses bildet die **Risikoüberwachung,** die die Kontrolle der Entwicklung bestehender und neu hinzukommender Risiken zur Aufgabe hat. Sie hat insbesondere Veränderungen der erwarteten Schadenshöhen, des erwarteten Eintritts und der Reputationsauswirkungen bestehender Risiken im Blick zu behalten, sowie den Wegfall bestehender Risiken und das Hinzukommen von neuen Risiken.

3.6 Kritische Infrastrukturen: Besonderheiten gesundheitsbetrieblicher Führung

3.6.1 Gesundheitsbetriebe als Teile Kritischer Infrastrukturen

Gesundheitsbetriebe sind vielfältigen Bedrohungen und Gefährdungen ausgesetzt: Kriminelle Handlungen, Pandemien, Fahrlässigkeiten, ärztliche Kunstfehler, technisches Versagen, Naturkatastrophen, Fachpersonalmangel oder wirtschaftliche Probleme können sie in große Schwierigkeiten stürzen oder gar in Existenznöte bringen. Sie sind

Tab. 3.27 Beispiele für Maßnahmen, zur Fehler- und Risikovermeidung (vgl. Merkle, 2014, S. 4 ff.)

Prinzip	Beschreibung
Crew-Ressource-Management (CRW)	Briefing vor einer wichtigen Behandlungsmaßnahme mit allen Beteiligten, Besprechen zu erwartender kritischer Punkte während des Verlaufs, Vorbesprechen spezieller Patienteneigenschaften, Abfragen von Bedenken, kurze Dokumentation des Briefings
Fachkompetenz	Vorhandensein des notwendigen fallbezogenen medizinischen bzw. pflegerischen Könnens und Wissens
Leistungsqualität	Erfolg der Behandlungs- bzw. Pflegeleistung
Methodenkompetenz	Beherrschung der erforderlichen Behandlungs- bzw. Pflegemethoden unter Beibehaltung der notwendigen Qualität
PDCA-Zyklus	Optimierung des Qualitätsmanagements in Gesundheitseinrichtungen durch das Plan, Do, Check, Act – Modell
Prozessqualität	Optimiertes Ablaufmanagement von der Aufnahme bis zur Entlassung
Sozialkompetenz	Glaubwürdige Empathie im Umgang mit Patienten und Beschäftigten
Strukturqualität	Ausrüstung des Gesundheitsbetriebs auf dem Stand der Medizin, regelmäßige Weiterbildung, Handeln auf dem Wissenstand der Medizin
Team-Time-Out	Hierarchieunabhängiges Unterbrechen bei Bedenken oder Auffälligkeiten

somit einerseits selbst von Krisen bedroht, andererseits aber auch als Teil kritischer Infrastrukturen Bestandteil der allgemeinen Krisenabwehr (vgl. Frodl, 2022, S. 65 ff.).

Zu den **Kritischen Infrastrukturen** (KRITIS) zählen nach dem *Gesetz über das Bundesamt für Sicherheit in der Informationstechnik (BSI-Gesetz – BSIG)* Einrichtungen, Anlagen oder Teilen davon, die dem Sektor Gesundheit angehören und von hoher Bedeutung für das Funktionieren des Gemeinwesens sind, weil durch ihren Ausfall oder ihre Beeinträchtigung erhebliche Versorgungsengpässe oder Gefährdungen für die öffentliche Sicherheit eintreten würden (vgl. § 2 BSIG).

Betreiber Kritischer Infrastrukturen sind verpflichtet, angemessene organisatorische und technische Vorkehrungen zur Vermeidung von Störungen der Verfügbarkeit, Integrität, Authentizität und Vertraulichkeit ihrer informationstechnischen Systeme, Komponenten oder Prozesse zu treffen, die für die Funktionsfähigkeit der von ihnen betriebenen Kritischen Infrastrukturen maßgeblich sind. Betreiber Kritischer Infrastrukturen und ihre Branchenverbände können branchenspezifische Sicherheitsstandards zur Gewährleistung der Anforderungen vorschlagen (vgl. § 8a BSIG).

Der branchenspezifische *Sicherheitsstandard B3S* für die medizinische Versorgung in Krankenhäusern orientiert sich unter anderem an der in der Praxis etablierten Norm *ISO 27001*, dem Stand der Technik und den für den Geltungsbereich relevanten wesentlichen Risiken. Er dient zur Etablierung eines angemessenen Sicherheitsniveaus im Sinne des BSIG bei gleichzeitiger Wahrung des üblichen Versorgungsniveaus der Patientenversorgung und der Verhältnismäßigkeit der umzusetzenden Maßnahmen (vgl. Deutsche Krankenhausgesellschaft, 2019, S. 10).

Ferner haben die Betreiber Kritischer Infrastrukturen mindestens alle zwei Jahre die Erfüllung der Anforderungen auf geeignete Weise nachzuweisen. Der Nachweis kann durch Sicherheitsaudits, Prüfungen oder Zertifizierungen erfolgen. (vgl. § 8a BSIG).

Kritische Dienstleistungen von Gesundheitsbetrieben im Sinne des BSI-Gesetzes sind nach der *Verordnung zur Bestimmung Kritischer Infrastrukturen nach dem BSI-Gesetz (BSI-Kritisverordnung – BSI-KritisV)* wegen ihrer besonderen Bedeutung für das Funktionieren des Gemeinwesens im Sektor Gesundheit unter anderem die stationäre medizinische Versorgung, wie sie in den Bereichen Aufnahme, Diagnose, Therapie, Unterbringung/Pflege und Entlassung erbracht werden. Im Sektor Gesundheit sind Kritische Infrastrukturen solche Anlagen oder Teile davon, die den der BSI-KritisV genannten Kategorien zuzuordnen sind, die in den zuvor genannten Bereichen erforderlich sind und die den Schwellenwert erreichen oder überschreiten (vgl. § 6 BSI-KritisV).

Beispiel

Für die Anlagenkategorie Stationäre medizinische Versorgung und die dort zuzurechnenden Krankenhäuser (Standort oder Betriebsstätten eines nach SGB V zugelassenen Krankenhauses, der oder die für die Erbringung stationärer Versorgungsleistungen notwendig ist oder sind) beträgt nach dem Bemessungskriterium vollstationäre Fallzahl/ Jahr der Schwellenwert 30.000 (vgl. Anhang 5 BSI-KritisV).◄

Im **Katastrophenschutz** ist es nach dem *Zivilschutz- und Katastrophenhilfegesetz (ZSKG)* die Aufgabe des Zivilschutzes, durch nichtmilitärische Maßnahmen die Bevölkerung, ihre Wohnungen und Arbeitsstätten, lebens- oder verteidigungswichtige zivile Dienststellen, Betriebe, Einrichtungen und Anlagen sowie das Kulturgut vor Kriegseinwirkungen zu schützen und deren Folgen zu beseitigen oder zu mildern (vgl. § 1 ZSKG), während es im überwiegend landesrechtlich organisierten Katastrophenschutz allgemein um Großschadensereignisse geht, die zeitlich und örtlich kaum begrenzbar sind, die großflächige Auswirkungen haben, die die Existenz des Gesundheitsbetriebs oder das Leben und die Gesundheit von Personen gefährden, die zu sehr hohen, signifikanten Personen- und/oder Sachschäden führen, deren Behebung erheblichen Zeitbedarf und umfangreiche Mittel erfordern, die nicht durch den Gesundheitsbetrieb alleine bewältigt werden können und deshalb in der Regel Maßnahmen des überbehördlichen Katastrophenschutzes erforderlich machen. Im Rahmen der erweiterten Einsatzbereitschaft kann beispielsweise angeordnet werden, dass Gesundheitsbetriebe als der stationären Behandlung dienende Einrichtungen der zuständigen Rettungsleitstelle anzuschließen sind (vgl. § 22 ZSKG).

Zur Vorbereitung der Abwehr und zur Abwehr von Katastrophen gibt es Regelungswerke der einzelnen Bundesländer. So sieht beispielsweise das *Hessisches Gesetz über den Brandschutz, die Allgemeine Hilfe und den Katastrophenschutz (Hessisches Brand- und Katastrophenschutzgesetz – HBKG)* vor, dass in die Alarmpläne und Einsatzpläne sowie die Katastrophenschutzpläne die Angehörigen der Gesundheitsberufe sowie die Stellen und Einrichtungen des Gesundheitswesens, soweit erforderlich, einzubeziehen sind (siehe Tab. 3.28).

Im Bereich **Brandschutz** geben Brandschutzverordnungen für Gesundheitsbetriebe Regelungen vor, soweit nicht anderweitige bundesrechtliche oder besondere landesrechtliche Vorschriften bestehen oder beispielsweise das Chemikaliengesetz, das Arbeitsschutzgesetz oder das Produktsicherheitsgesetz und die jeweils auf Grundlage dieser Gesetze erlassenen Rechtsverordnungen Regelungen zur Verhütung von Gefahren für Leben, Gesundheit, Eigentum oder Besitz durch Brand enthalten.

Beispiel

Nach der Bayerischen Verordnung über die Verhütung von Bränden (VVB) sind in Gesundheitsbetrieben beispielsweise Zu- und Ausgänge, Durchfahrten, Durchgänge, Treppenräume und Verkehrswege, die bei einem Brand als erster oder zweiter Rettungsweg vorgesehen sind, freizuhalten. Hinweise auf Ausgänge und Rettungswegzeichen dürfen nicht verstellt, verhängt oder unkenntlich gemacht werden. Elektrische Geräte wie Kopierer oder Verkaufsautomaten dürfen in notwendigen Treppenräumen nicht betrieben werden; gleiches gilt für Computerarbeitsplätze (vgl. § 22 VVB).◄

Für den **Infektionsschutz** enthält das *Infektionsschutzgesetz (IfSG)* umfangreiche Präventionsmaßnahmen und Regelungen für Gesundheitsbetriebe, um übertragbare Krankheiten beim Menschen vorzubeugen, Infektionen frühzeitig zu erkennen und ihre Weiterverbreitung zu verhindern. So enthält das IfSG unter anderem Vorgaben zu meldepflichtige Krankheiten (vgl. § 6 IfSG) und Krankheitserregern (vgl. § 7 IfSG), zur Meldung verpflichtete Personen (vgl. § 8 IfSG) sowie Vorgaben zur namentlichen (vgl. § 9 IfSG) und nichtnamentlichen Meldung (vgl. § 10 IfSG). So haben die Leitenden bestimmter Gesundheitsbetriebe sicherzustellen, dass die nach dem Stand der medizinischen Wissenschaft erforderlichen Maßnahmen getroffen werden, um nosokomiale Infektionen zu verhüten und die Weiterverbreitung von Krankheitserregern, insbesondere solcher mit Resistenzen, zu vermeiden. Dazu zählen beispielsweise Krankenhäuser, Einrichtungen für ambulantes Operieren, Vorsorge- oder Rehabilitationseinrichtungen, in denen eine den Krankenhäusern vergleichbare medizinische Versorgung erfolgt, Dialyseeinrichtungen, Tageskliniken, Entbindungseinrichtungen, Arztpraxen, Zahnarztpraxen, Praxen sonstiger humanmedizinischer Heilberufe, Einrichtungen des öffentlichen Gesundheitsdienstes, in

Tab. 3.28 Beispiele für die Einbeziehung von Gesundheitsbetrieben in den Katastrophenschutz nach dem Hessisches Brand- und Katastrophenschutzgesetz (HBKG)

Norm	Thema	Inhalt
§ 36	Krankenhauseinsatzpläne	Die Träger der Krankenhäuser sind verpflichtet, zur Mitwirkung im Katastrophenschutz für ihre Krankenhäuser Krankenhauseinsatzpläne aufzustellen und fortzuschreiben, die mit den Katastrophenschutzplänen der Katastrophenschutzbehörden in Einklang stehen, sowie Übungen durchzuführen. Benachbarte Krankenhäuser haben sich gegenseitig zu unterstützen und ihre Krankenhauseinsatzpläne aufeinander abzustimmen
§ 37	Fortbildung im Katastrophenschutz	Ärztinnen und Ärzte, Zahnärztinnen und Zahnärzte, Apothekerinnen und Apotheker sowie Angehörige sonstiger Gesundheitsberufe und das ärztliche Hilfspersonal sind im Rahmen des Katastrophenschutzes verpflichtet, sich hierzu für die besonderen Anforderungen fortzubilden und auf Anforderung der Katastrophenschutzbehörde an Einsätzen, Übungen, Lehrgängen und sonstigen Ausbildungsveranstaltungen teilzunehmen und den dort ergangenen Weisungen nachzukommen, falls sie ohne erhebliche eigene Gefahr oder Verletzung anderer wichtiger Pflichten in Anspruch genommen werden können
§ 32	Katastrophenschutzübungen	Durch Katastrophenschutzübungen sollen die Katastrophenschutzpläne sowie das Zusammenwirken der im Katastrophenschutz mitwirkenden Einheiten und Einrichtungen erprobt sowie die Einsatzbereitschaft der Einsatzkräfte überprüft werden. Zu den Übungen können unter anderem auch Angehörige der Gesundheitsberufe und Krankenhäuser herangezogen werden

(Fortsetzung)

Tab. 3.28 (Fortsetzung)

Norm	Thema	Inhalt
§ 27	Mitwirkung im Katastrophenschutz	Die öffentlichen Einheiten und Einrichtungen wirken im Katastrophenschutz mit, ebenso wie die die Bundesanstalt Technisches Hilfswerk gemäß ihrer Aufgabenzuweisung. Die im Katastrophenschutz mitwirkenden Einheiten und Einrichtungen sowie deren Träger sind verpflichtet, die Katastrophenschutzbehörden bei der Durchführung ihrer Maßnahmen zu unterstützen sowie die aufgrund dieses Gesetzes ergangenen Vorschriften und Weisungen zu befolgen, ihre Einsatzbereitschaft zu gewährleisten und die angeordneten Einsätze zu leisten. Hierfür sind auch eigene Kräfte und Sachmittel bereitzustellen

denen medizinische Untersuchungen, Präventionsmaßnahmen oder ambulante Behandlungen durchgeführt werden, ambulante Pflegedienste, die ambulante Intensivpflege in Einrichtungen, Wohngruppen oder sonstigen gemeinschaftlichen Wohnformen erbringen, und Rettungsdienste. Auch ist sicherzustellen, dass innerbetriebliche Verfahrensweisen zur Infektionshygiene in Hygieneplänen festgelegt sind (vgl. § 23 IfSG). Für Tätigkeiten mit Krankheitserregern sind ebenfalls umfangreiche Vorgaben im IfSG enthalten (vgl. § 44 ff. IfSG).

3.6.2 Krisenbewältigung, Nachsorge und Prävention im Gesundheitsbetrieb

Für Beschäftigte von Gesundheitsbetrieben stehen im Rahmen der **Aus- und Weiterbildung** im Risiko- und Krisenmanagement zahlreiche Möglichkeiten zur Verfügung. So ist beispielsweise auf Bundesebene die *Bundesakademie für Bevölkerungsschutz und Zivile Verteidigung (BABZ)* des *Bundesamts für Bevölkerungsschutz und Katastrophenhilfe (BBK)* die zentrale Aus- und Fortbildungseinrichtung des Bundes im Bevölkerungsschutz. Die Aufgaben der AKNZ umfassen beispielsweise die Aus- und Fortbildung für Führungskräfte und Lehrkräfte des Katastrophenschutzes und des mit Fragen der zivilen Verteidigung befassten Personals, die Auswertung von Großschadenslagen im In- und Ausland, die Vorbereitung, Leitung und Auswertung von Übungen sowie die Durchführung von Seminaren, Übungen und sonstigen Veranstaltungen zur zivil-militärischen Zusammenarbeit. Wegen der großmaßstäblichen Szenarien (insbesondere im Bereich

Massenanfall von Verletzten in chemischen, biologischen, radiologischen und nuklearen Umgebungen) wird dies in Übungsanlagen als auch -durchführung und -steuerung mit Simulationsunterstützung realisiert. Ihre strategische Krisenmanagement-Übungsreihe *LÜKEX (Länder- und Ressortübergreifende Krisenmanagementübung – Exercise)* trägt zur Verbesserung der Zusammenarbeit im Risiko- und Krisenmanagement von Bund und Ländern auf der politisch-gesamtverantwortlichen Entscheidungsebene bei (vgl. Bundesamt für Bevölkerungsschutz und Katastrophenhilfe, 2023, S. 1).

Viele Aus- und Weiterbildungsgänge im Gesundheitswesen beinhalten bereits Elemente des Krisen- und Risikomanagements oder bereiten gezielt auf Tätigkeiten in diesen Bereichen vor. So weist beispielsweise die Bezeichnung *Notarzt/Notärztin* auf die ärztliche Zusatz-Weiterbildung Notfallmedizin hin, die bei Unglücks- und Katastrophenlagen besonders relevant ist. Zuständig für die ärztliche Zusatz-Weiterbildung Notfallmedizin sind die Landesärztekammern mit ihren Weiterbildungsordnungen (WBO) und Logbüchern. Eine wesentliche gemeinsame Grundlage, von der die jeweilige Landes-WBO jedoch abweichen kann, ist die *(Muster-)Weiterbildungsordnung 2018 (MWBO 2018)* der Bundesärztekammer. Danach umfasst die Zusatz-Weiterbildung Notfallmedizin die Erkennung drohender oder eingetretener Notfallsituationen und die Behandlung von Notfällen sowie die Wiederherstellung und Aufrechterhaltung akut bedrohter Vitalfunktionen.

Während als Ärzte im Rettungsdienst beispielsweise Notärzte und -ärztinnen die präklinischen Versorgung in Notfällen und eine flächendeckende, hilfsorientierte und qualifizierte notärztliche Hilfe rund um die Uhr an jedem Ort sicherstellen, *Ärztliche Leiter Rettungsdienst (ÄLRD)* die Kontrolle über den Rettungsdienst sowie die Verantwortung für Effektivität und Effizienz der präklinischen Notfallversorgung, Einsatzplanung und Einsatzbewältigung wahrnehmen, sind *Leitende Notärzte und –ärztinnen (LNA)* als medizinische Einsatzleiter bei Großeinsätzen und Katastrophen im Einsatz (vgl. Bundesvereinigung der Arbeitsgemeinschaften der Notärzte Deutschlands, 2023, S. 1).

Als weiteres Beispiel zählen *Notfallsanitäter und -sanitäterinnen* zu den bundesrechtlich geregelten, nichtärztlichen Gesundheitsfachberufen, die in Unglücks- und Katastrophenlagen unverzichtbar sind. Eine wesentliche Grundlage für ihre Ausbildung sind das *Gesetz über den Beruf der Notfallsanitäterin und des Notfallsanitäters (Notfallsanitätergesetz – NotSanG)*. Danach wird die praktische Ausbildung an einer genehmigten Lehrrettungswache und an geeigneten Krankenhäusern durchgeführt (vgl. § 5 NotSanG).

Beispiel

In vielen Ausbildungsgängen im Gesundheitswesen ist das Verhalten in Notfallsituationen auch bereits in die Ausbildung integriert. So ist beispielsweise im Ausbildungsrahmenplan der Verordnung über die Berufsausbildung zum Medizinischen Fachangestellten / zur Medizinischen Fachangestellten (MedFAngAusbV) für das Handeln bei Not- und Zwischenfällen die Erlangung entsprechender Fertigkeiten, Kenntnisse und Fähigkeiten vorgesehen (vgl. Anlage 1 MedFAngAusbV).◄

Um die notwendigen Leistungen in Gesundheitsbetrieben auch in Stresssituationen und unter extremen Bedingungen sicherzustellen, sind neben einer gezielten Aus- und Weiterbildung im Risiko- und Krisenmanagement regelmäßige **Notfallübungen,** in denen das richtige Verhalten unter möglichst realistischen Krisenszenarien trainiert wird, eine weitere wichtige Grundlage.

Von besonderer Bedeutung für die Krisenbewältigung und -nachsorge für die am Krisenmanagement beteiligten Einsatzkräfte eines Gesundheitsbetriebs, ist vor allem deren **Psychosoziale Notfallversorgung** (PSNV) bei besonders belastenden Einsätzen und Katastrophen. Sie sind in vielen Einsätzen besonderen Stressbelastungen ausgesetzt, denn von ihnen als herbeieilende Helfer wird erwartet, dass sie diese Situationen in den Griff bekommen und mühelos bewältigen. Da sie dabei mit sehr viel menschlichem Leid und in besonderen Einsatzlagen, wie beispielsweise bei Katastropheneinsätzen, mit extrem belastenden Ereignissen konfrontiert werden, sollte die Stressbewältigung unterstützt werden. Die *Psychosoziale Notfallversorgung für Einsatzkräfte (PSNV-E)* umfasst alle Aktionen und Vorkehrungen, die getroffen werden, um Einsatzkräften im Bereich der psychosozialen Be- und Verarbeitung von belastenden Notfällen bzw. Einsatzsituationen zu helfen und gliedert sich in einsatzvorbereitende, einsatzbegleitende und einsatznachsorgende Maßnahmen (vgl. Deutsche Gesetzliche Unfallversicherung, 2020, S. 13).

Krisensituationen sind für Gesundheitsbetriebe in der Regel dadurch gekennzeichnet, dass in relativ kurzer Zeit ein Aufwuchs an Einsatzkräften erforderlich ist. Je nach Lage können diese auch unterschiedliche Spezialisten sein, die in ausreichender Zahl kurzfristig zur Verfügung stehen müssen. Bei länger andauernden Krisenlagen kann dies auch für einen entsprechend langen Zeitraum nötig sein. Im „Normalbetrieb" sind diese Reservekapazitäten nur bedingt vorhanden und reichen für den Notfall nicht immer aus.

Auch geht eine Krise in der Regel geht für alle Beteiligten in Gesundheitseinrichtungen mit einem unterschiedlichen Ausmaß an Anspannung und **Stress** einher, je nachdem, wie sie davon betroffen sind und welche Verantwortung sie im Rahmen der Krisenbewältigung tragen. Der Stresslevel steigt dabei üblicherweise mit der (unerwarteten) Auslösung der kritischen Situation zunächst stark an und nimmt mit fortschreitender Bewältigung der Krise langsam ab, wobei je nach auf und ab einer Krisenentwicklung und bei länger andauernden Schwierigkeiten sich dieser Effekt auch wiederholen kann (siehe Tab. 3.29).

Unklare bedrohliche Situationen wie **Terror-** oder **Amok-Lagen** sind besonders fordernd, und hier muss beispielsweise zunächst durch polizeiliche Kräfte geklärt werden, in welche Zonen überhaupt Helfer vordringen dürfen („Clear the scene" bzw. „Raus aus der Gefahrenzone"). Erst wenn aus einer roten eine grüne Zone geworden ist und Attentäter ausgeschaltet sind, können medizinischer Helfer vorrücken. Auch der *Massenanfall von Verletzten (MANV)* bedeutet Anspannung und Stress, da man damit rechnen muss, dass neben den Einlieferungen auch eine Menge noch mobiler Patienten unversorgt allein in die nächstliegenden medizinischen Einrichtungen stürmen und auch solche folgen, die von anderen begleitet werden.

Tab. 3.29 Beispiel für eine Krisenentwicklung

Phase	Beschreibung	Erläuterung
1	Ausbruch der Krise	Alarmierung der Krisenreaktions- bzw. Einsatzkräfte; erste Schadensmeldungen; genaue Lage ist unklar
2	Beginn des Einsatzes bzw. der Krisenbewältigung	Akute Rettungsmaßnahmen; Aktivierung erforderlicher Ressourcen; Lagebeurteilung wird möglich; ergriffene Maßnahmen beginnen zu wirken
3	Höhepunkt der Krise ist überschritten	Situation verbessert sich spürbar; eingesetzte Ressourcen können reduziert werden; Nachsorge und Schadensbehebung beginnt
4	Feststellung des Krisenendes	Einsatznachbesprechung bzw. Aufarbeitung der Krisenbewältigung; Verbesserung der Vorbereitung künftiger Einsätze; Einleitung von Maßnahmen zur Verhinderung eines erneuten Krisenausbruchs

Beispiel

Damit für die absehbar Schwerverletzten noch genügend Kapazität bleiben, muss der Ansturm kanalisiert werden. Vorrang im Sinne einer „damage control surgery" hat beispielsweise die Versorgung von Blutungen in Körperhöhlen oder stammnahe Hämorrhagien, wofür Chirurgen und Operationsplätze frei zu halten sind. Erst dann, wenn mehr Ressourcen zur Verfügung stehen oder die Patienten verlegt werden können, zum Beispiel um Explosionstraumata der Lunge zu behandeln, kann eine individuelle Versorgung erfolgen (vgl. Lenzen-Schulte, 2017, S. A 2404).◄

Neben der PSNV-E, die insbesondere während und nach besonders belastenden Einsätzen und Katastrophen für Gesundheitsbetriebe als Teil der Kritischen Infrastruktur wichtig und notwendig ist, ist eine präventive **Vorsorge** erforderlich, die möglichen Belastungen vorbeugt und dazu beiträgt, die Leistungsfähigkeit auch in extremen Situationen zu erhalten bzw. zu fördern. Ansätze hierzu bieten die Betriebliche Gesundheitsförderung (BGF) und das Betriebliche Gesundheitsmanagement (BGM). Während die prospektive BGF allgemein über präventive Maßnahmen hinaus auf die Entwicklung und Stärkung von Gesundheitspotenzialen aller Mitarbeiterinnen und Mitarbeiter abzielt, hat das BGM die Aufgabe, verschiedene gesundheitsbezogene Maßnahmen zu planen, zu organisieren und in den Handlungsfeldern Arbeits- und Gesundheitsschutz, Betriebliches Eingliederungsmanagement (BEM) sowie verhaltens- und verhältnisorientierte Gesundheitsförderung zu koordinieren (vgl. Struhs-Wehr, 2017, S. 6). Das BGM in Gesundheitsbetrieben befasst sich hierzu allgemein mit Angeboten und Maßnahmen für die Beschäftigten, ihre Gesundheit, ihr Wohlbefinden und damit ihre Leistungsfähigkeit zu erhalten bzw. zu fördern. Das betriebliches Management für Sicherheit und Gesundheit, das das BGM einschließt, ist als Führungsaufgabe anzusehen und umfasst alle Aspekte, die die Sicherheit und Gesundheit beeinflussen: die systematische Entwicklung und Steuerung betrieblicher Rahmenbedingungen, Strukturen und Prozesse, die die sicherheits- und gesundheitsgerechte Gestaltung der Arbeit und Organisation sowie die Befähigung zum sicheren und gesunden Verhalten zum Ziel haben. Es trägt somit dazu bei, Gefährdungen im Arbeitsalltag von Gesundheitsbetrieben zu begegnen und gleichzeitig auch für die im Management einer Krise Tätigen unter anderem die Arbeit so zu gestalten, dass sie sicher und gesund tätig sein können sowie leistungsfähig und leistungsbereit bleiben, ihre gesunderhaltenden Ressourcen zu stärken und ihre gesundheitlichen Handlungskompetenzen zu erweitern, Sicherheit und Gesundheit in die betrieblichen Abläufe zu integrieren sowie als Gestaltungsprozess systematisch zu betreiben und kontinuierlich zu verbessern (vgl. Deutsche Gesetzliche Unfallversicherung, 2019, S. 6).

Für Kriseneinsätze muss der Gesundheitsbetrieb Vorkehrungen treffen, die nicht nur dazu dienen, die Gesundheit zu fördern, und gleichzeitig die Beschäftigten dazu bewegt, sich hilfreiche Kompetenzen anzueignen und Verhaltenspathogene zu vermeiden. Vielmehr ist Leistungsfähigkeit in Verbindung mit einer stabilen psychischen Konstitution notwendig, was häufig mit dem Begriff **Resilienz** umschrieben wird. In Zusammenhang mit dem Krisenmanagement lässt sich darunter die Fähigkeit verstehen, erfolgreich mit belastenden Situationen und negativen Stressfolgen umgehen zu können und sich trotz gravierender Belastungen oder widriger Umstände psychisch gesund zu entwickeln. Resilientes Verhalten zeigt sich insbesondere dann, wenn sich eine Person widerstandsfähig gegenüber psychologischen, psychosozialen und biologischen Entwicklungsrisiken erweist, wobei Resilienz somit keine Persönlichkeitseigenschaft, sondern stattdessen immer an zwei Bedingungen geknüpft ist: Eine bestehende Risikosituation und die Bewältigung dieser Situation aufgrund vorhandener Fähigkeiten (vgl. Fröhlich-Gildhoff & Rönnau-Böse, 2019, S. 9).

Präventiver Gesundheitsschutz ist für alle Beschäftigte und Patienten im Gesundheitsbetrieb notwendig, um möglichen Risiken vorzubeugen. Da die Tätigkeiten mit Gefährdungen und Belastungen verbunden sind, die zu Gesundheitsschäden der Beschäftigten oder der Patienten und Patientinnen führen können, sind zum Schutz sowohl Belange des Beschäftigtenschutzes als auch des Patientenschutzes zu berücksichtigen. So sind beispielsweise nach dem *Arbeitsschutzgesetz (ArbSchG)* **Gefährdungsbeurteilungen** durchzuführen, wozu die Gefährdungen am Arbeitsplatz zu ermitteln und zu beurteilen, geeignete Schutzmaßnahmen zu deren Vermeidung festzulegen und deren Wirksamkeit regelmäßig zu überprüfen sind (vgl. § 5 ArbSchG).

Beispiel

Nach den Vorgaben der *Arbeitsstättenverordnung (ArbStättV)* hat der Gesundheitsbetrieb festzustellen, ob die Beschäftigten Gefährdungen beim Einrichten und Betreiben von Arbeitsstätten ausgesetzt sind oder ausgesetzt sein können. Ist dies der Fall, hat er alle möglichen Gefährdungen der Sicherheit und der Gesundheit der Beschäftigten zu beurteilen und dabei die Auswirkungen der Arbeitsorganisation und der Arbeitsabläufe in der Arbeitsstätte zu berücksichtigen. Bei der Gefährdungsbeurteilung hat er die physischen und psychischen Belastungen sowie bei Bildschirmarbeitsplätzen insbesondere die Belastungen der Augen oder die Gefährdung des Sehvermögens der Beschäftigten zu berücksichtigen. Entsprechend dem Ergebnis der Gefährdungsbeurteilung sind Maßnahmen zum Schutz der Beschäftigten nach dem Stand der Technik, Arbeitsmedizin und Hygiene festzulegen (vgl. § 3 ArbStättV).◄

Auf der Basis der Gefährdungsbeurteilung sind im Rahmen der Prävention durch das BGM Verbesserungsmöglichkeiten zu prüfen und der Arbeitsschutz zu optimieren. In diesem Zusammenhang sind zur Information der Beschäftigten über bestehende Gefährdungen sowie die getroffenen Schutzmaßnahmen in ihrem Arbeitsbereich auch Betriebsanweisungen für den Gesundheitsbetrieb zu erstellen, anhand derer sie jährlich zu unterweisen sind. Bei der Ausstattung mit medizintechnischen Geräten, Behandlungsplätzen, Praxiseinrichtungen oder Laborausstattungen sind beispielsweise die Vorgaben der DIN EN ISO 6385:2016 als grundlegendes ergonomisches Rahmenwerk zur Gestaltung von Arbeitssystemen auch im Gesundheitswesen zu berücksichtigen, aus dem sich arbeitswissenschaftliche Anforderungen ableiten lassen, die den besonderen physischen Belastungen der Heil- und Pflegeberufe, wie langes Stehen, häufiges Bücken, das Heben und Tragen schwerer Lasten, Schichtdienst, unregelmäßige Arbeitszeiten, aber auch den psychischen Belastungen im täglichen Umgang mit kranken, zu pflegenden, sterbenden Menschen Rechnung trägt.

Präventive Maßnahmen dienen in Gesundheitsbetrieben auch dazu, um für Notfälle in zeitkritischen Aktivitäten und Prozessen Vorsorge zu treffen. Dazu sind Fortführungssowie Wiederanlaufpläne zu entwickeln, die gewährleisten, dass im Notfall zeitnah Ersatzlösungen zur Verfügung stehen und die innerhalb eines angemessenen Zeitraums die Rückkehr zum Normalbetrieb ermöglichen. Die dazu notwendige Kontinuität und Stabilität versucht das an das Business Continuity Management (BCM) nach ISO 22301 angelehnte **Health Process Continuity Management** (HPCM) zu erreichen, als ein an den zeitkritischen Prozessen der Gesundheitseinrichtung orientierter, ganzheitlicher systematischer Prozess zur Prävention und Bewältigung von plötzlichen, unvorhergesehenen negativen Ereignissen, welche erhebliche Auswirkungen auf die Einrichtung hätten. Es kann trotz perfekter Planung in der Regel nicht Ausfälle und Leistungsminderungen vollständig verhindern. Allerdings kann eine gute Prävention jedoch die Anzahl von Unterbrechungen reduzieren und eine schnelle Detektion sowie Reaktion können die Dauer eines Ausfalls bzw. den Grad der Leistungsminderung reduzieren (vgl. Kersten & Klett, 2017, S. VI).

Das HPCM hat zum Ziel, das Gefahrenpotenzial von Risiken in Bezug zu den Kernprozessen zu identifizieren und effektive präventive und reaktive Maßnahmen zu etablieren. Für trotz Prävention unterbrochene Prozesse, wird ein möglichst schneller Wiederanlauf angestrebt. Es ist daher angelegt auf plötzlich eintretende betriebsunterbrechende

Ereignisse, die Sicherstellung der Weiterführung von zeitkritischen Prozessen und Aktivitäten auf einem akzeptablen Niveau und die Gewährleistung von ununterbrochener Verfügbarkeit von Schlüsselressourcen wie Medizinprodukten, Arzneimitteln, Infrastruktur, Personal, IT-Systemen und Dienstleistern des Gesundheitsbetriebs. HPCM bietet hierzu eine Rahmenstruktur, die es ermöglicht, potenzielle Bedrohungen für den Gesundheitsbetrieb zu identifizieren und Kapazitäten aufzubauen, um geeignete Maßnahmen zum Schutz von Patienten, Bewohnern, Beschäftigten, Besuchern, der eigenen Reputation und den eigenen Sachwerten umzusetzen (vgl. Spörrer, 2018, S. 3).

Eine an die Business Impact Analyse (BIA) des BCM angelehnte Health Process Impact Analyse (HPIA) liefert als Folgeschädenabschätzung oder Betriebsunterbrechungsanalyse die notwendigen Informationen über die kritischen Prozesse und Ressourcen in einem Gesundheitsbetrieb und eine Risikoanalyse die nötigen Informationen über bestehende Risiken, gegen die sich der Betrieb absichern sollte. Es handelt sich dabei um ein Verfahren, die Wiederanlaufpunkte der Prozesse zu definieren, eine Priorisierung für den Wiederanlauf und damit die Kritikalität der Prozesse festzulegen und die benötigten Ressourcen zu identifizieren. Auf Grundlage der HPIA lassen sich Optionen für eine Kontinuitätsstrategie und eine zugehörige Notfallplanerstellung entscheiden. Sie hat die Aufgabe zu ermitteln, welche Prozesse wichtig und damit kritisch für die Aufrechterhaltung der Betriebsabläufe sind und welche Folgen ihr Ausfall haben kann. Sie sind besonders abzusichern und für sie eine schnellere Wiederaufnahme der Tätigkeit erforderlich, da sonst ein hoher Schaden für Patienten, Beschäftigte oder den Gesundheitsbetrieb zu erwarten ist. Prozesse mit einer geringeren Kritikalität bedeuten, dass sie eine geringere Priorität für die Wiederherstellung haben.

Beispiel

Nach Prozesskritikalitätskategorien des *Bundesamts für Sicherheit in der Informationstechnik (BSI)* lassen sich für eine Pflegeeinrichtung beispielsweise folgende definieren:

- **unkritisch:** Wiederanlaufsnotwendigkeit in ≤ 144 h, niedriger Gesamtschaden, keine oder nur minimale Auswirkungen aufgrund des Prozessausfalls;
- **wenig kritisch:** Wiederanlaufsnotwendigkeit in ≤ 48 h, normaler Gesamtschaden, Auswirkungen des Prozessausfalls werden von Bewohnern und Beschäftigten bemerkt;
- **kritisch:** Wiederanlaufsnotwendigkeit in ≤ 12 h, hoher Gesamtschaden, beträchtliche Auswirkungen des Prozessausfalls und Unversehrtheit der Bewohner ist gefährdet;
- **hoch kritisch:** Wiederanlaufsnotwendigkeit in $< 0{,}3$ h, sehr hoher Gesamtschaden, existenziell bedrohliche Auswirkungen des Prozessausfalls und Unversehrtheit

der Bewohner ist unmittelbar gefährdet (vgl. Bundesamt für Sicherheit in der Informationstechnik, 2008, S. 44).◄

3.7   Nachhaltige Betriebsführung

3.7.1   Nachhaltigkeitsgrundlagen für den Gesundheitsbetrieb

Auch im Gesundheitswesen mit all seinen Versorgungsbereichen gewinnen Ressourceneffizienz und ökologische Nachhaltigkeit einschließlich Klimaschutz zunehmend an Bedeutung. Da es für ca. 5 % der deutschen Treibhausgas-Emissionen verantwortlich ist, einen hohen Ressourcenbedarf hat und einer der größten Rohstoffkonsumenten der deutschen Wirtschaft ist, müssen auch vom Gesundheitswesen entsprechende Anstrengungen unternommen werden, um das von der Bundesregierung gesetzte Ziel, bis 2045 klimaneutral zu sein, erreichen zu können. Die Ausrichtung auf nachhaltige Prozesse ist auch vor dem Hintergrund der Finanzierung des Gesundheits- und Pflegewesens anzustreben (vgl. Bundesministerium für Gesundheit, 2022a, S. 1).

Die enge Verbindung zwischen **Klima-** und **Gesundheitsschutz** findet Ausdruck im *Klimaschutzge „etz (KSG)*, dessen Zweck es ist, zum Schutz vor den Auswirkungen des weltweiten Klimawandels die Erfüllung der nationalen Klimaschutzziele sowie die Einhaltung der europäischen Zielvorgaben zu gewährleisten. Die ökologischen, sozialen und ökonomischen Folgen werden berücksichtigt. Grundlage bildet die Verpflichtung nach dem *Übereinkommen von Paris aufgrund der Klimarahmenkonvention der Vereinten Nationen,* wonach der Anstieg der globalen Durchschnittstemperatur auf deutlich unter 2 Grad Celsius und möglichst auf 1,5 Grad Celsius gegenüber dem vorindustriellen Niveau zu begrenzen ist, um die Auswirkungen des weltweiten Klimawandels so gering wie möglich zu halten (vgl. § 1 KSG). Nach dem darin befindlichen Berücksichtigungsgebot haben die Träger öffentlicher Aufgaben und damit auch die Träger öffentlicher Gesundheitsbetriebe bei ihren Planungen und Entscheidungen den Zweck dieses Gesetzes und die zu seiner Erfüllung festgelegten Ziele zu berücksichtigen (vgl. § 13 KSG).

Auch für den ambulanten Bereich gibt es Bestrebungen Ressourceneffizienz und ökologische Nachhaltigkeit zu fördern.

Beispiel

Ziel von Fördermaßnahmen ist es beispielsweise, den ambulanten Versorgungsbereich bei der Entwicklung von Ansätzen zur Verbesserung der Ressourceneffizienz zu unterstützen. Angesichts der großen Unterschiede zwischen den ambulanten und stationären Einrichtungen des Gesundheits- und Pflegesystems (z. B. hinsichtlich Größe, Versorgungsauftrag, Finanzierung und Trägerschaft), sind spezielle Nachhaltigkeitskonzepte zu erarbeiten, um ambulante Einrichtungen des Gesundheits- und Pflegesystems (beispielsweise Arztpraxen, medizinische Versorgungszentren, Praxen von Heilmittelerbringern, ambulante Pflegeeinrichtungen) zur (Weiter-)Entwicklung, Erprobung und Evaluation ökologisch nachhaltiger Prozesse zu sensibilisieren. Dabei sollen Hemmnisse, Bedürfnisse und förderliche Faktoren hinsichtlich mehr Ressourceneffizienz und Nachhaltigkeit identifiziert werden, um darauf aufbauend die wissenschaftlichen Kenntnisse praxistauglich für ein breites Spektrum der ambulanten Versorgung aufzubereiten und zur Verfügung zu stellen. Dabei sind die Patientensicherheit und Versorgungsqualität sowie oftmals komplexe Versorgungsabläufe zu berücksichtigen (vgl. Bundesministerium für Gesundheit, 2022a, S. 2).◄

Zur Klärung des **Nachhaltigkeitsbegriffs** bezüglich des Gesundheitsaspekts kann festgehalten werden, dass es für eine nachhaltige Entwicklung von Gesundheit zentral ist, eine gesunde Umwelt und eine systematische Gesundheitsförderung in einem Konzept zusammenzuführen. Daher umfassen entsprechende Maßnahmen die Bereiche der ökonomischen, ökologischen sowie sozialen Entwicklung und sollten von dauerhafter, positiver Wirkung für die Gesundheit sein und auf strukturelle Veränderungen abzielen (vgl. Trojan & Süß, 2020, S. 1). Vor diesem Hintergrund und um die Zukunftsfähigkeit für das Gesundheitssystem erfolgreich zu gestalten, müssen die Strukturen des Gesundheitswesens weiter modernisiert, vernetzt und noch mehr auf die Bedürfnisse der Patientinnen und Patienten zugeschnitten werden. Von besonderer Bedeutung für die Zukunft der Gesundheitsversorgung sind dabei die Digitalisierung und digitale Innovationen, aber auch der Zugang und die Verfügbarkeit von Daten sowie ein umfassender Datenschutz. Gleichzeitig gilt es als Grundlage für ein modernes und leistungsstarkes Gesundheitswesen, zukunftsfähige Versorgungsstrukturen und insbesondere eine Grundversorgung mit hoher Qualität in der Fläche sicherzustellen. Es muss gut erreichbare Kliniken und stationäre Angebote geben, vor allem für die Grund- und Notfallversorgung. Dazu sind sowohl der ambulante als auch der stationäre Sektor laufend zu modernisieren, zu stärken und zukünftig vor allem besser miteinander zu verbinden (vgl. Bundesministerium für Gesundheit, 2022b, S. 10 ff.).

Auf der Grundlage der (Muster-)Berufsordnung für die in Deutschland tätigen Ärztinnen und Ärzte (MBO-Ä) der dortigen Verantwortung der Ärztinnen und Ärzte, sich für die Gesundheit des Einzelnen und der Bevölkerung sowie für die Erhaltung der für die Gesundheit der Menschen bedeutenden natürlichen Lebensgrundlagen einzusetzen, ist es als ärztliche Pflicht und als wichtiges ärztliches Anliegen anzusehen, die Auswirkungen des Klimawandels klar zu benennen, die gesundheitliche Bedrohung durch den Klimawandel aufzuzeigen, Gegenmaßnahmen einzufordern und mit dazu beizutragen, dass sich das Gesundheitssystem auf die Bewältigung der Folgen des Klimawandels vorbereitet und bei jeglichem Handeln zum Wohle der Gesundheit klimaschädliche Auswirkungen vermeidet. Danach sind die Gesundheitsbetriebe auf die Folgen des Klimawandels vorzubereiten, das Gesundheitssystem und damit auch die ärztliche Arbeit klimafreundlich zu gestalten, die gesundheitlichen Folgen des Klimawandels adäquat in die Aus-, Weiter- und

Fortbildung von Ärztinnen und Ärzten sowie der Angehörigen anderer Berufe im Gesundheitswesen zu integrieren und der Klimaschutz in das alltägliche Handeln der ärztlichen Organisationen einzubeziehen (vgl. Bundesärztekammer, 2021, S. 141).

Beispiel

Der Klimapakt Gesundheit des Bundesministeriums für Gesundheit, der Spitzenorganisationen im Gesundheitswesen sowie der Länder und kommunalen Spitzenverbände bekräftigt die Absicht, den negativen gesundheitlichen Auswirkungen des Klimawandels zu begegnen und das Gesundheitswesen einschließlich der Pflege im Sinne von Klimaschutz und Nachhaltigkeit weiterzuentwickeln. So ist beispielsweise das Gesundheits- und Pflegesystem auf häufigere Hitzewellen und Extremwetterereignisse vorzubereiten, damit auch in Krisenzeiten die Versorgung bestmöglich sichergestellt wird (vgl. Bundesministerium für Gesundheit, 2022c, S. 3 f.).◄

Das Erreichen der Klimaneutralität des Gesundheitswesens ist zielstrebig, konsequent und zeitnah in Angriff zu nehmen, wobei die Initiierung der hierfür erforderlichen rechtlichen Rahmenbedingungen, die Benennung von Klimabeauftragten und die Verabschiedung von Klimaschutzplänen in allen Einrichtungen des Gesundheits- und Sozialwesens wichtige erste Schritte darstellen (vgl. Bundesärztekammer, 2021, S. 170).

Zu den Nachhaltigkeitsgrundlagen zählt auch das **Umweltrecht,** welches für den Gesundheitsbetrieb rechtliche ökologische Rahmenbedingungen setzt. Es ist nicht in einem einheitlichen Umweltgesetzbuch geregelt, sondern besteht aus einer Vielzahl von Einzelgesetzen, die durch Verordnungen oder auch durch allgemeine Verwaltungsvorschriften konkretisiert und dem jeweiligen Kenntnisstand entsprechend angepasst werden. Die Verordnungen und Verwaltungsvorschriften enthalten im Vergleich zu den Gesetzen oft konkrete, technisch-naturwissenschaftlich begründete Inhalte, etwa zur erlaubten Luft- oder Lärmbelästigung. Zusätzlich werden technische Regelwerke, wie etwa DIN-Vorschriften oder VDI-Regelungen zum Ausfüllen unbestimmter Rechtsbegriffe herangezogen.

Beispielsweise schreiben Wasserhaushaltsgesetze oder die *Abwasserverordnung (AbwV)* die Reinigung von Abwasserströmen nach dem Stand der Technik und möglichst wassersparende Verfahrensweisen vor. Sie enthalten oft rechtliche und technische Auflagen, sowie Einleitgrenzwerte für abwasserbelastende Stoffe wie Desinfektionsmittel, Laborchemikalien und Medikamente, insbesondere Zytostatika und Diagnostika, cyanidhaltigen Chemikalien bei der Hämoglobinbestimmung oder jodhaltige Diagnostika in der Computertomographie. Für den Umgang mit wassergefährdenden Stoffen gibt es in der Regel ebenfalls Vorschriften.

Beispiel

Der Anwendungsbereich des Anhangs 50 der AbwV gilt beispielsweise für Abwasser, dessen Schadstofffracht im Wesentlichen aus Behandlungsplätzen in Zahnarztpraxen und Zahnkliniken, bei denen Amalgam anfällt, stammt (vgl. Anhang 50 AbwV).◄

Eine weitere wichtige rechtliche Grundlage stellt das *Kreislaufwirtschaftsgesetz (KrWG)* dar, dessen Vorgaben in einrichtungsinterne Regelungen umzusetzen sind. Danach stehen die Maßnahmen der Vermeidung und der Abfallbewirtschaftung in folgender Rangfolge:

- Vermeidung,
- Vorbereitung zur Wiederverwendung,
- Recycling,
- sonstige Verwertung, insbesondere energetische Verwertung und Verfüllung,
- Beseitigung.

Ausgehend von der Rangfolge soll diejenige Maßnahme Vorrang haben, die den Schutz von Menschen und Umwelt bei der Erzeugung und Bewirtschaftung von Abfällen unter Berücksichtigung des Vorsorge- und Nachhaltigkeitsprinzips am besten gewährleistet. Für die Betrachtung der Auswirkungen auf Menschen und Umwelt ist der gesamte Lebenszyklus des Abfalls zugrunde zu legen. Hierbei sind insbesondere zu berücksichtigen

- die zu erwartenden Emissionen,
- das Maß der Schonung der natürlichen Ressourcen,
- die einzusetzende oder zu gewinnende Energie sowie
- die Anreicherung von Schadstoffen in Erzeugnissen, in Abfällen zur Verwertung oder in daraus gewonnenen Erzeugnissen.

Die technische Möglichkeit, die wirtschaftliche Zumutbarkeit und die sozialen Folgen der Maßnahme sind zu beachten (vgl. § 6 KrWG).

Für den Gesundheitsbetrieb lässt sich daraus ableiten, Abfälle erst gar nicht entstehen zu lassen, sondern diese, wenn möglich, zu vermeiden. Wenn eine Vermeidung nicht möglich ist, so ist die Verwertung der Beseitigung vorzuziehen. Lediglich der Abfall, der nicht mehr verwertet werden kann, ist beispielsweise auf Deponien oder durch Verbrennung zu beseitigen.

3.7.2 Betriebliche Nachhaltigkeits- und Umweltschutzkonzepte

Nicht zuletzt durch die Aufgaben, die sie im Rahmen der Gesundheitsvorsorge und Gesundheitsprophylaxe wahrnehmen, haben Gesundheitsbetriebe eine besondere Verantwortung im Bereich der Nachhaltigkeit und des Umweltschutzes. Bemühen sie sich nicht, die Belastungen der Umwelt bei der medizinischen Versorgung so gering wie möglich zu halten, konterkarieren sie ihre Aufgaben im Rahmen der Vorsorge und Heilung.

Ein nicht unbeträchtliches Problempotenzial stellen umweltrelevante Stoffe und Arbeitsabläufe im täglichen Betrieb von Gesundheitseinrichtungen dar. Die Entsorgung von oft als Sondermüll zu deklarierenden medizinischen Abfällen, der Energieverbrauch durch Klima-, Heizungs- und Lüftungsanlagen oder steigende Frischwasser- und Abwassermengen stellen Anforderungen dar, die ein geeignetes Umweltmanagement unverzichtbar erscheinen lassen. Als dessen Hauptaufgaben sind beispielsweise festzulegen:

- **Risiken von Stör- und Unfällen reduzieren:** Insbesondere durch umweltgerechte Prozesse beim Arbeiten in eigenen Laboratorien, bei der Anwendung medizinischer Technik, beim Umgang mit Chemikalien, medizinischen Abfällen, bei Abluft, Abwasser und Haustechnik;
- **Einsparpotenziale realisieren:** Verringerung von Kosten und der Umweltbelastung durch Material- und Energiesparmaßnahmen;
- **Mitarbeitermotivation verbessern:** Umsichtige, vorbildlich umweltgerechte Einrichtungsführung fördert die Identifikation mit Umweltschutz und Nachhaltigkeit in der Gesundheitseinrichtung;
- **Haftungsrisiken vermindern:** Nachweis der Einhaltung der Sorgfaltspflicht durch Dokumentationen, Vorschriften und Dienstanweisungen und sonstigen Nachweisen über einen ordnungsgemäßen Einrichtungsbetrieb.

Umweltschutzmanagementsysteme (UMS) dienen in Gesundheitsbetrieben dazu, die Nachhaltigkeit und den Umweltschutz zu strukturieren, zu organisieren und die Verantwortlichkeiten festzulegen. Ein üblicher Standard ist beispielsweise *EMAS (Eco-Management and Audit Scheme)* als ein freiwilliges Instrument der Europäischen Union, das auch Gesundheitsbetriebe dabei unterstützt, ihre Umweltleistung kontinuierlich zu verbessern.

Beispiel

Zum 01.03.2023 weisen nach der EMAS-Statistik 32 Gesundheitseinrichtungen und 29 Pflegeeinrichtungen eine Zertifizierung auf (vgl. Umweltgutachterausschuss 2023, Tabelle Anzahl-Deutscher EMAS-Organisationen nach Wirtschaftsbereich (Nace)).◄

Nach der *Verordnung (EG) Nr. 1221/2009 des Europäischen Parlaments und des Rates vom 25. November 2009 über die freiwillige Teilnahme von Organisationen an einem Gemeinschaftssystem für Umweltmanagement und Umweltbetriebsprüfung* sind unter anderem zu dokumentieren (vgl. Artikel 9 Verordnung (EG) Nr. 1221/2009):

- Die **Umweltpolitik** mit den von den obersten Führungsebenen des Gesundheitsbetriebs verbindlich dargelegten Absichten und Ausrichtungen des Gesundheitsbetriebs in Bezug auf seiner Umweltleistung, einschließlich der Einhaltung aller geltenden Umweltvorschriften und der Verpflichtung zur kontinuierlichen Verbesserung der Umweltleistung;
- die **Umweltprüfung** als erstmalige umfassende Untersuchung der Umweltaspekte, der Umweltauswirkungen und der Umweltleistung im Zusammenhang mit den Tätigkeiten, Produkten und Dienstleistungen des Gesundheitsbetriebs;
- das **Umweltprogramm** als eine Beschreibung der Maßnahmen, Verantwortlichkeiten und Mittel, die zur Verwirklichung der Umweltzielsetzungen und -einzelziele getroffen, eingegangen und eingesetzt wurden oder vorgesehen sind, und der diesbezügliche Zeitplan;
- die **Umweltzielsetzung** als sich aus der Umweltpolitik ergebendes und nach Möglichkeit zu quantifizierendes Gesamtziel, das sich der Gesundheitsbetrieb gesetzt hat;
- die **Umweltbetriebsprüfung** als systematische, dokumentierte, regelmäßige und objektive Bewertung der Umweltleistung des Gesundheitsbetriebs, des Managementsystems und der Verfahren zum Schutz der Umwelt;
- die **Umwelterklärung** als die umfassende Information der Öffentlichkeit und anderer interessierter Kreise mit Angaben zum Gesundheitsbetrieb über dessen Struktur und Tätigkeiten, Umweltpolitik und Umweltmanagementsystem, Umweltaspekte und -auswirkungen, Umweltprogramm, -zielsetzung und -einzelziele, Umweltleistung und Einhaltung der geltenden umweltrechtlichen Verpflichtungen.

Basis der Umweltpolitik und der aktuellen Umweltaktivitäten eines Gesundheitsbetriebs sind beispielsweise dessen Nachhaltigkeitsgrundsätze, die üblicherweise Aussagen zur Verankerung des Nachhaltigkeitsgedankens im gesundheitsbetrieblichen Alltag, zu einem sozial verantwortlichen und umweltschonenden Umgang mit den zur Verfügung stehenden Ressourcen, zur umweltfreundlichen Beschaffung von medizinischem Verbrauchsmaterial, zur Gestaltung des medizinischen Leistungsangebots bis hin zur umweltgerechten Abfallwirtschaft und Entsorgung enthalten.

Wichtig ist ferner auch ein Verweis auf Umweltziele und Umweltprogramm, die der Umsetzung der Nachhaltigkeitsgrundsätze und der Umweltpolitik dienen. Üblicherweise werden Vorschläge und Erfahrungen der Mitarbeitenden bei der Zielsetzung und Maßnahmenentwicklung mit einbezogen und im Rahmen der Überprüfung des

Umweltmanagementsystems und im Sinne einer Erfolgskontrolle wird das Erreichen der Nachhaltigkeits- und Umweltziele jährlich beurteilt.

Der *Geltungsbereich des Umweltmanagementsystems ist für alle Standorte und Liegenschaften des Gesundheitsbetriebs zu definieren, ebenso, wie Verantwortlichkeiten, Zuständigkeiten und Aufgaben (Verantwortung auf Leitungsebene der Einrichtung, Umweltschutzbeauftragter als für die Umsetzung der gesetzlichen Umweltschutzbestimmungen und die Initiierung und Kontrolle der internen Umweltschutzaktivitäten Zuständigen, Umweltteam).

Auf die Mitarbeitendenbeteiligung durch Schulungen, Informationen, Vorschlagswesen etc. ist ebenso hinzuweisen, wie auf spezifische Weiterbildungsmaßnahmen im Bereich Umweltschutz.

Zu den aufzuführenden wesentlichen umweltrelevanten Prozessen eines Gesundheitsbetriebs zählen beispielsweise

- der Beschaffungsprozess medizinischen Verbrauchsmaterials (nachhaltige Ausrichtung, Berücksichtigung von Umweltrichtlinien für Öffentliches Auftragswesen, Unternehmenszertifizierungen und Produktauszeichnungen wie z. B. DIN EN ISO 14000ff., Blauer Engel, EU-Ecolabel, FSC-Siegel, natureOffice, TCO Norm 5.1, Energy Star, EPEAT etc.),
- die Abfallbehandlung medizinischer und nicht medizinischer Abfälle (Berücksichtigung des abfallwirtschaftlichen Grundsatzes „Vermeidung vor Verwertung vor Entsorgung", von LAGA- und RKI-Richtlinien etc.),
- die Mobilität (Grundsätze für Dienstreisen, Bevorzugung öffentlicher Nahverkehrsmittel, Fuhrparkausstattung, Jobtickets etc.),
- der Energiebezug (bspw. Öko-Strom aus Erneuerbaren Energien, Kraft-Wärme-Kopplungs-Anlagen etc.).

Die zu dokumentierende Umweltprüfung erfasst und bewertet erstmalig alle wichtigen Umweltaspekte und deren Auswirkungen. Dazu zählen insbesondere:

- Energieeffizienz,
- Materialeffizienz,
- Wasser,
- Abfall,
- Biologische Vielfalt,
- Emissionen.
- Transport.

Die Umweltaspekte werden jährlich durch Kennzahlen (Kernindikatoren) quantifiziert und in einer Umwelterklärung des Gesundheitsbetriebs veröffentlicht. Die Umweltprüfung umfasst ferner eine systematische Erfassung der geltenden relevanten Umweltvorschriften.

Ihre Einhaltung wird untersucht und ist durch materielle Nachweise zu belegen. Ferner wird überprüft, ob früherer Vorfälle im Bereich Umweltschutz oder Beschwerden aus der Nachbarschaft vorliegen.

Ferner ist festzuhalten, dass das Umweltmanagementsystem einmal jährlich systematisch durch eine Umweltbetriebsprüfung (internes Audit) überprüft wird. Dadurch soll sichergestellt werden, dass das Umweltmanagementsystem funktionsfähig ist und den es den Anforderungen entspricht. Ferner sollen damit die Leistungen der einzelnen Umweltaspekte überprüft und Verbesserungspotenziale aufgedeckt werden.

Auch ist zu dokumentieren, dass das Umweltmanagementsystem einmal jährlich einer Managementbewertung und damit einer Bewertung durch die Leitung des Gesundheitsbetriebs unterzogen wird. Dadurch soll die fortdauernde Eignung, die Angemessenheit und die Wirksamkeit des Umweltmanagementsystems sichergestellt werden.

Der überwiegende Teil der in einem Gesundheitsbetrieb anfallenden und gebrauchten Stoffe ist als **Abfall** der Verwertung zuzuführen oder im abfallwirtschaftlichen Sinne zu beseitigen. Wertstoffe, wie Papier und Glas, können über die gleichen Erfassungssysteme wie für den Hausmüll, also in getrennten Containern oder in Recyclinghöfen entsorgt werden. Die Verwendung von Materialien erfordert Informationen und Kenntnisse über deren Eigenschaften und eventuell vorhandenen Gefahren. Diese Informationen müssen allen damit befassten Mitarbeitenden zur Verfügung stehen denn nur dann ist ein sorgfältiger und verantwortlicher Umgang mit den verschiedensten Materialien möglich. Anhand von Beipackzetteln, Sicherheitsdatenblättern, der Roten Liste oder der Gelben Liste Pharmindex etc. kann zusammengetragen werden, in welchen Arbeitsbereichen des Gesundheitsbetriebs mit problematischen Stoffen umgegangen wird und für welche Stoffe eine spezielle Entsorgung notwendig ist. Die getrennte Sammlung und Entsorgung von Rest- und Problemstoffen ist der letzte wichtige Schritt im Rahmen des Umweltschutzes im Gesundheitsbetrieb. Abfälle, die nach Art, Beschaffenheit oder Menge in besonderem Maße gesundheits-, luft- oder wassergefährdend, explosiv oder brennbar sind, müssen als Sondermüll entsorgt werden.

Da vom Abfall im Gesundheitsbetrieb mögliche Gefahren und Infektionsrisiken aus gehen, sollte ein praxisindividueller Entsorgungsplan aufgestellt werden. Dabei sind neben den allgemeinen abfallrechtlichen Pflichten auch die Aspekte des Gesundheitsschutzes zu beachten. In dem Abfallentsorgungsplan sollte Folgendes beispielsweise tabellarisch dokumentiert werden:

- Abfallort und Abfallmenge;
- Abfallschlüssel (Was? Wieviel?);
- Entsorgungszeitpunkte, d. h. beispielsweise nach Gebrauch oder nach Ablaufdatum der Mindesthaltbarkeit (Wann?);
- Sammlung und Lagerung des Abfalls (Wo?);
- Art der Entsorgung (Wohin?).

Auch sollte im Gesundheitsbetrieb eine Interne Regelung zur Abfallentsorgung getroffen werden, die allen Betriebsangehörigen bekannt ist und von ihnen befolgt wird (vgl. Richter & Schmidt, 2014b, S. 82).

Nach der *Abfallverzeichnis-Verordnung (AVV)* sind Abfälle aus der humanmedizinischen Versorgung definiert im Kap. 18, durch vierstellige Gruppen, sechsstellige Abfallschlüssel (AS) und der Abfallbezeichnung, wie beispielsweise

- 18 01 Abfälle aus der Geburtshilfe, Diagnose, Behandlung oder Vorbeugung von Krankheiten beim Menschen
  - 18 01 01 spitze oder scharfe Gegenstände (außer 18 01 03);
  - 18 01 02 Körperteile und Organe, einschließlich Blutbeutel und Blutkonserven (außer 18 01 03);
  - 18 01 03 Abfälle, an deren Sammlung und Entsorgung aus infektionspräventiver Sicht besondere Anforderungen gestellt werden;
  - 18 01 04 Abfälle, an deren Sammlung und Entsorgung aus infektionspräventiver Sicht keine besonderen Anforderungen gestellt werden (z. B. Wund- und Gipsverbände, Wäsche, Einwegkleidung, Windeln);
  - 18 01 06 Chemikalien, die aus gefährlichen Stoffen bestehen oder solche enthalten;
  - 18 01 07 Chemikalien mit Ausnahme derjenigen, die unter 18 01 06 fallen;
  - 18 01 08 zytotoxische und zytostatische Arzneimittel;
  - 18 01 09 Arzneimittel mit Ausnahme derjenigen, die unter 18 01 08 fallen;
  - 18 01 10 Amalgamabfälle aus der Zahnmedizin (vgl. Anlage Abfallverzeichnis zu § 2 AVV).

Zur Entsorgung werden die Abfälle von Einrichtungen des Gesundheitswesens nach der Vollzugshilfe der *Bund/Länder-Arbeitsgemeinschaft Abfall (LAGA)* je nach Art, Beschaffenheit, Zusammensetzung und Menge den Abfallarten verschiedene Sammlungs-, Lagerungs- und Entsorgungsmaßnahmen zugeordnet (siehe Tab. 3.30).

Die Maßnahmen zur Abfallentsorgung sind in einem Hygieneplan festzulegen (vgl. Berufsgenossenschaft für Gesundheitsdienst und Wohlfahrtspflege, 2019, S. 49 f.).

Mit über das Umweltmanagement hinausgehende **Nachhaltigkeitskonzepten** wird versucht, die Klimaschutzziele umzusetzen und die Nachhaltigkeit in Gesundheitsbetrieben langfristig zu etablieren.

Beispiel

Die *Green HospitalPLUS-Initiative der Bayerischen Staatsministerien für Umwelt und Verbraucherschutz sowie Gesundheit und Pflege* ist ein Nachhaltigkeitsinstrument für bayerische Krankenhäuser, die auf drei Säulen beruht:

- **Energie:** energieeffizientes Bauen, der Einsatz erneuerbarer Energien, sowie Maßnahmen zur Energieeinsparung und zum Energiemanagement im Krankenhaus;

Tab. 3.30 Beispiele für die Entsorgung von medizinischen Abfällen nach LAGA (vgl. Bund/Länder-Arbeitsgemeinschaft Abfall LAGA 2021, S. 2 ff.)

AS	Abfallart	Anfallstellen	Bestandteile
18 01 01	Gebrauchte spitze und scharfe medizinische Instrumente, auch als „sharps" bezeichnet, an deren Sammlung und Entsorgung aus infektionspräventiver Sicht keine besonderen Anforderungen gestellt werden	Gesamter Bereich der Patientenuntersuchung und -versorgung	Skalpelle, Kanülen von Spritzen und Infusionssystemen, Gegenstände mit ähnlichem Risiko für Schnitt- und Stichverletzungen
18 01 02	Körperteile, Organabfälle, gefüllte Behältnisse mit Blut und Blutprodukten	Z. B. Operationsräume, ambulante Einrichtungen mit entsprechen-den Tätigkeiten	Körperteile, Organabfälle, Blutbeutel, mit Blut oder flüssigen Blutprodukten gefüllte Behältnisse
Hinweis: Diese Einstufung gilt nur für Abfälle, die nicht unter AS 18 01 03* einzustufen sind			
18 01 03*	Abfälle, die mit meldepflichtigen Erregern behaftet sind, wenn dadurch eine Verbreitung der Krankheit zu befürchten ist	Z. B. Operationsräume, mikrobiologische Laboratorien, klinisch-chemische und infektions-serologische Laboratorien, Dialysestationen und -zentren bei Behandlung bekannter Hepatitisvirusträger, Abteilungen für Pathologie	Abfälle, die mit erregerhaltigem Blut, Sekret oder Exkret behaftet sind oder Blut in flüssiger Form enthalten z. B. mit Blut oder Sekret gefüllte Gefäße, blut- oder sekretgetränkter Abfall aus Operationen, gebrauchte, ungespülte bzw. blutgefüllte Dialysesysteme aus Behandlung bekannter Virusträger mikrobiologische Kulturen aus z. B. Instituten für Hygiene, Mikrobiologie und Virologie, Labormedizin, Arztpraxen mit entsprechender Tätigkeit

Hinweis: auch spitze und scharfe Gegenstände, Körperteile und Organabfälle von Patienten mit entsprechenden Krankheiten

(Fortsetzung)

Tab. 3.30 (Fortsetzung)

AS	Abfallart	Anfallstellen	Bestandteile
18 01 04	Mit Blut, Sekreten bzw. Exkreten behaftete Abfälle wie Wundverbände, Gipsverbände, Einwegwäsche, Stuhlwindeln, Einwegartikel etc.	Gesamter Bereich der Patientenuntersuchung und -versorgung	Wund- und Gipsverbände, Stuhlwindeln, Einwegwäsche, Einwegartikel (z. B. Spritzenkörper), etc. gering: mit Zytostatika kontaminierte Abfälle wie Tupfer, Ärmelstulpen, Handschuhe, Atemschutzmasken, Einmalkittel, Plastik-/Papiermaterial, Aufwischtücher, leere Zytostatikabehältnisse nach bestimmungsgemäßer Anwendung (Ampullen, Spritzenkörper ohne Kanülen etc.) und gering kontaminiertes Material von Sicherheitswerkbänken; nicht: getrennt erfasste, nicht kontaminierte Fraktionen von Papier, Glas, Kunststoffen (diese werden unter eigenen Abfallschlüsseln gesammelt)

Hinweis: Diese Einstufung gilt nur für Abfälle, die nicht AS 18 01 03* zuzuordnen sind; dieser Abfall stellt ein Gemisch aus einer Vielzahl von Abfällen dar, dem auch andere nicht gefährliche Abfälle zugegeben werden können, für die aufgrund der geringen Menge eine eigenständige Entsorgung wirtschaftlich nicht zumutbar ist; werden geringe Mengen der Abfälle dieses AS im Rahmen der Entsorgung gemischter Siedlungsabfälle dem öffentlich-rechtlichen Entsorgungsträger überlassen, ist eine gesonderte Deklaration nicht notwendig

(Fortsetzung)

Tab. 3.30 (Fortsetzung)

AS	Abfallart	Anfallstellen	Bestandteile
18 01 06*	Chemikalienabfälle	Diagnostische Apparate, Laborbereiche, Pathologie	Säuren, Laugen, halogenierte Lösemittel, sonstige Lösemittel, anorganische Laborchemikalien, einschließlich Diagnostikarestmengen, organische Laborchemikalien, einschließlich Diagnostikarestmengen, Fixierbäder, Entwicklerbäder, Desinfektions- und Reinigungsmittelkonzentrate, nicht restentleerte Druckgaspackungen, Formaldehydlösungen, Atemkalk

Hinweis: in größeren Mengen getrennt anfallende Chemikalienabfälle unter dem entsprechenden Abfallschlüssel getrennt sammeln und entsorgen

AS	Abfallart	Anfallstellen	Bestandteile
18 01 07	Chemikalienabfälle	Diagnostische Apparate, Laborbereiche	Z. B. Reinigungsmittel Abfälle aus diagnostischen Apparaten, die aufgrund der geringen Chemikalienkonzentration nicht AS 18 01 06* zugeordnet werden müssen

Hinweis: in größeren Mengen getrennt anfallende Chemikalienabfälle unter dem entsprechenden Abfallschlüssel getrennt sammeln und entsorgen

(Fortsetzung)

Tab. 3.30 (Fortsetzung)

AS	Abfallart	Anfallstellen	Bestandteile
18 01 08*	CMR-Arzneimittel nach TRGS 525; Abfälle, die aus Resten oder Fehlchargen dieser Arzneimittel bestehen oder deutlich erkennbar mit CMR-Arzneimitteln verunreinigt sind (stark verunreinigt)	Bereich der Patientenversorgung mit Anwendung von Zytostatika und Virusstatika (z. B. Onkologie), Arztpraxen, Laborbereich	Nicht vollständig entleerte Originalbehälter (z. B. bei Therapieabbruch angefallene oder nicht bestimmungsgemäß angewandte Zytostatika), verfallene CMR-Arzneimittel in Originalpackungen, Reste an Trockensubstanzen und zerbrochene Tabletten, Spritzenkörper und Infusionsflaschen/-beutel mit deutlich erkennbaren Flüssigkeitsspiegeln/Restinhalten (> 20 ml), Infusionssysteme und sonstiges mit Zytostatika kontaminiertes Material (> 20 ml), z. B. Druckentlastungs- und Überleitungssysteme, durch Freisetzung großer Flüssigkeitsmengen oder Feststoffe bei der Zubereitung oder Anwendung von Zytostatika kontaminiertes Material (z. B. Unterlagen, persönliche Schutzausrüstung), Luftfilter von Sicherheitswerkbänken

Hinweis: gering kontaminierte Abfälle, wie Tupfer, Handschuhe, Einmalkittel, Aufwischtücher, leere Zytostatikabehältnisse nach bestimmungsgemäßer Anwendung, gering kontaminiertes Material von Sicherheitswerkbänken, etc. sind AS 18 01 04 zuzuordnen

AS	Abfallart	Anfallstellen	Bestandteile
18 01 09	Altarzneimittel, einschließlich unverbrauchter Röntgenkontrastmittel	Krankenhäuser, Arztpraxen	Altarzneimittel, halogenorganikfreie Röntgenkontrastmittel, Infusionslösungen

(Fortsetzung)

Tab. 3.30 (Fortsetzung)

AS	Abfallart	Anfallstellen	Bestandteile
Hinweis: Praxisinhaber/-in kann im Schadensfall infolge missbräuchlicher Verwendung wegen Fahrlässigkeit haftbar gemacht werden			
18 01 10	Inhalte von Amalgamabscheidern, Amalgamrückstände, -partikel, -füllungen und extrahierte Zähne mit Amalgamfüllungen	Zahnarztpraxen, Zahnkliniken	Amalgam (Quecksilber, Silber, Zinn, Kupfer, Indium, Zink), extrahierte Zähne mit Amalgamfüllung, Amalgamabscheiderinhalte

* Gefährlich im Sinne des Kreislaufwirtschaftsgesetzes (vgl. § 2 AVV)

- **Umwelt:** Maßnahmen, um schädliche Auswirkungen des Krankenhauses auf die Umwelt zu vermeiden bzw. zu verringern, zum Beispiel Maßnahmen zur Ressourcenschonung, zum Flächenerhalt oder ein krankenhausinternes Umweltmanagement;
- **Mensch:** fokussiert die Auswirkungen eines Krankenhauses auf den Menschen und umfasst dazu Maßnahmen zur Verbesserung der Situation der Menschen im Krankenhaus (Mitarbeiter, Patienten) und außerhalb des Krankenhauses (zum Beispiel faire Lieferketten).

Wichtige Elemente der Initiative sind insbesondere ein Maßnahmenkatalog, ein Quick-Check, eine Best-Practice-Datenbank sowie Auszeichnungen. (z. B. Best-Practice-Krankenhaus) (vgl. Bayerisches Staatsministerium für Gesundheit und Pflege, 2023, S. 1)◄

Insbesondere in der Pflege sind Konzepte zum Umgang mit den Folgen des Klimawandels erforderlich, denn beispielsweise Erschöpfung, Kollaps, Exsikkose, Wundinfektionen, Schlafstörungen, Lethargie, Blutdruckschwankungen aufgrund von Hitzephasen als Folge des Klimawandels sind für kranke und pflegebedürftige Menschen ein großes Risiko. Daher sollten sich Betreiber von Gesundheits– und Pflegeeinrichtungen und –diensten ebenso wie die Pflegefachpersonen selbst darauf vorbereiten und professionell damit umgehen lernen (vgl. Deutscher Berufsverband für Pflegeberufe, S. 11).

Beispiel

Das Projekt „klimafreundlich pflegen – überall!" wird im Zuge der Nationalen Klimaschutzinitiative des *Bundesministerium für Umwelt, Naturschutz, nukleare Sicherheit und Verbraucherschutz (BMUV)* gefördert. Dabei wird zunächst der CO_2-Fußabdruck aller am Projekt beteiligten Einrichtungen erhoben. Mit Hilfe des gesammelten Datenmaterials werden in Abstimmung mit Mitarbeitenden, Bewohnerinnen und Bewohnern gezielte Klimaschutzstrategien und Maßnahmen entwickelt, sodass die bisherigen Emissionen um einen wesentlichen Anteil verringert werden. Ziel ist es über den Projektzeitraum hinaus Klimaschutz in der Pflege zu etablieren (vgl. Arbeiterwohlfahrt Bundesverband, 2023, S. 1).◄

Zusammenfassung

Ausgehend von strategischen Erfolgspotenzialen, die überragende, wichtige Eigenschaften des Gesundheitsbetriebs darstellen und mit denen er sich auch dauerhaft von vergleichbaren Einrichtungen abgrenzen kann, ist das längerfristig ausgerichtete, planvolle Anstreben der strategischen Ziele zu planen. Die Planung in Gesundheitsbetrieben ist eine wichtige Aufgabe, die unterschiedlichste Planungsbereiche umfasst: Sie reicht von der betrieblichen Finanzplanung im Finanzwesen, über die Planung der Leistungserstellungsprozesse

(Behandlungsplanung, Belegungsplanung, Therapieplanerstellung, Erstellung von Hygieneplänen, Schichteinsatzplan etc.) bis hin zur Strategischen Planung des gesamten Gesundheitsbetriebs. Die Entscheidung zählt zusammen mit der Planung, der Zielsetzung, der Information, der Kontrolle u. a. zu den übergeordneten Prozessen (Meta-Prozessen) des Gesundheitsbetriebs. Ihre Bedeutung ist jedoch im Vergleich zu beispielsweise produzierenden Betrieben weitaus größer, da sich ihre Konsequenzen oft unmittelbar auf das leibliche Wohl der Patienten auswirken. Für die Mitarbeitendenführung gilt: Wie in kaum einem anderen Dienstleistungsbereich machen die Mitarbeitende einen wesentlichen Teil der Leistungsfähigkeit eines Gesundheitsbetriebs aus. Sie stellen das entscheidende Potenzial für die Bewältigung der hohen Anforderungen im heutigen und zukünftigen Gesundheitswesen dar. Aufgabe der Personalbereitstellung in Gesundheitsbetrieben ist es, geeignete Mitarbeitende in der benötigten Anzahl und zum richtigen Zeitpunkt einzusetzen. Die Vielfalt der Ausbildungsmöglichkeiten im Gesundheitswesen ist im Vergleich zu den meisten anderen Dienstleistungsbereichen besonders groß. Im Mittelpunkt der Weiterbildung im Gesundheitsbetrieb steht die Verbesserung der persönlichen und fachlichen Qualifikation der Mitarbeiter. Die erfolgreiche wirtschaftliche Steuerung eines Gesundheitsbetriebes zwingt dazu, sich Ziele zu setzen, sie als Leistungsanreize vorzugeben und ihr Erreichen zu kontrollieren, da ohne ein Controlling der Einhaltung dieser Vorgabewerte die Planung wirkungslos ist. Die Einrichtung eines Risikomanagements im Gesundheitsbetrieb wird in Gesetzen sowie von Wirtschaftsprüfungsgesellschaften und Haftpflichtversicherungen gefordert. Es handelt sich dabei um die systematische Erfassung und Bewertung von Risiken im Gesundheitsbetrieb, sowie deren Steuerung und möglichste Vermeidung durch geeignete Präventionsmaßnahmen.

Literatur

Abfallverzeichnis-Verordnung (AVV) vom 10. Dezember 2001 (BGBl. I S. 3379), zuletzt durch Artikel 1 der Verordnung vom 30. Juni 2020 (BGBl. I S. 1533) geändert.

Abwasserverordnung (AbwV) in der Fassung der Bekanntmachung vom 17. Juni 2004 (BGBl. I S. 1108, 2625), zuletzt durch Artikel 1 der Verordnung vom 20. Januar 2022 (BGBl. I S. 87) geändert.

Ärztliches Zentrum für Qualität in der Medizin – ÄZQ. (Hrsg.). (2023a). *4 Eckpunkte des Qualitätsmanagements in der Praxis.* https://www.aezq.de/aezq/kompendium_q-m-a/4-eckpunkte-des-qualitaetsmanagements-in-der-praxis. Zugegriffen: 11. Febr. 2023.

Ahrens, J. (2020). Klinische Behandlungspfade als Instrument zur Unterstützung des Qualitäts- und Risikomanagements. In W. Zapp (Hrsg.), *(2020). Qualitäts- und Risikomanagement im Krankenhaus – Analyse, Verfahren, Anwendungsbeispiele. Reihe: Controlling im Krankenhaus* (S. 1–53). Springer/Gabler.

Aktiengesetz (AktG) vom 6. September 1965 (BGBl. I S. 1089), zuletzt durch Artikel 7 des Gesetzes vom 22. Februar 2023 (BGBl. 2023 I Nr. 51) geändert.

Approbationsordnung für Ärzte (ÄApprO) vom 27. Juni 2002 (BGBl. I S. 2405), zuletzt durch Artikel 2 der Verordnung vom 22. September 2021 (BGBl. I S. 4335) geändert.

Approbationsordnung für Zahnärzte und Zahnärztinnen (ZApprO) vom 8. Juli 2019 (BGBl. I S. 933), durch Artikel 1 der Verordnung vom 22. September 2021 (BGBl. I S. 4335) geändert.

Arbeiterwohlfahrt (AWO) Bundesverband e. V. (Hrsg.). (2023). Klimafreundlich pflegen – Gemeinsam für eine gesunde Welt. https://klimafreundlich-pflegen.de/#warum-klimafreundlich-pflegen. Zugegriffen: 22. April 2023.

Arbeitsschutzgesetz (ArbSchG) vom 7. August 1996 (BGBl. I S. 1246), zuletzt durch Artikel 6k des Gesetzes vom 16. September 2022 (BGBl. I S. 1454) geändert.

Arbeitsstättenverordnung (ArbStättV) vom 12. August 2004 (BGBl. I S. 2179), zuletzt durch Artikel 4 des Gesetzes vom 22. Dezember 2020 (BGBl. I S. 3334) geändert.

Arbeitszeitgesetz (ArbZG) vom 6. Juni 1994 (BGBl. I S. 1170, 1171), zuletzt durch Artikel 6 des Gesetzes vom 22. Dezember 2020 (BGBl. I S. 3334) geändert.

Arnold, R. & Münk, D. (2006). Berufspädagogische Kategorien didaktischen Handelns. In R. Arnold & A. Lipsmeier (Hrsg.), *Handbuch der Berufsbildung* (2. Aufl., S. 13–32). VS Verlag – Springer Fachmedien.

Ausbilder-Eignungsverordnung (AusbEignV) vom 21. Januar 2009 (BGBl. I S. 88).

Bandura, A., & Walters, R. H. (1963). *Social Learning and personality development.* Verlag Holt, Rinehart and Winston.

Barbuto, J., & Scholl, R. (1998). Motivation sources inventory: Development and validation of new scales to measure an integrative taxonomy of motivation. *Psychological Reports, 82*, Jahrg. 1998, 1011–1022, Ammons Scientific.

Bartscher, T. (2022) Personalbedarfsermittlung. In *Gabler Wirtschaftslexikon.* https://wirtschaftsl exikon.gabler.de/definition/personalbedarfsermittlung-46363/version-269645. Springer Fachmedien.

Bayerische Landesärztekammer. (Hrsg.). (2020). Fortbildungsordnung der Bayerischen Landesärztekammer vom 13. Oktober 2013, i. d. F. der Änderungsbeschlüsse vom 10. Oktober 2020 (Bayerisches Ärzteblatt 12/2020, S. 608).

Bayerisches Staatsministerium für Gesundheit und Pflege. (Hrsg.). (2022). *Krankenhausplan des Freistaats Bayern.* Stand: 1. Januar 2022 (47. Fortschreibung).

Bayerisches Staatsministerium für Gesundheit und Pflege. (Hrsg.). (2023). *Green HospitalPLUS-Bayern – Das nachhaltige Krankenhaus.* https://www.stmgp.bayern.de/meine-themen/fuer-kra nkenhausbetreiber/green-hospital-plus/. Zugegriffen: 22. April 2023.

Beck, C. (2014). Ausbildungsmarketing 2.0: Unterschätzte Teildisziplin des Personalmarketings mit viel Potenzial. In C. Beck & S. Dietl (Hrsg.), *(2014) Ausbildungsmarketing 2.0* (S. 13–70). Luchterhand/Wolters Kluwer.

Becker, M. (2013). *Personalentwicklung – Bildung, Förderung und Organisationsentwicklung in Theorie und Praxis* (6. Aufl.). Schäffer-Poeschel.

Becker, D., Garthe, R., Hellmons, G., Kloos, B., Tholen, S., Stoffer, F. J., & Zapp, W. (2010). Controlling und Risikomanagement in Einrichtungen des Sozialbereichs – Ein Leitfaden für Aufsichtsräte, Geschäftsführungen und Verwaltungsleitungen. In Beratungs- und Prüfungsgesellschaft BPG mbH (Hrsg.), *Leitfaden der DKM Darlehnskasse Münster eG.* Dialogverlag.

Berresheim, K., & Christ, H. (2008). *Ausbildung der Medizinischen Fachangestellten – Leitfaden für die ausbildende Arztpraxis.* Deutscher Ärzte.

Berthel, J., & Becker, F. G. (2022) *Personal-Management – Grundzüge für Konzeptionen betrieblicher Personalarbeit* (12. Aufl.). Schäffer-Poeschel.

Berufsbildungsgesetz (BBiG) in der Fassung der Bekanntmachung vom 4. Mai 2020 (BGBl. I S. 920), zuletzt durch Artikel 2 des Gesetzes vom 20. Juli 2022 (BGBl. I S. 1174) geändert.

Berufsgenossenschaft für Gesundheitsdienst und Wohlfahrtspflege. (Hrsg.). (2019). *Abfallentsorgung – Informationen zur sicheren Entsorgung von Abfällen im Gesundheitsdienst. Erstveröffentlichung: Januar 2007. Stand: Oktober 2019.* Hamburg.

Berufsgenossenschaft für Gesundheitsdienst und Wohlfahrtspflege – BGW. (Hrsg.). (2017). *Starker Rücken – Ganzheitlich vorbeugen, gesund bleiben in Pflegeberufen.. Informationsbroschüre.* Stand: April 2017. Hamburg.

Berufsqualifikationsfeststellungsgesetz (BQFG) vom 6. Dezember 2011 (BGBl. I S. 2515), zuletzt durch Artikel 1 des Gesetzes vom 3. Dezember 2020 (BGBl. I S. 2702) geändert.

Bielefeld Center for Healthcare Compliance – BCHC. (Hrsg.). (2023). *Zielsetzung.* https://www.uni-bielefeld.de/fakultaeten/rechtswissenschaft/forschung/institute-und-zentren/bchc/ziel/. Zugegriffen: 5. März 2023.

Blab, F., Daub, U., & Gawlick, S. (2018). Ergonomische Arbeitsplatzgestaltung – Prinzipien aus Trainings-, Sport- und Arbeitswissenschaft zur Entlastung des Bewegungsapparates. Fraunhofer-Institut für Produktionstechnik und Automatisierung – IPA (Hrsg.), *Informationsbroschüre.*

Bleisch, B., Huppenbauer, M., & Baumberger, C. (2021). *Ethische Entscheidungsfindung – Ein Handbuch für die Praxis* (3. Aufl.). Nomos. Versus.

Breisig, T. (2012). Grundsätze und Verfahren der Personalbeurteilung – Analyse und Handlungs-empfehlungen. In Hans-Böckler-Stiftung (Hrsg.), *Betriebs- und Dienstvereinbarungen – Analyse und Handlungsempfehlungen. Schriftenreihe der Hans-Böckler-Stiftung.* Bund.

Brenner, D. (2020). Onboarding – Als Führungskraft neue Mitarbeiter erfolgreich einarbeiten und integrieren. 2. Auflg. Wiesbaden: Springer Gabler/Springer Fachmedien.

Bruder, M., & Gehring, F. (2015). Warum Mitarbeiterbefragungen? In F. Gehring, J. Schroer, H. Rexroth, & A. Bischof (Hrsg.), *Die Mitarbeiterbefragung – Wie Sie das Feedback ihrer Mitarbeiter für den Unternehmenserfolg nutzen* (S. 10–20). Schäffer-Poeschel.

BSI-Gesetz (BSIG) vom 14. August 2009 (BGBl. I S. 2821), zuletzt durch Artikel 12 des Gesetzes vom 23. Juni 2021 (BGBl. I S. 1982) geändert.

BSI-Kritisverordnung (BSI-KritisV) vom 22. April 2016 (BGBl. I S. 958), zuletzt durch Artikel 1 der Verordnung vom 23. Februar 2023 (BGBl. 2023 I Nr. 53) geändert.

Bundesinstitut für Berufsbildung – BIBB (Hrsg) (2015). Empfehlung des Hauptausschusses des Bundesinstituts für Berufsbildung vom 16. Dezember 2015 zur Eignung der Ausbildungsstätten. BAnz AT 25.01.2016, S. 2.

Bühle, E. H. (2014). Erfolgreiche Strategien zur Fehlervermeidung, -erkennung und –korrektur sowie zur Fehlerbehebung. In W. Merkle (Hrsg.), *(2014) Risikomanagement und Fehlervermeidung im Krankenhaus* (S. 41–58). Springer.

Bundesärztekammer – BÄK. (Hrsg.). (2023). *CIRSmedical.de.* https://www.cirsmedical.de. Zugegriffen: 26. März 2023.

Bundesärztekammer – BÄK. (Hrsg.). (2007). *Curriculum Ärztliche Führung. Texte und Materialien der Bundesärztekammer zur Fortbildung und Weiterbildung* (Bd. 26). Berlin.

Bundesärztekammer – BÄK. (Hrsg.). (2021). 125. Deutscher Ärztetag vom 01./02.11.2021 in Berlin – Beschlussprotokoll. Berlin.

Bundesagentur für Arbeit. (Hrsg.). (2022). Medizinische/r Fachangestellte/r – Arbeits- und Sozialverhalten. berufenet.arbeitsagentur.de/berufenet/faces/index?path=null/kurzbeschreibung/arbeitssozialverhalten&dkz=33212. Nürnberg. Zugegriffen: 20. Febr. 2022.

Bundesamt für Bevölkerungsschutz und Katastrophenhilfe – BBK.. (Hrsg.). (2008). Schutz Kritischer Infrastruktur: Risikomanagement im Krankenhaus – Leitfaden zur Identifikation und Reduzierung von Ausfallrisiken in Kritischen Infrastrukturen des Gesundheitswesens. Broschüre. Auszug von der CD in: Praxis im Bevölkerungsschutz – Band 2. Stand: November 2008. Bonn.

Bundesamt für Bevölkerungsschutz und Katastrophenhilfe – BBK. (Hrsg.). (2023). Die Aufgaben der BABZ. https://www.bbk.bund.de/DE/Themen/Akademie-BABZ/Ueber-die-BABZ/Die-Aufgaben/die-aufgaben_node.html. Bad Neuenahr – Ahrweiler. Zugegriffen: 15. April 2023.

Bundesamt für Sicherheit in der Informationstechnik – BSI (Hrsg.). (2008). BSI-Standard 100-4 Notfallmanagement. Version 1.0. Bonn.

Bundesamt für Sicherheit in der Informationstechnik – BSI. (Hrsg.). (2013). *Schutz Kritischer Infrastrukturen: Risikoanalyse Krankenhaus-IT – Leitfaden.* Bonn.

Bundesministerium für Bildung und Forschung – BMBF. (Hrsg.). (2020). *Berufsbildungsbericht 2020.* Stand: April 2020. Bonn.

Bundesministerium für Gesundheit – BMG. (Hrsg.). (2022a). *Öffentliche Förderbekanntmachung des Bundesministeriums für Gesundheit (BMG) zum Thema „Ökologische Nachhaltigkeit im ambulanten Gesundheitswesen".* Bonn.

Bundesministerium für Gesundheit – BMG. (Hrsg.). (2022b). *Nachhaltigkeit für Gesundheit und Pflege – Nachhaltigkeitsbericht 2021 des Bundesministeriums für Gesundheit.* Bonn.

Bundesministerium für Gesundheit – BMG. (Hrsg.). (2022c). *Gemeinsame Erklärung: Klimapakt Gesundheit – Gemeinsam für Klimaanpassung und Klimaschutz im Gesundheitswesen eintreten.* Bonn.

Bundesurlaubsgesetz (BurlG) in der im Bundesgesetzblatt Teil III, Gliederungsnummer 800-4, veröffentlichten bereinigten Fassung, zuletzt durch Artikel 3 Absatz 3 des Gesetzes vom 20. April 2013 (BGBl. I S. 868) geändert.

Bundesvereinigung der Arbeitsgemeinschaften der Notärzte Deutschlands – BAND e. V. (Hrsg.). (2023). *Ärzte im Rettungsdienst.* https://band-online.de/archiv/notarztinnen-und-notarzte/aerzte-im-rettungsdienst/. Zugegriffen: 15. April 2023.

Bund/Länder-Arbeitsgemeinschaft Abfall – LAGA. (Hrsg.). (2009). Vollzugshilfe zur Entsorgung von Abfällen aus Einrichtungen des Gesundheitsdienstes. Mitteilung der Bund/Länder-Arbeitsgemeinschaft Abfall (LAGA) 18. Stand: 06/2021. Anlage 1. S. 1–11.

Czycholl, R., & Ebner, H. G. (2006). Handlungsorientierung in der Berufsbildung. In R. Arnold & A. Lipsmeier (Hrsg.), *Handbuch der Berufsbildung* (2. Aufl.). VS Verlag – Springer Fachmedien.

Dannhäuser, R. (2017). Trends im Recruiting. In R. Dannhäuser (Hrsg.), *Praxishandbuch Social Media Recruiting – Experten Know-how/Praxistipps/Rechtshinweise* (3. Aufl., S. 1–40). Springer/Gabler.

Dann, M. (2015). Compliance-Grundlagen. In M. Dann (Hrsg.), *Compliance im Krankenhaus – Risiken erkennen, Rahmenbedingungen gestalten* (S. 1–27). Deutsche Krankenhausverlagsgesellschaft.

Deutsche Gesetzliche Unfallversicherung – DGUV. (Hrsg.). (2019). Verfahren und Methoden im Präventionsfeld Gesundheit im Betrieb – Empfehlungen für Präventionsfachleute. DGUV Information 206-022. Stand: Mai 2019. Berlin.

Deutsche Gesetzliche Unfallversicherung – DGUV. (Hrsg.). (2020). *Leitfaden Psychosoziale Notfallversorgung für Einsatzkräfte – Psychosoziale Notfallversorgung in Einsatzorganisationen. DGUV Information 205-038.* Stand: November 2020. Berlin.

Deutsche Krankenhausgesellschaft – DKG. (Hrsg.). (2019). *Branchenspezifischer Sicherheitsstandard für die Gesundheitsversorgung im Krankenhaus.* Version: 1.1. Stand: Oktober 2019. Berlin.

Deutscher Berufsverband für Pflegeberufe – DBfK. (Hrsg.). (2020). *Pflege im Umgang mit dem Klimawandel – Informationen und Tipps für Pflegende zum Umgang mit Auswirkungen der Wetterextreme.* Informationsbroschüre.

Deutscher Caritas Verband e. V. (Hrsg.). (2023). *Corporate Social Responsibility – Unternehmen und Caritas, gemeinsam engagiert.* https://www.csr-caritas.de. Zugegriffen: 5. März 2023.

Deutsches Institut für Normung -DIN e. V. (Hrsg.). (2016). *DIN 33430:2016-07 Anforderungen an berufsbezogene Eignungsdiagnostik.* Beuth.

Deutsches Krankenhaus Institut – DKI. (Hrsg.). (2022). *Personalbedarfsanalysen.* https://www.dki.de/loesungen/krankenhausmanagement/personalbedarfsanalysen. Zugegriffen: 20. Febr. 2022.

Deutsches Krankenhaus Institut – DKI. (Hrsg.). (2023). *Compliance Management im Krankenhaus.* https://www.dki.de/veranstaltungen/compliance-management-im-krankenhaus?v=1488. Zugegriffen: 4. März 2023.

Diakonie Deutschland – Evangelisches Werk für Diakonie und Entwicklung e. V. (Hrsg.). (2018). *Diakonischer Corporate Governance Kodex (DGK).* Stand: Oktober 2018. Berlin.

Euteneier, A. (2015). Einführung – Was bedeutet Klinisches Risikomanagement? In A. Euteneier (Hrsg.), *Handbuch Klinisches Risikomanagement – Grundlagen, Konzepte, Lösungen* (S. 3–8). Springer.

Exner, M., Gastmeier, P., Just, H.-M., Kirchhoff, I., Kramer, A., Mielke, M., Nassauer, A., Reinhardt, A., Simon, A., Voggesberger, E., & Wischnewski, N. (2009). Personelle und organisatorische Voraussetzungen zur Prävention nosokomialer Infektionen – Empfehlung der Kommission für Krankenhaushygiene und Infektionsprävention. *Bundesgesundheitsblatt – Gesundheitsforschung – Gesundheitsschutz 9/2009* (S. 951–962). Springer.

Feuchte, B. (2009). *Positionspapier der Hans-Böckler-Stiftung (HBS) zu Corporate Social Responsibility (CSR).* Hans-Böckler-Stiftung (HBS).

Franken, S., & Wattenberg, M. (2021). Digitale Arbeitswelt – neue Aufgaben, neue Kompetenzanforderungen. In H. Tirrel, L. Winnen, & R. Lanwehr (Hrsg.), *Digitales Human Resource Management – Aktuelle Forschungserkenntnisse, Trends und Anwendungsbeispiele* (S. 1–16). Springer Gabler.

Frodl, A. (2013). *Betriebsführung im Gesundheitswesen – Führungskompendium für Gesundheitsberufe.* Springer Gabler.

Frodl, A. (2020). *Professionelle Ausbildung in Gesundheitsberufen – Gewinnung, Schulung und Betreuung von Auszubildenden.* Springer Gabler / Springer Fachmedien.

Frodl, A. (2022). *Krisenmanagement für Gesundheitseinrichtungen – Vorbeugung und Stabilität im Umgang mit Risiken und Krisen.* Springer Gabler / Springer Fachmedien.

Fröhlich-Gildhoff, K., & Rönnau-Böse, M. (2019). *Resilienz* (5. Aufl.). Reinhardt.

Gabler Wirtschaftslexikon. (2018). *Frühwarnsysteme.* https://wirtschaftslexikon.gabler.de/defini tion/fruehwarnsysteme-33743/version-257263. Springer/Gabler. Zugegriffen: 26. März 2023.

Gemeinsamer Bundesausschuss –G-BA. (Hrsg.). (2023a). *Qualitätssicherung.* https://www.g-ba.de/ institution/themenschwerpunkte/qualitaetssicherung/. Zugegriffen: 26. März 2023.

Gemeinsamer Bundesausschuss –G-BA. (Hrsg.). (2023b). *Richtlinie zur datengestützten einrichtungsübergreifenden Qualitätssicherung – DeQS-RL.* https://www.g-ba.de/richtlinien/105/. Zugegriffen: 26. März 2023.

Gensicke, M., Bechmann, S., Härtel, M., Schubert, T., Garcia-Wülfing, I., & Güntürk-Kuhl, B. (2016) Digitale Medien in Betrieben – heute und morgen: Eine repräsentative Bestandsanalyse. In Bundesinstitut für Berufsbildung (Hrsg.), *Wissenschaftliche Diskussionspapiere.* Heft-Nr. 177. Bonn.

Gesellschaft für Leben und Gesundheit mbH – GLG. (Hrsg.). (2009). Verhaltenskodex für Mitarbeiter in den Unternehmen der GLG Gesellschaft für Leben und Gesundheit mbH. Flyer. Eberswalde.

Gießler, W., Scharfenorth, K., & Winschuh, T. (2013). *Aktive Personalentwicklung im Krankenhaus – Grundlagen und Praxis der aufgabenbezogenen Qualifizierungsbedarfsanalyse.* Kohlhammer.

Goethe-Universität Frankfurt a. M. – Institut für Allgemeinmedizin. (Hrsg.). (2023). *Jeder Fehler zählt – Fehlerberichts- und Lernsystem für Hausarztpraxen.* https://jeder-fehler-zaehlt.de. Zugegriffen: 26. März 2023.

Handelsgesetzbuch (HGB) in der im Bundesgesetzblatt Teil III, Gliederungsnummer 4100-1, veröffentlichten bereinigten Fassung, zuletzt durch Artikel 13 Absatz 4 des Gesetzes vom 10. März 2023 (BGBl. 2023 I Nr. 64) geändert.

Henke, F. (2021). *Formulierungshilfen zur Pflegeplanung – Dokumentation der Pflege und Betreuung nach ATL, ABEDL, SIS, Expertenstandards, QPR-Indikatoren und BI des MDK* (10. Aufl.). Kohlhammer.

Hersey, P., & Blanchard, K. H. (1982). *Management of organizational behavior* (4. Aufl.). Prentice-Hall.

Hessisches Gesetz über den Brandschutz, die Allgemeine Hilfe und den Katastrophenschutz (Hessisches Brand- und Katastrophenschutzgesetz – HBKG) in der Fassung der Bekanntmachung vom 14. Januar 2014 (GVBl. S. 26), zuletzt durch Gesetz vom 30. September 2021 (GVBl. S. 602) geändert.

Holtbrügge, D. (2018). *Personalmanagement* (7. Aufl.). Springer Gabler / Springer-Verlag.

Huf, S. (2020). *Personalmanagement*. Springer Gabler / Springer Fachmedien.

Hundenborn, G. (2007). *Fallorientierte Didaktik in der Pflege – Grundlagen und Beispiele für Ausbildung und Prüfung*. Urban & Fischer / Elsevier.

Infektionsschutzgesetz (IfSG) vom 20. Juli 2000 (BGBl. I S. 1045), zuletzt durch Artikel 8b des Gesetzes vom 20. Dezember 2022 (BGBl. I S. 2793) geändert.

Kassenärztliche Vereinigung Westfalen-Lippe – KVWL. (Hrsg.). (2022). Versorgungsqualität – Qualitätsmanagement / KPQM. KPQM-Handbuch. Kapitel 15 Grundlegende Methodik – Kennzahlen und Indikatoren. Internet-Version 2022. https://www.kvwl.de/filead min/user_upload/pdf/Mitglieder/Qualitaetssicherung/Qualitaetsmanagement_KPQM/kpqm_3_ 15.pdf. Zugegriffen 19. März 2023.

Kehl, T., Güntensperger, M., Schmidt, W., & Friedag, H. (2005). *Strategieentwicklung und ihre Umsetzung mit der Balanced Scorecard – das Praxis-Beispiel der Zürcher Höhenkliniken. In: Der Controlling-Berater. Sonderdruck aus Heft 4/2005*. Haufe.

Kersten, H., & Klett, G. (2017). *Business Continuity und IT-Notfallmanagement – Grundlagen, Methoden, Konzepte*. Springer Vieweg /Springer Fachmedien.

(Bundes-)Klimaschutzgesetz (KSG) vom 12. Dezember 2019 (BGBl. I S. 2513), durch Artikel 1 des Gesetzes vom 18. August 2021 (BGBl. I S. 3905) geändert.

Klinikum Kassel. (Hrsg.). (2023). *Qualitätskontrolle*. http://www.klinikum-kassel.de/index.php?par ent=5428. Zugegriffen: 26. März 2023.

Klinikum Passau. (Hrsg.). (2023). *Pflegeleitbild*. https://www.klinikum-passau.de/pflege/pflegelei tbild. Zugegriffen: 11. Febr. 2023.

Krause, H. U., & Arora, D. (2010). *Controlling-Kennzahlen – Key performance indicators* (2. Aufl.). Oldenbourg Wissenschaftsverlag.

Kreislaufwirtschaftsgesetz (KrWG) vom 24. Februar 2012 (BGBl. I S. 212), zuletzt durch Artikel 5 des Gesetzes vom 2. März 2023 (BGBl. 2023 I Nr. 56) geändert.

Kremer, M. (2011). Geleitwort. In M. Bonse-Rohmann & H. Burchert (Hrsg.), *Neue Bildungskonzepte für das Gesundheitswesen. Schriftenreihe des Bundesinstituts für Berufsbildung (BIBB) – Berichte zur beruflichen Bildung*. Bertelsmann.

Kupsch, P. U., & Marr, R. (1991) Personalwirtschaft. In E. Heinen (Hrsg.) (1991) *Industriebetriebslehre – Entscheidungen im Industriebetrieb* (9. Aufl., S. 731–894). Gabler.

Lastenhandhabungsverordnung (LastenhandhabV) vom 4. Dezember 1996 (BGBl. I S. 1841, 1842), zuletzt durch Artikel 294 der Verordnung vom 19. Juni 2020 (BGBl. I S. 1328) geändert.

Lau, V. (2015). *Die Mitarbeiterbeurteilung – Leistungen bewerten, Kompetenzen einschätzen, Potenziale identifizieren*. Steinbeis-Edition.

Laufer, H. (2008). *Personalbeurteilung im Unternehmen – Von der Bewerberauswahl bis zum Arbeitszeugnis*. Gabal.

Lenzen-Schulte, M. (2017). Terroranschläge in Deutschland – Noch sind wir nicht gut genug vorbereitet. Deutsches Ärzteblatt. Jg. 114. Heft 50, A 2402–A 2404. Deutscher Ärzteverlag.

Lippold, D. (2021). *Personalführung im digitalen Wandel – Von den klassischen Führungsansätzen zu den New-York-Konzepten*. Verlag Walter de Gruyter.

Lukaszyk, K. (1960). Zur Theorie der Führer-Rolle. In *Psychologische Rundschau* (Heft 2/1960. 11. Jahrg, S. 179–188). Hogrefe.

Medizinischer Dienst des Spitzenverbandes Bund der Krankenkassen – MDS. (Hrsg.). (2019). Die neuen Qualitätsprüfungen in der vollstationären Pflege. Informationsbroschüre. Stand: April 2019. Essen.

Merkle, W. (2014). Warum machen wir Fehler, obwohl wir es nicht möchten – Bestandsaufnahme und Ursachenforschung der Fehlerhaftigkeit. In W. Merkle (Hrsg.), *Risikomanagement und Fehlervermeidung im Krankenhaus* (S. 1–19). Springer.

Merton, R. (1995). Soziologische Theorie und soziale Struktur. Meja, V; Stehr, N. (Hrsg.) Aus dem Amerikanischen v. H. Beister. Berlin: Walter de Gruyter – Verlag.

de Micheli, M. (2017). *Leitfaden für erfolgreiche Mitarbeitergespräche und Mitarbeiterbeurteilungen* (6. Aufl.). Praxium.

(Muster-)Berufsordnung für die in Deutschland tätigen Ärztinnen und Ärzte – MBO-Ä 1997 – in der Fassung des Beschlusses des 124. Deutschen Ärztetages vom 5. Mai 2021 in Berlin. Berlin: Bundesärztekammer.

(Muster-)Weiterbildungsordnung 2018 (MWBO) der Bundesärztekammer in der Fassung vom 25.06.2022, in der 36. Sitzung des Vorstands der Bundesärztekammer (Wahlperiode 2015/2019) am 15./16.11.2018 in Berlin beschlossen und geändert durch die vom Vorstand der Bundesärztekammer am 20.09.2019, 28.04.2020, 12./13.11.2020, 25.02.2021, 24.–26.06.2021 und 23.–25.06.2022 sowie vom 126. Deutschen Ärztetag 2022 beschlossenen Nachträge. Berlin.

Nagel, E., & Manzeschke, A. (2006). Leitbilder und Vorbilder – Wunsch nach Orientierung. In *Deutsches Ärzteblatt* (Jahrg. 103. Heft 4, S. A 168 – A 170). Deutscher Ärzteverlag.

Notfallsanitätergesetz (NotSanG) vom 22. Mai 2013 (BGBl. I S. 1348), zuletzt durch Artikel 9 des Gesetzes vom 20. Juli 2022 (BGBl. I S. 1174) geändert.

Orthey, F. M. (2013). *Systemisch Führen – Grundlagen, Methoden, Werkzeuge.* Schäffer-Poeschl.

Osterloh, F. (2019). Pflegekräfte – Den Personalbedarf messen. In *Deutsches Ärzteblatt* (Jahrg. 116. Heft 35–36., S. A 1526 – A 1530). Deutscher Ärzteverlag.

Ott, R., & Maier, B. (2020). *Controlling im Krankenhaus – Eine systematische Einführung in Fallstudien.* Schäffer-Poeschl.

Pflegeberufe-Ausbildungs- und -Prüfungsverordnung (PflAPrV) vom 2. Oktober 2018 (BGBl. I S. 1572), durch Artikel 10 des Gesetzes vom 19. Mai 2020 (BGBl. I S. 1018) geändert.

Pflegepersonaluntergrenzen-Verordnung (PpUGV) vom 9. November 2020 (BGBl. I S. 2357), zuletzt durch Artikel 1 der Verordnung vom 15. Dezember 2022 (BAnz AT 16.12.2022 V2) geändert.

Preuß, M., Wächter, M., & Warga, V. (2013). Ausbildungsmarketing in der Altenpflege. In Landesvereinigung für Gesundheit und Akademie für Sozialmedizin Niedersachsen (Hrsg.), *Informationsbroschüre.*

Publizitätsgesetz (PublG) vom 15. August 1969 (BGBl. I S. 1189), zuletzt durch Artikel 59 des Gesetzes vom 10. August 2021 (BGBl. I S. 3436) geändert.

Rahn, H.-J. (2010). *Erfolgreiche Teamführung* (6. Aufl.). Windmühle.

Rawitzer, H. (2023). Konflikteskalation nach Glasl. In *Zeitschrift Führung und Organisation (zfo)* (92. Jahrg. Heft 5/2023, S. 288–290). Schäffer-Poeschel.

Regierungskommission Deutscher Governance Kodex. (Hrsg.). (2022). *Deutscher Governance Kodex.* Stand April 2022.

Reiche, F. (2021). *Das Ideenmanagement als Geschäftsmodell.* Springer Gabler / Springer Fachmedien.

Reichmann, T., Kißler, M., & Baumöl, U. (2017). *Controlling mit Kennzahlen – Die systemgestützte Controlling-Konzeption* (9. Aufl.). Vahlen.

Rhön-Klinikum AG. (Hrsg.). (2020). Corporate-Social-Responsibility-Bericht. Teil des Geschäftsberichts 2020. Bad Neustadt a. d. Saale.

Richter, C., & Schmidt, A. (2014). Fachgerechte Entsorgung medizinischer Abfälle in der Arztpraxis. In *PRO – Offizielles Mitteilungsblatt der KV Sachsen-Anhalt. Ausgabe 3/2014. Magdeburg* (S. 82–83).

Riedl, A. (2011). *Didaktik der beruflichen Bildung* (2. Aufl.). Steiner.

Rybnikova, I., & Lang, R. (2021). Aktuelle Führungstheorien und -konzepte: „Alter Wein in neuen Schläuchen?" In I. Rybnikova & R. Lang (Hrsg.), *Aktuelle Führungstheorien und -konzepte* (2. Aufl., S. 1–20). Springer Gabler.

Schanz, G. (2000). *Personalwirtschaftslehre* (3. Aufl.). Vahlen.

Scherer, J. (2022). *Compliance-Managementsystem nach DIN ISO 37301:2021 – erfolgreich implementieren, integrieren, auditieren, zertifizieren.* Beuth.

Schmola, G. (2016). Grundlagen und Instrumente des Risikomanagements. In G. Schmola & B. Rapp (Hrsg.), *Compliance, Governance und Risikomanagement im Krankenhaus – Rechtliche Anforderungen – Praktische Umsetzung – Nachhaltige Organisation* (S. 289–340). Gabler.

Scholz, C., & Scholz, T. (2019). *Grundzüge des Personalmanagements* (3. Aufl.). Vahlen.

Schreyögg, G., & Koch, J. (2020). *Management – Grundlagen der Unternehmensführung* (8. Aufl.). Springer Gabler / Springer Fachmedien.

Schulte, C. (2020). *Personal-Controlling mit Kennzahlen – Instrumente für eine aktive Steuerung im Personalwesen* (4. Aufl.). Vahlen.

Siegert, B. (2017). Spektakulärer Abriss: Marktoberdorfs Krankenhaus gesprengt. In: Augsburger Allgemeine vom 11.05.2017. https://www.augsburger-allgemeine.de/bayern/Video-Spektakulaerer-Abriss-Marktoberdorfs-Krankenhaus-gesprengt-id41423211.html. Zugegriffen: 11. Febr. 2023.

Sozialgesetzbuch Neuntes Buch (SGB IX) – Rehabilitation und Teilhabe von Menschen mit Behinderungen – (Artikel 1 des Gesetzes v. 23. Dezember 2016, BGBl. I S. 3234), zuletzt durch Artikel 4 des Gesetzes vom 20. Dezember 2022 (BGBl. I S. 2560) geändert.

Sozialgesetzbuch Elftes Buch (SGB XI) – Soziale Pflegeversicherung (Artikel 1 des Gesetzes vom 26. Mai 1994, BGBl. I S. 1014, 1015), zuletzt durch Artikel 8a des Gesetzes vom 20. Dezember 2022 (BGBl. I S. 2793) geändert.

Spörrer, S. (2018). *Business Continuity Management – ISO 22301 und weitere Normen im Rahmen der Informationstechnologie.* Springer Gabler / Springer Fachmedien.

Statistisches Bundesamt – Destatis. (Hrsg.). (2022). 105 000 Auszubildende waren 2021 in einer Ausbildung zur Pflegefachfrau oder zum Pflegefachmann – Zahl der Auszubildenden legt trotz Corona leicht zu. Pressemitteilung Nr. 135 vom 29. März 2022.

Steger, J. (2017). *Kennzahlen und Kennzahlensysteme* (3. Aufl.). NWB.

Steyrer, J. (2015). Theorien der Führung. In W. Mayrhofer, G. Furtmüller, & H. Kasper (Hrsg.), *Personalmanagement – Führung und Organisation* (5. Aufl., S. 17–70). Linde.

Stockinger, A. (2014). Personalentwicklung im Fokus von Pflege- und Gesundheitseinrichtungen. In A. Stockinger & R. Tewes (Hrsg.), *Personalentwicklung in Pflege- und Gesundheitseinrichtungen – Erfolgreiche Konzepte und Praxisbeispiele aus dem In- und Ausland* (S. 3–13). Springer Medizin / Springer.

Stopp, U., & Kirschten, U. (2012). *Betriebliche Personalwirtschaft – Aktuelle Herausforderungen, praxisorientierte Grundlagen und Beispiele* (28. Aufl.). Expert.

Strafgesetzbuch (StGB) in der Fassung der Bekanntmachung vom 13. November 1998 (BGBl. I S. 3322), zuletzt durch Artikel 4 des Gesetzes vom 4. Dezember 2022 (BGBl. I S. 2146) geändert.

Struhs-Wehr, K. (2017). *Betriebliches Gesundheitsmanagement und Führung – Gesundheitsorientierte Führung als Erfolgsfaktor im BGM.* Springer Fachmedien.

Tannenbaum, R., & Schmidt, H. W. (1958) How to choose a leadership pattern. *Harvard Business Review 2*(36), 95–101. Harvard Business Publishing.

Tausch, A., & Tausch R. (1998). *Erziehungspsychologie – Begegnung von Person zu Person* (11. Aufl.). Hogrefe.

Teilzeit- und Befristungsgesetz (TzBfG) vom 21. Dezember 2000 (BGBl. I S. 1966), zuletzt durch Artikel 7 des Gesetzes vom 20. Juli 2022 (BGBl. I S. 1174) geändert.

Treml, M. K. (2009). *Controlling immaterieller Ressourcen im Krankenhaus – Handhabung und Konsequenz von Intangibles in Einrichtungen des stationären Gesundheitswesens.* Gabler GWV Fachverlage.

Trojan, A., & Süß, W. (2020). Nachhaltigkeit und nachhaltige Gesundheitsförderung. In Bundeszentrale für gesundheitliche Aufklärung – BzgA (Hrsg.), *Alphabetisches Verzeichnis.* https://lei tbegriffe.bzga.de/alphabetisches-verzeichnis/nachhaltigkeit-und-nachhaltige-gesundheitsfoerder ung/. Zugegriffen: 15. April 2023.

Uhle, T., & Treier, M. (2015). *Betriebliches Gesundheitsmanagement – Gesundheitsförderung in der Arbeitswelt* (3. Aufl.). Springer.

Umweltgutachterausschuss (UGA) beim Bundesministerium für Umwelt, Naturschutz, nukleare Sicherheit und Verbraucherschutz. (Hrsg.). (2023). *EMAS-Statistik.* https://www.emas.de/filead min/user_upload/4-daten-stat/EMAS-TN-Anzahl-Bundeslaender-DIHK.pdf. Zugegriffen: 15. April 2023.

Verordnung (EG) Nr. 1221/2009 des Europäischen Parlaments und des Rates vom 25. November 2009 über die freiwillige Teilnahme von Organisationen an einem Gemeinschaftssystem für Umweltmanagement und Umweltbetriebsprüfung und zur Aufhebung der Verordnung (EG) Nr. 761/2001, sowie der Beschlüsse der Kommission 2001/681/EG und 2006/193/EG.

Verordnung über die Berufsausbildung zum Medizinischen Fachangestellten / zur Medizinischen Fachangestellten (MedFAusbAngV) vom 26. April 2006 (BGBl. I S. 1097.

Verordnung über die Verhütung von Bränden (VVB) in der in der Bayerischen Rechtssammlung (BayRS 215-2-1-I) veröffentlichten bereinigten Fassung, zuletzt durch Verordnung vom 10. Dezember 2012 (GVBl. S. 735) geändert.

Verordnung zur Ausführung des Pflege- und Wohnqualitätsgesetzes (AVPfleWoqG) vom 27. Juli 2011 (GVBl. S. 346, BayRS 2170-5-1-G), zuletzt durch Verordnung vom 22. Dezember 2020 (GVBl. S. 691) geändert.

Vincent-Höper, S., Stein, M., Pohling, U., Felsberg, R., Bobbert, P., & Nienhaus, A. (2020). Arbeitsbelastung im Krankenhaus – Gemeinsam gegen die Ökonomie. *Deutsches Ärzteblatt 22 – 23*(117), A 1143 – A 1147. Deutscher Ärzteverlag.

Vogd, W. (2004). Ärztliche Entscheidungsfindung im Krankenhaus – Komplexe Fallproblematiken im Spannungsfeld von Patienteninteressen und administrativ-organisatorischen Bedingungen. *Zeitschrift für Soziologie, 33*(1), 26–47. Lucius & Lucius.

Wegerich, C. (2015). *Strategische Personalentwicklung in der Praxis – Instrumente, Erfolgsmodelle, Checklisten, Praxisbeispiele* (3. Aufl.). Springer Gabler / Springer.

Welzel, E. (2008). Corporate Social Responsibility oder Corporate Citizenship? Interdisziplinäre theoretische Konzepte als Grundlage der Begriffsabgrenzung der CSR. In M. Müller & S. Schaltegger (Hrsg.), *Corporate Social Responsibility – Trend oder Modeerscheinung / Sammelband mit ausgewählten Beiträgen von Mitgliedern des Doktorandennetzwerkes nachhaltiges Wirtschaften (DNW)* (S. 53–72). Oekom.

Wermelt, A., & Scheffler, R. (2017). Risikomanagement und Wirtschaftsprüfung. *WPg – Die Wirtschaftsprüfung, 70*(16/2017), 925–933. IDW.

Zapp, W. (2019). Werte, Prozesse, Innovationen – im Spannungsbogen des Controllings. In W. Zapp (Hrsg.), *Controlling im Krankenhaus – Das Zusammenspiel von Werten, Prozessen und Innovationen* (S. 1–5). Springer Gabler / Springer Fachmedien.

Zivilschutz- und Katastrophenhilfegesetz (ZSKG) vom 25. März 1997 (BGBl. I S. 726), zuletzt durch Artikel 144 der Verordnung vom 19. Juni 2020 (BGBl. I S. 1328) geändert.

Betriebsorganisation

4

4.1 Aufbauorganisatorische Gestaltung des Gesundheitsbetriebs

4.1.1 Stellenbildung

Der Rahmen für die Organisation eines Gesundheitsbetriebs ist in Form von Gesetzen, Verordnungen und Bestimmungen vorgegeben. Neben diesen *externen* Ordnungsfaktoren benötigt der Betrieb wie jedes System, in dem Menschen arbeiten, um Leistungen zu erstellen, eine *interne* Ordnung der einzelnen Arbeitsabläufe sowie Regeln, die die tägliche Arbeit bestimmen. Die einzelnen Aufgaben im Gesundheitsbetrieb sind so zu regeln, dass eine möglichst erfolgreiche und effiziente Funktionsfähigkeit erreicht wird. Dazu muss die Gestaltung der Arbeitsabläufe, die Zusammenarbeit zwischen den Mitarbeitenden sowie der Einsatz der organisatorischen Hilfsmittel in ein betriebliches Ordnungssystem gebracht werden (vgl. Frodl, 2011, S. 26 ff.).

Um die **Aufbauorganisation** im Gesundheitsbetrieb gestalten zu können, ist zunächst eine Stellenbildung vorzunehmen. Dazu wird in einer **Aufgabenanalyse** eine schrittweise Zerlegung oder Aufspaltung der Gesamtaufgabe in ihre einzelnen Bestandteile anhand von alternativen Gliederungsmerkmalen wie Verrichtung, Objekt, Rang, Phase, Zweckbeziehung durchgeführt (siehe Tab. 4.1).

In der anschließenden **Aufgabensynthese** werden die in der Aufgabenanalyse ermittelten Einzelaufgaben so zusammengefügt, dass sie von einem Mitarbeiter oder einer Mitarbeiterin mit Normalkapazität und der erforderlichen Eignung bzw. Übung bewältigt werden können. Das Ergebnis dieser Zuordnung wird als **Stelle** bezeichnet (siehe Abb. 4.1).

© Der/die Herausgeber bzw. der/die Autor(en), exklusiv lizenziert an Springer Fachmedien Wiesbaden GmbH, ein Teil von Springer Nature 2024
A. Frodl, *Gesundheitsbetriebslehre*, https://doi.org/10.1007/978-3-658-44206-4_4

Tab. 4.1 Aufgabenanalyse am Beispiel der Beschaffung von medizinischem Verbrauchsmaterial

Gliederungsmerkmal	Beschreibung	Beispiel
Verrichtung	Gliederung der Aufgaben nach Tätigkeitsarten	Angebotsvergleich, Auftragserteilung, Rechnungskontrolle, Bezahlung
Objekt	Zuordnung der Verrichtung zu Objekten	Medizinische Kataloge, Auftragsmail, Rechnung
Rang	Bei jeder Ausführungsaufgabe geht eine Entscheidungsaufgabe vorher	Erst Entscheidung über die Materialbeschaffung, danach Beschaffung des Materials
Phasen	Aufgabenerledigung erfolgt üblicherweise in den Phasen Planung, Durchführung und Kontrolle	Planung der Materialbeschaffung, Beschaffen des Materials, Kontrolle der Materialbeschaffung
Zweckbeziehung	Zerlegung der Gesamtaufgabe in Zweckaufgaben, die primär und unmittelbar den Betriebszielen dienen und Verwaltungsaufgaben, die nur sekundär und indirekt den Zielen nützen	Behandlungsleistung als Zweckaufgabe und Materialbeschaffung als Verwaltungsaufgabe

Abb. 4.1 Aufbauorganisatorische Kennzeichen von Stellen in Gesundheitsbetrieben

Beispiel

In jedem Gesundheitsbetrieb gibt es die Aufgabe der Materialwirtschaft. Diese Gesamtaufgabe lässt sich beispielsweise in die Teilaufgaben Materiallagerung, Materialbeschaffung, Materialpflege etc. unterteilen. Es ist sinnvoll einzelne Teilaufgaben, wie beispielsweise die Materialpflege, weiter zu zerlegen, um dieses umfangreiche Aufgabengebiet auf mehrere Mitarbeitende zu verteilen. Nach der Aufgabenzerlegung lassen sich Aufgabenpakete für einzelne Arbeitsplätze schnüren, wie etwa die Zuständigkeit eines oder, je nach Umfang, mehrerer Mitarbeitenden für die Materiallagerung und –beschaffung und weiterer Mitarbeitender für die Reinigung und Pflege der einzelnen Behandlungsplätze sowie der dort befindlichen medizinischen Geräte und Instrumente.◄

Um die Aufbauorganisation vollständig zu gestalten und den Aufgabenumfang so zu bemessen, dass er durch einen Mitarbeiter oder eine Mitarbeiterin auf dieser Stelle auch kapazitativ bewältigt werden kann, sind jeder Stelle *immaterielle* und *materielle* **Elemente** zuordnen (siehe Tab. 4.2).

Je nach Befugnisumfang, Aufgabenart und –umfang ergeben sich verschiedene **Arten** von Stellen für den Gesundheitsbetrieb (siehe Tab. 4.3).

4.1.2 Bildung von Organisationseinheiten

Die **Struktur** der Aufbauorganisation kommt schließlich durch die Zusammenfassung von mehreren Stellen zu hierarchischen Einheiten zustande (siehe Abb. 4.2). ·

Die **Gruppe** (häufig auch als Team bezeichnet) besteht aus einer Anzahl von Mitarbeitenden (in der Regel 4–7), die eine gemeinsame Aufgabe funktions- und arbeitsteilig durchführen. Sie ist häufig durch ein erhöhtes Maß an Koordination und Selbstbestimmung gekennzeichnet. In ihr stehen die einzelnen Stellen nicht nebeneinander, sondern werden anhand bestimmter Kriterien geordnet und zusammengefasst. Die Gruppe stellt eine Hierarchieebene dar und steht zwischen der Stelle und der Abteilung.

Beispiel

Beispiele für Organisationseinheiten, die üblicherweise in Größe einer Gruppe auftreten, sind die Patientenaufnahme, das Histologische Labor oder der Zentrale Schreibdienst. Aufgrund der geringen Größe von Arztpraxen ist die Bildung derartiger Organisationseinheiten eher selten. Ein Beispiel wäre die Bildung einer Gruppe Verwaltung und einer Gruppe Behandlungsassistenz mit jeweils einer Leitung.◄

Eine **Abteilung** umfasst in der Regel mehrere Gruppen, die aufgrund einer aufgabenorientierten, personenorientierten oder sachmittelorientierten Zuordnung zu einer

Tab. 4.2 Immaterielle und materielle Stellenelemente

Art	Elemente		Beispiele
Immaterielle Stellenelemente	Aufgaben		Verpflichtung zur Vornahme bestimmter, der Stelle zugewiesener Verrichtungen, wie beispielsweise die Privat- und Kassenliquidation
	Befugnisse	Entscheidungsbefugnis	Beinhaltet das Recht, bestimmte Entscheidungen treffen zu können, ohne etwa die Chefärztin rückfragen zu müssen
		Anordnungsbefugnis	Begründet das Vorgesetzten-Untergebenen-Verhältnis und somit beispielsweise das Recht, einer Auszubildenden Weisungen erteilen zu dürfen
		Verpflichtungsbefugnis	Umfasst das Recht, den Gesundheitsbetrieb rechtskräftig nach außen vertreten zu können (bspw. Unterschriftsvollmacht)
		Verfügungsbefugnis	Begründet das Recht auf Verfügung über Sachen und Werte des Betriebs
		Informationsbefugnis	Beinhaltet den Anspruch auf den Bezug bestimmter Informationen
	Verantwortung		Möglichkeit, für die Folgen eigener oder fremder Handlungen im Gesundheitsbetrieb Rechenschaft ablegen zu müssen
Materielle Stellenelemente	Aufgabenträger		Ein Mitarbeiter oder eine Mitarbeiterin allein, es sein denn, mehrere Mitarbeitende sind einer Stelle zugeordnet (beispielsweise OP-Team)
	Stellenbeschreibung		Kenntnisse, Fähigkeiten, Fertigkeiten, Erfahrungen, erforderliche Kapazitäten (bspw. Vollzeit-, Halbtagsstelle etc.)
	Sachmittel	Basissachmittel	Werden üblicherweise zur Aufgabenerledigung benötigt (Raum, Mobiliar etc.)

(Fortsetzung)

Tab. 4.2 (Fortsetzung)

Art	Elemente		Beispiele
		Entlastende Sachmittel	Entlasten bei der Aufgabenerledigung entlasten, ohne jedoch davon zu befreien (beispielsweise Terminplaner für die Vergabe von Patiententerminen)
		Automatische Sachmittel	Befreien von der Aufgabenerledigung, ohne jedoch deswegen Kontrollfunktionen und Verantwortung abzugeben (beispielsweise KIS, PVS)

Tab. 4.3 Stellenarten im Gesundheitsbetrieb

Merkmale	Beschreibung	Stellen-Beispiele
Aufgabenzuordnung	Zentral, dezentral	Zusammenfassung gleichartiger Aufgaben in einer Stelle (bspw. werden alle Verwaltungsarbeiten einer Zahnarztpraxis einer ZMV zugeordnet); Verteilung gleichartiger Aufgaben auf mehrere Stellen (bspw. werden die Hygieneaufgaben auf mehrere Mitarbeitende verteilt)
Befugnisumfang	Anordnungsbefugnis, Vertretungsbefugnis	MFA mit Anordnungsbefugnis, Prokurist in der Krankenhausverwaltung mit Unterschriftsvollmacht
Aufgabenart	Ausführungsaufgaben, Leitungsaufgaben	Chefärztin mit Leitungsaufgaben, Pflegekraft mit Ausführungsaufgaben
Aufgabenumfang	Hauptaufgabe, Nebenaufgabe	Facility Manager eines Krankenhauses als Hauptaufgabe, gleichzeitig Brandschutzbeauftragter als Nebenaufgabe

Organisationseinheit auf einer höheren Hierarchieebene zusammengefasst werden. Die Leitungsspanne umfasst üblicherweise 40 Mitarbeitende und mehr. Mehrere Abteilungen lassen sich zu einer **Hauptabteilung** oder zu einem **Bereich** zusammenfassen. Häufig erfolgt die Bildung auch nach:

- **Fachabteilungen:** Ambulanz, Chirurgie, Innere Medizin, Radiologie, Gynäkologie, Labor etc.;
- **Berufsgruppen:** Verwaltung, Ärzte, Pflegekräfte etc.;
- **Funktionen:** Untersuchung und Behandlung, Pflege, Verwaltung, Soziale Dienste, Ver- und Entsorgung, Forschung und Lehre, sonstige Bereiche.

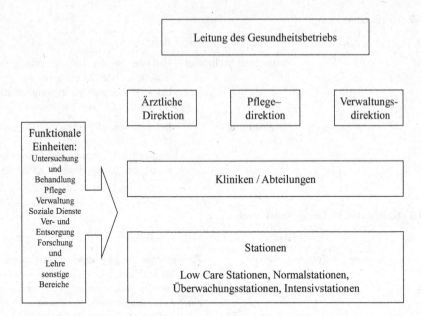

Abb. 4.2 Beispiel für die Bildung von Organisationseinheiten im Gesundheitsbetrieb

Eine Grundlage für die Bildung von Organisationseinheiten stellt auch die *DIN 13080 Gliederung des Krankenhauses in Funktionsbereiche und Funktionsstellen* dar, die ihrerseits häufig als Bezugsnorm für Bauanträge verwendet wird.

Beispiel

Die DIN 13080 ordnet und differenziert die Nutzungs- und Technikflächen nach krankenhausspezifischen Funktionen, ist für Krankenhäuser sowie Hochschul- und Universitätskliniken jeglicher Größenordnung anwendbar und gilt auch für vergleichbare Einrichtungen des Gesundheitswesens. Dabei legt Norm weder Verantwortlichkeiten, Organisationsformen noch baulich- betriebliche Strukturen fest, sodass Benennungen bestehen bleiben können. Sie enthält eine Krankenhausgliederung in folgende Funktionsbereiche:

- Diagnostik und Therapie,
- Pflege,
- Allgemeine Dienste,
- Krankenhausmanagement,
- Ver- und Entsorgung,
- Forschung, Lehre und Ausbildung,
- Sonstige Einrichtungen (vgl. Deutsches Institut für Normung, 2023, S. 1).◄

4.1.3 Organisationspläne und Organigramme

Aufgrund der Beziehungen der einzelnen Organisationseinheiten des Gesundheitsbetriebs untereinander ergeben sich beispielsweise folgende Strukturen (siehe Abb. 4.3):

- **Einlinienorganisation:** Klassische Organisationsform des Gesundheitsbetriebs, die sich durch klare Zuständigkeitsabgrenzung und einen einheitlichen Instanzenweg auszeichnet, wobei ihr Nachteil in einer gewissen Schwerfälligkeit und einer Überlastung der Führungskräfte liegen kann;
- **Mehrlinienorganisation:** Mehrere Leitungsstellen können vorgesetzt sein, sodass die einzelne Stelle von mehreren übergeordneten Seiten Anordnungen erhalten kann;
- **Stablinienorganisation:** Wird hauptsächlich eingesetzt, um den Nachteil der Überlastung der Führungskräfte zu mindern, wobei Konflikte durch die Trennung von Entscheidungsvorbereitung und eigentlicher Entscheidung sowie durch Spezialisierungseffekte der Stabstelle entstehen können;
- **Matrixorganisation:** Mehrfachunterstellung, aufgrund derer es zu Konflikten kommen kann.

Die Aufbauorganisation lässt sich mithilfe verschiedener **Organisationspläne** darstellen und dokumentieren:

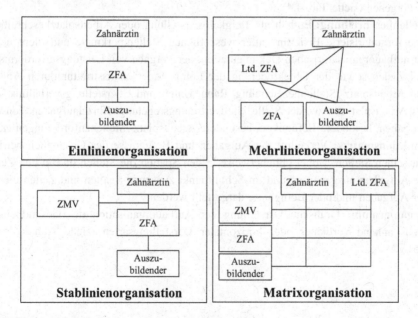

Abb. 4.3 Beispiel für Aufbauorganisatorische Strukturen

Tab. 4.4 Beispiel für eine Stellenbesetzungsliste in einer Arztpraxis

Stelle	Name	Nebenfunktion	Qualifikation	Vollzeitkapazität
Praxisleitung, Qualitätsmanagement, Fort- und Weiterbildung	Dr. med. Schäfer, F	Qualitätsbeauftragte	Fachärztin	1,0
Praxisleitung, Praxismanagement, Patientenmanagement	Dr. med. Funke, H	Arbeits- und Brandschutzbeauftragte	Facharzt	1,0
Anmeldung, Behandlung I	Conrad, B	Ausbildungsbeauftragte	MFA	1,0
Labor	Blank, L	Hygienebeauftragte	MFA	0,75
Behandlung II, Kleine Chirurgie	Seifert, M		MFA	1,0
Abrechnung, IT	Caspar, O	Datenschutzbeauftragter	Verw.-Angest	0,5
Reinigung	Meyer, V		Angest	0,2

- **Stellenbesetzungsliste:** Ausweis der personalen Besetzung der eingerichteten Stellen, aus dem die Stellenbezeichnungen sowie die Namen der Stelleninhabenden hervorgehen (siehe Tab. 4.4);
- **Stellenbeschreibung:** Enthält als Tätigkeitsdarstellung oder Arbeitsplatzbeschreibung eine formularisierte Fixierung aller wesentlichen Stellenmerkmale und dient neben der aufbauorganisatorischen Dokumentation, der Vorgabe von Leistungserfordernissen und Zielen sowie der Objektivierung der Lohn- und Gehaltsstruktur durch Angabe von Arbeitsplatz-/Stellenbezeichnung, Rang, Unter- und Überstellungsverhältnis, Ziel des Arbeitsplatzes bzw. der Stelle, Stellvertretungsregelung, Einzelaufgaben, sonstige Aufgaben, besondere Befugnisse, besondere Arbeitsplatz-/Stellenanforderungen etc.;
- **Funktionsmatrix:** Verknüpft die Aufgaben und Befugnisse des Gesundheitsbetriebs mit seinen Stellen, wobei üblicherweise in den Spalten die Stellen und in den Zeilen die Aufgaben ausgewiesen und im Schnittpunkt zwischen Spalten und Zeilen die Art der Aufgaben und/oder Befugnisse dargestellt werden;
- **Organigramm:** Grafische Darstellung der Aufbauorganisation des Gesundheitsbetriebs anhand vertikaler oder horizontaler Darstellungsarten (siehe Abb. 4.4 und 4.5).

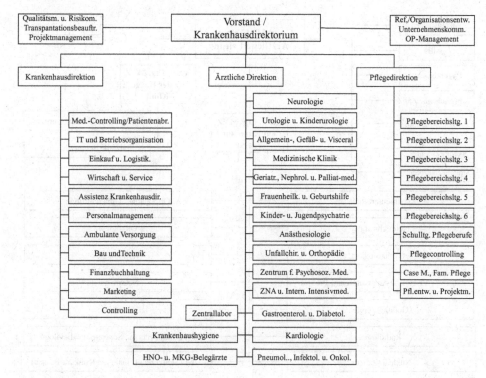

Abb. 4.4 In Anlehnung an das Organigramm des *Klinikums Itzehohe* (vgl. Klinikum Itzehohe und Seniorenzentrum, 2022, S. 1)

4.2 Ablauforganisatorische Gestaltung des Gesundheitsbetriebs

4.2.1 Gestaltung von Prozessen

Wer sich an die umfassende und nicht immer einfache Aufgabe der Prozessoptimierung und -neugestaltung herantraut, gerade auch in konfliktträchtigen Bereichen wie dem klinischen Aktenlauf, kann neben dem Einsparen von Zeit und Kosten auch mit einer höheren Mitarbeiter- und Patientenzufriedenheit entlohnt werden. Gelebtes Prozessmanagement kann die Zukunft eines Krankenhauses festigen, wenn die Verantwortlichen frühzeitig Maßnahmen ergreifen. Unerlässlich ist jedoch, dass der eigene Prozess nicht zu bloßer Bürokratie mutiert und sich stets an den individuellen Bedürfnissen aller beteiligten Mitarbeitenden und betroffener Patienten orientiert.

Um Abläufe im Gesundheitsbetrieb zu strukturieren, sind zunächst die einzelnen **Vorgänge** zu ermitteln. Hierzu ist festzustellen, aus welchen Vorgängen sich der Arbeitsablauf zusammensetzt und welche Arbeitsschritte jeder Vorgang einschließt. Die Arbeitsschritte

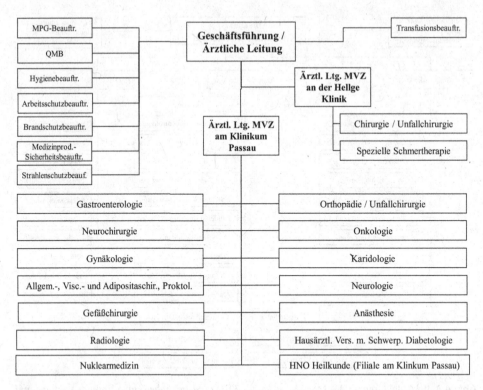

Abb. 4.5 In Anlehnung an das Organigramm des *MVZ am Klinikum Passau GmbH* (vgl. MVZ am Klinikum Passau GmbH, 2023, S. 1)

und Vorgänge werden üblicherweise in einer bestimmten **Reihenfolge** durchgeführt, die festzustellen ist. Sie werden auch an einem oder mehreren Arbeitsplätzen ausgeführt, sodass für jeden Vorgang die zugehörigen **Arbeitsplätze** und deren aufbauorganisatorische Einordnung zu ermitteln sind. Da jeder Vorgang in der Regel durch eine bestimmte Informationseingabe, durch das Eintreffen einer Bedingung oder durch Formulare, Belege ausgelöst wird, sind diese notwendigen **Eingaben/Input** festzuhalten. Jeder Vorgang beinhaltet einen bestimmten Arbeitsauftrag. Diese **Verarbeitung** muss nach bestimmten, zu beschreibenden Arbeitsregeln oder Entscheidungsregeln für die Durchführung der Vorgänge erfolgen. Schließlich sind die Informationen/Ergebnissen/Belege als **Ausgabe/Output** zu definieren, die aus dem Vorgang hervorgehen sollen (vgl. Tab. 4.5).

Ein weiterer wichtiger Aspekt bei der Gestaltung von Prozessen im Gesundheitsbetrieb ist die Ermittlung und Zuordnung folgender Größen:

- **Aktuelle Mengen:** Berücksichtigung der zum Zeitpunkt der Gestaltung der Prozesse gegebenen Arbeitsmengen;

Tab. 4.5 Prozessgestaltung am Beispiel der Beschaffung von medizinischem Verbrauchsmaterial

Gestaltungsschritt	Beispiel
Vorgangsermittlung	Auftragserteilung, Angebotsvergleich, Bezahlung, Rechnungskontrolle etc.
Reihenfolgefestlegung	Erst Angebotsvergleich, dann Auftragserteilung, danach Rechnungskontrolle und zum Schluss die Bezahlung
Arbeitsplatzzuordnung	Verwaltungsassistenz
Eingaben-/Input-Definition	Information, dass der Lagerplatz des jeweiligen Verbrauchmaterials aufgefüllt werden muss
Verarbeitungsregelung	Produktsuche im Online-Katalog, schriftliche Bestellung per Fax etc.
Ausgaben-/Output-Definition	Überweisungsdokument, Rechnung zur Buchhaltung und Information, dass das benötigte Material eingetroffen ist

- **zukünftige Mengen:** Geplante Mengen, da die Prozesse für einen längeren Zeitraum konzipiert werden und daher während ihrer Einsatzdauer Veränderungen der aktuellen Menge erfolgen können (Schätzung der Werte beispielsweise durch Mittelwertbildung, gleitender Mittelwert, exponentielle Glättung, Regressionsanalyse etc.);
- **Bezugsgrößen:** Repräsentative Werte, um die einzelnen Vorgänge quantifizieren zu können (beispielsweise Patienten pro Quartal, Behandlungsfälle pro Tag etc.);
- **Arbeitszeit:** Je Vorgang, nach *REFA* die Zeitspanne vom Beginn bis zum Ende eines Vorganges ohne Liege- und Transportzeiten (beispielsweise bei einer Laboruntersuchung die reine Untersuchungszeit ohne die Zeitanteile für den Transport der Probe ins Labor oder die „Liegezeit", bis die Probe untersucht wird);
- **Durchlaufzeit:** Nach *REFA* die Differenz zwischen End- und Starttermin eines Vorganges (Summe aus Arbeitszeit, Liege- und Transportzeit je Vorgang);
- **Zeitpunkt:** Die *kontinuierliche* Arbeitsdurchführung, die eine andauernde Arbeitsdurchführung während der ganzen Arbeitszeit bedeutet (beispielsweise bei langwierigen, mehrstündigen operativen Eingriffen) und die *diskontinuierliche* Arbeitsdurchführung, die eine immer wieder aufgenommene Bearbeitung darstellt (beispielsweise Stapelbearbeitung, bei der eine Bearbeitung nur dann erfolgt, wenn ein Bearbeitungsstapel gegeben ist, wie etwa bei der Bearbeitung mehrerer Proben hintereinander im Labor);
- **Frequenz:** Bei *regelmäßiger,* diskontinuierlicher Arbeitsdurchführung die Häufigkeit der Durchführungszeitpunkten (beispielsweise täglich, wöchentlich, monatlich, vierteljährlich etc.), bei *unregelmäßiger,* diskontinuierlicher Arbeitsdurchführung Ermittlung der durchschnittlichen Frequenz oder Mittelwert der Häufigkeit;

Tab. 4.6 Beispiel für eine Sachmittelzuordnung bei der Prozessgestaltung

Merkmal	Beispiel
Sachmittelart	Röntgengerät
Menge	1
Einsatzart	Dauereinsatz
Kapazität	10 Röntgenaufnahmen/Stunde
Mehrfacheinsatz	Mitbenutzung des Gerätes durch andere Arztpraxen

- **Personalkapazität:** Verfügbare und benötigte Kapazität für jeden Arbeitsgang anhand von Maßeinheiten (beispielsweise Stunden je Arbeitstag, Wochenstunden oder Personentage je Monat etc.) und personenbezogenen Merkmalen (beispielsweise Qualifikation, Spezialkenntnisse, Befugnisse etc.);
- **Gerätekapazität:** Normkapazitäten der medizintechnischen Behandlungseinrichtungen (beispielsweise in der Computertomographie, Magnetresonanztomographie, Radiographie etc.).

Die Strukturierung eines Prozesses schließt auch die Feststellung der in diesem Arbeitsablauf eingesetzten Sachmittel ein. Aus Praktikabilitätsgründen wird dabei üblicherweise auf die Zuordnung allgemein üblicher Sachmittel verzichtet, und es werden nur die ablaufspezifischen erfasst (siehe Tab. 4.6).

4.2.2   Prozessmodellierung und -darstellung

Bei der **Prozessmodellierung** im Gesundheitsbetrieb geht es um die grafische Darstellung der Abläufe, mit den Zielen, die Prozesse zu dokumentieren und Kenntnisse über sie zu erlangen, gleichzeitig aber auch, um neue Organisationsstrukturen einzuführen, Abläufe umzugestalten oder zu straffen und organisatorische Veränderungen zu begleiten.

Die Definition der Prozesse beginnt häufig mit den **Kernprozessen** des Gesundheitsbetriebs, weil sie einen wesentlichen Beitrag zum Erfolg des Betriebs liefern, eine starke Außenwirkung entfalten und das größte Potenzial für eine Prozessoptimierung bieten, sowohl durch Verbesserung der Leistungserstellung und damit des Patientenservices, der Produktivität und durch Senkung der Kosten. Eine Reihe von selbständigen, aber in der Regel untereinander vernetzten Kernprozessen decken die Leistungsspanne eines Gesundheitsbetriebs ab.

Beispiel

Insbesondere im Krankenhausbereich findet man unterschiedliche Darstellungen von Prozessarten und deren Inhalten, wie beispielsweise folgende Unterscheidung nach Prozessebenen (vgl. Kirchner & Knoblich, 2013, S. 693 f.):

- **Primärprozesse:** Wertschöpfende Prozesse und daraus entstehende Leistungen, die direkt am Patienten erbracht werden und den eigentlichen Betriebszweck darstellen (z. B. Leistungen der Patientenbehandlung);
- **Sekundärprozesse:** Wertschaffende Prozesse und daraus entstehende Leistungen, die indirekt dem Betriebszweck dienen (z. B. Diagnoseleistungen);
- **Tertiärprozesse:** Unterstützende Prozesse und daraus entstehende Leistungen, die keine unmittelbaren Auswirkungen auf den Betriebszweck haben (z. B. Beschaffung von medizinischem Verbrauchsmaterial);
- **Tertiärprozesse mit Querschnittsfunktion:** Unterstützende Prozesse und daraus entstehende Leistungen, die keine unmittelbaren Auswirkungen auf den Betriebszweck haben, aber eine übergreifende Funktion über andere Prozessebenen aufweisen oder externe Prozesse einbinden (z. B. strategische Krankenhauslogistik unter Einbeziehung von Lieferanten und Unterstützung von Primär- bzw. Sekundärprozessen);
- **Managementprozesse:** Wertdefinierende Prozesse ohne direkten Anteil am Patienten zur Steuerung des Gesundheitsbetriebs (z. B. Krankenhausleitung).◄

Die Verantwortung für komplette, in sich abgeschlossene Prozesse wird einem Prozessverantwortlichen (Prozess-Owner) übergeben, der die notwendigen Rahmenbedingungen schafft, seine Vorgehensweise mit anderen Prozessverantwortlichen koordiniert und sich um den Informationsaustausch zwischen den einzelnen Kernprozessen kümmert, um die gesamte Zielorientierung aller Abläufe im Gesundheitsbetrieb sicherzustellen.

Bei der Modellierung von Kernprozessen aus Teilprozessen und Elementarprozessen werden sogenannte **Wertschöpfungskettendiagramme** erzeugt, die ein Modellierungsmodell darstellen, welches für den Gesundheitsbetrieb beispielsweise folgende wichtige Prozesse zusammenfasst:

- Managementprozesse,
- Medizinische Leistungserstellungsprozesse,
- Unterstützungsprozesse.

Mit ihrer Hilfe lassen sich Verbesserungen bei Liegezeiten, Wartezeiten, Arbeitszeiten im Management der Prozesse ermitteln.

Bei einer Prozessmodellierung der *Universität Zürich* wurde ein Routineprozess aus der Angiologie-Abteilung (Behandlung von Arteriosklerose mittels eines speziellen Behandlungsverfahrens, PTA) eines schweizerischen Universitätsspitals mit ca. 1000 Patienten pro Jahr aus der ganzen Schweiz untersucht. Ziel war es dabei, anhand einer Modellierung des Ist-Zustandes (siehe Tab. 4.7) eine Prozessanalyse durchzuführen, um zu einer Optimierung zu gelangen (in Klammern Ist/Soll-Werte): Tage (7/5), Warten (6/5), Transporte (10/9) etc. (vgl. Knorr et al., 2016, S. 55).◄

In Abb. 4.6 sind einige Darstellungsmöglichkeiten für Prozesse im Gesundheitsbetrieb wiedergegeben:

Mit Hilfe von **Listen** lassen sich vorzugsweise lineare Abläufe darstellen, die keine Alternativbearbeitung, Schleifenbearbeitungen oder Parallelbearbeitungen aufweisen. **Ablaufdiagramme** stellen eine Kombination zwischen tabellarischer und symbolischer Darstellungstechnik dar. Sie eignen sich allerdings auch nur für die Abbildung linearer Abläufe im Gesundheitsbetrieb.

Bei einem **Blockschaltbild** werden in einer Matrix Tätigkeiten, Stellen und Aufgaben des Gesundheitsbetriebs miteinander verknüpft. Im jeweiligen Schnittpunkt von Zeilen und Spalten können dann beispielsweise Aufgaben, Eingabedaten, Ergebnisdaten oder Datenträger genannt werden. Das Blockschaltbild eignet sich ebenfalls vornehmlich für lineare Abläufe. Jedoch können auch einfache Alternativen oder Schleifen mit ihm dargestellt werden.

Das **Flussdiagramm** ist an die Symbolik eines Datenflussplanes nach *DIN 66001* angelehnt und bietet den Vorteil, auch Alternativen, Schleifen und Parallelbearbeitungen gut darstellen zu können. Es ist eine häufig eingesetzte Dokumentationstechnik, die für vielfältige Ablaufarten im Gesundheitsbetrieb gut verwendet werden kann.

Die systematische Verwendung von Objekten und graphischen Symbolen eignet sich beispielsweise zur Modellierung einer vollständigen Krankenhausbehandlung aus Sicht des Patienten, da die Tätigkeiten am Patienten inklusive dessen Zustandsveränderungen dadurch abgebildet und die administrativen Ergänzungen durch den ärztlichen oder pflegetechnischen Dienst und der Einsatz des benötigten Personals an den Prozessen und Tätigkeiten dokumentiert werden. Auch lassen sich die Kosten über die Einsatzmenge der Ressourcen (z. B. Minuten ärztliche oder pflegerische Arbeitskräfte) erfassen. Die graphische Darstellung des realen Ablaufes ermöglicht sowohl die Identifizierung eines ineffizienten Ablaufes, als auch die Berücksichtigung verschiedener Prozessvarianten (vgl. Fraunhofer-Institut für Produktionsanlagen und Konstruktionstechnik, 2023, S. 2).

Tab. 4.7 Auszug aus einer Prozessmodellierung der *Universität Zürich* eines Beispielprozesses aus der Angiologie-Abteilung eines schweizerischen Universitätsspitals (vgl. Knorr et al., 2023, S. 9 ff.)

Tag	Vorgang	Vorgangsart	Dauer in Min
1	Anmeldung Schalter	Aktivität	1–2
	Transport zum Behandlungszimmer	Transport	5–15
	Wartezone Behandlungszimmer	Warten	10
	Durchführung Oszillographie	Aktivität	20–30
	Untersuchung Arzt/Ärztin	Aktivität	1–15
	Information Oberarzt/-ärztin	Kontrolle	10
	Aufklärung über Diagnose	Aktivität	3
	Transport zur Blutabnahme/Gefäßröntgen	Transport	5–15
	Wartezone Gefäßröntgen	Warten	5
	Blutabnahme/Gefäßröntgen	Aktivität	1–15
	Entlassung	Verwaltung	3
2	Anmeldung Schalter Röntgen	Aktivität	3
	Transport zu Gefäßröntgen	Transport	5–20
	Wartezone zu Gefäßröntgen	Warten	30–60
	Gefäßröntgen	Aktivität	10
	Transport	Transport	240
	Überwachung nach Eingriff	Kontrolle	3
	Entlassung	Verwaltung	3
3	Befundbesprechung	Aktivität	5–30
4	Aufnahme stationär	Aktivität	5
	Transport	Transport	5
	Wartezeit	Warten	5–15
	Status und Anamnese	Aktivität	10–20
	Transport Station	Transport	5
	Stationärer Aufenthalt	Warten	
5	Transport zur PTA	Transport	5
	PTA (eigentlicher Eingriff)	Aktivität	30–120
	Transport Station	Transport	5–20
	Überwachung	Kontrolle	
6	Transport	T Transport	5–20
	Nachkontrolle Oszillogramm	Aktivität	10

(Fortsetzung)

Tab. 4.7 (Fortsetzung)

Tag	Vorgang	Vorgangsart	Dauer in Min
	Untersuchung	Aktivität	10
	Rücktransport Station	Transport	5–20
	Entlassung nach Hause	Verwaltung	5–20
7	Nachkontrolle nach 1–3 Monaten	Aktivität	

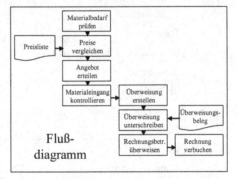

Lfd.Nr.	Vorgang	Stelle
1.	Materialbedarf feststellen	MFA
2.	Preise vergleichen	MFA
3.	Auftrag erteilen	MFA
4.	Materialeingang kontrollieren	MFA
5.	Überweisung erstellen	Verw.-Helferin
6.	Überweisung unterschreiben	Arzt
7.	Rechnungsbetrag überweisen	Verw.-Helferin
8.	Rechnung verbuchen	Verw.-Helferin

Liste

Blockschaltbild

Lfd. Nr.	Vorgang	MFA	Arzt	Verw.-Helferin
1.	Materialbedarf feststellen			
2.	Preise vergleichen			
3.	Auftrag erteilen			
4.	Materialeingang kontrol.			
5.	Überweisung erstellen			
6.	Überweisung unterschr.			
7.	Rechnungsbetrag überw.			
8.	Rechnung verbuchen			

Ablaufdiagramm

Fluß-diagramm

Abb. 4.6 Beispiele für Prozessdarstellungen im Gesundheitsbetrieb

4.2.3 Optimierung von Prozessen

Langjährig unveränderte Arbeitsprozesse bergen Verbesserungspotenziale, die es aufzu-decken gilt. In diesem Zusammenhang übernimmt die **Prozessoptimierung** eine wichtige Funktion, wenn es darum geht, Abläufe im Gesundheitsbetrieb zu optimieren, die ablauf-organisatorischen Strukturen anzupassen und Verbesserungsmaßnahmen umzusetzen. Die Aufgabe der Prozessstrukturierung ist nicht einmalig, denn die einzelnen Bereiche und Arbeitsabläufe im Gesundheitsbetrieb lassen sich aufgrund neuer Entwicklungen und Erfahrungen fortwährend besser gestalten. Hinzu kommt, dass mangelnde Organisation oft zu Unzufriedenheit bei den Patienten und beim Personal führt. Eine Erhöhung des Arbeitstempos stellt keinen Ersatz wichtiger organisatorischer Maßnahmen dar und führt nicht zu grundlegenden Änderungen. Auch ist der Nutzeneffekt nur vereinzelt durchgeführter organisatorischer Optimierungsmaßnahmen nicht sehr hoch.

Dauerhafte und möglichst erfolgreiche Prozessoptimierungen lassen sich nicht durch aufgezwungene Einzelmaßnahmen und stärkerem Druck auf die Mitarbeitenden erreichen. Diese müssen sich darum bemühen, offen zu sein für Veränderungen. Wenn gute Ideen nicht in die Tat umgesetzt werden, stehen oft Vorbehalte, Ängste und Unsicherheiten im Weg. Begeisterungsfähigkeit für Veränderungen ist notwendig und eine gemeinsame Vision, wie die Prozesse zukünftig ausschauen sollen. Nur wenn dieses Vorhaben von allen Mitarbeitenden gemeinsam getragen wird, lassen sich auch alle organisatorischen Aktivitäten auf ein gemeinsames Ziel ausrichten. Die Patienten sind dabei ein zentrales Element des Gesamtsystems. Der Gesundheitsbetrieb muss sich nach ihnen ausrichten und seine Prozesse möglichst patientenorientiert organisieren. (siehe Abb. 4.7).

Gelingt es, Prozesse zu implementieren, die möglichst alle Berufsgruppen eines Gesundheitsbetriebs befürworten und unterstützen, können diese weitere positive Effekte erzielen. So kann ein verbindlich festgelegter Prozess abseits von rein ablauforientierten Verbesserungen sehr gut als Werkzeug genutzt werden, neue Mitarbeitende einzuarbeiten, die Transparenz zu erhöhen und einzelne Tätigkeiten besser zu verstehen. Die nicht immer einfache Aufgabe der Prozessoptimierung und -neugestaltung kann neben dem Einsparen von Zeit und Kosten auch zu einer höheren Mitarbeitenden- und Patientenzufriedenheit führen. Gelebtes Prozessmanagement kann dazu beitragen, die Zukunft eines Gesundheitsbetriebs zu festigen, wozu die Prozesse nicht zu bloßer Bürokratie mutieren

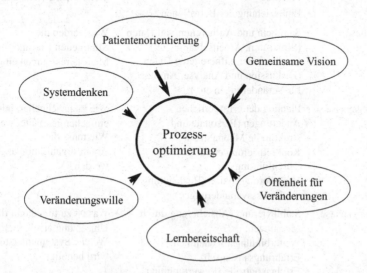

Abb. 4.7 Voraussetzungen für eine erfolgreiche Prozessoptimierung

dürfen und sich stets an den individuellen Bedürfnissen aller beteiligten Mitarbeitenden und betroffenen Patienten orientieren müssen (vgl. Braun, 2017, S. 4).

Der **Ablauf** der Prozessoptimierung beginnt in der Regel mit einem von den Mitarbeitenden oder den Patienten empfundenen Problem, welches zu einem Veränderungsbedürfnis führt. In dieser Vorphase ist das Problem jedoch noch unscharf beschrieben, gehen die Meinungen über Art und Ausmaß des Problems und die Lösungsmöglichkeiten nicht selten auseinander. In einer anschließenden Diagnosephase geht es um die Sammlung und Aufbereitung von problemrelevanten Daten, um das empfundene Problem für alle Beteiligten im Gesundheitsbetrieb möglichst zu objektivieren. In der Entwicklungsphase sind strukturelle und personelle Veränderungen zu planen und durchzuführen. Den Abschluss bildet eine Stabilisierungsphase, in der die eingeleiteten Prozessänderungen fortlaufend überprüft und wenn nötig durch ergänzende Aktivitäten in ihrer Wirkung abgesichert werden (siehe Tab. 4.8).

Zu den bekanntesten Prozessoptimierungskonzepten zählt die **Prozessneugestaltung** *(Health Process Reengineering)*, die eine grundlegende, radikale Neugestaltung und Flexibilisierung aller im Gesundheitsbetrieb ablaufenden Prozesse zum Inhalt hat, um die

Tab. 4.8 Phasen der Prozessoptimierung in Anlehnung an Becker & Langosch, 2002, S. 21 ff

Phasen	Beschreibung	Fragestellungen
Vorphase	• Entstehung des Veränderungsbedürfnisses, Auftauchen von Problemen • Bestimmung der zu ändernden Prozesse • Einbeziehung der Betroffenen	• Was braucht der Gesundheitsbetrieb, um seine Ziele zu erreichen? • Wo liegen die Kernprobleme / die größten Potenziale?
Diagnosephase	• Sammeln und Aufbereiten von Daten (Strukturen, Arbeitsabläufe etc.) • Feedback der aufbereiteten Daten (Diskussion und Analyse, Ansätze für Veränderungen etc.)	• Wie werden die Mitarbeitenden- und Materialressourcen eingesetzt?
Entwicklungsphase	• Planung der erforderlichen Änderungen (Personale und strukturelle Maßnahmen, Konkretisierung etc.) • Durchführung der Veränderungsaktion (Realisierung der Prozessveränderungen)	• Wie kann schneller, besser, einfacher gearbeitet werden? • Wie muss die Ablauforganisation angepasst werden?
Stabilisierungsphase	• Stabilisierung (Absicherung durch Messungen, Weiterbildungsmaßnahmen, Erfahrungsaustausch) • Erfolgskontrolle (Bewertung und Beurteilung der Prozessoptimierung)	• Was ist zu tun, damit die Umsetzung erfolgreich ist? • Welche Systemunterstützung wird benötigt?

Kostensituation und die Handlungsgeschwindigkeit zu verbessern. Dabei findet ein grundlegendes Überdenken des Betriebs und seiner gesamten Prozessorganisation statt, mit den Zielen, die Durchlauf- und Wartezeiten zu verkürzen, der Beschränkung auf die Kernkompetenzen, der Steigerung von Qualität, Patientenservice und Produktivität sowie der Beschleunigung der medizinischen Leistungserstellung durch Abbau von Hierarchien.

Ein weiteres Konzept stellt der **Kontinuierliche Verbesserungsprozess** (KVP) dar, der eine stetige Verbesserung der medizinischen Leistungserstellungs-, Prozess- und Patientenservicequalität zum Ziel hat. Die Mitarbeitenden analysieren dabei ihren Arbeitsbereich in Teams, erarbeiteten konkrete Verbesserungsvorschläge und werden zur Umsetzung ihrer Ideen ermächtigt. Dazu wird eine Kultur im Gesundheitsbetrieb benötigt, die die Ideen der Mitarbeitenden ausdrücklich unterstützt und anerkennt.

Lean Healthcare wird in Anlehnung an das Lean-Management-Prinzip als Beschreibung für eine bestimmte Art eines gesundheitsbetrieblichen Prozesses verwendet, wenn dieser Prozess hochgradig effizient und effektiv ist und in seiner gesamten Aktivität am Patienten mit seinen Wünschen und Bedürfnissen ausgerichtet ist (vgl. Scholz, 2016, S. 5 ff.). Wesentliche Elemente sind dabei:

- Gesundheitsbetriebliche Philospophie, Visualisierung, stabile und standardisierte Prozesse sowie eine geglättete Leistungserstellung;
- Just in time (alles zur richtigen Zeit und in der richtigen Menge) und Prozesse, die nur Qualität erzeugen können;
- Kontinuierliche Verbesserung (KVP), Mitarbeitende und Verschwendungsreduzierung;
- Beste Qualität, geringste Kosten, höchste Sicherheit, kürzeste Durchlaufzeit und hohe Mitarbeitendenzufriedenheit als Ziele.

Bei dem Konzept, das als **Klinischer Pfad** (*Clinical Pathway)* bezeichnet wird, sind vergleichbare Prozesse für Gesundheitsbetriebe vordefiniert: Die Patienten werden nach einem standardisierter Behandlungsplan, der bestimmte durchzuführende Untersuchungen bzw. Behandlungen festlegt, je nach Krankheitsbild kriterienorientiert und in der Regel interdisziplinär, unter Beteiligung mehrerer Fachdisziplinen, durch den Gesundheitsbetrieb durchgeleitet. Durch eine transparente Aufgabenverteilung und die klare Festlegung von Verantwortlichkeiten, sowie die gute Kenntnis der Mitarbeitenden über den Behandlungsverlauf aufgrund klar definierter Abläufe, kann die Patientenzufriedenheit gestärkt werden. Gleichzeitig soll eine Reduktion der Verweildauer erreicht werden, durch Vermeidung unnötiger Tests, Therapien und Doppeluntersuchungen.

Beispiel

Für das Caritas Klinikum Saarbrücken (cts) ist das Vorhandensein von schriftlich niedergelegten Klinischen (Diagnose- und Therapie-) Pfaden (Clinical Pathways) ein wesentliches überprüfbares Qualitätskriterium für die klinische ärztliche Tätigkeit. Sie stellen bei definierten Erkrankungen für die klinisch tätigen Ärztinnen und Ärzte eine Handlungsanweisung dar und sollen damit eine hohe Qualität ärztlichen Handelns in der Klinik garantieren (vgl. Caritas Klinikum Saarbrücken, 2023, S. 1).◄

Grundlage sind dabei die **Diagnosis Related Groups** (DRG), die diejenigen Fälle im Gesundheitsbetrieb zusammenfassen, welche in Bezug auf den diagnostischen, therapeutischen und versorgungstechnischen Aufwand von Beginn an bis zum Ende des Aufenthaltes einen ähnlichen Ressourcenverbrauch aufweisen, und dadurch auch in Bezug auf ihre Kosten weitgehend einheitlich sind. Dadurch, dass jeder Patient einer Fallgruppe nach DRG zugeordnet wird, erfolgt eine Honorierung der stationären Behandlung zu pauschalisierten Preisen.

Bei einem **Patientenpfad** steht der gesamte Prozess und nicht nur der eigentliche Behandlungsablauf im Vordergrund, sodass der Patient aufgrund eines optimierten, transparenten und klar definierten Prozesses über den Stand der Behandlung und die weitere Vorgehensweise informiert ist.

Im Gegensatz zu allgemeinen IT-Systemen im Gesundheitsbetrieb, die primär daten- und funktionsorientiert arbeiten, stellen *Workflowsysteme (WFS)* den Arbeitsablauf in den Vordergrund. Während die Mitarbeitenden in der Welt herkömmlicher Datenverarbeitungssysteme die Abläufe selbst festlegen und sich danach von Anwendung zu Anwendung bewegen müssen, je nachdem, welchen Bearbeitungsschritt sie gerade vollziehen, arbeitet ein **Workflow** prozessorientiert und gibt die Abläufe über einzelne Arbeitsplätze hinweg im Sinne einer einheitlich strukturierten Prozessorganisation vor. Unter Workflow ist somit ein rechnergesteuertes Hilfsinstrument zur Automatisierung und lückenlosen Verfolgung von Prozessen im Gesundheitsbetrieb zu verstehen.

Beispiel

Die *Deutsche Gesellschaft für Workflow-Management im Gesundheitswesen (DGWMiG) e. V.* unterstützt die Bereiche Bildung und Wissenschaft zum Thema Prozesse in der Patientenversorgung und Wissen aus wissenschaftlicher Forschung und Entwicklung sowie praktischer Erfahrung im Bereich Prozessoptimierung in die Kliniken tragen. Zudem fördert und unterstützt sie die Entwicklung und Bereitstellung zertifizierter Weiterbildungsangebote im Bereich Workflow-Management (vgl. Deutsche Gesellschaft für Workflow-Management im Gesundheitswesen, 2023, S. 1).◄

Der Einsatz eines Workflowsystems versetzt die Mitarbeitenden in die Lage, den tatsächlichen Ablauf eines Vorganges abzubilden und alle an einem Vorgang im Gesundheitsbetrieb beteiligten Personen in den Informationsfluss einzubeziehen. Die Organisationshierarchie wird dadurch automatisiert unterstützt, und der jeweilige Bearbeitungsstand eines Vorganges kann von jedem in das System integrierten Arbeitsplatz eingesehen und kontrolliert werden. Workflow unterstützt somit allgemein strukturierbare Vorgänge und trägt zu einer weitgehenden Automatisierung von Routinetätigkeiten im Gesundheitsbetrieb bei. Es ermöglicht dadurch die Steuerung der Prozessorganisation und die damit verbundene Implementierung und rasche Aktualisierung von aufbau- und ablauforganisatorischen Regelungen. WFS stellen somit die technische Basis für das Management und die effiziente Kontrolle von Prozessketten im Gesundheitsbetrieb dar. Die Aufgabe von WFS ist es, sich wiederholende (repetitive) Prozesse betriebsübergreifend zu automatisieren. Mit dieser Funktion gehen die Kontrolle und Aufzeichnung unterschiedlicher Aufgaben und Arbeitsabläufe sowie die Bereitstellung und Kombination aller notwendigen Informationen einher.

Beispiel

Die Anwendung von Workflowsystemen wird beispielsweise auch durch Arztpraxisinformationsysteme unterstützt. Nicht nur für Bestellpraxen bestehen in der Regel Möglichkeiten der automatisierten Terminverwaltung. Mit der Anmeldung des Patienten in der Praxis wird sein Name üblicherweise zusammen mit der Ankunftszeit in der Terminliste vermerkt. So kann der Praxisablauf automatisch gesteuert werden, indem beispielsweise Terminpatienten nach der Terminliste in der Reihenfolge ihrer Termine unabhängig von der Ankunftszeit behandelt werden und Vorrang vor unangemeldeten Patienten erhalten. Da auf die Terminliste grundsätzlich von jedem Arbeitsplatz aus zugegriffen werden kann, lässt sich der Praxisablauf optimal organisieren. Für Notfälle oder andere unvorhersehbare Vorkommnisse lassen sich in den Workflow eingreifen und der vorgesehene Ablauf außer Kraft setzen. Auch lassen sich telefonisch oder bei der letzten Behandlung vereinbarte Termine für eine zusätzliche Behandlungs- oder Untersuchungsart elektronisch vermerken. Mit Hilfe der Terminliste können diejenigen Patienten automatisch herausgefiltert werden, die ihren Termin versäumt haben oder demnächst für aufwendige Untersuchungen anstehen. Diese Patienten kann die Praxis gezielt ansprechen.◄

Eine Prozessoptimierung im Gesundheitsbetrieb ist oft auch im Rahmen des so genannten **Change Management** *(Veränderungsmanagement)* möglich. Darunter lassen sich Maßnahmen und Tätigkeiten verstehen, die umfassende, betriebsübergreifende und inhaltlich weit reichende Veränderungen zur Umsetzung von neuen Strukturen und Prozessen in einem Gesundheitsbetrieb zum Ziel haben.

Beispiel

Die Notwendigkeit zu Veränderungen im Krankenhausbereich ist regelrecht als Konstante anzusehen. Wichtige Einflussgrößen hierfür sind der medizinisch-technische Fortschritt und der demografische Wandel mit veränderten Krankheitsbildern. Auch führt der Trend, stationäre Behandlungen wo es geht und vertretbar ist durch ambulante zu ersetzen, zu einem höheren Stellenwert von niedergelassenen Praxen und medizinischen Versorgungszentren (vgl. Töpfer & Albrecht, 2016, S. 4)◄

Funktionell gesehen ist Change Management in Gesundheitsbetrieben somit ein Komplex aus Planungs-, Steuerungs- und Kontrollaufgaben zum Umgang und der Etablierung von eigen oder fremdinitiierten Veränderungen. In institutionaler Hinsicht soll das Changemanagement dafür Sorge tragen, dass der durch Verhalten bzw. Veränderungen angestrebte Zustand etabliert wird, stabil und dauerhaft ist und von den mit dem Gesundheitsbetrieb in Zusammenhang stehenden Menschen akzeptiert wird (vgl. Schneider, 2019, S. 10).

4.3   Behandlungsorganisation

4.3.1   Entwicklung von Behandlungspfaden

Die Behandlungsorganisation weist die Vorteile eines möglichst ökonomischen Umgangs mit der Behandlungszeit und der Straffung der Behandlung durch gezielte Vorbereitungsmaßnahmen auf. Wichtige Voraussetzungen für eine erfolgreiche Behandlungsplanung sind die Klarheit über den Zeitbedarf für die einzelnen Behandlungsmaßnahmen.

Eine Möglichkeit, die optimale Abfolge und Terminierung der wichtigsten Interventionen zu erreichen, ist die Festlegung klinischer **Behandlungspfade** (siehe auch das Konzept Klinischer Pfade in 4.2.3 Optimierung von Prozessen). Sie werden von allen Disziplinen bei der Versorgung eines Patienten mit einer bestimmten Diagnose oder Behandlung durchgeführt und stellen ein Instrument dar, die Koordination aller Fachgebiete, die mit der Behandlung des Patienten betraut sind, möglichst optimal zu gestalten. In der Regel basieren sie auf Klinischen Leitlinien und Algorithmen.

Bei den **Klinischen Leitlinien** handelt es sich um systematisch entwickelte Feststellungen, die die diagnostischen und therapeutischen Entscheidungen über eine angemessene Versorgung für spezifische klinische Umstände unterstützen sollen und dazu in definierten Situationen einen Handlungsspielraum vorgeben. Ihre Grundlage bildet idealerweise die **Evidenzbasierte Medizin** (EbM), die bei jeder medizinischen Behandlung deren empirisch nachgewiesene Wirksamkeit (aus möglichst vielen randomisierten, kontrollierten Studien oder zumindest klinischen Berichten) zum Ziel hat.

Zur Darstellung Klinischer Leitlinien kann ein **Klinischer Algorithmus** dienen, der schrittweise und mithilfe logischer Bedingungen das klinische Problem in einem graphischen Format wiedergibt (siehe Abb. 4.8).

Auf der Basis der klinischen Leitlinien und Algorithmen wird der Behandlungspfad in der Regel unter Berücksichtigung organisatorischer Aspekte des jeweiligen

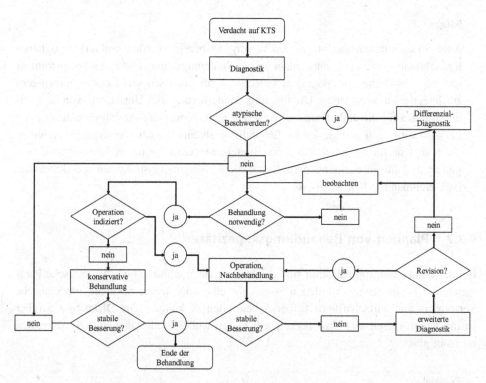

Abb. 4.8 In Anlehnung an Klinischer Algorithmus der *Arbeitsgemeinschaft der Wissenschaftlichen Medizinischen Fachgesellschaften (AWMF)* zur Diagnostik und Therapie des Karpaltunnelsyndroms (vgl. Arbeitsgemeinschaft der Wissenschaftlichen Medizinischen Fachgesellschaften, 2022, S. 46)

Gesundheitsbetriebs und seiner örtlichen Gegebenheiten entwickelt. Nach dem Bottom-Up-Ansatz kann dabei von den Patientendaten eines konkreten Falls ausgegangen werden. Festzuhalten sind bei der Pfadentwicklung üblicherweise zudem folgende Angaben:

- Patientengruppe, für die der Behandlungspfad erstellt wurde;
- Begründung, warum dieser Pfad ausgewählt wurde;
- Beteiligte an der Pfaderstellung;
- Leitlinien, Studienergebnisse und andere Informationsquellen, die bei der Erstellung berücksichtigt wurden;
- Einrichtungen des Gesundheitsbetriebs, die bei Schnittstellenproblematiken betroffen sein könnten;
- Handlungsanweisungen mit Aufgabenlisten;
- Umsetzbare Einzelmaßnahmen getrennt nach Behandlungstagen.

Auch im ambulanten und integrierten Versorgungsbereich werden strukturierte Behandlungsabläufe eingesetzt, unter anderem als Steuerungs- und Finanzierungsinstrument und zur Gestaltung von Verträgen zwischen Krankenkassen und Leistungserbringern zur integrierten Versorgung. Die Planung, Modellierung und Umsetzung von Behandlungspfaden für die ambulante und vernetzte Patientenversorgung erfolgt anhand einer Klassifikation von strukturierten Behandlungsabläufen nach Versorgungsbereichen. Auch sind sie für ein effizientes Arzneimittelmanagement, eine erfolgsorientierte Vergütung und die Entwicklung zukunftsorientierter Vergütungsstrukturen von Bedeutung (vgl. Hellmann, 2010, S. 3ff).◄

4.3.2 Planung von Behandlungskapazitäten

Bei der Behandlungsorganisation sind es gleichermaßen ethische und ökonomische Parameter, die herangezogen werden müssen, um eine angestrebte optimale medizinische Versorgung und wirtschaftliche Effizienz beurteilen zu können. Die Diskussion darüber ist mit Kontroversen und Unsicherheiten behaftet, wobei es allgemeingültige Antworten oft nicht gibt.

Häufig kommt es im OP-Management schon zu Beginn des Tagesprogramms am Morgen zu Zeitverzögerungen, die zu unmittelbaren Mehrkosten führen, zum Beispiel durch Überstunden, oder zu indirekten Kosten durch Frustrationen und Konflikte zwischen Mitarbeitenden, was sich wiederum auf die Arbeitsmoral auswirkt. Um pünktlich starten zu können, ist eine entsprechende Disziplin aller im OP tätigen Mitarbeitenden und definierte Startzeiten notwendig, zum Bespiel für das Bereitstellen der Patienten an der Schleuse, den Start der Anästhesie-Einleitung oder den Schnitt. In Krankenhäusern, deren OP-Kapazitäten nicht optimal ausgelastet sind, werden häufig auch lange Wechselzeiten oder Naht-Schnitt-Zeiten beobachtet (vgl. Bohnenkamp & Braun, 2017, S. 4).◄

Bei der **Kapazitätsplanung** werden die Kapazitätsbedarfe aus der vorliegenden Behandlungsplanung (beispielsweise anhand von Behandlungspfaden) berücksichtigt. Die Kapazitäts*belastung* durch geplante Behandlungsmaßnahmen wird dem Kapazitäts*angebot* an medizinischem Personal, benötigter medizintechnischer Geräteausstattung, OP-Räumlichkeiten etc. gegenübergestellt. Anhand der aktuellen Auslastung der Behandlungskapazitäten werden geeignete Instrumente zum Kapazitätsabgleich eingesetzt, um einerseits eine möglichst gleichmäßig hohe Kapazitätsauslastung zu erreichen und andererseits für möglichst viele Behandlungsmaßnahmen die vereinbarten oder erforderlichen Termine einzuhalten.

Das **Kapazitätsangebot** gibt beispielsweise an, welche Leistung an einem Behandlungsplatz in einem bestimmten Zeitraum erbracht werden kann. Es wird bestimmt durch:

- Arbeitsbeginn, Arbeitsende;
- Pausendauer;
- Nutzungsgrad der Kapazität (beispielsweise 80 % der theoretisch nutzbaren Zeit, 20 % entfallen auf Rüstzeiten, Verteilzeiten etc.);
- Anzahl der Einzelkapazitäten (beispielsweise Anzahl der Geräte für Computertomographie, Magnetresonanztomographie, Ultraschalldiagnostik oder Radiographie).

Je Behandlungsplatz können verschiedene **Kapazitätsarten** definiert werden, zum Beispiel:

- Kapazität der medizintechnischen Einrichtungen,
- Personalkapazität,
- Reservekapazität für Eilbehandlungen,
- Kapazität für Reinigungs- und Hygienearbeiten,
- Kapazität für Wartungsarbeiten.

Der **Kapazitätsbedarf** gibt an, welche Leistung die einzelnen Behandlungsmaßnahmen an einem Behandlungsplatz benötigen.

Um beurteilen zu können, in wieweit die Personal- oder Behandlungsplatzkapazitäten ausgelastet sind, ist eine Verdichtung der Kapazitätsangebote und Kapazitätsbedarfe auf einer Stufe notwendig (siehe Tab. 4.9).

Um die unterschiedlichen Auslastungsgrade anzupassen, ist ein **Kapazitätsabgleich** erforderlich (siehe Abb. 4.9). Dazu stehen für die Erhöhung bzw. Senkung des Kapazitätsangebotes verschiedene Möglichkeiten zur Verfügung, die zunächst auf ihre Realisierbarkeit hin überprüft werden müssen:

- Ausweichbehandlungsplätze mit freien Kapazitäten suchen,
- Änderungen der Behandlungsmenge,
- Behandlungstermine verschieben,
- Überstunden,
- zusätzliche Schichten,
- Einsatz von Leihpersonal,
- Verschiebung von medizintechnischen Wartungsarbeiten,
- Kurzarbeit,

Tab. 4.9 Beispiel für die Kapazitätsbelastung einer MTRA an einem Behandlungsplatz.

Kapazitätsart: MTA

Behandlungsplatz: Radiologie I

Kalenderwoche	Kap.-Einheit	Bedarf	Kap.-Angebot brutto	Nutzungsgrad in %	Kap.-Angebot netto	Belastungsgrad in %	Freie Kapazität
38	Std	50,25	38,00	80,00	30,40	165,30	−19,85
39	Std	48,30	34,00	80,00	27,20	177,57	−21,10
40	Std	32,15	38,00	80,00	30,40	105,76	−1,75
41	Std	40,10	38,00	70,00	26,60	150,75	−13,50
42	Std	23,30	38,00	80,00	30,40	76,64	7,10
43	Std	35,40	36,00	80,00	28,80	122,92	−6,60
44	Std	48,20	38,00	50,00	19,00	253,68	−29,20
45	Std	21,35	38,00	80,00	30,40	70,23	9,50
46	Std	46,15	34,00	80,00	27,20	170,67	−18,95
47	Std	28,45	38,00	80,00	30,40	27,80	1,95
Gesamt	Std	373,65	370,00	76,00	280,80	132,13	−92,40

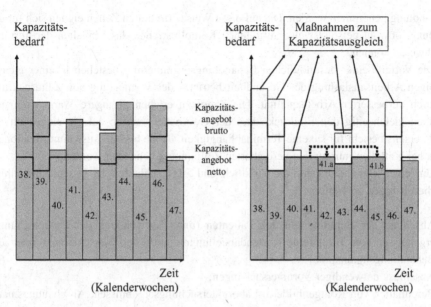

Abb. 4.9 Abgleich von Behandlungskapazitäten

- Reduzierung der Schichtzahl,
- Vorziehen von medizintechnischen Wartungsarbeiten etc.

Für jede zu terminierende Behandlung ist zu prüfen, ob für sie zum zuvor berechneten Termin ausreichend freie Kapazität zur Verfügung steht. Ist ausreichend freie Kapazität vorhanden, kann die Behandlung ohne Änderungen eingeplant werden. Bei fehlenden Kapazitäten ist die Behandlung auf einen Termin zu verschieben, zu dem sie durchgeführt werden kann. Die Reihenfolge der eingeplanten Behandlungsmaßnahmen beeinflusst wesentlich das Ergebnis der gesamten Behandlungsplanung, da später einzuplanende Behandlungsmaßnahmen nur noch vorhandene Kapazitätslücken nutzen können.

4.3.3 Behandlungsterminierung

Die Behandlungszeiten sind von zu vielen Faktoren abhängig, als dass sie minutiös geplant werden könnten. Die Behandlungsterminierung ist zweckmäßigerweise so vorzunehmen, dass auf der einen Seite nicht zu viele Leerlaufzeiten entstehen, aber auf der anderen Seite die Termine nicht zu eng liegen und dadurch Wartezeiten produziert werden.

Die benötigten Behandlungszeiten lassen sich in der Regel schätzen oder über einen längeren Zeitraum beobachten. Dadurch können Zeitwerte für gleiche Behandlungsarten dokumentiert und deren rechnerischer Mittelwert als zeitlicher Anhalt für eine bestimmte

Behandlung genommen werden. Die auf diese Weise ermittelten Zeiten eignen sich für die Planung, obwohl beispielsweise auftretende Komplikationen das Einhalten der Termine erschweren können.

Die Vorteile einer bestmöglichen Behandlungsterminierung bestehen in einer gleichmäßigen Arbeitsauslastung des Gesundheitsbetriebs, der Vermeidung von Zeitdruck und dadurch verbesserter Arbeitsqualität. Die Patienten erleben geringere Wartezeiten und erhalten gleichzeitig den Eindruck, dass der Gesundheitsbetrieb auf sie eingestellt ist. Andererseits besteht für sie eine Terminabhängigkeit, da sie bis auf Ausnahmesituationen, etwa bei Notfällen, nur zu den vereinbarten Zeitpunkten behandelt werden.

Um einen Behandlungstermin pünktlich und zügig ablaufen zu lassen, sind einige **Vorbereitungen** zu treffen:

- Abschluss der Beratung mit den Patienten (unter Verwendung der Untersuchungsergebnisse, von Bildtafeln, Kostendarstellungen etc.) und Entscheidung über die Behandlungsmaßnahme;
- Abschluss notwendiger Voruntersuchungen;
- Bereithalten von Röntgenbildern, Laboruntersuchungsergebnissen, Anschauungsmaterial, Instrumenten etc.;
- rechtzeitige Anfertigung und Eröffnung von Kostenvorausschätzungen für selbst zahlende Patienten;
- Planung verschiedener Behandlungsarten unter Berücksichtigung von Tageszeiten, Wochenenden oder Feiertagen (beispielsweise unter Berücksichtigung der Möglichkeit, Nachkontrollen durchzuführen);
- Berücksichtigung von Vorlaufzeiten bei Änderungen, damit die Ablaufplanung des betreffenden Tages rechtzeitig geändert und die Termine anderweitig belegt werden können;
- Information aller Beteiligten bei auftretenden Verzögerungen über deren Grund;
- Verdecken auftretender Verzögerungen gegenüber Patienten durch fraktionierte Wartezeiten (beispielsweise durch zeitliche Streckung von Maßnahmen der Behandlungsvorbereitung etc.);
- Einbeziehung von Zeitpuffern und Notfallzonen.

Beispiel

Für die Behandlungsterminierung schwierige Zeiträume sind beispielsweise die Tage vor und nach Ferien- und Urlaubszeiten. An den ersten Arbeitstagen nach einem Praxisurlaub kommen erfahrungsgemäß zu den bestellten Patienten häufig Patienten mit Beschwerden, die an dem vorhergehenden Wochenende aufgetreten sind, sowie Patienten, die auf die Rückkehr ihres Arztes oder ihrer Ärztin gewartet haben, zusammen. Weitere schwierige Tage in einer Arztpraxis sind beispielsweise die Abrechnungstermine oder allgemein Tage mit krankheitsbedingtem Personalausfall.◄

Bei der Terminierung des Behandlungsprozesses mit **Zeitmarken** wird dem Weg der Patienten zur, in und aus der Behandlung gefolgt. Je Zeitmarke werden für die Verfeinerung der Terminierungen die entsprechenden Start- und Endzeiten, Wartezeiten sowie eventuelle Vorkommnisse festgehalten (siehe Tab. 4.10).

Beispiel

Zur prozessorientierten Terminierung von Behandlungsabläufen übernimmt die Leitung im OP-Management des *Universitätsklinikums Hamburg-Eppendorf (UKE)* beispielsweise folgende Aufgaben:

- Entscheidung über alle organisatorischen Abläufe im Geltungsbereich des OP-Statuts unter Beachtung der fachlichen Erfordernisse der beteiligten Fächer;
- Feststellung und Verteilung der OP-Kapazität, entsprechend der langfristigen Vorgaben des Klinikvorstandes;
- Sicherung des Informationsaustausches im operativ-organisatorischen Bereich;
- Durchführung von OP-Besprechungen in regelmäßigen Abständen;
- Verantwortlichkeit für ein transparentes Berichtswesen;
- Schnittstellenmanagement zur AEMP, dem Fallwagenlager und der Medizintechnik;
- Überwachung und Einhaltung der gesetzlichen und tariflichen Bestimmungen, sowie die Umsetzung von Dienst-/Verfahrensanweisungen und Richtlinien.

Das ärztliche OP-Prozessmanagement ist zuständig für die tägliche Überwachung aller organisatorischen Abläufe im Geltungsbereich des OP-Status mit dem Ziel, möglichst keine geplanten Eingriffe abzusagen und die realistische Planung und Durchführung elektiver Operationen und die Integration von Notfalleingriffen in das OP-Programm zu gewährleisten. Das pflegerischer OP-Prozessmanagement übernimmt in Zusammenarbeit mit den Funktionsdienstleitungen die tägliche Koordination der Funktionsdienste. Hierbei ist sicherzustellen, dass alle geplanten Eingriffe mit Mitarbeitenden des Funktionsdienstes besetzt sind und die geplanten Operationen und die Notfalleingriffe durchgeführt werden können. Die OP-Koordination ist für die tägliche OP-Koordination im Geltungsbereich des OP-Statuts, sowie für die Pflege der OP-bezogenen IT-Systeme und der Ausfallstatistik zuständig und stellt die Kommunikation zwischen den verschiedenen Schnittstellen sicher, um eine reibungslose Durchführung der geplanten Operationen und Notfalleingriffe zu gewährleisten (vgl. Universitätsklinikum Hamburg-Eppendorf, 2023, S. 1).◄

Tab. 4.10 Beispiele für Zeitmarken bei der OP-Organisation (vgl. Bauer et. al., 2020, S. 522 ff.)

Nr	Bezeichnung	Definition
P Patientenlogistik		
P1	Patientenanforderung	Zeitpunkt der Patientenanforderung
P2	Eintreffen Patient im OP-Bereich	Patient/Patientin trifft am Eingangsbereich der OP-Einheit, z. B. der OP-Schleuse, PACU oder Holding-Bereich, ein
P3	Beginn Einschleusen	Patient/Patientin wird aus dem Stationsbett/ Transportliege auf den OP-Tisch umgebettet
P4	Ende Einschleusen	Patient/Patientin liegt nach Umbettung auf dem OP-Tisch
P 4a	Eintreffen Anästhesie Einleitung	Patient/Patientin trifft am Ort der Anästhesieeinleitung ein
P5	Patient im OP	Patient/Patientin befindet sich auf dem OP-Tisch im OP-Saal
P6	Anmeldung nachsorgende Einheit	Terminierung von Kapazität zur postoperativen Weiterversorgung des Patienten
P7	Patient/Patientin aus OP	Patient/Patientin wird aus dem OP-Saal gebracht
P8	Umbettung	Der Patient wird vom OP-Tisch in das Stationsbett/Transportliege umgebettet (gilt nur für OP-Bereiche, in denen die nachsorgende Einheit räumlich innerhalb des OP-Bereiches liegt)
P8b	Ausschleusen	Patient/Patientin verlässt OP-Bereich
P8c	Beginn nachsorgende Einheit	Eintreffen des Patienten/der Patientin in der nachsorgenden Einheit
P8d	Freigabe Abholung in der nachsorgenden Einheit	Eine weitere Überwachung des Patienten/der Patientin in der nachsorgenden Einheit ist nicht mehr erforderlich. Der verantwortliche Arzt bzw. die Ärztin haben die Freigabe für die Abholung bzw. Entlassung des Patienten/ der Patientin erteilt
P8e	Ende nachsorgende Einheit	Abholung/Schleusung des Patienten aus der nachsorgenden Einheit durch transportierendes Personal
P9	Beginn Saalreinigung	Beginn der nach Hygieneordnung notwendigen Reinigungs- und Des infektionsmaßnahmen

(Fortsetzung)

Tab. 4.10 (Fortsetzung)

Nr	Bezeichnung	Definition
P10	Ende Saalreinigung	Ende der nach Hygieneordnung notwendigen Reinigungs- und Desinfektionsmaßnahmen
S Saallogistik		
S. 1	Beginn Saalbetriebszeit (Synonym: Beginn Saalöffnungszeit)	15 min vor der ersten Soll-Schnittzeit (O8) gemäß krankenhaus-individueller Vereinbarung
S. 2	Ende Saalbetriebszeit (Synonym: Ende Saalöffnungszeit)	20 min nach der letzten Soll-Nahtzeit gemäß krankenhaus-individueller Vereinbarung
A Anästhesie		
A1	Beginn Vorbereitung Anästhesieologie-Funktionsdienst	Beginn aller notwendigen Arbeiten zur Vorbereitung einer Anästhesie durch den Anästhesiologie-Funktionsdienst
A2	Ende Vorbereitung Anästhesieologie-Funktionsdienst	Ende aller notwendigen Vorbereitungen für eine Anästhesie
A4	Beginn Präsenz Anästhesieologie -Funktionsdienst	Beginn der Patientenbindung des Anästhesieologie – Funktionsdienstes
A5	Beginn Präsenz Anästhesieologie-Arzt/ Ärztin	Beginn der Patientenbindung Anästhesiologie-Arzt/Ärztin
A6	Beginn Anästhesie	Zeitpunkt der Injektion des ersten Narkosemedikaments bzw. bei Regionalanästhesie der Zeitpunkt der Hautpunktion
A7	Freigabe Anästhesie	Anästhesiearzt/-ärztin gibt Patient/Patientin für operative Maßnahmen frei
A8	Ende Anästhesie-Einleitung	Ende aller Maßnahmen der Anästhesie-Einleitung
A9	Ende Anästhesie	Ende der Patientenüberwachung im OP-Saal bzw. Ausleitungsraum durch Anästhesisten/ Anästhesistin
A10	Ende Präsenz Anästhesieologie-Funktionsdienst	Ende der Patientenbindung des Anästhesieologie-Funktionsdienstes
A12	Ende Präsenz Anästhesieologie-Arzt/ Ärztin	Ende der Übergabe Patient/Patientin an ärztliches oder pflegerisches Personal in der nachsorgenden Einheit (Aufwachraum, IMC, Intensivstation)

(Fortsetzung)

Tab. 4.10 (Fortsetzung)

Nr	Bezeichnung	Definition
A13	Einsatzbereitschaft Anästhesiologie-Arzt/Ärztin	Anästhesiearzt/-ärztin ist nach Beendigung der Patientenbindung und ggf. nach Absolvieren des Rückweges im OP-Bereich wieder einsatzbereit für eine erneute Patientenbindung
A14	Ende Nachbereitung Anästhesiologie-Funktionsdienst	Ende aller notwendigen Arbeiten zur Nachbereitung einer Anästhesie
O Operation		
O1	Beginn Vorbereitung OP-Funktionsdienst	Beginn der nicht patientengebundenen Vorbereitung durch den OP-Funktionsdienst
O2	Ende Vorbereitung OP-Funktionsdienst	Ende der nicht patientengebundenen Vorbereitung OP-Funktionsdienst im betreffenden OP-Saal
O3a	Beginn vorbereitender Maßnahmen OP-Funktionsdienst am/an Patienten/Patientin	Beginn der operativen Vorbereitungsmaßnahmen des OP-Funktionsdienstes am/an Patienten/Patientin (z. B. Lagerungsmaßnahmen, Abwaschen, Abdecken, etc.)
O3b	Ende vorbereitender Maßnahmen OP-Funktionsdienst am/an Patienten/Patientin	Ende der operativen Vorbereitungsmaßnahmen, welche ausschließlich durch den OP-Funktionsdienst am/an Patienten/Patientin durchgeführt werden
O4a	Beginn Maßnahmen Operateur am/an Patientem/Patientin	Beginn der Maßnahmen durch Arzt/Ärztin der eingriffsdurchführenden Abteilung, z. B.: ärztliche Lagerung, Abwaschen durch Operateur/Operateurin, Einspannen der Mayfieldklemme, Einbringen von Navigationspins, radiologische Voruntersuchung zur OP, manuelle Narkoseuntersuchung vor operativen Eingriffen, starre Bronchoskopie vor thorakoskopischen Lungeneingriffen, geschlossene Reposition einer Fraktur/Luxation; Synonym: Beginn chirurgischer Maßnahmen, OP-Beginn

(Fortsetzung)

Tab. 4.10 (Fortsetzung)

Nr	Bezeichnung	Definition
O7a	Team Time Out präoperativ	Das OP-Team führt präoperativ eine interdisziplinäre und interprofessionelle Abfrage mittels Checkliste als eingriffsbezogene qualitätssichernde Maßnahme durch („sign in")
O8	Schnitt	Anlegen des Hautschnittes nach Hinzutreten Operateur/Operateurin an das Operationsfeld
O9a	Beginn Konsolenzeit	Operateur/Operateurin beginnt bei roboterunterstützten Eingriffen die patientenbezogene Tätigkeit an der ComputerKonsole
09b	Ende Konsolenzeit	Operateur/Operateurin beendet bei roboterunterstützten Eingriffen die patientenbezogene Tätigkeit an der ComputerKonsole
O10	Naht	Ende der letzten Hautnaht
O11	Ende nachbereitender operativer Maßnahmen	Abschluss aller der Operation zu geordneten operativen Maßnahmen am/an Patienten/Patientin (Verband, Gips)
O12	Ende Nachbereitung OP-Funktionsdienst	Ende aller notwendigen Arbeiten zur Nachbereitung einer Operation, inkl. der Sieb-Logistik und der unmittelbar den Fall betreffenden Dokumentation

4.4 Hygieneorganisation

4.4.1 Überbetriebliche Hygieneorganisation

Die Hygieneorganisation nimmt im Gesundheitsbetrieb einen hohen Stellenwert ein. Hygienegerechtes Arbeiten ist eine wichtige Form der Gesundheitsvorsorge nicht nur für die Patienten, sondern auch für die Mitarbeitenden. In Gesundheitsbetrieben treten beispielsweise vermehrt Krankheitskeime auf, die in Wunden gelangen und Infektionen auslösen können, wie etwa das Eindringen und Vermehren pathogener Mikroorganismen, wie Bakterien, Viren, Pilze oder Protozoen, die über die Haut oder Schleimhaut in den Körper gelangen.

Beispiel

Nach einem Urteil des *Bundesgerichtshofs BGH* kommt bei Hygienerisiken, die durch den Klinikbetrieb oder die Arztpraxis gesetzt und durch sachgerechte Organisation und Koordinierung des Behandlungsgeschehens objektiv voll beherrscht werden können, der Rechtsgedanke des § 282 BGB zur Anwendung, wonach die Darlegungs- und Beweislast für Verschuldensfreiheit bei der Behandlungsseite liegt (vgl. Bundesgerichtshof, 2007).◄

Zahlreiche Vorgaben regeln das hygienegerechte Arbeiten in Gesundheitsbetrieben.

So enthält das *Infektionsschutzgesetz (IfSG)* Regelungen für die Verhütung und Bekämpfung von Infektionskrankheiten und übernimmt damit auf Bundesebene Aufgaben im Rahmen der Gefahrenabwehr, die ansonsten durch die Bundesländer wahrgenommen werden. Für den Gesundheitsbetrieb enthält es beispielsweise neben begrifflichen Definitionen Meldepflichten für bestimmte Krankheiten, Aussagen zu behördlich angeordneten Desinfektionsmaßnahmen, zur Erfassung nosokomialer Infektionen und resistenter Erreger einschließlich deren Bewertung und Dokumentation sowie zur Einhaltung der Infektionshygiene, zu Hygieneplänen und Begehungen. Für Krankenhausküchen sind Regelungen zur Küchenhygiene vorhanden. Meldepflichten gibt es beispielsweise zu Botulismus, Salmonellen, Legionellen, Tbc, Typhus, Tollwut, Polio, Meningokokken-Meningitis und –Sepsis, Masern, Akute Virushepatitis, Diphtherie etc. (vgl. § 6 IfSG).

Ergänzt werden die Regelungen des *IfSG* durch die Empfehlungen und Richtlinien des *Robert-Koch-Instituts (RKI),* die beispielsweise durch die *Kommission für Krankenhaushygiene und Infektionsprävention (KRINKO)* erstellt und regelmäßig ergänzt werden, wie beispielsweise Empfehlungen und Richtlinien zu.

- Anforderungen an die Hygiene bei der Reinigung und Desinfektion von Flächen;
- Anforderungen der Hygiene an abwasserführende Systeme in medizinischen Einrichtungen;
- Hygienemaßnahmen bei Clostridioides difficile-Infektion (CDI);
- Händehygiene in Einrichtungen des Gesundheitswesens;
- Hygienemaßnahmen bei Infektion oder Besiedlung mit multiresistenten gramnegativen Stäbchen;
- Aufbereitung von Medizinprodukten;
- Hygiene bei Punktionen und Injektionen;
- Anforderungen an dezentrale Desinfektionsmittel-Dosiergeräte;
- Anforderungen der Hygiene an die baulich-funktionelle Gestaltung und apparative Ausstattung von Endoskopieeinheiten (vgl. Robert-Koch-Institut, 2023, S. 1).

Die *Biostoffverordnung (BioStoffV)* regelt den Umgang und die Arbeit mit biologischen Arbeitsstoffen im Gesundheitsbetrieb, worunter unter anderem beispielsweise Mikroorganismen, Zellkulturen und Endoparasiten einschließlich ihrer gentechnisch veränderten Formen zu verstehen sind, die den Menschen durch Infektionen, übertragbare Krankheiten, Toxinbildung, sensibilisierende oder sonstige, die Gesundheit schädigende Wirkungen gefährden können (vgl. § 2 BioStoffV). Für den Umgang und die Arbeit mit derartigen Stoffen hat die Leitung des Gesundheitsbetriebs eine Gefährdungsbeurteilung der Arbeitsplätze zu erstellen und entsprechende hygienische Schutzmaßnahmen durchzuführen.

Auch das Arbeitsschutzrecht, insbesondere das *Arbeitsschutzgesetz (ArbSchG)* und die *Arbeitsstättenverordnung (ArbStättV)*, sieht entsprechende Schutzmaßnahmen im Rahmen der Hygieneorganisation vor. So ist durch eine Beurteilung der für die Beschäftigten mit ihrer Arbeit verbundenen Gefährdung zu ermitteln, welche Maßnahmen des Arbeitsschutzes erforderlich sind. Die Beurteilung ist je nach Art der Tätigkeiten vorzunehmen. Eine Gefährdung im Gesundheitsbetrieb kann sich insbesondere ergeben durch.

- die Gestaltung und die Einrichtung des Betriebs und seiner Arbeitsplätze;
- physikalische, chemische und biologische Einwirkungen;
- die Gestaltung, die Auswahl und den Einsatz von Arbeitsmitteln, insbesondere von Arbeitsstoffen, Maschinen, Geräten und Anlagen sowie den Umgang damit;
- die Gestaltung von Arbeitsverfahren, Arbeitsabläufen und Arbeitszeit und deren Zusammenwirken;
- unzureichende Qualifikation und Unterweisung der Beschäftigten;
- psychische Belastungen bei der Arbeit.

Der Gesundheitsbetrieb muss über je nach Art der Tätigkeiten und der Zahl der Beschäftigten erforderlichen Unterlagen verfügen, aus denen das Ergebnis der Gefährdungsbeurteilung, die von ihm festgelegten Maßnahmen des Arbeitsschutzes und das Ergebnis ihrer Überprüfung ersichtlich sind (vgl. § 5 f. ArbSchG).

Der Gesundheitsbetrieb hat dafür zu sorgen, dass Arbeitsstätten so eingerichtet und betrieben werden, dass Gefährdungen für die Sicherheit und die Gesundheit der Beschäftigten möglichst vermieden und verbleibende Gefährdungen möglichst geringgehalten werden. Beim Einrichten und Betreiben der Arbeitsstätten sind unter anderem der Stand der Technik, Arbeitsmedizin und Hygiene zu berücksichtigen. Wendet der Gesundheitsbetrieb diese Regeln nicht an, so muss er durch andere Maßnahmen die gleiche Sicherheit und den gleichen Schutz der Gesundheit der Beschäftigten erreichen (vgl. § 3a ArbStättV).

Die *Medizinproduktebetreiberverordnung (MPBetreibV)* regelt die Voraussetzungen für das Errichten, Anwenden, Betreiben und Instandhalten von Medizinprodukten nach dem *Medizinprodukterecht-Durchführungsgesetz (MPDG)*. So ist beispielsweise die Aufbereitung von bestimmungsgemäß keimarm oder steril zur Anwendung kommenden Medizinprodukten unter Berücksichtigung der Angaben des Herstellers mit geeigneten validierten Verfahren so durchzuführen, dass der Erfolg dieser Verfahren nachvollziehbar gewährleistet ist und die Sicherheit und Gesundheit von Patienten, Anwendern oder Dritten nicht gefährdet wird. Dies gilt auch für Medizinprodukte, die vor der erstmaligen Anwendung desinfiziert oder sterilisiert werden (vgl. § 8 MPBetreibV).

Es ist verboten, Medizinprodukte zu betreiben oder anzuwenden, wenn das Datum abgelaufen ist, bis zu dem das Produkt sicher verwendet werden kann (vgl. § 12 MPDG).◄

Auf der Grundlage der MPBetreibV und in der Regel zusammen mit dem RKI gibt auch das *Bundesinstitut für Arzneimittel und Medizinprodukte (BfArM)* Hinweise und Empfehlungen an die Hygiene bei der Aufbereitung von Medizinprodukten heraus, wie beispielsweise den Hinweis des BfArM und des RKI zu komplex aufgebauten Endoskopen (Duodenoskopen), deren Aufbereitung und damit verbundenen Infektionsrisiken (vgl. Bundesinstitut für Arzneimittel und Medizinprodukte, 2023, S. 1).

Der *DIN-Normenausschuss Medizin (NAMed)* – seit 2023 *DIN-Normenausschuss Gesundheitstechnologien (NAGesuTech)* – ist unter anderem auch zuständig für Hygienestandards, beispielsweise auf den für Gesundheitsbetriebe wichtigen Gebieten (vgl. Deutsches Institut für Normung, 2022, S. 4 ff.

- nicht aktive Medizinprodukte;
- Transfusion, Infusion, Injektion;
- Laboratoriumsmedizin und Klinische Chemie;
- Sterilisation, Desinfektion, Sterilgutversorgung;
- Medizinische Mikrobiologie und Immunologie.

Beispiele für gesundheitsbetrieblich relevante Normen im Hygienebereich sind:

- DIN EN 285: Sterilisation – Dampf-Sterilisatoren – Groß-Sterilisatoren;
- DIN EN 1500: Chemische Desinfektionsmittel und Antiseptika – Hygienische Händedesinfektion;
- DIN EN 11140: Sterilisation von Produkten für die Gesundheitsfürsorge – Chemische Indikatoren;
- DIN EN 11607: Verpackungen für in der Endverpackung zu sterilisierende Medizinprodukte;
- DIN EN 13060: Dampf-Klein-Sterilisatoren;
- DIN EN 15883: Reinigungs-Desinfektionsgeräte;
- DIN EN 17664: Aufbereitung von Produkten für die Gesundheitsfürsorge – Vom Medizinprodukt-Hersteller bereitzustellende Informationen für die Aufbereitung von Medizinprodukten;
- DIN EN 17665: Sterilisation von Produkten für die Gesundheitsfürsorge – Feuchte Hitze;
- DIN EN 58929: Betrieb von Dampf-Klein-Sterilisatoren im Gesundheitswesen – Leitfaden zur Validierung und Routineüberwachung der Sterilisationsprozesse;
- DIN 58946: Sterilisation – Dampf-Sterilisatoren.

Die *Deutsche Gesellschaft für Sterilgutversorgung (DSGV)* hat die Schaffung eines einheitlich hohen Qualitätsstandards bei der Aufbereitung von Medizinprodukten zum Ziel (vgl. Deutsche Gesellschaft für Sterilgutversorgung, 2023, S. 1). Die Empfehlungen des Fachausschusses Qualität geben Tipps und Handlungsanweisungen für die Praxis der Aufbereitung. Im Bereich der Qualifizierung des mit der Aufbereitung betrauten Personals werden durch Rahmenlehrpläne anerkannte, gesundheitsbetriebliche Standards gesetzt. Die inhaltliche Arbeit der DGSV erfolgt vor allem in den Fachausschüssen für.

- Bildung,
- Öffentlichkeit,
- Qualität,
- Hygiene Bau und Technik und
- Arzt-/Zahnarztpraxen.

Die von der *Bundesanstalt für Arbeitsschutz und Arbeitsmedizin (BAUA)* herausgegeben *Technischen Regeln für Biologische Arbeitsstoffe* (Biologische Arbeitsstoffe im Gesundheitswesen und in der Wohlfahrtspflege, TRBA 250) geben den Stand der sicherheitstechnischen, arbeitsmedizinischen, hygienischen sowie arbeitswissenschaftlichen Anforderungen bei Tätigkeiten mit Biologischen Arbeitsstoffen wieder. Diese Regelungen finden Anwendung auf Tätigkeiten mit biologischen Arbeitsstoffen in Bereichen des Gesundheitswesens und der Wohlfahrtspflege, in denen Menschen medizinisch untersucht, behandelt oder gepflegt werden (vgl. Ziff. 1 TRBA 250). Die Tätigkeiten mit Biologischen Arbeitsstoffen können unter anderem in Krankenhäusern, Kliniken, Arzt- und Zahnarztpraxen oder auch Praxen von Heilpraktikern stattfinden.

Für Labortätigkeiten in Arztpraxen, z. B. der Dermatologie, der Urologie und der inneren Medizin oder in Apotheken und zahntechnischen Einrichtungen, ist es nicht zwingend erforderlich, die TRBA 100 (Schutzmaßnahmen für Tätigkeiten mit biologischen Arbeitsstoffen in Laboratorien) heranzuziehen, sofern diese in Art und Umfang geringfügig sind, da diese Tätigkeiten von der TRBA 250 abgedeckt werden. Derartige Labortätigkeiten sind z. B.:

- Tätigkeiten der Präanalytik wie die Probenvorbereitung und Aufarbeitung für die Analyse (z. B. Zugabe von Reagenzien, wie EDTA, Zentrifugieren zur Plasmagewinnung oder für das Urin-Sediment),
- die Anwendung einfacher Laborschnelltests und mikroskopischer Nachweismethoden,
- die Anwendung orientierender diagnostischer Kultivierungsverfahren in geschlossenen Systemen wie z. B. Eintauchnährboden ohne weiterführende Diagnostik,
- die Probenlagerung und Probenverpackung zum Transport.

Finden darüber hinaus weitergehende diagnostische Arbeiten (insbesondere Kultivierungen) statt, so unterliegen diese den Anforderungen der TRBA 100. Im Einzelfall ist im

Rahmen der Gefährdungsbeurteilung zu ermitteln, welche TRBA anzuwenden ist. Die Tätigkeiten mit Biologischen Arbeitsstoffen können unter anderem in Krankenhäusern, Kliniken, Arzt- und Zahnarztpraxen oder auch Praxen von Heilpraktikern stattfinden. Weitere Regelungen finden sich unter anderem auch in der TRBA 300 (Arbeitsmedizinische Vorsorge) sowie der TRBA 400 (Handlungsanleitung zur Gefährdungsbeurteilung bei Tätigkeiten mit biologischen Arbeitsstoffen).

Entsprechend regelt die *Gefahrstoffverordnung (GefStoffV)* die Schutzmaßnahmen für den Umgang mit Gefahrstoffen, als Stoffe und Zubereitungen mit bestimmten gefährlichen toxischen oder physikalisch-chemischen Eigenschaften, die auch erst bei der Herstellung oder Verwendung von Stoffen, Zubereitungen und Erzeugnissen entstehen können. Dazu zählen in Gesundheitsbetrieben beispielsweise Reinigungs- und Desinfektionsmittel. Für den Gesundheitsbetrieb leiten sich aus der GefStoffV eine Reihe von Pflichten ab: So sind beispielsweise Schutzmaßnahmen zu ergreifen, wie angemessene Hygienemaßnahmeninsbesondere zur Vermeidung von Kontaminationen, und die regelmäßige Reinigung des Arbeitsplatzes, Bereitstellung geeigneter Arbeitsmittel für Tätigkeiten mit Gefahrstoffen, Begrenzung der Anzahl der Beschäftigten, die Gefahrstoffen ausgesetzt sind oder ausgesetzt sein können und Begrenzung der am Arbeitsplatz vorhandenen Gefahrstoffe auf die Menge, die für den Fortgang der Tätigkeiten erforderlich ist. Auch ist gemäß den Ergebnissen der Gefährdungsbeurteilung sicherzustellen, dass die Beschäftigten in Arbeitsbereichen, in denen sie Gefahrstoffen ausgesetzt sein können, keine Nahrungs- oder Genussmittel zu sich nehmen. Ferner ist sicherzustellen, dass durch Verwendung verschließbarer Behälter eine sichere Lagerung, Handhabung und Beförderung von Gefahrstoffen auch bei der Abfallentsorgung gewährleistet ist. Gefahrstoffe sind so aufzubewahren oder zu lagern, dass sie weder die menschliche Gesundheit noch die Umwelt gefährden. Insbesondere dürfen Gefahrstoffe nicht in solchen Behältern aufbewahrt oder gelagert werden, durch deren Form oder Bezeichnung der Inhalt mit Lebensmitteln verwechselt werden kann. Sie dürfen nur übersichtlich geordnet und nicht in unmittelbarer Nähe von Arznei-, Lebens- oder Futtermitteln, einschließlich deren Zusatzstoffe, aufbewahrt oder gelagert werden. Gefahrstoffe, die nicht mehr benötigt werden, und entleerte Behälter, die noch Reste von Gefahrstoffen enthalten können, sind sicher zu handhaben, vom Arbeitsplatz zu entfernen und sachgerecht zu lagern oder zu entsorgen (vgl. § 8 GefStoffV) werden.

Technische Regeln für Gefahrstoffe (TRGS) konkretisieren die Anforderungen der GefStoffV.

Auch haben die Bundesländer Verordnungen über die Hygiene und Infektionsprävention in medizinischen Einrichtungen erlassen. Die meisten *Länderhygieneverordnungen* verpflichten beispielsweise Einrichtungen für ambulantes Operieren, Dialysepraxen und Arztpraxen, die invasive Eingriffe vornehmen, innerbetriebliche Verfahrensweisen in Hygieneplänen festzulegen (vgl. Kassenärztliche Vereinigung Brandenburg, 2014, S. 14).

Ferner hat die *Berufsgenossenschaft für Gesundheitsdienst und Wohlfahrtspflege (BGW)* als Träger der gesetzlichen Unfallversicherung für Arztpraxen auch eine Reihe von Vorschriften und Regeln zur Hygiene in Gesundheitsbetrieben herausgegeben, wobei die *Berufsgenossenschaftlichen Vorschriften (BGV)* als Unfallverhütungsvorschriften für den Arzt oder die Ärztin und ihre Beschäftigten und die *Berufsgenossenschaftlichen Regeln (BGR)* als allgemein anerkannte Regeln für Gesundheit und Sicherheit anzusehen sind.

4.4.2 Hygieneplanung

Die Umsetzung von hygienischen Maßnahmen in Gesundheitsbetrieben in einem **Hygieneplan** ist beispielsweise nach *IfSG* und nach *TRBA 250* letztendlich für das gesamte Gesundheitswesen vorgeschrieben. Die Maßnahmen der Desinfektion, Sterilisation sind schriftlich festzulegen und deren Einhaltung zu überwachen. Der Hygieneplan enthält Angaben zum Objekt, Art, Mittel, Zeitpunkt und Verantwortlichkeit über einzelne Hygienemaßnahmen im Gesundheitsbetrieb. Jeweils geeignete Maßnahmen, Desinfektionsmittel etc. richten sich beispielsweise auch nach den anerkannten Desinfektionsmitteln und -verfahren der *Deutschen Gesellschaft für Hygiene und Mikrobiologie (DGHM)* bzw. des *Verbunds für Angewandte Hygiene e. V. (VAH)*. Er stellt eine Bündelung wissenschaftliche Fachgesellschaften und Berufsverbände sowie Experten aus den Bereichen Hygiene, Öffentliches Gesundheitswesen und Infektiologie und somit aller Kräfte auf dem Gebiet der angewandten Hygiene dar, um Prüfvorschriften und Bewertungsmöglichkeiten für Verfahren der Dekontamination, Desinfektion, Antiseptik und Sterilisation zu erarbeiten, sowie den Erfahrungsaustausch und die fachübergreifende Kooperation mit relevanten medizinischen und nichtmedizinischen Disziplinen sowie die nationale und internationale Zusammenarbeit zur Abstimmung über Indikation, Toxikologie und Ökologie von Produkten und Maßnahmen der angewandten Hygiene zu pflegen (vgl. Verbund für Angewandte Hygiene, 2023, S. 1).

Für die Erstellung der Hygieneplanung enthält das *IfSG* keine detaillierten Vorgaben, sondern überlässt dies weitgehend dem Ermessen des jeweiligen Gesundheitsbetriebs. Der Hygieneplan muss allerdings die innerbetrieblichen Verfahrensweisen zur Infektionshygiene umfassen und auf die Situation im jeweiligen Betrieb angepasst und durch betriebsspezifische Details und Festlegungen ergänzt sein (siehe Tab. 4.11). Zu berücksichtigen sind dabei auch eventuell vorhandene regionale Regelungen und Landesvorschriften.

R = Reinigung, D = Desinfektion, S = Sterilisation, P = Personal, R = Reinigungskräfte, H = Heimbewohner.

Tab. 4.11 Auszug aus dem Rahmen-Hygieneplan gemäß § 36 Infektionsschutzgesetz für Alten- und Altenpflegeheime (vgl. Länder-Arbeitskreis zur Erstellung von Hygieneplänen, 2006, S. 33 ff.)

Reinigungs- / Desinfektionsbereich	R D S	Wann?	Womit?	Einwirkzeit / Konzentration / Zubereitung	Wie?	Wer?
Hände waschen	R	Zum Dienstbeginn; vor Umgang mit Lebensmitteln; nach dem Essen; bei Verschmutzung; nach Toilettenbenutzung; nach Tierkontakt; sonstige Verschmutzungen	Waschlotion in Spendern		Auf die feuchte Haut geben und mit Wasser aufschäumen; Hände gut trocknen	P H
Hände desinfizieren	D	Nach Pflegemaßnahmen, Schmutzarbeiten; nach Kontakt mit infektiösen Bewohnern; nach Kontakt mit Stuhl, mit Urin, infektiösem Material u. a.; nach Ablegen der Schutzhandschuhe; vor dem Anlegen von Verbänden bzw. Verbandswechsel; vor Medikamentenverabreichung; vor Kontakt mit infektionsgefährdeten Bewohnern; vor Handhabungen an liegenden Kathetern, Drainagesystemen usw	Hände-desinfektions-mittel	Empfehlung des VAH; gebrauchs-fertig	Ausreichende Menge, mind. 3–5 ml auf der trockenen Haut bis zum Ende der Einwirkzeit gut verreiben; bei sichtbarer, grober Verschmutzung diese vorher mit Zellstoff beseitigen	P H
Hände pflegen		Nach dem Waschen	Hautcreme aus Tuben oder Spendern		auf trockenen Händen gut verreiben	P H

(Fortsetzung)

Tab. 4.11 (Fortsetzung)

Reinigungs- / Desinfektionsbereich		Wann?	Womit?	Einwirkzeit / Konzentration / Zubereitung	Wie?	Wer?
Kontaminierte Flächen / Gegenstände	R D	Sofort	Flächen-desinfektions-mittel	Empfehlung des VAH / Herstellerangaben	Wischdesinfektion nach Entfernung grober Verunreinigungen	P
Arbeitsflächen in Funktionsräumen	R D	Täglich; vor Zubereitung von Injektionen, Infusionen etc.	Flächen-desinfektions-mittel	Empfehlung des VAH / Herstellerangaben	Wischdesinfektion	P
In Pflegebereichen: Griffbereich von Bettgestellen, Nachttisch, Tisch, Türklinken, Handläufen	R D	Täglich	Reinigungslösung, Desinfek-tionsreiniger	Empfehlung des VAH / DGHM / Herstellerangaben		P
Schränke, Türen	R	Wöchentlich	Reinigungslösung		Feucht-reinigung	P
Gemeinschafts-sanitärein-richtungen: WC-Sitz und Zubehör, Handwaschbecken	R D	Täglich	Desinfek-tionsreiniger; Flächen-desinfektions-mittel	Empfehlung des VAH / Herstellerangaben	Wischdesinfektion	R
Gemeinschafts-sanitärein-richtungen: Badewanne, Dusche, Wasch-schüsseln, Toilettenstühle	R D	Nach Benutzung	Desinfek-tionsreiniger; Flächen-desinfektions-mittel	Empfehlung des VAH / Herstellerangaben	Wischdesinfektion	R P
Türen und Türklinken im Sanitärbereich	R	Täglich; bei Verschmutzung	Reinigungslösung; Wasser		Feucht reinigen	P
Steckbecken, Urinflaschen	R D	Nach Benutzung	Automat	Herstellerangaben	Thermisch	P

(Fortsetzung)

Tab. 4.11 (Fortsetzung)

Reinigungs- / Desinfektionsbereich		Wann?	Womit?	Einwirkzeit / Konzentration / Zubereitung	Wie?	Wer?
Nackenrollen, Knierollen	R D S	Bei Nutzerwechsel	Flächen-desinfektions-mittel	Empfehlung des VAH / Herstellerangaben	Wischdesinfektion	P
Fieberthermometer	R	Nach jeder Benutzung	Reinigungslösung	Gebrauchs-fertig	Feucht abwischen	P
	D	Nach rektaler Benutzung	Desinfektionsmittel oder -tuch	Gebrauchs-fertig	Wischdesinfektion	P
Vernebler, Sauerstoff-, Befeuchter-, Absaugsysteme (Mehrweg-material)	R D (S)	Täglich; bei Bewohnerwechsel	Automat	Empfehlung des VAH / Herstellerangaben	Automat; Sterilisation in der Schwerst-pflege	P
Instrumente	R D (S)	Nach Gebrauch	Instrumenten-desinfektions-mittel		Automat oder Eintauch-verfahren; Sterilisation falls erforderlich	P
Fußböden Zimmer, Kooridore usw., glatt	R	Täglich; anlassbezogen	Fußbodenreiniger		Nassreinigung	R
Fußböden Zimmer, Kooridore usw., textil	R	Täglich; anlassbezogen	Bürststaubsauger		Staubsauger mit Mikro- / Absolutfilter	R
	R	Abhängig vom Verschmutzungsgrad	Feuchtsaugen		Sprüh-extraktions-gerät	R

(Fortsetzung)

Tab. 4.11 (Fortsetzung)

Reinigungs- / Desinfektionsbereich		Wann?	Womit?	Einwirkzeit / Konzentration / Zubereitung	Wie?	Wer?
Fußböden Gemeinschaftssanitäranlagen, Schmutzarbeitsräume	R D	Täglich; anlassbezogen	Desinfektionsreiniger	Empfehlung des VAH / Herstellerangaben	Wischdesinfektion	R
Reinigungsgeräte, Reinigungstücher und Wischbezüge	R	Arbeitstäglich	Desinfektionsmittel, Waschmittel	Gelistetes Verfahren	Waschmaschine (mind. 60°C), anschließend trocknen	R

Das *Amt für Gesundheit der Stadt Frankfurt a. M.* hat eine Anleitung zur Erstellung eines Hygieneplanes für Arztpraxen mit folgenden, auszugsweise wiedergegebenen Inhalten erstellt (vgl. Hausemann et. al., 2013, S. 4. ff.):

- **Händehygiene:** Händewaschen (Händewaschen/ Händepflege – wann; Händewaschen – wie), Hygienische Händedesinfektion (Hygienische Händedesinfektion – wann, Hygienische Händedesinfektion – wie, Anleitung zur hygienischen Händedesinfektion, Hygienische Händedesinfektion – Besonderheiten);
- **Chirurgische Händedesinfektion:** Chirurgische Händedesinfektion – wann, Chirurgische Händedesinfektion – wie, Chirurgische Händedesinfektion – Besonderheit;
- **Hautantiseptik (Hautdesinfektion):** Hautantiseptik – wann, Hautantiseptik bei Injektionen, Kapillarblutentnahmen, Venenpunktionen – wie, Hautantiseptik – Besonderheit (Hautantiseptik bei Punktion steriler Körperhöhlen und Arterien/ Legen zentraler Venenkatheter, Hautantiseptik vor operativen Eingriffen/ Operationen);
- **Flächenreinigung/ -desinfektion:** Routinemäßige Flächendesinfektion, gezielte Flächendesinfektion (Flächendesinfektion – wann/wo, Flächendesinfektion – wie), Flächendesinfektionsmaßnahmen – Besonderheiten (Flächendesinfektionsmaßnahmen in Eingriffs- und Operationsräumen, desinfizierende Reinigung nach Betriebsende – Endreinigung / -desinfektion, Umgang mit Flächen- und Instrumentendesinfektionsmitteln, Reinigungs- und Desinfektionsplan, Reinigung/Desinfektion von medizinischen Geräten);
- **Aufbereitung von Medizinprodukten (Instrumenten):** Risikogruppen, Reinigung/ Desinfektion, Spülung und Trocknung (Sachgerechte Aufbereitung – wie, Manuelle Desinfektion/Reinigung, Spülung/Trocknung/Kontrolle/Pflege, Ultraschall – Reinigung/Desinfektion (Besonderheit), Ultraschall – Reinigung/Desinfektion – wie, Maschinelle Aufbereitung, Sterilisation (Verpackung, Sterilisation, Arbeitsanweisung zur Sterilisation, Lagerfristen von Sterilgut);
- **Persönliche Schutzmaßnahmen:** Arbeitskleidung/Berufskleidung Definition, Schutzkleidung Definition (Bereichskleidung, OP-Kittel / -Abdeckmaterialien, Benutzte Wäsche, Tragen von Schutzhandschuhen – wann, Tragen von sterilen Schutzhandschuhen – wann);
- **Umgang mit Medikamenten:** Zubereitung von Injektionslösungen, oralen Medikamenten, Lokal zu applizierenden Medikamenten;
- Hygienisch-mikrobiologische/-physikalische Routineuntersuchungen;
- **Erfassung/Meldung übertragbarerer Krankheiten:** Meldepflicht für übertragbare Krankheiten.◄

Die Leitung des Gesundheitsbetriebs trägt die Verantwortung für die Sicherstellung der hygienischen Anforderungen. Die Sicherung der personellen, materiellen, technischen und räumlichen Voraussetzungen hierfür liegt in der Verantwortlichkeit des jeweiligen Trägers. Die Anleitung und Kontrolle wird aufbauorganisatorisch häufig durch einen Hygiene- beauftragten oder eine entsprechende Organisationseinheit wahrgenommen, die unter anderem den Hygieneplan zu erstellen und aktualisieren haben, die Meldung von Infekti- onskrankheiten und -häufungen kontrollieren müssen, die Einhaltung der im Hygieneplan festgelegten Maßnahmen überwachen sollen und die Hygienebelehrungen durchzufüh- ren und zu dokumentieren haben. Auch die Durchführung hygienisch-mikrobiologischer Umgebungsuntersuchungen in Absprache mit dem Gesundheitsamt kann zu ihren Aufga- ben gehören. Die Fortbildung nach aktuellen hygienefachlichen Gesichtspunkten wird bei- spielsweise nach Maßgabe der *Deutschen Gesellschaft für Krankenhaushygiene (DGKH) e. V.* durchgeführt.

Beispiel

Das Curriculum für einen Grundkurs für hygienebeauftragte Ärzte umfasst beispiels- weise folgende Inhalte (vgl. Deutsche Gesellschaft für Krankenhaushygiene, 2023, S. 1):

- Gesetzliche und normative Regelungen zur Krankenhaushygiene;
- Hygienemanagement und Aufgaben des Hygienefachpersonals;
- Nosokomiale Infektionen (klinische, mikrobiologische und epidemiologische Grundlagen);
- Surveillance von nosokomialen Infektionen;
- Ausbruchmanagement;
- Hygienemaßnahmen beim Umgang mit infektiösen Patienten;
- krankenhaushygienische Begehungen, -Analysen und Umgebungsuntersuchungen;
- Verfahrensweisen zur Prävention von nosokomialen Infektionen (ärztlich, pflege- risch, technisch);
- Hygieneanforderungen in verschiedenen Funktions- und Risikobereichen (z. B. OP, Endoskopie, Dialyse);
- Händehygiene;
- Haut-, Schleimhaut- und Wundantiseptik;
- Aufbereitung von Medizinprodukten, Desinfektion, Sterilisation;
- Schutzkleidung und –ausrüstung;
- Anforderungen an Krankenhauswäsche;
- Lebensmittel- und Küchenhygiene;
- Hygieneanforderungen an die Wasserversorgung, Trinkbrunnen, Bäder u. a.;
- Anforderungen an bauliche und technische Ausstattungen zur Prävention nosoko- mialer Infektionen;
- Anforderungen an die Entsorgung (Abfälle, Abwasser).◄

Die Hygieneplanung ist jährlich im Hinblick auf ihre Aktualität zu überprüfen und durch Begehungen routinemäßig sowie bei Bedarf zu kontrollieren. Sie muss für alle Mitarbeitende jederzeit zugänglich und einsehbar sein, und sie sind mindestens einmal jährlich hinsichtlich der erforderlichen Hygienemaßnahmen zu belehren.

4.4.3   Organisation von Reinigungs-, Desinfektions- und Sterilisationsarbeiten

Die Organisation der Hygienearbeiten richtet sich überwiegend nach Art und Umfang der medizinischen Leistungserstellung des jeweiligen Gesundheitsbetriebs. Je nachdem, ob es sich beispielsweise um eine Pflegeeinrichtung handelt, in einer Hausarztpraxis nur einfache Diagnosen, in einem MVZ ambulante Eingriffe und Operationen oder aber in einem Krankenhaus der Vollversorgung Organtransplantationen vorgenommen werden, ist der organisatorische Aufwand für Reinigungs-, Desinfektions- und Sterilisationsarbeiten unterschiedlich.

Für die Hygiene bei der **Flächendesinfektion** und –reinigung gibt die *Kommission für Krankenhaushygiene und Infektionsprävention (KRINKO)* beim *Robert-Koch-Institut (RKI)* beispielsweise Empfehlungen: Aufgrund der zunehmenden Aufklärung epidemiologischer Zusammenhänge zwischen dem Vorkommen von Krankheitserregern in der Umgebung des Patienten, der Tenazität und Übertragbarkeit der Erreger auf Patienten sowie der Wirksamkeit der desinfizierenden Flächenreinigung im Rahmen des Ausbruchsmanagements und der Schlussdesinfektion besteht international Einigkeit über die Notwendigkeit der indikationsgerechten desinfizierenden Flächenreinigung. Ziele einer kontrolliert durchgeführten desinfizierenden Flächenreinigung als Bestandteil der Präventionsstrategie sind beispielsweise.

- Ausschaltung von NI Flächen als Reservoire für Krankheitserreger;
- Einschränkung bzw. Verhinderung der Weiterverbreitung von Krankheitserregern während der Pflege und Behandlung von Patienten über kontaminierte Oberflächen;
- Entfernung von Verunreinigungen (z. B. Blut, Sekrete, Exkrete), womit zusätzlich ein Beitrag zur optischen Sauberkeit geleistet wird;
- Bestandteil eines Maßnahmenbündels (Bündelstrategie), sofern Flächen in ein Ausbruchsgeschehen involviert sind, was essenziell für die rasche Beendigung des Ausbruchs ist;
- Gewährleistung eines erforderlichen erregerarmen Umfelds bei aseptischen Tätigkeiten;
- Gesundheitsschutz der Mitarbeitenden, insbesondere im Fall der gezielten Flächendesinfektion nach potenzieller Kontamination mit auch für immunkompetente Mitarbeiter infektionsrelevanten Krankheitserregern.

Die KRINKO-Empfehlungen gelten für stationäre und risikoadaptiert für ambulante Gesundheitsbetriebe einschließlich des Rettungsdienstes und des qualifizierten Krankentransports sowie für die pflegerische und ärztliche Betreuung von Bewohnern in stationären Pflegeeinrichtungen, aber auch für nicht von Patients genutzte Bereiche (z. B. Aufbereitungseinheit für Medizinprodukte (AEMP)), zur Ausschaltung einer Erregerverschleppung (z. B. Putzräume, Geräteräume, Umkleideräume) oder in Arbeitsbereichen, in denen ein erregerarmes Umfeld benötigt wird (vgl. Robert-Koch-Institut, 2022, S. 1074 ff.).

Bei der **Händedesinfektion** stehen beispielsweise der Einsatz von hochdosierten alkoholischen Präparaten auf Propanol- und/oder Ethanolbasis (Verbesserung der Viruswirksamkeit), von Spendereinrichtungen mit Ellenbogenbedienung sowie eine ausreichende Einwirkzeit im Vordergrund.

Die **Hautdesinfektion** richtet sich nach Ausmaß und Gefährdungsgrad der Eingriffe (invasive Untersuchungen, kleinere invasive Eingriffe, Operationen) und reicht beispielsweise vom Einsatz eines aufgesprühten Antiseptikums bei eingehenden klinischen Untersuchungen, Injektionen, oder Legen von peripheren Verweilkanülen für Kurzzeitinfusionen, über eine satt aufgetragene Antiseptik bei ausgedehnter primärere Wundversorgung, Interventionen, Punktionen von Gelenken oder Körperhöhlen (hinzu kommt das Tragen steriler Handschuhe, Kittel etc.), der Anwendung von unverdünnt und mit satt getränkten sterilen Stiel-Tupfern auftragen Desinfektionsmittel vor Operationen, bei denen die Haut im Eingriffsgebiet über den gesamten Zeitraum feucht gehalten werden muss, bis hin zu besonderen Anforderungen bei der Desinfektion von talgdrüsenreicher Haut oder Schleimhäuten.

Beispiel

Die *BGW* bietet für verschiedene Berufsgruppen in Gesundheitsbetrieben Hautschutz- und Händehygienepläne, die erklären, bei welchen Tätigkeiten die Hände mit welchen Maßnahmen zu schützen, zu reinigen und zu pflegen sind. So gibt es beispielsweise Hautschutz- und Händehygienepläne für

- Heilpraktikerinnen und Heilpraktiker;
- Mitarbeiterinnen und Mitarbeiter in der zahnärztlichen Praxis;
- Physiotherapeutinnen und Physiotherapeuten in Krankenhaus, Praxis und Wellnessbereich;
- Logopädinnen und Logopäden in Krankenhaus, Pflegeeinrichtungen, Einrichtungen für Menschen mit Behinderungen, Rehabilitation sowie im ambulanten Bereich;
- Mitarbeiterinnen und Mitarbeiter im OP-Bereich;
- Entbindungspfleger und Hebammen in Klinik und ambulanter Versorgung;
- Mitarbeiterinnen und Mitarbeiter in der Podologie und Fußpflege;
- Mitarbeiterinnen und Mitarbeiter in der Hauswirtschaft und Reinigung;

- Mitarbeiterinnen und Mitarbeiter in der ärztlichen Praxis;
- Ergotherapeutinnen und Ergotherapeuten in Krankenhaus, Pflegeeinrichtungen und Rehabilitation;
- Mitarbeiterinnen und Mitarbeiter in Kranken- und Altenpflege;
- Mitarbeiterinnen und Mitarbeiter im medizinischen Labor;
- Mitarbeiterinnen und Mitarbeiter in der Pathologie;
- Mitarbeiterinnen und Mitarbeiter in der Zentralen Sterilgutversorgungsabteilung (vgl. Berufsgenossenschaft für Gesundheitsdienst und Wohlfahrtspflege, 2023, S. 1).◄

Den größten organisatorischen Aufwand verursacht sicherlich die **Operationsdesinfek-tion** bei Operationen und anderen invasiven Eingriffen. Nach Angaben des RKI werden dabei die Eingriffe nicht nur nach Ausmaß und Gefährdungsgrad, sondern auch nach Kontaminationsgrad differenziert, die beispielsweise zwischen nicht kontaminierten Regionen (Gr. I) bis hin zu manifest infizierten Regionen (Gr. IV) unterscheiden. Die Anforderungen umfassen beispielsweise die Trennung der Personalschleuse (einschl. Waschbecken, Toiletten) und Patientenübergaben in reine und unreine Seiten, der Einsatz steriler Kittel, sterile Handschuhe, von Haarschutz bzw. Mund- und Nasenschutz, die chirurgische Händedesinfektion, die Zwischendesinfektion patientennaher Flächen, sichtbar kontaminierter Flächen oder des gesamten Fußbodens, die täglich nach Betriebsende vorzunehmende Enddesinfektion aller Räume im Operationsbereich sowie Maßnahmen zur Prävention postoperativer Infektionen im Operationsgebiet (vgl. Robert-Koch-Institut, 2000, S. 644 ff.).

Die Anforderungen an die *maschinelle* Desinfektion bzw. Sterilisation beziehen sich hauptsächlich auf den Einsatz von Reinigungs-Desinfektions-Geräten (RDG), Sterilisatoren (Autoklaven), Ultraschallreinigungsgeräten und anderen mehr. Neben der sachgerechten Anwendung (Desinfektion, Spülung, Trocknung, Prüfung auf Sauberkeit, Unversehrtheit, Funktionsprüfung, Sterilisation, Verpackung, Kennzeichnung etc.) nehmen die *Sachkunde* (bei unkritischen Medizinprodukten, wie Stethoskop, EKG-Elektroden, Beatmungsmaske und halbkritischen Produkten, wie Spekulum, flexibles Endoskop, Larynxmaske, Tubus etc.) sowie die *Fachkunde* (bei kritischen Medzinprodukten, wie Wundhaken, chirurgische Pinzetten, Scheren, Endoskopzangen etc.) nach Maßgabe der *Deutschen Gesellschaft für Sterilgutversorgung (DGSV) e. V.* der Mitarbeitenden eine wichtige Rolle ein und sind beim organisatorischen Aufwand für die Reinigungs-, Desinfektions- und Sterilisationsarbeiten zu berücksichtigen.

Bei der **Lagerung** desinfizierter bzw. steriler Medizinprodukte sind sachgerechte Lagerbehältnisse (feste Sterilisierbehälter, Container, Klarsichtverpackungen, Sterilisationsvlies etc.) sowie Lagerfristen (bis zu 2 Tagen bei ungeschützter Lagerung, bis zu 6 Monaten bei geschützter Lagerung, bis zu 5 Jahre mit Umhüllung etc.) zu berücksichtigen. Geeignete Lagerbedingungen für Sterilgut sind unter anderem (vgl. Deutsche Gesellschaft für Sterilgutversorgung, 2014, S. 197).

- trocken,
- staubgeschützt/staubarm,
- lichtgeschützt,
- geschützt vor Beschädigung,
- geschützt vor mechanischen Einflüssen,
- bei Raumtemperatur (max. 25 °C),
- geschützt vor extremen Temperaturschwankungen,
- getrennt von unsterilen Produkten,
- sauber,
- frei von Ungeziefer.

Zusammenfassung

Neben externen Ordnungsfaktoren, wie beispielsweise Gesetze, Verordnungen und Bestimmungen, benötigt ein Gesundheitsbetrieb wie jedes System, in dem Menschen arbeiten, um Leistungen zu erstellen, eine interne Ordnung der einzelnen Arbeitsabläufe sowie Regeln, die die tägliche Arbeit bestimmen. Die der Aufbauorganisation kommt durch die Zusammenfassung von mehreren Stellen zu hierarchischen Einheiten zustande. Bei der Prozessmodellierung im Gesundheitsbetrieb geht es um die grafische Darstellung der Abläufe, mit den Zielen, die Prozesse zu dokumentieren und Kenntnisse über sie zu erlangen, gleichzeitig aber auch, um neue Organisationsstrukturen einzuführen, Abläufe umzugestalten oder zu straffen und organisatorische Veränderungen zu begleiten. Eine Möglichkeit, die optimale Abfolge und Terminierung der wichtigsten Interventionen zu erreichen, ist die Festlegung klinischer Behandlungspfade. Die Hygieneorganisation nimmt im Gesundheitsbetrieb einen hohen Stellenwert ein, denn hygienegerechtes Arbeiten ist eine wichtige Form der Gesundheitsvorsorge nicht nur für die Patienten, sondern auch für die Mitarbeitenden.

Literatur

Arbeitsgemeinschaft der Wissenschaftlichen Medizinischen Fachgesellschaften – AWMF (Hrsg.). (2022). *Diagnostik und Therapie des Karpaltunnelsyndroms.* AWMF Leitlinien-Register Nr. 005/003. Stand: Januar 2022.

Arbeitsschutzgesetz (ArbSchG) vom 7. August 1996 (BGBl. I S. 1246), zuletzt durch Artikel 6k des Gesetzes vom 16. September 2022 (BGBl. I S. 1454) geändert.

Arbeitsstättenverordnung (ArbStättV) vom 12. August 2004 (BGBl. I S. 2179), zuletzt durch Artikel 4 des Gesetzes vom 22. Dezember 2020 (BGBl. I S. 3334) geändert.

Bauer, M., Auhuber, T. C., Kraus, R., Rüggeberg, J., Wardemann, K., Müller, P., Taube, C., Diemer, M., & Schuster, M. (2020). Glossar perioperativer Prozesszeiten und Kennzahlen – Eine gemeinsame Empfehlung von BDA, BDC, VOPM, VOPMÖ. *ÖGARI und SFOPM. Anästhesiologie und Intensivmedizin, 61*(11), 516–531.

Becker, H., & Langosch, I. (2002). *Produktivität und Menschlichkeit* (5. Aufl.). Lucius & Lucius.

Berufsgenossenschaft für Gesundheitsdienst und Wohlfahrtspflege – BGW (Hrsg.). (2023). Hautschutz- und Händehygienepläne für verschiedene Berufsgruppen. https://www.bgw-onl

ine.de/bgw-online-de/themen/gesund-im-betrieb/gesunde-haut/hautschutz-und-haendehygienepl
aene-fuer-26-berufsgruppen-14166. Zugegriffen: 14. Mai 2023.

Bohnenkamp, B., & Braun, S. (2017). Effizientes OP-Management – Worauf es wirklich ankommt. *Deutsches Ärzteblatt, 114*(35), 2–4.

Braun, S. (2017). Prozessmanagement – Wie Kliniken organisatorische Defizite beheben. *Deutsches Ärzteblatt, 114*(44), 2–4.

Biostoffverordnung (BioStoffV) vom 15. Juli 2013 (BGBl. I S. 2514), zuletzt durch Artikel 1 der Verordnung vom 21. Juli 2021 (BGBl. I S. 3115) geändert.

Bundesanstalt für Arbeitsschutz und Arbeitsmedizin – BAUA (Hrsg.). (2018). Technische Regel für Biologische Arbeitsstoffe TRBA 250 – Biologische Arbeitsstoffe im Gesundheitswesen und in der Wohlfahrtspflege -. Ausgabe: März 2014 (GMBl 2014, Nr. 10/11 vom 27.03.2014, S. 206), zuletzt geändert am 02.05.2018, GMBl Nr. 15, S. 259).

Bundesgerichtshof (Hrsg.). (2007). Zur Darlegungs- und Beweislast des Arztes nach den Grundsätzen voll beherrschbarer Risiken bei einem Spritzenabszess des Patienten infolge einer Infektion durch eine als Keimträger feststehende Arzthelferin. Urteil des VI. Zivilsenats vom 20.03.2007. Az VI ZR 158/06.

Bundesinstitut für Arzneimittel und Medizinprodukte – BfArM (Hrsg.). (2023). Hinweis des BfArM und des RKI zu komplex aufgebauten Endoskopen (Duodenoskopen), deren Aufbereitung und damit verbundenen Infektionsrisiken. Stand: 17.07.2015. https://www.bfarm.de/SharedDocs/Ris ikoinformationen/Medizinprodukte/DE/bfarm_rki_aufbereitung_endoskop.html. Zugegriffen: 6. Mai 2023.

Caritas Klinikum Saarbrücken – cts (Hrsg.). (2023). Klinische Pfade. https://www.caritasklini kum.de/kliniken-zentren/fachabteilungen-st.-theresia/kardiologie-pneumologie/klinische-pfade. Zugegriffen: 29. April 2023.

Deutsche Gesellschaft für Krankenhaushygiene – DGKH e.V. (Hrsg.). (2023). Curriculum für einen Grundkurs für hygienebeauftragte Ärzte. http://www.krankenhaushygiene.de/pdfdata/weiterbil dung/curriculum_grundkurs_hygienebeauftragter_aerzte.pdf. Zugegriffen: 14. Mai 2023.

Deutsche Gesellschaft für Sterilgutversorgung – DGSV (Hrsg.). (2023). Über uns. https://www. dgsv-ev.de/ueber-uns/. Zugegriffen: 6. Mai 2023.

Deutsche Gesellschaft für Sterilgutversorgung – DSGV (Hrsg.). (2014). Empfehlung zur Lagerdauer für sterile Medizinprodukte – Empfehlung des Fachausschusses für Qualität (85). *Zentralsterilisation 22*(3):197–198.

Deutsche Gesellschaft für Workflow-Management im Gesundheitswesen – DGWMiG (Hrsg.). (2023). Deutsche Gesellschaft für Workflow-Management im Gesundheitswesen (DGWMiG) e.V. https://www.dgwmig.de/dgwmig/. Zugegriffen: 29. April 2023.

Deutsches Institut für Normung – DIN (Hrsg.). (2023). DIN 13080:2016-06 (D) Gliederung des Krankenhauses in Funktionsbereiche und Funktionsstellen – Einführungsbeitrag. https:// www.din.de/de/mitwirken/normenausschuesse/nabau/veroeffentlichungen/wdc-beuth:din21:252 635669. Zugegriffen: 22. April 2023.

Deutsches Institut für Normung – DIN (Hrsg.). (2022). DIN-Normenausschuss Medizin (NAMed) – Jahresbericht 2022.

Fraunhofer-Institut für Produktionsanlagen und Konstruktionstechnik – IPK (Hrsg.). (2023). Prozessmanagement im Krankenhaus – Visualisierung und Bewerten von Arbeitsabläufen. https:// www.ipk.fraunhofer.de/content/dam/ipk/IPK_Hauptseite/dokumente/themenblaetter/um-themen blatt-prozessmanagement-kh-web.pdf. Zugegriffen: 23. April 2023.

Frodl, A. (2011). *Organisation im Gesundheitsbetrieb*. Gabler.

Gefahrstoffverordnung (GefStoffV) vom 26. November 2010 (BGBl. I S. 1643, 1644), zuletzt durch Artikel 2 der Verordnung vom 21. Juli 2021 (BGBl. I S. 3115) geändert.

Hausemann, A., Heudorf, U., Hofmann, H., Jager, E., & Otto, U. (2013). Anleitung zur Erstellung eines Hygieneplanes für Arztpraxen. Stadt Frankfurt a. M. – Amt für Gesundheit / Abteilung Medizinische Dienste und Hygiene (Hrsg.). Stand: April 2013.

Hellmann, W. (2010). Klinische Pfade und Behandlungspfade – Einführung und Überblick. In W. Hellmann & S. Eble (Hrsg.), *Ambulante und Sektoren übergreifende Behandlungspfade* (S. 3–58). Medizinisch Wissenschaftliche Verlagsgesellschaft.

Infektionsschutzgesetz (IfSG) vom 20. Juli 2000 (BGBl. I S. 1045), zuletzt durch Artikel 8b des Gesetzes vom 20. Dezember 2022 (BGBl. I S. 2793) geändert.

Kassenärztliche Vereinigung Brandenburg – KVBB (Hrsg.) (2014) Hygiene in der Arztpraxis – Ein Leitfaden. Broschüre. Stand: Mai 2014. Potsdam.

Kirchner, M., & Knoblich, J. (2013). Facility Management im Krankenhaus. In J. Debatin, A. Ekkernkamp, B. Schulte, & A. Tecklenburg (Hrsg.) *Krankenhausmanagement – Strategien, Konzepte, Methoden* (2. Aufl.). Medizinisch Wissenschaftliche Verlagsgesellschaft (S. 691–708).

Klinikum und Seniorenzentrum Itzehoe. (Hrsg.). (2022). Organigramm. Stand: April 2022. https://www.klinikum-itzehoe.de/fileadmin/klinikum-itzehoe/ueber_uns/organisationsstruktur/2022-10-04-Organigramm_Klinikum.pdf. Zugegriffen: 22. April 2023.

Knorr, K., Calzo, P., Röhrig, S., & Teufel, S. (2023). Prozessmodellierung im Krankenhaus. Präsentationsunterlage. https://docplayer.org/23625643-Prozessmodellierung-im-krankenhaus.html. Zugegriffen: 22. April 2023.

Länder-Arbeitskreis zur Erstellung von Hygieneplänen. (Hrsg.). (2006). Rahmen-Hygieneplan für Alten- und Altenpflegeheime. Stand: November 2006. Potsdam u.a.

Medizinprodukte-Betreiberverordnung (MPBetreibV) in der Fassung der Bekanntmachung vom 21. August 2002 (BGBl. I S. 3396), zuletzt durch Artikel 7 der Verordnung vom 21. April 2021 (BGBl. I S. 833) geändert.

Medizinprodukterecht-Durchführungsgesetz (MPDG) vom 28. April 2020 (BGBl. I S. 960), zuletzt durch Artikel 3f des Gesetzes vom 28. Juni 2022 (BGBl. I S. 938) geändert.

MVZ am Klinikum Passau GmbH (Hrsg.). (2023). Organigramm. https://www.mvz-klinikum-passau.de/ueber-uns/organigramm-mvz. Passau. Zugegriffen: 22. Aptil 2023.

Robert-Koch-Institut – RKI. (Hrsg.). (2023). Empfehlungen der Kommission für Krankenhaushygiene und Infektionsprävention (KRINKO) beim Robert-Koch-Institut. http://www.rki.de/DE/Content/Infekt/Krankenhaushygiene/Kommission/kommission_node.html. Zugegriffen: 6. Mai 2023.

Robert-Koch-Institut –RKI. (2022). Anforderungen an die Hygiene bei der Reinigung und Desinfektion von Flächen – Empfehlungen der Kommission für Krankenhaushygiene und Infektionsprävention (KRINKO) beim Robert-Koch-Institut. *Bundesgesundheitsblatt, 2022*(65), 1074–1115.

Robert-Koch-Institut –RKI. (Hrsg.) (2000). Anforderungen an die Hygiene bei Operationen und anderen invasiven Eingriffen – Empfehlungen der Kommission für Krankenhaushygiene und Infektionsprävention. *Bundesgesundheitsblatt – Gesundheitsforschung -Gesundheitsschutz 2000*(43), 644–648.

Schneider, S. (2019). Die (R)evolution des Change Management durch die Neurowissenschaften. In M. Oldhafer, S. Schneider, E. Beil, C. Schmidt, & F. Nolte (Hrsg.), *Change Management in Gesundheitsunternehmen – Die geheime Macht der Emotionen in Veränderungsprozessen.* Springer Gabler/Springer Fachmedien.

Scholz, A. (2016). *Die Lean-Methode im Krankenhaus* (2. Aufl.). Gabler.

Töpfer, A., & Albrecht, M. (2016). Konsequenzen für das strategische und operative Management von Kliniken bei sich verändernden und verschärfenden Rahmenbedingungen. In M. Albrecht & A. Töpfer (Hrsg.), *Handbuch Changemanagement im Krankenhaus – 20-Punkte Sofortprogramm für Kliniken* (2. Aufl.). Springer.

Universitätsklinikum Hamburg-Eppendorf – UKE (Hrsg.). (2023). Übersicht zur Arbeit des OP-Managements. https://www.uke.de/organisationsstruktur/zentrale-bereiche/zentrales-op-management/ueber-uns/op-management/index.html. Zugegriffen: 6. Mai 2023.

Verbund für Angewandte Hygiene – VAH (Hrsg.). (2023). VAH – der Verbund für angewandte Hygiene. https://vah-online.de/de/angewandte-hygiene. Zugegriffen: 14. Mai 2023.

Betriebliche Leistungserstellung 5

5.1 Theorie der Leistungserstellung im Gesundheitsbetrieb

5.1.1 Externe Faktoren im Faktorensystem der Leistungserstellung

Während Gesundheit als ein ideelles Gut angesehen werden kann, gelten jene Güter zur Befriedigung des Bedürfnisses nach Gesundheit als unter dem Begriff **Gesundheitsleistungen** zusammenfassbare Wirtschaftsgüter. Sie sind überwiegend immaterielle Dienstleistungen der personenbezogenen Gesundheitsversorgung und konkretisieren sich durch spezifische Interaktionen der leistungsgebenden und -nehmenden Personen. Als konstitutiv für diese Leistungen gelten insbesondere (siehe Tab. 5.1)

- die Immaterialität des Leistungsergebnisses,
- die Integrativität der Leistungserstellung sowie
- die Intagibilität der Leistungsfähigkeit (vgl. Hensen, 2022, S. 4 ff.).

Einerseits lässt sich die Leistungserstellung im Gesundheitsbetrieb (Behandlungsleistungen, Pflegeleistungen, Patientenserviceleistungen etc.) als eine **Phase** des betrieblichen Prozesses definieren, die zwischen der Beschaffung der Einsatzfaktoren (medizinisches Personal, medizinische Verbrauchsmaterialien etc.) und der Absatzwirtschaft (beispielsweise das Marketing von Gesundheitsbetrieben) angesiedelt ist. Andererseits stellt die Leistungserstellung wie jedes betriebliche Geschehen einen **Faktorkombinationsprozess** dar, bei dem die Einsatzfaktoren zum Zwecke der Leistungserstellung miteinander kombiniert werden (siehe Abb. 5.1).

Der Faktoreneinsatz beim **Input** erschöpft sich nicht auf Repetierfaktoren bzw. Bestandsfaktoren wie beispielsweise Betriebs- und Heilmittel, sondern wird durch den

Tab. 5.1 Merkmale von Gesundheitsdienstleistungen (vgl. Hensen, 2022, S. 5 f.)

Merkmal	Beschreibung
Immaterialität	Nicht auf Vorrat erstellbar oder transportierbar; Erstellung der Leistung und Erbringung an den Patienten fallen zeitlich und überwiegend auch räumlich zusammen; Leistungserstellung kann auch materielle Komponenten beinhalten (z. B. bei Operationen oder in der Pflege); entsprechend ist häufig von einem Leistungsbündel mit hohem immateriellem Anteil auszugehen
Integrativität	Leistungserstellung wird von betriebsbezogenen (z. B. medizintechnische Ausstattung) und leistungserbringerbezogenen (z. B. medizinische Qualifikation und Erfahrung) Faktoren bestimmt; Patienten als leistungsnehmende Personen stellen als externe Faktoren ein wichtiges Element im Hinblick auf Annahme und Mitwirkung dar, was sich in hohem Maße auf den Erfolg der Leistungserbringung auswirkt; individuelle Bedingungen (z. B. Vorerkrankungen, Mobilität etc.) beeinflussen die Leistungserbringung, weswegen von einem immanenten Variabilitätsgrad auszugehen ist
Intangibilität	Inanspruchnahme der Leistungen ist durch die leistungsnehmenden Personen nur begrenzt im Vorfeld erfahrbar und muss aufgrund von Vertrauen eingegangen werden; es handelt sich somit überwiegend um ein Leistungsversprechen, dass durch geeignete Kommunikation begleitet werden muss

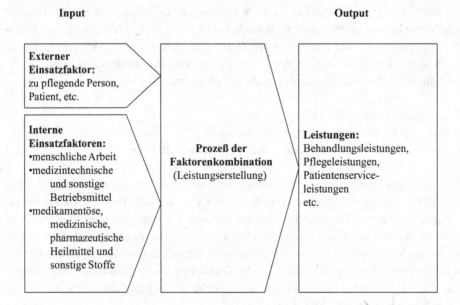

Abb. 5.1 Faktorenkombination im Leistungserstellungsprozess des Gesundheitsbetriebs

dispositiven Faktor (Planung, Leitung, Organisation, Kontrolle) im Rahmen der menschlichen Arbeit ergänzt. Er spielt gerade im Gesundheitsbetrieb eine wichtige Rolle, da er auf den Faktorkombinationsprozess gestalterisch einwirkt und ihn wesentlich beeinflusst. Vereinfacht ausgedrückt: Der Behandlungserfolg hängt wesentlich von den Entscheidungen des Arztes oder der Ärztin über den Einsatz von medizinischen Betriebs- und Heilmitteln ab.

Eine mindestens ebenso große Bedeutung erlangt die Einbeziehung eines **Externen Faktors** als Abnehmer der erstellten Leistung im Gesundheitsbetrieb: Der Patient bzw. die Patientin. Dieser Faktor entzieht sich weitestgehend einer von ihm unabhängigen Disponierbarkeit im Faktorkombinationsprozess, die im Falle der medizinischen Betriebs- und Heilmittel und der menschlichen Arbeit in der Regel gegeben ist.

Beispiel

Hinreichend bekannt ist beispielsweise die von *T. Parsons* (1902–1979) vorgenommene Beschreibung der passiven und aktiven Rolle des Patienten als externen, menschlichen Faktor und damit als Nachfrager bei der Erstellung von Gesundheitsleistungen im Rahmen der Arzt-Patienten-Beziehung. In neueren medizinsoziologischen Forschungen wird von weiteren nicht-medizinischen Einflussfaktoren ärztlicher Entscheidungsprozesse ausgegangen, die neben Patientenmerkmalen und ärztlichen Merkmalen auch von Merkmalen des jeweiligen Gesundheitssystems abhängen. (vgl. Von dem Knesebeck, 2009, S. 33 f)◄

Der **Output** des Faktorkombinationsprozesses im Gesundheitsbetrieb, die Behandlungs-, Pflege-, Patientenservice- und sonstigen Leistungen, ist somit weitestgehend abhängig von der zeit- und mengenmäßigen Nachfrage des Patienten bzw. der Patientin als Externen Faktor. Diese Nachfrage ist mit großen Unsicherheiten verbunden und birgt die Gefahr, dass vorgehaltene und bereitgestellte Leistungen (Notdienste, Rufbereitschaften, Sprechstunden etc.) ungenutzt bleiben und so genannte Leerkosten verursachen. Andererseits stellt der medizinische Bereitschaftsdienst an sich eine gewünschte Leistung dar, die auch unabhängig von ihrer Nutzung und Auslastung betrachtet werden kann und muss.

Ferner schließt der Output beispielsweise auch die Veränderung oder Erhaltung des Gesundheitszustandes des Patienten ein, denn eine Behandlungsleistung ist in der Regel erst dann beendet, wenn der gewünschte Zustand eingetreten ist, oder sie kann dauerhaft erforderlich sein (chronische Erkrankungen, Pflegefälle etc.).

Bisweilen wird im Gesundheitswesen zwischen Output und **Outcome** unterschieden. Darunter wird im Gegensatz zum Output nicht die rein zählbare, quantitative Leistung, verstanden, sondern die erzielte Wirkung, also der verbesserte Gesundheitszustand, das Wohlbefinden oder auch die Annehmlichkeit der Behandlung. Danach stellt die Behandlung als Output eine Art Zwischenprodukt dar, während das Outcome das Endprodukt ist, für das der der Patient oder die Patientin auch eine Zahlungsbereitschaft hat (vgl. Morger et al., 2017, S. 4).

In anderen Faktorensystemen (vgl. Seelos, 2012, S. 174 f.) werden beispielsweise materielle und immaterielle Güter als gesundheitsbetriebliche Produktionsfaktoren bezeichnet, die miteinander kombiniert werden, um die angestrebte Gesundheitsleistung zu realisieren. Als interne Produktionsfaktoren werden diejenigen bezeichnet, über die der Gesundheitsbetrieb autonom verfügen kann (betriebliche Entscheidungsinstanzen, Planung, Organisation, Kontrolle, Betriebs-, Hilfsstoffe, Rohstoffe, Betriebsmittel, objektbezogene Arbeitsleistungen, natürliche Umwelt, Informationen, Rechte auf materielle und immaterielle Güter, Dienstleistungen Dritter, legale Faktoren, Geld, Darlehenswerte, Beteiligungswerte). Als externe Produktionsfaktoren gelten diejenigen, die aus der gesundheitsbetrieblichen Umwelt in den Produktionsprozess gelangen und durch den Gesundheitsbetrieb nicht disponierbar sind (Untersuchungsgut, Informationen, Rechte auf materielle und immaterielle Güter, Patienten, Auszubildende). ◄

5.1.2 Produktivität im Gesundheitsbetrieb

Die **Produktivität** zählt sicherlich zu den umstrittensten Begriffen im gesamten Gesundheitswesen. Im Allgemeinen wird sie mit dem Verhältnis von Output zu Input als Quotient der einander zahlenmäßig gegenübergestellten Größen wiedergegeben (siehe Abb. 5.2).

Bei dieser Art der Betrachtung würden jedoch alle Einsatzfaktoren *gemeinsam* einen Beitrag zu einer Erhöhung des gesundheitbetrieblichen Outputs liefern und eine verursachungsgerechte Zuordnung einzelner Faktoren auf die Leistungsverbesserung wäre nicht möglich.

Im Vergleich zu produzierenden Betrieben, bei denen der technische Fortschritt oder hoher Kapitaleinsatz relativ leicht einen Produktivitätszuwachs bewirken können, überwiegt in Gesundheitsbetrieben zudem der menschliche Arbeitseinsatz, was bei vergleichsweise langwierigen medizintechnologischen oder pharmazeutischen Entwicklungen in der Regel auch nur verzögerte bzw. geringere Produktivitätszuwächse bedeuten kann. Ferner erscheint ein Produktivitätszuwachs auch nur dann sinnvoll, wenn dieser ohne Verluste bei der Behandlungsqualität zu erzielen ist.

In der psychiatrischen Krankenpflege lassen sich hinsichtlich des Produktivitätsbegriffs beispielsweise folgende Hypothesen aufstellen:

- Produktivitätskennzahlen sollten den passgenauen Personaleinsatz und Personalmix positiv zum Ausdruck bringen sowie Effizienz und Effektivität widerspiegeln;
- psychiatrische Pflege ist immer produktiv, manchmal auch kreativ und hin und wieder konstruktiv, aber nicht immer messbar;

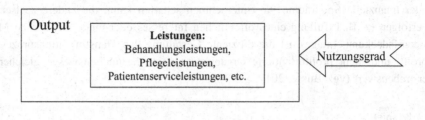

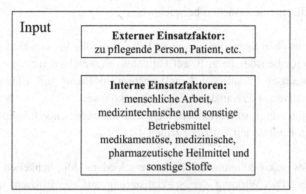

Abb. 5.2 Produktivitätsbegriff des Gesundheitsbetriebs

- traditionelle Input-Output-Rechnung werden der Pflege nicht gerecht;
- vorherrschende unechte Produktivitätsberechnungen führen zu Fehlanreizen (Personalentlassungen anstatt Prozessoptimierungen);
- (vgl. Krause, 2015, S. 2).◄

Da die Patienten eine Behandlungsleistung beispielsweise von einem bestimmten Arzt oder einer bestimmten Ärztin erbracht haben möchten, kann auch nicht sichergestellt werden, dass sich der Input hinsichtlich Qualität, Mengen- und Zeiteinsatz homogen darstellt, da jede Arbeitskraft im Gesundheitsbetrieb über ein unterschiedliches, individuelles Leistungsvermögen verfügt.

Neben der individuellen Beeinflussung durch den Externen Faktor ist auch der Nutzungsgrad der bereitgestellten Leistungen in die Produktivitätsüberlegungen einzubeziehen. Mit einer Steigerung ungenutzter Leistungen würde sich schließlich auch eine rechnerische Produktivitätserhöhung erzielen lassen, dies wäre aber weder im Sinne des Gesundheitsbetriebs noch der Patienten, die diese Leistungen ja auch nicht nachfragen würden.

Dennoch sind Überlegungen zur Effizienzsteigerung nicht grundsätzlich auszuschließen: Da eine Erhöhung der Effizienz den Gewinn bzw. die Rentabilität steigern oder finanzielle Spielräume für Unternehmen schaffen kann, die andere Zielsetzungen verfolgen (z. B. Erfüllung eines öffentlichen Interesses oder einer christlichen Mission, Bedarfsdeckung, Image), ist die effiziente Gestaltung des Transformationsprozesses für profit- und nicht profitorientierte Organisationen im Gesundheitswesen gleichermaßen erstrebenswert (vgl. Busse, 2017, S. 13).

Beispiel

Studien aus unterschiedlichen Forschungsperspektiven zum Thema Einflussfaktoren von Krankenhauseffizienz untersuchen beispielsweise

- die Beziehung zwischen Spezialisierung und Effizienz unter Verwendung verschiedener Spezialisierungsmaße, die z. B. auf Patientenvolumen basieren;
- ob Rechtsformwechsel öffentlicher Krankenhäuser in Bezug auf Effizienz eine wirksame Alternative zur Privatisierung darstellen können;
- ob Zertifizierungen von prozessorientierten Qualitätsmanagementsystemen in Krankenhäusern einen Einfluss auf Effizienz haben.

Im Ergebnis gibt es aus ökonomischer Sicht verschiedene Möglichkeiten, Spezialisierung zu messen. Die Wirkung der Spezialisierung auf die Effizienz ist dabei unterschiedlich je nachdem, wie sie gemessen wird. Darüber hinaus ist es für Entscheidungsträger wichtig zu wissen, welche Form der Spezialisierung zu einer Reduzierung der Ineffizienz im Gesundheitssystem führen kann. Aus der Public-Management-Sicht führt sie zu Erkenntnissen darüber, dass Rechtsformwechsel öffentlicher Krankenhäuser eine wirksame Alternative zur Privatisierung darstellen können. Aus der Perspektive des Operational Research ist Krankenhauseffizienz außerdem besonders wichtig, weil Zertifizierungen von Qualitätsmanagementsystemen grundsätzlich zur Qualitätsverbesserung gedacht sind, und auch mit Effizienz – allerdings nicht immer positiv – verbunden sind (vgl. Lindlbauer, 2017, S. 103 ff.).◄

Versucht man nun eine Antwort auf die Frage zu finden, wie sich die Produktivität im Gesundheitsbetrieb ohne Qualitätsabnahme und trotz begrenzter Einflussmöglichkeiten auf die menschliche Arbeit als Einsatzfaktor und dem Externen Einsatzfaktor „Patient/Patientin" steigern lässt, so ergeben sich folgende Ansatzpunkte:

- Stärkere „Einbeziehung" der Patienten in den Behandlungsprozess (beispielsweise durch frühestmögliche Entlassung aus dem Krankenhaus und Nutzung der häuslichen Regenerationsmöglichkeiten, verstärkte Prophylaxe, Erhöhung des Patientenanteils an Rehabilitationsprozessen, verstärkte Nutzung von E-Health-Instrumenten, statt Vor-Ort-Präsenz in der Arztpraxis etc.): Dadurch werden „Aktivitäten" von dem

Gesundheitsbetrieb auf die Patienten verlagert, was zudem die Unsicherheit hinsichtlich des Nutzungsgrads reduziert; in Bezug auf die Produktivität bedeutet dies eine Umschichtung von den internen Einsatzfaktoren hin zum Externen Faktor bei insgesamt gleichbleibendem Input und einer beabsichtigten Erhöhung des Outputs;

- Verbesserung der Mitarbeitendenentwicklung durch Verbesserung ihrer Fähigkeiten und Fertigkeiten, sowie das Schließen von Wissenslücken und den Ausgleich von Informationsdefiziten: Dadurch wird die menschliche Arbeit auf der Inputseite aufgewertet, was sich durch eine Verringerung des Arbeitseinsatzes, von Arbeitsmengen und –zeiten bei gleichbleibendem Leistungsumfang ausdrücken kann;
- Maßnahmen zur Prozessoptimierung (beispielsweise durch schlankere Abläufe, Vermeidung von Doppeluntersuchungen, Entlastung der Ärzte von Dokumentationsaufgaben etc.): Dadurch wird die menschliche Arbeit als Einsatzfaktor auf der Inputseite entlastet, was wiederum zu einer Verringerung des Faktoreinsatzes führen kann;
- Verstärkte Berücksichtigung der medizintechnologischen Entwicklung durch Anwendung zeitgemäßer Behandlungsmaßnahmen, fortschrittlicher Heilmittel und neuer Medizintechnik: Auch dadurch wird auf der Inputseite der Betriebsmitteleinsatz optimiert und die menschliche Arbeitskraft als Einsatzfaktor entlastet.

5.1.3 Theorie der Leistungserstellungsfunktionen

Leistungserstellungsfunktionen im Gesundheitsbetrieb weisen eine hohe Individualität auf, weswegen sich die Aufstellung einer mathematisch formulierten Input-Output-Beziehung, vergleichbar einer Produktionsfunktion, als schwierig erweist. Ebenso problematisch erscheint es, die Gültigkeit der betriebswirtschaftlichen Produktionstheorie, die für die Sachgütererstellung formuliert wurde, ohne weiteres auf die Leistungserstellung im Gesundheitsbetrieb zu übertragen.

Beispiel

Die klassischen betriebswirtschaftlichen Produktionsfunktionen drücken Zusammenhänge zwischen den Einsatzmengen betrieblicher Produktionsfaktoren und den damit erzeugten Leistungsmengen aus, wobei sie nach *E. Gutenberg* (1897–1984) von frei variierbaren Faktoreinsatzmengen ausgehen (Typ A) oder von limitierten Einsatzfaktoren (Typ B). Bei einem Krankenhaus ergeben sich beispielsweise folgende Determinanten:

- **Technische Limitierung:** Es bestehen zwischen der Leistungsmenge und den für die Leistungserstellung erforderlichen Einsatzfaktoren feste Relationen (z. B. Pflegeaufwand je Patienten, Medikationsmenge, Strahlendosierung etc.).

- **Scheinsubstitutionalität:** Es bestehen nur begrenzte Möglichkeiten zum Austausch von Einsatzfaktoren, da mitunter die Qualität und/oder Quantität der konstant gehaltenen Faktoren variiert (z. B. Einsatz von Pflegehilfs- statt Fachpersonal mindert unter Umständen die pflegerische Gesamtleistung).

Zusammenfassend charakterisiert insbesondere die von *E. Heinen* (1919–1996) entwickelte Produktionsfunktion vom Typ C gesundheitsbetriebliche Prozesse, da sie unter anderem zusätzlich technische Einflussfaktoren, gemischt limitationale-substitutionale Faktorbeziehungen und mehrstufige Prozesse berücksichtigt (vgl. Eichhorn, 2008, S. 89 f).◄

Die Leistungserstellung im Gesundheitsbetrieb befasst sich mit allen Maßnahmen zur Erhaltung, Stabilisierung und Wiederherstellung der Gesundheit, worunter alle medizinischen Untersuchungs- und Behandlungsmaßnahmen, aber auch Maßnahmen der Pflege, der Rehabilitation und Vorbeugung zu verstehen sind. Während präventive Maßnahmen und Leistungen (Vorsorgeuntersuchungen, Dentalhygiene, Sehschule etc.) weitestgehend planbar sind, handelt es sich bei Maßnahmen im Rahmen von Akut-Versorgungen oder aus Anlass von gesundheitlichen Beschwerden um Leistungen, die einen verringerten Planbarkeitsgrad aufweisen bzw., zumindest was den Zeitpunkt der Inanspruchnahme dieser Leistungen betrifft, sogar nicht-planbar sein können.

Der **Diagnostik** kommt bei der Leistungserstellung im Gesundheitsbetrieb eine besondere Aufgabe zu: Sie umfasst die genaue Zuordnung von Zeichen, Befunden oder Symptomen durch Anamnese, Funktionsuntersuchungen, Sonografie, Endoskopie, Druckmessungen, Laboranalytik von Blutwerten, bildgebende Verfahren (beispielsweise durch Röntgendiagnostik, Computertomographie (CT), Magnetresonanztomographie (MRT) etc.) zu einem Krankheitsbild oder einer Symptomatik und liefert Informationen über den Gesundheitszustand des Patienten bzw. erforderliche Behandlungsaktivitäten.

Auf der Grundlage der Diagnoseergebnisse können zum einen Maßnahmen der **Prophylaxe** ergriffen werden, um Krankheiten vorzubeugen:

- Verbesserung des allgemeinen Gesundheitszustands und Vermeidung der Entstehung von Krankheiten (primäre Prophylaxe beispielsweise durch Impfungen zum Schutz von Infektionskrankheiten);
- Früherkennung von Krankheiten und möglichst frühzeitige Behandlung (sekundäre Prophylaxe beispielsweise durch Krebsvorsorge);
- Vorbeugung vor Rückfallerkrankungen, Vermeidung von Folgestörungen, Linderung chronischer Erkrankungen (tertiäre Prophylaxe beispielsweise durch Rehabilitation).

Andererseits liefert die Diagnose die Grundlage für die **Therapie** und damit Behandlungsmaßnahmen wie beispielsweise die direkte Einwirkung auf den Patientenkörper im Rahmen der Chirurgie, die Medikamentenverabreichung in der Inneren Medizin, die

Physiotherapie, Psychotherapie, Ergotherapie, Pharmakotherapie, Chemotherapie, Strahlentherapie, Lichttherapie und vieles andere mehr, um die Heilung, Beseitigung oder Linderung der Krankheitssymptome und die Wiederherstellung der Körperfunktionen zu erreichen.

Versteht man alle Maßnahmen im Rahmen von Diagnostik, Prophylaxe und Therapie leistungstheoretisch als Kombinationsprozess von *internen* und *externen* Einsatzfaktoren, so lässt sich ein leistungstheoretisches **Modell** aufstellen. Es besteht aus einer Anzahl von Teilfunktionen, da es aufgrund der Heterogenität der unterschiedlichen Diagnose-, Prophylaxe- und Therapieaktivitäten, der Vielfältigkeit von medizinischen Heil- und Betriebsmitteln, der möglichen Qualitätsunterschiede menschlicher, medizinischer Arbeit sowie der Patienten, mit ihrer individuellen Befund- und Krankheitssituation, kaum möglich ist, eine *einheitliche* Leistungserstellungsfunktion zu formulieren. Daher wird für jede (Behandlungs-)Maßnahme im Rahmen der Leistungserstellung, die sich an den Patienten richtet und sich von anderen qualitativ unterscheidet, eine eigene Teilfunktion formuliert (siehe Tab. 5.2).

Da im Rahmen von Diagnostik, Prophylaxe und Therapie in der Regel jeweils auch mehrere Diagnostik-, Prophylaxe- und Therapieleistungen erstellt werden, ist die Anzahl der Teilfunktionen auch wesentlich höher, wobei jede einzelne Funktion eine genau definierte Faktorkombination darstellt, deren Input aus dem mengenmäßigen Verzehr der Einsatzfaktoren und deren Output aus einer Leistungseinheit besteht.

Beispiel

Gesundheitsökonomische Produktionsfunktionen außerhalb der mikroökonomischen, auf den einzelnen Gesundheitsbetrieb bezogenen Betrachtung, stellen in der Regel auf eine gesamtheitliche, allgemeine Produktion der Gesundheit ab und beziehen dabei beispielsweise Abhängigkeiten von der Produktivität der Individuen und den Einsatz medizinischer Mittel ein (vgl. Breyer & Zweifel, 2013, S. 121 ff.).◄

Tab. 5.2 Modell der Leistungserstellungsfunktionen im Gesundheitsbetrieb

Leistungen Patienten	Diagnostik D	Prophylaxe P	Therapie T	…	n
1	LF_{D1}	LF_{P1}	LF_{T1}	…	LF_{n1}
2	LF_{D2}	LF_{P2}	LF_{T2}	…	LF_{n2}
3	LF_{D3}	LF_{P3}	LF_{T3}	…	LF_{n3}
…	…	…	…	…	…
i	LF_{Di}	LF_{Pi}	LF_{Ti}	…	LF_{ni}

LF = Leistungserstellungsfunktion

5.2   Gestaltung von medizinischen Leistungen

5.2.1 Überbetriebliche Gesundheitsforschung als Gestaltungsgrundlage

Die Gestaltung medizinischer Leistungen des Gesundheitsbetriebs basiert weitestgehend auf den Erkenntnissen des Patientenmarktes und dem Entwicklungsstand in der medizinischen Forschung. Festzulegen sind unter anderem, welche Behandlungs- oder Pflegeleistungen, in welcher Form und Qualität angeboten werden sollen. Sofern es sich um Leistungen handelt, die nicht im Rahmen der GKV liquidiert werden, kann der Preis ein weiteres Gestaltungsmerkmal sein (vgl. Frodl, 2014, S. 40 ff.).

Es ist dabei notwendig, sich ändernden Patientenwünschen und Anforderungen des Patientenmarktes durch Leistungsinnovationen und –variationen anzupassen und sich den Erkenntnissen der Gesundheitsforschung zu bedienen.

Die **Gesundheitsforschung** wird in der Regel nicht von einzelnen Gesundheitsbetrieben zum Zwecke der Entwicklung neuer Leistungsangebote durchgeführt, sondern durch eine Vielzahl von Einrichtungen, die beispielsweise unterstützt werden von der

- *Deutsche Forschungsgemeinschaft (DFG),*
- *Max-Planck-Gesellschaft (MPG),*
- *Fraunhofer-Gesellschaft (FhG),*
- *Helmholtz-Gemeinschaft (HGF),*
- *Wissenschaftsgemeinschaft Gottfried Wilhelm Leibniz (WGL).*

Sie bilden und fördern zusammen mit Stiftungen, Pharmaunternehmen, dem Bund, den Ländern mit ihren Universitäten und vielen anderen mehr die deutsche Forschungslandschaft (siehe Tab. 5.3).

Gerade die wissenschaftlichen Erkenntnisse der letzten Jahre in den molekularen Lebenswissenschaften haben neue, innovative Therapieansätze ermöglicht, die ein großes Potenzial für eine rationale Behandlung auf der Basis der zugrunde liegenden biologischen Mechanismen versprechen. Derartige Therapieverfahren grenzen sich weitestgehend von etablierten Verfahren ab, bei denen beispielsweise strahlentherapeutische, pharmakologische oder chirurgische Methoden angewendet werden. Auf zellulärer und molekularer Basis lassen sich bislang unerschlossene Krankheitsprozesse entschlüsseln. Darüber hinaus werden neuartige Therapieverfahren ermöglicht, die beispielsweise auf biotechnologisch gewonnenen Nukleinsäuren oder Proteinen aufbauen. Gleichzeitig werden durch die spezifischere Wirkungsweise dieser Therapieansätze Bestrebungen unterstützt, nebenwirkungsärmere Behandlungsmethoden zu entwickeln.

Neuentwickelte medizinische Behandlungsverfahren können somit auf einer Vielzahl von Forschungsschwerpunkten der überbetrieblichen Gesundheitsforschung aufbauen (siehe Tab. 5.4).

Tab. 5.3 Geförderte Zentren und Institute der Gesundheitsforschung in Deutschland (vgl. Deutsches Zentrum für Herz-Kreislauf-Forschung, 2023, S. 1)

Zentrum	Aufgaben
Deutsches Zentrum für Neurodegenerative Erkrankungen (DZNE)	Das (DZNE) ist ein von Bund und Ländern gefördertes Forschungsinstitut, das bundesweit zehn Standorte umfasst; es widmet sich Erkrankungen des Gehirns und Nervensystems wie Alzheimer, Parkinson und ALS, die mit Demenz, Bewegungsstörungen und anderen schwerwiegenden Beeinträchtigungen der Gesundheit einhergehen; Ziel des DZNE ist es, neuartige Strategien der Vorsorge, Diagnose, Versorgung und Behandlung zu entwickeln und in die Praxis zu überführen; dafür kooperiert das DZNE mit Universitäten, Universitätskliniken und anderen Institutionen im In- und Ausland; das DZNE ist Mitglied der Helmholtz-Gemeinschaft.
Deutsches Zentrum für Diabetesforschung (DZD)	Die Aufgabe des DZD ist die Erforschung und Entwicklung innovativer, präziser Strategien zur Prävention, Früherkennung und Behandlung von Menschen mit Prädiabetes oder Diabetes; Ziel ist es, die Lebensqualität zu verbessern und diabetesbedingte Komorbiditäten, Komplikationen und vorzeitige Sterblichkeit zu reduzieren
Deutsches Zentrum für Infektionsforschung (DZIF)	Das DZIF widmet bereits seit Gründung im Jahr 2012 mit dem Forschungsbereich „Neu auftretende Infektionskrankheiten" diesem Problem einen eigenen Schwerpunkt; Chronische Infektionen, immer mehr immungeschwächte Patienten in einer zunehmend älteren Gesellschaft und die globale Zunahme der Antibiotikaresistenzen zählen neben den neu auftretenden Viren zu den großen infektiologischen Herausforderungen, auf deren Bewältigung die Aktivitäten des DZIF im Bereich der Infektionsforschung strategisch ausgerichtet sind; dazu führt das DZIF die Expertise von über 500 Forschenden aus 35 Mitgliedseinrichtungen und aus den unterschiedlichsten Bereichen – u. a. Medizin, Biologie, Epidemiologie, Chemie und Bioinformatik – zusammen

(Fortsetzung)

Tab. 5.3 (Fortsetzung)

Zentrum	Aufgaben
Deutsche Konsortium für Translationale Krebsforschung (DKTK)	Das DKTK bringt nationale Spitzeneinrichtungen sowie Expertinnen und Experten unterschiedlicher Disziplinen durch Schaffung gemeinsamer Strukturen langfristig zusammen, und trägt so dazu bei, die Lücke zwischen Grundlagenforschung und klinischer Krebsforschung sowie der Krebsvorsorge zu schließen; Ziel dieser translationalen Forschung ist es, den Transfer von erfolgversprechenden Ergebnissen aus dem Labor in die klinische Anwendung entscheidend zu beschleunigen und ungelöste Fragen aus der Klinik gezielt im Labor aufzugreifen; dadurch verbessert das DKTK die Früherkennung, Diagnose und Therapie von Krebs und entwickelt neue Strategien für die personalisierte Onkologie
Deutschen Zentrum für Herz-Kreislauf-Forschung (DZHK)	Im DZHK werden neue Therapien und Diagnoseverfahren entwickelt; dazu vereint das DZHK Grundlagenforschende und klinisch Forschende aus sieben Standorten in Deutschland; es fördert die Kooperation zwischen ihnen mit dem Ziel, Synergien zu entwickeln und damit den Prozess der Translation zu beschleunigen
Deutsches Zentrum für Lungenforschung (DZL)	Durch Forschung zu Ursachen und Krankheitsmechanismen entwickelt das Deutsche Zentrum für Lungenforschung (DZL) daher neue Ansätze und Optionen für Prävention, Diagnose und Therapie von Lungenerkrankungen; an fünf Standorten steht die Erforschung von acht Krankheitsbereichen im Fokus, in denen die gesamte Translationskette „vom Labor zum Patienten" (bench-to-bed-side) angewandt wird

Ziel der Gestaltung medizinischer Leistungen des Gesundheitsbetriebs ist somit auf der Grundlage der Erforschung der Ursachen und Entstehungsprozesse von Krankheiten, die Bekämpfung von Krankheitssymptomen durch eine effektive Diagnostik und Therapie, zum Schutz der Bevölkerung, zur Krankheitsvermeidung und zur Wiederherstellung der Gesundheit.

Tab. 5.4 Beispiele für Themenbereiche der Gesundheitsforschungsförderung in Deutschland (vgl. Bundesministerium für Bildung und Forschung, 2023, S. 1)

Gebiet	Themenbereich	Einzelne Themenbereiche
Public Health	Ernährungsforschung	Interdisziplinäre Forschungsverbünde zu Nahrungsmittelunverträglichkeiten; Kompetenzcluster Ernährungsforschung; Nachwuchsgruppen Globaler Wandel: Klima, Umwelt und Gesundheit
	Gesundheitsforschung für besondere Bevölkerungsgruppen	Gendergesundheit; Gesundheit in der Arbeitswelt; Kinder- und Jugendgesundheit; Klinische Studien im Alter; Versorgungs-/Pflegestudien im Alter
	Langzeitfolgen von COVID-19	Förderung von Forschungsvorhaben zu Spätsymptomen von COVID-19 (Long-COVID)
	Prävention	Epidemiologische Forschung; Evidenzbasierung und Transfer in der Präventionsforschung; Forschungsverbünde zur Primärprävention und Gesundheitsförderung; NAKO Gesundheitsstudie; Umweltsurvey
	Versorgungsforschung	Modellhafte Register – Realisierungsphase; Nachwuchsgruppen in der Versorgungsforschung; Palliativversorgung – Versorgungsforschung und Klinische Studien; Palliativversorgung – Wissenschaftlicher Nachwuchs; Stärkung der Forschung in der Geriatrie und Gerontologie; Stärkung der Pflegeforschung; Strukturaufbau – Kooperationsnetze; Strukturaufbau – Nachwuchsgruppen; Transferorientierte Versorgungsforschung; Zentren der gesundheitsökonomischen Forschung

(Fortsetzung)

Tab. 5.4 (Fortsetzung)

Gebiet	Themenbereich	Einzelne Themenbereiche
Volkskrankheiten	Krebsforschung	Förderung von Forschungsverbünden zur Prävention von Darmkrebs in jüngeren und künftigen Generationen; Praxisverändernde klinische Krebsstudien; Verbundforschung zu Tumorheterogenität, klonaler Tumor-Evolution und Therapieresistenz; Förderung von interdisziplinären Projekten zur Entwicklung und Erprobung von neuen Ansätzen der Datenanalyse und des Datenteilens in der Krebsforschung
	Nervensystem und Psyche	Forschungsnetz psychische Erkrankungen; Forschungsverbünde zu Verhaltensstörungen im Zusammenhang mit Gewalt, Vernachlässigung, Misshandlung und Missbrauch in Kindheit und Jugend; Selbstständige Forschungsgruppen in den Neurowissenschaften; Forschungsverbünde zur psychischen Gesundheit geflüchteter Menschen; Neuronale Grundlagen des aktiven Alterns
	Seltene Erkrankungen	Seltene Erkrankungen – Nationale Förderung
	Sonstige Erkrankungen	Aufbau einer Netzwerkstruktur für Forschungspraxen zur Stärkung der Allgemeinmedizin – Förderung im Rahmen des „Masterplans Medizinstudium 2020"; Förderung von forschenden Fachärztinnen und Fachärzten in der Universitätsmedizin; Forschungsnetz Muskuloskelettale Erkrankungen; Forschung zu Pathomechanismen; Interdisziplinäre Forschungsverbünde muskuloskelettale Erkrankungen

(Fortsetzung)

Tab. 5.4 (Fortsetzung)

Gebiet	Themenbereich	Einzelne Themenbereiche
Personalisierte Medizin	Klinische Forschung	Frühe klinische Studien; Klinische Studien; Klinische Studien mit hoher Relevanz für die Patientenversorgung; Patientenbeteiligung in Konzeptentwicklungsphasen; Langzeituntersuchungen; Systematische Reviews mit hoher Relevanz für die Patientenversorgung
	Systemmedizin	Biobanken – nationale Förderung/ BBMRI; ERACoSysMed – Systemmedizin auf dem Weg in die klinische Forschung; MSCoreSys – Forschungskerne für Massenspektrometrie in der Systemmedizin; de.NBI – Deutsches Netzwerk für Bioinformatik-Infrastruktur
	Translationsforschung	ERA PerMed; Innovationen für die individualisierte Medizin; Innovative Stammzelltechnologien für die individualisierte Medizin; Methoden und Werkzeuge für die Individualisierte Medizin; Präklinische Studien und Reviews; Translationsprojekte Personalisierte Medizin
Digitalisierung und Künstliche Intelligenz	Computational Neuroscience	Bernstein Preis; Multilaterale Zusammenarbeit D – USA – ISR – F
	Methodenentwicklung	CompLS – Computational Life Sciences
	Medizininformatik	Digitale FortschrittsHubs Gesundheit; Medizininformatik Ausbau und Erweiterung; Medizininformatik Aufbau- und Vernetzungsphase

(Fortsetzung)

Tab. 5.4 (Fortsetzung)

Gebiet	Themenbereich	Einzelne Themenbereiche
Wirkstoffforschung	Wirkstoffentwicklung	Förderung der klinischen Entwicklung von versorgungsnahen COVID-19-Arzneimitteln und deren Herstellungskapazitäten; Forschung und Entwicklung dringend benötigter Therapeutika gegen SARS-CoV-2 II; Forschung und Entwicklung dringend benötigter Therapeutika gegen SARS-CoV-2; Gezielter Wirkstofftransport; KMU innovativ: Medizintechnik; Targetvalidierung für die pharmazeutische Wirkstoffentwicklung II; Wirkstoffentwicklung auf Basis von Naturstoffen zur Bekämpfung von Infektionskrankheiten
Bioethik	Ethische, rechtliche und soziale Aspekte der Lebenswissenschaften	Covid-19 Sofortmaßnahmen; Digitalisierung; Neurowissenschaften; ELSA in den Lebenswissenschaften – themenoffen; Genom-Editierung; Nachwuchsförderung
Methoden und Strukturen	Methodenentwicklung	Culture Change – Kultivierung und Analyse bisher nicht kultivierbarer Mikroorganismen

5.2.2   Normierung und Standardisierung bei der medizinischen Leistungserstellung

Mit Normierung und Standardisierung bei der medizinischen Leistungserstellung im Gesundheitsbetrieb wird versucht, Beiträge zur Qualitätsverbesserung von Behandlungen, Erhöhung der Patientensicherheit, Verringerung von Über- und Unterversorgung im Gesundheitssystem und zur Gesundheitsökonomie zu leisten. Unter **Standardisierung** wird dabei die Vereinheitlichung von medizinischen Begriffen, Bezeichnungen, Behandlungsverfahren etc. verstanden. Als **Normierung** wird dabei die Vereinheitlichung von einzelnen Medizinprodukten, Teilen davon oder bestimmte Vorgehensweisen bezeichnet.

Der Weg einer Vereinheitlichung ist in der Medizin nicht unumstritten. Einerseits ist die Setzung von Standards oder Normen ein Ausdruck der medizinischen Selbstregulierungskompetenz, aufgrund der besonderen Sach- und Fachkunde des freien ärztlichen Berufs, der neben der Therapiefreiheit auch die allgemeine berufliche Handlungsfreiheit beinhaltet. Das Handeln hat sich am Allgemeinwohl und am Wohlergehen des Individuums zu orientieren und steht unter staatlicher Aufsicht. So gesehen kann davon ausgegangen werden, dass medizinische Normen und Standards grundsätzlich guter ärztlicher Behandlung entsprechen. Andererseits wird häufig die Auffassung vertreten, dass die Anwendung medizinischer Standards die ärztliche Therapiefreiheit einschränkt und den Arzt oder die Ärztin in eine Rolle als „Normvollzieher" drängen. Auch ist zu beachten, dass die Standardisierung für eine individuelle, qualitativ hochwertige Patienteninformation über die Erkrankung, ihre Behandlung und mögliche Alternativen genügend Raum lassen muss. Ferner stellt sich rechtlich und medizinisch die Frage nach der Berücksichtigung individueller Behandlungs- und Sicherheitserwartungen der Patienten.

Dennoch gibt es eine Vielzahl von Standards und Normen im medizinischen Bereich, die insgesamt bei der medizinischen Leistungserstellung im Gesundheitsbetrieb zu berücksichtigen sind.

So sind Medizin und Gesundheit im Aufgabenbereich verschiedener *DIN-Normenausschüsse* verankert, deren Aktivitäten durch die *Kommission Gesundheitswesen (KGw)* koordiniert werden. Zu den übergreifenden DIN-Themen zählen:

- Qualitätsmanagement und allgemeine Aspekte,
- Medizinische Informatik,
- Biologische und klinische Beurteilung,
- Sterilisation, Desinfektion und Aufbereitung.

Zu den fachspezifischen DIN-Themen zählen:

- Augenoptik und Ophthalmologie,
- Biotechnologie,
- Dienstleistungen,
- Erste Hilfe und Rettungsdienst,
- Hilfsmittel,
- Implantate und chirurgische Instrumente,
- Labor und Diagnostik,
- Mikroskope und Endoskope,
- Produkte und Einrichtungen für das Gesundheitswesen,
- Radiologie,
- Zahnheilkunde.

Da Normung und Standardisierung im Bereich der Medizin und Gesundheit vorrangig europäisch bzw. international ausgerichtet sind, werden auch die Arbeiten der relevanten europäischen und internationalen Technischen Komitees mit einbezogen, wie beispielsweise der *Internationalen Organisation für Normung (International Organization for Standardization, ISO)* oder des *Europäischen Komitees für Normung (Comité Européen de Normalisation, CEN)* (vgl. Deutsches Institut für Normung, 2023, S. 4 ff.).

Neben den medizinischen Normen tragen auch medizinische Richtlinien, Leitlinien und Empfehlungen zu einer Standardisierung bei. Sie lassen sich nach Angaben der *Bundesärztekammer* folgendermaßen voneinander abgrenzen:

- **Richtlinien** der Bundesärztekammer basieren jeweils auf einer gesetzlichen Grundlage, die insbesondere den Inhalt, Umfang und das Verfahren einschließlich der Beteiligung von Institutionen oder Personen vorschreibt; sie stellen generell eine abstrakte Handlungsanweisung dar und spiegeln den Stand der Erkenntnisse der medizinischen Wissenschaft zu einem bestimmten Zeitpunkt wider, wobei die Einhaltung des Standes der Erkenntnisse der medizinischen Wissenschaft wird (widerlegbar) vermutet wird, wenn die jeweilige Richtlinie beachtet worden ist;
- **Leitlinien** beruhen nicht auf einer gesetzlichen Grundlage, werden als Handlungsempfehlungen nach einer bestimmten Methodik (S1, S2 oder S3-Leitlinien) entwickelt und geben den Erkenntnisstand der Medizin zu einem bestimmten Zeitpunkt wieder; sie sollen die Entscheidungsfindung von Ärzten und Patienten für eine angemessene Versorgung bei spezifischen Gesundheitsproblemen unterstützen;
- **Empfehlungen** sollen die Aufmerksamkeit der Ärzteschaft und der Öffentlichkeit auf bestimmte Themen oder Sachverhalte lenken, indem umfassende Informationen und Anregungen, Ratschläge oder Hinweise sowie konsentierte Lösungsstrategien zu ausgewählten Fragestellungen vermittelt werden;
- **Stellungnahmen** sind Ausführungen, in denen ein Standpunkt zu einem ausgewählten Thema oder zu einer Frage vermittelt wird, der insbesondere mit Blick auf die Ärzteschaft sowie die Öffentlichkeit nachvollziehbar, überzeugend und plausibel begründet wird (vgl. Bundesärztekammer, 2023, S. 1).

Richtlinien sind somit Handlungsvorschriften mit bindendem Charakter, auch wenn sie keine Gesetzeseigenschaften aufweisen. Die Organisation, die sie herausgibt, ist allerdings in der Regel gesetzlich ermächtigt und kann daher über den Geltungsbereich von Richtlinien verfügen.

Beispiel

Der *Gemeinsame Bundesausschuss (GBA)* als oberstes Beschlussgremium der gemeinsamen Selbstverwaltung der Ärzte, Zahnärzte, Psychotherapeuten, Krankenhäuser und Krankenkassen beschließt beispielsweise die zur Sicherung der ärztlichen Versorgung erforderlichen Richtlinien über die Gewähr für eine ausreichende, zweckmäßige und wirtschaftliche Versorgung der Versicherten; dabei ist den besonderen Erfordernissen der Versorgung von Kindern und Jugendlichen sowie behinderter oder von Behinderung bedrohter Menschen und psychisch Kranker Rechnung zu tragen, vor allem bei den Leistungen zur Belastungserprobung und Arbeitstherapie; er kann dabei die

Erbringung und Verordnung von Leistungen oder Maßnahmen einschränken oder ausschließen, wenn nach allgemein anerkanntem Stand der medizinischen Erkenntnisse der diagnostische oder therapeutische Nutzen, die medizinische Notwendigkeit oder die Wirtschaftlichkeit nicht nachgewiesen sind; er kann die Verordnung von Arzneimitteln einschränken oder ausschließen, wenn die Unzweckmäßigkeit erwiesen oder eine andere, wirtschaftlichere Behandlungsmöglichkeit mit vergleichbarem diagnostischen oder therapeutischen Nutzen verfügbar ist. Dazu zählen insbesondere Richtlinien über

- ärztliche Behandlung;
- zahnärztliche Behandlung einschließlich der Versorgung mit Zahnersatz sowie kieferorthopädische Behandlung;
- Maßnahmen zur Früherkennung von Krankheiten und zur Qualitätssicherung der Früherkennungsuntersuchungen sowie zur Durchführung organisierter Krebsfrüherkennungsprogramme einschließlich der systematischen Erfassung, Überwachung und Verbesserung der Qualität dieser Programme;
- ärztliche Betreuung bei Schwangerschaft und Mutterschaft;
- Einführung neuer Untersuchungs- und Behandlungsmethoden;
- Verordnung von Arznei-, Verband-, Heil- und Hilfsmitteln, Krankenhausbehandlung, häuslicher Krankenpflege, Soziotherapie und außerklinischer Intensivpflege sowie zur Anwendung von Arzneimitteln für neuartige Therapien im Sinne des Arzneimittelgesetzes;
- Beurteilung der Arbeitsunfähigkeit der versicherten erwerbsfähigen Hilfebedürftigen im Sinne des Zweiten Buches;
- Verordnung von im Einzelfall gebotenen Leistungen zur medizinischen Rehabilitation und die Beratung über Leistungen zur medizinischen Rehabilitation, Leistungen zur Teilhabe am Arbeitsleben und ergänzende Leistungen zur Rehabilitation;
- Bedarfsplanung;
- medizinische Maßnahmen zur Herbeiführung einer Schwangerschaft sowie die Kryokonservierung;
- Verordnung von Krankentransporten;
- Qualitätssicherung;
- spezialisierte ambulante Palliativversorgung;
- Schutzimpfungen (vgl. SGB V § 92).◀

Bei **Leitlinien** handelt es sich um nicht bindende, systematisch entwickelte Handlungsempfehlungen. Sie geben den fachlichen Entwicklungsstand wieder und leisten Orientierung im Sinne von Entscheidungs- und Handlungsoptionen. Sie müssen an den Einzelfall angepasst werden, was bei der fallspezifischen Betrachtung einen Ermessensspielraum des Behandlers sowie die Einbeziehung der Präferenzen der Patienten in die

Entscheidungsfindung ermöglicht, und sollen Ärzte, Angehörige anderer Gesundheitsberufe und Patienten bei ihren Entscheidungen über die richtige Gesundheitsversorgung für spezifischen, klinischen Umstände unterstützen. In der Regel unterliegen sie einem transparenten Entwicklungsprozess, sind wissenschaftlich fundiert und praxisorientiert.

Viele Organisationen kooperieren im internationalen Leitliniennetzwerk *Guidelines International Network (GIN),* haben Programme zur systematischen Entwicklung evidenzbasierter Leitlinien entwickelt und Methoden zur Leitlinienerstellung publiziert, wie beispielsweise

- *AWMF*-**Regelwerk:** Leitlinie zur Erstellung und Publikation aktueller und hochwertiger Leitlinien der *Wissenschaftlichen Medizinischen Fachgesellschaften (AWMF);*
- **Handbuch zur Entwicklung regionaler Leitlinien:** Arbeitsschritte der *Leitliniengruppe Hessen – Hausärztliche Pharmakotherapie* bei der Erstellung von regionalen Leitlinien durch die Anwender – hier Hausärzte – auf der Grundlage von nationalen und internationalen Leitlinien (Leitlinienadaptation);
- **Leitlinien-Manual von** *AWMF* **und** *Ärztliches Zentrum für Qualität in der Medizin (ÄZQ)***:** Skizziert die wesentlichsten Schritte bei der Erstellung, Implementierung und Aktualisierung von medizinischen Leitlinien;
- **Grundlagenpapier des Europarates zur Leitlinien-Methodik:** Empfehlungen des Europarates zur Entwicklung, Dissemination, Implementierung, Evaluation und Aktualisierung medizinischer Leitlinien (unter Beteiligung des *ÄZQ*);
- **Internationales Handbuch zur Adaptierung von Leitlinien (***ADAPTE***):** Enthält die Empfehlungen einer internationalen Arbeitsgruppe zur systematischen, evidenzbasierten Adaptierung von bestehenden medizinischen Leitlinien;
- **Methodik zur Evidenzbewertung und Graduierung von Empfehlungen der** *GRADE Working Group***:** Endpunktorientierter Ansatz zur qualitativen Bewertung der Evidenzlage und der darauf aufbauenden Graduierung von Empfehlungen.

Nationale Versorgungsleitlinien (NVL) sind als Orientierungshilfe im Sinne von Handlungs- und Entscheidungsvorschlägen systematisch entwickelte Entscheidungshilfen über die angemessene ärztliche Vorgehensweise bei speziellen gesundheitlichen Problemen im Rahmen der strukturierten medizinischen Versorgung, von denen in begründeten Fällen eine Abweichung erfolgen oder auch notwendig sein kann (vgl. Ärztliches Zentrum für Qualität in der Medizin, 2023a, S. 1).

Zu den zentralen Aufgabenschwerpunkten des *Deutschen Netzwerks für Qualitätsentwicklung in der Pflege (DNQP)* zählt die Entwicklung, Konsentierung und Implementierung evidenzbasierter **Expertenstandards,** als leitlinienähnliche Pflegestandards in der Krankenpflege und Altenhilfe (vgl. Deutsches Netzwerk für Qualitätsentwicklung in der Pflege, 2023, S. 1).

Die *Arbeitsgemeinschaft der Wissenschaftlichen Medizinischen Fachgesellschaften (AWMF)* ist der deutsche Dachverband von mehr als 180 wissenschaftlichen Fachgesellschaften aus allen medizinischen Gebieten. Sie pflegt Kontakte zu vergleichbaren Organisationen auf internationaler Ebene und vertritt Deutschland im *Council for International Organizations of Medical Sciences (CIOMS)* bei der *WHO*. Die AWMF koordiniert die Entwicklung von Leitlinien für Diagnostik und Therapie durch die einzelnen Wissenschaftlichen Medizinischen Fachgesellschaften. Die Leitlinien werden regelmäßig und bei Bedarf aktualisiert, erweitert und nach folgender Stufenklassifikation eingeordnet:

- **S1:** Empfehlung, die von einer repräsentativ zusammengesetzten Expertengruppe der Fachgesellschaft(en) im informellen Konsens erarbeitet und die final vom Vorstand der Fachgesellschaft(en) und der ggf. weiteren beteiligten Organisationen verabschiedet wird;
- **S2k (konsensbasiert):** Ist repräsentativ für den Adressatenkreis und Vertretende der entsprechend zu beteiligenden Fachgesellschaft(en) und/oder Organisation(en) inkl. der Patienten bzw. Bürgerinnen und Bürger sind in die Leitlinienentwicklung frühzeitig eingebunden; Methoden zur Formulierung der Empfehlungen sind klar beschrieben, wozu formale Konsensustechniken erforderlich sind, z. B. Konsensuskonferenz, Nominaler Gruppenprozess oder Delphi-Verfahren; wird im Rahmen einer strukturierten Konsensfindung unter neutraler Moderation diskutiert und abgestimmt, deren Ziele die Lösung noch offener Entscheidungsprobleme, eine abschließende Graduierung der Empfehlungen und die Messung der Konsensstärke sind; Beschreibung zum methodischen Vorgehen (Leitlinien-Report) ist hinterlegt und keine schematische Angabe von Evidenz- und Empfehlungsgraden ist enthalten, da keine systematische Aufbereitung der Evidenz zugrunde liegt; Angaben zum Gültigkeitszeitraum und zur Aktualisierung sind vorhanden (für „Living Guidelines" sind die geplanten Aktualisierungszeiträume benannt, die höchstens 12 Monate betragen) und ein(e) Ansprechpartner(in) ist für die Aktualisierung genannt; wird final von den Vorständen aller beteiligten Fachgesellschaften und Organisationen verabschiedet;
- **S2e (evidenzbasiert):** Hierbei werden die Sichtweise und die Präferenzen der der Patienten bzw. Bürgerinnen und Bürger ermittelt; macht eine systematische Recherche, Auswahl und Bewertung wissenschaftlicher Belege (Evidenz) zu den relevanten klinischen Fragestellungen erforderlich; zur Suche nach der Evidenz werden systematische Methoden angewandt, d. h. die Suchstrategie ist detailliert beschrieben mit der Auflistung der verwendeten Suchbegriffe und Quellen (wie elektronische Datenbanken, Datenbanken für systematische Übersichtsarbeiten oder für Leitlinien, von Hand durchsuchte Fachzeitschriften oder Kongressberichte), Zeitraum der

Literatursuche und Trefferzahlen; Auswahlkriterien für die Evidenz werden explizit dargelegt, wobei Gründe für den Einschluss (z. B. Zielpopulation, Interventionen, Endpunkte, Sprache, Kontext, Studiendesign) und für den Ausschluss dargelegt werden; die nach a priori festgelegten Kriterien recherchierte und ausgewählte Evidenz wird hinsichtlich ihrer methodischen Qualität bewertet und die Ergebnisse in einer Evidenz-Zusammenfassung dargelegt, was in Tabellenform mit Kommentaren zu Qualitätsaspekten oder durch die Anwendung von formalen Instrumenten oder Strategien (z. B. Cochrane Risk of Bias Tool, GRADE Methodik) erfolgen kann; das Ergebnis der Bewertung zur Feststellung des Vertrauens führt in die Qualität der Evidenz (Evidenzgrad); die Empfehlungen sind mit der Beschreibung der zugrunde liegenden Evidenz in einem entsprechenden Abschnitt (Hintergrundtext) und/oder einer Evidenzzusammenfassung mit Referenzliste nachvollziehbar verknüpft; eine Beschreibung zum methodischen Vorgehen (Leitlinien-Report) ist hinterlegt; Angaben zum Gültigkeitszeitraum und zur Aktualisierung sind vorhanden (für „Living Guidelines" sind die geplanten Aktualisierungszeiträume benannt, die höchstens 12 Monate betragen) und ein(e) Ansprechpartner(in) ist für die Aktualisierung genannt; wird final von den Vorständen aller beteiligten Fachgesellschaften und Organisationen verabschiedet;

- **S3:** Enthält alle Elemente systematischer Entwicklung; ist repräsentativ für den Adressatenkreis und Vertretende der entsprechend zu beteiligenden Fachgesellschaft(en) und/oder Organisation(en) inkl. der Patienten bzw. Bürgerinnen und Bürger sind in die Leitlinienentwicklung frühzeitig eingebunden; systematische Recherche, Auswahl und Bewertung wissenschaftlicher Belege (Evidenz) zu den relevanten klinischen Fragestellungen ist erforderlich; zur Suche nach der Evidenz werden systematische Methoden angewandt, d. h. die Suchstrategie ist detailliert beschrieben mit der Auflistung der verwendeten Suchbegriffe und Quellen (wie elektronische Datenbanken, Datenbanken für systematische Übersichtsarbeiten oder für Leitlinie, von Hand durchsuchte Fachzeitschriften oder Kongressberichte), Zeitraum der Literatursuche und Trefferzahlen; die Auswahlkriterien für die Evidenz werden explizit dargelegt, wobei Gründe für den Einschluss (Zielpopulation, Studiendesign, Vergleiche, Endpunkte, Sprache, Kontext) und für den Ausschluss dargelegt werden; die nach a priori festgelegten Kriterien recherchierte und ausgewählte Evidenz wird hinsichtlich ihrer methodischen Qualität kritisch bewertet und die Ergebnisse werden in einer Evidenz-Zusammenfassung dargelegt, was in Tabellenform mit Kommentaren zu Qualitätsaspekten oder durch die Anwendung von formalen Instrumenten oder Strategien (z. B. Cochrane Risk of Bias Tool, GRADE Methodik) erfolgen kann; das Ergebnis der Bewertung führt zur Feststellung des Vertrauens in die Qualität der Evidenz (Evidenzgrad); die Empfehlungen sind mit der Beschreibung der zugrunde liegenden Evidenz in einem entsprechenden Abschnitt (Hintergrundtext) und/oder einer Evidenzzusammenfassung mit

Referenzliste nachvollziehbar verknüpft; die Methoden zur Formulierung der Empfehlungen ist klar beschrieben, wozu formale Konsensustechniken erforderlich sind, z. B. Konsensuskonferenz, Nominaler Gruppenprozess oder Delphi-Verfahren; jede Empfehlung wird im Rahmen einer strukturierten Konsensfindung unter neutraler Moderation diskutiert und abgestimmt, deren Ziele die Lösung noch offener Entscheidungsprobleme sowie eine abschließende Graduierung der Empfehlungen (S2k-Leitlinie) bzw. Festlegung des Empfehlungsgrades (S3-Leitlinie) und die Messung der Konsensstärke sind; in der fertigen Leitlinie werden zu jeder Empfehlung Evidenz- und/oder Empfehlungsgrade angegeben; eine Beschreibung zum methodischen Vorgehen (Leitlinien-Report) ist hinterlegt; Angaben zum Gültigkeitszeitraum und zur Aktualisierung sind vorhanden (für „Living Guidelines" sind die geplanten Aktualisierungszeiträume benannt, die höchstens 12 Monate betragen) und ein(e) Ansprechpartner(in) ist für die Aktualisierung genannt; wird final von den Vorständen aller beteiligten Fachgesellschaften und Organisationen verabschiedet (vgl. Arbeitsgemeinschaft der Wissenschaftlichen Medizinischen Fachgesellschaften, 2023, S. 1).◄

5.2.3 Planung des Leistungsprogramms

Zumindest ein Teil des Leistungsprogramms von Gesundheitsbetrieben ergibt sich aus rechtlichen Verpflichtungen und Gestaltungsvorgaben. Das *Sozialgesetzbuch (SGB V)* enthält hierzu beispielsweise Vorgaben zur Krankenbehandlung, wenn sie notwendig ist, um eine Krankheit zu erkennen, zu heilen, ihre Verschlimmerung zu verhüten oder Krankheitsbeschwerden zu lindern, und die insbesondere folgende Leistungen umfasst:

- Ärztliche Behandlung einschließlich Psychotherapie als ärztliche und psychotherapeutische Behandlung;
- zahnärztliche Behandlung;
- Versorgung mit Zahnersatz einschließlich Zahnkronen und Suprakonstruktionen;
- Versorgung mit Arznei-, Verband-, Heil- und Hilfsmitteln sowie mit digitalen Gesundheitsanwendungen;
- häusliche Krankenpflege, außerklinische Intensivpflege und Haushaltshilfe;
- Krankenhausbehandlung;
- Leistungen zur medizinischen Rehabilitation und ergänzende Leistungen (vgl. § 27 SGB V).

Beispiel

Das *Krankenhausentgeltgesetz (KHEntgG)* zählt zu den Krankenhausleistungen insbesondere die ärztliche Behandlung, auch durch nicht fest angestellte Ärztinnen und Ärzte, Krankenpflege, Versorgung mit Arznei-, Heil- und Hilfsmitteln, die für die Versorgung im Krankenhaus notwendig sind, sowie Unterkunft und Verpflegung; sie umfassen allgemeine Krankenhausleistungen und Wahlleistungen. Allgemeine Krankenhausleistungen sind die Krankenhausleistungen, die unter Berücksichtigung der Leistungsfähigkeit des Krankenhauses im Einzelfall nach Art und Schwere der Krankheit für die medizinisch zweckmäßige und ausreichende Versorgung des Patienten notwendig sind (vgl. § 2 KHEntgG). Neben den Entgelten für die voll- und teilstationäre Behandlung dürfen andere als die allgemeinen Krankenhausleistungen als **Wahlleistungen** gesondert berechnet werden, wenn die allgemeinen Krankenhausleistungen durch die Wahlleistungen nicht beeinträchtigt werden und die gesonderte Berechnung mit dem Krankenhaus vereinbart ist (vgl. § 17 KHEntgG). Zu den von Krankenhäusern im Rahmen ihres Leistungsspektrums anbietbaren Wahlleistungen zählen beispielsweise die Wahl einer bestimmten Unterkunft (Ein- oder Zweibettzimmer), die Behandlung durch Wahlärzte (sog. Chefarztbehandlung) oder sonstige medizinische Wahlleistungen (z. B. Wahl eines besonderen Implantates oder einer bestimmten Behandlungsmethode etc.) (vgl. Deutsche Krankenhausgesellschaft, 2023, S. 1).◄

Unabhängig von den **Pflichtleistungen** nach SGB V ist das Gesundheitswesen als wachstumsstarker Markt mit der Erbringung, Inanspruchnahme und Finanzierung von Gesundheitsleistungen auch ein großer Markt für neue Leistungsangebote. Die diesen zugrunde liegenden Geschäftsideen sind Gegenstand des **Business Planning** in der Gesundheitswirtschaft, und der jeweilige Businessplan ist ein Hilfsmittel zur Bewertung und Kommunikation der Innovationen, der ihre Kernaspekte und ihre Umsetzung strukturiert beschreibt. Als kritische Aspekte der Profitabilität einer Geschäftsidee, damit verbundener Leistungsangebote und ihrer Preisgestaltung im Gesundheitswesen sind insbesondere anzusehen (vgl. Koerber et al., 2016, S. 22):

- Der erzielbare Preis mit bestehenden Vergütungen als Referenzpreisen,
- die veräußerbare Leistungsanzahl in Abhängigkeit von der Größe des Gesundheitsproblems und der Erstattungsfähigkeit,
- die mit der eigenen Wertschöpfung verbundenen potenziell hohen Kosten von Forschung und Entwicklung gesundheitlicher Technologien,
- die Auswahl der richtigen Partner im Gesundheitswesen,
- der gesundheitliche Zusatznutzen der Innovation im Vergleich zum Wettbewerb und
- der Einfluss auf die Versorgungskosten.

Die eigentliche Planung des Leistungsprogramms umfasst die art- und mengenmäßige Festlegung der vom Gesundheitsbetrieb zu erstellenden Leistungen.

Bei der **Leistungsdiversifikation** (Leistungsbreite) ist die Anzahl der verschiedenen Leistungsarten, die erbracht werden sollen, zu bestimmen. Man unterscheidet dabei üblicherweise

- **Horizontale Diversifikation:** Behandlungs- und Pflegeleistungen stehen in einem sachlichen Zusammenhang;
- **Vertikale Diversifikation:** Vor- oder nachgelagerte Behandlungs- und Pflegeleistungen;
- **Laterale Diversifikation:** Kein sachlicher Zusammenhang zwischen Behandlungs- und Pflegeleistungen.

Grundlage sind dafür die festgelegten **Leistungsfelder,** auf denen sich der Gesundheitsbetrieb betätigt, und die eine gedankliche Einheit von verwandten oder ähnlichen medizinischen Leistungen darstellen.

Beispiel

Eine Sportmedizinerin bietet in ihrer Praxis die Behandlung von Sportverletzungen, Sportschäden, allgemein Check-ups, Leistungsdiagnostik, Tauglichkeitsbescheinigungen etc. an (Horizontale Diversifikation). Für Taucher bietet sie im Anschluss an eine Leistungsdiagnostik die Tauch-Tauglichkeitsbescheinigung an (Vertikale Diversifikation). Daneben hält sie allgemeine Vorträge zum Thema „Orthopädie" (Laterale Diversifikation).◄

Die **Leistungstiefe** gibt Umfang, Vollständigkeit und Komplexitätsgrad der einzelnen Leistungsart, die erbracht werden soll, an.

Beispiel

Ein Zahnmediziner bietet in seiner Praxis zusätzlich kieferorthopädische Leistungen an oder überweist an einen Kieferorthopäden. Eine Allgemeinärztin bietet selbst diagnostische Leistungen mit bildgebenden Verfahren an oder überweist an eine spezialisierte Diagnosepraxis bzw. -klinik.◄

Art und Umfang des Leistungsprogramms richten sich im Wesentlichen nach der allgemeinen Versorgungssituation, der Aufnahmefähigkeit des Patientenmarktes, den Kapazitäten, die für die Leistungserstellung zur Verfügung stehen, den benötigten Qualifikationen sowie nach der Beschaffungssituation für das notwendige medizinische Personal und die medizintechnische Ausstattung (siehe Tab. 5.5).

Tab. 5.5 Leistungsprogrammbeispiele von Gesundheitsbetrieben

Betrieb	Leistungsprogramme
Arztpraxis Innere Medizin und Allgemeinmedizin	Gesundheitsuntersuchung (Check Up), Früherkennungsuntersuchung auf Krebs, Kindervorsorgeuntersuchungen (U-Untersuchungen), Jugendgesundheits-, Jugendarbeitsschutzuntersuchung, Schmerztherapie, therapeutische Lokalanästhesie, Ultraschalluntersuchung des Bauches, der Schilddrüse, Langzeit-Blutdruck-Messung, Diätberatung, Beratung bei Suchtproblemen, Ruhe-, Langzeit-, Belastungs-EKG, Desensibilisierung bei Allergien, Mikrowellenbehandlung, Infusionstherapie, Reiseberatung, ggf. mit Reiseimpfungen, Immuntherapeutische/ homöopathische Maßnahmen, Tauglichkeitsuntersuchungen (z. B. für Führerschein, Tauchsport und andere Sportarten), Betreuung von Patienten in Pflege-und Altenheimen, präoperative Diagnostik, Hausbesuche
Zahnarztpraxis	Ästhetische Zahnheilkunde: Bleaching, Veneers; Zahnrestauration: Kunststofffüllungstherapie, Gold- oder Vollkeramik-Inlays, Amalgansanierung, Kunststoff- und Komposit-Füllungen; Zahnersatz: Kronen, Brücken, Teil- und Vollprothetik, implantat-getragene hochwertige Prothetik, metallfreie Kronen, Brücken; Implantologie; Prophylaxe: Professionelle Zahnreinigung, Air Flow, schmerzfreie Zahnbelagentfernung mit Pulverstrahl; Endodontie; Funktionsdiagnostik und Therapie; Zahnschmuck
Nervenklinik	Behandlung von Persönlichkeitsstörungen, Depressionen, Psychosen, bipolare Störungen, Angststörungen, Zwangsstörungen, Anpassungsstörungen, somatoforme Störungen, psychischen Störungen im höheren Lebensalter, Suchterkrankungen, Schlafstörungen

(Fortsetzung)

Tab. 5.5 (Fortsetzung)

Betrieb	Leistungsprogramme
Orthopädische Klinik	Unfall-, Hand- und Wiederherstellungschirurgie, spezielle Orthopädie und orthopädische Chirurgie, Hüftgelenksoperation mit künstlichem Gelenk, Kniegelenksoperation mit künstlichem Kniegelenk, Schmerztherapie, Rheumaorthopädie, Rheumatologische Tagesklinik, Erkrankung peripherer Nerven/Muskeln, Fusschirurgie, Kniegelenksoperation bei Bandverletzungen, Schulteroperation mit künstlichem Gelenk, Wirbelsäulenorthopädie, Anästhesiologie und Intensivmedizin
Pflegeeinrichtung	Grundpflege: Hilfe bei der Körperpflege, im Bereich der Ernährung, der Mobilität; Behandlungspflege: Wundversorgung, Verabreichung von Arzneimitteln, Überwachung der Arzneimitteleinnahme, Blutdruck- und Blutzuckerkontrollen, Injektionen i. m. und s. c., Katheterwechsel und –versorgung, Überwachung von Infusionstherapien, Antithrombosestrümpfe

5.3 Einsatz und Bewirtschaftung von medizinischem Verbrauchsmaterial

5.3.1 Materialbeschaffung

Die Leistungserstellung von Gesundheitsbetrieben ist in der Regel mit dem Einsatz von medizinischem Verbrauchsmaterial verbunden, sei es von A wie Absaugkatheder bis hin zu Z wie Zellstofftupfer.

> **Beispiel**
>
> Am Beispiel der Materialkategorien von Lieferanten wird der Umfang von Verbrauchsmaterialien, Ausstattungszubehör und Kleingeräten deutlich (vgl. Fischer, 2023, S. 1):
>
> - Arztkoffer, -taschen, Notfallkoffer, -taschen, -Zubehör: Arzttaschen, Arztkoffer, Notfallkoffer, Notfalltaschen, Pflegetaschen, Ampullarien, Ampullenspender, Kalt-/ Warm-Kompressen, Notfallzubehör, Verbandschienen, Pulsoximeter, Kryotherapie, Kühlspray etc.;
> - Chirurgische Instrumente, Einweg + Mehrweg: Skalpelle, Skalpellklingen und - griffe, Einmal-Instrumente etc.;
> - Diagnosegeräte: Blutdruckmessgeräte, Stethoskope, Fieberthermometer etc.;

- Einrichtung, Mobiliar, Ausstattung: Mobiliar, Ausstattung, Praxiseinrichtung, Unter-suchungsliege, Ruheliege, AGA, Bürostuhl, Chefsessel, Wartezimmerstuhl, Stapel-stuhl, Stuhl mit Reihenverbinder, Schalenstuhl, Schränke, Praxistresen, Praxisre-zeption, Karteikartenschrank, Paravent, Massageliege, Praxisliege, Laborschrank, Laboreinrichtung, Fußauftritte, Unterfahrtische, Praxisausstattung, etc.;
- EKG, Spirometrie, Monitoring, Ultraschall: EKG Geräte z. B.: Bioscop C, Schiller; Spirometer + Zubehör zur Spirometrie z. B.: Vitalograph Alpha IV, Monitoring z. B.: Bio 3 A, Doppler/Ultraschall z. B.: Dopplex, Handydop etc.;
- Hygienebedarf, Handschuhe, OP-Textilien: Latex-, Vinyl-, Nitril, PE-Handschuhe steril + unsteril, Hygienepapier, Hygienebekleidung, OP-Kleidung etc.;
- Injektion/Infusion: Aderlass, Infusions- Spüllösungen, Transfusion, Infusionsbeste-cke, Infusionsständer, Zubehör, Tupfer, Tupferbefeuchter, Ampullenöffner, Einmal-spritzen, Einmalkanülen, Venenpunktionskanülen, Perfusionsbestecke, Venenver-weilkanülen, Entsorgung, Spritzen-, Kanülenspender etc.;
- Krankenpflege- und Klinikprodukte: Dispenser, Rasierer, Schnabelbecher, Zahn-dose, Medikamentenbecher, Urinflaschen, Waschhandschuhe, Esslätzchen, Matrat-zenschoner, etc.;
- Laborbedarf: Laborhilfen, Verbrauchsmaterial, Laborgeräte, Laborartikel etc.;
- Reinigung/Desinfektion: Haut- und Händedesinfektion, Instrumentenreinigung und -desinfektion, Desinfektion für Flächen, Ultraschall-Geräte und Zubehör etc.;
- Verbandmaterial, Notfall-, Wundversorgung: Ampullenspender, verschiedene Bin-den, Steifverbände, Pflaster, Verbandfixierung, Verbandschienen, Pflasterbinden, Wundschnellverbände, Kompressen, Sprühpflaster, Salbenkompressen, Zinkleim-binden, Schlauch-, Netz- und Fingerverbände, Schlinggazetupfer, Verbandmittel-/Pflaster-Spender, Gipsbinden, Notfallzubehör, AED, Defibrillator, Pocket-CPR, Absaugkatheter, Beatmungsbeutel, -masken, Guedel-Tubus, Edotrachealtubus, Absaugpumpe, Beatmungsmaske, Übungssets Erste-Hilfe Söhngen, etc.◄

Auslöser für den Beschaffungsprozess ist die **Materialbedarfsermittlung,** die die zukünf-tig benötigten Materialmengen anhand unterschiedlicher Verfahren plant:

- **Deterministische Bedarfsermittlung:** Einzelbedarfsermittlung anhand der Planung konkreter, umfangreicher Behandlungsmaßnahmen;
- **Stochastische Bedarfsermittlung:** Bedarfsfestlegung anhand von Statistiken, Erfah-rungswerten über den Verbrauch an medizinischem Material vergangener Perioden;
- **Heuristische Bedarfsermittlung:** Bedarfsfestlegung anhand von Schätzungen, wie viel medizinischen Material in einer bestimmten Periode verbraucht werden könnte.

Beispiel

Wurde der Bedarf auf 40.000 Einmalhandschuhe geschätzt und beläuft sich der aktuelle Verbrauch auf 45.000 Handschuhe, so lässt sich beispielsweise mithilfe der *Exponentiellen Glättung* (Bn = Ba + α × (Va – Ba), mit α = Glättungsfaktor (0,2), Bn = Bedarfsschätzung neu, Ba = Bedarfsschätzung alt, Va = Aktueller Verbrauchswert und somit 40.000 + 0,2 × (45.000 – 40.000) = 41.000 als neuer Bedarfswert und unter Berücksichtigung eines gewichteten „Prognosefehlers" für eine zukünftige Periode ermitteln.◄

Bei der Ermittlung des Bedarfs an medizinischem Verbrauchsmaterial sind im Rahmen der Nettobedarfsermittlung zusätzlich Lagerbestände, Sicherheitsbestände, Sonderbedarfe etc. sowie unterschiedliche Verbrauchsverläufe (konstant, zufällig, saisonal – beispielsweise Häufung von Skiunfällen im Winter-, etc.) zu berücksichtigen. Die optimale **Beschaffungsmenge** lässt sich unter Einbeziehung von Beschaffungs- und Lagerkosten ermitteln.

Beispiel

Viele der heutzutage angewendeten Modelle zur Berechnung des Mengenoptimums beruhen auf der von *K. Andler* bereits 1929 aufgestellten Losgrößenmethode:

$$Bm_{opt.} = \sqrt{[(200 \times K \times m) \div (l \times p)]},$$

mit Bm = Beschaffungsmenge, K = Kosten je Beschaffung, m = Jahresbedarf, l = Lagerkostensatz in % des Lagerwertes, p = Preis je Mengeneinheit.◄

Das **Beschaffungsmarketing** für medizinisches Verbrauchsmaterial hat eine optimalen Versorgung des Gesundheitsbetriebs langfristig sicherzustellen und umfasst dazu die Ermittlung von Beschaffungsquellen, Preisen, Lieferkonditionen, -qualität und -zuverlässigkeit, Sortimentsumfang, aber auch die Ermittlung von Substitutionsgütern sowie der zukünftigen Marktentwicklung, anhand von Online-Datenbanken, Katalogen, Fachzeitschriften, Messebesuchen etc. (siehe Tab. 5.6).

In die Bewertung von Lieferanten für medizinisches Verbrauchsmaterial können Kriterien wie Größe, räumliche Nähe, Flexibilität, Qualität, Zuverlässigkeit etc. des Lieferanten eingehen. Im Rahmen der Materialbestellung wird der Liefervertrag geschlossen, der hauptsächlich Angaben zum Material, Lieferort, -termin und –menge, Mengeneinheit, Verpackung, Zahlungsbedingen etc. enthält.

Für die Gesundheitsbetriebe, die häufig und in großen Mengen medizinisches Verbrauchsmaterial beschaffen, ist der **Rahmenvertrag** dabei von besonderer Bedeutung. Er regelt grundsätzliche Aspekte der Zusammenarbeit mit dem Lieferanten und beinhaltet

Tab. 5.6 Beispiele für europäische medizinische Fachmessen

Messe	Thema	Ort
ALTENPFLEGE NÜRNBERG	Messe der Pflegewirtschaft	Nürnberg/ Deutschland
AMICI DI BRUGG	Fachausstellung für Zahnmedizin und Zahntechnik	Rimini/Italien
AUTONOMIC ATLANTIC	Messe für Dienstleistungen rund um Behinderte und Pflegefälle	Bordeaux/ Frankreich
BELARUSIAN MEDICALFORUM	Messe für Medizintechnik, Geräte, Güter und Dienstleistungen; Pharmaprodukte; Labor- und Diagnoseausstattung; Medizinische Optik	Minsk/ Weißrussland
BULMEDICA/ BULDENTAL	Internationale Ausstellung für Gesundheit und Dentaltechnik	Sofia/Bulgarien
DENTEX	Internationale Konferenz und Ausstellung für Dentalausrüstung	Brüssel/Belgien
EXPODENTAL MEETING	Internationale Ausstellung für Praxis- und Laborgeräte in der Zahnchirurgie und Zahnprothesen	Rimini/Italien
FOR OPTIC	Fachmesse für Optik, Optometrie, Ophthalmologie und Design	Prag/Tschechien
GALMED – LVIV MEDICAL FORUM	Messe für Medizinausrüstung, medizinische Instrumente und Geräte; Medizinische Institutionen; Prothesen und Gehhilfen für Behinderte; Pharmaprodukte; Tierärztliche Präparationen	Lemberg/Ukraine
HEALTHCARE ESTATES	Veranstaltung für Fachleute im Gesundheitswesen, Ingenieure und Experten	Manchester/ Großbritannien
HEALTHIO	Gesundheitsmanagement und klinisches Innovationsforum	Barcelona/Spanien
HOPITAL EXPO/ GERONT HANDICAP EXPO	Messen für Ausrüstungen und Lösungen für das Management und die Umgestaltung von Gesundheitseinrichtungen	Paris/Frankreich
IDS	Internationale Messe für Dentalausrüstung	Köln/Deutschland
IFAS	Ausstellung für Medizin- und Krankenhausausrüstung	Zürich/Schweiz
MEDBALTICA	Internationale Medizinmesse	Riga/Lettland
MEDIPHARM/ MEDIDENT	Messe für Elektromedizingeräte, Labortechnologien, Diagnosen, Therapien, Medikamente, Zahntechnikausrüstung, Gesundheitstransport, Orthopädie, Informatik	Belgrad/Serbien

(Fortsetzung)

Tab. 5.6 (Fortsetzung)

Messe	Thema	Ort
MEDTEC	Ausstellung und Konferenz für medizinische Geräte, Design und Technologien	Nürnberg/ Deutschland
MOLDMEDIZIN/ MOLDDENT	Messe für Medizintechnologien, Diagnose- und Therapietechnik; Laborgeräte; Pharmaprodukte; Optische Geräte; Zahntechnik; Chirurgie-Ausrüstung und –Materialien	Chisinau/ Moldawien
ORTO MEDICAL CARE	Internationale Fachmesse für Prothesen, Orthesen und Reha-Technologien	Madrid/Spanien
REHAB	Eine der weltweit führenden Ausstellungen für Rehabilitation, Pflege und Therapie von Menschen mit Behinderungen	Karlsruhe/ Deutschland
REHACARE INTERNATIONAL	Internationale Fachmesse für Alten- und Behindertenpflege	Düsseldorf/ Deutschland
ROMMEDICA	Internationale Ausstellung für Medizinausrüstungen	Bukarest/ Rumänien
SANTEXPO	Internationale Ausstellung für innovative Gesundheitstechnologien	Paris/Frankreich
TANDFAGLIGE DAGE	Skandinavische Dental-Messe	Kopenhagen/ Dänemark
THE FINNISH DENTAL CONGRESS AND EXHIBITION	Internationale Konferenz und Ausstellung für Dentalausrüstung	Helsinki/Finnland
THERAPIE LEIPZIG	Ausstellungskongress für Therapiefachleute	Leipzig/ Deutschland
THERAPRO	Fachmesse für Therapie, Rehabilitation und Prävention	Stuttgart/ Deutschland
VITALIS	Ausstellung und Konferenz für Informationstechnologien im Gesundheits- und Pflegesektor	Göteborg/ Schweden
WARSAW MEDICAL EXPO	Internationale Fachmesse für medizinische Geräte	Warschau/Polen
WARSAW REHA und CARE FAIR	Internationale Fachmesse für Rehabilitation und Pflege	Warschau/Polen
ZORG/ICT – HEALTHCARE/ICT	Internationale Ausstellung für Informationstechnologien und Telekommunikation im Gesundheitsbereich	Utrecht/ Niederlande

jedoch Flexibilität für konkrete Beschaffungsfälle. So können Material, Preis und Qualität fest vereinbart werden, die Liefermenge und der Lieferzeitpunkt jedoch zunächst offenbleiben (beispielsweise Abruf- oder Sukzessivlieferungsvertrag). Dies bedeutet für den Gesundheitsbetrieb in der Regel niedrigere Preise und eine Preisgarantie für einen längeren Zeitraum.

Im Rahmen der Lieferüberwachung sind die Liefertermine zu kontrollieren und der Wareneingang (Qualität, Vollzähligkeit, Vollständigkeit etc.) zu überprüfen, wobei im Falle von Lieferunstimmigkeiten (Mangel) die gesetzlichen Optionen (Umtausch, Wandlung, Minderung etc.) zur Verfügung stehen.

Häufig erfolgt die Beschaffung von medizinischem Verbrauchsmaterial mithilfe des **E-Procurement,** die elektronische Materialbeschaffung über das Internet. Dies geschieht in der Regel über Lieferantensysteme, bei denen der Gesundheitsbetrieb sich hinsichtlich Bestellmodalitäten und Zahlungsabwicklung am vorgegebenen System des jeweiligen Lieferanten orientiert. Dabei wird den Einkäufern ein auf ihre Bedürfnisse abgestimmtes Produktsortiment vorgegeben, das über eine mit dem Materialwirtschaftssystem des Gesundheitsbetriebs verbundene Bestellplattform Bestellungen elektronisch an die Lieferanten weiterleitet, sowie Lieferschein, Rechnung etc. automatisiert an den Besteller übermittelt. Ein elektronischer Datenaustausch für die Rechnungsbearbeitung und Finanzbuchhaltung ist dabei ebenso möglich, wie eine Re-Identifikation des Materials für den einzelnen Patienten anhand von Patienten- oder Fallnummern (beispielsweise für Rückrufaktionen oder bei herstellerseitigen Produktionsfehlern).

Beispiel

Die *Arbeitsgemeinschaft Kardiologie und medizinischer Sachbedarf (AGKAMED) GmbH* stellt eine Einkaufsgemeinschaft von über 200 Gesundheitseinrichtungen dar, die neben umfangreichen Dienstleistungen beispielsweise in den Bereichen Optimierung von Prozessabläufen, Abwicklung und Unterstützung von Investitionsprojekten und Ausschreibungen nach EU-Recht, auch Lösungen im Bereich des E-Procurement bietet. Dazu gehören die tagesaktuelle elektronische Preispflege und eine direkte Anbindung an die Warenwirtschaftssysteme in den Gesundheitsbetrieben, sowie einer Implementierung von Stamm- und Bewegungsdaten
(vgl. Arbeitsgemeinschaft Kardiologie und medizinischer Sachbedarf, 2023, S. 1).◄

5.3.2 Materialbestandsführung

Der Materialbestandsführung kommt im Gesundheitsbetrieb eine wichtige Aufgabe zu. Nach einem bekannten Grundsatz in der **Logistik** muss das richtige Material, in der richtigen Art und Menge, zum richtigen Zeitpunkt, am richtigen Ort, in der richtigen Qualität bereitstehen. Andernfalls drohen Behandlungsausfälle, Terminverschiebungen,

Leerlaufzeiten, etc., weil dringend benötigtes medizinisches Verbrauchsmaterial nicht zur Verfügung steht oder unnötige Lagerkosten, Kapitalbindungskosten etc. verursacht oder, weil nicht oder mehr benötigtes Material Lagerraum in Anspruch nimmt.

Beispiel

Es ist davon auszugehen, dass aufgrund der wachsenden Budgetverantwortung des OP-Managements sich die Tätigkeiten der zentralen Materialwirtschaft auf Dauer auf die kaufmännische Abwicklung der Materialströme beschränken werden. Klassische Aufgaben wie die Materialbestandsführung werden zunehmend entweder auf die einzelnen Nutzerbereiche des Krankenhauses oder auf die beliefernde Industrie übertragen (vgl. Busse, 2016, S. 114).◄

Die Materialbestandsführung übernimmt somit eine wichtige Kontrollfunktion: Sie überwacht den Bestand an medizinischem Verbrauchsmaterial, die Sicherstellung von Mindestreservemengen, den geeigneten Bestellzeitpunkt, die Lagerzeit bei lagerzeitbefristeten Artikeln und vieles andere mehr. Dazu werden die einzelnen Materialien anhand ihrer Stammdaten erfasst (Bezeichnung, Artikelnummer, Chargennummer, Mengeneinheit, Verfallsdatum etc.) und alle Materialein- und ausgänge möglichst zeitnah verbucht. Dies ermöglicht eine Übersicht über die tatsächlichen Lagerbestände. Bestandsdifferenzen aufgrund von nicht verbuchten Entnahmen, Schwund, Diebstahl etc. lassen sich durch eine **Inventur** (körperliche Bestandsaufnahme durch Zählung) ermitteln (siehe Tab. 5.7).

Die Festlegung eines **Mindestbestandes** hat den Zweck, das entsprechende Verbrauchsmaterial bei unvorhergesehenen höheren Verbräuchen oder auch Lieferengpässen im Gesundheitsbetrieb vorrätig zu haben. Dieser Bestand richtet sich daher nach den durchschnittlichen Lieferzeiten der Händler und nach dem Verbrauch des jeweiligen Materials. Grundlage hierfür sind Erfahrungswerte, die durch Beobachtung über einen längeren Zeitraum hin gesammelt werden können.

Beispiel

Wenn der durchschnittliche Tagesbedarf eines bestimmten Artikels an einem „normalen" Behandlungstag ca. 10 Packungen beträgt und von der Bestellung bis zur Lieferung durchschnittlich zwei Arbeitstage vergehen, könnte beispielsweise eine Mindestreservemenge von ca. 40 Packungen angelegt werden, um einerseits einen erhöhten Tagesbedarf (beispielsweise 15–20 Packungen) ausgleichen und die Lieferzeit von zwei Tagen überbrücken zu können. Unter Berücksichtigung von Wochenenden, Feiertagen etc. kann der Mindestbestand noch höher ausfallen.◄

Das Verfahren, bei dem der Zeitpunkt der Bestellung so gelegt wird, dass der Verfügungsbestand ausreicht, um den Bedarf in der erforderlichen Wiederbeschaffungszeit zu decken, richtet sich nach dem Bestellpunkt. In der Regel ändern sich Bedarf und

Tab. 5.7 Materialbestände bei medizinischem Verbrauchsmaterial

Bestandsart	Beschreibung
Lagerbestand	Gesamter im Lager befindlicher Bestand an medizinischen Verbrauchsmaterialien
Durchschnittsbestand	Durchschnittlicher Lagerbestand über einen längeren Zeitraum hinweg
Maximalbestand	Wirtschaftlicher (nicht volumenmäßiger) Höchstbestand zur Vermeidung unnötig hoher Lagerbestände, bei gleichzeitiger Sicherstellung der Versorgungssicherheit
Mindestbestand	Sicherheitsbestand als „eiserne Reserve", die bei Lieferstörungen die Versorgung mit medizinischen Verbrauchsmaterialien über einen bestimmten Zeitraum hin sichern soll
Meldebestand	Bestandshöhe (Bestellpunkt), bei deren Erreichung die Bestellung erfolgen muss, um den Verfügungsbestand in der erforderlichen Wiederbeschaffungszeit rechtzeitig zu decken
Sperrbestand	Gesperrte medizinische Verbrauchsmaterialien, für die aufgrund von Qualitätsproblemen, abgelaufene Lagerzeit etc. ein Entnahme- und Anwendungsverbot besteht
Reservierungsbestand	Für die laufende oder geplante Behandlungsmaßnahmen bereits fest eingeplanter Bestand an medizinischen Verbrauchsmaterialien
Dispositionsbestand	Bereits verschickte Bestellungen, bei denen das Material noch nicht eingetroffen ist (Material befindet sich in Liefererwartung)
Verfügungsbestand	Materialbestand, über den für Entnahmen frei verfügt werden kann (rechnerisch Lagerbestand zuzüglich Dispositionsbestand und abzüglich Reservierungs-, Mindestbestand

Wiederbeschaffungszeit, sodass man in der Praxis auch den Bestellpunkt modifiziert (gleitender Bestellpunkt) bzw. anhand der Lagerreichweite ermittelt, wie lange der Verfügungsbestand zur Bedarfsdeckung ausreicht. Führt man eine regelmäßige Überprüfung der Bestellnotwendigkeit in festgelegten Zeitabständen durch, so handelt es sich um einen Bestellrhythmus, der Auftragsvorbereitungs-, Bestell- und Lieferzeiten und damit die Wiederbeschaffungszeit im Rahmen eines Kontrollzyklus berücksichtigt. Oft sind auch zusätzliche Zeitanteile einzuplanen, um etwa ausstehende Lieferungen und fehlende Artikel beim Lieferanten anzumahnen oder etwa Lieferunstimmigkeiten hinsichtlich der bestellten Menge problemlos klären zu können.

5.3.3   Materiallagerung, -kommissionierung und -transport

Die **Lagerung** von medizinischen Verbrauchsmaterial, insbesondere von Arzneimitteln in Gesundheitsbetrieben richtet sich nach zahlreichen rechtlichen Rahmenbedingungen, wie beispielsweise dem *Betäubungsmittelgesetz (BtMG)*, der dazugehörigen *Verschreibungs-verordnung (BtMVV)*, dem *Arzneimittelgesetz (AMG)*, dem *Chemikaliengesetz (ChemG)*, der *Gefahrstoffverordnung (GefStoffV)* sowie zahlreichen Leitlinien und Empfehlungen von Fachverbänden und Berufsgenossenschaften.

Beispiel

Nach der *Richtlinie 4114 – K (1.07)* über *Maßnahmen zur Sicherung von Betäubungsmit-telvorräten im Krankenhausbereich, in öffentlichen Apotheken, Arztpraxen sowie Alten-und Pflegeheimen (Stand: 1.1.2007)* des *Bundesinstitut für Arzneimittel und Medizinpro-dukte – Bundesopiumstelle – (BfArM)* hat jeder Teilnehmer am Betäubungsmittelverkehr die in seinem Besitz befindlichen Betäubungsmittel gesondert aufzubewahren und gegen unbefugte Entnahme zu sichern. Eine ausreichende Sicherung gegen eine unbe-fugte Entnahme von Betäubungsmitteln ist grundsätzlich nur gewährleistet, wenn die dafür vorgesehenen Behältnisse oder Räumlichkeiten mindestens folgenden Anfor-derungen für Krankenhaus-Teileinheiten (Stationen o. ä.), Arztpraxen, Alten- und Pflegeheime genügen: Zu verwenden sind zertifizierte Wertschutzschränke mit einem Widerstandsgrad 0 oder höher nach EN 1143-1, wobei Wertschutzschränke mit einem Eigengewicht unter 200 kg entsprechend der EN 1143-1 zu verankern sind und Einmauerschränke in eine geeignete Wand fachgerecht einzubauen sind. Hiervon aus-genommen ist die Aufbewahrung von Betäubungsmittelmengen, die höchstens den durchschnittlichen Tagesbedarf einer Teileinheit darstellen und ständig griffbereit sein müssen. Durch Einschließen Diese sind so zu sichern, dass eine schnelle Entwendung wesentlich erschwert wird (vgl. Bundesinstitut für Arzneimittel und Medizinprodukte, 2007, S. 2).◄

Die **Lagerbedingungen** für Arzneimittel werden durch Licht, Feuchtigkeit, Tempera-tur, mechanische Einwirkungen, hygienische Bedingungen und Luftsauerstoff beeinflusst und müssen so beschaffen sein, dass Wirkstoffgehalt, Reinheit, pH- und Elektrolytwerte, Gleichförmigkeit von Masse und Gehalt des Lagergutes nicht verändert werden, es zu kei-ner Partikelkontamination kommt und die mikrobiologische Qualität und Virussicherheit nicht beeinträchtigt werden.

Daraus ergeben sich Anforderungen an die **Lagerbehältnisse** (Eindosisbehältnisse, Mehrdosenbehältnisse etc.), die das Lagergut vor Verschmutzung, Zersetzung, Lichtein-fall etc. schützen, somit den Inhalt nicht verändern und gleichzeitig in geeigneter Weise eine Entnahme ermöglichen.

Bei der Organisation der Lagerung im Gesundheitsbetrieb herrschen in der Regel die Prinzipien der **Festplatzlagerung** (beispielsweise im „Apothekerschrank“: Das medizini-sche Vebrauchsmaterial liegt immer auf demselben Lagerplatz) sowie die **„Chaotische“ Lagerung** (beispielsweise automatisierte Zentrallagerung in einem Großklinikum: Die Lagerorte für die Materialien werden nach Abmessungen, Lagerbedingungen, Haltbarkeit,

Zugriffshäufigkeit etc. von einem Lagerverwaltungssystem immer wieder neu vergeben) vor. Entsprechend häufig kommen je nach Beschaffenheit der zu lagernden medizinischen Verbrauchsmaterialien *statische* Lagersysteme (Schubladenregale, Block- oder Flächenlager etc.) sowie *dynamische* Systeme (Paternosterregale, automatisches Behälterlager, Durchlaufregale nach dem „first-in-first-out-Prinzip" (fifo) etc.) zur Anwendung (siehe Abb. 5.3).

Da die Haltbarkeit von Arzneimitteln eine besondere Rolle bei der Lagerung von medizinischem Verbrauchsmaterial spielt, gewinnt das fifo-Prinzip an Bedeutung. Zur besseren Überwachung von Chargen-Nummer, Laufzeit und Verfallsdatum eignen sich insbesondere schräg angeordnete Schubläden und Kassetten, bei der die Materialien automatisch zur Bedienerseite in Griffnähe vorrutschen, was gleichzeitig die Lagerdichte erhöht.

Beispiel

Medikamente müssen nicht nur richtig verabreicht, sondern auch sicher aufbewahrt werden, wobei die sichere Aufbewahrung auch Formulare und Dokumente betrifft (z. B. Rezepte), um sie vor unbefugtem Zugriff Dritter zu schützen. Für die Lagerung nicht kühlpflichtiger Medikamente gilt, dass Arzneimittel verschlossen und geschützt vor unbefugtem Zugriff in einem Medikamentenschrank in der Originalverpackung (incl. Umverpackung und Packungsbeilage) zu lagern sind. Dabei sind Feuchtigkeit und Licht zu meiden und die Lagerung sollte bei Raumtemperatur (15 °C bis 25 °C), wenn nicht anders in der Packungsbeilage vermerkt ist, erfolgen. Auch sind die Haltbarkeitsdaten regelmäßig zu kontrollieren, wozu eine Checkliste zur Dokumentation

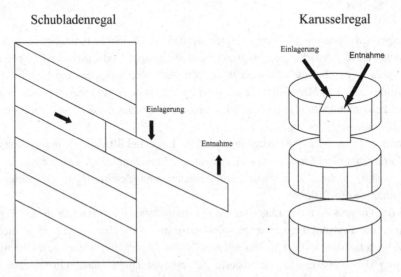

Abb. 5.3 Regallagerung nach dem fifo-Prinzip

der Prüfung der Haltbarkeitsfristen hilfreich sein kann. Die Lagerbestände sollten so sortiert sein, dass Produkte mit kürzerer Haltbarkeit zuerst entnommen werden können. Nach Anbruch zu dokumentieren und regelmäßig zu kontrollieren sind Anbruchdaten und Aufbrauchfristen insbesondere bei Dermatika und flüssigen Darreichungsformen, wozu auf der Verpackung sowohl die Angaben: „Angebrochen am"' und „Verwendbar bis" dokumentiert werden sollten. Die Lagerung kühlpflichtiger Impfstoffe sollte bei +2 °C bis +8 °C erfolgen, wobei diese nach Entnahme aus dem Kühlschrank nicht dem Licht ausgesetzt und nicht in Heizkörpernähe abgelegt werden sollten. Werden Impfstoffe eingefroren, so kann dies zu Wirksamkeitsverlust oder zu schlechterer Verträglichkeit führen. Die Einhaltung einer lückenlosen Kühlkette ist bei der Lagerung und dem Transport von Lebendimpfstoffen, z. B. Masern-Mumps-Röteln-Lebendimpfstoff, vorgeschrieben. In der Regel ist nach Entnahme von Totimpfstoffen, z. B. Diphtherie-, Tetanus- und Pertussis- Adsorbatimpfstoff, aus dem Kühlschrank eine Lagerung bei Raumtemperatur in der Regel bis acht Stunden möglich, wobei die Zeit jedoch so kurz wie möglich zu halten ist (vgl. Richter, 2014, S. 84).◄

Das **Unit-Dose-System** stellt eine patientenindividuelle Arzneimittelversorgung dar, bei der vorgeschnittene Tablettenblister, Ampullen, Kurz-Infusionen und Spritzen in Einzelverpackungen bereitgestellt, mit einem Barcode versehen und beispielsweise an die Stationen eines Krankenhauses abgegeben werden. Während in Gesundheitsbetrieben häufig statische „Person-zur-Ware"-Materialkommissionierungssysteme vorkommen, handelt es bei dem Unit-Dose-System um ein dynamisches System, nach dem „Ware-zur-Person"-Prinzip, bei dem die **Kommissionierung** manuell oder anhand elektronischer Verordnungsdaten automatisch erfolgt und Medikament bzw. Patient beispielsweise mit Barcode Lesern verifiziert werden. Auf diese Weise lassen sich tägliche Medikationen aus sorten- bzw. chargenreinen Lagerbeständen zusammenstellen und nicht verabreichte Medikamente könne wieder eingelagert und verwendet werden (siehe Abb. 5.4).

Zu den wichtigsten Vorteilen eines Unit-Dose-Systems zählen:

* Reduzierung der Rate an Medikationsfehlern,
* Erhöhung der Patientensicherheit,
* höhere Lagerdichte,
* Reduzierung des Arzneimittelschwunds durch konsequente Überwachung von Verfallsdaten der Verwendung der Arzneimittel,
* Bestandsreduzierung auf den Stationen,
* Wiederverwendung des Präparats durch Verbleib im Blister,
* Reduzierung des Aufwands für die Medikationsbereitstellung,
* Verringerung der Arzneimittelkosten durch geringeren Verbrauch und weniger Arzneimittelarten.

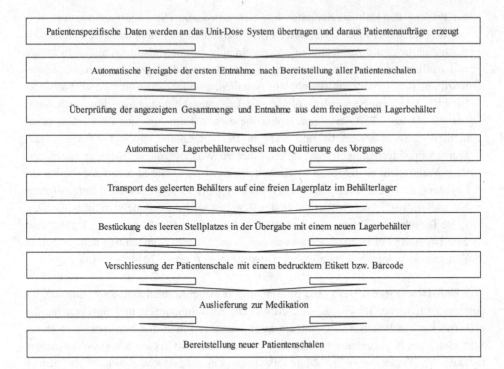

Patientenspezifische Daten werden an das Unit-Dose System übertragen und daraus Patientenaufträge erzeugt

Automatische Freigabe der ersten Entnahme nach Bereitstellung aller Patientenschalen

Überprüfung der angezeigten Gesamtmenge und Entnahme aus dem freigegebenen Lagerbehälter

Automatischer Lagerbehälterwechsel nach Quittierung des Vorgangs

Transport des geleerten Behälters auf eine freien Lagerplatz im Behälterlager

Bestückung des leeren Stellplatzes in der Übergabe mit einem neuen Lagerbehälter

Verschliessung der Patientenschale mit einem bedrucktem Etikett bzw. Barcode

Auslieferung zur Medikation

Bereitstellung neuer Patientenschalen

Abb. 5.4 Ablauf der Materialkommissionierung bei einem Unit-Dose-System

Zur Unterstützung des innerbetrieblichen **Transports** von medizinischem Verbrauchsmaterial, aber auch von anderen Gütern im Rahmen der Ver- und Entsorgung von
Gesundheitsbetrieben lassen sich insbesondere in größeren Einrichtungen **Fördersysteme**
einsetzen.

Rohrpostsysteme ermöglichen den kurzfristigen Transport von leichten, kleinformatigen medizinischen Gütern (Arzneimittel, Laborproben, sensitive medizinische Güter,
Dokumente etc.) über Kurzstrecken oder weitere Wege, ebenerdig, unterirdisch oder über
mehrere Etagen in festen Transportbüchsen oder Einwegbeuteln. Die Transportgeschwin-
digkeit beträgt dabei mehrerer Meter pro Sekunde und das maximales Transportgewicht
ca. 8 kg. Der automatisierte und optimierte Materialfluss entlastet insbesondere das Pflegepersonal von zeitaufwendigen Botengängen. Der Austausch eventuell kontaminierter
Luft innerhalb von verschiedenen Bereichen eines Gesundheitsbetriebs lässt sich durch
eine entsprechende Ein- und Ausschleustechnik vermeiden.

Schienengebundene Fördersysteme bestehen aus Förderbehältern, die sich auf einem
Basisfahrwerk über ein Schienennetz bewegen. Sie lassen sich ebenso wie Rohrpostsysteme über eine horizontal oder vertikal verlaufende Streckenführung einsetzen und
zeichnen sich durch reduzierten Platzbedarf aus. Sie eignen sich ebenso für den Transport

von Medikamenten, Laborproben, Blutkonserven, Akten oder Sterilgut. Je nach Transportbehälter lassen sich Hygieneanforderungen durch automatisierte Ultraschall- oder Nassdesinfektion erfüllen, wobei durch ein größeres Transportgewicht und –volumen (bis zu 50 kg) die Vorteile der Rohrpost mit denen von Kastenförderanlagen kombiniert werden.

Fahrerlose Transportsysteme (FTS) rationalisieren die Materialströme in Gesundheitsbetrieben. Sie ermöglichen für planbare innerbetriebliche Materialtransporte (Wäschever- und entsorgung, Verpflegungsbereitstellung etc.) Zeitpunkt, Gegenstand und Behältnis frühzeitig zu definieren. Mithilfe von bis zu 500 kg fassenden Containern, Laser-Navigationssystemen zur Erkennung von Gebäudekonturen und Hindernissen sowie elektronischen Be- und Entladeeinrichtungen lässt sich bei geringem Platzbedarf der logistische Materialfluss im Gesundheitsbetrieb automatisieren.

Zur Optimierung innerbetrieblicher Transporte in Gesundheitsbetrieben tragen auch elektronische Systeme zur Transportdisposition bei, die die jeweils optimale Zuordnung der vorhandenen Transportaufträge zu geeigneten Läufern und Fahrzeugen errechnen und die notwendige Kommunikation über Mobiltelefone, Handhelds, Piepser, Pager und Datenfunkterminals sicherstellen.

Beispiel

Einen beispielhaften Einblick in den innerbetrieblichen Transportbedarf geben die Zahlen des *Universitätsklinikums Jena.* Dort stellt die Großküche des Klinikums für Patienten und Mitarbeiter täglich 5500 Essensportionen bereit, wofür täglich zwei Tonnen Lebensmittel verarbeitet werden, darunter 1000 Brötchen, 300 Kilo Kartoffeln und 160 Kg Äpfel. Bis zu 8 t Wäsche werden täglich ins Klinikum geliefert oder verlassen dieses wieder in Richtung Wäscherei. Allein im Neubau legen die dort eingesetzten 24 Transportroboter zum Transport aller Güter, Speisen und auch zur Abfallentsorgung täglich etwa 280 Kilometer zurück (vgl. Universitätsklinikum Jena, 2023, S. 1).◄

Radio Frequency Identification (RFID) trägt dazu bei, das Materialmanagement mittels Lokalisierung von nicht nur medizinischen Geräten in Gesundheitsbetrieben zu optimieren. Der Einsatz von Techniken der **Mobilen Datenerfassung** (MDE) in Gesundheitsbetrieben, bei der über Batch-Terminals an Dockingstationen Patientendaten, aber auch Transport- oder Kommissionieraufträge eingelesen und in der übertragenen Reihenfolge abgearbeitet werden können und bei denen die Identifizierung der Patienten oder medizinischen Materialien über Barcodelabels und Scanner oder per RFID-Chip geschieht, ist nicht unumstritten. So wurde in einer Studie niederländischer Wissenschaftler nachgewiesen, dass RFID-Etiketten auf einer Intensivstation die Funktion von lebenswichtigen medizinischen Geräten stören können. Insbesondere bei den zur Ablesung erforderlichen elektromagnetischen Wellen handelt es sich um ein potenzielles

Sicherheitsrisiko (vgl. Krüger-Brand, 2008, S. 1749). Auch müssen die auf wiederver-
wendbaren medizinischen Gegenständen angebrachten RFID-Tags bei der regelmäßigen
Desinfizierung widerstandsfähig und robust genug sein, um Desinfektionslösungen, hohe
Temperaturen, Druck oder ähnliche Belastungen zu überstehen.

5.3.4 Materialentsorgung

Die Entsorgung von Verbrauchsmaterialien in Gesundheitsbetrieben variiert entsprechend
dem Einsatzzweck der Materialien, ihrer Umweltbelastung, Zusammensetzung und ihrem
Zustand erheblich, was sich auf die Art und Weise der Entsorgung auswirkt.

Das *Kreislaufwirtschaftsgesetz (KrWG)* stellt eine wichtige rechtliche Grundlage der
Organisation der Entsorgung und des Umweltschutzes im Gesundheitsbetrieb dar (siehe
auch 3.7.2 Betriebliche Nachhaltigkeits- und Umweltschutzkonzepte). Danach stehen die
Maßnahmen der Vermeidung und der Abfallbewirtschaftung in der Rangfolge Vermeidung
Vorbereitung zur Wiederverwendung, Recycling, sonstige Verwertung, insbesondere ener-
getische Verwertung und Verfüllung, Beseitigung (vgl. § 6 KrWG). Ausgehend von der
Rangfolge soll diejenige Maßnahme Vorrang haben, die den Schutz von Menschen und
Umwelt bei der Erzeugung und Bewirtschaftung von Abfällen unter Berücksichtigung des
Vorsorge- und Nachhaltigkeitsprinzips am besten gewährleistet.

Die Entsorgung hat nach den Grundsätzen der Kreislaufwirtschaft zu erfolgen. Grundlage hierfür sind die Bestimmungen des Abfall-, Infektionsschutz-, Arbeitsschutz-,
Chemikalien- und Gefahrgutrechts.

Beispiel

Gesundheitsbetriebe sollten bevorzugt Mehrwegsysteme einsetzen, um ihre Abfallmengen zu reduzieren, sofern dies mit hygienischen Anforderungen vereinbar ist. Auch
können ausgemusterte Medizin(technik)produkte desinfiziert und gegebenenfalls vom
Hersteller aufgearbeitet in die Wiederverwendung gehen, ebenso wie gut erhaltenes
gebrauchtes Mobiliar, das weitervermittelt werden kann. Um nicht vermeidbare Abfälle
einer möglichst hochwertigen Verwertung zuzuführen, sind entsprechende Wertstoffe
hierzu getrennt von Abfällen aus der medizinischen Behandlung und vom sonstigen
Restmüll zu halten (vgl. Bayerisches Landesamt für Umwelt, 2020, S. 1).◄

Zu den *innerbetrieblichen* Anforderungen an die Entsorgung der Gesundheitsbetriebe
gehören insbesondere

- die getrennte Erfassung der Abfälle an der Anfallstelle,
- das Sammeln und Transportieren zu zentralen innerbetrieblichen Sammelstellen (Lager- und Übergabestellen) sowie
- gegebenenfalls die Vorbehandlung und das Bereitstellen für die Entsorgung (siehe Tab. 5.8).

Beispiel

Als fünftgrößter Müllproduzent in Deutschland gelten Krankenhäuser mit sieben bis acht Tonnen Abfall pro Tag. Je Patientin und Patient fallen pro Tag im Durchschnitt etwa sechs Kilo an (vgl. Lenzen-Schulte, 2019, S. A 96).◄

Die lückenlose **Erfassung** aller anfallenden Abfälle ist dabei als Voraussetzung für ein ordnungsgemäßes Entsorgungssystem der Gesundheitsbetriebe anzusehen. **Sammlung** und **Transport** der Abfälle sollen am Anfallort in den jeweils vorgesehenen Behältnissen hygienisch einwandfrei (unter Vermeidung einer äußeren Kontamination) gesammelt und zum Transport bereitgestellt werden, wobei organische Abfälle in der Regel täglich von der Anfallstelle zu zentralen Sammelstellen zu transportieren sind. Die Sammelbehältnisse müssen nach den Anforderungen der Entsorgung (transportfest, feuchtigkeitsbeständig, fest verschließbar) ausgewählt und für jedermann erkennbar abfall- und gefahrstoffrechtlich gekennzeichnet sein.

Zahlreiche Abfälle aus Gesundheitsbetrieben werden sowohl nach Abfall- als auch nach Gefahrgutrecht transportiert. Das *Europäische Übereinkommen über die Beförderung gefährlicher Güter auf der Straße (ADR)* enthält besondere Vorschriften für den Straßenverkehr hinsichtlich Verpackung, Ladungssicherung und Kennzeichnung von Gefahrgütern. Ansteckungsgefährliche Stoffe im Sinne des *ADR* sind Stoffe, von denen bekannt oder anzunehmen ist, dass sie Krankheitserreger enthalten. Ansteckungsgefährliche Stoffe werden in die Kategorien A und B unterteilt:

- **Kategorie A:** Ansteckungsgefährlicher Stoff, der bei gesunden Menschen oder Tieren eine dauerhafte Behinderung oder eine lebensbedrohende oder tödliche Krankheit hervorruft (Risikogruppe 4 nach WHO, bspw. Lassa-Virus, Ebola-Virus, Tollwut-Virus);
- **Kategorie B:** Ansteckungsgefährlicher Stoff, der den Kriterien für eine Aufnahme in die Kategorie A nicht entspricht (Risikogruppen 1, 2, 3 nach WHO) (vgl. Klinikum Ludwigshafen, 2022, S. 15 ff.).

Die *innerbetriebliche* Behandlung (z. B. desinfizieren, zerkleinern oder verdichten) von Abfällen darf je nach Abfallart beispielsweise nur in zugelassenen Desinfektionsanlagen und außerhalb der Patienten- und Versorgungsbereiche erfolgen, wobei der/die hygienebeauftragte Arzt/Ärztin oder die für die Hygiene Zuständigen (z. B. Krankenhaushygieniker, Hygienefachkraft), Betriebsbeauftragte für Abfall sowie die Sicherheitsfachkraft und der

Tab. 5.8 Beispiele zur Abfallverwertung und -entsorgung (vgl. Bayerisches Landesamt für Umwelt, 2020, S. 10 ff.)

Abfallart	Eigenschaften	Verwertung	Entsorgung
Infektiöse Abfälle	Abfall mit der Eigenschaft „infektiös" enthält lebensfähige Mikroorganismen oder ihre Toxine, die im Menschen oder anderen Lebewesen erwiesenermaßen oder vermutlich eine Krankheit hervorrufen. Abfälle, die als infektiös einzustufen sind, sind sogenannter gefährlicher Abfall.	Eine Verwertung ist nicht zulässig.	Infektiöse Abfälle dürfen nur dann zusammen mit Abfall mit dem AVV-Schlüssel 18 01 04 entsorgt werden, wenn sie vorher im Krankenhaus (Anfallstelle des Abfalls) desinfiziert wurden Das Abfallspektrum, das desinfiziert wird, sollte keine Probleme bei der späteren Entsorgung verursachen, z. B. bei der Anlieferung an einer Müllumladestation. Andernfalls sind sie in dazu bestimmten Anlagen (Krankenhausabfall-verbrennung) als infektiöser Krankenhausabfall zu verbrennen. Für die Verbringung sind spezielle gefahrgutrechtlich zulässige Behältnisse erforderlich, die dann ungeöffnet verbrannt werden.
Körperteile, Organabfälle und nicht infektiöses Blut	Körperteile und Organe sowie Blut oder Blutprodukte sind teils fester, teils flüssiger, nicht gefährlicher Abfall mit dem Abfallschlüssel 18 01 0214.	Abfälle dieser Art werden im Allgemeinen beseitigt. Eine Verwertung dürfte in der Regel nicht infrage kommen.	Auch eine kleine Anzahl von Proberöhrchen, die mit wenigen Millilitern Blut, Teilen aus Blut oder Blutprodukten gefüllt sind, wie sie in Arztpraxen oder vergleichbaren medizinischen Einrichtungen anfallen könnten, sollten nur im Ausnahmefall in den Ausguss entleert und gespült werden. Wasserwirtschaftliche Vorgaben wie die kommunale Entwässerungssatzung sind hier zu beachten. Blutbeutel und Blutkonserven sind im Allgemeinen davon ausgeschlossen. Abfälle mit dem Abfallschlüssel 18 01 02 sind zur Beseitigung am Anfallort in sicher zu verschließende, von der Abfallentsorgungsanlage akzeptierte Behältnisse zu geben. Thermisch behandelt werden dürfen sie in der Regel nur in der Krankenhausabfall-Verbrennungsanlage.

(Fortsetzung)

Tab. 5.8 (Fortsetzung)

Abfallart	Eigenschaften	Verwertung	Entsorgung
Quecksilber- und Chemikalienabfälle	Quecksilber ist Legierungsbestandteil von Zahnamalgam. Flüssiges Quecksilber kann in (Fieber-) Thermometern oder Blutdruckmessgeräten enthalten sein. Quecksilber ist ein giftiges Schwermetall. Daher sind Abfälle, die dieses Element in nennenswerten Konzentrationen enthalten, als gefährlicher Abfall einzustufen. Chemikalienabfälle sind verunreinigte, mehr oder weniger lösliche anorganische oder organische Stoffe oder Gemische unterschiedlicher Zusammensetzung und Konzentration.	Für Quecksilberabfälle gibt es Entsorgungsunternehmen, die dieses Metall und andere Wertstoffe zurückgewinnen. Sofern der quecksilberhaltige Abfall keiner zulässigen Verwendung zugeführt werden kann, muss er beseitigt werden. Für bestimmte Quecksilber- und quecksilberhaltige Abfälle ist nur noch die Beseitigung zulässig. Chemikalienabfälle können nur bedingt einer Verwertung zugeführt werden (z. B. verunreinigte Lösemittel). Diese hat nach KrWG schadlos und ordnungsgemäß zu erfolgen.	Ob kleinere Arztpraxen Quecksilber- und Chemikalienabfälle bei der kommunalen Problemabfallsammlung (stationär zumeist am Wertstoffhof oder im mobilen Einsatz) abgeben dürfen, muss direkt mit der kommunalen Abfallberatung geklärt werden. Falls dies nicht möglich ist, ist ein für Chemikalien fachkundiger Entsorgungs(fach)betrieb zu beauftragen. Gefährliche und gesondert zu entsorgende Abfälle zur Beseitigung (nicht gefährliche Abfälle, die nicht verwertet oder kommunal entsorgt werden können) sind der Sonderabfall-Entsorgung zu überlassen.

(Fortsetzung)

Tab. 5.8 (Fortsetzung)

Abfallart	Eigenschaften	Verwertung	Entsorgung
Ausgemusterte Röntgenschutzkleidung	In Röntgenschutzkleidung sind Folien eingearbeitet, die Körperregionen vor zu Diagnose- oder Kontrollzwecken eingesetzter Röntgenstrahlung schützen sollen. Die Zusammensetzung der Folien variiert je nach Hersteller. Es handelt sich um Kautschuk- oder Kunststofffolien, in denen Metalle, insbesondere Schwermetalle, feinverteilt und chemisch unterschiedlich gebunden vorliegen.	Die gebundenen Schwermetalle oder Metalle sollten aus Ressourcenschutzgründen einer stofflichen Verwertung zugeführt werden. Das ist metallurgisch möglich, bedarf aber eines an diese Form der Metalleinbindung angepassten Prozesses der Verhüttung. Weil Metallhütten in der Regel nur bestimmte Metalle zurückgewinnen und Abfälle verwerten können, wird den Abfallerzeugern empfohlen, bleihaltige von nicht bleihaltiger Schutzkleidung getrennt zu erfassen, zu lagern und dem Entsorgungs(fach)-betrieb zu übergeben.	Mit der Entsorgung ausgemusterter Röntgenschutzkleidung ist ein spezialisierter Entsorger oder ein Entsorgungs(fach)betrieb zu beauftragen. Für gefährlichen Abfall gelten hierbei abfallrechtliche Nachweispflichten. Ob ausgemusterte nicht infektiöse, optisch saubere und aus hygienischer Sicht unbedenkliche Röntgenschürzen kleinerer oder aufgelassener Arztpraxen im Einzelfall auch bei der Problemabfallsammlung abgegeben werden können, muss mit der kommunalen Abfallberatung geklärt werden. Röntgenschutzkleidung, insbesondere solche aus dem OP-Bereich, kann mit Blut, menschlichen Sekreten oder Exkreten in Kontakt gekommen sein. Um sie verwerten zu können, ist sie von medizinischer Seite zu reinigen und zu desinfizieren, bevor sie an Entsorgungsbetriebe abgegeben wird. Sollte Röntgenschutzkleidung in Einzelfällen nicht ausreichend gereinigt und desinfiziert und somit nicht die hygienische Unbedenklichkeit bestätigt werden können, wäre festzulegen, ob sie vonseiten der Klinik als infektiöser Abfall dem AVV-Schlüssel 18 01 03* zuzuordnen und in den hierfür notwendigen, speziellen Behältern zu sammeln ist Diese sind der Krankenhausabfallverbrennungsanlagen einer Beseitigung zuzuführen.

Betriebsarzt/ die Betriebsärztin an der Planung und Inbetriebnahme von betriebsinternen Abfallbehandlungseinrichtungen zu beteiligen sind.

Die *außerbetrieblichen* Anforderungen beim Umgang mit den Abfällen außerhalb der Gesundheitsbetriebe erstrecken sich insbesondere auf die Anforderungen des Umweltschutzes, des Arbeitsschutzes, der Seuchenhygiene und der öffentlichen Sicherheit (vgl. Bund/Länder-Arbeitsgemeinschaft Abfall LAGA, 2021, S. 3 ff.).

5.4 Einsatz medizintechnischer Betriebsmittel

5.4.1 Betriebsmittelplanung

Die **Betriebsmittel** eines Gesundheitsbetriebs setzen sich aus der gesamten medizintechnischen Ausstattung zusammen, die für die betriebliche Leistungserstellung benötigt wird, und übernehmen Hilfs-, Schutz- und Ersatzfunktionen menschlicher medizinischer und pflegerischer Arbeit (vgl. Baumann, 2008, S. 42). Sie unterscheiden sich beispielsweise hinsichtlich ihres Beitrags zur Leistungserstellung des Gesundheitsbetriebs (siehe Tab. 5.9).

Beispiel

Der Dental-Laser einer Zahnärztin stellt ein Betriebsmittel mit direkter Beteiligung an der Leistungserstellung der Zahnarztpraxis und eigener Leistungserbringung dar. Bei dem Behandlungsstuhl hingegen handelt es sich zwar um ein Betriebsmittel mit direkter Beteiligung an der Leistungserstellung, aber ohne eigene Leistungserbringung. Das Behandlungszimmer schließlich stellt ein Betriebsmittel ohne direkte Beteiligung an der Leistungserstellung dar.◄

Tab. 5.9 Systematisierung der Betriebsmittel des Gesundheitsbetriebs

Betriebsmittelarten	Beispiele
Betriebsmittel mit direkter Beteiligung an der Leistungserstellung des Gesundheitsbetriebs und eigener Leistungserbringung	Therapiesysteme für Strahlentherapie und Urologie, Systeme zur Stoßwellentherapie, Anästhesiegeräte, Incubatoren etc.
Betriebsmittel mit direkter Beteiligung an der Leistungserstellung des Gesundheitsbetriebs, ohne eigene Leistungserbringung	Laborsysteme, klinisch-chemische Analysesysteme, Diagnostiksysteme der Angiographie, Computertomographie, Fluoroskopie, Magnetresonanztomographie, Mammographie, Molekulare Bildgebung – Nuklearmedizin, Radiographie, Ultraschalldiagnostik, Chirurgie-Systeme etc.
Betriebsmittel ohne direkte Beteiligung an der Leistungserstellung des Gesundheitsbetriebs	Grundstücke, Gebäude, sonstige Betriebsausstattung etc.

Die Betriebsmittel eines Gesundheitsbetriebs sollen dem Betrieb in der Regel auf Dauer (> 1 Jahr) dienen, gehören zu dessen Sachanlagevermögen und werden infolgedessen in der Bilanz im Anlagevermögen ausgewiesen, wobei Betriebsmittel auch *Geringwertige Wirtschaftsgüter (GWG)* darstellen können.

Während der Einsatz von Betriebsmitteln beispielsweise in der industriellen Produktion häufig aus Rationalisierungs- und Produktivitätssteigerungsüberlegungen heraus erfolgt, überwiegen in Gesundheitsbetrieben die Motive der Behandlungs- und Pflegequalität und der Nutzung des medizintechnischen Fortschritts zu einer genaueren Diagnostik sowie einer verbesserten Erzielung von Behandlungserfolgen.

So kommt der technische Fortschritt bei der Entwicklung neuer medizintechnologischer Betriebsmittel nicht unbedingt dadurch zum Ausdruck, dass Leistungen mit niedrigeren Kosten oder bei gleichen Kosten höhere Leistungsgrade erzielt werden sollen, sondern in erster Linie durch verbesserte oder neuartige Leistungen für den Behandlungseinsatz. Die Berücksichtigung des technischen Fortschritts bei medizintechnischen Betriebsmitteln stellt somit nicht nur eine Kostenfrage dar, die durch die Investitionsrechnung zu lösen ist. Ihre Einführung kann für den Gesundheitsbetrieb als notwendig erachtet werden, um seine Konkurrenzfähigkeit sicherzustellen, und um bestmögliche Behandlungserfolge zu erzielen. Dazu leistet die Medizintechnik einen wichtigen Beitrag, durch die Entwicklung schneller, präziser und schonender Diagnoseverfahren sowie neuer Therapieverfahren mit geringeren Nebenwirkungen.

Medizintechnische Betriebsmittel zeichnen sich durch ein hohes zukünftiges Nutzungspotenzial und durch die enge Kooperation von Wissenschaft und Wirtschaft bei der anwendungsorientierten Grundlagenforschung aus. Medizintechnische Forschungen und Entwicklungen werden überwiegend am anwendungs- und patientenorientierten Bedarf ausgerichtet und auch öffentlich gefördert. An besonderer Bedeutung gewinnt dabei die Entwicklung von Methoden und Instrumenten zur Evaluation bzw. zur Bewertung medizinischer und medizintechnischer Verfahren.

Anhand von Studien zur Situation der Medizintechnik wird deutlich, welche Technologien in welchen medizinischen Fachgebieten von Bedeutung sind (siehe Tab. 5.10).

Nur begrenzt führt der technische Fortschritt von Betriebsmitteln in Gesundheitsbetrieben dazu, dass durch Mechanisierung, Elektrifizierung oder Digitalisierung manuelle Arbeiten des medizinischen oder pflegerischen Personals von medizintechnischen Geräten übernommen werden können. Ist dies dennoch der Fall, so entsteht häufig ein zusätzlicher Aufwand für die Überwachung und Sicherstellung der Funktionsfähigkeit der eingesetzten Medizintechnik. Ebenso geht die vermehrte Automatisierung, soweit sie überhaupt möglich ist, in der Regel mit einer höheren körperlichen Belastung durch geistig-nervliche Anspannung, ständige Wachsamkeit und dauernde Bereitschaft für den Fall von technischen Störungen, die gesundheitsschädigende oder gar lebensbedrohliche Auswirkungen haben können, einher.

Tab. 5.10 Beispiele für Trends in der Medizintechnik (vgl. Beeres et al., 2020, S. 13 ff.)

Trend	Beschreibung
Künstliche Intelligenz und Big Data	Wesentlicher Einfluss von Künstlicher Intelligenz (KI) und Big Data auf Arbeitsmarkt und die Arbeitsweise von Ärzten; Erstellung von detaillierten Analysen über die Daten von Wearables und Fragenkatalogen, deren Vergleich in Echtzeit mit einer Vielzahl von Vergleichsfällen und Ableitung entsprechender Maßnahmen unter Vermeidung unnötiger Arztbesuche; engere Zusammenarbeit von Unternehmen aus dem klassischen Medizinsektor und Herstellern von smarten Produkten (Uhren, Mobilfunk und Sensorik); zunehmender Einsatz von lernenden Computersystemen im Bereich Diagnose (bspw. bei der Diagnose von Brustkrebs anhand von MRT-Scans); Reduzierung der Fehlerquote bei der Zusammenarbeit von Mensch und Maschine
Sensorik	Bedienung von bioelektrischen Funktionen im Körper durch „smarte" aktive Implantate unter Auswertung weiterer physikalischer und relevanter biochemische Parameter (bspw. hochminiaturisierte Hirndrucksensoren oder allgemeine Sensoren, die entweder auf das biochemische Milieu reagieren oder andererseits hochspeziell die Biomarker-Detektion z. B. für die Entzündungsüberwachung bei Heilungsprozessen); Mobile Health (mHealth) als medizinische Verfahren sowie Maßnahmen der privaten und öffentlichen Gesundheitsfürsorge, die auf mobilen Geräten angeboten werden, bspw. als App für Gesundheit, Ernährung oder Sport, deren Funktionalität auf moderner Sensorik basiert; Option, Waagen, Blutzucker- und Bluthochdruckmessgeräte zu verbinden, um medizinische Untersuchungen und Überwachungen zu vereinfachen; stärkere Integration in den alltäglichen Gebrauch; Trend zu besser vernetzter und dialogischer Funktionen bei Self-Tracking und Health Apps

(Fortsetzung)

Tab. 5.10 (Fortsetzung)

Trend	Beschreibung
Patientenindividuelle Medizintechnik	Erhebung umfassender Daten zum Mensch, dessen Vitaldaten und dem daraus abgeleiteten Krankheitsbild, wobei vermehrt der einzelne, individuelle Patient in den Mittelpunkt gestellt wird; zunehmend individualisierte Entwicklung von Therapien und Medizinprodukten auf Basis dieser Daten; voranschreitende Personalisierung mit einer optimal abgestimmte Behandlung; (bspw. digitaler Modellguss in der Zahntechnik; Verwendung von CAD/CAM, um Inlays, Kronen und Brücken aus Keramikblöcken zu fräsen oder aus massiven Metallblöcken Kronen, Sekundärteile, Brücken und sogar Modellgüsse zu fräsen; integrierte Abbildung der komplette Prozesskette der Titanimplantat-Herstellung, beginnend bei der Bildakquise (CT), bis zur Datenumwandlung und 3D-Modellierung, über die Herstellung und Qualifizierung bis hin zur Nachbearbeitung und Reinigung; Anwendung von 3D-Druck, um bspw. Schablonen zu drucken, welche Operationen im Bereich der Wirbelsäule für den operierenden Arzt erleichtern; 3D-Druck menschlicher Organe (sog. Biodrucken), was den Druck von Transplantationsorganen ermöglicht wie bspw. Ohren, Niere, Leber, Herz und Hornhaut
E-Health	Weiterer Ausbau des E-Health als Sammelbegriff für verschiedenartige ärztliche Versorgungskonzepte, die als Gemeinsamkeit den prinzipiellen Ansatz aufweisen, dass medizinische Leistungen der Gesundheitsversorgung in den Bereichen Diagnostik, Therapie und Rehabilitation sowie bei der ärztlichen Entscheidungsberatung über räumliche Entfernungen (oder zeitlichen Versatz) hinweg unter Nutzung von Informations- und Kommunikationstechnologien erbracht werden; dadurch bessere Vernetzung der Akteure des Gesundheitssystems, wodurch Doppel- und Mehrfachuntersuchungen vermieden werden und sich Therapien besser organisieren lassen

(Fortsetzung)

Tab. 5.10 (Fortsetzung)

Trend	Beschreibung
Robotik und vernetzter OP	Weiterentwicklung der roboterassistierten Chirurgie, die minimalinvasive Eingriffe mit hoher Präzision erlaubt (bspw. DaVinci Xi-Operationssystem mit einer vom Operateur bedienten Konsole über die dessen Hand- und Fingerbewegungen direkt auf die Operationsinstrumente übertragen werden; mithilfe eines ca. 10-fach vergrößerten 3D-Bildes des Operationsfeldes und einer bis zu 5-fachen Übersetzung der Handbewegungen können millimetergenaue Bewegungen durchgeführt werden, um feinste Gewebestrukturen zu erkennen und zu schonen, was eine sehr präzise Operation ermöglicht); neben der Einbindung von Robotern in den Operationsprozess gewinnt die Vernetzung verschiedener operationsessenzieller technischer Geräte immer mehr an Bedeutung

Die **Nutzungsdauer** von Betriebsmitteln in Gesundheitsbetrieben richtet sich nach dem Leistungspotenzial der eingesetzten Medizintechnik, ihrer Belastung, Verschleißanfälligkeit, Wartung und Instandhaltung. Neben der technischen Nutzungsdauer ist die wirtschaftliche Nutzungsdauer maßgeblich, die im Wesentlichen abhängt von den Wertminderungen und den damit verbundenen Abschreibungsmöglichkeiten, dem technischen Fortschritt und den Änderungen im Leistungserstellungsprogramm des Gesundheitsbetriebs. Mit Hilfe der auf der technischen Nutzungsdauer (nach Herstellerangaben) und den notwendigen Wiederbeschaffungskosten basierenden kalkulatorischen Abschreibungen, lässt sich nach Ende der realen Nutzungsdauer die Ersatzbeschaffung ermöglichen.

5.4.2 Betriebsmittelbeschaffung

Der Beschaffung von Betriebsmitteln für den Gesundheitsbetrieb geht zunächst eine **Situationsanalyse** voraus. Dabei ist neben der medizinischen Notwendigkeit festzulegen, welches Aufgabenspektrum zukünftig mit dem für die Anschaffung vorgesehenen Betriebsmittel bewältigt werden soll, insbesondere unter Berücksichtigung jener Aufgaben, die gegenwärtig einen besonders hohen Zeit- und Arbeitsaufwand erfordern, bei deren Erfüllung sich ständig Probleme ergeben oder aber auch unstrukturierte Arbeitsabläufe, über die die Betriebsangehörigen klagen.

Aus dem Ergebnis der Situationsanalyse bzw. der Festlegung des Aufgabenspektrums lassen sich die **Anforderungen** an die anzuschaffende Medizintechnik ableiten. Diese münden in der Regel in ein **Lastenheft,** dass als Anforderungsspezifikation (Requirement

Specification) die zu erwartende Leistung möglichst genau definiert und die Grundlage für eine spätere Ausschreibung darstellen kann, in dem es die Forderungen an die Lieferung und Leistung eines Auftragnehmers innerhalb eines Auftrages beschreibt. Das Lastenheft enthält zu diesem Zweck üblicherweise Informationen zu Zielsetzung der Anschaffung, deren Einsatzbedingungen, Anforderungen an Lieferumfang, Benutzbarkeit, Effizienz, Zuverlässigkeit, Änderbarkeit, Risikoeigenschaften sowie Abnahmekriterien etc.

Bei größeren Beschaffungsvolumina wird zur Angebotseinholung eine **Ausschreibung** durchgeführt, mit der eine Vergabe von Aufträgen im Wettbewerb erreicht werden und potenzielle Lieferanten zur Angebotsabgabe aufgefordert werden sollen (siehe Tab. 5.11).

Tab. 5.11 Ausschreibungsarten für die Betriebsmittelbeschaffung

Ausschreibungsart	Synonym	Erläuterung
Leistungsanfrage	Request for Information, RFI	Ausschreibungsvariante zur ersten Sondierung des medizintechnischen Marktes in der Regel anhand von Listenpreisen mit Anfrage an potenzielle Lieferanten, ob Sie einen bestimmten Bedarf grundsätzlich erfüllen können
Preisanfrage	Request for Quotation, RFQ	Anfragen an Lieferanten, von deren grundsätzlicher Leistungsfähigkeit der Gesundheitsbetrieb überzeugt ist, anhand detaillierter Bedarfsbeschreibungen mit unverbindlicher Preisanfrage
Angebotsanfrage	Request for Proposal, RFP	Ausschreibung im engeren Sinn mit der Anforderung innerhalb der angegebenen Gültigkeitsfrist vertraglich bindender Angebote, bestmöglichen Preis, detaillierter Leistungsbeschreibung sowie alle zum Vertragsabschluss gehörenden Zusatzvereinbarungen
Angebotserweiterungsanfrage	Request for Feature, RFF	Verhandlungen und Anfrage zur Erweiterung eines Systems oder Angebots
Auftragsauktionen	--	Versteigerung von Aufträgen des Gesundheitsbetriebs in zumeist internetbasierten Auktionen

Für Gesundheitsbetriebe in öffentlicher Trägerschaft bzw. Rechtsform sind Ausschreibungen nach dem öffentlichen **Vergaberecht** vorgegeben. Dieses setzt sich beispielsweise zusammen aus der

- *Vergabeverordnung (VgV):* Rechtsverordnung, die das Verfahren bei der Vergabe von öffentlichen Aufträgen und deren Nachprüfung regelt;
- *Vergabe- und Vertragsordnung für Bauleistungen (VOB):* Regelungen für die Vergabe von Bauaufträgen durch öffentliche Auftraggeber und für den Inhalt von Bauverträgen;
- *Unterschwellenvergabeverordnung (UVgO):* Regelt die Vergabe öffentlicher Liefer- und Dienstleistungsaufträge unterhalb der EU-Schwellenwerte.

Die *VgV* trifft nähere Bestimmungen über das einzuhaltende Verfahren bei der Vergabe von öffentlichen Aufträgen und bei der Ausrichtung von Wettbewerben durch Gesundheitsbetriebe als öffentliche Auftraggeber (vgl. § 1 VgV). Die Vergabe von öffentlichen Aufträgen erfolgt nach dem *Gesetz gegen Wettbewerbsbeschränkungen (GWB)* im offenen Verfahren, im nicht offenen Verfahren, im Verhandlungsverfahren, im wettbewerblichen Dialog oder in der Innovationspartnerschaft (siehe Tab. 5.12).

> **Beispiel**
>
> Die Kliniken der Stadt Köln gGmbH beschaffen als öffentliche Auftraggeber jährlich vielfältige Waren und Dienstleistungen, wozu eine Vielzahl nationaler und internationaler Ausschreibungen durchgeführt werden. Auftragsbekanntmachungen für die von der Kliniken der Stadt Köln gGmbH zu vergebenen öffentlichen Aufträgen werden beispielsweise auf bund.de, dem zentralen Zugang zu den elektronischen Ausschreibungen, oder auf TED (Tenders Electronic Daily), der Online-Version des Supplement zum Amtsblatt der Europäischen Union für das europäische öffentliche Auftragswesen veröffentlicht. Die Vergabeunterlagen für die von den Kliniken der Stadt Köln gGmbH zu vergebenden öffentlichen Aufträge stehen zum Abruf auf einem elektronischen Vergabeportal bereit (vgl. Kliniken der Stadt Köln, 2023, S. 1).◄

Sofern das Vergaberecht nichts anderes vorsieht oder eine Auftragsvergabe im privatrechtlichen Rahmen möglich ist, ist eine **Auswahlentscheidung** unter Berücksichtigung medizinischer, wirtschaftlicher und ergonomischer Kriterien zu treffen, wie beispielsweise

- Anforderungserfüllung,
- Ausstattung/Patientenkomfort/Leistung,
- Bedienfreundlichkeit,
- Preis,
- Wartungsaufwand,
- Serviceumfang.

Tab. 5.12 Vergabeverfahren nach der VgV

VgV-Norm	Verfahrensart	Beschreibung
§ 15	Offenes Verfahren	Bei einem offenen Verfahren fordert der Gesundheitsbetrieb als öffentlicher Auftraggeber eine unbeschränkte Anzahl von Unternehmen öffentlich zur Abgabe von Angeboten auf, wobei jedes interessierte Unternehmen ein Angebot abgeben kann; der Gesundheitsbetrieb darf von den Bietern nur Aufklärung über das Angebot oder deren Eignung verlangen; Verhandlungen, insbesondere über Änderungen der Angebote oder Preise, sind unzulässig
§ 16	Nicht offenes Verfahren	Bei einem nicht offenen Verfahren fordert der Gesundheitsbetrieb als öffentlicher Auftraggeber eine unbeschränkte Anzahl von Unternehmen im Rahmen eines Teilnahmewettbewerbs öffentlich zur Abgabe von Teilnahmeanträgen auf, wobei jedes interessierte Unternehmen einen Teilnahmeantrag abgeben kann; mit dem Teilnahmeantrag übermitteln die Unternehmen die vom der Gesundheitsbetrieb geforderten Informationen für die Prüfung ihrer Eignung; nur diejenigen Unternehmen, die vom der Gesundheitsbetrieb nach Prüfung der übermittelten Informationen dazu aufgefordert werden, können ein Angebot einreichen; der Gesundheitsbetrieb kann die Zahl geeigneter Bewerber, die zur Angebotsabgabe aufgefordert werden, begrenzen
§ 17	Verhandlungsverfahren	Bei einem Verhandlungsverfahren mit Teilnahmewettbewerb fordert der Gesundheitsbetrieb als öffentlicher Auftraggeber eine unbeschränkte Anzahl von Unternehmen im Rahmen eines Teilnahmewettbewerbs öffentlich zur Abgabe von Teilnahmeanträgen auf, wobei jedes interessierte Unternehmen einen Teilnahmeantrag abgeben kann; mit dem Teilnahmeantrag übermitteln die Unternehmen die vom Gesundheitsbetrieb geforderten Informationen für die Prüfung ihrer Eignung; nur diejenigen Unternehmen, die vom Gesundheitsbetrieb nach Prüfung der übermittelten Informationen dazu aufgefordert werden, können ein Erstangebot einreichen; der Gesundheitsbetrieb kann die Zahl geeigneter Bewerber, die zur Angebotsabgabe aufgefordert werden begrenzen; bei einem Verhandlungsverfahren ohne Teilnahmewettbewerb erfolgt keine öffentliche Aufforderung zur Abgabe von Teilnahmeanträgen, sondern unmittelbar eine Aufforderung zur Abgabe von Erstangeboten an die vom öffentlichen Auftraggeber ausgewählten Unternehmen; der Gesundheitsbetrieb verhandelt mit den Bietern über die von ihnen eingereichten Erstangebote und alle Folgeangebote, mit Ausnahme der endgültigen Angebote, mit dem Ziel, die Angebote inhaltlich zu verbessern; dabei darf über den gesamten Angebotsinhalt verhandelt werden mit Ausnahme der vom Gesundheitsbetrieb in den Vergabeunterlagen festgelegten Mindestanforderungen und Zuschlagskriterien

(Fortsetzung)

Tab. 5.12 (Fortsetzung)

VgV-Norm	Verfahrensart	Beschreibung
§ 18	Wettbewerblicher Dialog	In der Auftragsbekanntmachung oder den Vergabeunterlagen zur Durchführung eines wettbewerblichen Dialogs beschreibt der Gesundheitsbetrieb als öffentlicher Auftraggeber seine Bedürfnisse und Anforderungen an die zu beschaffende Leistung; gleichzeitig nennt und erläutert er die hierbei zugrunde gelegten Zuschlagskriterien und legt einen vorläufigen Zeitrahmen für den Dialog fest; der Gesundheitsbetrieb fordert eine unbeschränkte Anzahl von Unternehmen im Rahmen eines Teilnahmewettbewerbs öffentlich zur Abgabe von Teilnahmeanträgen auf; jedes interessierte Unternehmen kann einen Teilnahmeantrag abgeben; mit dem Teilnahmeantrag übermitteln die Unternehmen die vom Gesundheitsbetrieb geforderten Informationen für die Prüfung ihrer Eignung; nur diejenigen Unternehmen, die vom Gesundheitsbetrieb nach Prüfung der übermittelten Informationen dazu aufgefordert werden, können am Dialog teilnehmen; der Gesundheitsbetrieb kann die Zahl geeigneter Bewerber, die zur Teilnahme am Dialog aufgefordert werden, begrenzen; der Gesundheitsbetrieb eröffnet mit den ausgewählten Unternehmen einen Dialog, in dem er ermittelt und festlegt, wie seine Bedürfnisse und Anforderungen am besten erfüllt werden können; dabei kann er mit den ausgewählten Unternehmen alle Aspekte des Auftrags erörtern; er sorgt dafür, dass alle Unternehmen bei dem Dialog gleichbehandelt werden, gibt Lösungsvorschläge oder vertrauliche Informationen eines Unternehmens nicht ohne dessen Zustimmung an die anderen Unternehmen weiter und verwendet diese nur im Rahmen des jeweiligen Vergabeverfahrens; eine solche Zustimmung darf nicht allgemein, sondern nur in Bezug auf die beabsichtigte Mitteilung bestimmter Informationen erteilt werden; der Gesundheitsbetrieb kann vorsehen, dass der Dialog in verschiedenen aufeinanderfolgenden Phasen geführt wird, sofern der Gesundheitsbetrieb darauf in der Auftragsbekanntmachung oder in den Vergabeunterlagen hingewiesen hat; in jeder Dialogphase kann die Zahl der zu erörternden Lösungen anhand der vorgegebenen Zuschlagskriterien verringert werden; der öffentliche Auftraggeber hat die Unternehmen zu informieren, wenn deren Lösungen nicht für die folgende Dialogphase vorgesehen sind; in der Schlussphase müssen noch so viele Lösungen vorliegen, dass der Wettbewerb gewährleistet ist, sofern ursprünglich eine ausreichende Anzahl von Lösungen oder geeigneten Bietern vorhanden war; der Gesundheitsbetrieb schließt den Dialog ab, wenn er die Lösungen ermittelt hat, mit denen die Bedürfnisse und Anforderungen an die zu beschaffende Leistung befriedigt werden können; die im Verfahren verbliebenen Teilnehmer sind hierüber zu informieren; nach Abschluss des Dialogs fordert der Gesundheitsbetrieb die Unternehmen auf, auf der Grundlage der eingereichten und in der Dialogphase näher ausgeführten Lösungen ihr endgültiges Angebot vorzulegen; die Angebote müssen alle Einzelheiten enthalten, die zur Ausführung des Projekts erforderlich sind; der Gesundheitsbetrieb kann Klarstellungen und Ergänzungen zu diesen Angeboten verlangen; diese Klarstellungen oder Ergänzungen dürfen nicht dazu führen, dass wesentliche Bestandteile des Angebots oder des öffentlichen Auftrags einschließlich der in der Auftragsbekanntmachung oder in den Vergabeunterlagen festgelegten Bedürfnisse und Anforderungen grundlegend geändert werden, wenn dadurch der Wettbewerb verzerrt wird oder andere am Verfahren beteiligte Unternehmen diskriminiert werden; der Gesundheitsbetrieb hat die Angebote anhand der in der Auftragsbekanntmachung oder den Vergabeunterlagen festgelegten Zuschlagskriterien zu bewerten; der Gesundheitsbetrieb kann mit dem Unternehmen, dessen Angebot als das wirtschaftlichste ermittelt wurde, mit dem Ziel Verhandlungen führen, im Angebot enthaltene finanzielle Zusagen oder andere Bedingungen zu bestätigen, die in den Auftragsbedingungen abschließend festgelegt werden; dies darf nicht dazu führen, dass wesentliche Bestandteile des Angebots oder des öffentlichen Auftrags einschließlich der in der Auftragsbekanntmachung oder den Vergabeunterlagen festgelegten Bedürfnisse und Anforderungen grundlegend geändert werden, der Wettbewerb verzerrt wird oder andere am Verfahren beteiligte Unternehmen diskriminiert werden; der Gesundheitsbetrieb kann Prämien oder Zahlungen an die Teilnehmer am Dialog vorsehen

(Fortsetzung)

Tab. 5.12 (Fortsetzung)

VgV-Norm	Verfahrensart	Beschreibung
§ 19	Innovationspartnerschaft	Der Gesundheitsbetrieb als öffentlicher Auftraggeber kann für die Vergabe eines öffentlichen Auftrags eine Innovationspartnerschaft mit dem Ziel der Entwicklung einer innovativen Liefer- oder Dienstleistung und deren anschließenden Erwerb eingehen; der Beschaffungsbedarf, der die Innovationspartnerschaft zugrunde liegt, darf nicht durch auf dem Markt bereits verfügbare Liefer- oder Dienstleistungen befriedigt werden können; der Gesundheitsbetrieb beschreibt in der Auftragsbekanntmachung oder den Vergabeunterlagen die Nachfrage nach der innovativen Liefer- oder Dienstleistung; dabei ist anzugeben, welche Elemente dieser Beschreibung Mindestanforderungen darstellen; es sind Eignungskriterien vorzugeben, die die Fähigkeiten der Unternehmen auf dem Gebiet der Forschung und Entwicklung sowie die Ausarbeitung und Umsetzung innovativer Lösungen betreffen; die bereitgestellten Informationen müssen so genau sein, dass die Unternehmen Art und Umfang der geforderten Lösung erkennen und entscheiden können, ob sie eine Teilnahme an dem Verfahren beantragen; der Gesundheitsbetrieb fordert eine unbeschränkte Anzahl von Unternehmen im Rahmen eines Teilnahmewettbewerbs öffentlich zur Abgabe von Teilnahmeanträgen auf, wobei jedes interessierte Unternehmen einen Teilnahmeantrag abgeben kann; mit dem Teilnahmeantrag übermitteln die Unternehmen die vom öffentlichen Auftraggeber geforderten Informationen für die Prüfung ihrer Eignung; nur diejenigen Unternehmen, die vom Gesundheitsbetrieb infolge einer Bewertung der übermittelten Informationen dazu aufgefordert werden, können ein Angebot in Form von Forschungs- und Innovationsprojekten einreichen; der Gesundheitsbetrieb kann die Zahl geeigneter Bewerber, die zur Angebotsabgabe aufgefordert werden, begrenzen; der Gesundheitsbetrieb verhandelt mit den Bietern über die von ihnen eingereichten Erstangebote und alle Folgeangebote, mit Ausnahme der endgültigen Angebote, mit dem Ziel, die Angebote inhaltlich zu verbessern; dabei darf über den gesamten Auftragsinhalt verhandelt werden mit Ausnahme der vom Gesundheitsbetrieb in den Vergabeunterlagen festgelegten Mindestanforderungen und Zuschlagskriterien; sofern der Gesundheitsbetrieb in der Auftragsbekanntmachung oder in den Vergabeunterlagen darauf hingewiesen hat, kann er die Verhandlungen in verschiedenen aufeinanderfolgenden Phasen abwickeln, um so die Zahl der Angebote, über die verhandelt wird, anhand der vorgegebenen Zuschlagskriterien zu verringern; der Gesundheitsbetrieb trägt dafür Sorge, dass alle Bieter bei den Verhandlungen gleichbehandelt werden; insbesondere enthält er sich jeder diskriminierenden Weitergabe von Informationen, durch die bestimmte Bieter gegenüber anderen begünstigt werden könnten; er unterrichtet alle Bieter, deren Angebote nicht ausgeschieden wurden, in Textform nach dem *BGB* über etwaige Änderungen der Anforderungen und sonstigen Informationen in den Vergabeunterlagen, die nicht die Festlegung der Mindestanforderungen betreffen; im Anschluss an solche Änderungen gewährt der Gesundheitsbetrieb den Bietern ausreichend Zeit, um ihre Angebote zu ändern und gegebenenfalls überarbeitete Angebote einzureichen; der Gesundheitsbetrieb darf vertrauliche Informationen eines an den Verhandlungen teilnehmenden Bieters nicht ohne dessen Zustimmung an die anderen Teilnehmer weitergeben; eine solche Zustimmung darf nicht allgemein, sondern nur in Bezug auf die beabsichtigte Mitteilung bestimmter Informationen erteilt werden; der Gesundheitsbetrieb muss in den Vergabeunterlagen die zum Schutz des geistigen Eigentums geltenden Vorkehrungen festlegen; die Innovationspartnerschaft wird durch Zuschlag auf Angebote eines oder mehrerer Bieter eingegangen; eine Erteilung des Zuschlags allein auf der Grundlage des niedrigsten Preises oder der niedrigsten Kosten ist ausgeschlossen; der Gesundheitsbetrieb kann eine Innovationspartnerschaft mit einem Partner oder mit mehreren Partnern, die getrennte Forschungs- und Entwicklungstätigkeiten durchführen, eingehen; die Innovationspartnerschaft wird entsprechend dem Forschungs- und Innovationsprozess in zwei aufeinanderfolgenden Phasen strukturiert: einer Forschungs- und Entwicklungsphase, die die Herstellung von Prototypen oder die Entwicklung der Dienstleistung umfasst, und einer Leistungsphase, in der die aus der Partnerschaft hervorgegangene Leistung erbracht wird; die Phasen sind durch die Festlegung von Zwischenzielen zu untergliedern, bei deren Erreichen die Zahlung der Vergütung in angemessenen Teilbeträgen vereinbart wird; der Gesundheitsbetrieb stellt sicher, dass die Struktur der Partnerschaft und insbesondere die Dauer und der Wert der einzelnen Phasen den Innovationsgrad der vorgeschlagenen Lösung und die Abfolge der Forschungs- und Innovationstätigkeiten widerspiegeln; der geschätzte Wert der Liefer- oder Dienstleistung darf in Bezug auf die für ihre Entwicklung erforderlichen Investitionen nicht unverhältnismäßig sein; auf der Grundlage der Zwischenziele kann der Gesundheitsbetrieb am Ende jedes Entwicklungsabschnitts entscheiden, ob er die Innovationspartnerschaft beendet oder, im Fall einer Innovationspartnerschaft mit mehreren Partnern, die Zahl der Partner durch die Kündigung einzelner Verträge reduziert, sofern der öffentliche Auftraggeber in der Auftragsbekanntmachung der vorgeschlagenen Lösung und darauf hingewiesen hat, dass diese Möglichkeiten bestehen und unter welchen Umständen davon Gebrauch gemacht werden kann; nach Abschluss der Forschungs- und Entwicklungsphase ist der Gesundheitsbetrieb zum anschließenden Erwerb der innovativen Liefer- oder Dienstleistung nur dann verpflichtet, wenn das bei Eingehung der Innovationspartnerschaft festgelegte Leistungsniveau und die Kostenobergrenze eingehalten werden

Zur Entscheidungsunterstützung bietet sich die Anwendung einer **Nutzwertanalyse** (NWA) an, die anhand von Kategorien für den Erfüllungsgrad der Kriterien, deren Gewichtung und der anschließenden Bewertung der einzelnen Angebotsalternativen zu einer quantitativen Ergebnismatrix gelangt (siehe Tab. 5.13).

Die **Einführungsphase** von komplexen medizintechnischen Systemen in Gesundheitsbetrieben verlangt eine gründliche Vorbereitung, um gerade zu Beginn der Nutzung der neuen Betriebsmittel Bedienungsfehler, Pannen oder sonstige Schwierigkeiten zu vermeiden. Der eigentliche **Umstellungsvorgang** auf die Anwendung neuer Medizintechnik kann auf verschiedene Arten vollzogen werden:

- **Totalumstellung:** Gerade in der Anlaufphase kommt es in der Regel immer zu Schwierigkeiten, wobei die Gefahr besteht, dass es bei einer sofortigen Totalumstellung zu erheblichen organisatorischen Problemen kommen kann und die Mitarbeitenden zu

Tab. 5.13 Beispiel für eine Nutzwertanalyse zur Entscheidung über Beschaffungsalternativen

Kriterium	Gewicht	Radiologisches System A	Radiologisches System B
Anforderungs-erfüllung (1)	25	Übererfüllt die gestellten Anforderungen	Erfüllt die gestellten Anforderungen
Ausstattung / Patientenkomfort / Leistung (2)	30	Neuester Stand der Medizintechnik	Auslaufmodell
Bedienfreundlichkeit (3)	5	Einfache Bedienung	Umfangreiche Einweisung notwendig
Preis (4)	25	150.000	120.000
Wartungsaufwand (5)	10	einmal jährlich	alle 6 Monate
Serviceumfang (6)	5	Service nach Terminvereinbarung durch Fremdfirma	24 Std. Rufbereitschaft d. Herstellers
Summe	100		

Kriterium	0 Punkte	2 Punkte	5 Punkte	8 Punkte	10 Punkte	Gewicht	Erf.-grad A	Nutz-wert A	Erf. grad B	Nutz-wert B
1	nicht erfüllt	…	ausr. erfüllt	…	vollst. erfüllt	25	10	250	10	250
2	gering. Komf. / Leistg.	…	ausr. Komf. / Lstg.	…	hoher Komf. / Lstg.	30	10	300	5	150
3	schlecht	…	aus-reichend	…	sehr gut	5	8	40	2	10
4	über-teuert	…	ange-messen	…	preis-günstig	25	2	50	8	200
5	hoch	…	akzep-tabel	…	gering	10	8	80	2	20
6	schlecht	…	aus-reichend	…	sehr gut	5	2	10	10	50

		Nutzwert	730		680

den herkömmlichen Verfahren greifen müssen und das neue System unter Umständen ablehnen;

- **Teilumstellung:** Die einzelnen Bereiche des Gesundheitsbetriebs, die zukünftig mit der neuen Medizintechnik arbeiten sollen, werden nach und nach umgestellt. Immer dann, wenn ein Teilbereich einwandfrei funktioniert, wird mit der Umstellung des nächsten Teilbereichs begonnen; dieses Verfahren ist zwar langwieriger, führt aber, insbesondere wenn mit unproblematischen Teilbereichen begonnen wird, zu raschen Erfolgen und einer Erhöhung der Akzeptanz bei den Mitarbeitenden;

- **Parallelumstellung:** Bei ihr werden alle Funktionen für einen gewissen Zeitraum sowohl mit der neuen Medizintechnik als auch parallel dazu mit den herkömmlichen Methoden durchgeführt. Erst wenn alle Teilbereiche des Gesundheitsbetriebs einwandfrei mithilfe der neuen Betriebsmittel funktionieren, erfolgt der Verzicht auf die bisherigen Arbeitsweisen; Dies bedeutet für den Zeitraum des Parallelbetriebs einen erhöhten Arbeits- und Kostenaufwand, vermeidet jedoch Arbeitsunterbrechungen und bietet den direkten Vergleich zwischen den bisherigen Verfahren und den neuen Möglichkeiten. Anpassungen und Korrekturen können direkt vorgenommen werden.

Das **Akzeptanzproblem** bei den Patienten und den Mitarbeitenden des Gesundheitsbetriebs in Zusammenhang mit der Einführung neuer Betriebsmittel ist nicht zu unterschätzen. Es beruht bei den Mitarbeitenden häufig in der Angst, den neuen Anforderungen nicht gewachsen zu sein, zu versagen, vor dem Überflüssigwerden erworbener und bewährter Kenntnisse, neue Fertigkeiten erwerben zu müssen und bei den Patienten vor dem unmittelbaren Kontakt mit der Technik und dem Misstrauen ihr gegenüber. Daher ist es wichtig, Mitarbeitende und Patienten bereits so früh wie möglich zu informieren und in den Einführungsprozess einzubeziehen.

Beispiel

Wird den Mitarbeitenden des Gesundheitsbetriebs eine Technik vorgesetzt, die ausschließlich die Betriebsleitung bestimmt hat, so wird die Bereitschaft zur Identifikation mit der neuen Technik unter Umständen nicht sehr groß sein. Können sie aber bei der Anschaffung, der Auswahl und Einführung mitbestimmen, so eignen sie sich über eine verbesserte positive Grundeinstellung nicht nur schneller das nötige Wissen an, sondern erleben bei der gemeinsamen Problembewältigung auch Teamarbeit und Teamgeist, was zu einer gleichzeitigen Verbesserung des Arbeitsklimas führen kann. Dabei ist es auch wichtig, Einwände und Sorgen der Mitarbeite ndenernst zu nehmen und vor allen Dingen auch inoffizielle „Rangordnungen" zu beachten, damit sich ältere Mitarbeitende gegenüber jüngeren, die vielleicht einen leichteren Zugang zu neuen Technologien haben, nicht zurückgesetzt fühlen.◄

5.4.3 Einsatzbedingungen

Beim Einsatz medizintechnischer Geräte in Gesundheitsbetrieben besteht grundsätzlich das Risiko, dass es aufgrund von technischen Eigenschaften/Gerätedefekten oder der Gebrauchstauglichkeit als auch durch die Anwendung selbst zu unerwünschten Ereignissen kommen kann. Auch besteht die Gefahr von physischen Belastungen der Mitarbeitenden von Gesundheitsbetrieben durch mangelnde Ergonomie und Gebrauchstauglichkeit beim Umgang mit Medizinprodukten und Einrichtungsgegenständen. So stellen ergonomisch mangelhafte und schlecht bedienbare **Medizinprodukte** ein erhebliches Risiko für Sicherheit und Gesundheit dar, was bei Beschäftigten Belastungen des Muskel-Skelett-Systems, mechanische Gefährdungen und psychische Fehlbelastungen zur Folge haben kann.

Gesundheitsbetriebe müssen den sicheren Betrieb von Medizinprodukten gewährleisten, wozu die Produktauswahl und die Organisation der Abläufe einen wichtigen Beitrag leisten. Regelmäßige Unterweisungen, Geräteprüfungen und Wartungen sind ebenso notwendig, wie die durchzuführende Gefährdungsbeurteilung. Die Reduzierung von Risiken und Fehlern vermeidet Folgekosten und trägt dazu bei, arbeitsbedingte Erkrankungen und Verletzungen der Beschäftigten zu verhindern und die Patientensicherheit zu erhöhen. Daher dürfen Medizinprodukte nur von Personen betrieben oder angewendet werden, die über eine entsprechende Ausbildung oder Kenntnis und Erfahrung verfügen (vgl. Berufsgenossenschaft für Gesundheitsdienst und Wohlfahrtspflege, 2023, S. 1).

Um Risiken und Gefährdungen zu minimieren, unterliegt der Einsatz medizintechnischer Geräte in Gesundheitsbetrieben den Bestimmungen des *Medizinprodukterecht-Durchführungsgesetzes (MPDG), der Medizinproduktebetreiberverordnung (MPBetreibV)* und der *Medizinprodukte-Anwendermelde- und Informationsverordnung (MPAMIV).*

Während das *MPDG* allgemein die Anforderungen an Medizinprodukte und deren Betrieb (u. a. klinische Bewertung und Prüfung, Sicherheitsbeauftragter für Medizinprodukte, Verfahren zum Schutz vor Risiken) regelt, ist die *MPBetreibV* für das Errichten, Betreiben, Anwenden und Instandhalten von Medizinprodukten nach den Bestimmungen des *MPDG* maßgeblich und damit das Regelwerk für alle Anwender und Betreiber von Medizinprodukten.

Beispiel

Nach dem *MPDG* dürfen Medizinprodukte nicht betrieben oder angewendet werden, wenn sie Mängel aufweisen, durch die Patienten, Beschäftigte oder Dritte gefährdet werden können (vgl. § 11 MPDG). Medizinprodukte dürfen nur von Personen betrieben oder angewendet werden, die die dafür erforderliche Ausbildung oder Kenntnis und Erfahrung besitzen. Eine Einweisung in die ordnungsgemäße Handhabung des Medizinproduktes ist erforderlich und nur nicht erforderlich, wenn das Medizinprodukt selbsterklärend ist oder eine Einweisung bereits in ein baugleiches Medizinprodukt erfolgt ist. Die Einweisung in die ordnungsgemäße Handhabung aktiver nichtimplantierbarer Medizinprodukte ist in geeigneter Form zu dokumentieren. Anwender haben sich vor dem Anwenden eines Medizinproduktes von der Funktionsfähigkeit und dem ordnungsgemäßen Zustand des Medizinproduktes zu überzeugen und die Gebrauchsanweisung sowie die sonstigen beigefügten sicherheitsbezogenen Informationen und Instandhaltungshinweise zu beachten. Die Gebrauchsanweisung und die dem Medizinprodukt beigefügten Hinweise sind so aufzubewahren, dass die für die Anwendung des Medizinproduktes erforderlichen Angaben dem Anwender jederzeit zugänglich sind (vgl. § 4 MPBetreibV).◄

Die *MPBetreibV* ist für das Errichten, Betreiben, Anwenden und Instandhalten von Medizinprodukten nach den Bestimmungen des MPG gültig und damit das Regelwerk für alle Anwender und Betreiber von Medizinprodukten. Nach ihr dürfen medizinisch-technische Betriebsmittel nur nach den Vorschriften der Verordnung, den allgemein anerkannten Regeln der Technik und den Arbeitsschutz- und Unfallverhütungsvorschriften und nur von Personen, die eine entsprechende Ausbildung, Kenntnis und Erfahrung besitzen, errichtet, betrieben, angewendet und in Stand gehalten werden (vgl. § 2 MPBetreibV).

Besondere Regelungen trifft die *MPBetreibV* für ausgewählte aktive Medizinprodukte und Medizinprodukte mit Messfunktion (siehe Tab. 5.14).

Für die in der Tabelle aufgeführten Produkte ist unter anderem ein **Medizinproduktebuch** zu führen, das beispielsweise folgende Angaben enthalten muss (vgl. § 12 MPBetreibV):

- erforderliche Angaben zur eindeutigen Identifikation des Medizinproduktes;
- Beleg über die Funktionsprüfung und Einweisung;
- Name der beauftragten Person, Zeitpunkt der Einweisung sowie Namen der eingewiesenen Personen;
- Fristen und Datum der Durchführung sowie das Ergebnis von vorgeschriebenen sicherheits- und messtechnischen Kontrollen und Datum von Instandhaltungen sowie der Name der verantwortlichen Person oder der Firma, die diese Maßnahme durchgeführt hat;
- Datum, Art und Folgen von Funktionsstörungen und wiederholten gleichartigen Bedienungsfehlern sowie
- Angaben zu Vorkommnismeldungen an Behörden und Hersteller.

Alle aktiven nichtimplantierbaren Medizinprodukte des jeweiligen Gesundheitsbetriebs sind in ein **Bestandsverzeichnis** mit beispielsweise folgenden Angaben einzutragen (vgl. § 13 MPBetreibV):

- Bezeichnung, Art und Typ, Loscode oder die Seriennummer, Anschaffungsjahr des Medizinproduktes;

Tab. 5.14 Beispiele für aktive Medizinprodukte und Medizinprodukte mit Messfunktion nach der MPBetreibV (vgl. Anlagen 1 und 2 MPBetreibV)

Produktart	Produktbeschreibung
Nichtimplantierbare aktive Medizinprodukte	Produkte zur Erzeugung und Anwendung elektrischer Energie zur unmittelbaren Beeinflussung der Funktion von Nerven und/oder Muskeln beziehungsweise der Herztätigkeit einschließlich Defibrillatoren
	Produkte zur intrakardialen Messung elektrischer Größen oder Messung anderer Größen unter Verwendung elektrisch betriebener Messsonden in Blutgefäßen beziehungsweise an freigelegten Blutgefäßen
	Produkte zur Erzeugung und Anwendung jeglicher Energie zur unmittelbaren Koagulation, Gewebezerstörung oder Zertrümmerung von Ablagerungen in Organen
	Produkte zur unmittelbaren Einbringung von Substanzen und Flüssigkeiten in den Blutkreislauf unter potentiellem Druckaufbau, wobei die Substanzen und Flüssigkeiten auch aufbereitete oder speziell behandelte körpereigene sein können, deren Einbringen mit einer Entnahmefunktion direkt gekoppelt ist
	Produkte zur maschinellen Beatmung mit oder ohne Anästhesie
	Produkte zur Diagnose mit bildgebenden Verfahren nach dem Prinzip der Kernspinresonanz
	Produkte zur Therapie mit Druckkammern
	Produkte zur Therapie mittels Hypothermie
	Säuglingsinkubatoren
	Externe aktive Komponenten aktiver Implantate
Medizinprodukte, die messtechnischen Kontrollen unterliegen	Medizinprodukte zur Bestimmung der Hörfähigkeit (Ton- und Sprachaudiometer)
	Medizinprodukte zur Bestimmung von Körpertemperaturen (mit Ausnahme von Quecksilberglasthermometern mit Maximumvorrichtung): medizinische Elektrothermometer, mit austauschbaren Temperaturfühlern, Infrarot-Strahlungsthermometer

(Fortsetzung)

Tab. 5.14 (Fortsetzung)

Produktart	Produktbeschreibung
	Messgeräte zur nichtinvasiven Blutdruckmessung
	Medizinprodukte zur Bestimmung des Augeninnendruckes (Augentonometer)
	Therapiedosimeter bei der Behandlung von Patienten von außen: mit Photonenstrahlung im Energiebereich bis 1,33 MeV (allgemein; mit geeigneter Kontrollvorrichtung, wenn der Betreiber in jedem Messbereich des Dosimeters mindestens halbjährliche Kontrollmessungen ausführt, ihre Ergebnisse aufzeichnet und die bestehenden Anforderungen erfüllt werden); mit Photonenstrahlung im Energiebereich ab 1,33 MeV und mit Elektronenstrahlung aus Beschleunigern mit messtechnischer Kontrolle in Form von Vergleichsmessungen; mit Photonenstrahlung aus Co-60-Bestrahlungsanlagen
	Diagnostikdosimeter zur Durchführung von Mess- und Prüfaufgaben, sofern sie nicht nach der Strahlenschutzverordnung dem Mess- und Eichgesetz unterliegen
	Tretkurbelergometer zur definierten physikalischen und reproduzierbaren Belastung von Patienten

Ausnahmen von messtechnischen Kontrollen: Abweichend unterliegen keiner messtechnischen Kontrolle Therapiedosimeter, die nach jeder Einwirkung, die die Richtigkeit der Messung beeinflussen kann, sowie mindestens alle zwei Jahre in den verwendeten Messbereichen kalibriert und die Ergebnisse aufgezeichnet werden; die Kalibrierung muss von fachkundigen Personen, die vom Betreiber bestimmt sind, mit einem Therapiedosimeter durchgeführt werden, dessen Richtigkeit sichergestellt worden ist und das bei der die Therapie durchführenden Stelle ständig verfügbar ist;
Messtechnische Kontrollen in Form von Vergleichsmessungen: Luftimpuls-Tonometer werden nicht auf ein nationales Normal, sondern auf ein klinisch geprüftes Referenzgerät gleicher Bauart zurückgeführt; Für diesen Vergleich dürfen nur von einem nationalen Metrologieinstitut geprüfte Verfahren und Transfernormale verwendet werden; Vergleichsmessungen werden von einer durch die zuständige Behörde beauftragten Messstelle durchgeführt

- Name oder Firma und die Anschrift des Herstellers oder des Bevollmächtigten oder, sofern der Hersteller keinen Unternehmenssitz in der Europäischen Union und keinen Bevollmächtigten beauftragt hat, des Importeurs;
- soweit vorhanden, betriebliche Identifikationsnummer;
- Standort und betriebliche Zuordnung;
- die festgelegte Frist für sicherheitstechnische Kontrollen.

Beispiel

Aktive Medizinprodukte in einer Zahnarztpraxis sind beispielsweise:

- Behandlungseinheit als Ganzes,
- Patientenstuhl,
- Behandlungs-(OP)leuchte,
- Glasfiber-Kaltlicht-Leuchte für sich oder kombiniert,
- Ultraschall-Zahnsteinentfernungsgerät,
- Zahnfilm-Röntgen-Gerät,
- Panorama-Röntgen-Gerät,
- Ultra-Violett-Licht-Härte-Gerät,
- Vitalitäts-Sensibilitäts-Prüfungsgerät – elektrisch und Akku,
- Wurzelkanallängen-Messgerät elektrisch,
- Absaug-Gerät
- Speichelsauger,
- Wasser- und/oder Luftbläser,
- Bestrahlungsgeräte – Infrarot – Kurzwelle (Radar-med.) Ultrakurzwelle,
- die gesamte Luftdruck- und Absauganlage einschließlich Kompressor,
- Heißluftsterilisator
- Autoclav,
- Chemiclav,
- Ultraschall-Reinigungsgerät,
- Thermo-Desinfektor
- als Einzelteil (Turbine, Mikromotoren als Träger der rotierenden Instrumente mit Hand- und Winkelstück) (vgl. Zahnärztekammer Bremen, 2021, S. 4 f.).◄

Für bestimmte Medizinprodukte mit Messfunktion sind nach der *MPBetreibV* messtechnische Kontrollen (MTK) vorgeschrieben. Auch Gesundheitsbetriebe haben MTK durchzuführen oder durch geeignete Personen, Betriebe oder Einrichtungen oder die Eichbehörde durchführen zu lassen. Bei der Anschaffung und Verwendung von Waagen in Arztpraxen, welche im Bereich der Heilkunde Anwendung finden, ist darauf zu achten, dass sie nur verwendet werden dürfen, wenn sie eine Zulassung und ein Zulassungszeichen oder eine Konformitätskennzeichnung besitzen. Personenwaagen in der Praxis von Ärzten oder Heilpraktikern und Säuglingswaagen zur Bestimmung der Masse bei der Ausübung der Heilkunde beim Wiegen von Patienten aus Gründen der ärztlichen Überwachung, Untersuchung und Behandlung dürfen nur verwendet werden, d. h. betrieben oder bereitgehalten werden, wenn sie geeicht sind (vgl. Staatsbetrieb für Mess- und Eichwesen Freistaat Sachsen, 2017, S. 2). Die entsprechenden Rechtsgrundlagen finden sich im *Mess- und Eichgesetz (MessEG)* in Verbindung mit der *Mess- und Eichverordnung (MessEV):* So fallen Messgeräte beispielsweise unter das *MessEG* und die *MessEV*, wenn sie bestimmt sind

- zur Bestimmung der Masse, des Volumens, des Drucks, der Temperatur, der Dichte und des Gehalts bei Analysen in medizinischen und pharmazeutischen Laboratorien oder
- zur Bestimmung der Masse bei der Ausübung der Heilkunde beim Wiegen von Patienten aus Gründen der ärztlichen Überwachung, Untersuchung und Behandlung (vgl. § 1 *MessEV*).

Die Messgeräte unterliegen Eichfristen und dürfen nicht ungeeicht verwendet werden (vgl. § 37 *MessEG*).

Darüber hinaus regelt die *Medizinprodukte-Anwendermelde- und Informationsverordnung (MPAMIV),* dass Personen, die Produkte beruflich oder gewerblich betreiben oder anwenden, dabei aufgetretene mutmaßliche schwerwiegende Vorkommnisse unverzüglich der zuständigen Bundesoberbehörde zu melden haben, was entsprechend für Ärzte und Zahnärzte gilt, denen in Ausübung ihrer beruflichen Tätigkeit mutmaßliche schwerwiegende Vorkommnisse bekannt werden (vgl. § 3 MPAIV). Es handelt sich dabei um Vorkommnisse, bei denen nicht ausgeschlossen ist, dass sie auf einer unerwünschten Nebenwirkung eines Produktes, auf einer Fehlfunktion, einer Verschlechterung der Eigenschaften oder der Leistung eines Produktes, einschließlich Anwendungsfehlern aufgrund ergonomischer Merkmale oder einer Unzulänglichkeit der vom Hersteller bereitgestellten Informationen beruhen und die direkt oder indirekt eine der nachstehenden Folgen hatte oder hätte haben können:

- den Tod eines Patienten, Anwenders oder einer anderen Person,
- die vorübergehende oder dauerhafte schwerwiegende Verschlechterung des Gesundheitszustands eines Patienten, Anwenders oder einer anderen Person oder
- eine schwerwiegende Gefahr für die öffentliche Gesundheit (vgl. § 2 MPAIV).

Patienten oder deren Angehörige sollen über mutmaßliche schwerwiegende Vorkommnisse mit Produkten, von denen sie betroffen sind, den behandelnden Arzt oder Zahnarzt oder den Händler, der das Produkt bereitgestellt hat, informieren, wobei sie auch mutmaßliche schwerwiegende Vorkommnisse der zuständigen Bundesoberbehörde direkt melden können (vgl. § 2 MPAIV).

5.4.4   Betriebsmittelinstandhaltung

Beim Gebrauch medizintechnischer Geräte und Systeme können eine Reihe von Gefahren für den Patienten, den Bediener und die Umgebung auftreten. Um diese weitestgehend zu reduzieren, ist eine fachgerechte Wartung und Instandhaltung der im Gesundheitsbetrieb eingesetzten Medizinprodukte nötig.

Beispiel

Die Instandhaltung von Medizinprodukten umfasst insbesondere Instandhaltungsmaßnahmen und die Instandsetzung. Instandhaltungsmaßnahmen sind insbesondere Inspektionen und Wartungen, die erforderlich sind, um den sicheren und ordnungsgemäßen Betrieb der Medizinprodukte fortwährend zu gewährleisten. Die Instandhaltungsmaßnahmen sind unter Berücksichtigung der Angaben des Herstellers durchzuführen, der diese Angaben dem Medizinprodukt beizufügen hat. Die Instandsetzung umfasst insbesondere die Reparatur zur Wiederherstellung der Funktionsfähigkeit (vgl. § 7 MPBetreibV).◄

Während bei der **Wartung** die Abnutzungsreduzierung im Vordergrund steht, um beispielsweise durch fachgerechten, planmäßigen Austausch von Verschleißteilen funktionserhaltendes Reinigen, Konservieren oder Nachfüllen von Verbrauchsstoffen eine möglichst lange Lebensdauer und einen geringen Verschleiß der gewarteten Medizinprodukte zu erzielen, ist die **Instandhaltung** als übergeordnete Aufgabe des Gesundheitsbetriebs insgesamt stärker auf die Vorbeugung zur Vermeidung von Systemausfällen ausgerichtet.

Dazu verfolgt sie zweckmäßigerweise einen *risikoorientierten Ansatz (Risk Based Maintenance, RBM)*, der das Gefahrenpotenzial und die Eintrittswahrscheinlichkeit eines Fehlerereignisses bei medizinischtechnischen Betriebsmitteln und die daraus entstehenden möglichen Folgen für Patienten oder Mitarbeiter berücksichtigt. Hierfür bieten sich grundsätzliche folgende Instandhaltungsstrategien an, die das Risiko einer möglichen Fehlfunktion unterschiedlich berücksichtigen:

- **Ausfallorientierung:** Betrieb bis zum Eintreten eines Fehlers *(Run to Failure)* mit Schwerpunkt auf einer möglichst schnellen Instandsetzung;
- **Intervallorientierung:** Betriebsstunden, Zählerstände oder Zeitintervalle als Auslöser für Wartungs- und Instandhaltungsmaßnahmen;
- **Zustandsorientierung:** Wartungs- und Instandhaltungsmaßnahmen auf der Basis von Gerätezustandsmeldungen, Datenabfragen oder Teleservice (Datenaustausch mit entfernt stehenden medizin-technischen Anlagen zum Zweck der Zustandsdiagnose, Fernwartung Datenanalyse oder Optimierung);
- **Zuverlässigkeitsorientierung (Reliability Centered Maintenance, RCM):** Intervall- und Zustandsbasierte Instandhaltung unter zusätzlicher Berücksichtigung möglicher

Risiken aus Umwelteinflüssen, Einsatzbedingungen und sonstigen Daten, die mögliche Besonderheiten der Nutzungsumgebung (beispielsweise Stromschwankungen, Strahleneinfluss, klimatische Bedingungen etc.) widerspiegeln.

Während bei der *Vorbeugenden Instandhaltung (preventive Maintenance)* von Medizinprodukten nach den Herstellervorgaben häufig die Intervall- und Zustandsorientierung im Vordergrund stehen, macht eine *Vorausschauende Instandhaltung (predictive Maintenance)* eine erweiterte Risikobewertung zur Festlegung von Instandhaltungsmethoden und –zyklen durch den Gesundheitsbetrieb notwendig. Nicht eine mögliche Kostenersparnis, Ersatzteilminimierung oder Abschreibungsoptimierung stehen dabei im Vordergrund, sondern die Sicherheit, Funktionsfähigkeit und Verfügbarkeit der medizintechnischen Ausstattung. Die Risikoorientierung führt letztendlich dazu, dass bei Betriebsmitteln mit gleichen technischen Zuständen dasjenige in der Instandsetzung priorisiert wird, dessen Ausfall den höheren gesundheitlichen Schaden verursachen kann.

Vor diesem Hintergrund und den Zielen einer Erhöhung und optimale Nutzung der Lebensdauer von Medizinprodukten, der Optimierung ihrer Betriebssicherheit und Verfügbarkeit sowie der Reduzierung möglicher Störungen gewinnen auch das Wissen und die Erfahrung der Mitarbeitenden im Umgang mit der Medizintechnik für den Gesundheitsbetrieb an Bedeutung, insbesondere wenn es darum geht, aktuelle Systemzustände aufgrund der Erfahrung aus dem täglichen Umgang mit den Geräten zu bewerten. Betriebseigenes Know-how wird immer wichtiger, da es aufgrund des technischen Fortschritts in der Medizintechnik, der Zunahme von Elektronik und Digitalisierung und der damit verbundenen Schwachstellen immer schwieriger wird, den tatsächlichen Zustand einzelner Bauteile oder Baugruppen zu erfassen. Mikrotechnologien in immer kleineren, Platz sparenderen und leichteren Medizinprodukten reagieren häufig auch sensibler auf Verschleißerscheinungen und mögliche Defekte.

Je nach Gerät und Nutzung in Gesundheitsbetrieben sind zum rechtzeitigen Erkennen von Gerätemängeln und daraus entstehenden Gefahren für Patienten, Anwender oder Dritte unter anderem folgende Überprüfungen relevant (vgl. Döscher, 2011, S. 16 ff):

- **Sicherheitstechnische Kontrolle (STK):** Feststellung, ob das Gerät (z. B. Defibrillatoren, EKG-Geräte, Reizstromtherapiegeräte, Laser und Dialysegeräte) zum Zeitpunkt der Prüfung funktionsfähig ist, es sich in ordnungsgemäßem Zustand befindet und zu erwarten ist, dass dies auch bis zur nächsten Überprüfung so bleibt;
- **Messtechnische Kontrolle (MTK):** Feststellung, ob das Gerät/Medizinprodukt (z. B. Blutdruckmessgeräte, Ergometer, elektrische Thermometer, Augentonometer) die zulässigen maximalen Messabweichungen (Fehlergrenzen), die vom Hersteller angegeben sind, einhält;
- **VDE-Prüfung nach DGUV V3:** Regelmäßige fachgerecht Überprüfung aller elektrischen Medizingeräte und Betriebsmittel zur Vermeidung von Stromunfällen und Bränden durch Verschleiß oder unsachgemäße Nutzung der elektrischen Geräte.

Darüber hinaus sind in der Regel folgende VDE-Prüfungen relevant:

- VDE 0751–1 für Medizingeräte, bei denen keine sicherheitstechnische Kontrolle vorgeschrieben oder vom Hersteller vorgegeben ist (z. B. Mikroskope).
- VDE 0701/0702 für Betriebsmittel mit folgenden Kontrollintervallen:
  - Ortsveränderliche elektrische Betriebsmittel alle zwei Jahre: Elektrogeräte, die während des Betriebs bewegt oder zu einem anderen Platz gebracht werden können, während sie an den Versorgungsstromkreis angeschlossen sind (z. B. Kaffeemaschinen, Staubsauger, Drucker, Telefon);
  - Ortsfeste elektrische Betriebsmittel alle vier Jahre: Fest installierte elektrische Geräte, die nicht leicht bewegt werden können;
  - Stationäre Anlagen: Sind mit ihrer Umgebung fest verbunden (z. B. medizintechnische Installationen in Gebäuden);
  - Nichtstationäre Anlagen: Werden nach ihrem Einsatz wieder abgebaut und am neuen Einsatzort wieder aufgebaut (z. B. mobile medizintechnische Anlagen).

5.5   Qualitätssicherung im Gesundheitsbetrieb

5.5.1   Medizinisches Qualitätsmanagement

Die Einrichtung eines Qualitätsmanagements in Gesundheitsbetrieben ist im *Sozialgesetzbuch (SGB)* vorgeschrieben.

Beispiel

Danach sind die Leistungserbringer zur Sicherung und Weiterentwicklung der Qualität der von ihnen erbrachten Leistungen verpflichtet, wobei die Leistungen dem jeweiligen Stand der wissenschaftlichen Erkenntnisse entsprechen und in der fachlich gebotenen Qualität erbracht werden müssen. Vertragsärzte, medizinische Versorgungszentren, zugelassene Krankenhäuser, Erbringer von Vorsorgeleistungen oder Rehabilitationsmaßnahmen und Einrichtungen, mit denen ein Versorgungsvertrag besteht, sind verpflichtet, sich an einrichtungsübergreifenden Maßnahmen der Qualitätssicherung zu beteiligen, die insbesondere zum Ziel haben, die Ergebnisqualität zu verbessern und einrichtungsintern ein Qualitätsmanagement einzuführen und weiterzuentwickeln, wozu in Krankenhäusern auch die Verpflichtung zur Durchführung eines patientenorientierten Beschwerdemanagements gehört (vgl. § 135a SGB V).◄

Neben dieser allgemeinen Verpflichtung zur Qualitätssicherung gibt es für die einzelnen Sektoren unter anderem folgende Vorgaben, aus denen sich Anforderungen an ein Qualitätsmanagement ableiten lassen (vgl. Hensen, 2022, S. 51 ff.):

- Vorsorge- und Rehabilitationssektor: § 20 SGB IX (Qualitätssicherung);
- Pflegesektor: § 72 SGB XI (Zulassung zur Pflege durch Versorgungsvertrag), § 112 SGB XI (Qualitätsverantwortung), § 114 SGB XI (Qualitätsprüfungen);
- Bereich therapeutischer Leistungen: Heilmittel-Richtlinie (HeilM-RL) des G-BA.

Die grundsätzlichen Anforderungen für eine erfolgreiche Einführung und Umsetzung von Qualitätsmanagement beschreibt insbesondere die *Qualitätsmanagement-Richtlinie (QM-RL) des Gemeinsamen Bundesausschusses (GBA)* über grundsätzliche Anforderungen an ein einrichtungsinternes Qualitätsmanagement für Vertragsärztinnen und Vertragsärzte, Vertragspsychotherapeutinnen und Vertragspsychotherapeuten, medizinische Versorgungszentren, Vertragszahnärztinnen und Vertragszahnärzte sowie zugelassene Krankenhäuser

Danach ist unter **Qualitätsmanagement** die systematische und kontinuierliche Durchführung von Aktivitäten zu verstehen, mit denen eine anhaltende Qualitätsförderung im Rahmen der Patientenversorgung erreicht werden soll, was konkret bedeutet, dass Organisation, Arbeits- und Behandlungsabläufe festgelegt und zusammen mit den Ergebnissen regelmäßig intern überprüft werden. Dabei stehen eine patientenorientierte Prozessoptimierung sowie die Patientenzufriedenheit im Mittelpunkt, und es muss für den Gesundheitsbetrieb, seine Leitung und alle Mitarbeiterinnen und Mitarbeiter sowie für die Patientinnen und Patienten effektiv und effizient sein und eine Sicherheitskultur befördern. Die Ziele und die Umsetzung des Qualitätsmanagements müssen jeweils auf die praxisspezifischen und aktuellen Gegebenheiten bezogen sein, sind an die Bedürfnisse der jeweiligen Patientinnen und Patienten, der Einrichtung und ihrer Mitarbeiterinnen und Mitarbeiter anzupassen und können bei der Einführung und Umsetzung auf eine eigene Ausgestaltung oder auf vorhandene Qualitätsmanagement-Verfahren bzw. -Modelle zurückgreifen (vgl. Teil A § 1 QM-RL).

Das Qualitätsmanagement im Gesundheitsbetrieb

- ist als Führungsaufgabe anzusehen, deren Verantwortung bei der Betriebsleitung liegt,
- erfordert die Einbindung aller an den Abläufen beteiligten Personen,
- ist ein fortlaufender Prozess und von der Betriebsleitung an konkreten Qualitätszielen zur Struktur-, Prozess- und Ergebnisqualität auszurichten,
- sollte die Grundelemente Patientenorientierung einschließlich Patientensicherheit, Mitarbeitendenorientierung einschließlich Mitarbeitendensicherheit, Prozessorientierung, Kommunikation und Kooperation, Informationssicherheit und Datenschutz, Verantwortung und Führung berücksichtigen,
- soll durch ein schrittweises Vorgehen mit systematischer Planung, Umsetzung, Überprüfung und gegebenenfalls Verbesserung erreicht werden, was auf dem Prinzip des sogenannten PDCA-Zyklus beruht,
- sollte – wo möglich – hinsichtlich Strukturen, Prozesse und Ergebnisse der Organisation und Versorgung gemessen und bewertet werden, um die eigene Zielerreichung im

Rahmen des internen Qualitätsmanagements beurteilen zu können (vgl. Teil A § 2 und 3 QM-RL).

Die vorgesehenen Methoden und Instrumente (siehe Tab. 5.15) sind verpflichtend anzuwenden, soweit die konkrete personelle und sachliche Ausstattung bzw. die örtlichen Gegebenheiten des jeweiligen Gesundheitsbetriebs oder sonstige medizinisch-fachlich begründete Besonderheiten der Leistungserbringung dem Einsatz der Instrumente offensichtlich nicht entgegenstehen. Die Möglichkeit des Verzichts gilt nicht für die Mindeststandards des Risikomanagements, des Fehlermanagements und der Fehlermeldesysteme, sowie für die Nutzung von Checklisten bei operativen Eingriffen, die unter Beteiligung von zwei oder mehr Ärzten bzw. Ärztinnen oder die unter Sedierung erfolgen (vgl. Teil A § 4 QM-RL).

Weiterhin werden nach der QM-RL im Rahmen des Qualitätsmanagements folgende Anwendungsbereiche geregelt:

- **Notfallmanagement:** Vorhaltung einer dem Patienten- und Leistungsspektrum entsprechenden Notfallausstattung und Notfallkompetenz, die durch regelmäßiges Notfalltraining aktualisiert wird; Mitarbeitende sind im Erkennen von und Handeln bei Notfallsituationen geschult;
- **Hygienemanagement:** Sachgerechter Umgang mit allen Hygiene- assoziierten Strukturen und Prozessen des Gesundheitsbetriebs zur Verhütung und Vorbeugung von Infektionen und Krankheiten; sachgerechter Einsatz antimikrobieller Substanzen sowie Maßnahmen gegen die Verbreitung multiresistenter Erreger;
- **Arzneimitteltherapiesicherheit:** Maßnahmen zur Gewährleistung eines optimalen Medikationsprozesses mit dem Ziel, Medikationsfehler und damit vermeidbare Risiken für die Patientin und den Patienten bei der Arzneimitteltherapie zu verringern; bei der Verordnung und Verabreichung von Arzneimitteln vermeidbare Risiken, die im Rahmen der Arzneimitteltherapie entstehen, durch geeignete Maßnahmen identifizieren und sicherstellen, dass einschlägige Empfehlungen im Umgang mit Arzneimitteln bekannt sind und dass angemessene Maßnahmen ergriffen werden, um Risiken im Medikationsprozess zu minimieren;
- **Schmerzmanagement:** Bei Patientinnen und Patienten mit bestehenden sowie zu erwartenden Schmerzen von der Erfassung bis hin zur Therapie, um dem Entstehen von Schmerzen vorzubeugen, sie zu reduzieren oder zu beseitigen; werden Interventionen durchgeführt, die mit postoperativem Akutschmerz einhergehen können, sollen indikationsspezifische interne schriftliche Reglungen entwickelt und angewendet werden; in Abhängigkeit von der Größe des Gesundheitsbetriebs und der Komplexität der Eingriffe auch die Darstellung und Zuordnung personeller, organisatorischer Ressourcen bzw. Verantwortlichkeiten und Abstimmung mit allen an der Versorgung beteiligten Fachdisziplinen und Professionen; Akutschmerzen möglichst mit validierten

Tab. 5.15 Methoden und Instrumente des Qualitätsmanagements im Gesundheitsbetrieb (vgl. Teil A § 4 QM-RL)

Methoden und Instrumente	Beschreibung
Messen und Bewerten von Qualitätszielen	Wesentliche Zielvorgaben zur Verbesserung der Patientenversorgung oder der Betriebsorganisation werden definiert, deren Erreichungsgrad erfasst, regelmäßig ausgewertet und gegebenenfalls Konsequenzen abgeleitet
Erhebung des Ist-Zustandes und Selbstbewertung	Regelmäßige Erhebungen des Ist-Zustandes und Selbstbewertungen dienen der Festlegung und Überprüfung von konkreten Zielen und Inhalten des betriebsinternen Qualitätsmanagements
Regelung von Verantwortlichkeiten und Zuständigkeiten	Organisationsstruktur, Verantwortlichkeiten, Zuständigkeiten und Entscheidungskompetenzen werden schriftlich, beispielsweise durch Tabellen, Grafiken oder Organigramme, festgelegt, wobei wesentliche Verantwortlichkeiten besonders für alle sicherheitsrelevanten Prozesse berücksichtigt werden
Prozess- bzw. Ablaufbeschreibungen	Wesentliche Prozesse der Patientenversorgung und der Betriebsorganisation werden einrichtungsspezifisch identifiziert, geregelt und beispielsweise in Form von Tabellen, Flussdiagrammen oder Verfahrensanweisungen dargestellt; dabei werden die Verantwortlichkeiten, besonders für alle sicherheitsrelevanten Prozesse, in die Prozess- bzw. Ablaufbeschreibungen aufgenommen und fachliche Standards berücksichtigt; die Prozess- bzw. Ablaufbeschreibungen stehen den Mitarbeiterinnen und Mitarbeitern zur Verfügung und werden in festzulegenden Abständen überprüft und bei Bedarf angepasst; alle beteiligten Mitarbeiterinnen und Mitarbeiter sollen diese nachvollziehen und ihre jeweilige Aufgabe ableiten können
Schnittstellenmanagement	Systematisches Management an den Schnittstellen der Versorgung umfasst gezielte Kommunikation und abgestimmte Zusammenarbeit aller Beteiligten; für eine sichere und patientenorientierte Versorgung sollen besonders die Übergänge entlang der gesamten Versorgungskette so gestaltet werden, dass alle erforderlichen Informationen zeitnah zur Verfügung stehen und eine koordinierte Versorgung gewährleistet ist

(Fortsetzung)

Tab. 5.15   (Fortsetzung)

Methoden und Instrumente	Beschreibung
Checklisten	Checklisten dienen dazu, Einzelaspekte eines Prozesses zu systematisieren, um deren verlässliche Umsetzung zu gewährleisten; ihre konsequente Anwendung unterstützt reibungslose Abläufe und ist ein bedeutsames Element einer Sicherheitskultur
Teambesprechungen	Regelmäßig strukturierte Besprechungen ermöglichen allen Mitarbeiterinnen und Mitarbeitern, aktuelle Themen und Probleme anzusprechen
Fortbildungs- und Schulungsmaßnahmen	Regelmäßige Teilnahme aller Mitarbeiterinnen und Mitarbeiter sollen an Fortbildungen mit unmittelbarem Bezug zur eigenen Tätigkeit; Art und Umfang der Fortbildungs- bzw. Schulungsmaßnahmen werden mit der Leitung einer Einrichtung abgestimmt und in ein auf die Mitarbeiterin und den Mitarbeiter abgestimmtes Konzept eingebunden
Patientenbefragungen	Regelmäßige Durchführungen und Auswertungen von Patientenbefragungen geben eine Rückmeldung über die Patientenzufriedenheit und die Qualität der Versorgung aus Patientenperspektive sowie gegebenenfalls Anhaltspunkte für Verbesserungsmaßnahmen
Mitarbeitendenbefragungen	Regelmäßige Durchführung möglichst anonymer Mitarbeiterbefragungen, um aus der Mitarbeitendenperspektive Veränderungsmaßnahmen mit dem Ziel der Weiterentwicklung abzuleiten
Beschwerdemanagement	Betreiben eines patientenorientierten Beschwerdemanagements mit geregelter Bearbeitung der Beschwerden; Information der Patientinnen und Patienten über die persönliche oder anonyme Beschwerdemöglichkeit vor Ort; sofern möglich, Rückmeldung an die Beschwerdeführenden über die gegebenenfalls eingeleiteten Maßnahmen

(Fortsetzung)

Tab. 5.15 (Fortsetzung)

Methoden und Instrumente	Beschreibung
Patienteninformation und -aufklärung	Informations- und Aufklärungsmaßnahmen, die dazu beitragen, dass Patientinnen und Patienten besser im Behandlungsverlauf mitwirken und gezielt zur Erhöhung ihrer eigenen Sicherheit beitragen können; Pflege einer Zusammenstellung zuverlässiger, verständlicher Patienteninformationen sowie von Angeboten von Selbsthilfeorganisationen und Beratungsstellen für den gezielten Einsatz im individuellen Arzt-Patient-Kontakt
Risikomanagement	Dient dem Umgang mit potenziellen Risiken, der Vermeidung und Verhütung von Fehlern und unerwünschten Ereignissen und somit der Entwicklung einer Sicherheitskultur; Identifizierung und Analyse aller Risiken in der Versorgung unter Berücksichtigung der Patienten- und Mitarbeitendenperspektive unter Nutzung von Informationen aus anderen Qualitätsmanagement-Instrumenten, insbesondere den Meldungen aus Fehlermeldesystemen; Risikostrategie umfasst das systematische Erkennen, Bewerten, Bewältigen und Überwachen von Risiken sowie die Analyse von kritischen und unerwünschten Ereignissen, aufgetretenen Schäden, die Ableitung und Umsetzung von Präventionsmaßnahmen und eine strukturierte Risikokommunikation
Fehlermanagement und Fehlermeldesysteme	Erkennen und Nutzen von Fehlern und unerwünschten Ereignissen zur Einleitung von Verbesserungsprozessen im Gesundheitsbetrieb; Prävention von Fehlern und Schäden durch Lernen aus kritischen Ereignissen, damit diese künftig und auch für andere vermieden werden können; Meldungen sollen freiwillig, anonym und sanktionsfrei durch die Mitarbeiterinnen und Mitarbeiter erfolgen; systematische Aufarbeitung und Ableitung, Umsetzung und Evaluation der Wirksamkeit von Handlungsempfehlungen zur Prävention

Instrumenten standardisiert aus Patientensicht erfassen, ggf. im akuten Therapieverlauf wiederholt erfassen, bürokratiearm dokumentieren und nach einem individuellen Behandlungsplan behandeln; aktive Einbeziehung der Patienten und Patientinnen in die Therapieentscheidung;

- **Maßnahmen zur Vermeidung von Stürzen bzw. Sturzfolgen:** Sturzprophylaxe, um Stürzen vorzubeugen und Sturzfolgen zu minimieren, indem Risiken und Gefahren erkannt und nach Möglichkeit beseitigt oder reduziert werden; Maßnahmen zur Risikoeinschätzung und vor allem adäquate Maßnahmen zur Sturzprävention;
- **Prävention von und Hilfe bei Missbrauch und Gewalt:** Missbrauch und Gewalt insbesondere gegenüber vulnerablen Patientengruppen, wie beispielsweise Kindern und Jugendlichen oder hilfsbedürftigen Personen, vorbeugen, erkennen, adäquat darauf zu reagieren und auch innerhalb der Praxis zu verhindern; vorbeugende und intervenierende Maßnahmen, können u. a. sein: Informationsmaterialien, Kontaktadressen, Schulungen/Fortbildungen, Verhaltenskodizes, Handlungsempfehlungen/Interventionspläne oder umfassende Schutzkonzepte; wertschätzender Umgang, Vermeidung von Diskriminierung oder Motivation zu gewaltfreier Sprache; Gesundheitsbetriebe, die Kinder und Jugendliche versorgen, befassen sich gezielt mit der Prävention von und Intervention bei (sexueller) Gewalt und Missbrauch (Risiko- und Gefährdungsanalyse), woraus der Größe und Organisationsform der Praxis entsprechend, konkrete Schritte und Maßnahmen abgeleitet werden (vgl. Teil A § 4 QM-RL).

Die Gesundheitsbetriebe haben die Umsetzung und Weiterentwicklung ihres Qualitätsmanagements im Sinne einer Selbstbewertung regelmäßig zu überprüfen und die Ergebnisse der Überprüfung für interne Zwecke zu dokumentieren (vgl. Teil A § 5 QM-RL).

Im stationären Bereich werden als Voraussetzungen für ein funktionsfähiges Qualitätsmanagement und klinisches Risikomanagement aufbau- und ablauforganisatorische Rahmenbedingungen erachtet, die an den speziellen Verhältnissen vor Ort auszurichten sind, wobei Doppelstrukturen von Qualitäts- und Risikomanagement möglichst zu vermeiden sind. Instrumente des klinischen Risikomanagements im Krankenhaus sind z. B. Fehlermeldesysteme, Risiko-Audits, Morbiditäts- und Mortalitäts-Konferenzen oder Fallanalysen. Voraussetzung für die Gewährleistung der Patientensicherheit ist die Schaffung entsprechender hygiene- und infektionsmedizinischassoziierter Strukturen und Prozesse. Notwendig für eine sachgerechte Umsetzung sind eine konsequent eingehaltene (Basis-) Hygiene, eine aussagekräftige Surveillance und der gezielte und kontrollierte Umgang mit Antibiotika durch entsprechend qualifizierte Mitarbeiterinnen und Mitarbeiter (vgl. Teil B I § 1 QM-RL).

Alle Vertragsärztinnen und Vertragsärzte, Vertragspsychotherapeutinnen und Vertragspsychotherapeuten sowie Medizinische Versorgungszentren sind verpflichtet, betriebsintern ein Qualitätsmanagement umzusetzen und weiterzuentwickeln, wobei in Kooperationsformen im vertragsärztlichen Bereich wie z. B. Berufsausübungsgemeinschaften oder Medizinischen Versorgungszentren als Bezugspunkt der Qualitätsmanagement-Anforderungen nicht die einzelne Vertragsärztin oder der einzelne Vertragsarzt innerhalb der Kooperationsform anzusehen sind, sondern der Gesundheitsbetrieb als solcher (vgl. Teil B II § 1 QM-RL). Die aufgeführten Methoden und Instrumente sind innerhalb von drei Jahren nach Zulassung bzw. Ermächtigung der an der vertragsärztlichen Versorgung Teilnehmenden in der Einrichtung umzusetzen und zu überprüfen sowie im Anschluss kontinuierlich weiterzuentwickeln (vgl. Teil B II § 2 QM-RL), wobei die Umsetzung und Weiterentwicklung des betriebsinternen Qualitätsmanagements schrittweise, in frei gewählter Reihenfolge der Instrumente erfolgen kann. Praxen oder MVZ, in denen mehrere Vertragsärztinnen oder Vertragsärzte tätig sind, sollen eine/ein für das einrichtungsinterne Qualitätsmanagement zuständige Vertragsärztin bzw. zuständigen Vertragsarzt benennen und möglichst eine Mitarbeiterin bzw. einen Mitarbeiter mit der Koordination des betriebsinternen Qualitätsmanagements beauftragen (vgl. Teil B II § 3 QM-RL).

Neben den sozialversicherungsrechtlichen Vorgaben und den Vorgaben des GBA wird das Qualitätsmanagement in Gesundheitsbetrieben ferner auch durch das ärztliche Berufsrecht bestimmt, das zur gewissenhaften Versorgung mit geeigneten Untersuchungs- und Behandlungsmethoden, zur Fortbildung und zur Qualitätssicherung verpflichtet, durch das Vertrags- und Haftungsrecht, welches sich mit der zwischen Ärzten bzw. Ärztinnen und Patienten vereinbarten Qualität von Behandlungsleistungen beschäftigt sowie bei Nichtbeachtung der erforderlichen Sorgfalt Schadensersatzansprüche im Fehlerfalle begründet, und auch durch das Sicherheitsrecht, das Anforderungen an die Qualität von medizinischen Anlagen oder Produkten definiert (vgl. Ärztliches Zentrum für Qualität in der Medizin, 2023b, S. 1).

Beispiel

Nach der Medizinprodukte-Betreiberverordnung (MPBetreibV) hat wer laboratoriumsmedizinische Untersuchungen durchführt, vor Aufnahme dieser Tätigkeit ein Qualitätssicherungssystem nach dem Stand der medizinischen Wissenschaft und Technik zur Aufrechterhaltung der erforderlichen Qualität, Sicherheit und Leistung bei der Anwendung von In-vitro-Diagnostika sowie zur Sicherstellung der Zuverlässigkeit der damit erzielten Ergebnisse einzurichten (vgl. § 9 MPBetreibV).◄

Ein systematisches medizinisches QM hilft darüber hinaus dem Gesundheitsbetrieb, die Qualität der Behandlungsleistungen permanent zu verbessern und zu sichern. Es besteht aus der Planung und Verwirklichung aller Maßnahmen, die notwendig sind, die Leistungen des Gesundheitsbetriebs und deren Entstehung so zu gestalten, dass die Patientenbedürfnisse erfüllt werden. Zu einer erfolgreichen Umsetzung des Qualitätsmanagements im Gesundheitsbetrieb tragen wichtige Faktoren, wie Patientenorientierung, Transparenz, Prozessoptimierung, Mitarbeiterbeteiligung, Flexibilität und Information bei:

- **Patientenorientierung:** Alle Mitarbeitende müssen wissen, ob und wie sie Beiträge liefern, die letztendlich den Patienten zugutekommen; je stärker die Bedürfnisse der Patienten im Qualitätsmanagementsystem verankert werden, desto stärker trägt es zum Erfolg des Gesundheitsbetriebs bei;
- **Transparenz:** Je klarer und eindeutiger die Vorgaben durch die Betriebsleitung festgelegt werden, umso effektiver lassen sich die Prozesse im Betrieb gestalten;
- **Prozessoptimierung:** Nur eine systematische Strukturierung führt zu einer Verbesserung der Abläufe im Gesundheitsbetrieb;
- **Mitarbeitendenbeteiligung:** Mitarbeitende dürfen auf Fehler aufmerksam machen, ohne bereits eine Lösung parat haben zu müssen; diese kann auch gemeinsam erarbeitet werden;
- **Flexibilität:** Qualitätsmanagement im Gesundheitsbetrieb ist ein lebendiger Prozess; eine flexible Anpassung des Qualitätsmanagementsystems an neue Erfordernisse muss jederzeit möglich sein; Inhalte und Struktur des Systems dürfen nicht zu Hindernissen werden.
- **Information:** Die Beteiligung aller Mitarbeitenden erfordert auch deren vollständige Information; die Kommunikation über die Frage, was noch besser gemacht werden kann, muss mit allen Mitarbeitern des Gesundheitsbetriebs geführt werden.

Ein **Qualitätsmanagementsystem** (QMS) für einen Gesundheitsbetrieb besteht somit aus der Organisationsstruktur, den Verfahren, Prozessen und Mitteln, die dazu notwendig sind, die medizinischen Qualitätsforderungen zu erfüllen.

Grundlage für den Aufbau eines Qualitätsmanagementsystems ist es, die Organisationsstruktur und Prozesse des Gesundheitsbetriebs eindeutig und transparent zu machen, um Fehlerquellen zu erkennen, was gleichzeitig die Voraussetzung für ihre Beseitigung darstellt. Hohe Qualität setzt voraus, dass Fehler nicht nur in jedem Fall korrigiert werden, sondern, dass ihrer Wiederholung vorgebeugt wird. Ein konsequent praktiziertes medizinisches Qualitätsmanagementsystem soll durch Beherrschen der medizintechnischen, organisatorischen und menschlichen Faktoren, welche die Qualität der Behandlungsleistungen und medizinischen Produkte beeinflussen, dabei helfen, Fehler durch ein transparentes System klarer Abläufe und Zusammenhänge zu vermeiden.

Aufbau und Aufrechterhaltung eines medizinischen Qualitätsmanagementsystems bedeuten einen nicht unerheblichen Aufwand: Die betriebsinternen Organisationsstrukturen müssen kritisch hinterfragt und erforderliche Änderungen konsequent durchgesetzt werden.

Beispiel

Ein entscheidender Impuls für ein umfassendes Qualitätsverständnis wird dem Amerikaner *W. E. Deming* zugeschrieben. Er war es, der Mitte des letzten Jahrhunderts den Qualitätsregelkreis Plan-Do-Check-Act (PDCA-Zyklus) etabliert hat, der zum Ausdruck bringt, dass jede qualitätsrelevante Tätigkeit in einer Organisation, z. B. in einem Pflegeheim, zunächst geplant, dann erst umgesetzt, anschließend überprüft und, falls notwendig, verbessert werden sollte (vgl. Lobinger et al., 2013, S. 8).◄

Die Qualität von Behandlungs- und Serviceleistungen im Gesundheitsbetrieb ist im Wesentlichen abhängig von der Qualifikation und Motivation der Betriebsangehörigen, die die Leistungen ausführen. Ferner besteht in der Regel keine Möglichkeit, eine Behandlungsleistung, bevor sie der Patient erhält, einer Endprüfung zu unterziehen, um sicherzustellen, dass sie die gewünschten Qualitätsmerkmale aufweist. In dem Augenblick, in dem die Behandlungsleistung erbracht wird, hat sie der Patient auch schon erhalten. Das bedeutet auch, dass Behandlungsfehler oder Qualitätsabweichungen in diesem Momentum nicht mehr rückgängig gemacht werden können. Besonders medizinische Behandlungsleistungen, die von ihrem Wesen her überwiegend immaterieller Natur sind und individuell dem einzelnen Patienten erbracht werden, neigen zu unterschiedlichen Qualitätsniveaus. Je mehr Zeit es in Anspruch nimmt, eine Behandlungs- und Serviceleistung zu erbringen, je mehr Mitarbeitende des Gesundheitsbetriebs daran beteiligt sind, desto höher mag auch die Anfälligkeit für Fehler sein. Umso wichtiger ist im Gesundheitsbetrieb Qualität auf Anhieb. Die Abläufe müssen möglichst so gestaltet sein, dass sie reproduzierbar sind, um ein einheitliches Qualitätsniveau zu garantieren, andererseits aber auch so, dass potenzielle Fehler durch den Ablauf antizipiert werden und damit im betrieblichen Alltag möglichst gar nicht mehr auftreten können.

Medizinische Qualität bedeutet das Ausmaß, in dem Merkmale (und Merkmalswerte) medizinischer Leistungen und Produkte Anforderungen erfüllen (vgl. Deutsches Institut für Normung, 2015). Für Gesundheitsbetriebe bedeutet das u. a., die Erwartungen, Wünsche und Bedürfnisse der Patientinnen und Patienten, aber auch der Kostenträger, des Gemeinsamen Bundesausschusses und des Medizinischen Dienstes zu erfüllen. Auch spielen gesetzliche, behördliche und fachliche Standards in den Qualitätsbegriff mit hinein, sodass unterschiedliche Interessensgruppen versuchen, das medizinisch-soziale Leistungsgeschehen zu beeinflussen. Dadurch erhöht sich die Komplexität dieser Anforderungen (vgl. Deutsche Gesellschaft für Qualität, 2021, S. 1).

Letztlich wird die Qualität ärztlicher Leistungen auch durch den Patienten bestimmt. Werden seine Erwartungen erfüllt, die sowohl subjektiver als auch objektiver Natur sein können, ist die Qualität nach dem *patientenbezogenen* Qualitätsbegriff gegeben.

Die **Qualitätssicherung** bedeutet zunächst medizinische Leistungen und Produkte in unveränderter, gleichbleibender Qualität zu erbringen bzw. zu erstellen. Mit der Qualitätssicherung ist somit keine Qualitätssteigerung zwangsläufig verbunden. Sie hat vielmehr zum Ziel, die Qualität medizinischer Leistungen und Produkte verlässlich zu erhalten, sie langfristig sicherzustellen und damit einen Qualitätsverlust zu vermeiden.

Beispiel

Nach der (Muster-)Berufsordnung (MBO-Ä) sind Ärztinnen und Ärzte zur Qualitäts-
sicherung verpflichtet, insbesondere dazu, an den von der Ärztekammer eingeführten
Maßnahmen zur Sicherung der Qualität der ärztlichen Tätigkeit teilzunehmen und der
Ärztekammer die hierzu erforderlichen Auskünfte zu erteilen (vgl. § 5 MBO-Ä).◄

Dazu dienen verschiedene organisatorische Ansätze *innerhalb* des Gesundheitsbetriebs:
Regelmäßig sollten Gespräche mit allen Mitarbeitenden über mögliche Qualitätsver-
besserungen zur Optimierung der betrieblichen Abläufe und der Patientenzufriedenheit
stattfinden. Dieses Konzept der **Qualitätszirkel** (*quality circle*) ist ein Weg, die kreative und innovative Kraft der Mitarbeitenden zielgerichtet zur Qualitätsverbesserung und
Kostensenkung im Gesundheitsbetrieb einzusetzen. In regelmäßigen Sitzungen befassen
sich dabei alle Mitarbeitende in kleinen Gruppen mit der Optimierung ihres Aufgabenge-
bietes. Die Arbeit des Qualitätszirkels beschränkt sich dabei nicht nur auf eine einzelne
Behandlungsleistung, sondern erstreckt sich auf das Aufzeigen aller Schwachstellen in
diesem Bereich. Die Zielsetzung des Qualitätszirkels bestehen in der Verbesserung der
Leistungsfähigkeit des Gesundheitsbetriebs durch höhere Effizienz sowie der Kosten-
reduzierung durch innovative Maßnahmen. Erwünschte Begleiterscheinungen sind die
Verbesserung der Kommunikation der Mitarbeitenden untereinander und ihre Motivation
durch übergreifende Verantwortung
Eine ganzheitliche Durchdringung des Gesundheitsbetriebs mit einem Qualitätsden-
ken wird im Rahmen des **Total Quality Management** (TQM) angestrebt. Dabei wird
der Aufbau eines Qualitätsmanagementsystems im Gesundheitsbetrieb nur als Zwischen-
ziel verstanden, auf dem Weg, die Qualitätsphilosophie über alle betrieblichen Bereiche
und Aktivitäten auszudehnen. Dieser übergreifende Ansatz ist eine auf der Mitwirkung
aller Mitarbeitenden beruhenden Führungsmethode, die Qualität in den Mittelpunkt stellt
und durch Zufriedenstellung der Patienten auf den langfristigen betrieblichen Erfolg zielt.
Total Quality Management bedeutet dabei:

- **Total:** Ganzheitlich, umfassend, über alle betrieblichen Bereiche in Bezug auf Patienten, Mitarbeitende, Prozesse, medizinische Produkte und Behandlungsleistungen;
- **Quality:** Vorausgesetzte und vereinbarte Eigenschaften bei medizinischen Produkten
  sowie Behandlungs- und Serviceleistungen;
- **Management:** Kooperativer Führungsstil durch gemeinsame Zielvereinbarungen mit
  den Mitarbeitenden und ihrer Beteiligung an Entscheidungen.

Eine außenwirksame Bestätigung der betriebsinternen Qualitätsanstrengungen ist nach
verschiedenen Normen und Konzepten möglich, die sogenannte Zertifizierung. Voraussetzungen dafür sind unter anderem in der Regel ein Qualitätsmanagement, ein

Qualitätssicherungshandbuch, eine entsprechende Schulung der Mitarbeitenden sowie eine externe Überprüfung (Auditierung) des Qualitätsmanagementsystems.

Die konkrete Ausgestaltung von Qualitätsmanagementsystemen im Gesundheitswesen ist jedoch auch nicht unumstritten. Im Zentrum der Kritik stehen vor allen Dingen der damit verbundene Aufwand, die Sammlung von Daten und Dokumentationspflichten. Häufig handelt es sich dabei um Anwendungs- und Umsetzungsprobleme des Qualitätsmanagements in der gesundheitsbetrieblichen Praxis.

Beispiel

Kritiker führen auf, dass die Einführung des QM in einem Krankenhaus einen immensen bürokratischen, finanziellen und personellen Aufwand bedeutet. Mitarbeitende aller Berufsgruppen würden nach entsprechender, langwieriger Schulung angehalten, Sitzungen abzuhalten und Management-Vorgaben zu erfüllen. Dies soll regelmäßig stattfinden, würde jedoch überall nur dann erfüllt, wenn eine Zertifizierung oder ein Audit anstünde. Während der Arbeitszeit würde das evaluiert, was die Evaluierenden für wichtig erachten und vorgeben. Man arbeitete sogenannte SOP (Standard Operating Procedures) aus, die abgeheftet oder abgespeichert würden, Hunderte von Seiten, die kein Mitarbeiter bzw. keine Mitarbeiterin jemals anschauen würde (vgl. Costa, 2014, S. A 1557).◄

5.5.2 Medizinische Qualitätssicherungsinstitutionen

Neben der *innerbetrieblichen* Qualitätssicherung durch Qualitätsmanagementsysteme, Qualitätszirkel, TQM etc. gibt es *außerhalb* des Gesundheitsbetriebs zahlreiche medizinische Qualitätssicherungsinstitutionen mit zum Teil unterschiedlichen Aufgaben, deren Arbeit direkt oder indirekt auf die Qualitätssicherungsmaßnahmen des Gesundheitsbetriebs Einfluss nimmt.

Der *Gemeinsame Bundesausschuss (G-BA)* bestimmt als oberstes Beschlussgremium der gemeinsamen Selbstverwaltung der Ärzte und Ärztinnen, Zahnärzte und Zahnärztinnen, Psychotherapeuten, Krankenhäuser und Krankenkassen in Deutschland in Form von Richtlinien den Leistungskatalog der *Gesetzlichen Krankenversicherung (GKV)* und beschließt Maßnahmen der Qualitätssicherung für den ambulanten und stationären Bereich des Gesundheitswesens. Er setzt sich aus unparteiischen Mitgliedern, Vertretern der Kostenträger und Vertretern der Leistungserbringer zusammen. Mit dem Ziel Patientinnen und Patienten in Krankenhäusern, Arzt- und Zahnarztpraxen qualitativ hochwertig und auf dem neuesten Stand wissenschaftlicher Erkenntnisse versorgt zu werden, hat der Gesetzgeber den G-BA mit zahlreichen Aufgaben im Bereich der Qualitätssicherung betraut:

- **Vorgaben zur Qualitätssicherung:** Entwicklung von verschiedenen Vorgaben zur Qualitätssicherung in Arztpraxen und Krankenhäusern, unter anderem zu Strukturqualität, Mindestmengen, Qualitätsmanagement und Fortbildungspflichten im Krankenhaus;
- **Datenerhebung zur Qualitätssicherung:** Generierung von Verfahren, mit denen die Qualität der medizinischen Versorgung gemessen, dargestellt und verglichen werden kann;
- **Qualitätskontrollen des Medizinischen Dienstes:** Definition von Einzelheiten für die Qualitätskontrollen des *Medizinischen Dienstes (MD)* in Krankenhäusern;
- **Qualitätsverträge zwischen Krankenkassen und Kliniken:** Erprobung, ob sich die Qualität stationärer Behandlungsleistungen über Anreizsysteme zur Einhaltung besonderer Qualitätsanforderungen weiter verbessern lässt., wozu Kliniken und Krankenkassen miteinander zeitlich befristete Qualitätsverträge schließen können;
- **Heilkundeübertragung:** Übertragung bestimmter ärztlicher Tätigkeiten auf ausgebildete Kranken- und Altenpflegekräfte zur selbstständigen Ausübung im Rahmen von Modellvorhaben;
- **Regelungen von Folgen bei der Nichteinhaltung von Qualitätsvorgaben:** Festlegung eines gestuften Systems von Folgen der Nichteinhaltung von Qualitätsanforderungen in der *Qualitätsförderungs- und Durchsetzungsrichtlinie (QFD-RL)* (vgl. Gemeinsamer Bundesausschuss, 2023, S. 1).

Beispiel

Werden die Qualitätsanforderungen des G-BA durch die Leistungserbringenden nicht eingehalten, sind die Maßnahmen anzuwenden, die in den für die Nichteinhaltung der Qualitätsanforderungen maßgeblichen Richtlinien oder Beschlüssen des G-BA themenspezifisch festgelegt sind. Dazu zählen Maßnahmen der Beratung und Unterstützung, je nach Art und Schwere von Verstößen gegen wesentliche Qualitätsanforderungen auch angemessene Durchsetzungsmaßnahmen (vgl. § 3 QFD-RL). Zu den Maßnahmen zur Beratung und Unterstützung zählen insbesondere:

- Schriftliche Empfehlungen;
- Zielvereinbarungen;
- Teilnahmen an geeigneten Fortbildungen, Fachgesprächen, Kolloquien;
- Teilnahmen an Qualitätszirkeln;
- Teilnahmen an Audits;
- Begehungen/Visitationen;
- Teilnahmen an Peer Reviews;
- Implementierungen von Vorgaben für das interne Qualitätsmanagement;
- Implementierungen von Behandlungspfaden;
- Implementierungen von Standard Operating Procedures (SOPs);
- Implementierungen von Handlungsempfehlungen anhand von Leitlinien;
- Prüfung unterjähriger Auswertungsergebnisse (vgl. § 4 QFD-RL).

Zu den Durchsetzungsmaßnahmen zählen insbesondere:

- Vergütungsabschläge;
- Wegfall des Vergütungsanspruchs für Leistungen, bei denen Mindestanforderungen nicht erfüllt sind;
- Information Dritter über die Verstöße (z. B. die für die Krankenhausplanung zuständigen Landesbehörden, Gesundheitsämter etc.);
- einrichtungsbezogene Veröffentlichung von Informationen zur Nichteinhaltung von Qualitätsanforderungen (vgl. § 5 QFD-RL).◄

Das *Institut für Qualitätssicherung und Transparenz im Gesundheitswesen (IQTIG)* entwickelt als zentrales Institut für die gesetzlich verankerte Qualitätssicherung im Gesundheitswesen im Auftrag des G-BA Qualitätssicherungsverfahren und beteiligt sich an deren Durchführung. Hauptsächlich entwickelt das IQTIG Indikatoren, mit denen die Qualität der Gesundheitsversorgung in Deutschland gemessen werden kann (vgl. Institut für Qualitätssicherung und Transparenz im Gesundheitswesen, 2023, S. 1). Zu seinen weiteren Aufgaben zählen insbesondere

- für die Messung und Darstellung der Versorgungsqualität möglichst sektorenübergreifend abgestimmte risikoadjustierte Indikatoren und Instrumente einschließlich Module für Patientenbefragungen auch in digitaler Form zu entwickeln;
- die notwendige Dokumentation für die einrichtungsübergreifende Qualitätssicherung unter Berücksichtigung des Gebotes der Datensparsamkeit zu entwickeln;
- sich an der Durchführung der einrichtungsübergreifenden Qualitätssicherung zu beteiligen und dabei, soweit erforderlich, weitere Einrichtungen einzubeziehen;
- die Ergebnisse der Qualitätssicherungsmaßnahmen in geeigneter Weise und in einer für die Allgemeinheit verständlichen Form zu veröffentlichen;
- auf der Grundlage geeigneter Daten, die in den Qualitätsberichten der Krankenhäuser veröffentlicht werden, einrichtungsbezogen vergleichende risikoadjustierte Übersichten über die Qualität in maßgeblichen Bereichen der stationären Versorgung zu erstellen und in einer für die Allgemeinheit verständlichen Form im Internet zu veröffentlichen;
- für die Weiterentwicklung der Qualitätssicherung zu ausgewählten Leistungen die Qualität der ambulanten und stationären Versorgung zusätzlich auf der Grundlage geeigneter Sozialdaten darzustellen, die dem Institut von den Krankenkassen auf der Grundlage von Richtlinien und Beschlüssen des Gemeinsamen Bundesausschusses übermittelt werden;
- Kriterien zur Bewertung von Zertifikaten und Qualitätssiegeln, die in der ambulanten und stationären Versorgung verbreitet sind, zu entwickeln und anhand dieser Kriterien über die Aussagekraft dieser Zertifikate und Qualitätssiegel in einer für die Allgemeinheit verständlichen Form zu informieren (vgl. § 137a SGB V).

Aufgabe des *Instituts für Qualität und Wirtschaftlichkeit im Gesundheitswesen (IQWiG)* ist es seit 2004, die Vor- und Nachteile medizinischer Leistungen für Patienten und Patientinnen objektiv zu überprüfen. Das Institut erstellt fachlich unabhängige, evidenzbasierte (beleggestützte) Gutachten beispielsweise zu:

- Arzneimitteln,
- nichtmedikamentösen Behandlungsmethoden (z. B. Operationsmethoden),
- Verfahren der Diagnose und Früherkennung (Screening),
- Behandlungsleitlinien und Disease Management Programme (DMPs).

Darüber hinaus stellt das IQWiG auch allgemeinverständliche Gesundheitsinformationen für alle Bürgerinnen und Bürger zur Verfügung.

Das IQWiG ist ein fachlich unabhängiges wissenschaftliches Institut. Aufträge darf das IQWiG ausschließlich vom G-BA oder vom *Bundesministerium für Gesundheit (BMG)* annehmen. Die Ergebnisse der Aufträge des G-BA werden als Berichte, Rapid Reports (Schnellberichte), Dossierbewertungen oder Potenzialbewertungen veröffentlicht. Das Institut kann aber auch in eigener Regie Fragen von grundlegender Bedeutung aufgreifen und bearbeiten. Ergebnisse dieser Projekte werden als Arbeitspapiere veröffentlicht (vgl. Institut für Qualität und Wirtschaftlichkeit im Gesundheitswesen, 2023, S. 1). Zu seinen weiteren Aufgaben zählen insbesondere

- Recherche, Darstellung und Bewertung des aktuellen medizinischen Wissensstandes zu diagnostischen und therapeutischen Verfahren bei ausgewählten Krankheiten;
- Erstellung von wissenschaftlichen Ausarbeitungen, Gutachten und Stellungnahmen zu Fragen der Qualität und Wirtschaftlichkeit der im Rahmen der gesetzlichen Krankenversicherung erbrachten Leistungen unter Berücksichtigung alters-, geschlechts- und lebenslagenspezifischer Besonderheiten;
- Recherche des aktuellen medizinischen Wissensstandes als Grundlage für die Entwicklung oder Weiterentwicklung von Leitlinien;
- Bewertungen evidenzbasierter Leitlinien für die epidemiologisch wichtigsten Krankheiten;
- Abgabe von Empfehlungen zu Disease-Management-Programmen;
- Bewertung des Nutzens und der Kosten von Arzneimitteln;
- Bereitstellung von für alle Bürgerinnen und Bürger verständlichen allgemeinen Informationen zur Qualität und Effizienz in der Gesundheitsversorgung sowie zu Diagnostik und Therapie von Krankheiten mit erheblicher epidemiologischer Bedeutung;
- Beteiligung an internationalen Projekten zur Zusammenarbeit und Weiterentwicklung im Bereich der evidenzbasierten Medizin (vgl. § 139a SGB V).

Das *Ärztliche Zentrum für Qualität in der Medizin (ÄZQ)* wurde von der *Bundesärztekammer (BÄK)* und *Kassenärztlicher Bundesvereinigung (KBV)* zur Unterstützung bei ihren

Aufgaben im Bereich der Qualitätssicherung und der ärztlichen Berufsausübung als Kompetenzzentrum für medizinische Leitlinien, Patienteninformationen, Patientensicherheit, Evidenzbasierte Medizin und Wissensmanagement gegründet. Zu seinen wesentlichen Aufgaben zählen die Entwicklung und Implementierung nationaler Versorgungsleitlinien und Patientenleitlinien für prioritäre Versorgungsbereiche, die Verbreitung ausgewählter Leitlinien für ambulante und stationäre Versorgung, die Entwicklung und Beurteilung von Methoden und Instrumenten der Qualitätsförderung und Transparenz in der Medizin, die Patientensicherheit/Fehlervermeidung, Qualitäts- und Wissensmanagement in der Medizin, sowie Initiierung und Weiterentwicklung der evidenzbasierten Medizin.

Beispiel

Leitbild des ÄZQ sind die folgenden Ziele zur Qualitätsverbesserung im Gesundheitswesen:

- Qualitätssicherung/Qualitätsmanagement (QS/QM) bereichsübergreifend in allen Versorgungsbereichen gestalten;
- QS/QM problemadäquat weiterentwickeln;
- Prioritäten setzen;
- Leitlinien und Prinzipien der Evidenzbasierten Medizin in der Versorgung berücksichtigen;
- die Patienten einbeziehen;
- angemessene personelle und organisatorische Strukturen für QS/QM schaffen;
- Professionalisierung auf dem Gebiet von QS/QM weiterentwickeln;
- QS/QM in Kooperation aller Beteiligten weiterentwickeln (Ärztliches Zentrum für Qualität in der Medizin, 2023c, S. 1).◄

Die *Medizinischen Dienste* der Krankenkassen und ihrer Spitzenverbände (*Medizinischer Dienst der Krankenversicherung, MDK* und *Medizinischer Dienst Bund, MD-Bund*) beraten die gesetzlichen Krankenkassen und ihre Verbände in grundsätzlichen Fragen der präventiven, kurativen und rehabilitativen Versorgung sowie bei der Gestaltung der Leistungs- und Versorgungsstrukturen, wozu unter anderem auch die Qualitätssicherung in der ambulanten und der stationären Versorgung gehört. Beim *MDK Baden-Württemberg* betreiben sie ein eigenes *Kompetenz-Centrum Qualitätssicherung (KCQ)*. Zu ihren Aufgaben zählt auch der sog. *Pflege-TÜV,* die Prüfung von stationären Pflegeeinrichtungen und ambulanten Pflegeanbietern durch unangekündigte Prüfungen nach vorab definierten Kriterien und in regelmäßigen Abständen. Die Prüfungsergebnisse werden zu Transparenzberichten zusammengefasst und durch die Pflegeanbieter sowie den Landesverbänden der Pflegekassen veröffentlicht.

Zu den Aufgaben des KCQ zählen insbesondere:

- Beratung des GKV-Spitzenverbandes in Gremien des Gemeinsamen Bundesaus-schusses (G-BA) und der GKV auf Landesebene;
- Unterstützung der Gemeinschaft der Medizinischen Dienste und des Medizinischen Dienstes Bund bei der Begutachtung zur Qualitätssicherung und bei speziellen Fachgutachten;
- Beratung zu Maßnahmen der Qualitätssicherung und -förderung im Gesundheitswe-sen;
- Grundsatzbegutachtung und Beratung zu Versorgungssystemfragen;
- Konzeptionelle Beratung, Begleitung und Evaluation von Modellprojekten und neuen Versorgungsformen hinsichtlich der Qualitätssicherung (vgl. Kompetenz-Centrum Qualitätssicherung, 2023, S. 1).◄

Zu den zentralen Aufgaben des MD-Bund gehören Gutachten zum Nutzen von neuen medizinischen Verfahren und Arzneimitteln, zur Sicherheit von Medizinprodukten sowie die medizinisch-fachliche Beratung in Gremien der Gesundheitsselbstverwaltung (z. B. im G-BA). Er betreibt zudem das Informationsportal „IGeL-Monitor", das Versicherten evidenzbasierte Bewertungen und Informationen zu Individuellen Gesundheitsleistungen (Selbstzahlerleistungen) bietet. Im Rahmen der Beratungen zur sozialen Pflegeversiche-rung bringt der MD-Bund die Erfahrungen der Medizinischen Dienste in den Ländern aus den Pflegebegutachtungen und Qualitätsprüfungen ein. Alle drei Jahre veröffentlicht der Medizinische Dienst Bund einen Bericht über die Qualität in der ambulanten und stationä-ren Pflege. Außerdem führt er die Daten aus der Pflegebegutachtung in einer bundesweiten Statistik zusammen (vgl. Medizinischer Dienst Bund, 2023, S. 1).

Das *Paul-Ehrlich-Institut (PEI)* konzentriert seine qualitätsorientierten, arzneimittel-rechtlichen Tätigkeiten im Bereich der Humanarzneimittel insbesondere auf Sera, Impf-stoffe, Blutzubereitungen, Knochenmarkzubereitungen, Gewebezubereitungen, Allergene, Gentherapeutika, somatische Zelltherapeutika, xenogene Zelltherapeutika, Stammzellzu-bereitungen und gentechnisch hergestellte Blutbestandteile. Ziel ist es, die dem Stand von Wissenschaft und Technik entsprechende Qualität, Wirksamkeit und Unbedenklich-keit der vom Paul-Ehrlich-Institut bearbeiteten Arzneimittel zu gewährleisten und damit zur Verfügbarkeit von Arzneimitteln mit positiver Nutzen-Risiko-Bewertung beizutragen (vgl. Paul-Ehrlich-Institut, 2023, S. 1). Zu seinen Aufgaben, die im *Gesetz über das Bun-desinstitut für Impfstoffe und biomedizinische Arzneimittel (BASIG)* geregelt sind, zählen insbesondere:

- Sera und Impfstoffe, die zur Anwendung am oder im menschlichen Körper bestimmt sind, nach Maßgabe der arzneimittelrechtlichen Vorschriften zu prüfen und über die Zulassung sowie über die Freigabe einer Charge zu entscheiden;
- Arzneimittel im Sinne des Arzneimittelgesetzes nach Maßgabe der arzneimittelrechtlichen Vorschriften zu prüfen und über die Zulassung sowie über die Freigabe einer Charge zu entscheiden;
- Arzneimittel, die unter Verwendung von Krankheitserregern hergestellt werden und zur Verhütung, Erkennung oder Heilung von Viehseuchen bestimmt sind, nach Maßgabe der viehseuchenrechtlichen Vorschriften zu prüfen und über die Zulassung sowie über die Freigabe einer Charge zu entscheiden;
- bei der Erteilung der Erlaubnisse für die Herstellung der genannten Sera, Impfstoffe und Arzneimittel nach dem Arzneimittelgesetz Vorschriften mitzuwirken;
- bei der Überwachung des Verkehrs mit den genannten Sera, Impfstoffen und Arzneimitteln nach dem Arzneimittelgesetz Vorschriften mitzuwirken;
- auf dem Gebiet der genannten Sera, Impfstoffe und Arzneimittel, insbesondere auf dem Gebiet der Prüfungsverfahren zu forschen;
- Standardwerte für die genannten Sera, Impfstoffe und Arzneimittel festzulegen sowie Standardpräparate zu entwickeln;
- Pandemievorsorge und Pandemiebekämpfung mit Impfstoffen und anderen Arzneimitteln zu planen und durchzuführen (vgl. Art. 1 BASIG).

Das *Bundesinstitut für Arzneimittel und Medizinprodukte (BfArM)* ist in der Qualitätssicherung unter anderem für die Zulassung und die Verbesserung der Sicherheit von Arzneimitteln zuständig, für die Risikoerfassung und -bewertung von Arzneimitteln und Medizinprodukten sowie für die Überwachung des Betäubungsmittel- und Grundstoffverkehrs. Es nimmt hierzu Risikomeldungen entgegen beispielsweise für Meldungen aus Gesundheitsbetrieben über

- **Arzneimittel:** Nebenwirkungsmeldung durch Patienten und Angehörige der Heilberufe;
- **Telematikanwendungen:** Meldestelle für Auffälligkeiten oder Fehlerkonstellationen bei der Nutzung der Anwendungen der Telematikinfrastruktur;
- **Medizinprodukte:** Meldung von Vorkommnissen u. a. für Anwender und Betreiber, Meldung schwerwiegender unerwünschter Ereignisse (Serious Adverse Event, SAE) und Produktmängel (Device Deficiency, DD) (vgl. Bundesinstitut für Arzneimittel und Medizinprodukte, 2023, S. 1).

Neben den aufgeführten Institutionen hinaus beschäftigen sich in Deutschland mit Qualitätssicherung und Qualitätsentwicklung in Medizin und Gesundheitswesen unter anderem die Mitgliedsgesellschaften der *Arbeitsgemeinschaft der Wissenschaftlichen Medizinischen*

Fachgesellschaften (AWMF), die *Gesellschaft für Qualitätsmanagement in der Gesundheitsversorgung (GQMG) e. V.,* das *Deutsche Netzwerk für Qualitätsentwicklung in der Pflege (DNQP)*, der *Deutsche Pflegerat (DPR) e. V.,* die *Landesärztekammern* und die *Bundesärztekammer,* die *Landeszahnärztekammern* und *Bundeszahnärztekammer,* die *Kassenärztlichen Vereinigungen (KV)* und *Kassenärztliche Bundesvereinigung (KBV)*, die *Kassenzahnärztlichen Vereinigungen (KZV)* und die *Kassenzahnärztliche Bundesvereinigung (KZBV)*, die *Krankenhausgesellschaften* und *Deutsche Krankenhausgesellschaft (DKG)* bis hin zur *Deutsche Rentenversicherung Bund.*

5.5.3   Qualitätsmanagement nach ISO 9000/9001

Bei der *ISO 9000 bzw. 9001* handelt es sich um eine **Normenfamilie** der *International Organization for Standardization (ISO)*, die auch mit der gleichen Bezeichnung auf europäischer Ebene (EN) und als DIN-Norm beim *Deutschen Institut für Normung (DIN) e. V.* verwendet wird. Sie stellt im Gegensatz zu den überwiegend technischen Normen eine Gruppe von Managementsystemnormen dar, die sich auch auf Gesundheitsbetriebe übertragen lassen. Kerngedanke ist, einen Weg zur Schaffung von Kompetenz und Vertrauen in die Qualitätsfähigkeit eines Gesundheitsbetriebs aufzuzeigen. Der Patient soll sich darauf verlassen können, dass seine Qualitätsforderungen an die Behandlungsleistungen und medizinisch-technischen Produkte erfüllt werden. Damit wird deutlich, dass im Fokus der ISO 9000f die Patientenzufriedenheit steht. Die Regelungen der Norm tragen dazu bei, dieses Ziel vorrangig zu erreichen.

Als Angebotsprodukte lassen sich die angebotenen Leistungen wie Untersuchung, Operation, Therapie oder Pflege ansehen, die im Rahmen des Dienstes am Patienten erbracht werden. Die ISO 9000f beschreibt dabei, was durch die Elemente eines Qualitätsmanagementsystems erfüllt werden soll, nicht aber, wie der Gesundheitsbetrieb diese Elemente ausgestalten und umsetzen muss. Denn so verschieden die einzelnen Betriebe alleine schon aufgrund der unterschiedlichen Fachdisziplinen sind, so angepasst und individuell müssen auch die zur Anwendung gelangenden Qualitätsmanagementsysteme sein.

Das umfangreichste Modell im Hinblick auf die Anforderungen an ein **Qualitätsmanagementsystem** bildet die ISO 9001. Sie umfasst alle Stufen der Leistungserstellung, von der Entwicklung neuer medizinischer Produkte oder Behandlungsleistungen über die Leistungserbringung selbst bis zum Einsatz beim Patienten. Dieses Regelwerk enthält insbesondere Darlegungsforderungen an Gesundheitsbetriebe, die eigene Behandlungsleistungen oder medizinische Produkte entwickeln, herstellen und am Patienten anwenden. Da es wichtig ist, ständige medizinische Weiterentwicklung und Neuentwicklung von Behandlungsangeboten zu betreiben, kommt das Darlegungsmodell nach ISO 9001 häufiger zur Anwendung. Entscheidend für die Anwendung dieser Norm ist, dass es sich nachweisbar um die Entwicklung von Leistungen handelt, die dem Patienten entgeltlich (privat oder Kasse) überlassen werden und die nicht dem Eigenbedarf dienen. Es kann sich dabei um Leistungen nach konkreter Patientenspezifikation handeln oder um die Entwicklung von Leistungen für einen anonymen Patientenmarkt.

Zu den wesentlichen **Elementen** eines Qualitätsmanagements nach ISO 9001 zählen insbesondere (siehe Abb. 5.5):

- **Leitung des Gesundheitsbetriebs:** Sie muss die Zielsetzung und Vorgehensweise festlegen, wobei aus den betrieblichen Zielen Qualitätsziele abzuleiten sind; ferner ist die Qualitätspolitik des Betriebs zu bestimmen und sicherzustellen, dass sie eingehalten wird; es muss dafür gesorgt werden, dass Zuständigkeiten, Verantwortlichkeiten und Befugnisse festgelegt sind; ferner müssen die erforderlichen Mittel für ein Qualitätsmanagement bereitgestellt und für eine angemessene Ausbildung der Mitarbeiter gesorgt werden;
- **Qualitätsmanagementhandbuch:** Es beschreibt das im Rahmen der Qualitätspolitik erstellte Qualitätsmanagementsystem des Gesundheitsbetriebs; es beschreibt, wie im Gesundheitsbetrieb die Zuständigkeiten, die Tätigkeiten und Abläufe sowie die Dokumentation zur Erfüllung der Forderungen der einzelnen Elemente gehandhabt werden;

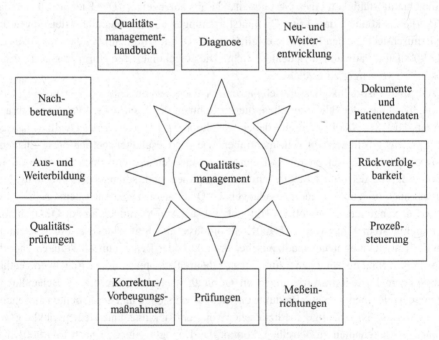

Abb. 5.5 Elemente des Qualitätsmanagements im Gesundheitsbetrieb nach ISO 9001

- **Verfahrensbeschreibungen:** Sie dokumentieren die Art und Weise, eine Tätigkeit im Gesundheitsbetrieb auszuführen; dazu lassen sich Ablaufdiagramme zur Dokumentation der Verfahrensbeschreibungen im Qualitätsmanagementhandbuch nutzen; es muss sichergestellt sein, dass die Verfahren und Anweisungen im betrieblichen Ablauf beachtet werden;
- **Neu- und Weiterentwicklung:** Um eine organisierte Weiterentwicklung von Behandlungsleistungen, medizinischen Produkten oder Therapien, müssen Verantwortlichkeiten und Verfahren festgelegt sein, damit das Entstehen neuer Leistungsangebote nicht dem Zufall überlassen, sondern durch geplantes und systematisches Vorgehen das gewünschte Ziel möglichst effizient erreicht wird; dazu sind Verfahren zur Gestaltung der Weiterentwicklung festzulegen, um auch während der Umstellung auf eine neue Behandlungsmethode die Qualitätsanforderungen einzuhalten, sowie vor der Anwendung ausreichende Prüfungen durchzuführen und zu dokumentieren.
- **Dokumenten und Patientendaten:** Die Herausgabe von Dokumenten und Patientendaten muss geregelt, die Freigabe darf nur durch befugtes Personal erfolgen, entsprechende Überwachungsverfahren für die Vollzähligkeit und –ständigkeit der Patientenunterlagen müssen eingerichtet sein, Änderungen in den Patientendaten und sonstigen Dokumenten müssen eingearbeitet, überprüft und freigegeben werden;
- **Rückverfolgbarkeit:** Die Nachvollziehbarkeit einer Behandlungsleistung muss gewährleistet sein, was aber durch die medizinische Behandlungsdokumentation in der Regel hinreichend gegeben ist;
- **Prozesssteuerung:** Alle Abläufe müssen unter beherrschten Bedingungen durchgeführt werden, Kriterien zur Arbeitsausführung beispielsweise in Form von Arbeitsanweisungen für festgelegt sein, regelmäßige Instandhaltungsmaßnahmen von Behandlungseinrichtungen durchgeführt werden, um einen Ausfall der Betriebsfähigkeit zu verhindern sowie einschlägige Gesetze, Verordnungen und Normen beachtet werden;
- **Prüfungen:** Es muss sichergestellt sein, dass alle Behandlungsmaßnahmen und sonstigen Leistungen den einschlägigen Qualitätsforderungen entsprechen. Regelungen und Zuständigkeiten für die Prüfung von Laboruntersuchungen oder Abrechnungsunterlagen müssen vorhanden sein. Ferner sollen Nachweise darüber geführt werden, dass alle zur Anwendung gelangenden medizinischen Produkte, geprüft und zugelassen sind;
- **Messeinrichtungen:** Die zu Prüfzwecken verwendeten medizinischtechnischen Messeinrichtungen sind mit der erforderlichen Genauigkeit auszuwählen, sie müssen regelmäßig überwacht, gewartet und kalibriert werden, ihr jeweiliger Kalibrierzustand muss erkennbar sein und dokumentiert werden;
- **Prüfzustand:** Der Prüfstatus einer Leistung muss jederzeit erkennbar sein. Ob eine Blut- oder Urinprobe untersucht wurde oder nicht, bzw. mit welchem Ergebnis die Untersuchung endete, muss auch für Mitarbeitende ersichtlich sein, die nicht mit der Untersuchung beauftragt waren;
- **Korrektur- und Vorbeugungsmaßnahmen:** Um Fehlerursachen aufzufinden und Wiederholfehler zu vermeiden müssen Verfahren existieren, um Fehler zu entdecken,

analysieren und beseitigen, erforderliche Korrektur- und Vorbeugungsmaßnahmen durchgeführt und hinsichtlich ihrer Wirksamkeit überprüft werden;

- **Qualitätsaufzeichnungen:** Aufzeichnungen und Unterlagen, aus denen die Behandlungs- und Servicequalität hervorgeht, müssen leserlich, zuordbar und leicht auffindbar sein und angemessen unter Berücksichtigung vorgeschriebener Aufbewahrungsfristen archiviert werden;
- **Interne Qualitätsprüfungen:** Sie dienen dazu, die zu einem Qualitätsmanagementsystem gehörenden Elemente regelmäßig auf Wirksamkeit und Eignung zur Erfüllung der Qualitätsziele zu überprüfen, um vorhandene Schwachstellen und Defizite zu erkennen und gegebenenfalls Verbesserungen durchzuführen; Gegenstand einer derartigen regelmäßigen Überprüfung können die Aufbau- und Ablauforganisation des Gesundheitsbetriebs, die Qualifikation und der Einsatz der Mitarbeitende, die Verwaltung und die eingesetzten Hilfsmittel, die Behandlungsausführung und die dazugehörige Dokumentation sowie die Einhaltung von Korrekturmaßnahmen aus vorausgegangenen Überprüfungen sein;
- **Aus- und Weiterbildung:** Die Mitarbeitenden des Gesundheitsbetriebs müssen für ihre Aufgaben ausreichend qualifiziert und geschult erden, um die gewünschten Leistungen erbringen zu können; der Bedarf hierfür muss ermittelt und die Aus- und Weiterbildungsmaßnahmen müssen gemäß Planung durchgeführt werden;
- **Nachbetreuung:** Ein vorrangiges Ziel besteht nicht nur darin, Verfahren für eine medizinisch notwendige Nachbetreuung festzulegen, sondern auch Rückmeldungen vom Patienten über die Behandlungsleistung zu erhalten, um diese Informationen zur ständigen Verbesserung des Leistungsangebotes des Gesundheitsbetriebs zu nutzen.

Die **Zertifizierung** eines Qualitätsmanagementsystems ist die Bestätigung eines unabhängigen, sachverständigen Dritten, dass im Gesundheitsbetrieb ein Qualitätsmanagementsystem dokumentiert ist, eingeführt ist und aufrechterhalten wird. Zur Vorbereitung auf ein Zertifizierungsaudit ist unter anderem zu klären, ob der Gesamtbetrieb oder nur Teilbereiche zertifiziert werden sollen, welche Mitarbeitende daran beteiligt sind, welche Norm für die Zertifizierung zugrunde gelegt werden und wann das Zertifizierungsaudit durchgeführt werden soll. Die Durchführung eines betriebsinternen Audits anhand des Qualitätsmanagementhandbuchs oder Checklisten vorab, lässt die Erfolgschancen des eigentlichen Zertifizierungsaudits steigen. Bei den Zertifizierungsgesellschaften handelt es sich um Organisationen, die durch ihre Audits feststellen, ob das Qualitätsmanagementsystem im Gesundheitsbetrieb so funktioniert, wie es beschrieben ist, und gegebenenfalls Verbesserungspotenziale aufzeigen. Das erteilte Zertifikat hat in der Regel eine begrenzte Gültigkeitsdauer, und die Aufrechterhaltung des Qualitätsmanagementsystems muss im Rahmen eines Überwachungsaudits regelmäßig nachgewiesen werden. Ein Wiederholungsaudit stellt die Überprüfung des Qualitätsmanagementsystems sicher und führt bei Erfolg zur erneuten Ausstellung eines Zertifikats.

Beispiel

Die proCum Cert GmbH (pCC) ist eine Zertifizierungsgesellschaft, deren Kerntätigkeit die Begutachtung von Unternehmen und Einrichtungen des Gesundheits-, Sozial- und Bildungsbereichs ist, mit wertegebunden, gemeinnützig oder kirchlich geprägten Zielen. pCC verfügt über umfangreiche Erfahrungen in der Zertifizierung von Krankenhäusern, Zentren, Rehakliniken, Praxen und sonstigen medizinischen Einrichtungen. Einen Schwerpunkt in der täglichen Zertifizierungspraxis bilden unter anderem die DIN EN ISO 9001-basierten Regelwerke (vgl. proCum Cert GmbH Zertifizierungsgesellschaft, 2023, S. 1).

Das Qualitätsmanagement in der München Klinik Neuperlach ist nach ISO 9001 zertifiziert. Die Klinik hat die Zertifikate durch den TÜV SÜD für die erfolgreiche Einführung eines übergeordneten, systematischen Qualitätsmanagementsystems erhalten. Das Zertifikat hat eine Gültigkeit von drei Jahren und wird jährlich überprüft (vgl. München Klinik, 2023, S. 1).◄

Da die DIN EN ISO 9001 sehr allgemein gehalten ist, wurde als die sie konkretisierende Norm die DIN EN 15224 entwickelt, als eine speziell auf das Gesundheitswesen zugeschnittene europaweit geltende Norm. Sie beinhaltet als Grundlage die DIN EN ISO 9001, findet Anwendung sektorenübergreifend (ambulant, teilstationär, stationär), interdisziplinär (Medizin, Therapie, Pflege) und in alle Versorgungsphasen (Akutversorgung, Rehabilitation, Langzeitversorgung, Palliation) und beinhaltet die Ausrichtung auf die Patienten/Klienten sowie die Versorgungsprozesse. Ihre Fokussierung auf klinische Prozesse und das Risikomanagement bietet den Einrichtungen die Chance, die Notwendigkeit und den Bezug eines Qualitätsmanagementsystems für die Versorgungspraxis verständlich zu transportieren und damit im Arbeitsalltag zu verankern (vgl. Deutsche Gesellschaft für Qualität, 2019, S. 1).

5.5.4 Kooperation für Transparenz und Qualität im Gesundheitswesen (KTQ)

Die **Kooperation für Transparenz und Qualität im Gesundheitswesen (KTQ)** ist ein Zertifizierungsverfahren zur Darlegung und Begutachtung von Qualitätsmanagementsystemen im Gesundheitswesen. KTQ steht dabei als eingetragenes Warenzeichen für die gleichnamige Gesellschaft und das von ihr angewendete Verfahren. Gesellschafter sind die *Bundesärztekammer (Arbeitsgemeinschaft der deutschen Ärztekammern),* die *Deutsche Krankenhausgesellschaft (DKG)* und der *Deutsche Pflegerat (DPR).*

Damit Gesundheitsbetriebe den gesetzlichen Anforderungen des SGB im Hinblick auf ein Qualitätsmanagement entsprechen können und zugleich der Betrieb effizienter gestaltet wird, hat die KTQ ein spezielles Verfahren zum Aufbau und zur Weiterentwicklung eines Qualitätsmanagementsystems entwickelt, wodurch auch die Möglichkeit besteht, die Güte eines Qualitätsmanagementsystems in einem Gesundheitsbetrieb gegenüber den Organisationen der Selbstverwaltung darzulegen. Der KTQ-Katalog beispielsweise für den Bereich Praxen und Medizinische Versorgungszentren (MVZ) berücksichtigt die aktuellen Anforderungen der Qualitätsmanagement-Richtlinie des Gemeinsamen Bundesauschusses (G-BA), und das KTQ-Manual enthält ausführliche Erläuterungen für einen Einstieg in das KTQ-Verfahren und bereitet auf die KTQ-Zertifizierung vor.

Das KTQ-Verfahren stellt einen Bezug zu den konkreten Abläufen im Gesundheitsbetrieb her, wobei jeder Betrieb seine individuellen Lösungen nutzen kann, wenn er damit das gewünschte Ziel erreicht. Hierzu gliedert sich der Katalog für den niedergelassenen Bereich in sechs einheitliche KTQ-Kategorien:

- Patientenorientierung,
- Mitarbeiterorientierung,
- Sicherheit–Risikomanagement,
- Informations- und Kommunikationswesen,
- Unternehmensführung,
- Qualitätsmanagement.

Die sechs Kategorien sind wiederum in 48 Kriterien unterteilt, die dem PDCA-Zyklus folgen und bei dem jede QM-Maßnahme wie in einem Kreislauf immer weiterentwickelt wird, sodass damit ein kontinuierlicher Verbesserungsprozess angestrebt wird.

Das KTQ-Verfahren basiert auf einer Kombination aus Selbst- und Fremdbewertung, wobei die KTQ-Selbstbewertung den ersten Schritt für einen Gesundheitsbetrieb darstellt und als kritische Betrachtung der Strukturen und Leistungen beispielsweise einer Praxis/ MVZ zu verstehen ist, die zeigt, ob und wenn ja, wo Verbesserungen nötig sind, um die KTQ-Zertifizierung zu erreichen. Auf der Basis des jeweiligen KTQ-Manuals, in dem alle notwendigen Schritte erläutert sind und das den KTQ-Katalog mit allen zu bearbeitenden Fragen zu den Leistungen, Prozessabläufen und zum Qualitätsmanagement enthält, werden in der Selbstbewertung die QM-Maßnahmen in den Bereichen Patientenorientierung, Mitarbeiterorientierung, Sicherheit, Informationswesen, Führung und Qualitätsmanagement dargestellt. Für die Zertifizierung ist ein Selbstbewertungsbericht zu erstellen, der Aussagen zu allen zutreffenden Kriterien eines KTQ-Kataloges enthält. Für Kriterien, die für einen Gesundheitsbetrieb nicht zutreffen, ist mit einer entsprechenden Begründung eine sogenannte Adjustierung der Punktzahl möglich, was bedeutet, dass diese Kriterien in die Bewertung nicht einbezogen werden. Die Ist-Analyse stellt eine Standortbestimmung dar und zeigt im Vergleich zu den Fragen des KTQ-Kataloges die eigenen Stärken und Verbesserungspotenziale auf. Danach kann entschieden werden, ob direkt die KTQ-Zertifizierung beantragt wird oder zunächst noch Projekte zur Verbesserung der Prozessabläufe durchgeführt werden. Somit ist die KTQ-Selbstbewertung nicht direkt an eine nachfolgende KTQ-Zertifizierung gebunden und kann vollkommen unabhängig zur Standortbestimmung oder Analyse durchgeführt werden.

Die Selbstbewertung ist die Grundlage für die Fremdbewertung, die von KTQ-Visitorinnen und -Visitoren durchgeführt wird, bei denen es sich beispielsweise um Medizinische Fachangestellte und niedergelassene Ärzte bzw. Ärztinnen sowie Psychotherapeuten bzw. Psychotherapeutinnen in Leitungsfunktion und mit Erfahrung im Qualitätsmanagement handelt. Sie haben ein KTQ-Training absolviert und sind von der KTQ zugelassen.

Wenn die Ergebnisse der Selbstbewertung mit den Erkenntnissen der KTQ-Visitoren und -Visitorinnen weitestgehend übereinstimmen, erhält der Gesundheitsbetrieb das KTQ-Zertifikat, wozu bei der ersten und zweiten Zertifizierung der Betrieb in jeder Kategorie mindestens 55 % der maximalen Punktzahl und in der zweiten Rezertifizierung (also der dritten KTQ-Zertifizierung insgesamt) in jedem Kriterium mindestens 55 % der maximalen Punktzahl, also mindestens 10 Punkte erreichen muss. Das verliehene KTQ-Zertifikat ist dann für drei Jahre gültig und kann danach in einer Rezertifizierung erneuert werden.

Bestandteil jeder erfolgreichen KTQ-Zertifizierung (siehe Abb. 5.6) ist die Verpflichtung der Praxis, einen KTQ-Qualitätsbericht zu veröffentlichen, der über den Internetauftritt der KTQ einsehbar ist und der das Leistungsgeschehen im Gesundheitsbetrieb nachvollziehbar und transparent macht (vgl. KTQ-GmbH, 2023a, S. 1).

Beispiel

Die KTQ-Statistik (Stand: Juni 2023) führt im Bereich Krankenhäuser 2497 KTQ-Zertifikate, im Bereich Praxen und MVZ 269 Zertifikate, bei den Rehabilitationseinrichtungen 322 Zertifikate, sowie bei Pflegeeinrichtungen, Hospiz und Alternative Wohnformen 116 Zertifikate auf (vgl. KTQ-GmbH, 2023b, S. 1).◄

Abb. 5.6
Zertifizierungsverfahren nach KTQ

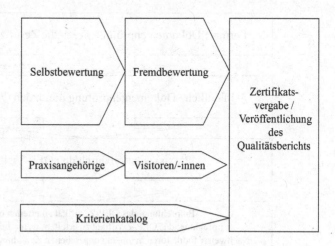

5.5.5 Qualität und Entwicklung in Praxen (QEP)

Qualität und Entwicklung in Praxen (QEP®) wurde von den *Kassenärztlichen Vereinigungen (KV)* und der *Kassenärztlichen Bundesvereinigung (KBV)* in Zusammenarbeit mit niedergelassenen Ärzten und Psychotherapeuten sowie mit Qualitätsmanagementexperten unter Einbeziehung von Berufsverbänden und Arzthelferinnen speziell für Arztpraxen bzw. MVZ entwickelt, um die gesetzlichen Anforderungen optimierend in der einzelnen Praxis umzusetzen.

Grundlage der Entwicklung war die systematische Sichtung bisheriger, anerkannter nationaler wie internationaler Ansätze (beispielsweise EFQM, ISO etc.), wobei diejenigen Anteile übernommen wurden, die sowohl für die Betriebsgrößen Praxis oder MVZ geeignet sind, sowie den besonderen Rahmenbedingungen des deutschen ambulanten Gesundheitssystems entsprechen. Auf diesen bewährten Elementen aufbauend, wurde ein Katalog mit für Praxen relevanten Qualitätszielen formuliert und in einer Pilotphase mit 61 Praxen nahezu aller Fachrichtungen getestet und evaluiert. Die Ergebnisse der Pilotphase sind in den Qualitätsziel-Katalog und das Bewertungsverfahren sowie in die Unterstützungsangebote einschließlich des QEP-Manuals und der Muster-Dokumente eingeflossen, die zugleich die wesentlichen Elemente von QEP darstellen (siehe Abb. 5.7).

Der **Qualitätsziel-Katalog** besteht aus den Kapiteln Patientenversorgung, Patientenrechte und Patientensicherheit, Mitarbeitende und Fortbildung, Führung und Organisation sowie Qualitätsentwicklung, die prozessorientiert in Anlehnung an den Ablauf der Patientenversorgung gestaltet sind. Die enthaltenen Qualitätsziele bilden die vielfältigen Aspekte und Inhalte der Arbeit von Arztpraxen ab und sollen als Anregung und Ideenpool genutzt

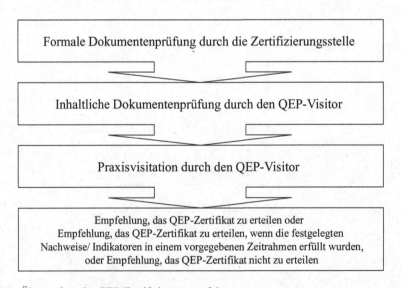

Abb. 5.7 Überprüfung im QEP-Zertifizierungsverfahren

werden. Sie greifen bestehende gesetzliche Verpflichtungen und normative Vorgaben auf, unterstützen die Praxen/MVZ somit bei der Einhaltung gesetzlicher Vorgaben und sind mit Nachweisen bzw. Indikatoren operationalisiert und veranschaulicht, wobei diejenigen Ziele und Nachweise, die für eine Praxis/MVZ nicht anwendbar sind, in begründeten Fällen ausgeschlossen werden können. Anhand der Erfahrungen aus den Testanwendungen wurden als Kernziele dabei diejenigen Ziele besonders hervorgehoben und priorisiert, deren Umsetzung einen hohen Stellenwert für den Aufbau eines Qualitätsmanagementsystems, die Erfüllung der gesetzlichen Vorgaben zum praxisinternen QM oder bspw. die Einhaltung bestehender Vorschriften hat.

Das **Manual** umfasst insbesondere Vorschläge zur Umsetzung der Kernziele des Qualitätsziel-Kataloges:

- aktuelle Umsetzungsvorschläge und Tipps für alle Kernziele aus dem QEP-Qualitätsziel-Katalog;
- Musterdokumente und weitere Informationen und Materialien;
- verlinktes Quellen- und Inhaltsverzeichnis;
- elektronische Ordnerstruktur;
- Kopiervorlagen für Checklisten, Zeit- und Maßnahmenpläne.

Ergänzt werden diese Elemente durch QEP-Seminare- und Workshops für Neueinsteigende, Multiplikatoren und Fortgeschrittene, sowie das Angebot der Teilnahme an der QEP-Community (vgl. Kassenärztliche Bundesvereinigung, 2023, S. 1).

Beispiel

Die *Kassenärztliche Vereinigung Hessen (KVH)* bietet ihren Mitgliedern die Unterstützung für QM als Praxisprojekt mit QEP an. Ziel ist es dabei, QEP erfolgreich in der Praxis einzuführen und zu etablieren. Das Angebot umfasst unter anderem

- die Beratung über einen Zeitraum von sechs Monaten;
- fünf Beratertage zum gemeinsamen Austausch in der Praxis;
- Entwicklung eines gemeinsamen Zeit- und Maßnahmenplans;
- Begleitung der Aufgaben und Maßnahmenpläne;
- Erreichbarkeit per Telefon oder E-Mail bei inhaltlichen Fragen (vgl. Kassenärztliche Vereinigung Hessen, 2023, S. 1)◄

5.5.6 Europäisches Praxisassessment (EPA)

Ein Qualitätsmanagement für Arztpraxen bietet auch das **Europäisches Praxisassessment (EPA)** des AQUA-Instituts für angewandte Qualitätsförderung und Forschung im

Gesundheitswesen GmbH. Es wurde 1995 gegründet, um innovative Qualitätsförderungs-projekte im Gesundheitswesen professionell aufzubauen und langfristig zu begleiten und treibt als einer der federführenden Entwicklungspartner von EPA dessen kontinuierli-che Weiterführung und Weiterentwicklung voran. EPA ist ein edukatives System zur Einführung und Weiterentwicklung des Qualitätsmanagements in Arztpraxen, dessen Indi-katoren in internationaler Zusammenarbeit unter der Leitung des Centre for Quality of Care Research (WOK), Nijmegen, NL entwickelt und im Rahmen der Pilotstudie (2001–2004) durch die Bertelsmann Stiftung (Gütersloh) gefördert wurde. Die nationale Umsetzung von EPA erfolgt durch Institutionen der einzelnen Länder, so in Deutschland durch das AQUA-Institut, wobei bisher mehr als 2300 Praxisassessments bei Hausärz-ten, Fachärzten, Zahnmedizinern und in Medizinischen Versorgungszentren durchgeführt wurden.

Am Anfang des QM mit EPA steht die detaillierte Messung des aktuellen Ist-Zustands zum Teil über eingesetzte Befragungsinstrumente. Dabei bilden wissenschaftlich fundierte Messgrößen, die sogenannten Qualitätsindikatoren, und die Vorgaben der QM-Richtlinie des Gemeinsamen Bundesausschusses (G-BA) wichtige Grundlagen, sodass die Ergeb-nisse der mehrperspektivischen Messung die Qualität der Praxisorganisation in allen relevanten Bereichen wiedergeben.

Es werden dabei fünf übergeordnete Themenfelder (Domänen) der Qualität unterschie-den, denen insgesamt 31 Unterthemen (Dimensionen) zugeordnet sind. Sie beinhalten mehr als 279 qualitätsrelevante Einzelaspekte (Indikatoren), hinter denen insgesamt 441 Fragen bzw. Informationen (Items) stehen, die im Rahmen von Selbstauskunft, Visitation, Patienten- und Mitarbeitendenbefragung erhoben werden, und mit deren Hilfe alle orga-nisatorischen Bereiche der Praxis empirisch erfasst und ausgewertet werden, wobei sich die Erhebung auf die Praxisleitung, Mitarbeitende, Patienten, Visitoren und Visitorinnen verteilt

Danach erfolgt die umfassende Analyse der Stärken und Schwächen, die aufzeigt, an welchen Stellen die Praxis bereits wichtige QM-Kriterien erfüllt und wo Verbesse-rungspotenziale bestehen. Diese Analyse wird ergänzt durch ein anonymes Benchmarking mittels direkter Vergleiche mit anderen EPA-Praxen. Geschulte Visitorinnen und Visito-ren besprechen die Ergebnisse mit dem Praxisteam, definieren Qualitätsziele, arbeiten Optimierungsansätze heraus und zeigen Maßnahmen auf. Die Praxis erhält ausführliche Ergebnisberichte einschließlich der besprochenen Empfehlungen, womit die Imple-mentierungsphase von EPA durchlaufen ist und die Praxis in einen kontinuierlichen Weiterentwicklungsprozess gelangt.

Eine wichtige Basis für die Entwicklung von EPA bietet hierzu das Visitationsmo-dell (VIP-Methode – Visit Instrument to Assess Practice Management), das als Visitatie vom holländischen WOK entwickelt worden ist. Dabei wird anhand eines Katalogs von Indikatoren in einer Praxisvisitation das Management der Arztpraxis mithilfe verschiede-ner Instrumente begutachtet, wie der Befragung von Patienten, Mitarbeitenden und Arzt bzw. Ärztin, einem Selbstassessment der Praxis, der Visitation, einem Feedback-Report und einer abschließenden Teambesprechung. Dabei werden mögliche Schwachstellen der Praxis deutlich gemacht und eine konstruktive Zusammenarbeit in der Erarbeitung von Wegen zur Verbesserung des Praxismanagements gesucht (vgl. Ärztliches Zentrum für Qualität in der Medizin, 2023d, S. 1).

Spezielle EPA-Systeme richten sich mit ihren Indikatoren, Items und Befragungsinstrumenten an den individuellen Gegebenheiten der jeweiligen Fachdisziplin aus:

- **EPA Hausarzt:** Arzt/Ärztinnen-Patienten-Kommunikation, Patientenorientierung, Versorgung chronisch Kranker, Labordiagnostik, Bereich Prävention, EPA-Benchmark-Vergleich mit mehr als 800 anderen Hausarztpraxen etc.;
- **EPA Kinder- & Jugendmedizin:** Patientenbefragung für Kinderarztpraxen mit eigenen, separaten Fragenteilen für Eltern und Jugendliche; weitere Themen, die speziell für kinderärztliche Praxen relevant sind;
- **EPA Facharzt:** integrierte Befragung von zuweisenden Kollegen; in einer Pilotstudie erprobte Anwendung in unterschiedlichsten Fachrichtungen wie Orthopädie, Kardiologie, Innere Medizin etc.;
- **EPA MVZ:** auf Basis der bestehenden QM-Verfahren für Einzel- und Gemeinschaftspraxen Anpassung an die Bedingungen von MVZ und fachübergreifenden Gemeinschaftspraxen; Analyse der interdisziplinären Zusammenarbeit, der übergeordnete Management- oder Verwaltungsebene im MVZ sowie die Kooperation und Kommunikation mit anderen Leistungserbringern (siehe Abb. 5.8).

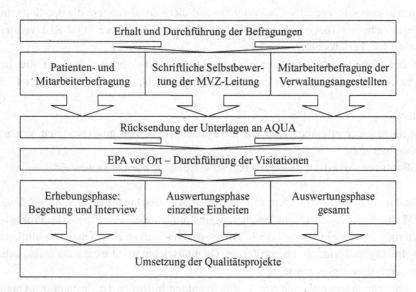

Abb. 5.8 Struktureller Ablauf EPA-MVZ

Für Zahnarztpraxen deckt EPA Zahnmedizin alle in der zahnärztlichen Praxis relevanten Bereiche ab, wie etwa Röntgen, Labor- und Materialmanagement oder die systematische Behandlungsdokumentation. Die Patientenbefragung enthält Punkte, die für die Patienten von Zahnarztpraxen von speziellem Interesse sind, z. B. Informationen zu Heil- und Kostenplänen oder zur Prophylaxe.

Eine Zertifizierung durch die Stiftung Praxissiegel e. V. lässt sich optional erwerben, wenn die jeweilige Praxis das EPA-Verfahren vollständig durchlaufen und die festgelegten Anforderungen erfüllt hat. Das Zertifikat ist drei Jahre gültig und danach ist eine Rezertifizierung möglich, wobei sich die Zertifizierungsanforderungen um eine Beschreibung der bereits durchgeführten Qualitätsprojekte erweitern. Die Rezertifizierung beinhaltet zur Darstellung des QM-Entwicklungsprozesses der Praxis einen Vorher-Nachher-Vergleich, wozu eine aktuelle Datenbasis und damit eine erneute Durchführung von EPA erforderlich ist (vgl. AQUA-Institut, 2017, S. 7 ff.).

5.5.7   KV Praxis Qualitätsmanagement (KPQM)

Ein weiteres Beispiel für ein QMS insbesondere für Praxen ist das **KV Praxis Qualitätsmanagement (KPQM)**. Es wurde von der *Kassenärztlichen Vereinigung Westfalen-Lippe (KVML)* als QM-System für Ärzte/Ärztinnen und Psychotherapeuten von einer Arbeitsgruppe der zur Kassenärztlichen Vereinigung Westfalen-Lippe zugehörigen Ärzte und Ärztinnen entwickelt, wobei die Orientierung an bestehenden Qualitätsmanagementsystemen wie insbesondere DIN EN ISO 9001 und die Anforderungen, die der Gemeinsame Bundesausschuss (GBA) in der Qualitätsmanagement-Richtlinie (QM-RL) verbindlich festgelegt hat, berücksichtigt wurden.

In der Form eines prozessorientierten Qualitätsmanagements werden die in der Arztpraxis vorherrschenden Prozesse und damit sämtliche Arbeitsbereiche einer Praxis

- analysiert,
- im Sinne einer effektiven und auf die Patientensicherheit ausgerichteten Versorgung modelliert und
- in Form von Arbeitsanweisungen und Ablaufdiagrammen dokumentiert.

Um Redundanzen zu vermeiden, soll das Qualitätsmanagement bei der Anwendung von KPQM die bestehenden Qualitätssicherungsinstrumentarien der Ergebnis-, Prozess- und Strukturqualität einschließen, und alle Prozesse sollen sich an einer Qualitätspolitik und an in regelmäßigem Turnus zu überprüfenden Qualitätszielen im Sinne eines kontinuierlichen Verbesserungsprozesses ausrichten.

Ein Selbstbewertungsbogen mit 23 Stichpunkten hilft, den Ist-Zustand des Qualitätsmanagements in der Arztpraxis selbst zu bewerten. Zugleich bildet er die Methoden,

Instrumente und Anwendungsbereiche des praxisinternen Qualitätsmanagements ab, welche die QM-Richtlinie fordert und dient dazu einzuschätzen, inwieweit diese in der Praxis bereits angewendet werden. Der Selbstbewertungsbogen ist als Checkliste aufgebaut, spiegelt die wesentlichen Inhalte der QM-Richtlinie wider und beinhaltet zusätzliche Fragen und Erläuterungen, die die Inhalte genauer beschreiben.

Das KPQM-Handbuch enthält zahlreiche Kapitel, die unter anderem die Ziele des Qualitätsmanagements, die grundlegende Methodik, die Grundelemente, die Methoden und Instrumente sowie die Darlegung und Weiterentwicklung beschreiben (siehe Tab. 5.16).

Tab. 5.16 Beispiele für die Inhalte des KPQM-Handbuchs

Kapitel	Inhalte
Ziele des Qualitätsmanagements	Ziele des Qualitätsmanagements; stetige Entwicklung; Strukturierung der Praxisprozesse; rechtskonforme Prozesse; Förderung der Patientenorientierung; Arbeitszufriedenheit; Integration bestehender Qualitätssicherungsmaßnahmen Individualität des KPQM
Grundlegende Methodik	Führungsaufgabe; Entwicklung des QM; PDCA-Zyklus; Risikomanagement; Kennzahlen und Indikatoren; Teamschulungen und weitere Unterstützung
Grundelemente	Patientenorientierung und Patientensicherheit; Mitarbeitendenorientierung einschließlich Mitarbeitendensicherheit; Prozessorientierung; Kommunikation und Kooperation; Informationssicherheit und Datenschutz; Verantwortung und Führung
Methoden und Instrumente	Methoden und Instrumente; Messen und Bewerten von Qualitätszielen; Erhebung des Ist-Zustandes und Selbstbewertung; Regelung von Verantwortlichkeiten und Zuständigkeiten; Prozess- und Ablaufbeschreibungen erstellen; Prozess- und Ablaufbeschreibungen bereitstellen; Schnittstellenmanagement; Checklisten; Teambesprechungen; Fortbildungs- und Schulungsmaßnahmen; Patientenbefragungen; Mitarbeitendenbefragungen; Beschwerdemanagement; Patienteninformation und –aufklärung; Risikomanagement; Fehlermanagement und Fehlermeldesysteme; zu regelnde Anwendungsbereiche; Notfallmanagement; Hygienemanagement; Arzneimitteltherapiesicherheit; Schmerzmanagement; Maßnahmen zur Vermeidung von Stürzen bzw. Sturzfolgen
Darlegung und Weiterentwicklung	Dokumentation; Überprüfung des QM durch die Kassenärztlichen Vereinigungen; sektorspezifisches QM; Geltungsbereich im vertragsärztlichen Sektor; Zeitrahmen für die Einführung; Umsetzung der Anforderungen; Zuständigkeit

KPQM-Zertifizierungen werden von anerkannten Zertifizierungsunternehmen mit besonderer Erfahrung im Gesundheitswesen durchgeführt. Vorausgesetzt wird dabei die Vorlage folgender Qualitätsmanagement-Elemente:

- aktuelle Selbstbewertung anhand des Selbstbewertungsbogens;
- Beschreibung der Praxisstruktur (Fachrichtung, Schwerpunkte, Historie, Mitarbeitende, Besonderheiten);
- Beschreibung der Qualitätspolitik der Praxis (Selbstverständnis, Praxisführung, Strategie);
- Darlegung von mindestens zwei Qualitätszielen nach SMART-Regel (spezifisch, messbar, akzeptiert, realistisch, terminiert), die regelmäßig ausgewertet und aus denen gegebenenfalls Konsequenzen abgeleitet werden;
- Darstellung von zehn wesentlichen Prozessen der Patientenversorgung und der Einrichtungsorganisation, die praxisspezifisch identifiziert, geregelt und beispielsweise in Form von Tabellen, Flow-Charts oder Verfahrensanweisungen dargestellt werden (Beschwerdemanagement, Fehlermanagement, Notfallmanagement, Risikomanagement und sechs weitere Prozesse) (vgl. Kassenärztliche Vereinigung Westfalen-Lippe, 2021, S. 1).

Dem KPQM-Modell der Kassenärztlichen Vereinigung Westfalen-Lippe hat sich die *Kassenärztliche Vereinigung Nordrhein (KVNO)* angeschlossen, die es unter der Bezeichnung qu.no betreibt. KPQM und qu.no sind gleichsam für Einzel- und Gemeinschaftspraxen, Praxisgemeinschaften und Netze aber auch andere Gemeinschaften mit Vertragspraxen, wie z. B. MVZ oder Qualitätszirkel geeignet (vgl. Ärztliches Zentrum für Qualität in der Medizin, 2023d, S. 1).

5.5.8   Europäische Stiftung für Qualitätsmanagement (EFQM)

Die *European Foundation for Quality Management (EFQM)* wurde 1988 als gemeinnützige Organisation auf Mitgliederbasis von 14 führenden Unternehmen mit dem Ziel, treibende Kraft für nachhaltiges Qualitätsmanagement in Europa zu sein, gegründet. Mittlerweile sind über 800 Organisationen aus den meisten europäischen Ländern und unterschiedlichen Tätigkeitsbereichen Mitglied geworden. Als Eigentümerin des EFQM-Modells für Qualitätsmanagement organisiert die EFQM den *Europäischen Qualitätspreis (European Quality Award EOA)* und erbringt für ihre Mitglieder eine Fülle von Dienstleistungen rund um das Qualitätsmanagement (vgl. Kahla-Witzsch, 2009, S. 34 ff.).

Beispiel

Die *LVR-Klinik Mönchengladbach* führt seit 2015 zusammen mit der *LVR-Klinik Essen* ihre Organisationsentwicklung auf Grundlage des Modells der European Foundation for Quality Management (EFQM) durch. Die Entwicklung eines psychiatriespezifischen Qualitätsmanagement-Systems auf Basis des EFQM-Modells war hierbei eine wichtige Voraussetzung zur Nutzung des EFQM-Modells (vgl. LVR-Klinik Mönchengladbach, 2023, S. 1).◄

Das **EFQM-Modell** für Qualitätsmanagement ist ein Werkzeug, das dem Gesundheitsbetrieb eine Hilfestellung gibt und zugleich aufzeigt, wo er sich auf dem Weg zu einem Qualitätsmanagementsystem befindet (vgl. Abb. 5.8). Es trägt dazu bei, Schwachstellen in der betrieblichen Praxis zu erkennen und regt zu Problemlösungen an. Die EFQM hält das Modell mithilfe bewährter Vorgehensweisen einer Vielzahl von Organisationen aktuell und versucht dadurch sicherzustellen, dass sich das Modell mit dem jeweils aktuellen Managementwissen in Einklang befindet. Grundlage des Modells bilden verschiedene Grundprinzipien (vgl. Tab. 5.17).

Tab. 5.17 Grundprinzipien des EFQM-Modells

Prinzip	Erläuterung
Patientenorientierung	Erbrachte Leistung des Gesundheitsbetriebs muss den Wünschen und Bedürfnissen der Patienten entsprechen, um nachhaltig erfolgreich am Markt agieren zu können; nur dann kann der Gesundheitsbetrieb Umsätze generieren, seine Ziele erreichen und weiterhin am Marktgeschehen teilnehmen
Lieferantenorientierung	Vertrauensvolle Zusammenarbeit, denn die Leistungen der Zulieferer gehen als Input in Leistungserstellung des Gesundheitsbetriebes ein und wirken sich somit auf die Qualität der Behandlungsleistung aus
Mitarbeitendenorientierung	Regelmäßige fachliche, methodische Schulungen, Information und Kompetenzzuweisung
Prozessorientierung	Beherrschung und Verbesserung von Prozessen, Vorhandensein von Prozessverantwortlichen
Innovationsorientierung	Kontinuierlicher Verbesserungsprozess (KVP), Benchmarking, Förderung von Kreativität
Zielorientierung	Ergebnisverantwortung, nachhaltiges Handeln, Ausrichtung an der Strategie des Gesundheitsbetriebs
Gesellschaftliche Orientierung	Einhaltung von ethischen Anforderungen, von Gesetzen und Vorschriften
Ergebnisorientierung	Ergebniserreichung durch fairen Interessensausgleich

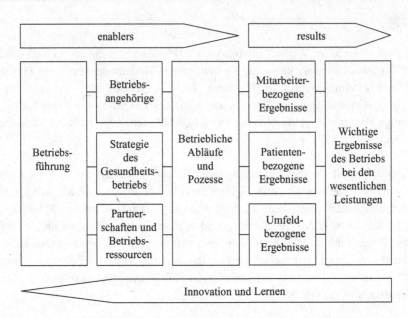

Abb. 5.9 Voraussetzungen (enablers) und Ergebniskriterien (results) des EFQM-Modells

Das einfache Modell umfasst die drei Elemente Menschen, Prozesse und Ergebnisse, was zum Ausdruck bringen soll, dass die Mitarbeitenden im Gesundheitsbetrieb
(Menschen) in Prozessen und Abläufen (Prozesse) Behandlungsergebnisse (Ergebnisse)
erzeugen, die den Patienten (Menschen) zugutekommen sollen.

Das erweiterte Modell besteht aus neun Kriterien (und deren Unterkriterien), die sich
aus fünf Voraussetzungen und vier Ergebniskriterien zusammensetzen (siehe Abb. 5.9):

- Voraussetzungen (enablers): Führung, Strategie, Mitarbeitende, Partnerschaften/
  Ressourcen, Prozesse.
- Ergebniskriterien (results): Mitarbeitende, -Kundenergebnisse, gesellschaftsbezogene
  Ergebnisse, wichtige Ergebnisse der Organisation.

Übertragen auf den Gesundheitsbetrieb ergibt sich folgende Intention der Kriterien:

- **Betriebsführung:** Das Verhalten aller Führungskräfte, um den Betrieb zu umfassen-
  der Qualität zu führen (Engagement für eine Kultur des Qualitätsmanagements, die
  Förderung des Verbesserungsprozesses und die Mitwirkung daran, Gewährung von
  Unterstützung, Bemühung um Patienten, Lieferanten und andere Externe);
- **Betriebsangehörige:** Würdigung und Anerkennung der Anstrengungen und Erfolge
  der Mitarbeitenden;

- **Strategie:** Bezeichnet Daseinszweck, das Wertesystem, das Leitbild und die strategische Ausrichtung des Gesundheitsbetriebs sowie die Art und Weise der Verwirklichung dieser Aspekte (auf welchen relevanten und umfassenden Informationen die Strategie des Gesundheitsbetriebs beruht, wie sie entwickelt wird, wie sie im Betrieb bekannt gemacht und eingeführt wird und wie ihre regelmäßige Aktualisierung und Verbesserung erfolgt;

- **Partnerschaften/Betriebsressourcen:** Beschreibt insbesondere wie die Ressourcen des Gesundheitsbetriebs wirksam zur Unterstützung der Strategie entfaltet werden (wie die finanziellen Ressourcen und Informationsressourcen gehandhabt werden, wie die Lieferantenbeziehungen gestaltet sind und wie das medizinische Verbrauchsmaterial bewirtschaftet wird, wie Gebäude, Behandlungseinrichtungen und anderes Anlagevermögen bewirtschaftet werden und wie mit modernen medizinischen Technologien umgegangen wird);

- **Betriebliche Abläufe und –prozesse:** Festlegen, wie die Prozesse identifiziert, überprüft und gegebenenfalls geändert werden, um eine ständige Verbesserung zu gewährleisten;

- **Mitarbeiterbezogenen Ergebnisse:** Beschreibung, wie Mitarbeitendenressourcen geplant und verbessert werden, wie die Fähigkeiten der Mitarbeitenden aufrechterhalten und weiterentwickelt werden, wie Ziele mit Ihnen vereinbart werden und ihre Leistung kontinuierlich überprüft wird und wie sie beteiligt, zu selbstständigem Handeln autorisiert und ihre Leistungen anerkannt werden können;

- **Patientenbezogene Ergebnisse:** Drücken die Patientenzufriedenheit aus und damit das, was der Gesundheitsbetrieb im Hinblick auf die Zufriedenheit seiner Patienten leistet. Dazu ist unter anderem festzustellen, wie sich die Beurteilung der Behandlungs- und Serviceleistungen und Patientenbeziehungen aus der Sicht der Patienten darstellt;

- **Umfeldbezogenen Ergebnisse:** Bringen zum Ausdruck, was der Gesundheitsbetrieb im Hinblick auf die Erfüllung der Bedürfnisse und Erwartungen des gesellschaftlichen Umfeldes insgesamt leistet;

- **Ergebnisse wesentlicher Leistungen:** Befasst sich in erster Linie mit den betriebswirtschaftlichen Ergebnissen des Gesundheitsbetriebs und beschreibt, was der Betrieb im Hinblick auf seine geplanten Ziele und die Erfüllung der Bedürfnisse und Erwartungen aller finanziell an ihm Beteiligten leistet (Festlegung von Kennzahlen und finanzielle Messgrößen zur Bewertung der betrieblichen Gesamtleistung).

Zunächst erfolgt eine Selbstbewertung des Gesundheitsbetriebs, bei der jeweils 500 Punkte in den fünf Voraussetzungen und in den vier Ergebniskriterien erreichbar sind. Die nächste Stufe (Committed to Excellence) erfordert eine Selbstbewertung, eine Priorisierung der Verbesserungspotenziale, mindestens drei erfolgreich umgesetzte Verbesserungsprojekte sowie die Begutachtung durch einen Prüfer. Das Zertifikat wird in der

Regel für zwei Jahre vergeben. Die nächsthöhere Stufe (Recognized for Excellence) erfordert eine noch umfangreichere Selbstbewertung bzw. Datenerhebung durch Prüfer vor Ort (vgl. Ärztliches Zentrum für Qualität in der Medizin, 2023d, S. 1).

5.5.9 IQMP-Reha

Als Beispiel eines QMS insbesondere für Rehabilitationseinrichtungen kann IQMP-Reha angesehen werden. Das *Institut für Qualitätsmanagement im Gesundheitswesen GmbH (IQMP)* wurde 2001 als Tochterunternehmen des *Bundesverbandes Deutscher Privatkliniken e. V. (BDPK)* gegründet. Zu seinen Aufgaben zählen das Entwickeln und Verbreiten von Instrumenten der Qualitätsentwicklung für Rehabilitationseinrichtungen und Krankenhäuser.

IQMP-Reha bietet ein Instrumentarium für eine reha-spezifische externe Begutachtung, auf deren Basis das Zertifikat „Exzellente Qualität in der Rehabilitation" (EQR) oder kombinierte Zertifikate verliehen werden können. Es beinhaltet einen prozessbezogenen modularen Konzeptaufbau. Dadurch kann das IQMP-Reha vollständig bis hin zur Zertifizierung, aber auch nur in Teilen genutzt werden, so z. B. nur für die Prozessoptimierung (vgl. Institut für Qualitätsmanagement im Gesundheitswesen, 2023, S. 1).

Das IQMP-Reha orientiert sich am biopsychosozialen Modell der ICF, das von der WHO entwickelt wurde, und darauf gerichtet ist, nicht nur Krankheiten zu erkennen, zu behandeln und zu heilen, sondern von Behinderung bedrohten oder betroffenen Personen unter Einbeziehung der Kontextfaktoren dazu zu verhelfen, ihre Teilhabe am beruflichen und sozialen Leben zu sichern bzw. wiederherzustellen.

Bei der Entwicklung des IQMP-Reha wurde auf das EFQM-Modell für Excellence zurückgegriffen. Im IQMP-Reha ist die EFQM-Grundstruktur durch konkrete rehabilitationsspezifische Inhalte unterlegt, was die praktische Umsetzung wesentlich erleichtert.

Die Struktur und Systematik des IQMP-Reha hat die 9 Kriterien des EFQM-Modells übernommen. Das IQMP-Reha ist hierarchisch aufgebaut. Ab der Gliederungsebene der Teilkriterien bis zu den Indikatoren wurde das IQMP-Reha inhaltlich und textlich auf das Gesundheitswesen ausgerichtet.

Eine Bewertung auf der Ebene der Qualitätsstufen findet erst auf der Ebene der Teilkriterien statt. Dadurch wird der Aufwand für die Bewertung, z. B. im Vergleich mit KTQ® und EFQM, geringgehalten, gleichzeitig werden jedoch umfassende Anhaltspunkte für die inhaltliche Ausgestaltung als praktisches Hilfsmittel für die Umsetzung zur Verfügung gestellt.

Die Anforderungen an die medizinische Rehabilitation werden im IQMP-Reha zunächst indikationsübergreifend beschrieben und ergänzt um das Angebot spezifischer Kataloge für die quantitativ bedeutsamsten Indikationen der medizinischen Rehabilitation:

- Kardiologie-Katalog,
- Psychosomatik-Katalog,
- Onkologie-Katalog,
- Neurologie-Katalog,
- MSK-Katalog,
- Abhängigkeitserkrankungen-Katalog,
- Mutter-Vater-Kind-Katalog.

Als Hilfsmittel für die praxisnahe, indikationsspezifische Ausgestaltung des IQMP-Reha sind die Kataloge von indikationsspezifischen Expertengruppen (Fachgruppen des BDPK sowie Mitgliedern von Fachgesellschaften) konsentiert. Dazu konkretisieren sie die Punkte aus dem IQMP-Reha, die Bereiche abfragen, welche indikationsspezifisch jeweils unterschiedlich ausgestaltet sind. Durch auf die Indikation zugeschnittenen Fragen und fachspezifischer Terminologie erleichtern sie den Transfer der allgemein formulierten einzelnen Indikatoren aus dem IQMP-Reha auf die konkreten Belange der Einrichtung. Die Kataloge werden mit dem IQMP-Reha zusammengeführt, sodass Kliniken mit der entsprechenden Indikation nur ein IQMP-Reha-Manual für den Aufbau und die Weiterentwicklung ihres Qualitätsmanagementsystems benötigen.

Die Selbstbewertung der Reha-Einrichtung ist fester Bestandteil und unabdingbare Voraussetzung der Zertifikatsvergabe. Die externe Bewertung durch die vom IQMG akkreditierten Zertifizierungsunternehmen erfolgt in mehreren Schritten. Zunächst prüft die beauftragte Firma den Selbstbewertungsbericht. Im Rahmen der Visitation wird kontrolliert, ob die Praxis in der Einrichtung dem entspricht, was im Selbstbewertungsbericht dargestellt wurde und ob das Qualitätsmanagementsystem der Klinik den IQMP-Reha Kriterien für eine erfolgreiche Zertifizierung genügt. Dabei werden sowohl Dokumente als auch konkrete Abläufe überprüft. Die Visitation der Einrichtung endet mit einem Abschlussgespräch, bei dem auf Stärken, aber auch Schwachstellen und Verbesserungspotenziale der Einrichtung hingewiesen und bereits mitgeteilt wird, ob eine Zertifizierung empfohlen wird. Die Zertifizierungsunternehmen stellen das EQR-Zertifikat im Auftrag des IQMG aus. Es hat eine Laufzeit von 3 Jahren. Anschließend ist eine Rezertifizierung erforderlich, deren Ablauf analog der Erstzertifizierung erfolgt.

Beispiel

Zu Beginn des Jahres 2022 waren insgesamt 103 Reha-Einrichtungen nach dem IQMP-kompakt-Verfahren und 41 Reha-Einrichtungen nach dem IQMP-Reha-Verfahren zertifiziert (vgl. Bundesverband Deutscher Privatkliniken, 2023, S. 1).◄

5.5.10 Zahnärztliches Qualitätsmanagementsystem (ZQMS)

Als Beispiel eines QMS insbesondere für Zahnarztpraxen kann ZQMS angesehen werden.
Das Zahnärztliche Qualitätsmanagementsystem (ZQMS) wird beispielsweise von den *Zahnärztekammern Hessen, Rheinland-Pfalz* und *Niedersachsen* angeboten und wurde speziell von Zahnärzten für Zahnarztpraxen entwickelt, um die gesetzlichen Anforderungen optimierend in der einzelnen Praxis umzusetzen.

ZQMS basiert auf der Idee, dass viele seit Jahren in den zahnärztlichen Praxen durchgeführte qualitätssichernde Arbeiten, Dokumentations- und Auditierungsmaßnahmen nie systematisch miteinander in Beziehung gesetzt und als ein eigenständiges zahnärztliches Qualitäts-/Praxismanagement angesehen wurden. Die systematische Zusammenführung soll für die Praxisinhaber und -inhaberinnen den Aufwand reduzieren und gleichzeitig auch Wege aufzeigen, die Praxisorganisation effizient und rechtssicher zu gestalten. Es ermöglicht auch, eine Gefährdungsanalyse für die Praxis zu erstellen, um sich für eventuelle infektionsschutzrechtliche oder anderweitige Praxisbegehungen vorzubereiten. ZQMS ECO ermöglicht eine Überprüfung, ob die Zahnarztpraxis in wirtschaftlicher, rechtlicher und risikotechnischer Hinsicht optimal aufgestellt ist.

Die Inhalte von ZQMS (siehe Abb. 5.10) erstrecken sich auf:

- **Strukturqualität:** Praxishygiene, Arbeitssicherheit/betriebsärztliche Anforderungen, vertragszahnärztliche Anforderungen, privatzahnärztliche Rechnungen, Röntgen;
- **Prozessqualität:** Kompetenzerhaltung, Patientenkommunikation, Behandlungsabläufe und –spektrum, Patientendokumentation, Personalmanagement, Praxisorganisation, Notfallmanagement;

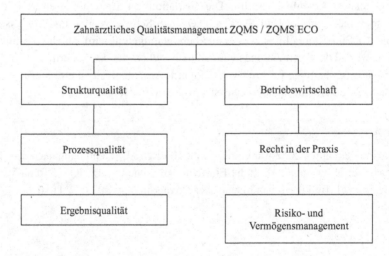

Abb. 5.10 Inhalte von ZQMS

- **Ergebnisqualität:** Ergebniskontrolle, Beschwerde- und Fehlermanagement, Verbesserungsmanagement, Qualitätsziele und Praxisstrategie.

ZQMS ECO umfasst inhaltlich:

- **Betriebswirtschaft:** Analyse der Praxiskosten und –erlöse, Patientenstammanalyse, Forderungsmanagement, Liquiditätsmanagement, Steuerung und Kennzahlen/BWA, Steuern, Kreditmanagement, Marketing;
- **Recht in der Praxis:** Arbeits- und Sozialrecht, Formen der Berufsausübung, Labor, Berufsrecht, Verträge in der Zahnarztpraxis;
- **Risiko- und Vermögensmanagement:** Praxisausfallversicherung, Praxisinhaltsversicherung, Rechtsschutz und Berufshaftpflicht, Berufsunfähigkeits- und Unfallversicherung, Praxisweitergabe, Altersvorsorge (vgl. Landeszahnärztekammer Hessen, 2021, S. 1).

ZQMS ist in Anlehnung an DIN EN ISO 9001:2008 zertifizierbar. Die Zertifizierung läuft folgendermaßen ab:

- ZQMS ist vollständig bearbeitet und in der Praxis integriert;
- Anmeldung zum Zertifizierungsverfahren bei der Zertifizierungsstelle der Landeszahnärztekammer;
- Teilnahme an einer Vorbereitungsschulung;
- Einreichung der Unterlagen bei der Zertifizierungsstelle der Landeszahnärztekammer;
- Visitationstermin in der Praxis durch Mitarbeiter der Zertifizierungsstelle der Landeszahnärztekammer;
- Verleihung des Zertifikats (vgl. Landeszahnärztekammer Hessen, 2023, S. 2).

Zusammenfassung
Einerseits lässt sich die Leistungserstellung im Gesundheitsbetrieb als eine Phase des betrieblichen Prozesses definieren, die zwischen der Beschaffung der Einsatzfaktoren und der Absatzwirtschaft angesiedelt ist, andererseits stellt die Leistungserstellung wie jedes betriebliche Geschehen einen Faktorkombinationsprozess dar, bei dem die Einsatzfaktoren zum Zwecke der Leistungserstellung miteinander kombiniert werden. Leistungserstellungsfunktionen im Gesundheitsbetrieb weisen eine hohe Individualität auf, weswegen sich die Aufstellung einer mathematisch formulierten Input-Output-Beziehung, vergleichbar einer Produktionsfunktion, als schwierig erweist. Die Gestaltung medizinischer Leistungen des Gesundheitsbetriebs basiert weitestgehend auf den Erkenntnissen des Patientenmarktes und dem Entwicklungsstand in der medizinischen Forschung. Mit Normierung und Standardisierung bei der medizinischen Leistungserststellung im Gesundheitsbetrieb wird versucht, Beiträge zur Qualitätsverbesserung von Behandlungen, Erhöhung der Patientensicherheit,

Verringerung von Über- und Unterversorgung im Gesundheitssystem und zur Gesundheitsökonomie zu leisten. Die Leistungserstellung von Gesundheitsbetrieben ist in der Regel
mit dem Einsatz von medizinischem Verbrauchsmaterial verbunden. Der Materialbestandsführung kommt im Gesundheitsbetrieb eine wichtige Aufgabe zu. Nach einem bekannten
Grundsatz in der Logistik muss das richtige medizinische Material, in der richtigen Art und
Menge, zum richtigen Zeitpunkt, am richtigen Ort, in der richtigen Qualität bereitstehen.
Die Entsorgung von Verbrauchsmaterialien in Gesundheitsbetrieben variiert entsprechend
dem Einsatzzweck der Materialien, ihrer Umweltbelastung, Zusammensetzung und ihrem
Zustand erheblich, was sich auf die Art und Weise der Entsorgung auswirkt. Die Betriebsmit-
tel eines Gesundheitsbetriebs setzen sich aus der gesamten medizintechnischen Ausstattung
zusammen, die für die betriebliche Leistungserstellung benötigt wird, und übernehmen
Hilfs-, Schutz- und Ersatzfunktionen menschlicher medizinischer und pflegerischer Arbeit.
Ein systematisches medizinisches Qualitätsmanagement hilft dem Gesundheitsbetrieb, die
Qualität der Behandlungsleistungen permanent zu verbessern und zu sichern. Es besteht aus
der Planung und Verwirklichung aller Maßnahmen, die notwendig sind, die Leistungen des
Gesundheitsbetriebs und deren Entstehung so zu gestalten, dass die Patientenbedürfnisse
erfüllt werden.

Literatur

Ärztliches Zentrum für Qualität in der Medizin – ÄZQ. (Hrsg.). (2023a). Nationale Versorgungsleit-
    linien – Leitliniengrundlagen. https://www.leitlinien.de/hintergrund/leitliniengrundlagen. Berlin.
    Zugegriffen: 27. Juli 2023.
Ärztliches Zentrum für Qualität in der Medizin – ÄZQ. (Hrsg.). (2023b). Rechtlicher Rah-
    men des Qualitätsmanagements. https://www.aezq.de/aezq/kompendium_q-m-a/13-rechtlicher-
    rahmen-des-qualitaetsmanagements. Berlin. Zugegriffen: 25. Juni 2023.
Ärztliches Zentrum für Qualität in der Medizin – ÄZQ. (Hrsg.). (2023c). Organisation und Arbeits-
    weise. https://www.aezq.de/aezq/uber/organisation. Berlin. Zugegriffen: 01. Juli 2023.
Ärztliches Zentrum für Qualität in der Medizin – ÄZQ. (Hrsg.). (2023d). QM-Darlegungs-
    /Zertifizierungs-Systeme. https://www.aezq.de/aezq/kompendium_q-m-a/12-qm-darlegungs-zer
    tifizierungs-systeme/#12.7. Berlin. Zugegriffen: 01.Juli 2023.
AQUA-Institut. (Hrsg.). (2017). EPA–Qualitätsmanagement in der Arztpraxis – Potenziale
    erkennen-Effizienz steigern. Informationsbroschüre. 7. Aufl.
Arbeitsgemeinschaft der Wissenschaftlichen Medizinischen Fachgesellschaften – AWMF. (Hrsg.).
    (2023). Regelwerk – Stufenklassifikation. https://www.awmf.org/regelwerk/stufenklassifikati
    onen#c1131. Düsseldorf. Zugegriffen: 29. Juni 2023.
Arbeitsgemeinschaft Kardiologie und medizinischer Sachbedarf – AGKAMED GmbH. (Hrsg.).
    (2023). IT Landschaft – Weit mehr als klinischer E-Commerce. https://www.agkamed.de/portfo
    lio/it-landschaft/. Essen. Zugegriffen: 29. Juni 2023.
Baumann, H. (2008). Krankenhausbetriebswirtschaftslehre als spezielle Betriebswirtschaftslehre. In
    W. Hellmann, H. Baumann, L. Bienert, & D. Wichelhaus (Hrsg.), *Krankenhausmanagement für
    Leitende Ärzte* (S. 32–50). Economica-Verlag.
Bayerisches Landesamt für Umwelt. (Hrsg.). (2020). infoBlätter Kreislaufwirtschaft – Abfälle aus
    medizinischen Einrichtungen und privater Pflege. Stand: Juni 2020. Augsburg.

Beeres, M., Carius, D., Koziol, C., Kressner, M., Leonhardt, H., Pott, P., & Steckeler, J. (2020). Marktstudie Medizintechnik 2020. Luther Rechtsanwaltsgesellschaft mbH und Clairfield International GmbH (Hrsg.), In Kooperation mit BVMed, VDMA Arbeitsgemeinschaft Medizintechnik und Universität Stuttgart – Institut für Medizingerätetechnik.

Berufsgenossenschaft für Gesundheitsdienst und Wohlfahrtspflege – BGW. (Hrsg.). (2023). Medizinprodukte – Sicher und gesund anwenden. https://www.bgw-online.de/bgw-online-de/themen/sicher-mit-system/gefaehrdungsbeurteilung/medizinprodukte-21916. Hamburg. Zugegriffen: 08. Juni 2023.

Breyer, F., & Zweifel, P. (2013). *Gesundheitsökonomie*. 2. Aufl. Springer-Verlag.

Bundesärztekammer – BÄK. (Hrsg.). (2023). Richtlinien, Leitlinien, Empfehlungen und Stellungnahmen der Bundesärztekammer. https://www.bundesaerztekammer.de/baek/ueber-uns/richtlinien-leitlinien-empfehlungen-und-stellungnahmen. Berlin. Zugegriffen: 21. Juni 2023.

Bundesinstitut für Arzneimittel und Medizinprodukte – BfArM. (Hrsg.). (2023). Risiken an das BfArM melden. https://www.bfarm.de/DE/Home/_node.html. Bonn. Zugegriffen: 23. September 2023.

Bundesinstitut für Arzneimittel und Medizinprodukte – BfArM (Hrsg.). (2007). Richtlinie 4114 – K (1.07) über Maßnahmen zur Sicherung von Betäubungsmittelvorräten im Krankenhausbereich, in öffentlichen Apotheken, Arztpraxen sowie Alten- und Pflegeheimen. Stand: 01.01.2007. Bonn.

Bundesministerium für Bildung und Forschung – BMBF (Hrsg.). (2023). Gesundheitsforschung – Förderung und Projekte. https://www.gesundheitsforschung-bmbf.de/de/foerderkatalog-2435.php. Berlin. Zugegriffen: 21. Juni 2023.

Bundesverband Deutscher Privatkliniken e. V. – BDPK (Hrsg.). (2023). Nach IQMP zertifizierte Kliniken. https://www.bdpk.de/newsroom/veroeffentlichungen/geschaeftsberichte/geschaeftsbericht-2021-2022/nach-iqmp-zertifizierte-kliniken. Berlin. Zugegriffen: 01. Juli 2023.

Bund/Länder-Arbeitsgemeinschaft Abfall – LAGA. (Hrsg.). (2021). Vollzugshilfe zur Entsorgung von Abfällen aus Einrichtungen des Gesundheitsdienstes. Mitteilung der Bund/Länder-Arbeitsgemeinschaft Abfall (LAGA) 18. Stand: 06/2021. Anlage 1. Stuttgart. S. 1–11.

Busse, R. (2017). Leistungsmanagement im Gesundheitswesen – Einführung und methodische Grundlagen. In Busse, R., Schreyögg, J., & Stargardt, T. (Hrsg.), *Management im Gesundheitswesen*. (4. Aufl., S. 13 – 23). Springer.

Busse, T. (2016). *OP-Management – Grundlagen*. 5. Aufl. medhochzwei-Verlag.

Costa, S. (2014). Qualitätsmanagement im Krankenhaus – Nicht zum Nutzen der Patienten. *Deutsches Ärzteblatt, 111*(38), A 1556–A 1557. Köln: Deutscher Ärzte Verlag.

Deutsche Gesellschaft für Qualität – DGQ. (Hrsg.). (2019). Gesundheitsnorm DIN EN 15224:2012 macht Zertifizierung nach einheitlichen Grundsätzen möglich. https://www.dgq.de/fachbeitraege/gesundheitsnorm-din-en-152242012-macht-zertifizierung-nach-einheitlichen-grundsaetzen-moeglich/. Frankfurt a. M. Zugegriffen: 01. Juli 2023.

Deutsche Gesellschaft für Qualität – DGQ. (Hrsg.). (2021). Was bedeutet Qualität im Sozial- und Gesundheitswesen? https://www.dgq.de/fachbeitraege/was-bedeutet-qualitaet-im-sozial-und-gesundheitswesen/. Frankfurt a. M. Zugegriffen: 25. Juni 2023.

Deutsche Krankenhausgesellschaft – DKG. (Hrsg.). (2023). Wahlleistungen – Von Chefarzt bis Einzelzimmer: zusätzliche Leistungen. https://www.dkgev.de/themen/versorgung-struktur/wahlleistungen/. Berlin. Zugegriffen: 03. Juni 2023.

Deutsches Institut für Normung – DIN. (Hrsg.). (2023). Normungsportal Gesundheit. https://www.din.de/de/service-fuer-anwender/normungsportale/gesundheit. Berlin. Zugegriffen: 21. Juni 2023.

Institut, D., & für Normung – DIN e. V. (Hrsg.). (2015). *DIN EN ISO 9000:2015–11 Qualitätsmanagementsysteme- Grundlagen und Begriffe*. Beuth-Verlag.

Deutsches Netzwerk für Qualitätsentwicklung in der Pflege – DNQP. (Hrsg.). (2023). Informationen zum DNQP. https://www.dnqp.de/informationen-zum-dnqp/. Zugegriffen: 26. Juni 2023.

Deutsches Zentrum für Herz-Kreislauf-Forschung – DZHK. (Hrsg.). (2023). Forschen für Gesundheit – Die Deutschen Zentren der Gesundheitsforschung. https://deutschezentren.de/ueber-uns/. Berlin. Zugegriffen: 21. Juni 2023.

Döscher, O. (2011). Gerätewartung – Sorgfältig die Fristen einhalten. *Deutsches Ärzteblatt, 108*(8), 16–18. Köln: Deutscher Ärzte Verlag.

Eichhorn, S. (2008). Krankenhausbetriebliche Grundlagen. In S. Eichhorn & B. Schmidt-Rettig (Hrsg.), *Krankenhaus-Managementlehre – Theorie und Praxis eines integrierten Konzepts* (S. 81–104). Kohlhammer.

Fischer, M. (2023). Medizinisches Verbrauchsmaterial und medizinisch-technische Produkte – Medikbedarf. http://www.medikbedarf.de/epages/61639899.sf/de_DE/?ObjectPath=/Shops/616 39899/Pages/Imprint. Neuwied. Zugegriffen: 29. Juni 2023.

Frodl, A. (2014). *Gesundheitsbetriebe zukunftsfähig gestalten – Instrumentarien zur erfolgreichen Entwicklung von Einrichtungen des Gesundheitswesens.* Walter de Gruyter – Verlag.

Gemeinsamer Bundesausschuss – GBA. (Hrsg.). (2023). Qualitätssicherung. https://www.g-ba.de/themen/qualitaetssicherung/. Berlin. Zugegriffen: 01. Juli 2023.

Gesetz über das Bundesinstitut für Impfstoffe und biomedizinische Arzneimittel (BASIG) vom 7. Juli 1972 (BGBl. I S. 1163), zuletzt durch Artikel 5a des Gesetzes vom 27. September 2021 (BGBl. I S. 4530) geändert.

Hensen, P. (2022). *Qualitätsmanagement im Gesundheitswesen – Grundlagen für Studium und Praxis.* 3. Aufl. Springer Gabler/Springer Fachmedien.

Institut für Qualitätsmanagement im Gesundheitswesen – IQMP. (Hrsg.). (2023). Integriertes Qualitätsmanagement-Programm-Reha (IQMP-Reha). https://iqmg-berlin.de/qm-verfahren/iqmp-reha/. Berlin. Zugegriffen: 01. Juli 2023.

Institut für Qualitätssicherung und Transparenz im Gesundheitswesen – IQTIG. (Hrsg.). (2023). Das IQTIG. https://iqtig.org/das-iqtig/ Berlin. Zugegriffen: 01. Juli 2023.

Institut für Qualität und Wirtschaftlichkeit im Gesundheitswesen – IQWiG. (Hrsg.). (2023). Aufgaben und Ziele des IQWiG. https://www.iqwig.de/de/ueber-uns/aufgaben-und-ziele.2946.html. Köln. Zugegriffen: 01. Juli 2023.

Kahla-Witzsch, H. A. (2009). *Praxiswissen Qualitätsmanagement im Krankenhaus.* 2. Aufl. Kohlhammer-Verlag.

Kassenärztliche Bundesvereinigung – KBV. (Hrsg.). (2023). QEP – Qualität und Entwicklung in Praxen. https://www.kbv.de/html/qep.php. Berlin. Zugegriffen: 01. Juli 2023.

Kassenärztliche Vereinigung Hessen – KVH. (Hrsg.). (2023). QEP gemeinsam einführen. https://www.kvhessen.de/qualitaetsmanagement/qep/. Frankfurt a. M. Zugegriffen: 01. Juli 2023.

Kassenärztliche Vereinigung Westfalen-Lippe – KVWL. (Hrsg.). (2023). Versorgungsqualität – Qualitätsmanagement/KPQM. https://www.kvwl.de/arzt/qsqm/management/index.htm. Dortmund. Zugegriffen 01. Juli 2023.

Kliniken der Stadt Köln gGmbH. (Hrsg.). (2023). Ausschreibungen und Aufträge. https://www.kliniken-koeln.de/Ausschreibungen___Auftraege.htm?ActiveID=1657. Köln. Zugegriffen: 08. Juni 2023.

Klinikum Ludwigshafen gGmbH. (Hrsg.). (2022). Leitfaden zur Abfallentsorgung im Klinikum und der Wirtschaftsgesellschaft. Stand: November 2022). Ludwigshafen.

Koerber, F., Dienst, R. C., John, J., & Rogowski, W. (2016). Einführung. In W. Rogowski (Hrsg.), *Business Planning im Gesundheitswesen – Die Bewertung neuer Gesundheitsleistungen aus unternehmerischer Perspektive* (S. 1–24). Gabler-Verlag.

Kompetenz-Centrum Qualitätssicherung – KOC. (Hrsg.). (2023). KCQ – im Überblick. https://www.kc-q.de/ueber-uns/. Stuttgart. Zugegriffen: 01. Juli 2023.

KTQ GmbH. (Hrsg.). (2023a). KTQ im Bereich Praxen und MVZ. https://www.ktq.de/index.php?id=288. Berlin. Zugegriffen: 01. Juli 2023.

KTQ GmbH. (Hrsg.). (2023b). KTQ-Zertifikate in verschiedenen Bereichen. https://ktq.de/index.php?id=169. Berlin. Zugegriffen: 01. Juli 2023.

Krankenhausentgeltgesetz (KHEntgG). vom 23. April 2002 (BGBl. I S. 1412, 1422), zuletzt durch Artikel 2 des Gesetzes vom 20. Dezember 2022 (BGBl. I S. 2793) geändert.

Krause, G. (2015). Entmystifizierung der Produktivität psychiatrischer Krankenpflege. Vortragsunterlage zur 40. BFLK Jahrestagung vom 13.–15.04.2015. Eltville.

Kreislaufwirtschaftsgesetz (KrWG). vom 24. Februar 2012 (BGBl. I S. 212), zuletzt durch Artikel 5 des Gesetzes vom 2. März 2023 (BGBl. 2023 I Nr. 56) geändert.

Krüger-Brand, H. (2008). RFID-Einsatz im Krankenhaus – Störungen bei medizinischen Geräten möglich. *Deutsches Ärzteblatt, 105*(33), 1749. Deutscher Ärzte-Verlag.

Landeszahnärztekammer Hessen – LZKH. (Hrsg.). (2023). ZQMS/ZQMS ECO – Zwei starke Partner für Ihre Praxis. https://www.zqms-eco.de/login.php?target=&client_id=zqms-eco&auth_stat. Frankfurt a. M. Zugegriffen: 01. Juli 2023.

Lenzen-Schulte, M. (2019). Medizinische Abfallentsorgung – Wenn Abfall nicht einfach Müll ist. *Deutsches Ärzteblatt, 116*(3), A 96–A 97. Köln: Deutscher Ärzte-Verlag.

Lobinger, W., Haas, J., & Groß, H. (2013). *Qualitätsmanagement in der Pflege.* 2. Aufl. Hanser.

Lindlbauer, I. (2017). Krankenhauseffizienz – Längsschnittanalysen aus verschiedenen Perspektiven. In Statistisches Bundesamt (Hrsg.), *WISTA – Wirtschaft und Statistik* (Ausgabe 2. April 2017, S. 103–112).

LVR-Klinik Mönchengladbach. (Hrsg.). (2023). EFQM in der LVR-Klinik Mönchengladbach. https://klinik-moenchengladbach.lvr.de/de/nav_main/ueber_uns/qualitaetsmanagement/efqm_finde_ich_gut/efqm_finde_ich_gut_1.html. Mönchengladbach. Zugegriffen: 01. Juli 2023.

Medizinischer Dienst Bund – MD-Bund. (Hrsg.). (2023). Unsere Aufgabe und unser Beitrag. https://md-bund.de/ueber-uns/unsere-aufgaben.html. Essen. Zugegriffen: 01. Juli 2023.

Medizinprodukte-Betreiberverordnung (MPBetrV) in der Fassung der Bekanntmachung vom 21. August 2002 (BGBl. I S. 3396), zuletzt durch Artikel 7 der Verordnung vom 21. April 2021 (BGBl. I S. 833) geändert.

Medizinprodukterecht-Durchführungsgesetz (MPDG) vom 28. April 2020 (BGBl. I S. 960), zuletzt durch Artikel 3f des Gesetzes vom 28. Juni 2022 (BGBl. I S. 938) geändert.

Medizinprodukte-Anwendermelde- und Informationsverordnung (MPAMIV) vom 21. April 2021 (BGBl. I S. 833), durch Artikel 2 der Verordnung vom 21. April 2021 (BGBl. I S. 833) geändert.

Mess- und Eichgesetz (MessEG) vom 25. Juli 2013 (BGBl. I S. 2722, 2723), zuletzt durch Artikel 1 des Gesetzes vom 9. Juni 2021 (BGBl. I S. 1663) geändert.

Mess- und Eichverordnung (MessEV) vom 11. Dezember 2014 (BGBl. I S. 2010, 2011), zuletzt durch Artikel 1 der Verordnung vom 26. Oktober 2021 (BGBl. I S. 4742) geändert.

Morger, M., Künzi, K., & Föllmi, P. (2017). *Arbeitsproduktivität im Gesundheitswesen – Studie im Auftrag des Schweizerischen Bundesamts für Gesundheit BAG, Direktionsbereich Gesundheitspolitik.* Büro für arbeits- und sozialpolitische Studien BASS und Universität St. Gallen.

München Klinik gGmbH. (Hrsg.). (2023). Ausgezeichnet: Qualitätsmanagement in der München Klinik Neuperlach. https://www.muenchen-klinik.de/krankenhaus/neuperlach/profil/sicherheit-qualitaet/iso-zertifizierung/. München. Zugegriffen: 01. Juli 2023.

(Muster-)Berufsordnung (MBO-Ä) für die in Deutschland tätigen Ärztinnen und Ärzte (MBO-Ä 1997) in der Fassung des Beschlusses des 124. Deutschen Ärztetages vom 5. Mai 2021 in Berlin.

Paul-Ehrlich-Institut – PEI. (Hrsg.). (2023). Aufgaben des Paul-Ehrlich-Instituts. http://www.pei.de/DE/institut/aufgaben/aufgaben-node.html. Langen. Zugegriffen: 01. Juli 2023.

proCum Cert GmbH Zertifizierungsgesellschaft. (Hrsg.). (2023). Regelwerke Gesundheitsbereich. https://www.procum-cert.de/dienstleistungen/gesundheitsbereich/. Frankfurt a. M. Zugegriffen: 01. Juli 2023.

Qualitätsförderungs- und DurchsetzungsRichtlinie (QFD-RL) des Gemeinsamen Bundesausschusses zur Förderung der Qualität und zu Folgen der Nichteinhaltung sowie zur Durchsetzung von Qualitätsanforderungen des Gemeinsamen Bundesausschusses gemäß § 137 Absatz 1 SGB V in der Fassung vom 18. April 2019, veröffentlicht im Bundesanzeiger (BAnz AT 24.09.2019 B1), in Kraft getreten am 25. September 2019.

Qualitätsmanagement-Richtlinie (QM-RL) des Gemeinsamen Bundesausschusses über grundsätzliche Anforderungen an ein einrichtungsinternes Qualitätsmanagement für Vertragsärztinnen und Vertragsärzte, Vertragspsychotherapeutinnen und Vertragspsychotherapeuten, medizinische Versorgungszentren, Vertragszahnärztinnen und Vertragszahnärzte sowie zugelassene Krankenhäuser in der Fassung vom 17. Dezember 2015 veröffentlicht im Bundesanzeiger (BAnz AT 15.11.2016 B2), in Kraft getreten am 16. November 2016, zuletzt geändert am 17. September 2020, veröffentlicht im Bundesanzeiger (BAnz AT 08.12.2020 B2), in Kraft getreten am 9. Dezember 2020.

Richter, C. (2014). Medikamentenmanagement. In PRO – Offizielles Mitteilungsblatt der KV Sachsen-Anhalt. Ausgabe 3/2014. Magdeburg. S. 84–86.

Seelos, H.-J. (2012). *Medizinmanagement – Gesamtausgabe*. Springer/Gabler.

Sozialgesetzbuch (SGB V) – Fünftes Buch Gesetzliche Krankenversicherung – (Artikel 1 des Gesetzes vom 20. Dezember 1988, BGBl. I S. 2477, 2482), zuletzt durch Artikel 1 des Gesetzes vom 11. Mai 2023 (BGBl. 2023 I Nr. 123) geändert.

Staatsbetrieb für Mess- und Eichwesen Freistaat Sachsen (Hrs.) (2017) Informationsblatt Medizinprodukterecht und Mess- und Eichrecht in Arztpraxen. Stand: Februar 2017. Dresden.

Universitätsklinikum Jena. (Hrsg.). (2023). Klinikportrait. https://www.uniklinikum-jena.de/Uniklinikum+Jena/Wir+über+uns/Portrait.html. Jena. Zugegriffen: 03. Juni 2023.

Vergabeverordnung (VgV). vom 12. April 2016 (BGBl. I S. 624), zuletzt durch Artikel 2 des Gesetzes vom 9. Juni 2021 (BGBl. I S. 1691) geändert.

Von dem Knesebeck, O. (2009). Zwischen Sozialepidemiologie und Versorgungsforschung. In H. Döhner, H. Kaupen-Haas, & O. Von dem Knesebeck (Hrsg.), *Medizinsoziologie in Wissenschaft und Praxis – Festschrift für Alf Trojan* (S. 29–39). LIT-Verlag.

Zahnärztekammer Bremen. (Hrsg.). (2021). Leitfaden für die Medizinprodukte-Betreiberverordnung (MBetreibV). https://zaek-hb.de/cntx_uploads/dateien/downloads/praxisfuhrung/rechtliche_g rundlagen/medizinprodukte/32_medizinprodukte_leitfaden.pdf. Bremen. Zugegriffen: 08. Juni 2023.

Betriebliche Absatzwirtschaft

6.1 Marketingansatz im Gesundheitsbetrieb

6.1.1 Grundlagen und Bedeutung

Während über Jahrzehnte hinweg Behandlungsleistungen, Pflegeleistungen, medizinische Beratungen als besondere Formen der Dienstleistung im Vordergrund standen und der Gesundheitsbetrieb sich weitestgehend auf seine hauptsächliche Aufgabe konzentrieren konnte, Patienten zu behandeln und zu heilen, hat sich die Situation nach und nach verändert: Wirtschaftliche Probleme, Budgetierung, Fallpauschalen, Kostensteigerungen, steigende Anforderungen, Patientenwahlfreiheit, abnehmende Patientenzahlen pro Arzt/Ärztin, Leerstände, verstärkte Konkurrenz durch neue medizinische Organisationsformen und die mit dieser Entwicklung einhergehende abnehmende Attraktivität der Heilberufe haben dazu geführt, dass der einzelne Gesundheitsbetrieb sich verstärkt um seine Attraktivität, die aktive Absatzförderung seines Leistungsangebots und seine positive Selbstdarstellung kümmern muss (vgl. Frodl, 2011, S. 18ff). Während dies durch **Werbeverbote** und Standesregelungen in der Vergangenheit weitestgehend unmöglich war, hat hier eine deutliche Liberalisierung stattgefunden.

Beispiel

Das *Gesetz über die Ausübung der Zahnheilkunde (ZHG)* enthielt beispielsweise in früheren Versionen ein Werbeverbot nachdem der Zahnarzt sich jeglicher aktiven Werbung zu enthalten hatte und auch mittelbare Werbung oder Werbung durch Dritte zu unterlassen sei (vgl. § 1 Abs. 3 ZHG 1987). Ergänzt wurde dies durch entsprechende

---

Regelungen in den Berufsordnungen der Landeszahnärztekammern, die beispielsweise folgendes vorgaben:

- **Anzeigen:** Durften in Tageszeitungen nicht geschaltet werden, Ausnahmen: Praxiseröffnung, -verlegung, längere Abwesenheit des Arztes (i. d. R. mehr als zwei Wochen) aufgrund von Urlaub, Fortbildung, Krankheit und zwar vor als auch nach Eintreten des Sachverhaltes; für die aufgezeigten Ausnahmefällen gab es meist Vorschriften über die maximale Anzahl der Anzeigenschaltungen (i. d. R. maximal drei in einer Zeitung), Gestaltung, Größe der Anzeige;
- **Telefonbücher:** Nennung in amtlichen, örtlichen, Branchen-Fernsprechbüchern durfte erfolgen, jedoch nur in Grundschrift; jede Hervorhebung durch Gestaltung oder besonderen Text war untersagt;
- **Praxisschild:** Hinweisschild durfte an dem Gebäude, in dem die Praxis sich befand, angebracht werden; vorgeschrieben war dabei die zulässige Größe, Gestaltung (i. d. R. lediglich schwarz-weiß), Text (Name, Titel, evtl. Spezialisierung, Praxisöffnungszeiten); eine besondere visuelle Unterstreichung durch Farbe, Signet etc. war nicht zulässig;
- **Briefbögen, Formulare:** Schriftverkehr war nur auf Briefbögen zulässig, die keinerlei werblichen Charakter und somit hinsichtlich der Gestaltung keinerlei Auffälligkeit aufwiesen; die Verwendung visueller Elemente, gestalteter Schriftzüge, Signets, Farben war untersagt; als Information durften lediglich gedruckt werden: Titel, Name, Berufsbezeichnung, Bankverbindung, Kassenzulassung, Sprechzeiten.

Bei verschiedenen Zahnärztekammern war ferner unter anderem untersagt worden:

- Durchführung von Ausstellungen,
- „Tage der offenen Tür",
- Schriftliche Weihnachts-/Neujahrsgrüße,
- Glückwunschkarten,
- Auslegen von Informationsmaterial in Wartezimmern, welches für bestimmte Behandlungsmethoden warb.

Somit ist Werbung im Bereich der niedergelassenen Ärzte und Zahnärzte lange Zeit nur in engen Grenzen erlaubt gewesen, was rein praktisch einem allgemeinen Werbeverbot für den ärztlichen Sektor gleichkam (vgl. Willkomm & Braun, 2019, S. 91).◀

Das Marketing im Gesundheitsbetrieb ist immer eine Gratwanderung zwischen einer aussagekräftigen Außendarstellung, drohenden Wettbewerbsprozessen oder berufsgerichtlicher Verfahren im Fall der Überschreitung rechtlich zulässiger Grenzen. Auch wenn die Freiheiten von Marketingaktivitäten im Gesundheitswesen zugenommen haben, gibt es immer noch Einzelfallentscheidungen von Ärztekammern, Berufsverbänden, Standesorganisationen und Gerichten zu einzelnen Werbemedien und deren Inhalten. Abhängig von der Anzahl und der Schwere der Verstöße sehen die möglichen Sanktionen Abmahnungen, Geldbußen oder gar den Entzug der Approbation vor. Da die Grenzen zwischen zulässiger und berufswidriger Werbung mitunter fließend sind, ist im Zweifelsfall eine rechtliche Prüfung geboten. So darf die Werbung grundsätzlich nicht anpreisend, irreführend, unsachlich oder vergleichend sein.

Das Leistungsangebot kann unter Beachtung des Berufsrechts und des *Heilmittelwerbegesetzes (HWG)* umfassend dargestellt werden. Sinnvolle, sachlich gehaltene Öffentlichkeitsarbeit ist durchaus erlaubt, unangemessene, marktschreierische Werbung hingegen ist zu vermeiden. Bei der Umsetzung der Marketingaktivitäten sollte stets der zu kommunizierende Nutzen für den Patienten im Vordergrund stehen. Die ihm angebotenen Informationen sollten eine Entscheidungshilfe für ihn darstellen und ihn in die Lage versetzen, eine angebotene Behandlungs- oder Pflegeleistung adäquat zu bewerten. So findet das HWG beispielsweise Anwendung auf die Werbung unter anderem für Verfahren, Behandlungen und Gegenstände, soweit sich die Werbeaussage auf die Erkennung, Beseitigung oder Linderung von Krankheiten, Leiden, Körperschäden oder krankhaften Beschwerden beim Menschen bezieht, sowie operative plastisch-chirurgische Eingriffe, soweit sich die Werbeaussage auf die Veränderung des menschlichen Körpers ohne medizinische Notwendigkeit bezieht (vgl. §1 HWG). Eine irreführende Werbung liegt beispielsweise dann vor, wenn Verfahren, Behandlungen oder anderen Mitteln eine therapeutische Wirksamkeit oder Wirkungen beigelegt werden, die sie nicht haben, oder wenn fälschlich der Eindruck erweckt wird, dass ein Erfolg mit Sicherheit erwartet werden kann, bei bestimmungsgemäßem oder längerem Gebrauch keine schädlichen Wirkungen eintreten oder die Werbung nicht zu Zwecken des Wettbewerbs veranstaltet wird (vgl. § 3 HWG).

Daneben setzen auch die Wettbewerbsvorschriften des *Gesetzes gegen den unlauteren Wettbewerb (UWG)* der Werbung durch den Gesundheitsbetrieb Grenzen. Dessen Regelungen sind weniger eindeutig als die des HWG und behandeln in Generalklauseln das Verbot der unlauteren und irreführenden Werbung, sowie Handlungen zu Zwecken des Wettbewerbs, die gegen die guten Sitten verstoßen. Somit sind dem Gesundheitsbetrieb alle werbenden Angaben verboten, die geeignet sind, die Öffentlichkeit über das Leistungsangebot irrezuführen. Die eigentliche Bedeutung des UWG liegt eher darin, dass konkurrierende Gesundheitsbetriebe, medizinische Verbände oder ärztliche Berufskammern die Möglichkeit erhalten, sich gegen eine vermeintlich wettbewerbsverzerrende Öffentlichkeitsarbeit durch Unterlassung oder Schadensersatzanspruch zu wehren. So liegt beispielsweise eine unzulässige Beeinflussung vor, wenn Ärztinnen oder Ärzte ihre Machtposition gegenüber Patientinnen und Patienten zur Ausübung von Druck, auch ohne Anwendung oder Androhung von körperlicher Gewalt, in einer Weise ausnutzen, die ihre Fähigkeit zu einer informierten Entscheidung wesentlich einschränkt (vgl. § 4a UWG). Wer vorsätzlich oder fahrlässig eine nach dem UWG unzulässige geschäftliche

Handlung vornimmt, ist den Mitbewerbern zum Ersatz des daraus entstehenden Schadens verpflichtet (vgl. § 9 UWG).

Das Marketing im Gesundheitsbetrieb wird auch durch das ärztliche **Standesrecht** konkretisiert. Weil er als juristische Person nicht unmittelbar Adressat der standesrechtlichen Werbebeschränkungen ist, unterliegt er zwar nicht selbst den standesrechtlichen Werbebeschränkungen der Berufsordnungen, sondern der Arzt oder die Ärztin. Allerdings ist der Gesundheitsbetrieb aufgrund der seinen Mitarbeitenden gegenüber obliegenden Fürsorgepflicht mittelbar an das Standesrecht gebunden, sodass es ihm aufgrund der Nebenpflicht aus den Arbeitsverträgen verboten ist, aufgrund von Marketingmaßnahmen Konflikte der Mitarbeitenden mit dem ärztlichen Berufsrecht hervorzurufen. An sich unbedenkliche Marketingmaßnahmen haben demnach zu unterbleiben, wenn sie standes- und berufsrechtliche Belange der Mitarbeitenden berühren.

Nach der *(Muster-)Berufsordnung für die in Deutschland tätigen Ärztinnen und Ärzte – (MBO-Ä)* ist der Patientenschutz durch sachgerechte und angemessene Information und die Vermeidung einer dem Selbstverständnis der Ärztin oder des Arztes zuwiderlaufenden Kommerzialisierung des Arztberufs zu gewährleisten. Auf dieser Grundlage sind Ärztinnen und Ärzte sachliche berufsbezogene Informationen gestattet, berufswidrige Werbung ist Ärztinnen und Ärzten hingegen untersagt. Berufswidrig ist insbesondere eine anpreisende, irreführende oder vergleichende Werbung, die Ärztinnen und Ärzte durch andere weder veranlassen noch dulden dürfen. Auch ist eine Werbung für eigene oder fremde gewerbliche Tätigkeiten oder Produkte im Zusammenhang mit der ärztlichen Tätigkeit unzulässig.

Ärztinnen und Ärzte dürfen nach der Weiterbildungsordnung erworbene Bezeichnungen, nach sonstigen öffentlich-rechtlichen Vorschriften erworbene Qualifikationen, als solche gekennzeichnete Tätigkeitsschwerpunkte und organisatorische Hinweise ankündigen. Diese erworbenen Bezeichnungen dürfen nur in der nach der Weiterbildungsordnung zulässigen Form geführt werden, wobei ein Hinweis auf die verleihende Ärztekammer zulässig ist. Die Ankündigung anderer Qualifikationen und Tätigkeitsschwerpunkte ist nur erlaubt, wenn diese Angaben nicht mit solchen nach geregeltem Weiterbildungsrecht erworbenen Qualifikationen verwechselt werden können. Auch müssen die umfassten Tätigkeiten nicht nur gelegentlich ausübt werden. Ärztinnen und Ärzte haben der Ärztekammer auf deren Verlangen die zur Prüfung der Voraussetzungen der Ankündigung erforderlichen Unterlagen vorzulegen und ergänzende Auskünfte zu erteilen (vgl. § 27 MBO-Ä).

Nach der *Musterberufsordnung der Bundeszahnärztekammer (MBO-ZÄ)* sind Zahnärztinnen und Zahnärzten sachangemessene Informationen über ihre Berufstätigkeit gestattet. Berufsrechtswidrige Werbung ist ihnen untersagt. Berufsrechtswidrig ist insbesondere eine anpreisende, irreführende, herabsetzende oder vergleichende Werbung. Zahnärztinnen und Zahnärzten dürfen eine berufsrechtswidrige Werbung durch Dritte weder veranlassen noch dulden und haben dem entgegen zu wirken. Sie dürfen auf besondere, personenbezogene Kenntnisse und Fertigkeiten in der Zahn-, Mund- und Kieferheilkunde hinweisen.

Hinweise sind unzulässig, soweit sie die Gefahr einer Verwechslung mit Fachgebietsbezeichnungen begründen oder sonst irreführend sind. Zahnärztinnen und Zahnärzte, die eine nicht nur vorübergehende belegzahnärztliche oder konsiliarische Tätigkeit ausüben, dürfen auf diese Tätigkeit hinweisen. Es ist ihnen untersagt, ihre zahnärztliche Berufsbezeichnung für gewerbliche Zwecke zu verwenden oder ihre Verwendung für gewerbliche Zwecke zu gestatten. Eine Einzelpraxis sowie eine Berufsausübungsgemeinschaft darf nicht als Akademie, Institut, Poliklinik, Ärztehaus oder als ein Unternehmen mit Bezug zu einem gewerblichen Betrieb bezeichnet werden. Der niedergelassene Zahnarzt bzw. die niedergelassene Zahnärztin haben am Praxissitz die Ausübung des zahnärztlichen Berufes durch ein Praxisschild kenntlich zu machen (vgl. § 21 MBO-ZÄ). Sie haben an jedem Praxisort auf ihrem Praxisschild ihren Namen und ihre Berufsbezeichnung sowie im Falle einer Zahnheilkundegesellschaft die jeweilige Rechtsform anzugeben. Zahnärztinnen und Zahnärzte, die ihren Beruf gemeinsam ausüben, haben unter Angabe des Namens aller in der Berufsausübungsgemeinschaft zusammengeschlossenen Zahnärzte und Zahnärztinnen, ein gemeinsames Praxisschild zu führen. Praxisschilder müssen hinsichtlich Form, Gestaltung und Anbringung den örtlichen Gepflogenheiten entsprechen. Die Verlegung der Praxis darf ein Jahr lang durch ein mit Angabe der neuen Anschrift versehenes Schild am früheren Praxissitz angezeigt werden. Wer die Praxis eines anderen Zahnarztes oder einer anderen Zahnärztin übernimmt, darf neben seinem Praxisschild das alte Praxisschild mit einem entsprechenden Hinweis nicht länger als ein Jahr weiterführen (vgl. § 22 MBO-ZÄ).

Die *Bundesärztekammer (BÄK)* hat Hinweise und Erläuterungen zum ärztlichen Werberecht zur Information der Ärzteschaft veröffentlicht. Sie geben einen Überblick über die aktuellen rechtlichen Rahmenbedingungen ärztlicher Werbung, wozu die verschiedenen Rechtsgrundlagen im Kontext der aktuellen Rechtsprechung dargestellt und erläutert werden. Danach ist Werbung zum Zweck der sachlichen Information grundsätzlich erlaubt und nur dann untersagt, wenn sie berufswidrig ist. Obwohl sich zwischenzeitlich die Liberalisierung des ärztlichen Werberechts in der Rechtsprechung fortgesetzt hat, ist die Grenze zur Berufswidrigkeit jedoch nach wie vor überschritten, wenn das Vertrauen in die Integrität des ärztlichen Berufes, insbesondere durch anpreisende oder irreführende Werbung, in Gefahr gerät.

Beispiel

Zur weiteren Erläuterung behandeln die Hinweise der BÄK praxisrelevante Fragestellungen wie beispielsweise

- Arztsuche- und Arztbewertungsportale;
- Fremdwerbeverbot;
- Internetpräsenz – Impressumspflicht nach Telemediengesetz;

- Weiterbildungsbezeichnungen, Qualifikationen, Tätigkeitsschwerpunkte und Hinweise;
- Werbung mit der Bezeichnung „Zentrum" oder „Klinik";
- Werbung mit Rabatten, Gutscheinen oder Pauschalpreisangeboten (vgl. Bundesärztekammer, 2017, S. 1 ff.).◄

Durch die Liberalisierung und das dadurch an Bedeutung gewinnende **Marketing**, der marktbezogenen Führung eines Gesundheitsbetriebs, besteht die Möglichkeit, die Bedürfnisse der Patienten besser verstehen zu lernen, um hierauf aufbauend bessere Behandlungs-, Therapie- und Beratungsleistungen entwickeln zu können und damit eine höhere Patientenzufriedenheit zu erzielen. Auch können erfolgreichere Entscheidungen bezüglich der Kommunikation mit den Patienten, der Art und Weise der Leistungserbringung sowie der Preisgestaltung getroffen werden.

Ursprünglich verstand man unter Marketing nichts anderes als die Vermarktung von Gütern und Dienstleistungen, für die, wie in früheren Zeiten auch bei medizinischen Leistungen, ausreichende Nachfrage bestand. Zunächst konnte man sich im Wesentlichen auf die Organisation der Verteilung der Güter und Dienstleistungen beschränken, bzw. die Patienten auf die Praxisöffnungszeiten, freien Betten in Krankenhäusern oder vorhandene Notaufnahmekapazitäten verteilen.

Marketing wird heute als Ausdruck eines marktorientierten unternehmerischen Denkstils verstanden und stellt eine eigene wirtschaftswissenschaftliche Disziplin dar, in der Teile der Betriebswirtschaftslehre, der Volkswirtschaftslehre, Soziologie, Psychologie und der Verhaltenswissenschaft zusammengefasst werden.

Das Marketing im Gesundheitsbetrieb beschreibt eine Grundhaltung, die sich mit einer konsequenten Ausrichtung aller Aktivitäten des Gesundheitsbetriebs an den Erfordernissen und Bedürfnissen der Patienten umschreiben lässt. Dabei wird eine systematische Beeinflussung und Gestaltung des Marktes der Patienten, die in ihrer Gesamtheit als potenzielle Zielgruppe für den Gesundheitsbetrieb infrage kommen, unter Mithilfe von Marketinginstrumente und deren kombinierten Einsatz versucht. Es ist somit ein Mittel zur Schaffung von Präferenzen bei den Patienten und damit der Erringung von Wettbewerbsvorteilen gegenüber konkurrierenden Einrichtungen durch gezielte Maßnahmen. Dazu kann das Marketing aus der Konsumgüterindustrie nicht ohne weiteres direkt angewandt werden. Vielmehr ist aufgrund der besonderen Aufgabe des Gesundheitsbetriebs, seinem medizinisch-ethischen Selbstverständnis sowie seiner Einbindung in das Gesundheitswesen eine Überarbeitung des hauptsächlich kommerziell orientierten Marketingansatzes und die Übernahme von Ansätzen aus dem Non-profit-Bereich notwendig.

Beispiel

Der Begriff des Gesundheitsmarketings ist umfassend, da es heutzutage in vielen Bereichen stattfindet: Life-Sciences, Wellness, Sport, Ernährung etc. Es beinhaltet alle

Maßnahmen, um gesundheitsassozierte Leistungen zu vertreiben, die Qualität und den Absatz von gesundheitspositionierten Produkten und Dienstleistungen zu steigern und zu einem gesünderen Lebensstil zu motivieren. Das Health-Care-Marketing beschreibt den gesamten Prozess der gesundheitlichen Versorgung, von der Prophylaxe bis hin zur Nachsorge (vgl. Hoffmann et al., 2012, S. 8f).◄

Im Rahmen der betrieblichen Funktionen nimmt das Marketing im Rahmen der Absatzwirtschaft eine Sonderstellung ein: Als aktiver Prozess, bei dem sich der Gesundheitsbetrieb schnell ändernden Bedingungen anpassen und sowohl ideenreich als auch bisweilen aggressiv reagieren muss, um die gesetzten Ziele, wie Gewinn, Fall- und Umsatzzahlen sowie eine möglichst hohe Arbeitszufriedenheit der Mitarbeitenden zu erreichen, genügt es nicht ein wenig Werbung für den Gesundheitsbetrieb zu betreiben und mit den Patienten etwas freundlicher umzugehen. Es trägt vielmehr im Sinne eines strategischen Managementansatzes dazu bei, die zunehmend schwierigen Herausforderungen des Gesundheitsmarktes zu bewältigen. Dazu müssen sich wichtige Entscheidungen im Gesundheitsbetrieb am Markt orientieren.

Auch ist es langfristig angelegt, denn der Erfolg etwa einmaliger Werbemaßnahmen ist zeitlich begrenzt. Im Lebenszyklus eines Gesundheitsbetriebs ergibt sich die Notwendigkeit, dass einmal festgelegte Marketingkonzepte überarbeitet und dem sich verändernden GKV-, Gesellschafts- und Wettbewerbsumfeld angepasst werden müssen. In der Umsetzung basiert es daher auf der Kontinuität angewendeter Einzelmaßnahmen und damit auf einer dauerhaften Marktbearbeitung.

Ein weiteres wichtiges Merkmal ist, dass neben der überwiegend nicht-physischen Leistungserstellung in Form von Dienstleistungen der Akutbehandlung, den prophylaktischen oder therapeutischen Behandlungsleistungen, auch weitere, besondere Leistungen angeboten werden, die ebenfalls in den eher seltenen Fällen aus physischen Gütern bestehen: Das medizinische Personal eines Gesundheitsbetriebs stellt aufgrund seiner Qualifikationen und Fähigkeiten als Bestandteil eines Dienstleistungsmarketings eine nicht zu unterschätzende Zusatzleistung her, die im wesentlichen aus der Beratung, dem Führen und der Problemerörterung des und mit dem Patienten besteht. Gleichzeitig ist der Patient Teil dieser Leistung, in dem er sich in medizinische und pflegende Hände begibt und dann auch noch bei Diagnose und Therapie möglichst erfolgreich seinen Beitrag leisten muss.

Da somit im Marketing des Gesundheitsbetriebs der Patient als umworbener Kunde im Mittelpunkt steht, stellt die **Patientenorientierung** eine wichtige Ausrichtung des Gesundheitsbetriebs im Rahmen eines Marketingansatzes dar. Ziel ist es dabei, unter Berücksichtigung des ökonomisch Vertretbaren die Patientenbedürfnisse weitestgehend zu erfüllen, durch die Berücksichtigung künftiger Entwicklungen im Bereich der Behandlungsmethoden und Medizintechnik den individuellen Patientennutzen zu steigern und ihn durch die damit verbundene Erzielung von Zufriedenheit langfristig an sich zu binden.

Ferner bedeutet die **Marktorientierung**, dass bedürfnisgerechte Behandlungs- und Patientenserviceleistungen entwickelt und angeboten werden. Neben dem Ziel, den Gesundheitszustand der Patienten wiederherzustellen, kann darunter auch präventiv, die Gesundheit erhaltend tätig zu sein, verstanden werden. Hier können sich für den Gesundheitsbetrieb neue oder zumindest bisher wenig beachtete Märkte eröffnen: Gesundheitsvorsorge durch ein entsprechendes, attraktives Leistungsangebot.

Nicht zuletzt dadurch, dass die Nachfrage nach bestimmten Behandlungsleistungen, gerade im therapeutischen oder auch präventiven Bereich, im Wesentlichen von medizinischen und medizintechnischen Entwicklungen abhängt, stellt das Ausrichten auf den Patientenmarkt gleichzeitig auch einen ständigen Anpassungsprozess dar. Patienten begeben sich vorzugsweise dort in Behandlung, wo sie erwarten können, nach dem neuesten medizinischen Stand behandelt zu werden, wobei dieses Nachfrageverhalten nur begrenzt beispielsweise durch ein besonders intensives Vertrauensverhältnis zum behandelnden Arzt, der verkehrsgünstigen Lage des Gesundheitsbetriebs oder der Vertrautheit im Umgang mit den Mitarbeitenden ausgeglichen werden kann.

Trotz der Liberalisierung und zunehmender Aktivitäten, ist das Marketing im Gesundheitswesen auch nicht unumstritten. Wesentliche Kritikpunkte sind beispielsweise:

- aus wohlfahrtsökonomischer Sicht handelt es sich um Verschwendung knapper Ressourcen,
- Ausgaben für Marketing kommen nicht direkt der medizinischen und pflegerischen Versorgung zugute,
- Beitrag des Marketings zu einer verbesserten Qualität der Versorgung ist schwierig messbar und umstritten,
- Marketing im Gesundheitswesen dient lediglich dazu, sich in einem Kollektivsystem mit geringem Wettbewerb von der Konkurrenz abzuheben (vgl. Matusiewicz, 2019, S. 20).

6.1.2 Marketingprozess

Als Managementfunktion im Gesundheitsbetrieb bedingt das Marketing ein systematisches Entscheidungsverhalten, das sich mithilfe eines Managementprozesses realisieren lässt. Dieser Prozess verdeutlicht zugleich, wie das Marketing als wichtige Funktion seine Rolle als Initiator einer systematischen Betriebsführung des Gesundheitsbetriebs gerecht wird. Dazu ist sicherzustellen, dass die Marketingplanung als revolvierender Prozess mit fixierten Planungszyklen im Gesundheitsbetrieb etabliert wird (vgl. Bruhn, 2022, S. 39).

Der **Marketingprozess** im Gesundheitsbetrieb lässt sich somit als Regelkreis ansehen. Bei der Erfolgskontrolle festgestellte Abweichungen können dazu führen, dass einmal festgelegte Marketingkonzepte überarbeitet und angepasst werden müssen (siehe

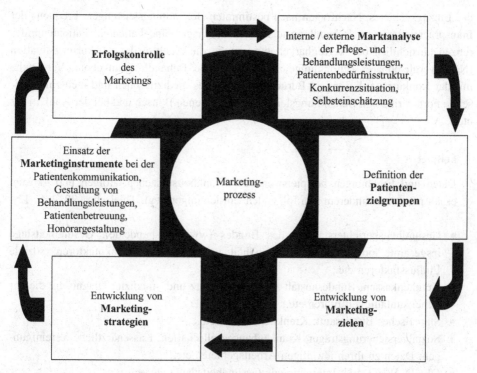

Abb. 6.1 Marketingprozess im Gesundheitsbetrieb

Abb. 6.1). Die Ausgestaltung des Marketingprozesses hat zum Ziel, attraktive, weitgehend standardisierte Leistungspakete zu identifizieren und diese mit dem Charakter einer Marke zu versehen, um sich gegenüber den Krankenkassen, Einweisern sowie Patienten und Angehörigen, und nicht zuletzt gegenüber anderen Marktakteuern zu positionieren (vgl. Stoffers, 2014, S. 4).

Der Prozess beginnt mit der **Marktanalyse,** die sich auf betriebsinterne und -externe Rahmenbedingungen bzw. Einflussfaktoren erstreckt, wobei Informationen über die Situation des Gesundheitsbetriebs zu sammeln sind, wie er im Vergleich zu anderen Einrichtungen zu sehen ist, welche Meinung die Patienten und Mitarbeitenden über ihn haben und wie die Konkurrenzsituation zu vergleichbaren Einrichtungen aussieht. Ziel ist es dabei, die Stärken und Schwächen des jeweiligen Gesundheitsbetriebs zu ermitteln, sowie mögliche Risiken, aber auch Chancen daraus abzuleiten. *Intern* bezieht sich die Analyse beispielsweise auf Stärken/Schwächen, Finanzsituation, Mitarbeitende, Größe, Standort, Organisation, Kostenstruktur, Ausstattung, Behandlungskapazitäten, Erreichung der bisherigen Ziele (Gewinn, Umsatz, Kosten, Zahl der Behandlungsfälle etc.). Die *externe* Analyse betrifft insbesondere die Analyse des Patientenmarktes (Alters- und Versicherungsstruktur der Patienten, Häufigkeiten gleichartiger Behandlungsfälle, Größe des Einzugsgebietes, Nachfragen nach bestimmten Behandlungsleistungen, Frequenz der Inanspruchnahme von Behandlungsleistungen durch einzelne Patienten, Patientenpräferenzen hinsichtlich der Verfügbarkeit etc.) sowie die Analyse der Konkurrenzsituation (Nähe vergleichbarer Einrichtungen, konkurrierende Behandlungsangebote, Vergleiche mit der Konkurrenz, besondere Berücksichtigung des medizinischen und medizintechnischen Fortschritts von Behandlungsleistungen im eigenen Betrieb und bei der Konkurrenz etc.).

Beispiel

Daten und Erhebungen beispielsweise zu Krankheitsursachen, -folgen und –kosten erhält man unter anderem von folgenden Einrichtungen (vgl. Thielscher, 2012, S. 12):

- Gesundheitsberichterstattung des Bundes (www.gbe-bunde.de): Gesundheitslage insgesamt, Indikatoren für Gesundheit und Krankheit, Risikofaktoren, soziale Einflussfaktoren etc.;
- Krankenkassen, Bundesanstalt für Arbeitsschutz und –medizin: Diagnosen, die zur Arbeitsunfähigkeit führen etc.;
- Statistisches Bundesamt: Krankheitskosten etc.;
- Sozialversicherungsträger, Krankenhausgesellschaften, Kassenärztliche Vereinigungen: Daten zu ihren jeweiligen Arbeitsgebieten etc.;
- OECD, WHO, EU: Internationale Gesundheitsdaten etc.◄

Die nächsten Schritte im Marketingprozess umfassen die Definition zu erreichender **Patientenzielgruppen,** die man mit gezielten Marketingaktivitäten erreichen möchte, sowie die Entwicklung der **Marketingziele.** Diese orientieren sich an den Zielen des Gesundheitsbetriebs und können daraus abgeleitet werden.

Anhand der Marketingziele lassen sich die **Marketingstrategien** entwickeln, mit der die festgelegten Ziele mittel- bis langfristig erreicht und eine dauerhafte Zielerreichung gesichert werden soll. Diese Phase ist von besonderer Bedeutung, da je nach ausgewählter Strategie die Marketingaktivitäten erfolgreich verlaufen, aber andererseits auch ebenso scheitern und damit Umsatz- und Kostenziele des Gesundheitsbetriebs gefährden können.

Die Auswahl und Anwendung der für die Umsetzung der festgelegten Marketingstrategie geeigneten **Marketinginstrumente** findet im Anschluss an die Strategiefindung statt. Da das Instrumentarium vielfältig ist, kommt auch hier der Auswahl der geeigneten Marketinginstrumente besondere Bedeutung zu. Sie lassen sich dem klassischen Marketing-Mix zuordnen: Patientenkommunikation (Kommunikationspolitik), Gestaltung der Behandlungsleistungen (Produktpolitik), Patientenbetreuung und Patientenservice (Distributionspolitik) und Honorargestaltung (Kontrahierungspolitik).

Eine **Erfolgskontrolle** ist im Grunde genommen nicht erst zum Schluss aller Marketing-Aktivitäten durchzuführen. Sie muss vielmehr ständig und kontinuierlich bei der Umsetzung der Marketing-Instrumente erfolgen, damit sofort festgestellt werden kann, ob sich der damit verbundene Aufwand auch lohnt oder nur zusätzliche Kosten verursacht werden.

Beispiel

Werden die Öffnungszeiten einer Zahnarztpraxis beispielsweise in den Abend hinein ausgedehnt und kommen trotzdem keine zusätzlichen Patienten, werden zusätzliche Behandlungsleistungen angeboten, aber nicht in Anspruch genommen, verursachen neue Behandlungsangebote mehr Kosten, als sie Erlöse erzielen, so sind diese Maßnahmen entweder falsch angewendet worden oder gar völlig ungeeignet und eine Gegensteuerung muss erfolgen.◄

6.1.3 Absatzwirtschaftliche Marktanalyse

Die **Marktanalyse** für den Gesundheitsbetrieb ist eine *statische* Bestandsaufnahme von Marktgegebenheiten zu einem ganz bestimmten Zeitpunkt. Wie in einer Momentaufnahme wird hierbei etwa kurz vor dem Zeitpunkt einer Entscheidung über die zukünftige Marketingstrategie eine möglichst umfassende Aufnahme aller relevanten Marktdaten durchgeführt. Mitunter ist auch eine **Marktbeobachtung** notwendig, um beispielsweise Entwicklungen über einen längeren Zeitraum hin in Erfahrung zu bringen. Die Marktbeobachtung als *dynamische* Bestandsaufnahme sollte immer dann angewendet werden, wenn langfristige, schwer korrigierbare Marketingentscheidungen des Gesundheitsbetriebs getroffen werden sollen. Dies ist beispielsweise dann der Fall, wenn sich der Betrieb auf bestimmte Behandlungsleistungen spezialisieren will, die eine umfangreiche und kostspielige Anschaffung neuer Behandlungseinrichtungen und medizinischer Geräte erforderlich machen.

Wichtige Untersuchungsbereiche der Marktanalyse für den Gesundheitsbetrieb sind:

- Größe des Marktes,
- Patientenstruktur im Einzugsgebiet des Marktes,
- Medizinische Marktentwicklungen/Trends,
- Stabilität des Marktes,
- Aufteilung des Marktes / Konkurrenzverhältnisse.

Das deutsche Gesundheitswesen zählt zu den am stärksten regulierten Märkten. Aufgrund des komplexen Rechtsrahmens, sowie der vielschichtigen Finanzierungs-, Versicherungs- und Marktmechanismen ist häufig vom ersten, zweiten und dritten Gesundheitsmarkt die Rede:

- **Erster Gesundheitsmarkt:** Teil der Gesundheitsversorgung, der von den gesetzlichen Krankenversicherungen (GKV), den privaten Krankenversicherungen, dem Staat sowie den Arbeitgebenden getragen und den Individuen nach dem Solidaritätsprinzip erstattet wird, wozu beispielsweise Krankenhausaufenthalte, ambulante ärztliche Leistungen, erstattungsfähige Arzneimittel etc. zählen;
- **Zweiter Gesundheitsmarkt:** Beinhaltet alle Leistungen und Produkte, die die Individuen selbst zahlen (Selbstzahlerleistungen) und die nicht Bestandteil der GKV sind, wozu beispielsweise frei verkäufliche Medizinprodukte und Arzneimittel, Individuelle Gesundheitsleistungen (IGeL), professionelle Zahnreinigungen, ästhetische Eingriffe etc.;
- **Dritter Gesundheitsmarkt:** Datenpooling auf der Grundlage der freiwilligen Bereitstellung von Daten und Gesundheits- bzw. Krankheitsinformationen, um beispielsweise Auskunft über Gesundheitsrisiken zu erhalten, wobei nicht das Kurieren von Krankheiten, sondern die Gesunderhaltung im Vordergrund steht.

Die Definition des dritten Gesundheitsmarktes trägt insbesondere der Entwicklung Rechnung, die die Auswertung und Nutzung riesiger Datenmengen im Hinblick auf das Wissen über Entstehung und Behandlung von Krankheiten bringen, und in der Folge auch die Art und Weise verändern werden, wie Medizin praktiziert und Versorgung organisiert wird. Dabei werden die Potenziale neuer Technologien in Diagnostik und Therapie sowie die Themen Digitalisierung, Künstliche Intelligenz und Big Data eine zentrale Rolle spielen (vgl. Biegert & Seiler, 2022, S. 35 ff).◄

Der Gesamtmarkt für **Pflege- und Behandlungsleistungen,** d. h. das deutsche Gesundheitswesen, unterliegt Veränderungen, die in die Marktanalyse miteinzubeziehen sind. Während in ländlichen Gebieten die Versorgungssituation schwieriger wird, führt die zunehmende Anzahl von Anbietern medizinischer Behandlungsleistungen insbesondere in Städten und Ballungsgebieten zu einem Angebotsüberschuss und damit von einem Angebots- zu einem Nachfragermarkt zum Vorteil der Patienten. In einer derartigen durch Nachfragesättigung sowie anspruchsvoller, kritischer und besser informierter Patienten gekennzeichneten Marktsituation, ist der Gesundheitsbetrieb als Anbieter von Leistungen gezwungen, sich der steigenden Wettbewerbsintensität durch zulässige Werbung, Differenzierung von der Konkurrenz und neuen Behandlungsangeboten zu stellen.

Natürlich steht nach wie vor die Pflegleistung an sich oder die Behandlungsleistung aufgrund akuter Beschwerden im Vordergrund. Daneben gibt es aber einen wachsenden Bedarf an medizinischer Beratung, Vorbeugemaßnahmen und Behandlungsleistungen, die ihren Anlass nicht in aktuellen körperlichen, seelischen oder sonstigen Krankheitsbildern haben. Ferner nimmt die Häufigkeit bestimmter Krankheiten zu, die Zahl anderer Krankheiten nicht zuletzt aufgrund des medizinischen Fortschritts hingegen ab. Diese Erscheinungen decken sich mit den Erfahrungen im Gesundheitswesen, dass die Nachfrage nach einzelnen Behandlungsleistungen im Laufe der Zeit Schwankungen unterworfen ist (siehe Tab. 6.1).

Diese Schwankungen können natürlich auch einfacher Natur und nicht durch Veränderungen des Marktes für Behandlungsleistungen verursacht sein. So ist jahreszeitlich bedingt im Winter natürlich öfter mit Erkältungskrankheiten, grippalen Infekten oder Wintersportunfällen zu rechnen, als etwa im Sommer.

Die Nachfrage nach einzelnen Behandlungsleistungen hängt aber auch von der Patientenstruktur ab, die wiederum vom jeweiligen Einzugsgebiet des Gesundheitsbetriebs beeinflusst wird. Auch hier können Veränderungen auftreten, etwa dann, wenn in Neubaugebieten vorwiegend junge Familien zuziehen oder in der Nähe Senioreneinrichtungen eröffnet werden. Je nach veränderter Patientenstruktur ändert sich damit auch die Behandlungsnachfrage.

Schließlich führt auch die medizinische und medizintechnische Entwicklung zu einer Veränderung des Marktes für Behandlungsleistungen. So lassen sich nicht zuletzt durch die rasante Entwicklung der Mikrochirurgie immer mehr Eingriffe ambulant verrichten, neue Behandlungsmethoden lösen alte Verfahren ab und die Anwendung neuer Arznei- und Heilmittel verbessert oder beschleunigt gar die Heilprozesse.

Bei der Analyse der **Konkurrenzsituation** ist zunächst festzustellen, ob direkt bzw. indirekt konkurrierende Gesundheitsbetriebe vorhanden sind, die mit einem gleichen oder ähnlichen Behandlungsangebot auf denselben Patientenmarkt abzielen. Gerade in Großstädten ist der Patientenmarkt zwar groß, aber die Auswahl für die Patienten ebenso. Daher ist die Konkurrenzsituation differenziert zu betrachten und es ist wichtig zu wissen, wo Konkurrenz durch andere Praxen bereits *besteht* oder *zukünftig* zu erwarten ist (siehe Tab. 6.2).

Beispiel

Ein gebräuchlicher Weg die Konkurrenzaktivitäten zu ermitteln, ist die Beobachtung der Marketingmaßnahmen des konkurrierenden Gesundheitsbetriebs. Eine Untersuchung der daraus gewonnenen Informationen gibt zum einen Aufschluss darüber, mit welchem Widerstand bei der Ergreifung eigener Marketingaktivitäten zu rechnen ist. Weiterhin ist erkennbar, welche Marketingaktivitäten von der Konkurrenzpraxis als

Tab. 6.1 Beispiele zu Entwicklungsdaten von Erkrankungen (vgl. Statistisches Bundesamt, 2023, S. 1)

Krankheiten (Diagnosen der Krankenhäuser) gemäß europäischer Kurzliste	2000	2021
Krankheiten des Kreislaufsystems	2.818.895	2.564.414
Neubildungen	2.104.721	1.768.388
Verletzungen und Vergiftungen und bestimmte Folgen äußerer Ursachen	1.725.939	1.738.270
Krankheiten des Verdauungssystems	1.704.716	1.692.328
Krankheiten des Muskel-Skelett-Systems und des Bindegewebes	1.264.040	1.404.295
Komplikationen der Schwangerschaft, Geburt und Wochenbett	1.103.446	986.571
Krankheiten des Urogenitalsystems	1.093.521	966.060
Krankheiten des Atmungssystems	1.089.252	1.036.303
Psychische und Verhaltensstörungen	926.300	1.023.355
Krankheiten des Nervensystems	648.072	628.791
Symptome und abnorme klinische und Laborbefunde, die anderenorts nicht klassifiziert sind	536.781	723.296
Endokrine, Ernährungs- und Stoffwechselkrankheiten	491.764	452.605
Krankheiten des Auges und Augenanhanggebildes	420.426	287.670
Infektiöse und parasitäre Krankheiten	329.936	455.212
Krankheiten der Haut und der Unterhaut	241.796	229.717
Krankheiten des Ohres und des Warzenfortsatzes	191.999	119.185
Angeborene Fehlbildungen, Deformitäten und Chromosomenanomalien	131.469	94.348
Bestimmte Zustände, die ihren Ursprung in der Perinatalperiode haben	114.560	201.293
Krankheiten des Blutes und der blutbildenden Organe sowie bestimmte Störungen mit Beteiligung des Immunsystems	106.089	112.429
Faktoren, die den Gesundheitszustand beeinflussen und zur Beanspruchung des Gesundheitswesens führen	105.683	671.816

wirksam erachtet werden. Eine weitere Möglichkeit ist das *Benchmarking,* was bedeutet, sich mit seiner Praxis nur an den besten Konkurrenten zu orientieren und zu versuchen, an dessen Leistungen in dem jeweiligen Teilbereich heranzukommen.◄

Um die Bedürfnisse der Patienten in den Mittelpunkt aller Marketingaktivitäten stellen zu können, ist zuvor eine Analyse der **Patientenbedürfnisstruktur** erforderlich. Eine marktorientierte Marketingpolitik für den Gesundheitsbetrieb kann nicht umhin, den Patienten

Tab. 6.2 Marktanalyse der Konkurrenzsituation

Konkurrenzverhältnis	Konkurrenzart	Konkurrenzmerkmale
Bestehende Konkurrenzverhältnisse	Direkte Konkurrenz	Gleiches Behandlungsangebot / gleicher Patientenservice
	Indirekte Konkurrenz	Ähnliches Behandlungsangebot / ähnlicher Patientenservice
Zukünftige Konkurrenzverhältnisse	Direkte Konkurrenz	Gleiches Behandlungsangebot / gleicher Patientenservice
	Indirekte Konkurrenz	Ähnliches Behandlungsangebot / ähnlicher Patientenservice

zu Richt- und Angelpunkt aller Überlegungen zu machen. Nur dann, wenn der Gesundheitsbetrieb seine tatsächlichen und möglichen Patienten, deren Verhalten und Bedürfnisse wirklich kennt, ist sie in der Lage, Marktlücken zu entdecken und zu schließen.

Ferner ist es wichtig zu wissen, ob es einen größeren Teil von Patienten gibt, die vergleichbare Service- und Behandlungsleistungen wünschen. Die Entwicklung von Angeboten für diese Gruppe ermöglicht die Konzentration auf gefragte Behandlungskonzepte sowie die Profilierung des Gesundheitsbetriebs im Wettbewerbsumfeld. Die zielgruppenorientierte Gestaltung des Leistungsangebots ermöglicht ferner eine gezielte Ausrichtung der internen Abläufe, der Weiter- und Fortbildungsbildungsmaßnahmen, wodurch sich wiederum Möglichkeiten zu einer verstärkten Rationalisierung eröffnen.

> **Beispiel**
>
> Zur Analyse der Patientenbedürfnisstruktur werden die Patienten üblicherweise zunächst nach demographischen Merkmalen aufgegliedert und differenziert (Geschlecht, Alter, Familienstand, Beruf, Privat-/Kassenpatient, Konfession etc.). Dies gibt Antworten auf die Fragen, wie sich die Patienten zusammensetzen, welche Patientengruppen vorwiegend in den Gesundheitsbetrieb kommen oder welche gar nicht. Informationen hierzu können zum Großteil direkt aus den eigenen Patientenstammdaten, den Abrechnungsunterlagen oder Angaben der Patienten entnommen werden. Um die Gründe für eine mögliche oder auch tatsächliche Bevorzugung des Gesundheitsbetriebs herauszufinden, lässt sich eine Patientenbefragung durchführen, die zugleich Aufschluss über mögliche Verbesserungen gibt. Die Patientenumfrage sollte über einen längeren Zeitraum hin erfolgen, bis ausreichend Datenmaterial vorhanden ist. Auch sollte sie in regelmäßigen Abständen wiederholt durchgeführt werden. Das Datenmaterial einer einmalig durchgeführten Fragebogenaktion ist nach mehreren Monaten oder Jahren als veraltet anzusehen, da sich die Patientenbedürfnisse und das Umfeld bis dahin verändert haben dürften. Eine Verwendung derartiger, älterer Befragungsergebnisse ist daher gefährlich und führt zu falschen Schlussfolgerungen für zu ergreifende Marketing-Aktivitäten. ◄

Es ist nicht nur wichtig zu wissen, wie der Gesundheitsbetrieb im *externen* Umfeld zu sehen ist. Auch die **Selbsteinschätzung,** als *interne* Einschätzung der Situation, die insbesondere von den Mitarbeitenden zu erfahren ist, sollte in die Marktanalyse einbezogen werden.

Beispiel

Viele Mitarbeitende kommen entweder von anderen Gesundheitsbetrieben oder haben dort ihnen bekannte Berufskollegen und -kolleginnen, die sie vielleicht noch aus der gemeinsamen Studien- oder Berufsschulzeit oder auch von gemeinsam besuchten Weiterbildungsveranstaltungen kennen. Sie können sie sich ein ganz gutes Bild darüber machen, wie andere Gesundheitsbetriebe geführt werden und welches Behandlungsbzw. Serviceangebot sie leisten. Durch einen Vergleich mit dem eigenen Betrieb sind sie in der Lage, sehr genaue Verbesserungsvorschläge, Alternativen oder auch eine Bestätigung der Betriebsführung zu geben. Aufgrund ihrer zum Teil langjährigen Mitarbeit kennen sie Stärken und Schwächen des eigenen Betriebs sowie die Bedürfnisse der Patienten. Oftmals trauen sich die Patienten auch gar nicht Kritik zu äußern oder gar Verbesserungsvorschläge zu machen. Die Mitarbeitenden bekommen Unmut aber natürlich auch Lob auf jeden Fall früher und direkter mit.◄

6.2   Marketingziele und –strategien des Gesundheitsbetriebs

6.2.1   Bildung von Patientenzielgruppen

Der Marketingprozess für den Gesundheitsbetrieb konstituiert sich aus der Analyse von Chancen und Zielmärkten, deren Bestimmung die Voraussetzung für die Entwicklung der Marketingstrategien und des Marketingprogramms bildet. Es muss nicht nur eine Abgrenzung zum relevanten Wettbewerb durchgeführt, sondern auch den Sachwaltern und Zielgruppen entsprochen werden, die am Beispiel einer Klinik bestehen können aus:

- Patienten,
- Mitarbeitenden,
- Eigentümern,
- Einweisern,
- Partner,
- Politik (vgl. Stoffers, 2014, S. 3 ff.).

Die **Patientenzielgruppen** sind jene Bevölkerungsteile im Umfeld eines Gesundheitsbetriebs, die durch dessen Marketingaktivitäten, insbesondere den Mitteln der Kommunikationspolitik, bevorzugt angesprochen werden sollen.

Im Allgemeinen bilden die (möglichen) Patienten keine homogene Einheit, sondern sie unterscheiden sich unter anderem hinsichtlich ihrer Bedürfnisse, Präferenzen und der ihnen zur Verfügung stehenden finanziellen Mittel. Der „Patientenmarkt" ist daher nicht als Einheit zu betrachten, sondern als Gebilde, das aus einzelnen Bevölkerungsgruppierungen, wie beispielsweise Senioren, Familien mit kleinen Kindern, junge, gutverdienende Singles etc. besteht, die sich hinsichtlich bestimmter nachfragerelevanter Merkmale unterscheiden und auf die die Marketing-Aktivitäten auszurichten sind.

Das Marketing stützt sich daher auf die Gestaltung des Behandlungs- und Serviceangebotes mit Rücksicht auf die Bedürfnisse der zu erreichenden Zielgruppen. Es basiert auf der Überzeugung, dass kein Erfolg zu erwarten ist, wenn das Behandlungs- oder das Patientenserviceangebot nicht auf die Vorstellungen, Wünsche und Präferenzen der Patienten angepasst wurde.

Die Bestimmung der Patientenzielgruppe ist die Basis des Marketings und muss erfolgen, bevor ein Konzept für die Marktkommunikation geplant werden kann. So kann es durchaus mehrere, voneinander abgegrenzte Zielgruppen geben, wobei üblicherweise die Abgrenzungen definiert werden, aber keine Ausschlussmerkmale.

Die Beschreibung von Patientenzielgruppen kann erfolgen über

- demographische Merkmale: Geschlecht, Alter, Familienstand, etc.;
- geografische Merkmale: Wohnort, infrastrukturelle Anbindung etc.;
- Patientenverhalten: Häufigkeit der Arztbesuche, Inanspruchnahme bestimmter Leistungen etc.;
- sozioökonomische Merkmale: Privatpatient, Kassenpatient, Einkommen, Bildungsstand, Gehalt, Beruf etc.;
- psychographische Merkmale: Statusbedeutung, ästhetisches Empfinden, persönliche Präferenzen etc.

Zur Definition von Patientenzielgruppen sind zunächst Kriterien festzulegen, nach denen die Zielgruppen als solche identifiziert werden können: Sie müssen im Zeitverlauf eine stabile Gruppe darstellen, als solche messbar und mit Kommunikationsmitteln erreichbar sein und ihr Verhalten muss eine Relevanz bzw. Aussagekraft vorweisen. Um die Patientenzielgruppe zu identifizieren, ist der Patientenmarkt zu beobachten und anhand zunächst vordergründiger Segmentierungskriterien in grobe Einheiten und anschließend in feinere Segmente zu teilen. Anhand der Segmente lassen sich potenzielle Zielgruppen ableiten, die hinsichtlich ihrer Erreichbarkeit analysiert werden müssen. Schließlich ist die Zielgruppe als Patientenzielgruppe auszuwählen, die besonders attraktiv und mit Kommunikationsmitteln des Marketings auch gut erreichbar erscheint.

Eine typische Patientenzielgruppe sind finanziell gut ausgestattete Senioren (well off older folks, woofs). Sie sind in der Lage, mit einem regelmäßigen, arbeitsmarktunabhängigen Einkommen relativ viel Geld für Gesundheitsprodukte ausgeben zu können und sind nicht wie andere Senioren unter Umständen von Altersarmut, beispielsweise aufgrund von Langzeitarbeitslosigkeit betroffen. Die private Krankenversicherung umwirbt häufig gutverdienende, junge Singles oder berufstätige, kinderlose Paare (double income no kids, dinks). Sie sind meist Mitte Dreißig, erwirtschaften als Doppelverdiener ein meist höheres Einkommen und sind daher in der Regel der oberen Mittelschicht zuzuordnen.◄

Ein weiter gehender Ansatz hierzu ist, „Personas" als typische Vertreter ihrer Zielgruppe mit bestimmten Eigenschaften und Merkmalen zu definieren, um an ihnen die Marketingmaßnahmen auszurichten. Während mit der Zielgruppe eine Gruppe beschrieben wird, die gemeinsame Merkmale aufweist und ähnlich auf bestimmte Botschaften reagiert, werden bei „Personas" genauere Hinweise auf Verhaltensweisen, Bedürfnisse und Bedenken für eine gezieltere Ansprache genutzt (vgl. Kirchem & Waak, 2021, S. 7).

Der Vorteil der Beschränkung auf *eine* Zielgruppe liegt vor allem in der Bündelung der Kräfte. Der Gesundheitsbetrieb kann sich hinsichtlich seiner Marketing-Aktivitäten auf die ausgewählte Zielgruppe konzentrieren. Darüber hinaus ist die Ausrichtung auf nur eine Zielgruppe in der Regel mit geringeren finanziellen Aufwendungen verbunden als die gleichzeitige Ausrichtung auf mehrere Gruppierungen. Aus diesem Grund erscheint eine solche Vorgehensweise besonders attraktiv. Es ist allerdings hierbei darauf zu achten, dass die ausgewählte Zielgruppe Wachstumschancen bietet und bei der Ausrichtung auf diese Zielgruppe auch Wettbewerbsvorteile gegenüber konkurrierenden Betrieben aufgebaut werden können.

Die Berücksichtigung *mehrerer* Zielgruppen eröffnet die Chance, größere Teile des Patientenmarktes zu erreichen, indem der Gesundheitsbetrieb auf die unterschiedlichen Bedürfnisse der einzelnen Zielgruppen differenziert eingeht. Zudem trifft eine Umsatzstagnation oder gar -rückgang bei einer Zielgruppe den Betrieb nur in vergleichsweisem geringem Maß. Allerdings ist im Allgemeinen der mit einer Ausrichtung auf mehrere Zielgruppen verbundene Marketingaufwand (beispielsweise für Planung, Durchführung und Kontrolle der differenzierten Marketing-Aktivitäten) vergleichsweise höher.

Bei einer Arztpraxis ist die konsequente Ausrichtung der Arztpraxis am Patienten gleichzeitig als Chance anzusehen, die Praxis und Prozesse qualitativ aufzuwerten. Durch Kategorisierung und Klassifizierung der genauen Zielgruppen lassen sich die Patienten gewinnen, die zur jeweiligen Arztpraxis am besten passen. Als mögliche

Kriterien gelten etwa Altersgruppen, Einkommensklassen, Versicherungsstatus und einschlägige Krankengeschichte (Schwenk & Wolter, 2011, S. 21 f.).◄

6.2.2 Festlegung von absatzwirtschaftlichen Zielen

Den **Marketingzielen** kommt eine besondere Steuerungs- und Koordinationsfunktion zu, denn sie kennzeichnen die für das Marketing des Gesundheitsbetriebs festgelegten Endzustände, die durch den Einsatz absatzpolitischer Instrumente erreicht werden sollen (siehe Tab. 6.3).

Mitunter wird für Gesundheitsbetriebe in einzelne Marketingzielarten unterschieden (vgl. Lüthy & Buchmann, 2009, S. 122):

- **Ökonomische Ziele:** Sind quantifizierbar und beziehen sich häufig auf verschiedene Ebenen der Leistungsnutzung z. B. innerhalb des Krankenhauses (beispielsweise Besucher-, Kontakt-, Patientenzahlen);
- **Psychologische Ziele:** Beziehen sich auf mentale Prozesse innerhalb der Zielgruppen (beispielsweise Beeinflussung der wahrgenommenen Servicequalität und Patientenzufriedenheit.

Die Entwicklung der Ziele erfolgt nach Vorgabe der zuvor festgelegten spezifischen Zielvorstellungen des Gesundheitsbetriebs. Es bedarf daher einer möglichst genauen und messbaren Formulierung der Marketingziele, um die Wirksamkeit bzw. Effizienz der später zu entwickelten Strategien und Maßnahmen im Rahmen der Marketingkontrolle beurteilen zu können.

Tab. 6.3 Beispiele für die Ausrichtung von Marketingzielen des Gesundheitsbetriebs

	Marketinginstrumente	Märkte/Leistungen	Marktteilnehmer
Elemente	Behandlungsangebot Patientenservice Information	Derzeitige Behandlungsleistungen Bisherige Märkte	Konkurrenzbetriebe Patienten
		Neue Behandlungsleistungen Neue Märkte	
Ziele	Umsatzsicherung	Marktdurchdringung	Patientenbindung Konkurrenz ausweichen
	Umsatzsteigerung	Marktentwicklung Entwicklung neuer Behandlungsleistungen Diversifikation	Konkurrenz begegnen Patientengewinnung

---

Beispiel

Das Praxismarketing für Arztpraxen lässt sich als eine Form der Praxisführung beschreiben, die das Praxisleistungsangebot bewusst, zielgerichtet und geplant mit den Patientenanforderungen in Übereinstimmung zu bringen versucht, um die Praxisziele schneller und einfacher zu erreichen (vgl. Thill, 2020, S. 12).

Eine derartige Zielformulierung für eine Arztpraxis könnte lauten: „Bis zum Jahr 20... soll der Privatpatientenanteil um 20 % zunehmen". Das erreichen dieses Zieles kann anhand der Patientenkartei sehr genau überprüft werden: Ausgehend von dem Zeitpunkt, in dem die Marketingmaßnahmen zur Steigerung des Privatpatientenanteils ergriffen werden, wird die Privatpatientenanzahl mit der Anzahl im vorgegebenen Zeitpunkt der Zielerreichung verglichen. Lässt sich aus dem Vergleich eine Steigerung von 20 % oder mehr errechnen, so ist das Marketingziel erreicht. Ist eine Steigerung in dieser Höhe nicht zu verzeichnen, so ist das Ziel als verfehlt anzusehen.◄

Die letztendliche Festlegung der Marketingziele unterliegt zudem vielerlei Restriktionen. So kann der Gesundheitsbetrieb aufgrund seiner langjährigen Tradition nicht ohne weiteres aufgrund von Marketingüberlegungen aus seinem angestammten Behandlungsgebiet ausbrechen. Er dürfte auch in der Regel eine spezifische Kompetenz bei der medizinischen Versorgung einzelner Zielgruppen bzw. Bevölkerungsschichten aufgebaut haben. Auch dürften langjährig „gepflegte" Grundeinstellungen und Grundhaltungen dazu führen, das Angebot bestimmter Behandlungsangebote (beispielsweise teilweise Abkehr von der Schulmedizin und stärkere Hinwendung zu ganzheitlichen Heilmethoden) von vorneherein auszuschließen, auch wenn sie noch so erfolgversprechend und ohne allzu großen Aufwand zu realisieren wären.

Eine weitere Restriktion kann die Identifizierung von Zielgruppen darstellen. Ist eine eindeutige Identifizierung möglich, so lässt sich daraus eine mögliche Spezialisierungsstrategie ableiten, um genau dieser Zielgruppe gerecht zu werden. Steht hingegen keine eindeutige Identifizierung von erfolgversprechenden Zielgruppen in Aussicht, so bleibt im Grunde genommen nur der Weg einer Generalistenstrategie, um die gesamte Bandbreite möglicher Patientenbedürfnisse abzudecken. Das Vorhaben, Zielgruppen zu entwickeln, ist in der Regel mit großem Aufwand und entsprechenden Risiken behaftet.

Ein nicht nur marketingspezifisches Problem besteht in der Feststellung von Zielkonflikten, die dadurch gekennzeichnet sind, dass eine bestimmte Marketingmaßnahme des Gesundheitsbetriebs die Erreichung eines Marketingzieles fördert, gleichzeitig aber die eines anderen Zieles beeinträchtigt oder gefährdet. Die besonderen Schwierigkeiten im Umgang mit derartigen Zielbeziehungen liegen darin begründet, dass sich die Auswirkungen der Verfolgung unterschiedlicher Marketingziele zum einen sachlich und zum anderen auch zeitlich nicht immer genau beurteilen lassen.

Wird versucht, die Bedeutung einzelner Marketingziele abzuwägen, und im Anschluss daran eine Entscheidung zugunsten des einen oder anderen Zieles zu treffen, so lassen sich folgende Möglichkeiten zur Lösung derartiger Zielkonflikte festhalten:

- Die Erreichung eines bestimmten Marketingzieles bevorzugen und alle anderen Ziele vernachlässigen;
- die Erreichung eines bestimmten Marketingzieles bevorzugen und alle anderen Ziele nur als begrenzende Faktoren bei der Zielerreichung des favorisierten Zieles berücksichtigen;
- auf einzelne konkurrierende Marketingziele verzichten und versuchen, ein gemeinsames Oberziel festzulegen.

6.2.3   Entwicklung von Strategiealternativen

Marketingstrategien für den Gesundheitsbetrieb sind mittel- bis langfristige Grundsatzentscheidungen, wie, mit welcher Vorgehensweise und unter Einsatz welcher Marketinginstrumente die festgelegten Marketingziele erreicht werden sollen. Das strategische Marketing eines Gesundheitsbetriebs ist dadurch gekennzeichnet, dass eine Bandbreite vorgegeben wird, in der sich der Einsatz der Marketinginstrumente vollzieht. Marketingstrategien für den Gesundheitsbetrieb sind also Richtlinien oder Leitmaximen, durch welche ein Rahmen sowie eine bestimmte Stoßrichtung der Marketingmaßnahmen vorgegeben sind. Sie stellen damit einen langfristigen Verhaltensplan dar, dessen Hauptzielsetzung es ist, im Markt die richtigen Entscheidungen zu treffen.

Beispiel

Die Notwendigkeit eines strategischen Marketings zeichnet sich vor dem Hintergrund des Wandels der Marktbedingungen im Gesundheitsmarkt ab. Wesentliche Einflussfaktoren hierfür sind beispielsweise

- der schnelle medizintechnische Fortschritt mit durch die fortschreitende Digitalisierung verkürzten Produktlebenszyklen,
- die Überangebote und Sättigungserscheinungen in einigen Versorgungsbereichen,
- die gleichzeitigen Ressourcenverknappungen im Bereich Personal,
- die stärkere Berücksichtigung von Themen wie Klimawandel, Umweltschutz und Nachhaltigkeit.

Aufgrund sich derartig verändernden medizintechnologischen, sozialen und ökonomischen Bedingungen erscheint die klassische Absatzorientierung als zu eng und zu kurzsichtig angelegt, sodass langfristige Entwicklungen stärker in die Marketing-planung einbezogen werden müssen. Um die vorhandenen Ressourcen konzentriert einzusetzen sind langfristige, strategische Grundsatzentscheidungen in der Marketing-planung und damit die Entwicklung von Marketingstrategien notwendig (vgl. Tomczak et al., 2023, S. 9).◄

Die Zielsetzung der Marketingstrategie besteht in der Schaffung eines strategischen Wett-bewerbsvorteils für den Gesundheitsbetrieb. Dies ist gegeben, wenn durch den bewussten Aufbau von wichtigen und dominierenden Fähigkeiten langfristig und dauerhaft der über-durchschnittliche Erfolg des Betriebs gewährleistet wird. Das wird insbesondere dann gelingen, wenn sich die Marketingstrategie an den Bedürfnissen der Patienten, den Leistungen der Konkurrenz sowie dem eigenen Leistungsvermögen orientiert.

Eine weitere Ausrichtungsgrundlage sind die Möglichkeiten, die sich in Bezug auf das Verhältnis von Leistungsangebot und Markt ergeben, und die daraus mögliche Ableitung von Marketingstrategien (siehe Abb. 6.2):

- **Bewahrungsstrategie:** Beibehaltung des bisherigen Angebots von Behandlungsleis-tungen auf den bisherigen Märkten;
- **Durchdringungsstrategie:** Erhöhung des Patientenzuspruchs bei den vorhandenen Zielgruppen durch geeignete Marketingmaßnahmen;

Abb. 6.2 Marketing-Strategieportfolio für Gesundheitsbetriebe

- **Neuheitsstrategie (Innovationsstrategie):** Betrifft neue Behandlungsangebote auf den bisherigen Märkten, wobei es nicht darum geht, neue Patientenkreise als Zielgruppen zu erschließen, sondern den bisherigen Zielgruppen neue Behandlungs- und Serviceleistungen anzubieten;
- **Marktentwicklungsstrategie:** Suche neuer Patientenzielgruppen für die bisherigen Leistungsangebote;
- **Ausbruchstrategie:** Entschluss, sowohl neue Behandlungs- und Serviceleistungen anzubieten als auch neue Patientenzielgruppen damit erreichen zu wollen;
- **Streustrategie (Diversifikation):** Hierbei werden gleichzeitig mehrere neue Behandlungs- und Serviceleistungen angeboten, in der Hoffnung, dass das eine oder andere Angebot ein sicherer Erfolg wird;
- **Konzentrationsstrategie:** Festlegung, auf eine bestimmte Erweiterung der Angebotspalette oder Beschränkung der Behandlungs- und Pflegeangebots auf besonders erfolgreiche Leistungen.

Die Entwicklung von Marketingstrategien für den Gesundheitsbetrieb ist auch eine kreative Aufgabe, denn es muss versucht werden, soviel Strategievarianten wie möglich aufzustellen. Je größer die Zahl der alternativen Strategien ist, desto wahrscheinlicher wird es, dass sich eine Strategie finden lässt, die dicht neben der besten liegt. Zur Ableitung der richtigen, erfolgversprechenden Marketingstrategien kann die klassische **Markt-Portfolioanalyse** beitragen. Sie basiert auf der bekannten *BCG-Matrix* bzw. dem *Boston-I-Portfolio* der *Boston Consulting Group (BCG)* und wurde für das strategische Management von Unternehmen entwickelt, um den Zusammenhang zwischen dem Produktlebenszyklus und der Kostenerfahrungskurve zu verdeutlichen.

Für die vorliegende Problemstellung werden die bereits vorhanden bzw. neu geplanten Behandlungs- und Serviceleistungen des Gesundheitsbetriebs anhand der Kriterien Wachstum des Marktes für die Behandlungsangebote und Anteil am Patientenmarkt, auf den die Behandlungsleistungen überwiegend abzielen, beurteilt. Die Behandlungsangebote sind im Hinblick auf diese beiden Kriterien hoch oder niedrig zu bewerten (siehe Abb. 6.3).

Beispiel

Bei *Behandlungsangebot A* ergeben sich ein hoher Marktanteil und große Marktwachstumschancen. Dies ist etwa dann der Fall, wenn sich der Gesundheitsbetrieb beispielsweise bei der Patientenzielgruppe Senioren etabliert hat, für sein seniorengerechtes Serviceangebot bekannt ist und sich auf Behandlungsleistungen vorwiegend für ältere Menschen spezialisiert hat. Aufgrund der demoskopischen Entwicklung ist für diesen Patientenmarkt ein Größenwachstum zu vermuten. Die daraus ableitbare Strategie lautet den Umsatz weiter steigern und den Marktanteil weiter ausbauen.

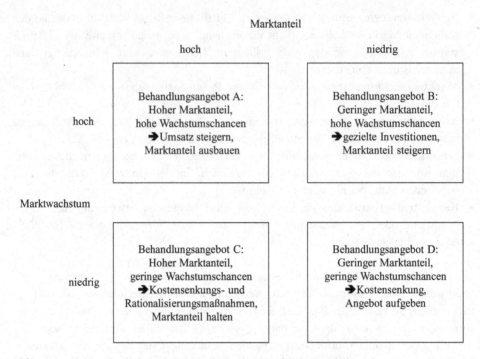

Abb. 6.3 Ableitung von Marketingstrategien anhand der Markt-Portfolioanalyse

Behandlungsangebot B stellt in der Regel eine Neueinführung dar und hat deshalb einen bisher geringen Marktanteil, bewegt sich jedoch auf einem Patientenmarkt mit aussichtsreichen Zuwachsraten. Es wirft bislang niedrige Gewinne oder Kostendeckungsbeiträge ab, da sich die Investitionen in diese neuen Behandlungs- und Serviceleistungen noch amortisieren müssen. Da dieses Behandlungsangebot (beispielsweise ganzheitliche Medizin; Spezialisierung auf bislang konkurrenzlose Behandlungsgebiete; Anwendung neuester, revolutionärer Heilmethoden) positive Zukunftsaussichten erwarten lässt, heißt die nahe liegende Strategie daher, den Marktanteil ausbauen und durch gezielte Investitionen einen deutlichen Vorsprung im medizinischen bzw. medizin-technischen Know-how erzielen.

Das *Behandlungsangebot C* ist gekennzeichnet durch einen hohen Marktanteil aber niedrigen Wachstumschancen. Es werden hohe betriebliche Erträge erwirtschaftet, größere Investitionen in das Behandlungs-/Serviceangebot unterbleiben jedoch. Die angebotenen Leistungen des Gesundheitsbetriebs haben bereits eine gute Marktposition, der Gesamtmarkt potentieller Patienten wächst allerdings nicht mehr. Als Strategie lässt sich hieraus ableiten, den bereits erreichten Marktanteil zu halten, durch gezielte

Kostensenkungs- bzw. Rationalisierungsmaßnahmen den Gewinn abzuschöpfen und lediglich in die Erhaltung des Marktanteils zu investieren.

Bei *Behandlungsangebot D* trifft ein niedriger Marktanteil mit geringen Markt-wachstumschancen zusammen. Mit diesem Behandlungsangebot werden nur geringe Umsätze und kaum Gewinne erzielt. Als Strategie ist daher zu überlegen, ob diese überholten oder kaum nachgefragten Behandlungsleistungen, sofern es keine Verpflich-tungen dazu gibt, überhaupt noch angeboten werden sollen.◄

Das Ergebnis der strategischen Überlegungen ist die strategische **Marktpositionie-rung** des Gesundheitsbetriebs. Sie beschreibt die Stellung, die der Betrieb gegenüber den Patienten, im Markt und damit gegenüber dem Wettbewerb einnimmt. Ziel ist es dabei, eine möglichst erfolgversprechende Positionierung anzustreben, einzunehmen, sie zu festigen und auszubauen. Sie ist insbesondere abhängig von den Zielgruppen, der Patientenstruktur, den Behandlungsmethoden und vom übrigen Leistungsangebot des Gesundheitsbetriebs. Je nach Ausrichtung des Gesundheitsbetriebs anhand wichtiger Kriterien, wie Leistungshonorierung, Standort, Angebotsumfang, Behandlungsmethoden, Nachhaltigkeit, Kooperation, Größe, Patientenstruktur, Ablauforganisation etc., ergibt sich das individuelle Profil. Es zeichnet sich idealerweise durch ein unverwechsel-bares Erscheinungsbild, standesgemäßes Auftreten, klare Akzente und glaubwürdige Vermittlung gegenüber dem relevanten Umfeld, den Patienten, und den konkurrierenden Betrieben aus.

Beispiel

Am Beispiel von Arztpraxen werden mögliche Profile und Marktpositionierungen deutlich:

- Kassenpraxis – Privatpraxis,
- Landpraxis – Citypraxis,
- Allgemeinärztliche Praxis – Facharztpraxis,
- Schulmedizinpraxis – Ganzheitl./Naturheilpraxis,
- Therapiepraxis – Prophylaxepraxis,
- Alleinpraxis – Ärztehauspraxis,
- Familien-/Single-/Senioren-/Prominentenpraxis,
- Wartepraxis – Terminpraxis,
- Großpraxis – Kleinpraxis.◄

6.3   Anwendung von absatzwirtschaftlichen Instrumenten

6.3.1   Instrumente der Patientenkommunikation

Die Umsetzung der absatzwirtschaftlichen Kommunikationspolitik ist im Gesundheitswesen aufgrund seiner branchenbedingt komplexen Beziehungsgefüge unterschiedlichster
Interessen als eine besondere Herausforderung anzusehen. Mit der zunehmenden Digitalisierung, die immer neue Kommunikationsinstrumente und -kanäle hervorbringt, wird
die Maßnahmenplanung zusätzlich erschwert. Auswahl, Einsatz und Koordination analoger und digitaler Kommunikationsinstrumente mitsamt ihren Wechselwirkungen erzeugen
einen immer größeren Aufwand und gehen zudem mit einer steigenden Marktmacht der
Patienten einher, die sich zunehmend leichter und besser informieren können. Andererseits
eröffnen sich für den Gesundheitsbetrieb neue Möglichkeiten, um mit maßgeschneiderten
Angeboten zeit- und ortsunabhängig Angebote unterbreiten zu können (vgl. Krüger &
Kindermann, 2019, S. 57).

   Die **Patientenkommunikation** des Gesundheitsbetriebs umfasst die planmäßige
Gestaltung und Übermittlung der auf den Patientenmarkt gerichteten Informationen, mit
dem Zweck, die Meinungen, Einstellungen und Verhaltensweisen der Patientenzielgruppe
im Sinne der Zielsetzung des Gesundheitsbetriebs zu beeinflussen. In einem zielgerich-
teten Dialog zwischen Patienten und Gesundheitsbetrieb geht es dabei auch um die
Steuerung der Beeinflussung zur Veränderung von Einstellungen, Wissen, Erwartungen
und Verhaltensweisen der derzeitigen und zukünftigen Patienten. Ziele sind die die Erhöhung der Absicht beim Patienten, den Gesundheitsbetrieb für Behandlungsmaßnahmen
oder Pflegeleistungen auszuwählen, die Verbesserung der Einstellungen und des Images
des Gesundheitsbetriebs, Erhöhung des Bekanntheitsgrads bei der Patientenzielgruppe und
die Positionierung des eigenen Betriebs am Gesundheitsmarkt neben den Wettbewerbern.

   Als Grundfunktionen der Patientenkommunikation sind daher anzusehen:

- **Information:** Aufgabe, objektive Informationen über medizinische oder pflegerische
  Leistungen und gegebenenfalls deren Preise an Interessenten zu vermitteln;
- **Beeinflussung:** Schaffung von Präferenzen und Einstellungen bei Patientenzielgrup-
  pen;
- **Bestätigung:** Abbau kognitiver Dissonanzen und Lieferung von Begründungen bei
  nachträglicher Unsicherheit der Patienten über ihre Entscheidung;
- **Wettbewerbsabgrenzung:** Profilierung und Abgrenzung gegenüber konkurrierenden
  Gesundheitsbetrieben;
- **Sozial- und Gesellschaftsorientierung:** Neben an speziellen Zielgruppen orientierten
  Funktionen allgemeine Beeinflussung von gesellschaftlichen Entwicklungen.

So verändert die Patientenkommunikation zwar nicht die medizinischen oder pflegerischen Leistungen eines Gesundheitsbetriebs, sie kann aber die Annahmen und Einstellungen der möglichen Patienten zugunsten des Gesundheitsbetriebs beeinflussen. Dadurch wird ein emotionaler Mehrwert zur Abgrenzung der eigenen Leistungen geschaffen, um sich von der Konkurrenz abzuheben und sich in den Köpfen der Zielgruppen zu verankern (vgl. Vergossen & Hommes, 2019, S. 13).

Die Patientenkommunikation umfasst hierzu beispielsweise als Maßnahmen

- die kommunikative Herstellung von Vertrauen in den Gesundheitsbetrieb;
- die strategische Planung der Patientenkommunikation;
- die Festlegung ihrer Inhalte;
- die kommunikative Steuerung der Patientennachfrage und der Erschließung neuer Patientenmärkte;
- die Definition der Wege, über die die Patienten kommunikativ erreicht werden sollen;
- die Bestimmung von Verantwortlichkeiten im Gesundheitsbetrieb für die Kommunikationsprozesse und ihre Umsetzung;
- der kommunikative Umgang mit Behandlungsfehlern, Störungen, Krisen, Reklamationen;
- die Kommunikation mit der Umwelt des Gesundheitsbetriebs über den eigentlichen Dialog mit dem Patienten hinaus *(Corporate Communication);*
- die kommunikative Begleitung bei der Einführung neuer Behandlungs- und Pflegeangebote.

Während das allgemeine Verhalten gegenüber den Patienten, wie auch gegenüber deren Angehörigen, Lieferanten und allgemein in der Öffentlichkeit zum sog. *Corporate Behaviour* zählt und als Bestandteil der allgemeinen Kultur des Gesundheitsbetriebs, seiner Entscheidungsstrukturen, dem praktizierten Umgangston, Führungsstil etc. durch Personal- und Organisationsentwicklungsmaßnahmen zu beeinflussen ist, gehören die visuelle Gestaltung von Briefpapieren, Visitenkarten, Logos des Gesundheitsbetriebs bis hin zu einheitlicher Arbeitskleidung, Gebäudearchitektur, Raumgestaltung, Farbgebung, Leuchtbeschriftung etc. zum sog. *Corporate Design.* Beides soll dem Patienten möglichst das gewünschte Bild *(Corporate Image)* des Gesundheitsbetriebs vermitteln (vgl. Kassenärztliche Bundesvereinigung, 2023, S. 1).

Die Instrumente der Patientenkommunikation stellen Medien zur Gestaltung des Dialogs zwischen medizinischem Personal, Pflegepersonal und Patienten dar, wobei sie zur gegenseitigen Übermittlung der Informationen, Botschaften und zur Entscheidungsfindung dienen. In der Regel werden verschiedene Instrumente je nach Ziel der Patientenkommunikation und Patientenzielgruppe möglichst wirkungsvoll miteinander kombiniert.

Die Instrumente der **Werbung** (Anzeigen in Printmedien, Tageszeitungen, Broschüren, Flyer, Plakate, Außenwerbung etc.) gelten als klassische Instrumente der Patientenkommunikation und sind für den Patienten direkt als solche erkennbar. Ihr wesentlicher Vorteil liegt darin, dass man mit ihnen eine große Zahl von potenziellen Patienten erreichen kann.

Beispiel

Mitunter werden zum Thema Marketing und Werbung, beispielsweise von Arztpraxen, auch kritische Stimmen laut, denn Werbung beeinflusse, Werbung sei gefährlich und Ähnliches. Jedoch stehen weder das Marketing noch die Werbung von Ärzten und Ärztinnen mit ethischen Argumenten im Widerspruch. Vielmehr gibt es viele Gründe, warum Ärzte und Ärztinnen sich um Marketing kümmern sollten. Beispiele sind der Nutzen, der entsteht, wenn Patienten über den Sinn von Prävention informiert werden oder die Einordnung von Informationen über alternative Heilmethoden. Hier haben die Ärzte und Ärztinnen insbesondere auch Aufklärungsarbeit zu leisten, um die Patienten zu schützen (vgl. Elste et al., 2004, S. 5).◄

Von der klassischen Werbung unterscheiden sich Instrumente, die versuchen die Patientenzielgruppe mittels unkonventioneller Kommunikationswege und –maßnahmen direkt und persönlich anzusprechen: Öffentlichkeitsarbeit, Internet-Werbung, Sponsoring, Gesundheitsmessen und -ausstellungen, Verteilung von Probe-Produkten (Sampling), persönliche Ansprache etc.

Dazu zählen auch Ansätze wie durch Verfassen von Artikeln in medizinischen Fachzeitschriften, Leserbriefen, Teilnahme an Podiumsdiskussionen zu Gesundheitsthemen, die Gründung von Initiativen im Gesundheitswesen, mit dem Ziel, das Angebot des Gesundheitsbetriebs herauszustellen (Guerilla-Marketing) oder die Nutzung von Netzwerken und Medien, um durch hintergründige Nachrichten, die sich innerhalb kurzer Zeit gleich einem biologischen Virus verbreiten, auf Angebote des Gesundheitsbetriebs aufmerksam zu machen (Viral-Marketing).

Diese Instrumente, die sich von der klassischen Werbung im Rahmen der Patientenkommunikation unterscheiden, gelten als direkter, persönlicher und zielgruppenspezifischer. Der Kontakt zwischen Gesundheitsbetrieb und Patientenzielgruppe ist enger, was auch oft genauere Rückmeldungen über den Maßnahmenerfolg ermöglicht.

Ein wesentliches Ziel der Patientenkommunikation ist es, den Gesundheitsbetrieb möglichst als eigenständige, wieder erkennbare und unverwechselbare **Marke** bei den Patienten zu etablieren. Das bedeutet, dass er über tatsächliche und vermeintliche Eigenschaften verfügt, die sie von der Konkurrenz unterscheiden. Anhand von Markenzeichen erkennen die Patienten ihren Gesundheitsbetrieb beispielsweise bei Marketingaktionen wieder und assoziieren damit möglichst positive Eigenschaften, sodass sie sich bei Bedarf gezielt für die Inanspruchnahme seiner medizinischen oder pflegerischen Leistungen entscheiden können. Sie können anderen potenziellen Patienten in Form von Mundpropaganda von ihren Erfahrungen mit dem Gesundheitsbetrieb berichten, was bei denen ebenfalls zu einer Inanspruchnahme von deren Leistungen führen kann. Für den Gesundheitsbetrieb bedeutet das Markenimage aber auch, dass er im Interesse einer langfristigen Patientenbeziehung und im Sinne einer daraus resultierenden Selbstverpflichtung bemüht sein muss, die Patienten nicht nur einmalig, sondern mit jeder weiteren Behandlungs- oder Pflegeleistung zufrieden zu stellen, um damit ihre gerechtfertigten Erwartungen zu erfüllen. Der Gesundheitsbetrieb als Marke suggeriert den Patienten dauerhafte Verlässlichkeit, dass die ihnen angebotenen Leistungen jederzeit in der zugesagten und beworbenen Qualität erfolgen. Andererseits muss der Gesundheitsbetrieb zum Zwecke der Patientenbindung weniger Überzeugungsarbeit leisten, da er über das Vertrauen der Patienten in seine Zuverlässigkeit verfügt, was sich auch in einer höheren Honorierung der Leistungen oder auch in einer verbesserten Nachfrage zeigen kann.

Das Logo, als aus einem oder mehreren Buchstaben, einem Bild oder auch aus einer Kombination dieser Elemente bestehendes Wort- und Bildsignet, übernimmt in diesem Zusammenhang im Rahmen der Werbung für den Gesundheitsbetrieb gleich mehrere wichtige Funktionen:

- es trägt zur verbesserten Wiedererkennung des Gesundheitsbetriebs als Marke bei,
- ist ein wesentliches Gestaltungsmittel des CDs des Gesundheitsbetriebs,
- spricht die Patienten emotional an und
- gestaltet den Werbeauftritt des Gesundheitsbetriebs visuell unverwechselbar.

Optimiertes **Webdesign** im Internet für Gesundheitsbetriebe führt zu relevanten Anfragen von potenziellen Patienten. Es eröffnet zusätzliche Wege, Patienten zu gewinnen, denn gerade, wenn es um Spezialgebiete der Medizin geht, möchten sich viele Patienten vorab über Leistungen und Möglichkeiten informieren. Die professionelle Homepage im Internet dient der Marken- und Imagebildung, stärkt die Patientenbindung, stellt das Angebot an Behandlungs- und Pflegeleistungen vor und trägt somit als eigener „Kommunikationskanal" zur Patientengewinnung bei. Die Internetpräsenz sollte folgende Funktionen für den Gesundheitsbetriebe erfüllen:

- **Grundinformationen:** Öffnungszeiten, Adresse, Erreichbarkeit, Lageplan, Parkplatzsituation, Mitarbeiter, Pflichtangaben, Haftungsausschluss etc.;
- **Angebotsdarstellung:** Behandlungs- bzw. Pflegeschwerpunkte, Methodendarstellung, einzelne Krankheitsbilder, medizintechnische Ausstattung etc.;
- **Interaktive Elemente:** Online-Möglichkeiten zur Kontaktaufnahme, Terminvereinbarungen, Rezeptanfragen etc.

Die Website des Gesundheitsbetriebs muss bekannt gemacht werden, beispielsweise, indem Hinweise auf die Website auf Visitenkarten, Rechnungen, Aushängen, in Wartezonen etc. enthalten sind. Auch ist es wichtig, dass die Website des Gesundheitsbetriebs in den Suchmaschinen auf den vorderen Plätzen gefunden werden kann. Hierzu sind beispielsweise in den Inhalten der Start-, als auch der Unterseiten Suchbegriffe an den richtigen Stellen und in der optimalen Dichte zu platzieren.

Beispiel

Auch der Internetauftritt unterliegt werberechtlichen Einschränkungen: Pflichtangaben ergeben sich z. B. aus dem *Telemediengesetz (TMG),* nach dem folgende Informationen leicht erkennbar, unmittelbar erreichbar und ständig verfügbar zu halten sind:

- den Namen und die Anschrift, unter denen Ärztinnen und Ärzte niedergelassen sind;
- Angaben, die eine schnelle elektronische Kontaktaufnahme und unmittelbare Kommunikation mit ihnen ermöglichen, einschließlich der Adresse der elektronischen Post;
- Ärztekammer, zu der die Angehörigkeit besteht;
- gesetzliche Berufsbezeichnung und Staat, der sie verliehen hat;
- bei vertragsärztlicher Tätigkeit die zuständige Kassenärztliche Vereinigung;
- Umsatzsteueridentifikationsnummer, soweit vorliegend (vgl. § 5 TMG).◄

Der Nutzung und der Umgang mit **Social Media** in interaktiven, gemeinschaftlichen Internet-Plattformen wie sozialen Netzwerken, Wikis, Videoplattformen, Chaträumen und Blogs ist im gesundheitsbezogenen Kontext aufgrund des vertrauensvollen Patient-Arzt-Verhältnisses und der Anforderungen des Datenschutzes besondere Aufmerksamkeit zu schenken. So verwenden beispielsweise Patienten im gesundheitlichen Kontext diese Möglichkeiten, um Erfahrungen miteinander zu teilen oder auch um medizinischen Rat einzuholen, und von ärztlicher Seite lassen sich soziale Medien auch für gesundheitliche Aufklärung oder für Informationen zur öffentlichen Gesundheit nutzen, sowie für die ärztliche Ausbildung, Weiter- und Fortbildung und für die Forschung. Auch werden Soziale Medien bei der direkten oder indirekten berufsbezogenen Werbung eingesetzt.

Die Empfehlungen der *Bundesärztekammer (BÄK)* umfassen zu Social Media beispielsweise folgende Themen:

- allgemeines Verhalten als Arzt bzw. Ärztin;
- ärztliche Schweigepflicht;
- Verbot der Diffamierung von Kollegen;
- Umgang mit negativen Online-Kommentare über die eigene Person;
- Online-Freundschaften und deren Grenzen;
- interkollegialer Austausch über soziale Netzwerke;

- Fernbehandlung und soziale Medien;
- öffentliche Diskussion medizinischer Themen in sozialen Medien;
- Werbung über soziale Medien;
- eigene Meinung über Produkte im Internet veröffentlichen;
- medizinische Influencer;
- Datenschutz und Datensicherheit;
- Vertraulichkeit auch im virtuellen Raum;
- Veröffentlichung von Approbationsurkunden, Zeugnissen und anderen Urkunden (vgl. Bundesärztekammer, 2023, S. 1 ff.)

Die Ansätze, die dem Einsatz der Kommunikationsinstrumente zugrunde liegen, sind das Versprechen des Gesundheitsbetriebs von Vorteilen seiner Behandlungsangebote, die Angebote von Wettbewerbern nicht haben, und die werbliche Hervorhebung von Alleinstellungsmerkmalen seiner Behandlungsangebote, was insbesondere bei gesättigten Gesundheitsmärkten zum Einsatz gelangt, auf denen bestimmte Behandlungsangebote nahezu austauschbar sind.

Neben der allgemeinen Patientenkommunikation als absatzwirtschaftliches Instrumentarium ist insbesondere die davon klar zu unterscheidende Kommunikation zwischen Arzt und Patienten von wesentlicher Bedeutung: Die richtige **Arzt-Patienten-Kommunikation** ist eine wichtige Voraussetzung für den Erfolg einer Therapie. Neben der körperlichen Beobachtung und Untersuchung gilt sie als bedeutsames diagnostisches Mittel. Für das Personal in Gesundheitsbetrieben ist es daher erforderlich, empathisch zuhören, vermitteln und erklären zu können, was über das reine Erlernen von Kommunikationstechniken oft hinaus geht (vgl. Richter-Kuhlmann, 2014, S. A 2051). Dennoch kann der Einsatz geeigneter Instrumente die Kommunikationsprozesse zwischen Ärzten bzw. Ärztinnen und ihren Patienten und damit den Behandlungsverlauf und das Behandlungsergebnis positiv beeinflussen. Dazu zählen nach Angaben der *Kassenärztlichen Bundesvereinigung (KBV)* insbesondere:

- **Aktives Zuhören:** Ausreden lassen, offene Fragen stellen, Nachfragen, Abwägen, Pausen machen, Ermutigen zur Weiterrede, Paraphrasieren, Spiegeln von Emotionen;
- **Axiome der Kommunikation nach *P. Watzlawik*:** jedes Verhalten in einer kommunikativen Situation ist Ausdruck einer Mitteilung; jede Kommunikation hat einen Inhaltsaspekt (sachliche Mitteilung) und einen Beziehungsaspekt (Verhältnis der Kommunikationspartner zueinander), Kommunikation ist immer Ursache und Wirkung (Interpunktion der Kommunikationsabläufe seitens der Beteiligten), Kommunikation bedient sich digitaler (verbaler) und analoger (nonverbaler, nicht-sprachlicher) Ausdrucksmittel, Kommunikation ist symmetrisch oder komplementär (je nachdem, ob die Beziehung zwischen den Beteiligten auf Gleichgewicht oder Unterschiedlichkeit beruht);

- **SPIKES-Modell (hilfreich bei schwierigen Gesprächen):** Setting (Vorbereitung des Gesprächs); Perception of the Illness (Feststellung der Sicht des Patienten auf seine Krankheit); Invitation (Einladung zur Mitteilung von Informationen); Knowledge (Wissen stärken und Informationen vermitteln); Emotions (Reaktion auf die Emotionen des Patienten); Strategy and Summary (Zusammenfassung des Wissensstandes);
- **Pacing and Leading:** Techniken aus dem Neurolinguistischen Programmieren (NLP) mit dem Ziel der Kontaktaufnahme zu einer Person durch das Pacing (Aufgreifen nonverbaler Informationen der Patienten und nachahmen z. B. in Körpersprache, Mimik, Stimme, Sprache), um sie dann in eine gewünschte Richtung führen zu können (Leading);
- **Motivierende Gesprächsführung:** In personenzentrierter, partnerschaftlicher Haltung durch geeignete Gesprächsführung veränderungsbezogene Äußerungen (Change-Talk) der Patientinnen und Patienten hervorlocken und so deren intrinsische Motivation und Selbstwirksamkeitserwartung bzgl. einer Verhaltensänderung stärken (vgl. Biskupek-Kräker et al., 2021, S. 3 ff.).

6.3.2 Instrumente der Gestaltung von Behandlungsleistungen

Die Instrumente der Gestaltung von Behandlungsleistungen haben die Aufgabe, die Bedürfnisse und Wünsche der Patienten mit den Leistungen des Gesundheitsbetriebs zu befriedigen. Dazu zählen alle Tätigkeiten, die mit der Auswahl und Weiterentwicklung von Behandlungs- und Pflegeleistungen sowie deren Vermarktung zusammenhängen. Die Gestaltung von Behandlungsleistungen ist von zentraler Bedeutung für die Stellung des Gesundheitsbetriebs im Wettbewerb, denn ihr obliegt die zweckmäßige, attraktive Gestaltung des Behandlungsangebots. Sie umfasst üblicherweise folgende Instrumente:

- Die Einführung neuer Leistungsangebote (Innovation),
- die Veränderung bestehender Leistungsangebote (Variation, Differenzierung, Diversifikation etc.) sowie
- die Reduzierung des bisherigen Leistungsangebotes (Eliminierung).

Für die Leistungsgestaltung, -planung und -steuerung werden Werkzeuge benötigt, wie sie in verschiedenen Ansätzen des Medizin- und Finanzcontrollings erarbeitet werden. Sie stellen die Steuerung von Abläufen und Prozessen bei der Behandlung und Pflege der Patienten in den Vordergrund (vgl. Vetter & Hoffmann, 2005, S. 3).

Die Gesamtheit aller Behandlungs- und Pflegeleistungen des Gesundheitsbetriebs lassen sich als **Leistungsprogramm** bezeichnen. Es lässt sich hinsichtlich der Menge angebotener Leistungsarten in der Programmbreite gestalten und hinsichtlich der Art und Weise der einzelnen Behandlungsart in der Programmtiefe.

> **Beispiel**
>
> Spezialisierte Diagnosepraxen oder –kliniken übernehmen häufig Diagnoseleistungen, die Hausarztpraxen oder kleiner Krankenhäuser aufgrund der oft fehlenden, kostenintensiven Ausstattung im Bereich bildgebender diagnostischer Systeme (Computertomographie, Fluoroskopie, Magnetresonanztomographie, Mammographie, molekulare Bildgebung, Radiographie, Ultraschalldiagnostik) in der nötigen Leistungstiefe nicht anbieten können.◄

Wenn sich die Patientenbedürfnisse ändern oder das Leistungsangebot der Konkurrenz, so ist das Leistungsprogramm hinsichtlich Programmbreite oder -tiefe anzupassen.

Die Einführung neuer Leistungsangebote (Innovation) kann ihren Ursprung in Patientenwünschen haben oder aufgrund von medizintechnologischen Entwicklungen erfolgen. **Leistungsinnovationen** können am Patientenmarkt erstmals verfügbar sein oder lediglich für den Gesundheitsbetrieb ein Novum darstellen, wenn er diese Leistung im Gegensatz zu anderen Betrieben bislang nicht im Angebot hatte. Für sie besteht die Möglichkeit einer Abschöpfungspreisstrategie, zugleich aber auch ein Risiko wegen der Ungewissheit über die weitere Entwicklung des Patientenmarkts. Das Risiko lässt sich durch einen zeitlich verzögerten Markteintritt und, damit verbunden, der Möglichkeit Marktnischen zu besetzen, Forschungs- und Entwicklungsaufwendungen zu reduzieren oder Anfangsfehler zu vermeiden, begrenzen.

> **Beispiel**
>
> Leistungsinnovationen können darin bestehen, dass neue Behandlungsmethoden oder neben schulmedizinischen Methoden beispielsweise zukünftig auch Naturheilverfahren angeboten werden. Beispiele sind häufig auch Leistungen, die über die eigentliche Tätigkeit des Heilberufes hinausgehen: Ein zunehmender Bedarf an medizinischen Produkten und Behandlungsleistungen, die dem Wunsch nach allgemeiner Gesundheit, Wellness und Vitalität Rechnung tragen.◄

Als **Leistungsvariation** werden Änderungen des Leistungsangebots im Zeitablauf zur Anpassung an geänderte Erwartungen der Patienten oder Häufigkeiten der Inanspruchnahme. Variationen können auch dadurch erfolgen, indem das bisherige Leistungsangebot durch zusätzliche Patientenserviceleistungen ergänzt oder vorhandene Leistungen verändert werden.

> **Beispiel**
>
> Beispiele für Leistungsvariation sind im zahnmedizinischen Bereich die Behandlung in einer neu angeschafften Behandlungseinheit oder die wahlweise Setzung von Oberflächenanästhesien bei Injektionsverabreichung.◄

Eine Form der Leistungsvariation und Ergänzung bestehender Leistungsangebote um neue Varianten stellt die **Leistungsdifferenzierung** dar. Sie wird verwendet, um den unterschiedlichen Bedürfnissen einzelner Patientengruppen gezielter nachzukommen. Ziel ist dabei, die Patienten stärker an den Gesundheitsbetrieb zu binden sowie die Patientenzielgruppe zu erweitern. Im Rahmen der Leistungsdifferenzierung werden beispielsweise neben standardmäßigen Behandlungsleistungen beispielsweise auch Sonderleistungen, etwa im Bereich therapeutischer oder kosmetischer Behandlung angeboten.

Beispiel

Zur Leistungsdifferenzierung gehört die Auswahl aus verschiedenen Leistungsvarianten, wie beispielsweise Kunststoff-, Keramik- oder Gold-Zahnfüllungen, oder auch mehrwertige Leistungen, wie das Angebot von Einzelzimmern in Kliniken, Übernachtungsmöglichkeiten für Angehörige etc.◄

Die **Leistungsdiversifikation** stellt ausgehend vom bisherigen Leistungsprogramm die Einführung neuer Leistungsangebote auf bisherigen oder neuen Märkten dar, was im Grunde auch eine Leistungsinnovation bedeutet (siehe Tab. 6.4).

Bei der *Eigenentwicklung* generiert der Gesundheitsbetrieb das neue Leistungsangebot selbst, während er es bei einer *Übernahme* von einem anderen Betrieb adaptiert oder gar hinzukauft. Bei einer *Kooperation* wird das neue Leistungsangebot mit Partnern entwickelt. Die *horizontale* Leistungsdiversifikation ist dadurch gekennzeichnet, dass ein sachlicher Zusammenhang zum bisherigen Leistungsprogramm besteht, während die *vertikale* Diversifikation die Erweiterung des Angebots um Leistungen aus vor- und nachgelagerten Prozessen bezeichnet. Bei der *lateralen* Diversifikation handelt es sich

Tab. 6.4 Beispiele für Leistungsdiversifikationen in einer Zahnarztpraxis

	Horizontal	Vertikal	Lateral
Eigenentwicklung	Zahnbehandlung unter Narkoseeinsatz, Hypnose	Angebot von Laboreigenleistungen	Vortragsveranstaltungen zur Zahnhygiene
Übernahme	Übernahme einer rechtlich geschützten Behandlungsmethode im Bereich der Setzung von Zahnstiften	Beteiligung an einem Dental-Labor	Gründung einer zahnmedizinischen Weiterbildungseinrichtung
Kooperation	Netzwerkbildung mit anderen Zahnärzten	Zusammenarbeit mit bestimmten Kieferorthopäden	Kooperation und Unterricht bei einer ZMA-Ausbildungseinrichtung

um für den Gesundheitsbetrieb völlig neue Leistungsangebote, die in keinem direkten Zusammenhang mit den bisherigen Leistungen stehen.

Die **Leistungseliminierung** stellt die Herauslösung von Leistungen aus dem Leistungsprogramm des Gesundheitsbetriebs dar. Dabei handelt es sich üblicherweise um Leistungen mit geringen Deckungsbeiträgen, Marktanteilen, Umsatzanteilen, die in abnehmendem Umfang nachgefragt werden. Eine Reduzierung bisheriger Leistungsangebote kann zum Beispiel dann erfolgen, wenn die Nachfrage nach bestimmten Leistungen sinkt oder auch die Kosten für die Bereithaltung/Anschaffung von medizintechnischen Apparaten und Instrumenten in keinem Verhältnis zu deren Nutzung steht. So könnte beispielsweise über einen Verzicht auf chirurgische Leistungen und Instrumente oder über eine Abschaffung des vorhandenen Eigenlabors nachgedacht werden.

> **Beispiel**
>
> Modeerscheinungen im Bereich der körperlichen Ästhetik können zu Angebotserweiterungen, aber auch zur langfristigen Eliminierung von Leistungen führen, wie etwa Behandlungen in Zusammenhang mit der Anbringung bzw. Entfernung von Piercings oder Tätowierungen.◄

Für diese Leistungen lassen sich in Anlehnung an den bekannten Produktlebenszyklus entsprechende Vergleiche ziehen und ein **Leistungszyklus** in die Phasen Einführung, Wachstum, Reife, Sättigung, Degeneration und Eliminierung einteilen, bei dem Umsatz und Gewinn zunächst ansteigen und spätestens in der Sättigungsphase abnehmen.

Die Leistungspolitik stellt die Basis und damit den wichtigsten Teil einer Marketingkonzeption dar. Ihr Ziel ist die Entwicklung, Variation und gegebenenfalls notwendige Eliminierung angebotener Leistungen, wobei ein hoher Grad der Differenzierung von Wettbewerbern, guter Service und Patientenorientierung dabei eine große Rolle spielen (vgl. Assmann et al., 2008, S. 14).

6.3.3 Instrumente der Patientenbetreuung

Im Rahmen der **Patientenbetreuung** geht es um die konsequente Ausrichtung des Gesundheitsbetriebs auf seine Patienten sowie die systematische Gestaltung der Abläufe im Patientenbeziehungsmanagement. Ein besonderes Kennzeichen von Gesundheitsbetrieben ist die *dauerhafte* und *langfristige* Ausrichtung der Beziehungen zum Patienten. Dabei steht die persönliche Betreuung im Vordergrund, während mediale Instrumente wie beispielsweise Call-Center, Internet etc. eine eher untergeordnete Rolle spielen. Ziel der Patientenbetreuung ist eine stärkere Patientenbindung und damit die Steigerung der Loyalität der Patienten zum Gesundheitsbetrieb.

Das Patientenbeziehungsmanagement verfolgt darüber hinaus aber auch das wesentliche Ziel, das **Gesundheitsverhalten** der Patienten positiv zu beeinflussen. Man geht dabei in der Regel von folgenden Ansätzen aus (vgl. Faselt et al., 2010, S. 21 f.):

- **Reflektiv:** Das generelle Gesundheitsverhalten beeinflusst einzelne gesundheitsförderliche oder –schädigende Handlungsweisen kausal (das Streben nach gesundheitsfördernden Verhalten führt zu entsprechenden Verhaltensweisen);
- **Formativ:** Die einzelnen gesundheitsförderliche oder –schädigende Handlungsweisen bedingen das generelle Gesundheitsverhalten (das Streben z. B. nach Schönheitsidealen führt zu einer gesunden Lebensweise);
- **Hollistisch:** Die Betrachtung des gesamten Lebensstils ist notwendig, um bestimmen zu können, wie sich die Verhaltensweisen auf die Gesundheit auswirken.

Die Patientenbetreuung und –bindung nimmt einen hohen Stellenwert ein, da die Gewinnung neuer Patienten einen wesentlich höheren Aufwand verursachen kann, als ihre langfristige Bindung an den Gesundheitsbetrieb. Die Patientendaten dienen hierzu nicht nur zu Behandlungszwecken, sondern auch um Schwachstellen im Dialog mit den Patienten herausfinden und die Aufmerksamkeit auf die Patientenbeziehungen zu konzentrieren. Zu den wesentlichen Aufgaben im Rahmen der Patientenbetreuung zählen daher

- Schaffung von Mehrwerten für die Patienten;
- Analyse des Patientenverhaltens im Hinblick auf veränderte Bedürfnisse;
- Bindung der Patienten durch individuelle, ihren Bedürfnissen entsprechende Angebote;
- Gewinnung von Neupatienten durch das Wecken von Interesse;
- Ausschöpfung des Patientenpotenzials;
- Verbesserung der allgemeinen Patientenorientierung des Gesundheitsbetriebs.

Zur **Patientengewinnung** dient in erster Linie die persönliche Ansprache und die Fortführung des Dialogs aufgrund erster Kontakte oder Befragungen. Daraus lassen sich Schlüsse auf das mögliche Potenzial von Patientengruppen, ihre Anforderungen oder die mögliche Inanspruchnahme von Behandlungs- oder Pflegeleistungen schließen. Dem dabei entstehenden Bild über den potenziellen Patienten und dessen Bedürfnisse gilt es durch auf ihn individuell abgestimmte Leistungen möglichst nahe zu kommen.

Die langfristige **Patientenbindung** erfolgt durch regelmäßigen Kontakt, auch nach dem Abschluss von Behandlungsmaßnahmen, durch Beratung und Hilfestellungen, Patienteninformationen über Hauszeitschriften oder Newsletter, Einräumen besonderer Konditionen, sowie Öffentlichkeits- und Pressearbeit.

Tab. 6.5 Beispiele für zielgruppenorientierte Patientenserviceleistungen

Zielgruppe „Junge Familie mit Kindern"	Zielgruppe „Ältere Patienten/Senioren"
• Kindergerechte Toiletten • Möglichkeit zum Babywickeln • Spielecke im Wartezimmer, bzw. eigenes Spielzimmer • Anbringung von Steckdosen-Sicherungen • Vorhandensein von Fläschchenwärmern, Krabbeldecken, Reinigungstüchern etc. • Möglichkeit der Kinderwagenaufbewahrung • Kindergerechte Medizintechnik • Kleine Geschenke/Spielzeug als „Belohnung" • Kindertrickfilme auf Video • Malwettbewerbe usw.	• Hilfe beim Aus- und Ankleiden • Verleih von Schirmen • Parkplatzreservierung • Begleitung zu den Behandlungsräumen, Wartezimmer, Fahrstuhl • Vergrößerungsgläser • Zusendung von Rezepten • Besondere Ausschilderung • Luftbefeuchter • Erfrischungstücher • Hinweise auf Seniorenveranstaltungen, in der Nähe befindliche Cafes, Gesundheitsvorträge usw.

Beispiel

Einfache Instrumente der Patientenbindung sind auch die Terminerinnerungen, die der Patient als „Merkzettel" für seinen nächsten Behandlungstermin bekommt, oder das **Recall-System**, bei dem die Patienten mit einer Erinnerung und Terminvereinbarung beispielsweise zu einer Vorsorgeuntersuchung eingeladen werden. ◄

Zur Patientenbindung tragen auch zielgruppenorientierte Serviceleistungen bei, die auf die jeweilige Patientenzielgruppe zugeschnitten sind (siehe Tab. 6.5).

Die Patientenbindung ist wichtiger als Teil des gesamten Praxismarketings zu verstehen, denn in bestimmten Märkten gilt es als schwieriger und teurer, neue Patienten zu finden als bisherige zu halten. In manchen Gegenden, zumal in Großstädten, herrscht beispielsweise ein großes Angebot an bestimmten Praxen oder Kliniken, sodass die Patienten ausreichende Wahlmöglichkeiten haben – und die Ärzte bzw. Ärztinnen untereinander um die Patienten regelrecht wetteifern müssen. Patienten an sich zu binden, erfordert mehr als gute, fachliche Arbeit. So ist Atmosphäre gefragt und kluge Kommunikation, mit dem langfristigen Ziel: Die Patienten sollen dem Gesundheitsbetrieb treu bleiben und möglichst gar nicht erst auf die Idee kommen, zu wechseln. Wenn sich die Patienten gut aufgehoben fühlen, kommen sie wieder und werden auch weiteren Personen von der positiven Erfahrung berichten. Ein wichtiger Baustein der Patientenbetreuung ist daher das **Empfehlungsmarketing** (vgl. König, 2015, S. 4 f.)

Beispiel

Das Empfehlungsmarketing im Gesundheitsbetrieb lässt sich als die Neupatientengewinnung aufgrund der Empfehlung von zufriedenen Patienten definieren. Insofern lassen sich die Empfehlungsgebenden als Bürgen betrachten, die ihren Namen dafür geben, dass sie von ihrer Empfehlung überzeugt sind. Sie müssen dazu in der Lage sein, sich von der Qualität beispielsweise der empfohlenen medizinischen oder pflegerischen Leistung ein genaues Bild machen können. Auch Online-Bewertungen von Gesundheitsbetrieben sind in diesem Zusammenhang im weitesten Sinne als Empfehlungen in Form eines mehr oder weniger umfangreichen Testimonials anzusehen. Aufgrund der Manipulationsmöglichkeiten mittels gefälschter Bewertungen gelten sie jedoch nur als Ergänzungen persönlicher Empfehlungen (vgl. Rassinger & Graf Adelmann, 2020, S. 3).◄

Unter der **Patientenrückgewinnung** ist das gezielte Ansprechen ehemaliger Patienten zu verstehen und die Hinterfragung ihrer Wechselgründe. Von besonderer Bedeutung ist dabei das **Patientenbeschwerdemanagement**, welches alle Maßnahmen umfasst, die die Zufriedenheit des Patienten wiederherstellen und Stabilität in die gefährdete Patientenbeziehung bringen. Da es wichtige Hinweise auf Stärken und Schwächen des Gesundheitsbetriebs aus Sicht des Patienten offenbart, ist es sinnvoll, nicht nur die artikulierte Unzufriedenheit dabei zu berücksichtigen, sondern auch Folgebeschwerden, Anfragen oder Verbesserungsvorschläge. Dies trägt dazu bei, das Feedback der Patienten zu erfassen und es für den Lernprozess des Gesundheitsbetriebs nutzbar zu machen. Somit lassen sich mit dem Beschwerdemanagement

- die Patientenzufriedenheit erhöhen;
- Leistungsmängel feststellen;
- durch Fehler oder deren Folgen entstehende Kosten reduzieren;
- Fehler von Mitarbeitern aufdecken;
- unzufriedene Patienten identifizieren, die sich ansonsten abwenden würden;
- die Servicequalität des Gesundheitsbetriebs steigern;
- negative Auswirkungen aufgrund Patientenunzufriedenheiten begrenzen;
- die Patientenbindung aufgrund zügiger Problemlösung langfristig positiv beeinflussen;
- das betriebliche Risikomanagement verbessern.

Für das *interne* Beschwerdemanagement ist es wichtig, dass für die Patienten ihnen bekannte Anlaufstellen eingerichtet sind, bei denen ihre Beschwerde entgegengenommen und protokolliert wird. Ferner sind klare Zuständigkeiten und Prozessdefinitionen für das Prüfen und für den Umgang mit dem Patientenanliegen notwendig, sodass ihm im Ergebnis eine Problemlösung angeboten werden kann.

Beispiel

Als *externes* Beschwerdemanagement hat beispielsweise die *Kassenärztliche Vereinigung Mecklenburg-Vorpommern (KVMV)* ein Verfahren eingerichtet, dass bei der

Verletzung vertragsärztlicher Pflichten zunächst die Weiterleitung der ihr vorliegenden Beschwerde an den betroffenen Arzt vorsieht, um diesem Gelegenheit zu einer eigenen Stellungnahme zu geben, und anhand der Rückäußerung des Arztes die anschließende Vorlage des Sachverhalts insgesamt dem Vorstand der Kassenärztlichen Vereinigung zur Entscheidung über das weitere Vorgehen. Bei Behandlungsfehlern oder Verletzungen des Berufsrechts wird an die *Ärztekammer Mecklenburg-Vorpommern* verwiesen (vgl. Kassenärztliche Vereinigung Mecklenburg-Vorpommern, 2023, S. 1).◄

6.3.4 Instrumente der Honorargestaltung

Die Honorargestaltung in Gesundheitsbetrieben wird einerseits durch das System der Versicherungsleistungen von GKV und PKV reglementiert und ist andererseits außerhalb der Versicherungsleistungen im Gesundheitsmarkt für Individuelle Gesundheitsleistungen (IGeL) überwiegend an marktwirtschaftliche Gesichtspunkte geknüpft.

So regelt beispielsweise die **Gebührenordnung für Ärzte (GOÄ)** die Abrechnung aller medizinischen Leistungen außerhalb der gesetzlichen Krankenversicherung und stellt damit die Abrechnungsgrundlage für selbstzahlende Privatpatienten, als auch für alle anderen ärztlichen Leistungen dar.

Beispiel

Nach den Regelungen für Honorar- und Vergütungsabsprachen in der Berufsordnung der *Ärztekammer Niedersachen* muss die Honorarforderung angemessen sein. Für die Bemessung ist die Amtliche Gebührenordnung (GOÄ) die Grundlage, soweit nicht andere gesetzliche Vergütungsregelungen gelten, und die Ärztinnen und Ärzte dürfen die Sätze nach der GOÄ nicht in unlauterer Weise unterschreiten. Sie haben ferner bei Abschluss einer Honorarvereinbarung auf die Einkommens- und Vermögensverhältnisse des Zahlungspflichtigen Rücksicht zu nehmen und können Verwandten, Kollegen, deren Angehörigen und mittellosen Patienten das Honorar ganz oder teilweise erlassen. Auch müssen sie vor dem Erbringen von Leistungen, deren Kosten für die Ärztin oder den Arzt erkennbar nicht von einer Krankenversicherung oder von einem anderen Kostenträger erstattet werden, Patienten schriftlich über die Höhe des nach der GOÄ zu berechnenden voraussichtlichen Honorars sowie darüber informieren, dass ein Anspruch auf Übernahme der Kosten durch eine Krankenversicherung oder einen anderen Kostenträger nicht gegeben oder nicht sicher ist (vgl. Ärztekammer Niedersachen, 2020, S. 9).◄

Somit dürfen für ärztliche Leistungen keine selbst kalkulierten Preise in Rechnung gestellt werden, sondern nach dem Berufsrecht und der Sozialrechtsprechung Gebühren nach der

GOÄ. Die GOÄ ist unterteilt in fachgebietsbezogene Abschnitte, in denen mögliche Leistungen des Arztes oder der Ärztin durch Ziffern definiert werden. Sie enthalten neben den Leistungsangaben Gebührensätze und werden gegebenenfalls durch Buchstaben ergänzt, die Verweise für mögliche Zuschläge enthalten. Auch ist beispielsweise geregelt

- welche Leistungen nicht mit anderen abgerechnet werden dürfen,
- welche Ziffern nur als einzige Leistung berechnungsfähig sind oder nur im Zusammenhang mit bestimmten Untersuchungen und
- für welche Leistungen bei es eine mehr als einmalige Berechnung pro Behandlungsfall einer besonderen Begründung bedarf (vgl. Anhang GOÄ).

Das Honorarsystem nach dem vertragsärztlich erbrachte, ambulante Leistungen der gesetzlichen Krankenversicherung abgerechnet werden, basiert auf dem **Einheitlichen Bewertungsmaßstab** (EBM). Der EBM ist in mehrere Teile gegliedert, die teilweise allen ärztlichen Fachgruppen offenstehen (arztgruppenübergreifende allgemeine Leistungen, allgemeine diagnostische und therapeutische Leistungen, arztgruppenübergreifende spezielle Leistungen, Kostenpauschalen) oder arztgruppenspezifische Leistungen darstellen (für jede Facharztgruppe existiert ein eigenes Kapitel) und enthält in Anhängen Angaben zu

- nicht gesondert abrechnungsfähigen und in Komplexen enthaltenen Leistungen,
- Zuordnung operativer Prozeduren,
- für den zur Leistungserbringung erforderlichen Zeitaufwand des Arztes bzw. der Ärztin sowie
- nicht oder nicht mehr berechnungsfähigen Leistungen.

Jede anrechenbare Leistung ist mit einer Ziffer, einer EBM-Nummer und einer Punktzahl versehen, zum Teil auch mit Richtzeiten für abrechnungstechnische Plausibilitätsprüfungen (vgl. Anhänge EBM).

Für Zahnärztinnen und Zahnärzte regelt die **Gebührenordnung für Zahnärzte** (GOZ) die Abrechnung aller zahnmedizinischen Leistungen außerhalb der gesetzlichen Krankenversicherung und stellt damit die Abrechnungsgrundlage für selbstzahlende Privatpatienten, als auch für alle anderen zahnärztlichen Leistungen dar. Danach dürfen beispielsweise Vergütungen nur für Leistungen berechnet werden, die nach den Regeln der zahnärztlichen Kunst für eine zahnmedizinisch notwendige zahnärztliche Versorgung erforderlich sind. Leistungen, die über das Maß einer zahnmedizinisch notwendigen zahnärztlichen Versorgung hinausgehen, darf er nur berechnen, wenn sie auf Verlangen des Zahlungspflichtigen erbracht worden sind (vgl. § 1 GOZ).

Der **Einheitliche Bewertungsmaßstab für zahnärztliche Leistungen** (BEMA) bildet die Grundlage für die Abrechnung zahnärztlicher Leistungen innerhalb der gesetzlichen Krankenversicherung und ist damit Grundlage für das vertragszahnärztliche Honorar.

Er wird durch den sogenannten *Bewertungsausschuss* festgelegt, der von der KZBV und dem *Spitzenverband Bund der Krankenkassen (GKV-Spitzenverband)* gebildet wird, und listet Behandlungen auf, deren Kosten die Kassen im Rahmen ihrer gesetzlichen Leistungspflicht für ihre Versicherten ganz oder teilweise übernehmen, wobei auch andere Kostenträger den BEMA für die Abrechnung vertragszahnärztlicher Behandlungen nutzen, wie beispielsweise Versorgungsämter, Bundes- und Landespolizei, die Bundeswehr sowie Einrichtungen der Sozialhilfe. Inhalte des BEMA sind neben allgemeinen Abrechnungsbestimmungen unter anderem

- Konservierende und chirurgische Leistungen und Röntgenleistungen,
- Behandlung von Verletzungen des Gesichtsschädels (Kieferbruch),
- Kiefergelenkserkrankungen (Aufbissbehelfe),
- kieferorthopädische Behandlung,
- die systematische Behandlung von Parodontopathien,
- sowie die Versorgung mit Zahnersatz und Zahnkronen (vgl. Kassenzahnärztliche Bundesvereinigung, 2023, S. 1).

Für im Rahmen der Krankenhausplanung der Bundesländer in den Landeskrankenhausplan aufgenommen Krankenhäuser sind die Krankenkassen zur Erstattung der Behandlungskosten verpflichtet. Die **Krankenhausleistungsvergütung** erfolgt für somatische Behandlungen über das DRG-System nach dem *Krankenhausfinanzierungsgesetz (KHG)*.

Beispiel

Soweit keine abweichenden Regelungen vorliegen gilt für die Vergütung der allgemeinen Krankenhausleistungen ein durchgängiges, leistungsorientiertes und pauschalierendes Vergütungssystem, das Komplexitäten und Komorbiditäten abzubilden und einen praktikablen Differenzierungsgrad aufzuweisen hat. Mit den Entgelten werden die allgemeinen voll- und teilstationären Krankenhausleistungen für einen Behandlungsfall vergütet, auf der Grundlage von einheitlichen Fallgruppen und ihren Bewertungsrelationen, die als Relativgewichte auf eine Bezugsleistung definiert sind. Um mögliche Fehlanreize durch eine systematische Übervergütung der Sachkostenanteile bei voll- und teilstationären Leistungen jährlich zu analysieren und geeignete Maßnahmen zum Abbau vorhandener Übervergütung zu ergreifen, werden auf der Grundlage eines Konzepts des *Instituts für das Entgeltsystem im Krankenhaus (InEK)* sachgerechte Korrekturen der Bewertungsrelationen der Fallpauschalen vereinbart. Besondere Einrichtungen, deren Leistungen insbesondere aus medizinischen Gründen, wegen einer Häufung von schwerkranken Patienten oder aus Gründen der Versorgungsstruktur mit den Entgeltkatalogen noch nicht sachgerecht vergütet werden, können zeitlich befristet aus dem Vergütungssystem ausgenommen werden (vgl. § 17B KHG).◄

Das DRG-Fallpauschalensystem enthält in einem Fallpauschalenkatalog die abrechenbaren Fallpauschalen, die das komplexe Behandlungsgeschehen abbilden. Der Basispreis für die einzelnen DRG-Leistungen wird durch Landesbasisfallwerte festgelegt, die jährlich von den Krankenhausgesellschaften und Krankenkassen auf Landesebene ausgehandelt werden. Die Kosten des Pflegepersonals in der unmittelbaren Patientenversorgung werden nicht über die Fallpauschalen vergütet, sondern über ein Pflegebudget, das die Krankenhäuser erhalten. Für die Bereiche der Psychiatrie, Psychotherapie und Psychosomatik mit dem *Psych-Entgeltgesetz (PsychEntgG)* ein eigenes Abrechnungssystem (PEPP-System).

Zwar konnte mit den DRG-Katalogen von Jahr zu Jahr eine bessere Differenzierung der DRG zwischen einfachen und teuren Leistungen erzielt werden, was zu einer Verbesserung der Transparenz und Wirtschaftlichkeit der allgemeinen Krankenhausversorgung führte. Da die Erlöse eines Krankenhauses jedoch nur durch die Fälle, die es behandelt, zustande kamen, konnte nicht ausgeschlossen werden, dass auch Eingriffe durchgeführt wurden, die medizinisch gar nicht nötig oder möglicherweise auch ambulant erbringbar waren. Daher wird für die nächsten Jahre eine grundlegende Krankenhausreform (siehe auch 2.1.1 Politische Umweltbedingungen) angestrebt (vgl. Bundesministerium für Gesundheit, 2023, S. 1).

Die Honorargestaltung bei Leistungen *außerhalb* der Versicherungsleistungen im Gesundheitsmarkt kann das absatzwirtschaftliche Ziel verfolgen, mithilfe der Honorargestaltung Anreize für eine Inanspruchnahme durch die Patientenzielgruppe zu setzen. Während die Honorarobergrenze durch die Nachfrage nach dem Leistungsangebot des Gesundheitsbetriebs festgelegt wird, stellt die Festlegung der Untergrenze ein Entscheidungsproblem dar.

Die *kostenorientierte* Gestaltung der Honoraruntergrenze hat die Kostenrechnung des Gesundheitsbetriebs als Grundlage. Die *kurzfristige* Honoraruntergrenze berücksichtigt lediglich die Deckung der *variablen* Kosten der Leistungserstellung (Kosten für medizinisches Verbrauchsmaterial, Personalaufwand, Energiekosten etc.), während die *langfristige* Honoraruntergrenze zusätzlich die *fixen* Kosten der Leistungserstellung (Abschreibungen für Behandlungseinrichtungen, Miete von Praxisräumen etc.) einbezieht und somit die Gewinnschwelle kennzeichnet, was eine wesentliche Auskunft darüber gibt, ob das Behandlungsangebot nur Kostendeckungsbeiträge erwirtschaftet oder auch Gewinne abwirft.

Die *marktorientierte* Gestaltung der Honoraruntergrenze orientiert sich sowohl an den Preisen der Konkurrenz als auch am Verhalten der Patienten. Sie verfolgt in der Regel die Gewinnmaximierung und muss dazu die Marktform, das Verhalten von Konkurrenzbetrieben und die Entwicklung des Patientenmarkts berücksichtigen. Aufgrund der Preiselastizität der Nachfrage lässt sich ermitteln, in welchem Ausmaß Patienten auf unterschiedliche Preisänderungen reagieren. Bei niedriger Elastizität können sich die verlangten Honorare ändern, ohne dass die Patienten übermäßig reagieren. Auch bei

Erhöhungen führen die Patientenpräferenzen dazu, dass die sie nicht abwandern, sondern bereit sind, ein höheres Honorar zu zahlen, was den Gestaltungsspielraum für den Gesundheitsbetrieb erhöht.

Beispiel

Aus dem 18. Jahrhundert ist bekannt, dass sich Landärzte bei der Bemessung der Höhe ihres Honorars an den Einkommens- und Wohlstandsverhältnissen ihrer Patienten orientierten, einerseits aus sozialen Gründen, andererseits aber auch um die Zahlungsbereitschaft gerade ihrer wohlhabenden Patienten optimal auszuschöpfen. Bei dieser Art der Honorargestaltung handelt es sich um eine Strategie der Preisdifferenzierung.◄

Die Honorargestaltung für Leistungen *außerhalb* der Versicherungsleistungen im Gesundheitsmarkt beinhaltet die Entscheidung, welche **Preisstrategie** für neue Behandlungs- oder Pflegeangebote verwendet werden soll (siehe Tab. 6.6).

Von eher geringer Bedeutung für die Honorargestaltung sind die Mittel der Rabattgewährung (beispielsweise Mengen-, Treuerabatte), Honorarpräsentation, -optik und

Tab. 6.6 Honorargestaltungsstrategien für den Gesundheitsbetrieb

Strategie	Erläuterung
Honorarabschöpfung	Planmäßige, sukzessive Absenkung anfänglich hoher Honorare, um für jede Patientenzielgruppe das maximale Honorar abzuschöpfen
Honorardifferenzierung	Forderung unterschiedlicher Honorare für gleiche Leistung, beispielsweise auf Patiententeilmärkten mit spezifischem Nachfrageverhalten, auf Patientenmärkten mit reduzierter Markttransparenz, zur Versorgung von Patientenmärkten, die sonst ohne Angebot blieben
Honorarpenetration	Niedriges Anfangshonorar, das zu hohem Marktanteil führt, um später bei dadurch reduzierter Konkurrenz höhere Honorare am Patientenmarkt durchzusetzen
Honorarbündelung	Gesamthonorar für mehrere Leistungen, die bei einer Einzelhonorierung teurer wären, um beispielsweise den Gesamtumsatz zu erhöhen
Honorarführerschaft	Steigerung der Strategie niedriger Honorare, um die konkurrenzlos niedrigsten Vergütungen
Hohes Honorar	Für Spezialleistungen, die in besonderer medizinischer oder pflegerischer Qualität angeboten werden oder ein besonders hochwertiges Leistungsniveau vermitteln sollen
Niedriges Honorar	Zur Umsatzsteigerung, Steigerung von Patientenzahlen, Behauptung in einem Verdrängungswettbewerb etc.
Honorarfolge	Regelmäßige Anpassung der Honorare an die Konkurrenz

-garantie, Zahlungsmodalitäten etc., die vorzugsweise für Leistungen in den Bereichen Zahnästhetik, Wellness, Anti-Aging, Hautästhetik, Schönheitschirurgie, Massagen usw. infrage kommen.

6.4   Patientenbedürfnisse und Selbstzahlermedizin

6.4.1   Patientenspezifische Erwartungshaltung

Eine konsequente Patientenorientierung hat das Ziel der langfristigen Patientenbindung, die eine Behandlung nicht als einmalige Leistung versteht, sondern durch das Erreichen von Zufriedenheit in ihr den Anfang einer Vertrauensbeziehung zwischen dem Gesundheitsbetrieb, dem medizinischen Personal und den Patienten sieht. Diese Zufriedenheit lässt sich erzielen, indem die Erwartungen und Vorstellungen des Patienten dauerhaft erreicht und am besten sogar noch übertroffen werden, was aus betriebswirtschaftlicher und strategischer Sicht eine wichtige Investition in die Zukunft des Gesundheitsbetriebs bedeutet. Schließlich sind zufriedene Patienten in der Regel auch loyale Patienten, die am ehesten eine Bereitschaft erkennen lassen, auch einen angemessenen Preis für eine gute Behandlungs- oder Pflegeleistung zu zahlen.

Die **Erwartungshaltung** von Patienten ist für die Patientenorientierung insgesamt von großer Bedeutung. Damit ein möglichst hoher Zufriedenheitsgrad erzielt werden kann, ist es wichtig für den Gesundheitsbetrieb zu wissen, wie sie zustande kommt.

> **Beispiel**
>
> Patienten, die mit ihrem Gesundheitsbetrieb an sich zufrieden sind, würden bei Kenntnis von besseren Leistungen möglicherweise jedoch einen Wechsel in Erwägung ziehen. Andere wiederum zeichnen sich durch ein überzogenes Anspruchsdenken aus. Schließlich gibt es auch Patienten, die einen Vergleich mit anderen Gesundheitsbetrieben vorläufig scheuen, was aber nicht dauerhaft auszuschließen ist.◄

Wesentliche Einflussfaktoren auf die Erwartungshaltung der Patienten sind:

- **Erfahrung:** Von besonderer Bedeutung ist die eigene Erfahrung, die die Patienten mit dem Gesundheitsbetrieb oder anderen Einrichtungen bereits gemacht hat; waren es *schlechte* Erfahrungen, so werden sie zukünftig eine Besserung der Leistungen erwarten; haben sie *positive* Erfahrungen, so erwarten sie, dass sie mindestens ebenso gut oder gar noch besser behandelt werden;
- **Empfehlungen:** Oftmals liegen jedoch bei einer Auswahlentscheidung für einen Gesundheitsbetrieb oder einem ersten Besuch gar keine Erfahrungen vor; haben die Patienten gerade erst den Wohnort gewechselt oder für sie neue Krankheitssymptome, die die Konsultation einer bestimmten Fachdisziplin erforderlich machen, so werden

sie versuchen Informationen darüber einzuholen, welche Einrichtung zu empfehlen sei; Grundlage ihrer Erwartungshaltung sind dann diese Empfehlungen, die bereits ein gewisses Vorstellungsspektrum erzeugen, welches der Gesundheitsbetrieb erst einmal erfüllen muss, um Zufriedenheit bei den Patienten zu erzeugen;

- **Wissen:** Ferner ist die Erwartungshaltung vom Fachwissen der Patienten abhängig, welches sie sich etwa in Bezug auf Behandlungsmethoden, Krankheitsverlauf oder auch Arbeits- und Rahmenbedingungen des Gesundheitsbetriebs aneignen; oft glauben medizinisch und heilkundlich orientierte Patienten zumindest beurteilen zu können, welche Ansprüche an Behandlungsmethoden oder Patientenservice zu stellen sind und fordern diese ein; der Grad ihrer Erfüllung beeinflusst dann in hohem Maße die Patientenzufriedenheit;

- **Bedürfnisse:** Schließlich weisen alle Patienten individuelle Bedürfnisse auf, die ihre Erwartungshaltung beeinflussen; diese beschreibt Wünschenswertes, oft auch emotionale Dinge, die in Zusammenhang mit der Pflege- oder Behandlungsleistung und dem Aufenthalt im Gesundheitsbetrieb aus Sicht der Patienten möglich sein sollten; ein Beispiel hierzu ist die Zuwendung des Personals und damit das Gefühl, gut aufgehoben und optimal versorgt zu sein; es kann aber auch das konkrete Bedürfnis nach einer dauerhaften Schmerzfreiheit für eine bevorstehende Reise der Patienten sein.

Die Erwartungen der Patienten werden mit den konkreten Erfahrungen und Wahrnehmungen in Zusammenhang mit ihrem Praxisaufenthalt abgeglichen. Hierzu definieren sie unwillkürlich *minimale* und *maximale* Erwartungswerte (siehe Abb. 6.4).

Die Abweichungen hiervon können sich im Spektrum von nicht erfüllten bis weit übertroffenen Erwartungen bewegen. Die Erfahrungen und Wahrnehmungen, die zwischen den

Abb. 6.4 Mögliche Tendenzen in der Erwartungshaltung von Patienten

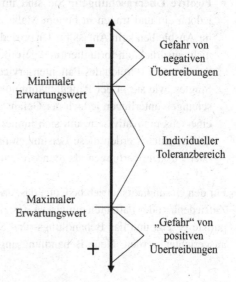

maximalen und minimalen Werten liegen, werden die Patienten möglicherweise mehr oder weniger tolerieren. Der jeweilige individuelle Toleranzbereich kann dabei sehr eng aber auch recht weit gefasst sein.

Im Falle von Über- und Unterschreitung der Werte ist jedoch häufig eine Tendenz zur Übertreibung festzustellen: Häufig schwärmen Patienten entweder von dem Gesundheits-betrieb in höchsten Tönen, sodass womöglich bei potenziellen Neupatienten überzogene Erwartungshaltungen entstehen, oder der Betrieb wird samt Personal überzogen und verallgemeinernd negativ dargestellt.

Geht man davon aus, dass sich die Erwartungen der Patienten unterscheiden in Anfor-derungen, die unbedingt erfüllt sein sollten und solche, die wünschenswert wären, so lassen sich für den Gesundheitsbetrieb folgende Erwartungshaltungen definieren:

- **Grunderwartungen:** Sie stellen die Basis für die Patientenzufriedenheit dar, und ihre Nichterfüllung sollte vermieden werden, da alle darüber hinaus gehenden Leistungen nicht mehr zur Zufriedenheit der Patienten führen; als vorausgesetzte Selbstverständ-lichkeiten umfassen sie beispielsweise einen freundlichen Empfang, kurze Wartezeiten oder eine gute Ausstattung mit Behandlungseinrichtungen;
- **Zusatzerwartungen:** Sie richten sich zunächst an die Potenziale des Gesundheits-betriebs. Hierunter fallen beispielsweise die Behandlungs- oder Pflegeleistung, die Behandlungs- oder Pflegequalität, die Qualität der medizinischen Beratung oder auch die Beherrschung neuer Heilmethoden; die Zufriedenheit bei den Zusatzerwartungen hängt in hohem Maße davon ab, wie die Leistungsfähigkeit des Gesundheitsbetriebs wahrgenommen wird. Insbesondere die Potenziale bieten hierbei eine Möglichkeit zur Abgrenzung und Hervorhebung gegenüber dem Wettbewerb;
- **Positive Überraschungen:** Sie sind im Grunde genommen unerwartet, prägen sich jedoch ein und tragen in hohem Maße zur Patientenzufriedenheit bei; Umgekehrt ist ihr Ausbleiben kein Anlass für Unzufriedenheit, da diese Leistungen von den Patienten nicht ausdrücklich formuliert und gefordert wurden; insbesondere zählen dazu Leistun-gen aus dem Bereich des Patientenservices, spezielle Angebote für Senioren, Familien, Singles, wie sie in der Patientenkommunikation beschrieben werden; positive Überra-schungen unterliegen jedoch der Gefahr der Gewöhnung; der Gesundheitsbetrieb muss einerseits innovativ sein, um sich immer wieder etwas Neues einfallen zu lassen, und die Patienten werden diese Leistungen nach einer gewissen Zeit im Sinne von Grund- oder Zusatzerwartungen als Standard empfinden (siehe Abb. 6.5).

Für den Gesundheitsbetrieb bedeutet das, dass diejenigen Potenziale, die am besten auf die Zufriedenheit der Patienten einwirken, festzustellen sind. Dadurch können gezielt Schwer-punkte gesetzt und das Behandlungs- und Serviceangebot an den jeweiligen Zielgruppen ausgerichtet werden. Neue Behandlungsangebote lassen sich anhand ihres Beitrages zur

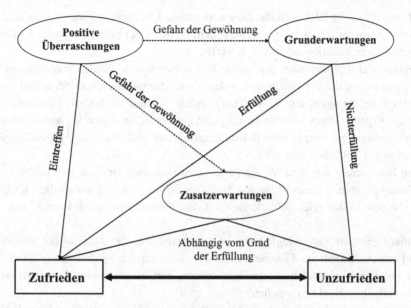

Abb. 6.5 Einfluss der Erwartungshaltung auf die Patientenzufriedenheit

Patientenzufriedenheit bewerten und in Bezug auf die Grund- und Zusatzerwartungen zielgruppenspezifisch ausrichten. Innovationen im Sinne positiver Überraschungen können gezielt zur Abgrenzung vom Wettbewerb genutzt werden.

Beispiel

Es ist davon auszugehen, dass das Verhalten der Mitmenschen, Raumeinrichtungen oder Abläufe in einen für die Patienten logischen und bekannten Kontext gebracht werden müssen, damit der einzelne Mensch überhaupt in der Lage ist, sich ohne unspezifische Angstgefühle auf das Geschehen einzulassen. Patienten, die von positiven, vertrauensschaffenden Eindrücken geprägt sind, werden leichter den kommenden Behandlungsanordnungen und Verhaltensweisen Folge leisten, als Personen, welche aufgrund von negativen Eindrücken sich mit Zweifeln, Angst und Misstrauen in die Behandlung begeben (vgl. Conrad, 2015, S. 119).◄

6.4.2   Erfüllung von Patientenzufriedenheit

Da die Wahrnehmungen und subjektiven Empfindungen häufig unabhängig vom *objektiven* Qualitätsniveau der Behandlungsleistung erfolgen, reicht es aus Sicht einer langfristigen Patientenzufriedenheit nicht aus, „nur" gute Behandlungs- oder Pflegeleistungen zu erbringen. Häufig fehlt auch das dazu notwendige Urteilsvermögen, oder die medizinische bzw. pflegerische Leistung wird unter dem Eindruck der persönlichen, gesundheitlich beeinträchtigten Situation emotional bewertet.

Patientenzufriedenheit setzt emotionale Reaktionen voraus, die den Vergleich zwischen den Erwartungen, die die Patienten mit dem Gesundheitsbetrieb verbinden, und den tatsächlichen Erfahrungen, die sie machen, begleiten. Diese subjektive Einschätzung ist somit das Ergebnis eines komplexen Vergleichsprozesses, in dessen Verlauf die individuell wahrgenommene Pflege- oder Behandlungsleistung einem Maßstab gegenübergestellt und mit seiner Hilfe bewertet wird.

Von besonderem Interesse für die Patientenzufriedenheit sind die Beschaffenheit und das Zustandekommen dieses Maßstabs. Maßstäbe für die Patienten hinsichtlich des Grades ihrer Unzufriedenheit oder Zufriedenheit mit dem Gesundheitsbetrieb können sein:

- **Patientenanteil:** Eine Möglichkeit ist der Anteil der Patienten an der Behandlung und am Aufenthalt im Gesundheitsbetrieb: Was müssen sie bei dieser Einrichtung im möglichen Vergleich zu anderen leisten, um einen gewünschten verbesserten Gesundheitszustand zu erreichen?
- **Patientenvergleich:** Ein weiterer Maßstab kann der Vergleich mit anderen Patienten sein: Wie werde ich als Patient im Vergleich zu anderen in diesem Gesundheitsbetrieb behandelt?
- **Patientennutzen:** Ein besonders wichtiger Maßstab ist schließlich der Nutzen, den die Patienten aus dem Besuch im Gesundheitsbetrieb ziehen: Warum hat haben sie vom Besuch in dieser Einrichtung mehr, als wenn sie eine andere aufsuchen?

Beispiel

Die Zufriedenheit der Patienten wird im Klinikum Fulda während ihres stationären Aufenthaltes mittels eines Patientenfragebogens ermittelt. Dazu wird eine „Schulnoten-Skala" verwendet. Die Fragebögen werden im Rahmen des kontinuierlichen Verbesserungsprozesses ausgewertet und daraus Maßnahmen abgeleitet. Der Fragebogen befindet sich bei der Patienteninformationsmappe und wird bei der Ankunft ausgehändigt. Alternativ kann an der Befragung auch online teilgenommen werden (vgl. Klinikum Fulda, 2023, S. 1).◄

Beispiele für den Patientenanteil können sein die zu bezahlenden Eigenanteile bei Kassenpatienten, die Höhe der Rechnung bei Privatzahlern, der Anfahrtsweg zum Gesundheitsbetrieb oder die Wartezeiten. Beispielkriterien für den Patientenvergleich sind die Möglichkeit, einen kurzfristigen Termin zu bekommen, die Kulanz bei Verschreibungen oder die Zeit, die sich das Personal für die jeweiligen Patienten nimmt. Der

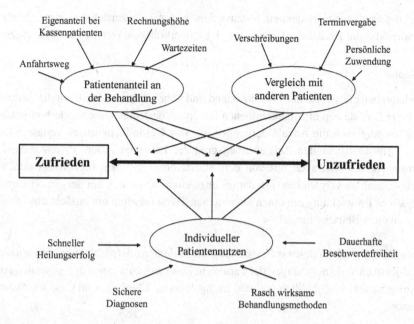

Abb. 6.6 Maßstäbe zur Messung der Patientenzufriedenheit

Patientennutzen drückt sich beispielsweise in einem möglichst schnell in Aussicht gestellten Heilungserfolg, sicheren Diagnosen, rasch wirkenden Behandlungsmethoden oder dauerhafter Beschwerdefreiheit aus (siehe Abb. 6.6).

Insbesondere dann, wenn Patienten den subjektiven Eindruck negativer Erlebnisse empfinden, kann dies einen bisherigen positiven Eindruck sehr schnell kippen, wobei ein einziges negatives Erlebnis dazu oft schon ausreicht. Umgekehrt sind viele dauerhaft positive Erfahrungen notwendig, um einen hohen Grad der Patientenzufriedenheit zu erreichen. Die Patientenzufriedenheit stellt daher ein dauerhaftes Bemühen um die Patienten dar, auf der Basis einer konsequenten Patientenorientierung und eines wirksamen Qualitätsmanagements, welches die Grundlage für ein langfristig gesichertes Leistungsniveau des Gesundheitsbetriebs bietet.

Die mögliche Anwendung gezielter Maßnahmen zur Verstärkung der Patientenzufriedenheit setzt die Kenntnis über den bestehenden Zufriedenheitsgrad voraus. Von besonderer Wichtigkeit sind dabei Gesamturteile, die Auskunft darüber geben, ob die Patienten mit den Leistungen ihres Gesundheitsbetriebes insgesamt zufrieden sind, und die Bedeutungsreihenfolge einzelner Leistungen aus Sicht der Patienten, um aus diesen Prioritäten zielgerichtete Schwerpunkte für Maßnahmen zu Steigerung der Zufriedenheit ergreifen zu können.

Um die Patientenzufriedenheit festzustellen, lassen sich zunächst *neutrale* Methoden anwenden, die die Berücksichtigung von objektiv erhobenen Werten zugrunde legen.

Beispiel

So kann beispielsweise der Patientenstand und dabei insbesondere etwa die Anzahl der in einer Periode neu hinzugekommenen Patienten, derjenigen, die wiederholt behandelt werden oder auch die Anzahl derjenigen, die den Gesundheitsbetrieb verlassen haben, einen Hinweis über den Zufriedenheitsgrad der Patienten geben. Patientenstand und Umsatz lassen sich auch mit von den Standesorganisationen regelmäßig ermittelten Referenzzahlen vergleichen, um daraus abzuleiten, ob es sich bei der ein oder anderen negativen Entwicklung um einen allgemeinen Trend oder um ein tatsächliches Problem des eigenen Betriebs handelt.◄

Die *persönlichen* Methoden zur Feststellung der Patientenzufriedenheit orientieren sich an den subjektiven Wahrnehmungen der Patienten. Das kann zum einen den gesamten Ablauf des Aufenthaltes einschließlich vor- und nachgelagerter Tätigkeiten im Gesundheitsbetrieb umfassen.

Beispiel

Um den Zufriedenheitsgrad feststellen zu können, lässt sich nach der ablauforientierten Methode etwa eine Patientenbefragung anhand des gesamten Ablaufs des Aufenthaltes einschließlich vor- und nachgelagerter Tätigkeiten, in die die Patienten einbezogen werden, durchführen.◄

Eine weitere Möglichkeit besteht in der persönlichen Wahrnehmung der Qualität der Behandlungsleistungen, die sich anhand von direkten oder indirekten Indikatoren in Erfahrung bringen lässt. Zu den direkten Indikatoren zählen etwa die Anzahl von Beschwerden oder von erforderlichen Nachbehandlungen.

Beispiel

Zur direkten Bestimmung der Patientenzufriedenheit dient unter anderem die Nutzung von Maßeinheiten, bei der die Patienten insgesamt auf einer Skala, die beispielsweise von „großer Zufriedenheit" bis „Unzufriedenheit" reicht, ihren jeweiligen Eindruck von der Behandlungs- oder Pflegeleistung insgesamt oder in Bezug auf Einzelaspekte wie Terminvergabe, Ausstattung, Patientenservice oder Behandlungsangebot wiedergeben können.◄

Bei den indirekten Indikatoren werden die Erwartungen vor und die tatsächlichen Erfahrungen nach der Behandlung erfragt. Die Abweichungen lassen Rückschlüsse auf die

Behandlungsqualität zu, gegeben jedoch keinen Hinweis auf den genauen Grund der Abweichung: Entweder haben sich die Erwartungen des Patienten zwischenzeitlich geändert oder negative Wahrnehmungen während der Behandlung sind für die Abweichungen ausschlaggebend. Werden die Erwartungen und die Wahrnehmungen beide erst nach der Behandlung erfragt, so lässt sich eine zwischenzeitliche Änderung der Erwartungshaltung ausschließen.

Die mit den genannten Methoden ermittelte Kenntnis über die Zufriedenheit der Patienten gibt nun Hinweise auf den Handlungsbedarf. Um Sicherheit in der Anwendung der Methoden und der daraus resultierenden Ergebnisse zu gewinnen, kann ihr Einsatz zunächst bei einem begrenzten Patientenkreis erfolgen, bevor sie auf den gesamten Patientenstamm ausgedehnt werden. Im Rahmen der Anwendung von Maßeinheiten besteht bei der Bildung von Durchschnittswerten die Gefahr der Ergebnisnivellierung, was auf einen verminderten Handlungsbedarf schließen lassen könnte.

Beispiel

Es wird angenommen, dass für die Zufriedenheit von Patienten im Krankenhaus das Verhältnis zu den behandelnden Ärzten und den betreuenden Pflegekräften entscheidend ist, wobei es in erster Linie um die Beziehung und die Kommunikation sowie Information zwischen den Patienten und dem Krankenhauspersonal geht. Danach sind Kommunikation, Empathie, Respekt und Information für sie um ein Vielfaches wichtiger als das Essen oder die Zimmeratmosphäre (vgl. Fischer, 2015, S. 10).◄

6.4.3 GKV-unabhängige Leistungsangebote

Die **Selbstzahlermedizin** versucht auf Patientenbedürfnisse einzugehen, die von der GKV nicht oder nur zum Teil gedeckt werden. Sie basiert auf der Grundlage von medizinischen Leistungsangeboten, die außerhalb der gesetzlichen Krankenversicherung erbracht und privat liquidiert werden. Dazu gehören in erster Linie medizinische Maßnahmen, die nicht Gegenstand der GKV sind und damit auch nicht zur kassenärztlichen oder –zahnärztlichen Versorgung zählen. Auf diese Weise soll es dem Patienten möglich sein, gezielte Wahlentscheidungen zur Realisierung individueller Gesundheitsbedürfnisse zu treffen und solche Leistungen auszuwählen, die zwar nicht zum Leistungsumfang der GKV gehören, die aber medizinisch empfehlenswert oder zumindest vertretbar erscheinen.

Beispiel

Beispiele für Leistungsangebote im Rahmen der Selbstzahlermedizin sind reisemedizinische Vorsorgen mit Impfberatungen und Impfungen, sportmedizinische Check-up-Untersuchungen, Glaukomfrüherkennung mittels Perimetrie, Ophthalmoskopie und/

oder Tonometrie, Behandlung der androgenetischen Alopezie bei Männern, umweltme-
dizinische Erst- und Folgeanamnese, psychotherapeutische Verfahren zur Selbsterfah-
rung ohne medizinische Indikation, Untersuchung auf Helicobacter pylori-Besiedlung
mittels 13C-Harnstoff-Atemtest als Primärdiagnostik, auflichtmikroskopische Untersuchung zur Differentialdiagnose von Hautveränderungen etc.◄

Der Gesundheitsmarkt für Selbstzahlermedizin und individuelle Gesundheitsleistungen
außerhalb der gesetzlichen Krankenversicherung wird auch als „Zweiter Gesundheitsmarkt" bezeichnet. Er beruht im Wesentlichen auf den empfehlenswerten Gesundheitsleistungen außerhalb der GKV-Zuständigkeit, den Wunschleistungen, die außerhalb der
GKV-Zuständigkeit liegen und auch über das Angebot an individuellen Gesundheitsleistungen hinausgehen können sowie der nicht budgetbeschränkten Optimalversorgung.

Im Zusammenhang mit einer Abgrenzung zur GKV ist die leistungsrechtliche Klar-
stellung häufig nachgefragter Wunschleistungen als Nicht-Kassenleistung von großer
Bedeutung. Häufig empfehlen die Krankenkassen ihren Versicherten, derartige Leistungen nicht in Anspruch zu nehmen. Dies ist zwar mit der Intention eines Konzeptes
individueller Gesundheitsleistungen durchaus vereinbar. Wenn aber verdeutlicht wird,
dass eine gewünschte Leistung keine Kassenleistung ist, sondern privat finanziert werden muss, wird die Bereitschaft zur Inanspruchnahme dieser Wunschleistung allerdings
möglicherweise nachlassen.

Die individuellen Gesundheitsleistungen lassen sich auch vom **Kostenerstattungs-
verfahren** abgrenzen. Während bei der privatärztlichen Behandlung im Kostenerstat-
tungsverfahren die Krankenkassen den „wirtschaftlichen" Teil der für eine gewünschte
Art der Behandlung entstehenden Behandlungskosten übernehmen, sind individuelle
Gesundheitsleistungen vom Grundsatz her nicht erstattungsfähig, da sie als Wunsch- und
Komfortleistungen ausschließlich in die Eigenverantwortung des Patienten fallen.

Die Selbstzahlermedizin ist sowohl für den Gesundheitsbetrieb als auch für die
Patienten von Freiwilligkeit geprägt. Das bedeutet, dass kein Zwang besteht, indi-
viduelle Gesundheitsleistungen anzubieten beziehungsweise in Anspruch zu nehmen.
Auch bleibt es unbenommen, bedürftige Patienten auch im Bereich der individuellen
Gesundheitsleistungen unentgeltlich zu behandeln.

Grundsätzlich ist darauf hinzuweisen, dass die gewünschte Behandlung eine Selbstzah-
lerleistung darstellt und nicht über die Patientenchipkarte bzw. das übliche Kostenerstattungsverfahren abgerechnet wird. Um auch in diesem Bereich Vertrauen, Seriosität und
Fairness zu erzeugen, sind

- die Kosten für die Leistungsangebote im Rahmen der Selbstzahlermedizin transparent
  und klar auszuweisen,
- mit dem Patienten Vereinbarungen über die Leistungserstellung zu schließen.

Die Selbstzahlermedizin ist unterschiedlich interpretierbar: Sie kann als Stärkung der ärztlichen Therapiefreiheit und als ein Schritt zur Professionsautonomie gegenüber den Kassen angesehen werden. Unter der Annahme, dass diese die Qualität der medizinischen Versorgung insgesamt verbessern würde, lässt sich ihr Ausbau auch positiv bewerten. Grundlage hierfür ist das Vertrauen auf die Professionalität von Ärzten und Ärztinnen, die für die Qualität der Versorgung eo ipso garantieren. In einer anderen Sichtweise kann die Selbstzahlermedizin auch aus eher fatalistischen Gründen akzeptiert werden, wobei dann für eine Rollentrennung von (heilendem) Arzt und Gesundheitsdienstleister plädiert wird (vgl. Karsch, 2015, S. 187).◄

6.4.4 Angebot individueller Gesundheitsleistungen (IGeL)

Die **Individuellen Gesundheitsleistungen (IGeL)** sind Leistungen, die Gesundheitsbetriebe ihren Patienten gegen Selbstzahlung anbieten können. Nach einer Definition der *Bundesärztekammer (BÄK) und der Kassenärztlichen Bundesvereinigung (KBV)* sind es

- Leistungen, die von den Gesetzlichen Krankenkassen nicht gezahlt werden, weil derzeit nach Ansicht des GBA keine ausreichenden Belege für ihren Nutzen vorliegen (z.B. neuartige Leistungen, die im Krankenhaus von der GKV übernommen wird, aber nicht im ambulanten Bereich);
- ärztliche Leistungen außerhalb des Versorgungsumfangs der GKV (z.B. medizinische Beratungen zu Fernreisen oder gutachterliche Bescheinigungen zur Flugtauglichkeit);
- Leistungen, für die kein Nutzenbeleg vorliegt, die aber auch keine bedeutsamen Schäden erwarten lassen, sodass das Verhältnis von Nutzen und Schaden mindestens ausgeglichen ist;
- von Patienten gewünschte Leistungen, die keine medizinische Zielsetzung haben (z.B. Schönheitsoperationen, wenn sie aus ärztlicher Sicht zumindest vertretbar sind).

Auch im Bereich der PKV gilt, dass Leistungen, die über das medizinisch Notwendige hinausgehen, nur abgerechnet werden dürfen, wenn die Patienten ihnen ausdrücklich zustimmen (vgl. Diel et al., 2015, S. 6 ff.).

Die im Rahmen der Selbstzahlermedizin vorkommenden IGeL sind für Zahnarztpraxen überwiegend nicht relevant und sind nicht in Zusammenhang mit privaten Zusatzleistungen zu sehen. So ist beispielsweise die professionelle Zahnreinigung (PZR) nicht mit IGeL vergleichbar, obwohl sie in der GOZ als zahnmedizinisch indizierte Leistung

enthalten ist, jedoch als präventive Maßnahme nicht zum Leistungskatalog der gesetzlichen Krankenversicherung zählt (vgl. Kassenzahnärztliche Bundesvereinigung, 2012,
S. 1).◄

Da IGeL über das vom Gesetzgeber definierte Maß einer ausreichenden und notwendigen
Patientenversorgung hinausreichen, werden sie von den gesetzlichen Krankenversicherungen nicht erfasst. Auch lassen sich die Leistungen nicht abschließend auflisten, zumal
Gesundheitsbetriebe Zusatzleistungen anbieten können, ohne sie als IGeL zu bezeichnen.
Kritik kommt insbesondere von Verbraucherzentralen und Patientenbeauftragten, nach
deren Ansicht nicht alle dieser Leistungen medizinisch sinnvoll seien, bzw. deren Nutzen
infrage zu stellen wäre (siehe Abb. 6.7).

Neben der Erweiterung des ärztlichen Leistungsangebots übernehmen die Leistungen
nach dem IGeL-Konzept auch das Ziel einer Ordnungsfunktion, indem sie versuchen,
ärztlich empfehlenswerte oder vertretbare Wunschleistungen von den medizinisch notwendigen GKV-Leistungen einerseits und eher umstrittenen, medizinisch machbaren
Leistungen andererseits abzugrenzen, über deren Unbedenklichkeit und Wirksamkeit
erhebliche Zweifel bestehen.

Die individuellen Gesundheitsleistungen lassen sich grundsätzlich in drei Bereiche
einteilen: Die erste Gruppe umfasst Leistungen, die nach dem Behandlungsanlass katego-
risiert sind. Da sich die gesetzliche Krankenversicherung weitestgehend auf die eigentliche

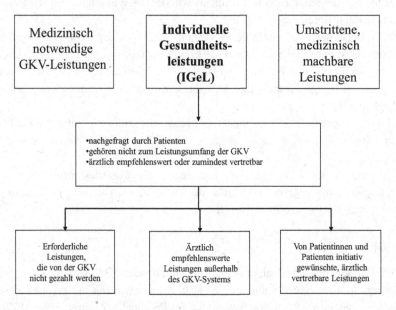

Abb. 6.7 Einordnung individueller Gesundheitsleistungen (IGeL)

Krankenbehandlung beschränkt, fallen hierunter beispielsweise Untersuchungen sportmedizinischer Art auf Wunsch des Patienten etwa vor Aufnahme intensiver sportlicher Tätigkeiten. Dem zweiten Bereich sind individuelle Gesundheitsleistungen nach dem Behandlungsverfahren zuzuordnen, wenn sie als medizinische Behandlungsverfahren außerhalb der GKV-Zuständigkeit erfolgen. Der dritte Bereich umfasst schließlich individuelle Gesundheitsleistungen, die sich nach der Indikation für die Anwendung des Behandlungsverfahrens außerhalb der GKV-Zuständigkeit befinden. Insbesondere im letzten Bereich gestaltet sich die Abgrenzung zu GKV-Leistungen schwierig, wenn es sich um Indikationen handelt, die auch Gegenstand einer nach den Regeln der ärztlichen Kunst erfolgenden Krankenbehandlung sein könnten.

Bei der Leistungserbringung nach dem IGeL-Konzept sind nach Angaben der *Bundesärztekammer (BÄK) und der Kassenärztlichen Bundesvereinigung (KBV)* neben den Anforderungen des Berufsrechts folgende Gebote zu beachten:

- **Sachliche Information:** Der Leistungsumfang der GKV darf nicht pauschal als unzureichend abgewertet und individuelle Gesundheitsleistungen dürfen nicht aufgedrängt bzw. marktschreierisch, werberisch anpreisend oder in einer Koppelung mit produktbezogener Werbung angeboten werden;
- **Zulässige Leistungen:** Leistungen, die entweder notwendig oder aus ärztlicher Sicht empfehlenswert bzw. sinnvoll, zumindest aber vertretbar sind (keine gewerblichen Dienstleistungen);
- **Korrekte und transparente Indikationsstellung**: Insbesondere bei Leistungen, die bei entsprechender Indikation als Leistungen der GKV zu erbringen sind;
- **Seriöse Beratung:** Die Patientin oder der Patient dürfen nicht verunsichert, verängstigt oder zur Inanspruchnahme einer Leistung gedrängt bzw. dürfen auch keine falschen Erwartungen geweckt werden;
- **Aufklärung:** Sie hat nach den generell geltenden Regeln zu erfolgen, muss umfassend über mögliche Alternativen informieren und die zu erwartenden Behandlungskosten umfassen;
- **Angemessene Informations- und Bedenkzeit:** Das Recht, eine Zweitmeinung einzuholen, muss und Gelegenheit zur Klärung leistungsrechtlicher Fragen sowie eine der Leistung angemessene Bedenkzeit gewährt werden;
- **Schriftlicher Behandlungsvertrag:** Er sollte die Leistungen anhand der GOÄ konkretisieren, den Steigerungssatz festlegen sowie den Hinweis enthalten, dass die Leistungen privat zu honorieren sind;
- **Koppelung mit sonstigen Behandlungen:** Die individuelle Gesundheitsleistungen sollten nicht in Zusammenhang mit Behandlungsmaßnahmen zu Lasten der GKV, sondern grundsätzlich davon getrennt erbracht werden;
- **Einhaltung von Gebietsgrenzen und Qualität:** Die Grenzen des jeweiligen Fachgebiets und die Qualitätsanforderungen der GKV sind auch bei Erbringen individueller Gesundheitsleistungen zu beachten;

- **Liquidation:** Grundlage für die Behandlungsabrechung ist ausschließlich die GOÄ und pauschale Vergütungen sind unzulässig (vgl. Diel et al., 2015, S. 11 ff.).

Ein Ziel des IGeL-Konzepts kann in Zeiten knapper Ressourcen der gesetzlichen Krankenversicherung die Vermeidung unwirtschaftlicher Indikationsstellungen und die unwirtschaftliche Inanspruchnahme medizinischer Leistungen durch den Patienten darstellen. Für beide kann durch IGeL erkennbar sein, wo die Grenze zwischen medizinischer Notwendigkeit und individuellem Behandlungswunsch liegt. Auch lässt sich es als Grundlage für einen die Qualität steigernden Leistungswettbewerb ansehen, der als Chance gegenüber Konkurrenten genutzt werden kann. Ferner lassen sich darüber das Leistungsangebot des Gesundheitsbetriebs weiterentwickeln, neue Behandlungsmethoden und –verfahren aufnehmen und neue Anwendungsindikationen in die Behandlung integrieren.

Zusammenfassung
Durch das Marketing, der marktbezogenen Führung eines Gesundheitsbetriebs, besteht die Möglichkeit, die Bedürfnisse der Patienten besser verstehen zu lernen, um hierauf aufbauend bessere Behandlungs-, Therapie- und Beratungsleistungen entwickeln zu können und damit eine höhere Patientenzufriedenheit zu erzielen. Die Patientenkommunikation des Gesundheitsbetriebs umfasst die planmäßige Gestaltung und Übermittlung der auf den Patientenmarkt gerichteten Informationen, mit dem Zweck, die Meinungen, Einstellungen und Verhaltensweisen der Patientenzielgruppe im Sinne der Zielsetzung des Gesundheitsbetriebs zu beeinflussen. Die Gestaltung von Behandlungsleistungen ist von zentraler Bedeutung für die Stellung des Gesundheitsbetriebs im Wettbewerb, denn ihr obliegt die zweckmäßige, attraktive Gestaltung des Behandlungsangebots. Im Rahmen der Patientenbetreuung geht es um die konsequente Ausrichtung des Gesundheitsbetriebs auf seine Patienten sowie die systematische Gestaltung der Abläufe im Patientenbeziehungsmanagement. Die Honorargestaltung in Gesundheitsbetrieben wird einerseits durch das System der Versicherungsleistungen von GKV und PKV reglementiert und ist andererseits außerhalb der Versicherungsleistungen im Gesundheitsmarkt für Individuelle Gesundheitsleistungen (IGeL) überwiegend an marktwirtschaftliche Gesichtspunkte geknüpft. Patientenzufriedenheit setzt emotionale Reaktionen voraus, die den Vergleich zwischen den Erwartungen, die die Patienten mit dem Gesundheitsbetrieb verbinden, und den tatsächlichen Erfahrungen, die sie machen, begleiten. Die Selbstzahlermedizin versucht auf Patientenbedürfnisse einzugehen, die von der GKV nicht oder nur zum Teil gedeckt werden. Sie basiert auf der Grundlage von medizinischen Leistungsangeboten, die außerhalb der gesetzlichen Krankenversicherung erbracht und privat liquidiert werden.

Literatur

Ärztekammer Niedersachsen – ÄKN. (Hrsg.). (2020). Berufsordnung der Ärztekammer Niedersachsen in der Fassung der Neubekanntmachung vom 1. Juni 2018, zuletzt geändert durch Satzung vom 2. April 2020, mit Wirkung zum 1. Mai 2020. Hannover

Assmann, C., Hodek, J, & Greiner, W. (2008). Praxisführung – IGeL ohne Stachel. *Deutsches Ärzteblatt, 105*(4), Köln: Deutscher Ärzte Verlag. 12–17.

Biegert, T., & Seiler, R. (2022). *Gesundheitsmarkt neu denken Perspektiven, Potenziale, Prognosen.* Berlin: Medizinisch Wissenschaftliche Verlagsgesellschaft.

Biskupek-Kräker, S., Gotsmich, S., Arato, T., Gleißner, J., Männel, C., & Pscherer, J. (2021). Arzt-Patienten-Kommunikation – Modul für Moderierende. In Kassenärztliche Bundesvereinigung – KBV (Hrsg.) *Qualitätszirkel* (2. Aufl.). S. 3–32. Berlin: Informationsbroschüre.

Bruhn, M. (2022). *Marketing – Grundlagen für Studium und Praxis* (15. Aufl.). Wiesbaden: Springer Gabler, Springer Fachmedien.

Bundesärztekammer – BÄK. (Hrsg.). (2023). *Handreichung der Bundesärztekammer – Ärztinnen und Ärzte in sozialen Medien.* Berlin.

Bundesärztekammer – BÄK. (Hrsg.). (2017). Arzt–Werbung–Öffentlichkeit – Hinweise und Erläuterungen, in der Fassung der vom Vorstand der BÄK am 17.02.2017 zugestimmten Empfehlung des Ausschusses „Berufsordnung für die in Deutschland tätigen Ärztinnen und Ärzte". https://www.bundesaerztekammer.de/fileadmin/user_upload/downloads/pdf-Ordner/Recht/Arzt-Werbung-Oeffentlichkeit.pdf. Berlin. Zugegriffen: 08. Juli 2023.

Bundesministerium für Gesundheit. (Hrsg.). (2023). Krankenhausfinanzierung. https://www.bundesgesundheitsministerium.de/krankenhausfinanzierung.html. Bonn. Zugegriffen: 24. Sept. 2023.

Conrad, C. B. (2015). Der erste Eindruck des Krankenhauses auf den Patienten. In A. Fischer (Hrsg.), *Servicequalität und Zufriedenheit im Krankenhaus – Konzepte, Methoden und Implementierung* (S. 119–128). Berlin: Medizinisch Wissenschaftliche Verlagsgesellschaft.

Diel, F., Egidi, G., Klemperer, D., Lelgemann, M., Ollenschläger, G., Rochell, B., Sänger, S., & Schaefer, C. (2015). Selbst zahlen? – Ein Ratgeber zu Individuellen Gesundheitsleistungen (IGeL) für Patientinnen und Patienten sowie Ärztinnen und Ärzte (Bundesärztekammer – BÄK, Kassenärztliche Bundesvereinigung – KBV, Deutsches Netzwerk Evidenzbasierte Medizin e.V. – ebm, Hrsg., 2. Aufl.). Berlin.

Einheitlicher Bewertungsmaßstab (EBM) in der Fassung mit Wirkung vom 1. Juli 2023 unter Berücksichtigung der aktuellen Beschlüsse bis einschließlich der 655. Sitzung des Bewertungsausschusses, der 80. Sitzung des Erweiterten Bewertungsausschusses, der 94. Sitzung des ergänzten Bewertungsausschusses sowie der 7. Sitzung des ergänzten Erweiterten Bewertungsausschusses.

Elste, F., Lutz, T., & Diepgen, T. (2004). Marketing in der Arztpraxis – Die Praxis-Broschüre als Patientenservice. Köln: *Deutsches Ärzteblatt, 101*(19), 3–5.

Faselt, F., Hoffmann, S., & Hoffman, S. (2010). Theorien des Gesundheitsverhaltens. In S. Hoffman & S. Müller (Hrsg.), *Gesundheitsmarketing – Gesundheitspsychologie und Prävention* (S. 15–34). Bern: Verlag Hans Huber.

Fischer, A. (2015). Serviceorientierung im Krankenhaus. In A. Fischer (Hrsg.), *Servicequalität und Patientenzufriedenheit im Krankenhaus – Konzepte, Methoden, Implementierung* (S. 3–16). Berlin: Medizinisch Wissenschaftliche Verlagsgesellschaft.

Frodl, A. (2011). *Marketing im Gesundheitsbetrieb.* Wiesbaden: Gabler-Verlag.

Gebührenordnung (GOÄ) für Ärzte in der Fassung der Bekanntmachung vom 9. Februar 1996 (BGBl. I S. 210), zuletzt durch Artikel 1 der Verordnung vom 21. Oktober 2019 (BGBl. I S. 1470) geändert.

Gebührenordnung für Zahnärzte (GOZ) vom 22. Oktober 1987 (BGBl. I S. 2316), zuletzt durch Artikel 1 der Verordnung vom 5. Dezember 2011 (BGBl. I S. 2661) geändert.

Gesetz gegen den unlauteren Wettbewerb (UWG) in der Fassung der Bekanntmachung vom 3. März 2010 (BGBl. I S. 254), zuletzt durch Artikel 20 des Gesetzes vom 24. Juni 2022 (BGBl. I S. 959) geändert.

Gesetz über die Ausübung der Zahnheilkunde (ZHG) in der Fassung der Bekanntmachung vom 16. April 1987 (BGBl. I S. 1225), zuletzt durch Artikel 13 des Gesetzes vom 19. Mai 2020 (BGBl. I S. 1018) geändert.

Heilmittelwerbegesetz (HWG) in der Fassung der Bekanntmachung vom 19. Oktober 1994 (BGBl. I S. 3068), zuletzt durch Artikel 2 des Gesetzes vom 11. Juli 2022 (BGBl. I S. 1082) geändert.

Hoffmann, S., Mai, R., & Schwarz, U. (2012). Gesundheitsmarketing: Schnittstelle von Marketing, Gesundheitsökonomie und Gesundheitspsychologie. In S. Hoffmann, R. Mai, & U. Schwarz (Hrsg.), *Angewandtes Gesundheitsmarketing* (S. 3–14). Wiesbaden: Springer/Gabler.

Karsch, F. (2015). *Medizin zwischen Markt und Moral – Zur Kommerzialisierung ärztlicher Handlungsfelder.* Bielefeld: transcript.

Kassenärztliche Bundesvereinigung – KBV. (Hrsg.). (2023). Marketing – Corporate Identity. https://www.kbv.de/html/4419.php. Berlin: Zugegriffen: 09. Juli 2023.

Kassenärztliche Vereinigung Mecklenburg-Vorpommern – KVMV. (Hrsg.). (2023). Patientenbeschwerden. https://www.kvmv.de/patienten/patienteninformationen/patientenbeschwerden/. Schwerin. Zugegriffen: 15. Juli 2023.

Kassenzahnärztliche Bundesvereinigung – KZBV. (Hrsg.). (2023). Gebührenverzeichnisse. http://www.kzbv.de/gebuehrenverzeichnisse.334.de.html. Berlin. Zugegriffen: 15. Juli 2023.

Kassenzahnärztliche Bundesvereinigung. (Hrsg.). (2012). *Kein IGeL bei Zahnärzten. Pressemitteilung. Berlin.*

Kirchem, S., & Waak, J. (2021). *Personas entwickeln für Marketing, Vertrieb und Kommunikation – Grundlagen, Konzept und praktische Umsetzung.* Wiesbaden: Springer Gabler / Springer Fachmedien.

Klinikum Fulda gAG. (Hrsg.). (2023). Patientenzufriedenheit. https://www.klinikum-fulda.de/ihr-aufenthalt/patientenzufriedenheit/. Fulda. Zugegriffen: 15. Juli 2023.

König, R. (2015). Bleibt doch! – Patientenbindung. In Verband der Privatärztlichen Verrechnungsstellen – PVS (Hrsg.) *PVS Magazin zifferdrei.* Berlin (Heft 2/2015, S. 4–5).

Krankenhausfinanzierungsgesetz (KHG) in der Fassung der Bekanntmachung vom 10. April 1991 (BGBl. I S. 886), zuletzt durch Artikel 8 des Gesetzes vom 26. Juli 2023 (BGBl. 2023 I Nr. 202) geändert.

Krüger, J., & Kindermann, A. (2019). Integrierte Kommunikation im Gesundheitswesen. In D. Matusiewicz, F. Stratman, & J. Wimmer (Hrsg.), *Marketing im Gesundheitswesen – Einführung – Bestandsaufnahme – Zukunftsperspektiven* (S. 57–73). Wiesbaden: Springer Gabler / Springer Fachmedien.

Lüthy, A., & Buchmann, U. (2009). *Marketing als Strategie im Krankenhaus – Patienten- und Kundenorientierung erfolgreich umsetzen.* Stuttgart: Kohlhammer-Verlag.

Matusiewicz, D. (2019). Marketing im Gesundheitswesen – Eine Einführung. In D. Matusiewicz, F. Stratman, & J. Wimmer (Hrsg.), *Marketing im Gesundheitswesen – Einführung – Bestandsaufnahme – Zukunftsperspektiven* (S. 3–24). Wiesbaden: Springer Gabler / Springer Fachmedien.

Musterberufsordnung der Bundeszahnärztekammer (MBO-ZÄ). Stand: 11/2019. Berlin.

(Muster-)Berufsordnung für die in Deutschland tätigen Ärztinnen und Ärzte (MBO-Ä 1997) in der Fassung des Beschlusses des 124. Deutschen Ärztetages vom 5. Mai 2021 in Berlin.

Rassinger, M., & Graf Adelmann, Q. (2020). *Empfehlungsmarketing – Netzwerkaufbau und Umsatzsteigerung leicht gemacht.* Wiesbaden: Springer Gabler / Springer Fachmedien.

Richter-Kuhlmann, E. (2014). Arzt-Patienten-Kommunikation – Kein „alter" Hut. Köln: *Deutsches Ärzteblatt, 111*(47), A 2051.

Schwenk, J., & Wolter, M. (2011). Marketing für niedergelassene Ärzte – Patienten identifizieren, gewinnen und binden. Köln: *Deutsches Ärzteblatt, 108*(Heft 3), 20–22.

Statistisches Bundesamt. (Hrsg.). (2023). Gesundheitsberichterstattung des Bundes – Diagnosedaten der Krankenhäuser für Deutschland ab 1994. https://www.gbe-bund.de/gbe/pkg_isgbe5. prc_menu_olap?p_uid=gast&p_aid=85486608&p_sprache=D&p_help=2&p_indnr=565&p_i ndsp=&p_ityp=H&p_fid=. Bonn. Zugegriffen: 08. Juli 2023.

Stoffers, C. (2014). *Toolbook Krankenhausmarketing.* Berlin: Medizinisch Wissenschaftliche Verlagsgesellschaft.

Telemediengesetz (TMG) vom 26. Februar 2007 (BGBl. I S. 179, 251; 2021 I S. 1380), zuletzt durch Artikel 3 des Gesetzes vom 12. August 2021 (BGBl. I S. 3544) geändert.

Thielscher, C. (2012). Einleitung. In C. Thielscher (Hrsg.), *Medizinökonomie Bd. 2 -Unternehmerische Praxis und Methodik* (S. 9–26). Wiesbaden: Gabler, Springer Fachmedien.

Thill, K. (2020). *Marketing in der Arztpraxis – Analyse, Strategie, Instrumente* (3. Auflg.). Bremen: APOLLON University Press.

Tomczak, T., Reinecke, S., & Gollnhofer, J. (2023). *Marketingplanung – Einführung in die marktorientierte Unternehmens- und Geschäftsfeldplanung* (8. Aufl.). Wiesbaden: Springer Gabler, Springer Fachmedien.

Vergossen, H., & Hommes, K. (2019). Marketingkommunikation – Lehrbuch mit Online-Lernumgebung. In K. Foit, D. Lorberg, & B. Vogl (Hrsg.), *Kiehl Wirtschaftsstudium.* Herne: Kiehl, NWB-Verlag. S. 11–191.

Vetter, U., & Hoffmann, L. (2005). Einführung. In U. Vetter & L. Hoffmann (Hrsg.), *Leistungsmanagement im Krankenhaus – GDRGs* (S. 1–4). Berlin/Heidelberg: Springer-Verlag.

Willkomm, J. J., & Braun, S. (2019). Werberecht im Gesundheitswesen. In D. Matusiewicz, F. Stratman, & J. Wimmer (Hrsg.), *Marketing im Gesundheitswesen – Einführung – Bestandsaufnahme – Zukunftsperspektiven* (S. 91–104). Wiesbaden: Springer Gabler / Springer Fachmedien.

Betriebsfinanzierung 7

7.1 Betriebliche Liquiditätssicherung

7.1.1 Liquiditätsbedarf

Der Gesundheitsbetrieb muss, wie jeder andere Betrieb auch, seinen fälligen kurzfristigen (< 1 Jahr), mittelfristigen (1–5 Jahre) oder langfristigen (> 5 Jahre). Verbindlichkeiten möglichst jederzeit, uneingeschränkt und fristgerecht nachkommen können, damit ein Liquiditätsmangel nicht zur Zahlungsunfähigkeit führt bzw. die Ursache für eine Insolvenz darstellt.

Die Liquidität ist auch für den Gesundheitsbetrieb ein sensibles Thema, denn durch tatsächliche oder auch vermeintliche Zahlungsschwierigkeiten verschlechtert sich dessen Bonität und erhöhen sich die Finanzierungskosten, was erst recht zu einer Abwärtsspirale führen kann. Die Gefahr resultiert insbesondere aus Anzeichen, die die Partner des Gesundheitsbetriebs als Liquiditätsprobleme deuten könnten (vgl. Fissenewert, 2006, S. 16f.):

- **Lieferanten:** Zahlungsverzögerungen, Teilzahlungen;
- **Mitarbeitende:** Aussetzen von Loherhöhungen, verspätete Gehaltsüberweisungen;
- **Patienten:** Vorschusszahlungen, Behandlungsverschiebungen wg. fehlendem medizinischem Verbrauchsmaterial;
- **Banken:** Überziehung von Kreditlinien, kurzfristige Kreditaufnahmen.

Beispiel

Um sich ein Bild zu machen, wie es in den diakonischen Einrichtungen in Hessen wirtschaftlich aussieht, hatte die Diakonie Hessen Ende Mai 2023 eine ad hoc-Umfrage
auf Landesebene in den über 300 Einrichtungen in der Altenhilfe durchgeführt, an
der knapp 100 Einrichtungen teilnahmen. Die Mehrheit dieser Pflegeeinrichtungen
schätzte die künftige Liquidität schlechter ein als bisher und ein Drittel sah sich sogar
von Insolvenz bedroht. Zurückgeführt wurde dies auf akuten Personalmangel, sodass
75 % der Einrichtungen ihre Leistung in den vergangenen sechs Monaten einschränken
mussten. Die Unterbelegung führte wiederum dazu, dass Einnahmen aus Pflege- und
Unterbringungsleistungen wegbrachen, was sich negativ auf die Liquidität auswirkte.
Gleichzeitig stieg inflationsbedingt der Kostendruck, und aufgrund von bürokratischen
Hürden bei der Refinanzierung mussten Einrichtungen oftmals in Vorleistung gehen,
wobei die Vorfinanzierungsfähigkeit jedoch bei über 42 % der teilnehmenden Einrichtungen nicht einmal für einen Monat ausreichte. Die mangelnde Attraktivität des
Pflegeberufs führte dazu, dass offene Stellen bleiben länger oder zu lange unbesetzt
blieben, weshalb die Lücke in der Versorgung oftmals über den Einsatz teurer Leihar-
beit oder Überstunden beim Stammpersonal überbrückt werden musste (vgl. Diakonie
Hessen, 2023, S. 1).◄

Aufgabe der Liquiditätssicherung ist es, zukünftige Zu- und Abnahmen liquider Mittel
systematisch zu erfassen, gegenüberzustellen und auszugleichen. Sie hat dabei das Ziel,
eine optimale Liquidität zu ermitteln, zu erreichen und zu erhalten und den dazu nötigen
Bestand an Zahlungsmitteln vorauszuplanen, denn zu hohe Liquidität kann auch Rentabi-
litätseinbußen bewirken, da häufig auf die übliche Verzinsung verzichtet wird und dadurch
bzw. durch die Inflationswirkung ein Teil des Vermögens verloren geht.

Beispiel

Die in einer Arztpraxis zu steuernden liquiden Mittel sind beispielsweise die Bestände
in der Handkasse, die Bestände auf unterschiedlichen Praxis- und Privatkonten,
Tagesgelder, offene Forderungen an Patienten und anderes mehr.◄

In jedem Gesundheitsbetrieb gibt es Phasen, in denen der Finanzmittelbedarf steigt.
Liquiditäts- und Finanzierungsentscheidungen sind somit in allen Situationen, beginnend
bei der Gründung des Betriebs zu vollziehen. Wichtige Kriterien für die Frage der Entscheidung über Finanzierungsalternativen sind dabei die Liquidität, die Rentabilität, die
Sicherheit und die Unabhängigkeit (siehe Tab. 7.1).

Zur Deckung des Liquiditätsbedarfs des Gesundheitsbetriebs dient sein **Kapital**, als
wertmäßiger Ausdruck für die Gesamtheit der Sach- und Finanzmittel, die ihm zur
Verfügung stehen, aufgeteilt nach der Überlassungsform in Eigen- und Fremdkapital:

Tab. 7.1 Kriterien für Finanzierungsentscheidungen des Gesundheitsbetriebs

Kriterium	Beschreibung
Liquidität	Die ständige Zahlungsbereitschaft ist zu gewährleisten
Rentabilität	Eine Minimierung des Preises für das benötigte Kapital ist anzustreben
Unabhängigkeit	Das Einräumen besonderer Rechte Dritter bei der Kapitalbeschaffung ist möglichst zu vermeiden
Sicherheit	Das Risiko des Kapitalverlustes und das der Überschuldung sind zu minimieren

- **Eigenkapital:** Umfasst die Mittel, die dem Gesundheitsbetrieb von den Eigentümern zur Verfügung gestellt werden, es resultiert in einer Bilanz aus der Differenz zwischen Vermögen und Schulden und haftet bei Verlusten zum Schutz der Gläubiger vor Forderungsausfällen;
- **Fremdkapital:** Wird von Gläubigern zur Verfügung gestellt, die unabhängig von der Ertragslage Anspruch auf Verzinsung und Rückzahlung haben, und weist in der Summe die Verschuldung des Gesundheitsbetriebs aus.

Beispiel

Gerade die Phase der Gründung ist durch Investitionen in eine mögliche Übernahme, in Behandlungsräume und -ausstattung durch einen hohen Kapitalbedarf gekennzeichnet, dem zu Beginn oft nur unregelmäßige Einnahmen gegenüberstehen. Auch bei Erneuerungsinvestitionen im Rahmen der Erweiterung, Spezialisierung oder Renovierung der Behandlungsräume können die Kosten nicht immer mit eigenen Mitteln gedeckt werden, sodass ein Bedarf an Fremdkapital entstehen kann.◄

Um das Ziel eines finanziellen Gleichgewichts des Gesundheitsbetriebs zu erreichen und zu erhalten, sind im Wesentlichen vier Teilaufgaben durchzuführen:

- Ermittlung des Liquiditätsbedarfs,
- Beschaffung des benötigten Kapitals (Finanz- und Liquiditätsplanung),
- Verwendung des beschafften Kapitals (Investition),
- Verwaltung des gesamten Kapitals (Finanz- und Liquiditätskontrolle).

Während sich die Finanzierung des Gesundheitsbetriebs mit der Mittelbeschaffung im Sinne von Einnahmen befasst, stellt die Investition die Mittelverwendung im Sinne von Ausgaben dar. Unter Investition ist in diesem Zusammenhang die Verwendung oder Bindung von Zahlungsmitteln zur Beschaffung von Wirtschaftsgütern für den Gesundheitsbetrieb oder zur Bildung von Betriebsvermögen zu verstehen. Das Vermögen ist das bilanzielle Äquivalent des Kapitals. Es zeigt an, welche konkrete Verwendung das Kapital im Gesundheitsbetrieb gefunden hat und stellt die Summe der Werte aller materiellen und immateriellen Güter, in denen das Kapital des Betriebs investiert ist, dar. Der Abgleich von der Beschaffung und Verwendung finanzieller Mittel erfolgt durch die Finanz- und Liquiditätskontrolle.

Beispiel

Als Finanzkennzahlen mit hoher Relevanz für die Steuerung eines Krankenhauses sind das Betriebsergebnis, der CM/CMI, die Fallzahl und die Liquidität anzusehen (vgl. Zapp et al., 2010, S. 42).◄

7.1.2 Liquiditätsplanung

Können Zahlungsverpflichtungen nicht mehr uneingeschränkt und fälligkeitsgerecht aus Bargeldbeständen, Kontoguthaben oder nicht ausgeschöpften Kreditlinien erfüllt werden, gefährdet die mangelnde Liquidität die Existenz des Gesundheitsbetriebs. In diesem Fall kann nach geltendem Wirtschaftsrecht die **Insolvenz** drohen. Dabei handelt es sich um ein gerichtliches Verfahren, das auf Antrag des Gesundheitsbetriebs oder eines Gläubigers durch Eröffnungsbeschluss des zuständigen Amtsgerichts (Insolvenzgericht) eröffnet wird und durch Zwangsvollstreckung die gleiche und gleichmäßige Verteilung des betrieblichen Vermögens unter die Gläubiger bezweckt, soweit nicht in einem Insolvenzplan eine abweichende Regelung, insbesondere zum Erhalt des Gesundheitsbetriebs (Sanierung), getroffen wird.

Beispiel

Mit einem bundesweiten Protesttag wurde 2023 eine sofortige Beseitigung der strukturellen Unterfinanzierung der Krankenhäuser eingefordert, um unkontrollierte Krankenhausinsolvenzen und Versorgungsverschlechterungen abzuwenden. Inflationsdruck, fehlende Investitionsförderung und strukturelle Unterfinanzierung würden die Krankenhäuser in so schwere wirtschaftliche Not treiben, dass viele von ihnen Abteilungen schließen, Insolvenz anmelden oder sogar ganz schließen müssten. Der seit Jahrzehnten andauernde kalte Strukturwandel, durch den planlos Krankenhäuser aus wirtschaftlichen Gründen schließen müssten und der die Gesundheitsversorgung für immer mehr Menschen schwerer erreichbar machte, würde sich so noch weiter verschärfen. Ursachen seien die massiv gestiegen Personal- und Sachkosten sowie die fehlende Möglichkeit, eigenständig die Preise an die Inflation und die hohen Tarifabschlüsse anpassen zu können (Deutsche Krankenhausgesellschaft, 2023, S. 1).◄

Um eine Insolvenz zu vermeiden sind Einnahmen und –ausgaben im Rahmen einer Finanz- und Liquiditätsplanung für den Gesundheitsbetrieb abzustimmen, wobei insbesondere eine Übersicht über die Mittelab- und -zuflüsse zu erzielen ist. Es kann davon ausgegangen werden, dass ein Gesundheitsbetrieb nur umfangreiche liquide Mittel vorhalten bräuchte, um das Zielkriterium Liquidität jederzeit voll zu erfüllen. Jedoch steht diese Vorgehensweise in einem Zielkonflikt zum Rentabilitätsstreben, da der Gesundheitsbetrieb mit liquiden Mitteln keine oder nur eine geringe Verzinsung erzielt. Mit einer längerfristigen Investition der liquiden Mittel könnten eine höhere Verzinsung und damit ein größerer Gewinn erreicht werden, was eine höhere Rentabilität bedeuten würde. Somit besteht das eigentliche Problem darin, einen Weg zu finden, in der Zukunft nur so viele liquide Mittel vorzuhalten, wie zur Erfüllung der Verpflichtungen mindestens notwendig ist, was nur mit Hilfe der Finanzplanung möglich erscheint (vgl. Wolke, 2010, S. 28).

Beispiel

Eine liquiditätssicherstellende Planung ist beispielsweise auch für den Gesundheitsfonds erforderlich, der liquide Mittel als Liquiditätsreserve vorzuhalten hat. Aus der Liquiditätsreserve sind unterjährige Schwankungen in den Einnahmen, nicht berücksichtigte Einnahmeausfälle in den voraussichtlichen jährlichen Einnahmen des Gesundheitsfonds und die erforderlichen Aufwendungen für die Durchführung des Einkommensausgleichs zu decken. Die Höhe der Liquiditätsreserve muss nach Ablauf eines Geschäftsjahres mindestens 20 % der durchschnittlich auf den Monat entfallenden Ausgaben des Gesundheitsfonds auf Grundlage der für die Festlegung des durchschnittlichen Zusatzbeitragssatzes maßgeblichen Werte für dieses Geschäftsjahr betragen. Sie darf nach Ablauf eines Geschäftsjahres einen Betrag von 25 % der durchschnittlich auf den Monat entfallenden Ausgaben des Gesundheitsfonds auf Grundlage der für die Festlegung des durchschnittlichen Zusatzbeitragssatzes maßgeblichen Werte für dieses Geschäftsjahr nicht überschreiten. Überschreitet die erwartete Höhe der Liquiditätsreserve abzüglich der gesetzlich vorgesehenen Entnahmen aus der Liquiditätsreserve für das Folgejahr den Betrag, sind die überschüssigen Mittel in die Einnahmen des Gesundheitsfonds im Folgejahr zu überführen (vgl. § 271 SGB V).◄

Der jeweilige Bestand an Zahlungsmitteln zu jedem betrachteten Zeitpunkt gibt Aufschluss über die Liquiditätslage des Gesundheitsbetriebs. Die für jeden Tag vorhandene Liquidität lässt sich somit aus der Gegenüberstellung von Zahlungsfähigkeit und der an diesem Tag zu leistenden Ausgaben ermitteln. Die Zahlungsfähigkeit ist die zu einem bestimmten Zeitpunkt vorhandene Verfügungsmacht über Zahlungsmittel. Der Bestand vorhandener Zahlungsmittel sowie Vermögensteile, die bei Bedarf in Zahlungsmittel umgewandelt werden können, werden auch als *absolute* Liquidität bezeichnet:

- Im Vermögen des Gesundheitsbetriebs befindliche Zahlungsmittel (Bargeld, Kontoguthaben etc.);
- im Vermögen des Gesundheitsbetriebs befindliche Zahlungsersatzmittel (Schecks, Fremdwährungen etc.), soweit sie direkt in gesetzliche Zahlungsmittel umgewandelt werden können;
- freie, disponible Kreditlinien, die der Gesundheitsbetrieb jederzeit in Anspruch nehmen kann.

Je rascher ein Vermögensgegenstand in ein Zahlungsmittel umgewandelt werden kann, desto höher ist seine absolute Liquidität.

Grundlage der *relativen* Liquiditätsplanung ist die Einschätzung, ob der Gesundheitsbetrieb in der Lage ist, seine Zahlungsverpflichtungen fristgerecht zu erfüllen. Wichtige Kennzahlen hierzu lassen sich aus der *statischen,* der *dynamischen* und der *periodischen* Liquiditätsbetrachtung entnehmen (siehe Tab. 7.2).

Die *statische* Liquiditätsbetrachtung versucht mithilfe der **Liquiditätsgrade** die Möglichkeit zu beurteilen, wie rasch sich Vermögensobjekte des Gesundheitsbetriebs in Geldvermögen umwandeln lassen. Während die Liquidität ersten Grades das Verhältnis der liquiden Mittel zu den kurzfristigen Verbindlichkeiten des Gesundheitsbetriebs und damit die Möglichkeit, den derzeitigen kurzfristigen Zahlungsverpflichtungen allein durch liquide Mittel nachkommen zu können, angibt, lässt die Liquidität zweiten Grades durch Angabe des Verhältnisses des Geldvermögens zu den kurzfristigen Verbindlichkeiten weitergehende Aussagen über die Begleichbarkeit kurzfristiger Verbindlichkeiten des Gesundheitsbetriebs zu: Ist der Liquiditätsgrad < 1, wird zumindest ein Teil der kurzfristigen Verbindlichkeiten nicht durch kurzfristig zur Verfügung stehendes Vermögen gedeckt, wodurch in Liquiditätsengpass entstehen kann. Die Liquidität dritten Grades gibt schließlich das Verhältnis des Umlaufvermögens zu den kurzfristigen Verbindlichkeiten an, wobei ein Wert < 1 ebenfalls darauf hinweist, dass ein Teil der kurzfristigen Verbindlichkeiten nicht durch das Umlaufvermögen gedeckt ist und unter Umständen Anlagevermögen des Gesundheitsbetriebs zur Deckung der Verbindlichkeiten verkauft werden muss. Im Rahmen der *dynamischen* Liquiditätsbetrachtung lässt sich abschätzen, ob über einen bestimmten Zeitraum mit den vorhandenen Geldmitteln und den geschätzten Umsätzen des Gesundheitsbetriebs den fälligen Zahlungsverpflichtungen nachgekommen werden kann. Die *periodische* Liquiditätsbetrachtung konzentriert sich auf das Verhältnis von fälligen Zahlungsausgängen und voraussichtlichen Zahlungseingängen einer bestimmten Periode.

Unter den kurzfristigen **Verbindlichkeiten** des Gesundheitsbetriebs sind dabei Schulden zu verstehen, die prinzipiell dem Grunde und der Höhe nach gewiss sind und kurzfristig (in wenigen Monaten) fällig werden. Zu seinem **Umlaufvermögen** zählen alle Vermögensgegenstände (Wirtschaftsgüter), die dazu bestimmt sind, kurzfristig in die

Tab. 7.2 Statische, dynamische und periodische Liquiditätsbetrachtung des Gesundheitsbetriebs

Analyseart	Kennzahl	Ermittlung
Statisch	Liquiditätsgrad 1: Die Liquidität ersten Grades.(L1$_G$) ergibt sich aus dem Geldvermögen des Gesundheitsbetriebs (GV$_G$), abzüglich der Forderungen und dividiert durch seine kurzfristigen Verbindlichkeiten (KV$_G$).	L1$_G$ = (GV$_G$ – F$_G$) ÷ KV$_G$
	Liquiditätsgrad 2: Die Liquidität zweiten Grades (L2$_G$) ergibt sich aus dem Umlaufvermögen des Gesundheitsbetriebs (UV$_G$), abzüglich der Forderungen (FG) und dividiert durch seine kurzfristigen Verbindlichkeiten (KV$_G$).	L2$_G$ = (UV$_G$ – F$_G$) ÷ KV$_G$
	Liquiditätsgrad 3: Die Liquidität dritten Grades (L3$_G$) ergibt sich aus der Summe des Geldvermögens des Gesundheitsbetriebs (GV$_G$) und der Vorräte (V$_G$), dividiert durch seine kurzfristigen Verbindlichkeiten (KV$_G$).	L3$_G$ = (GV$_G$ + V$_G$) ÷ KV$_G$
Dynamisch	Die dynamische Liquidität (DL$_G$) des Gesundheitsbetriebs ergibt sich aus der Summe aus Zahlungsmitteln (Z$_G$), Forderungen (F$_G$) und geschätzten Umsätzen (U$_G$) des Gesundheitsbetriebs, dividiert durch seine kurzfristigen Verbindlichkeiten (KV$_G$).	DL$_G$ = (Z$_G$ + F$_G$ + U$_G$) ÷ KV$_G$
Periodisch	Die periodische Liquidität (PL$_G$) des Gesundheitsbetriebs ergibt sich aus den Zahlungsausgängen (ZA$_G$) der betreffenden Periode dividiert durch die zu erwartenden Zahlungseingänge (ZE$_G$).	PL$_G$ = ZA$_G$ ÷ ZE$_G$

Behandlungs- oder Pflegetätigkeit einzugehen (beispielsweise medizinisches Verbrauchsmaterial) oder möglichst schnell wieder veräußert zu werden.

Eine einmalige, statische Betrachtung der Liquidität reicht nicht aus, da sich der Zahlungsmittelbestand, die Forderungen und Verbindlichkeiten sowie das Umlaufvermögen des Gesundheitsbetriebs ständig ändern. Zur finanzwirtschaftlichen Steuerung des Gesundheitsbetriebs ist daher eine *dynamische* Liquiditätsplanung erforderlich, die es zumindest ermöglicht, die jeweilige Periodenliquidität planerisch zu ermitteln.

Hierzu ist es erforderlich einen Liquiditäts- und Finanzplan zu erstellen, der pro Periode in der Regel folgendes enthalten sollte:

- Anfangsbestand der Zahlungsmittel;
- geplante Einnahmen (Einnahmen aus Privat- und Kassenliquidation, Zinseinnahmen, Restwerterlöse, Einnahmen aus sonstigen Tätigkeiten, aufgenommenes und ausgezahltes Fremdkapital, Anzahlungen von Patienten etc.);
- geplante Ausgaben (Steuern, Zinsleistungen, Tilgungen, Privatentnahmen eines Praxisinhabers, Ausgaben für medizinisches Verbrauchsmaterial, Material, Personal, Weiterbildung, Beiträge, Versicherungen, Miete etc.);
- Endbestand der Zahlungsmittel.

Um ein möglichst realistisches Bild der Finanzlage zu erhalten, sind die Einnahmen und Ausgaben zweckmäßigerweise für die Perioden einzuplanen, in denen sie auch tatsächlich anfallen. Den Planwerten im Liquiditäts- und Finanzplan sind im Verlauf der Periode die Ist-Werte gegenüberzustellen, um Abweichungen zu erkennen und gegebenenfalls bei Liquiditätsengpässen frühzeitig entgegensteuern zu können. Andererseits gibt der Plan auch bei mehr als ausreichender Liquidität Hinweise darauf, in welchem Umfang finanzielle Mittel längerfristig angelegt werden können.

Um zusätzliche Planungssicherheit zu erzielen, lassen sich Vergleichspläne entwickeln, die einerseits von einer zuversichtlichen Einschätzung der Planwerte ausgehen und andererseits eher pessimistische Annahmen zugrunde legen. Auch lassen sich Sicherheitszuschläge als prozentuale Aufschläge auf die prognostizierten Werte einbeziehen. Die Bildung von echten Liquiditätsreserven für den Gesundheitsbetrieb richtet sich nach der Höhe eines möglichen Fehlbetrages und nach der Höhe des Risikos unvorhergesehener Ausgaben. Dabei ist allerdings zu vermeiden, dass es zu einer überaus hohen Liquidität kommt. Ziel ist vielmehr eine ausreichende Zahlungsfähigkeit, die Rentabilität und Sicherheit in Einklang bringt und zu möglichst minimalen Kosten erreicht wird.

Beispiel

Beispiele für eine wirksame Liquiditätsverbesserung von Gesundheitsbetrieben sind die Einschaltung von Abrechnungsfirmen, an die die Forderungen abgetreten werden. Bei dem auch *Factoring* genannten Verfahren handelt es sich um den laufenden Ankauf von Geldforderungen gegen einen Drittschuldner aus Leistungen des Gesundheitsbetriebs durch ein Finanzierungsinstitut (Factor). Das Factoringinstitut stellt dem verkaufenden Betrieb sofort Liquidität zur Verfügung und übernimmt das Ausfallrisiko. Allerdings liegen die Kosten für Sollzinsen und Factoringgebühren weit über denen eines vergleichbaren Kredits. Das Zahlungsverhalten der Patienten bietet einen weiteren Ansatzpunkt die Liquidität des Gesundheitsbetriebs zu erhöhen. Hierzu sind die Außenstände zu überwachen, eindeutige Zahlungsfristen zu definieren und Mahnungen bei Fristenüberschreitung auszustellen. Weitere Möglichkeiten sind die ausschließliche Behandlung säumiger Patienten gegen Barzahlung und die sofortige Begleichung von Kleinbeträgen. Auch lassen sich bei umfangreicheren, langwierigen Behandlungsmaßnahmen Zwischenrechnungen stellen. In den Lagerbeständen für medizinisches Verbrauchsmaterial und sonstigen Materialien ist Kapital gebunden. Durch eine Reduzierung der Lagerhaltung lassen sich die Lagerkosten senken und Kapital in Form von liquiden Mitteln freisetzen. Hierzu ist der tatsächliche Materialbedarf möglichst genau zu bestimmen und das Anlegen von „Hamstervorräten" zu vermeiden. Das private Entnahmeverhalten des Arztes als Inhaber einer Praxis ist ein weiterer Ansatzpunkt die gesamte Liquidität zu verbessern. Zu hohe Privatentnahmen aus dem Gesundheitsbetrieb, zu geringes Eigenkapital bei Investitionen und langfristige, hohe monatliche Belastungen wirken sich auch indirekt auf die Liquidität aus. Die Versuchung, private Liquiditätsprobleme auf den Gesundheitsbetrieb abzuwälzen, stellt dauerhaft eine latente Gefahr dar.◄

7.1.3 Liquiditätskontrolle

Die **Liquiditätskontrolle** hat zur Aufgabe, einen Abgleich zwischen den Liquiditätsplanwerten des Gesundheitsbetriebs und den Istwerten durchzuführen, bei Abweichungen Maßnahmen auszulösen, die eine finanzielle Schieflage vermeiden, und die Ursachen der Abweichungen zu ergründen. Daneben muss sie vorliegende strukturelle Liquiditätsdefizite des Gesundheitsbetriebs aufzeigen, damit diese bei zukünftigen Planungen berücksichtigt werden können. Die Kontrolle lässt sich ebenfalls durch wichtige Kennzahlen unterstützen (siehe Tab. 7.3).

Die *statische* Liquiditätskontrolle bezieht sich in der Regel auf einen bestimmten Zeitpunkt, beispielsweise den Bilanzstichtag des Gesundheitsbetriebs.

So geben beispielsweise Rentabilitätskennzahlen Auskunft darüber, wie sich die Ertragskraft des Gesundheitsbetriebs insgesamt darstellt. Bei der Gesamtkapitalrentabilität bezieht sich der Jahresüberschuss auf das gesamte eingesetzte Kapital des Gesundheitsbetriebs. Sie verdeutlicht, wie rentabel das Kapital im Gesundheitsbetrieb eingesetzt wurde. Die Eigenkapitalrentabilität zeigt auf, wie sich das im Gesundheitsbetrieb eingesetzte Eigenkapital im Gesundheitsbetrieb in einer Periode verzinst, wobei der Wert bei einem rentablen Betrieb über dem marktüblichen Zinssatz liegen sollte. Die Umsatzrentabilität gibt an, wie viel Gewinn der Gesundheitsbetrieb bezogen auf seinen Umsatz erzielt.

Kennzahlen der Ergebnis- oder Bilanzstruktur lassen ebenfalls Aussagen zum finanziellen Gleichgewicht und damit auch zur Liquiditätssituation des Gesundheitsbetriebs zu. So gibt der Anlagendeckungsgrad an, in welchem Umfang das Anlagevermögen des Gesundheitsbetriebs (Behandlungseinrichtungen, Bettenhäuser, Praxisgebäude, Grundstücke etc.) durch Kapital langfristig finanziert ist, wobei die Höhe der Überschreitung der 100 %-Grenze die finanzielle Stabilität des Gesundheitsbetriebs widerspiegelt.

Kennzahlen zur Vermögensstruktur setzen beispielsweise die Behandlungseinrichtungen und sonstigen Anlagen, die Vorräte an medizinischem Verbrauchsmaterial oder die

Tab. 7.3 Kennzahlen zur Liquiditätskontrolle des Gesundheitsbetriebs

Kontrollart	Kennzahl	Ermittlung
Statisch	Gesamtkapitalrentabilität (GKapR$_G$): Sie ergibt sich aus dem Verhältnis zwischen Jahresüberschuss (JÜ$_G$) und Gesamtkapital (GKap$_G$) des Gesundheitsbetriebs	GKapR$_G$ = JÜ$_G$ ÷ GKap$_G$
	Eigenkapitalrentabilität (EKapR$_G$): Sie ergibt sich aus dem Verhältnis zwischen Jahresüberschuss (JÜ$_G$) und Eigenkapital (EKap$_G$) des Gesundheitsbetriebs	EKapR$_G$ = JÜ$_G$ ÷ EKap$_G$
	Umsatzrentabilität (UR$_G$): Sie ergibt sich aus dem Verhältnis zwischen Jahresüberschuss (JÜ$_G$) und Umsatzerlösen (U$_G$) des Gesundheitsbetriebs	UR$_G$ = JÜ$_G$ ÷ U$_G$
	Anlagendeckungsgrad (AnlDG$_G$): Er ergibt sich aus der Summe aus Eigenkapital (EKap$_G$) und langfristigem Fremdkapital (FKap$_G$) des Gesundheitsbetriebs, dividiert durch sein Anlagevermögen (AVerm$_G$)	AnlDG$_G$ = (EKap$_G$ + FKap$_G$) ÷ AVerm$_G$
	Anlagenintensität (AnlInt$_G$): Sie ergibt sich aus dem Verhältnis zwischen Anlagevermögen (AVerm$_G$) und Gesamtvermögen (GVerm$_G$) des Gesundheitsbetriebs	AnlInt$_G$ = AVerm$_G$ ÷ GVerm$_G$
	Vorratsintensität (VInt$_G$): Sie ergibt sich aus dem Verhältnis zwischen Vorratsvermögen (VVerm$_G$) und Gesamtvermögen (GVerm$_G$) des Gesundheitsbetriebs	VInt$_G$ = VVerm$_G$ ÷ GVerm$_G$
	Investitionsverhältnis (InvVerh$_G$): Es ergibt sich aus dem Verhältnis zwischen Umlaufvermögen (UVerm$_G$) und Anlagevermögen (AVerm$_G$) des Gesundheitsbetriebs	InvVerh$_G$ = UVerm$_G$ ÷ AVerm$_G$
	Eigenfinanzierungsgrad (EFinG$_G$): Er ergibt sich aus dem Verhältnis zwischen Eigenkapital (EKap$_G$) und Bilanzsumme (BS$_G$)	EFinG$_G$ = EKap$_G$ ÷ BS$_G$
	Verschuldungsquote (VSQ$_G$): Sie ergibt sich aus dem Verhältnis zwischen Fremdkapital (FKap$_G$) und Eigenkapital (EKap$_G$) des Gesundheitsbetriebs	VSQ$_G$ = EKap$_G$ ÷ FKap$_G$
Dynamisch	Cash-Flow (CF$_G$): Er ergibt sich aus der Summe aus Jahresüberschuss (JÜ$_G$) und nicht liquiditätswirksamen Aufwendungen (nlwA$_G$, bspw. Abschreibungen, Wertberichtigungen etc.), abzüglich nicht liquiditätswirksamer Erträge (nlwE$_G$, bspw. Rückstellungsauflösungen)	CF$_G$ = JÜ$_G$ + nlwA$_G$ − nlwE$_G$

Investitionen in ein Verhältnis zum gesamten Vermögen bzw. zum Anlagevermögen des Gesundheitsbetriebs.

Die Kennzahlen zur Kapitalstruktur geben Hinweise auf die Finanzierungs- oder Verschuldungssituation eines Gesundheitsbetriebs. So zeigt der Eigenfinanzierungsgrad (Eigenkapitalquote) die finanzielle Abhängigkeit des Gesundheitsbetriebs auf, wobei mit steigendem Wert auch von einer zunehmenden finanziellen Krisenfestigkeit und Stabilität ausgegangen werden kann. Die Verschuldungsquote zeigt auf, in welchem Verhältnis Eigen- und Fremdkapital zueinanderstehen, wobei ein einigermaßen ausgewogenes Verhältnis durch eine Quote zwischen 1 und 2 weitestgehend gegeben ist.

Die *dynamische* Liquiditätskontrolle erfolgt anhand eines Zeitraums, wobei Liquiditäts- und Finanzpläne den voraussichtlichen Kapitalbedarf eines Gesundheitsbetriebes periodenbezogen dokumentieren, Kapitalflussrechnungen den Zu- und Abfluss von finanziellen Mitteln, deren Herkunft und Verwendung aufzeigen, die Liquiditäts- und Finanzrechnung die Veränderungen des Geldvermögens durch Gegenüberstellung von Einnahmen und Ausgaben wiedergeben und die Cash-Flow-Analyse darauf hinweist, welche finanziellen Mittel der Gesundheitsbetrieb erwirtschaftet hat, die langfristig für Investitionen oder Schuldentilgung zur Verfügung stehen.

> **Beispiel**
>
> Zur Vermeidung des Risikos eines Zahlungsausfalls, steigen die Ansprüche an die Bonität der Kreditnehmenden. Von ihrer Rückzahlungsfähigkeit hängt ab, ob und zu welchen Konditionen Banken den Krankenhäusern Kredite (oder Kreditlinien) gewähren. Dazu müssen Gesundheitsbetriebe die Ratingkriterien erfüllen, das bedeutet, insbesondere über ausreichend Liquidität verfügen, um künftig die Investitionslücke durch zusätzliche Kredite decken zu können (vgl. Wurm et al., 2016, S. 2).◄

Für die Liquiditätskontrolle von Gesundheitsbetrieben liegen ferner **Liquiditätsregeln** vor, die auf allgemeinen betriebswirtschaftlichen Erfahrungswerten beruhen. Bei diesen Regeln handelt es sich um normative Aussagen, deren Einhaltung dazu beiträgt, die Liquidität des Gesundheitsbetriebs zu sichern. So besagt die „goldene Liquiditäts- oder Finanzierungsregel", dass die Fristigkeiten des finanzierten Vermögens stets mit der des dazu verwendeten Kapitals übereinstimmen und damit die Investitionsdauer nicht länger als die Finanzierungsdauer sein sollte (Fristenkongruenz). Demnach sollte beispielsweise eine Behandlungseinrichtung, die für einen Einsatz von 12 Jahren vorgesehen ist, auch beispielsweise nur durch Fremdkapital finanziert werden, das dem Gesundheitsbetrieb auch mindestens 12 Jahre zur Verfügung steht. Als weitere Regel („Eins-zu-Eins-Regel") kann auch angesehen werden, dass Eigen- und Fremdkapital möglichst gleich groß sein sollten, das Eigenkapital besser noch überwiegt oder die Verschuldungsquote zumindest zwischen 1 und 2 und keinesfalls darüber hinaus liegen sollte. Die „allgemeine Liquiditätsregel" besagt schließlich, dass Liquidität stets der Vorzug vor Rentabilität gegeben wird.

Die *Apotheker- und Ärztebank (apoBank)* als bedeutendes Finanzierungsinstitut von Gesundheitseinrichtungen gibt ebenfalls regelartige Empfehlungen zur Liquiditätskontrolle und -steuerung:

- bei überdurchschnittlichen Debitorenlaufzeiten von über 40 Tagen entsprechend mehr Liquidität vorhalten, bei 60 Tagen zusätzlich 50 % an liquiden Mitteln;
- eine kurzfristige Liquiditätsplanung betreiben;
- Finanzierungsinstrumente kombinieren und Kontokorrentkredite, Avale oder Cash Pooling für die Innenfinanzierung nutzen;
- jederzeit Klarheit über die verfügbaren liquiden Mittel und die anstehenden Verbindlichkeiten verschaffen;
- Kreditoren- und Debitorenlaufzeiten optimieren;
- Liquidität in Form von Kontokorrentkrediten oder liquiden Mitteln so sichern, dass sie das Zweifache der Lohnsumme (Personalkosten) betragen oder einem Monatsumsatz sämtlicher Forderungen entsprechen;
- Liquidität fortlaufend überwachen und steuern;
- mittel- und langfristige Investitionen über fristenkongruente Darlehen oder die pauschalen Fördermittel ausfinanzieren und nicht aus der laufenden Liquidität bezahlen (Deutsche Apotheker- und Ärztebank, 2023a, S. 2).◄

7.2   Finanzierung des Gesundheitsbetriebs

7.2.1   Finanzierungsarten

Die Ausstattung von Gesundheitsbetrieben mit ausreichenden finanziellen Mitteln ist eine elementare Aufgabe der Betriebsführung, da sie sich unmittelbar auf die Sicherstellung der wirtschaftlichen Existenz eines Gesundheitsbetriebs auswirkt. Eingebettet in eine Mischung aus staatlicher Regulierung und wettbewerblichen Strukturen unterliegt sie zahlreichen, teils restriktiven Rahmenbedingungen. So gilt beispielsweise die Finanzierung von Krankenhäusern als gesundheitspolitisches Dauerthema mit häufigen gesetzgeberischen Stabilisierungseingriffen (vgl. Behrends & Vollmöller, 2020, S. 2).

Die **Finanzierung** im Gesundheitsbetrieb beinhaltet die Beschaffung und Rückzahlung der finanziellen Mittel, die für betriebliche Investitionen notwendig sind (vgl. Frodl, 2012, S. 49 ff.). Nach der Mittelherkunft und der Funktion der Mittelgeber lässt sie sich in externe und interne bzw. Eigen- und Fremdfinanzierung unterscheiden (siehe Tab. 7.4).

Auf der Grundlage dieser Unterscheidung lässt sich nun eine Vielzahl von Finanzierungsarten für den Gesundheitsbetrieb systematisieren (siehe Abb. 7.1).

Tab. 7.4 Beispiele für Finanzierungsarten des Gesundheitsbetriebs nach Mittelherkunft und –geber

Mittelherkunft Mittelgeber	Interne Finanzierung	Externe Finanzierung
Eigenfinanzierung	Betriebliche Selbstfinanzierung	Finanzierung durch Beteiligung am Gesundheitsbetrieb
Fremdfinanzierung	Finanzierung aus Rückstellungen des Gesundheitsbetriebs	Finanzierung durch Kreditvergabe an den Gesundheitsbetrieb

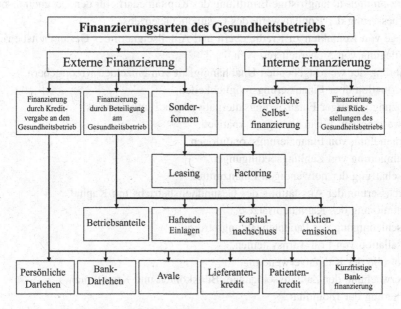

Abb. 7.1 Systematik der Finanzierungsarten des Gesundheitsbetriebs

---

Beispiel

Die Finanzierung der Krankenhäuser erfolgt beispielsweise nach dem Prinzip der dualen oder dualistischen Finanzierung: Die laufenden Kosten werden durch die Krankenkassen und die Investitionen für im Krankenhausplan aufgenommene Häuser vom jeweiligen Bundesland getragen (vgl. Pappenhof et al., 2017, S. 28 ff.). Somit werden die wesentlichen Anlagegüter eines Plankrankenhauses nicht aus Eigenmitteln finanziert, sondern aus öffentlichen Fördergeldern. Die Krankenhauserlöse für stationäre Leistungen und die Vergütungen für nichtstationäre Leistungen werden mit Ausnahme der wenigen Selbstzahler von den gesetzlichen und privaten Krankenkassen aufgebracht. Ähnliches gilt für Pflegeeinrichtungen, deren Investitionskosten staatlich gefördert werden können, und bei denen die Abrechnung von Pflegeleistungen schwerpunktmäßig durch die Pflegekassen, häufig auch durch kommunale Sozialhilfeträger mitfinanziert wird (Wessel et al., 2023, S. 19).◄

Zur Finanzierung eines Gesundheitsbetriebs gehört eine Vielzahl von Aufgaben. Zu den wesentlichsten zählen:

- Definition der Finanzierungsstrategie des Gesundheitsbetriebs,
- Kurz-, mittel- u. langfristige Ermittlung des Kapitalbedarfs für den Gesundheitsbetrieb,
- Verbesserung der Bonitätswerte des Gesundheitsbetriebs,
- Pflege von Kontakten zu Kreditgebern und Anteilseignern des Gesundheitsbetriebs,
- Festlegung von Sicherheitsreserven,
- Wahrung der weitestgehenden Unabhängigkeit von einzelnen Kreditgebern,
- Information über Finanzierungsmöglichkeiten,
- Nutzung günstiger Finanzierungsalternativen des Kapitalmarkts,
- Bewertung von Finanzierungsalternativen,
- Verhandlung von Finanzierungskonditionen,
- Optimierung von Zahlungsbedingungen,
- Beschaffung der notwendigen Finanzmittel,
- Verbesserung der Ausstattung des Gesundheitsbetriebs mit Kapital,
- Optimierung des Kapitaleinsatzes,
- Beschleunigung der Patientenzahlungsströme,
- Installation von Frühwarnsystemen,
- Kontrolle der Kapitalverwendung,
- Überwachung der Zahlungseingänge, Bankkonten und Kreditlinien,
- Sicherung der Liquidität,
- Kontrolle der Rentabilität,
- Überprüfung von Wertstellungen, Zinsabrechnungen und Gebühren.

7.2.2 Externe Finanzierung

Bei der *externen* Finanzierung wird dem Gesundheitsbetrieb Kapital in der Regel durch Dritte (Banken, Lieferanten etc.) leihweise zur Verfügung gestellt. Diese Finanzierungsart wird auch Beteiligungsfinanzierung (Eigenfinanzierung) genannt, wenn Eigenkapital zur Verfügung gestellt wird und Kreditfinanzierung (Fremdfinanzierung), wenn Fremdkapital in Anspruch genommen wird. Maßgebend für den Anteil der externen Finanzierung am Gesamtfinanzierungsvolumen sind die Außenfinanzierungsmöglichkeiten des kapitalsuchenden Gesundheitsbetriebs, die wiederum insbesondere von seiner rechtlichen

Organisationsform, von steuerlichen Gegebenheiten und den Konditionen an den Finanzmärkten sowie die Möglichkeiten zur Bereitstellung von Eigenfinanzierungsmitteln im Wege der *internen* Finanzierung abhängen.

Bei den Formen der Finanzierung durch **Kreditvergabe** an den Gesundheitsbetrieb handelt es sich um gegen vereinbartes Entgelt (Zins) überlassenes Kapital ohne unmittelbare Einflussnahme auf die Führung des Betriebs.

Eine häufige Form der *langfristigen* Kreditfinanzierung ist das **Darlehen**. Es ist ein Kredit, der in einer Summe oder in Teilbeträgen dem Gesundheitsbetrieb zur Verfügung gestellt wird und in festgelegten Raten (Ratenkredit, Tilgungskredit) oder auf einmal nach Ablauf der vertraglich geregelten Laufzeit zurückzuzahlen ist (Kredit mit Endfälligkeit). Die Zinsen stellen dabei das Entgelt für den Nutzungswert des Kapitals dar. Das *persönliche* Darlehen ist ein Kredit, den eine Einzelperson dem Gesundheitsbetrieb einräumt. Laufzeit, Raten und Zinsen sind dabei individuell vereinbar. Zu den Bankdarlehen gehören alle Formen üblicher langfristiger Bankkredite, die dem Gesundheitsbetrieb gewährt werden, wie zum Beispiel Hypothekendarlehen, Bauspardarlehen oder Investitionsdarlehen.

Beispiel

Man unterscheidet dabei üblicherweise Darlehen mit Zinsanpassung die mit variablem Zinssatz häufig in einer Hochzinsphase aufgenommen werden, in der Hoffnung, zukünftig auf einen günstigeren Festzinssatz umsteigen zu können. Bei Darlehen mit Zinsfestschreibung handelt es sich um Kredite, die zu einem für eine bestimmte Periode vereinbarten Festzinssatz ausgeliehen werden, was für den Gesundheitsbetrieb als Darlehensnehmer insbesondere in einer Niedrigzinsphase von Vorteil sein kann. Der feste Zinssatz bildet für die zugrunde liegende Investition eine sichere Kalkulationsgrundlage.◄

Zu den *kurzfristigen* Formen der Kreditfinanzierung zählen zunächst die **Lieferantenkredite**, die dem Gesundheitsbetrieb von Lieferanten für medizinischen Verbrauchsbedarf durch das Einräumen von Zahlungszielen gewährt werden.

Auch die **Patientenanzahlungen** stellen nichts anderes als Kredite dar, in dem der Patient vorfällig medizintechnische Produkte, Behandlungs- oder Therapieleistungen anzahlt. Der Gesundheitsbetrieb kann bis zum Zeitpunkt der Leistungserstellung und der damit verbundenen Kostenentstehung über diesen Anzahlungsbetrag verfügen.

Zur kurzfristigen Bankfinanzierung zählt insbesondere auch der **Kontokorrentkredit**. Es handelt sich dabei um einen Barkredit in laufender Rechnung, den Banken und Sparkassen auf einem laufenden Konto (Kontokorrentkonto) zur Verfügung stellen und den der Gesundheitsbetrieb als Kreditnehmer innerhalb der vereinbarten Laufzeit im Rahmen der abgesprochenen Kreditlinie in Anspruch nehmen kann.

Die Kosten für den Kontokorrentkredit umfassen zunächst Zinsen (monatlich oder vierteljährlich nachträglich) auf den in Anspruch genommenen Betrag. Der Zinssatz wird zwischen Kreditinstitut und dem Gesundheitsbetrieb zumeist „bis auf weiteres" vereinbart. Der Kreditvertrag sieht dann vor, dass bei geänderten Verhältnissen am Geldmarkt bzw. am Kapitalmarkt der Zinssatz entsprechend verändert werden kann. Da das Kontokorrent von beiden Seiten jederzeit einseitig aufgehoben werden kann, ist auch der Gesundheitsbetrieb in der Lage, Zinssatzänderungen entsprechend seiner Verhandlungsstärke gegenüber dem Kreditinstitut durchzusetzen. Ferner sind Kontoführungsgebühren, Bearbeitungsgebühren je nach Anlass (für Sicherheitenbestellung, -prüfung usw.), Überziehungszinsen zusätzlich zu zahlen, sofern die Bank Inanspruchnahmen oberhalb der vereinbarten Kreditlinie zulässt.◄

Bei der kurzfristigen Bankfinanzierung durch **Avale** handelt es sich um die Bürgschaft bzw. Garantieübernahme durch die Bank für andere Kredite. Die Bank übernimmt dabei als Avalkreditgeber im Auftrag des Gesundheitsbetriebs als ihrem Kunden gegenüber Dritten die Haftung für eine bestimmte Geldsumme durch Hergabe einer Bürgschaft oder einer Garantie. Die Bank stellt hierbei keine eigenen Mittel, sondern lediglich ihre Kreditwürdigkeit zur Verfügung.

Für die Ausnutzung von Avalkrediten rechnen Kreditinstitute Avalprovision, prozentual auf den Wert der herausgegebenen Avalurkunden. Diese ist abhängig von der Laufzeit des Avalkredits, der Kreditnehmerbonität, der Art der abzusichernden Risiken, der Größenordnung der Einzelgeschäfte sowie der gestellten Sicherheiten. Der Satz bewegt sich üblicherweise zwischen 0,5 % und 3 %. Zusätzlich wird im Allgemeinen je Urkunde eine Ausfertigungsgebühr gerechnet.

Die Deutsche Apotheker- und Ärztebank eG (apoBank) bietet beispielsweise ein Mietaval als Alternative zur Mietkaution an, bei der die Kaution in Form eines Kredits gestellt wird. Als mögliche Vorteile werden dabei herausgestellt der Liquiditätserhalt für die Arztpraxis, die Kautionsübernahme ohne eigene Sicherheitsleistung und eine hohe Sicherheit für den Vermieter aufgrund der Bankbürgschaft (vgl. Deutsche Apotheker- und Ärztebank, 2023b, S. 1).◄

Bei der Finanzierung durch **Beteiligung** am Gesundheitsbetrieb (auch: Eigenfinanzierung) führen die Eigentümer des Gesundheitsbetriebs von außen Kapital zu. Eine Beteiligung ist das Mitgliedschaftsrecht, das durch Kapitaleinlage (Geld- oder Sacheinlage) an einem Gesundheitsbetrieb erworben wird.

> **Beispiel**
>
> Die *stille* Beteiligung ist dadurch gekennzeichnet, dass der stille Anteilsnehmer nach außen nicht in Erscheinung tritt. Sie ist daher für den Gesundheitsbetrieb ein Instrument der mittelfristigen Geldbeschaffung und für den stillen Anteilsnehmer eine Kapitalanlagemöglichkeit. Ihm steht jedoch ein Kontrollrecht über die Jahresbilanz zu; ein Widerspruchsrecht bei Vornahme bestimmter Handlungen des Betriebs hat der stille Anteilsnehmer hingegen nicht. Eine Beteiligung des stillen Anteilsnehmers am laufenden Gewinn und Verlust ist Wesensmerkmal der typischen stillen Beteiligung. Eine Verlustbeteiligung kann jedoch vertraglich ausgeschlossen werden. Im Konkurs ist der stille Anteilsnehmer Gläubiger des Gesundheitsbetriebs, soweit seine Einlage nicht durch den Anteil am Verlust aufgezehrt ist. ◄

Die **Betriebsanteile** sind die allgemeine Bezeichnung für den Umfang der Beteiligung eines Anteilnehmers am Gesundheitsbetrieb und seinem Vermögen. Die Verfügungsbefugnis über den Anteil hängt von der rechtlichen Organisationsform des Gesundheitsbetriebs ab.

Der Umfang der mit der Einlage verbundenen **Haftung** kann bezüglich einer Verlustbeteiligung vertraglich ausgeschlossen werden.

Beim **Kapitalnachschuss** handelt es sich um eine nachträgliche Erhöhung des Kapitals des Gesundheitsbetriebs, der durch Vertrag oder Satzung für die Anteilseigner festgelegten Beiträge bzw. Ergänzung von durch Verlust geminderten Einlagen, z. B., wenn die Insolvenzmasse zur Befriedigung der Gläubiger nicht ausreicht.

> **Beispiel**
>
> Bei Gesundheitsbetrieben in Form von Personengesellschaften besteht keine gesetzlich vorgesehene Nachschusspflicht; sie kann aber vertraglich vereinbart werden. Dagegen kann die Satzung einer GmbH eine Nachschusspflicht entweder beschränkt auf einen bestimmten Betrag oder sogar in unbeschränkter Höhe vorsehen. Von der unbeschränkten Nachschusspflicht darf sich der Anteilseigner durch Abandonierung (Preisgabe und Veräußerung) seines Anteils am Gesundheitsbetrieb befreien. ◄

Eine besondere Form der Beteiligung an einem Gesundheitsbetrieb stellt **Venture Capital** (VC) dar, welches insbesondere zur Finanzierung von Investitionen durch Risiko- oder Wagniskapital dient, wobei die Bereitstellung von haftendem Kapital über einen bestimmten Zeitraum verbunden ist mit unternehmerischer Beratung für Risikoprojekte beispielsweise im Bereich von medizinischer Forschung und Entwicklung. Die Bereitstellung des Kapitals erfolgt dabei weitgehend ohne Sicherheiten allein aufgrund der geschätzten Ertragschancen des zu finanzierenden Projektes. Kapitalgebende sind häufig spezielle Beteiligungsfonds, die aus Gründen der Risikostreuung oft an mehreren unterschiedlichen innovativen Projekten auch in verschiedenen Branchen beteiligt sind.

Venture Capital Fonds beteiligen sich üblicherweise als stiller Gesellschafter, wodurch die Möglichkeit der vertraglichen Vereinbarung eines Ausschlusses der Verlustbeteiligung besteht.

Bei der **Aktienemission** handelt es sich um die Ausgabe von Aktien im Rahmen der Beteiligungsfinanzierung (Einlagenfinanzierung) bzw. Selbstfinanzierung eines Gesundheitsbetriebs in Form einer Aktiengesellschaft im Zuge einer Kapitalerhöhung, wobei die Aktie als Wertpapier einen Bruchteil seines Grundkapitals darstellt und diesen in Euro ausgedrückt sowie nach der Gesamtzahl der ausgegebenen Aktien berechnet repräsentiert.

Beispiel

Die in der Aktie verkörperte Mitgliedschaft am Gesundheitsbetrieb umfasst die Rechte und Pflichten des Aktionärs mit dem Recht auf Gewinnanteil (Dividende), dem Recht zur Teilnahme an der Hauptversammlung und dortigem Stimmrecht, dem Bezugsrecht auf junge Aktien bei Kapitalerhöhungen sowie dem Recht auf quotenmäßigen Anteil am Liquidationserlös.◄

Bei den Sonderformen der *externen* Finanzierung handelt es sich im Grunde genommen um unechte Finanzierungsformen. Zu ihnen zählt zunächst das **Factoring**, das als laufender Ankauf von Geldforderungen gegen einen Drittschuldner (Patient) aus Leistungen des Gesundheitsbetriebs durch ein Finanzierungsinstitut (Factor) bereits an anderer Stelle beschrieben wurde. Das Factoringinstitut übernimmt hierbei gegen Entgelt das Ausfallrisiko, die Buchführung sowie das Mahnwesen und stellt dem die Patientenforderungen verkaufenden Gesundheitsbetrieb sofort Liquidität zur Verfügung.

Leasing gehört zu den kapitalsubstitutiven Finanzierungsformen und bedeutet die Überlassung von Wirtschaftsgütern für den Gesundheitsbetrieb durch den Hersteller oder eine Finanzierungsgesellschaft, die sie erwerben und ihrerseits an die medizinische Einrichtung oder Pflegeeinrichtung als Mieter für eine vertragsgemäße Nutzungsdauer vermieten. Als Gegenleistung für die Nutzung sind regelmäßige gleichbleibende Zahlungen (Leasingraten) oder auch eine Miet-Sonderzahlung zu erbringen.

Beispiel

Als Vorteile des Leasings lassen sich für den Gesundheitsbetrieb im Wesentlichen der geringere Finanzbedarf im Jahr der Anschaffung, die Möglichkeit der Anpassung an den stets neuesten Stand der Medizintechnik und die als gewinnmindernde Betriebsausgabe geltend machbare Miete anführen. Nachteilig wirken sich insbesondere die hohen Mietausgaben aus, sowie die Belastung des Betriebs mit ausgabewirksamen Fixkosten während der Gesamtmietzeit, welche vielfach höher sind als Zins- und Tilgungsleistungen einer vergleichbaren Fremdfinanzierung.

Die dem Leasing zugrunde liegenden Leasingraten bilden dem Gesundheitsbetrieb andererseits eine klare Kalkulationsgrundlage für die Liquiditätsplanung. Auch kann durch das Leasing eine Erweiterung der Verschuldungsgrenze und damit ein zusätzliches Finanzierungspotenzial erreicht werden. Durch die mit dem Leasing oft verbundenen Service-Leistungen wird diese Finanzierungsform im Gesundheitsbetrieb insbesondere dort effizient einsetzbar sein, wo es sich um marktgängige Objekte handelt, die grundsätzlich jederzeit veräußerbar sind.◄

Die **Crowdfinanzierung** vollzieht sich auf Onlineplattformen, auf denen Kapitalsuchende ihr Projekt vorstellen können, um es durch Geldbeiträge unterstützen zu lassen. Bei dieser Finanzierungsform lassen sich unterscheiden:

- Crowdfunding: Überzeugung der Community von unterstützungswerten Ideen der Arztpraxis durch Erzeugung von Transparenz und emotionaler Bindung zum Projekt, in der Regel ohne Zusage einer Gegenleistung;
- Crowdinvesting: Breite Suche von Investoren oder Kleinanlegern, die vergleichbar einer stillen Beteiligung Gewinn- bzw. Praxisanteile erwarten;
- Crowdlending: Über Onlineplattformen vermittelte Kredite ohne Gewinn- bzw. Praxisanteile, aber der Zusage von festgelegten Laufzeiten sowie Zins- und Tilgungsraten.

7.2.3 Interne Finanzierung

Bei der *internen* Finanzierung fließen dem Gesundheitsbetrieb liquide Mittel aus den innerbetrieblichen Leistungsprozessen zu und zugleich stehen keine Auszahlungen gegenüber. Sie stellt somit eine Finanzierung durch Einbehaltung (Thesaurierung) zurückliegender Gewinne dar.

Die interne Finanzierung umfasst die betriebliche **Selbstfinanzierung** durch den Gesundheitsbetrieb, ohne Beanspruchung von möglichen Anteilseignern und Gläubigern aus dem Überschuss für erbrachte Leistungen. Sie stellt eine Einbehaltung von Teilen des in der Geschäftsperiode erzielten Gewinns und dadurch die Erhöhung des tatsächlich vorhandenen Eigenkapitals dar.

Beispiel

Die Selbstfinanzierung ist eine wichtige, rechtsformunabhängige Form der betrieblichen Finanzierung, insbesondere bei schlechtem Zugang zum Kapitalmarkt. Gesundheitsbetriebe, die Zugang zum Kapitalmarkt haben, betreiben aber gerade wegen ihrer Abhängigkeit davon eine stetige Rücklagenbildung. Insofern ist die Selbstfinanzierung nichts anderes als das Sparen des Gesundheitsbetriebs. Einbehaltene Gewinne sind die betrieblichen Ersparnisse. Der Umfang der Selbstfinanzierung ist somit abhängig von der Höhe des Gewinns, der Besteuerung, dem Kapitalbedarf oder beispielsweise auch von der Politik der Privatentnahmen eines Heilpraktikers als Praxisinhaber.◄

Die *offene* Selbstfinanzierung geschieht durch Bildung *offener* **Rücklagen**. Das sind finanzielle Reserven oder auch ein Kapitalfonds des Gesundheitsbetriebs, die zum Ausgleich von Verlusten oder für Sonderzwecke bestimmt sind. Als Kapitalrücklage wird u. a. der Gegenwert eines bei der Emission von Anteilen erzielten Aufgeldes (Agio) bezeichnet. Aus dem Ergebnis des Gesundheitsbetriebs gebildete Rücklagen stellen hingegen Gewinnrücklagen dar.

Beispiel

Die Rücklagen bieten dem Gesundheitsbetrieb insbesondere die Vorteile, nicht von den Entwicklungen des Kapitalmarkts abhängig zu sein, sich nicht Kreditwürdigkeitsanalysen (Bonitätsprüfungen) unterziehen zu müssen, sofort über die Finanzmittel verfügen zu können, die Vermeidung von Kapitalbeschaffungskosten, eine Vermeidung des Abflusses von Finanzmitteln für Fremdkapitalzinsen und Tilgung sowie die Erhaltung der Unabhängigkeit gegenüber fremden Kapitalgebern. Nachteilig wirkt sich aus, dass die Selbstfinanzierung eine Schmälerung der Gewinnausschüttung an die Eigner des Gesundheitsbetriebs bewirkt. Diesem Nachteil steht andererseits der allerdings ungewisse Vorteil späterer höherer Gewinnausschüttungen gegenüber, die aus einem selbstfinanzierten Wachstum des Gesundheitsbetriebs resultieren können.◄

Die *verdeckte* Selbstfinanzierung vollzieht sich über die Bildung stiller Rücklagen. Dabei handelt es sich um Rücklagen, die in der Bilanz des Gesundheitsbetriebs nicht ausgewiesen werden und durch Unterbewertung von Aktiva bzw. Überbewertung von Passiva entstehen. Durch Ausnutzung von Aktivierungs- und Passivierungswahlrechten und durch Ausnutzung von Bewertungswahlrechten kommt es zu Differenzen zwischen Buchwerten und den tatsächlichen Werten, durch Beachtung von Bewertungsobergrenzen zu Zwangsreserven. Die Bildung stiller Reserven führt zur Verminderung des Gewinns von Gesundheitsbetrieben, ihre Auflösung zu seiner Erhöhung. Die Bildung steuerrechtlicher Abschreibungen, die zu Unterbewertungen in der Bilanz führen, ist nur im Rahmen der zulässigen Ausnutzung von Aktivierungs-, Passivierungs- und Bewertungswahlrechten erlaubt.

Die Finanzierung aus **Abschreibungswerten** stellt nichts anderes als den Rückfluss der Abschreibungen in den Umsatz des Gesundheitsbetriebs dar. Es handelt sich dabei um eine reine Vermögensumschichtung durch die anderweitige Verwendung der Zahlungsmittel bis zur Durchführung der Ersatzbeschaffung der Abschreibungsobjekte. Lassen sich die Abschreibungsgegenwerte in die erzielbaren Patientenhonorare einkalkulieren, werden die Abschreibungen „verdient". Die für die Ersatzbeschaffung vorgesehenen Abschreibungserlöse führen erst zu einem späteren Zeitpunkt zu Ausgaben und stehen bis dahin als Finanzmittel zur Verfügung (Kapitalfreisetzungseffekt). Das freigesetzte Kapital ist umso

größer, je länger die Nutzungsdauer der Behandlungs- und Pflegeeinrichtungen und je
höher deren Nutzungsintensität ist.

Beispiel

Die Abschreibungstabellen (Afa-Tabellen zur Absetzung für Abnutzung) der Finanzverwaltung für den Wirtschaftszweig „Gesundheitswesen" gelten unter anderem für

- Arztpraxen (ohne Zahnarztpraxen),
- Zahnarztpraxen,
- Praxen von Heilpraktikern,
- sonstige selbständige Tätigkeiten im Gesundheitswesen,
- Krankenhäuser (ohne Hochschulkliniken sowie Vorsorge- und Rehabilitationsklini-
  ken) (vgl. Bundesministerium der Finanzen, 2023, S. 1).◄

Die Finanzierung aus **Rückstellungen** des Gesundheitsbetriebs vollzieht sich durch die
Bindung finanzieller Mittel aufgrund der Minderung des Jahresüberschusses durch Zufüh-
rungen zu Rückstellungen, sodass weniger Mittelausgeschüttet werden bzw. abfließen. Da
nur langfristige Rückstellungen einen ausreichenden Finanzierungseffekt besitzen, werden
sie auch als innerbetriebliche Fremdfinanzierung bezeichnet.

Beispiel

Ein wichtiges Beispiel sind in diesem Zusammenhang Pensionsrückstellungen, die auf-
grund ihrer außerordentlichen Langfristigkeit nahezu Eigenkapitalcharakter besitzen.
Tatsächlich werden sie aus externer Sicht jedoch als Fremdkapital behandelt, das dem
Gesundheitsbetrieb gewissermaßen nur zeitlich begrenzt zur Verfügung steht.◄

7.2.4   Finanzierung durch öffentliche Fördermittel

Ist der Gesundheitsbetrieb beispielsweise als Kreiskrankenhaus, kommunale Pflegeeinrichtung oder Universitätsklinik nicht ohnehin bereits eine öffentliche Einrichtung, deren
Aufwandsträger die Finanzierung des Betriebs mit öffentlichen Mitteln unterstützen, so
steht ihm zur Finanzierung die Inanspruchnahme öffentlicher Fördermittel zur Verfügung.
    Neben der meist sehr individuellen kommunalen Wirtschaftsförderung sind es insbe-
sondere die Fördereinrichtungen des Bundes und der Länder, die öffentliche Finanzierungshilfen anbieten. So gibt es beispielsweise auf Bundesebene neben der originären
Zuständigkeit des *Bundesministeriums für Wirtschaft und Technologie* die *Kreditanstalt*

für Wiederaufbau (KfW), die öffentliche **Finanzierungshilfen** im Rahmen gewerblicher Wirtschaftsförderung anbietet. In den Bundesländern gibt es ebenfalls vergleichbare Förderbanken und/oder eigene Bürgschaftsbanken.

Beispiel

Mit der Förderung für Hausärztinnen und Hausärzten nach dem Hausarztaktionsprogramm (HAP) versucht *Nordrhein-Westfalen* schwerpunktmäßig in kleineren Kommunen durch finanzielle Anreize die wohnortnahe hausärztliche Versorgung sicherzustellen. Danach werden beispielsweise Niederlassungen und Anstellungen für Hausärzte in Kommunen mit bis zu 25.000 Einwohnern gefördert, um punktuellen Engpässen in der hausärztlichen Versorgung präventiv entgegen zu wirken. Auch Kommunen mit einer Einwohnerzahl bis 40.000 können vom HAP profitieren, wenn die Altersstruktur der Hausärzteschaft vor Ort besonders ungünstig ist. Die Höhe der Förderung beträgt:

- bis zu 60.000 € bei Niederlassung in einer Gemeinde, in der die Gefährdung der hausärztlichen Versorgung droht;
- bis zu 30.000 € bei Niederlassung in einer Gemeinde, in der die hausärztliche Versorgung auf mittlere Sicht gefährdet erscheint.

Auch die Ausbildung von medizinischen Fachangestellten (MFA) zu einer Entlastenden Versorgungsassistentin (EVA), die die Hausärzte insbesondere bei Hausbesuchen entlasten sollen, wird in Höhe von bis zu 1000 € gefördert. Weitere Fördermöglichkeiten sind:

- Förderung der Teilnahme an der vertragsärztlichen Versorgung durch angestellte Ärztinnen und Ärzte,
- Förderung für die Errichtung von Lehrpraxen,
- Förderung der Beschäftigung von Weiterbildungsassistentinnen und -assistenten während der Praxisphase,
- Förderung Qualifizierungsjahr,
- Förderung Quereinstieg,
- Förderung des Erwerbs von Zusatzqualifikationen von nicht-ärztlichem Praxispersonal (vgl. Ministerium für Arbeit, Gesundheit und Soziales des Landes Nordrhein-Westfalen, 2023, S. 1)◄

An Finanzierungsalternativen im Rahmen öffentlicher Förderhilfen stehen beispielsweise Darlehen, Bürgschaften, Zuschüsse und Beteiligungen zur Verfügung.

Darlehen werden für förderfähige Vorhaben in der Regel bis zu einer bestimmten Höhe gewährt. Als förderfähige Vorhaben werden im allgemeinen insbesondere Investitionen bei Neugründungen von Gesundheitsbetrieben, auch die Anschaffung der „Erstausstattung",

Übernahmen von Arzt- oder Zahnarztpraxen, Rationalisierungen, Modernisierungen oder auch die Erweiterung bestehender Behandlungs- und Pflegeeinrichtungen, sofern sie mit dem Erhalt oder der Schaffung von Arbeitsplätzen verbunden sind, angesehen.

Im Rahmen der Förderung von Konsolidierungsvorhaben werden häufig auch Darlehen gewährt, die Gesundheitsbetriebe, welche in Liquiditäts- und Rentabilitätsschwierigkeiten geraten sind, im Interesse der Erhaltung von Arbeitsplätzen eine Umschuldung ihrer überhöhten kurzfristigen Verbindlichkeiten in langfristiges Fremdkapital ermöglichen. Voraussetzung für die Darlehensgewährung ist insbesondere, dass zur Behebung der bestehenden Schwierigkeiten ein tragfähiges Gesamtkonsolidierungskonzept vorgelegt wird, an dem sich neben dem Gesundheitsbetrieb auch dessen Hausbank beteiligt.

Soweit ein Darlehen bankmäßig nicht ausreichend abgesichert werden kann, ist oft auch eine teilweise Haftungsfreistellung für die Hausbank möglich, die von der Fördereinrichtung eingeräumt wird.

Um auch solchen Gesundheitsbetrieben, die nicht genügend Sicherheiten verfügbar haben, die Kreditaufnahme zu ermöglichen, gibt es die Möglichkeit öffentlicher Bürgschaften. Sie übernehmen gegenüber den Hausbanken einen Großteil des Risikos. Die zu verbürgenden Kredite können für die Finanzierung von Investitionen, zur wirtschaftlichen Konsolidierung des Betriebes oder auch zur Bereitstellung von Betriebsmitteln (Behandlungs- und Pflegeeinrichtungen etc.) bestimmt sein (siehe Tab. 7.5).

Kleine und mittlere Gesundheitsbetriebe stoßen wegen ihres zu geringen Eigenkapitals bei ihrem Wachstum oder der Aufnahme von Krediten häufig an Grenzen. Sie sind daher auf die Zuführung von haftendem Eigenkapital angewiesen. Solches Eigenkapital kann in Form von öffentlich refinanzierten Beteiligungen über verschiedene Fonds in Form von offenen und stillen Beteiligungen oder durch Übernahme von Anteilen zur Verfügung gestellt werden. Grundsätzlich sind dabei alle Finanzierungsphasen möglich,

Tab. 7.5 Öffentliche Bürgschaften für Gesundheitsbetriebe

Bürgschaftszweck	Erläuterung
Investitionen	Verbürgung von Krediten für Investitionen zur Rationalisierung, Modernisierung, Erweiterung und Umstellung bestehender Gesundheitsbetriebe
Existenzgründung	Verbürgung von Krediten für die Errichtung neuer und Übernahme bestehender Gesundheitsbetriebe
Betriebsmittel	Verbürgung von Krediten zur Deckung des Betriebsmittelbedarfs, vor allem in Verbindung mit Investitionen in Räumlichkeiten und Behandlungseinrichtungen
Konsolidierung	Verbürgung von Krediten zur Konsolidierung, insbesondere zur Umschuldung von kurzfristigen Verbindlichkeiten des Gesundheitsbetriebs; Voraussetzung ist in der Regel ein tragfähiges Gesamtkonsolidierungskonzept, an dem sich auch die Hausbank entsprechend beteiligt

d.h. Gründung des Gesundheitsbetriebs, Wachstum, Innovation, Rationalisierung, bis hin zur Reorganisation können durch Eigenkapital in Form einer Beteiligung begleitet werden. Die Höhe der Beteiligung kann Beträge bis hin zu mehreren Millionen umfassen, wobei die Konditionen in der Regel individuell abgestimmt werden. In Fällen, in denen auf öffentlich refinanzierte Beteiligungen zurückgegriffen wird, sind die Kosten – gemessen am sonstigen Preis für Eigenkapital – günstig. Häufig wird in diesem Marktsegment eine prozentuale Festvergütung für einen längeren Zeitraum festgelegt, zuzüglich einer gewinnabhängigen Komponente.

Beispiel

Es handelt sich dabei vorwiegend um stille Beteiligungen, bei denen die Fördereinrichtung stiller Gesellschafter bleibt und sich nicht am Management des Gesundheitsbetriebs beteiligt. Das Beteiligungskapital wird oft bereits in frühen Phasen der Betriebsentwicklung zur Verfügung gestellt und dient dadurch der Mitfinanzierung von Investitionen und Betriebsmitteln insbesondere für innovative Vorhaben des Gesundheitsbetriebs. Überwiegend beteiligt sich die Fördereinrichtung in Zusammenarbeit mit einem weiteren kooperierenden Beteiligungsgeber wie beispielsweise einer Privatperson oder der Hausbank, dem zur Reduzierung seines Risikos auch eine zeitlich begrenzte Verkaufsoption eingeräumt werden kann. Dieser Investor prüft vor Übernahme der Beteiligung die Beteiligungsvoraussetzungen und leitet der Fördereinrichtung eine entsprechende Stellungnahme für die anstehende Beteiligungsentscheidung zu. Während der Beteiligungslaufzeit betreut der Investor den beteiligungsnehmenden Gesundheitsbetrieb betriebswirtschaftlich und überwacht die ordnungsmäßige Vorhabensdurchführung. Die Beteiligungshöhe der Fördereinrichtung orientiert sich in diesem Fall an der Mittelbereitstellung des Investors, wobei das Beteiligungskapital grundsätzlich in mehreren Tranchen entsprechend dem Fortschritt des innovativen Vorhabens des Gesundheitsbetriebs bereitgestellt wird. Die Laufzeit orientiert sich an der Beteiligungsdauer des kooperierenden Beteiligungsgebers. Neben einmaligen Bearbeitungsgebühren fallen in der Regel eine fixe, ergebnisunabhängige Basisvergütung, eine den Verhältnissen des Gesundheitsbetriebs angepasste, laufende gewinnabhängige Entgeltkomponente sowie am Beteiligungsende ein angemessenes Ausstiegsentgelt unter Berücksichtigung der wirtschaftlichen Entwicklung, die der Gesundheitsbetrieb während der Beteiligungslaufzeit genommen hat. Einzelheiten regelt ein abzuschließender Beteiligungsvertrag. Ein Rechtsanspruch auf eine öffentliche Beteiligung besteht nicht.◄

Anträge für öffentliche Förderhilfen sind vom Gesundheitsbetrieb in der Regel vor Beginn des Vorhabens, d. h. insbesondere vor Eingehen des wesentlichen finanziellen Engagements wie z. B. dem Abschluss von Kaufverträgen zu stellen. Die öffentlichen

Abb. 7.2 Antragsweg öffentlicher Finanzierungshilfen für den Gesundheitsbetrieb

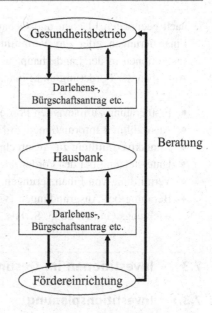

Finanzierungshilfen werden üblicherweise nicht in Konkurrenz zu den Geschäftsbanken, sondern unter deren maßgeblichen Mitwirkung gewährt. Nach diesem sogenannten „Hausbankprinzip" richtet der Gesundheitsbetrieb über seine frei gewählte Geschäftsbank den Finanzierungsantrag an die jeweilige Fördereinrichtung. Beratungsleistungen erfolgen allerdings auch direkt (siehe Abb. 7.2).

Die Hausbank ist das Kreditinstitut, bei dem der Gesundheitsbetrieb den größten Teil seiner Bankgeschäfte abwickelt. Sie trägt grundsätzlich auch das Kreditrisiko, soweit es ihr nicht durch eine öffentliche Bürgschaft teilweise abgenommen wird. Eine besondere Form dabei ist die Haftungsfreistellung. Hierbei handelt es sich um die gänzliche oder teilweise Befreiung der Hausbank von der Verpflichtung, für eine Schuld aufgrund eines Schuldverhältnisses einstehen zu müssen (z.B. Zins- und Tilgungsforderungen im Rahmen von Darlehen).

Bei der Beantragung öffentlicher Finanzierungshilfen und der Förderberatung unterstützen in der Regel auch kommunale Wirtschaftsförderungseinrichtungen.

Beispiel

Im Hinblick auf die Gesundheitswirtschaft liegt *Schleswig-Holstein* mit einem Wertschöpfungsanteil von 15,8 % an der Gesamtwirtschaft auf dem ersten Platz und die *Landeshauptstadt Kiel* gehört mit dem *Universitätsklinikum Schleswig-Holstein (UKSH)* zu den größten europäischen Zentren für medizinische Versorgung, Forschung und Ausbildung. Die Kieler Wirtschaftsförderung unterstützt Gesundheitsbetriebe im Bestand ebenso wie Existenzgründungen, Standortverlagerungen oder Ansiedlungen. Dazu gehört die Koordination aller Aspekte der Standortsuche, wie die Suche nach geeigneten Flächen und Gebäuden, die Information bezüglich Fördermittel und Finanzierungen oder die Vermittlung von Kontakten zu öffentlichen und privaten Institutionen in der Landeshauptstadt Kiel und im Land Schleswig-Holstein. Weitere Aufgaben der Förderung und Finanzierung sind:

- Erstberatung zu relevanten Förderprogrammen (Land, Bund, EU),
- Auswahl und Informationen zu Förder- und Finanzierungsmöglichkeiten,
- Kontaktvermittlung zu Ansprechpartnern der Förderinstitutionen,
- Unterstützung bei der Fördermittelantragstellung,
- Vermittlung von Finanzierungen,
- Beratung bei Ausgründungen (vgl. Kieler Wirtschaftsförderungs- und Strukturent-wicklungs GmbH, 2023, S. 1)◄

7.3   Investitionen im Gesundheitsbetrieb

7.3.1   Investitionsplanung

Die **Investitionsplanung** in Gesundheitsbetrieben erfolgt unter verschiedenen Gesichtspunkten. Einerseits erfolgt die Auswahl beispielsweise medizintechnischer Behandlungs- oder Pflegeausstattung nach medizinischen Gesichtspunkten und dem jeweiligen Stand der Medizintechnik, mit dem Ziel bestmöglicher Leistungseigenschaften, um letztendlich in die Einrichtungen zu investieren, welche die Behandlungs- und Pflegeleistungen bestmöglich unterstützen. Weiterhin werden in die Auswahl beispielsweise auch Marketingaspekte einbezogen, denn die Patienten erwarten, mit der bestmöglichen, zeitgemäßen Medizintechnik behandelt zu werden und die Ausstattung des Gesundheitsbetriebs als modern, ergonomisch angenehm und fortschrittlich zu empfinden. Letztendlich ist jede Investition in den Gesundheitsbetrieb aber auch unter betriebswirtschaftlichen Gesichtspunkten zu beurteilen, denn sie bedeutet die Bindung von Kapital, wirft unter Umständen Finanzierungsprobleme auf, erzeugt Folgekosten für Wartung und Instandhaltung und stellt oft auch nur mittel- bis langfristig erreichbare Vorteile in Aussicht.

Beispiel

Das vom *Zentralinstitut für die kassenärztliche Versorgung in Deutschland (ZI)* gemeinsam mit der *Deutschen Apotheker- und Ärztebank (apo-Bank)* entwickelte *Investitions- und Kostenplanungsprogramm (INKO)* ermöglicht anhand von Simulationsrechnungen eine betriebswirtschaftliche Simulation für die Praxisgründung, die Nachfolge oder den Einstieg in eine Praxisgemeinschaft anhand verschiedener Gestaltungsvarianten. Es werden dabei Investitionen, Finanzierung und weitere laufende Betriebskosten sowie private Ausgaben berücksichtigt und ein Investitions- und Finanzierungsplan erstellt (vgl. Deutsche Apotheker- und Ärztebank, 2023c, S. 1).◄

Tab. 7.6 Investitionsarten im Gesundheitsbetrieb

Investitionsart	Beispiele
Rationalisierungsinvestitionen	Investitionen in die Automatisierung von Labortechnik, Energiespareinrichtungen etc.
Sachinvestitionen	Neue Pflege- oder Behandlungseinrichtungen
Ersatzinvestitionen	Erneuerung von veralteter Medizintechnik
Gründungs- oder Errichtungsinvestitionen	Neugründung eines Gesundheitsbetriebs
Erweiterungsinvestitionen	Zusätzliche Räumlichkeiten für den Gesundheitsbetrieb
Immaterielle Investitionen	Investitionen in Werbung, Ausbildung etc.

Je nach Zweck, Objekt oder Funktion der Investition in den Gesundheitsbetrieb lassen sich eine Reihe von **Investitionsarten** unterscheiden (siehe Tab. 7.6).

Bei einer Investition sind einerseits die *ausgehenden* Zahlungen zu berücksichtigen, wie die Anschaffungszahlung für den Kaufpreis eines medizintechnischen Gerätes oder die Folgekosten für Wartung, Reparatur und Ersatzteile. Ihnen stehen tatsächlich oder fiktiv *eingehende* Zahlungen gegenüber, wie der Verwertungserlös aufgrund der Veräußerung des Gerätes am Ende seiner Nutzungsdauer oder Rechnungsstellungen gegenüber Krankenkassen und Patienten für die Nutzung des Gerätes im Rahmen der Behandlung. Die Wertminderung, der das Investitionsobjekt aufgrund seiner Alterung unterliegt, wird in Form der über die Nutzungsdauer verteilten **Abschreibungen** berücksichtigt. Sie muss durch die Einnahmen aus den damit erbrachten Behandlungsleistungen mindestens ausgeglichen werden, sodass am Ende der Nutzungsdauer eine Ersatzbeschaffung durchgeführt werden kann. Die Abschreibungen stellen gewinnmindernde Ausgaben dar und sind von den insgesamt erzielten Einnahmen abzuziehen, um den steuerpflichtigen Gewinn des Gesundheitsbetriebs zu ermitteln. Als **Fehlinvestitionen** werden Investitionen bezeichnet, die aus verschiedenen Gründen nicht in die Prozesse des Gesundheitsbetriebs einbezogen werden können, aber dennoch sein Ergebnis negativ belasten. Den Gegensatz zur Investition stellt die **Desinvestition** dar. Darunter ist die Rückgewinnung und Freisetzung der in konkreten Vermögenswerten gebundenen finanziellen Mittel durch Verkauf, Liquidation oder Aufgabe von Pflege- oder Behandlungseinrichtungen des Gesundheitsbetriebs zu verstehen.

Als Verfahren zur Beurteilung verschiedener Investitionsalternativen im Gesundheitsbetrieb bieten sich die verschiedenen Arten der **Investitionsrechnung** an. Sie soll Aussagen über die Wirtschaftlichkeit einer Investition in den Gesundheitsbetrieb oder mehrerer Investitionsalternativen liefern, da sie hinsichtlich der quantifizierbaren Faktoren eine Grundlage von Investitions- und Finanzierungsentscheidungen darstellen kann. Ihr Einsatz kann als Planungsrechnung vor der Entscheidung und als Kontrollrechnung während und nach der Entscheidungsdurchführung erfolgen.

Bei den Investitionsrechnungen handelt es sich überwiegend um *finanzmathematische* Verfahren. Ihnen ist gemein, dass qualitative Entscheidungsfaktoren nicht berücksichtigt werden und auch die medizintechnische Beurteilung von Investitionsalternativen bereits erfolgt ist. Sie haben zum Ziel jene Investitionsalternative rechnerisch zu ermitteln, die je nach Fragestellung etwa die geringsten Kosten verursacht, den größten Beitrag zum Gewinn des Gesundheitsbetriebs leistet oder die höchste Rentabilität erzielt. Je genauer sich die Ausgaben für die Investition und die Einnahmen aus der Nutzung des Investitionsgutes bestimmen lassen, desto wirklichkeitsnaher sind auch die Ergebnisse der Investitionsrechnung. Da es sich bezüglich einer geplanten Investion bei den voraussichtlichen Einnahme- bzw. Ausgabepositionen um zu schätzende Werte handelt, ist es zweckmäßig, pro Investitionsfall zumindest zwei Modellrechnungen durchzuführen, in denen jeweils minimale und maximale Annahmen für die zu berücksichtigen Werte Eingang finden (vgl. Frodl, 2015, S. 12 ff.).

Die verschiedenen Investitionsrechnungsarten haben je nachdem, ob sie nur eine Berechnungsperiode oder den gesamten Investitionszeitraum berücksichtigen, überwiegend statischen oder dynamischen Charakter (siehe Tab. 7.7).

Da bei einer Investitionsrechnung für den Gesundheitsbetrieb nur quantifizierbare Größen und Ereignisse für einzelne Investitionsvorhaben erfasst und sichere Erwartungen unterstellt werden, ist es zweckmäßig, bei Investitionsentscheidungen zusätzlich qualitative Argumente zu berücksichtigten, etwa unter Einbeziehung von Verfahren wie die Nutzwertanalyse zur Einbeziehung nicht quantifizierbarer Größen.

Beispiel

Wenn es um die Investition in robotische Chirurgiesysteme wie das Da Vinci – Operationssystem von Intuitive Surgical oder neue Technologien geht, sind es meist Universitätskliniken oder große Klinikketten, die das extrem hohe Risiko einer medizintechnischen Innovation tragen können. Für kleinere Gesundheitsbetriebe scheint hierbei eine Follower-Strategie bzw. die eines Early Adopters erfolgversprechender. Sie bezieht sich auf den Zeitpunkt, zu dem bereits erste internationale wissenschaftliche Studien über den tatsächlich vorhandenen Patientennutzen der medizintechnischen Innovation vorliegen und sich gleichzeitig auch ausreichend Personal zur Nutzung der Technologie qualifiziert hat. Da diese noch nicht verbreitet im Einsatz ist, sind noch Imagevorteile möglich, wobei der Gesundheitsbetrieb allerdings eine kritische Masse an Fallzahlen erreichen muss, um Lern- und Skaleneffekte zu ermöglichen (vgl. Auschra et al., 2023, S. 233 f.).◄

Tab. 7.7 Investitionsrechnungsarten im Gesundheitsbetrieb (vgl. Beschorner & Peemöller, 2006, S. 353 ff.)

Statische Investitionsbewertung	Kostenvergleichsrechnung	Bei verschiedenen Investitionsobjekten werden die mit der Erbringung der Behandlungsleistung anfallenden Kosten verglichen
	Gewinnvergleichsrechnung	Es werden die zurechenbaren Gewinne des Gesundheitsbetriebs (Einnahmen – Kosten) verglichen
	Rentabilitätsrechnung	Ermittlung und Gegenüberstellung der Rentabilität für verschiedene Investitionsobjekte: Ø erwarteter Betriebsgewinn ÷ Ø Investiertes Kapital x 100
DynamischeInvestitionsbewertung	Kapitalwertmethode	Sämtliche erwartete Gewinne werden über die Lebensdauer mit einem Zinsfuß (i) auf den Zeitpunkt unmittelbar vor der Investition abgezinst. Die Investition ist vorteilhaft, wenn für den Kapitalwert gilt: $K0\,(z,i) = \Sigma\,[(\text{Einnahmen} - \text{Ausgaben}) \div (1+i)^t] + [(\text{Restwert} \div (1+i)^n] \geq 0$
	Interner Zinsfuß	Bei einem Kapitalwert $= 0$ wird die Verzinsung des angelegten Kapitals des Gesundheitsbetriebs ermittelt

(Fortsetzung)

Tab. 7.7 (Fortsetzung)

	Annuitätenmethode	Es werden die durchschnittlichen jährlichen Einnahmen und Ausgaben unter Verwendung der Zinseszinsrechnung errechnet (Annuitäten). Vorteilhaft, wenn Einnahmeannuitäten > Ausgabeannuitäten
	Vermögensendwertverfahren	Aufzinsung sämtlicher Zahlungen auf das Ende des Planungszeitraumes; ansonsten analog Kapitalwertmethode
	Sollzinssatzverfahren	Aufzinsung sämtlicher Zahlungen auf den Finalwert; ansonsten analog Methode Interner Zinsfuß
Sonstige Bewertung	Amortisationsrechnung	Als Kriterium dient die Zeitspanne, in der das investierte Kapital des Gesundheitsbetriebs wieder hereingewirtschaftet wird: Amortisationsdauer = Anschaffungswert ÷ Reingewinn (+ Abschreibungen)
	MAPI-Verfahren	Rentabilitätsrechnung in Verbindung mit der Bestimmung des Zeitpunktes für Ersatzinvestitionen im Gesundheitsbetrieb

7.3.2 Statische Investitionsbewertung

Die *statische* Bewertung von Investitionen in einem Gesundheitsbetrieb berücksichtigt in der Regel nur eine Rechnungsperiode und geht von durchschnittlichen Jahreswerten aus. Sie berücksichtigt weder die Rendite der zu vergleichenden Alternative noch zeitlich später liegende, die Investitionsentscheidung betreffende Ereignisse, da nur auf die Anfangsinvestition abgestellt wird. Für den Gesundheitsbetrieb liegen die wichtigsten Vorteile der *statischen* Investitionsbewertung in der Praktikabilität ihrer Verfahren, durch Einfachheit und rasche Anwendungsmöglichkeit. Als wesentlicher Nachteil kann die kurzfristige Betrachtung von einer Periode oder einem Durchschnittsjahr angesehen werden, bei der mengen-, kosten oder preismäßige Veränderungen im Zeitablauf keine Berücksichtigung finden.

So wird bei der **Kostenvergleichsrechnung** ein Vergleich der in einer Periode anfallenden Kosten von Investitionsobjekten in einem Gesundheitsbetrieb durchgeführt. Zu berücksichtigen sind dabei die fixen Kosten, die variable Kosten und die Kapitalkosten der zu vergleichenden Investitionsobjekte. Die *fixen* Kosten sind unabhängig von den Behandlungsleistungen und fallen auch an, wenn kein Patient behandelt wird. Die *variablen* Kosten entstehen in Abhängigkeit von den Behandlungsleistungen und beispielsweise dem Einsatz eines Bildgebenden Diagnosegerätes, in das investiert werden soll. Die Kapitalkosten bestehen zum einen aus den kalkulatorischen Abschreibungen, welche die gleichmäßige Verteilung der Anschaffungskosten auf die gesamte Nutzungsdauer sowie den Restwert des Investitionsobjektes berücksichtigen sowie den kalkulatorischen Zinsen, die entgehende Erträge oder Kreditkosten darstellen, weil das entsprechende Kapital im Investitionsobjekt gebunden ist und dem Gesundheitsbetrieb nicht für andere Zwecke zur Verfügung steht (siehe Tab. 7.8).

Da die im Rahmen der Privat- und Kassenliquidation zu erwartenden Einnahmen für die Vergütung der Inanspruchnahme der jeweiligen Investitionsalternative in der Regel

Tab. 7.8 Kostenvergleichsrechnung für alternative Bildgebende Diagnosegeräte

	Diagnosegerät 1	Diagnosegerät 2
Anschaffungskosten	100.000	150.000
Geplante Nutzungsdauer (Jahre)	10	10
Voraussichtl. Restwert	20.000	30.000
Marktzinssatz	5 %	5 %
Geplante Behandlungsfälle	2000	2000
Berechnung:		
Fixe Kosten	8000	5000
+ Variable Kosten (je Behandlungsfall: 10/5)	20.000 (10 x 2000 = 20.000)	10.000 (5 x 2000 = 10.000)
+ Kalkulator. Abschreibungen (pro Jahr): Anschaffungskosten – Restwert ÷ Nutzungsdauer	8000	12.000
+ Kalkulator. Zinsen (pro Jahr): [(Anschaffungskosten + Restwert) ÷ 2] x Zinssatz ÷ 100	2000	3000
= Gesamtkosten	38.000	30.000
Kosten je Behandlungsfall	19	15

gleich sind, reicht ein Vergleich der Gesamtkosten aus. Ein Vergleich der Kosten je Diagnosegerät ist insbesondere dann anzustellen, wenn mit der jeweiligen Alternative auch eine unterschiedliche Anzahl von zu erbringenden Behandlungsleistungen verbunden ist. Die kritische Behandlungsmenge ist in dem Punkt erreicht, in dem die Gesamtkosten beider Alternativen gleich hoch sind. Da die fixen Kosten bei zunehmender Behandlungsmenge im Vergleich zu den variablen Kosten an Bedeutung verlieren, ist die Alternative günstiger, die bei einer zu erwartenden Auslastung über der kritischen Behandlungsmenge den höheren Fixkostenanteil ausweist.

Eine ähnliche kritische Menge lässt sich auch für die Beantwortung der Frage errechnen, ab wann die Weiterbetreibung eines Altgerätes und ab wann eine Ersatzinvestition im Gesundheitsbetrieb günstiger wäre. Hierbei ist zum aufgezeigten Rechenweg zu berücksichtigen, dass für noch im Einsatz befindliche Altgeräte keine Abschreibungen mehr anfallen, sich bei der weiteren Nutzung der Restwerterlös verringert und wesentlich höhere Instandhaltungskosten entstehen können.

Somit eignet sich die Kostenvergleichsrechnung insbesondere zur quantitativen Bewertung von Erweiterungs- und Ersatzinvestitionen. Da sie die Ertragsseite nicht berücksichtigt, bleiben Rentabilitätsaspekte und die Frage, ob die Investition überhaupt einen Beitrag zum Gewinn des Gesundheitsbetriebes leistet, außen vor.

Beispiel

Häufig wird die Kostenvergleichsrechnung bei Ersatzinvestitionen angewendet, die zu keiner Veränderung der Erlöse führen. Dabei werden schlichtweg die Anschaffungs- und Folgekosten verschiedener Geräteanbieter verglichen (vgl. Sonntag, 2010, S. 315). ◀

Da die kostengünstigste Investitionsalternative nicht immer auch zu einem höheren Gewinn des Gesundheitsbetriebs führt, hat die **Gewinnvergleichsrechnung** zum Ziel, die bei den verschiedenen Investitionsalternativen zu erwartenden Jahresgewinne miteinander zu vergleichen, etwa im Fall von Ersatzinvestitionen den Vergleich des durchschnittlichen Jahresgewinns des alten Geräts mit dem durchschnittlichen geschätzten Jahresgewinn des neuen.

Hierzu sind zunächst die gesamten Kosten entsprechend der Kostenvergleichsrechnung in durchschnittliche jährliche Kosten umzurechnen. Die Gewinngrenze gibt dann Auskunft darüber, ab welcher Zahl von Behandlungsfällen die Kosten gedeckt sind und die Gewinnzone erreicht wird [Durchschnittliche Kosten je Periode ÷ (Einnahmen je Behandlungsfall – variable Kosten je Behandlungsfall) = Gewinngrenze]. Es ist somit zu prüfen, ob der Gesundheitsbetrieb diesen Wert als erreichbar betrachtet. Im Ergebnis ist die Investition zu wählen, die den höheren Gewinnbeitrag leistet (siehe Tab. 7.9).

Die Gewinnvergleichsrechnung überprüft allerdings nicht, ob die Investition im Gesundheitsbetrieb dennoch unterbleiben sollte, weil das dafür notwendige Kapital am

Tab. 7.9 Vereinfachtes Beispiel zur Gewinnvergleichsrechnung im Gesundheitsbetrieb als Gegenüberstellung von Gesamteinnahmen und –kosten

	Diagnosegerät 1	Diagnosegerät 2
Geplante Behandlungsfälle	2000	2000
Einnahmen je Behandlungsfall	20	20
Berechnung:		
Gesamteinnahmen	40.000	40.000
- Gesamte Kosten	38.000	30.000
Gewinn	2000	10.000

Kapitalmarkt eine bessere Rendite erzielen würde. Diese Frage kann die **Rentabilitätsrechnung** beantworten. Sie ist eine Weiterentwicklung der Gewinnvergleichsrechnung und insbesondere dann im Gesundheitsbetrieb einsetzbar, wenn einzelne Investitionsalternativen einen unterschiedlichen Kapitalbedarf aufweisen oder nur begrenztes Kapital für die Investition zur Verfügung steht. Dieses Verfahren basiert auf der Idee, die Rentabilität verschiedener Investitionsalternativen zu vergleichen. Als Entscheidungskriterium für die Vorteilhaftigkeit eines Investitionsvorhabens wird die Rentabilität mit der vom investierenden Gesundheitsbetrieb gewünschten Mindestrendite verglichen. Beim Vergleich mehrerer Investitionsobjekte wird das mit der höchsten Rentabilität ausgewählt. Im einfachsten Fall lässt sich die Rentabilität als durchschnittlicher Gewinn des Gesundheitsbetriebs einer Periode im Verhältnis zu dem durchschnittlich dafür eingesetzten Kapital ermitteln: Rentabilität (in %) = Ø erwarteter Gewinn des Gesundheitsbetriebs x 100 ÷ Ø investiertes Kapital (siehe Tab. 7.10).

Da auf Fremdkapital in der Regel Zinsen gezahlt werden und auf Investitionen durch Eigenkapital nicht, weisen diese immer eine höhere Rentabilität auf, weshalb fiktive Zinsen als kalkulatorische Kapitalkosten in Ansatz gebracht werden müssen. Der Ertrag, der über die Verzinsung des eingesetzten Kapitals hinausgeht, stellt dann die eigentliche Rendite dar.

Tab. 7.10 Einfacher Fall einer Rentabilitätsrechnung für den Gesundheitsbetrieb

	Diagnosegerät 1	Diagnosegerät 2
Berechnung:		
Gesamte Kosten	38.000	30.000
Gewinn	2000	10.000
Rentabilität in %: Ø erwarteter Praxisgewinn x 100 ÷ Ø investiertes Kapital	5,26	33

Insgesamt werden die Verfahren der statischen Investitionsbewertung in der gesundheitsbetrieblichen Praxis nicht sehr häufig eingesetzt, da es sich um recht einfache Vergleichsverfahren handelt, die mit Jahresdurchschnitten rechnen. Sie berücksichtigen zeitliche Unterschiede bei Ein- und Auszahlungen einer Investition nicht oder nur teilweise, weswegen sie auch als zeitindifferent gelten (vgl. Heesen & Heesen, 2021, S. 6)

7.3.3 Dynamische Investitionsbewertung

Bei der *dynamischen* Investitionsbewertung wird der gesamte Zeitablauf einer Investition im Gesundheitsbetrieb berücksichtigt. Dies geschieht dadurch, dass in den jeweiligen Perioden die unterschiedlich anfallenden Einnahmen und Ausgaben in das Ergebnis eingehen. Mithilfe der Verfahren der *dynamischen* Investitionsbewertung lassen sich realitätsnähere Ergebnisse erzielen. Ihr wesentlicher Nachteil liegt jedoch darin, dass sie für die Beurteilung von Investitionen im Gesundheitsbetrieb rechnerisch weitaus aufwendiger sind, als die relativ schnell und einfach anzuwendenden Verfahren der *statischen* Investitionsbewertung.

Eine der wichtigsten Kennzahlen zur Beurteilung von Investitionen und Finanzierungsmaßnahmen im Gesundheitsbetrieb ist der Kapitalwert. Die **Kapitalwertmethode** ermittelt ihn als Differenz zwischen dem jeweiligen Gegenwartswert (Barwert) aller Einnahmen und Ausgaben, wobei unter Barwert auf den Entscheidungszeitpunkt abgezinste Zahlungen zu verstehen sind. Ist der Barwert aller Einzahlungen größer als der aller Auszahlungen, so kann eine Investition im Gesundheitsbetrieb vorteilhaft erscheinen. Das gleiche gilt für Investitionsalternativen, die im Vergleich den höchsten Kapitalwert aufweisen. Dabei lässt sich auch ein eventuell zu erwartender Restwert durch Veräußerung der veralteten bzw. auszutauschenden Behandlungs- und Pflegeeinrichtungen am Ende der Nutzungsdauer berücksichtigen (siehe Tab. 7.11).

Bei der Bewertung nach dem **Internen Zinsfuß** werden zwei Zinssätze (Marktzins des Gesundheitsbetriebs und interner Zins der Investition) miteinander verglichen. Der interne Zinsfuß (auch: interner Zinssatz, Effektivzins, Gesamtkapitalrentabilität) ist der Zinssatz, bei dessen Ansatz der Kapitalwert einer Investition oder Finanzierung im Gesundheitsbetrieb gerade gleich Null wird bzw. bei dem Ausgabe- und Einnahmebarwert einer Investition oder Finanzierung genau übereinstimmen. Eine Investition gilt nach diesem Verfahren als lohnend, wenn sie bei gegebenem Kalkulationszinssatz eine Rendite erbringt, die mindestens so hoch ist wie der Kalkulationszinsfuß.

Die **Annuitätenmethode** baut auf der Kapitalwertmethode auf. In ihr werden Ein- und Auszahlungsbarwerte in gleiche Jahresbeträge (Annuitäten) umgerechnet. Lohnend ist eine Investition für den Gesundheitsbetrieb dann, wenn beim gegebenen Kalkulationszinsfuß ein durchschnittlicher jährlicher Überschuss entsteht, der größer oder gleich Null ist. Der durchschnittliche jährliche Überschuss ist die Differenz zwischen den durchschnittlichen jährlichen Einnahmen und Ausgaben.

Tab. 7.11 Dynamische Investitionsbewertung im Gesundheitsbetrieb mithilfe der Kapitalwertmethode

	Diagnosegerät 1	Diagnosegerät 2
Investitionssumme	100.000	120.000
Nutzungsdauer	5 Jahre	6 Jahre
Marktzins	5 %	5 %
Erwarteter Restwert	0	20.000
Erwartete Einnahmen – Ausgaben:		
1. Jahr	30.000	25.000
2. Jahr	35.000	30.000
3. Jahr	40.000	35.000
4. Jahr	45.000	40.000
5. Jahr	50.000	45.000
6. Jahr	0	50.000
Restwert 6. Jahr	0	20.000
Kapitalwertberechnung:		

	Abzinsung: $1 / (1+i)^n$	Überschüsse Alternative 1	Barwerte Alternative 1	Überschüsse Alternative 2	Barwerte Alternative 2
1. Jahr	0,95	30.000	28.500	25.000	23.750
2. Jahr	0,91	35.000	31.850	30.000	27.300
3. Jahr	0,86	40.000	34.400	35.000	30.100
4. Jahr	0,82	45.000	36.900	40.000	32.800
5. Jahr	0,78	50.000	39.000	45.000	35.100
6. Jahr	0,75	0	0	50.000	37.500
Restwert 6. Jahr	0,75	0	0	20.000	15.000
Barwertesumme			170.650		201.550
- Investitions.summe			100.000		120.000
Kapitalwerte			70.650		81.550

Beispiel

Die Annuitätenmethode trägt dazu bei, die Frage zu klären, welche Kosten eine Investition pro Jahr verursacht (Kostenannuitäten). Dabei wird nicht mehr der Kapitalwert betrachtet, sondern es werden nur die Auszahlungen und somit die Anschaffungskosten und die Kosten in den einzelnen Perioden in der Berechnung berücksichtigt. Der so errechnete Barwert aller Kosten ist zur Bestimmung der Kostenannuitäten anschließend genauso bedeutsam, wie bei der Berechnung der Gewinnannuitäten (vgl. Grethler, 2014, S. 253).◄

Das **Vermögensendwertverfahren** ist eine Verfeinerung der Kapitalwert- und Annuitätenmethode. Sein Ziel ist die Endwertmaximierung. Alle Zahlungen und damit der
Vermögenswert werden auf das Ende des Investitionszeitraums im Gesundheitsbetrieb
bezogen. Dabei wird mit einem geteilten Zinssatz gerechnet: Ein Sollzinssatz, mit dem
bereitgestelltes Fremdkapital zu verzinsen ist, und ein Habenzinssatz, zu dem Eigenmittel
und Einnahmen-/Ausgabenüberschüsse angelegt werden können.

Das **Sollzinssatzverfahren** ist eine Verallgemeinerung der Methode des Internen
Zinsfußes und hängt eng mit der Vermögensendwertmethode zusammen. Sie trifft eine
Aussage über den Zinssatz, der bei gegebenem Habenzinssatz auf das Kapital des Gesundheitsbetriebs erzielt werden kann, das zu jedem Zeitpunkt während der Investitionsdauer
noch gebunden ist.

Mit der **Amortisationsrechnung** lassen sich sowohl *dynamische* als auch *statische* Aspekte von Investitionsbewertungen im Gesundheitsbetrieb berücksichtigen. Sie
beantwortet die zentrale Frage, wie lange die Wiedergewinnung der Investitionssumme
aus den Einnahmeüberschüssen der Investition dauert. Durch einen Vergleich der
Soll-Amortisationsdauer mit der Ist-Amortisationsdauer kann die Vorteilhaftigkeit einer
Investition im Gesundheitsbetrieb bewertet werden. Die Ist-Amortisationsdauer ergibt
sich, indem man die Investitionssumme durch die jährlich zu erwartenden Einnahmeüberschüsse dividiert: [Investitionssumme ÷ (Einnahmen − Ausgaben)]. Die Soll-
Amortisationsdauer ergibt sich durch subjektive Schätzung des Gesundheitsbetriebs. Liegt
die Ist- unter der Soll-Amortisationsdauer, erscheint die Investition vorteilhaft (siehe Tab.
7.12).

Auch das **MAPI-Verfahren** (benannt nach der Einrichtung, welches es entwickelt hat:
Machinery Allied Products Institute, MAPI), ist eine spezielle Form der Rentabilitätsrech-
nung mit statischen wie auch dynamischen Elementen, welches vor allem in Bezug auf
Ersatzinvestitionen häufig Anwendung findet. Die grundlegende Idee ist, dass die Situa-
tion des Gesundheitsbetriebs nach der durchgeführten Investition mit der vorhergehenden
Situation ohne Durchführung der Investition verglichen werden kann. Im Vordergrund
steht dabei die Ermittlung einer sogenannten relativen Rentabilität, die zugleich ein
Dringlichkeitsmaß für die Vornahme der Investition darstellt. Daher berücksichtigt das

Tab. 7.12 Beispiel für eine Amortisationsrechnung zur Berücksichtigung *dynamischer* als auch
statischer Aspekte von Investitionsbewertungen im Gesundheitsbetrieb

Investitionssumme	100.000
Einnahmen − Ausgaben	20.000
Soll-Amortisationsdauer	6 Jahre
Berechnung:	
Investitionssumme ÷ Einnahmen − Ausgaben	100.000 ÷ 20.000
Ist-Amortisationsdauer	5 Jahre

Tab. 7.13 Situative Bewertung von Investitionen im Gesundheitsbetrieb nach dem MAPI-Verfahren

IS_G (Anschaffungskosten – Kapitalfreisetzung)	100.000
PG_G (Ertragssteigerung + Kostensenkung gegenüber dem Zustand ohne Investition)	20.000
VKV_G (Restwert der alten Anlage – Restwert des Investitionsobjekts am Ende der Nutzungsdauer)	5000
E_G	8000
EKV_G	2000
MAPI-Rentabilität $[(PG + VKV – E – EKV) \div IS] \times 100$	15 %

MAPI-Verfahren auch mehrere zusätzliche Einflussgrößen im Vergleich zu einer Gewinn- oder Rentabilitätsrechnung für den Gesundheitsbetrieb:

- E_G: Ertragssteuern,
- IS_G: Netto-Investitionssumme,
- PG_G: laufender Gewinn des Gesundheitsbetriebs im Folgejahr,
- VKV_G: Vermiedener Kapitalverzehr des Folgejahres,
- EKV_G: Entstehender Kapitalverzehr des Folgejahres.

Als Ergebniswert ergibt sich die Rentabilität nach Steuern in Prozent. Die Höhe des ermittelten *MAPI*-Wertes kann einen Anhaltspunkt darüber geben, wie dringlich oder vorteilhaft die Investition für den Gesundheitsbetrieb erscheint (siehe Tab. 7.13).

7.3.4 Betriebsbewertung

Eine besondere Form der Investition stellt der anteilige oder vollständige Erwerb von Gesundheitsbetrieben dar. Da für eine Kaufpreisfindung der gegenwärtige und zukünftige Wert des Gesundheitsbetriebs beurteilt werden muss, reichen dazu die üblichen Verfahren der *statischen* und *dynamischen* Investitionsbewertung nicht aus.

Der Kaufpreis wird beispielsweise durch folgende Größen beeinflusst:

- Börsenkurswert: Bei Gesundheitsbetrieben in Form von Aktiengesellschaften;
- Liquidationserlös: Zerschlagung des Gesundheitsbetriebs mit anschließendem Vermögensverkauf;
- Wiederbeschaffungskosten: Fiktive Annahme der Neuausstattung mit Anlage- und Umlaufvermögen.

Da der Wert von Gesundheitsbetrieben im Vergleich zu produzierenden Unternehmen oder Dienstleistungsunternehmen jedoch Einflussspezifika wie Patientenzufriedenheit, Leistungsangebote, Behandlungskonzepte, Patientenstruktur etc. aufweist, wird sein Wert zusätzlich insbesondere durch folgende Faktoren bestimmt:

- Preisbestandteile für die *materiellen* Werte des Gesundheitsbetriebs: Behandlungs- oder Pflegeeinrichtungen, Vorräte an medizinischen Verbrauchsmaterialien, medizintechnische Ausstattung, Behandlungsräume Geräte etc.,
- Preisbestandteile für die *immateriellen* Werte des Gesundheitsbetriebs (auch „Goodwill" oder „ideeller Wert" genannt): Patientenstamm, Patientenstruktur, Qualifikation des Personals, Image, Einzugsgebiet etc.

Beispiel

Um die immateriellen Wertbestandteile angemessen zu berücksichtigen, ist bei Arztpraxen, Zahnarztpraxen etc. auf die Jahre zukünftiger Einnahmeüberschüsse abzustellen, die noch in hohem Maße durch die Nachwirkung der Persönlichkeit des früheren Praxisinhabers bzw. der früheren Praxisinhaberin, des durch sie erarbeiteten Praxisrufs und dem ihnen entgegengebrachten Vertrauen bestimmt sind. Da bei Privatpatienten ein höheres Risiko eines Praxiswechsels mit dem Ausscheiden des Alteigentümers verbunden ist, sind eher weniger Jahre in Ansatz zu bringen als bei einem hohen Kassenpatientenanteil. Spätestens jedoch 3–4 Jahre nach der Übernahme dürfte die Reichweite des auf den bisherigen Praxisinhaber bzw. der früheren Praxisinhaberin zurückzuführenden immateriellen Praxiswertes enden.◄

Bei der Bewertung von Gesundheitsbetrieben ist die Berücksichtigung folgender Grundsätze zweckmäßig:

- **Nachvollziehbarkeit der Bewertungsansätze:** Die in der Bewertung des Gesundheitsbetriebs berücksichtigten Bewertungsansätze sollten für alle Beteiligten und einen sachverständigen Dritten nachvollziehbar sein;
- **Infragestellung des Niederstwertprinzips:** Die Verwendung des kaufmännischen Niederstwertprinzips berücksichtigt nicht immer den tatsächlichen Wert des Gesundheitsbetriebs und ist in der Regel nur für den Käufer vorteilhaft;
- **Berücksichtigung von Vergangenheitsdaten:** Bei jeder Bewertung eines Gesundheitsbetriebs sind die Vergangenheitsdaten zu erfassen, auszuwerten und als Grundlage für Schätzungen zukünftiger Gewinn-, Umsatz- und Kostenentwicklungen zu berücksichtigen;
- **Bewertung als Prognoserechnung:** Die Bewertung des Gesundheitsbetriebs richtet sich nach zukünftigen Erwartungen und stellt daher eine Prognose dar;

- **Angleichung der Bewertungsmethode:** Die angewendete Bewertungsmethode ist an die individuelle Situation anzugleichen, da keine Methode alle möglichen Einzelfälle eines Gesundheitsbetriebs sachgerecht erfasst;
- **Zeitpunkt der Ermittlung:** Eine stichtagsbezogene Bewertung muss auch die Ertragskraft des Gesundheitsbetriebs berücksichtigen und nicht nur eine Gegenüberstellung von Vermögenswerten und Verbindlichkeiten.

Grundsätzlich stehen eine Reihe von **Bewertungsverfahren** zur Verfügung, die sich folgendermaßen einteilen lassen:

- **Gesamtbewertungsverfahren:** Basieren auf dem Kapitalwertannahmen der Investitionstheorie und der Diskontierung zukünftiger Mittelzuflüsse zum Bewertungsstichtag (Ertragswert oder Discounted Cash Flow (DCF) als errechneter Bruttokapitalwert);
- **Einzelbewertungsverfahren:** Haben das Schema von Bilanz oder Inventar als Grundlage, wobei der Liquidationswert von der Zerschlagung des Gesundheitsbetriebs ausgeht und der Substanzwert von dessen Fortführung;
- **Mischverfahren:** Bauen auf dem Substanzwert auf und mischen ihn mit dem Ertragswert, worauf Übergewinn- und Mittelwertverfahren basieren;
- **Überschlagsverfahren:** Auf Marktdaten fundierende Berechnungen bzw. Preisschätzungen (vgl. Ballwieser & Hachmeister, 2021, S. 9 f.)

Danach lässt sich der Wert eines Gesundheitsbetriebs beispielsweise unter Anwendung der **Ertragswertmethode** aus dem Barwert der zukünftigen Einnahmeüberschüsse ableiten (siehe Abb. 7.3). Hierzu ist die Frage nach der Höhe des Risikoaufschlags auf den Basiszinssatz zu klären. Bei der Wahl des Basiszinssatzes orientiert man sich in der Regel an dem Zinssatz, welcher für festverzinsliche Wertpapiere (Bundesanleihen) mit einer Restlaufzeit gezahlt wird, die dem Zeitraum des Nachwirkens immaterieller Wertbestandteile des Gesundheitsbetriebs (Image, Patientenstruktur, Erfahrung des Personals etc.) entspricht. Der Risikozuschlag bringt die Unsicherheit zum Ausdruck, dass beispielsweise eine prognostizierte Einnahmeentwicklung nach einer Veräußerung/Übernahme des Gesundheitsbetriebs auch eintrifft. Zusammen mit dem Basiszinssatz stellt der Risikoaufschlag den Zinssatz zur Ermittlung des Barwerts dar. Dabei werden die in der Zukunft erwarteten Erträge auf den Bewertungszeitpunkt abgezinst und somit in der Zukunft anfallende Geldbeträge auf den gegenwärtigen Wert zum Zwecke der Bewertung des Gesundheitsbetriebs umgerechnet.

Bei der Bewertung des Gesundheitsbetriebs ist natürlich auch die zu erwartende Entwicklung der Kosten zu berücksichtigen. So ist insbesondere die Frage zu klären, welche Investitionen für Rationalisierungs-, Erweiterungs- oder Erhaltungszwecke voraussichtlich wann anfallen. Der zu erwartende Gewinn des Gesundheitsbetriebs ist insbesondere um

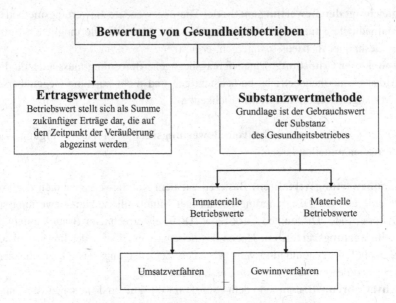

Abb. 7.3 Beispiele für Verfahren zur Bewertung von Gesundheitsbetrieben

die Erhaltungsinvestitionen zu kürzen, die aufgewendet werden müssen, um den Betrieb in seiner Substanz zu erhalten.

Beispiel

Da der Zahnarzt oder die Zahnärztin bei einer Praxisübernahme auf einen alternativen Einsatz ihrer Arbeitskraft verzichten, ist der Gewinn einer Zahnarztpraxis auch um das kalkulatorische Zahnarztgehalt zu kürzen. Bei der Praxisbewertung werden die Praxiskosten auf diese Weise um kalkulatorische Bestandteile erhöht, wobei für den entgangenen Lohn beispielsweise auf das übliche Gehalt eines qualifizierten Assistenten abgestellt werden kann.◄

Da der Betriebszustand für den Investitionsumfang ausschlaggebend ist, sind bei neueren Gesundheitsbetrieben geringere Beträge anzusetzen als bei älteren, die aus den Jahren vor einer Übergabe in der Regel einen großen Investitionsstau vor sich herschieben. Die Investitionsbeträge lassen sich entweder schätzen und den einzelnen Jahren, in denen die betreffende Investition vermutlich erfolgen muss, zuordnen oder in Form einer kalkulatorischen Rückstellung zur Substanzerhaltung auf ähnliche Weise wie der kalkulatorische Unternehmerlohn berücksichtigen. Bei der kalkulatorischen Rückstellung geht man davon aus, dass für die im Gesundheitsbetrieb eingesetzten medizinischen Geräte und Behandlungseinrichtungen aufgrund ihrer unterschiedlichen Abnutzung, Lebensdauer und Preisentwicklung eine pauschale Rückstellung für den gesamten Investitionsumfang gebildet wird, ohne eine direkte zeitliche und einzelfallbezogene Zuordnung zu berücksichtigen.

Ein weiteres Kriterium, das bei der Bewertung des Gesundheitsbetriebs berücksichtigt werden muss, ist die voraussichtliche Entwicklung zukünftiger Rahmenbedingungen. Das trifft insbesondere auf die Honorarentwicklung und damit die Preisgestaltung für die Leistungen des Gesundheitsbetriebs zu. So sind insbesondere Annahmen über zukünftige Umsatzanteile verschiedener Krankenkassenformen, Patientenzahlen, Niederlassungszahlen, die Auswirkungen von Änderungen der Gebührenordnungen, Entwicklung der Punktewerte oder auch Zulassungsbeschränkungen bei der Ermittlung von Wert und zukünftigem Umsatz des Gesundheitsbetriebs zugrunde zu legen.

Die Ertragswertmethode basiert ferner hauptsächlich auf der Annahme, dass der Wert des Gesundheitsbetriebs sich als Summe zukünftiger Erträge darstellt, die auf den Zeitpunkt der Veräußerung abgezinst werden. Als Ausgleich für den Verzicht auf die Erträge erhält die Veräußernden somit von den Kaufenden die Summe dieser Erträge in abgezinster Form. Bei dieser Abdiskontierung wird der Wert der zukünftigen Ertragssumme zum Verkaufszeitpunkt errechnet, wobei davon ausgegangen wird, dass der Gegenwartswert abnimmt, je weiter die prognostizierten Summen in der Zukunft liegen.

Der Wert eines Gesundheitsbetriebs lässt sich hauptsächlich aus seiner Eigenschaft ableiten, Gewinne für deren Eigentümer zu erwirtschaften. Als wesentliches Problem lässt sich dabei die Prognose zukünftiger Gewinne aus dem betriebsnotwendigen Vermögen und anhand von Vergangenheitswerten identifizieren. Hierzu werden für eine erste Prognosephase (maximal bis zu 5 Jahre nach der geplanten Übernahme) die oben genannten Kriterien direkt berücksichtigt und mit ihren jeweiligen Werten einzeln bei der Ermittlung der erwarteten Jahresgewinne berücksichtigt. In einer zweiten Prognosephase (ab dem 6. Jahr nach der Übernahme) wird der Detaillierungsgrad der Prognose reduziert und die Jahreswerte aus der ersten Phase pauschal fortgeschrieben. Da die Reichweite des Goodwills in der Regel nach 5 Jahren beendet sein dürfte, spielt die zweite Prognosephase bei der Bewertung kaum eine Rolle.

Der Wert des Gesundheitsbetriebs wird durch Abzinsung der künftigen Gewinne auf die Gegenwart (Stichtag der Bewertung) ermittelt. Dadurch dass sich der durch die bisherigen Eigentümer begründete Wert verflüchtigt und sich gleichzeitig ein durch die neuen Inhaber begründeter Wert aufbaut, ermittelt sich der „tatsächliche Wert" als Summe aus dem Barwert der künftigen Gewinne aus dem Vermögen, dem Barwert der Gewinne die nicht aus dem Vermögen resultieren und dem Barwert der Gewinne, die aus der Aufgabe des Gesundheitsbetriebs resultieren. Die Unsicherheit der künftigen Gewinne wird üblicherweise als Aufschlag zum Basiszinssatz berücksichtigt.

Beispielsweise sehen die Hinweise *Bundesärztekammer (BÄK)* zur Ermittlung von Praxiswerten vor, dass von dem für die Praxis ermittelten übertragbaren Gewinn, der sich aus dem übertragbaren Umsatz („…durchschnittliche Jahresumsatz aus den letzten drei Kalenderjahren vor dem Kalenderjahr des Bewertungsfalles. Jahresumsatz sind alle Einnahmen der Arztpraxis, also die Honorare aus vertragsärztlicher und privatärztlicher Tätigkeit sowie sonstige Einnahmen aus ärztlicher Tätigkeit. Er wird bereinigt um nicht übertragbare Umsatzanteile. Dies sind Leistungen, die ausschließlich und individuell personengebunden dem Praxisinhaber zuzurechnen sind…") abzüglich der übertragbaren Kosten („…durchschnittlichen Praxiskosten in den letzten drei Kalenderjahren vor dem Kalenderjahr des Bewertungsfalles, korrigiert um nicht übertragbare Kosten, kalkulatorische Kosten und zukünftig entstehende Kosten. Nicht übertragbare Kosten sind solche, die mit nicht übertragbaren Umsatzanteilen zusammenhängen. Kalkulatorische Kosten sind Abschreibungen und Finanzierungskosten sowie z. B. unangemessen hohe oder niedrige Gehälter. Zukünftig entstehende Kosten sind z. B. Mietzahlungen für Praxisräume, die im Eigentum des Abgebers stehen. …") zusammensetzt, ein alternatives Arztgehalt abzuziehen ist („Kalkulatorisch abzusetzen ist das Bruttogehalt aus einer fachärztlichen Tätigkeit.") (vgl. Bundesärztekammer, 2008, S. A 5 f.).◄

Die **Substanzwertmethode** hat als Grundlage den Gebrauchswert der Substanz des Gesundheitsbetriebs. Sie setzt sich aus den materiellen und immateriellen Werten des Betriebs zusammen. Zur Ermittlung des materiellen Wertes wird das gesamte Betriebsinventar zum Wiederbeschaffungspreis bewertet, wobei die durch Abnutzung auftretenden Wertminderungen abgezogen werden. Behandlungseinrichtungen, medizinische Geräte und vorhandene Verbrauchsmaterialien sind dabei hinsichtlich ihrer Funktionalität und ihres technischen Zustandes zu bewerten.

Der immaterielle Betriebswert (Ruf des Gesundheitsbetriebs, Erfahrung des Personals etc.) wird entweder nach dem Umsatzverfahren ermittelt, wobei ein Teil des arithmetischen Mittels der letzten Jahresumsätze als „Goodwill"-Wert angesehen werden, oder nach dem Gewinnverfahren, nach dem ein Teil des arithmetischen Mittels der letzten Jahresgewinne den immateriellen Wert widerspiegeln. Individuelle immaterielle Besonderheiten des Gesundheitsbetriebs werden durch Auf- oder Abschläge berücksichtigt.

Der Substanzwert errechnet sich allgemein als Wert der einzelnen Vermögensgegenstände des Gesundheitsbetriebs abzüglich des Werts der Schulden (vgl. Heesen, 2019, S. 3). Er hat als Grundlage das gesamte Betriebsinventar zum Marktwert, wobei die Behandlungseinrichtungen, medizinische Geräte und vorhandene Verbrauchsmaterialien hinsichtlich ihrer Funktionalität und ihres technischen Zustandes zu bewerten sind. Zu berücksichtigen sind dabei auch technische Neuerungen, amtliche Auflagen und die jeweilige Preisentwicklung. Der Substanzwert ist die Summe der Zeitwerte der bilanzierungsfähigen Wirtschaftsgüter, worunter man im Allgemeinen die Summe der im Gesundheitsbetrieb enthaltenen Vermögenswerte und somit das gesamte betriebsnotwendige Anlage- und Umlaufvermögen versteht:

- Grund- und Boden,
- Behandlungs-, Stations-, Laborräume etc.,
- medizinische Geräte,
- Kraftfahrzeuge,
- Betriebs- und Laboreinrichtungen etc.,
- Vorräte (vgl. Deutsche Apotheker- und Ärztebank, 2023d, S. 1).

Bei der Ermittlung der immateriellen Werte nach der Substanzwertmethode handelt es sich um eine behelfsweise, aber praktikable Vorgehensweise, die einerseits der Problematik Rechnung trägt, den Wert nicht bilanzierungsfähigen Wirtschaftsgüter nicht exakt direkt, sondern nur über abgeleitete Gewinn- oder Umsatzzahlen ermitteln zu können und die andererseits aber in der Bewertungspraxis Anwendung findet.

Zur Abwägung der Vor- und Nachteile der Ertragswert- und der Substanzwertmethode ist festzustellen, dass der Substanzwertmethode der direkte Bezug zu den künftigen Gewinnen des Gesundheitsbetriebs fehlt. Auch Modifikationen und eine kombinierte Anwendung beider Methoden sind nicht unproblematisch. So könnte etwa zur Ermittlung des materiellen Wertes des Gesundheitsbetriebs im Rahmen der Substanzwertmethode auch Werterlöse unterstellt werden, die im Falle des Verkaufs der Behandlungs- oder Pflegeeinrichtungen üblicherweise erzielbar wären und nicht eine Neueinrichtung zu Wiederbeschaffungswerten. Dieser Vorteil des Erwerbers würde gleichzeitig einen Nachteil des Verkäufers darstellen.

Beispiel

In der Theorie, der Rechtsprechung und der Bewertungspraxis haben sich Ertragswertverfahren durchgesetzt, welche die Anforderungen erfüllen, die beispielsweise an Praxisbewertungen gerichtet werden:

- **Chancen- und Risikenberücksichtigung:** Prognoseverfahren müssen herangezogen werden, in die die Vorstellungen über zukünftige Entwicklungen einfließen, um das Problem der Unsicherheit zu lösen;
- **Investorenbezug:** Lediglich aus der Sicht der Interessierten und des Bewertungszwecks lässt sich ein relevanter Wert ableiten;
- **Nutzenbewertung:** Alle Nutzenbeiträge sollen bei der Praxisbewertung berücksichtigt werden, wobei den Berechnungen überwiegend aber nur finanzielle Ziele zugrunde liegen;

- **Zukunftsbezogenheit:** Investoren vergüten nur die Erfolgsbeiträge, die ihnen in Zukunft zufließen (vgl. Peemöller, 2019, S. 3).◄

Mit der Frage der Bewertung beispielsweise von freiberuflichen Arzt- oder Zahnarztpraxen, die etwa auch bei Erbschaften oder Ehescheidungen im Rahmen des Zugewinnausgleichs eine Rolle spielten, befassten sich auch der *Bundesgerichtshof (BGH)* und das *Bundessozialgericht (BSG)* mit maßgeblichen Urteilen. Beide sprachen sich für das modifizierte Ertragswertverfahren als grundsätzlich geeignetes bzw. vorzugswürdiges Verfahren aus. So reicht die Umsatzbewertungsmethodik nicht aus, sondern der Verkehrswertansatz ist zwingend. Der Ertragswert eines Gesundheitsbetriebs ermittelt sich hierbei als Barwert der Nettoüberschüsse über einen gewissen Betrachtungszeitraum, dem Ergebniszeitraum. Die Nettoüberschüsse werden aus dem prognostizierten Jahresumsatz abzüglich prognostizierter tatsächlicher und kalkulatorischer Kosten (beispielsweise individueller Unternehmerlohn) errechnet. Es ist der Unternehmerlohn anzusetzen, der auch die individuellen Verhältnisse der Inhaber widerspiegelt. Der Ergebniszeitraum wird zeitlich begrenzt und der zum Bewertungsstichtag vorhandene Substanzwert wird berücksichtigt. Auch die Einbeziehung der Zukunftsprognose sowie der volkswirtschaftlichen und wettbewerblichen Basisdaten (Standort, Art und Zusammensetzung des Patientenstamm, Konkurrenzsituation etc.) ist wichtig. Insgesamt muss beispielsweise eine Praxisbewertung den zum Bewertungszeitpunkt vorherrschenden Aspekten im Rahmen der Verkehrswertbetrachtung gerecht werden, daher sind eine Zukunftsprognose als auch eine detaillierte und umfassende Standortanalyse als integrale Bestandteile des modifizierten Ertragswertverfahrens und für eine qualifizierte Wertermittlung von Gesundheitsbetrieben als unerlässlich anzusehen (vgl. Boos, 2013, S. 18 ff.)

Zusammenfassung

Der Gesundheitsbetrieb muss seinen fälligen kurz-, mittel- oder langfristigen Verbindlichkeiten möglichst jederzeit, uneingeschränkt und fristgerecht nachkommen können, damit ein Liquiditätsmangel nicht zur Zahlungsunfähigkeit führt bzw. die Ursache für eine Insolvenz darstellt. Die Liquiditätskontrolle hat zur Aufgabe, einen Abgleich zwischen den Liquiditätsplanwerten des Gesundheitsbetriebs und den Istwerten durchzuführen, bei Abweichungen Maßnahmen auszulösen, die eine finanzielle Schieflage vermeiden und die Ursachen der Abweichungen zu ergründen. Die Finanzierung im Gesundheitsbetrieb beinhaltet die Beschaffung und Rückzahlung der finanziellen Mittel, die für betriebliche Investitionen notwendig sind. Nach der Mittelherkunft und der Funktion der Mittelgebenden lässt sie sich in externe und interne bzw. Eigen- und Fremdfinanzierung unterscheiden. Als Verfahren zur Beurteilung verschiedener Investitionsalternativen im Gesundheitsbetrieb bieten sich die verschiedenen Arten der Investitionsrechnung an. Sie soll Aussagen über die Wirtschaftlichkeit einer Investition in den Gesundheitsbetrieb oder mehrerer Investitionsalternativen liefern, da sie hinsichtlich der quantifizierbaren Faktoren eine Grundlage von Investitions- und Finanzierungsentscheidungen darstellen kann. Eine besondere Form der

Investition stellt der anteilige oder vollständige Erwerb von Gesundheitsbetrieben dar. Da für eine Kaufpreisfindung der gegenwärtige und zukünftige Wert des Gesundheitsbetriebs beurteilt werden muss, reichen dazu die üblichen Verfahren der Investitionsbewertung nicht aus. Im Vergleich zu produzierenden Unternehmen oder Dienstleistungsunternehmen unterliegt er Einflussspezifika wie Patientenzufriedenheit, Leistungsangebote, Behandlungskonzepte, Patientenstruktur etc., die zu berücksichtigen sind.

Literatur

Auschra, C., Behar, B., Sauermann, S., & Sydow, J. (2023). *Robotereinsatz und strategisches Timing – Zur Ökonomie einer medizintechnischen Innovation im deutschen Gesundheitsmarkt* (Zeitschrift Führung + Organisation – zfo. 92. Jahrg. Heft 4/2023). Freiburg/Stuttgart. Haufe, Schäffer-Poeschel.

Ballwieser, W., & Hachmeister, D. (2021). *Unternehmensbewertung – Prozesse, Methoden und Probleme* (6. Aufl.). Stuttgart: Schäffer-Poeschel Verlag.

Behrends, B., & Vollmöller, T. (2020). *Praxishandbuch Krankenhausfinanzierung – Krankhaus-finanzierungsgesetz, Krankenhausentgeltgesetz, Bundespflegesatzverordnung* (3. Aufl.). Berlin: Medizinisch Wissenschaftliche Verlagsgesellschaft.

Beschorner, D., & Peemöller, H. (2006). *Allgemeine Betriebswirtschaftslehre – Grundlagen und Konzepte.* Herne: NWB-Verlag.

Boos, F. (2013). Die richtige Methode… – Bewertung von freiberuflichen Praxen. Köln: *Deutsches Ärzteblatt, 110*(2), 18–20).

Bundesärztekammer – BÄK. (Hrsg.). (2008). Hinweise zur Bewertung von Arztpraxen. Köln: *Deutsches Ärzteblatt, 105*(51–52), A 4–A 6.

Bundesministerium der Finanzen – BMF. (Hrsg.). (2023). AfA-Tabelle für den Wirtschaftszweig „Gesundheitswesen". https://www.bundesfinanzministerium.de/Content/DE/Standardartikel/Themen/Steuern/Weitere_Steuerthemen/Betriebspruefung/AfA-Tabellen/AfA-Tabelle_Gesundheitswesen.html. Berlin. Zugegriffen: 12. Aug. 2023.

Deutsche Apotheker- und Ärztebank – apoBank eG. (Hrsg.). (2023a). Krankenhäuser in der Kostenfalle – Liquiditätsmanagement im Reformjahr 2023. Informationsflyer. Ausgabe Februar 2023. Düsseldorf.

Deutsche Apotheker- und Ärztebank eG – apo-Bank. (Hrsg.). (2023b). Mietaval – die clever Alternative zur Mietkaution. https://www.apobank.de/unsere-leistungen/finanzierung-kredit/mietaval. Düsseldorf. Zugegriffen: 12. Aug. 2023.

Deutsche Apotheker- und Ärztebank eG – apo-Bank. (Hrsg.). (2023c). Investitions- und Kostenberatung – INKO. https://www.apobank.de/praxis-apotheke/gruenden/services-fuer-gruender/inko. Zugegriffen: 12. Aug. 2023.

Deutsche Apotheker- und Ärztebank eG. (Hrsg.). (2023d). Praxiswert-Schätzung. https://www.apobank.de/praxis-apotheke/gruenden/services-fuer-gruender/wieviel-ist-die-praxis-wert. Düsseldorf. Zugegriffen: 15. Aug. 2023.

Deutsche Krankenhaus Gesellschaft – DKGEV. (2023). *Krankenhäuser fordern Schutz vor Insolvenzen und Versorgungssicherheit für die Bevölkerung.* Pressemitteilung vom 13.06.2023. Berlin.

Diakonie Hessen – Diakonisches Werk in Hessen und Nassau und Kurhessen-Waldeck e.V. (Hrsg.). (2023). Umfrage der Diakonie – Ein Drittel der Pflegeeinrichtungen in Hessen von Insolvenz bedroht. https://www.diakonie-hessen.de/aktuelles-detailseite/umfrage-der-diakonieein-drittel-der-pflegeeinrichtungen-in-hessen-von-insolvenz-bedroht/. Frankfurt a. M. Zugegriffen: 16. Juli 2023.

Fissenewert, P. (2006). Die Arztpraxis in der Insolvenz – Nicht zwangsläufig das Ende. Köln: *Deutsches Ärzteblatt, 103*(2), 16–20.

Frodl, A. (2012). *Finanzierung in Investitionen im Gesundheitsbetrieb.* Berlin/Boston: Gabler-Verlag.

Frodl, A. (2015). *Management in Gesundheitseinrichtungen – Praxisbeispiele und Konzepte.* Wiesbaden: Verlag Walter de Gruyter.

Grethler, A. (2014). Investition. In A. Grethler & W. Schmitt (Hrsg.), *Betriebswirtschaftslehre für Kaufleute im Gesundheitswesen* (S. 244–255). Stuttgart/New York: Georg Thieme Verlag.

Heesen, B. (2019). *Basiswissen Unternehmensbewertung – Schneller Einstieg in die Wertermittlung* (2. Aufl.). Wiesbaden: Springer Gabler, Springer Fachmedien.

Heesen, B., & Heesen, M. J. (2021). *Investitionsrechnung für Praktiker – Fallorientierte Darstellung der Verfahren und Berechnungen* (4. Aufl.). Wiesbaden: Springer Gabler, Springer Fachmedien.

Kieler Wirtschaftsförderungs- und Strukturentwicklungs GmbH – KiWi. (Hrsg.). (2023). Gesundheitswirtschaft. https://kiwi-kiel.de/branchen/gesundheitswirtschaft. Kiel. Zugegriffen: 12. Aug. 2023.

Ministerium für Arbeit, Gesundheit und Soziales des Landes Nordrhein-Westfalen. (Hrsg.). (2023). Hausarztaktionsprogramm – Förderung des Landes für Hausärztinnen und Hausärzte. https://www.mags.nrw/hausarztaktionsprogramm. Düsseldorf. Zugegriffen: 12. Aug. 2023.

Pappenhof, M., Halfmann, M., & Schmitz, F. (2017). *BWL für Mediziner im Krankenhaus – Zusammenhänge verstehen – erfolgreich argumentieren* (3. Aufl.). Heidelberg: Springer Medizin.

Peemöller, V. (2019). Wert und Werttheorien. In V. Peemöller (Hrsg.), *Praxishandbuch der Unternehmensbewertung – Grundlagen und Methoden, Bewertungsverfahren, Besonderheiten bei der Bewertung* (7. Aufl., S. 1–16). Herne: NWB-Verlag.

Sonntag, G. (2010). Betriebswirtschaftliches Controlling. In J. F. Debatin, A. Ekkernkamp, & B. Schulte (Hrsg.), *Krankenhausmanagement – Strategien, Konzepte, Methoden* (S. 305–318). Berlin: Medizinisch Wissenschaftliche Verlagsgesellschaft.

Sozialgesetzbuch (SGB V) – Fünftes Buch Gesetzliche Krankenversicherung – (Artikel 1 des Gesetzes vom 20. Dezember 1988, BGBl. I S. 2477, 2482), zuletzt durch Artikel 1 des Gesetzes vom 11. Mai 2023 (BGBl. 2023 I Nr. 123) geändert.

Wessel, B., Speth, H., & Waltermann, A. (2023). *Rechnungswesen für Gesundheitsberufe* (6. Aufl.). Rinteln: Merkur-Verlag.

Wolke, T. (2010). *Finanz- und Investitionsmanagement im Krankenhaus.* Berlin: Medizinisch Wissenschaftliche Verlagsgesellschaft.

Wurm, A., Oswald, J., & Zapp, W. (2016). *Cashflow-orientiertes Management im Krankenhaus – Analyse – Verfahren – Praxisbeispiele.* Wiesbaden: Springer Gabler, Springer Fachmedien.

Zapp, W., Oswald, J., & Karsten, E. (2010). Kennzahlen und Kennzahlensysteme im Krankenhaus – Empirische Erkenntnisse zum Status Quo der Kennzahlenpraxis in Niedersächsischen Krankenhäusern. In W. Zapp (Hrsg.), *Kennzahlen im Krankenhaus* (S. 1–66). Lohmar: Josef Eul Verlag.

8.1   Internes Kosten- und Erfolgsinformationswesen

8.1.1   Kostenrechnungssysteme

Die **Kosten- und Leistungsrechnung** (KLR) des Gesundheitsbetriebs dient nicht nur der Informationsbereitstellung für die kurzfristige Planung der Kosten sowie deren Kontrolle anhand von Ist-Daten, sondern auch zur Erfassung und Planung der Erlössituation. Sie erhält die Kostendaten überwiegend aus dem Rechnungswesen des Gesundheitsbetriebs, die nach bestimmten Kriterien der Kostenentstehung und –aufteilung aufbereitet und abgegrenzt werden müssen. Dies geschieht üblicherweise in drei Stufen, nach den Kostenarten, den Kostenstellen und den Kostenträgern. Entsprechend bezeichnet man diese Stufen auch als Kostenarten-, Kostenstellen- und Kostenträgerrechnung (vgl. Frodl, 2021, S. 23 ff.).

Das nach diesen Stufen aufbereitete Zahlenmaterial wird anschließend in ein **Kostenrechnungssystem** übernommen. Man unterscheidet dabei nach dem Sachumfang (Voll- und Teilkostenrechnung), ob alle oder nur ein Teil der Kosten verrechnet werden, und nach dem Zeitbezug (Ist-, Normal- oder Plankostenrechnung), ob tatsächlich bzw. durchschnittlich in der Vergangenheit angefallene oder für die Zukunft prognostizierte Kosten verrechnet werden (vgl. Barth & Ernst, 2018, S. 26 ff.).

Bei einer **Vollkostenrechnung** werden sämtliche Kosten des Gesundheitsbetriebs berücksichtigt und über die Kostenartenrechnung auf die Kostenstellen und –träger als jeweilige Bezugsgrößen verteilt. Dies hat den Vorteil, dass beispielsweise falsche Investitionsentscheidungen aufgrund fehlender oder unberücksichtigter Kosteninformationen vermieden werden können.

Bei der **Teilkostenrechnung** werden nur die für den jeweiligen Zweck der Kostenrechnung relevanten Kosten des Gesundheitsbetriebs berücksichtigt. Dabei wird nur einen Teil der insgesamt angefallenen Kosten auf den Kostenträger verrechnet (beispielsweise

Tab. 8.1 Tendenzielle Eignung von Kostenrechnungssystemen für Entscheidungen im Gesundheitsbetrieb

Kostenrechnungssystem	Entscheidungshorizont
Deckungsbeitragsrechnung	Kurzfristige Entscheidungen
Vollkostenrechnung	Kurz- bis mittelfristige Entscheidungen
Investitionsrechnung	Langfristige Entscheidungen

variable Kosten, Einzelkosten). Im Vergleich zur Vollkostenrechnung wird dadurch die Verrechnung von bestimmten Kostenarten (beispielsweise fixe Kosten, Gemeinkosten) vermieden.

Eine spezielle Form der Teilkostenrechnung ist die **Deckungsbeitragsrechnung**, bei der die Erlöse des Kostenträgers mit einbezogen werden. Die Differenz zwischen den zurechenbaren Erlösen und Kosten des Kostenträgers bildet den Deckungsbeitrag. Die Deckungsbeiträge müssen so groß sein, dass die nicht zugerechneten Kosten gedeckt werden, damit der Gesundheitsbetrieb keinen Verlust erleidet (siehe Abschn. 8.1.5 Deckungsbeitragsrechnung).

> **Beispiel**
>
> Je nach Entscheidungssituation und Zeithorizont eignen sich für kurz- bis mittelfristige Entscheidungen im Gesundheitsbetrieb insbesondere die Deckungsbeitrags- und Vollkostenrechnung. Für langfristige Entscheidungen wird in der Regel eine Investitionsrechnung durchgeführt, die allerdings nicht zu den Kostenrechnungsverfahren im engeren Sinne zählt (siehe Tab. 8.1).◄

Je nachdem, ob die Kostenrechnung zukunfts- oder vergangenheitsorientiert angewendet werden soll, lässt sich zusätzlich zwischen einer Plankosten- und einer Istkostenrechnung unterscheiden.

Die **Plankostenrechnung** ist ein *zukunftbezogenes* Kostenrechnungsverfahren, das sich insbesondere zur Lösung von Planungs- und Kontrollaufgaben (beispielsweise Soll-Ist-Vergleiche) eignet. Die darin eingehenden Kostendaten werden geschätzt oder berechnet. Die klassische Plankostenrechnung stellt eine Vollkostenrechnung dar und lässt sich in die *starre* und *flexible* Plankostenrechnung einteilen. Bei der *starren* Plankostenrechnung werden die Kosten nicht auf die tatsächliche Beschäftigung umgerechnet. Da aber manche Kosten in einem Gesundheitsbetrieb beispielsweise vom Patientenaufkommen abhängen, ist ihre Aussagefähigkeit eher gering und auch keine wirksame Kostenkontrolle möglich. Bei der *flexiblen* Plankostenrechnung werden die tatsächlichen Verhältnisse berücksichtigt, indem beispielsweise Beschäftigungsabweichungen, Verbrauchsabweichungen ermittelt werden, wodurch eine wirksame Kostenkontrolle ermöglicht wird.

Die **Grenzplankostenrechnung** ist eine Weiterentwicklung der Plankostenrechnung unter Berücksichtigung von Teilkosten. Sie verwendet das Verursacherprinzip, um die Grenzkosten auf die Kostenträger umzurechnen. Die Grenzkosten sind in einem Gesundheitsbetrieb die Kosten, die aufgrund der Durchführung eines zusätzlichen Behandlungsfalles bzw. Pflegemaßnahme entstehen.

Die **Istkostenrechnung** ist demgegenüber *vergangenheitsorientiert*. Sie gibt Aufschluss darüber, welche Kostenarten in welcher Höhe in einer abgeschlossenen Periode angefallen sind und unterliegt dabei auch der Gefahr zufälliger Schwankungen. Dadurch liefert sie Informationen über die im Rahmen des *externen* Rechnungswesens gesetzlich nachzuweisenden tatsächlichen Aufwendungen und ermöglicht Soll-Ist-Vergleiche zur Wahrnehmung der Kontroll- und Steuerungsfunktion des Gesundheitsbetriebs. Sie kann auf Voll- oder Teilkostenbasis erfolgen.

Beispiel

Zwar kommt kein Kostenrechnungssystem ohne Istkostenrechnung aus. Alleine liefert sie jedoch keine ausreichenden Informationen für zukünftige Kalkulationen oder Planungen des Ergebnisses des Gesundheitsbetriebs.◄

Die Nachteile der Istkostenrechnung, wie Vergangenheitsorientierung oder Zufallsschwankungen, versucht die **Normalkostenrechnung** auszugleichen, indem sie durchschnittliche Istkosten mehrerer vergangener Perioden berücksichtigt, wobei erwartete Kostenveränderungen in die Kostenrechnung einfließen können. Sie lässt sich ebenfalls auf Vollkosten- oder Teilkostenbasis durchführen (siehe Tab. 8.2).

Die den Regelungen der *Krankenhaus-Buchführungsverordnung (KHBV)* unterliegenden Krankenhäuser haben eine Kosten- und Leistungsrechnung zu führen, die eine

Tab. 8.2 Kostenrechnungssysteme für den Gesundheitsbetrieb

	Plankosten	Istkosten	Normalkosten
Vollkosten	Plankostenrechnung auf Vollkostenbasis • Starre Plankostenrechnung • Flexible Plankostenrechnung	Istkostenrechnung auf Vollkostenbasis	Normalkostenrechnung auf Vollkostenbasis
Teilkosten	Plankostenrechnung auf Teilkostenbasis • Starre Plankostenrechnung • Flexible Plankostenrechnung • Grenzplankostenrechnung	Istkostenrechnung auf Teilkostenbasis	Normalkostenrechnung auf Teilkostenbasis

betriebsinterne Steuerung sowie eine Beurteilung der Wirtschaftlichkeit und Leistungs-fähigkeit erlaubt. Dazu gehören folgende Mindestanforderungen:

- Das Krankenhaus hat die aufgrund seiner Aufgaben und Struktur erforderlichen Kostenstellen zu bilden; es sollen, sofern hierfür Kosten und Leistungen anfallen, mindestens die Kostenstellen gebildet werden, die sich aus dem Kostenstellenrahmen der KHBV ergeben; bei abweichender Gliederung dieser Kostenstellen soll durch ein ordnungsmäßiges Überleitungsverfahren die Umschlüsselung auf den Kostenstellen-rahmen sichergestellt werden;
- die Kosten sind aus der Buchführung nachprüfbar herzuleiten;
- die Kosten und Leistungen sind verursachungsgerecht nach Kostenstellen zu erfassen; sie sind darüber hinaus den anfordernden Kostenstellen zuzuordnen, soweit dies für die genannten Zwecke erforderlich ist (vgl. § 8 KHBV).

Entsprechende Regelungen gelten für den Vorgaben der *Pflege-Buchführungsverordnung (PBV)* unterliegende Pflegeeinrichtungen: Sie haben eine Kosten- und Leistungsrechnung zu führen, die eine betriebsinterne Steuerung sowie eine Beurteilung der Wirtschaftlichkeit und Leistungsfähigkeit ermöglicht. Die Kosten- und Leistungsrechnung muss die Ermitt-lung und Abgrenzung der Kosten der jeweiligen Betriebszweige sowie die Erstellung der Leistungsnachweise nach den Vorschriften des Sozialgesetzbuchs ermöglichen. Dazu gehören folgende Mindestanforderungen:

- Die Pflegeeinrichtungen haben die aufgrund ihrer Aufgaben und Strukturen erforder-lichen Kostenstellen zu bilden, wobei ein Kostenstellenrahmen nach PBV angewendet werden kann;
- die Kosten sind aus der Buchführung nachprüfbar herzuleiten;
- de Kosten und Leistungen sind verursachungsgerecht nach Kostenstellen zu erfassen; sie sind darüber hinaus den anfordernden Kostenstellen zuzuordnen, soweit dies für die genannten Zwecke erforderlich ist;
- de Kosten und Leistungen sind verursachungsgerecht den Kostenträgern zuzuordnen, wobei die Kostenträgerübersicht nach der PBV angewendet werden kann;
- soweit ein Träger mehrere Pflegeeinrichtungen betreibt, die keine Vollkaufleute im Sinne des HGB sind, oder bei gemischten Einrichtungen muss eine verursachungs-gerechte Abgrenzung der Kosten und Erträge mit anteiliger Zuordnung auf die verschiedenen Einrichtungen erfolgen (vgl. § 7 PBV).

Arzt- und Zahnarztpraxen oder Medizinische Versorgungszentren (MVZ) sind bei der Ausgestaltung ihrer Kostenrechnungssysteme hingegen weitestgehend frei von mit der KHBV oder PBV vergleichbaren rechtlichen Vorgaben. Jedoch können beispielsweise für MVZ in der Trägerschaft von zugelassenen Krankenhäusern oder anderer gemeinnütziger Trägerorganisationen entsprechende Auflagen vorhanden sein.

8.1.2 Kostenartenrechnung

Die **Kostenartenrechnung** steht am Anfang jeder Kostenrechnung für den Gesundheitsbetrieb. Sie dient der Erfassung und Gliederung aller im Laufe der jeweiligen Abrechnungsperiode angefallenen Kostenarten und beantwortet die Frage, welche Kosten im Gesundheitsbetrieb angefallen sind (vgl. Keun & Prott, 2008, S. 161 ff.).

Die Einteilung der Kosten in die einzelnen Kostenarten kann beispielsweise in Zusammenhang mit ihrer Entstehung vorgenommen werden (siehe Tab. 8.3).

Tab. 8.3 Beispiele für entstehungsorientierte Kostenarten im Gesundheitsbetrieb

Kostenarten	Erläuterungen
Kapitalbindungskosten	Kosten für Ersatz von Kapital, dass im Anlagevermögen des Gesundheitsbetriebs gebunden ist (bspw. Zinsen für Fremdkapital)
Kosten für Versicherungen und Beiträge	Beiträge an Ärzte-/Zahnärztekammern, Ausgaben für Versicherungen, medizinische Vereinigungen, Verbände etc.
Lagerkosten	Kosten, die für die Lagerung von medizinischem Verbrauchsmaterial entstehen
(Material-)Kosten für Pflege-, Behandlungs- und Laborbedarf	Pflegematerialien, Medikamente, Behandlungsmaterial, Labormaterial, Büromaterial etc.
Allgemeine Verwaltungskosten	Telefon, Porto, Wartezimmerausstattung, Kontoführung etc.
Personalkosten	Gehälter, Ausbildungsvergütungen, freiwillige Zusatzleistungen, Personalnebenkosten, geringfügige Beschäftigungen etc.
Fehlmengenkosten	Kosten, die entstehen, weil benötigtes medizinisches Verbrauchsmaterial nicht vorhanden ist (bspw. Verschiebung von Behandlungsterminen, ungenutzte Kapazitätskosten)
Raumkosten	Strom, Gas, Heizung, Miete, Hypothekenbelastung, Wasser, Reinigung, Instandhaltung, Renovierung etc.
Reise- und Fortbildungskosten	Medizinische Fortbildungsveranstaltungen, Fortbildungsmaterialien, Übernachtungskosten, Reisekosten etc.
Gerätekosten	Anschaffungen medizinischer Geräte und Behandlungseinrichtungen, Abschreibungen, Wartung, Reparatur etc.

Fehlmengenkosten entstehen z. B. dann, wenn dringend benötigtes medizinisches Verbrauchsmaterial, das aufgrund einer fehlenden Bestandsüberwachung nicht mehr in ausreichender Menge vorhanden ist, unter großem Aufwand und zu hohen Preisen kurzfristig beschafft werden muss. Sie können sich aus folgenden Kostenanteilen zusammensetzen:

- Erhöhter Nachfrageaufwand, da das Material nicht bei allen Lieferanten vorrätig ist;
- Differenz zu Preisangeboten, da nach Gültigkeit des Angebots gekauft werden muss;
- Differenz zu günstigerem Äquivalenzprodukt, das nicht vorrätig ist;
- ausbleibende Behandlungseinnahmen, da geplante Therapien verschoben werden müssen.◄

Eine Besonderheit stellen die kalkulatorischen Kosten dar. Sie sind

- **Zusatzkosten,** denen entweder überhaupt kein Aufwand oder
- **Anderskosten,** denen Aufwand in anderer Höhe gegenübersteht.

Beispiele für Zusatzkosten sind kalkulatorische Löhne (z. B. unbezahlte Mitarbeit von Familienangehörigen in einer Arztpraxis), Mieten (z. B. Mietwert für von einer Zahnarztpraxis genutzter privater Räume) oder Eigenkapitalzinsen (z. B. Zinsen für das in der Privatklinik der Inhaberin eingesetzte Kapital). Anderskosten ergeben sich beispielsweise in der pagatorischen und kalkulatorischen Rechnung aufgrund von unterschiedlichen Bewertungen des Güterverbrauchs (vgl. Schweitzer et al., 2016, S. 42).

Sieht man einmal von den Materialkosten ab, lassen sich alle übrigen Kosten der unterschiedlichen Kostenarten recht einfach anhand von Überweisungsbelegen, Quittungen, Rechnungen etc. ermitteln. Um die Materialkosten für eine bestimmte Zeitperiode (einen Monat, ein Jahr) feststellen zu können, sind zunächst die Verbrauchsmengen zu ermitteln und anschließend kostenmäßig zu bewerten. Dadurch lässt sich der Umfang des tatsächlichen Verbrauchs an Behandlungs-, Büro- und sonstigem Material bestimmen.

Zu diesem Zweck ermittelt die **Inventurmethode** den Materialverbrauch in einem Zeitraum als Differenz zwischen Anfangsbestand und Endbestand. Dazu muss zu Beginn und zum Ende des Zeitraumes der Materialbestand gezählt werden.

Von dem Artikel „1xSpritzen BD DiscarditII 10 ml. Luer" sind zu Beginn der Periode 25 Packungen vorhanden. Am Ende der Periode sind es 7 Packungen. Bei einem Packungspreis von 4,99 € entspricht dies einem Verbrauchswert von 89,82 €.◄

Zur Anwendung der **Skontrationsmethode** ist eine dauerhafte, ständige Führung des Materialbestandes erforderlich, wobei aus dieser die jeweils entnommenen Materialmengen addiert werden, sodass die Summe den Materialverbrauch je kontrollierten Zeitraum ergibt.

Beispiel

Anhand der Anschaffungspreise erfolgt die kostenmäßige Bewertung der Verbrauchsmengen: 1 Packung unsterile, puderfreie Untersuchungshandschuhe aus hellem Latex kostet 12 €. Wurden 10 Packungsentnahmen getätigt (= Verbrauch von 10 Packungen), so betragen die Kosten für den Verbrauch 120 €.◄

Wird in einer Gesundheitseinrichtung eine Materialbestandsführung vorgenommen, ist die Skontrationsmethode ohne allzu großen Aufwand anwendbar. Der Materialverbrauch lässt sich dadurch monatlich oder zumindest vierteljährlich recht einfach ermitteln. Aufgrund der durchzuführenden Zählungen ist die Inventurmethode sehr aufwendig und somit lediglich für jährliche Ermittlungen des Materialverbrauchs geeignet.

Kosten, die einem Leistungsobjekt im Gesundheitsbetrieb *direkt* zugerechnet werden können, werden als **Einzelkosten** bezeichnet. Einzelkosten bezeichnet man daher auch als *direkte* Kosten. So lassen sich beispielsweise die anteiligen Kosten bei einer Behandlungsleistung unmittelbar zuordnen (siehe Tab. 8.4).

Bei der Berechnung der Einzelkosten in Tab. 8.4 wurde von durchschnittlichen Beschaffungsmengen und -preisen zur Deckung des Praxis- und Laborbedarfs ausgegangen. Bei den Personalkosten wurde für die MFA ein Personalaufwand (Personaleinzel- + Personalgemeinkosten) von 72,00 €/h und für den/die (angestellten) Arzt/Ärztin von 144,00 €/h ausgegangen. Abschreibungen auf Anlagen und Geräte sind nicht berücksichtigt. Die Einzelkosten können anhand durchschnittlicher Beschaffungsmengen und -preise ermittelt werden. Die Personalkosten einer Arztpraxis lassen sich zur möglichst genauen Kostenermittlung ebenfalls als Einzelkosten betrachten. Häufig werden sie jedoch als Gemeinkosten angesehen und über einen Schlüssel anteilig verrechnet. Je nach Behandlungsart und -verlauf weichen die Einzelkosten auch gleichartiger Behandlungsmaßnahmen insbesondere bei erhöhtem zeitlichem Aufwand oder Komplikationen erheblich voneinander ab.

Gemeinkosten sind Kosten des Gesundheitsbetriebs, die nur indirekt, unter Zuhilfenahme von Verteilungsschlüssel einzelnen Behandlungsleistungen zugerechnet werden können. Die einer einzelnen Kostenstelle nicht direkt zurechenbaren Gemeinkosten lassen sich mithilfe von Verteilungsschlüsseln (beispielsweise über den Betriebsabrechnungsbogen (BAB) auf die einzelnen Kostenstellen des Gesundheitsbetriebs umrechnen.

Tab. 8.4 Beispiel für Einzelkosten einer Behandlungsleistung in einer Arztpraxis

Vorgang	Dauer	Personalbedarf	Materialbedarf	Kosten in €
	(min = Minuten)			(P = Personalkosten)
Patientenempfang: Anforderung der Versichertenkarte Einlesen der Karte Patientendaten heraussuchen im Praxisinformationssystem	10 min	1 MFA	–	12,00 (P)
Behandlung I: Geleiten ins Behandlungszimmer Bereitlegen der Instrumente für Behandlung Begrüßung	5 min (Arzt/Ärztin)10 min (MFA)	1 Arzt/Ärztin 1 MFA	Einmalhandtuch Seife Desinfektionsmittel 2 Paar Einmalhandschuhe	12,00 (P) 12,00 (P) 0,04 0,03 0,2 1,2
Behandlung III: Ultraschall Ultraschallgerät einstellen Ultraschalldiagnose anfertigen	15 min	1 Arzt/Ärztin 1 MFA		36,00 (P) 18,00 (P)
Behandlung II: Diagnose besprechen Injektion Verabschiedung Desinfizierung, Aufräumen, Herrichten Evtl. neue Terminvergabe	10 min (Arzt/Ärztin)15 min (MFA)	1 Arzt/Ärztin 1 MFA	Kanüle Ampulle Desinfektionsmittel	24,00 (P) 18,00 (P) 0,25 0,9 1,20

(Fortsetzung)

Tab. 8.4 (Fortsetzung)

Vorgang	Dauer	Personalbedarf	Materialbedarf	Kosten in €
Abrechnungsarbeiten: Eintragung und Erfassung im Praxisinformations-system Quartalsabrechnung	15 min (einschl. Quartals-abrechnung)	1 MFA		18,00 (P)
			Gesamte Einzelkosten:	153,82

In einer Zahnarztpraxis lässt sich beispielsweise die Miete in Höhe von 2500 €
anhand der Quadratmeterflächen der einzelnen Kostenstellen auf diese verteilen: Verwaltung (Büro, Rezeption: 17qm, Anteil an der Gesamtmiete: 425 €), Behandlung
(3 Behandlungszimmer, 40qm, Anteil an der Gesamtmiete: 1000 €), Patientenservice (Wartezimmer, Garderobe, Patiententoiletten: 20qm, Anteil an der Gesamtmiete:
500 €), Labor (15qm, Anteil an der Gesamtmiete: 375 €), Röntgen (8 qm, Anteil an
der Gesamtmiete: 200 €).◄

Fixkosten sind konstante Kosten und entstehen unabhängig von der Leistungsausbringung des Gesundheitsbetriebs. Sie stellen beschäftigungsunabhängige Kosten dar, bleiben
auch bei unterschiedlicher Leistungsmenge konstant und fallen auch bei Nichtbehandlung von Patienten an. Ein Sonderfall sind *sprungfixe* Kosten, die ab einem bestimmten
Zeitpunkt oder einer bestimmten Maßnahme „sprunghaft" ansteigen. Sprungfixe Kosten
bleiben somit nur innerhalb einer bestimmten Kapazitätsstufe konstant und steigen bzw.
fallen an der Grenze dieser Stufe auf das nächsthöhere bzw. –niedrigere Niveau (vgl.
Grünstäudl, 2013, S. 24).

Dies kann beispielsweise dann der Fall sein, wenn in einer Pflegeeinrichtung eine
zusätzliche Pflegekraft eingestellt wird. Die Personalfixkosten erhöhen sich ab diesem
Zeitpunkt um den Kostenanteil für die neue Arbeitskraft.◄

Die **Variablen Kosten** hängen von Kosteneinflussgrößen ab. Eine zentrale Kostenein-
flussgröße ist die Beschäftigung bzw. Leistungsausbringung, die über unterschiedliche
Bezugsgrößen gemessen werden kann (vgl. Friedl et al., 2017, S. 47). So hängen die
variablen Kosten ganz wesentlich von der Menge der Behandlungs- bzw. Pflegeleistungen des Gesundheitsbetriebs ab. Hierzu zählen beispielsweise die Materialkosten: Je
mehr Behandlungen durchgeführt werden, desto höher steigt der Verbrauch beispielsweise
von Verbrauchsmaterial wie Einmalhandtüchern, Kanülen, Tupfern, Desinfektionsmitteln
usw. und damit die Höhe der Materialkosten. Die variablen Kosten sind veränderliche,
beschäftigungsabhängige Kosten, deren Höhe sich im Gegensatz zu den Fixkosten bei
Schwankungen der Beschäftigung bzw. der Leistungserstellungsmenge ändert.

Eine Erhöhung der Behandlungsmenge (Anzahl der Behandlungen) führt somit nicht
nur zu einer gleichzeitigen Erhöhung des Umsatzes des Gesundheitsbetriebs, sondern
auch aufgrund des Mehrverbrauchs insbesondere an Material-, Energiekosten usw. zu
einer Erhöhung der variablen Kosten. Diese erhöhen sich jedoch nicht zwangsläufig
gleichmäßig, denn in den seltensten Fällen verlaufen die Kosten proportional zur mengenmäßigen Erstellung von Behandlungs- und Pflegeleistungen. Je nach Kostenverlauf
lassen sich daher proportionale variable Kosten, degressive (unterproportionale) variable

Kosten und progressive (überproportionale) variable Kosten unterscheiden (vgl. Krüger, 2016, S. 26 ff.).

Die **Gesamtkosten** eines Gesundheitsbetriebs setzen sich schließlich aus der Summe der *fixen* und *variablen* Kosten zusammen.

Beispiel

Der Verlauf der Gesamtkosten eines Gesundheitsbetriebs zeigt, dass bereits zu Beginn eines Rechnungsjahres Fixkosten anfallen, ohne dass die Behandlungs- bzw. Pflegetätigkeit begonnen wurde. Der auch bei zunehmender Behandlungs- bzw. Pflegemenge gleich bleibende Fixkostenanteil wird im Laufe des Jahres durch den behandlungsabhängigen variablen Kostenanteil erhöht, sodass sich zum Ende des Jahres die Gesamtkosten des Gesundheitsbetriebs als Summe aller fixen und variablen Kosten des gesamten Kalenderjahres ergeben: Fixe Kosten (Kf_G) + Variable Kosten (Kv_G) = Gesamtkosten (GK_G).◄

Werden den Gesamtleistungen des Gesundheitsbetriebs die Gesamtkosten, gegliedert nach Kostenarten, gegenübergestellt, so erhält man eine **Gesamtkostenrechnung.** Sie ist ein Verfahren der Kostenrechnung zur Ermittlung des Betriebsergebnisses des Gesundheitsbetriebs im Rahmen einer *kurzfristigen* Erfolgsrechnung, bei der man von den Nettoerlösen aus Kassen und Privatliquidation die Gesamtkosten der Periode abzieht.

Die **Grenzkosten** sind im Gesundheitsbetrieb die Kosten, die aufgrund der Durchführung eines zusätzlichen Behandlungsfalles entstehen. Fallen im Gesundheitsbetrieb beispielsweise Fixkosten in Höhe von 100.000 € pro Jahr an, in Form von Mieten für Räume, Kosten der Bereitstellung von medizinischen Geräten und Gehälter für das Personal, können mit diesen vorhandenen Mitteln beispielsweise maximal 10.000 Behandlungsfälle pro Jahr durchgeführt werden. Je Behandlungsfall werden medizinische Verbrauchsmaterialien für durchschnittlich 10 € benötigt (variable Kosten). Bei nur einem Behandlungsfall jährlich fallen also *Gesamtkosten* in Höhe von 100.010 € an, für zwei Behandlungsfälle 100.020 € usw. Mit jedem Behandlungsfall erhöhen sich die Gesamtkosten um 10 €, den Grenzkosten.

Beispiel

Gewährt ein Lieferant für medizinische Verbrauchsmaterialien Mengenrabatt in Höhe von 1 € ab 2000 Einheiten und 2 € für eine Abnahme ab 5000 Einheiten, so betragen die Grenzkosten bis zu einer Behandlungsfallzahl von 1999 10 €, zwischen 2000 und 4999 Fällen 9 € und ab 5000 Fällen 8 €. Dies führt somit zu fallenden Grenzkosten. Steigt die Behandlungsfallzahl auf über 10.000, wird also die Kapazitätsgrenze des Gesundheitsbetriebs überschritten, so werden weitere Kosten für die Ausweitung der Kapazität benötigt (beispielsweise Überstundenzuschläge für das Praxispersonal, Mieten für zusätzliche Räume etc.). Dies führt zu steigenden Grenzkosten.◄

8.1.3 Kostenstellenrechnung

In der **Kostenstellenrechnung** des Gesundheitsbetriebs werden die vorher erfassten und nach Arten gegliederten Kosten auf die einzelnen Organisationsbereiche verteilt, in denen sie angefallen sind. Damit erfolgt eine Zuordnung von Kosten auf abgegrenzte Verantwortungsbereiche nach dem Verursachungsprinzip. Bei verursachungsgerechter Zuordnung dient die Kostenstellenrechnung der Kontrolle der Wirtschaftlichkeit im Gesundheitsbetrieb (vgl. Horsch, 2023, S. 90 ff.).

Ein individueller **Kostenstellenplan** ist Grundlage für die Kostenstellenrechnung. Er legt fest, wie die in der Kostenartenrechnung erfassten Kostenarten als Stelleneinzelkosten und Stellengemeinkosten im Gesundheitsbetrieb ermittelt werden (siehe Tab. 8.5).

Beispiel

Auch den Regelungen der KHBV unterliegende Krankenhäuser haben die aufgrund ihrer Aufgaben und Struktur erforderlichen Kostenstellen zu bilden. Dabei sollen, sofern hierfür Kosten und Leistungen anfallen, mindestens die Kostenstellen gebildet werden, die sich aus dem vorgegebenen Kostenrahmen ergeben. Bei abweichender Gliederung dieser Kostenstellen soll durch ein ordnungsmäßiges Überleitungsverfahren die Umschlüsselung auf den Kostenstellenrahmen sichergestellt werden (vgl. § 8 KHBV).◄

Gerade bei größeren medizinischen Einrichtungen ist es wichtig zu wissen, wo die Kosten tatsächlich anfallen, um möglichst zielgenaue Maßnahmen ergreifen zu können. Zur Durchführung einer wirksamen Kontrolle, ist es bei der Zuordnung der Kosten zu einzelnen Kostenstellen von großer Bedeutung, dass die jeweilige Kostenstelle einen selbständigen Verantwortungsbereich darstellt. Auch müssen sich die Kostenbelege der jeweiligen Kostenstelle genau zuordnen lassen, um nicht zu einer Zuordnung zur falschen Stelle und damit auch zu unrichtigen Ergebnissen zu führen. In diesem Zusammenhang macht es auch wenig Sinn, Sammelkostenstellen einzurichten, da ihre Aussagekraft sehr gering ist.

Bei den **Stelleneinzelkosten** handelt es sich um die Kosten, die verursachungsgerecht und nachweisbar durch die Leistungserstellung innerhalb einer Kostenstelle entstanden sind. Als **Stellengemeinkosten** werden die Kosten bezeichnet, die durch die Leistungserstellung innerhalb mehrerer Kostenstellen entstanden sind und durch Kostenschlüsselungen so weit wie möglich verursachungsgerecht auf mehrere Kostenstellen aufgeteilt werden.

Da in der Kostenstellenrechnung nur die Stelleneinzelkosten der jeweiligen Kostenstelle eines Gesundheitsbetriebs direkt zugeordnet werden können, müssen die einer einzelnen Kostenstelle nicht direkt zurechenbaren Stellengemeinkosten mit Hilfe von

Tab. 8.5 Kostenstellenrahmen für Pflegeeinrichtungen (vgl. PBV, Anlage 5)

Ziffer	Bezeichnung
90	Allgemeine Kostenstellen
900	Gebäude einschließlich Grundstücke
901	Außenanlagen
902	Leitung und Verwaltung der Pflegeeinrichtung
903	Hilfs- und Nebenbetriebe
904	Ausbildung, Fortbildung
905	Personaleinrichtungen (soweit für Betrieb der Einrichtung notwendig)
906	Sonstige
91	Versorgungseinrichtungen
910	Wäscherei (Versorgung)
911	Küche (Versorgung)
912	Hol- und Bringedienst (Transporte innerbetrieblich)
913	Zentrale Sterilisation
914	Zentraler Reinigungsdienst
915	Energieversorgung (Wasser, Energie, Brennstoffe)
916	Sonstige
92	Häusliche Pflegehilfe
920	Pflegebereich – Pflegegrad 1
921	Pflegebereich – Pflegegrad 2
922	Pflegebereich – Pflegegrad 3
923	Pflegebereich – Pflegegrad 4
924	Pflegebereich – Pflegegrad 5
93	Teilstationäre Pflege (Tagespflege)
930	Pflegebereich – Pflegegrad 1
931	Pflegebereich – Pflegegrad 2
932	Pflegebereich – Pflegegrad 3
933	Pflegebereich – Pflegegrad 4
934	Pflegebereich – Pflegegrad 5
94	Teilstationäre Pflege (Nachtpflege)
940	Pflegebereich – Pflegegrad 1
941	Pflegebereich – Pflegegrad 2
942	Pflegebereich – Pflegegrad 3

(Fortsetzung)

Tab. 8.5 (Fortsetzung)

Ziffer	Bezeichnung
943	Pflegebereich – Pflegegrad 4
944	Pflegebereich – Pflegegrad 5
95	Vollstationäre Pflege
950	Pflegebereich – Pflegegrad 1
951	Pflegebereich – Pflegegrad 2
952	Pflegebereich – Pflegegrad 3
953	Pflegebereich – Pflegegrad 4
954	Pflegebereich – Pflegegrad 5
96	Kurzzeitpflege
960	Pflegebereich – Pflegegrad 1
961	Pflegebereich – Pflegegrad 2
962	Pflegebereich – Pflegegrad 3
963	Pflegebereich – Pflegegrad 4
964	Pflegebereich – Pflegegrad 5
97	Weitere Leistungen
970	Zusätzliche Betreuung und Aktivierung nach SGB XI
971	Leistungen nach SGB XI
98, 99	Freibleibend

Verteilungsschlüsseln auf die einzelnen Kostenstellen des Gesundheitsbetriebs umgelegt werden.

Von besonderem Nutzen kann dabei ein **Betriebsabrechnungsbogen** (BAB) sein, der ein Hilfsinstrument zur Verrechnung der Gemeinkosten darstellt. Er lässt sich als tabellarisch strukturiertes Formular mit einem Tabellenkalkulationsprogramm anlegen und verteilt die Gemeinkosten anteilig auf die einzelnen Verbrauchsstellen. In den Tabellenzeilen werden in der Regel die einzelnen Kostenarten mit den jeweils angefallenen Werten aufgeführt und in den Spalten die einzelnen Kostenstellen. Je Kostenart werden die Kosten mit einem Verteilungsschlüssel in jeder Zeile auf die Kostenstellen verursachungsgerecht verteilt und in der Schlusszeile je Kostenstelle zusammengezählt (siehe Tab. 8.6).

Die **Verrechnung im BAB** erfolgt in vier Stufen:

- **Stufe 1:** Übernahme aller Gemeinkosten aus der Kostenartenrechnung und Verteilung auf die einzelnen Kostenstellen über Verteilungsschlüssel (Kostenstellengemeinkosten); Zuordnung von Kostenstelleneinzelkosten mit klarer Verursachung (Einzelkostennachweis); Summe ergibt primäre Kostenstellenkosten;

Tab. 8.6 Beispiel eines vereinfachten Betriebsabrechnungsbogens für eine Arztpraxis

Kostenstelle: Gemeinkostenart/ Kostenhöhe/ Verteilungsschlüssel	Vorbeugung	Verwaltung	Behandlung	Labor	Service
Personalgemeinkosten 10.000 1/2/5/1/1	1000	2000	5000	1000	1000
Miete 40.000 1/1/5/2/1	4000	4000	20.000	8000	4000
Strom 2000 1/1/3/4/1	200	200	600	800	200
Heizung 3000 1/1/4/1/3	300	300	1.200	300	900
Versicherung 500 1/3/4/1/1	50	150	200	50	50
Summe 55.500	5550	6650	27.000	10.150	6150

- **Stufe 2:** Verrechnung der einrichtungsinternen Leistungen innerhalb der Hauptkosten-stellen, weshalb die Kosten der allgemeinen Kostenstellen und der Hilfskostenstellen auf die Hauptkostenstellen verteilt werden;
- **Stufe 3:** Bildung von Zuschlagsätzen in Prozent oder Verrechnungssätzen für Aus- und Einlagerungen der Einzelkosten auf der Basis von Kostenstelleneinzelkosten oder von Kostentreibern (Ein- und Auslagerungen);
- **Stufe 4:** Kostenkontrolle durch Vergleich von Sollvorgaben und ermittelten Ist-Kosten.

In der Praxis gehört das Schema des BAB zu den wichtigsten Abrechnungs- und Steue-rungsinstrumenten, das benutzt wird, um den Kostenstellen ihre Einzelkosten zuzuordnen, die Gemeinkosten verursachungsgerecht auf die Kostenstellen zu verteilen, Leistungs-verrechnungen zwischen einzelnen Organisationseinheiten der Gesundheitseinrichtung vorzunehmen, im Rahmen der Voll- und Teilkostenrechnung Zuschlagsätze zu ermitteln sowie den Vergleich, die Kontrolle und die Steuerung der Soll- und Ist-Kosten einzelner Kostenstellen durchzuführen (vgl. Macha, 2011, S. 93 f.).

8.1.4 Kostenträgerrechnung

Bei der **Kostenträgerrechnung** gilt es, die verursachten Kosten den einzelnen Kostenträgern im Gesundheitsbetrieb zuzuordnen. Im Gesundheitsbetrieb sind die Kostenträger die Leistungen am Patienten, alle medizinischen Dienstleistungen der Patientenberatung, der Prophylaxe, der Behandlung, der Pflege sowie auch alle weiteren Leistungserstellungen, die im Gesundheitsbetrieb erforderlich sind. Die eigentliche Aufgabe der Kostenträgerrechnung ist es, die Kosten für die Erstellung dieser Leistungen durch Kalkulation zu bestimmen (siehe Tab. 8.7).

Die **Divisionskalkulation** zählt dabei zu den einfachen Kalkulationsverfahren zur Bestimmung der Kosten je Behandlungsleistung und damit der Ermittlung der Behandlungsfallkosten, die durch Division beispielsweise der gesamten jährlichen Kosten des Gesundheitsbetriebs durch die Gesamtzahl der Behandlungsfälle pro Jahr (= jährliche Behandlungsmenge) errechnet werden.

Die **Behandlungsfallkosten** sind somit die Kosten des Gesundheitsbetriebs, die bei dem jeweiligen Behandlungsvorgang und somit bei gleichen Behandlungsvorgängen in gleicher Höhe entstehen.

Nachteilig ist dabei, dass die Art der erbrachten Behandlungsleistung nicht berücksichtigt wird, sodass die Divisionskalkulation zu ungenauen und wenig aussagekräftigen Ergebnissen führt. Da diejenigen Behandlungen besonders kostenintensiv sind, bei denen hochwertige, teure medizintechnische Geräte zum Einsatz kommen, werden die errechneten durchschnittlichen Behandlungsfallkosten dabei bei weitem übertroffen. Die Annahme, dass ein Gesundheitsbetrieb umso wirtschaftlicher arbeitet, je größer seine Behandlungsmenge und damit die Anzahl der Behandlungsfälle pro Jahr ist, erscheint nicht zwangsläufig richtig, denn es wird dabei nicht berücksichtigt, dass die Kosten nicht

Tab. 8.7 Kostenträgerübersicht für teil- und vollstationäre Pflegeeinrichtungen (vgl. PBV, Anlage 6)

Einrichtung	Kostenträger
Teil- und vollstationäre Pflegeeinrichtungen	Pflegeklasse I: Pflegeleistungen, Unterkunft und Verpflegung
	Pflegeklasse II: Pflegeleistungen, Unterkunft und Verpflegung
	Pflegeklasse III: Pflegeleistungen, Unterkunft und Verpflegung
	Zusatzleistung Pflege, Zusatzleistung Unterkunft und Verpflegung
Ambulante Pflegeeinrichtungen	Kostenträger sind die in den Vergütungsempfehlungen der Spitzenverbände der Pflegekassen aufgeführten Leistungskomplexe

Tab. 8.8 Vereinfachtes Beispiel für den Gemeinkostenzuschlag im Rahmen der Zuschlagskalkulation für den Gesundheitsbetrieb

Gemeinkostenart	Kosten monatl (in €)	Verteilungsschlüssel	Gemeinkostenanteil des Behandlungsfalls
Miete	3000	Durchschnittliche Zahl an Behandlungsfällen pro Monat: 250	12,00
Strom	200		0,8
Wasser	100		0,4
Heizung	250		1,00
Reinigung	560		2,24
Verwaltungskosten (Telefon, Porto, Büro-material usw.)	500		2,00
Abschreibungen (Behand-lungseinrichtungen, Geräte)	2000		8,00
		Gesamte Gemeinkosten:	26,44

stetig steigen, sondern insbesondere die Fixkosten einen sprunghaften Verlauf annehmen können.

Da man erst bei einer Zuordnung der Einzelkosten zu den einzelnen Behandlungsfällen genauere Aussagewerte erhält, führt die **Zuschlagskalkulation** im Vergleich zur Divisionskalkulation zu aussagekräftigeren und genaueren Ergebnissen der Kostenträgerrechnung. Dabei werden zunächst die Einzelkosten für die jeweilige Leistung (beispielsweise Behandlungsfallkosten) ermittelt und die Gemeinkosten dann gemäß den in der Kostenstellenrechnung erarbeiteten Verteilungsschlüsseln der jeweiligen Leistung zugeschlagen (siehe Tab. 8.8).

Beispiel

Das Handbuch zur Kalkulation von Behandlungskosten in psychiatrischen und psychosomatischen Einrichtungen gem. § 17d KHG (PSY-Einrichtungen) beschreibt im Sinne eines anwendungsorientierten Leitfadens die Methodik zur Kalkulation von Behandlungskosten. Dabei folgt die Kostenzurechnung auf den Kostenträger „Behandlungsfalltag" einem Vollkostenansatz auf Istkostenbasis, bei dem alle Patienten, Leistungen und Kosten des Krankenhauses einbezogen werden, die nach den geltenden rechtlichen Bestimmungen unter den Vergütungsrahmen des PSY-Entgeltsystems fallen. Aus der Kalkulationsbasis sind alle vom PSY-Entgeltsystem nicht erfasste Leistungs- und Kostenanteile auszugliedern, als Bezugszeitraum der Kalkulation

(Datenjahr) gilt ein abgeschlossenes Kalenderjahr, und die für die Kalkulation verwendeten Kostendaten müssen sich aus dem testierten Jahresabschluss des Krankenhauses für das betreffende Datenjahr ableiten lassen. Der Kostenzuschlag auf den Kostenträger unterscheidet zwischen Einzelkosten und Gemeinkosten, wobei Einzelkosten für teure Sachgüter entsprechend dem für den einzelnen Kostenträger dokumentierten Verbrauch, bewertet mit Anschaffungspreisen, zuzurechnen sind, und die Gemeinkostenzurechnung erfolgt über Bezugsgrößen, die für definierte Leistungsbereiche nach Kostenarten differenziert vorgegeben sind. Weitere Kalkulationsgrundlagen sind:

- gemäß KHBV gegliederten Aufwandsarten in der Finanzbuchhaltung, die durch die Kostenstellenrechnung je Kostenstelle ausgewiesen werden;
- Bereinigung der Gesamtkosten des Krankenhauses sowohl in der Kostenartenrechnung als auch in der Kostenstellenrechnung um die Kostenanteile, die nicht im Zusammenhang mit in das PSY-Entgeltsystem einbezogenen Leistungen stehen;
- Sicherstellung einer Übereinstimmung zwischen dem für jede Kostenstelle ausgewiesenen Kosten- und Leistungsvolumen durch Kostenumgliederungen;
- Verteilung der Kosten der „indirekten" Kostenstellen (erbringen keine Leistungen am Patienten) auf die „direkten" Kostenstellen (Leistungserbringung unmittelbar für Patienten) anhand der zwischen den Kostenstellen bestehenden Leistungsverflechtungen im Zuge der Innerbetrieblichen Leistungsverrechnung (IBLV);
- Zuordnung der Kosten der direkten Kostenstellen im Rahmen der Kostenträgerrechnung den Patienten, die Leistungen dieser Kostenstellen in Anspruch genommen haben, der Einzelkosten für teure Sachgüter entsprechend der patientenbezogenen Verbrauchsdokumentation und der Gemeinkosten anhand von Kalkulationssätzen je Leistungseinheit für die nach Kostenarten vorgegebenen Bezugsgrößen (Institut für das Entgeltsystem im Krankenhaus, 2023, S. 1).◄

8.1.5   Deckungsbeitragsrechnung

Die **Deckungsbeitragsrechnung (DBR)** steht dem Gesundheitsbetrieb zur Verfügung, um beispielsweise quantitative Beziehungen zwischen Behandlungsmenge, Kosten und Gewinn zu verdeutlichen und für die Erfolgsanalyse bzw. die Gewinnplanung zu nutzen. In der Bilanz wird der Erfolg einer Abrechnungsperiode als Saldo durch Gegenüberstellung von Vermögens- und Kapitalpositionen am Bilanzstichtag ermittelt. Die GuV hingegen saldiert jeweils die Summe aller Erträge und Aufwendungen einer Abrechnungsperiode und ermittelt somit den Erfolg nicht nur als Saldo, sondern zeigt je nach Umfang der Aufgliederung der Aufwands- und Ertragsarten auch die Ursachen des Erfolgs auf. Die Erfolgsrechnung ist somit keine Zahlungsrechnung, sondern eine Aufwands- und Ertragsrechnung, die zur Ermittlung des wirtschaftlichen Erfolgs der Gesundheitseinrichtung innerhalb eines bestimmten Zeitabschnitts dient (vgl. Kußmaul & Wöhe, 2018, S. 6). Sie basiert auf der Kostenrechnung und gibt Aufschluss darüber, ob die Gesundheitseinrichtung positiv erfolgreich einen Gewinn erwirtschaftet oder, als Misserfolg, einen Verlust als Jahresergebnis erzielt hat. Der Begriff Erfolgsrechnung stammt aus dem Rechnungswesen der Gesundheitseinrichtung und liefert Antworten auf Fragestellungen, wie etwa nach dem Mindestumsatz, damit die Kosten überhaupt gedeckt werden, nach Behandlungsarten, die nicht kostendeckend sind oder nach gewinnbringenden Behandlungsarten.

Dazu werden in einer Wirtschaftsperiode die Aufwendungen und Erträge einander gegenübergestellt. Während in der Kostenrechnung die Kosten ermittelt werden, werden in der Erfolgsrechnung die erzielten Erlöse gegenübergestellt. Dieser Vergleich der Kosten und Erlöse ist regelmäßig monatlich und nach Abschluss eines Rechnungsjahres durchzuführen, um den wirtschaftlichen Erfolg zu erreichen und sicherzustellen. Während man beispielsweise die Steuerbilanz als eine externe steuerliche Erfolgsrechnung bezeichnen könnte, stellt die Gewinn- und Verlustrechnung (GuV) eine externe Erfolgsrechnung zur Ermittlung des wirtschaftlichen Erfolgs der Gesundheitseinrichtung dar. Die GuV hat im Wesentlichen nur eine Informationsfunktion: Sie vermittelt ein den tatsächlichen Verhältnissen entsprechendes Bild der Ertragslage. Die GuV hat dabei die Aufgabe, die Quelle der Erträge und die Aufwandsstruktur ersichtlich zu machen (siehe Abschn. 8.2.2 Gewinn- und Verlustrechnung).

Die Deckungsbeitragsrechnung ist eine Teilkostenrechnung, bei der die Erlöse des Kostenträgers in die Betrachtung einbezogen werden, wobei der **Deckungsbeitrag (DB)** die Differenz zwischen zurechenbarem Erlös und zurechenbaren Kosten des Kostenträgers bildet. Für den Gesundheitsbetrieb gibt er den Betrag an, um den sich der Erfolg bei der Mehr- oder Mindererstellung einer Behandlungsleistung ändert. Dabei müssen die Deckungsbeiträge so groß sein, dass die nicht zugerechneten Kosten gedeckt werden und kein Verlust erzeugt wird.

Man unterscheidet dabei die einstufige und die mehrstufige Deckungsbeitragsrechnung. Die einstufige Deckungsbeitragsrechnung ermittelt zunächst die aufsummierten Deckungsbeiträge und zieht von diesen dann die kompletten Fixkosten ab. Dieses Verfahren wird auch als Direct Costing bezeichnet, wobei unter den direkten Kosten die variablen Kosten und nicht die Einzelkosten (Direktkosten) zu verstehen sind. Bei der mehrstufigen Deckungsbeitragsrechnung werden die Fixkosten weiter aufgespalten und die Kosten den verursachenden Bereichen der Gesundheitseinrichtung zugerechnet. Dies ermöglicht eine genauere Analyse des Fixkostenblocks. (siehe Tab. 8.9).

Beispiel

In einem Krankenhaus werden von der Erlössumme jeder DRG die variablen Kosten abgezogen (DB I). Davon werden die DRG-Fixkosten beispielsweise für ein spezielles OP-Gerät subtrahiert (DB II). Alle erbrachten DRGs werden je Krankenhausabteilung zusammengefasst und die Abteilungsfixkosten abgezogen, sodass sich DB III ergibt. Zum Schluss werden die Kosten die einer Abteilung nicht einzeln, sondern

Tab. 8.9 Ein- und mehrstufige Deckungsbeitragsrechnung. (In Anlehnung an Pohl, 2019, S. 5)

Methode	Schritt	Vorgehensweise
Einstufige Deckungsbeitragsrechnung	1	Umsatzerlöse je Fall – variable Kosten je Fall = DB je Fall
	2	Summe aller Fall-DB – gesamte Fixkosten = Unternehmensergebnis
Mehrstufige Deckungsbeitragsrechnung	1	Umsatzerlöse je Fall – variable Kosten je Fall = DB I (Fall-DB)
	2	Summe aller Fall-DB – Fallfixe Kosten = DB II (Klinik-DB)
	3	Klinik DB – Klinikfixkosten = DB III (Krankenhaus-DB)
	4	Krankenhaus DB – Krankenhausfixkosten = Unternehmensergebnis

dem Krankenhaus insgesamt nur zurechenbar sind (Krankenhausfixkosten), von der Summe aller DB III abgezogen und man erhält das Betriebsergebnis. Da eine Verteilung der Abteilungsfixkosten auf einzelne DRGs nicht verursachungsgerecht möglich ist, verzichtet die DBR als Teilkostenrechnungsverfahren darauf (vgl. Fleßa & Weber, 2017, S. 455).◄

Die Deckungsbeitragsrechnung mit relativen Einzelkosten basiert auf der Einzelkostenrechnung und –zuordnung. Hierbei erfolgt die Kostenaufspaltung in Einzel- und Gemeinkosten sowie deren Zuordnung zu Bezugsobjekten wie beispielsweise Kostenträger und Kostenstellen. Als weitere Teilkostenrechnung berücksichtigt die Grenzplankostenrechnung nur die von der Erstellung von Behandlungs- und Pflegeleistungen abhängigen Kosten, indem sie die Verbrauchsabweichung zwischen variablen Soll- und Istkosten ermittelt. Sie ist somit eine flexible Plankostenrechnung und wird bei der Planung und Kontrolle von Kosten und Erlösen eingesetzt (vgl. Pohl, 2019, S. 4 ff.).

Um die Frage zu beantworten, ab welchen Umsatz des Gesundheitsbetriebs zusätzlich auch die variablen Kosten und somit die Gesamtkosten gedeckt werden, muss eine so genannte **Break-Even-Analyse** durchgeführt werden. Dabei wird ermittelt, bei welchem Umsatz und bei welcher Behandlungsmenge die Verlustzone verlassen und im Gesundheitsbetrieb Gewinne erwirtschaftet werden. Zur Ermittlung dieses Punktes, in dem alle Kosten gedeckt werden, ist der Umsatz mit den Gesamtkosten in eine Beziehung zu setzen (siehe Abb. 8.1).

Beispiel

Aus dem Beispiel in Abb. 8.1 ist ersichtlich, dass ab einer Behandlungsmenge von ca. 1600 Behandlungsfällen pro Jahr und einem damit erzielten Praxisumsatz von ca. 450.000 € die Zahnarztpraxis Gewinn erwirtschaftet. Bei weniger Behandlungsfällen erzielt der Zahnarzt Verluste. Jeder zusätzliche Behandlungsfall über den „Durchbruchspunkt" (Break-Even-Point) hinaus trägt zum Praxisgewinn bei.◄

Diese Analyse ist jedoch idealtypisch. Zum einen wurde bereits erwähnt, dass die Kosten nicht kontinuierlich, sondern sprunghaft ansteigen. Bei einem plötzlichen, sprunghaften Anstieg der Kosten wird die Gewinnzone des Gesundheitsbetriebs erst bei einem entsprechend höheren Umsatz und einer größeren Behandlungsmenge erreicht. Des Weiteren ist das Verhältnis zwischen Behandlungsmenge und Umsatz entscheidend von der Art der Behandlungsfälle abhängig. Überwiegt die Menge an Behandlungsfällen, die vergleichsweise geringe Erlöse erzielen, so wird die Gewinnzone erst später erreicht, als bei einem Gesundheitsbetrieb, der mit einer geringeren Anzahl von Behandlungsfällen höhere Einnahmen erzielt.

Entscheidend ist somit die Frage, welchen Deckungsbeitrag der einzelne Behandlungsfall erzielt und in welcher Höhe er zum Gewinn des Gesundheitsbetriebs beiträgt.

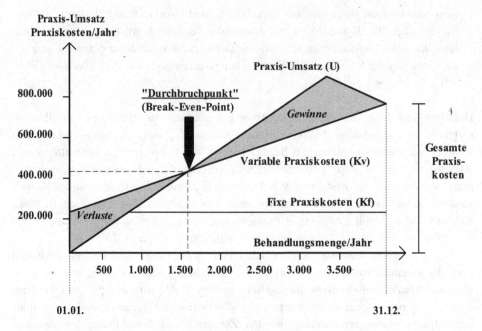

Abb. 8.1 Break-Even-Analyse für eine Zahnarztpraxis

Hierzu sind durch Anwendung der Zuschlagskalkulation die Einzelkosten für die jeweilige Behandlungsart zu ermitteln und um die Gemeinkostenanteile zu erhöhen. Die so errechneten Kosten pro Behandlungsart sind dann mit den im Rahmen der Kassen- bzw. Privatliquidation erzielbaren Erlösen zu vergleichen. Ist das Ergebnis dieses Vergleichs positiv, so erwirtschaftet der Gesundheitsbetrieb bei Durchführung dieser Behandlungsart Gewinne. Bei einem negativen Ergebnis des Vergleichs erzielt er Verluste.

Beispiel

So wird in diesem Zusammenhang auch auf die Möglichkeiten der Lenkung der Unterdeckung beispielsweise einer Klinik mittels Deckungsbeitragsrechnung verwiesen. Dabei ist nicht nur das Ziel „positiver Deckungsbeitrag in Höhe von xy" relevant, sondern auch die Stabilisierung oder Verringerung eines negativen Deckungsbeitrags (vgl. Zapp & Oswald, 2009, S. 142).◄

Die Ermittlung der Kosten und Erlöse für die jeweilige Behandlungsart lassen sich in der Regel nur für jeden Gesundheitsbetrieb individuell durchführen. Sie sind von zu vielen Faktoren und Einflussgrößen abhängig, wie beispielsweise Größe und Art des Betriebs, Personalumfang, Arbeitsstil und -tempo der Mitarbeiter, individuelle Materialverbrauch je Behandlung, die Patientenstruktur, Ausstattung, verwendete medizinische Geräte und Instrumente und vieles anderes mehr.

Ein weiteres Verfahren zur Erfolgsermittlung ist die **Gesamtkostenrechnung,** bei der den Gesamtleistungen des Gesundheitsbetriebs die Gesamtkosten, gegliedert nach Kostenarten, gegenübergestellt werden. Sie ist ein Verfahren der Kostenrechnung zur Ermittlung des Betriebsergebnisses im Rahmen einer kurzfristigen Erfolgsrechnung und wird folgendermaßen durchgeführt: Nettoerlöse aus Kassen- und Privatliquidation + Sonstige Erlöse − Gesamtkosten der Periode = Betriebserfolg.

Als wesentlicher Vorteil der Gesamtkostenrechnung ist die einfache Art und Weise der Bestimmung des Gewinns oder -Verlustes der Gesundheitseinrichtung anzusehen. Die in der Kostenrechnung ermittelten Kosten lassen sich ohne allzu großen Rechenaufwand den Erlösen aus Kassen- und Privatliquidation sowie sonstigen Einnahmequellen gegenüberstellen.

Die mangelnde Aussagefähigkeit ist der entscheidende Nachteil dieses Verfahrens: Es ist kaum feststellbar, welche Leistungen in welchem Umfang zum wirtschaftlichen Erfolg beigetragen haben und welche Leistungen mehr Kosten als Erlöse verursachen. Die Gesamtkostenrechnung lässt keine Aussage darüber zu, in welchem Maße einzelne Behandlungs- bzw. Pflegeleistungen zum Erfolg der Gesundheitseinrichtung beigetragen haben, da die Gesamtkosten nur nach Kostenarten aufgeteilt werden. Für eine Beurteilung der Gewinnträchtigkeit einzelner Behandlungsleistungen ist eine kostenträgerbezogene Kostengliederung (Ermittlung der Behandlungs- bzw. Pflegefallkosten) vorzunehmen. Das Gesamtkostenverfahren mit seiner kostenartenbezogenen Kostenaufteilung bietet lediglich eine pauschale Ermittlung des Betriebserfolgs.

8.1.6 Prozesskostenrechnung

Die **Prozesskostenrechnung** (PKR) wird bisweilen ebenfalls zur Erfolgsrechnung gezählt, obwohl sie in erster Linie die Kosten der indirekten Leistungsbereiche eines Gesundheitsbetriebs (z. B. Wäscherei, Krankenhausküche, Privat- und Kassenliquidation, Patientenverwaltung etc.) abbildet und eine verursachungsgerechtere Verteilung dieser Gemeinkosten durchführt. Sie ist eine Vollkostenrechnung, die sowohl variable als auch fixe Kosten auf die Kostenträger verrechnet. Bei den traditionellen Kostenrechnungssystemen werden die Gemeinkosten der Gesundheitseinrichtung über Zuschlagssätze oder Verrechnungsschlüssel auf die Kostenträger verrechnet. Solange die Gemeinkosten nur einen geringen Anteil an den Gesamtkosten ausmachen ist diese Art der Verrechnung wirtschaftlich. Bei höheren Verrechnungssätzen sind die auf diese Weise ermittelten Kosten jedoch eingeschränkt aussagekräftig, was zu Fehlentscheidungen führen kann. Bei der PKR wird die kostenstellenweise Zuordnung der Kosten durch eine kostenstellenübergreifende Betrachtungsweise ersetzt. Die PKR stellt somit kein eigenständiges

Kostenrechnungsverfahren dar, sondern ergänzt die herkömmlichen Systeme um eine verbesserte Gemeinkostenverteilung.

Beispiel

Die PKR setzt eine Abkehr von der reinen Ablauforganisation voraus. Somit muss Sinn und Inhalt der Prozesskostenrechnung beispielsweise in einem Krankenhaus sein, einerseits die Kostenträgerrechnung zu ersetzen und andererseits die Optimierung der abgebildeten Prozesse mit einer Simulation von geplanten Veränderungen zu ermöglichen. Ein weiteres Ziel ist, die abgebildeten Prozesse als Patientenpfad/Leitlinie zu nutzen, um so die Dokumentation des medizinischen Personals erheblich vereinfachen zu helfen. Dadurch werden mit der Prozesskostenrechnung nicht nur die direkt damit verbundenen Vorteile erzielt, sondern es können auch viele der bisher bestehenden Defizite dauerhaft und effizient sowie ohne zusätzlichen Erfassungsaufwand behoben werden (vgl. Kothe-Zimmermann, 2006, S. 64).◄

Die PKR versucht, die Gemeinkosten den ablaufenden Prozessen im Gesundheitsbetrieb zuzuordnen. Nach dem Beanspruchungsprinzip geschieht dies über die mengenmäßige Inanspruchnahme von Teilprozessen. Dazu sind die Hauptprozesse im Gesundheitsbetrieb zu identifizieren und von anderen abzugrenzen. In der PKR erfolgt die Aufschlüsselung der Gemeinkosten durch angemessene Einheiten (z. B. Energieverbrauch, Zeitintensität etc.). Um sie möglichst verursachungsgerecht zuzuordnen, ist es oft sinnvoller, sie nach **Cost Drivers** (Kostentreibern) zu bemessen. Bei einem größeren Lager mit medizinischem Verbrauchsmaterial kann es beispielsweise sinnvoller sein, die Lagerhaltungskosten nach Gewicht oder Größe des zu lagernden Materials zu bemessen, als nach dessen Einkaufswert, der wiederum direkt zurechenbare Einzelkosten darstellt. Auf diese Weise zugeordnete Einzel- und Gemeinkosten ergeben den **Prozesskostensatz.** Bezogen auf eine Kostenstelle bilden sie Teilprozesskosten, die sich unter Einbeziehung mehrerer Kostenstellen in mehreren Stufen zu Hauptprozesskosten zusammensetzen lassen (vgl. Abb. 8.2).

Bei der Tätigkeitsanalyse werden jene Vorgänge in einer Kostestelle erfasst, die Ressourcen im Gesundheitsbetrieb in Anspruch nehmen oder verbrauchen. Ihre Aufnahme und die Feststellung des Zeitaufwands je Tätigkeit ist eine grundlegende Voraussetzung für die Anwendung der PKR. Die Aufnahme der Tätigkeiten kann durch Nutzung vorhandener Informationsquellen (Ablaufdiagramme etc.), Selbstaufschreibung, Multimomentverfahren oder durch vergleichbare Methoden erfolgen.

Zur Definition der Prozesse im Gesundheitsbetrieb werden die Tätigkeiten zu Teilprozessen und schließlich zu Hauptprozessen verdichtet. Teilprozesse stellen hierbei Aneinanderreihungen von Tätigkeiten dar, die in einer Kostenstelle auf die Erbringung

Abb. 8.2
Prozesskostenrechnung für den
Gesundheitsbetrieb

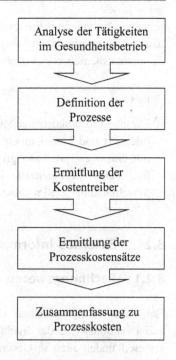

einer bestimmten Leistung ausgerichtet sind. Hauptprozesse bestehen demzufolge kosten-
stellenübergreifend aus einer Kette von zusammengehörigen Teilprozessen, mit dem Ziel
der Erbringung einer Gesamtleistung.

Beispiel

Wenn eine Arztpraxis beispielsweise mit Behandlungspfaden arbeitet, ist im Sinne
einer Prozesskostenrechnung die Zuteilung der einzelnen Kostenarten auf Prozessschritte möglich, macht aber eine Leistungserfassung entlang des Prozesses erforderlich (vgl. Schurr et al., 2008, S. 26).◄

Die Kostentreiber sind die Bezugsgrößen für die Verrechnung der Gemeinkosten und
treten an die Stelle bisheriger Verrechnungsschlüssel bzw. Einzelkostenzuschläge. Kostentreiber im Gesundheitsbetrieb können beispielsweise die Patientenzahlen, Zahl der
Laborarbeiten, Zahl der Beschaffungsvorgänge bei medizinischem Verbrauchsmaterial
oder andere Werte sein. In der Regel liegt zwischen Kostentreiber und Kostenträger eine
proportionale Beziehung vor.

Bei der PKR werden am Ende der Kostenstellenrechnung Prozesskostensätze zur Kalkulation und zur Verrechnung der Kosten auf die Kostenträger ermittelt. Ähnlich wie bei
der Ermittlung der Behandlungsfallkosten wird der Prozesskostensatz durch Division der

geplanten Kosten eines Prozesses durch die Menge des Kostentreibers ermittelt. Der Prozesskostensatz gibt dadurch an, wie viel die einmalige Durchführung eines Prozesses im Gesundheitsbetrieb kostet (siehe Tab. 8.10).

Beispiel

Für eine Prozesskostenrechnung müssen die Abläufe des Gesundheitsbetriebs prozessorientiert und klar definiert sein. Liegt dies nicht vor, ist die Einführung der PKR mit einem entsprechend großen organisatorischen Aufwand verbunden. Demgegenüber stehen die Potenziale, die durch die Beeinflussung von Kostentreibern oder der Verschlankung von Prozessen erzielbar sind.◄

8.2   Externes Informationswesen

8.2.1   Rechnungswesen des Gesundheitsbetriebs

Die betriebswirtschaftlichen Grundtatbestände der Rechnungslegung (z. B. Aufbau und Funktionsweise der Buchführung, Techniken der Aufstellung des Jahresabschlusses etc.) finden auch in Gesundheitsbetrieben Anwendung. Das **Rechnungswesen** des Gesundheitsbetriebs erfasst dessen Geld- und Leistungsströme zahlenmäßig, lückenlos, vergangenheits- bzw. zukunftsorientiert zum Zwecke der Dokumentation, Planung, Disposition und Kontrolle. Es liefert sowohl intern nutzbare, quantitative Informationen für die Steuerung des Gesundheitsbetriebs, als insbesondere auch Informationen, um gegenüber Außenstehenden, wie den Kostenträgern im Gesundheitswesen, Eigentümern, Banken, Finanzbehörden etc. Rechenschaft ablegen zu können. Während das *interne* Rechnungswesen, insbesondere mithilfe des Instrumentariums der Kosten- und Leistungsrechnung und der Investitionsrechnung, die Planung, Kontrolle und Koordination bewerteter Prozesse des Gesundheitsbetriebs im Hinblick auf die Maximierung dessen Erfolgs zum Gegenstand hat und oftmals zu einem umfassenden Controllingkonzept ausgebaut ist, unterliegt das *externe* Rechnungswesen handels- und steuerrechtlichen Auflagen bzw. Publizitätspflichten und bildet mit Hilfe der Finanzbuchhaltung, Inventaraufstellung, Bilanz, Gewinn- und Verlustrechnung die finanzielle Situation mit der Vermögens-, Finanz- und Ertragslage des Gesundheitsbetriebs nach außen ab.

Beispiel

Veränderungen von Finanzierungssystemen erfordern in der Regel auch Anpassungen von Rechnungslegungsroutinen. So bedingen beispielsweise strengere Kontrollen des MDK auch eine Verbesserung von Abrechnungssystemen und immer komplizierter werdende rechtliche Voraussetzungen, etwa im Zusammenhang mit kommunalen Fördermitteln, steuerlichen Implikationen aber auch der Abrechnung ärztlicher Leistungen

Tab. 8.10 Prozesskostenrechnungsbeispiel einer Angioplastie (vgl. Güssow et al., 2002, S. 181 ff.)

Vorgang				Angioplastie	Kostentreiber
Hauptprozess	Teilprozesse		Tätigkeiten		
	Patientenmanagement				Zahl der Angioplastien
					Zahl der Patienten
	Diagnostik				Zahl der Herzkathederpatienten
		Pflege			Pflegetage
		Unterbringung			Pflegetage
			Patienten aufnehmen		Zahl der Patienten
			Essen zur Station bringen		Zahl der Stationen
			Essen verteilen		Pflegetage
			Hygiene		Pflegetage
			Laboruntersuchungen		Angeforderte Laboruntersuchungen
			Echokardiographie		Zahl der Herzkathederpatienten
			Patienten entlassen		Zahl der Patienten

Kostenstelle	Teilprozess	Tätigkeiten	Anzahl	Tätigkeitkostensatz	Teilprozesskostensatz	Summe (in €)
Station	Aufnahme	...	1	...	21 je Aufnahme	21
	Hygiene	...	5	...	42 je Hygienemaßnahme	210
	Visite	...	5	...	20 je Visite	100
Behandlungszentrum	Diagnostik	Labor	4	40 je Untersuchung	260 je Diagnostik	260
		Echokardiographie	1	100 je Echokardiographie		
Zzgl. weitere Teilprozesse						
Gesamtkosten je Angioplastie						...

fordern auch das Rechnungswesen. Dazu trägt auch der Trend bei, Abschlüsse immer schneller zu erstellen, zu prüfen und zu veröffentlichen. Hinzu kommen vermehrt externe Adressaten, die sich für die Abschlüsse von Gesundheitsbetrieben interessieren, wie Investoren, Banken oder Private Equity Gesellschaften (vgl. Penter et al., 2022, S. 26).◄

Das Rechnungswesen ist somit als ein chronologisch, lückenlos, systematisch und ordnungsmäßig geführte Verzeichnis aller wirtschaftlich bedeutsamen Vorgänge in quantitativer Form bzw. als die zahlenmäßige Überwachung des Betriebsgeschehens anzusehen. Es ist eine Zeitabschnittsrechnung, die sich jeweils auf ein Wirtschafts- bzw. Geschäftsjahr und gegebenenfalls auch unterjährige Perioden bezieht, und eine Erfolgsrechnung, als Ermittlung der Differenz zwischen Erträgen und Aufwendungen, sowie Leistungen und Kosten. Betriebsexterne und -interne Adressaten des betrieblichen Rechnungswesens eines Gesundheitsbetriebs sind all diejenigen Personen oder Institutionen, die aus individuellen Gründen an einem Einblick in die wirtschaftliche Lage interessiert sind und können von Gläubigern, Eigenkapitalgebern, Arbeitnehmern bis zu der interessierten Öffentlichkeit, staatlichen Stellen, Überwachungsorganen, Konkurrenten und Lieferanten reichen. Somit dienen das externe Rechnungswesen der Feststellung des Jahresabschlusses (Bilanz, Gewinn und Verlustrechnung und Anhang) und das interne Rechnungswesen der Information des Managements, der Planung, Steuerung und Kontrolle von Wirtschaftlichkeit und Rentabilität. Das interne Rechnungswesen des Gesundheitsbetriebs umfasst die Kostenrechnung einschließlich der Planungsrechnung und der kurzfristigen Erfolgsrechnung, wobei es anders als das externe Rechnungswesen in der Regel keinen gesetzlichen Normen unterworfen ist und die allgemein akzeptierten Grundsätzen der Betriebswirtschaftslehre zu erfüllen hat. Die allgemeinen Aufgaben des Rechnungswesens sind somit im Wesentlichen:

- **Dokumentationsaufgabe:** gesetzlich vorgeschriebene oder auch freiwillige Rechenschaftslegung und Information über die Vermögens-, Finanz- und Ertragslage des Gesundheitsbetriebs;
- **Planungs- und Dispositionsaufgabe:** Bereitstellung von relevanten Informationen für die Dispositionen der Betriebsleitung;
- **Kontrollaufgabe:** Kontrolle von Wirtschaftlichkeit, Produktivität, Rentabilität und Liquidität, verbunden mit einer Soll-Ist-Analyse und ggf. einer Abweichungsanalyse (vgl. Schmidt-Graumann, 2021, S. 14 f.).

Der außerbetriebliche Wertetransfer eines Gesundheitsbetriebs aus den Geschäftsbeziehungen mit Patienten, Lieferanten, Gläubigern und die dadurch bedingten Veränderungen der Vermögens- und Kapitalverhältnisse werden in der **Finanzbuchhaltung** erfasst. Diese kaufmännische Buchhaltung ermittelt das Ergebnis des Gesundheitsbetriebs über einen

Reinvermögensbestandsabgleich und eine Aufwands-/ Ertragssaldierung (doppelte Buchhaltung). Das Prinzip der doppelten Buchführung in Konten (Doppik) vollzieht sich in erster Linie durch

- Buchungen und Gegenbuchungen,
- zweifache Gewinnermittlung in der Bilanz bzw. Gewinn- und Verlustrechnung,
- doppelte Aufzeichnung von Geschäftsvorfällen nach Leistung und Gegenleistung im Grundbuch/ ournal (chronologisch) und Hauptbuch (sachlich).

Eine Wertegleichheit zwischen der Summe der Soll- und Habenbuchungen ergibt sich dadurch, dass jeder buchungsfähige Geschäftsvorfall im Gesundheitsbetrieb als Wertezugang und Werteabgang (Soll- und Habenbuchung) auf mindestens zwei Konten erfasst wird.

Beispiel

Krankenhäuser, auf die das *Krankenhausfinanzierungsgesetz (KHG)* Anwendung findet, haben nach der *Verordnung über die Rechnungs- und Buchführungspflichten von Krankenhäusern (Krankenhaus-Buchführungsverordnung – KHBV)* ihre Bücher nach den Regeln der kaufmännischen doppelten Buchführung zu führen (vgl. § 3 KHBV). Gleiches gilt nach der *Verordnung über die Rechnungs- und Buchführungspflichten der Pflegeeinrichtungen (Pflege-Buchführungsverordnung – PBV)* für nach SGB zugelassene Pflegeeinrichtungen (vgl. § 3 PBV).◄

Jede Buchung im Gesundheitsbetrieb wird im Grundbuch/Journal chronologisch mit laufender Nummer, Buchungsdatum, Buchungsbetrag, Buchungserläuterung, Belegverweis und Kontierung auf das jeweilige Soll- bzw. Habenkonto erfasst. Im Hauptbuch bzw. den Kontenblättern des Gesundheitsbetriebs werden alle Buchungen des Grundbuchs auf den in den Buchungssätzen genannten Konten eingetragen. Ferner kann es im Gesundheitsbetrieb Nebenbücher geben, die bestimmte Hauptbuchkonten erläutern, wie beispielsweise ein Anlagebuch, das das Anlagevermögen enthält, oder ein Kassenbuch, welches den Bestand an Zahlungsmitteln wiedergibt (siehe Tab. 8.11).

Die einzelnen Buchungen verändern mindestens zwei Konten durch jeweils eine Buchung im Soll und eine zweite im Haben. Im Buchungssatz wird zuerst das Konto genannt, auf dem die Sollbuchung vorgenommen wird, darauf das Konto der Habenbuchung. Erfolgsneutrale Buchungen betreffen nur die Bilanz und erfolgswirksame zusätzlich die Gewinn- und Verlustrechnung des Gesundheitsbetriebs (siehe Tab. 8.12).

Auch für den Gesundheitsbetrieb gelten die *Grundsätze ordnungsgemäßer Buchführung (GoB),* die eng mit den handelsrechtlichen Bewertungsgrundsätzen verknüpft sind, und nach denen beispielsweise keine Buchung ohne Beleg und sorgfältige Aufbewahrung der Buchungsunterlagen unter Einhaltung der vorgegebenen Fristen erfolgen darf. Ebenso

Tab. 8.11 Kontenklassen für betriebliche Erträge des Kontenrahmens für die Buchführung von Krankenhäusern (vgl. KHBV, Anlage 4)

Kontenklasse/-gruppen	Bezeichnung
40	Erlöse aus Krankenhausleistungen
400	Erlöse aus tagesgleichen Pflegesätzen
4001	Erlöse aus Basispflegesatz, vollstationär
4003	Erlöse aus Abteilungspflegesätzen, vollstationär
4004	Erlöse aus Abteilungspflegesätzen, teilstationär
4005	Erlöse aus Pflegesätzen für besondere Einrichtungen, vollstationär
4006	Erlöse aus Pflegesätzen für besondere Einrichtungen, teilstationär
401	Erlöse aus Fallpauschalen und Sonderentgelten
4010	Erlöse aus Fallpauschalen
4011	Erlöse aus Sonderentgelten
402	Erlöse aus vor- und nachstationärer Behandlung
4020	Erlöse aus vorstat. Behandlung nach § 115a SGB V
4021	Erlöse aus nachstat. Behandlung nach § 115a SGB V
403	Erlöse aus Ausbildungskostenumlage
404	Ausgleichsbeträge nach BPflV
405	Zuschlag nach § 18b KHG
41	Erlöse aus Wahlleistungen
410	Erlöse aus wahlärztlichen Leistungen
411	Erlöse aus gesondert berechneter Unterkunft
413	Erlöse aus sonstigen nichtärztlichen Wahlleistungen
42	Erlöse aus ambulanten Leistungen des Krankenhauses
420	Erlöse aus Krankenhausambulanzen
421	Erlöse aus Chefarztambulanzen einschließl. Sachkosten
422	Erlöse aus ambulanten Operationen nach § 115b SGB V
43	Nutzungsentgelte (Kostenerstattung und Vorteilsausgleich) und sonstige Abgaben der Ärzte
430	Nutzungsentgelte für wahlärztliche Leistungen
431	Nutzungsentgelte für von Ärzten berechnete ambulante ärztliche Leistungen
433	Nutzungsentgelte der Belegärzte
434	Nutzungsentgelte für Gutachtertätigkeit u.ä

(Fortsetzung)

Tab. 8.11 (Fortsetzung)

Kontenklasse/ -gruppen	Bezeichnung
435	Nutzungsentgelte für die anteilige Abschreibung medizinisch-technischer Großgeräte
44	Rückvergütungen, Vergütungen und Sachbezüge
440	Erstattungen des Personals für freie Station
441	Erstattungen des Personals für Unterkunft
442	Erstattungen des Personals für Verpflegung
443	Erstattungen des Personals für sonstige Leistungen
45	Erträge aus Hilfs- und Nebenbetrieben, Notarztdienst
450	Aus Hilfsbetrieben
451	Aus Nebenbetrieben
452	Aus der Bereitstellung von Krankenhausärzten für den Notarztdienst
46	Erträge aus Fördermitteln nach dem KHG
460	Fördermittel, die zu passivieren sind
461	Sonstige Fördermittel
47	Zuweisungen und Zuschüsse der öffentlichen Hand sowie Zuwendungen Dritter
470	Zuweisungen und Zuschüsse der öffentlichen Hand zur Finanzierung von Investitionen (soweit nicht unter 46)
471	Zuwendungen Dritter zur Finanzierung von Investitionen
472	Zuweisungen und Zuschüsse der öffentlichen Hand zur Finanzierung laufender Aufwendungen
473	Zuwendungen Dritter zur Finanzierung laufender Aufwendungen
48	Erträge aus der Einstellung von Ausgleichsposten aus Darlehensförderung und für Eigenmittelförderung
49	Erträge aus der Auflösung von Sonderposten, Verbindlichkeiten nach dem KHG und Ausgleichsposten aus Darlehensförderung
490	Aus der Auflösung von Sonderposten aus Fördermitteln nach dem KHG, zweckentsprechend verwendet
491	Aus der Auflösung von Sonderposten aus Zuweisungen und Zuschüssen der öffentlichen Hand
492	Aus der Auflösung von Ausgleichsposten aus Darlehensförderung

Tab. 8.12 Beispiele für Buchungsfälle im Gesundheitsbetrieb

Buchungsfall	Buchungsart	Erläuterung	Buchungssatz
Patient bezahlt Rechnung per Überweisung	Erfolgsneutraler Aktivtausch	Mehrung und Minderung von Aktivkonten um den gleichen Betrag	Hausbankkonto an Patientenforderungen
Lieferant eines medizintechnischen Großgerätes wandelt Rechnungsbetrag in Kundenkredit um	Erfolgsneutraler Passivtausch	Mehrung und Minderung von Passivkonten um den gleichen Betrag	Verbindlichkeiten aus Lieferungen und Leistungen an Lieferantenkredit
Zielkauf von medizinischem Verbrauchsmaterial	Erfolgsneutrale Bilanzverlängerung	Erhöhung von Aktiv- und Passivseite um den gleichen Betrag	Medizinisches Verbrauchsmaterial und Vorsteuer an Verbindlichkeiten aus Lieferungen und Leistungen
Bezahlung einer Rechnung des Dentallabors per Überweisung	Erfolgsneutrale Bilanzkürzung	Kürzung von Aktiv- und Passivseite um den gleichen Betrag	Verbindlichkeiten aus Lieferungen und Leistungen an Hausbankkonto
Rechnungstellung an einen Privatpatienten	Positive Erfolgswirksamkeit	Gewinn durch Buchung auf Bestands- und Ertragskonto	Forderungen an Erlöse aus Privatliquidation
Barzahlung einer Laborrechnung	negative Erfolgswirksamkeit	Verlust durch Buchung auf Bestands- und Aufwandskonto	Laborkosten an Kasse

anzuwenden sind die *Grundsätze zur ordnungsmäßigen Führung und Aufbewahrung von Büchern, Aufzeichnungen und Unterlagen in elektronischer Form sowie zum Datenzugriff (GoBD)*, die insbesondere die Aufbewahrung von steuerrechtlich relevanten elektronischen Daten und den elektronischen Zugriff auf Daten des Gesundheitsbetriebs durch die Finanzverwaltung regeln.

8.2.2 Gewinn- und Verlustrechnung

Die Vorgänge, die den Geschäftserfolg des Gesundheitsbetriebs beeinflussen, könnten direkt auf sein Eigenkapitalkonto gebucht werden. Allerdings gibt es jedoch selbst in kleinen Gesundheitsbetrieben eine Vielzahl von Geschäftsfällen, die Erträge oder Aufwendungen darstellen und direkt auf das Eigenkapitalkonto gebucht werden könnten. Da dies unübersichtlich wäre, wird eine eigens eingerichtete **Gewinn- und Verlustrechnung**

(GuV) dem Eigenkapitalkonto vorgeschaltet, aus der Erträge und Aufwendungen saldiert auf das Eigenkapitalkonto gebucht werden.

Die Erfolgskonten (Aufwand- und Ertragskonten) des Gesundheitsbetriebs gehen somit in die GuV ein. Sie ist als eine periodische Erfolgsrechnung Bestandteil des Jahresabschlusses, wird nach handelsrechtlichen Bestimmungen erstellt und stellt die Erträge und Aufwendungen eines Geschäftsjahres gegenüber. Die GuV hat im Wesentlichen nur eine Informationsfunktion. Sie vermittelt ein den tatsächlichen Verhältnissen entsprechendes Bild der Ertragslage des Gesundheitsbetriebs. Die GuV hat dabei die Aufgabe, die Quelle der Erträge und die Aufwandsstruktur ersichtlich zu machen.

Die GuV ist klar und übersichtlich zu gliedern, wobei das Bruttoprinzip zu beachten ist (vgl. Hentze & Kehres, 2007, S. 103 ff.): Erträge und Aufwendungen dürfen nicht saldiert werden. Außerdem ist der Grundsatz der Stetigkeit der Darstellung einzuhalten. Die GuV ist in Konto- oder Staffelform bzw. nach dem Umsatz- oder Gesamtkostenverfahren aufzustellen (siehe Tab. 8.13).

Bei der Darstellung in Kontoform wird das Ergebnis als Sollsaldo bei Gewinn und als Habensaldo bei Verlust. auf der entsprechenden Kontoseite angezeigt, bei der Staffelform werden die einzelnen Positionen untereinander angeordnet, wobei man zum Periodenergebnis über eine Fortschreibung beziehungsweise Fortrechnung in mehreren Zwischenschritten gelangt. Das Gesamtkostenverfahren gruppiert die Aufwendungen nach Aufwandsarten und berücksichtigt alle Aufwendungen, die in der betrachteten Rechnungsperiode bei der betrieblichen Leistungserstellung entstanden sind, und stellt ihnen alle erzielten Erträge gegenüber. Das Umsatzkostenverfahren gruppiert die Aufwendungen nach Funktionsbereichen und stellt die Umsatzerlöse einer Periode nur denjenigen Aufwendungen gegenüber, die für die tatsächlich verkauften Leistungen des Gesundheitsbetriebs angefallen sind.

8.2.3 Jahresabschluss und Bilanzierung

Die handels- und abgaberechtlichen Vorschriften sehen vor, über die Geschäftstätigkeit Buch zu führen, einen Jahresabschluss in Form einer Bilanz bzw. GuV aufzustellen, alle Vermögensgegenstände und Schulden in einem mengenmäßigen Verzeichnis aufzuführen und diese zu bewerten.

Durch eine Vermögensaufstellung soll gesichert werden, dass die in der Bilanz des Gesundheitsbetriebs enthaltenen Werte auch der Wahrheit entsprechen. Aufgrund des Gläubigerschutzes dürfen die Eigentümer oder Fremdkapitalgeber des Gesundheitsbetriebs erwarten, dass dieser sein Vermögen und seine Schulden genau beziffert und die verwendeten Wertangaben nicht nur Schätzungen darstellen, sondern auch tatsächlich belegt werden können.

Tab. 8.13 Gliederung der Gewinn- und Verlustrechnung einer Pflegeeinrichtung (vgl. PBV, Anlage 2)

1	Erträge aus allgemeinen Pflegeleistungen gemäß PflegeVG	———	
2	Erträge aus Unterkunft und Verpflegung	———	
3	Erträge aus Zusatzleistungen und Transportleistungen nach PflegeVG	———	
4	Erträge aus gesonderter Berechnung von Investitionskosten gegenüber Pflegebedürftigen	———	
5	Zuweisungen und Zuschüsse zu Betriebskosten	———	
6	Erhöhung oder Verminderung des Bestandes anfertigen/unfertigen Erzeugnissen und Leistungen	———	
7	Andere aktivierte Eigenleistungen	———	
8	Sonstige betriebliche Erträge	———	———
9	Personalaufwand		
	a) Löhne und Gehälter	———	
	b) Sozialabgaben, Altersversorgung und sonstige Aufwendungen	———	
10	Materialaufwand		
	a) Lebensmittel	———	
	b) Aufwendungen für Zusatzleistungen	———	
	c) Wasser, Energie, Brennstoffe	———	
	d) Wirtschaftsbedarf/Verwaltungsbedarf	———	
11	Aufwendungen für zentrale Dienstleistungen	———	
12	Steuern, Abgaben, Versicherungen	———	
13	Sachaufwendungen für Hilfs- und Nebenbetriebe	———	
14	Mieten, Pacht, Leasing	———	———
Zwischenergebnis			———
15	Erträge aus öffentlicher und nicht-öffentlicher Förderung von Investitionen	———	
16	Erträge aus der Auflösung von Sonderposten	———	
17	Erträge aus der Erstattung von Ausgleichsposten aus Darlehns- und Eigenmittelförderung	———	
18	Aufwendungen aus der Zuführung zu Sonderposten/Verbindlichkeiten	———	

(Fortsetzung)

Tab. 8.13   (Fortsetzung)

19	Aufwendungen aus der Zuführung zu Ausgleichsposten aus Darlehensförderung	———	
20	Abschreibungen		
	a) Abschreibungen auf immaterielle Vermögensgegenstände und Sachanlagen	———	
	b) Abschreibungen auf Forderungen und sonstige Vermögensgegenstände	———	
21	Aufwendungen für Instandhaltung und Instandsetzung	———	
22	Sonstige ordentliche Aufwendungen	———	———
Zwischenergebnis			———
23	Erträge aus Beteiligungen[1]	———	
24	Erträge aus Finanzanlagen[1]	———	
25	Zinsen und ähnliche Erträge	———	
26	Abschreibungen auf Finanzanlagen und Wertpapiere des Umlaufvermögens	———	
27	Zinsen und ähnliche Aufwendungen	———	
28	Ergebnis der gewöhnlichen Geschäftstätigkeit		———
29	Jahresüberschuss/Jahresfehlbetrag		———

[1] Ausweis dieser Posten nur bei Kapitalgesellschaften

Das mengenmäßige Verzeichnis aller Vermögensgegenstände und Schulden des Gesundheitsbetriebs wird als **Inventar** bezeichnet. Es ist nach folgenden Prinzipien geordnet:

- Beim Vermögen nach abnehmender Liquidität,
- bei den Schulden nach abnehmender Fälligkeit.

Es enthält eine Angabe über das Reinvermögen (Eigenkapital) als Gegenüberstellung von Vermögen und Schulden. Zur Erstellung des Inventars ist bei allen Sachvermögensgegenständen des Gesundheitsbetriebs eine als **Inventur** bezeichnete stichtagsbezogene oder laufende körperliche Bestandsaufnahme durch Zählen, Wiegen etc. durchzuführen.

Das Inventar bildet die Grundlage für die Erstellung von einem **Jahresabschluss**, der aus der Bilanz, der GuV, sowie bei Gesundheitsbetrieben in Form von mittleren und großen Kapitalgesellschaften aus einem Anhang und einem Lagebericht besteht. Der **Lagebericht** soll die derzeitige und zukünftige Situation des Gesundheitsbetriebs hinsichtlich der Chancen und Risiken darstellen und muss ein den tatsächlichen Verhältnissen entsprechendes Bild vermitteln (vgl. Müller & Alten, 2022, S. 193 ff.).

Je nach angewendetem Rechnungslegungsstandard können weitere Angaben, wie beispielsweise Kapitalfluss-, Gesamtleistungs- und Eigenkapitalveränderungsrechnung oder Segmentberichterstattung hinzukommen. Für Gesundheitsbetriebe in Form von größeren Kapitalgesellschaften besteht hinsichtlich des Jahresabschlusses Prüfungs- und Veröffentlichungspflicht.

Beispiel

Über die herkömmlichen handels- und abgaberechtlichen Vorschriften hinaus, verpflichtet die *Corporate Sustainability Reporting Directive (CSRD)* der EU größere Gesundheitsbetriebe zur nicht finanziellen Berichterstattung in Form eines Nachhaltigkeitsberichts. Mit der einhergehenden Erweiterung von Art, Umfang und Adressatenkreis sind auch Krankenhäuser und Gesundheitseinrichtungen mit mehr als 250 Beschäftigten generell berichtspflichtig, wobei nicht nur die ökologischen bzw. klimapolitischen Wirkungen, sondern auch soziale und ökonomische Aspekte relevant sind. Hierzu bietet der *Deutsche Nachhaltigkeitskodex (DNK)* als vom Rat für Nachhaltige Entwicklung der Bundesregierung initiierter, branchenübergreifender Transparenzstandard für die Berichterstattung unternehmerischer Nachhaltigkeitsleistungen aufbauend auf internationalen Standards (u. a. der *Global Reporting Initiative, GRI*) eine wichtige Basis für eine ganzheitliche Befassung mit Nachhaltigkeit im Gesundheitssektor. Im Rahmen der erweiterten Berichterstattungspflicht CSRD ist es somit auch für Krankenhäuser und andere Gesundheitseinrichtungen von Relevanz, eine sektororientierte Messung der positiven und negativen Nachhaltigkeitswirkungen vorzunehmen und zu steuern (vgl. Deutscher Verein für Krankenhaus-Controlling – DVKC, 2023, S. 1).◄

Bei der **Bilanz** des Gesundheitsbetriebs handelt es sich um eine Gegenüberstellung von Mittelverwendung und Mittelherkunft oder Vermögen (Aktiva) und Eigenkapital bzw. Schulden (Passiva). Zu ihrer Erstellung werden die Bestandskonten (Vermögens- und Kapitalkonten) der Buchhaltung des Gesundheitsbetriebs am Ende des Buchungszeitraumes saldiert und der Saldo in die Bilanz aufgenommen. Die Inventarpositionen werden darin ebenfalls zusammengefasst.

Die Jahresbilanz (Handelsbilanz) wird ergänzt durch die Steuerbilanz sowie gegebenenfalls Sonderbilanzen beispielsweise zu Liquidations- oder Fusionszwecken.

Für die Aufstellung der Bilanz eines Gesundheitsbetriebs gelten Grundsätze, wie beispielsweise, dass in ihr realisierte Gewinne (Realisationsprinzip) und drohende Verluste (Imparitätsprinzip) ausgewiesen werden, niedrigste Wertansätze bei Vermögenswerten (Niederstwertprinzip) und höchste Wertansätze bei Verbindlichkeiten (Höchstwertprinzip) verwendet werden, die Identität von Schluss- und Anfangsbilanz aufeinander folgender Jahre gewahrt ist (Bilanzidentität), Form, Bewertungsmethoden und Fortentwicklung der Wertansätze beibehalten werden (Bilanzkontinuität), sämtliche Vermögensgegenstände,

Schulden und Rechnungsabgrenzungsposten zu bilanzieren sind (Vollständigkeitsge-
bot), Vorjahresvergleichszahlen anzugeben sind, Aufwendungen für die Gründung und
Beschaffung von Eigenkapital sowie für nicht entgeltlich erworbene immaterielle Vermögenswerte des Anlagevermögens nicht bilanziert werden dürfen (Bilanzierungsverbote)
oder der Jahresabschluss klar und übersichtlich zu gliedern und innerhalb einer dem
ordnungsgemäßen Geschäftsgang entsprechenden Zeit aufzustellen ist (siehe Tab. 8.14).

Den Vermögensteilen und Verbindlichkeiten des Gesundheitsbetriebs sind zum Zeitpunkt der Bilanzerstellung Werte zuzuordnen. Als Werte ansetzbar sind beispielsweise
der Anschaffungspreis von Behandlungseinrichtungen zuzüglich Nebenkosten (Anschaffungskosten), alle Ausgaben, die zur Erstellung der Behandlungs- oder Pflegeleistungen
entstanden sind (Herstellkosten) oder der Betrag, den ein Erwerber des Gesundheitsbetriebs für das einzelne Wirtschaftsgut ansetzen würde (Teilwert). Die leistungsabhängig
oder zeitbezogen auftretenden Wertminderungen von Behandlungseinrichtungen werden
mithilfe von Abschreibungen erfasst, die die Anschaffungskosten und Herstellungs-
kosten auf eine bestimmte Zeitdauer verteilen oder den nicht planmäßig eintretenden
Wertminderungen Rechnung tragen. Die buchhalterischen Abschreibungen mindern den
Jahresüberschuss des Gesundheitsbetriebs, die steuerlichen Abschreibungen (Absetzung
für Abnutzung, AfA) die Steuerbemessungsgrundlage. Sonderabschreibungen haben die
Funktion, ungeplante Wertminderungen zu erfassen oder anders begründete Abwertungen
buchtechnisch durchzuführen.

8.3   E-Health: Digitales Informations- und Datenmanagement im Gesundheitswesen

8.3.1   Grundlagen des E-Health und der Telemedizin

Der Begriff **E-Health** fasst eine Vielzahl von Anwendungen, Entwicklungen, Vernet-
zungen sowie den Daten- und Informationsaustausch hauptsächlich auf der Basis des
Internet in der Gesundheitsversorgung zusammen, die Zum Teil auch durch Begriffe
wie Cybermedizin, Telemedizin, E-Gesundheit oder Online-Medizin in der Vergangenheit gekennzeichnet worden sind. Die Bezeichnung E-Health steht dabei für „electronic
Health" und stellt zum einen die elektronische Unterstützung bzw. Digitalisierung von
Prozessen im Bereich von Medizin und Pflege dar, zum anderen beinhaltet E-Health aber
auch neue Leistungen und Problemlösungen, die erst aufgrund der dahinter stehenden
informations- und kommunikationstechnologischen Entwicklung möglich werden.

> **Beispiel**
>
> Mit dem Sammelbegriff E-Health werden Anwendungen bezeichnet, die zur Unterstüt-
> zung der Behandlung und Betreuung von Patientinnen und Patienten die Möglichkeiten

Tab. 8.14 Gliederung der Bilanz eines Krankenhauses (vgl. KHBV, Anlage 1)

Aktivseite	Passivseite

A. Anlagevermögen:
  I. Immaterielle Vermögensgegenstände:
    1. Selbst geschaffene gewerbliche Schutzrechte und ähnliche Rechte und Werte
    2. entgeltlich erworbene Konzessionen, gewerbliche Schutzrechte und ähnliche Rechte und Werte sowie Lizenzen an solchen Rechten und Werten
    3. Geschäfts- oder Firmenwert
    4. geleistete Anzahlungen
  II. Sachanlagen:
    1. Grundstücke und grundstücks- gleiche Rechte mit Betriebsbauten einschließlich der Betriebsbauten auf fremden Grundstücken
    2. Grundstücke und grundstücksgleiche Rechte mit Wohnbauten einschließlich der Wohnbauten auf fremden Grundstücken, soweit nicht unter 1
    3. Grundstücke und grundstücksgleiche Rechte ohne Bauten
    4. technische Anlagen
    5. Einrichtungen und Ausstattungen
    6. geleistete Anzahlungen und Anlagen im Bau
  III. Finanzanlagen:
    1. Anteile an verbundenen Unternehmen[*]
    2. Ausleihungen an verbundene Unternehmen[*]
    3. Beteiligungen
    4. Ausleihungen an Unternehmen, mit denen ein Beteiligungsverhältnis besteht[*]
    5. Wertpapiere des Anlagevermögens
    6. sonstige Finanzanlagen
Davon bei Gesellschaftern bzw. dem Krankenhausträger
B. Umlaufvermögen:
  I. Vorräte:
    1. Roh-, Hilfs- und Betriebsstoffe
    2. unfertige Erzeugnisse, unfertige Leistungen
    3. fertige Erzeugnisse und Waren
    4. geleistete Anzahlungen
  II. Forderungen und sonstige Vermögensgegenstände:
    1. Forderungen aus Lieferungen und Leistungen
Davon mit einer Restlaufzeit von mehr als einem Jahr
    2. Forderungen an Gesellschafter bzw. den Krankenhausträger
Davon mit einer Restlaufzeit von mehr als einem Jahr
    3. Forderungen nach dem Krankenhausfinanzierungsrecht
Davon nach der BPflV
Davon mit einer Restlaufzeit von mehr als einem Jahr
    4. Forderungen gegen verbundene Unternehmen[*]
davon mit einer Restlaufzeit von mehr als einem Jahr
    5. Forderungen gegen Unternehmen, mit denen ein Beteiligungsverhältnis besteht[*]
Davon mit einer Restlaufzeit von mehr als einem Jahr
    6. Eingefordertes, noch nicht eingezahltes Kapital
    7. sonstige Vermögensgegenstände
Davon mit einer Restlaufzeit von mehr als einem Jahr
  III. Wertpapiere des Umlaufvermögens
Davon Anteile an verbundenen Unternehmen[*]
  IV: Schecks, Kassenbestand, Bundesbank- und Postgiroguthaben, Guthaben bei Kreditinstituten
C. Ausgleichsposten nach dem KHG:
    1. Ausgleichsposten aus Darlehensförderung
    2. Ausgleichsposten für Eigenmittelförderung
D. Rechnungsabgrenzungsposten:
    1. Disagio
    2. andere Abgrenzungsposten
E. Aktive latente Steuern
F. Aktiver Unterschiedsbetrag aus der Vermögensverrechnung
G. Nicht durch Eigenkapital gedeckter Fehlbetrag
	A. Eigenkapital:
	    1. Eingefordertes Kapital
	Gezeichnetes Kapital
	Abzüglich nicht eingeforderter ausstehender Einlagen
	    2. Kapitalrücklagen
	    3. Gewinnrücklagen
	    4. Gewinnvortrag/Verlustvortrag
	    5. Jahresüberschuss/Jahresfehlbetrag
	B. Sonderposten aus Zuwendungen zur Finanzierung des Sachanlagevermögens:
	    1. Sonderposten aus Fördermitteln nach dem KHG
	    2. Sonderposten aus Zuweisungen und Zuschüssen der öffentlichen Hand
	    3. Sonderposten aus Zuwendungen Dritter
	C. Rückstellungen:
	    1. Rückstellungen für Pensionen und ähnliche Verpflichtungen
	    2. Steuerrückstellungen
	    3. sonstige Rückstellungen
	D. Verbindlichkeiten:
	    1. Verbindlichkeiten gegenüber Kreditinstituten
	Davon gefördert nach dem KHG,
	Davon mit einer Restlaufzeit bis zu einem Jahr
	    2. erhaltene Anzahlungen
	Davon mit einer Restlaufzeit bis zu einem Jahr
	    3. Verbindlichkeiten aus Lieferungen und Leistungen
	Davon mit einer Restlaufzeit bis zu einem Jahr
	    4. Verbindlichkeiten aus der Annahme gezogener Wechsel und der Ausstellung eigener Wechsel
	davon mit einer Restlaufzeit bis zu einem Jahr
	    5. Verbindlichkeiten gegenüber Gesellschaftern bzw. dem Krankenhausträger
	Davon mit einer Restlaufzeit bis zu einem Jahr
	    6. Verbindlichkeiten nach dem Krankenhausfinanzierungsrecht
	Davon nach der BPflV
	Davon mit einer Restlaufzeit bis zu einem Jahr
	    7. Verbindlichkeiten aus sonstigen Zuwendungen zur Finanzierung des Anlagevermögens
	Davon mit einer Restlaufzeit bis zu einem Jahr
	    8. Verbindlichkeiten gegenüber verbundenen Unternehmen[*]
	Davon mit einer Restlaufzeit bis zu einem Jahr
	    9. Verbindlichkeiten gegenüber Unternehmen, mit denen ein Beteiligungsverhältnis besteht[*]
	Davon mit einer Restlaufzeit bis zu einem Jahr
	    10. sonstige Verbindlichkeiten
	Davon mit einer Restlaufzeit bis zu einem Jahr
	E. Ausgleichsposten aus Darlehensförderung
	F. Rechnungsabgrenzungsposten
	G. Passive latente Steuern[*]

Haftungsverhältnisse	

[*] Ausweis dieser Posten nur bei Kapitalgesellschaften

nutzen, die moderne *Informations- und Kommunikationstechnologien (IKT)* bieten. Darunter fallen beispielsweise die Kommunikation medizinischer Daten per elektronischer Gesundheitskarte, elektronisch dokumentierte Hinweise zur Organspende, die Nutzung des elektronischen Rezepts, Anwendungen der Telemedizin oder der Einsatz von digitale Gesundheitsanwendungen (Gesundheitsapps). Mit dem *Digitale-Versorgung-und-Pflege-Modernisierungs-Gesetz (DVPMG)* wurde die Weiterentwicklung der Telematikinfrastruktur, der elektronischen Patientenakte und des E-Rezepts vorangetrieben sowie sichere Übermittlungsverfahren zwischen Versicherten, Leistungserbringern und Kostenträgern erweitert. So wurde zur Ermöglichung einer digital unterstützten, grenzüberschreitenden Gesundheitsversorgung eine nationale *E-Health-Kontaktstelle (National Contact Point for eHealth – NCPeH)* aufgebaut (vgl. Bundesministerium für Gesundheit, 2023a, S. 1).◄

Häufig steht für derartige Entwicklungen auch der Begriff der **Telemedizin,** die ausgehend von der in den 70er Jahren begründeten Telematik, die Überwindung räumlicher und zeitlicher Unterschiede mithilfe der Telekommunikation und Informatik zu Diagnose- und Therapiezwecken zum Ziel hat. Nach einer Definition der *Deutschen Gesellschaft für Telemedizin (DGTelemed)* ist Telemedizin immer noch ein vergleichsweise neues Tätigkeitsfeld im Gesundheitswesen, worunter die die Erbringung konkreter medizinischer Dienstleistungen in Überwindung räumlicher Entfernungen durch Zuhilfenahme moderner Informations- und Kommunikationstechnologien zu verstehen ist. Als ein Teilgebiet der Telematik fällt der mittlerweile etablierte Begriff Telemedizin unter den weiten Oberbegriff E-Health. Beispielsweise wird Telematik im Gesundheitswesen als ein Sammelbegriff für gesundheitsbezogene Aktivitäten, Dienste und Systeme definiert, die über räumliche Entfernung mit Mitteln der Informations- und Kommunikationstechnologie ausgeführt werden. Insgesamt wird telemedizinische Anwendungen ein großes Potenzial für eine Qualitätsverbesserung und -sicherung in der medizinischen Versorgung in fast allen medizinischen Disziplinen zugeschrieben. Durch die Nutzung moderner Informations- und Kommunikationstechnologien werden die diagnostische und therapeutische Praxis vereinfacht, die Qualität der medizinischen Versorgung gesteigert und die Verfügbarkeit umfassenderen medizinischen Wissens auch in ländlichen Regionen und dünnbesiedelten Gebieten verbessert (vgl. Deutsche Gesellschaft für Telemedizin, 2021, S. 1).

Als Bestandteil des Interoperabilitätsverzeichnisses hat die *Gesellschaft für Telematik (gematik)* ein barrierefreies Informationsportal zu pflegen und zu betreiben, in das auf Antrag von Projektträgern oder von Anbietern elektronischer Anwendungen insbesondere Informationen über den Inhalt, den Verwendungszweck und die Finanzierung von elektronischen Anwendungen im Gesundheitswesen, insbesondere von telemedizinischen Anwendungen, sowie von elektronischen Anwendungen in der Pflege aufgenommen werden (vgl. § 392 SGB V). Hierzu ist das Informationsportal von *vesta* ein digitales Verzeichnis für bundesweite Telemedizin-Projekte und elektronische Anwendungen in der E-Health-Branche, wie zum Beispiel Apps, Software-Lösungen, Wearables und medizintechnische Geräte oder Kommunikations- und Datenaustauschplattformen. Es ermöglicht Anbietern, ihre telemedizinische Anwendung oder ihr E-Health-Projekt auf dieser unabhängigen Plattform des deutschen Gesundheitswesens zu platzieren (siehe Tab. 8.15).

Beispiel

Im Bereich der Zahnmedizin lässt sich im Rahmen der Telediagnostik beispielsweise die Begutachtung zahnmedizinischer Bilder von mehreren, voneinander entfernten Teilnehmenden zur Ermittlung eines Befundes durchführen (z. B. bildgestützte Telediagnostiksysteme). Die Telekonsultation eignet sich, um live erfolgende oder auch zeitlich versetzt Diskussionen von schwierigen, seltenen und ungewöhnlichen Fällen auch über eine große Distanz mit Kollegen oder Spezialisten vorzunehmen, um eine zweite Meinung einzuholen und zur Bestätigung, Verfeinerung oder auch Korrektur des Befunds (z. B. Kommunikation für die präoperative Planungsphase bei Patienten mit Form- und Lageanomalien der Kiefer). Das Telemonitoring eignet sich beispielsweise zur computergestützten 3D-Planung und -simulation komplexer mund-kiefer-gesichtschirurgischer Operationen im virtuellen Raum unter Nutzung exakt erstellter dreidimensionaler Planungen von skelettverlagernden Operationen direkt für eine intraoperative Navigation.◄

Insofern erscheint E-Health als eine Fortführung und Erweiterung der Telemedizin unter Nutzung jeweils aktueller informations- und kommunikationstechnischer Entwicklungen. Aktuelle Nutzungs- und Entwicklungslinien des E-Health sind insbesondere:

- Vernetzungsbestrebungen im Gesundheitssystem;
- Anwendungen der Telemedizin, die sich auf die Infrastruktur oder Technologie des Internet stützen;
- Bereitstellung von Gesundheitsinformationen und Dienstleistungen über das Internet;
- direkte Interaktionen zwischen Patienten und Computer bzw. Internetanwendungen;
- Infrastrukturinitiativen auf informations- und kommunikationstechnologischer Basis im Gesundheitswesen.

Der Gesundheitsbetrieb ist zugleich Nutzer von E-Health-Anwendungen, als auch Bestandteil von E-Health-Netzwerken und Prozessen. Beispielsweise lassen sich die Anwendungsgebiete des E-Health in behandlungsorientiertes, informations- und ausbildungsorientiertes sowie forschungsorientiertes E-Health einteilen (siehe Abb. 8.3).

Für den Gesundheitsbetrieb kann E-Health somit im Einzelfall lediglich das Bereitstellen von Informationen für Patienten, das eigene Personal oder andere Leistungserbringer über Informationsportale bedeuten. Ebenfalls eine mögliche Zielsetzung im Rahmen des E-Health ist die lebenslange Aufzeichnung aller Daten eines Patienten über dessen

Tab. 8.15 Beispiele für telemedizinische Anwendungen aus dem vesta-Informationsportal (vgl. gematik GmbH, 2022, S. 1)

Anwendung	Erläuterungen / Beispiele
Telebetes	Ziel des Programms ist die Steigerung der Eigenverantwortung der Patienten; das gesamte soziale Umfeld der Patienten wird mit integriert; es wird davon ausgegangen, dass über diese Behandlungsform die Qualität und Anwendbarkeit diabetologischer Programme gesteigert werden kann; zudem entlastet diese Dienstleistung niedergelassene Ärzte und Ärztinnen für die Routinetherapie und sichert den sehr schnellen und transparenten Datenaustausch sowie die Therapieanpassung, sodass vor Ort mit diesen erhobenen Werten weiterbehandelt werden kann
Telekonsultation Chronische Wunde	Die Telekonsultation kann viele aufwendige persönliche Arztbesuche in der häuslichen Betreuungssituation, deren einziger Anlass oft die Beurteilung solcher Wunden ist, vermeiden; die Meinung eines Wundspezialisten kann mittels Bildübertragung schneller und somit effizienter eingeholt werden; die Bild-Konsultationen sind notwendig, da die telefonische Beschreibung der Befunde durch das Pflegepersonal oder einen Hausarzt bzw. eine Hausärztin in der Regel für eine Ferndiagnose zu ungenau sind; zudem setzen sie eine ständige Erreichbarkeit der zu konsultierenden Ärztinnen und Ärzte voraus
Telemedizin Glaukom-Management	Ziel ist es, verschiedene ärztliche Maßnahmen zur Überwachung und Behandlung des Glaukoms noch besser und vor allem für den Glaukompatienten einfacher aufeinander abzustimmen
Telemedizinische Anbindung von niedergelassenen Ärzten an Alten- und Pflegeheime	Zielsetzung von DocConnect ist die Verbesserung der Versorgung von Patienten in Alten- und Pflegeheimen durch schnellere Informationsweitergabe
Telemedizinische Betreuung von akut und chronisch Herzkranken	Verbesserung der Versorgung von akut und chronisch Herzkranken; Reduzierung von unnötigen stationären Krankenhausbehandlungen/ Rettungsfahrten; Reduzierung von Krankheitskosten

(Fortsetzung)

Tab. 8.15   (Fortsetzung)

Anwendung	Erläuterungen / Beispiele
Telemedizinische Betreuung von Patienten mit chronischer Herzinsuffizienz	HeiTel dient zur Unterstützung und Schulung von herzinsuffizienten Patienten nach akutem kardialem Ereignis; Verbesserung der Lebensqualität; Reduktion der Krankenhausaufenthalte
Telemedizinische Unterstützung bei Bluthochdruck	Unterstützung des Selbstmanagements bei chronisch Erkrankten mit dem Ziel, durch Erlernen einer effektiven Selbstmessung im häuslichen Umfeld nachhaltig eine aktivere Rolle im Krankheitsgeschehen einzunehmen
Telemedizinischer Thromboseservice	Überwachung der Blutgerinnung, um, Komplikationen wie verstärkte Blutungen aufgrund zu hoch dosierten Marcumars oder verstärkte Thrombenbildung (Blutgerinsel) aufgrund zu niedrig dosierten Marcumars zu verringern; durch die telemedizinische Kontrolle ergibt sich für chronisch Kranke und Hochrisikopatienten ein hohes Maß an Sicherheit und Lebensqualität; gefährliche Gerinnungsschwankungen lassen sich frühzeitig erkennen und ermöglichen somit ein schnelles Eingreifen durch den Arzt oder die Ärztin

Gesundheitszustand. Zusammenführung aller Daten aus medizinischen und paramedizinischen Bereichen und Ergänzung der Informationen durch Angaben und Einträge des Patienten selbst. Es kann aber beispielsweise auch den elektronischen Austausch von Informationen zwischen Patienten und Gesundheitsbetrieb, Patient und Arzt, Arzt und anderen Leistungserbringern etc. ohne direkte und zeitnahe Reaktion des Kommunikationspartners oder aber unmittelbarer Reaktion des Kommunikationspartners bedeuten, auch über räumliche Distanzen hinweg. Auch ist ein gezielter Datenaustausch zwischen verschiedenen Partnern des Gesundheitswesens möglich, um die medizinische Leistungserstellung vollständig elektronisch abbilden und erbringen zu können.

Beispiel

Mit neuen Gesetzen und Verordnungen sollen zusätzliche Rahmenbedingungen geschaffen werden für eine verbesserte IT-Interoperabilität zwischen den Gesundheitseinrichtungen sowie für die Weiterentwicklung der digitalen Versorgung und Pflege. Damit wird der Weg geebnet für die Skalierung zentraler E-Health-Anwendungen, wobei die elektronische Patientenakte (ePA) als Fundament für die künftige digitale

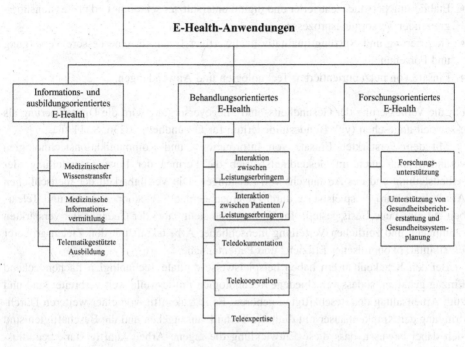

Abb. 8.3 Anwendungsgebiete des E-Health (vgl. Wirtz et al., 2009, S. 13)

Gesundheitsversorgung in Deutschland eine Schlüsselrolle spielen wird (vgl. Messal et al., 2022, S. 3).◄

Insbesondere vor dem Hintergrund der demoskopischen Entwicklungen wird die ökonomische und strategische Bedeutung von E-Health-Anwendungen deutlich. Es zeichnet sich ein großer Veränderungsbedarf von Strukturen und Prozessen im Gesundheitswesen ab. Eine intelligente Informations- und kommunikationstechnische Infrastruktur wird dabei im Streben nach Effektivität und Effizienz eine wesentliche Rolle spielen. Somit ist E-Health als wichtiges Werkzeug zur Verbesserung von Wirtschaftlichkeit anzusehen (vgl. Trill, 2018, S. 22 ff.).

In diesem Zusammenhang soll die Digitalisierungsstrategie des *Bundesministerium für Gesundheit* unter den richtigen Rahmenbedingungen eine bessere Qualität in Prävention, Diagnostik, medizinisch-pflegerischer Versorgung sowie Therapie und Betreuung erzielen, eine zeitlich flexiblere und geografisch unabhängige und flächendeckende Gesundheits- und Pflegeversorgung ermöglichen und das medizinisch-pflegerische Personal in der täglichen Arbeit entlasten. Dazu wurden folgende Handlungsfelder für die Gestaltung der digitalen Transformation im Gesundheits- und Pflegewesen identifiziert:

- Etablierung personenzentrierter und digital unterstützter sektoren- und professionsüber-
  greifender Versorgungsprozesse;
- Generierung und Nutzung qualitativ hochwertiger Daten für eine bessere Versorgung
  und Forschung;
- Einsatz von nutzenorientierten Technologien und Anwendungen.

Für die Verbesserung der Gesundheits- und Pflegeversorgung wird die Digitalisierung als
essenziell angesehen (vgl. Bundesministerium für Gesundheit, 2023b, S. 11 ff.).

Mit dem verstärkten Einsatz von Informations- und Kommunikationstechnologien
verändern sich auch im Gesundheitsbetrieb die Formen der Leistungserstellung, der
Arbeitsteilung und des Austauschs von Leistungen. Die Verfügbarkeit der menschlichen
Arbeitskraft wird beispielsweise durch Telemanagement, Telekooperationen und Telearbeit auf eine neue Basis gestellt. Im Vordergrund steht dabei der Gedanke der verstärkten
räumlichen und zeitlichen Verteilung menschlicher Arbeitskraft mit den Zielen größerer
Flexibilität, ökonomischer Effizienz und Patientennähe.

Bei den Krankenhäusern haben beispielsweise digitale Technologien flächendeckend
Einzug gehalten, sodass verschiedene Technologien mittlerweile weit verbreitet sind und
zum Arbeitsalltag der Beschäftigten gehören. Es ist zukünftig von einer weiteren Durchdringung der Krankenhäuser mit digitaler Technik auszugehen und die Beschäftigten sind
sich dabei bewusst, dass diese Entwicklung die eigene Arbeit künftig stark beeinflussen und verändern wird. So deutet sich an, dass die bereits erfolgte und sich mit großer
Sicherheit weiter vertiefende Digitalisierung der Krankenhäuser perspektivisch mit fundamentalen Veränderungen der dortigen Arbeitswelt verbunden sein wird. Es ist zu erwarten,
dass die Digitalisierung tiefgehende Auswirkungen auf das Denken und Handeln, die
Selbstverständnisse und Berufsbilder sowie auf die Arbeitsprozesse insbesondere auch
der professionellen Gesundheitsberufe in Pflege, Medizin und Therapie haben wird (vgl.
Bräutigam et al., 2017, S. 8 f.).

In der Folge dieser Entwicklung ist der Begriff Arbeitsplatz neu zu definieren. Der
Arbeitsplatz in dem oben genannten Sinne ist nicht mehr nur ortsgebunden, sondern
auch virtuell möglich und damit überall dort ansiedelbar, von wo aus eine Verbindung
zu Netzwerken, Rechnern im Gesundheitsbetrieb, Computern von Leistungserbringern
etc. besteht, beispielsweise bei den Arbeitnehmenden zuhause im sogenannten **Home-
Office.** Unter Nutzung entsprechender Informations- und Kommunikationstechnologie ist
dabei eine größtmögliche Ortsungebundenheit realisierbar. Das suggeriert, dass mit der
Einrichtung virtueller und damit standortunabhängiger Arbeitsplätze die entsprechenden
ortsgebundenen Arbeitsplätze beispielsweise in der Verwaltung von Arzt- und Zahnarztpraxen, Pflegeheimen oder Krankenhäusern ersatzlos entfallen können. Dies trifft
jedoch nur zum Teil zu. Während der herkömmliche, personengebundene Büroarbeits-
platz mehr und mehr überflüssig wird, sind personenungebundene Arbeitsplätze nötig,
an denen im Gesundheitsbetrieb bedarfsweise mehrere Mitarbeitende arbeiten können.
So tritt beispielsweise an die Stelle des persönlichen Schreibtisches ein gemeinsam

genutzter Arbeitstisch (Shared Desk), der mit entsprechenden Docking-Stationen für mobile Rechner, Peripheriegeräte, Büromaterial, sowie digitalen Kommunikationseinrichtungen ausgestattet ist. Dieser Arbeitsplatz kann alternierend beispielsweise von mehreren Teilzeit-Mitarbeitenden in der medizinischen Dokumentation, der Leistungsabrechnung oder der allgemeinen Verwaltung etc. des Gesundheitsbetriebs genutzt werden, die im Bedarfsfalle physisch im Gesundheitsbetrieb anwesend sein und von dort aus tätig werden müssen. Die dadurch mögliche Reduzierung von festen, personengebundenen Büroarbeitsplätzen führt zu einem Kostenvorteil aufgrund der Einsparung von Arbeits- und Büroflächen.

Unter **Telearbeit** ist in diesem Zusammenhang eine rechnergestützte Arbeitsleistung zu verstehen, die mithilfe elektronischer Hilfsmittel an einem vom Gesundheitsbetrieb räumlich getrennten Arbeitsplatz verrichtet wird. Der Arbeitsort wird dadurch variabel. Sie erscheint insbesondere dann geeignet, wenn organisatorisch keine physische Präsenz der Mitarbeitenden im Gesundheitsbetrieb erforderlich ist, die durchzuführenden Tätigkeiten eine ergebnisorientierte Führung erlauben und die Verantwortlichkeiten eindeutig geregelt sind.

Die Entwicklung von E-Health wird in zunehmenden Maßen durch den Einsatz von Systemen mit **Künstlicher Intelligenz** (KI) bestimmt. Sie basieren auf statistischen Modellen und Algorithmen, deren Lösungswege nicht fest programmiert sind, was ihnen ermöglicht, Aufgaben und Entscheidungen, für die menschliche Intelligenz erforderlich ist, zu beeinflussen oder sogar zu übernehmen. Ihr Einsatz als Entscheidungsunterstützungssystem im klinischen Alltag kann bei der korrekten Analyse der zur Verfügung stehenden Patientendaten helfen oder auch Handlungsoptionen bereitstellen, was die Möglichkeit bietet, Arbeitsprozesse zu erleichtern und Fehler zu vermeiden. Systeme zur Bilderkennung in den Fachgebieten Radiologie, Augenheilkunde, Pathologie, sowie auch in der Dermatologie und Gastroenterologie haben mit der Verbreitung von neuronalen Netzen und verwandten Methoden ein Niveau erreicht, auf dem diese Systeme in Teilaspekten menschliche Expertise hinsichtlich Präzision übertreffen. Weitere Beispiele sind Medikamenten-Interaktions-Checker, die in vielen Krankenhäusern und Praxen genutzt werden, um potenziell gefährdende Medikamentenkombinationen zu identifizieren und vor solchen Verordnungen zu warnen, oder auch Symptom-Checker, unter denen eine Reihe von Programmen verstanden wird, die auf Grundlage der Eingabe von Beschwerden Diagnosevorschläge bereitstellen (vgl. Samhammer et al., 2023, S. 1 f.). Auch in Gesundheitsbetrieben ist ein kontinuierlicher Datenzuwachs zu verzeichnen, der eine wesentliche Grundlage für den Einsatz von KI darstellt, denn erst große Datenmengen können das KI-Potenzial voll heben und den Einsatz zielgerichtet voranbringen. Eine große Herausforderung ist darin zu sehen, existierende Prozesse, Medizintechniken und Wirkungsanalysen zu systematisieren, damit KI als Hilfsmittel zur Entscheidungsvorbereitung und –unterstützung für Prozessveränderungen und -optimierungen erfolgreich einsetzbar sind (vgl. Pfannstiel, 2022, S. 4).

8.3.2   Informations- und ausbildungsorientiertes E-Health

Das informations- und ausbildungsorientierte E-Health umfasst zunächst den **Medizinischen Wissenstransfer.** Da gerade in der Medizin von einer regelrechten Wissensexplosion gesprochen werden muss und Schätzungen davon ausgehen, dass sich das medizinische Wissen etwa alle zwei Jahre verdoppelt, ist die Informationsflut so überwältigend und verliert auch derartig immer schneller an Aktualität, dass sie für den Alltag im Gesundheitsbetrieb kaum mehr zu bewältigen ist. Der Medizinische Wissenstransfer muss die Aufgaben der Wissensbeschaffung, -erstellung und –verteilung insbesondere in folgenden Bereichen leisten:

- **Medizin:** Wissensbedarf resultiert aus Problemen im Bereich von Diagnostik und Therapie und ist fallabhängig;
- **Forschung:** Neueste Informationen, die in den Forschungsprozess mit einbezogen werden können;
- **Krankenversorgung:** Bedarf an aktuellem Wissen unter äußerst zeitkritischen Umständen.

Anwendungen im Rahmen des E-Health, wie Datenbanken, Online-Literaturdienste, Expertensysteme, elektronische Zeitschriften etc. ermöglichen die Digitalisierung medizinischen Wissens und dessen Verbreitung. Alleine für den Bereich der Medizin existieren weltweit hunderte von **Literaturdatenbanken** von verschiedenen Anbietern (beispielsweise für die Medizin *Medline, Cochrane Library, PubMed, Natural Medicines Database, Biosis Preview IPA (International Pharmaceutical Abstracts), Derwent Drug File* etc.).

Beispiel

Das *Datenbank-Infosystem (DBIS) der Bibliothek des Bundesinstituts für Risikobewertung (BfR)* umfasst für das Fachgebiet Medizin ca. 250 Datenbanken von *AAP Policy / American Academy of Pediatrics* bis *Zentrales Repositorium für Open Educational Resources der Hochschulen in Baden-Württemberg,* die überwiegend frei verfügbar oder für das BfR lizenziert sind (vgl. *Bundesinstitut für Risikobewertung,* 2023, S. 1).◄

Daneben unterstützt eine Vielzahl von weiteren Datenbanken den Gesundheitsbetrieb im Rahmen des eHealth. So bietet etwa das *Bundesinstitut für Arzneimittel und Medizinprodukte (BfArM)* auch umfangreiche Recherchemöglichkeiten:

- *Arzneimittel-Informationssystem (AMIce)* mit Informationen zu Arzneimitteln wie beispielsweise Darreichungsform, Angaben zur Verkehrsfähigkeit und Packungsbeilagen;
- *ABDA-Datenbank des ABDATA Pharma-Daten-Service,* die umfassende Daten und Fakten zu Fertigarzneimitteln, Wirkstoffdossiers, Interaktionen und Stoffen beinhaltet und

steht Ärzten sowie medizinischen Fachkreisen zur Verfügung steht (vgl. Bundesinstitut für Arzneimittel und Medizinprodukte, 2023a, S. 1).

Das ebenfalls beim BfArM angesiedelte *Deutsche Register Klinischer Studien (DRKS)* ist als von der WHO anerkanntes Primärregister für die Registrierung aller in Deutschland durchgeführten patientenorientierten klinischen Studien zuständig und enthält weit mehr als 15.000 Studien. Das DRKS unterstützt bei der Planung von klinischen Studien, indem es beispielsweise hilft, Doppelstudien zu vermeiden (vgl. Bundesinstitut für Arzneimittel und Medizinprodukte, 2023b, S. 1).

Das Internetangebot *PharmNet.Bund* stellt darüber hinaus beispielsweise Arzneimittel-Informationen der deutschen Arzneimittelzulassungsbehörden zur Verfügung. Dazu gehören unter anderem administrativen Daten wie Name, Darreichungsform oder Zulassungsnummer von Arzneimitteln, inklusive Fach- und Gebrauchsinformationen, Klinische Prüfungen etc. Das BfArM bietet beispielsweise auch Berichts-Datenbanken zur systematischen Bewertung gesundheitsrelevanter Prozesse und Verfahren im Rahmen des *Health Technology Assessment (HTA),* zur Sicherung der Qualität und Wirtschaftlichkeit im Gesundheitswesen.

Der für den Gesundheitsbetrieb nutzbare Medizinische Wissenstransfer wird auch durch Medizinische **Terminologieserver** unterstützt, deren Aufgabe es ist, medizinisches Wissen strukturiert abzulegen und über Terminologien (Diagnosen, Klassifikationen, Symptome etc.) Retrivalfunktionen zum Auffinden medizinischer Texte zu ermöglichen. Da die Basis für strukturierte medizinische Dokumentationen vor allen Dingen medizinische Ordnungssysteme (Klassifikationen, Nomenklaturen, Thesauri etc.) und vor allem auch Methoden der Analyse von Freitextformulierungen zur Kennzeichnung der im Text vorkommenden medizinischen Begriffe und ihre Beziehung untereinander darstellen und für viele Bereiche der Medizin bereits nationale und internationale Klassifikationen und Kataloge existieren, wie beispielsweise für Diagnosen, Prozeduren oder Arzneimittel, ist es notwendig, diese Begriffe in einer Datenbank und in ein Suchinstrumentarium, vor allem aber die Verlinkung dieser medizinischen Begrifflichkeiten untereinander zur schrittweisen Definition und Erweiterung von standardisierten medizinischen Beziehungsgeflechten zusammenzuführen.

> **Beispiel**
>
> Als ein wichtiger Vorteil rechnergestützter Terminologiesysteme wird die Verringerung des sogenannten *semantischen Interoperabilitätsproblems* in verteilten medizinischen Anwendungssystemen angesehen. So besteht das Problem darin, dass verschiedene verteilte Anwendungssysteme eines klinischen Informationssystems unvermeidlich medizinische Terminologie verwenden und in einem einzelnen System die verwendete Terminologie zwar – systemintern – sowohl vereinheitlicht als auch in eine rechnerverfügbare Form gebracht wird, dabei jedoch keineswegs gewährleistet ist, dass

verschiedene Anwendungssysteme hinsichtlich ihrer medizinischen Terminologie kompatibel sind. In ein klinisches Informationssystem als Terminologieserver integriert, können rechnerbasierte Terminologiesysteme die semantische Interoperabilität zentral sicherstellen (vgl. Spreckelsen & Spitzer, 2009, S. 23).◄

Ein weiteres Anwendungsgebiet des E-Health im Rahmen des Wissentransfers für Gesundheitsbetriebe ist der Einsatz medizinischer **Prozessbibliotheken.** Sie unterstützen den Gesundheitsbetrieb bei der Erstellung klinischer Pfade, die oft mit hohen Kosten verbunden ist, da hierfür Ressourcen zur Verfügung gestellt werden müssen, häufig externe Berater involviert sind, oder ein gewähltes Abstraktionsniveau für die Pfadprozesse der einzelnen Arbeitsgruppen in den Gesundheitsbetrieben sehr unterschiedlich ausfällt. Zudem ist eine Eignung zur Übernahme in ein *Krankenhausinformationssystem (KIS),* zur prozessorientierten Abbildung von Patientenbehandlungen, mitunter nicht gegeben.

Medizinischer Wissenstransfer wird auch durch die Bereitstellung von Medizinischen **Projektdatenbanken** unterstützt, die dazu beitragen, Insellösungen oder Doppelarbeiten zu vermeiden und festzustellen, ob vergleichbares bereits geplant oder gar schon realisiert wurde.

Ein weiterer Bereich des Informations- und ausbildungsorientierten E-Health ist die **Medizinische Informationsvermittlung.** Hier sind für den Gesundheitsbetrieb insbesondere über **Krankheitsbezogene Portale** die Möglichkeiten der Informationsvermittlung an Patienten gegeben, wenn beispielsweise ein Arzt als Praxisinhaber gleichzeitig für derartige Portale medizinisches Fachwissen aufbereitet.

Beispiel

Es gibt zahlreiche Beispiele von Portalen zur medizinischen Informationsvermittlung, die von Leistungserbringern betrieben werden und/oder kommerzieller Natur sind und meistens auch über die krankheitsbezogene Ausrichtung hinaus weitergehende Informationen rund um das Gesundheitswesen anbieten (www.kbv.de, www.baek.de, www.onmeda.de, www.netdoktor.de, www.apotheken-umschau.de, www.gesundheit.de, www.vitanet.de, www.kinderaerzte-im-netz.de, www.aerztezeitung.de etc.). Auch für den zahnmedizinischen Bereich gibt zahlreiche Beispiele von Portalen zur Informationsvermittlung, die dentale Informationen anbieten (www.kzbv.de, www.bzaek.de, www.zahnarztportal.org, www.portal-der-zahnmedizin.de, www.2te-zahnarztmeinung.de, www.zahnarzt-hilfe.de, www.apotheken-umschau.de, www.gesundheit.de, www.vitanet.de, etc.).◄

Schließlich bietet die **Telematikgestützte Ausbildung** von Personal im Bereich Medizin und Pflege Nutzungspotenziale für den Gesundheitsbetrieb im Rahmen des informations- und ausbildungsorientierten E-Health.

Ein Beispiel dazu ist das **eLearning,** der Einsatz von elektronischen, digitalen Medien für die Anwendung von Lernmaterialien in der medizinischen Ausbildung. Medizinstudenten oder Ärzte im Gesundheitsbetrieb können beispielsweise über webbasierte multimediale Lernsysteme das systematisch erworbene Wissen am virtuellen Patienten durchspielen, um die Entscheidungsfähigkeit zu trainieren und eine Differenzialdiagnose zu erstellen. Die Unterstützung von Diagnose- und Therapieentscheidungen kann auch anhand aus einer Datenbank abzurufenden Falldaten und auch in einem simulierten Arztzimmer erfolgen, in dem der Student / die Studentin einen virtuellen Patienten von der Anamnese über die körperliche Untersuchung, die Erhebung einer Verdachtsdiagnose bis zur Dokumentation in der Patientenakte und zur endgültigen Diagnose betreut und dabei sämtliche Stationen der ärztlichen Behandlung in Form einer Diagnostik- und Therapieschleife durchläuft.

Beispiel

Das *Universitätsklinikum Hamburg-Eppendorf (UKE)* stellt seit vielen Jahren seinen Mitarbeitern und Mitarbeiterinnen eine E-Learning-Lernplattform zur Verfügung, die von der UKE-Akademie betrieben wird. Dabei können die Beschäftigten jederzeit ihren Lernerfolg überprüfen und erhalten nach Abschluss eines E-Learning-Kurses eine persönliche Teilnahmebestätigung. Für die Weiterbildungen, Ausbildungen und Dualen Studiengänge gibt es auf der E-Learning-Plattform eigene, abgeschlossene Bereiche, die alle wichtigen Unterrichtsmaterialien enthalten (vgl. Universitätsklinikum Hamburg-Eppendorf, 2023, S. 1).◄

8.3.3   Behandlungsorientiertes E-Health

Ein für den Gesundheitsbetrieb wichtiger Bereich im Rahmen des behandlungsorientierten E-Health ist die **Interaktion zwischen den Leistungserbringern.** Hierbei geht es insbesondere um den intersektoralen Austausch von Informationen und strukturierten Dokumenten im medizinischen Kontext, mit dem Ziel, den Austausch von Daten und Prozessinformationen sowie deren Weiterverarbeitung zwischen dem ambulanten und dem stationären Sektor im Sinne einer integrierten Versorgung zu ermöglichen.

Der **eArztbrief**) (elektronischer Arztbrief) unterstützt die Arztbriefkommunikation, indem die wichtigsten Inhalte wie Fragestellung, Anamnese, Befunde, Diagnosen, Therapien bzw. Behandlungsmaßnahmen in digitaler Form an den Adressaten übermittelt werden. Geregelt wird der digitale Austausch beispielsweise in der Richtlinie über die Übermittlung elektronischer Briefe in der vertragsärztlichen Versorgung gemäß § 383 SGB V (Richtline elektronischer Brief).

Beispiel

In der *Richtlinie elektronischer Brief regelt die Kassenärztliche Bundesvereinigung (KBV)* im Benehmen mit dem Spitzenverband Bund der Krankenkassen, der Gesellschaft für Telematik und dem *Bundesamt für Sicherheit in der Informationstechnik (BSI)* Einzelheiten zu den Anforderungen an ein sicheres elektronisches Verfahren sowie an informationstechnische Systeme für an der vertragsärztlichen Versorgung teilnehmende Leistungserbringer sowie das Nähere über Inhalt und Struktur des elektronischen Briefes, zur Abrechnung der Pauschale und zur Vermeidung einer nicht bedarfsgerechten Mengenausweitung (vgl. § 383 SGB V).◄

Danach müssen der Vertragsarzt oder die Vertragsärztin für die Übermittlung elektronischer Briefe nach dieser Richtlinie spezielle Dienste nach SGB V nutzen. Zur Übermittlung ist ausschließlich dafür ein zertifiziertes System (Kommunikation im Medizinwesen – KIM, beispielsweise kv-dox als KIM-Dienst der KBV) zu verwenden, und der elektronische Brief muss vor dem Versand durch eine elektronischen Heilberufsausweis (eHBA) mit einer qualifizierten elektronischen Signatur (QES) versehen werden (vgl. Richtline elektronischer Brief, 2021, S. 3). Die Briefe können in der Regel direkt aus dem Krankenhausinformationssystem (KIS) oder dem Praxisverwaltungssystem (PVS) heraus versendet und empfangen werden.

Sonderformen des eArztbriefes sind beispielsweise der elektronische Reha-Kurzbrief, der die nachbetreuenden Ärzte über wesentliche Inhalte und Ergebnisse der medizinischen Leistungen zur Rehabilitation informiert und dazu wichtige Daten zur Nachsorge, Informationen über den Verlauf der Rehabilitation, Rehabilitationsdiagnosen, die empfohlene Medikation und über die weitergehenden Nachsorgemaßnahmen sowie die sozialmedizinische Beurteilung in Kurzform enthält, sowie der elektronische Reha-Entlassungsbericht, der als einheitlicher Entlassungsbericht in der medizinischen Rehabilitation der gesetzlichen Rentenversicherung die relevanten Elemente des Arztbriefes übernimmt, weiterverarbeitet und zwischen Rehabilitationsbereich, ambulantem und stationärem Sektor ausgetauscht wird.

Mit der elektronischen Arbeitsunfähigkeitsbescheinigung (eAU) müssen die Versicherten nicht mehr selbst ihre Krankenkasse und ihre Arbeitgebenden über eine Arbeitsunfähigkeit informieren. Die AU-Daten werden von den Ärztinnen und Ärzte an die Krankenkassen übermittelt, die für die Arbeitgebenden bestimmte Daten an diese weiterleiten.

Das eRezept beinhaltet die wesentlichen Prozessschritte von der Ausstellung in der Arztpraxis, der Übermittlung an die Versicherten, die Einlösung in der Apotheke sowie die Abrechnung mit der Krankenkasse und ermöglicht zusätzliche digitale Anwendungen, zu denen beispielsweise die Medikationserinnerung, der Medikationsplan oder der Wechselwirkungscheck zählen. Für die Übermittlung des E-Rezepts wird die Telematikinfrastruktur (TI) im Gesundheitswesen verwendet, die Praxen, Krankenhäuser, Apotheken und weitere Leistungserbringereinrichtungen im Gesundheitswesen miteinander verbindet (vgl. Bundesministerium für Gesundheit, 2023c, S. 1).

Für den Austausch von Ärzten untereinander und mit den Kassenärztlichen Vereinigungen steht mit **KV Connect** ein Übertragungsstandard zur Verfügung, der die vertrauliche medizinische Datenübertragung sicherstellen soll. Auf seiner Basis werden neben der Übertragung des eArztbriefes beispielsweise auch die Online-KV-Abrechnung, der Datenaustausch mit Leistungserbringern in der gesetzlichen Unfallversicherung (DALE-UV) oder der Labordatentransfer (LDT) ermöglicht (siehe Tab. 8.16).

KV-Connect ist eine Kommunikationsplattform in der Nachfolge von D2D (Doctor-to-Doctor), die von der *Telematik Arbeitsgemeinschaft der bundesdeutschen Kassenärztlichen Vereinigungen* in Kooperation mit dem *Fraunhofer-Institut für Biomedizinische Technik (IBMT)* als spezielle Telematik-Plattform für das deutsche Gesundheitswesen entwickelt wurde, um für eine sichere und zukunftsfähige Telematik der ärztlichen Selbstverwaltung zu sorgen. Es wird in Gesundheitsbetrieben beispielsweise in PVS integriert und übernimmt die Sicherung der Daten während des Transports zwischen den medizinischen Leistungserbringern, indem alle Daten grundsätzlich als signierte Dokumente übermittelt, während der Übertragung und während der Speicherung auf dem Server verschlüsselt und durch zusätzliche Transport-Signaturen hinsichtlich Unversehrtheit und Authentizität abgesichert werden. Ärzte, Krankenhäuser und Labore können ihre Dokumente und Befunde mit KV-Connect direkt aus ihrem jeweiligen IT-System Ende-zu-Ende-verschlüsselt versenden und empfangen. Dabei sind die Daten geschützt durch eine Nachrichten-Signatur gegen Manipulation und durch asymmetrische Verschlüsselung gegen unbefugte Kenntnisnahme.

Für den Zugriff auf diverse Anwendungen der Telematikinfrastruktur und Daten der elektronischen Gesundheitskarte (eGK) ist ein elektronischer Heilberufsausweis (HBA) notwendig, da so sichergestellt wird, dass nur Berechtigte Zugriff auf die sensiblen Daten erhalten. Der elektronische Arztausweis (**eArztausweis**) verfügt hierbei über die umfassendsten Zugriffsrechte, ist eine personenbezogene Chipkarte im Scheckkarten-Format, stellt in seiner klassischen Funktion einen Sichtausweis dar und beinhaltet weitere Grundfunktionen:

- Erstellen von elektronischen Unterschriften (Qualifizierte elektronische Signatur – QES), beispielsweise für Arztbriefe, Abrechnungsunterlagen für die Kassenärztliche Vereinigung, Notfalldaten auf der elektronischen Gesundheitskarte, elektronische Rezepte oder elektronische Arbeitsunfähigkeitsbescheinigungen;
- Authentifizierung mit virtueller Identität und Eigenschaft als Arzt bzw. Ärztin, beispielsweise an Portalen von Kammern oder Arztnetzen oder in der Telematikinfrastruktur;
- Vertrauliche Ver- und Entschlüsselung personenbezogener medizinischer Daten oder anderweitiger vertraulicher Informationen;
- Zugriff auf medizinische Daten, die auf der eGK der Patienten abgespeichert sind, wie beispielsweise Notfalldaten und elektronischer Medikationsplan (vgl. Bundesärztekammer, 2023, S. 1).

Tab. 8.16 Virtuelle Arbeitsunterstützung im Gesundheitsbetrieb am Beispiel der KV-Connect-Anwendungen (vgl. kv.digital GmbH, 2023, S. 1)

Anwendung	Erläuterungen
1ClickAbrechnung	Mit der 1ClickAbrechnung können niedergelassene Ärzte und Psychotherapeuten ihre Online-Quartalsabrechnungen digital an ihre Kassenärztliche Vereinigung (KV) senden, direkt aus dem Praxisverwaltungssystem (PVS) heraus
eArztbrief	Mit dem elektronischen Arztbrief (eArztbrief) können Ärzte und Ärztinnen medizinische Informationen über einen sicheren Kommunikationsdienst austauschen; die Informationen werden standardisiert und strukturiert übertragen; als Übertragungsstandard wird MIME mit angehängten XML-, PDF- und weiteren Dateiformaten verwendet; mit dem eArztbrief können außerdem diverse Dateiformate als Anhang verschickt werden, wie beispielsweise: BMP-Dateien (Bundeseinheitlicher Medikationsplan) oder LDT-Dateien (Laborbefunde)
eDMP	Die Anwendung eDMP bietet eine elektronische Unterstützung von Disease-Management-Programmen (DMP) auf Basis zugelassener Übertragungsverfahren, um eine Behandlung chronisch kranker Patienten nach einheitlichen Standards sicherstellen und dokumentieren
Labordatenkommunikation	Bei der Labordatenkommunikation zwischen Fachärzten für Laboratoriumsmedizin, Mikrobiologie, Transfusionsserologie, Zytologie oder Pathologie und den an sie überweisenden Ärzten bzw. Ärztinnen, der mit Abstand der Bereich in der vertragsärztlichen Kommunikation mit den meisten Kommunikationsvorgängen ist, enthält der Auftrag für eine laboratoriumsmedizinische Untersuchung notwendige Informationen, die es den Fachärzten und -ärztinnen im Labor ermöglichen, qualitativ hochwertige Befunde unter Berücksichtigung aller relevanten Patienteninformationen zu erstellen; der Befund (das Ergebnis der Arbeit im Labor) kann technisch so erstellt werden, dass das Softwaresystem des anfordernden Arztes den Befund weitgehend automatisiert in die Patientenakte einpflegen kann; hierzu haben der Qualitätsring Medizinische Software e. V. (QMS) und die Kassenärztliche Bundesvereinigung (KBV) gemeinsam die Datensatzbeschreibung LDT 3 entwickelt; damit auch die abrechnungsbegründenden Unterlagen elektronisch übertragen werden können, wurden digitale Muster durch die KBV entwickelt und in den Bundesmantelvertrag-Ärzte (BMV-Ä) aufgenommen (z. B. Muster 10: Überweisungsschein für laboratoriumsmedizinische Untersuchungen; Muster 10 A: Anforderungsschein von Laboruntersuchungen bei Laborgemeinschaften)

(Fortsetzung)

Tab. 8.16 (Fortsetzung)

Anwendung	Erläuterungen
eNachricht	eNachricht ermöglicht, Inhalte direkt aus ihren Primärsystemen (z. B. KIS) über einen sicheren Kommunikationsdienst zu senden und zu empfangen; wie bei einem „normalen" E-Mail-Programm können kurze Nachrichten, aber auch umfangreichere Dateien als Anlage versendet werden
DALE-UV	DALE-UV steht für Datenaustausch für Leistungserbringer der Gesetzlichen Unfallversicherungen; Ärzte und Ärztinnen, die von der DGUV für die Behandlung von Arbeitsunfällen und Berufskrankheiten zugelassen sind, senden über das DALE-UV-Verfahren Behandlungsberichte sowie ihre Abrechnungen an die Berufsgenossenschaften; die Dokumentationen und Rechnungen werden in standardisierter Form erstellt (technische Dokumentation der DGUV) und einzeln an die Daten-Annahme-und-Verteilstelle der DGUV übermittelt; diese übernimmt die Weiterleitung an die jeweils zuständige Berufsgenossenschaft
eHKS	Das Hauptanliegen der elektronischen Dokumentation Hautkrebsscreening ist, Hautkrebserkrankungen frühzeitig zu erkennen, zu behandeln und damit die Mortalität und Morbidität zu senken; auf Grundlage der Früherkennungsrichtlinie des Gemeinsamen Bundesausschusses ist die Dokumentation ausschließlich in elektronischer Form möglich
eDokumentation	Der Begriff steht für das elektronische Dokumentieren in der Qualitätssicherung. eDoku-Portal steht ergänzend zum Angebot der Softwarehersteller als ein bundesweit verfügbares Online-Portal für Ärzte, Ärztinnen und Psychotherapeuten; das eDoku-Portal bietet eine Schnittstelle zu KV-Connect an, um die geforderten Angaben aus der Praxisverwaltungssoftware zu übertragen; auch ist die direkte Übertragung der Dokumentation aus dem Praxisverwaltungssystem über einen Kommunikationsdienst an die Datenannahmestelle möglich
ePVS	ePVS ermöglicht die Übertragung von Abrechnungsdaten der Privatliquidation aus der Anwendung heraus an einen Abrechnungsdienstleister über einen sicheren Kommunikationsdienst

(Fortsetzung)

Tab. 8.16 (Fortsetzung)

Anwendung	Erläuterungen
QSPB	Mit der Anwendung QSPB können Leistungserbringer (niedergelassene Ärzte, Ärztinnen und Psychotherapeuten) ihre QS-Daten und Programmbeurteilungen an die jeweils zuständige Datenannahmestelle senden
eTerminservice	Die Anwendungen im Kontext des eTerminservice unterstützen die Vermittlung von Facharztterminen über die Terminservicestellen der Kassenärztlichen Vereinigungen (KVen); eTerminservice-Vermittlungscode versetzt Nutzer in die Lage, den Terminservicestellen weitergehende Informationen zu einem Vermittlungscode zu übertragen und auf elektronischem Weg einen Vermittlungscode zu erhalten; mit eTerminservice-TSS-Abrechnungsinformation sind die abrechnungsrelevanten Informationen zu durchgeführten Terminen, welche über den eTerminservice der KVen vermittelt wurden, abrufbar

Bei der Interaktion zwischen Patienten und Gesundheitsbetrieben ist das **Telemonitoring** als Fernuntersuchung, -diagnose und -überwachung von Patienten und deren Ausstattung mit speziell ausgerüsteten Mobiltelefonen, Personal Digital Assistant (PDA) oder Geräten zur Messung von Vitaldaten (beispielsweise im Rahmen der Diabetologie, Pulmologie, Kardiologie zur Übertragung von Gewichts-, Blutdruck-, Herzfrequenzdaten an den Gesundheitsbetrieb, Informationen und Rückmeldungen des Gesundheitsbetriebs, Erinnerungen an Medikamenteneinnahme, durchzuführende Messungen etc.) zu nennen. Auch zählt die **Telekardiologie** mit der Übertragung wichtiger kardiologischer, telemetrischer Daten über Mobilfunknetz oder Festleitung zur Information über den Gesundheitszustand des Patienten beispielsweise bei Herzschrittmachern, implantiertem Cardioverter-Defibrillator (ICD) oder bei einem Herzinsuffizienz-Therapiesystem für die Cardiale Resynchronisations-Therapie (CRT) dazu.

Bei der **Televisite** handelt es sich um die ambulante, postoperative telemedizinische Nachsorge, die Patient und Gesundheitsbetrieb mithilfe von Computer, Mikrofon und Digitalkamera nach der Entlassung aus ambulanter Behandlung durchführen. Dazu überträgt der Patient beispielsweise selbst erstellte Wundfotografien und Angaben über erhöhte Körpertemperatur, Wundschmerzen regelmäßig an den Gesundheitsbetrieb bzw. das ihn behandelnde ambulante Operationszentrum, die die Daten überwachen, reagieren und/oder Fragen beantworten. Als wesentliche Vorteile der Televisite werden eine größere Zahl betreubarer Patienten, eine bessere Auslastung des Gesundheitsbetriebs und die positive Wirkung der gewohnten, häuslichen Umgebung auf die Patienten gesehen.

Beispiel

Während sich das deutsche Gesundheitswesen häufig dem Vorwurf ausgesetzt sieht, bei der Nutzung von Telemedizin im globalen Vergleich zurückzubleiben, hat insbesondere die Videosprechstunde in den letzten Jahren an Bedeutung zugenommen. Dies war stark von der Pandemie und ihrem Verlauf beeinflusst: Mit Beginn der Pandemie und den damit einhergehenden Vorgaben zu Kontaktbeschränkungen erhöhte sich sowohl die Leistungshäufigkeit als auch die Anzahl der Videosprechstunden erbringenden Praxen sprunghaft. Durch die während der Pandemie gültige Aussetzung der Mengenbegrenzung hatten Vertragsärzte und Psychotherapeuten die Möglichkeit erhalten, ihr Angebot an Videosprechstunden theoretisch unbegrenzt zu erhöhen. Die Videosprechstunde wird im hausärztlichen Bereich aus medizinisch-versorgungstechnischer Sicht zwar als Bereicherung der Versorgungsmöglichkeiten angesehen. Der fachliche Schwerpunkt liegt vielmehr bei den Psychotherapeuten und Psychiatern, die insgesamt 78 Prozent aller Videosprechstunden abrechneten (vgl. Mangiapane, 2023, S. 93 ff.).◄

Die **Elektronische Patientenakte (ePA)** stellt eine digitalisierte Dokumentation aller Patentendaten dar, die seinen Krankheits- und Behandlungsverlauf wiedergeben. Um ein ganzheitliches Bild der Patientenversorgung zu vermitteln, ist die ePA keine problemorientierte, das papierbasierte Karteisystem ersetzendes elektronisches Pendant, sondern gleicht eher einer prozessorientierten Dokumentation mit den notwendigen Befunddaten, zugehöriger Korrespondenz, Diagnosen, Behandlungsverläufen und -ergebnissen, unter weitestgehender Nutzung und Integration verschiedener Medien, wie digitale Fotografien, Bilder, Grafiken. Dazu enthält nicht nur die Daten des aktuellen Falles, sondern auch alle verfügbaren Informationen früherer Krankheiten und Behandlungen, was eine Digitalisierung bestehender Papierakten erforderlich macht.

Die ePA ist umfassend im SGB V geregelt: Danach ist sie eine versichertengeführte elektronische Akte, die den Versicherten von den Krankenkassen auf Antrag zur Verfügung gestellt wird, wobei die Nutzung für die Versicherten freiwillig ist. Mit ihr sollen den Versicherten auf Verlangen Informationen, insbesondere zu Befunden, Diagnosen, durchgeführten und geplanten Therapiemaßnahmen sowie zu Behandlungsberichten, für eine einrichtungs-, fach- und sektorenübergreifende Nutzung für Zwecke der Gesundheitsversorgung, insbesondere zur gezielten Unterstützung von Anamnese und Befunderhebung, barrierefrei elektronisch bereitgestellt werden (vgl. § 341 SGB V).

Folgende Informationen können in die elektronische Patientenakte eingestellt werden:

- medizinische Informationen über den Versicherten für eine einrichtungsübergreifende, fachübergreifende und sektorenübergreifende Nutzung, insbesondere
  - Daten zu Befunden, Diagnosen, durchgeführten und geplanten Therapiemaßnahmen, Früherkennungsuntersuchungen, Behandlungsberichten und sonstige untersuchungs- und behandlungsbezogene medizinische Informationen,
  - Daten des elektronischen Medikationsplans,
  - Daten der elektronischen Notfalldaten,
  - Daten in elektronischen Briefen zwischen den an der Versorgung der Versicherten teilnehmenden Ärzten und Einrichtungen (elektronische Arztbriefe);
- Daten zum Nachweis der regelmäßigen Inanspruchnahme zahnärztlicher Vorsorgeuntersuchungen (elektronisches Zahn-Bonusheft);
- Daten zur Früherkennung von Krankheiten bei Kindern (elektronisches Untersuchungsheft für Kinder);
- Daten über die ärztliche Betreuung während der Schwangerschaft und nach der Entbindung (elektronischer Mutterpass) sowie Daten, die sich aus der Versorgung der Versicherten mit Hebammenhilfe ergeben;
- Daten der Impfdokumentation (elektronische Impfdokumentation);
- Gesundheitsdaten, die durch den Versicherten zur Verfügung gestellt werden;
- Daten des Versicherten aus einer von den Krankenkassen finanzierten elektronischen Akte des Versicherten;
- bei den Krankenkassen gespeicherte Daten über die in Anspruch genommenen Leistungen des Versicherten;
- Daten des Versicherten aus digitalen Gesundheitsanwendungen des Versicherten;
- Daten zur pflegerischen Versorgung des Versicherten;
- Verordnungsdaten und Dispensierinformationen elektronischer Verordnungen;
- die ausgestellte Bescheinigung über eine Arbeitsunfähigkeit und
- sonstige von den Leistungserbringern für den Versicherten bereitgestellte Daten, insbesondere Daten, die sich aus der Teilnahme des Versicherten an strukturierten Behandlungsprogrammen bei chronischen Krankheiten ergeben (vgl. § 341 SGB V).◄

Versicherte haben gegenüber Ärztinnen und Ärzten, die an der vertragsärztlichen Versorgung teilnehmen oder in Einrichtungen, die an der vertragsärztlichen Versorgung teilnehmen oder in zugelassenen Krankenhäusern oder in einer Vorsorgeeinrichtung oder Vorsorgeeinrichtungen und Rehabilitationseinrichtungen tätig und in deren Behandlung eingebunden sind, einen Anspruch

- auf die Erstellung von elektronischen Notfalldaten und die Speicherung dieser Daten auf ihrer elektronischen Gesundheitskarte oder auf die Erstellung der elektronischen Patientenkurzakte sowie
- auf die Aktualisierung von elektronischen Notfalldaten und die Speicherung dieser Daten auf ihrer elektronischen Gesundheitskarte oder auf die Aktualisierung und Speicherung dieser Daten in der elektronischen Patientenkurzakte.

Entsprechende Regelungen gibt es für den elektronischen **Medikamentationsplan** (vgl. § 358 SGB V).

Mit virtuellen Pausenräumen, intelligenten Pflegebetten, digitalen Dienstplangestaltungen oder Desinfektionsrobotern wird der Einsatz neuer Technologien auch in der Pflege erkundet. Mit ihrem richtigen Einsatz wird erhofft, beispielsweise durch eine intelligente Pflegedokumentation oder den digitalen Datenaustausch mit Kolleginnen und Kollegen den Arbeitsalltag zu erleichtern und dafür zu sorgen, dass mehr Zeit für die zwischenmenschliche Zuwendung zu den Klienten bleibt. Als Voraussetzung zur Erfüllung daran anknüpfender Erwartungen müssen sich die Auswahl, Entwicklung und Implementierung der Technologien an den Bedarfen der Pflegenden und Einrichtungen orientieren (Demand Pull) und nicht an ökonomischen Interessen und/oder dem Machbaren (Technology Push). 30 dieser Projekte zur Digitalisierung pflegerischer Arbeitsprozesse und deren Anwendungsgebiete wurden im BAUA-Forschungsprojekt F 2503 der *Bundesanstalt für Arbeitsschutz und Arbeitsmedizin* analysiert (vgl. Bundesanstalt für Arbeitsschutz und Arbeitsmedizin, 2023, S. 1).

Die digitale Betreuung von Patientinnen und Patienten wird durch **Digitale Gesundheitsanwendungen** (DiGA) ergänzt. Es handelt sich dabei um Medizinprodukte der Klasse I oder IIa, deren medizinische Zwecke im Wesentlichen durch eine digitale Hauptfunktion erreicht werden, und die in Form mobiler Apps oder Online-Anwendungen beispielsweise das Selbstmanagement bei chronischen Erkrankungen unterstützen, physiotherapeutische Übungen anleiten, Therapien im Bereich der psychischen Erkrankungen anbieten, die Gesundheitskompetenz stärken oder zu einer besseren Koordination von Behandlungsabläufen beitragen können. Als „digitale Helfer" in der Hand der Patientinnen und Patienten eröffnen sie vielfältige Möglichkeiten, um bei der Erkennung und Behandlung von Krankheiten sowie auf dem Weg zu einer selbstbestimmten gesundheitsförderlichen Lebensführung zu unterstützen. Sie werden von einer Patientin oder einem Patienten allein oder gemeinsam mit Leistungserbringern wie etwa Ärztinnen und Ärzten, Psychotherapeutinnen und Psychotherapeuten oder Physiotherapeutinnen und Physiotherapeuten sowie weiteren sonstigen Leistungserbringern genutzt. Um DiGA verordnen zu können, sind sie durch das *Bundesinstitut für Arzneimittel und Medizinprodukte (BfArM)* auf Sicherheit, Funktionstauglichkeit, Qualität, Datenschutz und -sicherheit sowie das Vorliegen des Nachweises positiver Versorgungseffekte zu prüfen und in ein zentrales Verzeichnis aufzunehmen. Auch im Bereich der Pflege ist der Einsatz von **Digitalen Pflegeanwendungen** (DiPA) möglich, die ebenfalls der Prüfung und Listung durch das BfArM unterliegen und von Pflegebedürftigen genutzt werden können, um den Gesundheitszustand durch verschiedene Übungen zu stabilisieren oder zu verbessern. Anwendungsbeispiele sind die Sturzrisikoprävention, personalisierte Gedächtnisspiele für Menschen mit Demenz, die Versorgung von Menschen mit Dekubitus oder die Kommunikation zwischen Pflegefachkräften und Angehörigen (vgl. Bundesministerium für Gesundheit, 2023d, S. 1).

Beispiel

Versicherte haben Anspruch auf Versorgung mit digitale Gesundheitsanwendungen (DiGA) als Medizinprodukte niedriger Risikoklasse, deren Hauptfunktion wesentlich auf digitalen Technologien beruht und die dazu bestimmt sind, bei den Versicherten oder in der Versorgung durch Leistungserbringer die Erkennung, Überwachung, Behandlung oder Linderung von Krankheiten oder die Erkennung, Behandlung, Linderung oder Kompensierung von Verletzungen oder Behinderungen zu unterstützen. Hierzu müssen die DiGA vom BfArM in das Verzeichnis für digitale Gesundheitsanwendungen aufgenommen sein und entweder nach Verordnung der behandelnden Ärztinnen und Ärzten, Psychotherapeutinnen und Psychotherapeuten oder mit Genehmigung der Krankenkasse angewendet werden (vgl. § 33a SGB V).

Pflegebedürftige haben Anspruch auf Versorgung mit digitalen Pflegeanwendungen (DiPA), die wesentlich auf digitalen Technologien beruhen und von den Pflegebedürftigen oder in der Interaktion von Pflegebedürftigen mit Angehörigen, sonstigen ehrenamtlich Pflegenden oder zugelassenen ambulanten Pflegeeinrichtungen genutzt werden, um Beeinträchtigungen der Selbständigkeit oder der Fähigkeiten des Pflegebedürftigen zu mindern oder einer Verschlimmerung der Pflegebedürftigkeit entgegenzuwirken, soweit die Anwendung nicht wegen Krankheit oder Behinderung von der Krankenversicherung oder anderen zuständigen Leistungsträgern zu leisten ist. DiPA sind auch solche Anwendungen, die pflegende Angehörige oder sonstige ehrenamtlich Pflegende in den im SGB XI genannten Bereichen oder bei der Haushaltsführung unterstützen und die häusliche Versorgungssituation des Pflegebedürftigen stabilisieren (vgl. § 40a SGB XI).◄

Zu den Systemen, die die medizinische Teledokumentation in die Gesundheitsbetriebe integrieren, zählen beispielsweise **Krankenhausinformationssysteme** (KIS). Sie umfassen alle informationsverarbeitenden Prozesse zur Bearbeitung medizinischer und administrativer Daten in einem Krankenhaus. Dazu zählen beispielsweise die Erfassung der erbrachten medizinischen Leistungen, die Erfassung der Krankheitsdaten, die Verwaltung der Patientenstammdaten, die Abrechnung gegenüber Krankenkassen, Krankenversicherungen und Selbstzahlern, Pflegedokumentation und Pflegeplanung und vieles andere mehr (siehe Tab. 8.17).

Tab. 8.17 Beispiele für Elemente von Krankenhausinformationssystemen (KIS)

Element	Aufgabe
Management-Informations-System (MIS)	Stellt der Leitung des Gesundheitsbetriebs für die Entscheidungsfindung betriebswirtschaftliche Informationen in komprimierter Form zur Verfügung
Krankenhausverwaltungssystem (KVS)	Personalwirtschaft, Controlling, Finanzbuchhaltung, Materialwirtschaft, Beschaffung, – Instandhaltungsmanagement etc.
Klinik-Prozess-steuerungssystem (KPSS)	Umsetzung von medizinischen Arbeitsprozessen in der Organisation (Workflow) durch die Verfolgung, Festlegung, Steuerung der Bearbeitung von Dokumenten und Vorgängen wie bspw. Leistungsabrechnung, Untersuchungsdokumentation, medizinische Qualitätskontrolle, Diagnosen- und Leistungsverschlüsselung etc.
Patientendatenmanagementsystem (PDM)	Zentrale Verwaltung und Verarbeitung von Patienten- und Behandlungsfalldaten, wie bspw. Aufnahme, Verlegung und Entlassung von Patienten, Erzeugen von Formularen, Etiketten, Barcodes etc., Erfassen und Fakturieren von abrechnungsorientierten Daten, Erstellen von Listen und Statistiken, Kommunikation mit den Kostenträgern
Elektronische Patientenakte (ePA)	Verwaltung aller Daten eines Patienten für einen konkreten Fall
Pflegeinformationssystem (PIS)	Bereitstellung pflegerelevanter, informationsverarbeitender Funktionen
Klinisches-Arbeitsplatzsystem (KAS)	Unterstützung pflegerischer und ärztliche Tätigkeiten durch ein rechnergestütztes Anwendungssystem an einem Stationsarbeitsplatz bspw. zur medizinischen Dokumentation, Pflegedokumentation, Vitalparametererfassung, Anamnese, Befundrückmeldung, Stationsorganisation, Dienstplanung, Medikamenten-, Essens- und Leistungsanforderung, Erstellung von Arztbriefen

(Fortsetzung)

Tab. 8.17 (Fortsetzung)

Element	Aufgabe
Hygiene-Informationssystem (HIS)	Zentrales Monitoring hygienisch relevanter Daten zur interdisziplinären Qualitätssicherung innerhalb der Krankenhaushygiene (bspw. Früherkennung von multiresistenten Erregern, Häufungen von Infektionen etc.)
Laborinformations-system (LIS)	Dokumentation und Verwaltung der Daten und Abläufe in einem medizinischen Labor, wie bspw. Bereitstellung von Schnittstellen zu Untersuchungsgeräten oder die Bereitstellung von Untersuchungsergebnissen
Order-Entry-System (OES)	Beauftragung von Untersuchungen, Leistungen (Pathologie, Labor, Radiologie und Nuklearmedizin etc.) bspw. durch sichere Zuordnung von Proben zu einem Patienten oder Terminplanung bei radiologischen bzw. nuklearmedizinischen Untersuchungen
Radiologie-Informationssystem (RIS)	Dokumentation und Verwaltung der Daten und Abläufe in der Radiologie, wie bspw. Erstellung von radiologischen Befunden, Terminplanung radiologischer Untersuchungen, Datendokumentation nach RöV
Picture Archiving und Communication System (PACS)	Archivierung aller Bilder und digitaler Bilddaten eines Patienten in Endoskopie, Radiologie, Nuklearmedizin, Kardiologie etc. auf der Basis des Standards DICOM (Digital Imaging and Communications in Medicine)

Für Arzt- oder Zahnarztpraxen übernehmen **Praxis-Verwaltungs-Systeme** (PVS) die dokumentierenden, informationsverarbeitenden Prozesse und beinhalten dazu in der Regel Patientendatenmanagementsysteme für Verwaltung und Verarbeitung von Patienten- und Behandlungsfalldaten, Arbeitsplatzsysteme für die Ärztinnen und Ärzte zur Falldokumentation, Anamnese, Berichtsdokumentation, Erstellung von Arztbriefen, Verordnungen, Überweisungen etc., Privat- und Kassenliquidation, Buchführung, Personalverwaltung, sowie der Integration von medizinischen Wissensdatenbanken oder bildgebenden Verfahren.

Beispiel

Als Grundausrüstung des Praxismanagements jeder Arzt- und Zahnarztpraxis sind Praxisverwaltungssysteme (PVS) anzusehen. Sie unterstützen niedergelassene Ärzte und

Psychotherapeuten bei der Organisation und Dokumentation der Praxisaufgaben und können alle Abläufe einer Einzelpraxis, einer Gemeinschaftspraxis, aber auch eines Medizinischen Versorgungszentrums digital abbilden. So stehen Ärzten und Ärztinnen dabei nicht nur Funktionen wie die elektronische Patientenakte oder die Online-Abrechnung mit der jeweiligen Kassenärztlichen Vereinigung (KV) zur Verfügung, sondern auch Terminplanung, Buchhaltung und elektronische Kommunikation mit Kollegen sind wesentliche Bestandteile von PVS (Kassenärztliche Bundesvereinigung, 2023, S. 1).◄

Für den Bereich von Pflegeeinrichtungen gibt es sogenannte **Heim-Software** zur zentralen Verwaltung und Verarbeitung

- administrativer Daten: Bewohnerdaten Aufnahme, Basisdokumentation, Erfassen und Fakturieren von abrechnungsorientierten Daten, Generieren von Listen und Statistiken, Taschengeldverwaltung, Kommunikation mit den Kostenträgern sowie
- pflegerelevanter Daten: Material- und Medikamentenerfassung, Pflegedokumentation, Essensanforderung, Stationsorganisation, Dienstplanung etc.

Beispiel

So bieten interne Dokumentations- und Kommunikationsprogramme beispielsweise die Möglichkeit, patientenbezogene Informationen über ein Intranet an die zuständigen Mitarbeiter zu kommunizieren. Dadurch kann die Information allen Pflegenden zur Verfügung gestellt werden, die den Patienten im Rahmen ihrer Tour besuchen, wenn ein ambulanter Patient z. B. eine zusätzliche Versorgung erhält. Auch kann sich eine Pflegekraft, die nach einer mehrtägigen Arbeitspause wieder zum Dienst erscheint, rasch über patientenbezogene Veränderungen informieren und Pflegende im Rahmen des Netzwerks miteinander kommunizieren. Ein solches System eignet sich ebenfalls für die Ablage von Handbüchern, Verfahrensanweisungen oder Pflegestandards, sodass die Unterlagen jederzeit einsehbar sind und die Mitarbeitenden ihr Wissen bei Bedarf auffrischen können. Auch können Unterlagen des Qualitätsmanagements, organisatorische Mitteilungen, Dienstpläne und Besprechungsprotokolle im System zur Verfügung gestellt und von den Mitarbeitenden abgerufen werden. Ferner ermöglicht die Dokumentation von Fortbildungsinhalten auch die Information von Mitarbeitenden, die nicht daran teilnehmen können (vgl. Bolz, 2015, S. 81).◄

8.3.4   Forschungsorientiertes E-Health

Im Rahmen des forschungsorientierten E-Health geht es zunächst um die **Forschungs-unterstützung** durch **Kompetenznetze** im Gesundheitswesen. Hierzu hat das *Bundesmi-nisterium für Bildung und Forschung* eine Netzwerkbildung angestoßen, die den Aufbau überregionaler medizinischer Netzwerke zu definierten Krankheitsbildern zum Ziel hat, die durch eine hohe Morbidität oder Mortalität gekennzeichnet sind (siehe Tab. 8.18).

Ziel ist es dabei, die in den Forschungseinrichtungen vorhandene wissenschaftliche Kompetenz optimal zu nutzen, um Krankheiten optimal vorbeugen, heilen oder lindern zu können. Die Kompetenznetze bilden dazu Kooperationsstrukturen, die den Wissenstrans-fer aus der Grundlagenforschung in die anwendungsnahe Forschung und die Industrie verbessern sollen, damit aktuelle Forschungsergebnisse vielfach nicht nur mit erhebli-cher zeitlicher Verzögerung in der medizinischen Breitenversorgung angewendet werden und forschungsrelevante Themen des medizinischen Alltags stärker in die Forschung eingebracht werden können.

Beispiel

Für eine qualitativ hochwertige, wohnortnahe Versorgung stellen Kooperations- und Vernetzungsmodelle von Präventions-, Gesundheits- und Pflegedienstleistungen einen lösungsorientierten und zukunftsfähigen Ansatz dar. Dabei sehen sich die verschie-denen Akteure des Gesundheitswesens durch eine hochvernetzte Leistungserbringung in komplexen Wertschöpfungsnetzwerken jedoch in mehrfacher Hinsicht großen Her-ausforderungen gegenüber, denn bestehende Leistungsangebote müssen aufeinander abgestimmt, innovative Gesundheits- und Dienstleistungen entwickelt und erprobt, sowie gemeinsam in die Netzwerkstruktur eingebunden werden. Besonders heraus-fordernd ist dabei die Suche nach geeigneten Netzwerkstrukturen und -prozessen sowie nach Geschäfts- und Innovationsmodellen für die jeweiligen Netzwerkakteure, die eine produktive und nachhaltige Leistungserbringung in Dienstleistungsnetzwerken ermöglichen (vgl. Ganz et al., 2016, S. 27 f.).◄

Ein weiterer Bereich des forschungsorientierten E-Health ist die **Unterstützung der Gesundheitsberichterstattung** und **Gesundheitssystemplanung**. Hierzu leisten bei-spielsweise **Krankheitsregister** einen wichtigen Beitrag. Sie stellen nicht nur Instrumente zur Unterstützung der Nachsorge und Überwachung dar, sondern durch die Verwendung maschineller Auswertungsverfahren eines Krankheitsregisters wird es auch ermöglicht, die in einen komplexen medizinischen Sachverhalt wirkenden Einflussfaktoren zu isolie-ren und ihre Auswirkungen zu beschreiben. Ferner können möglichst große Anzahlen klinisch und bioptisch beobachteter Fälle erfasst und klassifiziert werden, sodass der Gesundheitsbetrieb das jeweilige Register beispielsweise in histologisch nicht eindeutigen Fällen zu Rate ziehen kann und auch in den Nachsorgeaufgaben unterstützt wird.

Tab. 8.18 Kompetenznetze in der Medizin (vgl. Bundesministerium für Bildung und Forschung, 2023, S. 1)

Bereich	Netzwerk	Beschreibung
Stoffwechselerkrankungen	Adipositas	Das Kompetenznetz Adipositas ist ein neues, seit 2008 vom Bundesministerium für Bildung und Forschung (BMBF) gefördertes krankheitsbezogenes Netzwerk der Adipositasforschung in Deutschland; Allgemeinziele: Vernetzung und damit Stärkung der führenden deutschen Akteure auf dem Gebiet der Adipositasforschung, Schaffung einer national und international wettbewerbsfähigen und sichtbaren Forschungsplattform, rasche Translation neuer Erkenntnisse der Wissenschaft in die praktische Präventions- und Versorgungsmedizin, Etablierung einer Expertenplattform zum Thema Adipositas
	Diabetes melitus	Im krankheitsbezogenen Kompetenznetz Diabetes mellitus (KKNDm) schließen sich derzeit sieben Diabetesverbünde mit insgesamt 24 Teilprojekten aus Deutschland zu einem Expertennetzwerk zusammen; Ziel des Netzwerkes ist es, neue Erkenntnisse über die Entstehungsbedingungen, die Prävention und die Behandlung des Diabetes mellitus zu gewinnen und dadurch die Vorsorge in der Bevölkerung zu verbessern. Ein Schwerpunkt des KKNDm ist der Wissenstransfer aus der Forschung in die Praxis
Infektionskrankheiten	Lungenentzündung	Das BMBF hat 2001 das Kompetenznetzwerk „Ambulant erworbene Pneumonie" (CAPNETZ) initiiert; 2007 ist hieraus die CAPNETZ STIFTUNG gegründet worden; CAPNETZ verbindet klinische, mikrobiologische und Grundlagenforschungsaspekte, um neue Erkenntnisse zur Krankheitsentstehung, insbesondere zur Interaktion zwischen Erreger und Wirt zu gewinnen

(Fortsetzung)

Tab. 8.18 (Fortsetzung)

Bereich	Netzwerk	Beschreibung
	Hepatitis	Gefördert vom Bundesministerium für Bildung und Forschung (BMBF) will das Kompetenznetz Hepatitis (HEP-NET) durch eine horizontale und vertikale Vernetzung weiterhin einheitliche Diagnose- und Behandlungsstandards etablieren und neue Therapiemöglichkeiten entwickeln
	HIV/AIDS	Die am Kompetenznetz beteiligten Fachgruppen stellen u. a. eine Patientenkohorte zusammen, mit deren Unterstützung in 21 Projekten div. Fragestellungen zur HIV/AIDS Erkrankung beantwortet werden soll; zum Beispiel sollen folgende Fragestellungen verfolgt werden: Ablauf der HIV-Infektion und Verweilen des Virus in verschiedenen Körperkompartimenten; Erforschung neuer immunologischer und genetischer Marker, die das Fortschreiten der AIDS-Erkrankung, ihre Behandelbarkeit und das Auftreten unerwünschter Arzneimittelwirkungen mitbestimmen; neue Therapiestrategien zur Wiederherstellung immunologischer und neurologischer Funktionen; Erforschung der psychologischen, sozialen und ökonomischen Konsequenzen der HIV-Infektion
	Sepsis	Das seit Februar 2001 vom Bundesministerium für Bildung und Forschung geförderte Kompetenznetz Sepsis hat sich zum Ziel gesetzt, effiziente Strukturen für die Erforschung der Sepsis zu etablieren und multizentrische epidemiologische und klinische Studien durchzuführen, um die Sterblichkeit an der Sepsis in Deutschland nachhaltig zu senken

(Fortsetzung)

Tab. 8.18   (Fortsetzung)

Bereich	Netzwerk	Beschreibung
Chronisch-entzündliche Erkrankungen	Asthma/COPD	Das vom Bundesministerium für Bildung und Forschung gefördert Kompetenznetz Asthma und COPD ist ein Verbund bestehend aus den Teilbereichen COSYCONET und ASTHMA/MRI. Zielsetzungen des Netzes sind Fortschritte bzgl. der Prävention, Diagnostik und Therapie von Asthma und COPD
	Darmerkrankungen	Die Strukturen im Kompetenznetz-Darmerkrankungen ermöglichen, verschiedene Krankheitsformen neu zu beschreiben und grundlegend neue Behandlungsansätze in die Versorgung der Patienten einzuführen
	Rheuma	Das Kompetenznetz Rheuma hat sich zum Ziel gesetzt, Forschungsergebnisse möglichst schnell den Patienten zugutekommen zu lassen, d. h. der Transfer vom Labor zum Krankenbett soll schneller werden; darüber hinaus will das Netz die medizinische Versorgung der Rheumakranken verbessern und die deutsche Forschungslandschaft international konkurrenzfähig machen; die Forschungsarbeiten konzentrieren sich auf die bedeutendsten Krankheiten der Rheumatologie, die entzündlich-rheumatischen Systemerkrankungen
Herzerkrankungen	Angeborene Herzfehler	Im Kompetenznetz Angeborene Herzfehler e. V. arbeiten bundesweit Ärzte, Wissenschaftler, Elternverbände und Selbsthilfegruppen zusammen, um einen schnellen Austausch zwischen Forschung und Patientenversorgung zu erreichen; das nationale Forschungsnetzwerk schließt interdisziplinär medizinische Grundlagenforschung, klinische Forschung und medizinische Breitenversorgung auf dem Gebiet der angeborenen Herzfehler zusammen

(Fortsetzung)

Tab. 8.18 (Fortsetzung)

Bereich	Netzwerk	Beschreibung
	Herzinsuffizienz	Ziel des Kompetenznetzes Herzinsuffizienz ist es, Patienten und Öffentlichkeit über das Syndrom Herzinsuffizienz und neue Forschungsergebnisse umfassend zu informieren und damit die Basis für eine effektivere Prävention zu schaffen
	Vorhofflimmern	Das bundesweite Kompetenznetz Vorhofflimmern arbeitet an der Entwicklung neuer Methoden in der Diagnose und der Therapie; dazu wurden in experimentellen Untersuchungen die genetischen und molekularbiologischen Ursachen sowie die elektrophysiologische Ausprägungen des Vorhofflimmerns analysiert
Krebserkrankungen	Akute und chronische Leukämien	Ziel des Kompetenznetzes „Akute und chronische Leukämien" (KNL) ist die Verbesserung der Prognose von Leukämiepatienten; dies wird unter anderem erreicht durch gemeinsame Planung und Durchführung nationaler und internationaler Studien; deutsche und Europäische Leukämie-Studienregister (DLSR/ELSR); europäische Patienten-Register, einheitliche Standards und Richtlinien zu Diagnostik, Therapie, Studiendurchführung und –auswertung; interdisziplinären Austausch und Fortbildungsveranstaltungen
	Maligne Lymphome	Im Kompetenznetz Maligne Lymphome (KML) haben sich Forschergruppen und Versorgungseinrichtungen zusammengeschlossen, die in Deutschland im Bereich der Lymphknotenkrebserkrankungen (Lymphome) führend sind; das Netzwerk verbindet die deutschen Lymphom-Studiengruppen, die Fachgruppen aus den Bereichen Hämato-Onkologie, Strahlentherapie und Pathologie, zahlreiche Kliniken und hämatoonkologischen Praxen sowie Patientenverbände und Selbsthilfegruppen

(Fortsetzung)

Tab. 8.18   (Fortsetzung)

Bereich	Netzwerk	Beschreibung
	Pädiatrische Onkologie und Hämatologie	Das intensivierte Zusammenwirken der Experten und multizentrisch kooperierenden Einrichtungen im Kompetenznetz geht von der Gesellschaft für Pädiatrische Onkologie und Hämatologie (GPOH) aus und wird vom Bundesministerium für Bildung und Forschung (BMBF) gefördert
Neurologische Erkrankungen	Multiple Sklerose	Trotz großer Forschungsanstrengungen sind Ursachen und Verlaufsformen der MS bis heute nicht ausreichend geklärt; diese Situation zu ändern sowie Diagnostik und Therapie zu verbessern, ist das Ziel des krankheitsbezogenen Kompetenznetzes Multiple Sklerose (KKNMS)
	Parkinson	Im Kompetenznetz Parkinson (KNP) ist es gelungen, Grundlagen- und klinische Forschung zur Parkinson Krankheit zu vernetzen; es wurden Datenbanken – Patientenregister, Biomaterialbank – aufgebaut und Studiengruppen zur Durchführung pharmakologischer und neurologisch-neurochirurgischer Multizenterstudien gegründet; die Studiengruppen sind national und international anerkannt und haben sich als kompetente Partner der Industrie etabliert
	Schlaganfall	Ziel des Kompetenznetzes Schlaganfall (KNS) ist es, die Grundlagen für eine verbesserte Schlaganfall-Versorgung in Deutschland zu schaffen; dafür hat das KNS in der Vergangenheit die Arbeit zahlreicher wissenschaftlicher Forschungsinstitutionen in Deutschland gebündelt und die Forscher effektiv miteinander vernetzt; neue Ansätzen in Vorbeugung, Diagnose, Behandlung und Rehabilitation des Schlaganfalls wurden entwickelt und erfolgreich getestet; zukünftig wird sich das Kompetenznetz vor allem auf die Erforschung von Präventions- und Rehabilitationsmöglichkeiten des Schlaganfalls konzentrieren

(Fortsetzung)

Tab. 8.18   (Fortsetzung)

Bereich	Netzwerk	Beschreibung
Psychatrische Erkrankungen	Degenerative Demenzen	Das Kompetenznetz Degenerative Demenzen (KNDD) ist ein Netzwerk von Forschungsprogrammen zu neurodegenerativen Erkrankungen, die zu Demenzen führen; dabei werden Ursachen und Risikofaktoren, Entstehung und Entwicklung, Verlauf und Folgen, Vorbeugung und Therapie untersucht
	Depression	Von 1999 bis 2009 wurde das Großforschungsprojekt Kompetenznetz Depression, Suizidalität vom Bundesministerium für Bildung und Forschung (BMBF) gefördert, um diagnostische und therapeutische Defizite zu beheben und die Krankheit, ihre Symptome und Behandlungsmethoden bei den Betroffenen und in der Öffentlichkeit bekannter zu machen; seit 2010 tritt die Stiftung Deutsche Depressionshilfe die Rechtsnachfolge des Kompetenznetzes Depression, Suizidalität an
	Schizophrenie	Als Forschungsnetz gegründet, jedoch mit dem expliziten Ziel/Auftrag des Wissenstransfers in die Versorgung, basiert der aktuelle Prozess einer Verstetigung des Netzwerks einerseits auf der Fortführung der Forschung, z. B. zu geeigneten Interventionen bei sozial-kognitiven Defiziten, und der Ausweitung dieser Aktivitäten auf den europäischen Forschungsraum, andererseits auf der Entwicklung und Vermarktung von Dienstleistungen und Produkte, die den Wissenstransfer ermöglichen und so einen Beitrag zur Verbesserung der Versorgung leisten

Während *epidemiologische* Krankheitsregister das Geschehen insgesamt und damit die Häufigkeit des Auftretens bestimmter Erkrankungen in bestimmten Regionen zeitlich und räumlich verfolgen, zielen *klinische* Krankheitsregister darauf, die Behandlung mittels Sammlung von Daten zur Erkrankung und zur Therapie durch Therapievergleiche, Vergleiche von Behandlungserfolgen in verschiedenen Gesundheitsbetrieben oder Therapien und Nachsorgeuntersuchungen zu optimalen Zeitpunkten zu verbessern.

Beispiel

Nach Angaben des *Berufsverbands Medizinischer Informatiker e. V. (BVMi)* wurde das erste epidemiologische Krebsregister der Welt in Hartford Connecticut, USA, aufgebaut. In Deutschland ist das 1926 gegründete Krebsregister der Stadt Hamburg als eines der ersten vergleichbaren Register zu nennen (vgl. Berufsverband Medizinischer Informatiker, 2023, S. 1).◄

Neben AIDS-Fallregistern, Endoprothesen-Registern, Fehlbildungsregistern, Registern für Stammzelltransplantation, kindliche Hörstörungen, Mucoviscidose etc. stehen vor allen Dingen die Krebsregister als systematische Sammlungen von Informationen in Form einer Datenbank zu Tumorerkrankungen im Vordergrund der organisatorischen Bemühungen im Gesundheitswesen zur einheitlichen Registrierung von verschiedenen Krankheitsarten (siehe Tab. 8.19).

Die Digitalisierung durch E-Health beeinflusst und verändert die gesamte Gesundheitsversorgung. So verlagert sich der Ort der ärztlichen Versorgung mithilfe von E-Health, Telemedizin und Wearables zunehmend von den Arztpraxen und den Kliniken zu den Patientinnen und Patienten nach Hause. Für die Gestaltung und Begleitung dieses Transformationsprozess hat sich das *Zentrum Health Technologies (KITHealthTech)* am *Karlsruher Institut für Technologie (KIT)* – als Forschungsuniversität in der *Helmholtz-Gemeinschaft* eine der größten Wissenschaftseinrichtungen Europas – zur Aufgabe gesetzt, digitale und technologische Lösungen für Medizinprodukte aus der Perspektive und zum Nutzen der Gesellschaft zu entwickeln und sich auf ihre medizinischen Bedürfnisse zu konzentrieren. Dazu arbeiten Wissenschaftlerinnen und Wissenschaftler des KIT aus verschiedensten Disziplinen wie der Medizintechnik, der additiven Fertigung, der Robotik, den Lebenswissenschaften sowie den Datenwissenschaften zusammen, um die Forschung auf diesem Gebiet zu beschleunigen. Die Forschenden aus fast allen Zentren, Bereichen und Fakultäten des KIT bringen ihre disziplinübergreifende Expertise in die drei Themenfelder Technologie für Präzisionsmedizin, ganzheitliche und individualisierte Versorgung für Patientinnen und Patienten sowie digitale Gesundheit ein. Beispielsweise arbeiten sie an humanoider Robotik, Exoskeletten, Beschleunigertechnologien für Strahlendiagnosesysteme, Biomaterialien, Präzisionsmedizin für eine personalisierte Therapie, aber auch an Cybersicherheit zum Schutz von Gesundheitsdaten oder digitaler Gesundheit (vgl. Karlsruher Institut für Technologie, 2023, S. 1).

Tab. 8.19 Krebsregisterübersicht (vgl. Gesellschaft der epidemiologischen Krebsregister in Deutschland, 2023, S. 1)

Register	Registerpopulation	Registrierungsbeginn	Meldeverfahren
Epidemiologisches und klinisches Krebsregister Baden-Württemberg	10,7 Mio.	2009	Meldepflicht
Bayerisches Krebsregister	13,1 Mio.	1998	Meldepflicht
Klinisch-epidemiologisches Krebsregister Brandenburg und Berlin	2,5 Mio. Brandenburg und 3,7 Mio. Berlin	1952/53	Meldepflicht
Bremer Krebsregister	0,7 Mio.	1998	Meldepflicht
Hamburgisches Krebsregister	1,7 Mio.	1926	Meldepflicht
Hessisches Krebsregister	6,1 Mio.	2003	Meldepflicht mit Informationspflicht (Melderecht für Pathologen)
Krebsregister Mecklenburg-Vorpommern	1,6 Mio.	1952/53	Meldepflicht
Epidemiologisches Krebsregister Niedersachsen	8,0 Mio.	2000 (Stufenaufbau nach Regierungsbezirken)	Melderecht mit Informationspflicht
Landeskrebsregister Nordrhein-Westfalen	18 Mio.	1986 (Regierungsbezirk Münster) / 2005 (gesamtes Bundesland)	Meldepflicht
Krebsregister Rheinland-Pfalz	4,1 Mio.	1997 (Pilotprojekt seit 1992)	Meldepflicht
Krebsregister Saarland	1,1 Mio.	1967	Meldepflicht
Krebsregister Sachsen-Anhalt	1,6 Mio.	1952/53	Meldepflicht
Krebsregister Sachsen	4,1 Mio.	1952/53	Meldepflicht
Krebsregister Schleswig–Holstein	2,8 Mio.	1999	Meldepflicht
Krebsregister Thüringen	2,1 Mio.	1952/53	Meldepflicht
Deutsches Kinderkrebsregister	13 Mio. von 13 Mio. Kindern unter 18 Jahre (flächen-deckend)	1980	Freiwillige ärztliche Meldung mit Einwilligung (der Eltern)

8.4 Informations- und Datensicherheit im Gesundheitsbetrieb

8.4.1 Allgemeiner Schutz von Patienten-, Bewohnern- und Beschäftigtendaten

Die Patienten- und Beschäftigtendaten, aber auch die medizintechnischen Daten der Gesundheitsbetriebe sind wertvolle Ressourcen, deren Schutz für das Ansehen und die medizinische bzw. pflegerische Aufgabenerfüllung von zentraler Bedeutung sind. Häufig werden Informationen und Daten verarbeitet, die einen hohen **Schutzbedarf** aufweisen und die vor Störungen, unautorisierten Zugriff und der unberechtigten Kenntnisnahme durch Dritte besonders zu schützen sind. Daher spielen der Datenschutz und die Sicherheit der Informationsverarbeitung eine wichtige Rolle für die Stabilität, Krisenfestigkeit und Aufgabenerfüllung der Gesundheitsbetriebe. So sind unzureichend gesicherte Patientendaten nicht selten Auslöser für handfeste Krisen in Gesundheitsbetrieben, etwa wenn es um die unrechtmäßige Zugriffsmöglichkeit auf Patientendatensätze in Arztpraxen geht, deren Daten auf sogenannten PACS-Servern (Picture Archiving and Communication Systems) aufgrund falsch konfigurierter PCs zugänglich sind. Anwender solcher Systeme sind häufig Orthopäden und andere Fachärzte, die viele Bilddaten nutzen (vgl. Gerlof & Urbanek, 2019, S. 1).

Auf standesrechtlicher Seite geht die Verpflichtung zum Schutz der Patientendaten von der ärztlichen **Schweigepflicht** aus, die als berufsständischer Kodex bereits in Indien und Ägypten bekannt war, bevor sie etwa 400 v. Chr. im *Eid des Hippokrates* als im europäischen Rechtskreis ältester bekannter „Datenschutzregelung" niedergeschrieben wurde. Sie wurde im medizinischen Standesrecht fortentwickelt und sind beispielsweise in Berufsordnungen der *Landeärztekammern* und der ärztlichen *Musterberufsordnung (MBO-Ä)* wiederzufinden.

Beispiel

Über das, was ihnen in ihrer Eigenschaft als Ärztin oder Arzt anvertraut oder bekannt geworden ist – auch über den Tod der Patientin oder des Patienten hinaus – haben Ärztinnen und Ärzte zu schweigen. Die Schweigepflicht umfasst auch schriftliche Mitteilungen der Patientin oder des Patienten, Aufzeichnungen über Patientinnen und Patienten, Röntgenaufnahmen und sonstige Untersuchungsbefunde (vgl. § 9 Abs. 1 MBO-Ä).◄

Neben der standesrechtlichen Schweigepflicht ist das Arzt- bzw. Patientengeheimnis auch im *Strafgesetzbuch (StGB)* festgelegt, das beispielsweise Freiheits- oder Geldstrafen für diejenigen vorsieht, die als Arzt, Zahnarzt, Apotheker oder Angehöriger eines anderen Heilberufs Geheimnisverletzung betreiben (vgl. § 203 StGB). Eine Verpflichtung zur Verschwiegenheit kann sich nach dem *Bürgerlichen Gesetzbuch (BGB)* zudem aus einem Krankenhausvertrag ergeben, der mit Privatpatienten direkt oder bei Kassenpatienten mit der gesetzlichen Krankenversicherung zugunsten des Patienten abgeschlossen wird. Gesundheitsbetriebe in privater Trägerschaft unterliegen ferner den Bestimmungen des BDSG, in öffentlich-rechtlicher Trägerschaft auf Landesebene dem jeweiligen Landesdatenschutzrecht sowie Krankenhausgesetzen, Gesundheitsdatenschutz-gesetzen, Krankenhausdatenschutzgesetzen und für Behandlungs- und Pflegeeinrichtun-gen der öffentlich-rechtlichen Religionsgemeinschaften gelten häufig eigene kirchliche Datenschutzbestimmungen. Weitere spezielle Regelungen zum Datenschutz im Gesund-heitswesen finden sich in den Sozialgesetzbüchern und Einzelgesetzen.

Die Verantwortlichkeit für den Schutz der Patientendaten liegt zunächst bei dem jeweiligen juristischen Träger und der jeweiligen Leitung des Gesundheitsbetriebs. Aber auch das Personal des Gesundheitsbetriebs, das als so genannte berufsmäßig tätige Gehilfen weisungsgebunden tätig ist, trägt selbst höchstpersönlich für die Wahrung der Schweigepflicht Verantwortung.

Für den **Datenschutz** von Patienten-, Bewohnern- und Beschäftigtendaten sind die *Datenschutzgrundverordnung (DS-GVO)* und das *Bundesdatenschutzgesetz (BDSG)* maß-geblich. Danach hat die Verarbeitung personenbezogener Daten in Gesundheitseinrichtun-gen gemäß den Grundsätzen der DS-GVO zu erfolgen.

Beispiel

Die Grundsätze für die Verarbeitung personenbezogener Daten nach der DS-GVO sind beispielsweise:

- **Rechtmäßigkeit, Verarbeitung nach Treu und Glauben, Transparenz:** Beschrei-bung: Personenbezogene Daten müssen auf rechtmäßige Weise, nach Treu und Glauben und in einer für die betroffene Person nachvollziehbaren Weise verarbeitet werden;
- **Zweckbindung:** Personenbezogene Daten müssen für festgelegte, eindeutige und legitime Zwecke erhoben werden und dürfen nicht in einer mit diesen Zwecken nicht zu vereinbarenden Weise weiterverarbeitet werden; eine Weiterverarbeitung für im öffentlichen Interesse liegende Archivzwecke, für wissenschaftliche oder his-torische Forschungszwecke oder für statistische Zwecke gilt nicht als unvereinbar mit den ursprünglichen Zwecken;
- **Datenminimierung:** Personenbezogene Daten dem Zweck angemessen und erheb-lich sowie auf das für die Zwecke der Verarbeitung notwendige Maß beschränkt sein;
- **Richtigkeit:** Personenbezogene Daten müssen sachlich richtig und erforderlichen-falls auf dem neuesten Stand sein; es sind alle angemessenen Maßnahmen zu treffen, damit personenbezogene Daten, die im Hinblick auf die Zwecke ihrer Verarbeitung unrichtig sind, unverzüglich gelöscht oder berichtigt werden;

- **Speicherbegrenzung:** Personenbezogene Daten müssen in einer Form gespeichert werden, die die Identifizierung der betroffenen Personen nur so lange ermöglicht, wie es für die Zwecke, für die sie verarbeitet werden, erforderlich ist; personenbezogene Daten dürfen länger gespeichert werden, soweit die personenbezogenen Daten vorbehaltlich der Durchführung geeigneter technischer und organisatorischer Maßnahmen, die von dieser Verordnung zum Schutz der Rechte und Freiheiten der betroffenen Person gefordert werden, ausschließlich für im öffentlichen Interesse liegende Archivzwecke oder für wissenschaftliche und historische Forschungszwecke oder für statistische Zwecke gemäß DS-GVO verarbeitet werden;
- **Integrität und Vertraulichkeit:** Personenbezogene Daten müssen in einer Weise verarbeitet werden, die eine angemessene Sicherheit der personenbezogenen Daten gewährleistet, einschließlich Schutz vor unbefugter oder unrechtmäßiger Verarbeitung und vor unbeabsichtigtem Verlust, unbeabsichtigter Zerstörung oder unbeabsichtigter Schädigung durch geeignete technische und organisatorische Maßnahmen;
- **Rechenschaftspflicht:** Der/Die Verantwortliche ist für die Einhaltung dieser Grundsätze verantwortlich und muss dessen Einhaltung nachweisen können (vgl. Art. 5 DS-GVO).◄

Die Verarbeitung der Daten in Gesundheitsbetrieben ist rechtmäßig, wenn die betroffene Person ihre Einwilligung zu der Verarbeitung der sie betreffenden personenbezogenen Daten für einen oder mehrere bestimmte Zwecke gegeben hat. Daneben gibt es weitere Sachverhalte, die die Rechtmäßigkeit begründen, wie beispielsweise die Erforderlichkeit, um lebenswichtige Interessen der betroffenen Person oder einer anderen natürlichen Person zu schützen (vgl. (vgl. Art. 6 DS-GVO).

Personenbezogene Daten der Beschäftigten von Gesundheitseinrichtungen dürfen für Zwecke des Beschäftigungsverhältnisses verarbeitet werden, soweit dies für die Begründung, Durchführung oder Beendigung des Beschäftigungsverhältnisses erforderlich ist, wobei auch die Verarbeitung von Beschäftigtendaten auf der Grundlage von Kollektivvereinbarungen zulässig ist (vgl. § 26 BDSG).

Zur Sicherheit der Datenverarbeitung und, um ein dem Risiko angemessenes **Schutzniveau** zu gewährleisten, sind technische und organisatorische Maßnahmen zu treffen. Dazu zählen beispielsweise, die Pseudonymisierung und Verschlüsselung personenbezogener Daten, die Fähigkeit, die Vertraulichkeit, Integrität, Verfügbarkeit und Belastbarkeit der Systeme und Dienste im Zusammenhang mit der Verarbeitung auf Dauer sicherzustellen, die Fähigkeit, die Verfügbarkeit der personenbezogenen Daten und den Zugang zu ihnen bei einem physischen oder technischen Zwischenfall rasch wiederherzustellen sowie ein Verfahren zur regelmäßigen Überprüfung, Bewertung und Evaluierung der Wirksamkeit der technischen und organisatorischen Maßnahmen zur Gewährleistung der Sicherheit der Verarbeitung. Bei der Beurteilung des angemessenen Schutzniveaus sind insbesondere die Risiken zu berücksichtigen, die mit der Verarbeitung verbunden sind, insbesondere durch auch unbeabsichtigte oder unrechtmäßige Vernichtung, Verlust, Veränderung oder unbefugte Offenlegung von beziehungsweise unbefugten Zugang zu personenbezogenen Daten, die übermittelt, gespeichert oder auf andere Weise verarbeitet wurden (vgl. Artikel 32 DS-GVO). In Abhängigkeit davon, ob personenbezogene Daten direkt bei der betroffenen Person (vgl. Art. 13 DS-GVO) oder indirekt bei Dritten (vgl. Art. 14 DS-GVO) erhoben werden, sind die Informations- bzw. Transparenzpflichten der Gesundheitseinrichtung gegenüber der betroffenen Person geregelt.

Beispiel

Bei der Verarbeitung von Patientendaten ist durch die Schaffung von Diskretionszonen, Sicherstellung der Vertraulichkeit von Untersuchungs- und Behandlungsgesprächen, Vergabe von Nummern, statt namentlicher Aufrufe, Verwendung von Sichtblenden in Mehrbettzimmern, Vermeidung von Patientenangaben an Betten und Zimmertüren, Verschluss von Patientenunterlagen in Stationszimmern, zu gewährleisten, dass die Daten nicht von Unbefugten zur Kenntnis genommen werden können oder sind zumindest unvermeidliche Kenntnismöglichkeiten auf das Unerlässliche zu begrenzen. Auch häufig beteiligte Sozialdienste sind nicht Teil des Behandlungsteams und unterliegen einer eigenständigen beruflichen Schweigepflicht.

Problematisch ist die in der Regel vorkommende Datenerhebung am Krankenbett, beispielsweise von Anästhesisten zur Vorbereitung von Operationen oder Stationsärzten zur ärztlichen Dokumentation. Damit andere Patienten im Krankenzimmer die Gespräche nicht mithören und Kenntnis von mitunter sensiblen Daten aus der Intimsphäre des Befragten erlangen können, bietet es sich an, die Gespräche wenn möglich außerhalb des Krankenzimmers in Räumen mit wenig Patienten- und Besucherverkehr zu führen, bei Visiten am Krankenbett nur das unbedingt Notwendige mit dem Patienten zu besprechen und zumindest durch eine angemessene Lautstärke oder durch das selbständige Ausfüllen von Datenerhebungsbögen durch den Patienten darauf zu achten, dass andere Personen im Krankenzimmer den Inhalt der Unterhaltung nicht mithören können.◄

Die Pflicht zur Löschung von personenbezogenen Daten und die Voraussetzungen hierzu sind ebenso vorgegeben (vgl. Art. 17 DS-GVO), wie die Einschränkung der Verarbeitung (vgl. Art. 18 DS-GVO), die im Fall nicht automatisierter Datenverarbeitung und unter den weiteren dort genannten Voraussetzungen statt des Löschungsanspruchs der betroffenen Person durchgeführt werden kann. Auch ist eine **Datenschutzfolgeabschätzung** durchzuführen, wenn die Verarbeitung zu einem Risiko für die Rechte und Freiheiten natürlicher Personen führt (vgl. § 35 BDSG).

Die Videoüberwachung ist in Gesundheitsbetrieben bei öffentlich zugänglichen Räumen zulässig zur Wahrnehmung des Hausrechts und zur Wahrnehmung berechtigter Interessen für konkret festgelegte Zwecke, wenn keine Anhaltspunkte bestehen, dass schutzwürdige Interessen der Betroffenen überwiegen und der Umstand der Beobachtung und die dafür verantwortliche Stelle durch geeignete Maßnahmen erkennbar gemacht werden (vgl. § 4 BDSG).

Die Bestellung von Datenschutzbeauftragten für Gesundheitsbetriebe richtet sich ebenfalls nach den maßgeblichen Bestimmungen (vgl. Art. 37 DS-GVO bzw. § 38 BDSG). Der **Datenschutzbeauftragte** führt in der Regel auch das Verarbeitungsverzeichnis, das auf der Schutzbedarfsanalyse aufbaut und sämtliche ganz oder teilweise automatisierten Verarbeitungen sowie nichtautomatisierte Verarbeitungen personenbezogener Daten erfasst, die in einem Dateisystem gespeichert sind oder gespeichert werden sollen, sodass für jede Verarbeitungstätigkeit eine Beschreibung anzufertigen ist (vgl. Art. 30 DS-GVO).

Meldungen über **Datenschutzverletzungen** und damit der Verletzung des Schutzes personenbezogener Daten sind unverzüglich und möglichst binnen 72 h nachdem dem Gesundheitsbetrieb die Verletzung bekannt wurde der zuständigen Aufsichtsbehörde mitzuteilen, es sei denn, dass die Verletzung des Schutzes personenbezogener Daten voraussichtlich nicht zu einem Risiko für die Rechte und Freiheiten natürlicher Personen führt. Erfolgt die Meldung an die Aufsichtsbehörde nicht binnen 72 h, so ist ihr eine Begründung für die Verzögerung beizufügen. Alle Verletzungen des Schutzes personenbezogener Daten einschließlich aller im Zusammenhang mit der Verletzung des Schutzes personenbezogener Daten stehenden Fakten, von deren Auswirkungen und der ergriffenen Abhilfemaßnahmen sind zu dokumentieren (vgl. Art 33 DS-GVO).

Erfolgt eine **Auftragsverarbeitung** im Auftrag eines Gesundheitsbetriebs, so arbeitet diese nur mit Auftragsverarbeitern, die hinreichend Garantien dafür bieten, dass geeignete technische und organisatorische Maßnahmen so durchgeführt werden, dass die Verarbeitung im Einklang mit den Anforderungen dieser Verordnung erfolgt und den Schutz der Rechte der betroffenen Person gewährleistet. Die Verarbeitung durch einen Auftragsverarbeiter erfolgt auf der Grundlage eines Vertrags oder eines anderen Rechtsinstruments nach dem Unionsrecht oder dem Recht der Mitgliedstaaten, der bzw. das den Auftragsverarbeiter in Bezug auf den Verantwortlichen bindet und in dem Gegenstand und Dauer der Verarbeitung, Art und Zweck der Verarbeitung, die Art der personenbezogenen Daten, die Kategorien betroffener Personen und die Pflichten und Rechte des Verantwortlichen festgelegt sind (vgl. Art. 28 DS-GVO).

Beispiel

Für digitale Angebote wie das E-Rezept oder die elektronische Patientenakte wird der Schutz insbesondere durch das *Patientendaten-Schutz-Gesetz (PDSG)* geregelt. Es soll zugleich sensible Gesundheitsdaten bestmöglich schützen, denn jeder Nutzer der Telematikinfrastruktur – ob Arzt, Krankenhaus oder Apotheker – ist für den Schutz der von ihm verarbeiteten Patientendaten verantwortlich. Betreiber von Diensten und Komponenten innerhalb der Telematikinfrastruktur müssen Störungen und Sicherheitsmängel unverzüglich an die Gesellschaft für Telematikanwendungen der Gesundheitskarte mbH (gematik) melden, andernfalls droht ihnen ein Bußgeld (vgl. Bundesministerium für Gesundheit, 2023e, S. 1).◄

8.4.2 Sicherer Einsatz von Informations- und Kommunikationssystemen im Gesundheitsbetrieb

Gesundheitsbetriebe sind in hohem Maße von der Informations- und Kommunikationstechnik und ihrem sicheren, zuverlässigen Funktionieren abhängig. Dabei spielt die Sicherheit der Informationsverarbeitung eine wichtige Rolle für ihre Stabilität, Krisenfestigkeit und Aufgabenerfüllung. Neben vielen Vorteilen bringt die Digitalisierung für Gesundheitsbetriebe auch Sicherheitsrisiken mit sich. IT-Sicherheit stellt zwar keine primäre Wertschöpfung im medizinischen Bereich dar, dennoch ist es wichtig, proaktiv zu wirken, denn entsprechende Schadensszenarien können auch im Hinblick auf Reputationsverluste und Ersatzansprüche große Schäden verursachen (vgl. Darms et al., 2019, S. 3).

Beispiel

In Zusammenhang mit der IT-Sicherheit ist beispielsweise zu fragen, ob die Präventionsmaßnahmen ausreichen, zumindest manche Arten von Cyber-Risiken verringert werden können, kurzfristig die unterschiedlichsten Arten von Cyber-Risiken bewältigt werden können, eine professionelle Krisenkommunikation gewährleistet ist oder auch die Krisennachsorge bedacht wird (vgl. Kaschner, 2020, S. 8).◄

Zum Schutz von Informationen und der zur Verarbeitung von Informationen eingesetzten Prozessen in Gesundheitseinrichtungen trägt das **Informationssicherheitsmanagement** (ISM) mit seinen Aufgaben bei, die Informationssicherheit dauerhaft zu definieren, zu steuern, zu kontrollieren, aufrechtzuerhalten und fortlaufend zu verbessern, wozu die Schutzziele Vertraulichkeit, Verfügbarkeit, Integrität und Authentizität in Bezug auf Informationen und Ressourcen betrachtet werden (siehe Tab. 8.20).

Die Risiken für diese Ziele sollen dabei durch angemessene Maßnahmen auf ein akzeptierbares Maß reduziert werden, wozu der Informationssicherheitsbegriff neben der Sicherheit der IT-Systeme und der darin gespeicherten Informationen auch die Sicherheit von nicht elektronisch verarbeiteten und gespeicherten Informationen in Gesundheitsbetrieben umfasst. Zur Unterstützung der Umsetzung dieser Maßnahmen tragen Informationssicherheitsmanagementsysteme (ISMS) bei. Ein Beispiel hierzu ist das ISMS nach DIN 27001, das unter anderem die Informationssicherheitsrisikobeurteilung, die Informationssicherheitsrisikobehandlung, ein internes Audit und im Anhang Maßnahmen zum Schutz der Informationssicherheit beinhaltet (vgl. Deutsches Institut für Normung 2022).

Tab. 8.20 Schutzziele für Informationen im Gesundheitsbetrieb (vgl. Bundesamt für Sicherheit in der Informationstechnik, 2023a, S. 1)

Schutzziel	Beschreibung
Vertraulichkeit	Schutz vor unbefugter Preisgabe von Informationen, wobei vertrauliche Daten und Informationen ausschließlich Befugten in der zulässigen Weise zugänglich sein dürfen
Verfügbarkeit	Ist für Dienstleistungen, Funktionen eines IT-Systems, IT-Anwendungen oder IT-Netzen oder auch von Informationen vorhanden, wenn diese von den Anwendern stets wie vorgesehen genutzt werden können
Integrität	Sicherstellung der Korrektheit (Unversehrtheit) von Daten bzw. Informationen und der korrekten Funktionsweise von Systemen, wobei verhindert wird, dass diese unerlaubt verändert, Angaben zum Autor verfälscht oder Zeitangaben zur Erstellung manipuliert wurden
Authentizität	Eigenschaft, die gewährleistet, dass ein Kommunikationspartner tatsächlich derjenige ist, der er vorgibt zu sein und Sicherstellung bei authentischen Informationen, dass sie von der angegebenen Quelle erstellt wurden (gilt somit nicht nur für die Identitätsprüfung von Personen, sondern auch bei IT-Komponenten oder Anwendungen)

Darüber hinaus die enthalten die IT-Grundschutz-Methodik und die dazugehörigen Standards des *Bundesamts für Sicherheit in der Informationstechnik (BSI)* Empfehlungen zu Methoden, Prozessen und Verfahren sowie Vorgehensweisen und Maßnahmen zu unterschiedlichen Aspekten der Informationssicherheit, um Prozesse und Daten sicherer gestalten. Der **IT-Grundschutz** ist Methode, Anleitung, Empfehlung und Hilfe zur Selbsthilfe und verfolgt einen ganzheitlichen Ansatz zur Informationssicherheit, denn neben technischen Aspekten werden auch infrastrukturelle, organisatorische und personelle Themen betrachtet. Zugleich ermöglicht er es, durch ein systematisches Vorgehen notwendige Sicherheitsmaßnahmen zu identifizieren und umzusetzen, wobei das IT-Grundschutz-Kompendium konkrete Anforderungen und die BSI-Standards hierzu bewährte Vorgehensweisen liefern.

Beispiel

So definiert beispielsweise der BSI-Standard 200-1 allgemeine Anforderungen an ein Managementsystem für Informationssicherheit (ISMS), ist kompatibel zum ISO-Standard 27001 und berücksichtigt die Empfehlungen der anderen ISO-Standards wie beispielsweise ISO 27002. Der BSI-Standard 200-2 bildet die Basis der bewährten BSI-Methodik zum Aufbau eines soliden Informationssicherheitsmanagements (ISMS) und der BSI-Standard 200-3 beinhaltet alle risikobezogenen Arbeitsschritte bei der Umsetzung des IT-Grundschutzes, bietet den Vorteil eines deutlich reduzierten Aufwands, um ein angestrebtes Sicherheitsniveau zu erreichen und eignet sich, wenn bereits erfolgreich mit der IT-Grundschutz-Methodik gearbeitet wird und möglichst direkt eine Risikoanalyse an die IT-Grundschutz-Analyse angeschlossen werden soll (vgl. Bundesamt für Sicherheit in der Informationstechnik, 2021b, S. 1).◄

Gesundheitsbetriebe, die nach dem *Gesetz über das Bundesamt für Sicherheit in der Informationstechnik (BSI-Gesetz – BSIG)* zu den Kritischen Infrastrukturen (KRITIS) zählen (vgl. § 8a BSIG), sind verpflichtet, angemessene organisatorische und technische Vorkehrungen zur Vermeidung von Störungen der Verfügbarkeit, Integrität, Authentizität und Vertraulichkeit ihrer informationstechnischen Systeme, Komponenten oder Prozesse zu treffen, die für die Funktionsfähigkeit maßgeblich sind (siehe auch 3.6.1 Gesundheitsbetrieb als Kritische Infrastruktur). Der branchenspezifische **Sicherheitsstandard B3S** nach § 8a BSIG für die medizinische Versorgung in Krankenhäusern orientiert sich unter anderem an Norm *ISO 27001*. Er enthält zahlreiche Maßnahmenempfehlungen (siehe Tab. 8.21), die zur Erreichung der definierten Schutzziele beitragen und im Ergebnis eine sichere und resiliente IT-Infrastruktur zur Sicherstellung der stationären medizinischen Versorgung gewährleisten sollen, und die sich an die relevanten IT-Systeme und Komponenten beschriebener branchenspezifischer Systeme richten.

Beispiel

Zu den branchenspezifischen Systemen und Komponenten, die als für den Behandlungsprozess elementar erachtet werden, zählen nach B3S für die Gesundheitsversorgung in einem Krankenhaus beispielsweise:

- **Informationstechnik:** Arbeitsplatzsysteme; Serversysteme; Storagesysteme; IP-Datennetzwerke; Softwaresysteme; Peripherie-Geräte; Drucker; Security; Rechenzentrumsbetrieb; Betrieb von Unterverteilungen des IP-Datennetzwerks; USV-Betrieb; Fernwartungsbetrieb; Telekommunikationssysteme; Videoüberwachung; IP-basierte Anlagentechnik; Netzbereitstellung für Medizintechnik;
- **Kommunikationstechnik:** Rufsysteme, Diensttelefonie/Festnetzapparate; Diensttelefonie/Mobil; Fax-Betrieb; Wechselsprechtechnik;
- **Versorgungstechnik:** Energieversorgung, Elektroversorgung; Wasserversorgung; sanitäre Anlagen; Wärme/Heizung; Klima/Kühlung; Lichttechnische Systeme; Gase; Transportanlagen; Versorgung und Entsorgung; Videoüberwachung; Zugangs- und Schließsysteme; Zufahrts- und Schrankensysteme; Gebäudeleittechnik, Gebäudeautomatisierungstechnik; Bau und Instandhaltung;
- **Medizintechnik/-produkte:** Einsatz von Patientendatenmanagementsystemen (PDMS); Informationsverarbeitung der für diagnostische bzw. therapeutische Zwecke benötigten und zur Verfügung gestellten Daten von medizintechnischen Systemen inklusive der entsprechenden Schnittstellen zwischen den beteiligten Systemen; Telemedizinische Systeme / Telemetriesysteme zur Überwachung wichtiger Parameter bei Erhöhung von Freiheitsgraden in der Patientenversorgung;

Tab. 8.21 Beispiele für Maßnahmen der technischen Informationssicherheit nach B3S für die Gesundheitsversorgung im Krankenhaus (vgl. Deutsche Krankenhausgesellschaft, 2019, S. 72 ff.)

Bereich	Maßnahmen
Netz- und Systemmanagement	Trennung verwendeter Netzwerke (Segmentierung)
	Segmentierung in absicherbare Netzwerksegmente
Absicherung Fernzugriffe	Einrichtung/Kapselung von Fernzugriffen
	Nachvollziehbare Protokollierung von Fernwartungszugriffen
	Verwendung von sicheren Kommunikationsverbindungen für Fernzugriffe
	Beschränkung möglicher Zugänge und Kommunikationsschnittstellen für einen Verbindungsaufbau von außen auf das notwendige Maß
	Einsatz sicherer Authentisierungsmechanismen für die Administratoren unter Berücksichtigung des erforderlichen Schutzbedarfes des IT-Systems oder der Anwendung
Härtung und sichere Basiskonfiguration der Systeme und Anwendungen	Festlegung und Anwendung von Vorgaben für die Inbetriebnahme von Systemen und Anwendungen zur sicheren Basiskonfiguration und ggf. Maßnahmen zur Härtung der eingesetzten Systeme
	Durchführung einer regelmäßigen Analyse und ggf. Anpassung der Vorgaben zur sicheren Basiskonfiguration und Härtung im Hinblick auf mögliche technische Schwachstellen
	Implementierung eines Freigabe- und Kontrollverfahrens für die Installation von Software auf betriebsrelevanten Systemen
Schutz vor Schadsoftware	Prüfung der Umsetzung der allgemeinen Maßnahmen zum Schutz vor Schadsoftware nach DIN ISO 27799
	Einrichtung eines Systems zur Vorbeugung und Erkennung schädlicher Software zum Schutz von unternehmenskritischen Informationen
	Verhinderung der Ausführung von unbekannten Programmen zum Schutz vor Ausführung von Schadsoftware

(Fortsetzung)

Tab. 8.21 (Fortsetzung)

Bereich	Maßnahmen
Intrusion Detection/Prevention	Implementierung eines Systems zur Vorbeugung und Erkennung von nicht autorisierten Zugriffsversuchen auf das Netzwerk und die Systeme des Krankenhauses
	Durchführung regelmäßiger Überprüfungen auf Schwachstellen des eigenen Netzes, um sowohl externe Angriffsmöglichkeiten zu identifizieren als auch interne Schwachstellen zu erkennen
Identitäts- und Rechtemanagement	Erstellung und Umsetzung eines Rollen- und Berechtigungskonzepts, welches den unbefugten Zugriff auf personenbezogene Daten durch angemessene Maßnahmen verhindert
	Erstellung einer Richtlinie zur Zugriffskontrolle, die Zugriffsrechte und -beschränkungen auf Informationen und Funktionen im Informationsmanagementsystem und dessen Erteilung bzw. Entzug regelt
	Sicherstellung, dass nach Beendigung des Arbeitsverhältnisses zwischen Personal und Krankenhaus erteilte Zugangsrechte unmittelbar entzogen werden
Sichere Authentisierung	Etablierung eines formalen Prozesses zur Vergabe/Zuweisung von Authentisierungsdaten
	Auswahl der Authentifizierungsverfahren derart, dass die Zugriffssicherheit auf Daten und IT-System bezogen auf die Erbringung der kDL angemessen umgesetzt wird
Kryptographische Absicherung	Erstellung eines Kryptographiekonzepts, welches die kryptographischen Verfahren als auch das Schlüsselmanagement der jeweiligen Anwendungsfelder festlegt
	Berücksichtigung die technischen und organisatorischen Gegebenheiten des Krankenhauses, insbesondere der eingesetzten Medizintechnik, durch das Kryptographiekonzept
	Aufführung aller relevanten IT-Technologien und Kommunikationsverbindungen innerhalb des Kryptographiekonzeptes

(Fortsetzung)

Tab. 8.21 (Fortsetzung)

Bereich	Maßnahmen
Mobile Sicherheit, Sicherheit, Mobiler Zugang und Telearbeit	Explizite Freigabe der Verwendung mobiler Geräte, Telearbeitsplätze und mobiler medizinischer Geräte
	Sensibilisierung der Nutzer mobiler Geräte und Telearbeitsnutzer sowie Verpflichtung zur Einhaltung der festgelegten Regelungen der Richtlinie(n) hinsichtlich des Schutzbedarfes mobiler Geräte, Telearbeitsplätze und den hierauf verarbeiteten Daten, insbesondere wenn es sich um den Zugriff oder die Verarbeitung von Gesundheitsdaten handelt
	Neben der Bestimmung der spezifischen Risiken, die sich aus der Nutzung mobiler Technologien im Gesundheitswesen ergeben, Festlegung von Regelungen für Mobilgeräte und Telearbeitsplätze z. B. für Anmeldung, Zugangskontrollen und Authentisierungsmethoden, Anforderungen an den physischen Schutz des Gerätes, Einschränkung von Software-Installationen und Verfahren zur Software- bzw. System-Aktualisierungen etc.
	Kritische Prüfung der Nutzung privater (vom Nutzer administrierter) Endgeräte (nur in begründeten Ausnahmefällen), was Vorgaben für die Speicherung personenbezogener Daten auf privaten Geräten einschließt
	Implementierung eines Mobile Device Management (zentrale Verwaltung) für mobile Geräte (insbesondere Smartphones, Tabletts)
Vernetzung von Medizingeräten	Berücksichtigung der Anforderungen der DIN EN 80001-1:2011 für den Einsatz von Medizingeräten in medizinischen IT-Netzwerken für das Risikomanagement

(Fortsetzung)

Tab. 8.21 (Fortsetzung)

Bereich	Maßnahmen
	Aufrechterhaltung des Betriebs medizintechnischer Anlagen auch bei Verlust von Kommunikationsverbindungen oder Netzwerkintegrationen, bzw. über entsprechende organisatorische Ersatzverfahren sichergestellt werden, soweit dies im Verantwortungsbereich des Betreibers der medizintechnischen Anlage liegt
Datensicherung, Datenwiederherstellung und Archivierung	Schutz der im Krankenhaus erhobenen und verarbeiteten Informationen (Gesundheitsdaten, unternehmenskritische Informationen, z. B. auch Konfigurationsdaten) vor Verlust
	Definition der Vorgaben zur regelmäßigen Prüfung und Anfertigung von Sicherheitskopien von Informationen (Datenbanken, Dateisystemen, Archiven, Konfigurationsdaten), Software und Systemimages in einem Datensicherungskonzept
	Erstellung ein Datensicherungskonzept mit Mindesthinhalten, wie z. B. Festlegung der zu sichernden Daten, Häufigkeit, Zeitpunkt und Generationenanzahl der Datensicherung, Art des Speichermediums etc.
	Ausreichender Schutz von Backups, die Gesundheitsinformationen enthalten, gegen unbefugten Zugriff
Ordnungsgemäße Systemadministration	Notwendige fachliche Qualifikationen und ausreichende Ressourcen für Systemadministratoren, um die ihnen übertragenen Aufgaben zuverlässig und sorgfältig erledigen zu können
	Trennung der Rollen bzw. Arbeitskontexte „Systemadministration" und „IT-Nutzung" für eine ordnungsgemäße Systemadministration

(Fortsetzung)

Tab. 8.21 (Fortsetzung)

Bereich	Maßnahmen
	Überwachung von Administrationstätigkeiten durch eine personenbezogene Rechtevergabe von Administrationsprivilegien im Logfilemanagement; möglichster Ausschluss der Manipulation von Logfiles/Audittrails durch geeignete organisatorisch-technische Maßnahmen
	Treffen von Vertretungsregelungen für administrative Aufgaben und Verantwortlichkeiten
	Nach dem Ausscheiden von IT-Administratoren unmittelbare Sperrung deren persönlicher Zugänge und Änderung der ihm/ihr bekannten Passwörter
Patch- und Änderungsmanagement	Implementierung formaler Freigabeprozess für Änderungen an Systemen (Hard- und Software), die eine adäquate Risikobewertung voraussetzen und Vorgaben für eine Roll-Back-Planung
	Vertraglich Regelung und Überprüfung der Einhaltung insbesondere von Sicherheitsanforderungen bei Wartung von Systemen (Hard- und Software) durch externes Personal
	Regelmäßige Überprüfung der ordnungsgemäßen Einhaltung des Freigabeprozesses (mindestens alle 2 Jahre)
Beschaffungsprozesse	Etablierung der Berücksichtigung von Anforderungen an Informationssicherheit als wesentliches Merkmal / Kriterium für Beschaffungsprozesse für die Bereiche Informationstechnik, Medizintechnik, Kommunikationstechnik und Versorgungstechnik
	Einbindung des Informationssicherheitsbeauftragten in alle relevanten Beschaffungsprozesse

(Fortsetzung)

Tab. 8.21 (Fortsetzung)

Bereich	Maßnahmen
	Berücksichtigung der Aspekte der IT- und Datensicherheit bei der Beschaffung netzwerkfähiger Medizingeräte; Management möglicher Schwachstellen, die nicht durch den Hersteller abgefangen wurden, durch einen Risikomanagementprozess, wenn das Medizingerät in ein medizinisches IT-Netzwerk integriert wird
	Anforderung der notwendigen Informationen vom Hersteller bei der Beschaffung netzwerkfähiger Medizinprodukte, die sich aus dem Risikomanagementprozess nach DIN EN 80001 ergeben, im Rahmen der Ausschreibung, um eine adäquate Einschätzung des Produktes hinsichtlich des Risikomanagementprozesses vornehmen zu können
	Überprüfung neuer Hard- und Software vor dem Produktivbetrieb innerhalb eines Testsystems und anhand der erwarteten Funktionen
Protokollierung	Erstellung eines Protokollierungs- und Auswertungskonzepts, welches zumindest Festlegungen zu Art, Ablageort und Umfang der protokollierten Informationen sowie zu den Modalitäten der Auswertung der Protokolle enthält
	Nachvollziehbare Ablage protokollierter Ereignisse und Schutz vor dem Zugriff und Manipulation Unbefugter
	Schutz protokollierter Aktivitäten der Systemadministratoren bei Systemen mit erhöhtem Schutzbedarf durch entsprechende Maßnahmen gegen nachträgliche Änderung, Löschung oder Deaktivierung durch die Systemadministratoren

(Fortsetzung)

Tab. 8.21 (Fortsetzung)

Bereich	Maßnahmen
	Über sicherheitsrelevanten Ereignisse hinausgehende zusätzliche Protokollierung allgemeiner Betriebsereignisse durch eine zentrale Protokollierungsinfrastruktur, die auf einen Fehler hindeuten, z. B. Ausbleiben von Protokollierungsdaten bzw. Nichterreichbarkeit eines protokollierenden IT-Systems, Betriebsereignisse, die auf eine außergewöhnliche Auslastung bzw. Beanspruchung einzelner Dienste hindeuten
	Ausreichende Dimensionierung der Protokollierungsinfrastruktur, sodass eine Skalierung im Sinne einer erweiterten Protokollierung berücksichtigt werden kann; synchrone Protokollierung aller relevanten Informationssysteme mit einer einzigen Referenzzeitquelle
Umgang mit Datenträgern, Austausch von Datenträgern	Definition einer Richtlinie, die den ordnungsgemäßen Umgang mit Datenträgern innerhalb und außerhalb des Krankenhauses sowie klare Meldewege bei Verlust/Diebstahl regelt und die z. B. berücksichtigt, welche mobilen Datenträger tatsächlich genutzt werden und wer diese einsetzen darf, welche Daten auf mobilen Datenträgern gespeichert werden dürfen, wie die auf mobilen Datenträgern gespeicherten Daten vor unbefugtem Zugriff, Manipulation und Verlust geschützt werden etc.
	Schutz von Gesundheitsdaten, die auf mobilen bzw. Wechseldatenträgern gespeichert sind, während des Transports durch Verschlüsselung und angemessenen Diebstahlschutz während der Lagerung
	Sichere Löschung nicht mehr benötigte Inhalte auf wiederverwendbaren Medien anhand der Anforderungen zur Löschung von Datenträgern und IT-Systemen

(Fortsetzung)

Tab. 8.21   (Fortsetzung)

Bereich	Maßnahmen
	Explizite Benennung und nachweisliche Verpflichtung zum sicheren Umgang von befugten Personen oder Kurierdiensten, die Datenträger mit Gesundheitsdaten transportieren dürfen
	Durchführung einer Informationssicherheitsprüfung bei der Rückgabe, wenn Datenträger außerhalb des Zuständigkeitsbereichs der für IT-Sicherheit im Krankenhaus Verantwortlichen verwendet werden
Sicheres Löschen und Entsorgung von Datenträgern	Definition einer klaren und generellen Vorgehensweise zur Aussonderung und Löschung von Datenträgern und IT-Systemen
	Dokumentation der Regelungen des Krankenhauses zum Löschen und Vernichten von Datenträgern in einer Richtlinie
	Beachtung und Kenntnis der Richtlinie durch alle relevanten Verantwortlichen und Mitarbeitenden des Krankenhauses, wozu stichprobenartig Kontrollen durchgeführt und die Richtlinie regelmäßig aktualisiert werden müssen
	Benennung ein/e Verantwortliche/r zur Prüfung, Löschung und Entsorgung von Datenträgern
	Überprüfung bei Entsorgung oder Wiederverwendung von Betriebsmitteln/Geräten, ob diese Speichermedien enthalten, die datenschutzkonform zu löschen sind
	Physische Zerstörung oder Löschung bzw. Überschreibung mittels geeigneter Verfahren von Speichermedien, die sensible Informationen (insbesondere Gesundheitsdaten) enthalten, vor ihrer Wiederverwendung oder Entsorgung hausintern oder durch einen qualifizierten Entsorger, sodass die ursprünglichen Informationen nicht wiederhergestellt werden können

(Fortsetzung)

Tab. 8.21 (Fortsetzung)

Bereich	Maßnahmen
	Regelung und Dokumentation der Außerbetriebnahme/Aussonderung von IT-Systemen und Datenträgern und Sicherstellung, dass vor der Aussonderung alle auf einem IT-System oder Datenträger gespeicherten Informationen sicher gelöscht sind
	Zuverlässiger Ausschluss der Rekonstruktion von Gesundheitsdaten bei der Reparatur oder Entsorgung von medizinischen Geräten, die Daten aufnehmen oder ausgeben, durch geeignete Maßnahmen
	Protokollierung der Löschung von Datenträgern mit sensiblen Daten
Softwaretests und Freigaben	Durchführung angemessener Integrations-, System- und Freigabetests vor dem Einsatz im Produktivbetrieb, bei denen die Funktionalität und Sicherheit der Software auf dem Zielsystem geprüft und freigegeben wird
	Freigabe abgenommener Software für die Nutzung, wobei die Freigabe nachweisbar zu dokumentieren und geeignet zu hinterlegen ist
	Ausstattung der Freigabeerklärung mit Informationen wie z. B. Bezeichnung und Versionsnummer der Software und falls erforderlich des IT-Verfahrens, Bestätigung, dass die Abnahme ordnungsgemäß vorgenommen wurde, Einschränkungen für die Nutzung (Parametereinstellung, Benutzerkreis), etc.
	Physische oder virtuelle Trennung von Entwicklungs-, Test- und Betriebsumgebungen
	Ausschluss der Nutzung oder Speicherung von realen Gesundheitsdaten auf Entwicklungs- und Testumgebungen; bei unvermeidbarer Nutzung sind die Entwicklungs- und Testumgebungen entsprechend zu härten oder die Daten zu anonymisieren bzw. pseudonymisieren
	Benennung eines/er Verantwortlichen zur Freigabe von Software

(Fortsetzung)

Tab. 8.21 (Fortsetzung)

Bereich	Maßnahmen
	Prüfung und Unterstellung unter einen formalen Abnahmeprozess von Standard- als auch Individualsoftware mit Prüfkriterien wie z. B. Software frei von Schadcode, Kompatibilität der Software zu Betriebssystem und anderen setzten Anwendungen, Erfüllung der geforderten Funktionalität etc.
	Integration von Software, welche die kritischen Dienstleistungen beeinflusst, im Rahmen eines dokumentierten Change-Prozesses
	Überprüfung bei einem Wechsel von Betriebssystemen, Datenbanken oder Middleware-Plattformen, ob Software, welche die kritischen Dienstleistungen beeinflusst, weiterhin ihre erwarteten Funktionen fehlerfrei erfüllt und erneute Durchführung des Freigabeprozesses
Datenschutz	Berücksichtigung der Anforderungen des Datenschutzes und der gesetzlichen sowie unternehmensinternen Regelungen zum Datenschutz im Informationssicherheitsmanagement, was in der Informationssicherheitsrichtlinie zu fordern und umzusetzen ist
	Entwicklung, Implementierung und Kommunizierung einer Richtlinie zum Schutz personenbezogener Daten durch die Krankenhausleitung und Abstimmung mit der Leitlinie zur Informationssicherheit
	Einbindung des benannten Datenschutzbeauftragten in den Informationssicherheitsprozess

patientengebundene Alarmierungssysteme; Steuerung der Instandhaltung medizintechnischer Anlagen für Diagnostik und Therapie; Instandhaltung und Austausch von Einzelgeräten;

- **kritische branchenspezifische Anwendungssysteme:** Krankenhausinformationssystem (KIS); Laborinformationssystem (LIS); Radiologieinformationssystem (RIS); Picture Archive and Communication System (PACS); Dokumenten-Management-System / Enterprise-Content-Management; OP-Planungssystem;

Transportlogistik; Register; Qualitätssicherung; spezialisierte Anwendungen im klinischen Umfeld (vgl. Deutsche Krankenhausgesellschaft, 2019, S. 54 ff.).◄

Auch die **IT-Sicherheitsrichtlinie** nach § 75b SGB V für die vertrags(zahn)ärztliche Versorgung legt Anforderungen zur Gewährleistung der IT-Sicherheit fest, um die Handhabung der Vorgaben der DSGVO im Zusammenhang mit der elektronischen Datenverarbeitung für die vertragsärztliche Praxis zu vereinheitlichen und zu erleichtern. Sie definiert technische Anforderungen und beschreibt das Mindestmaß der zu ergreifenden Maßnahmen, mit den Zielen, die Anforderungen der IT-Sicherheit zu gewährleisten und die Risiken der IT-Sicherheit zu minimieren (siehe Tab. 8.22). Es werden dabei folgende Praxisarten unterschieden:

- **Kleinere Praxen:** Vertragsärztliche Praxen mit bis zu 5 ständig mit der Datenverarbeitung betrauten Personen;
- **Mittlere Praxen:** Vertragsärztliche Praxen mit 6 bis 20 ständig mit der Datenverarbeitung betrauten Personen;
- **Großpraxen oder Praxen mit Datenverarbeitung im erheblichen Umfang:** Praxen mit über 20 ständig mit der Datenverarbeitung betrauten Personen oder Praxen, die in über die normale Datenübermittlung hinausgehenden Umfang in der Datenverarbeitung tätig sind (z. B. Groß-MVZ mit krankenhausähnlichen Strukturen, Labore).

Die Sicherheitsrisiken der Digitalisierung für Gesundheitsbetriebe begründen sich auf potenziellen Zielen für Cyberkriminalität, wozu nicht nur Krankenhäuser, sondern beispielsweise auch die Leitstellen von Rettungsdiensten, mit WLAN-Schnittstellen ausgestattete Rettungswagen, die Telemedizin oder auch Pflegeeinrichtungen zählen (vgl. Osterloh, 2018, S. A38). Mit dem *Digitale–Versorgung–und–Pflege–Modernisierungs–Gesetz (DVPMG)* werden die Ziele mehr digitale Helfer für die Pflege, mehr Telemedizin und eine moderne Vernetzung im Gesundheitswesen und damit die digitale Modernisierung von Versorgung und Pflege verfolgt. Dies bedeutet aber auch einen höheren Aufwand für die Informationssicherheit in den Gesundheitsbetrieben (Bundesministerium für Gesundheit, 2023f, S. 1).

Zusammenfassung

Die Kosten- und Leistungsrechnung des Gesundheitsbetriebs dient nicht nur der Informationsbereitstellung für die kurzfristige Planung der Kosten sowie deren Kontrolle anhand von Ist-Daten, sondern auch zur Erfassung und Planung der Erlössituation. Das Rechnungswesen des Gesundheitsbetriebs erfasst dessen Geld- und Leistungsströme zahlenmäßig, lückenlos, vergangenheits- bzw. zukunftsorientiert und liefert sowohl intern nutzbare, quantitative Informationen für die Steuerung des Gesundheitsbetriebs, als insbesondere auch Informationen, um gegenüber Außenstehenden, wie den Kostenträgern im Gesundheitswesen, Eigentümern, Banken, Finanzbehörden etc. Rechenschaft ablegen zu können. Der

Tab. 8.22 Anforderungen zur Gewährleistung der IT-Sicherheit in kleineren Arztpraxen (vgl. Kassenärztliche Bundesvereinigung, 2020, S. 2 ff.)

Anforderungen *	Beschreibung
Mobile Anwendungen (Apps)	Sichere Apps nutzen: nur Apps aus den offiziellen Stores runterladen und nutzen; wenn nicht mehr benötigt, Apps restlos löschen
	Aktuelle App-Versionen: Updates immer zeitnah installieren, um Schwachstellen zu vermeiden
	Sichere Speicherung lokaler App-Daten: nur Apps nutzen, die Dokumente verschlüsselt und lokal abspeichern
	Verhinderung von Datenabfluss: keine vertraulichen Daten über Apps versenden
Office-Produkte	Verzicht auf Cloud-Speicherung: keine Nutzung der in Office-Produkten integrierten Cloud-Speicher zur Speicherung personenbezogener Informationen
	Beseitigung von Rest-Informationen vor Weitergabe von Dokumenten: Vertrauliches aus Dokumenten löschen vor einer Weitergabe an Dritte
Internet-Anwendungen	Authentisierung bei Webanwendungen: nur Internet-Anwendungen nutzen, die die Zugänge (Login-Seite und -Ablauf, Passwort, Benutzerkonto etc.) strikt absichern
	Schutz vertraulicher Daten: Internet-Browser gem. Hersteller-Anleitung so einstellen, dass keine vertraulichen Daten im Browser gespeichert werden
	Firewall benutzen: Verwendung und regelmäßiges Update einer Web App Firewall
	Kryptografische Sicherung vertraulicher Daten: nur verschlüsselte Internet-Anwendungen nutzen
	Schutz vor unerlaubter automatisierter Nutzung von Webanwendungen: keine automatisierten Zugriffe bzw. Aufrufe auf Webanwendungen einrichten oder zulassen
Endgeräte	Verhinderung der unautorisierten Nutzung von Rechner-Mikrofonen und Kameras: Mikrofon und Kamera am Rechner sollten grundsätzlich deaktiviert sein und nur bei Bedarf temporär direkt am Gerät aktiviert und danach wieder deaktiviert werden

(Fortsetzung)

Tab. 8.22 (Fortsetzung)

Anforderungen *	Beschreibung
	Abmelden nach Aufgabenerfüllung: nach Ende der Nutzung immer den Zugang zum Gerät sperren oder Abmelden
	Datensicherung: regelmäßige Datensicherung durchführen
	Viren-Schutzprogrammen: aktuelle Virenschutzprogramme einsetzen
Endgeräte mit dem Betriebssystem Windows	Konfiguration von Synchronisationsmechanismen: Synchronisierung von Nutzerdaten mit Microsoft-Cloud-Diensten vollständig deaktivieren
	Windows Datei- und Freigabeberechtigungen: Berechtigungen und Zugriffe pro Personengruppe und pro Person regeln
	Windows Datensparsamkeit: so wenige persönliche Daten wie möglich verwenden
Smartphone und Tablet	Schutz vor Phishing und Schadprogrammen im Browser: aktuelle Schutzprogramme vor Phishing und Schadprogrammen im Browser nutzen
	Verwendung der SIM-Karten-PIN: SIM-Karten durch PIN schützen; Super-PIN/PUK nur durch Verantwortliche anwenden
	Sichere Grundkonfiguration für mobile Geräte: Auf mobilen Endgeräten die strengsten bzw. sichersten Einstellungen wählen
	Verwendung eines Zugriffschutzes: Geräte mit komplexen Gerätesperrcode schützen
	Updates von Betriebssystem und Apps: Updates des Betriebssystems und der eingesetzten Apps immer zeitnah installieren, um Schwachstellen zu vermeiden; zusätzlich einen festen Turnus (z. B. monatlich) festlegen, in dem das Betriebssystem und alle genutzten Apps auf neue Versionen geprüft werden
	Datenschutz-Einstellungen: Den Zugriff von Apps und Betriebssystem auf Daten und Schnittstellen der Geräte in den Einstellungen restriktiv auf das Notwendigste einschränken

(Fortsetzung)

Tab. 8.22   (Fortsetzung)

Anforderungen *	Beschreibung
Mobiltelefon	Sperrmaßnahmen bei Verlust eines Mobiltelefons: bei Verlust eines Mobiltelefons die darin verwendete SIM-Karte zeitnah sperren; dafür die notwendigen Mobilfunkanbieter-Informationen hinterlegen, um sie bei Bedarf im Zugriff zu haben
	Nutzung der Sicherheitsmechanismen von Mobiltelefonen: alle verfügbaren Sicherheitsmechanismen auf den Mobiltelefonen nutzen und als Standard-Einstellung vorkonfigurieren
	Updates von Mobiltelefonen: regelmäßig prüfen, ob es Softwareupdates für die Mobiltelefone gibt
Wechseldatenträger / Speichermedien	Schutz vor Schadsoftware: Wechseldatenträger sind bei jeder Verwendung mit einem aktuellen Schutzprogramm auf Schadsoftware zu überprüfen
	Angemessene Kennzeichnung der Datenträger beim Versand: Eindeutige Kennzeichnung für Empfänger, aber keine Rückschlüsse für Andere ermöglichen
	Sichere Versandart und Verpackung: Versand-Anbieter mit sicherem Nachweis-System, Manipulationssichere Versandart und Verpackung
	Sicheres Löschen der Datenträger vor und nach der Verwendung: Datenträger nach Verwendung immer sicher und vollständig löschen
Netzwerksicherheit	Absicherung der Netzübergangspunkte: Übergang zu anderen Netzen insbesondere das Internet durch eine Firewall schützen
	Dokumentation des Netzes: Das interne Netz inklusive eines Netzplans dokumentieren
	Grundlegende Authentisierung für den Netzmanagement-Zugriff: für den Management-Zugriff auf Netzkomponenten und auf Managementinformationen geeignete Authentisierung verwenden

(Fortsetzung)

Tab. 8.22 (Fortsetzung)

Anforderungen *	Beschreibung
Medizinische Großgeräte (z. B. Computertomograph, Magnetresonanz-tomograph, Positronenemissionstomograph und Linearbeschleuniger)	Einschränkung des Zugriffs für Konfigurations- und Wartungsschnittstellen: Sicherstellen, dass nur zuvor festgelegte berechtigte Mitarbeitende auf Konfigurations- und Wartungsschnittstellen von medizinischen Großgeräten zugreifen können; standardmäßig eingerichtete bzw. herstellerseitig gesetzte Passwörter wechseln; Wechsel dokumentieren und das Passwort sicher hinterlegen; standardmäßig eingerichtete bzw. herstellerseitig gesetzte Benutzerkonten wechseln
	Nutzung sicherer Protokolle für die Konfiguration und Wartung: für die Konfiguration und Wartung von medizinischen Großgeräten sichere Protokolle nutzen; Daten müssen beim Transport vor unberechtigtem Mitlesen und Veränderungen schützen
	Protokollierung: festlegen, welche Daten und Ereignisse protokolliert werden sollen, wie lange die Protokolldaten aufbewahrt werden und wer diese einsehen darf; generell alle sicherheitsrelevanten Systemereignisse protokollieren und bei Bedarf auswerten
	Deaktivierung nicht genutzter Dienste, Funktionen und Schnittstellen: Alle nicht genutzten Dienste, Funktionen und Schnittstellen der medizinischen Großgeräte soweit möglich deaktivieren oder deinstallieren
	Deaktivierung nicht genutzter Benutzerkonten: Nicht genutzte und unnötige Benutzerkonten deaktivieren
	Netzsegmentierung: Medizinische Großgeräte von der weiteren IT trennen
Dezentrale Komponenten der Telematik-Infrastruktur (TI)	Zeitnahes Installieren verfügbarer Aktualisierungen: TI-Komponenten in der Praxis regelmäßig auf verfügbare Aktualisierungen überprüfen und verfügbare Aktualisierungen zeitnah installieren; bei Verfügbarkeit einer Funktion für automatische Updates diese aktivieren

(Fortsetzung)

Tab. 8.22   (Fortsetzung)

Anforderungen *	Beschreibung
	Sicheres Aufbewahren von Administrationsdaten: im Zuge der Installation der TI-Komponenten eingerichteten Administrationsdaten, insbesondere auch Passwörter für den Administrator-Zugang, sicher aufbewahren; gewährleisten, dass die Arztpraxis auch ohne ihren Dienstleister die Daten kennt; dezentrale Komponenten der TI Planung und Durchführung der Installation Die von der gematik GmbH auf Ihrer Website zur Verfügung gestellten Informationen für die Installation der TI-Komponenten müssen berücksichtigt werden
	Planung und Durchführung der Installation: die von der gematik GmbH auf Ihrer Website zur Verfügung gestellten Informationen für die Installation der TI-Komponenten berücksichtigen
	Betrieb: Anwender- und Administrationsdokumentationen der gematik GmbH und der Hersteller der TI-Komponenten, insbesondere die Hinweise zum sicheren Betrieb der Komponenten, berücksichtigen
	Schutz vor unberechtigtem physischem Zugriff: TI-Komponenten in der Praxis entsprechend den Vorgaben im jeweiligen Handbuch vor dem Zugriff Unberechtigter schützen
	Konnektor: Betriebsart „parallel": bei Einbringen des Konnektors in der Konfiguration „parallel" ins Netzwerk der Arztpraxis zusätzliche Maßnahmen ergreifen, um die mit dem Internet verbundene Praxis auf Netzebene zu schützen
	Primärsysteme: geschützte Kommunikation mit dem Konnektor: Authentisierungsmerkmale für die Clients (Zertifikate oder Username und Passwort) erstellen und in die Clients einbringen bzw. die Clients entsprechend konfigurieren

* soweit die Zielobjekte in der Praxis genutzt werden

Gesundheitsbetrieb ist zugleich Nutzer von E-Health-Anwendungen, als auch Bestandteil von E-Health-Netzwerken und Prozessen. Beispielsweise lassen sich die Anwendungsgebiete des E-Health in behandlungsorientiertes, informations- und ausbildungsorientiertes sowie forschungsorientiertes E-Health einteilen. In Gesundheitsbetrieben kommen häufig informations- und kommunikationstechnische Systeme zum Einsatz, die unter den

Oberbegriffen Heim-Software, Praxisverwaltungssystem (PVS) oder Krankenhausinformationssystem (KIS) zusammengefasst werden. Sie verwalten zum einen Identifikationsdaten, Versicherungsdaten, Leistungsdaten sowie medizinische Daten über die Patienten, aber auch Daten über das eigene Personal sowie Daten über die von der jeweiligen Person vorgenommenen medizinischen und pflegerischen Maßnahmen. Die Folgen von Schäden im Bereich der Informations- und Datensicherheit im Gesundheitsbetrieb können erhebliche Ausmaße annehmen, die zu finanziellen Einbußen, Vertrauensverlust bei Patienten, Schadensersatzansprüche oder gar zu Behandlungsfehlern oder Fehlmedikamentationen führen.

Literatur

Barth, T., & Ernst, D. (2018). *Kosten- und Erlösrechnung Schritt für Schritt – Arbeitsbuch*. Konstanz/ München: UVK.

Berufsverband Medizinischer Informatiker e.V. – BVMi (Hrsg.) (2023) Krankheitsregister. https:// www.bvmi.de/index.php?option=com_content&view=article&id=96:krankheitsregister&cat id=18. Berlin. Zugegriffen: 3. Sept. 2023.

Bolz, H. (2015). *Pflegeeinrichtungen erfolgreich führen – Organisationskultur zwischen Marktorientierung und Berufsethik*. Wiesbaden: Springer/Gabler.

Bräutigam, C., Enste, P., Evans, M., Hilbert, J., Merkel, S., & Öz, F. (2017) Digitalisierung im Krankenhaus – Mehr Technik, bessere Arbeit? In Hans-Böckler-Stiftung (Hrsg.) *Study Nr. 364 / Dezember 2017*. Düsseldorf.

BSI-Gesetz (BSIG) vom 14. August 2009 (BGBl. I S. 2821), zuletzt durch Artikel 12 des Gesetzes vom 23. Juni 2021 (BGBl. I S. 1982) geändert.

Bundesärztekammer. (Hrsg.). (2023). *Elektronischer Arztausweis*. https://www.bundesaerztekam mer.de/aerzte/telematiktelemedizin/earztausweis/. Bonn. Zugegriffen: 2. Sept. 2023.

Bundesamt für Sicherheit in der Informationstechnik – BSI. (Hrsg.). (2023). *Cyber-Glossar*. https:// www.bsi.bund.de/DE/Service-Navi/Cyber-Glossar/Functions/glossar.html?nn=520190&cms_ lv2=132780. Zugegriffen: 10. Sept. 2023.

Bundesanstalt für Arbeitsschutz und Arbeitsmedizin – baua. (Hrsg.). (2023). *Aktuelle Forschung zu Pflege und Digitalisierung – Ein Überblick über Forschungsprojekte zur Digitalisierung in der Pflege*. https://www.baua.de/DE/Aufgaben/Forschung/Schwerpunkt-Digitale-Arbeit/Taetig keiten-im-digitalen-Wandel/Personenbezogene-Taetigkeiten/Forschung-Pflege-Digitalisierung. html. Zugegriffen: 2. Sept. 2023.

Bundesdatenschutzgesetz (BDSG) vom 30. Juni 2017 (BGBl. I S. 2097), durch Artikel 10 des Gesetzes vom 23. Juni 2021 (BGBl. I S. 1858; 2022 I 1045) geändert.

Bundesinstitut für Arzneimittel und Medizinprodukte – BfArM. (Hrsg.). (2023a). *Arzneimittel recherchieren*. https://www.bfarm.de/DE/Arzneimittel/Arzneimittelinformationen/Arzneimittel-recherchieren/_node.html. Berlin. Zugegriffen: 27. Aug. 2023.

Bundesinstitut für Arzneimittelsicherheit – BfArM (Hrsg.). (2023b). https://www.bfarm.de/DE/Das-BfArM/Aufgaben/Deutsches-Register-Klinischer-Studien/_node.html. Berlin. Zugegriffen: 27. Aug. 2023.

Bundesinstitut für Risikobewertung – BfR. (Hrsg.). (2023). *Datenbank-Infosystem (DBIS) der Bibliothek des Bundesinstituts für Risikobewertung*. https://dbis.ur.de/dbinfo/dbliste.php?bib_id= bgvv&colors=15&ocolors=40&lett=f&gebiete=8. Berlin. Zugegriffen: 27. Aug. 2023.

Bundesministerium für Bildung und Forschung – BMBF. (Hrsg.). (2023). *Kompetenznetze in der Medizin verbinden Wissenschaftler, Ärzte und Patienten.* http://www.kompetenznetze-medizin. de/Home.aspx. Bonn. Zugegriffen: 3. Sept. 2023.

Bundesministerium für Gesundheit. (Hrsg.). (2023a). *E-Health.* http://www.bmg.bund.de/glossarbe griffe/e/e-health.html. Zugegriffen: 26. Aug. 2023.

Bundesministerium für Gesundheit. (Hrsg.). (2023b). *Gemeinsam digital – Digitalisierungsstrategie für das Gesundheitswesen und die Pflege.* Bonn. Informationsbroschüre.

Bundesministerium für Gesundheit. (Hrsg.). (2023c). *Elektronisches Rezept (E-Rezept).* https://www. bundesgesundheitsministerium.de/e-rezept.html. Berlin. Zugegriffen: 2. Sept. 2023.

Bundesministerium für Gesundheit. (Hrsg.). (2023d). *Digitale Gesundheitsanwendungen (DiGAs) und Digitale Pflegeanwendungen (DiPAs).* https://www.bundesgesundheitsministerium.de/ser vice/begriffe-von-a-z/e/e-health.html. Berlin. Zugegriffen: 2. Sept. 2023.

Bundesministerium für Gesundheit. (Hrsg.). (2023e). *Patientendaten-Schutz-Gesetz.* https://www. bundesgesundheitsministerium.de/patientendaten-schutz-gesetz.html. Berlin. Zugegriffen: 9. Sept. 2023.

Bundesministerium für Gesundheit. (Hrsg.). (2023f). *Digitale–Versorgung–und–Pflege–Moderni- sierungs–Gesetz (DVPMG).* https://www.bundesgesundheitsministerium.de/service/gesetze-und- verordnungen/guv-19-lp/dvpmg.html. Berlin. Zugegriffen: 16. Sept. 2023.

Darms, M., Fedtke, S., & Haßfeld, S. (2019). *IT-Sicherheit und Datenschutz im Gesundheitswesen – Leitfaden für Ärzte, Apotheker, Informatiker und Geschäftsführer in Klinik und Praxis.* Wiesbaden: Springer Vieweg / Springer Fachmedien.

Datenschutzgrundverordnung (DS-GVO): Verordnung (EU) 2016/679 des Europäischen Parlaments und des Rates vom 27. April 2016 zum Schutz natürlicher Personen bei der Verarbeitung perso- nenbezogener Daten, zum freien Datenverkehr und zur Aufhebung der Richtlinie 95/46/EG (ABl. L 119 vom 4. Mai 2016, S. 1–88).

Deutsche Gesellschaft für Telemedizin – DGTelemed. (Hrsg.). (2021). *Was ist Telemedizin?* http:// www.dgtelemed.de/de/telemedizin/. Berlin. Zugegriffen: 20. März 2022.

Deutsche Krankenhausgesellschaft – DKG. (Hrsg.). (2019). *Branchenspezifischer Sicherheitsstan- dard für die Gesundheitsversorgung im Krankenhaus. Version 1.1. Berlin.*

Deutscher Verein für Krankenhaus-Controlling – DVKC. (Hrsg.). (2023). *Projekt: Entwicklung und Standardisierung einer ganzheitlichen Nachhaltigkeitsberichterstattung für Krankenhäuser und Gesundheitseinrichtungen.* https://www.dvkc.de/projekt-entwicklung-und-standardisierung- einer-ganzheitlichen-nachhaltigkeitsberichterstattung-fuer-krankenhaeuser-und-gesundheitseinr ichtungen/. Berlin. Zugegriffen: 26. Aug. 2023.

Deutsches Institut für Normung e. V. – DIN. (Hrsg.). (2022). *DIN EN ISO/IEC 27001:2022 Infor- mationstechnik – Sicherheitsverfahren – Informationssicherheitsmanagementsysteme – Anforde- rungen.*

Fleßa, S., & Weber, W. (2017). Informationsmanagement und Controlling in Krankenhäusern. In R. Busse, J. Schreyögg, & T. Steingardt (Hrsg.), *Management im Gesundheitswesen – Lehrbuch für Studium und Praxis* (4. Aufl., S. 447–462). Berlin: Springer.

Friedl, G., Hofmann, C., & Pedell, B. (2017). *Kostenrechnung – Eine entscheidungsorientierte Einführung* (3. Aufl.). München: Vahlen.

Frodl, A. (2021). *Kostensteuerung für Gesundheitseinrichtungen.* Wiesbaden: Springer Gabler / Springer Fachmedien.

Ganz, W., Kramer, J., Rößner, A., Eymann, T., & Völkl, A. (2016). Entwicklung von Geschäftsmo- dellen für Dienstleistungsnetzwerke im Gesundheitsbereich. In M. A. Pfannstiel, C. Rasche, & H. Mehlich (Hrsg.), *Dienstleistungsmanagement im Krankenhaus – Nachhaltige Wertgenerierung jenseits der operativen Exzellenz* (S. 25–46). Wiesbaden: Gabler.

gematik GmbH. (Hrsg.). (2022). *vesta-Informationsportal – Übersicht über alle Projekte und Anwendungen*. https://www.informationsportal.vesta-gematik.de/projekte-anwendungen/. Zugegriffen: 20. März 2022.

Gerlof, H., & Urbanek, M. (2019). *Daten-Skandal – Befunde von Millionen Patienten offen im Internet*. Ärzte-Zeitung online. https://www.aerztezeitung.de/Wirtschaft/Millionen-Patienten daten-auf-ungesicherten-Servern-401247.html. Veröffentlicht: 17.09.2019, 12:59 Uhr. Berlin. Springer Medizin. Zugegriffen: 9. Sept. 2023.

Gesellschaft der epidemiologischen Krebsregister in Deutschland e. V. – GEKID. (Hrsg.). (2023). *Bevölkerungsbezogene Krebsregister in Deutschland*. https://www.gekid.de/uebersicht. Saarbrücken. Zugegriffen: 3. Sept. 2023.

Grünstäudl, M. (2013). *Praxishandbuch Kostenrechnung – Grundlagen, Prozesse, Systeme*. Konstanz/München: UVK.

Güssow, J., Greulich, A., & Ott, R. (2002). Beurteilung und Einsatz der Prozesskostenrechnung als Antwort der Krankenhäuser auf die Einführung der DRGs. In *Krp – Kostenrechnungspraxis* (46. Jahrg. Heft 3, S. 179–189). Wiesbaden: Gabler.

Hentze, J., & Kehres, E. (2007) *Buchführung und Jahresabschluss in Krankenhäusern – Systematische Einführung* (3. Aufl.). Stuttgart: Kohlhammer.

Horsch, J. (2023). *Kostenrechnung – Klassische und neue Methoden in der Unternehmenspraxis* (5. Aufl.). Wiesbaden: Springer Gabler / Springer Fachmedien.

Institut für das Entgeltsystem im Krankenhaus – InEK GmbH. (Hrsg.). (2023). *Kalkulationshandbuch*. http://www.g-drg.de/cms/Kalkulation2/Pauschaliertes_Entgeltsystem_Psychiatrie_17d_KHG/Kalkulationshandbuch. Siegburg. Zugegriffen: 19. Aug. 2023.

Karlsruher Institut für Technologie – KIT. (Hrsg.). (2023). Neues KIT-Zentrum für Gesundheitstechnologien gestartet – Das Zentrum „Health Technologies" (KITHealthTech) soll den digitalen Wandel von Medizintechnologien, personalisierter Medizin und Patientenversorgung vorantreiben. Pressemitteilung 006/2023. Karlsruhe.

Kaschner, H. (2020). *Cyber Crisis Management – Das Praxishandbuch zu Krisenmanagement und Krisenkommunikation*. Wiesbaden: Springer Vieweg / Springer Fachmedien.

Kassenärztliche Bundesvereinigung – KBV. (Hrsg.). (2023). *Praxisverwaltungssysteme – Die Grundausrüstung in jeder Praxis*. http://www.kbv.de/html/pvs.php. Berlin. Zugegriffen: 2. Sept. 2023.

Kassenärztliche Bundesvereinigung – KBV. (Hrsg.). (2020). *Richtlinie nach § 75b SGB V über die Anforderungen zur Gewährleistung der IT-Sicherheit*. Stand: 12/2020.

kv.digital GmbH. (Hrsg.). (2023). *Anwendungen*. https://www.kv.digital/medizinische-kommunikation/anwendungen.html. Berlin. Zugegriffen: 2. Sept. 2023.

Keun, F., & Prott, R. (2008). Einführung in die Krankenhaus-Kostenrechnung – Anpassung an neue Rahmenbedingungen (7. Aufl.). Wiesbaden: Gabler.

Kothe-Zimmermann, H. (2006). *Prozesskostenrechnung und Prozessoptimierung im Krankenhaus – Eine Praxisanleitung in sieben Schritten*. Stuttgart: Kohlhammer.

Krankenhaus-Buchführungsverordnung (KHBV) in der Fassung der Bekanntmachung vom 24. März 1987 (BGBl. I S. 1045), zuletzt durch Artikel 25 Absatz 2 des Gesetzes vom 7. August 2021 geändert.

Krüger, G. (2016). *Kosten- und Erlösrechnung in KMU – Praxisleitfaden für Unternehmer und Berater*. Herne: NWB Verlag.

Kußmaul, H., & Wöhe, G. (2018). *Grundzüge der Buchführung und Bilanztechnik* (10. Aufl.). München: Vahlen.

Macha, R. (2011). *Grundlagen der Kosten- und Leistungsrechnung*. München: Vahlen.

Mangiapane, S. (2023). Fünf Jahre Videosprechstunde in der vertragsärztlichen Versorgung – Hat die Pandemie zum Durchbruch geführt? In U. Repschläger, C. Schulte, & N. Osterkamp (Hrsg.),

Gesundheitswesen aktuell 2023. Reihe Beiträge und Analysen des BARMER Instituts für Gesundheitsforschung (bifg) (S. 82–99). Berlin: BARMER GEK.

Messal, H., Müller, T., Padmanabhan, P., Richter, L., Silberzahn, T., & Uncovska, M. (2022). Entwicklung der Rahmenbedingungen für E-Health. In McKinsey & Company, T. Müller, P. Padmanabhan, L. Richter, & T. Silberzahn (Hrsg.), *E-Health Monitor 2022 – Deutschlands Weg in die digitale Gesundheitsversorgung – Status quo und Perspektiven* (S. 3–14). Berlin: Medizinisch Wissenschaftliche Verlagsgesellschaft.

Müller, J., & Alten, G. (2022). *Der Jahresabschluss im Krankenhaus – Leitfaden zur Aufstellung des Jahresabschlusses nach der KHBV und dem Krankenhausfinanzierungsrecht* (7. Aufl.). Stuttgart: Kohlhammer.

(Muster-)Berufsordnung für die in Deutschland tätigen Ärztinnen und Ärzte – MBO-Ä 1997 –in der Fassung des Beschlusses des 124. Deutschen Ärztetages vom 5. Mai 2021 in Berlin.

Osterloh, F. (2018). Cyberkriminalität – Kliniken sollten digitale Daten schützen. *Deutsches Ärzteblatt* (Jg. 115. Heft 1 – 2, S. A 38). Berlin: Deutscher Ärzteverlag.

Penter, V., Siefert, B., & Brennecke, B. (2022) *Kompendium Krankenhaus-Rechnungswesen – Grundlagen, Beispiele, Aktuelles, Trends* (4. Aufl.) Kulmbach: Mediengruppe Oberfranken – Fachverlage GmbH & Co. KG.

Pfannstiel, M. (2022). Einleitung „Künstliche Intelligenz im Gesundheitswesen". In M. Pfannstiel (Hrsg.), *Künstliche Intelligenz im Gesundheitswesen – Entwicklungen, Beispiele und Perspektiven* (S. 1–48). Wiesbaden: Springer Gabler / Springer Fachmedien.

Pflege-Buchführungsverordnung (PBV) vom 22. November 1995 (BGBl. I S. 1528), zuletzt durch Artikel 25 Absatz 9 des Gesetzes vom 7. August 2021 (BGBl. I S. 3311) geändert.

Pohl, L. (2019). Deckungsbeitragsorientiertes Controlling im Krankenhaus – verschiedene Konzeptionen im Vergleich. In W. Zapp (Hrsg.), *Deckungsbeitragsrechnung für Krankenhäuser – Analyse – Verfahren – Praxisbeispiele* (S. 1–22). Wiesbaden: Springer Gabler/Springer Fachmedien.

Richtline elektronischer Brief. (2021). Richtlinie der Kassenärztlichen Bundesvereinigung (KBV) über die Übermittlung elektronischer Briefe in der vertragsärztlichen Versorgung gemäß § 383 SGB V. Stand: April 2021. Berlin.

Samhammer, D., Beck, S., Budde, K., Burchardt, A., Faber, M., Gerndt, S., Möller, S., Osmanodja, B., Roller, R., & Dabrock, P. (2023). Klinische Entscheidungsfindung mit Künstlicher Intelligenz. In D. Samhammer, S. Beck, K. Budde, A. Burchardt, M. Faber, S. Gerndt, S. Möller, B. Osmanodja, R. Roller, & P. Dabrock (Hrsg.), *Klinische Entscheidungsfindung mit Künstlicher Intelligenz – Ein interdisziplinärer Governance-Ansatz* (S. 1–7). Springer.

Schmidt-Graumann, A. (2021). *Rechnungslegung und Finanzierung der Krankenhäuser – Recht der Krankenhausfinanzierung* (4. Aufl.). Herne: Nwb.

Schurr, M., Kunhardt, H., & Dumont, M. (2008). *Unternehmen Arztpraxis – Ihr Erfolgsmanagement – Aufbau, Existenzsicherung, Altersvorsorge.* Heidelberg: Springer Medizin.

Schweitzer, M., Küpper, H. U., Friedl, G., Hofmann, C., & Pedell, B. (2016). *Systeme der Kosten und Erlösrechnung* (11. Aufl.). München: Vahlen.

Sozialgesetzbuch (SGB V) – Fünftes Buch Gesetzliche Krankenversicherung – Artikel 1 des Gesetzes vom 20. Dezember 1988, BGBl. I S. 2477, 2482, zuletzt durch Artikel 9 des Gesetzes vom 16. August 2023 (BGBl. 2023 I Nr. 217) geändert.

Sozialgesetzbuch (SGB XI) – Elftes Buch Soziale Pflegeversicherung – Artikel 1 des Gesetzes vom 26. Mai 1994, BGBl. I S. 1014, 1015, zuletzt durch Artikel 7 des Gesetzes vom 26. Juli 2023 (BGBl. 2023 I Nr. 202) geändert.

Spreckelsen, C., & Spitzer, K. (2009). *Wissensbasen und Expertensysteme in der Medizin – KI-Ansätze zwischen klinischer Entscheidungsunterstützung und medizinischem Wissensmanagement.* Wiesbaden: Vieweg + Teubner / GWV-Fachverlage.

Strafgesetzbuch (StGB) in der Fassung der Bekanntmachung vom 13. November 1998 (BGBl. I S. 3322), zuletzt durch Artikel 1 des Gesetzes vom 26. Juli 2023 (BGBl. 2023 I Nr. 203) geändert.

Trill, R. (2018). Gesundheitswesen im Umbruch. In R. Trill (Hrsg.), *Praxisbuch eHealth – Von der Idee zur Umsetzung* (S. 22–33). Stuttgart: Kohlhammer.

Universitätsklinikum Hamburg-Eppendorf – UKE. (Hrsg.). (2023). *E-Learning & IT-Training*. https://www.uke.de/organisationsstruktur/zentrale-bereiche/uke-akademie-fuer-bildung-karriere/fort-weiterbildung/e-learning-it-training/index.html. Hamburg: Zugegriffen: 27. Aug. 2023.

Wirtz, B., Mory, L., & Ullrich, S. (2009) Strukturen, Akteure und Rahmenbedingungen des E-Health. In *Der Betriebswirt* (50. Jahrg. Heft 2, S. 10–16). Gernsbach: Deutscher Betriebswirte.

Zapp, W., & Oswald, J. (2009). *Controlling-Instrumente für Krankenhäuser*. Stuttgart: Kohlhammer.

Glossar

Ablaufdiagramm Stellt eine Kombination zwischen tabellarischer und symbolischer Darstellungstechnik dar und eignet sich auch nur für die Abbildung linearer Abläufe im Gesundheitsbetrieb.

Abteilung Umfasst in einem Gesundheitsbetrieb in der Regel eine Leitungsspanne von 40 Mitarbeitenden und mehr in mehreren Gruppen, die aufgrund einer aufgabenorientierten, personenorientierten oder sachmittelorientierten Zuordnung zu einer Organisationseinheit auf einer höheren Hierarchieebene zusammengefasst werden.

Ärztehaus Facharztezentrum als gemeinsamer räumlicher Standort unterschiedlicher fachärztlicher Praxen.

Ärztliche Leitende Rettungsdienst (ÄLRD) Nehmen die Kontrolle über den Rettungsdienst sowie die Verantwortung für Effektivität und Effizienz der präklinischen Notfallversorgung, Einsatzplanung und Einsatzbewältigung wahr.

Ärztliches Zentrum für Qualität in der Medizin (ÄZQ) Wurde von der Bundesärztekammer (BÄK) und Kassenärztlicher Bundesvereinigung (KBV) zur Unterstützung bei ihren Aufgaben im Bereich der Qualitätssicherung und der ärztlichen Berufsausübung als Kompetenzzentrum für medizinische Leitlinien, Patienteninformationen, Patientensicherheit, Evidenzbasierte Medizin und Wissensmanagement gegründet.

Aktiengesellschaft (AG) Juristische Person mit einem in Aktien zerlegtes Grundkapital, an dem die Gesellschafter mit Einlagen beteiligt sind, die für die Verbindlichkeiten nur mit dem Gesellschaftsvermögen haftet und die Aktien zur Refinanzierung einsetzt.

Ambulante Versorgung Umfasst alle (ärztlichen) Tätigkeiten, die zur Verhütung, Früherkennung und Behandlung von Krankheiten erforderlich sind und zu denen sich die Patienten beispielsweise in Praxen hinbegeben.

Ambulatorium In der DDR weit verbreitete Organisationsform ambulanter Behandlungszentren mit angestellten Fachärzten verschiedener Fachrichtungen in einer größeren Praxis.

Amortisationsrechnung Beantwortet die zentrale Frage, wie lange die Wiedergewinnung der Investitionssumme aus den Einnahmeüberschüssen der Investition dauert, beispielsweise durch einen Vergleich der Soll-Amortisationsdauer mit der Ist-Amortisationsdauer im Gesundheitsbetrieb.

Annuitätenmethode Baut auf der Kapitalwertmethode auf und rechnet Ein- und Auszahlungsbarwerte in gleiche Jahresbeträge (Annuitäten) um.

Anstalt Sie wird als Anstalt des öffentlichen Rechts (AdöR) aufgrund eines Gesetzes errichtet, erfüllt eine bestimmte öffentliche Aufgabe im Gesundheitswesen und ihr
genaues Tätigkeitsgebiet wird in ihrer Satzung festgelegt.

Approbation Wird aufgrund des Zeugnisses über die ärztliche Prüfung und weiterer Voraussetzungen auf Antrag bei der zuständigen Stelle des jeweiligen Bundeslandeslandes
erteilt und berechtigt zur Ausübung des ärztlichen Berufs.

Arbeitsrecht Setzt sich aus einer Vielzahl von Gesetzen zusammen, die das Arbeitsleben und die Beschäftigungsverhältnisse in einem Gesundheitsbetrieb berührenden
Rechtsfragen regelt.

Arbeitsstrukturierung Führungsinstrument im Gesundheitsbetrieb, beispielsweise mit
den Möglichkeiten:
- Aufgabenerweiterung (job enlargement),
- Arbeitsbereicherung (job enrichement),
- Arbeitsplatzwechsel (job rotation).

Arbeitszeit Nach REFA die Zeitspanne vom Beginn bis zum Ende eines Vorganges
ohne Liege- und Transportzeiten (beispielsweise bei einer Laboruntersuchung die reine
Untersuchungszeit ohne die Zeitanteile für den Transport der Probe ins Labor oder die
„Liegezeit", bis die Probe untersucht wird).

Arbeitszeitmodelle Eignen sich für den zeitlichen Einsatz der Mitarbeitenden in Gesundheitsbetrieben, gelangen je nach Bedarf zur Anwendung und legen die Dauer der
täglichen Arbeitszeit und die gleichmäßige oder ungleichmäßige Verteilung auf die
Wochentage fest.

Arzt-Patienten-Kommunikation Wichtige Voraussetzung für den Erfolg einer Therapie,
gilt neben der körperlichen Beobachtung und Untersuchung als bedeutsames diagnostisches Mittel und macht erforderlich, empathisch zuhören, vermitteln und erklären zu
können, was über das reine Erlernen von Kommunikationstechniken oft hinaus geht.

Aufgabenanalyse Schrittweise Zerlegung oder Aufspaltung der Gesamtaufgaben im
Gesundheitsbetrieb in ihre einzelnen Bestandteile anhand von alternativen Gliederungs-
merkmalen wie Verrichtung, Objekt, Rang, Phase, Zweckbeziehung, zum Zweck der
Stellenbildung.

Aufgabensynthese Zusammenfügung der in der der Aufgabenanalyse ermittelten Einzelaufgaben, sodass sie von einem Mitarbeiter oder einer Mitarbeiterin mit Normalkapazität
und der erforderlichen Eignung bzw. Übung bewältigt werden können.

Ausbildereignung Bezeichnet die Voraussetzungen nach dem Berufsbildungsgesetz
(BBiG), wonach Auszubildende nur einstellen darf, wer persönlich geeignet ist, und
Auszubildende darf nur ausbilden, wer persönlich und fachlich geeignet ist.

Ausbildung Erfolgt als berufliche Ausbildung im Gesundheitsbetrieb in der Regel in
einem dualen System, d. h. die praktische Ausbildung im Betrieb wird durch einen

ausbildungsbegleitenden Schulbesuch ergänzt, richtet sich nach den jeweiligen Verordnungen über die Berufsausbildung und fällt hinsichtlich des schulische Teils in die Zuständigkeit der einzelnen Bundesländer mit den jeweiligen Lehrplänen.

Ausbildungsstätte Bezeichnet die Voraussetzungen nach dem Berufsbildungsgesetz (BBiG), wonach sie nach Art und Einrichtung für die Berufsausbildung geeignet sein muss und die Zahl der Auszubildenden in einem angemessenen Verhältnis zur Zahl der Ausbildungsplätze oder zur Zahl der beschäftigten Fachkräfte steht, es sei denn, dass anderenfalls die Berufsausbildung nicht gefährdet wird.

Ausbildungsvertrag Enthält Angaben zu Art, Ziel, sachliche, zeitliche Gliederung, Beginn und Dauer der Ausbildung, regelmäßige tägliche Arbeitszeit, Dauer der Probezeit, Zahlung und Höhe der Ausbildungsvergütung, Dauer des Urlaubs etc.

Ausbruchstrategie Marketingentscheidung, sowohl neue Behandlungs- und Serviceleistungen anzubieten, als auch neue Patientenzielgruppen damit erreichen zu wollen.

Ausschreibung Wird bei größeren Beschaffungsvolumina zur Angebotseinholung durchgeführt, mit der eine Vergabe von Aufträgen im Wettbewerb erreicht werden und potenzielle Lieferanten zur Angebotsabgabe aufgefordert werden sollen.

Balanced Scorecard Dient dazu, für die Steuerung des Gesundheitsbetriebs die Erreichung von strategischen Zielen messbar und über die Ableitung von Maßnahmen umsetzbar zu machen, da sie anhand von Patienten-, Finanz-, Entwicklungs- und Prozessperspektiven im Gegensatz zu klassischen Kennzahlensystemen den Blick auch auf nicht-finanzielle Indikatoren lenkt.

Basisfallwert Ist für jedes Bundesland einheitlich, sodass ein einheitlicher Preis für gleiche Leistungen gilt und das einzelne Krankenhaus mit den Kostenträgern lediglich die Leistungsplanung vereinbart.

Bedarfsplanung Regelt beispielsweise wie viele Arztsitze es in den Regionen gibt und gilt als wichtiges Steuerungsinstrument, um eine ambulante medizinische Versorgung flächendeckend vorhalten zu können.

Behandlungsfallkosten Kosten des Gesundheitsbetriebs, die bei dem jeweiligen Behandlungsvorgang und somit bei gleichen Behandlungsvorgängen in gleicher Höhe entstehen.

Behandlungspfade Werden von allen Disziplinen bei der Versorgung eines Patienten mit einer bestimmten Diagnose oder Behandlung durchgeführt und stellen ein Instrument dar, die Koordination aller Fachgebiete, die mit der Behandlung des Patienten betraut sind, möglichst optimal zu gestalten.

Berufsausübungsgemeinschaft Nach einer Definition der Kassenärztlichen Bundesvereinigung eine auf Dauer angelegte systematische Kooperation, getragen vom Willen der gemeinsamen Berufsausübung, die üblicher Weise in der Rechtsform einer Gesellschaft bürgerlichen Rechts (GbR) oder einer Partnerschaftsgesellschaft per Gesellschaftervertrag gegründet wird.

Beschaffungsmarketing Hat eine optimalen Versorgung des Gesundheitsbetriebs langfristig sicherzustellen und umfasst dazu die Ermittlung von Beschaffungsquellen, Preisen, Lieferkonditionen, -qualität und -zuverlässigkeit, Sortimentsumfang, aber auch die

Ermittlung von Substitutionsgütern sowie der zukünftigen Marktentwicklung, anhand von Online-Datenbanken, Katalogen, Fachzeitschriften, Messebesuchen etc.

Beschaffungsmenge Lässt sich als optimale Losgröße unter Einbeziehung von Beschaffungs- und Lagerkosten ermitteln.

Betriebliche Gesundheitsförderung (BGF) Zielt allgemein und prospektiv über präventive Maßnahmen hinaus auf die Entwicklung und Stärkung von Gesundheitspotenzialen aller Mitarbeiterinnen und Mitarbeiter ab.

Betriebliches Gesundheitsmanagement (BGM) Hat zur Aufgabe, verschiedene gesundheitsbezogene Maßnahmen zu planen, zu organisieren und in den Handlungsfeldern Arbeits- und Gesundheitsschutz, Betriebliches Eingliederungsmanagement (BEM) sowie verhaltens- und verhältnisorientierte Gesundheitsförderung zu integrieren und befasst sich hierzu allgemein mit Angeboten und Maßnahmen für die Beschäftigten, ihre Gesundheit, ihr Wohlbefinden und damit ihre Leistungsfähigkeit zu erhalten bzw. zu fördern.

Betriebsabrechnungsbogen (BAB) Hilfsinstrument zur Verrechnung der Gemeinkosten, das sich als tabellarisch strukturiertes Formular anlegen lässt und die Gemeinkosten anteilig auf die einzelnen Verbrauchsstellen verteilt.

Betriebsanteile Allgemeine Bezeichnung für den Umfang der Beteiligung eines Anteilnehmers am Gesundheitsbetrieb und seinem Vermögen.

Betriebsmittel Setzen sich aus der gesamten medizintechnischen Ausstattung zusammen, die für die betriebliche Leistungserstellung benötigt wird, und übernehmen Hilfs-, Schutz- und Ersatzfunktionen menschlicher, medizinischer und pflegerischer Arbeit.

Betriebsrat Wird in privatwirtschaftlich organisierten Betrieben alle vier Jahre in geheimer und unmittelbarer Verhältnis- oder Mehrheitswahl von der Belegschaft gewählt.

Betriebsvereinbarung Enthält mitbestimmungspflichtige Regelungen und stellt eine Vereinbarung zwischen Arbeitgeber und Betriebsrat über eine betriebliche Angelegenheit dar, die betriebsverfassungsrechtlich zu regeln ist.

Bewahrungsstrategie Marketingstrategie mit der Beibehaltung des bisherigen Angebots von Behandlungsleistungen auf den bisherigen Märkten.

Bewertungsmaßstab zahnärztlicher Leistungen (BEMA) Honorarsystem, nach dem vertragszahnärztlich erbrachte, ambulante Leistungen der gesetzlichen Krankenversicherung abgerechnet werden.

Bewertungsrelation Gibt den ökonomischen Schweregrad eines medizinischen Falles und in Verbindung mit dem Basisfallwert den Erlös eines Falles an.

Bilanz Gegenüberstellung von Mittelverwendung und Mittelherkunft oder Vermögen (Aktiva) und Eigenkapital bzw. Schulden (Passiva), wozu die Bestandskonten (Vermögens- und Kapitalkonten) der Buchhaltung des Gesundheitsbetriebs am Ende des Buchungszeitraums saldiert und der Saldo in die Bilanz zusammen mit den Inventarpositionen aufgenommen werden.

Blockschaltbild Matrix mit miteinander verknüpft Tätigkeiten, Stellen und Aufgaben im Gesundheitsbetrieb, wobei im jeweiligen Schnittpunkt von Zeilen und Spalten beispielsweise Aufgaben, Eingabedaten, Ergebnisdaten oder Datenträger genannt werden können.

Break-Even-Analyse Beantwortet die Frage, bei welchem Umsatz und bei welcher Behandlungsmenge die Verlustzone verlassen und im Gesundheitsbetrieb Gewinne erwirtschaftet werden.

Businessplan Hilfsmittel des Business Planning zur Bewertung und Kommunikation von Geschäftsideen in der Gesundheitswirtschaft, das seine Kernaspekte und ihre Umsetzung strukturiert beschreibt.

Change Management Maßnahmen und Tätigkeiten des Veränderungsmanagements, die umfassende, betriebsübergreifende und inhaltlich weit reichende Veränderungen zur Umsetzung von neuen Strukturen und Prozessen in einem Gesundheitsbetrieb zum Ziel haben.

Corporate Social Responsibility (CSR) Soziale Verantwortlichkeit von Gesundheitsbetrieben als Beispiel für die Einhaltung moralischer Kriterien, die durch soziale Einzelengagements, Nachhaltigkeitsberichte, Umweltschutzbeiträge etc. über die eigentliche medizinische oder pflegerische Versorgung hinaus eine verantwortungsethische Sichtweise wiedergeben.

Critical Incident Reporting-System (CIRS) Anonymisiertes Fehlerberichtssystem, welches durch die Meldung kritischer Ereignisse dazu beiträgt, die eigenen Prozesse zu überprüfen, um die gemeldeten Fehler zu vermeiden.

Darlehen Kredit, der in einer Summe oder in Teilbeträgen dem Gesundheitsbetrieb zur Verfügung gestellt wird und in festgelegten Raten (Ratenkredit, Tilgungskredit) oder auf einmal nach Ablauf der vertraglich geregelten Laufzeit zurückzuzahlen ist (Kredit mit Endfälligkeit).

Deckungsbeitragsrechnung Eine spezielle Form der Teilkostenrechnung, bei der die Erlöse des Kostenträgers mit einbezogen werden und die Differenz zwischen den zurechenbaren Erlösen und Kosten des Kostenträgers den Deckungsbeitrag bildet.

Diagnosis Related Groups (DRG) Fassen diejenigen Fälle im Gesundheitsbetrieb zusammen, welche in Bezug auf den diagnostischen, therapeutischen und versorgungstechnischen Aufwand von Beginn an bis zum Ende des Aufenthaltes einen ähnlichen Ressourcenverbrauch aufweisen, und dadurch auch in Bezug auf ihre Kosten weitgehend einheitlich sind. Dadurch, dass jeder Patient einer Fallgruppe nach DRG zugeordnet wird, erfolgt eine Honorierung der stationären Behandlung zu pauschalisierten Preisen.

Diagnostik Umfasst die genaue Zuordnung von Zeichen, Befunden oder Symptomen durch Anamnese, Funktionsuntersuchungen, Sonografie, Endoskopie, Druckmessungen, Laboranalytik von Blutwerten, bildgebende Verfahren (beispielsweise durch Röntgendiagnostik, Computertomographie (CT), Magnetresonanztomographie (MRT) etc.) zu einem Krankheitsbild oder einer Symptomatik und liefert Informationen über den Gesundheitszustand des Patienten bzw. erforderliche Behandlungsaktivitäten.

Dienstvereinbarung Tritt in Betrieben mit öffentlich-rechtlicher Trägerschaft (Anstalten, Eigenbetriebe etc.) an die Stelle der Betriebsvereinbarung.

Digital Imaging and Communications in Medicine (DICOM) Herstellerübergreifender Übertragungsstandard von digitalen Patienten- und Bilddaten hauptsächlich in der Radiologie und im Befundmanagement.

Disease-Management-Programme (DMP) Systematische Behandlungsprogramme für chronisch kranke Menschen.

Durchdringungsstrategie Marketingstrategie mit der Erhöhung des Patientenzuspruchs bei den vorhandenen Zielgruppen durch geeignete Marketingmaßnahmen.

E-Health Elektronische Unterstützung bzw. Digitalisierung von Prozessen im Bereich von Medizin- und Pflege, zum anderen aber auch neue Leistungen und Problemlösungen, die erst aufgrund der dahinterstehenden informations- und kommunikationstechnologischen Entwicklung möglich werden.

Eigenbetrieb Organisatorisch und finanzwirtschaftlich, aber nicht rechtlich selbständige Rechtsform auf der Grundlage der Gemeinde- bzw. der Kreisordnungen der Bundesländer.

Einheitlicher Bewertungsmaßstab (EBM) Honorarsystem, nach dem vertragsärztlich erbrachte, ambulante Leistungen der gesetzlichen Krankenversicherung abgerechnet werden.

Einsatzfaktoren Tragen unmittel oder mittelbar zum betrieblichen Erstellungsprozess von Gesundheitsleistungen bei, wie
- die menschliche Arbeitsleistung am Patienten,
- der Einsatz von medizintechnischen und sonstigen Betriebsmitteln,
- die Verwendung von medikamentösen, medizinischen, pharmazeutischen Heilmitteln und sonstigen Stoffen.

Einzelbewertungsverfahren Haben das Schema von Bilanz oder Inventar als Grundlage, wobei der Liquidationswert von der Zerschlagung des Gesundheitsbetriebs ausgeht und der Substanzwert von dessen Fortführung.

Einzelgesellschaft Personengesellschaft, deren Eigenkapital von natürlichen Personen aufgebracht wird und deren Inhabende den Gesundheitsbetrieb verantwortlich leiten, das Risiko alleine tragen und unbeschränkt für alle Verbindlichkeiten haften.

Einzelkosten Kosten, die einem Leistungsobjekt im Gesundheitsbetrieb direkt zugerechnet werden können, wie beispielsweise die unmittelbare Zuordnung anteiliger Kosten bei einer Behandlungsleistung.

Einzugsgebiet Zusammenhängender, räumlichen Bereich, aus dem sich potenzielle Nachfragende medizinischer Leistungen und Patienten generieren.

Elektronische Gesundheitskarte (eGK) Personenbezogener Sichtausweis im Scheckkartenformat, bietet erweiterte Möglichkeiten innerhalb der Telematikinfrastruktur, speichert wesentliche Patientendaten nach SGB und muss unter anderem geeignet sein, Angaben aufzunehmen für die Übermittlung ärztlicher Verordnungen in elektronischer und maschinell verwertbarer Form.

Elektronische Patientenakte (ePA) Digitalisierte Dokumentation aller Patientendaten, die dessen Krankheits- und Behandlungsverlauf wiedergeben, wobei die ePA keine problemorientierte, das papierbasiertem Karteisystem ersetzendes elektronische Pendant darstellt, sondern eher einer prozessorientierten Dokumentation gleicht mit den notwendigen Befunddaten, zugehöriger Korrespondenz, Diagnosen, Behandlungsverläufen und -ergebnissen, unter weitestgehender Nutzung und Integration verschiedener Medien, wie digitale Fotografien, Bilder oder Grafiken.

Elektronischer Arztbrief (eArztbrief) Unterstützt die Arztbriefkommunikation, indem die wichtigsten Inhalte wie Fragestellung, Anamnese, Befunde, Diagnosen, Therapien bzw. Behandlungsmaßnahmen in digitaler Form an den Adressaten übermittelt werden.

Elektronischer Berufsausweis (eBA) Ist für nichtärztliche Mitarbeitende in Gesundheitsbetrieben gedacht und mit eingeschränkten Zugriffsberechtigungen auf die eGK ausgestattet.

Elektronischer Heilberufsausweis (eHBA) Ist gemäß dem SGB V und den Heilberufs- und Kammergesetzen der Länder ein personenbezogener Sichtausweis im Scheckkartenformat, mit dem Ärzte und Ärztinnen, Zahnärzte und Zahnärztinnen sowie Physiotherapeuten und Physiotherapeutinnen auf die Patientendaten der eGK zugreifen, die Datenübertragung rechtsgültig signieren und ver- bzw. entschlüsseln können, sodass Telematikanwendungen wie beispielsweise elektronische Arztbriefe Rezepte oder Arzneimitteldokumentationen möglich werden.

Elektronischer Reha-Entlassungsbericht Übernimmt als einheitlicher Entlassungsbericht in der medizinischen Rehabilitation der gesetzlichen Rentenversicherung die relevanten Elemente des Arztbriefs und wird zwischen Rehabilitationsbereich, ambulantem und stationärem Sektor ausgetauscht.

Elektronischer Reha-Kurzbrief Sonderform des eArztbriefs, der die nachbetreuenden Ärzte über wesentliche Inhalte und Ergebnisse der medizinischen Leistungen zur Rehabilitation informiert und dazu wichtige Daten zur Nachsorge, Informationen über den Verlauf der Rehabilitation, Rehabilitationsdiagnosen, die empfohlene Medikation und über die weitergehenden Nachsorgemaßnahmen sowie die sozialmedizinische Beurteilung in Kurzform enthält.

Elektronisches Gesundheitsberuferegister (eGBR) Übernimmt die Ausgabe von elektronischen Heilberufs- und Berufsausweisen (eHBA/eBA) an die Angehörigen von Gesundheitsfachberufen, Gesundheitshandwerkern und sonstigen Erbringern ärztlich verordneter Leistungen.

Empfehlungen Lenken die Aufmerksamkeit der Ärzteschaft und der Öffentlichkeit auf bestimmte Themen oder Sachverhalte, indem umfassende Informationen und Anregungen, Ratschläge oder Hinweise sowie konsentierte Lösungsstrategien zu ausgewählten Fragestellungen vermittelt werden.

Empfehlungsmarketing Lässt sich für den Gesundheitsbetrieb als die Neupatientengewinnung aufgrund der Empfehlung von zufriedenen Patienten definieren.

Entscheidung Stellt im Gesundheitsbetrieb nicht zwangsläufig immer eine bewusste Wahl zwischen zwei oder mehreren Alternativen anhand bestimmter Entscheidungskriterien oder Präferenzen dar, da oftmals auch nicht die Wahl einer bestimmten Alternative, sondern die Unterlassung einer Handlung als Entscheidungsergebnis anzusehen ist.

Entscheidungstheorie Nach Edmund Heinen (1919–1996) werden im übertragenen Sinne Entscheidungssituationen in Gesundheitsbetrieben analysiert und systematisiert, um die Elemente einer Arztpraxis oder eines Krankenhauses sowie die Zusammenhänge zwischen diesem und dem allgemeinen Gesundheitsmarkt zu erklären und um Regeln zu entwickeln, wie die beste Entscheidung in bestimmten Entscheidungssituationen getroffen werden kann.

E-Procurement Elektronische Materialbeschaffung über das Internet, in der Regel über Lieferantensysteme, bei denen der Gesundheitsbetrieb sich hinsichtlich Bestellmodalitäten und Zahlungsabwicklung am vorgegebenen System des jeweiligen Lieferanten orientiert.

Erfolgsrechnung Aufwands- und Ertragsrechnung, die zur Ermittlung des wirtschaftlichen Erfolgs der Gesundheitseinrichtung innerhalb eines bestimmten Zeitabschnitts dient.

Ertragswertmethode Basiert auf der Annahme, dass der Wert des Gesundheitsbetriebs sich als Summe zukünftiger Erträge darstellt, die auf den Zeitpunkt der Veräußerung abgezinst werden, wobei der Veräußerer als Ausgleich für den Verzicht auf die Erträge somit von dem Käufer die Summe dieser Erträge in abgezinster Form erhält, sodass bei dieser Abdiskontierung der Wert der zukünftigen Ertragssumme zum Verkaufszeitpunkt errechnet und davon ausgegangen wird, dass der Gegenwartswert abnimmt, je weiter die prognostizierten Summen in der Zukunft liegen.

Ethik Betrifft alle im Gesundheitswesen tätigen Einrichtungen und Menschen und befasst sich mit den sittlichen Normen und Werten, die sich Ärzte, Patienten, Pflegekräfte, Institutionen und Organisationen, letztendlich die gesamte Gesellschaft in Gesundheitsfragen setzen: Im Zentrum stehen dabei die Unantastbarkeit der Menschenwürde und der Lebensschutz, die Patientenautonomie, das allgemeine Wohlergehen des Menschen, sowie das Verbot, ihm zu schaden.

Europäische Gesellschaft (Societas Europaea, SE) Rechtsformen nach Europäischem Recht, als nach weitgehend einheitlichen Rechtsprinzipien gestaltbare Aktiengesellschaft in der EU.

Europäisches Praxisassessment (EPA) Qualitätsmanagement für Arztpraxen des AQUA-Instituts für angewandte Qualitätsförderung und Forschung im Gesundheitswesen GmbH, welches im Rahmen einer Kooperation von Wissenschaftlern der Universitäten Göttingen und Hannover aus der 1993 gegründeten Arbeitsgemeinschaft Qualitätssicherung in der ambulanten Versorgung entstand.

Europäische Stiftung für Qualitätsmanagement (EFQM) Wurde 1988 als European Foundation for Quality Management (EFQM) und gemeinnützige Organisation auf

Mitgliederbasis von 14 führenden Unternehmen mit dem Ziel, treibende Kraft für nachhaltiges Qualitätsmanagement in Europa zu sein, gegründet.

Evidenzbasierte Medizin Hat bei jeder medizinischen Behandlung deren empirisch nachgewiesene Wirksamkeit (aus möglichst vielen randomisierten, kontrollierten Studien oder zumindest klinischen Berichten) zum Ziel.

Factoring Laufender Ankauf von Geldforderungen gegen einen Drittschuldner (Patient) aus Leistungen des Gesundheitsbetriebs durch ein Finanzierungsinstitut (Factor), welches gegen Entgelt das Ausfallrisiko, die Buchführung sowie das Mahnwesen übernimmt und dem die Patientenforderungen verkaufenden Gesundheitsbetrieb sofort Liquidität zur Verfügung stellt.

Fahrerlose Transportsysteme Rationalisieren die Materialströme in Gesundheitsbetrieben durch planbare innerbetriebliche Materialtransporte (Wäschever- und -entsorgung, Verpflegungsbereitstellung etc.), bei denen Zeitpunkt, Gegenstand und Behältnis frühzeitig definiert werden können.

Faktorentheorie Nach Erich Gutenberg (1897–1984) und seinem Gesetz der Faktorkombination als Basis einer leistungserstellungs- und kostentheoretischen Betrachtung, stehen der Faktoreinsatz (die menschlichen Arbeitsleistungen am Patienten, der Einsatz von medizintechnischen und sonstigen Betriebsmitteln, die Verwendung von medikamentösen, medizinischen, pharmazeutischen Heilmitteln und sonstigen Stoffen) und Faktorertrag (Behandlungsleistungen) in Beziehung zueinander.

Faktorkombinationsprozess Bei ihm werden die gesundheitsbetrieblichen Einsatzfaktoren zum Zwecke der Leistungserstellung miteinander kombiniert.

Fallpauschale Abrechnung der Leistungen der Krankenhäuser nicht mehr tageweise, sondern pauschal je nach Krankheit, wobei sich die Pauschalen nach Krankheitsarten, durchgeführter Behandlung und verschiedenen Schweregraden einer Erkrankung unterscheiden.

Finanzbuchhaltung Erfasst den außerbetrieblichen Wertetransfer eines Gesundheitsbetriebs aus den Geschäftsbeziehungen mit Patienten, Lieferanten, Gläubigern und die dadurch bedingten Veränderungen der Vermögens- und Kapitalverhältnisse.

Finanzierung Beinhaltet im Gesundheitsbetrieb die Beschaffung und Rückzahlung der finanziellen Mittel, die für betriebliche Investitionen notwendig sind und die sich nach der Mittelherkunft und der Funktion der Mittelgeber in externe und interne bzw. Eigen- und Fremdfinanzierung einteilen lassen.

Firma Handelsrechtlicher Namen, mit dem ein Unternehmen in der Öffentlichkeit auftritt.

Fixkosten Beschäftigungsunabhängige Kosten, die unabhängig von der Leistungsausbringung des Gesundheitsbetriebs entstehen, auch bei unterschiedlicher Leistungsmenge konstant bleiben und auch bei Nichtbehandlung von Patienten anfallen.

Flächendesinfektion Umsetzung der Anforderungen des Robert-Koch-Instituts (RKI), die beispielsweise den Umgang, die Aufbereitung und Aufbewahrung von zum mehrmaligen Gebrauch bestimmter Reinigungs- und Wischtücher umfassen, den Reinigungsvorgang beschreiben (Nassreinigung mit ausreichender Menge des Desinfektionsmittels und Vermeidung von Feuchtreinigen bzw. nebelfeuchtem Wischen) oder den Einsatz von Sprühdesinfektion, den Umgang mit kontaminiertem Material und die Einhaltung der Einwirkzeiten regeln.

Flussdiagramm Ist an die Symbolik eines Datenflussplanes nach DIN 66001 angelehnt und bietet den Vorteil, auch Alternativen, Schleifen und Parallelbearbeitungen im Gesundheitsbetrieb gut darstellen zu können.

Führungsmodelle Führungsinstrumente im Gesundheitsbetrieb, die in der Regel alle auf dem kooperativen Führungsstil aufbauen, sich gegenseitig nicht ausschließen und in erster Linie organisatorische Probleme und ihre Lösung im Rahmen der Führungsaufgabe beinhalten, wie beispielsweise
- Führung durch Aufgabendelegation (Management by delegation),
- Führung nach dem Ausnahmeprinzip (Management by exception),
- Führen durch Zielvereinbarung (Management by objectives),
- Führung durch Ergebnisorientierung (Management by results).

Führungsstil Unterschiedlicher Ausdruck des Verhaltens im Führungsprozess, je nachdem, ob die vorgesetzte Person in einem Gesundheitsbetrieb mehr mit den Mitteln der Autorität, des Drucks und Zwangs oder mehr mit den Mitteln der Überzeugung, der Kooperation und Partizipation vorgeht.

Funktionsmatrix Verknüpft die Aufgaben und Befugnisse des Gesundheitsbetriebs mit seinen Stellen, wobei üblicherweise in den Spalten die Stellen und in den Zeilen die Aufgaben ausgewiesen und im Schnittpunkt zwischen Spalten und Zeilen die Art der Aufgaben und/oder Befugnisse dargestellt werden.

Gebührenordnung für Ärzte/Zahnärzte (GOÄ/GOZ) Regelt die Abrechnung aller medizinischen Leistungen außerhalb der gesetzlichen Krankenversicherung und stellt damit die Abrechnungsgrundlage für selbstzahlende Privatpatienten, als auch für alle anderen ärztlichen Leistungen dar.

Gemeinkosten Kosten des Gesundheitsbetriebs, die nur indirekt, unter Zuhilfenahme von Verteilungsschlüssel einzelnen Behandlungsleistungen oder einzelnen Kostenstellen zugerechnet werden können.

Gemeinsamer Bundesausschuss (G-BA) Höchstes Gremium der gemeinsamen Selbstverwaltung im deutschen Gesundheitswesen, das die gesetzlichen Regelungen in praktische Vorgaben für die Gesundheitsbetriebe umsetzt, sodass die von ihm beschlossenen Richtlinien für alle Ärzte und Krankenhäuser als verbindlich gelten.

Genossenschaft Gesundheitsbetrieb mit grundsätzlich nicht beschränkter Mitgliederzahl, welcher die Förderung seiner Mitglieder mittels gemeinschaftlichen Betriebs bezweckt, die Bezeichnung „eingetragene Genossenschaft (eG)" aufweisen muss und erlangt erst mit der Eintragung in das Genossenschaftsregister ihre Rechtsfähigkeit. Zu den wichtigsten Organen zählen Vorstand, der Aufsichtsrat und die Mitgliederversammlung.

German Diagnosis Related Groups (G-DRG) Vergütungssystem nach dem stationäre und mitunter auch teilstationäre Krankenhausleistungen gemäß Krankenhausfinanzierungsgesetz (KHG) abgerechnet werden.

Gesamtbewertungsverfahren Basieren auf dem Kapitalwertannahmen der Investitionstheorie und der Diskontierung zukünftiger Mittelzuflüsse zum Bewertungsstichtag (Ertragswert oder Discounted Cash Flow (DCF) als errechneter Bruttokapitalwert).

Gesamtkosten Setzen sich aus der Summe der fixen und variablen Kosten eines Gesundheitsbetriebs zusammen.

Gesamtkostenrechnung Verfahren der Kostenrechnung zur Ermittlung des Betriebsergebnisses des Gesundheitsbetriebs im Rahmen einer kurzfristigen Erfolgsrechnung, bei der man von den Nettoerlösen aus Kassen und Privatliquidation die Gesamtkosten der Periode abzieht.

Gesellschaft bürgerlichen Rechts (GbR) Verpflichtung von mindestens zwei Gesellschaftern eines Gesundheitsbetriebs, den genau bestimmten gemeinsamen Gesellschaftszweck zu fördern; sie ist nicht rechtsfähig und die Mitglieder der GbR können sowohl natürliche Personen, als auch juristische Personen und/oder andere Personengesellschaften sein.

Gesellschaft mit beschränkter Haftung (GmbH) Juristische Person mit körperschaftlich verfasster Organisationsstruktur und Stammkapital, das aus der Summe der von den Gesellschaftern zu leistenden Stammeinlagen besteht, deren Gesellschaftsvermögen für die Verbindlichkeiten haftet und die der Eintragung in das Handelsregister bedarf.

Gesetzliche Krankenversicherung (GKV) System der gesundheitlichen Sicherung in Deutschland, als ältester Zweig der Sozialversicherung, in dem 90 % der Bevölkerung krankenversichert sind, unabhängig von der Höhe der gezahlten Beiträge alle Versicherten das medizinisch Notwendige erhalten, dessen Beiträge paritätisch von den Arbeitnehmern bzw. von deren Arbeitgebern finanziert werden und dessen Grundlage der Solidarausgleich ist.

Gesundheitsbetrieb In sich geschlossene Leistungseinheit zur Erstellung von Behandlungs- oder Pflegeleistungen an Patienten oder Pflegebedürftigen, die dazu eine Kombination von Behandlungseinrichtungen, medizinischen Produkten und Arbeitskräften einsetzt.

Gesundheitsfond In ihn fließen die GKV-Beiträge und aus ihm erhält jede Krankenkasse pro Versicherten eine pauschale Zuweisung sowie ergänzende Zu- und Abschläge je nach Alter, Geschlecht und Krankheit ihrer Versicherten sowie einen Risikostrukturausgleich zur Berücksichtigung schwerwiegender und kostenintensiver chronischer Krankheiten, sodass eine Krankenkasse, die besser wirtschaftet, ihren Versicherten finanzielle Vergünstigungen gewähren kann und eine, die schlechter wirtschaftet, Zusatzbeiträge erheben muss.

Gesundheitsleistungen Überwiegend immaterielle Dienstleistungen der personenbezogenen Gesundheitsversorgung, die sich durch spezifische Interaktionen der leistungsgebenden und -nehmenden Personen konkretisieren, wobei als konstitutiv für diese Leistungen insbesondere die Immaterialität des Leistungsergebnisses, die Integrativität der Leistungserstellung sowie die Intagibilität der Leistungsfähigkeit gelten.

Gesundheitsökonomik Lässt sich nach Breyer/Zweifel/Kifmann in die beiden Teilbereiche „Ökonomik der Gesundheit" und „Ökonomik des Gesundheitswesens" unterteilen, wobei die „Ökonomik der Gesundheit" untersucht, wie sich Gesundheit im Vergleich zu anderen Gütern bewerten lässt, und die „Ökonomik des Gesundheitswesens" danach fragt, wodurch die Menge und Qualität medizinischer Leistungen determiniert werden, die in einer Gesellschaft erbracht werden.

Gesundheitspolitik Ihre wesentlichen Inhalte sind die Sicherstellung eines effizienten und kostengünstig arbeitenden Gesundheitssystems, die Vermeidung von Krankheiten und Unfällen durch Prävention, die Erzielung einer qualitativ hochwertigen, einkommensunabhängigen Gesundheitsversorgung, gute Arbeitsbedingungen für das Personal im Gesundheitssektor sowie die Zufriedenheit der Bevölkerung mit den Leistungen des Gesundheitssystems.

Gesundheitssystem Regelt die Beziehungen im Gesundheitswesen zwischen dem Staat mit Bund, Ländern, Kommunen, den einzelnen Krankenkassen, den Privatversicherungen, den Unfall-, Pflege- und Rentenversicherungen, den kassenärztlichen und kassenzahnärztlichen Vereinigungen, den Arbeitgeber- und -nehmerverbänden, den versicherten Patienten, ihren Verbänden und ihren Selbsthilfeorganisationen sowie sonstigen im Gesundheitswesen tätigen Interessenverbänden, den Leistungserbringern, also Ärzte und Ärztinnen, Pflegende, Apotheker und Apothekerinnen usw. und anderen eingebundenen Gruppierungen.

Gewinn- und Verlustrechnung (GuV) Ist als eine periodische Erfolgsrechnung Bestandteil des gesundheitsbetrieblichen Jahresabschlusses, wird nach handelsrechtlichen Bestimmungen erstellt und stellt die Erträge und Aufwendungen eines Geschäftsjahres gegenüber.

Gewinnvergleichsrechnung Hat zum Ziel, die bei verschiedenen Investitionsalternativen im Gesundheitsbetrieb zu erwartenden Jahresgewinne miteinander zu vergleichen, etwa im Fall von Ersatzinvestitionen den Vergleich des durchschnittlichen Jahresgewinns des alten Geräts mit dem durchschnittlichen geschätzten Jahresgewinn des neuen.

GmbH & Co. KG Kommanditgesellschaft und somit eine Personengesellschaft, an der eine GmbH als Komplementär beteiligt ist, wobei die Haftung für ihre Verbindlichkeiten somit auf die Kommanditisten bis zur Höhe ihrer Einlage und auf die GmbH mit ihrem auf einen Haftungshöchstbetrag begrenzten Vermögen beschränkt ist.

Gruppe Steht aufbauorganisatorisch zwischen der Stelle und der Abteilung und besteht aus einer Anzahl von Mitarbeitern (in der Regel 4–7), die eine gemeinsame Aufgabe funktions- und arbeitsteilig im Gesundheitsbetrieb durchführen.

Grenzplankostenrechnung Weiterentwicklung der Plankostenrechnung unter Berücksichtigung von Teilkosten, die das Verursacherprinzip verwendet, um die Grenzkosten (Kosten, die aufgrund der Durchführung eines zusätzlichen Behandlungsfalles bzw. Pflegemaßnahme entstehen) auf die Kostenträger umzurechnen.

Guidelines International Network (GIN) Weltweite Vereinigung medizinischen Organisationen, Ärzten und Wissenschaftlern mit dem Ziel, internationaler Entwicklung und Verbreitung medizinischer Leitlinien auf der Grundlage evidenzbasierter Medizin.

Händedesinfektion Einsatz von hochdosierten alkoholischen Präparaten auf Propanol- und/oder Ethanolbasis (Verbesserung der Viruswirksamkeit), von Spendereinrichtungen mit Ellenbogenbedienung sowie Berücksichtigung einer ausreichenden Einwirkzeit.

Hautdesinfektion Richtet sich nach Ausmaß und Gefährdungsgrad der Eingriffe (invasive Untersuchungen, kleinere invasive Eingriffe, Operationen) und reicht beispielsweise vom Einsatz eines aufgesprühten Antiseptikums bei eingehenden klinischen Untersuchungen, Injektionen, oder Legen von peripheren Verweilkanülen für Kurzzeitinfusionen, über eine satt aufgetragene Antiseptik bei ausgedehnter primärere Wundversorgung, Interventionen, Punktionen von Gelenken oder Körperhöhlen (hinzu kommt das Tragen steriler Handschuhe, Kittel etc.), der Anwendung von unverdünnt und mit satt getränkten sterilen Stiel-Tupfern aufträgen Desinfektionsmittel vor Operationen, bei denen die Haut im Eingriffsgebiet über den gesamten Zeitraum feucht gehalten werden muss, bis hin zu besonderen Anforderungen bei der Desinfektion von talgdrüsenreicher Haut oder Schleimhäuten.

Health 7 Level Als Kommunikationsstandard vor allem im Krankenhausbereich verbreitet, der zum Datenaustausch zwischen Abteilungssystemen eingesetzt wird.

Health Process Continuity Management An den zeitkritischen Prozessen der Gesundheitseinrichtung orientierter, ganzheitlicher systematischer Prozess zur Prävention und Bewältigung von plötzlichen, unvorhergesehenen negativen Ereignissen, welche erhebliche Auswirkungen auf die Einrichtung hätten, mit dem Ziel, das Gefahrenpotenzial von Risiken in Bezug auf die Kernprozesse zu identifizieren und effektive präventive und reaktive Maßnahmen zu etablieren.

Health Process Impact Analyse Liefert als Folgeschädenabschätzung oder Betriebsunterbrechungsanalyse die notwendigen Informationen über die kritischen Prozesse und Ressourcen in einer Gesundheitseinrichtung; ist ein Verfahren, um die Wiederanlaufpunkte der Prozesse zu definieren, eine Priorisierung für den Wiederanlauf und damit die Kritikalität der Prozesse festzulegen und die benötigten Ressourcen zu identifizieren und hat die Aufgabe zu ermitteln, welche Prozesse wichtig und damit kritisch für die Aufrechterhaltung des Betriebs der Gesundheitseinrichtung sind und welche Folgen ihr Ausfall haben kann.

Health Process Reengineering Prozessoptimierungskonzept, das eine grundlegende, radikale Neugestaltung und Flexibilisierung aller im Gesundheitsbetrieb ablaufenden Prozesse zum Inhalt hat, um die Kostensituation und die Handlungsgeschwindigkeit zu verbessern.

Heim-Software Informationstechnische Lösungen für Pflegeeinrichtungen zur zentralen Verwaltung und Verarbeitung administrativer Daten (Bewohnerdaten Aufnahme, Basisdokumentation, Erfassen und Fakturieren von abrechnungsorientierten Daten, Generieren von Listen und Statistiken, Taschengeldverwaltung, Kommunikation mit den Kostenträgern etc.) sowie pflegerelevanter Daten (Material- und Medikamentenerfassung, Pflegedokumentation, Essensanforderung, Stationsorganisation, Dienstplanung etc.).

Hospital Ursprüngliche Bezeichnung für Pflegeeinrichtungen, die regional auch mit Krankenhäusern (Spitäler) gleichgesetzt wird.

Hygiene-Informationssystem (HIS) Zentrales Monitoring hygienisch relevanter Daten zur interdisziplinären Qualitätssicherung innerhalb der Krankenhaushygiene (beispielsweise Früherkennung von multiresistenten Erregern, Häufungen von Infektionen etc.).

Hygieneplan Ist nach IfSG und nach TRBA 250 letztendlich für das gesamte Gesundheitswesen vorgeschrieben und enthält Angaben zum Objekt, Art, Mittel, Zeitpunkt und Verantwortlichkeit über einzelne Hygienemaßnahmen im Gesundheitsbetrieb.

ICD-10 Internationale statistische Klassifikation der Krankheiten und verwandter Gesundheitsprobleme, die als amtliche Klassifikation zur Verschlüsselung von Diagnosen in der ambulanten und stationären Versorgung in Deutschland und in der 10. Revision German Modification (ICD-10-GM) vom DIMDI im Auftrag des Bundesministeriums für Gesundheit herausgegeben wird; seit 2022 ist für eine mehrjährige Übergangsfrist der ICD-11 ebenfalls gültig.

Individualarbeitsrecht Bezieht sich auf das Arbeitsverhältnis des einzelnen Arbeitnehmers mit dem jeweiligen Gesundheitsbetrieb.

Individuelle Gesundheitsleistungen (IGeL) Leistungen, die Gesundheitsbetriebe ihren Patienten gegen Selbstzahlung anbieten können, und die nach einer Definition der Bundesärztekammer generell oder im Einzelfall nicht der Leistungspflicht der GKV unterliegen, aus ärztlicher Sicht erforderlich oder empfehlenswert, zumindest aber vertretbar sind und von Patientinnen und Patienten ausdrücklich gewünscht werden.

Infirmarium Klösterliches Krankenhaus oder innerhalb eines Klosters befindlicher Krankensaal der Mönche und ihrer Klostermedizin.

Informationssicherheitsmanagement (ISM) Hat zur Aufgabe, die Informationssicherheit im Gesundheitsbetrieb dauerhaft zu definieren, zu steuern, zu kontrollieren, aufrechtzuerhalten und fortlaufend zu verbessern, wozu die Schutzziele Vertraulichkeit, Verfügbarkeit, Integrität und Authentizität in Bezug auf Informationen und Ressourcen betrachtet werden.

Insolvenz Gerichtliches Verfahren, das auf Antrag des Gesundheitsbetriebs oder eines Gläubigers durch Eröffnungsbeschluss des zuständigen Amtsgerichts (Insolvenzgericht) eröffnet wird und durch Zwangsvollstreckung die gleiche und gleichmäßige Verteilung des betrieblichen Vermögens unter die Gläubiger bezweckt, soweit nicht in einem Insolvenzplan eine abweichende Regelung, insbesondere zum Erhalt des Gesundheitsbetriebs (Sanierung), getroffen wird.

Instandhaltung Aus der DIN-Norm 31051 lassen sich als Aufgaben der Instandhaltung von Betriebsmitteln des Gesundheitsbetriebs die Wartung, Inspektion, Instandsetzung und Verbesserung ableiten, um die Funktionsfähigkeit der medizintechnischen Geräte zu erhalten oder sie bei Ausfall wiederherzustellen.

Institut für Qualitätsmanagement im Gesundheitswesen GmbH (IQMG) Wurde 2001 als Tochterunternehmen des Bundesverbandes Deutscher Privatkliniken e. V. (BDPK) gegründet und hat als Aufgaben das Entwickeln und Verbreiten von Instrumenten der Qualitätsentwicklung für Rehabilitationseinrichtungen und Krankenhäuser.

Institut für Qualitätssicherung und Transparenz im Gesundheitswesen (IQTIG) Wurde 2015 durch den G-BA gegründet und erarbeitet in seinem Auftrag Maßnahmen zur Qualitätssicherung und zur Darstellung der Versorgungsqualität im Gesundheitswesen bzw. wirkt an deren Umsetzung mit.

Institut für Qualität und Wirtschaftlichkeit im Gesundheitswesen (IQWiG) Erstellt im Einzel- oder Generalauftrag von Gemeinsamen Bundesausschuss (G-BA) und Bundesgesundheitsministerium (BMG) unabhängige, evidenzbasierte Gutachten zu Arzneimitteln, nichtmedikamentösen Behandlungsmethoden, Verfahren der Diagnose und Früherkennung (Screening), Behandlungsleitlinien und Disease Management Programmen (DMP) sowie allgemeinverständliche Gesundheitsinformationen für alle Bürgerinnen und Bürger.

Inventar Mengenmäßiges Verzeichnis aller Vermögensgegenstände und Schulden des Gesundheitsbetriebs.

Inventur Stichtagsbezogene oder laufende körperliche Bestandsaufnahme aller Sachvermögensgegenständen des Gesundheitsbetriebs durch Zählen, Wiegen etc. zur Erstellung des Inventars.

Inventurmethode Ermittelt den Materialverbrauch in einem Zeitraum als Differenz zwischen Anfangsbestand und Endbestand, weshalb zu Beginn und zum Ende des Zeitraumes der Materialbestand gezählt werden muss.

Investitionsrechnung Verfahren zur Beurteilung verschiedener Investitionsalternativen im Gesundheitsbetrieb als Planungsrechnung vor der Entscheidung und als Kontrollrechnung während und nach der Entscheidungsdurchführung, die Aussagen über die Wirtschaftlichkeit einer Investition in den Gesundheitsbetrieb oder mehrerer Investitionsalternativen liefern, und die hinsichtlich der quantifizierbaren Faktoren eine Grundlage von Investitions- und Finanzierungsentscheidungen darstellen können.

ISO 9000/9001 Normenfamilie der International Organization for Standardization (ISO), die eine Gruppe von Managementsystemnormen darstellt, die sich auch auf Gesundheitsbetriebe übertragen lassen, wobei ein Weg zur Schaffung von Kompetenz und Vertrauen in die Qualitätsfähigkeit eines Gesundheitsbetriebs aufgezeigt werden soll.

Istkostenrechnung Gibt Aufschluss darüber, welche Kostenarten in welcher Höhe in einer abgeschlossenen Periode angefallen sind, unterliegt dabei auch der Gefahr zufälliger Schwankungen, liefert Informationen über die im Rahmen des *externen* Rechnungswesens gesetzlich nachzuweisenden tatsächlichen Aufwendungen und kann auf Voll- oder Teilkostenbasis erfolgen.

IT-Grundschutz Verfolgt als Methode, Anleitung, Empfehlung und Hilfe zur Selbsthilfe einen ganzheitlichen Ansatz zur Informationssicherheit, der neben technischen Aspekten auch infrastrukturelle, organisatorische und personelle Themen berücksichtigt und der zugleich ermöglicht, durch ein systematisches Vorgehen notwendige Sicherheitsmaßnahmen zu identifizieren und umzusetzen, wobei das IT-Grundschutz-Kompendium konkrete Anforderungen und die BSI-Standards hierzu bewährte Vorgehensweisen liefern.

Jahresabschluss Wird auf der Grundlage des Inventars gebildet und besteht aus der Bilanz, der GuV, sowie bei Gesundheitsbetrieben in Form von mittleren und großen Kapitalgesellschaften aus einem Anhang und einem Lagebericht.

Jahresarbeitszeitmodell Variabler Bestandteil eines normalen Arbeitsvertrages, der die einem Jahr zu erbringende Stundenzahl an Arbeitszeit festlegt; ermöglicht eine ungleichmäßige Verteilung der Arbeitszeit.

Job-Sharing Mehrere Arbeitskräfte in einem Gesundheitsbetrieb teilen sich eine bestimmte Anzahl von Arbeitsplätzen.

Kapazitätsangebot Gibt an, welche Leistung an einem Behandlungsplatz in einem bestimmten Zeitraum erbracht werden kann.

Kapazitätsbedarf Gibt an, welche Leistung die einzelnen Behandlungsmaßnahmen an einem Behandlungsplatz benötigen.

Kapazitätsorientierte variable Arbeitszeit (KapoVAz) Abrufarbeit, bei der der Gesundheitsbetrieb die Arbeitsleistung der Mitarbeitenden auf der Grundlage eines Einzelvertrages und eines vorgegebenen Arbeitszeitkontingentes entsprechend dem gegebenen betrieblichen Arbeitsanfall anpasst.

Kapazitätsplanung Bei ihr werden die Kapazitätsbedarfe aus der vorliegenden Behandlungsplanung berücksichtigt und die Kapazitätsbelastung durch geplante Behandlungsmaßnahmen dem Kapazitätsangebot an medizinischem Personal, benötigter Geräteausstattung, OP-Räumlichkeiten etc. gegenübergestellt, wobei anhand der aktuellen Auslastung der Behandlungskapazitäten geeignete Instrumente zum Kapazitätsabgleich zur Anwendung gelangen, um einerseits eine möglichst gleichmäßig hohe Kapazitätsauslastung zu erreichen und andererseits für möglichst viele Behandlungsmaßnahmen die vereinbarten oder erforderlichen Termine einzuhalten.

Kapital Dient zur Deckung des Liquiditätsbedarfs des Gesundheitsbetriebs, als wertmäßiger Ausdruck für die Gesamtheit der Sach- und Finanzmittel, die ihm zur Verfügung stehen, aufgeteilt nach der Überlassungsform in Eigen- und Fremdkapital.

Kapitalgesellschaft Stellt im Gegensatz zur Personengesellschaft eine körperschaftlich verfasste Personenvereinigung mit eigener Rechtspersönlichkeit (juristische Person) dar.

Kapitalwertmethode Ermittelt den Kapitalwert zur Beurteilung von Investitionen und Finanzierungsmaßnahmen im Gesundheitsbetrieb als Differenz zwischen dem jeweiligen

Gegenwartswert (Barwert) aller Einnahmen und Ausgaben, wobei unter Barwert auf den Entscheidungszeitpunkt abgezinste Zahlungen zu verstehen sind.

Kassen(zahn)ärztliche Vereinigungen (KVen, KZVen) Körperschaften des öffentlichen Rechts, welche die (zahn-)ärztliche Versorgung für die Versicherten der gesetzlichen Krankenkassen ihrer Region sicherstellen und die sich mit den Landesverbänden der Krankenkassen auf die Vergütung der (zahn-)ärztlichen Leistungen, welche die KVen/KZVen unter ihren Mitgliedern verteilen, verständigen.

Kennzahlen Vordefinierte Zahlenrelationen, die durch Kombination von Zahlen des Rechnungswesens entstehen, regelmäßig ermittelt werden und aus denen sich Aussagen zu betriebswirtschaftlichen Sachverhalten des Gesundheitsbetriebs komprimiert und prägnant ableiten lassen.

Kernprozesse Sie liefern einen wesentlichen Beitrag zum Erfolg des Gesundheitsbetriebs, entfalten eine starke Außenwirkung und bieten das größte Potenzial für eine Prozessoptimierung, sowohl durch Verbesserung der Leistungserstellung und damit des Patientenservices, der Produktivität und durch Senkung der Kosten.

Klinik Lässt sich begrifflich aus dem griechischen Wort kline ableiten, das sind Liegen, auf die die Kranken von Tempeldienern (Therapeuten) gegen ein Honorar gelegt wurden, und wird heute als Synonym für Krankenhaus oder die Abteilung einer Fachrichtung verwendet bzw. bezeichnet das gesamte Krankheitsbild einer Erkrankung.

Klinik-Prozesssteuerungssystem (KPSS) Umsetzung von medizinischen Arbeitsprozessen in der Organisation (Workflow) durch die Verfolgung, Festlegung, Steuerung der Bearbeitung von Dokumenten und Vorgängen wie beispielsweise Leistungsabrechnung, Untersuchungsdokumentation, medizinische Qualitätskontrolle, Diagnosen- und Leistungsverschlüsselung etc.

Klinische Leitlinien Systematisch entwickelte Feststellungen, die die diagnostischen und therapeutischen Entscheidungen über eine angemessene Versorgung für spezifische klinische Umstände unterstützen sollen und dazu in definierten Situationen einen Handlungsspielraum vorgeben.

Klinischer Algorithmus Dient zur Darstellung Klinischer Leitlinien, indem er schrittweise und mithilfe logischer Bedingungen das klinische Problem in einem graphischen Format wiedergibt.

Klinischer Pfad Bei dem Konzept, das auch als Clinical Pathway bezeichnet wird, sind vergleichbare Prozesse für Gesundheitsbetriebe vordefiniert: Die Patienten werden nach einem standardisierten Behandlungsplan, der bestimmte durchzuführende Untersuchungen bzw. Behandlungen festlegt, je nach Krankheitsbild kriterienorientiert und in der Regel interdisziplinär, unter Beteiligung mehrerer Fachdisziplinen durch den Gesundheitsbetrieb durchgeleitet.

Klinisches-Arbeitsplatzsystem (KAS) Unterstützung pflegerischer und ärztliche Tätigkeiten durch ein rechnergestütztes Anwendungssystem an einem Stationsarbeitsplatz beispielsweise zur medizinischen Dokumentation, Pflegedokumentation, Vitalparametererfassung, Anamnese, Befundrückmeldung, Stationsorganisation, Dienstplanung, Medikamenten-, Essens- und Leistungsanforderung, Erstellung von Arztbriefen.

KMU-Kriterien Kriterien der Europäischen Union (EU) für kleine und mittlere Unternehmen, die definierte Grenzen hinsichtlich Beschäftigtenzahl und Umsatzerlös vorgeben (max. 250 Mitarbeitende und einen Umsatzerlös von höchstens 50 Mio. €).

Körperschaft Öffentliche Rechtsform für Gesundheitsbetriebe, die als Körperschaft des öffentlichen Rechts (KdöR) über eine eigene Rechtspersönlichkeit verfügt.

Kollektivarbeitsrecht Umfasst das Arbeitsrecht zwischen allen Mitarbeitenden und den Gesundheitsbetrieben als Arbeitgebende und erstreckt sich, bezogen auf den einzelnen Gesundheitsbetrieb, insbesondere auf das Tarifvertrags- und Mitbestimmungsrecht, auf arbeitsschutzrechtliche Bestimmungen, regelt aber auch etwa die Themen Streik und Aussperrung bei Arbeitskämpfen.

Kommanditgesellschaft (KG) Mindestens ein Gesellschafter haftet als Komplementär voll und mindestens ein weiterer Gesellschafter als Kommanditist nur mit seiner Kapitaleinlage, wobei beide auch eine juristische Person oder eine andere Personenhandelsgesellschaft sein können; für die Position des Kommanditisten kommt jedoch keine GbR in Betracht.

Kommissionierung Zusammenstellung von Medikationen aus sorten- bzw. chargenreinen Lagerbeständen und Wiedereinlagerung nicht verabreichter Medikamente, erfolgt manuell oder anhand elektronischer Verordnungsdaten automatisch und Medikament bzw. Patient können beispielsweise mit Barcode Lesern verifiziert werden.

Kompetenznetze Überregionale medizinische Netzwerke als Kooperationsstrukturen, die den Wissenstransfer aus der Grundlagenforschung in die anwendungsnahe Forschung und die Industrie verbessern sollen, damit aktuelle Forschungsergebnisse vielfach nicht nur mit erheblicher zeitlicher Verzögerung in der medizinischen Breitenversorgung angewendet werden und forschungsrelevante Themen des medizinischen Alltags stärker in die Forschung eingebracht werden können.

Konflikte Gegensätzliches Verhalten (von Mitarbeitenden), das auf mangelnder gegenseitiger Sympathie, unterschiedlichen Interessen, Widerstreit von Motiven oder Konkurrenzdenken beruht.

Kontinuierlicher Verbesserungsprozess (KVP) Prozessoptimierungskonzept, das eine stetige Verbesserung der medizinischen Leistungserstellungs-, Prozess- und Patientenservicequalität zum Ziel hat.

Kontokorrentkredit Barkredit in laufender Rechnung, den Banken und Sparkassen auf einem laufenden Konto (Kontokorrentkonto) zur Verfügung stellen und den die Gesundheitsbetriebe als Kreditnehmende innerhalb der vereinbarten Laufzeit im Rahmen der abgesprochenen Kreditlinie in Anspruch nehmen können.

Konzentrationsstrategie Festlegung, auf eine bestimmte Erweiterung der Angebotspalette oder Beschränkung der Behandlungs- und Pflegeangebots auf besonders erfolgreiche Leistungen.

Kooperation für Transparenz und Qualität im Gesundheitswesen (KTQ) Ist ein im Krankenhausbereich weit verbreitetes Zertifizierungsverfahren zur Darlegung und Begutachtung von Qualitätsmanagementsystemen im Gesundheitswesen.

Kostenartenrechnung Steht am Anfang jeder Kostenrechnung für den Gesundheitsbetrieb, dient der Erfassung und Gliederung aller im Laufe der jeweiligen Abrechnungsperiode angefallenen Kostenarten und beantwortet die Frage, welche Kosten im Gesundheitsbetrieb angefallen sind.

Kostenerstattungsverfahren Bei der privatärztlichen Behandlung übernehmen die Krankenkassen im Kostenerstattungsverfahren den „wirtschaftlichen" Teil der für eine gewünschte Art der Behandlung entstehenden Behandlungskosten.

Kostenstellenplan Legt fest, wie die in der Kostenartenrechnung erfassten Kostenarten als Stelleneinzelkosten und Stellengemeinkosten im Gesundheitsbetrieb ermittelt werden und ist Grundlage für die Kostenstellenrechnung.

Kostenstellenrechnung Dient bei verursachungsgerechter Zuordnung der Kontrolle der Wirtschaftlichkeit im Gesundheitsbetrieb, wozu die vorher erfassten und nach Arten gegliederten Kosten auf die einzelnen Organisationsbereiche verteilt werden, in denen sie angefallen sind.

Kostenträgerrechnung Ordnet die verursachten Kosten den einzelnen Kostenträgern im Gesundheitsbetrieb zu, wobei Kostenträger die Leistungen am Patienten, alle medizinischen Dienstleistungen der Patientenberatung, der Prophylaxe, der Behandlung, der Pflege sowie auch alle weiteren im Gesundheitsbetrieb erforderlichen Leistungserstellungen sind.

Kosten- und Leistungsrechnung (KLR) Dient nicht nur der Informationsbereitstellung für die kurzfristige Planung der Kosten sowie deren Kontrolle anhand von Ist-Daten, sondern auch zur Erfassung und Planung der Erlössituation.

Kostenvergleichsrechnung Vergleich der in einer Periode anfallenden Kosten von Investitionsobjekten in einem Gesundheitsbetrieb unter Berücksichtigung der fixen Kosten, variable Kosten und Kapitalkosten der zu vergleichenden Investitionsobjekte.

Krankenhaus Einrichtungen, die über entsprechende Spezialisten und die erforderlichen medizintechnischen Geräte verfügen, um im Rahmen von Vorsorge und Rehabilitation oder bei vergleichsweise schweren Erkrankungen eine dauerhafte ärztliche Beobachtung, pflegerische Betreuung oder eine aufwendige Behandlung im Rahmen eines stationären Aufenthaltes von der ortsnahen Grundversorgung bis hin zu einer Maximalversorgung zu ermöglichen.

Krankenhaus-Ethikkomitee (KEK) Berät ethische Probleme aus dem klinischen Alltag, bei der medizinischen Behandlung, Pflege und Versorgung von Patienten, wird von der Leitung des Krankenhauses berufen und setzt sich üblicherweise aus den dort arbeitenden Berufsgruppen zusammen.

Krankenkassen Körperschaften des öffentlichen Rechts mit Selbstverwaltung, die im Wettbewerb die Gesetzliche Kranken- und Pflegeversicherung für ihre Versicherten durchführen.

Krankenhausinformationssysteme (KIS) Umfassen alle informationsverarbeitenden Prozesse zur Bearbeitung medizinischer und administrativer Daten in einem Krankenhaus, wozu beispielsweise die Erfassung der erbrachten medizinischen Leistungen nach DRG-Fallpauschalen, die Erfassung der Krankheitsdaten nach dem ICD-Schlüssel, die Verwaltung der Patientenstammdaten, die Abrechnung gegenüber Krankenkassen, Krankenversicherungen und Selbstzahlern, Pflegedokumentation und Pflegeplanung und vieles andere mehr zählen.

Krankenhausverwaltungssystem (KVS) IT-System zur Unterstützung von Personalwirtschaft, Controlling, Finanzbuchhaltung, Materialwirtschaft, Beschaffung, Instandhaltungsmanagement etc. im Krankenhaus.

Krankheitsregister Während epidemiologische Krankheitsregister das Geschehen insgesamt und damit die Häufigkeit des Auftretens bestimmter Erkrankungen in bestimmten Regionen zeitlich und räumlich verfolgen, zielen klinische Krankheitsregister darauf, die Behandlung mittels Sammlung von Daten zur Erkrankung und zur Therapie durch Therapievergleiche, Vergleiche von Behandlungserfolgen in verschiedenen Gesundheitsbetrieben oder Therapien und Nachsorgeuntersuchungen zu optimalen Zeitpunkten zu verbessern.

Kritische Infrastrukturen (KRITIS) Dazu zählen nach dem Gesetz über das Bundesamt für Sicherheit in der Informationstechnik (BSI-Gesetz – BSIG) Einrichtungen, Anlagen oder Teilen davon, die dem Sektor Gesundheit angehören und von hoher Bedeutung für das Funktionieren des Gemeinwesens sind, weil durch ihren Ausfall oder ihre Beeinträchtigung erhebliche Versorgungsengpässe oder Gefährdungen für die öffentliche Sicherheit eintreten würden.

Künstliche Intelligenz (KI) Systeme, die auf statistischen Modellen und Algorithmen basieren, deren Lösungswege nicht fest programmiert sind, was ihnen ermöglicht, Aufgaben und Entscheidungen, für die menschliche Intelligenz erforderlich ist, zu beeinflussen oder sogar zu übernehmen, sodass ihr Einsatz als Entscheidungsunterstützungssystem im klinischen Alltag bei der korrekten Analyse der zur Verfügung stehenden Patientendaten helfen oder auch Handlungsoptionen bereitstellen kann, was die Möglichkeit bietet, Arbeitsprozesse zu erleichtern und Fehler zu vermeiden.

Laborinformationssystem (LIS) Dokumentation und Verwaltung der Daten und Abläufe in einem medizinischen Labor, wie beispielsweise Bereitstellung von Schnittstellen zu Untersuchungsgeräten oder die Bereitstellung von Untersuchungsergebnissen.

Lagebericht Bestandteil des Jahresabschlusses, soll die derzeitige und zukünftige Situation des Gesundheitsbetriebs hinsichtlich der Chancen und Risiken darstellen und muss ein den tatsächlichen Verhältnissen entsprechendes Bild vermitteln.

Lagerbedingungen Müssen für Arzneimittel so beschaffen sein, dass Wirkstoffgehalt, Reinheit, pH- und Elektrolytwerte, Gleichförmigkeit von Masse und Gehalt des Lagergutes nicht verändert werden, es zu keiner Partikelkontamination kommt und die mikrobiologische Qualität und Virussicherheit nicht beeinträchtigt werden.

Lagerbehältnisse Sollen das Lagergut vor Verschmutzung, Zersetzung, Lichteinfall etc. schützen, somit den Inhalt nicht verändern und gleichzeitig in geeigneter Weise eine Entnahme ermöglichen.

Lastenheft Anforderungsspezifikation (Requirement Specification), die die zu erwartende Leistung etwa bei anzuschaffender Medizintechnik möglichst genau definiert und die die Grundlage für eine spätere Ausschreibung darstellen kann.

Lazarett Bezeichnung für aus Pesthäusern hervorgegangene Krankenhäuser, die heute überwiegend im militärischen Bereich für Einrichtungen zur Behandlung und Pflege verwundeter Soldaten (bspw. Feldlazarett) verwendet wird.

Lean Healthcare Wird in Anlehnung an das Lean-Management-Prinzip als Beschreibung für eine bestimmte Art eines gesundheitsbetrieblichen Prozesses verwendet, wenn dieser Prozess hochgradig effizient und effektiv ist und in seiner gesamten Aktivität am Patienten mit seinen Wünschen und Bedürfnissen ausgerichtet ist.

Leasing Die Überlassung von Wirtschaftsgütern für den Gesundheitsbetrieb durch den Hersteller oder eine Finanzierungsgesellschaft, die sie erwerben und ihrerseits an die medizinische Einrichtung oder Pflegeeinrichtung als Mieter für eine vertragsgemäße Nutzungsdauer vermieten, wobei als Gegenleistung für die Nutzung regelmäßige gleichbleibende Zahlungen (Leasingraten) oder auch eine Miet-Sonderzahlung zu erbringen sind.

Lebenszykluskonzept Geht ursprünglich auf die Marketingliteratur zurück, bietet eine Grundlage zur Entwicklung von Strategien für den Gesundheitsbetrieb und lässt die allgemeine Entwicklung eines Gesundheitsbetriebs als eine Art „Lebensweg" betrachten.

Leistungsdifferenzierung Form der Leistungsvariation und Ergänzung bestehender Leistungsangebote um neue Varianten.

Leistungsdiversifikation Bestimmung der Anzahl der verschiedenen Leistungsarten (Leistungsbreite), die erbracht werden sollen.

Leistungseliminierung Herauslösung von Leistungen aus dem Leistungsprogramm des Gesundheitsbetriebs, aufgrund geringer Deckungsbeiträge, Marktanteile, Umsatzanteile, abnehmender Nachfrage.

Leistungserstellungsfunktion Weist im Gesundheitsbetrieb eine hohe Individualität auf, weswegen sich die Aufstellung einer mathematisch formulierten Input-Output-Beziehung, vergleichbar einer Produktionsfunktion, als schwierig erweist.

Leistungsfelder Stellen eine gedankliche Einheit von verwandten oder ähnlichen medizinischen Leistungen dar.

Leistungsinnovationen Können am Patientenmarkt erstmals verfügbar sein oder lediglich für den Gesundheitsbetrieb ein Novum darstellen, wenn er diese Leistung im Gegensatz zu anderen Betrieben bislang nicht im Angebot hatte, wobei für sie die Möglichkeit einer Abschöpfungspreisstrategie, zugleich aber auch ein Risiko wegen der Ungewissheit über die weitere Entwicklung des Patientenmarktes besteht.

Leistungskatalog Ist im SGB als Rahmenrecht der Krankenversicherung vorgegeben und wird durch den Gemeinsamen Bundesausschusses (GBA) durch Richtlinien in den verschiedenen Leistungsbereichen, die für die beteiligten Krankenkassen, Leistungser-bringer und die Versicherten verbindlich sind, konkretisiert.

Leistungsprogramm Gesamtheit aller Behandlungs- und Pflegeleistungen des Gesund-heitsbetriebs, die sich hinsichtlich der Menge angebotener Leistungsarten in der Programmbreite und hinsichtlich der Art und Weise der einzelnen Behandlungsart in der Programmtiefe gestalten lassen.

Leistungstiefe Gibt Umfang, Vollständigkeit und Komplexitätsgrad der einzelnen Leis-tungsart, die erbracht werden soll, an.

Leistungsvariation Änderungen des Leistungsangebots im Zeitablauf zur Anpassung an geänderte Erwartungen der Patienten oder Häufigkeiten der Inanspruchnahme.

Leitbild Ausformulierung der gelebten oder zumindest angestrebten betrieblichen Kultur, an deren Normen und Werten sich die Mitarbeitenden des Gesundheitsbetriebs orien-tieren können, die im Sinne einer Corporate Identity integrativ wirken und gleichzeitig Entscheidungshilfen und –spielräume aufzeigen soll.

Leitende Notärzte und –ärztinnen (LNA) Sind als medizinische Einsatzleiter bei Großeinsätzen und Katastrophen im Einsatz.

Leitlinien Werden als Handlungsempfehlungen nach einer bestimmten Methodik entwi-ckelt, geben den Erkenntnisstand der Medizin zu einem bestimmten Zeitpunkt wieder und sollen die Entscheidungsfindung von Ärzten und Patienten für eine angemessene Versorgung bei spezifischen Gesundheitsproblemen unterstützen.

Leprosorium Pflegeeinrichtung, die außerhalb der Kloster- und Stadtmauern relativ isoliert von der übrigen Gesellschaft angesiedelt war.

Lieferantenkredit Kurzfristige Form der Kreditfinanzierung und damit ein Kredit, der dem Gesundheitsbetrieb von Lieferanten für medizinischen Verbrauchsbedarf durch das Einräumen von Zahlungszielen gewährt wird.

Lieferüberwachung Kontrolle der Liefertermine und des Wareneingangs (Qualität, Voll-zähligkeit, Vollständigkeit etc.), wobei im Falle von Lieferunstimmigkeiten (Mangel) die gesetzlichen Optionen (Umtausch, Wandlung, Minderung etc.) zur Verfügung stehen.

Liquiditätsgrade Möglichkeit zur Beurteilung, wie rasch sich Vermögensobjekte des Gesundheitsbetriebs in Geldvermögen umwandeln lassen.

Liquiditätsregeln Normative Aussagen, deren Einhaltung dazu beiträgt, die Liquidität des Gesundheitsbetriebs zu sichern und die auf allgemeinen betriebswirtschaftlichen Erfahrungswerten beruhen.

Liquiditätssicherung Hat im Gesundheitsbetrieb zur Aufgabe, zukünftige Zu- und Abnahmen liquider Mittel systematisch zu erfassen, gegenüberzustellen und auszuglei-chen, um eine optimale Liquidität zu ermitteln, zu erreichen und zu erhalten und den dazu nötigen Bestand an Zahlungsmitteln vorauszuplanen.

MAPI-Verfahren Spezielle Form der Rentabilitätsrechnung mit statischen wie auch dynamischen Elementen, welches vor allem in Bezug auf Ersatzinvestitionen häufig Anwendung findet.

Marketing Grundhaltung, die sich mit einer konsequenten Ausrichtung aller Aktivitäten des Gesundheitsbetriebs an den Erfordernissen und Bedürfnissen der Patienten umschreiben lässt und die sich als Mittel zur Schaffung von Präferenzen bei den Patienten und damit der Erringung von Wettbewerbsvorteilen gegenüber konkurrierenden Einrichtungen durch gezielte Maßnahmen versteht.

Marketingstrategien Mittel- bis langfristige Grundsatzentscheidungen, wie, mit welcher Vorgehensweise und unter Einsatz welcher Marketinginstrumente die festgelegten Marketingziele des Gesundheitsbetriebs erreicht werden sollen.

Marktanalyse Erstreckt sich auf betriebsinterne und -externe Rahmenbedingungen bzw. Einflussfaktoren, wobei Informationen über die Situation des Gesundheitsbetriebs zu sammeln sind, wie er im Vergleich zu anderen Einrichtungen zu sehen ist, welche Meinung die Patienten bzw. Mitarbeitenden über ihn haben und wie die Konkurrenzsituation zu vergleichbaren Einrichtungen aussieht.

Marktentwicklungsstrategie Suche neuer Patientenzielgruppen für die bisherigen Leistungsangebote.

Markt-Portfolioanalyse Basiert auf der bekannten BCG-Matrix bzw. dem Boston-I-Portfolio der Boston Consulting Group (BCG) und wurde für das strategische Management von Unternehmen entwickelt, um den Zusammenhang zwischen dem Produktlebenszyklus und der Kostenerfahrungskurve zu verdeutlichen.

Marktpositionierung Beschreibt die Stellung, die der Betrieb gegenüber den Patienten, im Markt und damit gegenüber dem Wettbewerb einnimmt und ist das Ergebnis der strategischen Überlegungen des Gesundheitsbetriebs.

Materialbedarfsermittlung Auslöser für den Beschaffungsprozess und plant die zukünftig benötigten Materialmengen anhand unterschiedlicher deterministischer, stochastischer und heuristischer Verfahren.

Materialbestandsführung Übernimmt wichtige Kontrollfunktionen mit der Überwachung des Bestands an medizinischem Verbrauchsmaterial, der Sicherstellung von Mindestreservemengen, des geeigneten Bestellzeitpunkts und der Lagerzeit bei lagerzeitbefristeten Artikeln, wozu die einzelnen Materialien anhand ihrer Stammdaten erfasst (Bezeichnung, Artikelnummer, Chargennummer, Mengeneinheit, Verfallsdatum etc.) und alle Materialein- und -ausgänge möglichst zeitnah verbucht werden.

Maximalprinzip Erweitert das wirtschaftlich rationelle Handeln um die Maximierung des Ertrags: Ein möglichst maximaler Ertrag soll mit einem gegebenen Aufwand erreicht werden.

Medizinische Qualitätskontrolle Ihr Ziel ist eine bedarfsgerechte und wirtschaftliche Patientenversorgung auf hohem Niveau sicherzustellen, die fachlich qualifiziert, ausreichend und zweckmäßig ist, sich an der Lebensqualität orientiert und dabei erwünschte Behandlungsergebnisse erreicht.

Medizinischer Dienst der Krankenversicherung (MDK) Er hat hauptsächlich medizinische, zahnmedizinische und pflegerische Beratungs- und Begutachtungsaufgaben im Rahmen der gesetzlichen Kranken- und Pflegeversicherung und führt allerdings auch Qualitätskontrollen in Pflegeeinrichtungen durch, wobei überprüft wird, ob die Leistungen der Pflegeeinrichtungen den vereinbarten Qualitätsstandards entsprechen.

Medizinisches Versorgungszentrum (MVZ) Zusammenschluss von zur kassenärztlichen Versorgung zugelassenen Ärztinnen, Ärzten und anderen Leistungserbringern im Gesundheitswesen in einer gemeinsamen Einrichtung.

Medizinprodukte Vorrichtungen, Stoffe, Zubereitungen, Instrumente, Apparate oder andere Gegenstände (Katheter, Herzschrittmacher, Verbandstoffe, Infusionsgeräte, Labordiagnostika, Sehhilfen, Röntgengeräte) mit medizinischer Zweckbestimmung, die zur Anwendung für Menschen bestimmt sind und die nicht wie Arzneimittel immunologisch, pharmakologisch oder metabolisch wirken, sondern ihre Hauptwirkung primär auf physikalische Weise erzielen.

Medizinproduktebuch Ist für aktive Medizinprodukte und Medizinprodukte mit Messfunktion nach der Medizinproduktebetreiberverordnung (MPBetreibV) zu führen.

Medizinstudium Unterliegt an allen Hochschulen der Bundesrepublik Deutschland Zulassungsbeschränkungen, sodass die Studienplätze zentral durch die Stiftung für Hochschulzulassung oder von den Hochschulen in einem eigenen Auswahlverfahren vergeben werden und richtet sich für die ärztliche Ausbildung und den Zugang zum ärztlichen Beruf nach der Bundesärzteordnung (BÄO) und die aufgrund dieses Gesetzes erlassene Approbationsordnung für Ärzte (ÄAppO).

Messtechnische Kontrolle (MTK) Feststellung, ob das Gerät/Medizinprodukt (z. B. Blutdruckmessgeräte, Ergometer, elektrische Thermometer, Augentonometer) die zulässigen maximalen Messabweichungen (Fehlergrenzen), die vom Hersteller angegeben sind, einhält.

Minimalprinzip Eine Art Konkretisierung des Rationalprinzips: Ein gegebener Ertrag soll mit möglichst geringem Aufwand erreicht werden.

Mitarbeitermotivation Als Oberbegriff für jene Vorgänge, die in der Umgangssprache mit Streben, Wollen, Begehren, Drang usw. umschrieben und als Ursache für das Verhalten angesehen werden können, eng verbunden mit dem Einsatz von Führungsinstrumenten im Gesundheitsbetrieb.

Nationale Versorgungsleitlinien (NVL) Empfehlungen beispielsweise des Ärztlichen Zentrums für Qualität in der Medizin (ÄZQ) für die strukturierte medizinische Versorgung, wie in Form von Disease-Management-Programmen (DMP) als systematische Behandlungsprogramme für chronisch kranke Menschen.

Neuheitsstrategie Marketingstrategie, die neue Behandlungsangebote auf den bisherigen Märkten betrifft, wobei es nicht darum geht, neue Patientenkreise als Zielgruppen zu erschließen, sondern den bisherigen Zielgruppen neue Behandlungs- und Serviceleistungen anzubieten.

Niederlassung Ist vertragsärztlich in der Regel zunächst mit einer Eintragung in das Arztregister des jeweiligen KV-Bezirks verbunden, wobei die üblicherweise anschließende Eintragung in die Warteliste für eine Zulassung im jeweiligen Fachgebiet die Wartezeit auf einen Praxissitz in von Zulassungsbeschränkungen betroffenen

Planungsbereichen dokumentiert und gleichzeitig ein Kriterium für Auswahlentscheidungen im Nachbesetzungsverfahren ist.

Non-Profit-Organisation Verfolgt in öffentlicher oder privat-gewerblicher Trägerschaft keine kommerziellen Interessen oder Renditeerzielungsabsichten, sondern dient in erster Linie der Gemeinnützigkeit.

Normalkostenrechnung Lässt sich auf Vollkosten- oder Teilkostenbasis durchführen und versucht die Nachteile der Istkostenrechnung wie Vergangenheitsorientierung oder Zufallsschwankungen auszugleichen, indem sie durchschnittliche Istkosten mehrerer vergangener Perioden berücksichtigt, wobei erwartete Kostenveränderungen in die Kostenrechnung einfließen können.

Normierung Vereinheitlichung von einzelnen Medizinprodukten, Teilen davon oder bestimmten Vorgehensweisen.

Nutzwertanalyse (NWA) Gelangt zur Entscheidungsunterstützung anhand von Kategorien für den Erfüllungsgrad von Kriterien, deren Gewichtung und der anschließenden Bewertung einzelner Alternativen zu einer quantitativen Ergebnismatrix.

Offene Handelsgesellschaft (OHG) Bei ihr besteht der Gesundheitsbetrieb aus mindestens zwei Gesellschaftern, deren eigentlicher Zweck auf den Betrieb eines Handelsgewerbes ausgerichtet ist und die unbeschränkt, auch mit ihrem Privatvermögen persönlich haften.

Operationsdesinfektion Ihre Anforderungen umfassen beispielsweise die Trennung der Personalschleuse (einschl. Waschbecken, Toiletten) und Patientenübergaben in reine und unreine Seiten, der Einsatz steriler Kittel, sterile Handschuhe, von Haarschutz bzw. Mund- und Nasenschutz, die chirurgische Händedesinfektion, die Zwischendesinfektion patientennaher Flächen, sichtbar kontaminierter Flächen oder des gesamten Fußbodens, die täglich nach Betriebsende vorzunehmende Enddesinfektion aller Räume im Operationsbereich sowie Maßnahmen zur Prävention postoperativer Infektionen im Operationsgebiet.

Order-Entry-System (OES) Elektronische Beauftragung von Untersuchungen, Leistungen (Pathologie, Labor, Radiologie und Nuklearmedizin etc.) beispielsweise durch sichere Zuordnung von Proben zu einem Patienten oder Terminplanung bei radiologischen bzw. nuklearmedizinischen Untersuchungen.

Organigramm Grafische Darstellung der Aufbauorganisation des Gesundheitsbetriebs anhand vertikaler oder horizontaler Darstellungsarten.

Palliativversorgung Versorgung schwerstkranker und sterbender Menschen durch eine spezialisierte ambulante Versorgung ambulanter Pflegeteams (Palliative-Care-Teams), letztendlich mit dem Ziel eines würdevollen Sterbens in der häuslichen Umgebung mit möglichst wenig Schmerzen.

Partnerschaft Eigenständige Kooperationsform nach dem Partnerschaftsgesellschaftsgesetz (PartGG), die ebenfalls als Rechtsform einer ärztlichen Berufsausübungsgemeinschaft in Betracht kommt und zu der sich Angehörige freier Berufe zur Berufsausübung zusammenschließen können; sie ist eine Personengesellschaft und wird im Außenverhältnis erst durch gerichtliche Eintragung in das Partnerschaftsregister wirksam.

Patientenanzahlungen Stellen nichts anderes als Kredite dar, in dem der Patient vorfällig medizintechnische Produkte, Behandlungs- oder Therapieleistungen anzahlt, wobei der Gesundheitsbetrieb bis zum Zeitpunkt der Leistungserstellung und der damit verbundenen Kostenentstehung über diesen Anzahlungsbetrag verfügen kann.

Patientenbeschwerdemanagement Alle Maßnahmen, die die Zufriedenheit des Patienten wiederherstellen und Stabilität in die gefährdete Patientenbeziehung bringen.

Patientenbetreuung Konsequente Ausrichtung des Gesundheitsbetriebs auf seine Patienten sowie die systematische Gestaltung der Abläufe im Patientenbeziehungsmanagement.

Patientendatenmanagementsystem (PDM) Zentrale Verwaltung und Verarbeitung von Patienten- und Behandlungsfalldaten, wie beispielsweise Aufnahme, Verlegung und Entlassung von Patienten, Erzeugen von Formularen, Etiketten, Barcodes etc., Erfassen und Fakturieren von abrechnungsorientierten Daten, Erstellen von Listen und Statistiken, Kommunikation mit den Kostenträgern.

Patientenkommunikation Umfasst die planmäßige Gestaltung und Übermittlung der auf den Patientenmarkt gerichteten Informationen, mit dem Zweck, die Meinungen, Einstellungen und Verhaltensweisen der Patientenzielgruppe im Sinne der Zielsetzung des Gesundheitsbetriebs zu beeinflussen.

Patientenpfad Bei ihm steht der gesamte Prozess und nicht nur der eigentliche Behandlungsablauf im Vordergrund, sodass der Patient aufgrund eines optimierten, transparenten und klar definierten Prozesses über den Stand der Behandlung und die weitere Vorgehensweise informiert ist.

Patientenrückgewinnung Das gezielte Ansprechen ehemaliger Patienten und die Hinterfragung ihrer Wechselgründe.

Patientenverfügung Vorsorgliche Festlegung und Willensbekundung von Patienten, falls sie nicht mehr selbst in einer aktuellen Situation entscheiden oder sich äußern können, dass bestimmte medizinische Maßnahmen durchzuführen oder zu unterlassen sind, und an die sowohl Ärzte als auch gesetzliche Vertreter gebunden sind.

Patientenzielgruppe Jener Bevölkerungsteil im Umfeld eines Gesundheitsbetriebs, der durch dessen Marketingaktivitäten, insbesondere den Mitteln der Kommunikationspolitik, bevorzugt angesprochen werden soll.

Paul-Ehrlich-Institut (PEI) Ist für die Genehmigung klinischer Prüfungen und die Zulassung bestimmter Arzneimittelgruppen zuständig und konzentriert sich als zum Geschäftsbereich des Bundesministeriums für Gesundheit gehörende Einrichtung der Bundesrepublik Deutschland auf biomedizinische Arzneimittel, wie Impfstoffe, Antikörper enthaltende Arzneimittel, Allergene für Therapie und Diagnostik, Blut, Blutprodukte und Gewebe sowie Arzneimittel für Gentherapie, somatische Zelltherapie und xenogene Zelltherapie.

Personalbereitstellung Hat im Gesundheitsbetrieb die Aufgabe, geeignete Mitarbeitende in der benötigten Anzahl und zum richtigen Zeitpunkt einzusetzen.

Personalrat Tritt in Betrieben mit öffentlich-rechtlicher Trägerschaft (Anstalten, Eigenbetriebe etc.) an die Stelle des Betriebsrats.

Personengesellschaft Zusammenschluss mehrerer Personen zu einem Gesundheitsbetrieb, gründet auf der fortgesetzten Mitgliedschaft ihrer einzelnen Gesellschafter, keine juristische Person und über ihr Vermögen können die Gesellschafter nur gemeinsam verfügen, wobei die Gesellschafter persönlich und unbeschränkt mit ihrem Privatvermögen für die Schulden des Gesundheitsbetriebs haften.

Picture Archiving and Communication Systems (PACS) Systeme für Archivierung und -übertragung diagnostischer Bilddaten in der Nuklearmedizin und Radiologie in Krankenhäusern.

Pflegeinformations-System (PIS) Bereitstellung pflegerelevanter, informationsverarbeitender Funktionen beispielsweise zur Pflegedokumentation, Vitalparametererfassung, Stationsorganisation, Dienstplanung, Medikamenten-, Essens- und Leistungsanforderung etc.

Pflege-TÜV Prüfung von stationären Pflegeeinrichtungen und ambulanten Pflegeanbietern durch den Medizinischen Dienst der Krankenversicherung (MDK) in Form von unangekündigten Prüfungen nach vorab definierten Kriterien und in regelmäßigen Abständen. Die Prüfungsergebnisse werden zu Transparenzberichten zusammengefasst und durch die Pflegeanbieter sowie den Landesverbänden der Pflegekassen veröffentlicht.

Picture Archiving und Communication System (PACS) Digitalisierte Archivierung aller Bilder und digitale Bilddaten eines Patienten in Endoskopie, Radiologie, Nuklearmedizin, Kardiologie etc.

Planung Bildet den logischen Ausgangspunkt des betrieblichen Managements mit dem Nachdenken darüber, was in und mit dem Gesundheitsbetrieb erreicht werden soll und wie es am besten zu erreichen ist: Bestimmung der Zielrichtung, die Ermittlung zukünftiger Handlungsoptionen und die Auswahl unter diesen.

Plankostenrechnung Zukunftbezogenes Kostenrechnungsverfahren, das sich insbesondere zur Lösung von Planungs- und Kontrollaufgaben (beispielsweise Soll-Ist-Vergleiche) eignet, wozu bei der *starren* Plankostenrechnung die Kosten nicht auf die tatsächliche Beschäftigung umgerechnet und bei der *flexiblen* Plankostenrechnung die tatsächlichen Verhältnisse berücksichtigt werden, indem beispielsweise Beschäftigungsabweichungen, Verbrauchsabweichungen ermittelt werden, wodurch eine wirksame Kostenkontrolle ermöglicht wird.

Poliklinik Krankenhaus zur ambulanten Patientenversorgung (Ambulatorium) und Konzept fachübergreifender Praxen.

Praxisanleitung Praktischen Pflege-Ausbildung in der die Schülerinnen und Schüler schrittweise an die eigenständige Wahrnehmung der beruflichen Aufgaben herangeführt werden.

Praxisgemeinschaft Zusammenschluss niedergelassener Ärztinnen und Ärzte zur gemeinsamen Nutzung von Praxiseinrichtung und Personal bei der Behandlung von Patienten.

Praxisnetze Meist regionale Zusammenschlüsse von Vertragsärzten bzw. -ärztinnen verschiedener Fachrichtungen und Psychologischen Psychotherapeuten bzw. -therapeutinnen.

Praxis-Verwaltungs-Systeme (PVS) Übernehmen für Arzt- oder Zahnarztpraxen die informationsverarbeitenden Prozesse und beinhalten dazu in der Regel Patientendatenmanagementsysteme für Verwaltung und Verarbeitung von Patienten- und Behandlungsfalldaten, Arbeitsplatzsysteme für die Ärztinnen und Ärzte zur Falldokumentation, Anamnese, Berichtsdokumentation, Erstellung von Arztbriefen, Verordnungen, Überweisungen etc., Privat- und Kassenliquidation, Buchführung, Personalverwaltung, sowie der Integration von medizinischen Wissensdatenbanken oder bildgebenden Verfahren.

Primärprozesse Wertschöpfende Prozesse und daraus entstehende Leistungen, die direkt am Patienten erbracht werden und den eigentlichen Betriebszweck darstellen (z. B. Leistungen der Patientenbehandlung).

Private Krankenversicherung Privatwirtschaftliche Versicherungsunternehmen, die ergänzend oder anstelle der GKV Krankenversicherungen anbieten.

Produktivität Im Allgemeinen wird sie mit dem Verhältnis von Output zu Input als Quotient der einander zahlenmäßig gegenübergestellten Größen wiedergegeben.

Prophylaxe Maßnahmen, die ergriffen werden, um Krankheiten vorzubeugen:
• Verbesserung des allgemeinen Gesundheitszustands und Vermeidung der Entstehung von Krankheiten (primäre Prophylaxe beispielsweise durch Impfungen zum Schutz von Infektionskrankheiten),
• Früherkennung von Krankheiten und möglichst frühzeitige Behandlung (sekundäre Prophylaxe beispielsweise durch Krebsvorsorge),
• Vorbeugung vor Rückfallerkrankungen, Vermeidung von Folgestörungen, Linderung chronischer Erkrankungen (tertiäre Prophylaxe beispielsweise durch Rehabilitation).

Prozessbibliotheken Unterstützen den Gesundheitsbetrieb bei der Erstellung klinischer Pfade, die oft mit hohen Kosten verbunden ist, da hierfür Ressourcen zur Verfügung gestellt werden müssen, häufig externe Berater involviert sind, oder ein gewähltes Abstraktionsniveau für die Pfadprozesse der einzelnen Arbeitsgruppen in den Gesundheitsbetrieben sehr unterschiedlich ausfällt.

Prozesskostenrechnung (PKR) Vollostenrechnung, die sowohl die variablen als auch die fixen Kosten des Gesundheitsbetriebs auf die Kostenträger verrechnet, wobei die kostenstellenweise Zuordnung der Kosten durch eine kostenstellenübergreifende Betrachtungsweise ersetzt wird.

Prozessmodellierung Bei ihr geht es um die grafische Darstellung der Abläufe im Gesundheitsbetrieb, mit den Zielen, die Prozesse zu dokumentieren und Kenntnisse über sie zu erlangen, gleichzeitig aber auch, um neue Organisationsstrukturen einzuführen, Abläufe umzugestalten oder zu straffen und organisatorische Veränderungen zu begleiten.

Prozessoptimierung Aufdecken von Verbesserungspotenzialen durch Optimierung von Abläufen im Gesundheitsbetrieb, Anpassung ablauforganisatorischer Strukturen und Umsetzung von Verbesserungsmaßnahmen.

Psychosoziale Notfallversorgung für Einsatzkräfte (PSNV-E) Umfasst alle Aktionen und Vorkehrungen, die getroffen werden, um Einsatzkräften im Bereich der psychosozialen Be- und Verarbeitung von belastenden Notfällen bzw. Einsatzsituationen zu helfen, und gliedert sich in einsatzvorbereitende, einsatzbegleitende und einsatznachsorgende Maßnahmen.

Qualitätsbericht Enthält die konkreten Leistungen sowie Strukturdaten des Gesundheitsbetriebs und macht die Prozessabläufe für die Öffentlichkeit transparent.

Qualitätsmanagement (QM) Besteht aus der Planung und Verwirklichung aller Maßnahmen, die notwendig sind, die Leistungen des Gesundheitsbetriebs und deren Entstehung so zu gestalten, dass die Patientenbedürfnisse erfüllt werden und hilft dem Gesundheitsbetrieb, die Qualität der Behandlungsleistungen permanent zu verbessern und zu sichern.

Qualitätsmanagementsystem (QMS) Besteht aus der Organisationsstruktur, den Verfahren, Prozessen und Mitteln, die notwendig sind, um die medizinischen Qualitätsforderungen zu erfüllen.

Qualitätssicherung Bedeutet, medizinische Leistungen und Produkte in unveränderter, gleichbleibender Qualität zu erbringen bzw. zu erstellen.

Qualität und Entwicklung in Praxen (QEP) Wurde von den Kassenärztlichen Vereinigungen und der Kassenärztlichen Bundesvereinigung (KBV) in Zusammenarbeit mit niedergelassenen Ärzten und Psychotherapeuten sowie mit Qualitätsmanagementexperten unter Einbeziehung von Berufsverbänden und Arzthelferinnen speziell für Arztpraxen entwickelt, um die gesetzlichen Anforderungen optimierend in der einzelnen Praxis umzusetzen.

Radiologie-Informationssystem (RIS) Informationstechnologische Dokumentation und Verwaltung der Daten und Abläufe in der Radiologie, wie beispielsweise Erstellung von radiologischen Befunden, Terminplanung radiologischer Untersuchungen, Datendokumentation nach RöV.

Rahmenvertrag Regelt grundsätzliche Aspekte der Zusammenarbeit mit dem Lieferanten und beinhaltet jedoch Flexibilität für konkrete Beschaffungsfälle, sodass Material, Preis und Qualität fest vereinbart werden, die Liefermenge und der Lieferzeitpunkt jedoch zunächst offenbleiben (beispielsweise Abruf- oder Sukzessivlieferungsvertrag) kann.

Rationalprinzip Dient in der Allgemeinen Betriebswirtschaftslehre (ABWL) als Grundlage für die Theoriebildung und besagt, dass der Mensch versucht, sein Ziel mit möglichst geringem Einsatz zu erreichen.

Recall-System Aktive Ansprache von Patienten des Gesundheitsbetriebs und Einladung mit einer Erinnerung und Terminvereinbarung beispielsweise zu einer Vorsorgeuntersuchung.

Rechnungswesen Erfasst die Geld- und Leistungsströme des Gesundheitsbetriebs zahlenmäßig, lückenlos, vergangenheits- bzw. zukunftsorientiert und liefert sowohl intern nutzbare, quantitative Informationen für die Steuerung des Gesundheitsbetriebs, als insbesondere auch Informationen, um gegenüber Außenstehenden, wie den Kostenträgern im Gesundheitswesen, Eigentümern, Banken, Finanzbehörden etc. Rechenschaft ablegen zu können.

Regiebetrieb Bestandteil der staatlichen oder kommunalen Verwaltung und damit weder rechtlich noch organisatorisch von der Verwaltung getrennt.

Rentabilitätsrechnung Weiterentwicklung der Gewinnvergleichsrechnung, die auf der Idee basiert, die Rentabilität verschiedener Investitionsalternativen zu vergleichen und ist insbesondere dann im Gesundheitsbetrieb einsetzbar, wenn einzelne Investitionsalternativen einen unterschiedlichen Kapitalbedarf aufweisen oder nur begrenztes Kapital für die Investition zur Verfügung steht.

Richtlinien Stellen generell abstrakte Handlungsanweisungen dar, spiegeln den Stand der Erkenntnisse der medizinischen Wissenschaft zu einem bestimmten Zeitpunkt wider und basieren jeweils auf einer gesetzlichen Grundlage, die insbesondere den Inhalt, Umfang und das Verfahren einschließlich der Beteiligung von Institutionen oder Personen vorschreibt.

Risikoanalyse Ermittelt die Funktionsbereiche bzw. Komponenten und Werte eines Gesundheitsbetriebs, seine Schutzziele und daraus die Kritikalität bzw. Schutzbedarfe für die einzelnen Funktionsbereiche, wozu Risikoszenarien zu berücksichtigen, Eintrittswahrscheinlichkeiten abzuschätzen, Auswirkungen zu bewerten, Risikowerte zu ermitteln und bereits bestehende Maßnahmen zu berücksichtigen sind.

Risikoentscheidung Ist von der Ungewissheitsentscheidung zu unterscheiden, da bei ihr die Eintrittswahrscheinlichkeiten beispielsweise durch Berechnung ermittelbar sind oder sich aus Vergangenheitswerten ableiten lassen.

Risikomanagement Systematische Erfassung und Bewertung von Risiken im Gesundheitsbetrieb, sowie deren Steuerung und möglichste Vermeidung durch geeignete Präventionsmaßnahmen.

Risikomanagementsysteme (RMS) Dienen zur Überwachung den Fortbestand von Gesundheitsbetrieben gefährdenden Entwicklungen, durch die systematische Erfassung und Bewertung von Risiken für Gesundheitsbetrieben, sowie deren Steuerung und anzustrebende Vermeidung durch geeignete Präventionsmaßnahmen.

Robert-Koch-Institut (RKI) Zentrale Einrichtung der Bundesregierung auf dem Gebiet der Krankheitsüberwachung und -prävention sowie der anwendungs- und maßnahmenorientierten biomedizinischen Forschung in Form eines Bundesinstituts im Geschäftsbereich des Bundesministeriums für Gesundheit.

Rohrpostsysteme Ermöglichen den kurzfristigen Transport von leichten, kleinformatigen medizinischen Gütern (Arzneimittel, Laborproben, sensitive medizinische Güter, Dokumente etc.) über Kurzstrecken oder weitere Wege, ebenerdig, unterirdisch oder über mehrere Etagen in festen Transportbüchsen oder Einwegbeuteln.

Rücklagen Finanzielle Reserven oder auch ein Kapitalfonds des Gesundheitsbetriebs, die zum Ausgleich von Verlusten oder für Sonderzwecke bestimmt sind.

Sanatorium Zumeist in privater Trägerschaft befindliche Heilanstalt, die im 19. Jahrhundert vor allen Dingen einer wohlhabenden Oberschicht die Heilung von Tuberkulose, Asthma oder Alkoholismus in Luftkurorten, Thermal- oder Seebädern ermöglichen sollten.

Schweigepflicht Verpflichtung zum Schutz der Patientendaten, geht von dem ärztlichen berufsständischen Kodex (Eid des Hippokrates) aus, wurde im medizinischen Standesrecht fortentwickelt und ist beispielsweise in Berufsordnungen der Landeärztekammern und der ärztlichen Musterberufsordnung (MBO-Ä) wiederzufinden.

Sekundärprozesse Wertschaffende Prozesse und daraus entstehende Leistungen, die indirekt dem Betriebszweck dienen (z. B. Diagnoseleistungen).

Selbstfinanzierung Einbehaltung von Teilen des in der Geschäftsperiode erzielten gesundheitsbetrieblichen Gewinns und dadurch die Erhöhung des tatsächlich vorhandenen Eigenkapitals.

Selbstzahlermedizin Versucht auf Patientenbedürfnisse einzugehen, die von der GKV nicht oder nur zum Teil gedeckt werden, wobei sie auf der Grundlage von medizinischen Leistungsangeboten basiert, die außerhalb der gesetzlichen Krankenversicherung erbracht und privat liquidiert werden.

Sicherheitsentscheidung Die Entscheidung unter völliger Sicherheit bildet im Alltag des Gesundheitsbetriebs eher die Ausnahme, da sich in den seltensten Fällen sämtliche Konsequenzen aus einer Handlung voraussagen lassen.

Sicherheitstechnische Kontrolle (STK) Feststellung, ob ein Gerät (z. B. Defibrillatoren, EKG-Geräte, Reizstromtherapiegeräte, Laser und Dialysegeräte) zum Zeitpunkt der Prüfung funktionsfähig ist, es sich in ordnungsgemäßem Zustand befindet und zu erwarten ist, dass dies auch bis zur nächsten Überprüfung so bleibt.

Skontrationsmethode Macht eine dauerhafte, ständige Führung des Materialbestandes erforderlich, wobei aus dieser die jeweils entnommenen Materialmengen addiert werden, sodass die Summe den Materialverbrauch je kontrollierten Zeitraum ergibt.

Sollzinssatzverfahren Trifft eine Aussage über den Zinssatz, der bei gegebenem Habenzinssatz auf das Kapital des Gesundheitsbetriebs erzielt werden kann, das zu jedem Zeitpunkt während der Investitionsdauer noch gebunden ist.

Standardisierung Vereinheitlichung von medizinischen Begriffen, Bezeichnungen, Behandlungsverfahren etc.

Standort Geographischer Sitz der betrieblichen Leistungserstellung eines Gesundheitsbetriebs, ist abhängig von zahlreichen speziellen Faktoren, wie dem potenziellen Einzugsbereich oder der Möglichkeit zur vertragsärztlichen Niederlassung.

Standortanalyse Geht in der Regel der Standortwahl voraus, erhebt, gewichtet und bewertet die Standortfaktoren, wozu üblicherweise ein stufenweises Vorgehen dient, das beispielsweise von einer regionalen Auswahl als Grobplanung, über eine Auswahl des Ballungszentrums bis hin zu einer Wahl des Stadtteils und konkreten Immobilienobjektes als Feinplanung reichen kann.

Standortentscheidung Betriebswirtschaftliche Grundentscheidung des Gesundheitsbetriebs, die nicht nur die Standortfaktoren berücksichtigen muss, sondern darüber hinaus auch nach weiteren wichtigen betriebswirtschaftlichen Gesichtspunkten getroffen wird.

Stellenbeschreibung Enthält als Tätigkeitsdarstellung oder Arbeitsplatzbeschreibung in einem Gesundheitsbetrieb eine formularisierte Fixierung aller wesentlichen Stellenmerkmale und dient neben der aufbauorganisatorischen Dokumentation, der Vorgabe von Leistungserfordernissen und Zielen sowie der Objektivierung der Lohn- und Gehaltsstruktur durch Angabe von Arbeitsplatz-/Stellenbezeichnung, Rang, Unter- und Überstellungsverhältnis, Ziel des Arbeitsplatzes / der Stelle, Stellvertretungsregelung, Einzelaufgaben, sonstige Aufgaben, besondere Befugnisse, besondere Arbeitsplatz-/ Stellenanforderungen etc.

Stellenbesetzungsliste Ausweis der personalen Besetzung der eingerichteten Stellen in einem Gesundheitsbetrieb, aus dem die Stellenbezeichnungen sowie die Namen der Stelleninhaber hervorgehen.

Stelleneinzelkosten Kosten, die verursachungsgerecht und nachweisbar durch die Leistungserstellung innerhalb einer Kostenstelle entstanden sind.

Stellengemeinkosten Kosten, die durch die Leistungserstellung innerhalb mehrerer Kostenstellen entstanden sind und durch Kostenschlüsselungen so weit wie möglich verursachungsgerecht auf mehrere Kostenstellen aufgeteilt werden.

Stellungnahmen Sind Ausführungen, in denen ein Standpunkt zu einem ausgewählten Thema oder zu einer Frage vermittelt wird und der insbesondere mit Blick auf die Ärzteschaft sowie die Öffentlichkeit nachvollziehbar, überzeugend und plausibel begründet sein soll.

Stille Gesellschaft Spielt für die Finanzierung von Gesundheitsbetrieben eine nicht unbedeutende Rolle, da sie nach außen als Gesellschaft nicht in Erscheinung tritt, als Instrument der mittelfristigen Geldbeschaffung und dem stillen Gesellschafter als Kapitalanlagemöglichkeit dient, als Personengesellschaft eine Beteiligung eines Teilhabers an dem Gesundheitsbetrieb darstellt, indem die geleistete Einlage in das Vermögen des tätigen Gesellschafters übergeht und der stille Gesellschafter dafür am Gewinn des Betriebs beteiligt ist.

Streustrategie Hierbei werden gleichzeitig mehrere neue Behandlungs- und Serviceleistungen angeboten, in der Hoffnung, dass das eine oder andere Angebot ein sicherer Erfolg wird.

Substanzwertmethode Hat als Grundlage den Gebrauchswert der Substanz des Gesundheitsbetriebs und setzt sich aus den materiellen und immateriellen Werten des Betriebs zusammen wobei zur Ermittlung des materiellen Wertes das gesamte Betriebsinventar zum Wiederbeschaffungspreis bewertet wird, sodass die durch Abnutzung auftretenden Wertminderungen abgezogen werden (Behandlungseinrichtungen, medizinische Geräte und vorhandene Verbrauchsmaterialien sind dabei hinsichtlich ihrer Funktionalität und ihres technischen Zustandes zu bewerten).

Systemtheorie Hat nach Hans Ulrich (1919–1997) im übertragenen Sinne die Untersuchung der Gestaltungs- und Führungsprobleme von Gesundheitsbetrieben unter Nutzung der systemorientierten, interdisziplinären Betrachtungsweise zum Gegenstand, um zur Lösung von deren Managementproblemen beizutragen, wobei der Gesundheitsbetrieb als vielseitig vernetztes System betrachtet wird, das in seinen Interaktionen mit inneren Elementen und der betrieblichen Umwelt von zahlreichen Faktoren beeinflusst wird.

Teilkostenrechnung Dabei werden nur die für den jeweiligen Zweck der Kostenrechnung relevanten Kosten des Gesundheitsbetriebs berücksichtigt und nur einen Teil der insgesamt angefallenen Kosten auf den Kostenträger verrechnet (beispielsweise variable Kosten, Einzelkosten).

Teilzeit Nach dem Teilzeit- und Befristungsgesetz (TzBfG) sind Arbeitnehmer dann teilzeitbeschäftigt, wenn ihre regelmäßige Wochenarbeitszeit kürzer ist, als die regelmäßige Wochenarbeitszeit vergleichbarer vollzeitbeschäftigter Arbeitnehmer des Gesundheitsbetriebs.

Telechirurgie Effizienzsteigerung chirurgischer Eingriffe durch die intraoperativ verfügbare relevante Bildinformation und die Möglichkeit zur fachübergreifenden konsiliarischen Beratung.

Teledermatologie Digitalisierte Übertragung von hochqualitativen Stand- bzw. Bewegt – Bildern von Befunden verschiedener diagnostischer Verfahren, wie der Auflichtmikroskopie, der Sonografie und der Histopathologie.

Telediagnostik Begutachtung medizinischer Bilder von mehreren, voneinander entfernten Teilnehmern zur Ermittlung einer Diagnose.

Teledokumentation Elektronische Aufzeichnung, Speicherung und Übertragung von Patienten-, Gesundheits-, Medikations- oder Notfalldaten.

Telekonsultation Live erfolgende oder auch zeitlich versetzt Diskussion von schwierigen, seltenen und ungewöhnlichen Fällen auch über eine große Distanz mit Kollegen oder Spezialisten, um eine zweite Meinung einzuholen und zur Bestätigung, Verfeinerung oder auch Korrektur der Arbeitsdiagnose.

Telemedizin Ausgehend von der in den 70er Jahren begründeten Telematik hat sie die Überwindung räumlicher und zeitlicher Unterschiede mithilfe der Telekommunikation und Informatik zu Diagnose- und Therapiezwecken zum Ziel.

Telemonitoring Fernuntersuchung, -diagnose und -überwachung von Patienten und deren Ausstattung mit speziell ausgerüsteten Mobiltelefonen, Personal Digital Assistant (PDA) oder Geräten zur Messung von Vitaldaten.

Teleneurologie Ferndiagnostik von Schlaganfallpatienten mittels Video- und Tonübertragung.

Telepathologie Übertragung und Interpretation von digitalisierbaren Mikroskop- und Laborbefunden per Internet.

Telepsychiatrie Medizinische Beratungen im Fachbereich Psychiatrie und Psychosomatik per Datenübertragung oder Videokonferenz.

Teleradiologie Bildgebende Untersuchung des Patienten, ohne dass sich der verantwortliche, fachkundige Radiologe vor Ort befindet.

Televisite Ambulante, postoperative telemedizinische Nachsorge, die Patient und Arzt oder Ärztin mithilfe von Computer, Mikrofon und Digitalkamera nach der Entlassung aus dem Krankenhaus durchführen.

Terminologieserver Ihre Aufgabe ist es, medizinisches Wissen strukturiert abzulegen und über Terminologien (Diagnosen, Klassifikationen, Symptome etc.) Retrivalfunktionen zum Auffinden medizinischer Texte zu ermöglichen.

Tertiärprozesse Unterstützende Prozesse und daraus entstehende Leistungen, die keine unmittelbaren Auswirkungen auf den Betriebszweck haben (z. B. Beschaffung von medizinischem Verbrauchsmaterial).

Therapie Behandlungsmaßnahmen wie beispielsweise die direkte Einwirkung auf den Patientenkörper im Rahmen der Chirurgie, die Medikamentenverabreichung in der Inneren Medizin, die Physiotherapie, Psychotherapie, Ergotherapie, Pharmakotherapie, Chemotherapie, Strahlentherapie, Lichttherapie und vieles andere mehr, um die Heilung, Beseitigung oder Linderung der Krankheitssymptome und die Wiederherstellung der Körperfunktionen zu erreichen.

Total Quality Management (TQM) Übergreifender Ansatz und eine auf der Mitwirkung aller Mitarbeitenden beruhenden Führungsmethode, die Qualität in den Mittelpunkt stellt und durch Zufriedenstellung der Patienten auf den langfristigen betrieblichen Erfolg zielt.

TRBA 250 Geben als Technische Regeln für Biologische Arbeitsstoffe (Biologische Arbeitsstoffe im Gesundheitswesen und in der Wohlfahrtspflege) den Stand der arbeitsmedizinischen, sicherheitstechnischen, hygienischen sowie arbeitswissenschaftlichen Anforderungen bei Tätigkeiten mit Biologischen Arbeitsstoffen wieder und werden vom Ausschuss für Biologische Arbeitsstoffe (ABAS) zusammen mit dem Fachausschuss „Gesundheitsdienst und Wohlfahrtspflege" (FA GES) des Hauptverbandes der gewerblichen Berufsgenossenschaften (HVBG) aufgestellt und von ihnen regelmäßig angepasst.

Umlaufvermögen Alle Vermögensgegenstände (Wirtschaftsgüter) des Gesundheitsbetriebs, die dazu bestimmt sind, kurzfristig in die Behandlungs- oder Pflegetätigkeit einzugehen (beispielsweise medizinisches Verbrauchsmaterial) oder möglichst schnell wieder veräußert zu werden.

Ungewissheitsentscheidung Deren möglichen Auswirkungen sind bekannt, aber nicht die jeweiligen Eintrittswahrscheinlichkeiten.

Unit-Dose-System Patientenindividuelle Arzneimittelversorgung, bei der vorgeschnittene Tablettenblister, Ampullen, Kurz-Infusionen und Spritzen in Einzelverpackungen bereitgestellt, mit einem Barcode versehen und beispielsweise an die Stationen eines Krankenhauses abgegeben werden.

Unsicherheitsentscheidung Auswirkungen einer Entscheidung und/oder deren Eintrittswahrscheinlichkeiten können nicht mit völliger Sicherheit vorausgesagt werden.

Unternehmen System, das aus miteinander in Beziehung tretenden Menschen als seinen Elementen besteht, sich regelmäßig verändert sowie in intensivem Austausch mit seiner Umwelt steht und nach dem ökonomischen Prinzip handelt.

Unternehmergesellschaft (UG) Haftungsbeschränkte „Mini-GmbH" mit einem geringeren als dem Mindestkapital gemäß GmbHG.

Valetudinarium Unter anderem Militärlazarett der Römer zur gesundheitlichen Versorgung ihrer Legionäre.

Verbindlichkeiten Schulden des Gesundheitsbetriebs, die prinzipiell dem Grunde und der Höhe nach gewiss sind beispielsweise kurzfristig (in wenigen Monaten) fällig werden.

Verbund für Angewandte Hygiene (VAH) Stellt eine Bündelung wissenschaftliche Fachgesellschaften und Berufsverbände sowie Experten aus den Bereichen Hygiene, Öffentliches Gesundheitswesen und Infektiologie und somit aller Kräfte auf dem Gebiet der angewandten Hygiene dar, um Prüfvorschriften und Bewertungsmöglichkeiten für Verfahren der Dekontamination, Desinfektion, Antiseptik und Sterilisation zu erarbeiten, sowie den Erfahrungsaustausch und die fachübergreifende Kooperation mit relevanten medizinischen und nichtmedizinischen Disziplinen sowie die nationale und internationale Zusammenarbeit zur Abstimmung über Indikation, Toxikologie und Ökologie von Produkten und Maßnahmen der angewandten Hygiene zu pflegen.

Vergabeverfahren Nach der Vergabeverordnung (VgV) einzuhaltende Verfahren bei der Vergabe von öffentlichen Aufträgen und bei der Ausrichtung von Wettbewerben durch Gesundheitsbetriebe als öffentliche Auftraggeber, wozu insbesondere das offene Verfahren, das nicht offene Verfahren, das Verhandlungsverfahren, der wettbewerblicher Dialog oder die Innovationspartnerschaft zählen.

Verhaltenstheorie Nach Günther Schanz (geb. 1943) sind im übertragenen Sinne Gesundheitsbetriebe soziale Gebilde, in denen die Veranlassung zum Handeln, der Ablauf zwischenmenschlicher Handlungen, dabei entstehende Konflikte und Innovationen analysiert werden, insbesondere um die Fragen der Wahrnehmung, Motivation, Lernen und Denken zu klären.

Vermögensendwertverfahren Verfeinerung der Kapitalwert- und Annuitätenmethode mit dem Ziel der Endwertmaximierung, wobei alle Zahlungen und damit der Vermögenswert auf das Ende des Investitionszeitraums im Gesundheitsbetrieb bezogen werden.

Vertragsarztsitz Wird benötigt, um gesetzlich Krankenversicherte behandeln zu können, wobei Zulassungsbeschränkungen für Planungsbereiche zu beachten sind und die öffentliche Ausschreibung für Praxisübergaben in von Zulassungsbeschränkungen betroffenen Planungsbereichen gesetzlich vorgeschrieben ist.

Vollkostenrechnung Dabei werden sämtliche Kosten des Gesundheitsbetriebs berücksichtigt und über die Kostenartenrechnung auf die Kostenstellen und –träger als jeweilige Bezugsgrößen verteilt.

Wartung Abnutzungsreduzierung, um beispielsweise durch fachgerechten, planmäßigen Austausch von Verschleißteilen funktionserhaltendes Reinigen, Konservieren oder Nachfüllen von Verbrauchsstoffen eine möglichst lange Lebensdauer und einen geringen Verschleiß der gewarteten Medizinprodukte zu erzielen.

Wirtschaftlichkeitsprinzip Stellt eine formale Beziehung zwischen den Zielen menschlichen Handelns und den zur Erreichung der Ziele notwendigen Mitteln dar und lässt sich sowohl als Minimalprinzip als auch als Maximalprinzip formulieren.

Workflow Rechnergesteuertes Hilfsinstrument zur Automatisierung und lückenlosen Verfolgung von Prozessen im Gesundheitsbetrieb.

Zeitmarken Mit ihrer Hilfe wird der Behandlungsprozess terminiert, wobei dem Weg des Patienten zur, in und aus der Behandlung gefolgt wird und je Zeitmarke für die Verfeinerung der weiteren Terminierungen die entsprechenden Start- und Endzeiten, Wartezeiten sowie eventuelle Vorkommnisse festgehalten werden.

Zuschlagskalkulation Dabei werden zunächst die Einzelkosten für die jeweilige Leistung (beispielsweise Behandlungsfallkosten) ermittelt und die Gemeinkosten dann gemäß den in der Kostenstellenrechnung erarbeiteten Verteilungsschlüsseln der jeweiligen Leistung zugeschlagen.

Stichwortverzeichnis

Printed in the United States
by Baker & Taylor Publisher Services